TYPOGRAPHIE
SCHNEIDER ET LANGRAND,
rue d'Erfurth, 1. — Paris.

MÉMORIAL
DE
SAINTE-HÉLÈNE
PAR LE Cte DE LAS CASES;

SUIVI

DE NAPOLÉON DANS L'EXIL,
Par MM. O'Méara et Antomarchi,

ET DE

L'HISTORIQUE DE LA TRANSLATION
DES RESTES MORTELS DE L'EMPEREUR NAPOLÉON AUX INVALIDES.

TOME PREMIER.

PARIS.—ERNEST BOURDIN, ÉDITEUR,
51, RUE DE SEINE-SAINT-GERMAIN.
1842

MÉMORIAL
DE
SAINTE-HÉLÈNE.

PRÉAMBULE.

J'entreprends d'inscrire ici, jour par jour, tout ce qu'a dit et fait l'empereur Napoléon, durant le temps où je me suis trouvé près de lui. Mais, avant de commencer, qu'on me pardonne un préambule qui ne me semble pas inutile.

Jamais je ne me suis attaché à aucune lecture historique, sans avoir voulu connaître le caractère de l'auteur, sa situation dans le monde, ses relations politiques et domestiques, en un mot, les grandes circonstances de sa vie : je pensais que là seulement devaient se trouver la clef de ses écrits, la mesure certaine de ma confiance. Aujourd'hui je me hâte de fournir à mon tour, pour moi-même, ce que j'ai toujours recherché dans les autres.

Je vais donc, avant de présenter mes récits, mettre au fait de ce qui me concerne.

Je n'avais guère que vingt et un ans au moment de la révolution ; je venais d'être fait lieutenant de vaisseau, ce qui correspondait au grade d'officier supérieur dans la ligne ; ma famille était à la cour, je venais d'y être présenté moi-même. J'avais peu de fortune ; mais mon nom, mon rang dans le monde, la perspective de ma carrière, devaient, d'après l'esprit et les calculs du temps, me faire trouver, par mariage, celle que je pouvais désirer. Alors éclatèrent nos troubles politiques.

Un des vices éminents de notre système d'admission au service était de nous priver d'une éducation forte et finie.

Sortis de nos écoles à quatorze ans, abandonnés dès cet instant à nous-mêmes, et comme lancés dans un grand vide, où aurions-nous pris la plus légère idée de l'organisation sociale, du droit public et des obligations civiles?

Aussi, conduit par de nobles préjugés, bien plus que par des devoirs réfléchis, entraîné surtout par un penchant naturel aux résolutions généreuses, je fus des premiers à courir au dehors près de nos princes, pour sauver, disait-on, le monarque des excès de la révolte, et défendre nos droits héréditaires que nous ne pouvions, disait-on encore, abandonner sans honte. Avec la manière dont nous avions été élevés, il fallait une tête bien forte ou un esprit bien faible pour résister au torrent.

Bientôt l'émigration devint générale. L'Europe ne connaît que trop cette funeste mesure, dont la gaucherie politique et le tort national ne sauraient trouver d'excuse aujourd'hui que dans le manque de lumières et la droiture du cœur de la plupart de ceux qui l'entreprirent.

Défaits sur nos frontières ; licenciés, dissous par l'étranger ; repoussés,

PRÉAMBULE.

proscrits par les lois de la patrie, grand nombre de nous gagnèrent l'Angleterre, qui ne tarda pas à nous jeter sur les plages de Quiberon. Assez heureux pour ne pas y avoir débarqué, je pus réfléchir, au retour, sur l'horrible situation de combattre sa patrie sous des bannières étrangères; et dès cet instant mes idées, mes principes, mes projets, furent ébranlés, altérés ou changés.

Désespérant des événements, abandonnant le monde et ma sphère naturelle, je me livrai à l'étude, et sous un nom emprunté, je refis mon éducation, en essayant de travailler à celle d'autrui.

Cependant, au bout de quelques années, le traité d'Amiens et l'amnistie du Premier Consul nous rouvrirent les portes de la France. Je n'y possédais plus rien, la loi avait disposé de mon patrimoine; mais est-il rien qui puisse faire oublier le sol natal ou détruire le charme de respirer l'air de la patrie?

J'accourus; je remerciai d'un pardon qui m'était d'autant plus cher, que je pus dire avec fierté que je le recevais sans avoir à me repentir.

Bientôt après, la monarchie fut proclamée de nouveau : alors ma situation, mes sentiments, furent des plus étranges; je me trouvais soldat puni d'une cause qui triomphait. Chaque jour on en revenait à nos anciennes idées; tout ce qui avait été cher à nos principes, à nos préjugés, se rétablissait, et pourtant la délicatesse et l'honneur nous faisaient une espèce de devoir d'en demeurer éloignés.

En vain le nouveau gouvernement avait-il proclamé hautement la fusion de tous les partis; en vain son chef avait-il consacré ne vouloir plus connaître en France que des Français; en vain d'anciens amis, d'anciens camarades m'offraient-ils les avantages d'une nouvelle carrière à mon chóix; ne pouvant venir à bout de vaincre la discordance intérieure dont je me sentais tourmenté, je me condamnai obstinément à l'abnégation, je me réfugiai dans le travail, je composai, et toujours sous mon nom emprunté, un ouvrage historique qui refit ma fortune, et alors s'écoulèrent les cinq ou six années les plus heureuses de ma vie.

Cependant des événements sans exemple se succédaient autour de nous avec une rapidité inouïe; ils étaient d'une telle nature, et portaient un tel caractère, qu'il devenait impossible à quiconque avait dans le cœur l'amour du grand, du noble et du beau, d'y demeurer insensible.

Le lustre de la patrie s'élevait à une hauteur inconnue dans l'histoire d'aucun peuple : c'était une administration sans exemple par son énergie et par ses heureux résultats ; un élan simultané qui, imprimé tout à coup à tous les genres d'industrie, excitait toutes les émulations à la fois ; c'était une armée sans égale et sans modèle, frappant de terreur au dehors et créant un juste orgueil au dedans.

A chaque instant notre pays se remplissait de trophées ; de nombreux monuments proclamaient nos exploits ; les victoires d'Austerlitz, d'Iéna, de Friedland, les traités de Presbourg, de Tilsit, constituaient la France la première des nations et l'arbitre des destinées universelles : c'était vraiment un honneur insigne que de se trouver Français ! Et pourtant tous ces actes, tous ces travaux, tous ces prodiges, étaient l'ouvrage d'un seul homme.

Pour mon compte, quels qu'eussent été mes préjugés, mes préventions antérieures, j'étais plein d'admiration ; et il n'est, comme on sait, qu'un pas de l'admiration à l'amour.

Or, précisément dans ce temps, l'Empereur appela quelques-unes des premières familles autour de son trône, et fit circuler, parmi le reste, qu'il regarderait comme mauvais Français ceux qui s'obstineraient à demeurer à l'écart. Je n'hésitai pas un instant ; j'avais, me disais-je, épuisé mon serment naturel, celui de ma naissance et de mon éducation ; j'y avais été fidèle jusqu'à extinction ; il n'était plus question de nos princes, nous en étions même à douter de leur existence. Les solennités de la religion, l'alliance des rois, l'Europe entière, la splendeur de la France, m'apprenaient désormais que j'avais un nouveau souverain. Ceux qui nous avaient précédés avaient-ils résisté aussi longtemps à d'aussi puissants efforts, avant de se rallier au premier des Capets? Je répondis donc, pour mon compte, qu'heureux par cet appel de sortir avec honneur de la position délicate où je me trouvais, je transportais désormais librement, entièrement et de bon cœur, au nouveau souverain tout le zèle, le dévouement, l'amour, que j'avais constamment nourris pour mes anciens maîtres; et le résultat de ma démarche fut mon admission immédiate à la cour.

Cependant je désirais ardemment à mes paroles joindre quelques actions. Les Anglais envahirent Flessingue et menacèrent Anvers; je courus, comme volontaire, à la défense de cette place; Flessingue fut évacuée, et ma nomination de chambellan me rappela auprès du prince. A ce poste honorifique j'avais besoin, dans mes idées, de joindre quelque occupation utile; je demandai et j'obtins d'être membre du conseil d'État. Alors se succédèrent des missions de confiance : je fus envoyé en Hollande, au moment de sa réunion, pour y recevoir les objets relatifs à la marine; en Illyrie, pour y liquider la dette publique, et dans la moitié de l'empire pour inspecter les établissements publics de bienfaisance. Dans nos derniers malheurs, j'ai reçu de douces preuves qu'après moi j'avais laissé quelque estime dans les pays où j'avais été envoyé.

Cependant la Providence avait posé un terme à nos prospérités : on connaît la catastrophe de Moscou, les malheurs de Leipsick, le siège de Paris. Je commandais dans cette cité une de ses légions qui s'honora, le trente et un mars, de la perte d'un assez grand nombre de citoyens. Au moment de la capitulation, je remis mon commandement entre les mains de celui qui venait après moi; je me croyais, à d'autres titres, d'autres devoirs encore auprès de la personne du prince; mais je ne pus gagner Fontainebleau à temps : l'Empereur abdiqua, et le roi vint régner.

Alors ma situation devint bien plus étrange encore qu'elle ne l'avait été douze ans auparavant. Elle triomphait enfin cette cause à laquelle j'avais sacrifié ma fortune, pour laquelle j'étais demeuré douze ans en exil au dehors, et six ans dans l'abnégation au dedans; elle triomphait enfin, et pourtant le point d'honneur et d'autres doctrines allaient m'empêcher d'en recueillir aucun bien !

Quelle marche aurait été plus bizarre que la mienne? Deux révolutions s'étaient accomplies en opposition l'une de l'autre : la première m'avait coûté mon patrimoine, la seconde aurait pu me coûter la vie ; aucune des deux ne me procurait d'avantageux résultats. Le vulgaire ne verra là-dedans qu'une tergiversation fâcheuse d'opinions, les intrigants diront que j'ai été deux fois dupe, le petit nombre seulement comprendra que j'ai deux fois rempli de grands et d'honorables devoirs.

Quoi qu'il en soit, mes anciens amis, dont la marche que j'avais suivie n'avait pu m'enlever ni l'affection ni l'estime, devenus aujourd'hui tout-puissants, m'appelaient à eux. Il me fut impossible d'écouter leur bienveillance : j'étais dégoûté, abattu ; je résolus que ma vie publique avait fini. Devais-je m'exposer au faux jugement de ceux qui m'observaient? Chacun pouvait-il lire dans mon cœur !

Devenu Français jusqu'au fanatisme, ne pouvant supporter la dégradation nationale dont, au milieu des baïonnettes ennemies, j'étais chaque jour le témoin, j'essayai d'aller me distraire au loin des malheurs de la patrie : j'allai passer quelques mois en Angleterre. Comme tout m'y parut changé! C'est que je l'étais beaucoup moi-même!

J'étais à peine de retour que Napoléon reparut sur nos côtes. En un clin d'œil il se trouva transporté dans la capitale, sans combats, sans excès, sans effusion de sang. Je tressaillis ; je crus voir la souillure étrangère effacée et toute notre gloire revenue. Les destins en avaient ordonné autrement !

A peine sus-je l'Empereur arrivé de Waterloo, que j'allai spontanément me placer de service auprès de sa personne. Je m'y trouvai au moment de son abdication ; et, quand il fut question de son éloignement, je lui demandai à partager ses destinées.

Tels avaient été jusque-là le désintéressement, la simplicité, quelques-uns diront la niaiserie de ma conduite, que, malgré mes relations journalières comme officier de sa maison et membre de son conseil, il me connaissait à peine. « Mais savez-vous jusqu'où votre offre peut vous « conduire? me dit-il dans son étonnement. — Je ne l'ai point calculé, » répondis-je. Il m'accepta, et je suis à Sainte-Hélène.

A présent je me suis fait connaître; le lecteur a mes lettres de créance en ses mains : une foule de mes contemporains sont vivants, on verra s'il s'en lève un seul pour les infirmer. Je commence.

DEPUIS LE 20 JUIN 1815, VEILLE DE L'ABDICATION DE L'EMPEREUR NAPOLÉON,
JUSQU'AU 15 OCTOBRE, JOUR DE L'ARRIVÉE A SAINTE-HÉLÈNE.
ESPACE DE PRÈS DE QUATRE MOIS.

Retour de l'Empereur à l'Élysée après Waterloo.

Mardi 20 juin 1815.

J'APPRENDS le retour de l'Empereur à l'Élysée, et je vais spontanément m'y placer de service.

L'Empereur venait de perdre une grande bataille; le salut de la France était désormais dans la Chambre des représentants, dans leur confiance et leur zèle. L'Empereur accourait avec l'idée de se rendre, encore tout couvert de la poussière de la bataille, au milieu d'eux; là, d'exposer nos dangers, nos ressources; de protester que ses intérêts personnels ne seraient jamais un obstacle au bonheur de la France, et de repartir aussitôt. On assure que plusieurs personnes l'en ont dissuadé, en lui faisant craindre une fermentation naissante parmi les députés.

Du reste, on ne saurait comprendre encore tout ce qui se répand sur cette malheureuse bataille : les uns disent qu'il y a eu trahison manifeste; d'autres, fatalité sans exemple. Trente mille hommes, commandés par Grouchy, ont manqué l'heure et le chemin; ils ne se sont pas trouvés à la bataille; l'armée, victorieuse jusqu'au soir, a été, dit-on, prise subitement, vers les huit heures, d'une terreur panique; elle s'est fondue en un instant. C'est *Crécy, Azincourt*, etc.[1]... Chacun tremble, on croit tout perdu !

Abdication.

Mercredi 21.

Tout hier soir et durant la nuit, la représentation nationale, ses membres les mieux intentionnés, les plus influents, sont travaillés par certaines personnes, qui produisent, à les en croire, des documents authentiques, des pièces à peu près officielles, garantissant le salut de la France par la *seule abdication de l'Empereur*, disent-ils.

Ce matin cette opinion était devenue tellement forte qu'elle semblait irrésistible. Le président de l'assemblée, les premiers de l'État, les meilleurs amis de l'Empereur, viennent le supplier de sauver la France en abdiquant. L'Empereur, peu convaincu, répond néanmoins avec magnanimité; il abdique !

Cette circonstance occasionne le plus grand mouvement autour de l'Élysée; la multitude s'y presse, et témoigne le plus vif intérêt; nombre d'individus y pénètrent; quelques-uns même de la classe du peuple en

---

[1] Il y avait au texte *une véritable journée des Éperons.* Je ne dois pas passer ici sous silence ce qui en a amené la radiation :
L'Empereur, à Sainte-Hélène, qui seul savait que je tenais un journal, voulut un jour que je lui en lusse quelques pages. A cette expression de *journée des Éperons*, jetée par négligence, il s'écria avec chaleur : « Ah! malheureux! qu'avez-vous écrit là ! Effacez, Monsieur, effacez bien « vite!... Une journée des Éperons!... Quelle erreur ! quelle calomnie !... Une journée des Épe-« rons! répétait-il. Ah! pauvre armée! braves soldats, vous ne vous étiez jamais mieux battus! » Et, après une pause de quelques instants, il reprit avec un accent dont l'expression venait de loin : « Nous avons eu de grands misérables parmi nous! que le ciel le leur pardonne! Mais pour « la France! s'en relèvera-t-elle jamais! »

escaladent les murs : les uns en pleurs, d'autres avec les accents de la démence, viennent faire à l'Empereur, qui se promène tranquillement dans le jardin, des offres de toute espèce. L'Empereur seul reste calme, et répond toujours de porter désormais ce zèle et cette tendresse au salut de la patrie.

Dans ce jour je lui ai présenté la députation des représentants : elle venait le remercier de son dévouement à la chose nationale.

Les pièces et les documents qui ont produit une si grande sensation, et amené le grand événement d'aujourd'hui, sont, dit-on, des communications régulières de MM. Fouché et Metternich, dans lesquelles ce dernier garantit Napoléon II et la régence, si l'Empereur veut abdiquer.

Ces communications se seraient entretenues depuis longtemps à l'insu de Napoléon.

Il faut que M. Fouché ait un furieux penchant aux opérations clandestines. On sait que sa première disgrâce, il y a quelques années, vint d'avoir entamé, de son chef, des négociations avec l'Angleterre, sans que l'Empereur en sût rien. Dans les grandes circonstances il a toujours eu quelque chose d'oblique. Dieu veuille que ces actes ténébreux d'aujourd'hui ne deviennent pas funestes à la patrie!

Caulaincourt. — Fouché.

Jeudi 22.

Je reviens passer quelques heures chez moi. Dans ce jour on a présenté la députation de la Chambre des pairs.

Le soir on avait déjà nommé une portion du gouvernement provisoire; MM. de Caulaincourt et Fouché, qui étaient du nombre, se trouvaient au milieu de nous, au salon de service. Nous en faisions compliment au premier, ce qui n'était au vrai que nous féliciter pour la chose publique : il ne nous a répondu que par de l'effroi. Nous applaudissions, disions-nous, aux choix déjà connus. « Il est sûr, a dit Fouché d'un ton « léger, que moi je ne suis pas suspect. — Si vous l'aviez été, repartit « assez brutalement le représentant Boulay de la Meurthe qui se trou- « vait là, croyez que nous ne vous aurions point nommé. »

Gouvernement provisoire présenté à l'Empereur.

Vendredi 23 au samedi 24.

Les acclamations et l'intérêt du dehors continuent à l'Élysée. Je présente le gouvernement provisoire à l'Empereur, qui, en le congédiant, le fait reconduire par le duc Decrès. Les frères de l'Empereur, Joseph, Lucien et Jérôme, sont introduits plusieurs fois dans le jour, et s'entretiennent longtemps avec lui.

Cependant une nombreuse population s'agglomérait tous les soirs autour de l'Élysée; elle allait toujours croissant. Ses acclamations, son intérêt pour l'Empereur, donnaient des inquiétudes aux factions oppo-

sées. La fermentation de la capitale était extrême; l'Empereur résolut de s'éloigner le lendemain.

L'Empereur quitte l'Élysée.

Dimanche 25.

J'accompagne l'Empereur, qui se rend à la Malmaison, et lui demande à ne pas le quitter dans ses destinées nouvelles. Ma proposition semble l'étonner; je ne lui étais encore connu que par mes emplois; il l'agrée.

Lundi 26.

Ma femme vient me trouver; elle a pénétré mes intentions; il devient délicat de les lui avouer et difficile de la convaincre. « Chère amie, lui « dis-je, en m'abandonnant au devoir dont mon cœur se trouve plein,

« j'ai la consolation de ne pas heurter tes intérêts : si Napoléon II doit
« nous gouverner, je te laisse de grands titres auprès de lui ; si le ciel en
« ordonne autrement, je t'aurai ménagé un asile bien glorieux, un nom
« honoré de quelque estime ; dans tous les cas, nous nous retrouverons,
« ne fût-ce que dans un meilleur monde. »

Après des pleurs et des reproches qui devaient ne m'être que doux, elle se rend, me fait promettre qu'elle pourra venir me rejoindre bientôt ; et, dès cet instant, je ne trouve plus en elle que l'exaltation, le courage qu'il m'eût fallu, si j'en eusse eu besoin.

Le ministre de la marine vient à la Malmaison.

Mardi 27.

Je vais un moment à Paris avec le ministre de la marine, venu à la Malmaison au sujet des frégates destinées à l'Empereur. Il me lit les instructions qu'il leur envoie, me dit que l'Empereur comptait sur moi, qu'il m'emmène, et il me promet de soigner ma femme dans la crise qui se prépare.

Napoléon II est proclamé par la législature.

J'envoie chercher mon fils à son lycée, résolu de l'emmener avec moi. Nous faisons un très-petit paquet de linge et de vêtements, et nous retournons à la Malmaison ; ma femme nous y accompagne, et revient le soir même. La route commençait à être difficile et inquiétante ; l'ennemi approchait.

Mercredi 28.

Je voulais revoir ma femme encore quelques instants ; la duchesse de Rovigo me conduisit, ainsi que mon fils, à Paris. L'agitation, l'incertitude, devenaient extrêmes dans Paris ; l'ennemi était aux portes.—En arrivant à la Malmaison, nous vîmes le pont de Chatou en flammes. On plaçait des postes autour de nous ; il devenait prudent de se garder. J'entrai chez l'Empereur ; je lui peignis ce que m'avait paru la capitale ; je lui rendis l'opinion générale que Fouché trahissait effrontément la cause nationale ; que l'espoir des bons Français était que lui, Napoléon, se jetterait cette nuit même dans l'armée qui le demandait. — L'Empereur m'écouta d'un air pensif et me congédia sans rien dire.

Le gouvernement provisoire met l'Empereur sous la garde du général Becker.
Napoléon quitte la Malmaison. — Il part pour Rochefort.

Jeudi 29, vendredi 30.

Toute la matinée le grand chemin de Saint-Germain n'a cessé de retentir des cris de *vive l'Empereur!* C'étaient des troupes qui passaient sous les murailles de la Malmaison.

Vers le milieu du jour, le général Becker, envoyé par le gouvernement provisoire, est arrivé; il nous a dit, avec une espèce d'indignation, avoir reçu la commission de garder Napoléon et de le surveiller [1].

---

[1] A mon retour en Europe, le hasard a mis en mes mains les pièces suivantes, relatives à cette circonstance; je les transcris ici, parce que je les crois inconnues au public. Elles ont été copiées sur les originaux mêmes. J'en abandonne la lecture aux cœurs honnêtes!!! Elles n'ont pas besoin de commentaires.

Copie de la lettre de la commission du gouvernement à M. le maréchal prince d'Eckmühl, ministre de la guerre.

Paris, ce 27 juin 1815.

« Monsieur le maréchal, les circonstances sont telles, qu'il est indispensable que Napoléon se décide à partir pour se rendre à l'île d'Aix. S'il ne s'y résout pas, à la notification que vous lui ferez faire de l'arrêté ci-joint, vous devez le faire surveiller à la Malmaison, de manière à ce qu'il ne puisse s'en évader. En conséquence, vous mettrez à la disposition du général Becker la gendarmerie et les troupes nécessaires pour garder les avenues qui aboutissent de toutes parts vers la Malmaison. Vous donnerez à cet effet des ordres au premier inspecteur général de la gendarmerie. Ces mesures doivent demeurer secrètes autant qu'il sera possible.

« Cette lettre, monsieur le maréchal, est pour vous; mais le général Becker, qui sera chargé de remettre l'arrêté à Napoléon, recevra de Votre Excellence des instructions particulières; elle

Le sentiment le plus bas avait dicté ce choix. Fouché savait que le général Becker avait personnellement à se plaindre de l'Empereur, et il ne doutait pas de trouver en lui un cœur disposé à la vengeance. On ne lui fera sentir qu'il a été pris dans l'intérêt de l'État et pour la sûreté de sa personne ; que sa prompte exécution est indispensable ; enfin que l'intérêt de Napoléon pour son sort futur le commande impérieusement.

« *Signé* duc D'OTRANTE. »

Copie de l'arrêté de la commission du gouvernement.

Paris, le 26 juin 1815.

« La commission du gouvernement arrête ce qui suit :

« Art. Ier. Le ministre de la marine donnera des ordres pour que deux frégates du port de Rochefort soient armées pour transporter Napoléon Bonaparte aux États-Unis.

« Art. II. Il lui sera fourni jusqu'au point de l'embarquement, s'il le désire, une escorte suffisante, sous les ordres du lieutenant-général Becker, qui sera chargé de pourvoir à sa sûreté.

« Art. III. Le directeur général des postes donnera, de son côté, tous les ordres relatifs aux relais.

« Art. IV. Le ministre de la marine donnera des ordres nécessaires pour assurer le retour immédiat des frégates aussitôt après le débarquement.

« Art. V. Les frégates ne quitteront pas la rade de Rochefort avant que les sauf-conduits demandés ne soient arrivés.

« Art. VI. Les ministres de la marine, de la guerre et des finances sont chargés, chacun en ce qui le concerne, de l'exécution du présent arrêté.

« *Signé* duc D'OTRANTE. »

Copie de la lettre du duc d'Otrante au ministre de la guerre.

Paris, le 27 juin 1815, à midi.

« Monsieur le maréchal, je vous transmets copie de la lettre que je viens d'écrire au ministre de la marine relativement à Napoléon. La lecture que vous en prendrez vous fera sentir la nécessité de donner des ordres au général Becker pour qu'il ne se sépare plus de la personne de Napoléon, tant que celui-ci restera en rade. Agréez, etc.

« *Signé* duc D'OTRANTE. »

Copie de la lettre du duc d'Otrante au ministre de la marine.

« Monsieur le duc, la commission vous rappelle les instructions qu'elle vous a transmises il y a une heure. Il faut faire exécuter l'arrêté tel que la commission l'avait prescrit hier, et d'après lequel Napoléon Bonaparte restera en rade de l'île d'Aix jusqu'à l'arrivée des passe-ports.

« Il importe au bien de l'État, qui ne saurait lui être indifférent, qu'il y reste jusqu'à ce que son sort et celui de sa famille aient été réglés d'une manière définitive. Tous les moyens seront employés pour que la négociation tourne à sa satisfaction ; l'honneur français y est intéressé ; mais en attendant on doit prendre toutes les précautions possibles pour la sûreté personnelle de Napoléon, et pour qu'il ne quitte point le séjour qui lui est momentanément assigné. Agréez, etc.

« *Signé* le duc D'OTRANTE. »

Le ministre de la guerre à M. le général Becker.

Paris, le 27 juin 1815.

« J'ai l'honneur de vous transmettre ci-joint un arrêté que la commission du gouvernement vous charge de notifier à l'empereur Napoléon, en faisant observer à Sa Majesté que les circonstances sont tellement impérieuses, qu'il devient indispensable qu'elle se décide à partir pour se rendre à l'île d'Aix. Cet arrêté, fait observer la commission, a été pris autant pour la sûreté de sa personne que dans l'intérêt de l'État, qui doit toujours lui être cher.

« Si Sa Majesté ne prenait pas une résolution à la notification de cet arrêté, l'intention de la commission du gouvernement est que la surveillance nécessaire soit exercée pour empêcher l'évasion de Sa Majesté, et prévenir toute tentative contre sa personne.

« Je vous réitère, monsieur le général, que cet arrêté est pris dans l'intérêt de l'État et pour la sûreté personnelle de l'Empereur, et que la commission du gouvernement considère sa prompte exécution comme indispensable pour le sort futur de Sa Majesté et de sa famille. J'ai l'honneur, etc. »

N. B. Cette lettre est demeurée sans signature ; le prince d'Eckmühl, au moment de l'expédier, ayant dit à son secrétaire : « Je ne signerai jamais cette lettre ; signez-la, ce sera assez ; » ce que le secrétaire, à son tour, ne se sentit pas plus la force de faire. A-t-elle été envoyée ou non ? c'est ce que je ne saurais dire.

pouvait se tromper plus grossièrement : ce général ne cessa de montrer un respect et un dévouement qui honorent son caractère.

Les moments devenaient pressants ; l'Empereur, sur le point de partir, envoie offrir, par le général Becker lui-même, au gouvernement provisoire, de marcher comme simple citoyen à la tête des troupes. Il promettait de repousser Blucher, et de continuer aussitôt sa route. Sur le refus du gouvernement provisoire, nous quittons la Malmaison. L'Empereur et une partie de sa suite prennent la route de Rochefort

par Tours ; moi, mon fils, MM. de Montholon, Planat, Résigny, nous prenons par Orléans, ainsi que deux ou trois autres voitures de suite.

Nous arrivons à Orléans le 30 au matin, et vers minuit à Châtellerault.

Notre route d'Orléans à Jarnac.

Samedi 1er juillet, dimanche 2.

Nous traversons Limoges le 1er juillet, vers quatre heures du soir.

Nous dînons à La Rochefoucauld le 2, et arrivons à sept heures à Jarnac, où nous couchons, la mauvaise volonté du maître de poste nous forçant d'y passer la nuit.

Mésaventure à Saintes.

Lundi 3.

Nous ne pouvons nous remettre en route qu'à cinq heures du matin. La méchanceté du maître de poste, qui, non content de nous avoir retenus la nuit, employa des moyens secrets pour nous retenir encore, fait que nous sommes contraints de gagner presque au pas le relais de Cognac, où un autre maître de poste et les spectateurs nous témoignent des sentiments bien différents. Il nous était aisé de juger que notre passage causait beaucoup d'agitation en sens divers. En atteignant Saintes, vers les onze heures du matin, nous avons failli tomber victimes d'une insurrection populaire. Un des zélés de l'endroit, nous a-t-on dit, avait dressé cette embûche, et organisé notre massacre. Nous sommes arrêtés par la populace, garantis par la garde nationale, mais menés prisonniers dans

une auberge. Nous emportions, disait-on, le trésor de l'État ; nous étions des scélérats dont la mort seule pouvait faire justice.

Ceux qui se prétendaient la classe distinguée de la ville, les femmes surtout, se montraient les plus ardentes pour notre supplice.

Elles venaient défiler successivement à des croisées voisines pour insulter de plus près à notre malheur. Elles portaient la rage, le croirait-on? jusqu'à grincer des dents à l'aspect de notre calme; et c'était pourtant là la première société, les femmes *comme il faut* de la ville!... Réal aurait-il donc eu raison quand il disait si plaisamment, dans les Cent-Jours, à l'Empereur, qu'en fait de jacobins il avait bien le droit de s'y connaître, et qu'il protestait que toute la différence qu'il y avait entre les *noirs* et les *blancs* était que les uns avaient porté des sabots, et que les autres allaient en bas de soie?

Le prince Joseph, qui, à notre insu, traversait la ville, vint compliquer encore notre aventure. Il fut arrêté, mené à la préfecture, mais fort respecté.

Notre auberge donnait sur une place qui demeurait couverte d'une multitude fort agitée et très-hostile; elle nous accablait de menaces et d'injures. Je me trouvai connu du sous-préfet, ce qui lui servit à garantir qui nous étions. On visita notre voiture, et l'on nous tint à une espèce de secret. Vers quatre heures, j'obtins de me rendre auprès du prince Joseph.

Dans ma route à la préfecture, et bien que sous la garde d'un sous-officier, plusieurs individus m'abordèrent, les uns me remettant des billets en secret, d'autres me disant quelques mots à l'oreille; tous se réunissaient pour m'assurer que nous devions être bien tranquilles, que les vrais Français veillaient pour nous.

Vers le soir on nous laissa partir, mais alors tout avait bien changé.

Nous quittâmes notre auberge au milieu des plus vives acclamations. Des femmes du peuple, en pleurs, prenaient nos mains et les baisaient. De tous côtés chacun s'offrait à nous suivre, pour éviter, disaient-ils, un guet-apens que les ennemis de l'Empereur nous avaient dressé à quelque distance de la ville. Ce singulier changement des esprits venait de ce que beaucoup de gens des campagnes et grand nombre de fédérés étaient entrés dans la ville, et gouvernaient désormais l'opinion.

Arrivée à Rochefort.

Mardi 4.

A peu de distance de Rochefort, nous rencontrâmes de la gendarmerie qui, sur le bruit de notre mésaventure, avait été expédiée au-devant de nous. Nous arrivâmes à deux heures du matin à Rochefort; l'Empereur y était depuis la veille[1]. Le prince Joseph y arriva le soir même; je le conduisis à l'Empereur.

Je profitai du premier instant de loisir pour donner avis au président du Conseil d'État des motifs qui m'en avaient fait absenter : « Des événe-
« ments grands et rapides, lui écrivais-je, m'ont mis dans le cas de m'éloi-
« gner de Paris sans le congé nécessaire.

« La nature et la gravité des circonstances ont amené cette irrégularité.
« J'étais de service auprès de l'Empereur au moment de son départ. Je
« n'ai pu voir s'éloigner le grand homme qui nous a gouvernés avec tant
« de splendeur, qui se bannit pour faciliter les destinées de la patrie, au-
« quel il ne reste aujourd'hui de la toute-puissance que sa gloire et son
« nom ; je n'ai pu, dis-je, le voir s'éloigner sans céder au besoin de le
« suivre. Au temps de la prospérité, il daigna verser sur moi quelques
« faveurs ; aujourd'hui je lui dois tous les sentiments et toutes les actions
« qui m'appartiennent, etc. »

Calme de l'Empereur.

Mercredi 5 au vendredi 7.

A Rochefort, l'Empereur ne portait plus l'habit militaire. Il était logé à la préfecture. Beaucoup de monde demeurait constamment groupé autour de la maison; de temps à autre des acclamations se faisaient entendre.

---

[1] ITINÉRAIRE DE L'EMPEREUR. — Parti le 29 juin et couché à Rambouillet. — Le 30, couché à Tours. — Le 1er juillet, couché à Niort. — Le 2, il part de Niort et arrive le 3 à Rochefort. — Séjourne jusqu'au 8. — Se rend à bord du *Bellérophon* le 15.

L'Empereur se montra deux ou trois fois au balcon de la préfecture. Beaucoup de propositions lui sont faites par des généraux qui viennent en personne ou envoient des émissaires particuliers.

Du reste, pendant tout le séjour à Rochefort, l'Empereur y est constamment comme aux Tuileries. Nous ne l'approchons pas davantage ; il ne reçoit guère que Bertrand et Savary, et nous en sommes réduits aux bruits et aux conjectures sur ce qui le concerne. Toutefois il paraît que l'Empereur, au milieu de l'agitation des hommes et des choses, demeure calme, impassible, se montre très-indifférent et surtout très-peu pressé.

Un lieutenant de vaisseau de notre marine, commandant un bâtiment de commerce danois, vient s'offrir généreusement pour le sauver.

Il propose de le prendre seul de sa personne, garantit de le cacher si bien, qu'il échappera à toute recherche, et offre de faire voile immédiatement pour les États-Unis. Il ne demande qu'une légère somme pour indemniser ses propriétaires des torts possibles de son entreprise. Bertrand l'accorde sous certaines conditions qu'il rédige en mon nom, et je signe ce marché fictif en présence et sous les yeux du préfet maritime.

MÉMORIAL

Embarquement de l'Empereur.

Samedi 8.

L'Empereur gagne Fourras, vers le soir, aux acclamations de la ville et de la campagne; il couche à bord de *la Saal*, qu'il atteignit sur les huit heures. J'y arrivai beaucoup plus tard; j'avais conduit madame Bertrand dans un canot parti d'un autre endroit.

L'Empereur visite les fortifications de l'île d'Aix.

Dimanche 9.

J'accompagne l'Empereur, qui débarque à l'île d'Aix d'assez bon ma-

tin; il visite toutes les fortifications, et revient déjeuner à bord.

Première entrevue à bord du *Bellérophon*.

Lundi 10.

Dans la nuit du dimanche au lundi, je suis expédié, avec le duc de Rovigo, vers le commandant de la croisière anglaise, pour savoir si on y avait reçu les sauf-conduits qui nous avaient été promis par le gouvernement provisoire pour nous rendre aux États-Unis. Il fut répondu que non, mais qu'on allait en référer immédiatement à l'amiral commandant. Nous posâmes la supposition que l'empereur Napoléon sortît sur les frégates avec pavillon parlementaire ; il fut répondu qu'elles seraient attaquées. Nous parlâmes de son passage sur un vaisseau neutre. Il fut dit que tout bâtiment neutre serait strictement visité, et peut-être même conduit aux ports anglais ; mais il nous fut suggéré de nous rendre en Angleterre, et affirmé qu'on ne pouvait y craindre aucun mauvais traitement. Nous étions de retour à deux heures après midi.

Le vaisseau anglais le *Bellérophon*, à bord duquel nous avions été, nous suivit, et vint mouiller dans la rade des Basques, pour se trouver plus à portée de nous. Les bâtiments des deux nations demeuraient en vue et très-proches les uns des autres.

En arrivant sur *le Bellérophon*, le capitaine anglais nous avait adressé la parole en français ; je ne me hâtai point de lui dire que je pouvais, tant bien que mal, entendre et parler un peu sa langue. Quelques expressions entre lui et d'autres officiers anglais, devant le duc de Rovigo et moi, eussent pu nuire à la négociation, si je fusse convenu que je les avais comprises. Lors donc que, quelque temps plus tard, on nous demanda si nous entendions l'anglais, je laissai le duc de Rovigo répondre que non. Notre situation politique suffisait d'ailleurs pour me débarrasser de tout scrupule, et rendait ma petite supercherie fort simple : aussi je n'en parle que parce qu'étant demeuré depuis une quinzaine de jours avec toutes ces personnes, j'ai été contraint de me gêner beaucoup pour ne pas découvrir ce que j'avais caché d'abord, et que plus tard, dans la traversée pour Sainte-Hélène, quelques-uns des officiers anglais ne furent pas sans faire observer que je faisais des progrès bien rapides dans leur langue. Au fait, je lisais l'anglais, mais j'avais la plus grande difficulté à l'entendre ; il y avait plus de treize ans que je ne l'avais pratiqué.

L'Empereur incertain sur le parti qu'il doit prendre.

Mardi 11.

Toutes les passes étaient bloquées par des voiles anglaises. L'Empereur semblait encore incertain sur le parti qu'il prendrait ; il était question de bâtiments neutres, de chasse-marée monté par de jeunes aspirants. On continuait des propositions du côté de la terre, etc.

L'Empereur à l'île d'Aix.

Mercredi 12.

L'Empereur débarque à l'île d'Aix, au milieu des cris et de l'exaltation de tous. Il quittait les frégates; elles avaient refusé de sortir, soit faiblesse de caractère de la part du commandant, soit qu'il eût reçu de nouveaux ordres de la part du gouvernement provisoire. Plusieurs pensaient que l'entreprise pouvait être tentée avec quelques probabilités de succès : cependant il faut convenir que les vents furent constamment défavorables.

Appareillage des chasse-marée.

Jeudi 13.

L'Empereur, vers onze heures du soir, est à l'instant de se jeter dans les chasse-marée. Deux appareillent avec plusieurs de ses paquets et de ses gens; M. de Planat était sur l'un d'eux.

Seconde entrevue à bord du *Bellérophon*. — Lettre de Napoléon au prince régent.

Vendredi 14.

Je retourne à quatre heures du matin, avec le général Lallemand, à bord du *Bellérophon*, pour savoir s'il n'était arrivé aucune réponse. Le capitaine anglais nous dit qu'il l'attendait à chaque minute, et il ajouta que si l'Empereur voulait dès cet instant s'embarquer pour l'Angleterre, il avait autorité de le recevoir pour l'y conduire. Il ajouta encore que, d'après son opinion privée, et plusieurs autres capitaines présents se joignirent à lui, il n'y avait nul doute que Napoléon ne trouvât en Angleterre tous les égards et les traitements auxquels il pouvait prétendre : que, dans ce pays, le prince et les ministres n'exerçaient pas l'autorité arbitraire du continent; que le peuple anglais avait une générosité de sentiments et une libéralité d'opinion supérieure à la souveraineté même. Je répondis que j'allais faire part à l'Empereur de l'offre du capitaine anglais et de toute sa conversation; j'ajoutai que je croyais assez connaître l'empereur Napoléon pour penser qu'il ne serait pas éloigné de se rendre de confiance en Angleterre, même dans la vue d'y trouver les facilités de continuer sa route vers les États-Unis. Je peignis la France, au midi de la Loire, toute en feu; les espérances des peuples se tournant toujours vers Napoléon, tant qu'il serait présent; les propositions qui lui étaient faites de tous côtés, à chaque instant; sa détermination absolue de ne servir ni de cause ni de prétexte à la guerre civile; la générosité qu'il avait eue d'abdiquer pour rendre la paix plus facile; la ferme résolution où il était de se bannir pour la rendre plus prompte et plus entière.

Le général Lallemand, qui, condamné à mort, était intéressé pour son propre compte dans la résolution que l'on pouvait prendre, demanda au capitaine Maitland, avec qui il avait été jadis de connaissance en Égypte, dont il avait même été, je crois, le prisonnier, si quelqu'un tel que lui, compromis dans les troubles civils de son pays, pouvait avoir jamais à craindre d'être livré à la France, venant ainsi volontairement en Angleterre. Le capitaine Maitland affirma que non, et repoussa le doute comme une injure. Avant de nous quitter, nous nous résumâmes. Je répétai qu'il serait possible que, vu les circonstances et les intentions arrêtées de l'Empereur, il se rendît en Angleterre, d'après l'offre du capitaine Maitland, pour y prendre ses sauf-conduits pour l'Amérique. Le capitaine Maitland désira qu'il fût bien compris qu'il ne garantissait pas qu'on les accorderait, et nous nous séparâmes. Au fond du cœur je ne pensais pas non plus qu'on nous les accordât. Mais l'Empereur ne voulait plus que vivre tranquille ; il était résolu de demeurer désormais personnellement étranger aux événements politiques. Nous voyions donc sans beaucoup d'inquiétude la probabilité qu'on nous empêchât de sortir d'Angleterre ; mais là se bornaient toutes nos craintes et nos suppositions ; là se fixait aussi sans doute la croyance de Maitland. Je lui rends la justice de croire qu'il était sincère et de bonne foi, ainsi que les autres officiers, dans la peinture qu'ils nous avaient faite des sentiments de l'Angleterre.

Nous étions de retour à onze heures. Cependant l'orage s'approchait, les moments devenaient précieux ; il fallait prendre un parti. L'Empereur nous réunit en une espèce de conseil. On débattit toutes les chances. Le bâtiment danois parut impraticable. Il n'était plus question des chasse-marée : la croisière anglaise était inforçable. Il ne restait plus que de revenir à terre entreprendre la guerre civile, ou d'accepter les offres présentées par le capitaine Maitland. On s'arrêta à ce dernier parti. En abordant *le Bellérophon*, disait-on, on serait déjà sur le sol britannique ; les Anglais se trouveraient liés dès cet instant par les droits de l'hospitalité, estimés sacrés chez les peuples les plus barbares ; on se trouverait, dès ce moment, sous les droits civils du pays : les Anglais ne seraient pas assez insensibles à leur gloire pour ne pas saisir cette circonstance avec avidité. Alors Napoléon écrivit au prince régent :

« Altesse Royale, en butte aux factions qui divisent mon pays, et à
« l'inimitié des plus grandes puissances de l'Europe, j'ai consommé ma
« carrière politique. Je viens, comme Thémistocle, m'asseoir sur le
« foyer du peuple britannique ; je me mets sous la protection de ses lois,

« que je réclame de votre Altesse Royale, comme celle du plus puis-
« sant, du plus constant, du plus généreux de mes ennemis. »

Je repartis vers les quatre heures avec mon fils et le général Gourgaud, pour retourner à bord du *Bellérophon*, où je devais demeurer.
Ma mission était d'annoncer la venue de Sa Majesté le lendemain matin, et de remettre au capitaine Maitland la copie de la lettre de l'Empereur au prince régent.

La mission du général Gourgaud était de porter immédiatement la
lettre autographe de l'Empereur au prince régent d'Angleterre, et de la
remettre à sa personne. Le capitaine Maitland lut cette lettre de Napoléon, qu'il admira beaucoup, en laissa prendre copie à deux autres capitaines, sous secret, jusqu'à ce qu'elle devînt publique, et s'occupa
d'expédier sans délai le général Gourgaud sur la corvette *le Slany*.

Il n'y avait encore que peu d'instants que ce dernier bâtiment avait
quitté *le Bellérophon*, je me trouvais seul avec mon fils dans la chambre
du capitaine; M. Maitland avait été donner des ordres, lorsqu'il rentra
précipitamment, le visage et la voix altérés : « Comte de Las Cases, je

« suis trompé! Quand je traite avec vous, que je me démunis d'un bâ-
« timent, on m'annonce que Napoléon vient de m'échapper; cela me
« mettrait dans une situation affreuse vis-à-vis de mon gouvernement! »
Ces paroles me firent tressaillir; j'aurais voulu pour tout au monde la
nouvelle vraie. L'Empereur n'avait pris aucun engagement; j'avais été
de la meilleure foi du monde; je me fusse volontiers rendu victime
d'une circonstance dans laquelle j'étais parfaitement innocent. Je demandai avec le plus grand calme au capitaine Maitland à quelle heure
on avait dit que l'Empereur était parti; Maitland avait été si frappé,
qu'il ne s'était pas donné le temps de le demander; il recourut sur le
pont, et vint me dire : « A midi. — S'il en était ainsi, lui dis-je, le dé-
« part du *Slany*, que vous ne faites que d'expédier, ne vous ferait aucun
« tort. Mais, rassurez-vous, j'ai quitté l'Empereur à l'île d'Aix, à quatre
« heures. — Me l'affirmez-vous? » me dit-il. Je lui en donnai ma parole;
et il se retourna vers quelques officiers qu'il avait avec lui, et leur dit
en anglais que la nouvelle devait être fausse, que j'étais trop calme,
que j'avais l'air de trop bonne foi, et que d'ailleurs je venais de lui en
donner ma parole.

La croisière anglaise avait de nombreuses intelligences sur nos côtes;
j'ai pu vérifier depuis qu'elle était instruite à point nommé de toutes
nos démarches[1].

On ne s'occupa plus que du lendemain. Le capitaine Maitland me demanda si je voulais que ses embarcations allassent chercher l'Empereur;
je lui répondis que la séparation était trop douloureuse pour les marins français, qu'il fallait leur laisser la satisfaction de garder l'Empereur jusqu'au dernier instant.

L'Empereur à bord du *Bellérophon*.

Samedi 15.

Au jour on aperçut en effet notre brick *l'Épervier* qui, sous pavillon
parlementaire, manœuvrait sur *le Bellérophon*. Le vent et la marée étant

---

[1] A bord du *Northumberland*, dans notre traversée pour Sainte-Hélène, l'amiral Cockburn avait mis sa bibliothèque à notre disposition; il arriva à l'un de nous, feuilletant un volume de *l'Encyclopédie britannique*, d'y trouver une lettre de La Rochelle, adressée au chef de la croisière anglaise ; elle contenait, mot pour mot, toute notre affaire du bâtiment danois, le moment de son appareillage projeté, son intention, etc. Nous nous passâmes cette lettre de main en main, et la replaçâmes soigneusement. Elle nous apprit peu de chose, nous savions combien il existait d'intelligences du dedans au dehors ; mais nous trouvions curieux d'en lire une preuve de la sorte. Comment cette lettre se trouvait-elle à bord du *Northumberland?* C'est que sans doute le capitaine Maitland, en nous déposant à bord de ce vaisseau, avait remis aussi les pièces qui nous concernaient ; et il est à croire que c'est cette même lettre qui causa tant d'effroi au capitaine Maitland sur l'évasion de l'Empereur, lorsque je me trouvais déjà à son bord.

contraires, le capitaine Maitland envoya son canot au-devant. Le voyant revenir, c'était un grand sujet d'anxiété pour le capitaine Maitland de découvrir avec sa lunette si l'Empereur y était descendu ; il me priait à chaque instant d'examiner moi-même, et je ne pouvais lui répondre. Enfin il n'y eut plus de doute : l'Empereur, entouré de ses officiers, aborda le *Bellérophon*, je me trouvai à l'échelle du vaisseau pour lui nommer le capitaine Maitland, auquel il dit : « Je viens à votre bord me

« mettre sous la protection des lois d'Angleterre. » Le capitaine Maitland le conduisit dans sa chambre, et l'en mit en possession. Bientôt après, le capitaine présenta tous ses officiers à l'Empereur, qui vint ensuite sur le pont, et visita, dans la matinée, toutes les parties du vaisseau. Je lui racontai la frayeur qu'avait eue la veille le capitaine Maitland touchant son évasion supposée ; l'Empereur ne jugea pas comme je l'avais fait : « Qu'avait-il donc à craindre? me dit-il avec force et « dignité ; ne vous avait-il pas avec lui? »

Vers les trois heures, nous vîmes arriver au mouillage le *Superbe*, de soixante-quatorze, amiral Hotham, commandant la station. Cet amiral vint rendre visite à l'Empereur, demeura à dîner, et, sur les questions que lui fit l'Empereur sur son vaisseau, il demanda s'il daignerait y venir le lendemain; l'Empereur s'y invita à déjeuner avec nous tous.

L'Empereur à bord de l'amiral Hotham. — Appareillage pour l'Angleterre.
L'Empereur commande l'exercice aux soldats anglais.

Dimanche 16.

L'Empereur se rend à bord de l'amiral Hotham; je l'y accompagne. Tous les honneurs, à l'exception du canon, lui sont prodigués. Nous parcourons jusque dans les plus petits détails toutes les parties du vaisseau, que nous trouvons d'un ordre et d'une tenue admirables. L'amiral Hotham déploie toute la grâce et toute la recherche qui caractérisent l'homme d'un rang et d'une éducation distingués. Nous retournons vers une heure à bord du *Bellérophon*, et nous mettons sous voiles pour l'Angleterre, douze jours après notre départ de Paris. Il faisait presque calme.

Le matin, l'Empereur, en sortant pour aller à bord de l'amiral Hotham, s'était arrêté court sur le pont du *Bellérophon* devant les soldats rangés pour lui faire honneur; il leur commanda plusieurs temps

d'exercice, leur fit croiser la baïonnette; et comme ce dernier mouvement ne s'exécutait pas tout à fait à la française, il s'avança vivement au milieu des soldats, écartant les baïonnettes de ses deux mains, et alla saisir un des fusils du dernier rang, avec lequel il figura lui-même à notre façon. Alors il se fit un mouvement subit et extrême sur le visage des soldats, des officiers, de tous les spectateurs; ils peignaient l'étonnement de voir l'Empereur se mettre ainsi au milieu des baïonnettes anglaises, dont certaines lui touchaient la poitrine. Cette circonstance frappa vivement; à notre retour du *Superbe*, on nous questionnait à cet égard; on nous demandait s'il en agissait souvent ainsi avec ses soldats, et l'on n'hésita pas à frémir de sa confiance. Aucun d'eux n'était fait à l'idée de souverains qui ordonnassent de la sorte, expliquassent et exécutassent eux-mêmes. Il nous fut aisé de reconnaître alors qu'aucun d'eux n'avait une idée juste sur celui qu'ils voyaient en ce moment, bien que depuis vingt années il eût été l'objet constant de toute leur attention, de tous leurs efforts, de toutes leurs paroles.

Influence de l'Empereur sur les Anglais du *Bellérophon*. — Résumé de l'Empereur.

Lundi 17 au samedi 22

Nous continuons notre route avec des vents peu favorables.

L'Empereur ne fut pas longtemps au milieu de ses plus cruels ennemis, de ceux que l'on avait constamment nourris des bruits les plus absurdes et les plus irritants, sans exercer sur eux toute l'influence de la gloire. Le capitaine, les officiers, l'équipage, eurent bientôt adopté les mœurs de sa suite; ce furent les mêmes égards, le même langage, le même respect. Le capitaine ne l'appelait que Sire et Votre Majesté; s'il paraissait sur le pont, chacun avait le chapeau bas, et demeurait ainsi tant qu'il était présent, ce qui n'avait pas eu lieu dans les premiers instants; on ne pénétrait dans sa chambre qu'à travers ses officiers; il ne paraissait à sa table que ceux du vaisseau qu'il y avait invités; enfin Napoléon, à bord du *Bellérophon*, y était empereur. Il paraissait souvent sur le pont, et conversait avec quelques-uns de nous ou avec des personnes du vaisseau.

De tous ceux qui l'avaient suivi, j'étais peut-être celui qu'il connaissait le moins; on a vu précédemment que, malgré mes emplois auprès de sa personne, j'avais eu peu de relations directes avec lui. Depuis mon départ de Paris, il m'avait à peine encore adressé la parole; mais, durant notre navigation, il a commencé à s'entretenir fort souvent avec moi. Les occasions et les circonstances m'étaient des plus favorables; je savais assez d'anglais pour être à même de lui donner bien des éclaircissements sur ce qui se disait autour de nous.

J'avais été marin, et je donnai à l'Empereur toutes les explications qu'il désirait sur les manœuvres du vaisseau, l'état des vents et de la mer.

J'avais été dix ans en Angleterre; j'y avais pris des idées arrêtées sur les lois, les mœurs, les usages du pays; je pouvais répondre pertinemment à toutes les questions que l'Empereur daignait m'adresser sur ces objets.

Enfin mon atlas historique me laissait une foule d'époques, de dates et de rapprochements sur lesquels il me trouvait toujours prêt.

En même temps j'employai les loisirs de notre navigation au résumé qui suit, touchant notre situation à Rochefort et les motifs qui avaient dicté la détermination de l'Empereur. J'obtenais désormais des données exactes et authentiques. Les voici:

RÉSUMÉ[1].

La croisière anglaise n'était pas forte, deux corvettes étaient devant Bordeaux, elles y bloquaient une corvette française, et donnaient la chasse à des Américains qui sortaient tous les jours en grand nombre. A l'île d'Aix nous avions deux frégates bien armées; la corvette *le Vulcain*, de premier échantillon, était au fond de la rade; enfin un gros brick; tout cela était bloqué par un vaisseau de soixante-quatorze, des plus petits de la marine anglaise, et par une ou deux mauvaises corvettes. Il est hors de doute qu'en courant risque de sacrifier un ou deux bâtiments, on serait passé; mais le capitaine commandant était faible, il refusa de sortir; le second, tout à fait déterminé, l'eût tenté: probablement le commandant avait reçu des instructions de Fouché, qui déjà trahissait ouvertement, et voulait livrer l'Empereur. Quoi qu'il en soit, il n'y avait rien à attendre du côté de la mer; l'Empereur alors débarqua à l'île d'Aix.

Si cette mission eût été confiée à l'amiral Verhuel, disait l'Empereur, ainsi qu'on le lui avait promis lors de son départ de Paris, il est probable qu'il eût passé. Les équipages des deux frégates étaient pleins d'attachement et d'enthousiasme.

La garnison de l'île d'Aix était composée de quinze cents marins, formant un très-beau régiment; les officiers, indignés de ce que les frégates ne voulaient pas sortir, proposèrent d'armer deux chasse-marée du port de quinze tonneaux chacun; les jeunes aspirants voulurent en

[1] Ce résumé est la dictée même de Napoléon.

être les matelots; mais au moment de l'exécution ils déclarèrent qu'il était difficile de gagner l'Amérique sans toucher sur quelque point de la côte d'Espagne ou du Portugal.

Dans ces circonstances, l'Empereur composa une espèce de conseil des personnes de sa suite. On y représenta qu'il ne fallait plus compter sur les frégates ni sur les bâtiments armés; que les chasse-marée n'offraient aucun résultat probable de succès, qu'ils ne pouvaient guère conduire qu'à être pris en pleine mer par les Anglais ou à tomber entre les mains des alliés. Il ne restait plus dès lors que deux partis : celui de rentrer dans l'intérieur pour y tenter le sort des armes, ou celui d'aller prendre un asile en Angleterre. Pour suivre le premier, on se trouvait à la tête de quinze cents marins pleins de zèle et de bonne volonté; le commandant de l'île était un ancien officier de l'armée d'Égypte, tout dévoué à Napoléon; il eût débarqué avec ces quinze cents hommes à Rochefort; on s'y fût grossi de la garnison de cette ville, dont l'esprit était excellent; on eût appelé la garnison de La Rochelle, composée de quatre bataillons de fédérés qui offraient leurs services, et l'on se trouvait en mesure de joindre le général Clausel, si ferme à la tête de l'armée de Bordeaux, ou le général Lamarque, qui avait fait des prodiges avec celle de la Vendée; tous les deux attendaient, désiraient Napoléon; on eût nourri facilement la guerre civile dans l'intérieur de la France. Mais Paris était pris, les Chambres étaient dissoutes; cinq à six cent mille ennemis étaient dans l'intérieur de l'empire; la guerre civile ne pouvait avoir d'autre résultat que de faire périr tout ce que la France avait d'hommes généreux et attachés à Napoléon. Cette perte eût été sensible, irréparable; elle eût détruit les espérances des destinées futures de la France, sans produire d'autre avantage que de mettre l'Empereur dans le cas de traiter et d'obtenir des arrangements favorables à ses intérêts. Mais Napoléon avait renoncé à être souverain, il ne demandait qu'un asile tranquille; il répugnait, pour un si mince résultat, à faire périr tous ses amis, à devenir le prétexte du ravage de nos provinces, et enfin, pour tout dire, à priver le parti national de ses plus vrais appuis, lesquels tôt ou tard pourraient rétablir l'honneur et l'indépendance de la France. Il ne voulait plus vivre qu'en homme privé; l'Amérique était le lieu le plus convenable, le lieu de son choix; mais enfin l'Angleterre même, avec ses lois positives, pouvait lui convenir encore; et il paraissait, d'après ma première entrevue avec le capitaine Maitland, que celui-ci pourrait le conduire en Angleterre avec toute sa suite, pour y être traité convenablement. Dès ce moment, l'Empereur et sa suite se trouvaient sous la protection des lois britanniques ; et le peuple de ce pays aimait trop la gloire pour manquer une occasion qui se présentait naturellement, et devait former les plus belles pages de son histoire. On résolut donc de se rendre à la croisière anglaise sitôt que Maitland aurait exprimé positivement l'ordre de nous recevoir. On retourna vers lui ; le capitaine Maitland exprima littéralement qu'il avait autorité de son gouvernement de recevoir l'Empereur, s'il voulait venir à bord du *Bellérophon*, et de le conduire, ainsi que sa suite, en Angleterre [1]. Alors l'Empereur s'y rendit, non qu'il y fût contraint par les événements, puisqu'il pouvait rester en France, mais parce qu'il voulait vivre en simple particulier, qu'il ne voulait plus se mêler des affaires, et surtout ne pas compliquer celles de la France. Certes, il n'eût pas pris ce parti s'il eût pu soupçonner l'indigne traitement qu'on lui ménageait ; chacun en demeurera facilement convaincu. Sa lettre au prince régent publie assez hautement sa confiance et sa persuasion ; le capitaine Maitland, à qui elle a été officiellement communiquée avant que l'Empereur se rendît à son bord, n'y ayant fait aucune observation, a, par cette seule circonstance, reconnu et consacré les sentiments qu'elle renfermait.

Ouessant. — Côtes d'Angleterre.

Dimanche 23.

A quatre heures du matin, nous vîmes Ouessant, que nous avions dépassé dans la nuit. Depuis que nous approchions de la Manche, nous apercevions à chaque instant des vaisseaux anglais ou des frégates allant ou venant dans toutes les directions. A la nuit, nous étions en vue des côtes d'Angleterre.

Mouillage à Torbay.

Lundi 24

Vers les huit heures du matin, nous jetâmes l'ancre dans la rade de Torbay. L'Empereur, levé dès six heures du matin, monté sur la dunette, observait les côtes et les préparatifs du mouillage. Je ne le quittais pas, pour lui fournir toutes les explications relatives.

Le capitaine Maitland expédia aussitôt un courrier à lord Keith, son

---

[1] Quatre ans après la publication du *Mémorial* et dix ans après l'événement, le capitaine Maitland a publié la relation de l'embarquement et du séjour de Napoléon à bord de son vaisseau. Parfaitement d'accord avec le *Mémorial* sur presque tous les points, le capitaine Maitland a différé sur un seul, le peu de bonne foi employé vis-à-vis de nous, dont on était résolu de se rendre maître à tout prix.

C'est ce qu'a fait ressortir d'une manière victorieuse l'un des ornements de notre barreau, M. Barthe, plus tard, après la révolution de 1830, ministre de la justice et garde des sceaux à différentes reprises.

amiral général, qui était à Plymouth. Le général Gourgaud, qui était parti sur *le Slany*, vint nous rejoindre ; il avait dû se dessaisir de la lettre au prince régent : on ne lui avait pas permis le débarquement, on lui avait interdit toute communication quelconque. Ce nous fut d'un mauvais augure, et le premier indice des nombreuses tribulations qui vont suivre.

Dès qu'il transpira que l'Empereur était à bord du *Bellérophon*, la

rade fut couverte d'embarcations et de curieux. Le propriétaire d'une belle maison de campagne qui était en vue lui envoya un présent de fruits.

Affluence de bateaux pour apercevoir l'Empereur.

Mardi 25.

Même concours de bateaux, même affluence de spectateurs. L'Empereur les considérait de sa chambre, et se laissait voir parfois sur le pont. Le capitaine Maitland, revenant de terre, me remit une lettre de lady C., qui en contenait une de ma femme. Ma surprise fut grande d'abord, et égale à ma satisfaction ; mais cette surprise cessa, quand je considérai que la longueur de la traversée avait permis aux journaux de France de publier et de transmettre au loin notre destinée ; ainsi tout ce qui était relatif à l'Empereur et à sa suite était déjà connu en Angleterre, et nous y étions attendus cinq à six jours avant d'y arriver. Ma femme s'était empressée d'écrire à ce sujet à lady C., et celle-ci avait eu l'adresse d'écrire au capitaine Maitland, sans le connaître, et de lui envoyer mes deux lettres.

La lettre de ma femme respirait une douce affliction; mais celle de lady C., qui savait déjà à Londres notre destinée future, était pleine des plus vifs reproches. — Je ne m'appartenais pas, pour disposer ainsi de moi; c'était un crime d'abandonner ma femme et mes enfants. Triste résultat de nos éducations modernes, qui relèvent nos âmes assez peu pour qu'on ne conçoive ni le mérite ni le charme des grandes résolutions et des grands sacrifices! On croit avoir tout dit, on a tout justifié, sitôt qu'on a mis en avant le danger des intérêts privés et des jouissances domestiques; on ne soupçonne pas que le premier devoir envers sa femme est de lui ménager une situation honorée, et que le plus riche héritage à laisser à ses enfants est l'exemple de quelques vertus, et un nom qui se rattache à un peu de gloire.

Mouillage à Plymouth. — Séjour, etc.

Mercredi 26.

Des ordres étaient venus dans la nuit de nous rendre immédiatement à Plymouth; nous avons appareillé de bon matin; nous sommes arrivés à notre nouvelle destination vers quatre heures de l'après-midi, dix jours après notre appareillage de Rochefort, vingt-sept après notre départ de Paris, et trente-cinq après l'abdication de l'Empereur. Notre horizon s'est rembruni dès lors singulièrement; des canots armés ont entouré le vaisseau : ils ramaient au loin, écartant les curieux, même à coups de fusil. L'amiral Keith, qui était en rade, ne vint point à notre bord. Deux frégates firent le signal d'un départ immédiat; on nous dit qu'un courrier extraordinaire leur avait apporté, le matin, une mission lointaine. On distribua quelques-uns de nous sur d'autres bâtiments. Toutes les figures semblaient nous considérer avec un morne intérêt; les bruits les plus sinistres avaient gagné le vaisseau; il circulait pour nous le chuchotage de plusieurs destinations, toutes plus affreuses les unes que les autres.

L'emprisonnement à la Tour paraissait la plus douce, et quelques-uns parlaient de Sainte-Hélène. Sur ces entrefaites, les deux frégates, sur lesquelles on m'avait fort éveillé, appareillèrent, bien que le vent leur fût contraire pour sortir, et, arrivées par notre travers, elles laissèrent retomber l'ancre à droite et à gauche de nous, presque à nous toucher; alors quelqu'un me dit à l'oreille qu'elles devaient nous enlever la nuit, et faire voile pour Sainte-Hélène.

Non, jamais je ne rendrai l'effet de ces terribles paroles! Une sueur froide parcourut tout mon corps : c'était un arrêt de mort inattendu! Des bourreaux impitoyables me saisissaient pour le supplice; on m'arrachait violemment à tout ce qui m'attachait à la vie ; je tendais douloureusement les bras vers ce qui m'était si cher ; c'était en vain, il fallait périr! Cette pensée, une foule d'autres en désordre, excitèrent en moi une véritable tempête : c'était le déchirement d'une âme qui cherche à se dégager de ses amalgames terrestres! Mes cheveux en ont blanchi!... Heureusement la crise fut courte, et mon moral en sortit vainqueur, si pleinement vainqueur, qu'à compter de cet instant je me trouvai au-dessus de toutes les atteintes des hommes. Je sentis que je pouvais désormais défier l'injustice, les mauvais traitements, les supplices. Je jurai surtout, dès lors, qu'on n'entendrait jamais de moi ni plaintes ni demandes. Mais que ceux d'entre nous auxquels j'ai dû paraître si tranquille dans ces fatales circonstances ne m'accusent point de ne pas sentir! Ils ont prolongé leur agonie en détail; la mienne s'était opérée en masse.

L'Empereur parut sur le pont, à son ordinaire ; je le vis quelque temps dans sa chambre, sans lui communiquer ce que j'avais appris : je voulais être son consolateur, et non contribuer à le tourmenter. Cependant tous ces bruits étaient arrivés jusqu'à lui ; mais il était venu si librement et de si bonne foi à bord du *Bellérophon*, et s'y était trouvé si fort attiré par les Anglais eux-mêmes ; il regardait tellement sa lettre au prince régent, communiquée d'avance au capitaine Maitland, comme des conditions tacites; enfin il avait mis tant de magnanimité dans sa démarche, qu'il repoussait avec indignation toutes les craintes qu'on voulait lui donner, et ne permettait pas que nous pussions avoir des doutes.

Amiral Keith. — Acclamations des Anglais dans la rade de Plymouth à la vue de l'Empereur.

Jeudi 27, vendredi 28.

On peindrait difficilement notre anxiété et nos tourments : la plupart d'entre nous ne vivaient plus; la moindre circonstance venue de terre, l'opinion la plus vulgaire de qui que ce fût à bord, l'article du journal le moins authentique, étaient le sujet de nos arguments les plus graves, et la cause de nos perpétuelles oscillations d'espérance et de crainte. Nous allions à la recherche des plus petits bruits; nous provoquions du premier venu des versions favorables, des espérances trompeuses; tant l'expansion et la mobilité de notre caractère national nous rendent peu propres à cette résignation stoïque, à cette concentration impassible, qui ne dérivent que d'idées arrêtées et de doctrines positives puisées dès l'enfance.

Les papiers publics, les ministériels surtout, étaient déchaînés contre nous : c'était le cri des ministres préparant au coup qu'ils allaient frapper. On se figurerait difficilement les horreurs, les mensonges, les imprécations qu'ils accumulaient contre nous ; et l'on sait qu'il en reste toujours quelque chose sur la multitude, quelque bien disposée qu'elle soit. Aussi les manières autour de nous étaient devenues moins aisées ; les politesses embarrassées, les figures incertaines.

L'amiral Keith, après s'être fait annoncer maintes fois, ne fit qu'apparaître : il nous était visible qu'on redoutait notre situation, qu'on évitait nos paroles. Les papiers contenaient les mesures qu'on allait prendre ; mais comme il n'y avait rien d'officiel encore, et qu'ils se contredisaient dans quelques petits détails, nous aimions à nous flatter, et demeurions encore dans ce vague, cette incertitude pires néanmoins que tous les résultats.

Cependant, d'un autre côté, notre apparition en Angleterre y avait produit un étrange mouvement ; l'arrivée de l'Empereur y avait créé une curiosité qui tenait de la fureur ; c'étaient les papiers publics eux-mêmes

qui nous apprenaient cette circonstance, en la condamnant. Toute l'Angleterre se précipitait vers Plymouth. Une personne partie de Londres aussitôt mon arrivée, pour venir me voir, fut contrainte de s'arrêter bientôt par le manque absolu de chevaux et de logement dans la route. La mer se couvrait d'une multitude de bateaux autour de nous ; on nous a dit depuis qu'il y en avait eu de payés jusqu'à soixante napoléons.

L'Empereur, à qui je lisais tous les papiers, n'en avait pas moins, en public, le même calme, le même langage, les mêmes habitudes. On savait qu'il paraissait toujours vers les cinq heures sur le pont ; quelque temps avant, tous les bateaux se groupaient à côté les uns des autres, il y en avait des milliers ; leur réunion serrée ne laissait plus soupçonner la mer, on eût cru bien plutôt cette foule de spectateurs rassemblés sur une place publique. A l'apparition de l'Empereur, le bruit, le mouvement, les gestes de tant de monde, présentaient un singulier spectacle ; en même temps il étoit aisé de juger qu'il n'y avait rien d'hostile dans tout cela, et que, si la curiosité les avait amenés, ils y puisaient de l'intérêt. On pouvait s'apercevoir même que ce sentiment allait visiblement en croissant : on s'était contenté de regarder d'abord, on avait salué ensuite, quelques-uns demeuraient découverts, et l'on fut parfois jusqu'à pousser des acclamations ; nos symboles mêmes commençaient à se montrer parmi eux ; des femmes, des jeunes gens arrivaient parés d'œillets rouges ; mais toutes ces circonstances mêmes tournaient à notre détriment aux yeux des ministres et de leurs partisans, et ne faisaient que rendre plus poignante notre perpétuelle agonie.

Ce fut dans ce moment que l'Empereur, frappé de tout ce qu'il entendait, me dicta une pièce propre à servir de base aux légistes, pour discuter et défendre sa véritable situation politique. Nous trouvâmes le moyen de la faire passer à terre. Je n'en ai point conservé de copie.

Décision ministérielle à notre égard. — Anxiétés, etc.

Samedi 29, dimanche 30.

Depuis vingt-quatre heures, ou deux jours, le bruit était qu'un sous-secrétaire d'État venait de Londres pour notifier officiellement à l'Empereur les résolutions des ministres à son égard. Il parut en effet : c'était le chevalier Banbury, qui vint avec lord Keith, et remit une pièce ministérielle qui contenait la déportation de l'Empereur, et limitait à trois le nombre des personnes qui devaient l'accompagner ; en excluant toutefois le duc de Rovigo et le général Lallemand, compris dans une liste de proscription en France.

Je ne fus point appelé auprès de l'Empereur : les deux Anglais parlaient et entendaient le français ; l'Empereur les admit seuls. J'ai su qu'il avait combattu et repoussé, avec beaucoup d'énergie et de logique, la

violence qu'on exerçait sur sa personne : « Il était l'hôte de l'Angleterre,
« avait-il dit, il n'était point son prisonnier; il était venu librement se
« placer sous la protection de ses lois ; on violait sur lui les droits sacrés

« de l'hospitalité ; il n'accéderait jamais volontairement à l'outrage qu'on
« lui ménageait, la violence seule pourrait l'y contraindre, etc., etc. »

L'Empereur me donna la pièce ministérielle pour sa traduction : la voici :

Communication faite par lord Keith au nom des ministres

« Comme il peut être convenable au général Bonaparte d'apprendre, sans un plus long délai, les intentions du gouvernement britannique à son égard, Votre Seigneurie lui communiquera l'information suivante :

« Il serait peu consistant avec nos devoirs envers notre pays et les alliés de Sa Majesté, si le général Bonaparte conservait les moyens ou l'occasion de troubler de nouveau la paix de l'Europe ; c'est pourquoi il devient absolument nécessaire qu'il soit restreint dans sa liberté personnelle, autant que peut l'exiger ce premier et important objet.

« L'île de Sainte-Hélène a été choisie pour sa future résidence : son climat est sain, et sa situation locale permettra qu'on l'y traite avec plus d'indulgence qu'on ne le pourrait faire ailleurs, vu les précautions indispensables qu'on serait obligé d'employer pour s'assurer de sa personne.

« On permet au général Bonaparte de choisir parmi les personnes qui l'ont accompagné en Angleterre, à l'exception des généraux Savary et Lallemand, trois officiers, lesquels, avec son chirurgien, auront la permission de l'accompagner à Sainte-Hélène, et ne pourront point quitter l'île sans la sanction du gouvernement britannique.

« Le contre-amiral sir Georges Cockburn, qui est nommé commandant en chef du cap de Bonne-Espérance et des mers adjacentes, conduira le général Bonaparte et sa suite à Sainte-Hélène, et recevra des instructions détaillées touchant l'exécution de ce service.

« Sir G. Cockburn sera probablement prêt à partir dans peu de jours; c'est pourquoi il est désirable que le général Bonaparte fasse sans délai le choix des personnes qui doivent l'accompagner. »

Bien que nous nous fussions attendus à notre déportation à Sainte-Hélène, nous en demeurâmes affectés, elle nous consterna tous. Toutefois l'Empereur n'en vint pas moins sur le pont, comme de coutume, avec le même visage, et de la même manière, considérer la foule affamée de le voir.

Les généraux Savary et Lallemand ne peuvent suivre l'Empereur.

Lundi 31.

Notre situation était affreuse; nos peines, au delà de toute expression; nous allions cesser de vivre pour l'Europe, pour notre patrie, pour nos familles, pour nos amis, nos jouissances, nos habitudes : on nous laissait, à la vérité, le choix de ne pas suivre l'Empereur, mais ce choix était celui des martyrs; il s'agissait de renoncer à sa religion, à son culte, ou de périr. Une circonstance venait compliquer encore nos tourments : c'était l'exclusion spéciale des généraux Savary et Lallemand, qui en étaient frappés de terreur; ils ne voyaient plus que l'échafaud, ils étaient persuadés que l'Angleterre, ne distinguant point les actes politiques, dans une révolution, des crimes civils dans un État tranquille, les livrerait à leurs ennemis pour subir le supplice. C'eût été un tel outrage à toutes les lois, un tel opprobre pour l'Angleterre elle-même, qu'on eût été tenté de l'en défier; mais on ne pouvait parler ainsi qu'en se trouvant proscrit avec eux. Du reste, nous ne balançâmes pas à vouloir demeurer tous du nombre de ceux que l'Empereur pouvait choisir; nous n'avions qu'une crainte, celle de nous trouver exclus.

DE SAINTE-HÉLÈNE.   55

L'Empereur me demande si je le suivrai à Sainte-Hélène. — Paroles remarquables de l'Empereur.

Mardi 1ᵉʳ août au jeudi 3

Nous restions toujours dans le même état. Je reçus dans la matinée une lettre de Londres dans laquelle on exprimait avec beaucoup de force que j'aurais tort, que ce serait même un crime que de m'expatrier. La personne qui me l'adressait écrivit au capitaine Maitland de joindre ses efforts et ses avis pour m'empêcher de prendre un parti aussi extrême. J'arrêtai les premières paroles du capitaine Maitland, en lui faisant observer qu'à mon âge on agissait avec réflexion.

Je lisais chaque jour à l'Empereur les divers papiers-nouvelles. Aujourd'hui il s'en trouva deux dans le nombre, soit que la bienveillance nous les eût fait adresser, soit que les opinions commençassent à se diviser, qui plaidaient notre cause avec beaucoup de chaleur, et nous dédommageaient des grossières injures dont les autres étaient remplis. Nous nous livrâmes à l'espoir qu'à la haine qu'avait inspirée un ennemi succéderait bientôt l'intérêt que doivent exciter les grandes actions, et nous nous dîmes que l'Angleterre avait une foule de cœurs nobles et d'âmes élevées qui deviendraient indubitablement d'ardents avocats, etc., etc.

La foule des bateaux croissait chaque jour ; l'Empereur se montrait en public à son heure ordinaire, et l'accueil était de plus en plus favorable.

Quant à son intérieur, l'Empereur demeurait encore pour la plupart de nous toujours comme aux Tuileries ; nous l'avions suivi en grand nombre, de tous rangs, de tous grades ; le grand maréchal et le duc de Rovigo seuls le voyaient habituellement ; tel, depuis notre départ, ne l'avait guère plus approché, et ne lui avait pas parlé davantage qu'il ne l'eût fait à Paris. Moi, j'étais appelé dans la journée toutes les fois qu'il y avait des papiers à traduire, et insensiblement l'Empereur prit l'habitude régulière de me faire appeler tous les soirs, vers huit heures, pour causer quelque temps.

Aujourd'hui, dans le cours de la conversation, et à la suite de divers sujets, il m'a demandé si je le suivrais à Sainte-Hélène ; j'ai répondu avec la dernière franchise : mes sentiments me le rendaient facile. Je lui ai dit qu'en quittant Paris pour le suivre, j'avais sauté à pieds joints sur toutes les chances, celle de Sainte-Hélène n'avait rien qui dût la faire excepter ; mais que nous étions en grand nombre autour de lui ; qu'on ne lui permettait d'emmener que trois d'entre nous ; que bien des personnes me faisaient un crime d'abandonner ma famille ; que j'avais donc besoin, vis-à-vis d'elle et vis-à-vis de ma propre conscience, de savoir que je lui serais utile et agréable ; qu'en un mot, j'avais besoin qu'il me choisît ; que cette observation ne renfermait aucune arrière-pensée, car je lui avais donné désormais ma vie sans restriction.

Sur ces entrefaites, madame Bertrand, sans avoir été demandée, sans s'être fait annoncer, s'est précipitée tout à coup dans la chambre de l'Empereur; elle était hors d'elle-même; elle s'écriait qu'il n'allât pas à Sainte-Hélène, qu'il n'emmenât pas son mari. Sur l'étonnement, le visage et la réponse calme de l'Empereur, elle ressortit aussi précipitamment qu'elle était entrée. L'Empereur, toujours étonné, me disait : « Concevez-vous rien à cela? » quand nous entendîmes de grands cris, et le mouvement de tout l'équipage qui accourait en tumulte vers l'arrière du vaisseau. L'Empereur m'ordonna de sonner pour en connaître la cause ; c'était madame Bertrand qui, après être sortie de chez l'Empereur, avait voulu

se jeter à l'eau, et qu'on avait eu toutes les peines du monde à retenir. Qu'on juge, par cette scène, de tout ce qui se passait en nous.

Au matin, le duc de Rovigo m'apprend que je suis décidément du voyage de Sainte-Hélène; l'Empereur, en causant, lui avait dit que, si nous devions n'être que deux à le suivre, il comptait encore que je serais du nombre; qu'il attendait de moi de l'utilité et de la consolation. Je dois à la bienveillance du duc de Rovigo la douceur de connaître ces paroles de l'Empereur : j'en suis reconnaissant; sans lui, elles me seraient toujours demeurées inconnues. A moi, l'Empereur n'avait rien répondu quand nous avions traité ce sujet : c'est sa manière : j'aurai plus d'une fois l'occasion de le montrer.

Je ne me trouvais de véritable connaissance avec aucun de ceux qui avaient suivi l'Empereur, si j'en excepte toutefois le général Bertrand et sa femme, dont j'avais été comblé dans ma mission en Illyrie, où il commandait en qualité de gouverneur général.

Jusqu'alors je n'avais jamais parlé au duc de Rovigo; certaines préventions m'en avaient toujours tenu au loin; à peine nous fûmes-nous vus, qu'elles furent détruites.

Savary aimait sincèrement l'Empereur; je lui ai connu de l'âme, du cœur, de la droiture, de la reconnaissance; il m'a semblé susceptible d'une véritable amitié : nous nous serions sans doute intimement liés. Puisse-t-il lire jamais les sentiments et les regrets qu'il m'a laissés!

L'Empereur m'ayant fait venir ce soir, comme de coutume, pour causer, à la suite de beaucoup d'objets divers, il s'est arrêté sur Sainte-Hélène; il m'a demandé ce que ce pouvait être, s'il serait possible d'y supporter la vie, etc., etc.... « Mais après tout, m'a-t-il dit, est-il bien « sûr que j'y aille? Un homme est-il donc dépendant de son semblable « quand il veut cesser de l'être? »

Nous nous promenions dans sa chambre; il était calme, mais affecté, et en quelque façon distrait.

« Mon cher, a-t-il continué, j'ai parfois l'envie de vous quitter, et cela « n'est pas bien difficile; il ne s'agit que de se monter un tant soit peu la « tête, et je vous aurai bientôt échappé ; tout sera fini, et vous irez re-« joindre tranquillement vos familles. D'autant plus que mes principes inté-« rieurs ne me gênent nullement : je suis de ceux qui croient que les peines « de l'autre monde n'ont été imaginées que comme supplément aux at-« traits insuffisants qu'on nous y présente. Dieu ne saurait avoir voulu « un tel contre-poids à sa bonté infinie, surtout pour des actes tels que « celui-ci. Et qu'est-ce après tout? Vouloir lui revenir un peu plus vite. »

Je me récriai sur de pareilles pensées. Le poëte, le philosophe, avaient dit que c'était un spectacle digne des dieux que de voir l'homme aux prises avec l'infortune; les revers et la constance avaient aussi leur gloire; un aussi noble et un aussi grand caractère ne pouvait pas s'abaisser au niveau des âmes les plus vulgaires; celui qui nous avait gouvernés avec tant de gloire, qui avait fait et l'admiration et les destinées du monde, ne pouvait finir comme un joueur au désespoir ou comme un amant trompé. Que deviendraient donc tous ceux qui croyaient, qui espéraient en lui? Abandonnerait-il donc sans retour un champ libre à ses ennemis? L'extrême désir que ceux-ci en faisaient éclater ne suffisait-il pas pour le décider à la résistance? D'ailleurs, qui connaissait les secrets du temps? Qui oserait affirmer l'avenir? Que ne pourrait pas amener le simple changement d'un ministère, la mort d'un prince, celle d'un de ses confidents, la plus légère passion, la plus petite querelle?... etc., etc.

« Quelques-unes de ces paroles ont leur intérêt, disait l'Empereur : « mais que pourrons-nous faire dans ce lieu perdu?—Sire, nous vivrons « du passé ; il a de quoi nous satisfaire. Ne jouissons-nous pas de la vie « de César, de celle d'Alexandre? Nous posséderons mieux, vous vous « relirez, Sire!—Eh bien! dit-il, nous écrirons nos *Mémoires*. Oui, il fau- « dra travailler ; le travail est aussi la faux du temps. Après tout, on doit « remplir ses destinées ; c'est aussi ma grande doctrine. Eh bien! que les « miennes s'accomplissent. » Et reprenant dès cet instant un air aisé et même gai, il passa à des objets tout à fait étrangers à notre situation.

Appareillage de Plymouth. — Croisière dans la Manche, etc. — Protestation.

Vendredi 4.

L'ordre était venu dans la nuit d'appareiller de bon matin. Nous mîmes sous voiles ; cela nous intrigua fort. Les papiers, les communications officielles, les conversations particulières, nous avaient appris que nous devions être menés à Sainte-Hélène par *le Northumberland*; nous savions que ce vaisseau était encore à Chatam ou à Portsmouth, en armement ; nous devions donc compter encore sur huit ou dix jours au moins de relâche. *Le Bellérophon* était trop vieux pour ce voyage, il n'avait point les vivres nécessaires ; de plus, les vents étaient contraires en ce moment pour cingler vers Sainte-Hélène. Aussi, quand nous vîmes remonter la Manche vers l'est, nos incertitudes, nos conjectures recommencèrent ; et quelles qu'elles fussent, elles devenaient un adoucissement à la déportation à Sainte-Hélène.

Cependant nous pensions que l'Empereur, en ce moment décisif, devait montrer une opposition officielle à cette violence. Pour lui, il y attachait peu de prix, et ne s'en occupait pas. Je hasardai de lui lire une rédaction que j'avais essayée ; le sens lui plut, il en corrigea quelques mots, la signa, et l'envoya à lord Keith ; la voici :

PROTESTATION.

« Je proteste solennellement ici, à la face du ciel et des hommes,

« contre la violence qui m'est faite, contre la violation de mes droits les
« plus sacrés, en disposant, par la force, de ma personne et de ma liberté.
« Je suis venu librement à bord du *Bellérophon* ; je ne suis pas le prison-
« nier, je suis l'hôte de l'Angleterre. J'y suis venu à l'instigation même
« du capitaine, qui a dit avoir des ordres du gouvernement de me rece-
« voir, et de me conduire en Angleterre avec ma suite, si cela m'était
« agréable. Je me suis présenté de bonne foi, pour venir me mettre sous
« la protection des lois d'Angleterre. Aussitôt assis à bord du *Bellérophon*,
« je fus sur le foyer du peuple britannique. Si le gouvernement, en
« donnant des ordres au capitaine du *Bellérophon* de me recevoir ainsi
« que ma suite, n'a voulu que tendre une embûche, il a forfait à l'hon-
« neur et flétri son pavillon.

« Si cet acte se consommait, ce serait en vain que les Anglais vou-
« draient parler désormais de leur loyauté, de leurs lois et de leur liberté :
« la foi britannique se trouvera perdue dans l'hospitalité du *Bellérophon*.

« J'en appelle à l'histoire : elle dira qu'un ennemi, qui fit vingt ans la
« guerre au peuple anglais, vint librement, dans son infortune, chercher
« un asile sous ses lois : quelle plus éclatante preuve pouvait-il lui donner
« de son estime et de sa confiance? Mais comment répondit-on en Angle-

« terre à une telle magnanimité? On feignit de tendre une main hospita-
« lière à cet ennemi; et quand il se fut livré de bonne foi, on l'immola.

« *Signé* NAPOLÉON. »

« A bord du *Bellérophon*, à la mer. »

Le duc de Rovigo m'apprend que l'Empereur a demandé à m'envoyer à Londres vers le prince régent, mais qu'on s'y est obstinément refusé.

La mer était grosse, le vent violent, nous étions en grande partie malades de la mer. Et que ne peut pas la préoccupation du moral sur les infirmités physiques! C'est la seule fois de ma vie peut-être que je n'aie pas été atteint du mal de mer par un temps pareil.

En sortant de Plymouth, nous avions d'abord gouverné à l'est, vent arrière; mais bientôt nous vînmes au plus près, nous courions des bords, nous croisions, et nous ne pouvions rien comprendre à cette nouvelle espèce de supplice.

Marques de confiance que me donne l'Empereur.

Samedi 5.

Toute la journée du 5 se passa de la même manière. L'Empereur, à sa conversation habituelle du soir, me donna deux grandes marques de confiance; je ne puis les livrer au papier[1].

Mouillage à Start-Point. — Personnes qui accompagnent l'Empereur.

Dimanche 6.

Nous mouillâmes, vers le milieu du jour, à Start-Point, où un vaisseau n'est pas en sûreté, et nous n'avions pourtant que deux pas à faire pour être fort bien dans Torbay; cette circonstance nous étonnait. Toutefois nous avions appris que notre but était d'aller au-devant

---

[1] Il en est une que je puis raconter aujourd'hui. A mon heure accoutumée, l'Empereur, se promenant avec moi dans la galerie du vaisseau, tire de dessous sa veste, tout en traitant un objet étranger à ce qu'il faisait, une espèce de ceinture qu'il me *passa* en disant: « Gardez-moi cela. » Sans l'interrompre davantage, je la plaçai de la même manière sous mon gilet. Il m'apprit plus tard que c'était un collier de deux cent mille francs que la reine Hortense l'avait forcé de prendre à son départ de la Malmaison. Arrivé à Sainte-Hélène, je parlai plusieurs fois de rendre le collier, sans obtenir un mot de réponse; m'y étant hasardé de nouveau à Longwood, il me dit assez sèchement: « Vous gêne-t-il? — Non, Sire. — Eh bien! gardez-le. » Avec le temps, ce collier, toujours sur moi, ne me quittant jamais, s'identifia en quelque sorte avec ma personne, je n'y songeais plus; tellement qu'arraché de Longwood, ce ne fut qu'au bout de plusieurs jours, et par le plus grand hasard, qu'il me revint à la pensée, et alors j'en frémis!... Quitter l'Empereur, et le priver d'une telle ressource! Car comment le lui rendre désormais? j'étais tenu au secret le plus rigoureux, entouré de geôliers et de sentinelles; nulles communications n'étaient praticables. Je m'évertuais en vain; le temps courait; il ne me restait que peu de jours, et rien n'eût égalé mon désespoir de partir de la sorte. Dans cette situation, je risquais le tout pour le tout: un Anglais, à qui j'avais parlé souvent, vint par circonstance particulière, et ce fut sous les yeux mêmes du gouverneur et d'un de ses plus intimes affidés que je me hasardai. « Je vous crois une belle âme, lui dis-je à la dérobée, je vais la mettre à l'épreuve... Rien, du reste, « de nuisible pour vous ni de contraire à votre honneur... seulement un riche dépôt à restituer à « Napoléon. Si vous l'acceptez, mon fils va le mettre dans votre poche... »
Pour toute réponse, il ralentit son pas; mon fils nous suivait, je l'avais préparé, et le collier fut glissé presque à la vue des factionnaires. J'ai eu l'inexprimable satisfaction, avant de quitter l'île, de savoir qu'il avait atteint les mains de l'Empereur. De quelles douces sensations le cœur n'est-il pas remué par le souvenir d'un pareil trait de la part d'un ennemi, et dans de telles circonstances!

du *Northumberland*, dont on avait pressé la sortie de Portsmouth en toute hâte. Ce vaisseau parut, en effet, avec deux frégates chargées de troupes qui devaient composer la garnison de Sainte-Hélène. Tout cela vint mouiller près de nous, et les communications entre eux devinrent fort actives; les précautions, pour qu'on ne nous abordât pas, continuèrent toujours. Cependant le mystère de notre appareillage précipité de Plymouth et de toutes les manœuvres qui avaient suivi perça tant bien que mal. L'amiral Keith avait été averti, nous dit-on, par le télégraphe, qu'un officier public venait de partir de Londres, avec un ordre d'*habeas corpus*, pour réclamer la personne de l'Empereur, au nom des lois ou d'un tribunal. Nous n'avons pu vérifier ni les motifs ni les détails. Lord Keith, ajoutait-on, avait à peine eu le temps d'échapper à cet embarras; il avait dû se transporter précipitamment de son vaisseau sur un brick, et disparaître, au jour, de la rade de Plymouth : c'était le même motif qui nous tenait hors de Torbay.

Les amiraux Keith et Cockburn sont venus à bord du *Bellérophon* ; le

dernier commande *le Northumberland* : ils ont conféré avec l'empereur, et lui ont remis un extrait des instructions relatives à notre déportation et à notre séjour à Sainte-Hélène Elles portaient qu'on devait le lendemain visiter tous nos effets, pour nous prendre en garde, disait-on, l'argent, les billets, les diamants appartenant à l'Empereur ainsi qu'à nous. Nous apprîmes aussi que le lendemain on nous ôterait nos armes, et qu'on nous transporterait à bord du *Northumberland* Voici ces pièces :

Ordre de l'amiral Keith au capitaine Maitland du Bellérophon.

« Toutes les armes quelconques seront prises des Français de tous rangs qui sont à bord du vaisseau que vous commandez, seront soigneusement ramassées, et demeureront à votre charge tant qu'ils resteront à bord du *Bellérophon*; elles seront ensuite à la charge du capitaine du vaisseau à bord duquel ils seront transportés. Start-bay, 6 août 1815. »

Instructions des ministres à l'amiral Cockburn.

« Lorsque le général Bonaparte sera conduit du *Bellérophon* à bord du *Northumberland*, ce sera un moment convenable pour l'amiral sir G. Cockburn de diriger la visite des effets que le général portera avec lui.

« L'amiral sir G. Cockburn laissera passer les articles de meubles, les livres, *les vins*, que le général pourrait avoir avec lui (*Les vins! observation bien digne des ministres anglais.*)

« Sous l'article des meubles, on comprendra l'argenterie, pourvu qu'elle ne soit pas en si grande quantité, qu'on pût la regarder moins comme un usage domestique que comme une propriété convertible en espèces.

« Il devra abandonner son argent, ses diamants et tous ses billets négociables, de quelque nature qu'ils soient.

« Le gouverneur lui expliquera que le gouvernement britannique n'a nullement l'intention de confisquer sa propriété, mais seulement d'en saisir l'administration, afin de l'empêcher d'en faire un instrument d'évasion.

« L'examen doit être fait en présence de quelques personnes nommées par le général Bonaparte, et un inventaire de ces effets devra demeurer signé de ces personnes, aussi bien que par le contre-amiral, ou tout autre individu désigné par lui pour assister à cet inventaire. L'intérêt ou le principal, suivant le montant de la somme, sera applicable à ses besoins, et la disposition en demeurera principalement à son choix. A ce sujet, il communiquera de temps en temps ses désirs, d'abord à l'amiral, et ensuite au gouverneur, quand celui-ci sera arrivé; et à moins qu'il n'y ait lieu à s'y opposer, ils donneront des ordres nécessaires, et paieront les dépenses par des billets tirés sur le trésor de Sa Majesté.

« En cas de mort (*quelle prévoyance!!!*), la disposition des biens du général sera déterminée par son testament, les contenus duquel, il peut en être assuré, seront strictement observés. Comme il pourrait se faire qu'une partie de sa propriété vint à être dite celle des personnes de sa suite, celles-ci seront soumises aux mêmes règles.

« L'amiral ne prendra à bord personne de la suite du général Bonaparte, pour Sainte-Hélène, que ce ne soit du propre consentement de cette personne, et après qu'il lui aura été expliqué qu'elle devra être soumise à toutes les règles qu'on jugera convenable d'établir pour s'assurer de la personne du général. On laissera savoir au général que, s'il essayait de s'échapper, il s'exposerait à être mis en prison (*en prison!!!*), ainsi que quiconque de sa suite qui serait découvert cherchant à favoriser son évasion. (*Plus tard le bill du parlement soumet ces derniers à la peine de mort.*)

« Toutes les lettres qui lui seront adressées, ainsi qu'à ceux de sa suite, seront données d'abord à l'amiral ou au gouverneur, qui les lira avant de les rendre; il en sera de même des lettres écrites par le général ou ceux de sa suite.

« Le général doit savoir que le gouverneur ou l'amiral ont reçu l'ordre positif d'adresser au gouvernement de Sa Majesté tout désir ou représentation qu'il jugera faire : rien là-dessus n'est laissé à leur discrétion ; mais le papier sur lequel les représentations seraient faites doit demeurer ouvert, pour qu'ils puissent y joindre les observations qu'ils jugeront convenables. »

On se peindrait difficilement la nature de nos sentiments, dans ce moment décisif où s'accumulaient en foule tant de violences, d'injustices et d'outrages!

L'Empereur, contraint de réduire sa suite à trois personnes, arrêta son choix sur le grand maréchal, moi, MM. de Montholon et Gourgaud. Les instructions ne permettant à l'Empereur d'emmener que trois officiers, il fut convenu de me considérer comme purement civil, et d'admettre un quatrième, à l'aide de cette interprétation.

Conversation avec lord Keith. — Visite des effets de l'Empereur. — L'Empereur quitte le *Belléphoron*. — Séparation. — Appareillage pour Sainte-Hélène.

Lundi 7.

L'Empereur adresse à lord Keith une espèce de protestation nouvelle, sur la violence qu'on faisait à sa personne en l'arrachant du *Bellérophon* : je vais la porter à bord du *Tonnant*. L'amiral Keith, très-beau vieillard et de manières parfaites, m'y reçut avec une extrême politesse, mais il évita soigneusement de traiter le sujet, disant qu'il ferait réponse par écrit.

Cela ne m'arrêta pas, j'exposai l'état actuel de l'Empereur ; il était très-souffrant, ses jambes enflaient, et je témoignai à lord Keith qu'il serait désirable pour l'Empereur de ne pas appareiller immédiatement. Il me répondit que j'avais été marin, et que je devais voir que son mouillage était critique ; ce qui était vrai.

Je lui exprimai la répugnance de l'Empereur de savoir ses effets fouillés et visités, ainsi que cela venait d'être déclaré, l'assurant qu'il les verrait sans regret jeter préférablement à la mer. Il me répondit que c'était un ordre qui lui était prescrit et qu'il ne pouvait enfreindre.

Enfin, je lui demandai s'il serait bien possible qu'on pût en venir au point d'arracher à l'Empereur son épée. Il répondit qu'on la respecterait ; mais que Napoléon serait le seul, et que tout le reste serait désarmé. Je lui montrai que déjà je l'étais : on m'avait ôté mon épée pour me rendre à son bord.

Un secrétaire, qui travaillait à l'écart, fit observer à lord Keith, en anglais, que l'ordre portait que Napoléon lui-même serait désarmé ; sur quoi l'amiral lui répliqua sèchement, en anglais aussi, et autant que j'ai pu en saisir : « Monsieur, occupez-vous de votre travail, laissez-nous à nos affaires. »

Continuant toujours, je passai en revue tout ce qui nous était arrivé. J'avais été le négociateur, disais-je, je devais être le plus peiné ; j'avais le plus de droit d'être entendu. Lord Keith m'écoutait avec une impatience marquée ; nous étions debout, et à chaque instant ses saluts cherchaient à me congédier. Lorsque j'en fus à lui dire que le capitaine Maitland s'était dit autorisé à nous conduire en Angleterre, sans nous laisser soupçonner qu'il nous faisait prisonniers de guerre ; que ce capitaine ne saurait nier sans doute que nous étions venus librement et de bonne foi ; que la lettre de l'Empereur au prince de Galles, dont j'avais préalablement donné connaissance au capitaine Maitland, avait dû nécessairement créer des conditions tacites, dès qu'il n'y avait fait aucune observation ; alors la mauvaise humeur de l'amiral, sa colère même, percèrent tout à fait ; il me dit avec vivacité que, dans ce cas, le capitaine Maitland aurait été une bête ; car ses instructions n'étaient rien de tout cela, et qu'il en

était bien sûr, puisque c'était de lui qu'il les tenait. « Mais, Milord, obser-
« vai-je en défense du capitaine Maitland, Votre Seigneurie s'exprime ici
« avec une sévérité dont peut-être elle pourrait elle-même être respon-
« sable ; car non-seulement le capitaine Maitland, mais encore l'amiral
« Hotham et tous les officiers que nous vimes alors, se sont conduits,
« exprimés de la même manière vis-à-vis de nous : aurait-il pu en être
« ainsi si leurs instructions avaient été si claires et si positives? » Et je
le délivrai de moi; aussi bien il ne tenait plus à voir se prolonger un
sujet qui, probablement, dans son for intérieur, n'était pas sans quelque
délicatesse pour lui.

Un officier des douanes et l'amiral Cockburn firent la visite des effets
de l'Empereur : ils saisirent quatre mille napoléons, et en laissèrent
quinze cents pour payer les gens : c'était là tout le trésor de l'Empereur.

L'amiral parut singulièrement mortifié du refus de chacun de nous de
l'assister contradictoirement dans son opération, bien que nous en fussions requis. Ce qui lui montrait suffisamment combien cette mesure
nous paraissait outrageante pour l'Empereur, et peu honorable pour
celui qui l'exécutait.

Cependant le moment de quitter *le Bellérophon* était arrivé. L'Empereur était enfermé depuis longtemps avec le grand maréchal; nous étions dans la pièce qui précédait. La porte s'ouvre; le duc de Rovigo, fondant en larmes, sanglotant, se précipite aux pieds de l'Empereur; il lui baisait les mains. L'Empereur, calme, impassible, l'embrassa et se mit en route

pour gagner le canot. Chemin faisant, il saluait gracieusement de la tête ceux qui étaient sur son passage. Tous ceux des nôtres que nous laissions en arrière étaient en pleurs; je ne pus m'empêcher de dire à lord Keith, avec qui je causais en ce moment : « Vous observerez, Milord, qu'ici « ceux qui pleurent sont ceux qui restent. »

Nous gagnâmes *le Northumberland*; il était une ou deux heures. L'Empereur resta sur le pont, et causa volontiers et familièrement avec les Anglais qui s'en approchèrent.

Au moment d'appareiller, un cutter, qui rôdait autour du vaisseau pour en éloigner les curieux, coula, très-près de nous, un bateau rempli de spectateurs. La fatalité les avait amenés de fort loin pour être victimes; deux femmes, m'a-t-on dit, y ont péri. Enfin, nous mettons sous

voiles pour Sainte-Hélène, treize jours après notre arrivée à Plymouth, et quarante après notre départ de Paris.

Les ministres anglais avaient fort blâmé le respect qu'on avait témoigné à l'Empereur à bord du *Bellérophon* : ils avaient donné des ordres en conséquence; aussi affectait-on, à bord du *Northumberland*, des expressions et des manières toutes différentes : on s'empressait ridiculement surtout de se recouvrir devant lui; il avait été sévèrement enjoint de ne lui donner d'autre qualification que celle de *général*, et de ne le traiter qu'à l'avenant. Tel fut l'ingénieux biais, l'heureuse conception qu'enfanta la diplomatie des ministres d'Angleterre, vis-à-vis de celui qu'ils avaient reconnu comme premier consul, qu'ils avaient si souvent qualifié de chef du gouvernement français; avec lequel ils avaient traité comme empereur à Paris, lors de lord Lauderdale, et peut-être même signé des articles à Châtillon. Aussi, dans un moment d'humeur, échappa-t-il à l'Empereur de dire en expressions fort énergiques : « Qu'ils m'ap-« pellent comme ils voudront, ils ne m'empêcheront pas d'être moi ! » Il était en effet bizarre et surtout ridicule de voir les ministres anglais mettre une haute importance à ne donner que le titre de général à celui qui avait gouverné l'Europe, y avait fait sept à huit rois, dont plusieurs retenaient encore ce titre de sa création ; qui avait été plus de dix ans Empereur des Français, avait été oint et sacré en cette qualité par le chef suprême de l'Église ; qui comptait deux ou trois élections du peuple français à la souveraineté ; qui avait été reconnu Empereur par tout le continent de l'Europe, avait traité comme tel avec tous les souverains, et conclu, avec eux tous, des alliances de sang et d'intérêts : il réunissait donc sur sa personne la totalité des titres religieux, civils et politiques qui existent parmi les hommes; et que, par une singularité bizarre, mais vraie, aucun des princes régnant en Europe n'eût pu montrer accumulée de la sorte sur le premier, le chef, le fondateur de sa dynastie. Toutefois l'Empereur, qui avait eu l'intention de prendre un nom d'incognito, en débarquant en Angleterre, celui de colonel *Duroc* ou *Muiron*, n'y songea plus dès qu'on s'obstina à lui disputer ses vrais titres.

<small>Description minutieuse du logement de l'Empereur à bord du *Northumberland*. — Détails et habitudes de l'Empereur à bord.</small>

<small>Mardi 8 au lundi 14.</small>

Le vaisseau était dans la plus grande confusion, il était encombré d'hommes et d'objets; nous étions partis dans une si grande hâte, que presque rien à bord n'était à sa place, et que, sous voiles, on travaillait sans relâche à l'armement du vaisseau.

Voici la description minutieuse de la partie du vaisseau que nous avons occupée. L'espace en arrière du mât d'artimon renfermait deux pièces en commun et deux chambres particulières ; la première était la salle à manger, d'environ dix pieds de large, ayant de long toute la largeur du vaisseau, éclairée par un sabord aux deux extrémités, et par un vitrage supérieur; le salon était composé de tout le reste, diminué de deux chambres symétriques, à droite et à gauche, chacune ayant une entrée sur la salle à manger et une autre sur le salon. L'Empereur occupait celle de gauche, où on avait dressé son lit de campagne; l'amiral avait celle de droite. Il avait été strictement recommandé surtout que le salon demeurât en commun, qu'il ne fût pas abandonné à l'Empereur en propre; les ministres avaient poussé la sollicitude jusqu'à s'alarmer d'une si triviale déférence.

Nous faisions voile, autant que le temps nous le permettait, pour sortir de la Manche, longeant les côtes de l'Angleterre, où l'on envoyait à chaque port chercher des provisions et compléter les besoins du vaisseau. Il nous vint beaucoup d'objets de Plymouth, d'où plusieurs bâtiments nous rejoignirent; il en fut de même de Falmouth.

Nous faisions route pour traverser le golfe de Gascogne et doubler le cap Finistère. Le vent était favorable, mais faible ; la saison fort chaude ; nos journées des plus monotones. L'Empereur déjeunait dans sa chambre, à des heures irrégulières. Nous, les Français, déjeunions à dix heures, à notre manière ; les Anglais avaient déjeuné à huit heures, à la leur.

L'Empereur, dans la matinée, appelait quelqu'un de nous tour à tour, pour connaître le journal du vaisseau, les lieues parcourues, l'état du vent, les nouvelles, etc., etc. Il lisait beaucoup, s'habillait vers quatre heures, et passait alors dans la salle commune, où il jouait aux échecs avec un de nous ; à cinq heures, l'amiral, venu de sa chambre quelques instants auparavant, lui disait qu'on était servi.

Tout le monde sait que l'Empereur n'était guère plus d'un quart d'heure à dîner : ici, les deux services seulement tenaient d'une heure à une heure et demie ; c'était pour lui une des contrariétés les plus pénibles, bien qu'il n'en témoignât jamais rien ; sa figure, ses gestes, toute sa personne, étaient constamment impassibles. Cette cuisine nouvelle, la différence des mets, leur qualité, n'ont jamais obtenu ni approbation ni rebut ; jamais il n'a exprimé ni désir ni contrariété ; il était servi par ses deux valets de

chambre, placés derrière lui. Dans le principe, l'amiral voulait lui offrir de toutes choses ; mais il suffit du simple remercîment de l'Empereur, et de la manière dont il fut exprimé, pour qu'il n'y revînt pas. Néanmoins l'amiral continua toujours à être très-attentif; seulement ce n'était plus qu'aux valets de chambre qu'il indiquait ce qu'il pouvait y avoir de préférable; ceux-ci s'en occupaient seuls; l'Empereur y demeurait tout à fait étranger, ne voyant, ne cherchant, n'apercevant rien; généralement gardant le silence, et demeurant au milieu de la conversation (bien que toujours en français, mais très-réservée) comme s'il ne l'eût pas entendue. S'il lui arrivait de rompre le silence, c'était pour faire quelques questions scientifiques ou techniques, ou pour adresser quelques paroles à ceux que l'amiral invitait occasionnellement à dîner. J'étais alors, la plupart du temps, celui à qui l'Empereur adressait les questions pour que je les traduisisse.

On sait que les Anglais ont l'habitude de rester fort longtemps à table, après le dessert, pour boire et causer; l'Empereur, déjà très-fatigué par la longueur des services, n'eût pu supporter cet usage; aussi et dès le premier jour, immédiatement après le café, il se leva et alla sur le pont; le grand maréchal et moi nous le suivîmes. L'amiral en fut déconcerté; il se permit de s'en exprimer légèrement avec les siens; mais la comtesse Bertrand, dont l'anglais est la langue maternelle, reprit avec chaleur : « N'oubliez pas, monsieur l'amiral, que vous avez affaire à « celui qui a été le maître du monde, et que les rois briguaient l'honneur « d'être admis à sa table. — Cela est vrai, » répondit l'amiral. Et cet officier, qui du reste a de la justesse dans l'esprit, une certaine convenance de manières, et parfois beaucoup de grâce, s'empressa de faciliter, dès ce moment, cet usage de l'Empereur; il hâta les services, et demandait, avant le temps, le café pour l'Empereur et ceux qui devaient sortir avec lui. Dès que l'Empereur avait achevé, il partait; tout le monde se levait jusqu'à ce qu'il fût hors de la chambre; le reste demeurait à boire plus d'une heure encore.

L'Empereur se promenait alors sur le pont jusqu'à la nuit avec le grand maréchal et moi; ce qui devint une chose de tous les jours et consacrée. L'Empereur rentrait ensuite dans le salon, et nous nous mettions à jouer au vingt et un. Il se retirait d'ordinaire au bout d'une demi-heure.

Faveur bizarre de la fortune.

Mardi 15 août.

Dans la matinée, nous avons demandé à être admis près de l'Empereur; nous sommes entrés tous à la fois chez lui; il n'en devinait pas la cause : c'était sa fête; il n'y avait pas pensé. Nous avions l'habitude de le voir ce jour-là dans des lieux plus vastes et tout remplis de sa puissance; mais nous n'avions jamais apporté de vœux plus sincères et des cœurs plus pleins de lui.

Nos journées se ressemblaient toutes : le soir nous jouions constamment au vingt et un ; l'amiral et quelques Anglais étaient parfois de la partie. L'Empereur se retirait après avoir perdu d'habitude ses dix ou douze napoléons ; cela lui était arrivé tous les jours, parce qu'il s'obstinait à laisser son napoléon jusqu'à ce qu'il en eût produit un grand nombre. Aujourd'hui il en avait produit jusqu'à quatre-vingts ou cent ; l'amiral tenait la main, l'Empereur voulait laisser encore pour connaître jusqu'à quel point il pourrait atteindre ; mais il crut voir qu'il serait tout aussi agréable à l'amiral qu'il n'en fît rien : il eût gagné seize fois, et eût pu atteindre au delà de soixante mille napoléons. Comme on s'extasiait sur cette faveur singulière de la fortune en faveur de l'Empereur, un des Anglais fit la remarque qu'aujourd'hui était le 15 d'août, jour de sa naissance et de sa fête.

Navigation. — Uniformité. — Occupations. — Sur la famille de l'Empereur. — Son origine. — Anecdotes.

Mercredi 16 au lundi 21.

Nous doublâmes le cap Finistère le 16, le cap Saint-Vincent le 18 ; nous étions par le travers du détroit de Gibraltar le 19, et nous continuâmes les jours suivants à faire voile le long de l'Afrique, vers Madère. Notre navigation n'offrait rien de remarquable, et toutes nos journées se ressemblaient dans nos habitudes et l'emploi de nos heures ; le sujet de la conversation seul pouvait offrir quelque différence.

L'Empereur restait toute la matinée dans sa chambre : la chaleur était grande ; il ne s'habillait pas, et il demeurait à peine vêtu. Il n'avait point de sommeil, et se levait plusieurs fois dans la nuit. La lecture était son grand passe-temps. Il me faisait venir presque tous les matins ; je lui traduisais ce que l'*Encyclopédie britannique* ou tous les livres que nous avions pu trouver à bord contenaient sur Sainte-Hélène ou sur les pays dans le voisinage desquels nous naviguions. Cela ramena naturellement sous les yeux mon Atlas historique ; il n'avait fait que l'entrevoir à bord du *Bellérophon*, et auparavant il n'en avait qu'une très-fausse idée. Il s'en occupa trois ou quatre jours de suite : il s'en disait enchanté : il ne revenait pas de la quantité des choses qu'il y trouvait, de l'ordre et de l'à-propos dans lesquels elles se présentaient, il n'avait eu jusque-là, disait-il, nulle idée de cet ouvrage. C'étaient les cartes géographiques seules qu'il parcourait, passant toutes les autres; la mappemonde surtout fixait particulièrement son attention et son suffrage. Je n'osais lui dire et lui prouver que la géographie était néanmoins la partie faible; qu'elle présentait beaucoup moins de travail et de fond; que les tableaux généraux et les tableaux généalogiques étaient bien supérieurs : les tableaux généraux pouvant être difficilement surpassés par leur méthode, leur symétrie, leur clarté et la facilité de leur usage; et les tableaux généalogiques présentant, chacun isolément, une petite histoire entière du pays qu'ils concernent, ils en étaient tout à la fois et sous tous les rapports l'analyse la plus complète et les matériaux les plus élémentaires.

L'Empereur me demandait si cet ouvrage n'était pas employé dans toutes les éducations. S'il l'eût connu, disait-il, il en eût rempli les lycées et les écoles. Il me demandait aussi pourquoi je l'avais publié sous le nom emprunté de *Le Sage*. Je répondais que j'en avais publié l'esquisse très-informe en Angleterre, au moment de mon émigration, dans un temps où nous exposions nos parents au dedans par nos seuls noms au dehors; et puis encore l'avais-je fait peut-être aussi, lui disais-je en riant, dans mes préjugés d'enfance, à la façon des nobles bretons qui, pour ne pas déroger, déposaient leur épée au greffe durant le temps de leur négoce, etc.

Tous les jours après son dîner, l'Empereur, comme je l'ai déjà dit, se levait fort longtemps avant tout le monde, et le grand maréchal et moi ne manquions pas de le suivre sur le pont; j'y demeurais même souvent seul, parce que le grand maréchal descendait alors auprès de sa femme, habituellement souffrante.

L'Empereur, après les premières observations sur le temps, le sillage du vaisseau, le vent, prenait un sujet de conversation; on revenait même à celui de la veille ou des jours précédents, et, après dix ou douze tours de promenade sur la longueur du pont, il allait s'appuyer de coutume sur l'avant-dernier canon de la gauche du vaisseau, près du passavant. Les *midshipmen* (jeunes aspirants) eurent bientôt remarqué cette prédilection d'habitude, et ce canon ne fut appelé dans le vaisseau que *le canon de l'Empereur*.

C'est là que l'Empereur causait souvent des heures entières, et que j'ai entendu pour la première fois une partie de ce que je vais raconter; avertissant, du reste, que je transporte ici en même temps ce que j'ai recueilli plus tard dans la foule des conversations éparses qui ont suivi, me proposant en cela de présenter de suite et réuni tout ce que j'ai noté de remarquable sur ce sujet. C'est peut-être ici le lieu de dire ou de répéter une fois pour toutes que si dans ce Journal on trouve peu d'ordre, aucune méthode, c'est que le temps me presse ; que mes contemporains attendent, désirent, et que mon état de santé m'interdit toute application : je crains de n'avoir pas le temps de finir. Voilà mes trop bonnes excuses, mes vrais titres à l'indulgence sur le style de la narration et l'ordonnance des objets : je reproduis à la hâte ce que je retrouve ; j'en demeure à peu près au premier jet.

Le nom de Bonaparte s'écrit indistinctement *Bonaparte* ou *Buonaparte*, ainsi que le savent tous les Italiens. Le père de Napoléon écrivait Buonaparte ; un oncle de celui-ci, l'archidiacre Lucien, qui lui a survécu et a servi de père à Napoléon et à tous ses frères, écrivait, sous le même toit et dans le même temps, Bonaparte. Napoléon, durant toute sa jeunesse, a signé Buonaparte, comme son père. Arrivé au commandement de l'armée d'Italie, il se donna bien de garde d'altérer cette orthographe, qui était plus spécialement la nuance italienne ; mais plus tard, et au milieu des Français, il voulut la franciser, et ne signa plus que Bonaparte.

Cette famille a joué longtemps un rôle distingué en Italie ; elle a été puissante à Trévise ; on la trouve inscrite sur le Livre d'or de Bologne et parmi les patrices florentins.

Lorsque Napoléon, alors général de l'armée d'Italie, entra vainqueur dans Trévise, les chefs de la ville vinrent joyeusement au-devant de lui, et lui présentèrent les titres et les actes qui prouvaient que sa famille y avait joué un grand rôle.

A l'entrevue de Dresde, avant la campagne de Russie, l'empereur François apprit un jour à l'empereur Napoléon, son gendre, que sa famille avait été souveraine à Trévise ; qu'il en était bien sûr parce qu'il s'en était fait représenter tous les documents. Napoléon lui répondit en riant qu'il n'en voulait rien savoir, qu'il préférait bien plutôt être le *Rodolphe d'Hapsbourg* de sa famille. François y attachait plus d'importance ; il lui disait qu'il était bien indifférent d'avoir été riche et de devenir pauvre ; mais qu'il était sans prix d'avoir été souverain, et qu'il fallait le dire à Marie-Louise, à qui cela ferait grand plaisir.

Lorsque Napoléon, dans la campagne d'Italie, entra dans Bologne, *Marescalchi*, *Caprara* et *Aldini*, depuis si connus en France, députés du sénat de leur ville, vinrent lui présenter avec complaisance leur

Livre d'or, où se trouvaient inscrits le nom et les armoiries de sa famille.

Plusieurs maisons ou édifices attestent encore dans Florence l'existence dont y avait jadis joui la famille Bonaparte; plusieurs demeurent encore chargés de ses écussons.

Un Corse ou un Bolonais, *César*, je crois, choqué à Londres de la manière dont le gouvernement avait reçu la lettre pacifique du général Bonaparte entrant au consulat, publia alors des renseignements généalogiques qui établissaient ses alliances avec l'antique maison d'*Est*, *Welf* ou *Guelf*, la tige des présents rois d'Angleterre [1].

Le duc de Feltre, ministre de France en Toscane, a rapporté à Paris de la galerie de Médicis le portrait d'une Buonaparte, mariée à un des princes de cette famille. La mère du pape Nicolas V, ou de Paul V de Sarzane, était une Buonaparte.

C'est un Bonaparte qui a été chargé du traité par lequel s'est fait l'échange de Livourne contre Sarzane. C'est un Bonaparte à qui, à la renais-

[1] Ce paragraphe s'est trouvé au manuscrit dans un état à me laisser des doutes, et j'ai été sur le point de le supprimer. Toutefois voici ce qui me l'a fait conserver. Que prétends-je? Principalement laisser des matériaux. Or, indiquer comment je les ai recueillis, dire que je les tiens d'une simple conversation courante, que je puis les avoir défigurés en les saisissant au vol; en laisser entrevoir les vices possibles, et mettre sur la voie pour y remédier, n'ai-je pas assez rempli mon objet?

sance des lettres, on est redevable d'une des plus anciennes comédies, celle de la *Veuve*, qui est à la bibliothèque publique à Paris.

Lorsque Napoléon, à la tête de l'armée d'Italie, marchait sur Rome, et recevait à Tolentino les propositions du pape, un des négociateurs ennemis observa qu'il était le seul Français qui, depuis le connétable de Bourbon, eût marché sur Rome; mais que ce qui ajoutait, disait-il, à cette circonstance quelque chose de bien bizarre, c'est que l'histoire de la première expédition se trouvait écrite précisément par un des parents de celui qui exécutait la seconde, par monsignor *Nicolas Buonaparte*, qui a laissé en effet *le sac de Rome, par le connétable de Bourbon*.

M. de Cetto, ambassadeur de Bavière, m'a répété souvent que les archives de Munich renfermaient un grand nombre de pièces italiennes qui témoignent de l'illustration de cette maison.

Napoléon, au temps de sa puissance, s'est constamment refusé à toute espèce de travail ou même de conversation sur cet objet. Sous son consulat, il découragea trop bien la première tentative de ce genre, pour que personne essayât d'y revenir. Quelqu'un publia une généalogie dans laquelle on rattachait sa famille à d'anciens rois du Nord; Napoléon fit persifler cet essai de la flatterie dans un papier public, où l'on finissait par conclure que la noblesse du Premier Consul ne datait que de *Montenotte* ou du *dix-huit brumaire*.

Cette famille fut, comme tant d'autres, victime des nombreuses révolutions qui désolèrent les villes d'Italie; les troubles de Florence mirent les Bonaparte au nombre des *fuorusciti* (émigrés). Un d'eux se retira d'abord à Sarzane et de là passa en Corse, d'où ses descendants ont toujours continué d'envoyer leurs enfants en Toscane, à la branche qui y était demeurée à San-Miniato.

Depuis plusieurs générations, le second des enfants de cette famille a constamment porté le nom de *Napoléon*, qu'elle tenait, dans l'origine, d'un Napoléon des Ursins, célèbre dans les fastes militaires d'Italie.

Napoléon, après son expédition de Livourne, se rendant à Florence, coucha à San-Miniato chez un vieil abbé Buonaparte, qui traita magnifiquement tout son état-major. Après avoir épuisé tous les souvenirs de famille, il dit au jeune général qu'il allait lui chercher la pièce la plus précieuse. Napoléon crut qu'il allait lui montrer quelque bel arbre généalogique, fort propre à gratifier sa vanité, disait-il en riant; mais c'était un mémoire fort en règle, en faveur d'un père *Bonaventure Buonaparte*, capucin de Bologne, béatifié depuis longtemps, et qu'on n'avait pu faire canoniser à cause des frais énormes que cela eût nécessités. « Le pape

« ne vous le refusera pas, disait le bon abbé, si vous le demandez ; et
« s'il faut payer, aujourd'hui ce doit être peu de chose pour vous. »

Napoléon rit beaucoup de la bonhomie du vieux parent qui était si peu en harmonie avec les mœurs du jour, et qui ne se doutait nullement que les saints ne fussent plus de saison.

Arrivé à Florence, Napoléon crut lui être fort agréable en lui procurant le cordon de l'ordre de Saint-Étienne, dont il n'était que simple chevalier ; mais le pieux abbé était moins touché des faveurs de ce monde que de l'attribution céleste qu'il réclamait ; et elle n'était pas, au demeurant, sans des fondements réels. Le pape, venu à Paris pour couronner l'Empereur Napoléon, mit à son tour sur le tapis les titres du père Bonaventure ; c'était lui sans doute, disait-il, qui, du séjour des bienheureux, avait conduit son parent, comme par la main, dans la belle carrière terrestre qu'il venait de parcourir ; c'était ce saint personnage, sans doute, qui l'avait préservé de tout danger dans ses nombreuses batailles, etc., etc. L'Empereur fit constamment la sourde oreille, et laissa à la bienveillance personnelle du pape à faire de lui-même quelque chose pour le bienheureux Bonaventure.

Le vieil abbé, dans la suite, laissa son héritage à Napoléon, qui, étant empereur, en a fait présent à un établissement public de Toscane.

L'Empereur disait, du reste, n'avoir jamais regardé un seul de ses parchemins. C'était l'affaire de son frère Joseph, qu'il appelait gaiement le *généalogiste de la famille*. Et, dans la crainte de l'oublier, je consignerai ici, à ce sujet, que l'Empereur lui a remis, à l'île d'Aix, au moment de son départ, un volume contenant les lettres autographes que lui ont adressées tous les souverains de l'Europe [1].

Charles Bonaparte, père de Napoléon, était fort grand de taille, beau, bien fait. Son éducation avait été soignée à Rome et à Pise, où il avait étu-

---

[1] A mon retour en Europe, je n'ai pas manqué de m'informer de cet important dépôt, et je me suis empressé de suggérer au prince Joseph de le faire recopier, pour assurer davantage son existence. Quel a été mon chagrin d'apprendre que ce monument historique était égaré, qu'on ne savait ce qu'il était devenu! Dans quelles mains pourrait-il être tombé? Puissent-elles apprécier une telle collection, et la conserver à l'histoire!

N. B. Depuis la première publication de mon *Mémorial*, voici ce que je trouve à ce sujet dans M. O'Méara, édition de Londres, 1822, page 416 :

« Le prince Joseph, avant de quitter Rochefort pour l'Amérique, crut prudent de déposer ces papiers
« précieux entre les mains d'une personne sur l'intégrité de laquelle il avait le droit de compter ; mais
« il paraît qu'il en a été bassement trahi ; car, il y a peu de mois, ces lettres originales ont été apportées
« à Londres dans l'intention d'en trafiquer pour la somme de 50,000 livres sterling ; ce qui a été immé-
« diatement communiqué aux ministres de Sa Majesté et aux ambassadeurs étrangers. Je tiens de bonne
« source que l'ambassadeur de Russie a payé 10,000 livres sterling pour racheter les seules lettres de
« son maître. Parmi divers passages qui m'ont été répétés par ceux qui ont eu la faveur de parcourir
« ces pièces autographes, j'en remarque une du roi de Prusse, écrivant *qu'il s'était toujours senti
« un sentiment paternel pour le Hanovre*. En tout il paraît, par ces papiers, que les souverains en
« général faisaient de vives supplications pour obtenir du territoire. »

dié la loi. Il avait de la chaleur et de l'énergie. C'est lui qui, à la consulte extraordinaire de Corse, où l'on proposait de se soumettre à la France, prononça un discours qui enflamma tous les esprits ; il n'avait alors que vingt ans. « Si, pour être libre, il ne s'agissait que de le vouloir, disait-il, « tous les peuples le seraient. L'histoire nous apprend cependant que peu « sont arrivés au bienfait de la liberté, parce que peu ont eu l'énergie, le « courage et les vertus nécessaires. »

Charles Bonaparte, en 1779, fut député, pour la noblesse des États de Corse, à Paris, et mena avec lui le jeune Napoléon, alors âgé de dix ans.

Il avait passé par Florence, et y avait obtenu une lettre de recommandation du grand-duc Léopold pour la reine de France Marie-Antoinette, sa sœur. Il dut cette lettre au rang et à la considération que la notoriété publique, à Florence, assignait à son nom et à son origine toscane.

A cette époque, deux généraux français se trouvaient en Corse, fort divisés entre eux ; leurs querelles y formaient deux partis : c'était *M. de Marbeuf*, doux et populaire, et *M. de Narbonne Pellet*, haut et violent. Ce dernier, d'une naissance et d'un crédit supérieurs, devait être naturellement dangereux pour son rival : heureusement pour M. de Marbeuf, beaucoup plus aimé en Corse, la députation de cette province arriva à

Versailles. Charles Bonaparte la conduisait; il fut consulté, et la chaleur de ses témoignages fit donner raison à M. de Marbeuf. Le neveu de ce dernier, archevêque de Lyon et ministre de la feuille des bénéfices, crut devoir en venir faire des remerciments à Charles Bonaparte; et, quand celui-ci conduisit son fils à l'école militaire de Brienne, l'archevêque lui donna une recommandation spéciale pour la famille de Brienne, qui y demeurait la plus grande partie de l'année : de là l'intérêt et les rapports de bienveillance des Marbeuf et des Brienne envers les enfants Bonaparte. La malignité s'est égayée à créer une autre cause; la simple vérification des dates suffit pour la rendre absurde.

Charles Bonaparte mourut, à trente-huit ans, d'un squirrhe à l'estomac. Il avait éprouvé une espèce de guérison dans un voyage à Paris, mais il succomba, dans une seconde attaque, à Montpellier, où il fut enterré dans un des couvents de cette ville.

Sous le consulat, les notables de Montpellier, par l'organe de leur compatriote Chaptal, ministre de l'intérieur, firent prier le Premier Consul de permettre qu'ils élevassent un monument à la mémoire de son père. Napoléon les remercia de leurs bonnes intentions, et les refusa. « Ne « troublons point le repos des morts, dit-il; laissons leurs cendres tran- « quilles. J'ai perdu aussi mon grand-père, mon arrière-grand-père; « pourquoi ne ferait-on rien pour eux? Cela mène loin. Si c'était hier que « j'eusse perdu mon père, il serait convenable et naturel que j'accompa- « gnasse mes regrets de quelque haute marque de respect; mais il y a « vingt ans; cet événement est étranger au public, n'en parlons plus. »

Depuis, Louis Bonaparte, à l'insu de Napoléon, fit exhumer le corps de son père, et le fit transporter à Saint-Leu, où il lui consacra un monument.

Charles Bonaparte n'avait été rien moins que dévot; il s'était même permis quelques poésies antireligieuses; et cependant, à sa mort, il ne se trouvait pas assez de prêtres pour lui à Montpellier, disait l'Empereur : bien différent en cela de son oncle, l'archidiacre Lucien, homme d'église, très-pieux et vrai croyant, mort longtemps après dans un âge fort avancé. Au moment de s'éteindre, il se fâcha vivement contre Fesch, qui, déjà prêtre, était accouru en étole et en surplis pour l'assister dans ses derniers moments; il le pria de le laisser mourir tranquille, et il finit entouré de tous les siens, leur donnant les instructions du sage et la bénédiction des patriarches.

L'Empereur revenait souvent sur ce vieil oncle qui lui avait servi de second père, et qui était demeuré longtemps le chef de la famille. Il était archidiacre d'Ajaccio, l'une des premières dignités de l'île. Ses soins et ses économies avaient rétabli les affaires de la famille, que les dépenses et le luxe de Charles avaient fort dérangées. Le vieil archidiacre jouissait d'une grande vénération et d'une véritable autorité morale dans le canton. Il n'était point de querelle que les paysans et les bergers ne vinssent soumettre à sa décision, et il les renvoyait avec ses jugements et ses bénédictions.

Charles Bonaparte avait épousé mademoiselle *Lætitia Ramolino*, dont la mère, devenue veuve, s'était mariée à M. Fesch, capitaine dans un des régiments suisses que Gênes entretenait d'habitude dans l'île. De ce second mariage vint le *cardinal Fesch*, qui se trouvait ainsi demi-frère de Madame et oncle de l'Empereur.

Madame était une des plus belles femmes de son temps; sa beauté était connue dans l'île. Paoli, au temps de sa puissance, ayant reçu une ambassade d'Alger ou de Tunis, voulut donner aux Barbaresques une idée des attraits de ses compatriotes; il rassembla toutes les beautés de l'île : Madame y tenait le premier rang. Plus tard, dans un voyage pour voir son fils à Brienne, elle fut remarquée, même dans Paris.

Madame, lors de la guerre de la liberté en Corse, partagea souvent les périls de son mari, qui s'y montra fort chaud. Elle le suivit parfois à che-

val dans ses expéditions, spécialement durant sa grossesse de Napoléon. Madame avait un grand caractère, de la force d'âme, beaucoup d'élévation et de fierté. Elle a eu treize enfants, et eût pu facilement en avoir beaucoup d'autres, étant devenue veuve à environ trente ans, et ayant prolongé au delà de cinquante la faculté d'en avoir. De ces treize enfants, cinq garçons seulement et trois filles ont vécu, et tous ont joué un grand rôle sous le règne de Napoléon.

Joseph, l'aîné de tous, qu'on voulut mettre d'abord dans l'église, à cause de l'archevêque de Lyon, Marbeuf, qui tenait la feuille des bénéfices, fit ses études en conséquence ; mais il s'y refusa absolument lorsque le moment arriva de s'engager. Il a été successivement roi de Naples et d'Espagne.

Louis a été roi de Hollande ; et *Jérôme*, roi de Westphalie ; *Élisa*, grande-duchesse de Toscane ; *Caroline*, reine de Naples ; *Pauline*, princesse Borghèse. *Lucien*, que son second mariage et une fausse direction de caractère privèrent sans doute d'une couronne, ennoblit du moins son opposition et ses différends avec son frère, en venant, au retour de l'île d'Elbe, se jeter dans ses bras, et cela lorsqu'il était loin de regarder ses affaires comme assurées. Lucien, disait l'Empereur, eut une jeunesse orageuse ; dès l'âge de quinze ans, il fut mené en France par M. de Sémonville, qui en fit de bonne heure un révolutionnaire zélé et un clubiste ardent. Et à ce sujet Napoléon disait qu'on trouvait dans les nombreux libelles publiés contre lui quelques adresses ou lettres signées Brutus Bonaparte, ou autrement, qu'on lui attribuait ; il n'affirmerait pas, continuait-il, que ces adresses ne fussent de quelqu'un de la famille ; *tout ce qu'il pouvait assurer, c'est qu'elles n'étaient pas de lui*, Napoléon.

J'ai vu le prince Lucien de fort près au retour de l'île d'Elbe ; il eût été difficile de montrer des idées politiques plus saines, mieux arrêtées, ainsi qu'un dévouement plus absolu et mieux intentionné.

Madère, etc. — Vent très-fort. — Jeu d'échecs.

Mardi 22 au samedi 26.

Le 22 nous eûmes connaissance de Madère ; à la nuit nous arrivâmes devant le port ; deux bâtiments seuls furent envoyés au mouillage pour les besoins de l'escadre. Le vent était très-fort, la mer fort grosse ; l'Empereur s'en trouva gêné, et j'en fus fort malade. Il ventait coups de vent ; l'air était excessivement chaud et comme chargé de sable extrêmement fin : c'étaient ces vents terribles du désert d'Afrique qui en transportaient jusqu'à nous les émanations. Ce temps dura toute la journée du lendemain, la communication avec la terre devint très-difficile; cependant le consul anglais vint à bord : il nous dit que depuis nombre d'années l'on n'avait eu un temps pareil; toutes les vitres de la ville étaient brisées, on respirait à peine dans les rues, et la récolte de vin était perdue. Durant ce temps nous courions des bordées devant la ville; nous continuâmes ainsi toute la nuit suivante et la journée du 24, où nous embarquâmes quelques bœufs. Le soir nous fîmes route avec une grande rapidité, le vent étant demeuré toujours très-fort. Le 25 et le 26 on mit en panne une partie de la journée, pour distribuer les approvisionnements dans l'escadre; le reste du temps on fit bonne et grande route.

Rien n'interrompait l'uniformité de nos moments; chaque jour passait lentement en détail, et grossissait un passé qui, en masse, nous semblait court, parce qu'il était sans couleur, et que rien ne le caractérisait.

L'Empereur avait accru le cercle de ses diversions de quelques parties d'échecs. Personne n'y était fort; l'Empereur l'était infiniment peu; il gagnait avec les uns, et perdait avec les autres; ce qui le conduisit un soir à dire : « Comment se fait-il que je perde très-souvent avec ceux qui n'ont « jamais gagné celui que je gagne presque toujours? Cela n'implique-t-il « pas contradiction? Comment résoudre ce problème? » dit-il en clignant de l'œil, pour faire voir qu'il n'était pas la dupe de la galanterie habituelle de celui qui en effet était le plus fort.

Le soir nous ne jouions plus au vingt et un; nous l'interrompîmes pour l'avoir porté trop haut, ce qui avait paru déplaire à l'Empereur, fort ennemi du jeu.

Canaries. — Passage du tropique. — Un homme à la mer. — Enfance de l'Empereur. — Détails. — Napoléon à Brienne. — Pichegru. — Napoléon à l'école militaire de Paris ; — Dans l'artillerie. — Ses sociétés. — Napoléon au commencement de la révolution.

Dimanche 27 au jeudi 31.

Le dimanche 27, nous nous trouvâmes, au jour, au milieu des Canaries, que nous traversâmes dans la journée, faisant dix ou douze nœuds (trois ou quatre lieues) sans avoir aperçu le fameux pic de Ténériffe : circonstance d'autant plus rare, qu'on le voit, dans des temps plus favorables, à la distance de plus de soixante lieues.

Le 29 nous traversâmes le tropique; nous apercevions beaucoup de poissons volants autour du vaisseau. Le 31, à onze heures du soir, un homme tomba à la mer : c'était un nègre qui s'était enivré; il redoutait les coups de fouet qui devaient être le châtiment de sa faute; il avait essayé plusieurs fois, dans la soirée, de se jeter à la mer; dans une dernière tentative il réussit à s'y précipiter ; mais il s'en repentit aussitôt, car il poussait de grands cris; il nageait très-bien; cependant un canot le chercha vainement longtemps : il fut perdu.

Le cri d'un homme à la mer a toujours, à bord d'un vaisseau, quelque chose qui saisit; tout l'équipage ému se transporte et s'agite en tout sens; le bruit est grand, le mouvement universel. Comme, dans cette circonstance, je me rendais de dessus le pont à la chambre commune, par la porte qui conduisait vers l'Empereur, un *midshipman* (aspirant) de dix ou douze ans, d'une figure tout à fait intéressante, qui croyait que j'allais trouver l'Empereur, m'arrêta par l'habit, et, avec l'accent du

plus tendre intérêt : « Ah! Monsieur, me dit-il, n'allez pas l'effrayer! « Dites-lui bien au moins que tout ce bruit n'est rien, que ce n'est qu'un « homme à la mer. » Bon et innocent enfant qui rendait bien plus ses sentiments que sa pensée.

En général, tous ces jeunes gens, qui étaient en assez grand nombre à bord, portaient à l'Empereur un respect et une attention tout à fait marqués. Ils répétaient tous les soirs une scène qui imprimait chaque fois quelque chose de touchant : tous les matelots, de grand matin, portent leurs hamacs dans de grands filets sur les côtés du vaisseau ; le soir, vers les six heures, ils les enlèvent à un coup de sifflet ; les plus lents sont punis ; il y a donc une véritable précipitation : or il y avait plaisir, en cet instant, à voir cinq ou six de ces enfants faire cercle autour de l'Empereur, soit qu'il fût au milieu du pont, ou sur son canon de prédilection ; d'un côté ils suivaient d'un œil inquiet ses mouvements ; de l'autre, ils arrêtaient, dirigeaient ou repoussaient, du geste et de la voix, les matelots empressés. Toutes les fois que l'Empereur me voyait considérer ce mouvement, il observait avec complaisance que le cœur des enfants était toujours le plus disposé à l'enthousiasme.

Je vais continuer ce que divers moments m'ont fourni sur les premières années de l'Empereur.

Napoléon est né le 15 août 1769[1], jour de l'Assomption, vers midi. Sa mère, femme forte au moral et au physique, qui avait fait la guerre grosse de lui, voulut aller à la messe à cause de la solennité du jour ; elle fut obligée de revenir en toute hâte, ne put atteindre sa chambre à coucher, et déposa son enfant sur un de ces vieux tapis antiques à grandes figures, de ces héros de la fable ou de l'Iliade peut-être : c'était Napoléon.

Napoléon, dans sa toute petite enfance, était turbulent, adroit, vif, preste à l'extrême ; il avait, dit-il, sur Joseph, son aîné, un ascendant des plus complets. Celui-ci était battu, mordu ; des plaintes étaient déjà portées à la mère, la mère grondait, que le pauvre Joseph n'avait pas encore eu le temps d'ouvrir la bouche.

Napoléon arriva à l'école militaire de Brienne à l'âge d'environ dix ans. Son nom, que son accent corse lui faisait prononcer Napoilloné,

---

[1] Extrait du registre des baptêmes de la paroisse et cathédrale de Notre-Dame d'Ajaccio, coté et paraphé, le 27 avril 1771, par M. François Cuneo, conseiller du roi, juge royal de la province d'Ajaccio (5ᵉ feuillet verso).

« L'an mil sept cent soixante et onze, le vingt et un juillet, ont été faites les saintes cérémonies et les prières sur Napoléon, fils né du légitime mariage de M. Charles (fils de Joseph Bonaparte), et de la dame Marie Lætitia, son épouse, lequel avait été ondoyé à la maison, avec la permission du très-révérend Lucien Bonaparte, étant né le 15 août mil sept cent soixante-neuf. Ont assisté aux saintes cérémonies, pour parrain, l'illustrissime Laurent Giubica de Calvi, procureur du roi, et pour marraine, la dame Gertrude, épouse du sieur Nicolas Paravicini ; présent le père : lesquels ont signé avec moi. »

Cet extrait a été pris à Ajaccio, en 1822, par Édouard Favand d'Alais, et offert à M. le comte de Las Cases, le 6 septembre 1824, par son oncle, le colonel Boyer Peyreleau.

lui valut des camarades le sobriquet de *la paille au nez*. Cette époque fut pour Napoléon celle d'un changement dans son caractère. Au rebours de toutes les histoires apocryphes qui ont donné les anecdotes de sa vie, Napoléon fut, à Brienne, doux, tranquille, appliqué, et d'une grande sensibilité. Un jour le maître de quartier, brutal de sa nature, sans consulter, disait Napoléon, les nuances physiques et morales de l'enfant, le condamna à porter l'habit de bure et à dîner à genoux à la porte du réfectoire : c'était une espèce de déshonneur. Napoléon avait beaucoup d'amour-propre, une grande fierté intérieure ; le moment de l'exécution fut celui d'un vomissement subit et d'une violente attaque de nerfs. Le supérieur, qui passait par hasard, l'arracha au supplice en grondant le maître de son peu de discernement, et le père *Patrault*, son professeur de mathématiques, accourut, se plaignant que, sans nul égard, on dégradât ainsi son premier mathématicien.

(*Propre dictée de Napoléon*). — « A l'âge de puberté, Napoléon devint morose, sombre ; la lecture fut pour lui une espèce de passion poussée jusqu'à la rage ; il dévorait tous les livres. Pichegru fut son maître de quartier et son répétiteur.

« Pichegru était de la Franche-Comté, et d'une famille de cultivateurs. Les Minimes de Champagne avaient été chargés de l'école militaire de Brienne ; leur pauvreté et leur peu de ressource attirant peu de sujets parmi eux, faisaient qu'ils n'y pouvaient suffire ; ils eurent recours aux Minimes de Franche-Comté ; le père Patrault fut un de ceux-ci. Une tante de Pichegru, sœur de la charité, le suivit pour avoir soin de l'infirmerie, amenant avec elle son neveu, jeune enfant auquel on donna gratuitement l'éducation des élèves. Pichegru, doué d'une grande intelligence, devint, aussitôt que son âge le permit, maître de quartier, et répétiteur du père Patrault, qui lui avait enseigné les mathématiques. Il songeait à se faire Minime : c'était là toute son ambition et les idées de sa tante ; mais le père Patrault l'en dissuada, en lui disant que leur profession n'était plus du siècle, et que Pichegru devait songer à quelque chose de mieux ; il le porta à s'enrôler dans l'artillerie, où la révolution le prit sous-officier. On connaît sa fortune militaire : c'est le conquérant de la Hollande. Ainsi le père Patrault a la gloire de compter parmi ses élèves les deux plus grands généraux de la France moderne.

« Plus tard, ce père Patrault fut sécularisé par M. de Brienne, archevêque de Sens et cardinal de Loménie, qui en fit un de ses grands vicaires, et lui confia la gestion de ses nombreux bénéfices.

« Lors de la révolution, le père Patrault, d'une opinion politique bien opposée à son archevêque, n'en fit pas moins les plus grands efforts pour le sauver, et s'entremit à ce sujet avec Danton, qui était du voisinage ; mais ce fut inutilement, et l'on croit qu'il rendit au cardinal le service, à la manière des anciens, de lui procurer le poison dont il se donna la mort pour éviter l'échafaud.

« Napoléon ne conservait qu'une idée confuse de Pichegru : il lui restait qu'il était grand, et avait quelque chose de rouge dans la figure. Il n'en était pas ainsi, à ce qu'il paraît, de Pichegru, qui semblait avoir conservé des souvenirs frappants du jeune Napoléon. Quand Pichegru se fut livré au parti royaliste, consulté si l'on ne pourrait pas aller jusqu'au général en chef de l'armée d'Italie : « N'y perdez pas votre temps, dit-il ; « je l'ai connu dans son enfance ; ce doit être un caractère inflexible : il a « pris un parti, et il n'en changera pas. »

L'Empereur rit beaucoup de toutes les anecdotes dont on charge sa jeunesse ; il les désavoue presque toutes. En voici pourtant une qu'il reconnaît au sujet de sa confirmation, à l'école militaire de Paris. Au nom

de *Napoléon*, l'archevêque qui le confirmait, ayant témoigné son étonnement, disait qu'il ne connaissait pas ce saint, qu'il n'était pas dans le calendrier; l'enfant répondit avec vivacité que ce ne saurait être une raison, puisqu'il y avait une foule de saints, et seulement trois cent soixante-cinq jours.

Napoléon n'avait jamais connu de jour de fête avant le concordat : son patron était en effet étranger au calendrier français, sa date même partout incertaine; ce fut une galanterie du pape qui la fixa au 15 d'août, tout à la fois jour de la naissance de l'Empereur et de la signature du concordat.

(*Dictée de Napoléon*). — « En 1783, Napoléon fut un de ceux que le concours d'usage désigna à Brienne pour aller achever son éducation à l'école militaire de Paris. Le choix était fait annuellement par un inspecteur qui parcourait les douze écoles militaires; cet emploi était rempli par le chevalier *de Kéralio*, officier général, auteur d'une tactique, et qui avait été le précepteur du présent roi de Bavière, dans son enfance duc des Deux-Ponts : c'était un vieillard aimable, des plus propres à cette fonction; il aimait les enfants, jouait avec eux après les avoir examinés, et retenait avec lui, à la table des Minimes, ceux qui lui avaient plu davantage. Il avait pris une affection toute particulière pour le jeune Napoléon, qu'il se plaisait à exciter de toutes manières; il le nomma pour se rendre à Paris, bien qu'il n'eût peut-être pas l'âge requis. L'enfant n'était fort que sur les mathématiques, et les moines représentèrent qu'il serait mieux d'attendre à l'année suivante, qu'il aurait ainsi le temps de se fortifier sur tout le reste, ce que ne voulut pas écouter le chevalier de Kéralio, disant : « Je sais ce que je fais; si je passe par-dessus la règle, ce n'est point ici « une faveur de famille, je ne connais pas celle de cet enfant; c'est tout « à cause de lui-même : j'aperçois ici une étincelle qu'on ne saurait trop « cultiver. » Le bon chevalier mourut presque aussitôt; mais celui qui vint après, M. *de Régnaud*, qui n'aurait peut-être pas eu sa perspicacité, exécuta néanmoins les notes qu'il trouva, et le jeune Napoléon fut envoyé à Paris.

« Tout annonçait en lui, dès lors, des qualités supérieures, un caractère prononcé, des méditations profondes, des conceptions fortes. Il paraît que, dès sa plus tendre jeunesse, ses parents avaient fondé sur lui toutes leurs espérances : son père, expirant à Montpellier, bien que Joseph fût auprès de lui, ne rêvait dans son délire qu'après Napoléon, qui était au loin à son école : il l'appelait sans cesse pour qu'il vînt à son secours avec *sa grande épée*. Plus tard le vieil oncle Lucien, au lit de mort, entouré d'eux tous, disait à Joseph : « Tu es l'aîné de la famille, « mais en voilà le chef, montrant Napoléon; ne l'oublie jamais. » — « C'é-

« tait, disait gaiement l'Empereur, un vrai désheritage ; la scène de Jacob
« et d'Ésaü. »

Élevé moi-même à l'école militaire de Paris, mais un an plus tôt que Napoléon, j'ai pu en causer dans la suite, à mon retour de l'émigration, avec les maîtres qui nous avaient été communs.

M. *de l'Eguille*, notre maître d'histoire, se vantait que si l'on voulait aller rechercher dans les archives de l'école militaire, on y trouverait qu'il avait prédit une grande carrière à son élève, en exaltant dans ses notes la profondeur de ses réflexions et la sagacité de son jugement. Il me disait que le Premier Consul le faisait venir souvent à déjeuner à la Malmaison, et lui parlait toujours de ses anciennes leçons : « Celle qui m'a
« laissé le plus d'impressions, lui disait-il une fois, était la révolte du
« connétable de Bourbon, bien que vous ne nous la présentassiez pas
« avec toute la justesse possible ; à vous entendre, son grand crime était
« d'avoir combattu son roi ; ce qui en était assurément un bien léger dans
« ces temps de seigneuries et de souverainetés partagées, vu surtout la
« scandaleuse injustice dont il avait été victime. Son unique, son grand,
« son véritable crime, sur lequel vous n'insistiez pas assez, c'était d'être
« venu avec les étrangers attaquer son sol natal. »

M. *Domairon*, notre professeur de belles-lettres, me disait qu'il avait toujours été frappé de la bizarrerie des amplifications de Napoléon ; il les avait appelées dès lors du *granit chauffé au volcan.*

Un seul s'y trompa, ce fut le gros et lourd maître d'allemand. Le jeune Napoléon ne faisait rien dans cette langue, ce qui avait inspiré au professeur, qui ne supposait rien au-dessus, le plus profond mépris. Un jour que l'écolier ne se trouvait pas à sa place, il s'informa où il pouvait être ; on répondit qu'il subissait en ce moment son examen pour l'artillerie. « Mais est-ce qu'il sait quelque chose? disait-il ironiquement.—Comment, « Monsieur, mais c'est le plus fort mathématicien de l'école, lui répon- « dit-on. — Eh bien ! je l'ai toujours entendu dire, et je l'avais toujours « pensé, que les mathématiques n'allaient qu'aux bêtes. » — « Il serait « curieux, disait l'Empereur, de savoir si le professeur a vécu assez long- « temps pour jouir de son discernement. »

Il avait à peine dix-huit ans, que l'abbé *Raynal,* frappé de l'étendue de ses connaissances, l'appréciait assez pour en faire un des ornements de ses déjeuners scientifiques. Enfin, le célèbre *Paoli,* qui, après lui avoir inspiré longtemps une espèce de culte, le trouva tout à coup à la tête d'un parti contre lui, dès qu'il voulut favoriser les Anglais au détriment de la France, avait coutume de dire que ce *jeune homme était taillé à l'antique, que c'était un homme de Plutarque.*

En 1787, Napoléon, reçu à la fois élève et officier d'artillerie, sortit de l'école militaire pour entrer dans le régiment de La Fère en qualité de lieutenant en second, d'où il passa, dans la suite, lieutenant en premier dans le régiment de Grenoble.

Napoléon, en sortant de l'école militaire, alla joindre son régiment à Valence. Le premier hiver qu'il y passa, il avait pour compagnons de table *Laribossière,* qu'il créa depuis, étant Empereur, inspecteur général de l'artillerie ; *Sorbier,* qui a succédé dans ce titre à Laribossière ; *de Hédouville cadet,* ministre plénipotentiaire à Francfort ; *Mallet,* le frère de celui qui conduisit l'échauffourée de Paris en 1812 ; un nommé *Mabille,* qu'au retour de son émigration l'Empereur plaça, avec le temps, dans l'administration des postes ; *Rolland de Villarceaux,* depuis préfet de Nîmes ; *Desmazzis cadet,* son camarade d'école militaire, et le compagnon de ses premières années, auquel il a confié, devenu Empereur, le garde-meuble de la couronne.

Il y avait, dans le corps, des officiers plus ou moins aisés ; Napoléon était au nombre des premiers : il recevait douze cents francs de sa famille, c'était alors la grosse pension des officiers. Deux seulement, dans le régiment, avaient cabriolet ou voiture, et c'étaient de grands seigneurs. Sorbier était l'un de ces deux ; il était fils d'un médecin de Moulins.

A Valence, Napoléon fut admis de bonne heure chez madame *du Colombier* : c'était une femme de cinquante ans, du plus rare mérite ; elle gouvernait la ville, et s'engoua fort, dès l'instant, du jeune officier d'artillerie : elle le faisait inviter à toutes les parties de la ville et de la campagne ; elle l'introduisit dans l'intimité d'un *abbé de Saint-Ruf*.

riche et d'un certain âge, qui réunissait souvent ce qu'il y avait de plus distingué dans le pays. Napoléon devait sa faveur et la prédilection de madame du Colombier à son extrême instruction, à la facilité, à la force, à la clarté avec laquelle il en faisait usage ; cette dame lui prédisait un grand avenir. A sa mort, la révolution était commencée ; elle y avait pris beaucoup d'intérêt ; et, dans un de ses derniers moments, on lui a entendu dire que, s'il n'arrivait pas malheur au jeune Napoléon, il y jouerait infailliblement un grand rôle. L'Empereur n'en parle qu'avec une tendre reconnaissance, n'hésitant pas à croire que les relations distinguées, la situation supérieure dans laquelle cette dame le plaça si jeune dans la société, peuvent avoir grandement influé sur les destinées de sa vie.

Napoléon prit du goût pour mademoiselle *du Colombier*, qui n'y fut pas insensible : c'était leur première inclination à tous deux, et telle qu'elle pouvait être à leur âge et avec leur éducation.

Il est faux du reste, ainsi que je l'avais entendu dire dans le monde, que la mère ait voulu ce mariage, et que le père s'y soit opposé, alléguant qu'ils se nuiraient l'un à l'autre en s'unissant, tandis qu'ils étaient faits pour faire fortune chacun de leur côté. L'anecdote qu'on raconte au sujet d'un pareil mariage avec mademoiselle *Clary*, depuis madame *Bernadotte*, aujourd'hui reine de Suède, n'est pas plus exacte.

L'Empereur, en 1805, allant se faire couronner roi d'Italie, retrouva sur son passage à Lyon la fille de M. du Colombier, et fit pour elle tout ce qu'elle demanda.

Mesdemoiselles *de Laurencin* et *Saint-Germain* faisaient dans ce temps-là les beaux jours de Valence, et s'y partageaient tous les cœurs : la dernière est devenue madame *de Montalivet*, dont le mari fut alors aussi fort connu de l'Empereur, qui l'a fait depuis son ministre de l'intérieur. « Honnête homme, qui m'est demeuré, je crois, disait Napo-« léon, toujours tendrement attaché. »

L'Empereur, à dix-huit ou vingt ans, était des plus instruits, pensant fortement, et de la logique la plus serrée. Il avait immensément lu, profondément médité, et a peut-être perdu depuis, dit-il. Son esprit était vif, prompt ; sa parole énergique. Partout il était aussitôt remarqué, et obtenait beaucoup de succès auprès des deux sexes, surtout auprès de celui qu'on préfère à cet âge ; et il devait lui plaire par des idées neuves et fines, par des raisonnements audacieux. Les hommes devaient redouter sa logique et sa discussion, auxquelles la connaissance de sa propre force l'entraînait naturellement.

Beaucoup de ceux qui l'ont connu dans ses premières années lui ont prédit une carrière extraordinaire ; aucun d'eux n'a été surpris de celle qu'il a remplie. Vers ce temps il remporta, sous l'anonyme, un prix à l'Académie de Lyon, sur la question posée par Raynal : *Quels sont les principes et les institutions à inculquer aux hommes pour les rendre le plus heureux possible?* Le mémoire anonyme fut fort remarqué ; il était, du reste, tout à fait dans les idées du temps. Il commençait par demander ce qu'était le bonheur, et répondait : De jouir complétement de la vie de la manière la plus conforme à notre organisation morale et physique. Devenu Empereur, il causait un jour de cette circonstance avec M. de Talleyrand. Celui-ci, en courtisan délicat, lui rapporta, au bout de huit jours, ce fameux mémoire, qu'il avait fait déterrer des archives de l'Académie de Lyon. C'était en hiver. L'Empereur le prit, en lut quelques pages, et jeta au feu cette première production de sa jeunesse. « Comme « on ne s'avise jamais de tout, disait Napoléon, M. de Talleyrand ne s'était « pas donné le temps d'en faire prendre copie. »

Le prince de Condé s'annonça un jour à l'école d'artillerie d'Auxonne : c'était un grand honneur et une grande affaire que de se trouver inspecté par ce prince militaire. Le commandant, en dépit de la hiérarchie, mit le jeune Napoléon à la tête du polygone, de préférence à d'autres d'un rang supérieur. Or, il arriva que la veille de l'inspection tous les canons du polygone furent encloués ; mais Napoléon était trop alerte, avait l'œil trop vif, pour se laisser prendre à ce mauvais tour de ses camarades, ou peut-être même au piége de l'illustre voyageur.

On croit généralement, dans le monde, que les premières années de l'Empereur ont été taciturnes, sombres, moroses ; mais, au contraire, en débutant au service, il était fort gai. Il n'a pas de plus grand plaisir ici que de nous raconter les espiègleries de son école d'artillerie ; il semble oublier alors momentanément les malheurs qui nous enchaînent, quand il s'abandonne aux détails de ces temps heureux de sa première jeunesse.

C'était un vieux commandant de plus de quatre-vingts ans, qu'ils vé-

neraient fort du reste, lequel, venant un jour leur faire faire l'exercice du canon, suivait chaque coup avec sa lorgnette, assurait qu'on devait avoir été bien loin du but; s'inquiétait, s'informait à ses voisins si quelqu'un avait vu porter le coup : personne n'avait garde, les jeunes gens escamotant le boulet toutes les fois qu'ils chargeaient. Le vieux général avait de l'esprit. Au bout de cinq à six coups, il lui prit fantaisie de faire compter les boulets; il n'y eut pas moyen de s'en dédire, il trouva le tour fort gai, et n'en ordonna pas moins les arrêts.

Une autre fois c'étaient quelques-uns de leurs capitaines qu'ils prenaient en grippe, ou bien desquels ils avaient quelque vengeance à tirer; ils arrêtaient alors de les bannir de la société, de les réduire à s'imposer eux-mêmes des espèces d'arrêts. Quatre à cinq jeunes gens se partageaient les rôles, et s'attachaient aux pas du malheureux proscrit; ils se trouvaient partout où celui-ci paraissait en société, et il n'ouvrait pas la bouche qu'il ne fût aussitôt méthodiquement contredit dans les formes les plus polies, avec esprit et logique. Le malheureux n'avait plus qu'à déguerpir.

« Une autre fois encore, c'était un camarade, disait Napoléon, logeant
« au-dessus de moi, qui avait pris le goût funeste de donner du cor; il
« assourdissait de manière à distraire de toute espèce de travail. On se
« rencontre sur l'escalier. — Mon cher, vous devez bien vous fatiguer
« avec votre cor? — Mais non, pas du tout. — Eh bien! vous fatiguez
« beaucoup les autres. — J'en suis fâché. — Mais vous feriez mieux
« d'aller donner de votre cor plus loin. — Je suis maître dans ma cham-
« bre. — On pourrait vous donner quelque doute là-dessus. — Je ne
« pense pas que personne fût assez osé. » Duel arrêté. Le conseil des camarades examine avant de le permettre, et il prononce qu'à l'avenir l'un ira donner du cor plus loin, et que l'autre sera plus endurant, etc.

L'Empereur, dans la campagne de 1814, retrouva son donneur de cor dans le voisinage de Soissons ou de Laon; il vivait sur sa terre, et venait donner des renseignements importants sur la position de l'ennemi. L'Empereur le retint, et le fit son aide de camp : c'était le colonel Bussy.

Napoléon, dans son régiment d'artillerie, suivait beaucoup la société partout où il se trouvait. Les femmes, dans ce temps, accordaient beaucoup à l'esprit : c'était alors auprès d'elles le grand moyen de séduction. Il fit, à cette époque, ce qu'il appelle son voyage sentimental de Valence au Mont-Cenis, en Bourgogne, et fut au moment de l'écrire à la façon de Sterne. Le fidèle Desmazzis était de la partie; il ne le quittait jamais.

Les circonstances et la réflexion ont beaucoup modifié le caractère de l'Empereur. Il n'est pas jusqu'à son style, aujourd'hui si serré, si laconique, qui ne fût alors emphatique et trop abondant. Dès l'Assemblée

législative, Napoléon devint grave, sévère dans sa tenue, et peu communicatif. L'armée d'Italie fut encore une époque pour son caractère. Son extrême jeunesse, quand il en vint prendre le commandement, demandait une grande réserve et la dernière sévérité de mœurs : « C'était
« nécessaire, indispensable, disait-il, pour pouvoir commander à des
« hommes tellement au-dessus de moi par leur âge : aussi ma conduite
« y fut-elle irréprochable, exemplaire. Je me montrais une espèce de
« Caton ; je dus paraître à tous les yeux, et j'étais en effet un philoso-
« phe, un sage. » C'est avec ce caractère qu'il s'est présenté sur la scène du monde.

Napoléon se trouvait en garnison à Valence au moment où commença la révolution ; on attacha bientôt une importance spéciale à faire émigrer les officiers d'artillerie : ceux-ci, de leur côté, étaient fort divisés d'opinions. Napoléon, tout aux idées du jour, avec l'instinct des grandes choses et la passion de la gloire nationale, prit le parti de la révolution, et son exemple influa sur la grande majorité du régiment. Il fut très-chaud patriote sous l'Assemblée constituante ; mais la législative devint une époque nouvelle pour ses idées et ses opinions.

Il se trouvait à Paris le 21 juin 1792, et fut témoin, sur la terrasse de

l'eau, des rassemblements tumultueux des faubourgs, qui, traversant le jardin des Tuileries, forcèrent le palais. Il n'y avait que six mille hommes : c'était une foule sans ordre, dénotant par les propos et les vêtements tout ce que la populace a de plus commun et de plus abject.

Il fut aussi témoin du 10 août, où les assaillants n'étaient ni plus relevés ni plus redoutables.

En 1795, Napoléon était en Corse et y avait un commandement de gardes nationales. Il combattit Paoli dès qu'il put soupçonner que ce vieillard, qui lui avait été jusque-là si cher, avait le projet de livrer l'île aux Anglais. Aussi rien de plus faux que Napoléon ou aucun des siens ait jamais été en Angleterre, ainsi que cela y était généralement répandu durant notre émigration, offrir de lever un régiment corse à son service.

Les Anglais et Paoli l'emportèrent sur les patriotes corses; ils brûlèrent Ajaccio. La maison des Bonaparte fut incendiée, et toute la famille se trouva dans l'obligation de gagner le continent. Elle se fixa à Marseille, d'où Napoléon se rendit à Paris; il y arriva au moment où les fédéralistes de Marseille venaient de livrer Toulon aux Anglais.

Îles du Cap-Vert. — Navigation. — Détails, etc. — Napoléon au siége de Toulon. — Commencements de Duroc, de Junot. — Querelles avec des représentants du peuple. — Querelles avec Aubry. — Anecdotes sur vendémiaire. — Napoléon général de l'armée d'Italie. — Pureté d'administration. — Désintéressement. — Pourquoi *petit Caporal*. — Différence du système du Directoire d'avec celui du général de l'armée d'Italie.

Vendredi 1ᵉʳ septembre au mercredi 6.

Le 1ᵉʳ septembre, notre latitude nous annonçait que nous verrions les îles du Cap-Vert dans la journée. A la nuit, un brick, qui était de l'avant, les signala. Le vent toujours très-fort et la mer très-grosse, l'amiral préféra continuer sa route plutôt que de s'arrêter pour faire de l'eau ; il espérait d'ailleurs en avoir assez. Tout nous annonçait un passage prospère ; nous étions déjà fort avancés.

Le travail seul pouvait nous faire supporter la longueur et l'ennui de nos journées. J'avais imaginé d'apprendre l'anglais à mon fils ; l'Empereur, à qui je parlais de ses progrès, voulut l'apprendre aussi. Je m'étudiai à lui composer une méthode et un tableau très-simple qui devaient lui en éviter le dégoût. Cela fut très-bien deux ou trois jours ; mais l'ennui de cette étude était au moins égal à celui qu'il s'agissait de combattre : l'anglais fut laissé de côté. L'Empereur me reprocha bien quelquefois de ne plus continuer mes leçons ; je répondais que j'avais la médecine toute prête, s'il avait le courage de l'avaler. Du reste, vis-à-vis des Anglais surtout, sa manière d'être et de vivre, toutes ses habitudes, continuaient à être les mêmes : jamais une plainte, ni un désir ; toujours impassible, toujours égal, toujours sans humeur.

L'amiral, qui, je crois, sur notre réputation, s'était fort cuirassé au départ, se désarmait insensiblement, et prenait chaque jour plus d'intérêt à son captif. Il venait, au sortir du dîner, représenter que le serein et l'humidité pouvaient être dangereux ; alors l'Empereur prenait quelquefois son bras et prolongeait avec lui la conversation, ce qui semblait remplir sir Georges Cockburn de satisfaction ; il s'en montrait heureux. On m'a assuré qu'il écrivait avec soin tout ce qu'il pouvait recueillir. S'il en est ainsi, ce que l'Empereur a dit un de ces jours, à dîner, sur la marine, nos ressources navales dans le Midi, celles qu'il avait déjà créées, celles qu'il projetait encore, sur les ports, les mouillages de la Méditerranée, ce que l'amiral écoutait avec cette anxiété qui redoute l'interruption, tout cela composera pour un marin un chapitre vraiment précieux.

Je reviens aux détails recueillis dans les conversations habituelles ; en voici sur le siége de Toulon.

En septembre 1793, Napoléon Bonaparte, âgé de vingt-quatre ans, était encore inconnu au monde qu'il devait remplir de son nom ; il était lieutenant-colonel d'artillerie, et se trouvait depuis peu de semaines à Paris, venant de Corse, où les circonstances politiques l'avaient fait succomber sous la faction de Paoli. Les Anglais venaient de se saisir de Toulon, on avait besoin d'un officier d'artillerie distingué pour diriger les opérations du siége : Napoléon y fut envoyé. Là le prendra l'histoire, pour ne plus le quitter ; là commence son immortalité.

Je renvoie aux *Mémoires sur la campagne d'Italie;* on y verra que c'est lui précisément, et lui seul, qui prit la place. Ce fut un bien grand triomphe sans doute ; mais, pour l'apprécier plus dignement encore, il faudrait surtout comparer le procès-verbal du plan d'attaque avec le procès-verbal de l'évacuation : l'un est la prédiction littérale, l'autre en est l'accomplissement mot à mot. Dès cet instant la réputation du jeune commandant d'artillerie fut extrême ; l'Empereur n'en parle pas sans complaisance ;

c'est une des époques de sa vie où il a éprouvé, dit-il, le plus de satisfaction ; c'était son premier succès.

La relation de la campagne d'Italie peindra suffisamment les trois généraux en chef qui se sont succédé durant le siége : l'inconcevable ignorance de *Cartaux*, la sombre brutalité de *Doppet*, et la bravoure bonhomière de *Dugommier*; je n'en dirai rien ici.

Dans ces premiers moments de la révolution, ce n'était que désordre dans le matériel, ignorance dans le personnel, tant à cause de l'irrégularité des temps que de la rapidité et de la confusion qui avaient présidé aux avancements. Voici qui peut donner une idée des choses et des mœurs de cette époque.

Napoléon arrive au quartier général ; il aborde le général Cartaux, homme superbe, doré, dit-il, depuis les pieds jusqu'à la tête, qui lui demande ce qu'il y a pour son service. Le jeune officier présente modestement sa lettre qui le chargeait de venir, sous ses ordres, diriger les opérations de l'artillerie. « C'était bien inutile, dit le bel homme, en caressant

« sa moustache; nous n'avons plus besoin de rien pour reprendre Tou-
« lon. Néanmoins, soyez le bien-venu, vous partagerez la gloire de le

« brûler demain, sans en avoir pris la fatigue. » Et il le fit rester à souper.

On s'assied trente à table ; le général seul est servi en prince, tout le reste meurt de faim : ce qui, dans ces temps d'égalité, choqua étrangement le nouveau venu. Au point du jour, le général le prend dans son cabriolet, pour aller admirer, disait-il, les dispositions offensives. A peine a-t-on dépassé la hauteur et découvert la rade, qu'on descend de voiture, et qu'on se jette sur les côtés dans des vignes. Le commandant d'artillerie aperçoit alors quelques pièces de canon, quelque remuement de terre, auxquels, à la lettre, il lui est impossible de rien conjecturer. « Sont-ce là « nos batteries ? dit fièrement le général, parlant à son aide de camp, son « homme de confiance. — Oui, général. — Et notre parc ? — Là, à quatre « pas. — Et nos boulets rouges ? — Dans les bastides voisines, où deux « compagnies les chauffent depuis ce matin. — Mais comment porterons-« nous ces boulets tout rouges ? » Et ici les deux hommes de s'embarrasser, et de demander à l'officier d'artillerie si, par ses principes, il ne saurait pas quelque remède à cela. Celui-ci, qui eût été tenté de prendre le tout pour une mystification, si les deux interlocuteurs y eussent mis moins de naturel (car on était au moins à une lieue et demie de l'objet à attaquer), employa toute la réserve, le ménagement, la gravité possibles, pour leur persuader, avant de s'embarrasser de boulets rouges, d'essayer à froid pour bien s'assurer de la portée. Il eut bien de la peine à y réussir ; et encore ne fut-ce que pour avoir très-heureusement employé l'expression technique de *coup d'épreuve*, qui frappa beaucoup, et les ramena à son avis. On tira donc ce coup d'épreuve ; mais il n'atteignit pas au tiers de la distance, et le général et son aide de camp de vociférer contre les Marseillais et les aristocrates, qui auront malicieusement, sans doute, gâté les poudres. Cependant arrive à cheval le représentant du peuple : c'était *Gasparin*, homme de sens, qui avait servi. Napoléon, jugeant dès cet instant toutes les circonstances environnantes, et prenant audacieusement son parti, se rehausse tout à coup de six pieds, interpelle le représentant, le somme de lui faire donner la direction absolue de sa besogne ; démontre, sans ménagement, l'ignorance inouïe de tout ce qui l'entoure, et saisit, dès cet instant, la direction du siége, où dès lors il commanda en maître.

Cartaux était si borné qu'il était impossible de lui faire comprendre que, pour avoir Toulon plus facilement, il fallait aller l'attaquer à l'issue de la rade ; et comme il était arrivé au commandant d'artillerie de dire parfois, en montrant cette issue sur la carte, que c'était là qu'était Toulon, Cartaux le soupçonnait de n'être pas fort en géographie ; et quand enfin, malgré sa résistance, l'autorité des représentants eut décidé cette attaque éloignée, ce général n'était pas sans défiance sur quelque trahison ; il faisait observer souvent avec inquiétude que Toulon n'était pourtant pas de ce côté.

Cartaux voulut un jour forcer le commandant de placer une batterie adossée le long d'une maison qui n'admettait aucun recul ; une autre fois, revenant de la promenade du matin, il mande le même commandant pour lui dire qu'il vient de découvrir une position d'où une batterie de six ou douze pièces doit infailliblement procurer Toulon sous peu de jours : c'était un petit tertre d'où l'on pouvait battre à la fois, prouvait-il, trois ou quatre forts et plusieurs points de la ville. Il s'emporte sur le refus du commandant de l'artillerie, qui fait observer que si la batterie battait tous les points, elle en était battue ; que les douze pièces auraient affaire à cent cinquante ; qu'une simple soustraction devait lui suffire pour lui faire connaître son désavantage. Le commandant du génie fut appelé en conciliation, et comme il fut tout d'abord de l'avis du commandant de l'artillerie, Cartaux disait qu'il n'y avait pas moyen de rien tirer de ces corps savants, parce qu'ils se tenaient tous par la main. Pour prévenir des difficultés toujours renaissantes, le représentant décida que Cartaux ferait connaître en grand son plan d'attaque au commandant de l'artillerie, qui en exécuterait les détails d'après les règles de son arme. Voici quel fut le plan mémorable de Cartaux :

« Le général d'artillerie foudroiera Toulon pendant trois jours, au « bout desquels je l'attaquerai sur trois colonnes, et l'enlèverai. »

Mais, à Paris, le comité du génie trouva cette mesure expéditive beaucoup plus gaie que savante, et c'est ce qui contribua à faire rappeler Cartaux. Les projets du reste ne manquaient pas ; comme la reprise de Toulon avait été donnée au concours des sociétés populaires, ils abondaient de toutes parts ; Napoléon dit qu'il en a bien reçu six cents durant le siége. Quoi qu'il en soit, c'est au représentant *Gasparin* que Napoléon dut de voir son plan, celui qui donna Toulon, triompher des objections des comités de la Convention ; il en conservait un souvenir reconnaissant : *C'était Gasparin*, disait-il, *qui avait ouvert sa carrière*.

Aussi verra-t-on l'Empereur, dans son testament, consacrer un souvenir au représentant Gasparin, pour la protection spéciale, dit-il, qu'il en avait reçue.

Il a honoré en même temps d'un précieux souvenir le chef de son école d'artillerie, le général *Duteil*, ainsi que son général en chef à Toulon, *Dugommier*, pour l'intérêt et la bienveillance qu'il avait éprouvés d'eux.

Un jour, au quartier général, on vit déboucher par le chemin de Paris une superbe voiture ; elle était suivie d'une deuxième, troisième, d'une dixième, quinzième, etc. Qu'on juge, dans ces temps de simplicité républicaine, de l'étonnement et de la curiosité de chacun : le grand roi n'eût pas voyagé avec plus de pompe. Tout cela avait été requis dans la capitale ; plusieurs étaient des voitures de la cour ; il en sort une soixantaine de militaires, d'une belle tenue, qui demandent le général en chef ; ils marchent à lui avec l'importance d'ambassadeurs : « Citoyen général, dit l'orateur

« de la bande, nous arrivons de Paris, les patriotes sont indignés de ton
« inaction et de ta lenteur. Depuis longtemps le sol de la république est
« violé, elle frémit de n'être pas encore vengée ; elle se demande pour-
« quoi Toulon n'est pas encore repris, pourquoi la flotte anglaise n'est
« pas encore brûlée. Dans son indignation, elle a fait un appel aux braves ;
« nous nous sommes présentés, et nous voilà brûlants d'impatience de
« remplir son attente. Nous sommes canonniers volontaires de Paris ;
« fais-nous donner des canons, demain nous marchons à l'ennemi. » Le général, déconcerté de cette incartade, se retourne vers le commandant d'artillerie, qui lui promet tout bas de le délivrer le lendemain de ces fiers-à-bras. On les comble d'éloges, et, au point du jour, le commandant d'artillerie les conduit sur la plage, et met quelques pièces à leur disposition. Étonnés de se trouver à découvert depuis les pieds jusqu'à la tête, ils demandent s'il n'y aura pas quelque abri, quelque bout d'épaulement. On leur répond que c'était bon autrefois, que ce n'est plus la mode, que le

patriotisme a rayé tout cela. Mais, pendant le colloque, une frégate anglaise vient à lâcher une bordée, et tous les bravaches de s'enfuir. Alors ce ne fut plus qu'un cri contre eux dans le camp; les uns disparurent, le reste se fondit modestement dans les derniers rangs.

Le commandant d'artillerie était à tout et partout. Son activité, son caractère, lui avaient créé une influence positive sur le reste de l'armée. Toutes les fois que l'ennemi tentait quelques sorties ou forçait les assiégeants à quelques mouvements rapides et inopinés, les chefs des colonnes et des détachements n'avaient tous qu'une même parole : « Courez au « commandant de l'artillerie, disait-on, demandez-lui ce qu'il faut faire; « il connaît mieux les localités que personne. » Et cela s'exécutait sans qu'aucun s'en plaignît. Du reste, il ne s'épargnait point; il eut plusieurs chevaux tués sous lui, et reçut d'un Anglais un coup de baïonnette à la cuisse gauche; blessure grave qui le menaça quelques instants de l'amputation.

Étant un jour dans une batterie où un des chargeurs est tué, il prend le

refouloir, et charge lui-même dix à douze coups. A quelques jours de là, il se trouve couvert d'une gale très-maligne, on cherche où elle peut avoir été attrapée; *Muiron*, son adjudant, découvre que le canonnier mort en était infecté. L'ardeur de la jeunesse, l'activité du service, font que le commandant d'artillerie se contente d'un léger traitement, et le mal disparut; mais le poison n'était que rentré, il affecta longtemps sa santé, et faillit lui coûter la vie. De là, la maigreur, l'état chétif et débile, le teint maladif du général en chef de l'armée d'Italie et de l'armée d'Égypte.

Ce ne fut que beaucoup plus tard, aux Tuileries, après de nombreux vésicatoires sur la poitrine, que Corvisart le rendit tout à fait à la santé; alors aussi commença cet embonpoint qu'on lui a connu depuis.

Napoléon, de simple commandant de l'artillerie de l'armée de Toulon, eût pu en devenir le général en chef avant la fin du siége. Le jour même de l'attaque du Petit-Gibraltar, le général Dugommier, qui la retardait depuis quelques jours, voulait la retarder encore; sur les trois ou quatre heures après midi, les représentants envoyèrent chercher Napoléon : ils étaient mécontents de Dugommier, surtout à cause de son nouveau délai; et, voulant le destituer, ils offrirent le commandement au chef de l'artillerie, qui s'y refusa, et alla trouver son général, qu'il estimait et aimait, lui fit connaître ce dont il s'agissait, et le décida à l'attaque. Sur les huit ou neuf heures du soir, quand tout était en marche, au moment de l'exécution, les choses changèrent, les représentants interdisaient alors l'attaque; mais Dugommier, toujours poussé par le commandant d'artillerie, y persista : s'il n'eût pas réussi, il était perdu, sa tête tombait : tels étaient le train des affaires et la justice du temps.

Ce furent les notes que les comités de Paris trouvèrent au bureau de l'artillerie sur le compte de Napoléon, qui firent jeter les yeux sur lui pour le siége de Toulon. On vient de voir que, dès qu'il y parut, malgré son âge et l'infériorité de son grade, il y gouverna : ce fut le résultat naturel de l'ascendant du savoir, de l'activité, de l'énergie, sur l'ignorance et la confusion du moment. Ce fut réellement lui qui prit Toulon, et pourtant il est à peine nommé dans les relations. Il tenait déjà cette ville, que dans l'armée on ne s'en doutait point encore : après avoir enlevé le Petit-Gibraltar, qui pour lui avait toujours été la clef et le terme de toute l'entreprise, il dit au vieux Dugommier, qui était accablé de fatigues : « Allez vous reposer; nous venons de prendre Toulon, vous « pourrez y coucher après-demain. » Quand Dugommier vit la chose en effet accomplie, quand il récapitula que le jeune commandant d'artillerie lui avait toujours dit d'avance, à point nommé, ce qui arriverait, ce fut alors tout à fait de sa part de l'admiration et de l'enthousiasme ; il ne pouvait tarir sur son compte. Il est très-vrai, ainsi qu'on le trouve dans quelques pièces du temps, qu'il instruisit les comités de Paris qu'il avait avec lui un jeune homme auquel on devait une véritable attention, parce que, quelque côté qu'il adoptât, il était sûrement destiné à mettre un grand poids dans la balance. Dugommier, envoyé à l'armée des Pyrénées-Orientales, voulut avoir avec lui le jeune commandant d'artillerie ; mais il ne put l'obtenir ; toutefois il en parlait sans cesse, et depuis, quand cette même armée, après la paix avec l'Espagne, fut envoyée pour renfort à celle d'Italie, qui reçut bientôt après Napoléon pour général en chef, celui-ci se trouva arriver au milieu d'officiers qui, d'après tout ce qu'ils avaient entendu dire à Dugommier, n'avaient plus assez d'yeux pour le considérer.

Quant à Napoléon, son succès de Toulon ne l'étonna pas trop ; il en jouit, disait-il, avec une vive satisfaction, sans s'émerveiller. Il en fut de même l'année suivante à Saorgio, où ses opérations furent admirables : il y accomplit en peu de jours ce qu'on tentait vainement depuis deux ans. « Vendémiaire et même Montenotte, disait l'Empereur, ne me por-
« tèrent pas encore à me croire un homme supérieur ; ce n'est qu'après
« Lodi qu'il me vint dans l'idée que je pourrais bien devenir après tout
« un acteur décisif sur notre scène politique. Alors naquit, continuait-il,
« la première étincelle de la haute ambition. » Toutefois, il se rappelait qu'après vendémiaire, commandant l'armée de l'intérieur, il donna, dès ce temps-là, un plan de campagne qui se terminait par la pacification sur la crête du *Simmering*, ce qu'il exécuta peu de temps après lui-même à *Léoben*. Cette pièce pourrait se trouver peut-être encore dans les archives des bureaux.

On sait quelle était la férocité du temps ; elle s'était encore accrue sous les murs de Toulon, par l'agglomération de plus de deux cents députés des associations populaires voisines qui y étaient accourus, et poussaient aux mesures les plus atroces. Ce sont eux qu'il faut accuser des excès sanguinaires dont tous les militaires gémirent alors. Quand Napoléon fut devenu un grand personnage, la calomnie essaya d'en diriger l'odieux sur sa personne : « Ce serait se dégrader que de chercher à y répondre, » disait l'Empereur. Eh bien, au contraire, l'ascendant que ses services lui avaient acquis dans l'armée, ainsi que dans le port et dans l'arsenal de Toulon, lui servirent, à quelque temps de là, à sauver des infortunés émigrés, du nombre desquels était la famille *Chabrillant*, émigrés que la tempête ou les chances de la guerre avaient jetés sur la plage française ;

on voulait les mettre à mort sur ce que la loi était positive contre tout émigré qui reparaissait en France. Vainement, disaient-ils pour leur défense, qu'ils y étaient venus par accident, contre leur gré; qu'ils demandaient pour toute grâce qu'on les laissât s'en retourner; ils eussent péri, si, à ses risques et périls, le général de l'artillerie n'eût osé les sauver, en leur procurant des caissons ou un bateau couvert qu'il expédia au dehors, sous prétexte d'objets relatifs à son département. Plus tard, sous son règne, ces personnes ont eu la douceur de lui parler de leur reconnaissance, et de lui dire qu'ils conservaient précieusement l'ordre qui leur avait sauvé la vie. Ce fait, vérifié auprès des personnes même qui en avaient été l'objet, s'est trouvé, non-seulement de la dernière exactitude, mais a fourni encore des détails infiniment touchants que Napoléon semblait avoir oubliés, les ayant négligés dans ses conversations.

Dès que Napoléon se trouva à la tête de l'artillerie, à Toulon, il profita de la nécessité des circonstances pour faire rentrer au service un grand nombre de ses camarades que leur naissance ou leurs opinions politiques avaient d'abord éloignés. Il fit placer le colonel *Gassendi* à la tête de l'arsenal de Marseille; on connait l'entêtement et la sévérité de celui-ci; ils le mirent souvent en péril, et il fallut plus d'une fois toute la célérité et les soins de Napoléon pour l'arracher à la rage des séditieux.

Napoléon, plus d'une fois, courut aussi lui-même des dangers de la part des bourreaux révolutionnaires : à chaque nouvelle batterie qu'il établissait, les nombreuses députations de patriotes qui se trouvaient au camp sollicitaient l'honneur de lui donner leur nom; Napoléon en nomma une des *Patriotes du Midi*, c'en fut assez pour être dénoncé, accusé de fédéralisme, et, s'il eût été moins nécessaire, il aurait été arrêté, c'est-à-dire perdu. Du reste, les expressions manquent pour peindre le délire et les horreurs du temps. L'Empereur nous disait, par exemple, avoir été témoin alors, pendant son armement des côtes, à Marseille, de l'horrible condamnation du négociant *Hugues*, âgé de quatre-vingt-quatre ans, sourd et presque aveugle; il fut néanmoins accusé et trouvé coupable de conspiration par ses atroces bourreaux : son vrai crime était d'être riche de dix-huit millions; il le laissa lui-même entrevoir au tribunal, et offrit de les donner, pourvu qu'on lui laissât cinq cent mille francs dont il ne jouirait pas, disait-il, longtemps. Ce fut inutile, sa tête fut abattue! *Alors vraiment, à un tel spectacle*, disait l'Empereur, *je me crus à la fin du monde!* Expression qui lui est familière pour des choses révoltantes, inconcevables. Les représentants du peuple étaient les auteurs de ces atrocités.

L'Empereur rendait à Robespierre la justice de dire qu'il avait vu de longues lettres de lui à son frère, Robespierre jeune, alors représentant à l'armée du Midi, où il combattait et désavouait avec chaleur ces excès, disant qu'ils déshonoraient la révolution, et la tueraient.

Napoléon, au siége de Toulon, s'attacha quelques personnes dont on a beaucoup parlé depuis. Il distingua, dans les derniers rangs de l'artillerie, un jeune officier qu'il eut d'abord beaucoup de peine à former, mais dont depuis il a tiré les plus grands services : c'était *Duroc*, qui, sous un extérieur peu brillant, possédait les qualités les plus solides et les plus utiles; aimant l'Empereur pour lui-même, dévoué pour le bien, sachant dire la vérité à propos. Il a été depuis duc de Frioul et grand maréchal. Il avait mis le palais sur un pied admirable et dans l'ordre le plus parfait. A sa mort, l'Empereur pensa qu'il avait fait une perte irréparable, et une foule de personnes l'ont pensé comme lui. L'Empereur me disait que Duroc seul avait eu son intimité et possédé son entière confiance.

Lors de la construction d'une des premières batteries que Napoléon, à son arrivée à Toulon, ordonna contre les Anglais, il demanda sur le terrain un sergent ou caporal qui sût écrire. Quelqu'un sortit des rangs, et écrivit sous sa dictée, sur l'épaulement même. La lettre à peine finie, un boulet la couvre de terre. « Bien, dit l'écrivain, je n'aurai pas besoin de sable. » Cette plaisanterie, le calme avec lequel elle fut dite, fixa l'attention de Napoléon, et fit la fortune du sergent : c'était *Junot*, depuis duc

d'Abrantès, colonel général des hussards, commandant en Portugal, gouverneur général en Illyrie.

Napoléon, devenu général d'artillerie, commandant cette arme à l'armée d'Italie, y porta la supériorité et l'influence qu'il avait acquises si rapidement devant Toulon ; toutefois ce ne fut pas sans quelques traverses, ni même sans quelques dangers. Il fut mis en arrestation à Nice, quelques instants, par le représentant *Laporte*, devant lequel il ne voulait pas plier. Un autre représentant, dans une autre circonstance, le mit *hors la loi*, parce qu'il ne voulait pas le laisser disposer de tous ses chevaux d'artillerie pour courir la poste. Enfin un décret, non exécuté, le manda à la barre de la Convention, pour avoir proposé quelques mesures militaires relatives aux fortifications à Marseille.

Dans cette armée de Nice ou d'Italie, il enthousiasma fort le représentant *Robespierre le jeune*, auquel il donne des qualités bien différentes de celles de son frère, qu'il n'a du reste jamais vu. Ce Robespierre jeune, rappelé à Paris, quelque temps avant le 9 thermidor, par son frère, fit tout au monde pour décider Napoléon à le suivre. « Si je n'eusse inflexi-
« blement refusé, observait-il, sait-on où pouvait me conduire un pre-
« mier pas, et quelles autres destinées m'attendaient? »

Il y avait aussi à l'armée de Nice un autre représentant assez insignifiant. Sa femme, extrêmement jolie, fort aimable, partageait et parfois dirigeait sa mission; elle était de Versailles. Le ménage faisait le plus grand cas du général d'artillerie; il s'en était engoué, et le traitait au mieux sous tous les rapports. « Ce qui était un avantage immense, observait Napo-
« léon; car, dans ce temps de l'absence des lois ou de leur improvisation,
« disait-il, un représentant du peuple était une véritable puissance. »
Celui-ci fut un de ceux qui, dans la Convention, contribuèrent le plus à faire jeter les yeux sur Napoléon, lors de la crise de vendémiaire; ce qui n'était qu'une suite naturelle des hautes impressions que lui avaient laissées le caractère et la capacité du jeune général.

L'Empereur racontait que, devenu souverain, il revit un jour la belle représentante de Nice, d'ancienne et douce connaissance. Elle était bien changée, à peine reconnaissable, veuve, et tombée dans une extrême misère. L'Empereur se plut à faire tout ce qu'elle demanda; il réalisa, dit-il, tous ses rêves, et même au delà. Bien qu'elle vécût à Versailles, elle avait été nombre d'années avant de pouvoir pénétrer jusqu'à lui. Lettres, pétitions, sollicitations de tous genres, tout avait été inutile; tant, disait l'Empereur, il est difficile d'arriver au souverain, lors même qu'il ne s'y refuse pas. Encore était-ce lui qui, un jour de chasse à Versailles, était venu à la mentionner par hasard; et Berthier, de cette ville, ami d'enfance de cette dame, lequel jusque-là n'avait jamais daigné parler d'elle, encore moins de ses sollicitations, fut le lendemain son introducteur. « Mais com-
« ment ne vous êtes-vous pas servie de nos connaissances communes de
« l'armée de Nice pour arriver jusqu'à moi? lui demandait l'Empereur.
« Il en est plusieurs qui sont des personnages, et en perpétuel rapport
« avec moi. — Hélas! Sire, répondit-elle, nous ne nous sommes plus
« connus dès qu'ils ont été grands et que je suis devenue malheureuse. »

Les événements de thermidor ayant amené un changement dans les **comités de la Convention**, *Aubry*, ancien capitaine d'artillerie, se trouva diriger celui de la guerre, et fit un nouveau tableau de l'armée; il ne s'y oublia pas, il se fit général d'artillerie, et favorisa plusieurs de ses anciens camarades, au détriment de la queue du corps, qu'il réforma. Napoléon, qui avait à peine vingt-cinq ans, devint alors général d'infanterie, et fut désigné pour le service de la Vendée. Cette circonstance lui fit quitter l'armée d'Italie pour aller réclamer avec chaleur contre un pareil changement, qui ne lui convenait sous aucun rapport. Trouvant Aubry inflexible, et qui s'irritait de ses justes réclamations, il donna sa démission. On verra, dans la relation des campagnes d'Italie, comment il fut presque immédiatement employé, lors de l'échec de Kellerman, au comité des opérations militaires, où se préparaient le mouvement des armées et les plans de campagne; c'est là que vint le prendre le 13 vendémiaire.

Les réclamations auprès d'Aubry furent une véritable scène; il insistait avec force, parce qu'il avait des faits par devers lui; Aubry s'obstinait avec aigreur, parce qu'il avait la puissance : celui-ci disait à Napoléon qu'il était trop jeune, et qu'il fallait laisser passer les anciens; Napoléon répondait qu'on vieillissait vite sur le champ de bataille, et qu'il en

arrivait : Aubry n'avait jamais vu le feu; les paroles furent très-vives.

On trouvera, dans la relation de la fameuse journée de vendémiaire, si importante dans les destinées de la révolution et dans celles de Napoléon, qu'il balança quelque temps à se charger de la défense de la Convention.

La nuit qui suivit cette journée, Napoléon se présenta au comité des Quarante, qui était en permanence aux Tuileries. Il avait besoin de tirer des mortiers et des munitions de Meudon; la circonspection du président (*Cambacérès*) était telle, que, malgré les dangers qui avaient signalé la journée, il n'en voulut jamais signer l'ordre; mais seulement, et par accommodement, il invita à mettre ces objets à la disposition du général.

Pendant son commandement de Paris, qui suivit la journée du 13 vendémiaire, Napoléon eut à lutter surtout contre une grande disette, qui donna lieu à plusieurs scènes populaires. Un jour entre autres que la distribution avait manqué, et qu'il s'était formé des attroupements nombreux à la porte des boulangers, Napoléon passait, avec une partie de son état-major, pour veiller à la tranquillité publique; un gros de la populace, des femmes surtout, le pressent, demandant du pain à grands cris; la foule s'augmente, les menaces s'accroissent, et la situation devient des plus critiques. Une femme monstrueusement grosse et grasse se fait particulièrement remarquer par ses gestes et par ses paroles : « Tout ce tas d'épaule-« tiers, crie-t-elle en apostrophant ce groupe d'officiers, se moquent de « nous; pourvu qu'ils mangent et qu'ils s'engraissent, il leur est fort égal « que le pauvre peuple meure de faim. » Napoléon l'interpelle : « La bonne,

« regarde-moi bien; quel est le plus gras de nous deux? » Or, Napoléon

était alors extrêmement maigre. « J'étais un vrai parchemin, » disait-il. Un rire universel désarme la populace, et l'état-major continue sa route.

On verra, dans les mémoires de la campagne d'Italie, comment Napoléon vint à connaître madame *de Beauharnais*, et comment se fit son mariage, si faussement dépeint dans les récits du temps. A peine l'eut-il connue, qu'il passait chez elle toutes les soirées : c'était la réunion la plus agréable de Paris. Lorsque la société courante se retirait, restaient alors d'ordinaire M. de Montesquiou, le père du grand chambellan, le duc de Nivernais, si connu par les grâces de son esprit, et quelques autres. On regardait si les portes étaient bien fermées, et l'on se disait : « Causons « de l'ancienne cour, faisons un tour à Versailles. »

Le dénûment du trésor et la rareté du numéraire étaient tels dans la république, qu'au départ du général Bonaparte pour l'armée d'Italie, tous ses efforts et ceux du Directoire ne purent composer que deux mille louis qu'il emporta dans sa voiture. C'est avec cela qu'il part pour aller conquérir l'Italie et marcher à l'empire du monde. Et voici un détail curieux : il doit exister un ordre du jour signé Berthier, où le général en chef, à son arrivée au quartier général à Nice, fait distribuer aux généraux, pour les aider à entrer en campagne, la somme de quatre louis en espèces ; et c'était une grande somme : depuis bien du temps personne ne connaissait plus le numéraire. Ce simple ordre du jour peint les circonstances du temps avec plus de force et de vérité que ne saurait le faire un gros volume.

Dès que Napoléon se montre à l'armée d'Italie, on voit tout aussitôt l'homme fait pour commander ; il remplit dès cet instant la grande scène du monde ; il occupe toute l'Europe : c'est un météore qui envahit le firmament. Il concentre dès lors tous les regards, toutes les pensées, compose toutes les conversations. A compter de cet instant, toutes les gazettes, tous les ouvrages, tous les monuments sont toujours lui. On rencontre son nom dans toutes les pages, à toutes les lignes, dans toutes les bouches, partout.

Son apparition fut une véritable révolution dans les mœurs, les manières, la conduite, le langage. *Decrès* m'a souvent répété que ce fut à Toulon qu'il apprit la nomination de Napoléon au commandement de l'armée d'Italie : il l'avait beaucoup connu à Paris, il se croyait en toute familiarité avec lui. « Aussi, quand nous apprîmes, disait-il, que le nouveau « général allait traverser la ville, je m'offris aussitôt à tous les camarades « pour les présenter, en me faisant valoir de mes liaisons. Je cours plein « d'empressement, de joie ; le salon s'ouvre ; je vais m'élancer, quand « l'attitude, le regard, le son de voix, suffisent pour m'arrêter : il n'y avait

« pourtant en lui rien d'injurieux; mais c'en fut assez, à partir de là je n'ai
« jamais été tenté de franchir la distance qui m'avait été imposée. » Et
certes Decrès n'était pas timide.

Un autre signe caractéristique du généralat de Napoléon, c'est l'habileté,
l'énergie, la pureté de son administration; sa haine constante pour les dilapidations, le mépris absolu de ses propres intérêts. « Je revins de la cam-
« pagne d'Italie, nous disait-il un jour, n'ayant pas trois cent mille francs
« en propre; j'eusse pu facilement en rapporter dix ou douze millions, ils
« eussent bien été les miens; je n'ai jamais rendu de comptes, on ne m'en
« demanda jamais. Je m'attendais, au retour, à quelque grande récom-
« pense nationale : il fut question, dans le public, de me doter de Cham-
« bord; j'eusse été très-avide de cette espèce de fortune, mais le Directoire
« fit écarter la chose. Cependant j'avais envoyé en France cinquante mil-
« lions au moins pour le service de l'État. C'est la première fois, dans l'his-
« toire moderne, qu'une armée fournit aux besoins de la patrie, au lieu de
« lui être à charge. »

Lorsque Napoléon traita avec le duc de Modène, *Salicetti*, commissaire
du gouvernement auprès de l'armée, avec lequel il avait été assez mal jusque-là, vint le trouver dans son cabinet. « Le commandeur d'Est, lui dit-il,
« frère du duc, est là avec quatre millions en or dans quatre caisses : il

« vient, au nom de son frère, vous prier de les accepter, et moi je viens
« vous en donner le conseil ; je suis de votre pays, je connais vos affaires
« de famille ; le Directoire et le Corps Législatif ne reconnaîtront jamais vos
« services ; ceci est bien à vous, acceptez-le sans scrupule et sans publicité,
« la contribution du duc sera diminuée d'autant, et il sera bien aise d'avoir
« acquis un protecteur. — Je vous remercie, répondit froidement Napo-
« léon, je n'irai pas, pour cette somme, me mettre à la disposition du duc
« de Modène, je veux demeurer libre. »

Un administrateur en chef de cette même armée répétait souvent qu'il avait vu Napoléon recevoir pareillement et refuser de même l'offre de sept millions en or, faite par le gouvernement de Venise, pour conjurer sa destruction.

L'Empereur riait de l'exaltation de ce financier, auquel le refus de son général paraissait surhumain, plus difficile, plus grand que de gagner des batailles. L'Empereur s'arrêtait avec une certaine complaisance sur ces détails de désintéressement, concluant néanmoins qu'il avait eu tort, et avait manqué de prévoyance, soit qu'il eût voulu songer à se faire chef de parti et à remuer les hommes, soit qu'il eût voulu ne demeurer que simple particulier dans la foule ; car au retour, disait-il, on l'avait laissé à peu près dans la misère, et il eût pu continuer une carrière de véritable pauvreté, lorsque le dernier de ses généraux ou de ses administrateurs rapportait de grosses fortunes. « Mais aussi, ajoutait-il, si mon administrateur m'eût vu
« accepter, que n'eût-il pas fait ? mon refus l'a contenu.

« Arrivé à la tête des affaires comme consul, mon propre désintéresse-
« ment et toute ma sévérité ont pu seuls changer les mœurs de l'adminis-
« tration, et empêcher le spectacle effroyable des dilapidations directo-
« riales. J'ai eu beaucoup de peine à vaincre les penchants des premières
« personnes de l'État, que l'on a vues depuis, près de moi, strictes et sans
« reproches. Il m'a fallu les effrayer souvent. Combien n'ai-je pas dû ré-
« péter de fois, dans mes conseils, que si je trouvais en faute mon propre
« frère, je n'hésiterais pas à le chasser ! »

Jamais personne sur la terre ne disposa de plus de richesses et ne s'en appropria moins. Napoléon a eu, dit-il, jusqu'à quatre cents millions d'espèces dans les caves des Tuileries. Son domaine de l'extraordinaire s'élevait à plus de sept cents millions. Il a dit avoir distribué plus de cinq cents millions de dotation à l'armée. Et, chose bien remarquable, celui qui répandit autant de trésors n'eut jamais de propriété particulière ! il avait rassemblé au Musée des valeurs qu'on ne saurait estimer, et il n'eut jamais un tableau, une rareté à lui.

Au retour d'Italie, et partant pour l'Egypte, il acquit la Malmaison ; il y mit à peu près tout ce qu'il possédait. Il l'acheta au nom de sa femme, qui était plus âgée que lui ; en lui survivant, il pouvait se trouver n'avoir plus rien ; c'est, disait-il lui-même, qu'il n'avait jamais eu le goût ni le sentiment de la propriété : il n'avait jamais eu ni n'avait jamais songé à avoir.

« Si peut-être j'ai quelque chose aujourd'hui[1], continuait-il, cela dé-
« pend de la manière dont on s'y sera pris au loin depuis mon départ ;
« mais, dans ce cas encore, il aura tenu à la lame d'un couteau que je
« n'eusse rien au monde. Du reste, chacun a ses idées relatives : j'avais le
« goût de la fondation, et non celui de la propriété. Ma propriété à moi
« était dans la gloire et la célébrité : le *Simplon*, pour les peuples, le *Louvre*,
« pour les étrangers, m'étaient plus à moi une propriété que des domaines
« privés. J'achetais des diamants à la couronne ; je réparais les palais du
« souverain, je les encombrais de mobilier, et je me surprenais parfois à
« trouver que les dépenses de Joséphine, dans ses serres ou sa galerie,
« étaient un véritable tort pour mon Jardin des Plantes ou mon Musée de
« Paris, etc., etc. »

En prenant le commandement de l'armée d'Italie, Napoléon, malgré son extrême jeunesse, y imprima tout d'abord la subordination, la confiance et le dévouement le plus absolu. Il subjugua l'armée par son génie, bien plus qu'il ne la séduisit par sa popularité : il était en général très-sévère et peu communicatif. Il a constamment dédaigné dans le cours de sa vie les moyens secondaires qui peuvent gagner les faveurs de la multitude ; peut-être même y a-t-il mis une répugnance qui peut lui avoir été nuisible.

---

[1] Le dépôt chez la maison Laffitte.
L'Empereur ayant abdiqué pour la seconde fois, quelqu'un qui l'aimait pour lui-même et connaissait son imprévoyance, accourut pour connaître si l'on avait pris des mesures pour son avenir. On n'y avait pas songé, et Napoléon demeurait absolument sans rien. Pour pouvoir y remédier, il fallut que bien des gens s'y prêtassent de tout leur cœur, et l'on vint à bout de la sorte de lui composer les quatre ou cinq millions dont M. Laffitte s'est trouvé le dépositaire.
Au moment de quitter la Malmaison, la sollicitude des vrais amis de Napoléon ne lui fut pas moins utile. Quelqu'un qui se défiait du désordre et de la confusion inséparables de notre situation, voulut vérifier par lui-même si l'on avait bien pourvu à tout ; quel fut son étonnement d'apprendre que le chariot chargé des ressources futures demeurait oublié sous une remise à la Malmaison même ! et quand on voulut y remédier, la clef ne s'y trouva plus. Cet embarras demanda beaucoup de temps ; notre départ en fut même retardé de quelques instants.
Cependant M. Laffitte était accouru pour donner à l'Empereur un récépissé de la somme ; mais Napoléon n'en voulut point, lui disant : « Je vous connais, monsieur Laffitte ; je sais que vous n'aimez
« point mon gouvernement, mais je vous tiens pour un honnête homme. »
Du reste, M. Laffitte semble avoir été destiné à se trouver le dépositaire des monarques malheureux. Louis XVIII, en partant pour Gand, lui avait fait remettre pareillement une somme considérable. A l'arrivée de Napoléon, le 20 mars, M. Laffitte fut mandé par l'Empereur et questionné sur ce dépôt, qu'il ne nia pas. Et comme il exprimait la crainte qu'un reproche se trouvât renfermé dans les questions qui venaient de lui être faites : « Aucun, répondit l'Empereur : cet argent était personnellement
« au roi, et les affaires domestiques ne sont pas de la politique. »

Son extrême jeunesse lorsqu'il prit le commandement de l'armée d'Italie, ou toute autre cause, y avait établi un singulier usage; c'est qu'après chaque bataille, les plus vieux soldats se réunissaient en conseil, et donnaient

un nouveau grade à leur jeune général: quand celui-ci rentrait au camp, il y était reçu par les vieilles moustaches, qui le saluaient de son nouveau titre. Il fut fait caporal à Lodi, sergent à Castiglione; et de là ce surnom de *petit caporal*, resté longtemps à Napoléon parmi les soldats. Et qui peut dire la chaîne qui unit la plus petite cause aux plus grands événements! peut-être ce sobriquet a-t-il contribué aux prodiges de son retour en 1815; lorsqu'il haranguait le premier bataillon qu'il rencontra, avec lequel il fallut parlementer, une voix s'écria: *Vive notre petit caporal, nous ne le combattrons jamais!*

L'administration du Directoire et celle du général en chef de l'armée d'Italie semblaient deux gouvernements tout différents.

Le Directoire, en France, mettait à mort les émigrés; jamais l'armée d'Italie n'en fit périr aucun. Le Directoire alla même jusqu'à écrire à Napoléon, lorsqu'il sut *Wurmser* assiégé dans Mantoue, de se rappeler qu'il était émigré ; mais Napoléon, en le faisant prisonnier, s'empressa de rendre à sa vieillesse un hommage des plus touchants.

Le Directoire employait vis-à-vis du pape des formes outrageantes ; le général de l'armée d'Italie ne l'appelait que Très-Saint-Père, et lui écrivait avec respect.

Le Directoire voulait renverser le pape ; Napoléon le conserva.

Le Directoire déportait les prêtres et les proscrivait ; Napoléon disait à son armée, quand elle les rencontrait, de se rappeler que c'étaient des Français et leurs frères.

Le Directoire eût voulu exterminer partout jusqu'aux vestiges de l'aristocratie ; Napoléon écrivait aux démocrates de Gênes, pour blâmer leurs excès à cet égard, et n'hésitait pas à leur mander que, s'ils voulaient conserver son estime, ils devaient respecter la statue de Doria et les institutions qui avaient fait la gloire de leur république.

Uniformité. — Ennui. — L'Empereur se décide à écrire ses Mémoires.

Jeudi 7 au samedi 9.

Nous continuions toujours notre navigation, sans que rien vînt interrompre l'uniformité qui nous entourait. Tous nos jours se ressemblaient ; l'exactitude de mon journal pouvait seule me laisser savoir où nous en étions du mois et de la semaine. Heureusement le travail remplissait tous mes moments, et la journée coulait avec une certaine facilité. Les matériaux que j'amassais dans la conversation de l'après-dînée ne me laissaient pas de temps perdu jusqu'à celle du lendemain.

Cependant l'Empereur savait que je travaillais beaucoup ; il soupçonnait même l'objet de mon occupation, il voulut s'en assurer, et prit connaissance de quelques pages ; il n'en fut pas mécontent. Mais, revenant plusieurs fois sur le même sujet, il trouvait qu'un tel journal serait plus intéressant qu'utile ; que les événements militaires, par exemple, tirés ainsi de seules conversations courantes, seraient toujours maigres, incomplets, sans objet et sans résultat, de pures anecdotes souvent puériles, au lieu d'opérations et de résultats classiques. Je saisis avidement l'occasion favorable, j'abondai dans son sens, j'osai suggérer l'idée qu'il me dictât les campagnes d'Italie : « Ce serait un bienfait pour la patrie, un vrai « monument de la gloire nationale ; et puis, nos moments étaient bien « vides, nos heures bien longues, le travail les tromperait ; quelques in- « stants pourraient n'être pas sans charmes. » Ce devint alors le sujet de conversations prises et reprises plusieurs fois.

Enfin l'Empereur se décida, et le samedi 9 septembre 1815, me faisant venir dans sa chambre, il me dicta, pour la première fois,

quelque chose sur le siége de Toulon : on le trouvera aux campagnes d'Italie.

Vents alizés. — La Ligne.

Dimanche 10 au mercredi 13.

Lorsqu'on approche des tropiques, on rencontre ce qu'on appelle les vents alizés, vents éternellement de la partie de l'est. La science explique ce phénomène d'une manière satisfaisante. Lorsqu'en venant d'Europe on commence à atteindre ces vents, ils soufflent du nord-est; à mesure qu'on s'avance vers la ligne, ils se rapprochent de l'est; on a généralement à craindre les calmes sous la ligne. Lorsqu'elle est dépassée, les vents gagnent graduellement vers le sud jusqu'au sud-est; et, quand enfin on dépasse les tropiques, on perd les vents alizés, et l'on rentre dans les vents variables, comme dans nos parages européens. Le bâtiment qui venant d'Europe se dirige sur Sainte-Hélène, est toujours poussé vers l'ouest par ces vents constants de l'est. Il serait bien difficile qu'il pût atteindre cette île par une route directe : il n'en a pas même la prétention;

il pousse sa pointe jusque dans les parages variables du midi, et gouverne alors vers le cap de Bonne-Espérance, de manière à rencontrer les vents alizés du sud-est, qui le ramènent vent arrière sur Sainte-Hélène.

Or, il y a deux systèmes pour aller trouver les vents variables du sud : c'est de couper la ligne du vingt au vingt-quatrième degré de longitude, méridien de Londres ; les partisans de cette route disent qu'on y est moins exposé au calme de la ligne, et que, si elle vous présente le désavantage de vous porter souvent jusqu'à la vue du Brésil, elle vous fait alors franchir cet espace en beaucoup moins de temps. L'amiral Cockburn, qui penchait à croire cette route un préjugé et une routine, se décida pour le second système, qui consistait à prendre beaucoup plus à l'est ; et d'après des exemples particuliers qui lui étaient connus, il chercha à couper la ligne vers les deuxième ou troisième degrés de longitude. Il ne doutait pas, dans sa route vers les vents variables, de passer assez près sous le vent de Sainte-Hélène pour raccourcir de beaucoup son chemin, si même il ne parvenait à l'atteindre, en courant des bords, sans sortir des vents alizés.

Les vents, qui, à notre grand étonnement, passèrent à l'ouest, circonstance que l'amiral nous dit être plus commune que nous ne pensions, vinrent encore favoriser son opinion ; il abandonna les mauvais marcheurs de son escadre, à mesure qu'ils restèrent de l'arrière, et ne songea plus lui-même qu'à gagner sa destination avec le plus de célérité possible.

Orage. — Libelles contre l'Empereur. — Leur examen. — Considérations générales.

Jeudi 14 au lundi 18.

Après de petits vents et quelques calmes, le 16 nous eûmes un orage de pluie très-considérable ; il fut la joie de l'équipage. Les chaleurs étaient extrêmement modérées ; on eût pu même dire qu'à l'exception de Madère, nous avions constamment joui d'une température fort douce. Mais l'eau était fort rare à bord ; par motif d'économie précautionnelle, on s'empressa de profiter de cet orage pour en recueillir autant qu'on put ; chaque matelot chercha à s'en faire une petite provision. Le fort de l'orage tomba au moment où l'Empereur, après son dîner, venait faire sa promenade habituelle sur le pont ; cela ne l'arrêta pas, seulement il fit apporter la fameuse *redingote grise*, que les Anglais ne considéraient pas sans un vif intérêt. Le grand maréchal et moi ne quittâmes pas l'Empereur. L'orage dura plus d'une heure dans toute sa force;

quand l'Empereur rentra, j'eus toutes les peines du monde à me dépouiller de mes vêtements; presque tout ce que je portais se trouva perdu.

Les jours suivants le temps fut pluvieux; mes travaux en souffraient tant soit peu; tout était humide et mouillé dans notre mauvaise petite chambre: d'un autre côté, on se promenait difficilement sur le pont, c'étaient les premiers temps de la sorte que nous eussions eus depuis notre départ; ils nous déconcertaient. Je remplis le vide du travail par la conversation avec les officiers du vaisseau; je n'avais d'intimité avec aucun, mais j'entretenais avec tous des relations journalières de politesse et de prévenance. Ils aimaient à nous faire causer des affaires de France; car on aurait de la peine à croire jusqu'à quel point la France et les Français leur étaient étrangers. Nous nous étonnions fort, réciproquement : eux, nous étonnaient par leurs principes dégénérés; et nous, nous les étonnions par nos idées et nos mœurs nouvelles.

Un des premiers du vaisseau, dans une conversation familière, fut conduit à dire : « Je crois que vous seriez tous bien effrayés si nous allions « vous jeter sur les côtes de France. — Pourquoi donc? — Parce que, « répondit-il, le roi pourrait vous faire payer cher d'avoir quitté votre « pays pour suivre un autre souverain; et puis, parce que vous portez « une cocarde qu'il a défendue. — Mais est-ce bien à un Anglais à parler « de la sorte? Il faut que vous soyez bien déchus! Assurément, vous « voilà bien loin de votre révolution, si justement qualifiée parmi vous « de *glorieuse*. Mais nous qui nous en rapprochons fort, et qui avons « beaucoup gagné, nous vous répondrons qu'il n'y a pas une de vos « paroles qui ne soit une hérésie : d'abord notre châtiment ne tient plus « au bon plaisir du roi, nous ne dépendons à cet égard que de la loi; or, « il n'en existe aucune contre nous, et si l'on venait à la violer sur ce « point, ce serait à vous autres à nous garantir; car votre général s'y est « engagé par la capitulation de Paris; et ce serait une honte éternelle « à votre administration, s'il tombait des têtes que votre foi publique « aurait solennellement garanties.

« Ensuite, nous ne suivons pas un autre souverain : l'empereur Na« poléon a été le nôtre, c'est incontestable; mais il a abdiqué, et il ne « l'est plus. Vous confondez ici des actes privés avec des mesures de « parti; de l'affection, du dévouement, de la tendresse, avec de la poli« tique. Enfin, pour ce qui est de nos couleurs, lesquelles semblent vous « offusquer, ce n'est qu'un reste de notre vieille toilette; nous ne les « portons encore aujourd'hui que parce que nous les portions hier; on « ne se sépare pas indifféremment de ce que l'on aime, il y faut un peu « de contrainte et de nécessité; pourquoi ne nous les avez-vous pas ôtées « quand vous nous avez privés de nos armes? l'un n'eût pas été plus in« convenable que l'autre. Nous ne sommes plus ici que des hommes pri« vés; nous ne prêchons pas la sédition; ces couleurs nous sont chères, « nous ne saurions le nier; elles le sont, parce qu'elles nous ont vus vain« queurs de tous nos ennemis; parce que nous les avons promenées en « triomphe dans toutes les capitales de l'Europe; parce que nous les por« tions tant que nous avons été le premier peuple de l'univers. Aussi on « a bien pu les arracher du chapeau des Français, mais elles se sont « réfugiées dans leur cœur; elles n'en sortiront jamais. »

Dans une autre circonstance, un des mêmes officiers, après avoir parcouru avec moi la grande vicissitude des événements, me disait : « Que

« sait-on? peut-être sommes-nous destinés à réparer les maux que nous
« vous avons faits! Vous seriez donc bien étonnés si un jour lord Wel-
« lington venait à reconduire Napoléon dans Paris? — Ah! oui, disais-je,
« je serais fort étonné; et d'abord je n'aurais pas l'honneur d'être de la
« partie : à ce prix, j'abandonnerais même Napoléon! Mais je puis être
« tranquille, je vous jure que Napoléon ne me soumettra pas à cette
« épreuve; c'est de lui que je tiens ces sentiments; c'est lui qui m'a guéri
« de la doctrine contraire, qui fut ce que j'appelle l'erreur de mon
« enfance. »

Les Anglais se montraient aussi très-avides de nous questionner sur l'Empereur, dont le caractère et les dispositions leur avaient été peints, à ce qu'ils avouaient maintenant, de la manière la plus fausse. Ce n'était pas leur faute, observaient-ils, ils ne le connaissaient que par les ouvrages publiés par eux, tous très-exagérés contre lui : ils en avaient plusieurs à bord. Un jour, comme je voulais regarder ce que lisait un des officiers, il ferma son livre avec embarras, me disant qu'il était si fort contre l'Empereur, qu'il se ferait conscience de me le laisser voir. Une autre fois, l'amiral me questionna longuement sur certaines imputations consignées dans divers ouvrages de sa bibliothèque, dont quelques-uns, me disait-il, jouissaient d'une certaine considération, et dont tous, convenait-il, avaient produit un grand effet en Angleterre contre le caractère de Napoléon. Ces circonstances me donnèrent l'idée de passer en revue successivement tous les ouvrages de ce genre qui se trouvaient à bord, et d'en consigner mon opinion dans mon Journal, ne devant jamais se rencontrer de situation aussi favorable que la mienne pour obtenir, au besoin, quelque éclaircissement sur les points qui pouvaient en valoir la peine.

Mais, avant d'entamer aucun de ces extraits, il faut qu'on me passe quelques considérations générales : elles suffiront pour répondre d'avance à la plus grande partie des inculpations sans nombre que je rencontrerai.

La calomnie et le mensonge sont les armes de l'ennemi civil ou politique, étranger ou domestique; c'est la ressource du vaincu, du faible, de celui qui hait ou qui craint; c'est l'aliment des salons, la pâture de la place publique. Ils s'acharnent d'autant plus que l'objet est plus grand : il n'est rien alors qu'ils ne hasardent et ne propagent. Plus ces calomnies, ces mensonges sont absurdes, ridicules, incroyables, plus ils sont recueillis, répétés de bouche en bouche.

Or, jamais on n'en fut autant assailli ni plus défiguré que Napoléon;

jamais on n'accumula sur personne autant de pamphlets et de libelles, d'absurdes atrocités, de contes ridicules, de fausses assertions ; et cela devait être : Napoléon, sorti de la foule pour monter au rang suprême, marchant à la tête d'une révolution qu'il avait tout à fait civilisée, entraîné par ces deux circonstances dans une lutte à mort contre le reste de l'Europe, lutte dans laquelle il n'a succombé que pour avoir voulu la terminer trop promptement ; Napoléon, à lui seul le génie, la force, le destin de sa propre puissance, vainqueur de ses voisins, en quelque façon monarque universel ; *Marius* pour les aristocrates, *Sylla* pour les démocrates, *César* pour les républicains, devait, au dedans et au dehors, réunir contre lui un ouragan de passions.

Le désespoir, la politique et la rage durent le peindre, dans tous les pays, comme un objet d'horreur et d'effroi. Jamais il ne voulut permettre, au temps de sa puissance, qu'on s'occupât de répondre. « Les « soins qu'on prendrait, disait-il, ne donneraient que plus de poids aux « inculpations qu'on voudrait combattre. On ne manquerait pas de dire « que tout ce qui serait écrit dans ma défense aurait été commandé. « Déjà les louanges maladroites de ceux qui m'entouraient m'avaient été « parfois plus préjudiciables que toutes ces injures. Ce n'était que par « des faits qu'il me convenait d'y répondre : un beau monument, une « bonne loi de plus, un triomphe nouveau, devaient détruire des milliers « de ces mensonges : les déclamations passent, disait-il, les actions « restent ! »

C'est indubitablement vrai pour la postérité ; mais il n'en est pas ainsi durant la vie, et Napoléon a fait la cruelle épreuve, en 1814, que les déclamations peuvent étouffer jusqu'aux actions mêmes. Au moment de sa chute, ce fut un vrai débordement, il en fut comme couvert. Toutefois il n'appartenait qu'à lui, dont la vie est si féconde en prodiges, de surmonter cette épreuve, et de reparaître, presque aussitôt, tout resplendissant du sein de ses propres ruines. Son merveilleux retour est assurément sans exemple, soit dans l'exécution, soit dans les résultats. Les transports qu'il fit naître se glissèrent jusque chez les voisins, ils y créèrent deux vœux publics ou secrets : et celui qu'en 1814 on avait poursuivi, abattu, comme le fléau des peuples, reparut tout à coup en 1815 comme leur espérance.....

« Le poison ne pouvait plus rien sur Mithridate, me disait l'Empereur « il y a peu de jours, en parcourant de nouveaux articles contre lui ; eh « bien ! la calomnie, depuis 1814, ne pourrait pas davantage aujourd'hui « contre moi. »

Quoi qu'il en soit, dans cette clameur universelle dirigée contre lui au temps de sa puissance, l'Angleterre tint toujours le premier rang.

Il y eut constamment chez elle deux grandes fabriques en toute activité : celle des émigrés, à qui tout était bon, et celle des ministres anglais, qui avaient établi cette diffamation en système : ils en avaient organisé régulièrement l'action et les effets ; ils entretenaient à leur solde des folliculaires et des libellistes dans tous les coins de l'Europe ; on leur prescrivait leur tâche ; on liait, on combinait leurs attaques, etc., etc.

Mais c'était en Angleterre surtout qu'on multipliait l'emploi de ces armes puissantes. Les ministres y trouvaient le double avantage de monter l'opinion contre l'ennemi commun et de la détourner de leur propre conduite ; par là ils sauvaient à leur propre caractère, à leurs propres actes, un examen et des récriminations qui eussent pu les embarrasser. Ainsi, l'assassinat de Paul à Pétersbourg, celui de nos envoyés en Perse, l'enlèvement de Naper-Tandy dans la ville libre de Hambourg, la prise en pleine paix de deux riches frégates espagnoles, l'acquisition de toute l'Inde ; Malte, le cap de Bonne-Espérance, gardés contre la foi des traités ; la machiavélique rupture du traité d'Amiens, l'injuste saisie de nos bâtiments sans déclaration de guerre, la flotte danoise enlevée avec une si froide et si ironique perfidie, etc., sont autant d'attentats qui ont été se perdre dans l'agitation universelle qu'on avait eu l'art d'exciter contre un autre.

Pour être juste sur les inculpations accumulées sur Napoléon, il faudrait s'en tenir aux seuls faits, aux preuves surtout, que n'auront pas manqué de publier ceux qui, l'ayant renversé, sont demeurés maîtres des pièces authentiques, des archives des ministères, de celles des tribunaux, en un mot de toutes les sources de la vérité en usage parmi les hommes ; mais ils n'ont rien publié, rien produit ; et dès lors que de pièces s'écroulent d'elles-mêmes de ce monstrueux échafaudage ! Et pour être plus régulièrement équitable encore, si on ne veut juger Napoléon qu'à côté de ses analogues et de ses pairs, c'est-à-dire à côté des fondateurs de dynasties, ou de ceux qui sont parvenus au trône à la faveur des troubles ; alors, nous ne craignons pas de le dire, il se montre sans égal, il brille pur au milieu de tout ce qu'on lui oppose.

Napoléon a-t-il, comme Hugues Capet, combattu son souverain ? l'a-t-il fait mourir prisonnier dans une tour ?

Napoléon en a-t-il agi comme les princes de la maison actuelle d'Angleterre, qui deux fois couvrirent, en 1715 et 1745, les échafauds de victimes ? victimes auxquelles l'inconséquence politique des ministres anglais d'aujourd'hui ne laisse, d'après leurs propres principes actuels, d'autre qualification que celle de sujets fidèles mourant pour leur souverain légitime, d'autre titre que celui de martyrs!!!

Napoléon a-t-il, comme les princes qui viennent de le remplacer en France, suscité contre eux des machines infernales, organisé leur assas-

sinat, soldé leur meurtre, mis leur vie à prix de mille manières et en mille occasions? Car la contre-révolution avait tenu jusqu'ici tout cela dans une ténébreuse incertitude; mais les coupables, les complices qui avaient jadis nié ces forfaits devant les tribunaux, sont venus aujourd'hui s'en vanter au pied du trône, en recevoir le prix, et le roi de France, sortant des belles maximes de Louis XII, n'a pas craint de récompenser les crimes qu'avait conseillés le comte de Lille.

La marche de Napoléon au rang suprême est au contraire toute simple, toute naturelle, tout innocente; elle est unique dans l'histoire; et il est vrai de dire que les circonstances de son élévation la rendent sans égale. « Je n'ai point usurpé la couronne, disait-il un jour au Conseil « d'État, je l'ai relevée dans le ruisseau; le peuple l'a mise sur ma tête : « qu'on respecte ses actes ! »

Et en la relevant ainsi, Napoléon a remis la France dans la société de l'Europe, a terminé nos horreurs et ressuscité notre caractère; il nous a purgés de tous les maux de notre crise funeste, et nous en a conservé tous les biens : « Je suis monté sur le trône, vierge de tous les crimes de « ma position, disait-il dans une autre circonstance. Est-il bien des chefs « de dynastie qui pussent en dire autant? »

Jamais, à aucune époque de l'histoire, on ne vit la faveur distribuée avec autant d'égalité, le mérite plus indistinctement recherché et récompensé, l'argent public plus utilement employé, les arts, les sciences plus encouragés; jamais la gloire ni le lustre de la patrie ne furent élevés si haut : « Je veux, nous disait-il un jour au Conseil d'État, que le titre de « Français soit le plus beau, le plus désirable sur la terre; que tout « Français, voyageant en Europe, se croie, se trouve toujours chez lui. »

Si la liberté sembla souffrir quelque atteinte, si l'autorité sembla parfois dépasser les bornes, les circonstances le rendaient nécessaire, inévitable. Les malheurs d'aujourd'hui nous éclairent trop tard sur cette vérité; nous rendons justice, quand il n'est plus temps, au courage, au jugement, à la prévoyance qui dictaient alors ces efforts et ces mesures. C'est si vrai que, sous ce rapport, la chute politique de Napoléon a accru de beaucoup sa domination morale. Qui doute aujourd'hui que sa gloire, l'illustration de son caractère, ne gagnent infiniment par ses malheurs!!!

Emploi de nos journées.

— Mardi 19 au vendredi 22.

Nous avancions toujours avec le même vent, le même ciel et la même température. L'Empereur me dictait régulièrement ses campagnes d'Italie; je tenais déjà plusieurs chapitres. Les jours qui avaient suivi la première dictée avaient été marqués par peu de ferveur; mais la régularité et la promptitude avec lesquelles je lui portais mon travail chaque matin, ses progrès, l'attachèrent tout à fait, et le charme des heures qu'il y employait le lui eut bientôt rendu comme nécessaire : aussi j'étais sûr que tous les jours, vers onze heures, il me faisait appeler. Je lui lisais ce qu'il avait dicté la veille; il faisait des corrections, et me dictait la suite : cela le conduisait en un clin d'œil à l'heure du dîner. L'Empereur dicte très-vite, il faut le suivre presque à la parole; j'ai dû me créer une espèce d'écriture hiéroglyphique. Je courais, à mon tour, dicter à mon fils; j'étais assez heureux et assez prompt pour recueillir, à peu près littéralement, toutes les expressions de l'Empereur. Je n'avais plus de moments perdus : tous les jours on venait m'avertir qu'on était déjà à table.

Après le dîner, l'Empereur ne manquait jamais de revenir sur la dictée du matin, comme jouissant de l'occupation et du plaisir qu'elle lui avait causés. Cela me valait en cet instant, comme aussi toutes les fois que je l'abordais dans le jour, certaines interpellations de plaisanteries qu'il avait consacrées par leurs répétitions nombreuses : *Ah! le sage Las Cases!* (à cause de mon Atlas de le Sage), M. *l'illustre mémorialiste! le Sully de Sainte-Hélène!* et plusieurs autres mots de la sorte. Puis, il ajoutait maintes fois : « Après tout, mon cher, ces Mémoires seront aussi connus « que tous ceux qui les ont devancés; vous vivrez autant que tous leurs « auteurs ; on ne pourra jamais s'arrêter sur nos grands événements, « écrire sur ma personne, sans avoir recours à vous. » Et, reprenant la plaisanterie, il continuait avec gaieté : « On dira, après tout : Il devait bien « le savoir ; c'était son conseiller d'État, son chambellan, son compagnon « fidèle. On dira : Il faut bien le croire, il ne ment pas, c'était un hon- « nête homme, etc., etc. ».

Phénomène du hasard. — Passage de la ligne. — Baptême.

Samedi 23 au lundi 25.

Le vent d'ouest continuait toujours, à notre grand étonnement ; c'était une espèce de phénomène dans ces parages : il nous avait très-favorisés jusque-là. Mais, en fait de phénomènes, le hasard en combina, le 23, un bien plus extraordinaire encore : ce jour-là nous traversâmes la ligne, par zéro de latitude, zéro de longitude et zéro de déclinaison : circonstance que le seul hasard ne renouvellera peut-être pas dans un siècle ou dans mille ans, puisqu'il faut arriver au premier méridien précisément vers midi, passer la ligne à cette même heure, et y arriver en même temps que le soleil, le jour de l'équinoxe.

Ce fut un jour de grosse joie et de grand désordre dans tout l'équipage : c'était la cérémonie que nos marins appellent le *baptême*, et que les Anglais nomment le jour de *grande barbe*. Les matelots, dans l'appareil le plus burlesque, conduisent en cérémonie, aux pieds de l'un d'eux transformé en Neptune, tous ceux qui n'ont point encore traversé la ligne ; là, un immense rasoir vous parcourt la barbe, préparée avec du goudron ; des seaux d'eau dont on vous inonde aussitôt de toutes parts, les gros éclats de rire dont l'équipage accompagne votre fuite, complètent l'initiation des grands mystères ; personne n'est épargné : les officiers même sont, en quelque façon, plus maltraités en cette circonstance que les derniers des matelots. Nous seuls, par une grâce parfaite de l'amiral, qui jusque-là s'était plu à nous effrayer de cette terrible cérémonie, échappâmes à ces inconvénients et à ces ridicules : nous fûmes conduits, avec toutes sortes d'attentions et de respects, aux pieds du dieu grossier, dont chacun de nous reçut un compliment de sa façon. Là se bornèrent toutes nos épreuves.

L'Empereur fut scrupuleusement respecté pendant toute cette saturnale, qui d'ordinaire ne respecte jamais rien. Ayant appris l'usage et le ménagement dont on usait à cet égard, il ordonna qu'on distribuât cent napoléons au grotesque Neptune et à sa bande, ce à quoi l'amiral s'opposa, autant par prudence peut-être que par politesse.

Prise d'un requin. — Ouvrage du général Wilson. — Pestiférés de Jaffa. — Traits de la campagne d'Égypte. — Esprit de l'armée d'Égypte. — Railleries des soldats. — Dromadaires. — Mort de Kléber. — Jeune Arabe. — Philippeaux et Napoléon, singularités. — A quoi tiennent les destinées. — Caffarelli, son attachement pour Napoléon. — Réputation de l'armée française en Orient. — Napoléon quittant l'Égypte pour aller gouverner la France. — Expédition des Anglais. — Kléber et Desaix.

Mardi 26 au samedi 30.

Un de ces jours, dans l'après-midi, les matelots prirent un énorme requin ; l'Empereur voulut savoir la cause du grand bruit et de la con-

fusion arrivés subitement au-dessus de sa tête, et, sur ce qu'il apprit, il eut la fantaisie d'aller voir le monstre marin : il monta sur la dunette, et s'étant approché de trop près, un effort de l'animal, qui renversa quatre ou cinq matelots, faillit lui casser les jambes ; il descendit, le bas gauche tout couvert de sang; nous le crûmes blessé ; ce n'était que le sang du requin.

Venons aux livres hostiles que je parcourais à bord. On fait peu d'attention aux pamphlétaires, parce que leur caractère est le contre-poison de leurs paroles ; il n'en est pas de même d'un historien : toutefois celui-ci s'en rapproche, si, s'écartant du calme et de l'impartialité obligés de son ministère, il s'abandonne à la déclamation, et laisse percer le fiel. Tel est le sentiment que me laissèrent diverses productions du général Wilson. Cet auteur nous était d'autant plus préjudiciable, que ses talents, sa bravoure, ses nombreux et brillants services, lui donnaient plus de poids aux yeux de ses concitoyens. Une circonstance concourait à rendre ses œuvres plus particulièrement connues à bord du vaisseau, et faisait qu'on nous en parlait davantage ; il avait un de ses enfants au nombre des jeunes aspirants du vaisseau ; et, à ce sujet, mon fils, que la similitude d'âge tenait la plupart du temps au milieu d'eux, put voir à son aise le changement qui s'opéra dans ces jeunes têtes à notre égard. Tous ces enfants nous étaient naturellement très-défavorables : ils croyaient, en recevant l'Empereur, n'avoir embarqué rien moins que l'ogre capable de les dévorer ; mais bientôt le voisinage et la vérité exercèrent sur eux la même influence que sur le reste du vaisseau, et ce fut aux dépens du petit Wilson, à qui les camarades donnaient la chasse, en expiation, disaient-ils, de toutes les histoires de son père.

. . . .
. . . .

Ici, dans mon manuscrit, commençait le bâtonnage d'un grand nombre de feuillets ; le motif en était exprimé en marge, ainsi qu'il suit :

« J'avais recueilli un grand nombre de griefs dans l'ouvrage du général Wilson, auxquels je répondais peut-être à mon tour avec un peu d'amertume ; une circonstance récente me les fait supprimer.

« M. Wilson vient de paraître avec éclat dans une cause touchante, qui honore le cœur de ceux qu'elle a compromis : le salut de *Lavalette*. Interpellé devant un tribunal français s'il n'avait pas jadis publié des ouvrages sur nos affaires, il a répondu que oui, et qu'il y avait exprimé ce qu'il croyait *vrai alors*. Ce mot en dit plus que tout ce que j'aurais pu faire, et je me suis hâté d'effacer ce que j'avais écrit, heureux de devenir juste moi-même envers M. Wilson, dont j'accusais, dans ma colère, les intentions et la bonne foi[1].

Je laisse donc de côté les ouvrages de M. Wilson, et les diverses inculpations qu'ils renferment; je supprime aussi les nombreuses réfutations que j'avais amassées; je ne m'arrêterai que sur un seul point, parce qu'il a été reproduit en cent ouvrages divers; qu'il a rempli l'Europe, et a été propagé même en France avec une grande faveur, je veux dire l'empoisonnement des pestiférés de Jaffa.

Rien assurément ne saurait mieux prouver combien la calomnie peut tout entreprendre avec succès; seulement qu'elle soit audacieuse, impudente, qu'elle ait de nombreux échos, qu'elle soit puissante, qu'elle veuille, et peu importe du reste qu'elle blesse les probabilités, la raison, le bon sens, la vérité : elle est sûre de ses effets.

Un général, un héros, un grand homme, jusque-là respecté de la fortune autant que des hommes, fixant en ce moment les regards des trois parties du monde, imposant l'admiration à ses ennemis mêmes, est tout à coup accusé d'un crime réputé inouï, sans exemple; d'un acte dit inhumain, atroce, cruel, et, ce qui est surtout bien remarquable, tout à fait inutile.

Les détails les plus absurdes, les circonstances les moins probables, les accessoires les plus ridicules, s'accumulent autour de ce premier mensonge; on le répand dans toute l'Europe, la malveillance s'en saisit

---

[1] Après mon enlèvement de Longwood, sir Hudson Lowe, saisi de mes papiers, parcourait, avec mon agrément, ce journal. Il y trouvait des choses fort désagréables pour lui, et un moment il me dit : « Monsieur le comte, quel héritage vous préparez à mes enfants! — Ce n'est pas ma faute, répondis-je; il ne tient qu'à vous qu'il en soit autrement; vous me rendrez heureux de me mettre à même d'effacer, ainsi que je l'ai fait il y a peu de jours pour le général Wilson. » Sur quoi de demander ce qu'il y avait donc sur celui-ci, et nous y passons. Après avoir lu tout ce qui le concernait, et le motif de mon effaçure, il dit d'un air piteux, pensif et chagrin : « Oui, je le vois bien, mais je ne comprends pas….. ; car je connais beaucoup Wilson, et il s'était pourtant bien chaudement montré pour les Bourbons. »

Quand nous apprîmes la délivrance de Lavalette, nous en tressaillîmes de joie sur notre rocher. Quelqu'un observant que son libérateur Wilson n'était apparemment pas le même que celui qui avait écrit tant de mauvaises choses sur l'Empereur : « Et pourquoi pas? dit Napoléon. Que vous connaissez peu les hommes et les passions! Qui vous dit que celui-ci ne serait pas un de ces esprits ardents, passionnés, qui aura écrit ce qu'il croyait alors? Et puis nous étions ennemis, nous combattions. Aujourd'hui que nous sommes abattus, il sait mieux; il peut se trouver abusé, trompé, en être mécontent, et peut-être nous souhaiter à présent autant de bien qu'il a cherché à nous faire de mal. »

La sagacité de Napoléon était telle, ou le hasard ici le conduisait si justement, qu'on pourrait dire qu'il ne faisait que lire de loin. Ce Robert Wilson était en effet l'écrivain même; heurté de voir un grand peuple privé de ses premiers droits, il se récriait désormais contre les alliés, comme s'ils lui eussent imposé des chaînes à lui-même, et personne n'a montré une plus vive indignation sur les traitements faits à Napoléon, ni témoigné un plus ardent désir de les voir cesser.

et l'accroît ; on le lit dans toutes les gazettes ; il se consigne dans tous les livres ; et dès lors il devient pour tous un fait avéré ; l'indignation est au comble, la clameur universelle. Vainement voudrait-on raisonner contre le torrent, oser essayer de le combattre, démontrer qu'on ne fournit aucune preuve, qu'on se contredit soi-même ; présenter les témoignages opposés, irrécusables, les témoignages de ceux de la profession même qu'on dit avoir administré le poison ou s'y être refusés ; soutenir qu'on ne saurait accuser d'inhumanité celui-là même qui, peu de temps auparavant, immortalisa ces mêmes hôpitaux de Jaffa par l'acte le plus sublime, le plus héroïque, en se dévouant à toucher solennellement les pestiférés, pour tromper et vaincre les imaginations malades ; qu'on ne saurait prêter une pareille idée à celui qui, consulté par les officiers de santé, pour savoir si l'on devait brûler ou seulement laver les vêtements de ces malades, faisant valoir la perte considérable qu'amènerait la première mesure, leur répond : *Messieurs, je suis venu ici pour fixer l'attention et reporter l'intérêt de l'Europe sur le centre de l'ancien monde, et non pour entasser des richesses.* Vainement voudrait-on faire voir que ce crime supposé eût été sans but, sans motif quelconque : le général français avait-il à craindre qu'on lui débauchât ses malades ; qu'on s'en renforçât contre lui ? voulait-il par là se délivrer tout à fait de la peste ? Mais il y réussissait également en laissant ses malades au milieu de ses ennemis, et de plus il la leur procurait. Vainement voudrait-on démontrer qu'un chef insensible, égoïste, se fût au contraire délivré de tout embarras, en laissant simplement ces malheureux après lui : ils eussent été mutilés, massacrés, il est vrai ; mais il ne fût venu dans l'idée de personne de lui adresser aucun reproche.

Tous ces raisonnements, quelque inattaquables qu'ils fussent, seraient vains, inutiles, tant sont grands et infaillibles les effets du mensonge et de la déclamation que souffle le vent des circonstances passionnées. Le crime imaginaire restera dans toutes les bouches, il se gravera dans toutes les imaginations, et pour le vulgaire et sa masse il est désormais et à jamais un fait constant et prouvé.

Ce qui surprendra ceux qui ne savent pas combien il faut se défier des rumeurs publiques, et ce que je me plais à consigner ici, pour montrer une fois de plus de quelle manière peut s'écrire l'histoire, c'est que le grand maréchal Bertrand, qui était lui-même de l'armée d'Égypte, à la vérité dans un grade inférieur qui n'admettait aucun contact direct avec le général en chef, avait cru lui-même, jusqu'à Sainte-Hélène, l'histoire de l'empoisonnement exercé sur une soixantaine de malades ; le bruit en était répandu, accrédité dans l'armée même. Or, que répondre à ceux qui vous disaient victorieusement : « C'est bien vrai, je le tiens précisé- « ment des officiers qui s'y trouvaient? » Et pourtant il n'en était rien.

Voici ce que j'ai recueilli de la source la plus élevée, de la bouche de Napoléon même :

1° Que le nombre des pestiférés dont il s'agit n'était, selon le rapport fait au général en chef, que de sept ;

2° Que ce n'est pas le général en chef, mais un homme de la profession même, qui, au moment de la crise, proposa d'administrer l'opium ;

3° Que cet opium n'a été administré à aucun ;

4° Que la retraite s'étant faite avec lenteur, une arrière-garde a été laissée trois jours dans Jaffa ;

5° Qu'à son départ, les pestiférés avaient expiré, à l'exception d'un ou de deux que les Anglais ont dû trouver vivants.

N. B. « Depuis mon retour, ayant eu la facilité de causer avec ceux-là mêmes que leur état ou leur profession rendait naturellement les premiers acteurs de cette scène, ceux dont la déposition avait le droit de passer pour officielle et authentique, j'ai eu la curiosité de descendre aux plus petits détails, et voici ce que j'en ai recueilli :

« Les malades dépendants du chirurgien en chef, c'est-à-dire les blessés, ont tous été évacués sans exception, à l'aide des chevaux de tout

l'état-major, sans en excepter même ceux du général en chef, qui marcha longtemps à pied, comme tout le reste de l'armée; ceux-là demeurent donc hors de la question.

« Le reste dépendant du médecin en chef, et au nombre de vingt environ, se trouvant dans un état absolument désespéré, tout à fait intransportable, et l'ennemi approchant, il est très-vrai que Napoléon demanda au médecin en chef si ce ne serait pas un acte d'humanité que de leur donner de l'opium; il est très-vrai encore qu'il lui fut répondu alors par ce médecin : que son état était de guérir, et non de tuer; réponse qui, semblant plutôt s'adapter à un ordre qu'à un objet en discussion, a servi de base peut-être à la malveillance et à la mauvaise foi, pour créer et répandre la fable qui a couru depuis partout à ce sujet.

« Du reste, tous les détails obtenus par moi m'ont donné pour résultat incontestable :

« 1° Que l'ordre n'a pas été donné d'administrer de l'opium aux malades;

« 2° Qu'il n'existait même pas en cet instant, dans la pharmacie de l'armée, un seul grain d'opium pour le service des malades;

« 3° Que l'ordre eût-il été donné et eût-il existé de l'opium, les circonstances du moment et les situations locales, qu'il serait trop long de déduire ici, eussent rendu l'exécution impossible. »

A présent voici peut-être ce qui a pu aider à établir et peut en quelque sorte excuser l'erreur de ceux qui se sont obstinés à soutenir avec acharnement des faits contraires :

« Quelques-uns de nos blessés, qui avaient été embarqués, tombèrent entre les mains des Anglais; or, on manquait de tous médicaments dans le camp, et on y avait pourvu par des compositions extraites d'arbres ou de végétaux indigènes; les tisanes et autres médicaments y étaient d'un goût et d'une apparence horribles. Ces prisonniers, soit pour se faire plaindre davantage, soit qu'ils eussent eu vent de l'opium projeté, soit enfin qu'ils le crussent, à cause de la nature des médicaments qu'on leur avait administrés, dirent aux Anglais qu'ils venaient d'échapper, comme par miracle, à la mort, ayant été empoisonnés par leurs officiers de santé : voilà pour la colonne du chirurgien en chef.

« Voici pour les autres. L'armée avait eu le malheur d'avoir pour pharmacien en chef un misérable auquel on avait accordé cinq chameaux pour apporter du Caire la masse des médicaments nécessaires pour l'expédition. Il eut l'infamie d'y substituer, pour son propre compte, du sucre, du café, du vin et autres comestibles, qu'il vendit ensuite avec un bénéfice énorme. Quand la fraude vint à être découverte, la colère du général en chef fut sans bornes, et ce misérable fut condamné à être fusillé; mais tous les officiers de santé, si distingués par leur courage, et si chers à l'armée par leurs soins, accoururent implorer le général, lui témoignant que l'honneur de leur corps en demeurerait flétri; le coupable échappa donc. Et plus tard, quand les Anglais s'emparèrent du Caire, il les joignit, et fit cause commune avec eux; mais, ayant renouvelé quelque brigandage de sa façon, il fut condamné par eux à être pendu, et il n'échappa que par ses imprécations contre le général en chef Bonaparte, qu'en débitant mille horreurs sur son compte, et en se proclamant authentiquement lui-même comme ayant été celui qui, par ses ordres, avait administré l'opium aux pestiférés : son pardon fut la condition et devint le prix de ses calomnies. Voilà sans doute les premières sources où puisèrent ceux qui n'ont pas été mus par la mauvaise foi.

« Du reste, le temps a déjà fait pleine justice de cette absurde calomnie, comme de tant d'autres, et il l'a fait avec une telle rapidité, qu'en relisant mon manuscrit, je me suis trouvé embarrassé de l'importance que j'avais mise à combattre un fait qu'on n'oserait plus soutenir aujourd'hui. Toutefois j'ai voulu conserver ce que j'écrivais alors, comme un témoignage de l'impression du moment, et si aujourd'hui j'y ai ajouté de nouveaux détails, c'est que je me les suis trouvés sous la main, et que j'ai pensé qu'il était précieux de les consigner comme historiques. »

M. le général Wilson, dans son erreur, s'est vanté avec complaisance d'avoir été le premier à faire connaître et propager en Europe ces odieuses atrocités. Il est à croire que sir Sidney-Smith, son compatriote, lui disputera cet honneur; d'autant plus qu'en grande partie il pourrait réclamer avec justice celui de leur invention. C'est dans sa fabrique et dans le système de corruption qu'il avait importé dans ces parages, qu'ont pris naissance tous ces bruits mensongers qui ont inondé l'Europe, au grand détriment de notre brave armée d'Égypte.

On sait que sir Sidney ne s'occupait qu'à débaucher notre armée : les fausses nouvelles d'Europe, la diffamation du général en chef, les offres les plus séduisantes aux officiers et aux soldats, tout lui était bon : les pièces sont publiques, on connaît ses proclamations. Un moment elles inquiétèrent même assez le général français pour qu'il s'occupât d'y remédier; ce qu'il fit en interdisant toute communication avec les Anglais, et mettant à l'ordre du jour que leur commodore était devenu fou; ce qui fut cru dans l'armée, et désespéra sir Sidney-Smith, qui, dans sa fureur, envoya un cartel à Napoléon. Celui-ci fit répondre qu'il avait de trop grandes affaires en tête pour s'occuper de si peu de chose; que si c'était le grand Marlborough, encore passe, il verrait; mais que si le marin anglais avait absolument besoin de bretailler, il allait neutraliser quelques toises sur la plage, et y envoyer un des bravaches de l'armée; que là le fou de commodore pourrait débarquer, et s'en donner à cœur joie.

Mais, puisque me voilà sur l'Égypte, je vais réunir ici ce que mes conversations éparses m'ont fourni, et ce qui pourrait ne pas se trouver dans les Mémoires de la campagne d'Égypte, dictés par Napoléon au grand maréchal.

La campagne d'Italie montre tout ce que le génie et les conceptions militaires peuvent enfanter de plus brillant et de plus positif ; les vues diplomatiques, les talents administratifs, les mesures législatives, y sont constamment en harmonie avec les prodiges de guerre. Ce qui frappe encore et complète le tableau, c'est l'ascendant subit et irrésistible du jeune général; l'anarchie de l'égalité, la jalousie républicaine, tout disparaît devant lui; il n'est pas jusqu'à la ridicule souveraineté du Directoire qui ne semble aussitôt suspendue : le Directoire ne demande pas de comptes au général en chef de l'armée d'Italie, il les attend; il ne lui prescrit point de plan, ne lui ordonne point de système, mais il reçoit de lui des relations de victoires, des conclusions d'armistices, des renversements d'États anciens, des créations d'États nouveaux, etc., etc.

Eh bien! tout ce qu'on admire dans la campagne d'Italie se retrouve dans l'expédition d'Égypte. Celui qui observe et qui réfléchit trouve même que tout cela s'y élève encore plus haut, par les difficultés de tout genre qui donnent à cette expédition une physionomie toute particulière, et requièrent de son chef plus de ressources et de créations, car ici tout est différent : le climat, le terrain, les habitants, leur religion, leurs mœurs, la manière de combattre, etc., etc.....

Les Mémoires de la campagne d'Égypte fixeront les idées qui ne furent, dans le temps, que des conjectures et des discussions pour une partie de la société.

1° L'expédition d'Égypte fut entreprise au grand désir mutuel du Directoire et du général en chef.

2° La prise de Malte ne fut point due à des intelligences particulières, mais à la sagacité du général en chef : « C'est dans Mantoue que j'ai pris « Malte, nous disait un jour l'Empereur, c'est le généreux traitement « employé à l'égard de Wurmser qui me valut la soumission du grand « maître et de ses chevaliers. »

3° L'acquisition de l'Égypte fut calculée avec autant de jugement qu'exécutée avec habileté. Si Saint-Jean-d'Acre eût cédé à l'armée française, une grande révolution s'accomplissait dans l'Orient, le général en chef y fondait un empire, et les destinées de la France se trouvaient livrées à d'autres combinaisons.

4° Au retour de la campagne de Syrie, l'armée française n'avait presque pas fait de pertes ; elle était dans l'état le plus formidable et le plus prospère.

5° Le départ du général en chef pour la France fut le résultat du plan le plus magnanime, le plus grand. On doit rire de l'imbécillité de ceux qui considérèrent ce départ comme une évasion ou une désertion.

6° Kléber tomba victime du fanatisme musulman ; rien ne peut autoriser, en quoi que ce soit, l'absurde calomnie qui essaya d'attribuer cette catastrophe à la politique de son prédécesseur ou aux intrigues de celui qui lui succéda.

7° Enfin il demeure à peu près prouvé que l'Égypte fût restée à jamais une province française, s'il y eût eu, pour la défendre, tout autre que Menou : rien que les fautes grossières de ce dernier ont pu amener sa perte, etc., etc.

L'Empereur disait qu'aucune armée dans le monde n'était moins propre à l'expédition d'Égypte que celle qu'il y conduisit ; c'était celle d'Italie : il serait difficile de rendre le dégoût, le mécontentement, la mélancolie, le désespoir de cette armée, lors de ses premiers moments en Égypte. L'Empereur avait vu deux dragons sortir des rangs, et courir à toute course se précipiter dans le Nil. Bertrand avait vu les généraux les plus distingués, Lannes, Murat, jeter, dans des moments de rage, leurs chapeaux bordés sur le sable, et les fouler aux pieds en présence des soldats. L'Empereur expliquait ces sentiments à merveille. « Cette armée avait « rempli sa carrière, disait-il ; tous les individus en étaient gorgés de ri« chesses, de grades, de jouissances et de considération ; ils n'étaient plus « propres aux déserts ni aux fatigues de l'Égypte ; aussi, continuait-il, si « elle se fût trouvée dans d'autres mains que les miennes, il serait difficile « de déterminer les excès dont elle se fût rendue coupable. »

On y complota plus d'une fois d'enlever les drapeaux, de les ramener à Alexandrie, et plusieurs autres choses semblables. L'influence, le caractère, la gloire de leur chef, purent seuls les retenir. Un jour, Napoléon, gagné par l'humeur à son tour, se précipita dans un groupe de généraux mécontents, et s'adressant à l'un d'eux, de la plus haute stature : « Vous « avez tenu des propos séditieux, lui dit-il avec véhémence ; prenez garde

« que je ne remplisse mon devoir; vos cinq pieds dix pouces ne vous
« empêcheraient pas d'être fusillé dans deux heures. »

Cependant, quant à la conduite vis-à-vis de l'ennemi, l'Empereur disait que cette armée ne cessa jamais d'être l'armée d'Italie, qu'elle fut toujours admirable. Ceux surtout que l'Empereur appelait la faction des amoureux à grands sentiments ne pouvaient être conduits ni gouvernés; leur esprit était malade; ils passaient les nuits à chercher dans la lune l'image réfléchie des idoles qu'ils avaient laissées au delà de la mer. A la tête de ceux-ci se trouvait celui qu'il a solennellement décoré plus tard du beau nom de son compagnon d'armes, faible et sans esprit, qui, lorsque le général en chef fut sur le point d'appareiller de Toulon, accourut de Paris en poste, jour et nuit, pour lui dire qu'il était malade et qu'il ne pouvait pas le suivre, bien qu'il fût son chef d'état-major. Le général en chef n'y fit seulement pas attention. Il n'était plus aux pieds de celle qui l'avait dépêché pour s'excuser; aussi s'embarqua-t-il; mais, arrivé en Égypte, l'ennui le saisit, il ne put résister à ses souvenirs; il demanda et obtint de retourner en France. Il prit congé de Napoléon, lui fit ses adieux; mais revint bientôt après, fondant en larmes, disant qu'il ne voulait pas, après tout, se déshonorer, qu'il ne pouvait pas non plus séparer sa vie de celle de son général.

L'humeur des soldats en Égypte s'exhalait heureusement en mauvaises plaisanteries : c'est ce qui sauve toujours les Français. Ils en voulaient beaucoup au général Caffarelli, qu'ils croyaient un des auteurs de l'expédition ; il avait une jambe de bois, ayant perdu la sienne sur les bords du Rhin. Quand, dans leurs murmures, ils le voyaient passer en boitant, ils disaient à ses oreilles : « Celui-là se moque bien de ce qui arrivera; il est « toujours bien sûr d'avoir un pied en France. »

Les savants étaient aussi l'objet de leurs brocards. Les ânes étaient fort communs dans le pays ; il était peu de soldats qui n'en eussent à leur disposition, et ils ne les nommèrent jamais que leurs demi-savants.

Le général en chef, en partant de France, avait fait une proclamation dans laquelle il leur disait qu'il allait les mener dans un pays où il les enrichirait tous; qu'il voulait les y rendre possesseurs chacun de sept arpents de terre. Les soldats, quand ils se trouvèrent dans le désert, au milieu de cette mer de sable sans limites, ne manquèrent pas de mettre en question la générosité de leur général : ils le trouvaient bien retenu de n'avoir promis que sept arpents. « Le gaillard, disaient-ils, peut bien « assurément en donner à discrétion, nous n'en abuserons pas. »

Quand l'armée traversait la Syrie, il n'est pas de soldat qui n'eût à la bouche ces vers de Zaïre :

> Les Français sont lassés de chercher désormais
> Des climats que pour eux le destin n'a point faits ;
> Ils n'abandonnent point leur fertile patrie
> Pour languir aux déserts de l'aride Arabie.

Dans un moment de loisir et d'inspection du pays, le général en chef, profitant de la marée basse, traversa la mer Rouge à pied sec, et gagna la rive opposée. Au retour, il fut surpris par la nuit, et s'égara au milieu de la mer montante ; il courut le plus grand danger et faillit périr précisément de la même manière que Pharaon : « Ce qui n'eût pas manqué, disait « gaiement Napoléon, de fournir à tous les prédicateurs de la chrétienté « un texte magnifique contre moi. »

Ce fut à son arrivée sur la rive arabique qu'il reçut une députation des cénobites du mont Sinaï, qui venaient implorer sa protection et le supplier de vouloir bien s'inscrire sur l'antique registre de leurs garan-

ties. Napoléon se trouva inscrire son nom à la suite d'Ali, de Saladin, d'Ibrahim et de quelques autres !!...

C'est à ce sujet, ou touchant quelque chose de cette nature, que l'Empereur observait que, dans la même année, il avait reçu des lettres de Rome et de la Mecque; le pape l'appelant son cher fils, et le shérif, le protecteur de la sainte Kaba.

Ce rapprochement extraordinaire doit être, du reste, à peine surprenant dans celui qu'on a vu conduire des armées et sur les sables brûlants du tropique, et dans les *steppes* glacés du Nord; qui a failli être englouti par les vagues de la mer Rouge, et a couru des périls dans les flammes de Moscou, menaçant les Indes de ces deux points extrêmes.

Le général en chef partageait la fatigue des soldats; les besoins étaient quelquefois si grands, qu'on était réduit à se disputer les plus petites choses, sans distinction de rang; ainsi il était telle circonstance, dans le désert, où les soldats auraient à peine cédé leur place à leur général, pour qu'il vînt tremper ses mains dans une source fangeuse. Passant sous les ruines de Péluze, et suffoqué par la chaleur, on lui céda un débris de porte où il put, quelques instants, mettre sa tête à l'ombre. « Et

on me faisait là, disait Napoléon, une immense concession. » C'est précisément là qu'en remuant quelques pierres à ses pieds, un hasard bien singulier lui présenta une superbe antique connue parmi les savants.

N. B. C'était un camée d'Auguste, seulement ébauché, mais une superbe ébauche. Napoléon le donna au général Andréossi, qui recherchait beaucoup les antiquités; M. Denon, alors absent, ayant vu plus tard ce camée, fut frappé de sa ressemblance avec Napoléon, qui alors reprit le camée pour lui-même. Depuis il était passé à Joséphine, et M. Denon ne sait plus ce qu'il est devenu. (*Détails fournis par M. Denon, depuis mon retour en France.*)

Quand les Français voulurent se rendre en Asie, ils eurent à traverser le désert qui la sépare de l'Afrique. Kléber, qui commandait l'avant-garde, manqua sa route et s'égara dans le désert. Napoléon, qui le suivait à une demi-journée, vint donner, à la nuit tombante, avec une légère escorte, dans le milieu du camp des Turcs; il fut vivement poursuivi, et n'échappa que parce que, la nuit venue, les Turcs prirent cette circonstance pour une embûche. Mais qu'était devenu tout le corps de Kléber? La plus grande partie de la nuit se passa dans une anxiété cruelle. On reçut enfin des indices par quelques Arabes du désert, et le général en chef courut, sur son dromadaire, à la recherche de ses soldats. Il les

trouva dans le plus profond désespoir, à la veille de périr de soif et de fatigue ; de jeunes soldats avaient même brisé leurs fusils. La vue du général sembla les rappeler à la vie, en leur rendant l'espérance. Napoléon leur annonça en effet des vivres et de l'eau qui le suivaient. « Mais « quand tout cela eût tardé encore davantage, leur dit-il, serait-ce une « raison de murmurer et de manquer de courage ? Non, soldats, apprenez « à mourir avec honneur. »

Napoléon voyageait la plupart du temps, dans le désert, sur un dromadaire. La dureté physique de cet animal fait qu'on ne s'occupe nullement de ses besoins ; il mange et boit à peine ; mais sa délicatesse morale est extrême, il se butte et devient furieux contre les mauvais traitements. L'Empereur disait que la dureté de son trot donnait des nausées, comme le roulis d'un vaisseau ; cet animal fait vingt lieues dans la journée. L'Empereur en créa des régiments, et l'emploi militaire qu'il leur donna fut bientôt la désolation des Arabes. Le cavalier s'accroupit sur le dos de l'animal ; un anneau, passé dans les narines de celui-ci, sert à le conduire : il est très-obéissant ; à un certain bruit du cavalier, l'animal s'agenouille pour lui donner la facilité de descendre. Le dromadaire porte des fardeaux très-lourds ; on ne le décharge jamais pendant tout le voyage ; arrivé le soir à la station, on place des étais sous le fardeau, l'animal s'accroupit et sommeille ; au jour il se relève, la charge est à sa place, il continue sa route. Le dromadaire n'est qu'une bête de somme, un animal purement de fardeau et nullement de trait. Toutefois, en Syrie, on était venu à bout de les atteler à des pièces d'artillerie, et de leur faire rendre des services assez essentiels.

Napoléon, que les habitants d'Égypte n'appelaient que le sultan *Kébir* (père du feu), s'y était rendu très-populaire. Il avait inspiré un respect spécial pour sa personne ; partout où il paraissait, on se levait en sa présence ; on n'avait cette déférence que pour lui seul. Les égards constants qu'il eut pour les cheiks, l'adresse avec laquelle il sut les gagner, en avaient fait le véritable souverain de l'Égypte, et lui sauvèrent plus d'une fois la vie ; sans leurs révélations, il eût été victime du combat sacré comme Kléber ; celui-ci, au contraire, s'aliéna les cheiks en en faisant bâtonner un ; et il périt. Bertrand se trouva un des juges qui condamnèrent l'assassin, et il nous le faisait observer un jour à dîner, ce qui fit dire à l'Empereur : « Si les libellistes qui veulent que ce soit moi qui ai fait périr « Kléber, le savaient, ils ne manqueraient pas de vous dire l'assassin ou « le complice, et concluraient que votre titre de grand maréchal et votre « séjour à Sainte-Hélène en ont été la récompense et le châtiment. »

Napoléon causait volontiers avec les gens du pays, et leur montrait toujours des sentiments de justice qui les frappaient. Revenant de Syrie, une tribu arabe vint au-devant de lui, tout à la fois pour lui faire honneur et vendre ses services de transport. « Le chef était malade, il s'était fait rem-
« placer par son fils, de l'âge et de la taille du vôtre que voilà, me disait
« l'Empereur ; il était sur son dromadaire, marchant à côté du général
« en chef, le serrant de très-près, et causant avec beaucoup de babil et

« de familiarité. — Sultan Kébir, lui disait-il, j'aurais un bon conseil à
« vous donner, à présent que vous revenez au Caire. — Eh bien, parle,
« mon ami ; je le suivrai, s'il est bon. — Voici ce que je ferais, si j'étais de
« vous : en arrivant au Caire, je ferais venir sur la place le plus riche
« marchand d'esclaves, et je choisirais pour moi les vingt plus jolies
« femmes : je ferais venir ensuite les plus riches marchands de pierreries,
« et je me ferais donner une bonne part ; je ferais de même de tous les
« autres ; car à quoi bon régner ou être le plus fort, si ce n'est pour
« acquérir des richesses ! — Mais, mon ami, s'il était plus beau de les
« conserver aux autres ? — Cette maxime sembla le faire penser, mais
« non pas le convaincre. Le jeune homme promettait beaucoup, comme
« on voit, pour un Arabe ; il était vif, intrépide, conduisait sa troupe avec

« ordre et hauteur. Peut-être est-il appelé à choisir un jour dans la place
« du Caire tout ce qu'il conseillait d'y prendre. »

Une autre fois des Arabes, avec lesquels on était en inimitié, pénétrèrent dans un village de la frontière, et un malheureux *fellah* (paysan) fut tué. Le sultan Kébir entra dans une grande colère, et donna l'ordre de poursuivre la tribu dans le désert jusqu'à extinction, jurant d'en obtenir vengeance. Cela se passait devant les grands cheiks ; l'un d'eux se prit à rire de sa colère et de sa détermination : « Sultan Kébir, lui dit-il, vous jouez là
« un mauvais jeu : ne vous brouillez pas avec ces gens-là, ils peuvent vous
« rendre dix fois plus de mal que vous ne pourriez leur en faire. Et puis
« pourquoi tant de bruit? Parce qu'ils ont tué un misérable? Est-ce qu'il
« était votre cousin (expression proverbiale chez eux)? — Il était bien
« mieux que cela, reprit vivement Napoléon, tous ceux que je gouverne
« sont mes enfants ; la puissance ne m'a été donnée que pour garantir leur

« sûreté. » Tous les cheiks, s'inclinant à ces paroles, dirent : « Oh! c'est
« beau? tu as parlé comme le prophète. »

La décision de la grande mosquée du Caire, en faveur de l'armée française, fut un chef-d'œuvre d'habileté de la part du général en chef : il amena le synode des grands cheiks à déclarer, par un acte public, que les musulmans pouvaient obéir et payer tribut au général français. C'est le premier et le seul exemple de la sorte, depuis l'établissement du Koran qui défend de se soumettre aux infidèles ; les détails en sont précieux ; on les trouvera dans les campagnes d'Égypte.

Il est bizarre sans doute de voir, à Saint-Jean-d'Acre, des Européens venir se battre dans une bicoque d'Asie, pour s'assurer la possession d'une partie de l'Afrique ; mais il l'est bien davantage que ceux qui dirigeaient les efforts opposés fussent de la même nation, du même âge, de la même classe, de la même arme, de la même école.

Philippeaux, aux talents duquel les Anglais et les Turcs durent le salut de Saint-Jean-d'Acre, avait été camarade de Napoléon à l'École militaire de Paris ; ils y avaient été examinés avant d'être envoyés à leurs corps respectifs. « Il était de votre taille, » me disait un jour l'Empereur, qui venait d'en dicter l'éloge dans un des chapitres de la campagne d'Égypte, après y avoir mentionné tout le mal qu'il en avait reçu. « Sire,
« répondais-je, il y avait bien plus d'affinité encore ; nous avions été
« intimes et inséparables à l'École militaire. En passant par Londres avec
« sir Sidney-Smith, dont il venait de procurer l'évasion du Temple, il
« me fit chercher partout ; je ne le manquai à son logement que d'une
« demi-heure ; je l'eusse probablement suivi, je ne faisais rien alors, des
« aventures m'eussent paru séduisantes, et pourtant quelle combinaison
« nouvelle dans mes destinées !!!

« — C'est parce que je sais toute la part que le hasard a sur nos déter-
« minations politiques, disait à ce sujet l'Empereur, que j'ai toujours été
« sans préjugés, et fort indulgent sur le parti que l'on avait suivi dans nos
« convulsions : être bon Français, ou vouloir le devenir, était tout ce qu'il
« me fallait. » Et l'Empereur comparait la confusion de nos troubles à des combats de nuit, où souvent l'on frappe sur le voisin au lieu de frapper sur l'ennemi, et où tout se pardonne au jour, quand l'ordre s'est rétabli et que tout s'est éclairci. « Et moi-même puis-je affirmer, disait-il, malgré
« mes opinions naturelles, qu'il n'y eût pas eu telles circonstances qui
« eussent pu me faire émigrer ? le voisinage de la frontière, une liaison
« d'amitié, l'influence d'un chef, etc. En révolution, on ne peut affirmer
« que ce qu'on a fait : il ne serait pas sage d'affirmer qu'on n'aurait
« pas pu faire autre chose. » Et il citait à ce sujet un exemple bien singu-
« lier du hasard sur les destinées : *Serrurier* et *Hédouville* cadet mar-

chent de compagnie pour émigrer en Espagne; une patrouille les rencontre: Hédouville, plus jeune, plus leste, franchit la frontière, se croit très-heureux, et va végéter misérablement en Espagne. Serrurier, obligé de rebrousser dans l'intérieur, et s'en désolant, devient maréchal: voilà pourtant ce qui en est des hommes, de leurs calculs et de leur sagesse!

A Saint-Jean-d'Acre, le général en chef perdit *Caffarelli*, qu'il aimait extrêmement et dont il faisait le plus grand cas; celui-ci portait une espèce de culte à son général en chef; l'influence était telle, qu'ayant eu plusieurs jours de délire avant de mourir, lorsqu'on lui annonçait Napoléon, ce nom semblait le rappeler à la vie; il se recueillait, reprenait ses esprits, causait avec suite, et retombait aussitôt après son départ: cette

espèce de phénomène se renouvela toutes les fois que le général en chef vint auprès de lui.

Napoléon reçut, durant le siége de Saint-Jean-d'Acre, une preuve de dévouement héroïque et bien touchante: étant dans la tranchée, une bombe tomba à ses pieds; deux grenadiers se jetèrent aussitôt sur lui, le placèrent entre eux deux, et, élevant leurs bras au-dessus de sa tête, le couvrirent de toutes parts. Par bonheur, la bombe respecta tout le groupe ; nul ne fut touché.

Un de ces braves grenadiers a été depuis le général *Daumesnil*, l'autre était *Souchon* qui trois fois reçut des armes d'honneur.

Daumesnil, demeuré si populaire parmi les soldats sous le nom de *la jambe de bois*, avait perdu une jambe dans la campagne de Moscou, ou à la bataille de Wagram, et commandait la place de Vincennes lors de l'invasion de 1814. La capitale était occupée depuis plusieurs semaines par les alliés, que Daumesnil tenait encore. Il n'était alors question, dans tout Paris, que de son obstination à se défendre, et de la gaieté de sa réponse aux sommations russes : « Quand vous me rendrez ma jambe, je vous « rendrai ma place. »

Mais à côté de la plaisanterie, voici du sublime : l'ennemi convoitait fort l'immense matériel renfermé dans la place, dont la valeur dépassait cent millions. N'obtenant rien de la menace, il eut recours à la séduction ; un million fut offert à Daumesnil qui répondit froidement : « Vous ne

« serez pas plus heureux contre ma pauvreté; je ne veux rien, et mon
« refus *sera la richesse de mes enfants.* »

Qui croirait qu'un tel acte dont on devrait être si fier d'embellir notre histoire et qu'on devrait être si empressé de présenter à l'imitation, viendrait échouer deux fois contre la proposition d'une récompense et d'une consécration nationales! Comment expliquer un pareil refus que de meilleurs temps tiendront pour incroyable!

L'armée française s'était acquis en Égypte une réputation sans égale, et elle la méritait; elle avait dispersé et frappé de terreur les célèbres Mamelouks, la milice la plus redoutable de l'Orient. Après la retraite de Syrie, une armée turque vint débarquer à Aboukir; Mourad-Bey, le plus brave et le plus capable des Mamelouks, sortit de la haute Égypte où il s'était réfugié, et gagna, par des chemins détournés, le camp des Turcs. Au débarquement de ceux-ci, les détachements français s'étaient repliés pour se concentrer : fier de cette apparence de crainte, le pacha qui commandait dit avec emphase, en apercevant Mourad-Bey : « Eh bien! ces Fran-
« çais tant redoutés, dont tu n'as pu soutenir la présence, je me montre,
« les voilà qui fuient devant moi! » Mourad-Bey, vivement blessé, lui ré-

pondit avec une espèce de fureur : « Pacha, rends grâce au Prophète qu'il
« convienne à ces Français de se retirer ; car s'ils se retournaient, tu dis-
« paraîtrais devant eux comme la poussière devant l'aquilon. »

Il prophétisait : à quelques jours de là, les Français vinrent fondre sur
cette armée; elle disparut, et Mourad-Bey, qui eut des entrevues avec
plusieurs de nos généraux, ne revenait pas de la petitesse de leur taille,
et de l'état chétif de leur personne : les Orientaux attachent une haute
importance aux formes de la nature ; ils ne concevaient pas comment tant
de génie pouvait se trouver sous une si mince enveloppe. La vue seule de
Kléber satisfit leur pensée : c'était un homme superbe, mais de manières
très-dures. La sagacité des Égyptiens leur avait fait deviner qu'il n'était
pas Français; en effet, bien qu'Alsacien, il avait passé ses premières années
dans l'armée prussienne, et pouvait être pris pour un pur Allemand.
Le grand maréchal disait à l'Empereur qu'à la bataille d'Aboukir il se

trouvait pour la première fois dans son armée, et près de sa personne : il était si peu fait, continuait-il, à l'audace de ses manœuvres, qu'il comprit à peine aucun des ordres qu'il entendit donner. « Surtout, Sire, « disait-il, quand je vous entendis crier à un officier de vos guides : « Allons, mon cher Hercule, prenez vingt-cinq hommes, et chargez-moi

« cette canaille, — vraiment je me crus hors de mes sens : Votre Majesté « montrait de la main peut-être mille chevaux turcs. »

Du reste, les pertes de l'armée d'Égypte sont loin d'être aussi considérables que pourraient le faire présumer un sol aussi étranger, l'insalubrité du climat, l'éloignement de toutes les ressources de la patrie, les ravages de la peste, et surtout les nombreux combats qui ont immortalisé cette armée. Elle était, au débarquement, de trente mille hommes ; elle s'accrut de tous les débris de la bataille navale d'Aboukir, et peut-être encore de quelque arrivage partiel de France ; et cependant la perte totale, depuis l'entrée en campagne jusqu'à deux mois après le départ du général en chef pour l'Europe, c'est-à-dire dans l'espace de vingt-sept à vingt-huit mois, ne s'élève qu'à huit mille neuf cent quinze, ainsi que le prouve le document officiel de l'ordonnateur en chef de cette armée [1].

---

(1) Tués dans les combats. 5,614
    Morts de leurs blessures. 854
    Morts par accidents. 290
    Morts par maladies ordinaires. 2,468
    Morts de la fièvre pestilentielle. 1,689
                    TOTAL. 8,915

L'ordonnateur en chef, SARTELON.

Au Caire, le 10 frimaire an IX.

Assurément il faut bien que la vie d'un homme soit pleine de prodiges, pour qu'on s'arrête à peine sur un des actes dont on ne trouve pas d'exemples dans l'histoire. Quand César passa le Rubicon, et que la souveraineté en fut le résultat, César avait une armée, et marchait dans sa propre défense. Quand Alexandre, poussé par l'ardeur de la jeunesse et par le feu de son génie, alla débarquer en Asie pour faire la guerre au grand roi, Alexandre était fils d'un roi, roi lui-même, et il courait aux chances de l'ambition et de la gloire à la tête des forces de son royaume. Mais qu'un simple particulier, dont le nom trois ans auparavant était inconnu à tous, qui n'avait eu en cet instant d'autre auxiliaire que quelques victoires, son nom et la conscience de son génie, ait osé concevoir de saisir à lui seul les destinées de trente millions d'hommes, de les sauver des défaites du dehors et des dissensions du dedans ; qu'ému à la lecture des troubles qu'on lui peignait, à l'idée des désastres qu'il prévoyait, il se soit écrié : « De beaux parleurs, des bavards perdent la France ! il est temps « de la sauver ! » qu'il ait abandonné son armée, traversé les mers, au péril de sa liberté, de sa réputation ; atteint le sol français, volé dans la capitale ; qu'il y ait saisi en effet le timon, arrêté court une nation ivre de tous les excès ; qu'il l'ait replacée subitement dans les vrais sentiers de la raison et des principes ; qu'il lui ait préparé, dès cet instant, un jet de puissance et de gloire inconnue jusque-là, et que le tout se soit accompli sans qu'il en coûtât une larme ou une goutte de sang à personne, c'est ce qu'on peut appeler une des plus gigantesques et des plus sublimes entreprises dont on ait jamais entendu parler; c'est ce qui saisira d'étonnement et d'admiration une postérité calme, sans passions ; et c'est pourtant ce que des gens du temps qualifièrent d'évasion désespérée, d'infâme désertion. Toutefois l'armée qu'il laissa après lui occupa l'Égypte deux ans encore. L'opinion de l'Empereur était qu'elle ne devait même jamais y être forcée ; le grand maréchal, qui y est resté jusqu'au dernier instant, en convenait aussi.

Après le départ du général en chef pour la France, Kléber, qui lui succéda, circonvenu et séduit par des faiseurs, traita de l'évacuation de l'Égypte ; mais quand le refus des ennemis l'eut contraint de s'acquérir une nouvelle gloire et de mieux connaître ses forces, il changea tout à fait de pensée, et devint lui-même partisan de l'occupation de l'Égypte ; ce devint aussi le sentiment général de l'armée. Kléber alors ne s'occupa plus qu'à s'y maintenir ; il éloigna de lui les meneurs qui avaient dirigé sa première intention, et ne s'entoura plus que de l'opinion contraire. L'Égypte n'eût jamais couru de dangers s'il eût vécu ; sa mort seule en amena la perte.

Alors l'armée se partagea entre Menou et Regnier ; ce ne fut plus qu'un champ d'intrigues ; la force et le courage des Français restèrent les mêmes ; mais l'emploi ou la direction qu'en fit le général ne ressemblèrent plus à rien.

Menou était tout à fait incapable. Les Anglais vinrent l'attaquer avec vingt mille hommes ; il avait des forces beaucoup plus nombreuses, et le moral des deux armées ne pouvait pas se comparer. Par un aveuglement inconcevable, Menou se hâta de disperser toutes ses troupes, dès qu'il apprit que les Anglais paraissaient ; ceux-ci se présentèrent en masse, et ne furent attaqués qu'en détail. Ici l'Empereur disait : « Comme la fortune « est aveugle ! Avec des mesures inverses, les Anglais eussent été infailli- « blement détruits, et que de nouvelles chances pouvait amener un tel « échec ! »

Leur débarquement, du reste, fut admirable, disait le grand maréchal ; en moins de cinq à six minutes ils présentèrent cinq mille cinq cents hommes en bataille, c'était un mouvement d'opéra ; ils en firent trois

pareils. Douze cents hommes seuls s'opposèrent à ce débarquement, et causèrent beaucoup de dommage. A très-peu de temps de là cette masse de treize à quatorze mille hommes fut intrépidement attaquée par le général Lanusse, qui n'en avait que trois mille, et qui, brûlant d'ambition, et ne désespérant pas d'en venir à bout à lui seul, ne voulut attendre personne ; il renversa tout, d'abord, fit un carnage immense, et succomba.

Les Anglais furent bien surpris quand ils jugèrent par eux-mêmes de notre situation en Égypte, et s'estimèrent bien heureux de la tournure qu'avaient prise les affaires.

Le général Hutchinson, qui recueillit la conquête, disait plus tard en Europe que, s'ils avaient connu le véritable état des choses, ils n'auraient certainement jamais tenté le débarquement ; mais on était persuadé en Angleterre qu'il n'y avait pas six mille Français en Égypte. Cette erreur venait des lettres interceptées et des intelligences dans le pays même. « Tant il est dans le caractère français, disait l'Empereur, d'exagérer, de « se plaindre et de tout défigurer dès qu'on est mécontent. La foule de « ces rapports pourtant n'était que le résultat de la mauvaise humeur ou « des imaginations malades : il n'y avait rien à manger en Égypte, écri- « vait-on ; toute l'armée avait péri à chaque nouvelle bataille ; les mala- « dies avaient tout emporté, il ne restait plus personne, etc. »

La continuité de ces rapports avait fini par persuader Pitt ; et comment ne l'eût-il pas été ? Par une bizarrerie des circonstances, les premières dépêches de Kléber adressées au Directoire et les lettres de l'armée furent reçues à Paris précisément par l'ancien général d'Égypte, qui venait d'exécuter le dix-huit brumaire ; et qu'on explique, si l'on peut, les contradictions qu'elles renfermaient ; qu'on se serve, si l'on veut ensuite, d'autorités individuelles pour soutenir son opinion. Kléber, général en chef, mandait au Directoire qu'il n'avait que six mille hommes ; et, dans le même paquet, les états de l'inspecteur aux revues en montraient au delà de vingt mille. Il disait qu'il était sans argent, et les comptes du trésor montraient de grandes sommes. Il disait que l'artillerie n'était plus qu'un parc retranché, vide de toutes munitions, et les états de cette arme constataient des approvisionnements pour plusieurs campagnes. « Aussi, disait « Napoléon, si Kléber, en vertu du traité qu'il avait commencé, avait « évacué l'Égypte, je n'eusse pas manqué de le mettre en jugement à son « arrivée en France. »

Qu'on juge, d'après les lettres de Kléber, le général en chef, ce que pouvaient être celles d'un rang inférieur, celles des simples soldats. Voilà cependant ce que les Anglais interceptaient tous les jours, ce qu'ils ont imprimé, ce qui a dirigé leurs opérations, ce qui aurait dû leur coûter bien cher. L'Empereur, dans toutes ses campagnes, disait-il, a toujours vu le même effet des lettres interceptées, et quelquefois il en a recueilli de grands fruits.

Dans les lettres qui lui tombèrent alors dans les mains, il trouva des horreurs contre sa personne; elles durent lui être d'autant plus sensibles, que plusieurs venaient de gens qu'il avait comblés, auxquels il avait donné sa confiance, et qu'il croyait lui être fort attachés. Un d'eux dont il avait fait la fortune, et sur lequel il devait compter le plus, mandait que le général en chef venait de s'évader, volant deux millions au trésor. Heureusement, dans ces mêmes dépêches, les comptes du payeur témoignaient que le général n'avait pas même pris la totalité de son traitement. « A « cette lecture, disait l'Empereur, j'éprouvai un vrai dégoût des hommes : « ce fut le premier découragement moral que j'aie senti; et s'il n'a pas « été le seul, du moins il a été peut-être le plus vif. Chacun dans l'armée « me croyait perdu, et l'on s'empressait déjà de faire sa cour à mes « dépens. » Du reste, cette même personne tenta depuis de rentrer en faveur : l'Empereur dit qu'il n'empêcha point qu'on l'employât subalternement; mais il ne voulut jamais le revoir : il répondit constamment qu'il ne le connaissait pas; ce fut là toute sa vengeance.

L'Empereur répétait jusqu'à satiété que l'Égypte devait demeurer à la France, et qu'elle y fût infailliblement demeurée si elle eût été défendue par Kléber ou Desaix. C'étaient ses deux lieutenants les plus distingués, disait-il; tous deux d'un grand et rare mérite, quoique d'un caractère et de dispositions bien différentes.

Kléber était le talent de la nature : celui de *Desaix* était entièrement celui de l'éducation et du travail. Le génie de Kléber ne jaillissait que par moments, quand il était réveillé par l'importance de l'occasion, et il se rendormait aussitôt après au sein de la mollesse et des plaisirs. Le talent de Desaix était de tous les instants, il ne vivait, ne respirait que l'ambition noble et la véritable gloire : c'était un caractère tout à fait antique. L'Empereur dit que sa mort a été la plus grande perte qu'il ait pu faire; leur conformité d'éducation et de principes eût fait qu'ils se seraient toujours entendus; Desaix se serait contenté du second rang, et fût toujours demeuré dévoué et fidèle. S'il n'eût pas été tué à Marengo, le Premier Consul lui eût donné l'armée d'Allemagne, au lieu de la continuer à Moreau. Du reste, une circonstance bien extraordinaire dans la destinée de ces deux lieutenants de Napoléon, c'est que le même jour et à la même heure où Desaix tombait à Marengo d'un coup de canon, Kléber périssait assassiné au Caire.

Nature des dictées de l'Empereur.

— Dimanche 1er au mardi 3 octobre.

L'Empereur continuait régulièrement chaque matin ses dictées, aux-

Bataille d'Aboukir.

quelles il s'attachait chaque jour davantage; aussi les heures lui semblaient-elles désormais moins lourdes.

Le vaisseau avait été poussé tellement vite hors du port, que tout y était resté à faire en pleine mer. Il n'y avait pas longtemps qu'on venait de le peindre. L'Empereur a l'odorat extrêmement délicat; cette odeur de peinture l'affecta spécialement, il en fut très-incommodé, et garda la chambre deux jours.

Chaque soir c'était un plaisir pour lui, en se promenant sur le pont, de revenir sur le travail du matin. Il ne s'était trouvé d'abord d'autre document qu'un mauvais ouvrage, sous le titre de *Guerre des Français en Italie*, sans motif, sans but, sans chronologie suivie : l'Empereur le parcourait, sa mémoire faisait le reste : je la trouvais d'autant plus admirable, qu'elle semblait arriver au besoin et comme de commande.

L'Empereur se plaignait chaque jour, en commençant, que ces objets lui étaient devenus étrangers; il semblait se défier de lui, disant qu'il ne pourrait jamais arriver au résultat; il rêvait alors pendant quelques minutes, puis se levait, se mettait à marcher, et commençait à dicter. Dès cet instant, c'était un tout autre homme; tout coulait de source, il parlait comme par inspiration; les expressions, les lieux, les dates, rien ne l'arrêtait plus.

Le lendemain, je lui rapportais au net ce qu'il avait dicté. A la première correction qu'il indiquait, il continuait à dicter le même sujet, comme s'il n'eût rien dit la veille; la différence de cette seconde version à la première était fort grande; celle-ci était plus positive, plus abondante, mieux ordonnée; elle présentait même parfois des différences matérielles avec la première.

Le surlendemain, à la première correction, encore même opération et troisième dictée, qui tenait des deux premières, et les mettait d'accord. Mais, à partir de là, eût-il dicté une quatrième, une septième, une dixième fois, ce qui n'a pas été sans exemple, c'était désormais toujours précisément les mêmes idées, la même contexture, presque les mêmes expressions; aussi n'avait-on plus besoin de prendre la peine d'écrire; bien que sous ses yeux, il n'y faisait pas d'attention, et continuait jusqu'au bout. Si l'on n'avait pas entendu, c'eût été vainement qu'on eût essayé de le faire répéter, il allait toujours, et comme c'était extrêmement vite, on ne s'y hasardait pas, dans la crainte de perdre encore davantage, et de ne plus s'y retrouver.

Murmure contre l'amiral. — Mercredi 4 au vendredi 13.

Le temps était d'une obstination sans exemple. Chaque soir on se consolait de la contrariété du jour, dans l'espoir d'une crise heureuse de la nuit, mais chaque matin on se réveillait avec le même chagrin. Nous avions été presque à la vue du Congo, nous courions pour nous en éloigner. Le temps semblait pris de manière à ne changer jamais. Le découragement était extrême, l'ennui au dernier degré. Les Anglais s'en prenaient à leur amiral : s'il avait pris la route de tout le monde, disait-on, on serait arrivé depuis longtemps ; ses caprices l'avaient porté, contre toute raison, à une expérience dont on ne verrait pas la fin. Les murmures cependant n'étaient pas aussi violents que contre Christophe Colomb ; nous eussions trop ri, pour notre compte, de le voir réduit à trouver un Saint-Salvador pour se dérober à la crise. Pour moi, que le travail employait en entier, je m'occupais à peine de ce contre-temps : et qu'importait après tout une prison ou une autre ! Quant à l'Empereur, il y semblait plus insensible encore, il ne voyait dans tout cela que des jours écoulés.

Cependant, à force de patience et à l'aide de quelques légères variations, nous approchions du but, et, bien que privés de la mousson naturelle, nous portions désormais sur notre destination ou très-près.

Vue de Sainte-Hélène.

Samedi 14.

On s'attendait à voir Sainte-Hélène ce jour-là même ; l'amiral nous l'avait annoncé. A peine étions-nous sortis de table, qu'on cria : *Terre!* C'était à un quart d'heure près de l'instant qu'on avait fixé. Rien ne peut montrer davantage les progrès de la navigation que cette espèce de merveille par laquelle on vient de si loin attaquer et rencontrer, à heure fixe, un seul point dans l'espace ; phénomène qui résulte de l'observation rigoureuse de points fixes ou de mouvements constants dans l'univers.

L'Empereur gagna l'avant du vaisseau pour voir la terre, et crut l'apercevoir. Nous restâmes en panne toute la nuit.

Arrivée à Sainte-Hélène.

Dimanche 15.

Au jour, j'ai vu l'île à mon aise et de fort près : sa forme m'a paru d'abord assez considérable, mais elle rapetissait beaucoup à mesure que nous approchions. Enfin, soixante-dix jours après avoir quitté l'Angleterre, et cent dix après avoir quitté Paris, nous jetons l'ancre vers midi ; elle touche le fond, et c'est là le premier anneau de la chaîne qui va clouer le moderne Prométhée sur son roc.

Nous trouvâmes au mouillage une grande partie des bâtiments de notre escadre qui s'étaient séparés de nous, ou que nous avions laissés en arrière comme trop mauvais marcheurs : ils étaient pourtant arrivés il y avait déjà quelques jours : preuve de plus de l'extrême incertitude dans tous les calculs de la mer, dès qu'ils reposent sur le caprice des calmes, la force et les variations du vent.

L'Empereur, contre son habitude, s'est habillé de bonne heure et a paru sur le pont; il s'est avancé sur le passavant pour considérer le rivage plus à son aise. On voyait une espèce de village encaissé parmi d'énormes

rochers arides et pelés qui s'élevaient jusqu'aux nues. Chaque plate-forme, chaque ouverture, toutes les crêtes, se trouvaient hérissées de canons. L'Empereur parcourait le tout avec sa lunette; j'étais à côté de lui, mes yeux fixaient constamment son visage, je n'ai pu surprendre la plus légère impression, et pourtant c'était là désormais peut-être sa prison perpétuelle ! peut-être son tombeau !.... Que me restait-il donc, à moi, à sentir ou à témoigner !

L'Empereur est rentré bientôt après ; il m'a fait appeler, et nous avons travaillé comme de coutume.

L'amiral, qui était descendu de bonne heure à terre, est revenu sur les six heures extrêmement fatigué ; il avait parcouru toutes les localités, et croyait avoir trouvé quelque chose de convenable ; mais il fallait des réparations, elles pouvaient tenir deux mois ; il y en avait déjà près de trois que nous occupions notre cachot de bois, et les instructions précises des ministres étaient de nous y retenir jusqu'à ce que notre prison de terre fût prête. L'amiral, il faut lui rendre justice, ne se trouva pas capable d'une telle barbarie ; il nous annonça, en laissant percer une espèce de jouissance intérieure, qu'il prenait sur lui de nous débarquer dès le lendemain.

Débarquement de l'Empereur à Sainte-Hélène.

Lundi 16.

L'Empereur, après son dîner, s'est embarqué dans un canot, avec l'amiral et le grand maréchal, pour se rendre à terre. Un mouvement très-remarquable avait réuni tous les officiers sur la dunette, et une grande partie de l'équipage sur les passavants : ce mouvement n'était plus celui de la curiosité, on se connaissait depuis trois mois ; l'intérêt le plus vif avait succédé.

Avant de descendre dans le canot, l'Empereur fit appeler le capitaine commandant le vaisseau, prit congé de lui, et le chargea de transmettre ses remercîments aux officiers et à l'équipage. Ces paroles ne furent pas sans produire une grande émotion sur ceux qui les entendirent ou se les firent expliquer.

Le reste de la suite de l'Empereur débarqua sur les huit heures. Nous fûmes accompagnés par plusieurs des officiers. Tout le monde, lorsque nous quittâmes le vaisseau, a semblé nous témoigner une véritable sympathie.

Nous trouvâmes l'Empereur dans le salon qu'on lui avait destiné : il monta peu d'instants après dans sa chambre, où nous fûmes appelés. Il n'était guère mieux qu'à bord du vaisseau ; nous nous trouvions placés dans une espèce d'auberge ou d'hôtel garni.

La ville de Sainte-Hélène n'est autre chose qu'une très-courte rue, ou prolongement de maisons, le long d'une vallée très étroite, resserrée entre deux montagnes à pic d'un roc tout à fait nu et stérile.

SÉJOUR A BRIARS

L'Empereur se fixe à Briars : séjour d'un mois et vingt-quatre jours. — Descriptions. — Situation misérable.

Mardi 17.

A six heures du matin, l'Empereur, le grand maréchal et l'amiral allèrent à cheval visiter *Longwood* (long bois), maison qui avait été arrêtée pour sa résidence, et située à deux ou trois lieues de la ville. A leur retour, ils virent une petite maison de campagne dans le prolongement de la vallée, à deux milles au-dessus de la ville. l'Empereur répugnait extrêmement à retourner où il avait couché; il s'y fût trouvé dans une réclusion plus complète encore qu'à bord du vaisseau : des sentinelles gardaient les portes, des curieux se groupaient sous ses fenêtres; il eût donc été réduit strictement à sa chambre. Un petit pavillon dépendant de cette petite maison de campagne lui plut, et l'amiral convint qu'il y serait mieux qu'à la ville. L'Empereur s'y fixa et m'envoya chercher : il s'était tellement attaché à son travail des campagnes d'Italie, qu'il ne pouvait plus s'en passer; je me mis aussitôt en route pour le joindre.

La petite vallée où s'élève le hameau de Sainte-Hélène se prolonge dans l'île longtemps encore, en serpentant au milieu de deux chaînes de montagnes toutes nues qui la bordent et la resserrent. Il y règne constamment un beau chemin de voitures très-bien entretenu ; au bout de deux milles environ, ce chemin n'est plus tracé que sur le flanc de la montagne même, sur lequel il s'appuie à gauche, ne montrant plus que des précipices et des abîmes sur son bord de la droite. Mais bientôt le terrain s'élargit en face, et présente un petit plateau où se trouvent quelques bâtisses, de la végétation et plusieurs arbres : c'est une espèce de petite oasis au milieu des rochers. Là était la demeure modeste d'un négociant de l'île (M. Balcombe). A trente ou quarante pas, à droite de la maison principale, et sur un tertre à pic, se voit une espèce de guinguette ou petit pavillon servant à la famille, dans les beaux jours, pour aller prendre le thé et respirer plus à l'aise : c'était là le réduit loué par l'amiral pour la demeure temporaire de l'Empereur, qui l'occupait depuis le matin. Tout en gravissant les contours du monticule, qui sont très-rapides, je l'aperçus en effet de loin, et le contemplai. C'était bien lui, un peu courbé, les mains derrière le dos : cet uniforme si leste et si simple, ce petit chapeau si renommé ! il était debout sur le seuil de la porte, sifflant un air de vaudeville, quand je l'abordai.

« Ah ! vous voilà ! me dit-il ; pourquoi n'avez-vous pas amené votre
« fils ? — Sire, répondis-je, le respect, la discrétion, m'en ont empêché. —
« Vous ne sauriez vous en passer, continua-t-il ; faites-le venir. »

Jamais l'Empereur, dans aucune de ses campagnes, peut-être dans aucune des situations de sa vie, n'eut sans doute de logement plus exigu, ni autant de privations. Le tout ici consistait en une seule pièce au rez-de-chaussée, de forme à peu près carrée ; une porte sur chacun des deux côtés opposés, et deux fenêtres sur chacun des deux côtés perpendiculaires ; du reste, sans rideaux, sans volets, à peine un siége. L'Empereur en ce moment se trouvait seul, ses deux valets de chambre étaient à courir pour lui composer un lit. Il lui prit fantaisie de marcher un peu ; or le monticule n'offrait pas de terre-plein sur aucune des faces de la petite guinguette ; ce n'était tout autour que grosses pierres et débris de rochers. Il prit mon bras et se mit à causer gaiement. Cependant la nuit se faisait, le calme était profond, la solitude entière ; quelle foule de sensations et de sentiments vinrent m'assaillir en cet instant ! Je me trouvais donc seul, tête à tête dans le désert, presque en familiarité avec celui qui avait gouverné le monde avec Napoléon enfin !!! Tout ce qui se passait en moi !... tout ce que j'éprouvais !.... Mais, pour le bien comprendre, il faudrait peut-être se reporter au temps de sa toute-puissance, au temps où il suffisait d'un seul de ses décrets pour renverser des trônes ou créer des rois ! Il faudrait se mettre bien dans l'esprit ce qu'il faisait éprouver aux Tuileries à tout ce qui l'entourait : l'embarras timide, le respect profond avec lequel l'abordaient ses ministres, ses officiers, l'anxiété, la crainte des ambassadeurs, celle des princes et même des rois ! Or, rien de tout cela n'était encore altéré en moi !...

Lorsque l'Empereur voulut se coucher, il se trouva qu'une fenêtre donnait à nu sur le côté de son lit, presque à la hauteur de son visage ; nous la barricadâmes du mieux que nous pûmes pour le préserver de l'air, auquel il est très-sensible, le plus léger courant suffisant pour l'enrhumer ou lui causer des maux de dents. Quant à moi, je gagnai le comble, précisément au-dessus de l'Empereur ; espace de sept pieds carrés, où il n'y avait qu'un lit, sans un seul siége ; c'est là que fut mon gîte et celui de mon fils, pour lequel il fallut placer un matelas par terre. Pouvions-nous nous plaindre ? nous étions si près de l'Empereur : de là nous entendions le son de sa voix, même ses paroles !!!

Ses valets de chambre se couchèrent par terre, en travers de la porte, enveloppés dans leurs manteaux.

Voilà la description littérale de la première nuit de Napoléon à *Briars* (aux ronces) : c'était le nom de l'endroit.

Description de Briars. — Son jardin. — Rencontre des petites demoiselles de la maison.

Mercredi 18.

J'ai déjeuné avec l'Empereur : il n'avait ni nappe ni serviettes ; son déjeuner était le reste du dîner de la veille.

Un officier anglais avait été logé dans la maison voisine pour notre garde, et deux sous-officiers allaient et venaient militairement sous nos yeux pour surveiller nos mouvements. Le déjeuner fini, l'Empereur s'est mis au travail, qui a duré quelques heures ; après le travail, il lui a pris fantaisie d'explorer notre nouveau domaine, de découvrir le terrain environnant, d'en prendre possession.

En descendant de notre tertre, par le côté opposé à la maison principale, nous trouvâmes un sentier bordé d'une haie de raquettes, et longeant des précipices, lequel nous conduisit, au bout de deux cents pas, à un petit jardin dont la porte se trouvait ouverte. Ce jardin est tout en longueur, et d'un terrain très-inégal; une allée assez pleinière en parcourt l'étendue; à l'entrée, une espèce de berceau forme l'une des extrémités; à l'autre bout sont deux cahutes où logent les nègres chargés du soin du jardin. Il s'y trouvait des arbres fruitiers et quelques fleurs. A peine y étions-nous entrés, que nous y fûmes joints par les deux filles du maître de la maison, âgées de quatorze à quinze ans : l'une vive, étourdie, ne respectant rien; l'autre, plus posée, mais d'une grande naïveté; toutes deux parlant un peu le français. Elles eurent bientôt parcouru le jardin, et mis tout à contribution pour l'offrir à l'Empereur, qu'elles accablèrent

de questions les plus bizarres et les plus ridicules. L'Empereur s'amusa beaucoup de cette familiarité si nouvelle pour lui. « Nous sortons du bal « masqué, » me dit-il quand nous les eûmes quittées.

Sur la jeunesse française. — L'Empereur visite la maison voisine. — Naïvetés.

Jeudi 19, vendredi 20.

L'Empereur fait appeler mon fils pour déjeuner; qu'on juge de toute sa joie à une telle faveur! C'était la première fois qu'il allait le voir d'aussi près, l'entendre, peut-être lui parler! son saisissement était extrême.

Du reste, la table demeurait encore sans nappe, le repas continuait de s'apporter de la ville, et ne présentait que deux ou trois mauvais plats. Aujourd'hui il s'y trouvait un poulet; l'Empereur l'a voulu couper lui-même, et nous l'a distribué; il s'étonnait d'y réussir aussi bien; il y avait si longtemps, disait-il, qu'il n'en avait fait autant; car toute sa galanterie, ajoutait-il, avait été se perdre pour toujours dans les affaires et les soucis de son généralat d'Italie.

Le café, qui est un besoin pour l'Empereur, s'est trouvé si mauvais, qu'il s'est cru empoisonné; il l'a jeté, et m'a fait laisser le mien.

L'Empereur se servait en ce moment d'une tabatière où se trouvaient enchâssées plusieurs médailles antiques; des inscriptions grecques étaient autour. L'Empereur, doutant d'un des noms de ces portraits, m'a dit de les lui traduire; et comme je lui répondais que c'était au-dessus de mes forces, il s'est mis à rire, disant : « Vous n'êtes donc pas plus fort que moi? » Alors mon fils s'est offert en tremblant, et a lu Mithridate, Démétrius-Poliorcètes, et quelques autres. L'extrême jeunesse de mon fils et cette circonstance ont alors attiré l'attention de l'Empereur. « Quoi! votre fils en est déjà là? a-t-il dit. C'est bien. » Et il s'est mis à le questionner longuement sur son lycée, ses maîtres, leurs leçons; puis revenant à moi : « Quelle jeunesse, a-t-il dit, je laisse après moi! C'est pourtant mon ou-
« vrage! Elle me vengera suffisamment par tout ce qu'elle vaudra; à
« l'œuvre il faudra bien après tout qu'on rende justice à l'ouvrier! et le
« travers d'esprit ou la mauvaise foi des déclamateurs tombera devant
« mes résultats. Si je n'eusse songé qu'à moi, à mon pouvoir, ainsi qu'ils
« l'ont dit et le répètent sans cesse, si j'eusse réellement eu un autre but
« que le règne de la raison, j'aurais cherché à étouffer les lumières *sous*
« *le boisseau*; au lieu de cela, on ne m'a vu occupé que de les produire
« au grand jour. Et encore n'a-t-on pas fait pour ces enfants tout ce dont
« j'avais eu la pensée. Mon Université, telle que je l'avais conçue, était un
« chef-d'œuvre dans ses combinaisons, et devait en être un dans ses résul-
« tats nationaux. Un méchant homme, un misérable, et je n'entends
« parler ici que de son cœur, m'a tout gâté; et cela avec mauvaise inten-
« tion, et par calcul, car il a osé s'en vanter près des nouveaux venus. »

Le soir arrivé, l'Empereur a voulu entrer chez les voisins. Le maître, pris par la goutte, était en robe de chambre, étendu sur son canapé; sa femme et nos deux petites demoiselles du matin étaient autour de lui. Le bal masqué a repris de plus belle; on a fait échange de tout ce qu'on savait.

140 MÉMORIAL

On a parlé de romans; l'une des petites avait lu *Mathilde* de madame Cottin : ce fut une très-grande joie de voir que l'Empereur la connaissait. Un gros Anglais, à face carrée, vrai *vacuum plenum* à ce qu'il paraît, qui écoutait gravement de toutes ses oreilles pour tâcher de mettre à profit son peu de français, se hasarda de demander avec réserve à l'Empereur si la princesse amie de Mathilde, dont il admirait particulièrement l'excellent caractère, vivait toujours; l'Empereur lui répondit avec solennité : « Non, Monsieur, elle est morte et enterrée. » Et il allait se croire mys-

tifié, disait-il, quand il vit, à cette malheureuse nouvelle, les larmes prêtes à rouler dans les grands et gros yeux de la grosse face.

Une des petites filles ne fut pas moins naïve : c'était plus pardonnable; toutefois j'en dus conclure qu'on n'était pas fort ici en chronologie. Parcourant *Estelle* de Florian, pour montrer qu'elle lisait le français, elle tomba sur Gaston de Foix, et le voyant qualifié de général, elle demanda à l'Empereur s'il avait été bien content de lui dans ses armées, s'il avait échappé à toutes les batailles, et s'il vivait encore.

L'amiral vient voir l'Empereur.

Samedi 21.

L'amiral, dans la matinée, est venu rendre visite à l'Empereur; il a frappé à sa porte; si je ne m'y fusse pas trouvé, l'Empereur eût été dans la nécessité d'aller ouvrir lui-même, ou l'amiral y serait encore.

Tous les membres épars de notre petite colonie sont aussi venus de la ville, et nous nous sommes trouvés un instant tous réunis. Chacun a raconté ses nombreuses misères, et l'Empereur les a ressenties d'autant plus vivement.

Horreurs et misères de notre exil. — Indignation de l'Empereur. — Note envoyée au gouvernement anglais.

Dimanche 22 au mardi 24.

Les ministres anglais, en violant les droits de l'hospitalité auxquels nous nous étions abandonnés avec tant de confiance, semblaient n'avoir rien épargné pour rendre cette violation plus amère et plus sensible. En nous reléguant au bout de la terre, au milieu des privations, des mauvais traitements, des besoins de toute espèce, ils avaient voulu nous faire boire le calice jusqu'à la lie. Sainte-Hélène est une véritable Sibérie; la différence n'en est que du froid au chaud, et dans son peu d'étendue.

L'empereur Napoléon, qui possédait tant de puissance et disposa de tant de couronnes, s'y trouve réduit à une méchante petite cahute de quelques pieds en carré, perchée sur un roc stérile; sans rideaux, ni volets, ni meubles. Là, il doit se coucher, s'habiller, manger, travailler, demeurer; il faut qu'il sorte s'il veut qu'on la nettoie. Pour sa nourriture on lui apporte de loin quelques mauvais mets, comme à un criminel dans son cachot. Il manque réellement des premiers besoins de la vie: le pain, le vin, ne sont point les nôtres, ils nous répugnent; l'eau, le café, le beurre, l'huile et les autres nécessités y sont rares ou à peine supportables; un bain, si nécessaire à sa santé, ne se trouve pas; il ne peut prendre l'exercice du cheval.

Ses compagnons, ses serviteurs, sont à deux milles de lui; ils ne peuvent parvenir auprès de sa personne qu'accompagnés d'un soldat; ils demeurent privés de leurs armes, sont condamnés à passer la nuit au corps de garde, s'ils reviennent trop tard ou s'il y a quelque méprise de consigne, ce qui arrive presque chaque jour. Ainsi se réunissent pour nous, sur la cime de cet affreux rocher, la dureté des hommes et les rigueurs de la nature! et pourtant il eût été facile de nous procurer une demeure plus convenable et des traitements plus doux.

Certes, si les souverains de l'Europe ont arrêté cet exil, une haine secrète en a dirigé l'exécution. Si la politique seule a dicté cette mesure comme nécessaire, n'eût-elle pas dû, pour en convaincre le monde, entourer d'égards, de respects, de dédommagements de toute espèce, l'illustre victime vis-à-vis de laquelle elle se dit forcée de violer les principes et les lois?

Nous nous trouvions tous auprès de l'Empereur; il récapitulait avec chaleur tous ces faits. « A quel infâme traitement ils nous ont réservés!
« s'écriait-il. Ce sont les angoisses de la mort! A l'injustice, à la violence,
« ils joignent l'outrage, les supplices prolongés! Si je leur étais si nuisible,
« que ne se défaisaient-ils de moi? quelques balles dans le cœur ou dans la
« tête eussent suffi; il y eût eu du moins quelque énergie dans ce crime!
« Si ce n'était vous autres et vos femmes surtout, je ne voudrais recevoir
« ici que la ration du simple soldat. Comment les souverains de l'Europe
« peuvent-ils laisser polluer en moi ce caractère de la souveraineté! Ne
« voient-ils pas qu'ils se tuent de leurs propres mains à Sainte-Hélène! Je
« suis entré vainqueur dans leurs capitales; si j'y eusse apporté les mêmes
« sentiments, que seraient-ils devenus? Ils m'ont tous appelé leur frère,
« et je l'étais devenu par le choix des peuples, la sanction de la victoire, le
« caractère de la religion, les alliances de leur politique et de leur sang.
« Croient-ils donc le bon sens des peuples insensible à leur morale, et
« qu'en attendent-ils? Toutefois, faites vos plaintes, Messieurs, que l'Eu-
« rope les connaisse et s'en indigne! les miennes sont au-dessous de ma
« dignité et de mon caractère : j'ordonne ou je me tais. »

Le lendemain un officier ouvrit tout bonnement la porte, et s'introduisit lui-même, sans plus de façon, dans la chambre de l'Empereur, où j'étais à travailler avec lui. Ses intentions, du reste, étaient bonnes : c'était le capitaine d'un des petits bâtiments venus avec nous, qui repartait pour l'Europe et avait voulu venir prendre les ordres de l'Empereur. Napoléon revint sur le sujet de la veille, et, s'animant par degrés, lui exprima, pour son gouvernement, les pensées les plus élevées, les plus fortes, les plus remarquables. Je les traduisais à mesure et rapidement. L'officier semblait frappé de chaque phrase, et nous quitta, promettant d'accomplir fidèlement sa mission. Mais rendra-t-il les expressions, l'accent surtout, dont je fus témoin? L'Empereur en fit rédiger une espèce de note, que l'officier aura trouvée bien faible auprès de ce qu'il avait entendu d'abondance?

Vie de Briars, etc. — Nécessaire d'Austerlitz. — Grand nécessaire de l'Empereur. — Son contenu.
Objets, libelles contre Napoléon, etc., abandonnés aux Tuileries.

Mercredi 25 au vendredi 27.

L'Empereur s'habillait de fort bonne heure, il faisait dehors quelques tours, nous déjeunions vers les dix heures, il se promenait encore, et nous nous mettions ensuite au travail. Je lui lisais ce qu'il m'avait dicté la veille, et que mon fils avait recopié le matin; il le corrigeait, et me dictait pour le lendemain. Nous ressortions sur les cinq heures, et revenions dîner à six heures, si toutefois le dîner était arrivé de la ville. La journée était bien longue, les soirées l'étaient bien plus encore. Malheureusement je ne connaissais pas les échecs, j'eus un moment envie de les apprendre la nuit; mais comment, et de qui? Je me donnai pour savoir un peu le piquet, l'Empereur s'aperçut bientôt de mon ignorance; il tint compte de mon intention, mais cessa. Quelquefois le désœuvrement le conduisait dans la maison voisine, où les petites demoiselles le faisaient jouer au

whist. Plus souvent encore il restait à table après le dîner, et causait assis; car la chambre était trop petite pour s'y promener.

Un de ces soirs, il se fit apporter un petit nécessaire de campagne, en examina minutieusement toutes les parties, et me le donna, disant: « Il y « a bien longtemps que je l'ai, je m'en suis servi le matin de la bataille « d'Austerlitz. Il passera au petit Emmanuel, continua-t-il en regardant « mon fils. Quand il aura quatre-vingts ans, nous ne serons plus, mon

« cher ; l'objet n'en sera que plus curieux, il le fera voir et dira : C'est
« l'Empereur Napoléon qui l'a donné à mon père à Sainte-Hélène. »

Passant de là à l'examen d'un grand nécessaire, il parcourut des portraits de sa propre famille et des présents qui lui avaient été faits à lui-même : c'étaient les portraits de Madame, de la reine de Naples, des filles de Joseph, de ses frères, du roi de Rome, etc. ; un Auguste et une Livie des plus rares ; une continence de Scipion et une autre antique du plus grand prix donnée par le pape; un Pierre le Grand sur boîte, une autre boîte avec un Charles-Quint, une autre encore avec un Turenne; d'autres enfin, dont il se sert journellement, couvertes de médaillons rassemblés de César, d'Alexandre, de Sylla, de Mithridate, etc. Venaient ensuite quelques tabatières où était son portrait enrichi de diamants. Il en chercha alors tout à coup un sans diamants ; ne le trouvant pas, il appela son valet de chambre pour qu'on le lui donnât; malheureusement ce portrait se trouvait encore à la ville avec le gros des effets : j'en fus fâché, je pouvais croire que j'y perdais quelque chose.

L'Empereur alors passa en revue plusieurs tabatières de Louis XVIII qui avaient été laissées sur sa table aux Tuileries, lors de son départ précipité. L'une présentait sur un fond noir, en pâte imitant l'ivoire, et dans une contexture bizarre, le portrait de Louis XVI, de la reine et de madame Élisabeth : ils formaient trois croissants adossés l'un à l'autre en forme de triangle équilatéral ; une quantité de chérubins fort serrés formaient la bordure extérieure. Une autre boîte représentait une chasse au lavis et croquée, et qui ne pouvait avoir d'autre mérite que la main qui l'avait faite, on la croyait de madame la duchesse d'Angoulême. Une troisième enfin présentait un portrait qui devait être, selon les apparences, celui de la comtesse de Provence. Ces trois objets étaient simples et même communs, et ne pouvaient avoir de précieux que leur historique.

En arrivant à Paris, le 20 mars au soir, l'Empereur trouva le cabinet du roi dans le même état où il avait été occupé ; tous les papiers demeuraient encore sur les tables. L'Empereur fit pousser ces tables dans les angles de l'appartement, et en fit apporter de nouvelles ; il voulut qu'on ne touchât à rien, se réservant d'examiner ces papiers dans ses moments perdus. Et comme l'Empereur a quitté lui-même la France sans rentrer aux Tuileries, le roi aura trouvé sa chambre et ses papiers à peu près comme il les avait laissés.

L'Empereur jeta les yeux sur quelques-uns de ces papiers. Il y trouva des lettres du roi à M. d'Avarai, à Madère, où il est mort : elles étaient de sa main, et lui avaient sans doute été renvoyées. Il y trouva aussi d'autres lettres très-confidentielles du roi pareillement de sa main. Mais comment se trouvaient-elles là? Comment lui étaient-elles revenues? Cela était plus difficile à expliquer. Elles étaient de cinq à six pages, fort purement écrites, de beaucoup d'esprit, disait l'Empereur, mais très-abstraites et fort métaphysiques. Dans l'une, le prince disait à la personne à laquelle il s'adressait : *Jugez, Madame, si je vous aime, vous m'avez fait quitter le deuil.* Et ce deuil, disait l'Empereur, amenait de longs paragraphes d'un style tout à fait académique. L'Empereur ne devinait pas à qui cela pouvait s'adresser, ni ce que ce deuil pouvait signifier ; j'étais hors d'état de pouvoir lui donner aucun renseignement.

C'est sur une de ces tables que deux ou trois jours après avoir reconfirmé quelqu'un à la tête d'une institution célèbre, l'Empereur trouva un mémoire de cette personne, qui assurément l'eût empêché de la nommer de nouveau, par la manière dont elle s'y exprimait à l'égard de lui et de toute sa famille.

Il y avait encore beaucoup d'autres pièces de cette nature; mais les véritables archives de la bassesse, du mensonge et de la vilenie, se trouvaient dans les appartements de M. de Blacas, grand maître de la garde-robe, ministre de la maison : ils étaient pleins de projets, de rapports et de pétitions de toute espèce. Il était peu de ces pièces où l'on ne se fît valoir aux dépens de Napoléon qu'on était assurément bien loin d'attendre. Le tout était si volumineux, que l'Empereur fut obligé de nommer une commission de quatre membres pour en faire le dépouillement; il regarde comme une faute de n'avoir pas confié ce dépouillement à une seule personne, et tellement à lui qu'il fût sûr qu'on n'y aurait rien soustrait. Il a eu des raisons de croire qu'il y eût trouvé déjà des indices salutaires sur les perfidies dont il s'est vu entouré à son retour de Waterloo.

On trouva, entre autres, une longue lettre d'une des femmes de la princesse Pauline. Cette volumineuse lettre s'exprimait fort mal sur la princesse et ses sœurs, et ne parlait de *cet homme* (c'était l'Empereur) que sous les plus mauvaises couleurs. On n'avait pas cru que ce fût assez, on en avait raturé une partie, et interligné d'une main étrangère, pour y faire arriver Napoléon lui-même de la manière la plus scandaleuse; et à la marge, et de la main de l'interligneur, il y avait : *Bon à imprimer.* Quelques jours de plus, probablement ce petit libelle allait voir le jour.

Une parvenue, tenant un rang distingué dans l'État et dans l'instruction publique, courbée sous les bienfaits de l'Empereur, écrivait en toute hâte à sa *camarade* de même *espèce*, pour lui apprendre la fameuse décision du Sénat touchant la déchéance et la proscription de Napoléon : « Ma « chère amie, mon mari rentre, il est mort de fatigue ; mais ses efforts « l'ont emporté, nous sommes délivrés de cet homme, et nous aurons les « Bourbons. Dieu soit loué, nous serons donc de *vraies* comtesses ! etc. »

Parmi ces pièces, Napoléon eut la mortification d'en rencontrer de très-inconvenantes sur sa personne, et cela de la main même de certains qui la veille étaient accourus près de lui et tenaient déjà de ses faveurs. Dans son indignation, sa première pensée fut d'imprimer ces pièces, et de retirer ses bienfaits ; un second mouvement l'arrêta. « Nous sommes si vo- « latils, si inconséquents, si faciles à enlever, disait-il, qu'il ne me demeu- « rait pas prouvé, après tout, que ces mêmes gens ne fussent pas revenus « réellement de bon cœur à moi ; et j'allais peut-être les punir quand ils « recommençaient à bien faire, il valait mieux ne pas savoir, et je fis tout « brûler. »

L'Empereur commence la campagne d'Égypte avec le grand maréchal. — Anecdotes sur brumaire, etc. Lettre du comte de Lille. — La belle duchesse de Guiche.

Samedi 25 au mardi 31.

Nous travaillions mon fils et moi avec la plus grande constance. Il commençait à être malade, la poitrine lui faisait mal ; mes yeux se perdaient ; nous souffrions réellement de notre grande occupation : il est vrai que nous avions fait un travail étonnant ; nous étions déjà presque à la fin des campagnes d'Italie.

N. B. Je conserve encore quelques-unes de ces premières dictées de l'Empereur. Bien qu'elles aient éprouvé depuis des variations et reçu un plus grand développement, ce premier jet n'en est pas moins précieux, ne fût-ce même que par sa comparaison avec les idées arrêtées plus tard. Malheureusement je n'en ai qu'un fort petit nombre ; lors de mon enlèvement de Longwood et de la saisie de mes papiers, l'Empereur fit réclamer ce que je pouvais avoir des campagnes d'Italie, pour les soustraire à sir H. Lowe ; j'en renvoyai ce qui tomba sous mes mains. En ayant retrouvé plus tard quelques autres cahiers, je fis demander à l'Empereur, au moment de mon départ, qu'il me permît de les garder en souvenir de lui. Il me fit répondre qu'il y consentait avec plaisir, sachant que ce qui demeurait entre mes mains était encore comme si cela n'était pas sorti des siennes.

Cependant l'Empereur ne se trouvait pas encore assez occupé, le travail était sa seule ressource, et ce qu'il avait déjà dicté avait pris assez de couleur pour l'y attacher encore davantage. Il allait atteindre bientôt l'époque de son expédition d'Égypte, il avait souvent parlé d'y employer le grand maréchal ; d'un autre côté, ceux d'entre nous qui demeuraient à la ville y étaient mal, et s'y trouvaient malheureux d'être éloignés de l'Empereur. Leur caractère s'aigrissait par cette circonstance, et des contrariétés de toute espèce venaient ajouter à leur chagrin. Je suggérai à l'Empereur de nous employer tous ensemble à son travail, et d'attaquer ainsi tout à la fois les campagnes d'Italie, celles d'Égypte, le consulat, le retour de l'île d'Elbe. Les heures lui deviendraient plus courtes ; ce bel ouvrage, la gloire de la France, marcherait plus vite, et ces messieurs seraient beaucoup moins malheureux. Cette idée lui sourit, et, à compter de cet instant, un ou deux de ces messieurs venaient régulièrement recevoir la dictée de l'Empereur ; ils la lui rapportaient le lendemain, restaient à dîner, et lui procuraient ainsi un peu plus de diversion.

Nous nous étions arrangés aussi de manière à ce qu'insensiblement l'Empereur se trouvât un peu mieux, sous bien des rapports. En prolongement de la chambre qu'il occupait, on dressa une assez grande tente que m'avait fait offrir le général-colonel du 53e. Le cuisinier de l'Empereur vint s'établir à Briars ; on tira du linge des malles, on sortit l'argenterie, et le premier dîner de la sorte se trouva être une petite fête. Mais les soirées demeuraient toujours aussi difficiles à passer ; l'Empereur retournait quelquefois dans la maison voisine ; quelquefois il essayait de marcher hors de sa chambre ; plus souvent encore il y demeurait à causer, cherchant à atteindre dix ou onze heures. Il redoutait de se coucher trop tôt : il s'éveillait alors au milieu de la nuit, et, cherchant à fuir ses réflexions, il était obligé de se relever pour lire.

Un de ces jours, à dîner, l'Empereur trouva sous ses yeux une de ses propres assiettes de campagne aux armes royales. « Comme ils m'ont gâté « tout cela ! » dit-il en expressions bien autrement énergiques ; et il ne put s'empêcher d'observer que le roi s'était bien pressé de prendre possession de ces objets ; qu'à coup sûr il ne pouvait réclamer cette argenterie comme lui ayant été enlevée, qu'elle était bien incontestablement à lui, Napoléon ; car quand il monta sur le trône il ne s'était trouvé nul vestige de propriété royale ; en le quittant, il avait laissé à la couronne cinq millions d'argenterie, et peut-être quarante ou cinquante millions de meubles ; le tout de ses propres deniers provenant de sa liste civile.

L'Empereur, dans la conversation d'une de ses soirées, a raconté l'événement de brumaire. J'en supprime ici les détails, parce qu'ils ont été dictés plus tard au général Gourgaud, et qu'on retrouvera l'ensemble de ce grand événement dans la publication des dictées de Napoléon.

Sièyes, qui était un des consuls provisoires avec Napoléon, et qui, à la première conférence, le vit discuter tout à la fois les finances, l'adminis-

tration, l'armée, la politique, les lois, sortit déconcerté, et courut dire à ses intimes, en parlant de lui : « Messieurs, vous avez un maître ! Cet « homme sait tout, veut tout, et peut tout. »

J'étais à Londres à cette époque, et je disais à l'Empereur que nous y avions conçu de grandes espérances, et que nous avions beaucoup compté sur le 18 brumaire et sur son consulat. Plusieurs de nous, qui avaient connu jadis madame de Beauharnais, partirent aussitôt pour Paris, dans l'espoir de parvenir, par elle, à exercer quelque influence ou imprimer quelque direction aux affaires qui se présentaient sous une face nouvelle.

Nous pensâmes généralement, dans le temps, que le Premier Consul avait attendu des propositions de nos princes ; nous nous appuyions sur ce qu'il avait été assez longtemps sans se prononcer à leur égard, ce qu'il avait fait plus tard, dans une proclamation, d'une manière accablante. Nous attribuions ce résultat à la gaucherie et à la brutalité de l'évêque d'Arras, le conseiller, le directeur suprême de nos affaires, qui, du reste, de son propre aveu, opérait les yeux fermés, se vantant de n'avoir pas lu, disait-il, une seule gazette, depuis le temps qu'elles ne contenaient que les succès ou les mensonges de ces misérables.

Au moment du consulat, quelqu'un ayant voulu lui donner l'idée de tenter quelques négociations auprès du Consul par l'intermédiaire de madame Bonaparte, il repoussa la chose avec indignation et dans les termes les plus sales et les plus orduriers ; ce qui força l'auteur de la proposition de lui dire que de telles expressions n'étaient guère épiscopales, et qu'il ne les avait certainement pas lues dans son bréviaire.

Dans le même temps, il apostropha grossièrement le duc de Choiseul, à la table même du prince, et en fut tancé tout aussi vertement ; le tout parce que le duc de Choiseul, sortant des prisons de Calais, et échappant à la mort par le bienfait du Consul, terminait les renseignements que lui demandait le prince sur Bonaparte en protestant que pour lui désormais il ne pourrait plus désavouer une reconnaissance personnelle.

L'Empereur disait à tout cela qu'il n'avait jamais songé aux princes ; que les phrases auxquelles je faisais allusion étaient du troisième consul, Lebrun, et sans motif particulier ; que nous semblions, au dehors, ne nous être jamais doutés de l'opinion du dedans ; que s'il eût eu pour les princes des dispositions favorables, il n'eût pas été en son pouvoir de les accomplir. Toutefois, il avait reçu vers ce temps-là des ouvertures de Mittau et de Londres.

Le roi lui écrivit, disait-il, une lettre qui lui fut remise par Lebrun, lequel la tenait de l'abbé de Montesquiou, agent secret de ce prince à Paris. Cette lettre, extrêmement soignée, disait : « Vous tardez beaucoup à me
« rendre mon trône. Il est à craindre que vous ne laissiez écouler des
« moments bien favorables. Vous ne pouvez pas faire le bonheur de la
« France sans moi, et moi je ne puis rien pour la France sans vous.
« Hâtez-vous donc, et désignez vous-même toutes les places qui vous
« plairont pour vos amis. »

Le Premier Consul répondit : « J'ai reçu la lettre de Votre Altesse
« royale ; j'ai toujours pris un vif intérêt à ses malheurs et à ceux de sa
« famille. Elle ne doit pas songer à se présenter en France ; elle n'y par-
« viendrait que sur cent mille cadavres. Du reste, je m'empresserai tou-

« jours à faire tout ce qui pourrait adoucir ses destinées et lui faire oublier
« ses malheurs. »

L'ouverture de M. le comte d'Artois eut plus d'élégance et de recherche encore. Il dépêcha la *duchesse de Guiche*, femme charmante, très-propre, par les grâces de sa figure, à mêler beaucoup d'attraits à l'importance de sa négociation. Elle pénétra facilement auprès de madame Bonaparte, avec laquelle toutes les personnes de l'ancienne cour avaient des contacts naturels : elle en reçut un déjeuner à la Malmaison ; et durant le repas, parlant de Londres, de l'émigration et de nos princes, madame de Guiche raconta qu'il y avait peu de jours, étant chez M. le comte d'Artois, quelqu'un parlant des affaires, avait demandé au prince ce qu'on ferait pour le Premier Consul, s'il rétablissait les Bourbons ; ce prince avait répondu :
« D'abord connétable et tout ce qui s'ensuit, si cela lui plaisait. Mais nous
« ne croirions pas que cela fût encore assez ; nous élèverions sur le Car-
« rousel une haute et magnifique colonne sur laquelle serait la statue de
« Bonaparte couronnant les Bourbons. »

Le Premier Consul arrivant quelque temps après le déjeuner, Joséphine n'eut rien de plus pressé que de lui rendre cette circonstance. « Et as-tu
« répondu, lui dit son mari, que cette colonne aurait pour piédestal le
« cadavre du Premier Consul ? »

La jolie duchesse était encore là ; les charmes de sa figure, ses yeux, ses paroles, n'avaient d'autres soins que le succès de sa mission. Elle était heureuse, disait-elle, elle ne saurait jamais assez reconnaître la faveur que lui procurait en ce moment madame Bonaparte de voir et d'entendre un grand homme, un héros. Mais tout fut vain ; la duchesse de Guiche reçut dans la nuit l'ordre de quitter Paris ; et les charmes de l'émissaire étaient trop propres à alarmer Joséphine pour qu'elle insistât ardemment en sa faveur : le lendemain, la duchesse de Guiche était en route pour la frontière.

« Du reste, le bruit courut plus tard, disait Napoléon, que j'avais fait,
« à mon tour, aux princes français des propositions touchant la cession de
« leurs droits ou leur renonciation à la couronne, ainsi qu'on s'est complu
« à le consacrer dans des déclarations pompeuses, répandues en Europe
« avec profusion : il n'en était rien. Et comment cela aurait-il pu être ?
« moi qui ne pouvais régner précisément que par le principe qui les faisait
« exclure, celui de la souveraineté du peuple ? Comment aurais-je cherché
« à tenir d'eux des droits que l'on proscrivait dans leurs personnes ? C'eût
« été me proscrire moi-même ; le contre-sens eût été trop lourd, l'absur-
« dité trop criante, elle m'eût noyé pour toujours dans l'opinion. Aussi,

« directement ni indirectement, de près ni de loin, je n'ai rien fait qui pût
« se rapporter à cela : c'est ce qu'auront pensé sans doute, dans le temps,
« les gens réfléchis qui m'accordaient de n'être ni fou ni imbécile.

« Toutefois la rumeur causée par cette circonstance me porta à faire
« rechercher ce qui pouvait y avoir donné lieu, et voici ce que j'ai pu
« recueillir.

« Au temps de notre intelligence avec la Prusse, et lorsqu'elle s'occu-
« pait de nous être agréable, elle fit demander si de souffrir des princes
« français sur son territoire nous causerait de l'ombrage, et on répondit
« que non. Enhardie, elle demanda si on aurait une trop grande répu-
« gnance à la mettre à même de leur procurer des secours annuels ; on
« lui répondit encore que non, pourvu qu'elle garantit qu'ils demeure-
« raient tranquilles et s'abstiendraient de toute intrigue.

« Cette affaire se traitant entre eux, et la négociation une fois en train,
« Dieu sait ce que le zèle de quelque agent, ou même les doctrines du ca-
« binet de Berlin, qui n'étaient pas les nôtres, peuvent avoir proposé !
« Voilà sans doute le motif et le prétexte qui donnèrent lieu à cette belle
« lettre de Louis XVIII, qui fut fort admirée, et à laquelle adhérèrent avec
« éclat tous les membres de sa famille. Ces princes saisirent avidement
« cette occasion pour réveiller en leur faveur l'intérêt et l'attention de
« l'Europe qui, distraite par les grands événements du temps, ne s'en
« occupait plus. »

Emploi des journées. — Conseil d'État, scène grave ; dissolution du corps législatif
en 1813. — Sénat.

Mercredi 1er au samedi 4 novembre.

Nos journées avaient déjà toute l'uniformité de celles que nous passions à bord du vaisseau. L'Empereur me faisait appeler pour déjeuner avec lui : c'était de dix à onze heures. Le déjeuner fini, après une demi-heure de conversation, je lui lisais ce qu'il avait dicté la veille, et il me dictait de nouveau pour le lendemain. L'Empereur ne s'habillait plus dès le matin ; il ne sortait plus avant le déjeuner, cela lui avait rendu la journée trop décousue et trop longue. Il ne s'habillait plus à présent que sur les quatre heures. Il sortait alors, pour qu'on pût faire son lit et nettoyer sa chambre. Nous allions nous promener dans le jardin. Il affectionnait cette solitude ; je fis couvrir d'une toile l'espèce de berceau qui s'y trouve : on y apporta une table, des chaises, et dès ce moment ce fut là que l'Empereur dictait à celui de ces messieurs qui arrivait de la ville pour le travail.

En face de la maison du propriétaire, au-dessous de nous, se trouvait une allée bordée de quelques arbres, c'était là que les deux soldats anglais avaient pris poste pour nous surveiller; mais ils en furent retirés avec le temps, à la demande de notre hôte, qui s'en trouvait choqué pour son propre compte. Néanmoins ils avaient continué de rôder à la vue de l'Empereur, attirés par la curiosité ou conduits par la nature de leurs ordres. Ils finirent par disparaître tout à fait, et l'Empereur prit insensiblement possession de cette allée inférieure. Ce fut pour lui une véritable augmentation de domaine; il s'y rendait chaque jour après son travail, en sortant du jardin; pour y attendre l'heure de son dîner. Les deux petites demoiselles et leur mère venaient l'y joindre, et lui raconter les nouvelles. Il y retournait aussi parfois après son dîner, quand le temps le permettait : il passait alors la soirée sans qu'il eût besoin d'entrer chez les voisins, ce qu'il ne faisait qu'à la dernière extrémité, et quand il savait surtout qu'il n'y avait pas d'étranger, ce que j'allais préalablement vérifier au travers des croisées.

Dans une de ces promenades, l'Empereur s'étendit beaucoup sur le Sénat, le Corps Législatif, et le Conseil d'État surtout. Il avait, disait-il, tiré vraiment un grand parti de celui-ci dans tout le cours de son administration. Je vais tracer ici quelques détails sur ce Conseil d'État, d'autant plus volontiers qu'on en avait fort peu d'idée dans les salons ; et comme il ne subsiste plus aujourd'hui sur le même pied, j'intercallerai ici, chemin faisant, quelques lignes sur son mécanisme et ses attributions.

« Le Conseil d'État était généralement composé, disait l'Empereur, de
« gens instruits, bons travailleurs et de bonne réputation : *Fermont* et
« *Boulay*, par exemple, sont certainement de braves et honnêtes gens.
« Malgré les immenses affaires litigieuses qu'ils ont gérées, et les gros
« émoluments dont ils jouissaient, on ne me surprendrait pas du tout
« si l'on m'apprenait qu'aujourd'hui ils sont tout au plus au-dessus de
« l'aisance. »

L'Empereur employait individuellement les conseillers d'État à tout, disait-il, et avec avantage. En masse, c'était son véritable conseil, sa pensée en délibération, comme les ministres étaient sa pensée en exécution.

Au Conseil d'État se préparaient les lois que l'Empereur présentait au Corps Législatif, ce qui le rendait tout à fait un des éléments de la puissance législative ; là se rédigeaient les décrets de l'Empereur, ses règlements d'administration publique ; là s'examinaient, se discutaient et se corrigeaient les projets de ses ministres, etc.

Le Conseil d'État recevait l'appel et prononçait en dernier ressort sur tous les jugements administratifs ; accidentellement, sur tous les autres tribunaux, même sur la Cour de cassation. Là s'examinaient aussi les plaintes contre les ministres ; les appels mêmes de l'Empereur à l'Empereur mieux informé. Ainsi le Conseil d'État, constamment présidé par l'Empereur, et souvent en opposition directe avec les ministres, ou en réformation de leurs actes et de leurs écarts, se trouvait donc naturellement le refuge des intérêts ou des personnes lésés par quelque autorité que ce fût ; et quiconque y a assisté sait avec quelle chaleur la cause des citoyens s'y trouvait défendue. Une commission de ce Conseil recevait toutes les pétitions de l'empire, et mettait sous les yeux du souverain celles qui méritaient son attention.

Il est étonnant combien, à l'exception des gens de loi et des employés de l'administration, le reste, parmi nous, et surtout ce qu'on appelle la société, était dans l'ignorance de notre propre législation politique ; on n'avait point du tout d'idées justes du Conseil d'État, du Corps Législatif, du Sénat. C'était un adage reçu, par exemple, que le Corps Législatif, réunion de muets, adoptait passivement, sans opposition, toutes les lois qu'on lui présentait : on attribuait à la complaisance et à la servilité ce qui ne tenait qu'à la nature et à la bonté de l'institution.

Les lois préparées dans le Conseil d'État étaient présentées par des commissaires tirés de son sein à une commission du Corps Législatif chargée de les recevoir : ils les discutaient ensemble à l'amiable, ce qui les faisait souvent reporter sans bruit au Conseil d'État pour y être modifiées. Quand les deux députations ne pouvaient pas s'entendre, elles allaient tenir des conférences régulières sous la présidence de l'archichancelier ou de l'architrésorier ; de sorte que, quand ces lois arrivaient au Corps Législatif, elles avaient déjà l'assentiment des deux partis opposés. S'il existait encore quelque différence, elle était discutée contradictoirement par les deux commissions, en présence de la totalité du Corps Législatif, faisant les fonctions de jury ; lequel, quand il se trouvait suffisamment éclairé, prononçait en scrutin secret, ayant ainsi la facilité d'émettre en toute liberté son opinion, puisque personne ne pouvait savoir si l'on mettait une boule noire ou une boule blanche. « Aucun « mode, assurément, disait l'Empereur, ne pouvait être plus convenable « contre notre effervescence nationale et notre jeunesse en matière de « liberté politique. »

L'Empereur me demandait si la discussion était bien libre au Conseil d'État, si sa présence n'en gênait pas les délibérations. Je lui citai une séance fort longue où il était demeuré constamment seul de son avis, et avait en conséquence succombé. Je fus assez heureux pour lui en rappeler, tant bien que mal, le sujet. Il y fut aussitôt. « Oui, dit-il, ce doit « être une femme d'Amsterdam, sous la peine de mort, trois fois acquit- « tée par les Cours impériales, et dont la Cour de cassation réclamait « encore la mise en jugement. »

L'Empereur voulait que cet heureux concours de la loi eût épuisé sa sévérité à l'égard de l'accusée ; que cette heureuse fatalité des circonstances tournât à son profit. On lui répondait qu'il possédait la bienfaisante ressource de faire grâce, mais que la loi était inflexible et qu'il fallait qu'elle eût son cours. La discussion fut fort longue. M. *Muraire* parla beaucoup et très-bien ; il entraîna tout le monde. L'Empereur, qui était constamment demeuré seul, se rendit en prononçant ces paroles remar-

quables : « Messieurs, on prononce ici par la majorité, je demeure
« seul, je dois céder ; mais je déclare que, dans ma conscience, je ne
« cède qu'aux formes. Vous m'avez réduit au silence, mais nullement
« convaincu. »

Dans le monde, où l'on ne se doutait même pas de ce qu'était le Conseil d'État, on était persuadé que personne n'osait y prononcer une parole en sens différent de l'Empereur ; et je surprenais fort dans nos salons lorsque je racontais qu'un jour, dans une discussion assez animée, interrompu trois fois dans son opinion, l'Empereur, s'adressant à celui qui venait de lui couper assez impoliment la parole, lui dit avec vivacité : « Monsieur, je n'ai point encore fini, je vous prie de me laisser conti« nuer. Après tout, il me semble qu'ici chacun a bien le droit de dire « son opinion. » Sortie qui, malgré le lieu et le respect, fit rire tout le monde, et l'Empereur lui-même.

« Toutefois, lui disais-je, on pouvait s'apercevoir que les orateurs
« cherchaient à deviner quelle serait l'opinion de Votre Majesté ; on se
« voyait heureux d'avoir rencontré juste, embarrassé de se trouver dans

« un sens opposé ; on vous accusait de nous tendre des pièges pour
« mieux connaître notre pensée. » Néanmoins, la question une fois lancée, l'amour-propre et la chaleur faisaient qu'on soutenait généralement sa véritable opinion, d'autant plus que l'Empereur excitait à la plus grande liberté. « Je ne me fâche point qu'on me contredise, disait-il,
« je cherche qu'on m'éclaire ; parlez hardiment, répétait-il souvent,
« quand on se rendait obscur ou que l'objet était délicat ; dites toute
« votre pensée : nous sommes ici entre nous, nous sommes en famille. »

On m'a raconté que, sous le consulat ou au commencement de l'empire, l'Empereur eut à combattre, dans un des membres (*de Fermont*), une différence d'opinion qui devint, par la chaleur et l'obstination de celui-ci, une véritable affaire personnelle et des plus vives. Napoléon se contint et se réduisit au silence ; mais à quelques jours de là, à une de ses audiences publiques, arrivé à son antagoniste : « Vous êtes bien
« entêté, lui dit-il à demi sérieusement, et si je l'étais autant que vous !...
« Toutefois vous avez tort de mettre la puissance à l'épreuve ! Vous ne
« devriez pas méconnaître les infirmités humaines ! »

Rien n'égalait l'intérêt que la présence et les paroles de l'Empereur répandaient sur les séances du Conseil d'État. Il le présidait régulièrement deux fois par semaine, tant qu'il se trouvait dans la capitale, et alors aucun de nous n'y eût manqué pour tout au monde.

Deux séances, disais-je à l'Empereur, m'avaient surtout laissé les plus vives impressions : l'une de police intérieure, toute de sentiment, lorsqu'il en avait expulsé un membre ; l'autre de décision constitutionnelle, lorsqu'il avait dissous le Corps Législatif.

Un parti religieux soufflait les discordes civiles, on colportait en secret et on faisait circuler des bulles et des lettres du pape. Elles furent montrées à un conseiller d'État chargé du culte, qui, s'il ne les propagea lui-même, du moins n'en arrêta ni n'en dénonça la circulation. Cela se découvrit, et l'Empereur l'interpella subitement en plein conseil. « Quel
« a pu être votre motif, lui dit-il, Monsieur ? Seraient-ce vos principes
« religieux ? Mais alors pourquoi vous trouvez-vous ici ? Je ne violente
« la conscience de personne. Vous ai-je pris au collet pour vous faire
« mon conseiller d'État ? C'est une faveur insigne que vous avez sollici-
« tée. Vous êtes ici le plus jeune et le seul peut-être qui y soyez sans
« des titres personnels ; je n'ai vu en vous que l'héritier des services de
« votre père. Vous m'avez fait un serment personnel ; comment vos
« sentiments religieux peuvent-ils s'arranger avec la violation manifeste
« que vous venez d'en faire ? Toutefois, parlez : vous êtes ici en famille,

« vos camarades vous jugeront. Votre faute est grande, Monsieur! Une
« conspiration matérielle est arrêtée dès qu'on saisit le bras qui tient
« le poignard; mais une conspiration morale n'a point de terme, c'est
« une traînée de poudre. Peut-être qu'à l'heure qu'il est des villes
« entières s'égorgent par votre faute. » L'accusé, confus, ne répondait

rien; dès la première interpellation il était convenu du fait. La presque
totalité du Conseil, pour laquelle cet événement était inattendu, gardait,
dans son étonnement, le silence le plus profond. « Pourquoi, continuait
« l'Empereur, dans l'obligation de votre serment, n'êtes-vous pas venu
« me découvrir le coupable et sa machination? Ne suis-je pas abordable
« à chaque instant pour chacun de vous? — Sire, se hasarda de répondre
« l'interpellé, c'était mon cousin. — Votre faute n'en est que plus grande,
« Monsieur, répliqua vivement l'Empereur. Votre parent n'a pu être
« placé qu'à votre sollicitation; dès lors vous avez pris toute la res-
« ponsabilité. Quand je regarde que quelqu'un est tout à fait à moi,

« comme vous l'êtes ici, ceux qui leur appartiennent, ceux dont ils
« répondent sont, dès cet instant, hors de toute police. Voilà quelles
« sont mes maximes. » Et comme le coupable continuait à ne rien
dire : « Les devoirs d'un conseiller d'État envers moi sont immenses,
« conclut l'Empereur, vous les avez violés, Monsieur, vous ne l'êtes
« plus. Sortez, ne reparaissez plus ici ! » En sortant, comme il passait
auprès de la personne de l'Empereur, l'Empereur lui dit en jetant les
yeux sur lui : « J'en suis navré, Monsieur ; car j'ai présents la mémoire
« et les services de votre père. » Et quand il fut sorti, l'Empereur ajouta :
« J'espère qu'une pareille scène ne se renouvellera jamais ; elle m'a fait
« trop de mal. Je ne suis pas défiant, je pourrais le devenir ! Je me suis
« entouré de tous les partis ; j'ai mis auprès de ma personne jusqu'à
« des émigrés, des soldats de l'armée de Condé ; bien qu'on voulût
« qu'ils m'eussent assassiné, je dois être juste, tous m'ont été fidèles.
« Depuis que je suis au gouvernement, voilà le premier individu
« auprès de moi qui m'ait trahi. » Et se tournant vers M. Locré, qui
rédigeait les séances du Conseil d'État : « Vous écrirez *trahi*, entendez-
« vous ? »

Quel recueil que ces procès-verbaux de M. Locré ! Que sont-ils devenus ? On y trouverait mot pour mot tout ce que je raconte.

Quant à la dissolution du Corps Législatif, le Conseil d'État fut convoqué le dernier ou l'avant-dernier jour de décembre 1813. Nous
savions que la séance devait être importante, sans pourtant en connaître
l'objet : la crise était des plus graves, l'ennemi entrait sur le territoire
français.

« Messieurs, dit l'Empereur, vous connaissez la situation des choses et
« les dangers de la patrie. J'ai cru, sans y être obligé, devoir en donner
« une communication intime aux députés du Corps Législatif. J'ai voulu
« les associer ainsi à leurs intérêts les plus chers ; mais ils ont fait de cet
« acte de ma confiance une arme contre moi, c'est-à-dire contre la
« patrie. Au lieu de me seconder de leurs efforts, ils gênent les miens.
« Notre attitude seule pouvait arrêter l'ennemi, leur conduite l'appelle ;
« au lieu de lui montrer un front d'airain, ils lui découvrent nos bles-
« sures. Ils me demandent la paix à grands cris, lorsque le seul moyen
« pour l'obtenir était de me recommander la guerre ; ils se plaignent de
« moi, ils parlent de leurs griefs ; mais quel temps, quel lieu prennent-
« ils ? n'était-ce pas en famille et non en présence de l'ennemi qu'ils
« devaient traiter de pareils objets ? Étais-je donc inabordable pour eux ?
« Me suis-je jamais montré incapable de discuter la raison ? Toutefois

« il faut prendre un parti : le Corps Législatif, au lieu d'aider à sauver la
« France, concourt à précipiter sa ruine, il trahit ses devoirs ; je remplis
« les miens, je le dissous. »

Alors il nous fit faire lecture d'un décret qui portait que deux cinquièmes du Corps Législatif avaient déjà épuisé leurs pouvoirs ; qu'au 1er janvier un autre cinquième allait se trouver dans le même cas ; qu'alors la majorité du Corps Législatif serait réellement composée de gens n'y ayant plus de droit ; que, vu ces circonstances, le Corps Législatif était, dès ce moment, prorogé et ajourné, jusqu'à ce que de nouvelles élections l'eussent complété.

Après la lecture, l'Empereur reprit : « Tel est le décret que je rends ;
« et, si l'on m'assurait qu'il doit dans la journée porter le peuple de
« Paris à venir en masse me massacrer ici aux Tuileries, je le rendrais
« encore, car tel est mon devoir. Quand le peuple français me confia ses
« destinées, je considérai les lois qu'il me donnait pour le régir ; si je les
« eusse crues insuffisantes, je n'aurais pas accepté. Qu'on ne pense
« pas que je suis un Louis XVI ; qu'on n'attende pas de moi des oscil-
« lations journalières. Pour être devenu Empereur, je n'ai pas cessé
« d'être citoyen. Si l'anarchie devait être consacrée de nouveau, j'ab-
« diquerais pour aller dans la foule jouir de ma part de la souveraineté,
« plutôt que de rester à la tête d'un ordre de choses où je ne pourrais
« que compromettre chacun sans pouvoir protéger personne. Du reste,
« conclut-il, ma détermination est conforme à la loi ; et si tous veulent
« aujourd'hui faire leur devoir, je dois être invincible derrière elle
« comme devant l'ennemi. » On ne fit pas son devoir !...

L'Empereur, contre l'opinion commune, était si peu absolu et tellement facile avec son Conseil d'État, qu'il lui est arrivé plus d'une fois de remettre en discussion ou même d'annuler une décision prise, parce qu'un des membres lui avait donné depuis, en particulier, des raisons nouvelles, ou s'était appuyé sur ce que son opinion personnelle, à lui l'Empereur, avait influé sur la majorité. Qu'on demande aux chefs de sections surtout.

De même que l'Empereur avait coutume de livrer à des membres de l'Institut toute idée scientifique qui lui venait en tête, de même il livrait toutes ses idées politiques à des conseillers d'État ; souvent même ce n'était pas sans des vues particulières et quelquefois secrètes. C'était un moyen sûr, disait-il, de faire creuser une question, de connaître la force d'un homme, ses penchants politiques, d'essayer sa discrétion, etc. J'ai la certitude qu'en l'an XII il a été confié à trois conseillers d'État l'examen d'une question bien extraordinaire, celle de la suppression du Corps Législatif. La majorité fut pour l'approbation; un seul s'éleva contre avec force, et parla longtemps et fort bien. L'Empereur, qui avait présidé avec beaucoup d'attention et de gravité, sans laisser échapper aucune parole ni indice d'opinion, termina la séance en disant : « Une « question aussi grave mérite bien qu'on y pense; nous y reviendrons. » Mais elle n'a jamais reparu.

Il eût été heureux qu'on eût agi de même lors de la suppression du Tribunat, car elle a été dans le temps et est demeurée un grand sujet de déclamation et de reproche. Pour l'Empereur, il n'y vit que la suppression d'un abus coûteux, une économie importante.

« Il est certain, prononçait-il, que le Tribunat était absolument inutile, « et qu'il coûtait près d'un demi-million; je le supprimai. Je savais bien « qu'on crierait à la violation de la loi; mais j'étais fort, j'avais la con- « fiance entière du peuple, je me considérais comme réformateur. Ce « qu'il y a de sûr, c'est que je le fis pour le bien. J'eusse dû le créer, « au contraire, si j'eusse été hypocrite ou malintentionné : car qui doute « qu'il n'eût adopté, sanctionné, au besoin, mes vues et mes intentions? « Mais c'est ce que je n'ai jamais recherché dans tout le cours de mon « administration, jamais on ne m'a vu acheter aucune voix ni aucun « parti par des promesses, de l'argent ou des places : non, jamais! Et « si j'en ai donné à des ministres, à des conseillers d'État, à des légis- « lateurs, c'est que ces choses étaient à donner, et qu'il était naturel et « même juste qu'elles fussent distribuées à ceux qui travaillaient près « de moi.

« De mon temps tous les corps constitués ont été purs, irréprochables, « je le prononce; ils agissaient par conviction : la malveillance et la sot- « tise pouvaient dire le contraire; elles avaient tort. Et si on les a con- « damnés, c'est parce qu'on n'a pas su ou qu'on n'a pas voulu savoir, « et puis aussi à cause du mécontentement et de l'opposition du temps, « et, par-dessus tout encore, à cause de cet esprit d'envie, de détraction « et de moquerie qui nous est si particulièrement naturel.

« On a beaucoup accusé le Sénat; on a beaucoup crié au *servilisme*, « à la bassesse; mais des déclamations ne sont pas des preuves. Qu'eût- « on donc voulu du Sénat? qu'il eût refusé des conscrits? que les com- « missions de la liberté individuelle et de la presse eussent fait esclandre « contre le gouvernement? qu'il eût fait ce que plus tard, en 1813, a « fait une commission du Corps Législatif? Mais voyez où celle-ci nous « a menés. Je doute qu'aujourd'hui les Français lui portent une grande

« reconnaissance. Le vrai est que toutes nos circonstances étaient for-
« cées ; les gens sages le sentaient et savaient s'y plier. Ce qu'on ignore,
« c'est que, presque dans toutes les grandes mesures, des sénateurs
« venaient, avant de voter, me produire à l'écart, et quelquefois très-
« chaudement, leurs objections ou même leurs refus, et qu'ils s'en
« retournaient convaincus ou par mes raisonnements, ou par la force
« et l'imminence des choses.

« Si je ne faisais pas bruit de tout cela, c'est que je gouvernais en
« conscience, et que je dédaignais la charlatanerie ou tout ce qui pou-
« vait être pris pour elle.

« Les votes du Sénat étaient à peu près constamment unanimes, parce
« que la conviction y était universelle. On a essayé de rehausser beau-
« coup, dans le temps, une imperceptible minorité, que les louanges hypo-
« crites de la malveillance, leur pure vanité ou tout autre travers de
« caractère, poussaient à une opposition sans danger. Mais ceux qui la
« composaient ont-ils tous montré, dans nos dernières crises, une tête
« bien saine ou un cœur bien droit? Je le répète, la carrière du Sénat
« a été irréprochable ; l'instant seul de sa chute a été honteux et cou-
« pable. Sans titre, sans pouvoir, et en violation de tous les principes, il
« a livré la patrie et consommé sa ruine. Il a été le jouet des hauts in-
« trigants qui avaient besoin de discréditer, d'avilir, de perdre une des
« grandes bases du système moderne ; et il est vrai de dire qu'ils ont
« complétement réussi, car je ne sache pas de corps qui doive s'inscrire
« dans l'histoire avec plus d'ignominie que le Sénat. Toutefois, il est juste
« encore d'observer que cette tache n'est pas celle de la majorité, et que
« parmi les délinquants se sont trouvés une foule d'étrangers, au moins
« indifférents désormais à notre honneur et à nos intérêts. »

Le Conseil d'État, lors de l'arrivée de M. le comte d'Artois, s'agita comme il put pour s'attirer son attention et capter sa bienveillance. Il lui fut présenté deux fois, et sollicita d'envoyer une députation à Compiègne au-devant du roi. Le lieutenant général du royaume répondit à cette dernière demande que le roi en recevrait volontiers les membres individuellement, mais qu'on ne devait pas songer à lui envoyer une députation. Il est vrai de dire que les gros bonnets, c'est-à-dire les chefs de section, étaient absents. Tout ce mouvement d'ailleurs n'avait d'autre but que de tâcher de ne pas perdre le traitement, peut-être même d'être conservé. Ainsi le Conseil d'État fit tout aussitôt son adhésion aux résolutions du Sénat, évitant, à la vérité, toute expression qui eût pu être injurieuse pour l'Empereur : « Et vous l'avez signée ? me dit l'Empereur. — Non,

« Sire, je refusai ma signature à cette adhésion, soutenant que c'était une
« insigne folie que de prétendre demeurer successivement le conseiller et
« l'homme de confiance de deux antagonistes ; et que d'ailleurs, si le vain-
« queur s'y entendait bien, le meilleur gage à présenter à son attention
« devait être la fidélité et le respect envers le vaincu.—Et vous raisonniez
« juste, » observa Napoléon.

Paroles vives. — Circonstances caractéristiques.

Dimanche 5.

Nous nous trouvions à peu près tous réunis auprès de l'Empereur dans le jardin. Ceux de la ville se plaignaient fort de la manière dont ils y étaient, ainsi que des vexations toujours renouvelées dont ils étaient l'objet. L'Empereur, qui, depuis près de quinze jours, avait vainement établi le système de ne rien traiter sur cet article que par écrit, comme la manière la plus digne, la plus convenable et la plus propre à amener des résultats ; qui avait même arrêté une note à ce sujet, laquelle avait dû être remise depuis longtemps et ne l'avait jamais été, y revint plusieurs fois sous différentes formes, et quelques-unes assez piquantes. Tous les raisonnements et toutes les observations indirectes s'appliquaient au grand maréchal. Celui-ci finit par s'en fâcher, car quel bon naturel n'aigrissent pas les infortunes ! Il s'exprima très-vivement ; sa femme, très-près de la porte, désespérant de neutraliser l'orage, s'esquiva. Je pus observer alors combien toutes les impressions que pouvait créer cette circonstance se succédaient avec rapidité chez l'Empereur. La raison, la logique, on pourrait même dire le sentiment, dominèrent toujours. « Que vous n'ayez
« point remis cette lettre, si vous la croyiez nuisible, disait-il, c'est un
« devoir de l'amitié que vous me portez ; mais cela demandait-il un
« retard de plus de vingt-quatre heures? Voilà quinze jours que vous ne
« m'en parlez pas. Si ce plan était jugé mauvais, si la rédaction en avait
« été défectueuse, pourquoi ne pas me le dire? Je vous aurais réunis
« tous pour la discuter avec moi. »

Nous demeurions tous arrêtés près du berceau, à l'extrémité de l'allée que l'Empereur parcourait seul devant nous, allant et venant. Dans un des moments où l'Empereur était le plus éloigné, le grand maréchal me dit : « Je crains de m'être exprimé inconvenablement, et j'en suis bien
« fâché. — Nous allons vous laisser avec l'Empereur, lui dis-je ; vous le

« lui aurez bientôt fait oublier dès que vous serez seuls. » Et j'entraînai hors du jardin tout ce qui était là.

Effectivement, le soir, l'Empereur, causant avec moi de sa matinée, disait : « C'était après nous être raccommodé avec le grand maréchal... « c'était avant l'algarade du grand maréchal; » et autres choses pareilles qui prouvaient tout à fait que cette circonstance n'avait rien laissé sur son cœur.

Sur les généraux de l'armée d'Italie. — Armée des anciens, Gengiskan, etc. — Invasions modernes. — Caractère des conquérants.

Lundi 6.

L'Empereur a été souffrant, et a travaillé beaucoup dans sa chambre. Il m'a dicté les portraits des généraux de l'armée d'Italie. *Masséna*, d'un rare courage et d'une ténacité si remarquable, dont le talent croissait par l'excès du péril; qui, vaincu, était toujours prêt à recommencer, comme s'il eût été vainqueur.

Augereau, qui, tout au rebours, en avait toujours assez, était fatigué et comme découragé par la victoire même. Toutefois Napoléon dit, dans sa dictée, que c'est Augereau surtout qui décida de la journée de *Castiglione*, et que, quelques torts que l'Empereur eût à lui reprocher par la suite, le souvenir de ce grand service national lui demeura constamment présent, et triompha de tout.

Serrurier, qui avait conservé toutes les formes de la sévérité d'un ancien major d'infanterie ; honnête homme, probe, sûr, mais général malheureux.

Steingel, qui possédait si éminemment toutes les qualités d'un général d'avant-garde

Laharpe, grenadier par le cœur comme par la taille, qui périt si malheureusement. *Vaubois*, etc., etc.

Dans divers objets de la conversation du jour, je note ce que l'Empereur disait sur les armées des anciens. Il se demandait si l'on devait croire aux grandes armées dont il est question dans l'histoire. Il pensait que la plus grande partie des citations était fausse et ridicule. Ainsi il ne croyait pas aux innombrables armées des Carthaginois en Sicile. « Tant de trou- « pes, observait-il, eussent été inutiles dans une aussi petite entreprise ; « et si Carthage eût pu en réunir autant, on en eût vu davantage dans « l'expédition d'Annibal, qui était d'une bien autre importance, et qui « pourtant n'avait pas au delà de quarante à cinquante mille hommes. » Ainsi il ne croyait point aux millions d'hommes de Darius et de Xercès, qui eussent couvert toute la Grèce, et se seraient sans doute subdivisés en une multitude d'armées partielles. Il doutait même de toute cette partie brillante de l'histoire de la Grèce ; il ne voyait, dans le résultat de cette fameuse guerre persique, que de ces actions indécises où chacun s'attribue la victoire. Xercès s'en retourna triomphant d'avoir pris, brûlé, détruit Athènes ; et les Grecs exaltèrent leur victoire de n'avoir pas succombé à Salaminé. « Quant aux détails pompeux des victoires des Grecs et des « défaites de leurs innombrables ennemis, qu'on n'oublie pas, observait « l'Empereur, que ce sont les Grecs qui le disent, qu'ils étaient vains, « hyperboliques, et qu'aucune chronique de Perse n'a jamais été produite « pour assurer notre jugement par un débat contradictoire. »

Mais l'Empereur croyait à l'histoire romaine, sinon dans tous ses détails, du moins dans ses résultats, parce qu'ils étaient des faits aussi patents que le soleil. Il croyait encore aux armées de Gengiskan et de Tamerlan, quelque nombreuses qu'on les ait prétendues, parce qu'ils traînaient à leur suite des peuples nomades entiers qui se grossissaient encore d'autres peuples dans leur route ; et il ne serait pas impossible, disait l'Empereur, que l'Europe finît un jour de cette manière. La révolution opérée par les Huns, et dont on ignore la cause, parce que la trace s'en perd dans le désert, peut se renouveler.

La Russie est admirablement bien située pour amener une telle catastrophe. Elle peut aller puiser à son gré d'innombrables auxiliaires et les déverser sur nous ; elle trouvera tous ces peuples errants d'autant mieux disposés, d'autant plus impatients, que le récit et les succès de ceux des leurs qui dernièrement ont exécuté chez nous des courses si heureuses et si productives auront frappé leur imagination et excité leur avidité.

De là la conversation a conduit aux conquêtes et aux conquérants ; et l'Empereur concluait que, pour être conquérant avec succès, il fallait nécessairement être féroce, et que, s'il eût voulu être féroce, il eût conquis le monde. J'ai osé me permettre de combattre ces dernières paroles échappées sans doute à l'humeur du moment. J'ai osé représenter que lui, Napoléon, était précisément la preuve du contraire ; qu'il n'avait point été féroce, et pourtant avait conquis le monde ; qu'avec de la férocité et nos mœurs modernes il n'eût certainement jamais été jusque-là. En effet, la terreur n'est plus aujourd'hui ce qui peut nous soumettre à un homme ; mais seulement de bonnes lois et la persuasion du grand caractère, la connaissance d'une énergie à toute épreuve dans celui chargé de les faire exécuter. Or telle avait été précisément, disais-je, la cause des succès de Napoléon, celle de la soumission et de l'obéissance des peuples.

La Convention fut féroce et inspira la terreur : on plia, mais on ne put la supporter. Si elle eût été un seul homme, on s'en fût bientôt défait ; mais c'était une hydre ; et encore que de tentatives ne hasarda-t-on pas ! que de dangers auxquels elle n'échappa que par miracle ! Elle fut obligée de s'ensevelir elle-même au milieu de ses triomphes !

Pour qu'un conquérant pût être féroce avec succès, il faudrait qu'il commandât à des soldats féroces eux-mêmes, et qu'il régnât sur des peuples sans lumières : or, sous ce rapport, la Russie encore possède un avantage immense sur le reste de l'Europe ; elle a le rare avantage d'avoir un gouvernement civilisé et des peuples barbares : chez eux les lumières dirigent et commandent, l'ignorance exécute et dévaste. Un sultan turc ne saurait aujourd'hui gouverner longtemps aucune des nations éclairées de l'Europe ; l'empire des lumières serait plus fort que sa puissance.

Idées, projets, insinuations politiques, etc.

Mardi 7.

Le soir, l'Empereur et moi, nous promenant seuls, assez tard, dans l'allée inférieure devenue le lieu favori, je lui dis qu'une personne importante, dont les idées, les récits pouvaient être notre intermédiaire avec le monde régulateur, et influer sur notre destinée future, avait, avec des formes et des préalables assez significatifs, interpellé l'un de nous de lui dire en conscience ce qu'il croyait de l'Empereur, touchant certains objets politiques ; s'il avait donné sa dernière constitution avec la véritable intention de la maintenir ; s'il avait renoncé de bonne foi à ses anciens projets du grand empire ; s'il consentirait à laisser l'Angleterre jouir de la suprématie maritime ; s'il ne lui envierait pas la tranquille possession de l'Inde ; s'il ne se prêterait pas à renoncer aux colonies, et à acheter des Anglais seuls les denrées coloniales au véritable prix du commerce ; s'il ne s'unirait pas aux Américains, dans le cas de leur rupture avec l'Angleterre ; s'il ne consentirait pas à l'existence d'un grand royaume en Allemagne, pour la maison d'Angleterre qui va perdre incessamment celui de la Grande-Bretagne, lors de l'accession au trône de la jeune princesse de Galles, ou, au défaut de l'Allemagne, s'il ne consentirait pas à laisser établir cette domination en Portugal, au cas que l'Angleterre s'en arrangeât avec la cour du Brésil, etc.

Ces questions ne reposaient pas sur des idées vagues ou des opinions oiseuses ; le personnage les appuyait sur des faits positifs : « Nous avons
« besoin, disait-il, d'une paix longue et durable sur le continent ; d'une
« jouissance paisible de nos avantages actuels pour sortir de la crise
« financière où nous sommes, et alléger la dette incommensurable sous
« laquelle nous courbons : or, l'état présent de la France, ajoutait-il,
« celui de l'Europe ne sauraient, avec les éléments actuels, nous pro-
« curer ce résultat.

« Notre victoire de Waterloo vous a perdus ; mais elle est loin de
« nous avoir sauvés ; tous les hommes de bon sens, chez nous, tous
« ceux qui peuvent échapper à l'influence momentanée des passions, le
« pensent ou le penseront ainsi, etc., etc. »

L'Empereur doutait d'une partie de ce récit, et traitait le reste de rêverie ; puis se ravisant, il me dit : « Eh bien ! votre opinion ? Allons,
« Monsieur, vous voilà au Conseil d'État ! — Sire, disais-je, on se permet
« souvent de rêver sur les matières les plus graves, et, pour être empri-
« sonné à Sainte-Hélène, il n'est pas défendu de composer des romans,
« j'en vais donc faire un. Pourquoi pas un mariage politique des deux
« peuples, où l'un porterait l'armée en dot et l'autre la flotte ? idée folle
« sans doute aux yeux du vulgaire, trop hardie peut-être aux yeux des
« gens plus exercés, et cela parce qu'elle est tout à fait neuve et hors de

« toute routine, mais pourtant dans le genre de ces créations imprévues,
« lumineuses, utiles, qui caractérisent Votre Majesté, qu'elle seule peut
« faire écouter et savoir accomplir.

« Comment, disais-je, allant sans doute au delà des idées de l'interlo-
« cuteur anglais lui-même, Votre Majesté ne donnerait pas demain, si
« c'était en son pouvoir, tous les vaisseaux français pour racheter à la
« France la Belgique et la rive du Rhin? Elle ne donnerait pas cent cin-
« quante millions pour recevoir des dizaines de milliards? Et quel mar-
« ché du reste que celui qui procurerait aux deux peuples à la fois l'objet
« pour lequel l'un et l'autre se ruinent et s'entr'égorgent sans cesse de-
« puis tant d'années! marché qui réduirait ces deux peuples à avoir réel-
« lement besoin l'un de l'autre, au lieu d'être entretenus en une perpé-
« tuelle inimitié? Ne serait-ce donc rien pour la France, reçue désormais
« dans toutes les colonies anglaises sur le pied des Anglais mêmes, que
« d'avoir ainsi sans coup férir la jouissance du commerce de toute la
« terre? Ne serait-ce pas tout pour l'Angleterre que de s'assurer de son
« côté la souveraineté des mers, l'universalité du commerce, pour l'ob-
« tention et la conservation desquelles elle se met sans cesse en péril, en
« attachant désormais pour toujours à ce système la France, devenue le
« régulateur, l'arbitre même du continent?

« A l'abri désormais de toute crainte, et forte de toutes les forces de
« sa compagne, l'Angleterre licencierait son armée pour prix du sacrifice
« que la France ferait de sa flotte; elle pourrait même aussi réduire de
« beaucoup le nombre de ses vaisseaux; alors elle paierait sa dette, allé-
« gerait ses peuples; elle prospérerait; et, loin de jalouser la France à
« l'avenir, on la verrait, une fois que le système serait compris et que les
« passions auraient fait place aux vrais intérêts, on la verrait travailler
« elle-même à son agrandissement continental, puisque la France ne serait
« plus alors que l'avant-garde dont elle, l'Angleterre, demeurerait les
« ressources et la réserve.

« L'unité de législation politique des deux peuples, leurs intérêts com-
« muns, des résultats si visiblement avantageux, achèveraient de suppléer
« dans ce plan à ce que les passions des gouvernants pourraient présenter
« d'obstacles ou de difficultés, etc., etc. »

L'Empereur m'écouta, mais ne répondit rien : rarement il se laisse
pénétrer ou se prête à des conversations politiques. Il était fort tard,
il se retira.

L'Empereur fait renvoyer les chevaux.

Mercredi 8, jeudi 9.

Je suis allé d'assez bonne heure chez M. Balcombe lui porter mes lettres pour l'Europe; un bâtiment allait partir. J'y rencontrai l'officier chargé de notre garde. Frappé de l'état d'affaissement où j'avais vu l'Empereur la veille, et du besoin extrême qu'il avait de prendre quelque exercice, je dis à cet officier que je soupçonnais le motif qui empêchait l'Empereur de sortir à cheval, que j'allais lui parler avec franchise, et avec d'autant plus de facilité que j'appréciais tout à fait la manière délicate dont il remplissait son office auprès de nous. Je lui demandai donc quelles étaient ses instructions, et ce qu'il ferait si l'Empereur venait à se promener à cheval autour de la maison, lui faisant sentir la répugnance qu'il devait naturellement avoir pour tout ce qui était propre à lui rappeler à chaque instant la réclusion où il se trouvait; l'assurant, du reste, qu'il n'y avait rien qui lui fût personnel, et que si l'Empereur avait envie d'entreprendre de longues courses, j'étais persuadé qu'il le ferait demander de préférence pour en être accompagné. L'officier me répondit que ses instructions étaient de suivre l'Empereur; mais que, se faisant une loi de lui être le moins désagréable possible, il prenait sur lui de ne pas l'accompagner.

A déjeuner, je fis part à l'Empereur de ma conversation avec le capitaine. Il me répondit que c'était bien à lui sans doute, mais qu'il n'en profiterait pas, n'étant pas dans ses principes de jouir d'un avantage qui pourrait compromettre un officier.

Cette détermination fut trop heureuse : entrés le soir chez nos hôtes, le capitaine me prit à part pour me dire qu'ayant été à la ville dans la journée parler à l'amiral de notre conversation du matin, il lui avait été enjoint de se conformer à ses instructions. Je ne pus m'empêcher de répondre avec vivacité que j'étais sûr que l'Empereur allait ordonner le renvoi immédiat des trois chevaux qu'on avait mis à notre disposition. L'officier, auquel je fis connaître, du reste, la réponse que l'Empereur m'avait faite le matin à son sujet, me dit qu'il pensait aussi que c'était très-bien de renvoyer les chevaux, qu'il n'y avait rien de mieux à faire; réponse que je crus dictée par l'humeur qu'il éprouvait lui-même du rôle qu'on lui imposait.

En sortant de chez nos hôtes, l'Empereur continua de se promener dans l'allée. Je lui appris ce que venait de me dire l'officier anglais. On eût dit qu'il s'y attendait; mais je ne m'étais pas trompé, il m'ordonna de faire renvoyer les chevaux. Comme ce contre-temps m'avait été fort sensible, je lui dis, avec un peu de vivacité peut-être, que s'il le permettait j'allais rentrer auprès de l'officier pour qu'il eût à remplir sa volonté sur-le-champ. A quoi il répondit, avec une gravité et un son de voix tout particuliers: « Non, Monsieur, point d'humeur; rarement on fait bien dans cette situation: il faut toujours laisser s'écouler la nuit sur l'affaire de la veille. »

Respect au fardeau.   Vendredi 10.

Aujourd'hui, après nos travaux ordinaires, l'Empereur, prenant une direction nouvelle, est allé sur la route de la ville jusqu'au point d'où l'on aperçoit la rade et les vaisseaux. Au retour il a été rencontré dans le chemin par madame Balcombe, la maîtresse de notre maison, et une madame Stuart, jeune femme de vingt ans, fort jolie, retournant de Bombay en Angleterre. L'Empereur a causé avec elle des mœurs, des usages de l'Inde, des désagréments de la mer, surtout pour les femmes; de l'Écosse, patrie de madame Stuart; beaucoup d'Ossian, et l'a félicitée de ce que le climat de l'Inde avait respecté son teint d'Écosse.

Des esclaves, chargés de lourdes caisses, ont croisé notre route;

madame Balcombe leur ayant dit fort rudement de s'éloigner, l'Empereur s'y est opposé, disant: « *Respect au fardeau*, Madame! » A ces mots, madame Stuart, qui n'avait cessé de chercher avidement à la dérobée les traits et la physionomie de l'Empereur, laissa échapper tout bas à sa voisine: « Mon Dieu, que voilà une figure et un caractère bien différents
« de ce qu'on m'avait dit! »

Conversation de minuit, au clair de lune, etc. — Les deux impératrices. — Mariage de Marie-Louise. — Sa maison. — Duchesse de Montebello. — Madame de Montesquiou. — Institut de Meudon. — Sentiments de la maison d'Autriche pour Napoléon. — Anecdotes recueillies en Allemagne depuis mon retour en Europe.

Samedi 11 au lundi 13.

L'Empereur s'attachait chaque jour davantage à l'allée inférieure de nos voisins, il s'y rendait avant et après son dîner ; là, nous marchions des heures entières ; ce qui se prolongeait parfois fort avant dans la nuit quand la lune nous éclairait. C'est là qu'à sa lueur et à la douce température du moment, nous oubliions la chaleur brûlante du jour. Jamais l'Empereur n'était plus causant ni ne se trouvait de distraction plus complète. C'est dans la longueur et l'abandon de ces conversations qu'il se plaisait à raconter son enfance, les premières années de sa jeunesse, les sentiments et les illusions qui d'or-

dinaire les embellissent; enfin les détails de sa vie privée depuis qu'il avait joué un rôle sur la grande scène du monde. J'ai reporté ailleurs ce que j'ai cru pouvoir en répéter. Il semblait parfois embarrassé d'avoir parlé trop longuement, et d'avoir exprimé des choses trop minutieuses, et me disait alors : « Mais à votre tour à présent, un peu de vos histoires « aussi; vous n'êtes pas conteur. » Je n'avais garde, j'eusse trop craint de perdre quelque chose de ce qui m'attachait si vivement.

C'est dans une de ces promenades nocturnes que l'Empereur disait qu'il avait été fort occupé dans sa vie de deux femmes très-différentes : l'une était l'art et les grâces; l'autre l'innocence et la simple nature : et chacune, observait-il, avait bien son prix.

Dans aucun moment de la vie la première n'avait de positions ou d'attitudes qui ne fussent agréables ou séduisantes; il eût été impossible de lui surprendre ou d'en éprouver jamais aucun inconvénient; tout ce que l'art peut imaginer en faveur des attraits était employé par elle, mais avec un tel mystère, qu'on n'en apercevait jamais rien. L'autre, au contraire, ne soupçonnait même pas qu'il pût y avoir rien à gagner dans d'innocents artifices. L'une était toujours à côté de la vérité, son premier mouvement était la négative; la seconde ignorait la dissimulation, tout détour lui était étranger. La première ne demandait jamais rien à son mari, mais elle devait partout; la seconde n'hésitait pas à demander quand elle n'avait plus, ce qui était fort rare : elle n'aurait pas cru pouvoir jamais rien prendre sans payer aussitôt. Du reste, toutes les deux étaient bonnes, douces, fort attachées à leur mari. Mais on les a déjà devinées sans doute, et quiconque les a vues reconnaît les deux impératrices.

L'Empereur disait qu'il les avait constamment trouvées de l'humeur la plus égale, et d'une complaisance absolue.

Le mariage de Marie-Louise s'accomplit à Compiègne, immédiatement après son arrivée. L'Empereur, déroutant toute l'étiquette convenue, alla au-devant d'elle, et monta déguisé dans sa voiture. Elle fut agréablement surprise quand elle vint à le connaître; on lui avait toujours dit que Berthier, qui était venu l'épouser par procuration à Vienne, était, pour la figure et l'âge, l'exacte ressemblance de l'Empereur : elle laissa échapper qu'elle y trouvait une heureuse différence.

L'Empereur voulut lui épargner tous les détails de l'étiquette domestique en usage dans pareille circonstance; on l'en avait, du reste, soigneusement instruite à Vienne. L'Empereur, pour ce qui le regardait personnellement, lui demanda quelles instructions elle avait reçues de ses grands parents. D'être à lui tout à fait, et de lui obéir en toutes choses, fut sa réponse; et ce fut aussi pour l'Empereur la solution de tout cas de conscience, et non les décisions de certains cardinaux ou évêques, comme on l'a dit dans le temps; d'ailleurs, dans la même circonstance, Henri IV en avait agi de la sorte.

Le mariage avec Marie-Louise, disait l'Empereur, se proposa et se conclut dans le même jour, et sous les mêmes formes et conditions que celui de Marie-Antoinette, dont le contrat fut adopté pour modèle. Depuis la séparation avec Joséphine, on traitait avec l'empereur de Russie pour une de ses sœurs; les difficultés ne reposaient guère que sur des arrangements religieux. Le prince Eugène, causant avec M. de Schwartzemberg, apprit de lui que l'empereur d'Autriche ne serait pas éloigné de donner sa fille; il en fit part à l'Empereur. Un conseil fut convoqué pour décider quelle alliance, de la Russie ou de l'Autriche, serait la plus avantageuse: Eugène et Talleyrand furent pour l'Autriche, Cambacérès parla contre; la majorité fut en faveur d'une archiduchesse. Eugène fut chargé d'en faire l'ouverture officieuse, et le ministre des relations extérieures reçut des pouvoirs de signer dans le jour même, si l'occasion s'en présentait ; ce qui en effet arriva ainsi.

La Russie en prit beaucoup d'humeur, et se regarda comme jouée ; elle ne l'était pas : il n'y avait rien d'obligatoire encore vis-à-vis d'elle ; les deux partis demeuraient tout à fait libres. Les intérêts de la politique firent passer sur tout le reste.

L'Empereur donna pour dame d'honneur à l'impératrice Marie-Louise la duchesse de Montebello ; le comte de Beauharnais pour chevalier d'honneur, et le prince Aldobrandini pour écuyer. Lors des malheurs de 1814, ils ne répondirent pas, disait l'Empereur, au dévouement que l'impératrice avait droit d'en attendre : son écuyer la déserta sans prendre congé ; son chevalier d'honneur ne voulut pas la suivre ; et la dame d'honneur, malgré l'extrême affection que lui portait l'impératrice, crut, disait Napoléon, tous ses devoirs accomplis lorsqu'elle l'eut déposée à Vienne.

La duchesse de Montebello fut dans le temps un de ces choix heureux qui emportèrent l'approbation universelle. Elle était jeune, belle, d'une conduite parfaite, et veuve d'un général dit le *Roland* de l'armée, qui venait d'expirer tout récemment sur le champ de bataille. Ce choix fut très-agréable à l'armée, et rassura le parti national, qui s'effrayait de ce mariage, du nombre et de la qualité des chambellans dont on l'entourait, comme d'un pas vers ce que plusieurs appelaient la contre-révolution, et cherchaient à faire considérer comme telle. Pour l'Empereur, il avait été principalement déterminé par l'ignorance où il était du caractère de Marie-Louise, et la crainte qu'elle n'apportât des préjugés de naissance qui eussent été nuisibles à la cour de l'Empereur. Quand il l'eut connue, quand il sut qu'elle était tout à fait dans les idées du jour, l'Empereur regretta de n'avoir pas fait un autre choix, de ne s'être pas arrêté sur la comtesse *de Beauveau*, qui, bonne, douce, inoffensive, n'aurait agi que par les conseils de famille de ses nombreux parents, et eût pu introduire ainsi une sorte de traditions utiles, et une grande quantité de subalternes bien recommandés ; elle eût pu rallier encore beaucoup de personnes qui demeuraient éloignées, et tout cela eût été sans nul inconvénient, parce que cela ne fût arrivé que par les combinaisons de l'Empereur même, qui n'était pas homme à se laisser abuser.

L'impératrice prit une affection des plus tendres pour la duchesse de Montebello ; celle-ci a pu être reine d'Espagne. Ferdinand VII, à Valencey, demanda à l'Empereur d'épouser mademoiselle de Tascher, cousine germaine de Joséphine et de son propre nom, à l'exemple du prince de

Bade qui avait épousé mademoiselle de Beauharnais. L'Empereur, qui pensait déjà à se séparer de l'impératrice Joséphine, s'y refusa, ne voulant pas, par ce nouveau lien, compliquer encore davantage les difficultés. Plus tard, Ferdinand demanda la duchesse de Montebello ou toute autre Française que l'Empereur voudrait adopter. Cette demoiselle de Tascher est celle que l'Empereur maria plus tard au duc d'Aremberg, avec l'intention de la faire gouvernante des Pays-Bas; voulant par la suite du temps dédommager Bruxelles de la perte de son ancienne cour. L'Empereur voulut mettre le comte de Narbonne, qui n'avait pas été étranger au mariage de l'impératrice, à la place du comte de Beauharnais; l'extrême chagrin qu'en fit paraître Marie-Louise retint l'Empereur : l'éloignement de l'impératrice n'avait, du reste, d'autre cause que les intrigues de son entourage qui n'avait rien à craindre de M. de Beauharnais, mais qui redoutait fort l'influence et l'esprit de M. de Narbonne.

En général, quand l'Empereur avait à nommer, nous disait-il, à des places délicates, il demandait d'ordinaire des candidats à ceux qui l'entouraient ; et c'est sur ces listes et les renseignements qu'il se procurait qu'il méditait son choix en secret. Il nous a nommé quelques-unes des personnes qu'on lui avait proposées pour dames d'honneur : la princesse de Vaudémont; une madame de La Rochefoucauld, devenue madame de Castellanes, et plusieurs autres ; puis il nous a demandé de dire nous-mêmes qui nous eussions proposé, ce qui nous a fait passer en revue une bonne partie de la cour. Au nom de madame de Montesquiou, indiqué par l'un de nous : « Je le crois bien, a-t-il répondu; mais elle était plus avantageusement « placée encore. C'est une femme d'un rare mérite : sa piété est sincère, « ses principes excellents ; elle s'est acquis de grands titres à mon estime « et à mon affection. Il m'en eût fallu deux comme elle, une demi-dou-« zaine; je les eusse toutes placées dignement, et j'en eusse demandé en-« core : elle a été parfaite à Vienne auprès de mon fils. »

Voici, du reste, qui donnera une idée juste de la manière dont elle élevait le roi de Rome : ce jeune prince occupait le rez-de-chaussée donnant sur la cour des Tuileries; il était peu d'heures de la journée où un grand nombre de spectateurs ne regardassent par la fenêtre, dans l'espérance de l'apercevoir. Un jour qu'il était dans un violent accès de colère et qu'il se montrait rebelle à tous les efforts de madame de Montesquiou, elle ordonna de fermer à l'instant tous les contrevents ; l'enfant, étourdi de cette obscurité subite, demanda aussitôt à *Maman Quiou* pourquoi tout cela. « C'est que je vous aime trop, lui dit-elle, pour ne pas cacher « votre colère à tout le monde. Que diraient toutes ces personnes que vous

« gouvernerez peut-être un jour, si elles vous avaient vu dans cet état?
« croyez-vous qu'elles voulussent vous obéir, si elles vous savaient aussi

« méchant? » Et l'enfant de demander pardon aussitôt, et de bien promettre que cela ne lui arriverait plus.

« Voilà, au fait, observait l'Empereur, des manières différentes de
« celles de M. de Villeroi à Louis XV : *Regardez tout ce peuple, mon*
« *maître, il vous appartient; tous ces hommes que vous voyez là sont les*
« *vôtres.* »

Madame de Montesquiou était adorée de cet enfant; quand on voulut la renvoyer de Vienne, il fallut employer la ruse et le tromper; ce fût jusqu'à craindre pour sa santé.

L'Empereur avait beaucoup d'idées nouvelles touchant l'éducation du roi de Rome : il comptait sur l'*institut de Meudon*, dont il avait déjà décrété les principes, attendant quelques loisirs pour leurs développements. Il voulait y rassembler tous les princes de la maison impériale, surtout ceux de toutes les branches qu'il avait élevées sur des trônes étrangers. C'était là joindre, prétendait-il, aux soins de l'éducation particulière tous les avantages de l'éducation en commun. « Destinés, disait-il, à occuper

« divers trônes et à régir diverses nations, ces enfants auraient puisé là
« des principes communs, des mœurs pareilles, des idées semblables.
« Pour mieux faciliter la fusion et l'uniformité des parties fédératives de
« l'empire, chacun de ces princes eût amené du dehors, avec lui, dix ou
« douze enfants, plus ou moins, de son âge et des premières familles de
« son pays; quelle influence n'eussent-ils pas exercée chez eux au retour!
« Je ne doutais pas, continuait l'Empereur, que les princes des autres dy-
« nasties étrangères à ma famille n'eussent bientôt sollicité de moi, comme
« une grande faveur, d'y voir admettre leurs enfants. Et quel avantage
« n'en serait-il pas résulté pour le bien-être des peuples composant l'as-
« sociation européenne! Tous ces jeunes princes, observait Napoléon,
« eussent été réunis d'assez bonne heure pour contracter les liens si chers
« et si puissants de la première enfance, et séparés néanmoins assez tôt
« pour prévenir les funestes effets des passions naissantes : l'ardeur des
« préférences, l'ambition du succès, la jalousie de l'amour, etc. »

L'Empereur eût voulu que toute l'éducation de ces princes-rois se fût fondée sur des connaissances générales, de grandes vues, des sommaires, des résultats; il eût voulu des connaissances plutôt que de la science, du jugement plutôt que de l'acquis; l'application des détails plutôt que l'étude des théories; surtout point de parties spéciales trop poursuivies; car il estimait que la perfection ou le trop de succès dans certaines parties, soit des arts, soit des sciences, était un inconvénient dans le prince. Les peuples, disait-il, n'avaient qu'à perdre d'avoir un poëte pour roi, un virtuose, un naturaliste, un chimiste, un tourneur, un serrurier, etc., etc.

Marie-Louise avouait à l'Empereur que, dans les premiers moments qu'il fut question de mariage, elle ne pouvait se défendre d'une certaine frayeur, à cause de tout le mal qu'elle avait entendu dire de Napoléon parmi les siens; sur quoi, quand elle rappelait tout cela, ses oncles, les archiducs, qui la poussaient fort à cette union, lui répondaient : « Tout
« cela n'était vrai que quand il était notre ennemi; il ne l'est plus au-
« jourd'hui. »

« Du reste, voici, disait l'Empereur, qui donnera une idée de la bien-
« veillance qu'on nous portait dans cette famille. Un de ces jeunes archi-
« ducs brûlait souvent de ses poupées, disant qu'il rôtissait Napoléon. Il
« est vrai que depuis il disait qu'il ne le rôtirait plus, qu'il l'aimait beaucoup
« à présent, parce qu'il donnait beaucoup d'argent à sa sœur Louise
« pour lui envoyer force joujoux. »

Depuis mon retour en Europe, j'ai eu plus d'une occasion de me convaincre des sentiments que cette maison a professés plus tard pour Napoléon. Je tiens de la bouche du témoin même, personnage distingué, qui me le racontait en Allemagne, qu'ayant eu une audience particulière de l'empereur François, dans le voyage qu'il a fait en Italie en 1816, il y fut question de Napoléon : François n'en parla jamais que dans les meilleurs termes. On eût pu penser, me disait le narrateur, qu'il le croyait encore régnant en France, et qu'il ignorait qu'il fût à Sainte-Hélène : il ne lui donna jamais d'autre qualification que celle de l'empereur Napoléon.

La même personne me racontait que l'archiduc Jean, visitant en Italie une rotonde au plafond de laquelle on voyait une action célèbre dont Napoléon était le héros, en levant la tête, son chapeau tomba par terre ; sa suite se précipita pour le lui rendre. « Laissez, laissez, dit-il, c'est dans « cette attitude qu'on doit considérer l'homme qui se trouve là-haut. »

Puisque j'en suis là, je vais consigner ici quelques circonstances que j'ai recueillies en Allemagne, à mon retour en Europe ; et pour leur assigner tout le prix qu'elles méritent, je dirai que je les tiens de personnes de la haute diplomatie. On sait que tous ces membres composent entre eux une espèce de famille, une sorte de maçonnerie, et que leurs sources sont les plus authentiques.

— L'impératrice Marie-Louise se plaint qu'en quittant la France, M. de Talleyrand s'était réservé l'honneur de venir lui demander la restitution des diamants de l'État, et vérifier si elle s'était faite avec exactitude.

En 1814, lors des désastres de la France, le prince Eugène fut l'objet de beaucoup de séductions et d'un grand nombre de propositions fort brillantes : un général autrichien lui offrit la couronne d'Italie au nom des alliés, s'il voulait se joindre à eux. Cette offre lui vint de plus haut encore et à diverses reprises. Déjà il avait été question de lui, sous l'Empereur, pour les trônes de Portugal, de Naples et de Pologne.

En 1815, des hommes importants dans la diplomatie européenne le sondèrent pour savoir si, dans le cas où Napoléon serait contraint d'abdiquer de nouveau, et le choix du peuple se tournant vers lui, il accepterait. Dans ces circonstances, comme dans tant d'autres, ce prince fut inébranlable dans une ligne de devoir et d'honneur qui le rend immortel : *honneur et fidélité* fut sa constante réponse, et la postérité en fera sa devise.

Lors de la distribution des États en 1814, l'empereur Alexandre, qui allait très-souvent à la Malmaison chez l'impératrice Joséphine, voulait procurer à son fils la souveraineté de Gênes. Celle-ci le refusa, à l'instigation d'un des diplomates dirigeants qui la flattait faussement de quelque chose de mieux.

Au congrès de Vienne, le même empereur Alexandre, qui honorait le prince Eugène d'une bienveillance toute particulière, exigeait pour lui au moins trois cent mille sujets. Il lui témoignait alors une très-vive amitié, et se promenait régulièrement chaque jour bras à bras avec lui. Le débarquement de Cannes vint mettre un terme, sinon au sentiment, du moins aux démonstrations et à l'intérêt politique de l'empereur de Russie. Il fut même question alors, de la part de l'Autriche, de se saisir de la personne d'Eugène, et de l'envoyer prisonnier dans une forteresse de Hongrie ; mais le roi de Bavière, son beau-père, courut avec indignation chez l'empereur d'Autriche, lui représenter qu'Eugène était venu à Vienne sous sa protection et sa garantie, et que sa confiance ne serait point trompée ; aussi Eugène demeura-t-il libre sur sa parole et celle du roi son beau-père.

— Alexandre, depuis la chute de Napoléon, a montré dans plusieurs circonstances particulières un éloignement vif et décidé contre lui. C'est Alexandre qui, en 1815, a été l'âme et le promoteur ardent de la seconde croisade contre Napoléon : il a tout dirigé avec la dernière chaleur, semblant en faire une affaire personnelle, et faisant reposer son aversion sur ce qu'il en avait été, disait-il, trompé et joué. Si ce ressentiment tardif n'était pas affecté, on a raison de croire qu'il était dû à un ancien ministre et confident de Napoléon (Talleyrand) qui, dans des conversations particulières, avait eu l'art, durant le congrès de Vienne, de blesser l'amour-propre d'Alexandre par des récits vrais ou faux sur l'opinion et les confidences de Napoléon à l'égard de son illustre ami.

A la première nouvelle de la bataille de Fleurus, les têtes de toutes les colonnes russes eurent ordre de s'arrêter sur-le-champ, tandis que toute la masse autrichienne et bavaroise, de son côté, obliqua à l'instant pour s'en séparer et faire bande à part. Si le congrès de Vienne eût été rompu lors du 20 mars, il est à peu près certain qu'on n'eût pas pu renouveler la croisade; et si Napoléon eût été victorieux à Waterloo, il est à peu près certain aussi qu'elle allait se trouver dissoute.

— La nouvelle du débarquement de Napoléon à Cannes fut un coup de foudre pour notre plénipotentiaire à Vienne. Il est très-vrai qu'il fut le rédacteur de la fameuse déclaration du 13 mars ; et, toute violente qu'elle est, le projet l'était encore bien davantage ; il fut amendé par les autres ministres. La figure et la contenance de ce plénipotentiaire, à mesure qu'on apprenait les progrès de Napoléon, furent un thermomètre qui fit la risée des membres du congrès.

L'Autriche sut de très-bonne heure à quoi s'en tenir, ses courriers l'instruisaient à merveille. La légation française seule entretenait des doutes, elle distribuait encore une lettre magnanime du roi à tous les souverains pour leur faire connaître qu'il était déterminé à mourir aux Tuileries, qu'on savait déjà que ce prince avait quitté la capitale pour gagner la frontière.

Un membre du congrès et lord Wellington s'entretenant confidentiellement avec la légation française, et la carte à la main, assignèrent du 20 au 21 l'entrée de Napoléon dans Paris.

L'empereur François, à mesure qu'il reçut les publications officielles de Grenoble et de Lyon, les envoya immédiatement, à Schœnbrunn, à Marie-Louise, qui s'y livra à une joie extrême. Et il est très-vrai que plus tard il a été question d'un enlèvement du jeune Napoléon pour le conduire en France.

Le plénipotentiaire français finit par quitter Vienne, et se transporta à Francfort et à Wisbad pour être en meilleure situation de négocier à la fois, soit à Gand, soit à Paris. Jamais courtisan des événements n'eut plus d'embarras ni d'anxiétés. L'ardeur que lui avait imprimée la nouvelle du débarquement à Cannes s'était fort calmée par celle de l'entrée de Napoléon à Paris, et il s'entendit avec Fouché pour que celui-ci le garantît auprès de Napoléon; s'engageant, de son côté, à garantir Fouché auprès des Bourbons. On a le droit de croire que les offres de ce plénipotentiaire envers le souverain revenu allèrent bien plus haut et bien plus loin encore, mais que Napoléon indigné les repoussa pour ne pas trop dégrader sa politique, a-t-il dit.

Tout semble prouver d'ailleurs que le résultat qui prévalut en 1814 était loin d'être les intentions de l'Autriche; qu'elle y a été probablement jouée, trahie, ou du moins enlevée d'assaut.

La fatalité des mouvements militaires a fait que les alliés sont entrés dans Paris, sans que le cabinet autrichien y ait concouru. La fameuse déclaration d'Alexandre contre Napoléon Bonaparte et sa famille a été faite sans que cette même puissance d'Autriche fût consultée; et M. le comte d'Artois n'a pénétré en France qu'en s'y glissant, en dépit du quartier général autrichien, qui même lui avait refusé des passe-ports.

Il paraît que l'Autriche, au retour de Moscou, s'employa de bonne foi à Londres pour y négocier la paix avec Napoléon; mais le cabinet russe y était tout-puissant, et ne voulut entendre à rien. Arriva l'armistice de Dresde, et l'Autriche prit alors le parti de la guerre.

Le négociateur autrichien à Londres, durant tout cet intervalle, ne put jamais être écouté; il y resta néanmoins fort longtemps encore, et ne quitta que lorsque les alliés étaient au cœur de la France, et au moment où lord Castlereagh fit pressentir un instant que les succès héroïques de Napoléon à Champ-Aubert, à Montereau, son entrée victorieuse à Troyes, pouvaient rendre les négociations indispensables.

Si dans le principe ce négociateur autrichien n'eût pas été envoyé à Londres, il eût été destiné pour Paris, et peut-être eût-il influé alors de manière à amener une tournure différente de celle qui eut lieu, durant son absence, entre les Tuileries et Vienne. Dans le plus fort de la crise, il se trouva retenu en Angleterre comme par force.

Dans son impatience de rejoindre le centre des grandes négociations, il quitta son poste et gagna la Hollande, en bravant une grande tempête. A peine arrivait-il sur le théâtre des affaires, qu'il tomba entre les mains de Napoléon à Saint-Dizier; mais le sort de la France était alors décidé, bien qu'on ne le sût pas encore au quartier général français, Alexandre entrait dans Paris.

Le négociateur autrichien avait vainement employé tous les moyens pour se procurer à Londres un passe-port qui lui permît de rejoindre son maître, en passant par Calais et Paris. Ce contre-temps accidentel, ou médité, fut une fatalité de plus ; il eût gagné Paris avant les alliés, se fût trouvé auprès de Marie-Louise, eût déjoué les derniers projets de M. de Talleyrand, et produit des combinaisons nouvelles.

Il existait deux opinions dans le cabinet autrichien : l'une pour l'union avec la France, l'autre pour l'alliance avec la Russie. Soit intrigues, soit fatalité, le parti russe l'emporta tout à fait, et l'Autriche ne fut plus qu'entraînée.

Petits détails intérieurs, etc. — Réflexions.

Mardi 14.

Ce matin on a servi à déjeuner du café plus supportable ; il était même bon ; l'Empereur a manifesté un vrai plaisir en le goûtant. Quelques moments plus tard il disait, en frottant son estomac de la main, qu'il en sentait le bien là. Il serait difficile de rendre mes sentiments à ces simples paroles : l'Empereur, en appréciant ainsi, contre son usage, une si légère jouissance, me découvrait sans le savoir les progrès de toutes les privations qu'on lui impose, et dont il ne se plaint pas.

Le soir, en remontant de notre promenade de l'après-dînée, l'Empereur dans sa chambre m'a lu le chapitre des *Consuls provisoires*, dicté à

M. de Montholon. La lecture finie, l'Empereur a pris un ruban, et s'est mis à attacher lui-même les feuilles éparses. Il était tard : le silence de

la nuit régnait autour de nous ; je contemplais l'Empereur dans son travail qui se prolongeait.

Mes réflexions étaient ce jour-là tournées vers la mélancolie : je regardais ces mains qui ont régi tant de sceptres ; elles étaient en cet instant occupées tranquillement, peut-être même non sans quelque charme, à rattacher de simples feuilles de papier, auxquelles il imprime, il est vrai, des traits qui ne se perdront jamais ; les portraits qu'il y sème demeureront des jugements pour la postérité ; c'est le livre de vie ou de mort pour beaucoup de ceux qui en sont l'objet. Je me disais silencieusement toutes ces choses, d'autres encore : « Et l'Empereur me lit tout cela ! il me parle
« familièrement, il me demande parfois ce que j'en pense ; j'ose hasar-
« der mon avis ! Ah ! je ne suis point à plaindre d'être venu à Sainte-
« Hélène !... »

Détails très-privés, etc., etc. — Rapprochements bien bizarres.

Mercredi 15.

Aussitôt après son dîner, l'Empereur est descendu dans son allée inférieure ; il s'y est fait apporter son café, qu'il a pris en se promenant ; la conversation est tombée sur l'amour. J'ai dû dire de fort belles choses et très-délicates sur ce grand sujet, et me montrer fort sentimental ; car l'Empereur, se mettant à rire de ce qu'il appelait mon gazouillement, m'a dit ne rien comprendre à mon verbiage de roman ; et parlant à son tour très-légèrement, il a affecté de vouloir paraître beaucoup plus familier avec les sensations qu'avec les sentiments. Je me suis permis de dire qu'il s'efforçait de se rendre plus mauvais que ne le portaient les relations du palais, relations très-authentiques, bien que fort secrètes : « Et
« qu'ont-elles appris ? reprenait-il en me fixant gaiement. — Sire, on veut
« qu'au sommet de votre toute-puissance, vous vous soyez laissé imposer
« de douces chaînes, que vous vous soyez trouvé le héros d'un roman,
« que, dans une résistance qui vous surprenait, vous vous soyez attaché
« à une simple dame : que vous lui ayez bien écrit une douzaine de lettres ;
« qu'elle vous ait amené et contraint à vous soumettre au travestissement,
« à vous rendre seul nuitamment chez elle dans sa propre demeure au
« milieu de Paris. — Mais comment l'aurait-on su ? » a-t-il dit en souriant, ce qui ne voulait pas dire non. « Et on a ajouté sans doute, a-t-il
« continué, que c'était la plus grande imprudence de ma vie, car si elle
« n'eût pas été honnête femme, que ne pouvait-il pas m'arriver, seul et
« déguisé, dans les circonstances où je me trouvais, au milieu des em-
« bûches dont j'étais entouré ? Mais que disait-on encore ? — Sire, on

« voulait que la postérité de Votre Majesté ne se bornât pas au roi de
« Rome ; la chronique secrète lui donnait deux aînés : l'un venu d'une
« belle étrangère que vous auriez fort aimée en pays lointain ; l'autre,
« fruit d'une occupation plus voisine, au sein même de votre capitale.
« On voulait que tous deux fussent venus à la Malmaison avant notre
« départ ; l'un amené par sa mère, l'autre introduit par son tuteur, tous
« deux les portraits vivants de leur père. »

L'Empereur riait beaucoup de tant de science, disait-il ; et, une fois en gaieté, il s'est mis à repasser franchement et dans un entier abandon ses premières années, et m'a raconté force aventures de cœur et d'esprit. Je passe la première moitié. Dans la seconde, je citerai un souper, au commencement de la révolution, dans le voisinage de la Saône et en compagnie du fidèle Desmazzis, que l'Empereur racontait de la manière la plus plaisante ; véritable guêpier, disait-il, où son éloquence patriotique avait eu fort à faire contre la doctrine opposée du reste des convives, et l'avait même presque mis en danger. « Nous étions alors sans doute vous
« et moi bien loin l'un de l'autre ? a-t-il observé. — Mais pas tant pour
« la distance, Sire, ai-je répondu, quoique beaucoup assurément pour les
« doctrines. J'étais alors aussi moi dans le voisinage de la Saône, sur un

« des quais de Lyon, où des patriotes attroupés déclamant contre des ca-

« nons qu'ils venaient de découvrir dans des barques, et qu'ils appelaient
« une contre-révolution, je me permis d'ouvrir, fort mal à propos,
« l'avis de s'assurer de ces canons en leur faisant prêter le *serment civique*,
« ce qui était partout alors l'acte du jour. Mon impertinence faillit me faire
« pendre. Vous voyez, Sire, que j'aurais pu, au besoin, et dans cet in-
« stant-là même, balancer votre compte s'il vous fût arrivé malheur
« parmi vos aristocrates. » Ce rapprochement bizarre ne fut pas le seul
de la soirée : l'Empereur, m'ayant raconté une anecdote intéressante
de 1788, me dit : « Vous, où pouviez-vous être alors? — Sire, répon-
« dis-je, après quelques secondes de recherches, à la Martinique, sou-
« pant tous les soirs à côté de la future impératrice Joséphine. »

La pluie vint, il a fallu quitter cette allée, qui peut-être un jour, disait
l'Empereur, ne reviendra pas sans charmes dans notre souvenir. « Cela
« peut être, observais-je, mais assurément ce ne sera pas sans l'avoir
« quittée. »

Sur le faubourg Saint-Germain, etc. — L'Empereur sans préjugés, sans fiel, etc. — Paroles
caractéristiques.

Jeudi 16.

Aujourd'hui l'Empereur s'informait du faubourg Saint-Germain ; il
me questionnait sur ce dernier boulevard, disait-il, de la vieille aristocratie, ce refuge encroûté des vieux préjugés; *la ligue germanique*, ainsi
qu'il l'appelait. Je lui disais qu'avant les derniers revers, son pouvoir y
avait pénétré de toutes parts ; il se trouvait envahi, il n'en restait plus
que le nom ; il avait été ébranlé, vaincu par la gloire; les victoires d'Austerlitz et d'Iéna, le triomphe de Tilsitt, l'avaient conquis. Les jeunes gens,
tous les cœurs généreux, n'avaient pu être insensibles au lustre de la patrie. Son mariage avec Marie-Louise avait porté le dernier coup; il n'y
avait plus eu d'autres mécontents que ceux dont l'ambition était non satisfaite, ce qui se retrouve dans toutes les classes et dans tous les temps ;
ou bien encore quelques vieillards intraitables ou de vieilles femmes
pleurant leur influence passée. Tous les gens raisonnables et sensés avaient
plié sous les talents supérieurs du chef de l'État, et cherchaient à se consoler de leurs pertes, dans l'espoir d'un meilleur avenir pour leurs enfants ; vers ce point se tournaient désormais toutes leurs illusions. Ils
savaient gré à l'Empereur de sa partialité pour les anciens noms; tout
autre, convenaient-ils, eût achevé de les anéantir. Ils mettaient du prix à
la confiance avec laquelle l'Empereur s'était entouré d'eux, ils lui tenaient
compte d'avoir dit, en se saisissant de leurs enfants pour l'armée : « Ces

« noms appartiennent à la France, à l'histoire ; je suis le tuteur de leur
« gloire, je ne les laisserai pas périr. » Ces mots et d'autres semblables
lui avaient fait un grand nombre de prosélytes.

L'Empereur disait en ce moment que ce parti n'avait peut-être pas été
assez caressé. « Mon système de fusion le demandait, et je l'avais voulu,
« ordonné même ; mais les ministres, les grands intermédiaires, n'ont
« jamais bien rempli mes véritables intentions à cet égard, soit qu'ils n'y
« vissent pas plus loin, soit qu'ils craignissent d'amener ainsi des rivaux
« de faveur, et de diminuer leurs chances. M. de Talleyrand surtout s'y
« était toujours montré contraire et n'avait jamais cessé de combattre
« l'ancienne noblesse dans ma bienveillance et ma pensée. » Je lui faisais
la remarque pourtant que le grand nombre de ceux qu'il avait appelés
s'étaient bientôt montrés attachés à sa personne ; qu'ils l'avaient servi de
bonne foi, et étaient en général demeurés fidèles au moment de la crise.
L'Empereur n'en disconvenait pas, et allait même jusqu'à dire que le roi
revenu, et lui ayant abdiqué, cette double circonstance avait dû beaucoup
influer sur certaines doctrines ; qu'aussi, dans son jugement, il mettait
une grande différence dans la même conduite tenue en 1814 ou en 1815.

Et ici je dois dire que depuis que j'apprends à connaître l'Empereur,
je ne lui ai jamais vu encore un seul moment de colère ou d'animosité
contre aucun de ceux qui se sont le plus mal conduits à son égard. Il ne
s'exalte pas sur ceux dont on lui vante la belle conduite : ils avaient fait
leur devoir. Il ne s'emporte pas contre ceux qui se sont rendus si coupables : il les avait en partie devinés ; ils avaient cédé à leur nature ; il les
peignait froidement, sans fiel ; attribuait une partie de leur conduite aux
circonstances, qu'il confessait avoir été bien difficiles ; rejetait le reste sur
les faiblesses humaines. « La vanité avait perdu *Marmont* ; la postérité
« flétrira justement sa vie, disait-il ; pourtant son cœur vaudra mieux
« que sa mémoire. *Augereau* devait sa conduite à son peu de lumières
« et à son mauvais entourage ; *Berthier* à son manque d'esprit et à sa
« nullité, etc. »

Je faisais observer que ce dernier avait laissé échapper la plus belle
occasion, la plus facile de s'illustrer à jamais, celle d'aller présenter de
bonne foi ses soumissions au roi, et de le supplier de trouver bon qu'il
allât dans la solitude pleurer celui qui l'avait honoré du titre de son compagnon d'armes et l'avait appelé son ami. « Eh bien ! quelque simple que
« fût cette marche, disait l'Empereur, elle était encore au-dessus de ses
« forces. — Ses moyens, sa capacité avaient toujours été un objet de dis-
« cussion parmi nous, disais-je alors ; le choix de Votre Majesté, votre

« confiance, votre grand attachement, nous étonnaient beaucoup. —
« C'est que Berthier, après tout, n'était pas sans talent, disait à cela
« l'Empereur; et je suis loin de renier sa personne et mes sentiments;
« mais ses talents, son mérite, étaient spéciaux et techniques : et hors de
« là, sans nul esprit quelconque, et puis si faible!... » Je faisais observer
que pourtant il était plein de prétentions et de morgue avec nous. « Et le
« titre de favori, disait l'Empereur, le comptez-vous pour rien? » J'ajoutais qu'il était très-dur, fort absolu. « Mais rien de plus impérieux,
« mon cher, disait alors l'Empereur, que la faiblesse qui se sent étayée
« de la force : voyez les femmes. »

L'Empereur, dans ses campagnes, avait Berthier dans sa voiture. C'était pendant sa route et sur les grands chemins que l'Empereur, parcourant les livres d'ordre et les états de situation, prenait ses décisions,

arrêtait ses plans et ordonnait les mouvements. Berthier en prenait note, et à la première station ou au premier moment de repos, soit de jour, soit de nuit, il expédiait à son tour tous les ordres et les différents détails particuliers avec une régularité, une précision et une promptitude admirables, disait l'Empereur; c'était un travail pour lequel il était toujours prêt et infatigable. « Voilà quel était le mérite spécial de Berthier; il était « des plus grands et des plus précieux pour moi; nul autre n'eût pu le « remplacer. »

Je reviens encore à quelques touches caractéristiques sur l'Empereur. Il est sûr qu'il parle froidement, sans passion, sans préjugés, sans ressentiment des circonstances et des personnes qui remplissent sa vie. On sent qu'il pourrait devenir l'allié de ses plus cruels ennemis, comme de vivre avec l'homme qui lui a fait le plus de mal. Il parle de son histoire passée comme si elle avait déjà trois cents ans de date; ses récits et ses observations ont le langage des siècles; c'est une ombre conversant aux Champs-Élysées, de vrais dialogues des morts. Il s'exprime souvent sur lui-même comme sur une tierce personne; parlant des actes de l'Empereur, indiquant les faits que l'histoire pourrait lui reprocher, analysant les raisons et les motifs qu'on pourrait alléguer pour sa justification.

Il n'aurait pas, disait-il, à s'excuser d'aucune faute sur autrui, n'ayant jamais suivi que sa propre décision; il aurait à se plaindre tout au plus de fausses informations, mais jamais de mauvais conseils. Il s'était entouré de plus de lumières possible, mais s'en était toujours tenu à son propre jugement; il était loin de s'en repentir. « C'est, disait-il, l'indécision et « l'anarchie dans les moteurs qui amènent l'anarchie et la faiblesse dans « les résultats. Pour être équitable sur les fautes produites par la seule « décision personnelle de l'Empereur, continuait-il, il faudrait mettre en « balance les grandes actions dont on l'aurait privé¹, et les autres fautes « que lui auraient fait commettre les conseils auxquels on lui reproche de « ne pas s'être abandonné, etc. »

Dans la complication des circonstances de sa chute, il voit les choses tellement en masse, et de si haut, que les hommes lui échappent. Jamais on ne l'a surpris animé contre aucun de ceux dont on croirait qu'il a le plus à se plaindre. Sa plus grande marque de réprobation, et je m'en suis

---

¹ Dans une circonstance importante, on vint à bout de pousser un des membres de sa famille, le cardinal Fesch, à oser venir lui faire des représentations contre une de ses grandes entreprises. Ils se trouvaient dans une embrasure de fenêtre. L'Empereur, après avoir écouté assez longtemps, et avec plus de patience qu'on aurait pu le croire, interrompant tout à coup l'interlocuteur, et fixant le ciel : « Voyez-vous cette étoile? lui dit-il (or on était au milieu du jour). — Non. — Eh bien, moi « je la vois, et très-distinctement. Sur ce, bon jour! Retournez à vos affaires, et surtout fiez-vous-en « à ceux qui voient un peu plus loin que vous.... »

convaincu bien souvent, est de garder le silence sur leur compte, quand on les mentionne devant lui. Mais combien de fois on l'a vu arrêter les expressions violentes et moins retenues de nous qui l'entourions! « Vous
« ne connaissez pas les hommes, nous disait-il alors, ils sont difficiles à
« saisir quand on veut être juste. Se connaissent-ils, s'expliquent-ils bien
« eux-mêmes? La plupart de ceux qui m'ont abandonné, si j'avais con-
« tinué d'être heureux, n'eussent peut-être jamais soupçonné leur propre
« défection. Il est des vices et des vertus de circonstance. Nos dernières
« épreuves sont au-dessus de toutes les forces humaines! Et puis j'ai
« plutôt été abandonné que trahi ; il y a eu plus de faiblesse autour de
« moi que de perfidie : c'est le *reniement de saint Pierre*, le repentir et les
« larmes ont pu être à la porte. A côté de cela, qui, dans l'histoire, eut
« plus de partisans et d'amis? qui fut plus populaire et plus aimé? qui
« jamais laissa des regrets plus ardents et plus vifs?... Voyez la France ;
« d'ici sur mon roc, ne serait-on pas tenté de dire que j'y règne encore?
« Les rois et les princes, mes alliés, m'ont été fidèles jusqu'à extinction,
« ils ont été enlevés par les peuples en masse ; et ceux des miens qui étaient
« autour de moi se sont trouvés enveloppés, tout étourdis, dans un tour-
« billon irrésistible... Non, la nature humaine pouvait se montrer plus
« laide, et moi plus à plaindre ! »

Sur les officiers de sa maison en 1814, etc.

Vendredi 17.

Aujourd'hui l'Empereur me questionnait sur les officiers de sa maison. A l'exception de deux ou trois au plus qui avaient excité les mépris du parti même vers lequel ils avaient été transfuges, il n'y avait guère rien à dire sur le reste; la très-grande majorité avait même montré un dévouement actif. L'Empereur alors s'est enquis particulièrement de quelques-uns, en les citant par leurs noms, et je n'avais qu'à applaudir à tous. « Que me dites-vous là? a-t-il dit au sujet de l'un d'eux en m'interrom-
« pant vivement. Et moi qui l'ai si mal reçu aux Tuileries à mon retour.
« Ah! que je crains d'avoir fait des injustices involontaires! Ce que c'est
« lorsqu'on est obligé de s'en rapporter au premier mot, et qu'on n'a pas
« un seul instant pour la vérification ! Que je crains aussi d'avoir laissé
« bien des dettes de reconnaissance en arrière ! Qu'on est malheureux
« quand on ne peut pas tout faire soi-même ! »

Je repris : « Sire, il est vrai de dire que s'il y eut faute parmi les offi-
« ciers de votre maison, elle ne fut pas autre que celle de toute la masse ;
« faute, du reste, qui a dû nous ravaler étrangement aux yeux des autres
« nations. Sitôt que le roi a paru, on s'est précipité vers lui, non pas
« comme vers le souverain que nous laissait votre abdication, mais comme
« vers celui qui n'avait jamais cessé de l'être ; non pas avec cette dignité de
« l'homme fier d'avoir constamment rempli tous ses devoirs, mais avec
« l'embarras équivoque du courtisan qui a été maladroit. Chacun n'a
« cherché qu'à se justifier ; Votre Majesté se trouva dès cet instant dés-
« avouée, reniée ; la qualification d'Empereur disparut. Les ministres, les
« grands, les plus intimes de Votre Majesté, ne rougirent pas pour eux,
« pour leur nation, de ne plus dire que *Bonaparte*. On avait été contraint
« de servir, disait-on ; on n'avait pas pu faire autrement ; on eût eu trop
« de mauvais traitements à redouter, etc. » L'Empereur trouvait bien là
notre caractère national, nous étions toujours les Gaulois d'autrefois ; la
légèreté, la même inconstance, et surtout la même vanité.

Idée de l'Empereur de se réserver la Corse. — Opinion sur Robespierre. — Idée sur l'opinion publique. — Intention expiatoire de l'Empereur sur les victimes de la révolution.

Samedi 18.

Après le travail accoutumé, l'Empereur m'a amené au jardin vers les quatre heures. Il venait de finir la dictée sur la Corse : ayant épuisé le sujet sur cette île, celui de Paoli, et parlé de l'influence que lui-même s'y était créée si jeune encore, lors de sa séparation politique d'avec Paoli, il a ajouté que dernièrement il eût été bien sûr d'y réunir tous les vœux, toutes les opinions, tous les efforts ; que s'il s'y était retiré en quittant Paris, il eût été à l'abri contre toute puissance étrangère ; il en avait eu la pensée. En abdiquant pour son fils, il avait été sur le point de se réserver la jouissance de la Corse durant sa vie ; aucun obstacle de mer ne l'eût empêché d'y arriver. Il ne le voulut point, pour rendre, disait-il, son abdication plus franche, plus fructueuse pour la France. Son séjour au centre de la Méditerranée, au sein de l'Europe, si près de la France et de l'Italie, pouvait demeurer un prétexte durable pour les alliés. Il préféra même l'Amérique à l'Angleterre, par le même motif et dans la même pensée : il est vrai qu'il n'avait pas prévu, disait-il, et ne pouvait prévoir,

d'après la confiance de ses démarches, l'injuste et violente déportation à Sainte-Hélène.

Plus tard l'Empereur, parcourant divers points de la révolution, s'est arrêté sur *Robespierre*, qu'il n'a pas connu, il est vrai, mais auquel il ne croyait ni talent, ni force, ni système. Il le pensait néanmoins le vrai bouc émissaire de la révolution, immolé dès qu'il avait voulu entreprendre de l'arrêter dans sa course ; destinée commune, du reste, observait-il, à tous ceux qui, jusqu'à lui, Napoléon, avaient osé l'essayer. Les terroristes et leur doctrine ont survécu à Robespierre ; et si leurs excès ne se sont pas continués, c'est qu'il leur a fallu plier devant l'opinion publique. Ils ont tout jeté sur Robespierre ; mais celui-ci leur répondait, avant de périr, qu'il était étranger aux dernières exécutions ; que, depuis six semaines, il n'avait pas paru aux comités. Napoléon confessait qu'à l'armée de Nice, il avait vu de longues lettres de lui à son frère, blâmant les horreurs des commissaires conventionnels, qui perdaient, disait-il, la révolution par leur tyrannie et leurs atrocités, etc., etc. Cambacérès, qui doit être une autorité sur cette époque, observait l'Empereur, a répondu à l'interpellation qu'il lui adressait un jour sur la condamnation de Robespierre, par ces paroles remarquables : « Sire, cela a été un procès jugé, mais non « plaidé, » ajoutant que Robespierre avait plus de suite et de conception qu'on ne pensait ; qu'après avoir renversé les factions effrénées qu'il avait eues à combattre, son intention avait été le retour à l'ordre et à la modération. « Quelque temps avant sa chute, ajoutait Cambacérès, il pro- « nonça un discours à ce sujet, plein des plus grandes beautés : on ne l'a « point laissé insérer au *Moniteur*, et toutes les traces nous en ont été « enlevées. »

Ce n'est pas la première fois que j'ai entendu parler d'une lacune d'exactitude dans le *Moniteur*. Il doit y avoir, vers ce temps-là, dans les transactions de l'Assemblée, une époque tout à fait infidèle, les procès-verbaux ayant été arbitrairement rédigés par l'un des comités.

Ceux qui sont portés à croire que Robespierre, étant lassé, gorgé, effrayé de la révolution, avait résolu de l'arrêter, disent qu'il ne voulut agir qu'après avoir lu son fameux discours : il le trouvait si beau qu'il ne doutait pas de son effet sur l'Assemblée. S'il en est ainsi, son erreur ou sa vanité lui coûtèrent cher.

Ceux qui pensent différemment objectent que Danton et Camille Desmoulins avaient précisément la même pensée, et que pourtant Robespierre les immola. Les premiers répondent que ce ne serait pas une raison ; que Robespierre les immola pour conserver sa popularité, quand il jugea que le moment n'était pas encore venu; ou bien encore pour ne pas leur laisser la gloire de l'entreprise.

Au sujet de ce même Robespierre, l'Empereur disait qu'il avait beaucoup connu son frère, représentant à l'armée d'Italie. Il n'en disait point de mal; il l'avait conduit au feu, lui avait inspiré beaucoup de confiance et un grand enthousiasme pour sa personne; si bien que, rappelé par son frère, quelque temps avant le 9 thermidor qui se préparait sourdement, Robespierre le jeune voulait absolument mener Napoléon à Paris. Celui-ci eut toutes les peines du monde à s'en défendre, et ne parvint à lui échapper qu'en faisant intervenir le général en chef Dumerbion, dont il avait toute la confiance, et auquel il se montra comme absolument nécessaire. « Si je l'eusse suivi, disait l'Empereur, quelle pouvait être la dif-
« férence de ma destinée? A quoi tient, après tout, une carrière? On eût
« sans doute voulu m'employer; je pouvais donc être destiné, dès cet
« instant, à tenter une espèce de vendémiaire. Mais j'étais bien jeune en-
« core, je n'avais point alors mes idées arrêtées comme je les ai eues de-
« puis; je crois bien que je n'eusse pas voulu l'accepter. Mais, dans le cas

« contraire, et même victorieux, quels résultats eussé-je pu espérer? En
« vendémiaire, la fièvre de la révolution était tout à fait affaissée; en
« thermidor, elle était encore dans toute sa force, dans la rage de son
« ascension et de ses excès, etc., etc.

« L'opinion publique, disait-il dans un autre moment et sur un autre
« sujet, est une puissance invisible, mystérieuse, à laquelle rien ne ré-
« siste; rien n'est plus mobile, plus vague et plus fort; et toute capri-
« cieuse qu'elle est, elle est cependant vraie, raisonnable, juste, beau-
« coup plus souvent qu'on ne pense.

« Étant consul provisoire, un des premiers actes de mon administra-
« tion fut la déportation d'une cinquantaine d'anarchistes. L'opinion pu-
« blique, à laquelle ils étaient en horreur, tourna subitement pour eux,
« disait l'Empereur, et me força de reculer. Mais quelque temps après,
« ces mêmes anarchistes ayant voulu comploter, ils furent terrassés de
« nouveau par cette même opinion qui me revint aussitôt. C'était ainsi
« qu'à la restauration, en s'y prenant mal, on était venu à bout de ren-
« dre les régicides populaires, eux que la masse de la nation proscrivait
« un instant auparavant.

« Il n'appartenait qu'à moi, disait-il, de pouvoir relever en France la
« mémoire de Louis XVI, et laver la nation des crimes dont l'avaient
« souillée quelques forcenés et des fatalités malheureuses. Les Bour-
« bons, étant de la famille et venant du dehors, ne faisaient que venger
« leur cause particulière et accroître l'opprobre national. Moi, au con-
« traire, parti du peuple, je soignais sa gloire en faisant, en son nom,
« sortir des rangs ceux qui l'avaient souillée, et c'était bien mon inten-
« tion; mais j'y procédais avec sagesse : les trois autels expiatoires à
« Saint-Denis n'avaient été qu'un prélude; le Temple de la Gloire sur les
« fondements de la Madeleine devait y être consacré avec un bien plus
« grand éclat : c'était là, près de leur tombeau, sur leurs ossements
« mêmes, que les monuments des hommes et les cérémonies de la reli-
« gion eussent relevé, au nom du peuple français, la mémoire des vic-
« times politiques de notre révolution. C'était un secret qui n'a pas été
« connu de plus de dix personnes; mais encore avait-il fallu en laisser
« percer quelque chose à ceux qui dirigeaient l'ordonnance de cet édifice.
« Du reste, je ne l'aurais pas fait avant dix ans, et encore eût-il fallu
« voir les précautions que j'y aurais employées, comme tout y eût été
« arrondi, les aspérités soigneusement écartées. Tous eussent pu y ap-
« plaudir, aucun n'en eût souffert. Tout consiste tellement dans les cir-
« constances et dans les formes, continuait-il, que Carnot n'aurait pas

« osé écrire un mémoire sous mon règne pour se vanter de la mort du
« roi, et il l'a fait sous les Bourbons. C'est que j'eusse marché avec l'opi-
« nion publique pour l'en punir, tandis que l'opinion publique marchait
« avec lui pour le rendre inattaquable. »

Aujourd'hui, qui était dimanche, nous nous sommes trouvés tous réunis à dîner auprès de l'Empereur : il observa gaiement que nous formions le grand couvert. Après le dîner, le cercle de nos diversions n'étant pas grand, il demanda si nous irions ce soir à la comédie, à l'opéra ou à la tragédie ; on s'est décidé pour la comédie, et il a lu lui-même une partie de *l'Avare*, qui a été continué par d'autres. L'Empereur était enrhumé,

il avait un peu de fièvre ; il est rentré de bonne heure chez lui, en me recommandant de le voir plus tard, s'il ne dormait pas. J'ai accompagné les nôtres avec mon fils dans leur retour à la ville ; en rentrant, l'Empereur était couché.

Première et seule excursion durant le séjour à Briars. — Bal de l'amiral.

Dimanche 19, lundi 20.

L'Empereur, après son travail avec l'un de ces messieurs, m'a fait appeler vers les cinq heures. Il se trouvait déjà seul : ces messieurs et mon fils étaient partis de bonne heure pour la ville, où l'amiral donnait un bal. Nous nous sommes promenés sur le grand chemin vers James-Town, jusqu'au point d'où l'on découvre, en face, la rade et les vaisseaux, et sur la gauche, dans le fond de la vallée, une jolie petite habitation. L'Empereur l'a considérée longtemps, parcourant avec sa lunette le jardin qui semblait très-soigné, et où l'on voyait courir de fort jolis petits enfants, surveillés par leur mère. On nous avait dit que cette habitation appartenait au major Hodson, habitant de l'île. Il a pris fantaisie à l'Empereur d'y descendre ; il était pourtant près de six heures. La route est extrêmement rapide, nous l'avons trouvée plus longue et plus difficile que nous ne l'avions pensé ; nous sommes arrivés tout haletants Après avoir parcouru la petite demeure qu'on voyait bien être appropriée par une main qui comptait l'habiter, et non par celle d'un passager en terre étrangère, après avoir reçu les politesses du maître, fait quelques compliments à la maîtresse, l'Empereur songea à quitter ce bon ménage ; mais la nuit était venue, nous étions fatigués, nous avons accepté des chevaux qui nous ont fait regagner promptement notre cahute et notre dîner. Cette petite excursion et l'exercice du cheval, délaissé depuis si longtemps, ont semblé faire du bien à l'Empereur.

Il m'avait commandé d'aller au bal, en dépit de ma répugnance. A huit heures et demie, il eut la bonté de remarquer que la nuit était fort obscure, le chemin mauvais, qu'il était temps que je le quittasse, qu'il le voulait, et a gagné sa chambre, où je l'ai vu se déshabiller et se mettre au lit. Il m'a commandé de nouveau de partir ; je le faisais avec un vrai regret : je le laissais seul, je brisais une habitude qui m'était devenue bien douce.

Je me suis rendu à la ville à pied. L'amiral avait donné beaucoup d'éclat à son bal ; depuis longtemps on ne cessait d'en parler ; il semblait vouloir persuader qu'il n'était que pour nous ; il nous y avait solennellement invités. Convenait-il d'accepter ou de ne pas s'y rendre ? L'un et l'autre pouvaient également se soutenir : les infortunes politiques n'imposent pas l'attitude du deuil domestique ; il n'y a nulle inconvenance, il peut même être utile de se mouvoir au milieu de ses geôliers ; on pouvait donc prendre indifféremment l'un ou l'autre parti. On se décida à y aller ; mais alors quel rôle y tenir ? celui de la fierté ou celui de l'adresse ? Le premier parti avait des inconvénients ; dans notre position, toute prétention blessée devenait une injure. Le second n'en présentait aucun ; recevoir en homme de bonne compagnie, à qui elles sont dues et qui y est accoutumé, les moindres politesses ; ne pas s'apercevoir de celles qu'on n'obtiendrait pas ;

c'était sans doute le mieux. Je suis arrivé très-tard au bal, et en suis sorti de bonne heure, très-satisfait sous tous les rapports.

Ma conduite durant l'île d'Elbe.
Mardi 21, mercredi 22.

L'Empereur, aux questions duquel j'avais répondu souvent sur la ligne de conduite d'un grand nombre de ses ministres, des membres de son conseil, des officiers de sa maison, durant son éloignement à l'île d'Elbe, m'a entrepris à son tour à ce sujet, me disant : « Mais vous-même, mon « cher, qu'avez-vous fait sous le roi ? Allons, un rapport là-dessus, vous « savez que c'est ma manière ; et puis ce sera un article de plus pour « votre journal. Eh ! ne voyez-vous pas, ajouta-t-il en riant, que vos bio- « graphes n'auront qu'à prendre ? ils trouveront tout fait.

« — Sire, le voici mot à mot ; j'ai bien peu à dire. Je commandais, au « 31 mars, la dixième légion de Paris, celle du Corps Législatif. Nous per- « dîmes, dans la journée, un assez bon nombre d'hommes. Dans la nuit, « j'appris la capitulation ; j'écrivis à celui qui me suivait que je lui remet- « tais ma légion ; qu'à titre de membre du Conseil d'État, j'avais antérieu- « rement eu ordre de me rendre ailleurs, mais que je n'avais pas voulu « quitter ma légion au moment du danger ; que ce qui venait d'arriver « changeant les circonstances, j'allais courir à de nouveaux devoirs.

« Au point du jour, je me jetai sur la route de Fontainebleau, au milieu « des débris de Marmont et de Mortier. J'étais à pied ; mais je comptais « acheter facilement un cheval. J'éprouvai bientôt que des soldats en re- « traite ne sont ni justes ni aimables ; mon uniforme de garde nationale, « dans ce moment de désastre, était honni, ma personne maltraitée. Au « bout d'une heure de marche, harassé de fatigue et de deux ou trois « nuits blanches, n'apercevant autour de moi aucune figure de connais- « sance, sans apparence de pouvoir me procurer un cheval, je pris le « parti de rentrer tristement dans la capitale.

« La garde nationale fut commandée pour orner l'entrée triomphale « des ennemis ; elle était menacée de fournir un service d'honneur auprès « des souverains qui nous avaient vaincus. Je résolus d'être absent de ma « demeure ; j'avais mis ma femme et mes enfants en sûreté hors de Paris, « une ou deux semaines auparavant, et j'allai demander l'hospitalité pour « quelques jours à un ami. Je ne sortis plus que sous une mauvaise re- « dingote, courant les rues, les cafés, les places publiques, les groupes : « j'avais à cœur d'observer les hommes et les choses, et surtout de con- « naître le véritable esprit du peuple. Que de choses, dans cette situation, « dont je fus le témoin !

« Je vis, autour du logement de l'empereur de Russie, des hommes
« distingués par leur rang, et se disant Français, s'évertuer en cent façons
« au milieu de la multitude, pour l'amener à crier : *Vive Alexandre,
« notre libérateur !*

« Je vis, Sire, votre statue de la place Vendôme, fatiguer, épuiser tous
« les efforts de quelques misérables de la lie du peuple, soldés par des
« gens d'un grand nom.

« Enfin je vis, à l'un des coins de cette même place Vendôme, devant
« l'hôtel du commandant de la place, un officier de votre maison, le soir
« même du premier jour, vouloir débaucher de jeunes conscrits pour un

« tout autre service que le vôtre, et recevoir d'eux des leçons qui eussent
« dû le faire rougir, s'il en eût été susceptible.

« Nul doute que ceux dont je parle ici ne prononçassent que je me
« trouvais en ce moment au milieu de la *canaille* ; et pourtant je dois à la
« vérité de dire que du moins ce n'était pas du tout de ce côté que par-
« taient les turpitudes du jour. Leurs actes étaient loin d'y obtenir l'ap-
« probation ; ils s'y trouvaient censurés, au contraire, par la droiture,
« la générosité, les sentiments nobles, descendus sur la place publique.

« Quels reproches je pourrais faire entendre, si je répétais tout ce qui
« fut dit à cet égard !

« Votre Majesté abdiqua ; le roi arriva : c'était désormais notre souve-
« rain. Un jour fut indiqué par lui pour recevoir ceux qui avaient eu
« l'honneur d'être présentés à Louis XVI ; j'allai aux Tuileries jouir de
« cette prérogative. Que ne me dirent-ils pas ces murs, naguère encore
« si pleins de votre gloire et de votre puissance ! Et pourtant je me pré-
« sentais sincèrement et de bonne foi ; je n'y voyais pas assez loin pour
« penser que vous dussiez jamais y reparaître.

« Les députations au roi se multiplièrent à l'infini : une réunion de
« toute l'ancienne marine eut son jour. Je répondis à celui qui me le
« transmettait qu'aucun n'avait plus à cœur de se réunir à ses anciens
« camarades ; qu'il ne serait pas parmi eux des vœux plus sincères que les
« miens ; mais que les emplois que j'avais remplis me plaçaient dans une
« situation particulière et délicate, qui m'imposait la prudence de ne pas
« me trouver où le zèle d'un président pourrait employer des expressions
« que je ne pouvais, ni ne devais, ni ne voulais approuver de ma pensée
« ni de ma présence.

« Cependant la nouvelle situation de Paris, la vue des étrangers, les
« acclamations de tous genres me rendaient trop malheureux, et je suivis,
« comme un trait de lumière, la pensée d'aller à Londres passer quelque
« temps auprès d'anciens amis ; mais il me sembla que je retrouverais à
« Londres le même spectacle et les mêmes acclamations qui m'avaient mis
« en fuite de Paris, et c'était vrai. Tout y était fêtes, réjouissances, spec-
« tacles, au sujet de leur triomphe et de notre abaissement.

« Pendant que je m'y trouvais encore, on fit à Paris la nouvelle organi-
« sation de la marine ; un de mes anciens camarades, que j'avais perdu
« de vue depuis longtemps, le *chevalier de Grimaldy*, se trouvait membre
« du comité de l'organisation nouvelle : il passa chez moi, dit à ma femme
« qu'il y était conduit par la surprise de n'avoir pas trouvé mes réclama-
« tions ; que la loi me donnait le droit de rentrer dans le corps, ou d'avoir
« ma retraite avec pension déjà fixée ; qu'elle devait me décider là-des-
« sus, et s'en reposer sur son amitié, bien que le terme touchât à sa fin.
« Je fus plus sensible à cette marque d'affection qu'à la faveur qu'elle
« cherchait à me procurer. Toutefois j'écrivis au comité qu'ayant à cœur
« de pouvoir porter un habit qui m'était cher, je le priais de me faire
« accorder le titre de capitaine de vaisseau *honoraire* ; que quant à la
« pension, j'y renonçais, ne m'y croyant aucun droit.

« Je revins à Paris ; la divergence des opinions, l'irritation des esprits

« au [illisible]. Je me confinai en ce moment uniquement dans
« mon ménage, au milieu de ma femme et de mes enfants, et peut-être
« [illisible] jamais aussi heureux.

« Un jour je lus, dans le *Journal des Débats*, l'extrait d'un ouvrage de
« M. Alphonse [Beauchamp], donnant le nom de quelques gentilshommes
« [illisible] le 21 mars sur la place Louis XV pour provoquer la royauté ;

« le mien s'y trouvait, inscrit en bonne compagnie sans doute, mais
« enfin je ne méritais en rien de [illisible] et j'avais [illisible] de perdre [illisible]
« l'estime d'une foule de gens, qui pouvaient [illisible] le croire. J'écrivis donc,
« pour prier de retirer cette [illisible] qui on faisait des [illisible] qui
« m'étaient pas dues. Je m'étais rendu cette démarche [illisible] ; car
« je, quelque attrait d'ailleurs qu'elle eût pu me présenter, [illisible] cependant,
« d'une légion de la garde nationale, j'avais contracté des [engagements]
« dont aucune affection sur la terre n'aurait pu me dégager, etc. J'envoyai

« ma lettre au député Chabaud-Latour, que j'aimais beaucoup ; c'était
« l'un des propriétaires du journal, il ne voulut pas se prêter à sa publi-
« cation par pure bienveillance ; je l'adressai au rédacteur ; il ne l'inséra
« pas par différence d'opinion.

« Cependant la disposition des esprits annonçait une catastrophe iné-
« vitable et prochaine ; tout faisait présager aux Bourbons le sort des
« Stuarts. Ma femme et moi nous lisions chaque soir cette époque fameuse,
« décrite par Hume ; nous l'avions commencée à Charles Ier, et Votre
« Majesté parut avant que nous eussions pu atteindre Jacques II. » (Ici
l'Empereur ne put s'empêcher de rire.)

« Ce fut pour nous, continuai-je, un grand sujet de saisissement et
« d'anxiété que votre marche et votre arrivée. J'étais loin de prévoir
« l'honorable exil volontaire qu'elle devait me valoir par la suite, d'au-
« tant plus que j'étais alors peu connu de Votre Majesté, et que les cir-
« constances, nées de l'événement même, m'y ont seules conduit. Si j'avais
« occupé le moindre emploi sous le roi, si même l'on m'eût vu souvent
« aux Tuileries, ce qui eût été très-simple et fort légitime, je n'eusse pas
« paru devant Votre Majesté ; non que je me fusse rien reproché, ou que
« mes vœux pour vous n'eussent été bien tendres, mais parce que je
« n'eusse pas voulu passer pour un meuble de cour, ou sembler toujours
« prêt à encenser le pouvoir partout où il se présente. Ici je me trouvais
« tellement libre, tout en moi était en si parfaite harmonie, qu'il me
« semblait que je faisais partie de ce grand événement. Je courus donc
« avec ardeur vers le premier regard de Votre Majesté, je me trouvais des
« droits à toute sa bienveillance et à toutes ses faveurs. Au retour de
« Waterloo, les mêmes sentiments et le même zèle m'ont porté, aussitôt
« et spontanément, auprès de votre personne ; je ne l'ai plus quittée. Et si
« je ne suivis alors que sa gloire publique, je suivrais aujourd'hui ses
« qualités personnelles ; et s'il est vrai qu'il m'en a coûté alors quelque
« sacrifice, je m'en trouve aujourd'hui payé au centuple par le bonheur
« de pouvoir vous le dire.

« Du reste, il serait difficile de peindre mon extrême dégoût de toutes
« choses durant les dix mois de votre absence : le mépris absolu des
« hommes et des vanités de ce monde, toutes les illusions détruites ;
« chaque chose me semblait sans couleur ; tout me paraissait fini, ou mé-
« riter à peine qu'on y attachât le moindre prix. J'avais reçu la croix de
« Saint-Louis dans l'émigration ; une ordonnance voulait qu'on la légiti-
« mât par un brevet nouveau. Je ne me sentis pas la force d'en faire la
« demande. Une autre ordonnait qu'on se fît confirmer les titres donnés

« par Votre Majesté : il me demeura indifférent de compromettre ceux
« que j'avais reçus sous l'empire. Enfin l'on m'écrivit du ministère de la
« marine que mon brevet de capitaine de vaisseau venait d'y arriver, et
« il y est encore.

« L'absence de Votre Majesté fut pour moi un veuvage dont je n'avais
« dissimulé à personne ni les regrets ni la douleur ; aussi j'en recueillis le
« fruit à votre retour, dans le témoignage de ceux qui vous entouraient,
« et de qui j'étais à peine connu auparavant. Au premier lever de Votre
« Majesté, celui qui dirigeait par intérim les relations extérieures,
« M. *d'Hauterive*, sortant d'auprès de vous, me prit dans une embrasure
« de fenêtre pour me dire de graisser mes bottes, qu'on allait peut-être
« me faire faire un voyage ; il venait de me proposer, disait-il, à Votre
« Majesté, ajoutant qu'il m'avait présenté comme fou, mais fou d'elle.
« Je désirai savoir de quel lieu il s'agissait ; c'était ce qu'il ne voulait ni
« ne pouvait me dire. J'ai su plus tard que c'était pour Londres.

« M. *Reynault de Saint-Jean d'Angely* me mit sur la liste des commis-
« saires impériaux que Votre Majesté envoyait dans les départements. Je
« l'assurai que j'étais prêt à tout ; je lui fis observer seulement que,
« *noble et émigré*, il suffisait de ces deux mots prononcés par le premier
« venu pour m'annuler au besoin en tout temps et en tout lieu. Il trouva
« mon observation juste, et n'y pensa plus.

« Un sénateur, M. *Rœderer*, me demanda à Votre Majesté pour la pré-
« fecture de Metz, sa ville natale, sollicitant même de moi ce sacrifice,
« pour trois mois seulement, disait-il, afin de concilier les esprits et de
« mettre les choses en bon train. Enfin *Decrès* et le *duc de Bassano* me
« proposèrent pour conseiller d'État, et le troisième jour de son arrivée
« Votre Majesté en avait déjà signé le décret. »

Jeudi 23.

L'Empereur a été fort souffrant ; il est demeuré enfermé chez lui et n'a voulu recevoir personne. Il m'a fait demander sur les neuf heures du soir ; je l'ai trouvé très-abattu, fort triste ; il m'a à peine dit quelques mots, et moi je n'ai rien osé lui dire. Si sa souffrance était physique, j'avais une vive inquiétude ; si elle était morale, mon chagrin était grand de ne pouvoir employer vis-à-vis de lui toutes les ressources dont le cœur abonde pour celui qu'on aime véritablement. Il m'a renvoyé au bout d'une demi-heure.

Vendredi 24.

L'Empereur a continué d'être fort souffrant, et n'a voulu encore voir personne. Assez tard, il m'avait fait venir pour dîner avec lui. On a servi sur une très-petite table, à côté de son canapé sur lequel il est resté; il a mangé assez bien. Il se sentait le besoin d'une secousse, qui arriverait bientôt, disait-il, tant il connaissait sa constitution. Après dîner, l'Empereur a pris les Mémoires du maréchal de Villars, qui l'amusaient. Il a lu tout haut plusieurs articles qui ont amené des ressouvenirs et plusieurs citations d'anecdotes.

Tempérament de l'Empereur. — Courses. — Système de médecine.

Samedi 25.

Napoléon était encore souffrant; il avait passé une mauvaise nuit. Il m'a fait venir dîner près de son canapé, dont il ne sortait pas; mais il était évidemment mieux. Après dîner, il a voulu lire; il se trouvait sur son sofa au milieu d'un grand nombre de livres; la rapidité de son imagination, la fatigue du même sujet, ou le dégoût de relire sans cesse ce qu'il sait déjà, lui faisaient prendre, jeter et reprendre encore tous ces livres les uns après les autres. Il finit par s'arrêter sur l'*Iphigénie* de Racine,

faisant ressortir les perfections, indiquant et discutant le peu de défauts qu'on lui trouve, et il m'a renvoyé d'assez bonne heure.

L'Empereur, contre l'opinion commune, celle que j'avais entretenue moi-même, est loin d'avoir une forte constitution; ses membres sont gros, mais sa fibre est très-molle; avec une poitrine fort large, il est toujours enrhumé; son corps est soumis aux plus légères influences: l'odeur de peinture suffit pour le rendre malade; certains mets, la plus petite humidité, agissent immédiatement sur lui. Son corps est bien loin d'être de fer, ainsi qu'on l'a cru : c'est seulement son moral. On connaît ses prodigieuses fatigues au dehors, ses perpétuels travaux au dedans; jamais aucun souverain n'a égalé ses fatigues corporelles. Ce qu'on cite de plus fort est la course de Valladolid à Burgos, à franc étrier (trente-cinq lieues d'Espagne en cinq heures et demie, plus de sept lieues à l'heure [1]). Napoléon était parti avec une nombreuse suite, à cause du danger des guerrillas : à chaque pas il resta du monde en route; Napoléon arriva presque seul. On cite aussi la course de Vienne au Simmering (dix-huit ou vingt lieues), où il se rendit à cheval, déjeuna et revint aussitôt après. On lui a vu faire souvent des chasses de trente-huit lieues; les moindres étaient de quinze. Un jour un officier russe, arrivant en courrier de Pétersbourg, en douze ou treize jours, joignit Napoléon à Fontainebleau, au départ de la chasse; pour délassement, il eut la faveur d'être invité à suivre : il n'eut garde de refuser; mais il tomba dans la forêt, et ce ne fut pas sans peine qu'on le retrouva.

J'ai vu l'Empereur, au Conseil d'État, traiter les affaires huit ou neuf heures de suite, et lever la séance avec les idées aussi nettes, la tête aussi fraîche qu'au commencement. Je l'ai vu lire à Sainte-Hélène, dix ou douze heures de suite, des sujets abstraits, sans en paraître nullement fatigué.

Il a supporté sans ébranlement les plus fortes secousses qu'un homme puisse éprouver ici-bas. A son retour de Moscou ou de Leipsick, après l'exposé du désastre au Conseil d'État, il dit : « On a répandu dans Paris « que les cheveux m'en avaient blanchi; mais vous voyez qu'il n'en est « rien (montrant son front de la main), et j'espère que j'en saurais sup- « porter bien d'autres. » Mais toutes ces prodigieuses épreuves ne se sont accomplies, pour ainsi dire, qu'en déception de son physique, qui ne se montre jamais moins susceptible que quand l'activité de l'esprit est plus grande.

[1] Ceci paraîtra incroyable; moi-même, en relisant aujourd'hui mon manuscrit, je doute; mais je ne peux oublier cependant que, lorsqu'il en fut question à Longwood, c'était à dîner; ce devint l'objet d'une discussion assez longue, et je n'ai bien certainement écrit alors que ce qui demeura convenu. D'ailleurs il existe encore plusieurs de ceux qui l'accompagnaient : on pourra vérifier.

Napoléon mange très-irrégulièrement, et en général fort peu. Il répète souvent qu'on peut souffrir de trop manger, jamais d'avoir mangé trop peu. Il est homme à rester vingt-quatre heures sans manger, seulement pour se donner de l'appétit le lendemain. Il boit bien moins encore ; un seul verre de vin de Madère ou de Champagne suffit pour réveiller ses forces ou lui donner de la gaieté. Il dort fort peu, et à des heures très-irrégulières ; se relevant au premier réveil pour lire ou pour travailler, et se recouchant pour redormir encore.

L'Empereur ne croit pas à la médecine, il ne prend jamais aucun remède. Il s'est créé un traitement particulier : son grand secret avait été depuis longtemps, disait-il, de commettre un excès en sens opposé à son habitude présente ; c'est ce qu'il appelle rappeler l'équilibre de la nature : s'il était depuis quelque temps en repos, il faisait subitement une course de soixante milles, une chasse de tout un jour.

S'il se trouvait au contraire surpris au milieu de très-grandes fatigues, il se condamnait à vingt-quatre heures de repos absolu. Cette secousse imprévue lui causait infailliblement une crise intérieure qui amenait aussitôt le résultat désiré : cela, disait-il, ne lui avait jamais manqué.

L'Empereur a la lymphe trop épaisse, son sang circule difficilement. La nature l'a doué de deux avantages bien précieux, dit-il : l'un est de s'endormir dès qu'il a besoin de repos, à quelque heure et en quelque lieu que ce soit ; l'autre, de ne pouvoir commettre d'excès nuisible dans son boire ou dans son manger : « Si je dépassais le moindrement mon « tirant d'eau, disait-il, mon estomac rendrait aussitôt le surplus. » Il vomit très-facilement, une simple toux d'irritation suffit pour lui faire rendre son dîner.

Continuation de la vie de Briars, etc. — Ma première visite à Longwood — Machine infernale, son historique.

Dimanche 26 au mardi 28.

Le 26, l'Empereur s'est habillé de très-bonne heure, il était tout à fait bien ; il avait voulu sortir ; le temps était charmant, et d'ailleurs sa chambre n'avait pas été faite depuis trois jours. Nous avons été dans le jardin, où il a voulu déjeuner sous le berceau ; il se trouvait fort gai, et sa conversation a parcouru beaucoup d'objets et de personnes.

L'Empereur, tout à fait rétabli, reprit ses occupations ordinaires : elles étaient sa seule ressource ; sa chambre, la lecture, la dictée, le jardin, devaient remplir toute sa journée ; quelquefois encore l'allée inférieure, dont une nouvelle saison ou l'état de la lunaison nous bannissait insensiblement. Les nombreuses visites que la curiosité attirait chez notre hôte pour y rencontrer l'Empereur l'avaient gêné et l'en avaient tout à fait éloigné. Nous demeurions claquemurés dans notre petite enceinte. Nous n'avions dû y rester que quelques jours : six semaines étaient écoulées, et il n'était pas encore question de notre changement. Durant tout ce temps, l'Empereur s'était trouvé aussi resserré que s'il fût demeuré à bord du vaisseau. Il ne s'était encore permis qu'une seule excursion chez le major Hodson, et nous apprîmes plus tard qu'elle avait même causé une extrême inquiétude : elle était parvenue, au milieu du bal de l'amiral, aux oreilles des autorités, et les avait mises tout en émoi.

On travaillait toujours à Longwood, qui devait être notre nouvelle demeure. Les troupes que nous avions amenées d'Angleterre étaient campées aux environs. Le colonel donnait un bal, nous y étions invités ; l'Empereur voulut que j'y allasse et que j'examinasse l'endroit. Je m'y rendis avec madame Bertrand, dans une voiture attelée de six bœufs : c'est dans

cet équipage mérovingien que nous escaladâmes la distance qui nous séparait de Longwood. C'était la première fois que je voyais de nouvelles parties de l'île ; toute la route ne me montra qu'une constante répétition des grandes convulsions de la nature : toujours d'énormes rochers hideux et nus, entièrement privés de végétation. Si, à chaque changement d'horizon, on apercevait au loin quelque verdure, quelques bouquets de bois, tout cela disparaissait en approchant, comme les ombres des poëtes ; ce n'était plus que quelques plantes marines, quelques arbrisseaux sauvages, ou bien encore quelques tristes arbres à gomme ; ceux-ci sont toute la parure de Longwood. Je revins à cheval vers les six heures, pour me retrouver à temps auprès de l'Empereur. Il me questionna beaucoup sur notre nouvelle demeure. Il ne m'en trouva nullement enthousiasmé. Il me demandait, en résumé, s'il y avait à gagner ou à perdre. Je pus lui rendre toute ma pensée en deux mots : « Sire, nous sommes « ici en cage ; là, nous serons parqués. »

Le 28, l'Empereur quitta son habit militaire, qu'il avait repris pour se rendre à bord du *Bellérophon*, et mit un frac de fantaisie.

Dans diverses conversations de ce jour, il a touché un grand nombre de conspirations dirigées contre lui. La machine infernale a eu son tour : cette invention diabolique, qui causa tant de rumeur et fit tant de victimes, fut exécutée par les royalistes, qui en reçurent l'idée des jacobins.

Une centaine de jacobins forcenés, disait l'Empereur, les vrais exécuteurs de septembre, du 10 août, etc., etc., avaient résolu de se défaire du Premier Consul ; ils avaient imaginé, à cet effet, une espèce d'obus de quinze ou seize livres qui, jeté dans la voiture, eût éclaté par son propre choc, et anéanti tout ce qui l'eût entouré ; se proposant, pour être plus sûrs de leur coup, de semer une certaine partie de la route de chausse-trapes qui, arrêtant subitement les chevaux, devaient amener l'immobilité de la voiture. L'ouvrier auquel on proposa l'exécution de ces chausse-trapes, prenant des soupçons sur ce qu'on lui demandait, aussi bien que sur la moralité de ceux qui l'ordonnaient, en prévint la police. On eut bientôt tracé ces gens-là si bien qu'on les prit sur le fait, essayant hors de Paris, près du Jardin des Plantes, l'effet de cette machine qui fit une explosion terrible. Le Premier Consul, qui avait pour système de ne point divulguer les nombreuses conspirations dont il était l'objet, ne voulut pas qu'on donnât de suite à celle-ci ; on se contenta d'emprisonner les coupables. Bientôt on se lassa de les tenir au secret, et ils eurent une certaine liberté. Or, dans la même prison se trouvaient des royalistes, enfermés pour avoir voulu tuer le Premier Consul à l'aide d'un fusil à vent : ces deux bandes fraternisèrent, et ceux-ci transmirent à leurs amis du dehors l'idée de la machine infernale, comme de beaucoup préférable à tout autre moyen.

Il est très-remarquable que, pendant la soirée de la catastrophe, le Premier Consul montra une répugnance extrême pour sortir : on donnait un *Oratorio,* madame Bonaparte et quelques intimes du Premier Consul voulaient absolument l'y faire aller ; celui-ci était tout endormi sur un canapé, et il fallut qu'on l'en arrachât, que l'un lui apportât son épée, l'autre son chapeau. Dans la voiture même, il sommeillait de nouveau, quand il ouvrit subitement les yeux, rêvant, dit-il, qu'il se noyait dans le Tagliamento. Pour comprendre ceci, il faut savoir que quelques années auparavant, étant général de l'armée d'Italie, il avait passé de nuit, en voiture, le Tagliamento, contre l'opinion de tout ce qui l'entourait. Dans le feu de la jeunesse, et ne connaissant aucun obstacle, il avait tenté ce passage, entouré d'une centaine d'hommes armés de perches et de flambeaux. Toutefois la voiture se mit à la nage ; il courut le plus grand

danger, et se crut réellement perdu. Or, en cet instant, il s'éveillait au milieu d'une conflagration, la voiture était soulevée, il retrouvait en lui toutes les impressions du Tagliamento, lesquelles, du reste, n'eurent que la durée d'une seconde ; car une effroyable détonation se fit aussitôt entendre. « Nous sommes minés! » furent les paroles qu'il adressa à Lannes et à Bessières qui se trouvaient avec lui. Ceux-ci voulaient arrêter à toute force ; mais il leur dit de s'en bien donner de garde. Le Premier Consul arriva et parut à l'Opéra, comme si de rien n'était. Il fut sauvé par l'audace et la dextérité de son cocher *César*, à qui cette circonstance non moins que son dévouement et sa fidélité imprimèrent une sorte de célébrité.

La machine n'atteignit qu'un ou deux hommes de la queue de l'escorte.

Aussitôt après l'événement, on s'en prit aux jacobins qu'on avait jadis convaincus de la préméditation de cet attentat; et on en déporta un bon nombre : ils n'étaient pourtant pas les vrais coupables; un autre hasard bien bizarre fit découvrir ceux-ci.

Trois ou quatre cents cochers de fiacre donnèrent un repas de corps à un louis ou douze francs par tête, au cocher du Premier Consul, devenu pour eux le héros du jour et du métier. Dans la chaleur du repas, un des convives, buvant à son habileté, lui dit qu'il savait qui lui avait joué ce

tour-là. On s'en saisit aussitôt, et il se trouva que le jour même, ou la veille de la fatale explosion, ce cocher s'était arrêté avec son fiacre devant une porte cochère pour laisser passer la petite charrette qui avait fait tout le mal. On courut à cet endroit, où l'on louait en effet des voitures de toute espèce ; les propriétaires ne la renièrent pas ; ils montrèrent le hangar où elle avait été raccommodée ; des traces de poudre y étaient encore. Ils croyaient, dirent-ils, l'avoir louée à des contrebandiers bretons. On retraça facilement tous ceux qui y avaient travaillé, celui qui avait vendu le cheval, etc., etc.; et l'on acquit des indices que ce complot partait des royalistes chouans. On dépêcha quelques gens intelligents à leur quartier-général dans le Morbihan : ils ne s'en cachaient pas, ne se plaignant que de n'avoir pas réussi ; quelques coupables, par là, furent saisis et punis. On assure que le chef a depuis cherché dans les austérités de la religion l'expiation de son crime ; qu'il s'est fait trappiste.

Conspiration de Georges, Pichegru, etc. — Affaire du duc d'Enghien. — Esclave Tobie. — Réflexions caractéristiques de Napoléon.

Mercredi 29, jeudi 30.

Je trouve ici, dans mon manuscrit, des détails précieux sur la conspiration de Georges, de Pichegru, de Moreau, et sur le procès du duc d'Enghien ; mais comme il en est question à différentes reprises dans mon journal, je renvoie plus loin ce qui se trouve ici, afin d'en présenter ailleurs l'ensemble complet.

Le petit jardin de M. Balcombe, où nous nous promenions souvent, se trouvait cultivé par un vieux nègre. La première fois que nous le rencontrâmes, l'Empereur, suivant sa coutume, me le fit questionner, et son récit nous intéressa fort. C'était un Indien-Malais qui avait été frauduleusement enlevé de chez lui, il y avait nombre d'années, par un équipage anglais, transporté à bord et vendu à Sainte-Hélène, où il demeurait depuis dans l'esclavage. Sa narration portait tout le caractère de la sincérité ; sa figure était franche et bonne, ses yeux spirituels et encore vifs ; tout son maintien nullement avili, mais tout à fait attachant.

Nous fûmes indignés au récit d'un tel forfait ; et à peu de jours de là l'Empereur pensa à l'acheter pour le faire reconduire dans son pays. Il en parla à l'amiral, dont le premier mot, en défense des siens, fut de prétendre que le vieux Tobie (c'était le nom du malheureux esclave) ne devait être qu'un imposteur, et que la chose était impossible. Toutefois il fit une enquête à ce sujet, et la chose ne se trouva que trop vraie ; alors il partagea notre indignation, et promit d'en faire son affaire. Nous avons quitté Briars, nous avons été transportés à Longwood, et le pauvre Tobie, partageant le sort commun de toutes choses ici-bas, a été bientôt oublié : je ne sais pas ce que le tout sera devenu.

Quoi qu'il en soit, lorsque nous venions dans le jardin, l'Empereur s'arrêtait la plupart du temps près de Tobie, et me le faisait questionner sur son pays, sa jeunesse, sa famille, sa situation actuelle; on eût dit qu'il cherchait à étudier ses sensations. L'Empereur terminait toujours la conversation en me faisant lui donner un napoléon.

Tobie s'était fort attaché à nous, notre venue semblait être sa joie; interrompant aussitôt son travail, et appuyé sur sa bêche, il contemplait

d'un air satisfait nos deux figures, n'entendant pas un mot de notre langage entre nous, mais souriant d'avance aux premières paroles que je lui traduirais. Il n'appelait l'Empereur que le *bon monsieur* (the good gentleman): c'était le seul nom qu'il lui donnait: il n'en savait pas davantage.

Je me suis arrêté sur ces détails parce que les rencontres de Tobie étaient suivies, de la part de l'Empereur, de réflexions toujours neuves, piquantes, et surtout caractéristiques. On connaît la mobilité de son esprit ; aussi la chose était-elle traitée chaque fois sous une face nouvelle. Je me suis contenté de consigner ici les suivantes.

« Ce pauvre Tobie que voilà, disait-il une fois, est un homme volé à sa
« famille, à son sol, à lui-même, et vendu : peut-il être de plus grand
« tourment pour lui! de plus grand crime dans d'autres! Si ce crime est
« l'acte du capitaine anglais tout seul, c'est à coup sûr un des hommes les
« plus méchants; mais, s'il a été commis par la masse de l'équipage, ce for-
« fait peut avoir été accompli, après tout, par des hommes peut-être pas
« si méchants que l'on croirait; car la perversité est toujours individuelle,
« presque jamais collective. Les frères de Joseph ne peuvent se résoudre
« à le tuer; Judas, froidement, hypocritement, avec un lâche calcul, livre
« son maître au supplice. Un philosophe a prétendu que les hommes nais-
« saient méchants ; ce serait une grande affaire et fort oiseuse que d'aller
« rechercher s'il a dit vrai. Ce qu'il y a de certain, c'est que la masse de
« la société n'est point méchante ; car si la très-grande majorité voulait
« être criminelle et méconnaître les lois, qui est-ce qui aurait la force de
« l'arrêter ou de la contraindre? Et c'est là précisément le triomphe de
« la civilisation, parce que cet heureux résultat sort de son sein, naît de
« sa propre nature. La plupart des sentiments sont des traditions; nous
« les éprouvons parce qu'ils nous ont précédés : aussi la raison humaine,
« son développement, celui de nos facultés, voilà toute la clef sociale,
« tout le secret du législateur. Il n'y a que ceux qui veulent tromper les
« peuples et gouverner à leur profit qui peuvent vouloir les retenir dans
« l'ignorance ; car plus ils sont éclairés, plus il y aura de gens convaincus
« de la nécessité des lois, du besoin de les défendre, et plus la société sera
« assise, heureuse, prospère. Et s'il peut arriver jamais que les lumières
« soient nuisibles dans la multitude, ce ne sera que quand le gouverne-
« ment, en hostilité avec les intérêts du peuple, l'acculera dans une
« position forcée, ou réduira la dernière classe à mourir de misère ; car
« alors il se trouvera plus d'esprit pour se défendre ou devenir criminel.

« Mon seul Code, par sa simplicité, a fait plus de bien en France que la
« masse de toutes les lois qui m'ont précédé. Mes écoles, mon enseigne-
« ment mutuel préparent des générations inconnues. Aussi sous mon rè-
« gne les crimes allèrent-ils en décroissant avec rapidité, tandis que chez
« nos voisins, en Angleterre, ils allaient au contraire croissant d'une ma-
« nière effrayante. Et c'en est assez pour pouvoir prononcer hardiment
« sur les deux administrations respectives !

« Et voyez comme aux États-Unis, sans efforts aucuns, tout y prospère ;
« combien on y est heureux et tranquille : c'est qu'en réalité c'est la vo-

« lonté, ce sont les intérêts publics qui y gouvernent. Mettez le même
« gouvernement en guerre avec la volonté, les intérêts de tous, et vous
« verrez aussitôt quel tapage, combien de tiraillements, de troubles, de
« confusion, et surtout quel accroissement de crimes.

« Arrivé au pouvoir, on eût voulu que j'eusse été un Washington : les
« mots ne coûtent rien, et bien sûrement ceux qui l'ont dit avec autant de
« facilité, le faisaient sans connaissance des temps, des lieux, des hommes
« et des choses. Si j'eusse été en Amérique, volontiers j'eusse été un Was-
« hington, et j'y eusse eu peu de mérite; car je ne vois pas comment il eût
« été raisonnablement possible de faire autrement. Mais si lui se fût trouvé
« en France sous la dissolution du dedans et sous l'invasion du dehors, je
« lui eusse défié d'être lui-même, ou s'il eût voulu l'être, il n'eût été qu'un
« niais, et n'eût fait que continuer de grands malheurs. Pour moi, je
« ne pouvais être qu'*un Washington couronné*. Ce n'était que dans un
« congrès de rois, au milieu des rois convaincus et maîtrisés, que je pou-
« vais le devenir. Alors, et là seulement, je pouvais montrer avec fruit
« sa modération, son désintéressement, sa sagesse; je n'y pouvais raison-
« nablement parvenir qu'au travers *de la dictature universelle* : j'y ai
« prétendu, m'en ferait-on un crime? Penserait-on qu'il fût au-dessous
« des forces humaines de s'en démettre? Sylla, gorgé de crimes, a bien
« osé abdiquer, poursuivi par l'exécration publique. Quel motif eût pu
« m'arrêter, moi qui n'aurais eu que des bénédictions à recueillir!.....
« Mais demander de moi avant le temps ce qui n'était pas de saison était
« d'une bêtise vulgaire; moi l'annoncer, le promettre eût été pris pour
« du verbiage, du charlatanisme; ce n'était point mon genre..... Je le
« répète, il me fallait vaincre à Moscou!..... »

Une autre fois, arrêté devant Tobie, il disait : « Ce que c'est pourtant
« que cette pauvre machine humaine! pas une enveloppe qui se ressem-
« ble; pas un intérieur qui ne diffère! et c'est pour se refuser à cette vé-
« rité qu'on commet tant de fautes. Faites de Tobie un Brutus, il se serait
« donné la mort; un Ésope, il serait peut-être aujourd'hui le conseiller
« du gouverneur; un chrétien ardent et zélé, il porterait ses chaînes en
« vue de Dieu et les bénirait. Pour le pauvre Tobie, il n'y regarde pas de
« si près, il se courbe et travaille innocemment! » Et après l'avoir considéré quelques instants en silence, il dit en s'éloignant : « Il est sûr qu'il
« y a loin du pauvre Tobie à un roi Richard!... Et toutefois, continuait-il
« en marchant, le forfait n'en est pas moins atroce; car cet homme, après
« tout, avait sa famille, ses jouissances, sa propre vie. Et l'on a commis
« un horrible forfait en venant le faire mourir ici sous le poids de l'es-

« clavage. » Et s'arrêtant tout à coup, il me dit : « Mais je lis dans vos
« yeux : vous pensez qu'il n'est pas le seul exemple de la sorte à Sainte-
« Hélène! » Et soit qu'il fût heurté de se voir en parallèle avec Tobie,
soit qu'il crût que mon courage eût besoin d'être relevé, soit enfin toute
autre chose, il poursuivit avec feu et majesté : « Mon cher, il ne saurait
« y avoir ici le moindre rapport ; si l'attentat est plus relevé, les victimes
« aussi offrent bien d'autres ressources. On ne nous a point soumis à des
« souffrances corporelles, et, l'eût-on tenté, nous avons une âme à trom-
« per nos tyrans!..... Notre situation peut même avoir des attraits! L'u-
« nivers nous contemple!... Nous demeurons les martyrs d'une cause
« immortelle!..... Des millions d'hommes nous pleurent, la patrie sou-
« pire, et la gloire est en deuil!...... Nous luttons ici contre l'oppression
« des dieux, et les vœux des nations sont pour nous! » Et après une pause
de quelques secondes, il reprit : « Mes véritables souffrances ne sont point
« ici!... Si je ne considérais que moi, peut-être aurais-je à me réjouir!...
« Les malheurs ont aussi leur héroïsme et leur gloire!..... L'adversité
« manquait à ma carrière!..... Si je fusse mort sur le trône, dans les
« nuages de ma toute-puissance, je serais demeuré un problème pour
« bien des gens ; aujourd'hui, grâce au malheur, on pourra me juger à
« nu! »

Origine des guides. — Autre danger de Napoléon. — Un gros officier allemand. — Un chien.

Vendredi 1er décembre au dimanche 3.

Un grand nombre d'objets remplissent ces journées ; j'en élague une
partie comme inutile, et j'en tais une autre par convenance ; je ne re-
transcris ici que quelques traits nouveaux, relatifs au général en chef
de l'armée d'Italie.

Napoléon, après le passage du Mincio, toutes les mesures ordonnées, et
l'ennemi poursuivi dans toutes les directions, s'arrêta dans un château
sur la rive gauche. Il souffrait de la tête, et prit un bain de pieds. Un gros
détachement ennemi, égaré et perdu, arrive, en remontant le fleuve,
jusqu'à ce château. Napoléon y était presque seul ; la sentinelle en faction
à la porte n'a que le temps de la pousser, en criant aux armes, et le général de l'armée d'Italie, au sein de sa victoire, est réduit à s'évader par les
derrières du jardin avec une seule botte, l'autre jambe nue. S'il eût été
pris avant que sa réputation l'eût consacré, les actes de génie par les-

quels il venait de débuter n'eussent peut-être jamais été pour le vulgaire que des échauffourées heureuses et blâmables.

LOUTREL

Le danger auquel venait d'échapper le général français, circonstance qui, dans sa manière d'opérer, pouvait se renouveler souvent, devint l'origine des guides chargés de garder sa personne. Ils ont été imités depuis par les autres armées.

Napoléon, dans la même campagne, courut encore un aussi pressant danger : Wurmser, réduit à se jeter dans Mantoue, et débouchant subitement dans une plaine, apprit d'une vieille femme qu'il n'y avait qu'un instant que le général français, presque seul de sa personne, se trouvait arrêté devant sa porte, et qu'il avait pris la fuite à la vue même des Autrichiens. Wurmser expédia aussitôt un bon nombre de cavaliers dans toutes les directions, ne doutant pas de la précieuse capture. « Mais il recom-
« mandait surtout, il faut lui rendre cette justice, disait l'Empereur, de ne

« pas me tuer, ni de me faire aucun mal. » Heureusement la vitesse de son cheval et son heureuse étoile sauvèrent le jeune général.

On va voir que la nouvelle manière de faire la guerre, pratiquée par Napoléon, déconcertait tout le monde. A peine la campagne était ouverte, que toute la Lombardie était inondée dans toutes les directions, et qu'on faisait déjà les approches de Mantoue, pêle-mêle au milieu des ennemis. Le général en chef, se trouvant dans les environs de Pizzighitone, rencontra un gros capitaine ou colonel allemand qu'on venait de faire prisonnier.

Napoléon eut la fantaisie de le questionner sans en être connu, et lui demanda comment allaient les affaires. « Oh! très-mal, lui dit l'autre; je ne « sais pas comment cela finira, mais on n'y comprend plus rien. On nous « a envoyé pour nous combattre un jeune étourneau qui vous attaque à « droite, à gauche, par devant, par derrière; on ne sait plus que faire. « Cette manière est insupportable; aussi, pour ma part, je suis tout con- « solé d'avoir fini. »

Napoléon disait qu'à la suite d'une de ses grandes affaires d'Italie il tra-

versa lui troisième ou quatrième le champ de bataille dont on n'avait pu encore enlever les morts : « C'était par un beau clair de lune et dans la
« solitude profonde de la nuit, disait l'Empereur ; tout à coup un chien,
« sortant de dessous les vêtements d'un cadavre, s'élança sur nous et re-

« tourna presque aussitôt à son gîte, en poussant des cris douloureux ; il
« léchait tour à tour le visage de son maître, et se lançait de nouveau sur
« nous : c'était tout à la fois demander du secours et rechercher la ven-
« geance. Soit disposition du moment, continuait l'Empereur, soit le lieu,
« l'heure et le temps, l'acte en lui-même, ou je ne sais quoi, toujours
« est-il vrai que jamais rien, sur aucun de mes champs de bataille, ne me
« causa une impression pareille. Je m'arrêtai involontairement à contem-
« pler ce spectacle. Cet homme, me disais-je, a peut-être des amis ; il en
« a peut-être dans le camp, dans sa compagnie, et il gît ici abandonné
« de tous, excepté de son chien ! Quelle leçon la nature nous donnait par
« l'intermédiaire d'un animal !.....

« Ce qu'est l'homme ! et quel n'est pas le mystère de ses impressions !
« J'avais sans émotion ordonné des batailles qui devaient décider du sort

« de l'armée ; j'avais vu d'un œil sec exécuter des mouvements qui ame-
« naient la perte d'un grand nombre d'entre nous ; et ici je me sentais
« ému, j'étais remué par les cris et la douleur d'un chien !...... Ce qu'il y
« a de bien certain, c'est qu'en ce moment j'eusse été plus traitable pour
« un ennemi suppliant : je concevais mieux Achille rendant le corps
« d'Hector aux larmes de Priam. »

Guerre. — Principes. — Application. — Paroles sur divers généraux.

Lundi 4, mardi 5.

Mes yeux étaient devenus fort malades ; j'ai été obligé d'interrompre mon travail : ils s'en vont tout à fait ; je les aurai perdus sur la campagne d'Italie.

Depuis quelque temps la température éprouvait une variation sensible ; au demeurant, nous n'entendions plus rien aux saisons : le soleil passant dans l'année deux fois sur nos têtes, nous devions avoir, disions-nous, du moins deux étés, ou, pour mieux dire, le tout, dans nos idées accoutumées, ne ressemblait plus à rien ; car, pour achever la confusion, nous devions faire tous nos calculs désormais au rebours de l'Europe, puisque nous nous trouvions dans l'hémisphère méridional. Quoi qu'il en fût, il pleuvait souvent, l'amotsphère était très-humide, il faisait plus froid. L'Empereur ne sortait plus le soir ; il s'enrhumait à chaque instant, il ne reposait pas bien. Il fut obligé de cesser de manger sous la tente, et de faire servir de nouveau dans sa chambre : *il s'y trouvait mieux* ; mais il ne pouvait y bouger. La conversation continuait à table après qu'on avait desservi. Aujourd'hui on parla de guerre, de grands capitaines. « Le
« sort d'une bataille, disait l'Empereur, est le résultat d'un instant,
« d'une pensée : on s'approche avec des combinaisons diverses, on se
« mêle, on se bat un certain temps, le moment décisif se présente,
« *une étincelle morale* prononce, et la plus petite réserve accomplit. »
Il a été parlé de Lutzen et de Bautzen, etc., etc.

Plus tard l'Empereur a dit qu'à la campagne de Waterloo, s'il avait suivi la pensée de tourner la droite ennemie, il y eût réussi facilement ; il avait préféré de percer le centre et de séparer les deux armées. Mais tout a été fatal dans cette affaire, qu'il dit avoir pris la teinte d'une absurdité, et pourtant il devait obtenir la victoire. Jamais aucune de ses batailles n'avait présenté moins de doute à ses yeux ; il est encore à concevoir ce qui est arrivé.

« *Grouchi* s'est égaré, a-t-il dit. — *Ney* était tout hors de lui. — *D'Erlon* s'est rendu inutile. — Personne n'a été soi-même, etc. »

Si le soir il eût connu la position de Grouchi, continuait-il, et qu'il eût pu s'y jeter, il lui eût été possible au jour, avec cette magnifique réserve, de rétablir les affaires, et peut-être même de détruire les alliés par un de ces prodiges, de ces retours de fortune qui lui étaient familiers et qui n'eussent surpris personne ; mais il n'avait nulle connaissance de Grouchi, et puis il n'était pas facile de se gouverner au milieu des débris de cette armée. « On se la peindrait difficilement dans cette nuit de douleur, « disait-il ; c'était un torrent hors de son lit, elle entraînait tout. »

Laissant ensuite cela, il disait que les périls des généraux de nos jours ne pouvaient se comparer à ceux des temps anciens ; il n'y avait pas de position aujourd'hui où un général ne pût être atteint par l'artillerie ; jadis les généraux ne couraient de risque que quand ils chargeaient eux-mêmes ; ce qui n'était arrivé à César que deux ou trois fois.

Il était rare et difficile, disait-il dans un autre moment, de réunir toutes les qualités nécessaires à un grand général. Ce qui était le plus désirable et tirait aussitôt quelqu'un hors de ligne, c'est que chez lui l'esprit ou le talent fût en équilibre avec le caractère ou le courage : c'est ce qu'il appelait être *carré* autant de base que de hauteur. Si le courage, continuait-il, était de beaucoup supérieur, le général entreprenait vicieusement au delà de ses conceptions ; et, au contraire, il n'osait pas les accomplir, si son caractère ou son courage demeurait au-dessous de son esprit. Il citait alors le *vice-roi*, chez lequel cet équilibre était le seul mérite, et suffisait néanmoins pour en faire un homme très-distingué.

De là on a beaucoup parlé du courage physique et du courage moral ; et l'Empereur disait, au sujet du courage physique, qu'il était impossible à *Murat* et à *Ney* de n'être pas braves ; mais qu'on n'avait pas moins de tête qu'eux, le premier surtout.

Quant au courage moral, il l'avait trouvé fort rare, disait-il, celui de deux heures après minuit ; c'est-à-dire le courage de l'improviste, qui, en dépit des événements les plus soudains, laisse néanmoins la même liberté d'esprit, de jugement et de décision. Il n'hésitait pas à prononcer qu'il était celui qui s'était trouvé avoir le plus de ce courage de deux heures après minuit, et qu'il avait vu fort peu de personnes qui ne fussent demeurées de beaucoup en arrière.

Il disait à la suite de cela qu'on se faisait une idée peu juste de la force d'âme nécessaire pour livrer, avec une pleine méditation de ses conséquences, une de ces grandes batailles d'où vont dépendre le sort d'une armée, d'un pays, la possession d'un trône. Aussi observait-il qu'on trouvait rarement des généraux empressés à donner bataille : « Ils prenaient « bien leur position, s'établissaient, méditaient leurs combinaisons ; mais « là commençaient leurs indécisions ; et rien de plus difficile et pourtant « de plus précieux que de savoir se décider. »

Passant à un grand nombre de généraux, et daignant répondre à quelques questions : « *Kléber*, disait-il, était doué du plus grand talent ; mais « il n'était que l'homme du moment : il cherchait la gloire comme la seule « route aux jouissances ; d'ailleurs nullement national, il eût pu, sans « effort, servir l'étranger : il avait commencé dans sa jeunesse sous les « Prussiens, dont il demeurait fort engoué.

« *Desaix* possédait à un degré très-supérieur cet équilibre précieux « défini plus haut.

« *Moreau* était peu de chose dans la première ligne des généraux : la « nature, en lui, n'avait pas fini sa création ; il avait plus d'instinct que « de génie.

« Chez *Lannes* le courage l'emportait d'abord sur l'esprit ; mais chez « lui l'esprit montait chaque jour pour se mettre en équilibre. Il était « devenu très-supérieur quand il a péri : je l'avais pris *pygmée*, je l'ai « perdu *géant*. »

Chez tel autre qu'il nommait, l'esprit, au contraire, surpassait le caractère : on ne pouvait lui refuser de la bravoure assurément ; mais enfin il calculait le boulet, ainsi que beaucoup d'autres.

Parlant d'ardeur et de courage, l'Empereur disait : « Il n'est aucun « de mes généraux dont je ne connaisse ce que j'appelle son *tirant-d'eau*. « Les uns, disait-il en s'accompagnant du geste, en prennent jusqu'à la « ceinture, d'autres jusqu'au menton, enfin d'autres jusque par-dessus « la tête, et le nombre de ceux-ci est bien petit, je vous assure. »

Suchet était quelqu'un chez qui le caractère et l'esprit s'étaient accrus à surprendre.

Masséna avait été un homme très-supérieur qui, par un privilège très-particulier, ne possédait l'équilibre tant désiré qu'au milieu du feu : il lui naissait au milieu du danger.

« Les généraux qui semblaient devoir s'élever, les destinées de l'avenir, « terminait-il, étaient *Gérard*, *Clausel*, *Foy*, *Lamarque*, etc. : c'étaient « là mes nouveaux maréchaux. »

Situation des princes d'Espagne à Valencey. — Le pape à Fontainebleau. — Réflexions, etc.

Mercredi 6.

L'Empereur, après m'avoir dicté ce matin, a travaillé successivement

avec ces messieurs, et a prolongé quelque temps sa promenade avec eux. A leur départ, je l'ai suivi dans l'allée inférieure : il était triste, silencieux ; sa physionomie avait quelque chose de contrarié et de sévère. « Eh bien, m'a-t-il dit en remontant pour dîner, nous aurons à Long-
« wood des sentinelles sous nos fenêtres ; on voudrait me forcer d'avoir
« un officier étranger à ma table, dans mon salon ; je ne saurais monter
« à cheval sans en être accompagné ; en un mot, nous ne saurions faire
« un pas, un mouvement, sous peine d'un outrage ! »

Je lui ai dit que c'était une goutte d'absinthe de plus dans le calice amer que nous devions boire à sa gloire et à sa toute-puissance passée ; que son stoïcisme d'ailleurs suffisait pour défier ses ennemis, et les ferait rougir de leur brutalité à la face des nations. Je me suis hasardé de dire que les princes d'Espagne à Valencey, le pape à Fontainebleau, n'avaient sans doute jamais rien éprouvé de pareil. « Je le crois bien, a-t-il repris ; les
« princes chassaient à Valencey, ils y donnaient des bals, sans soupçonner
« physiquement leurs chaînes ; le respect, les égards, les entouraient de
« toutes parts. Le vieux roi Charles IV avait été transféré de Compiègne
« à Marseille, et de Marseille à Rome, quand il l'avait voulu. Et cepen-
« dant quelle différence de ces localités à celles d'ici ! Le pape, à Fon-
« tainebleau, bien qu'on en ait osé dire dans le monde, avait été traité de
« même ; et encore ne sait-on point le nombre des personnes qui, malgré
« tous ces adoucissements, avaient refusé, dans ces circonstances, d'en
« être les gardiens ; refus qui ne m'avaient point offensé, parce qu'ils
« m'avaient paru simples : ces emplois étaient du domaine de la délica-
« tesse intérieure, et nos mœurs européennes veulent que le pouvoir
« se trouve limité par l'honneur. » Il ajoutait que quant à lui, comme homme et comme officier, il n'eût pas hésité à refuser de garder le pape, dont il n'avait jamais ordonné d'ailleurs la translation en France.

Ma figure exprimait une grande surprise. « Ceci vous étonne? a-t-il
« repris ; vous ne le saviez pas ? Cela est pourtant vrai, ainsi que beau-
« coup d'autres choses semblables que vous apprendrez avec le temps.
« D'ailleurs, faudrait-il encore distinguer les actes du souverain qui agit
« collectivement, de ceux de l'homme privé que rien ne gêne dans son
« sentiment : la politique admet, ordonne même à l'un ce qui demeurerait
« souvent sans excuse dans l'autre. »

Le moment du dîner amena d'autres conversations, et trompa son chagrin ; la gaieté prit le dessus. Cependant l'Empereur songeait à quitter sa mauvaise cabane, quelque inconvénient d'ailleurs que fit pressentir la nouvelle demeure. Il m'a chargé, en allant finir ma soirée chez notre hôte, de lui porter une boîte avec son chiffre, et de lui dire qu'il était fâché de tout l'embarras qu'il devait lui avoir causé.

Contrariétés.

Jeudi 7.

Le grand maréchal et M. Gourgaud nous ont rejoints; ils arrivaient de Longwood. L'amiral, depuis quelques jours, était fort pressé de nous y envoyer; l'Empereur n'était pas moins désireux de s'y rendre : il était si mal à Briars! Toutefois il fallait que l'odeur de la peinture le lui permît, il était impossible à son organisation particulière de la supporter; jamais, dans les palais impériaux, il n'était arrivé de l'y exposer. Souvent, dans ses voyages, on avait été obligé de changer à la hâte les logements qu'on lui avait préparés. A bord du *Northumberland* il avait été malade de la seule peinture du vaisseau. Ici on lui avait dit la veille que tout était prêt, qu'il n'y avait plus d'odeur. Il avait dès lors résolu de partir pour Longwood le surlendemain samedi, afin de jouir de l'absence des ouvriers le dimanche; mais le grand maréchal et M. Gourgaud lui ont déclaré en cet instant qu'ils venaient de vérifier la place, qu'elle ne serait pas tenable; ils se sont étendus longuement sur cet objet. L'Empereur a pris beaucoup d'humeur du premier rapport qu'on lui avait fait, et de la résolution qu'il lui avait fait prendre. Ces deux messieurs s'en sont retournés; nous avons gagné l'allée inférieure, l'Empereur toujours assez mal disposé. M. de Montholon est arrivé de Longwood fort mal à propos; il a répété que tout était préparé, que l'Empereur pouvait y aller quand il voudrait; la contrariété et l'humeur ont éclaté à ces deux rapports aussi voisins et aussi contradictoires. Heureusement l'instant du dîner est venu faire diversion.

Lieutenant anglais. — Singularité. — Départ pour Longwood arrêté. — Politique. — État de la France. — Mémoire justificatif de Ney.

Vendredi 8, samedi 9.

Le doute élevé hier sur l'odeur de la peinture à Longwood m'ayant donné l'idée d'aller le vérifier moi-même, et désirant pouvoir en rendre compte à l'Empereur à son déjeuner, je suis parti de très-grand matin, faisant les trois quarts de la route à pied, parce que personne n'était encore levé aux écuries; j'étais de retour avant neuf heures. Il était très-vrai que les appartements sentaient peu ; mais c'était encore trop pour l'Empereur.

Le 9, l'Empereur a reçu au jardin la présentation du capitaine du *Minden*, de soixante-quatorze, venant du Cap, et repartant sous peu de jours pour l'Europe. Ce capitaine avait déjà eu l'honneur de lui être présenté à Paris sous le consulat, douze ans auparavant. Il a demandé la permission de présenter à l'Empereur un de ses lieutenants, à cause de quelques circonstances personnelles qui nous ont paru bien singulières.

Ce jeune homme était né à Bologne, précisément lors de la première entrée de l'armée française dans cette ville. Le général français, lui Napoléon, était même intervenu, pour quelque chose que le jeune homme ne sut pas expliquer, dans la cérémonie de son baptême ; et le général français avait fait présent, à cette occasion, d'une cocarde tricolore, conservée précieusement depuis dans sa famille.

Après le départ de ces personnes, le grand maréchal arriva de Longwood ; il trouvait que l'odeur était réellement peu de chose. L'Empereur était si mal ! une portion de ses effets était déjà partie, il arrêta de se rendre à Longwood le lendemain. J'en fus bien aise pour mon compte ; depuis quelques jours j'avais pu me convaincre du parti pris d'obliger l'Empereur à déguerpir. J'avais gardé pour moi les communications publiques ou secrètes qu'on m'en avait faites ; je me faisais une loi de lui épargner autant de contrariétés que possible, me contentant d'agir en conséquence. Il y avait deux jours qu'on était venu enlever la tente, sans que nous l'eussions désiré ; l'officier qui en était chargé avait aussi ordre d'enlever en même temps les contrevents de la demeure de l'Empereur. Je pris sur moi de m'y opposer ; cela ne se pouvait pas, lui dis-je, l'Empereur dormait encore, et je le renvoyai. D'un autre côté, afin de m'effrayer, on me dit, on me confia avec mystère et sous le secret que si l'Empereur restait plus longtemps, il était question d'envoyer cent soldats camper aux portes de l'enclos. Je répondis que c'était très-bien, et n'en tins nul compte, etc., etc.

Quel pouvait être le motif de cette presse nouvelle ? Je soupçonnai que le caprice de nos geôliers et l'exercice de l'autorité y avaient beaucoup plus de part que toute autre chose.

Nous avions reçu des papiers jusqu'au 15 septembre ; ils devinrent le sujet de la conversation ; l'Empereur les analysa : l'avenir demeurait enveloppé des nuages les plus sinistres. Toutefois trois grands résultats seulement s'offraient à la pensée, disait l'Empereur, le partage de la France, le règne violent, précaire, des Bourbons, ou une dynastie nouvelle, avec des institutions nationales. Louis XVIII, observait-il, avait pu régner facilement en 1814, en se faisant national ; aujourd'hui il ne lui restait plus que la chance, fort odieuse et très-incertaine, d'une excessive sévérité, celle de la terreur ; sa dynastie pouvait demeurer, ou celle qui lui succéderait n'être encore que dans le secret du temps. Un de nous ayant fait la remarque qu'il pourrait se faire que ce fût le duc d'Orléans, l'Empereur a, par un mouvement fort serré, fort éloquent, prouvé qu'à moins que le duc d'Orléans n'arrivât au trône par son tour de succession, il eût été dans l'intérêt bien entendu de tous les souverains de l'Europe de le préférer, lui Napoléon, au duc d'Orléans arrivant par un crime ; « car que prétend aujourd'hui la doctrine des rois contre les événements « du jour ? Empêcher le renouvellement de l'exemple que j'ai fourni « contre ce qu'ils appellent la légitimité ? Or, l'exemple que j'ai fourni « ne se renouvelle pas dans des siècles : celui que donnerait le duc d'Or-« léans, proche parent du monarque sur le trône, peut se renouveler « chaque jour, à chaque instant, dans chaque pays. Il n'est pas de sou-« verain qui n'ait à quelques pas de lui, dans son propre palais, des cou-

« sins, des neveux, des frères, quelques parents, propres à imiter faci-
« lement celui qui une fois les aurait remplacés. »

Nous lûmes dans les mêmes papiers l'extrait du Mémoire justificatif du maréchal Ney. L'Empereur le trouvait des plus pitoyables : il n'était pas propre à lui sauver la vie, il ne relevait nullement son honneur. Ses moyens étaient pâles, sans couleur, pour ne pas dire plus. Avec ce qu'il avait fait, il protestait encore de son dévouement au roi, et surtout de son éloignement pour l'Empereur. « Système absurde, disait Napoléon, que
« semblent avoir généralement adopté ceux qui ont paru dans ces mo-
« ments mémorables, sans faire attention que je suis tellement identifié
« avec nos prodiges, nos monuments, nos institutions, tous nos actes
« nationaux, qu'on ne saurait plus m'en séparer sans faire injure à la
« France : sa gloire est à m'avouer ! et quelque subtilité, quelque détour,
« quelque mensonge qu'on emploie pour essayer de prouver le contraire,
« je n'en demeurerai pas moins encore tout cela aux yeux de cette nation.

« La défense politique de Ney, continuait l'Empereur, semblait toute
« tracée : il avait été entraîné par un mouvement général qui lui avait
« paru la volonté et le bien de la patrie ; il y avait obéi sans préméditation,
« sans trahison. Les revers avaient suivi, il se trouvait traduit devant un
« tribunal ; il ne lui restait plus rien à répondre sur ce grand événement.
« Quant à la défense de sa vie, il n'avait rien à répondre encore, si ce n'est
« qu'il était à l'abri derrière une capitulation sacrée qui garantissait à
« chacun le silence et l'oubli sur tous les actes, sur toutes les opinions
« politiques. Si, dans ce système, il succombait, ce serait du moins à la
« face des peuples, en violation des lois les plus simples ; laissant le sou-
« venir d'un grand caractère, emportant l'intérêt des âmes généreuses,
« et couvrant de réprobation et d'infamie ceux qui, au mépris d'un traité
« solennel, l'abandonnaient sans pudeur. Mais ce rôle est peut-être au-
« dessus de ses forces morales, disait l'Empereur. Ney est le plus brave
« des hommes : là se bornent toutes ses facultés. »

Il est certain que Ney quitta Paris tout au roi ; qu'il n'a tourné qu'entraîné par ses soldats. Si alors il s'est montré ardent en sens contraire, c'est qu'il sentait qu'il avait beaucoup à se faire pardonner. Du reste, il est juste de dire qu'après son fameux ordre du jour, il écrivit à l'Empereur que ce qu'il venait de faire était principalement dans l'intérêt de la patrie ; et que ne devant pas lui être agréable, il le priait de trouver bon qu'il se retirât. L'Empereur lui fit répondre de venir, qu'il le recevrait comme le lendemain de la bataille de la Moscowa. Ney, rendu près de Napoléon, lui disait encore que, d'après ce qui était arrivé à Fontainebleau, il devait lui rester sans doute des préventions sur son attachement et sa fidélité, qu'en conséquence il ne lui demandait d'autre poste que celui de grenadier dans sa garde. L'Empereur, pour réponse, lui tendit la main, en l'appelant le

Brave des Braves, comme il faisait souvent. Plus tard il disait à l'Empereur. . . . .

L'Empereur fit alors le parallèle de la situation de Ney avec celle de Turenne révolté. Ney pouvait être défendu, disait-il; Turenne était injustifiable; et pourtant Turenne fut pardonné, honoré, et Ney allait probablement périr.

« En 1649, Turenne, disait-il, commandait l'armée du roi; ce com« mandement lui avait été conféré par Anne d'Autriche, régente du « royaume. Quoiqu'il eût prêté serment de fidélité, il corrompit son ar« mée, se déclara pour la Fronde, et marcha sur Paris. Mais dès qu'il « fut reconnu coupable de *haute trahison*, son armée repentante l'aban« donna, et Turenne, poursuivi, se réfugia auprès du prince de Hesse, « pour échapper à la justice.

« Ney, au contraire, fut entraîné par le vœu, par les clameurs unanimes « de son armée. Il n'y avait que neuf mois seulement qu'il reconnaissait

« un monarque qu'avaient précédé six cent mille baïonnettes étrangères ;
« monarque qui n'avait pas accepté la constitution à lui présentée par le
« Sénat, comme condition formelle et nécessaire de son retour, et qui,
« déclarant qu'il régnait depuis dix-neuf ans, manifestait par là qu'il regar-
« dait tous les gouvernements précédents comme des usurpations. Ney,
« élevé dans la souveraineté nationale, avait combattu pendant vingt-cinq
« ans pour soutenir cette cause, et de simple soldat s'était élevé au rang de
« maréchal. Si sa conduite au 20 mars n'est pas honorable, elle est au
« moins explicable, et sous quelques rapports excusable ; mais celle de
« Turenne était véritablement criminelle, parce que la Fronde était un
« parti allié à l'Espagne, lequel faisait alors la guerre à son roi ; enfin,
« parce qu'il était poussé par son propre intérêt et celui de sa famille,
« espérant obtenir une souveraineté aux dépens de la France, et par
« conséquent au préjudice de sa patrie. »

ÉTABLISSEMENT A LONGWOOD.

Translation à Longwood. — Description de la route. — Prise de possession. — Premier bain, etc.

Dimanche 10.

ans la matinée l'Empereur m'a fait appeler pour le suivre dans le jardin : il était contraint de sortir de bonne heure de sa chambre, tout devant en être enlevé le matin même pour être transporté à Longwood. Arrivé au jardin, l'Empereur y avait fait appeler notre hôte, M. Balcombe, et a demandé son déjeuner; il a voulu que M. Balcombe déjeunât avec lui. Il était à merveille; sa conversation a été fort gaie.

Vers les deux heures, on a annoncé l'amiral ; il s'avançait avec un certain embarras : la manière dont l'Empereur s'est vu traiter à Briars, les gênes imposées à ceux des siens demeurés à la ville, avaient créé de l'éloignement; l'Empereur avait cessé de recevoir l'amiral : toutefois il l'a traité en ce moment comme s'ils s'étaient vus la veille.

Enfin on a quitté Briars, on s'est mis en route pour Longwood. L'Empereur a monté le cheval qu'on lui avait fait venir du Cap : il le voyait pour la première fois; il était petit, vif, assez gentil. L'Empereur avait repris son uniforme des chasseurs de la garde; sa grâce et sa bonne mine étaient particulièrement remarquables ce jour-là; tout le monde en faisait l'observation autour de nous, et je me complaisais à l'entendre dire. L'amiral lui prodiguait ses soins. Beaucoup de monde s'était réuni sur la route

pour le voir passer, et plusieurs officiers anglais, joints à nous, grossissaient sa suite.

Pour se rendre de Briars à Longwood on revient pendant quelque temps vers la ville, puis, tournant tout à coup à droite, on franchit, à l'aide de trois ou quatre sinuosités, la chaîne qui forme un des côtés de la vallée; alors on se trouve sur un plateau un tant soit peu ascendant, et l'on découvre un nouvel horizon, de nouveaux sites. On laisse derrière soi la chaîne des montagnes pelées et des rocs stériles qui caractérisent le côté du débarquement; on a en front une nouvelle chaîne transversale, dont le pic de Diane est le sommet le plus élevé, en même temps qu'il semble être la clef et le noyau de tout le système environnant; sur la gauche, qui est la partie orientale de l'île ou le côté de Longwood, l'horizon est fermé par la chaîne crevassée de rochers nus qui forment le contour et la barrière de l'île ; le sol se montre entièrement en désordre, inculte et désert ; mais sur la droite l'œil plonge sur le terrain assez étendu, fort tourmenté il est vrai, mais du moins montrant de la verdure, un assez grand nombre d'habitations et toutes les traces de la culture ; de ce côté, le tableau, il faut l'avouer, est tout à fait romantique et même agréable.

A mesure qu'on avance sur une route en fort bon état, se creuse sur la gauche une vallée profonde. Au bout de deux milles, la route fait brusquement un coude à gauche ; à ce coude se trouve *Hut's-gate*, mauvaise petite maison choisie pour la demeure du grand maréchal et de sa famille. A quelques pas de là, la vallée de gauche, qui va toujours en se creusant, forme alors un gouffre circulaire, auquel son étendue, sa profondeur et son ensemble gigantesque ont fait donner le nom de *Bol-de-Punch-du-Diable* ; la route étant fort rétrécie en cet endroit par une éminence à droite, on se trouve obligé de prolonger à gauche et de très-près ce précipice jusqu'à ce qu'elle s'en détache pour atteindre Longwood, qu'on rencontre bientôt sur la droite.

A la porte de Longwood s'est trouvée une garde sous les armes, ren-

dant les honneurs prescrits à l'auguste captif. Son cheval, vif et indocile, peu accoutumé à tout ce spectacle et effrayé par le tambour, se refusait obstinément à franchir le seuil, et ce n'est que par la force de l'éperon que le cavalier est venu à bout de l'y lancer; et alors aussi des regards significatifs se sont échangés involontairement entre ceux qui formaient son escorte; et nous nous sommes trouvés enfin dans notre nouvelle demeure.

L'amiral s'est empressé de tout montrer dans les plus petits détails : il avait constamment tout dirigé, certains ouvrages étaient même de ses mains. L'Empereur a trouvé le tout très-bien; l'amiral s'en est montré des plus heureux; on voyait qu'il avait redouté la mauvaise humeur et le dédain; mais l'Empereur au contraire témoignait une bonté parfaite.

Il s'est retiré vers les six heures et m'a fait signe de le suivre dans sa chambre. Il a parcouru alors divers petits meubles qui s'y trouvaient, s'informant si j'en avais autant; sur la négative, il me les a fait emporter avec une grâce charmante, disant : « Prenez toujours; pour moi je ne « manquerai de rien, on me soignera plus que vous. » Il se trouvait très-fatigué; il m'a demandé s'il n'en portait pas les traces. C'était le résultat de cinq mois d'un repos absolu : il avait beaucoup marché le matin, et venait de faire quelques milles à cheval.

Cette nouvelle demeure se trouvait garnie d'une baignoire que l'amiral était venu à bout de faire exécuter tant bien que mal par ses charpentiers. L'Empereur, qui avait été privé de bains depuis la Malmaison, et pour qui ils étaient devenus une des nécessités de la vie, a voulu en prendre un dès l'instant même. Il m'a dit de lui tenir compagnie durant ce temps, et là il traçait les petits détails de notre établissement nouveau; et comme le local qu'on m'avait assigné était des plus mauvais, il a voulu que je m'établisse, durant le jour, dans ce qu'il a appelé son cabinet topographique, attenant à son propre cabinet, le tout, disait-il, afin que je me trouvasse moins éloigné de lui. Tout cela était dit avec une bonté qui me pénétrait. Il l'a poussée même jusqu'à me dire, à plusieurs reprises, qu'il fallait que je vinsse le lendemain prendre aussi un bain dans sa baignoire; et sur ce que mon attitude s'en excusait par un respect profond et une retenue indispensable : « Mon cher, a-t-il dit, en prison il faut savoir s'entr'aider. « Je ne saurais, après tout, occuper cette machine tout le jour, et ce bain « vous ferait autant de bien qu'à moi. » On eût dit qu'il cherchait à me dédommager de ce que j'allais le perdre, de ce que je ne serais plus le seul auprès de lui.

Après son bain, l'Empereur, ne voulant pas se rhabiller, a dîné dans sa chambre et m'a retenu avec lui; nous étions seuls, la conversation a conduit à une circonstance toute particulière, dont le résultat pouvait être d'une *grande importance*. Il m'en a demandé mon avis, et m'a chargé de lui en présenter le lendemain mes idées.....

Description de Longwood, etc. — Détail des appartements.

Lundi 11 au jeudi 14.

Enfin se déroulait pour nous une portion nouvelle de notre existence sur le malheureux rocher de Sainte-Hélène. On venait de nous établir dans nos futures demeures, et de nous assigner les limites de notre sauvage prison.

Longwood, dans le principe, simple ferme de la compagnie, abandonné au sous-gouverneur pour lui tenir lieu de maison de campagne, se trouve dans une des parties les plus élevées de l'île. Le thermomètre anglais marque dix degrés de différence en moins avec la vallée où nous avions débarqué. C'est un plateau assez étendu sur la côte orientale, et assez près du rivage. Des vents éternels, parfois violents et toujours de la même partie, en balayent constamment la surface ; des nuages le couvrent presque toujours ; le soleil, qui y paraît rarement, n'en a pourtant pas moins d'influence sur l'atmosphère : il attaque le foie, si on ne s'en préserve avec soin. Des pluies abondantes et soudaines achèvent d'empêcher qu'on ne distingue ici aucune saison régulière ; il n'en est point à Longwood, ce n'est qu'une continuité de vents, de nuages, d'humidité ; toujours une température modérée et monotone qui présente, du reste, peut-être plus d'ennui que d'insalubrité. L'herbe, en dépit des fortes pluies, disparaît rongée par le vent ou flétrie par la chaleur ; l'eau y est amenée par un conduit, et se trouve si malsaine, que le sous-gouverneur, que nous avons remplacé, n'en faisait usage, pour lui et pour ses gens, qu'après l'avoir fait bouillir : nous avons été contraints d'en faire autant nous-mêmes. Les arbres qu'on y voit, et qui de loin lui prêtent un aspect riant, ne sont que des arbres à gomme, arbuste chétif et bâtard qui ne donne point d'ombre. Une partie de l'horizon présente au loin l'immense mer ; le reste n'offre plus que d'énormes rochers stériles, des abîmes profonds, des vallées déchirées, et au loin la chaîne nuageuse et verdie du Pic-de-Diane. En résumé, l'aspect de Longwood ne saurait être agréable qu'au voyageur fatigué d'une longue navigation, pour qui toute terre a des charmes. S'il s'y trouve transporté par un beau jour, frappé des objets bizarres qui s'offrent soudainement à sa vue, il peut s'écrier même : Que c'est beau !

Mais cet homme n'y est que pour un instant ; et quel supplice sa fausse admiration ne fait-elle pas éprouver alors aux captifs condamnés à y demeurer toujours !

Depuis deux mois on n'avait pas cessé de travailler pour mettre Longwood en état de nous recevoir ; toutefois les résultats étaient bien peu de chose.

On entre à Longwood par une pièce qui venait d'être bâtie, destinée à servir tout à la fois d'antichambre et de salle à manger ; de là on passe dans une pièce attenante, dont on avait fait le salon ; on entre ensuite dans une troisième fort obscure, en travers sur celles-ci ; on l'avait désignée pour recevoir les cartes et les livres de l'Empereur : elle est devenue plus tard la salle à manger. En tournant à droite, dans cette chambre, on trouvait la porte de l'appartement de l'Empereur ; cet appartement consistait en deux très-petites pièces égales, à la suite l'une de l'autre, formant son cabinet et sa chambre à coucher ; un petit corridor extérieur, en retour de ces deux pièces, lui servait de salle de bain. A l'opposite de l'appartement de l'Empereur, à l'autre extrémité du bâtiment, était le logement de madame de Montholon, de son mari et de son fils, local qui a formé depuis la bibliothèque de l'Empereur. En dehors de tout cela, et au travers d'issues informes, une petite pièce carrée, au rez-de-chaussée, contiguë à la cuisine, fut ma demeure. Au travers d'une trappe pratiquée au plancher, et à l'aide d'une échelle de vaisseau, on arrivait au gîte de mon fils, véritable grenier qui ne renfermait guère que la place de son lit. Nos fenêtres et nos lits demeuraient sans rideaux ; le peu de meubles de nos chambres provenait évidemment de ce dont les habitants s'étaient défaits dans cette circonstance ; heureux, sans doute, de trouver cette occasion de les placer à profit pour les renouveler ensuite avec avantage.

Le grand maréchal, sa femme et ses enfants avaient été laissés à deux milles en arrière de nous, dans un abri tel que dans le pays même il porte le nom de *Hutte* (Hut's-gate).

Le général Gourgaud fut mis sous une tente, ainsi que le médecin [1] et l'officier préposé à notre garde, en attendant que l'on eût achevé leurs chambres, que construisaient à la hâte les matelots du *Northumberland*.

En face de nous, et séparé par un ravin assez profond, était campé,

---

[1] Ce médecin était le docteur O'Méara du *Northumberland*, qui, voyant Napoléon partir pour Sainte-Hélène sans médecin, s'offrit généreusement, aux grands applaudissements de tous les siens, et à la vive reconnaissance de nous tous. Les ministres anglais seuls semblent s'en être irrités : tout le monde sait les outrages, les injustices révoltantes, les persécutions que leur froide et barbare furie a accumulés plus tard sur la tête de ce digne Anglais, qui n'avait fait pourtant qu'honorer l'humanité, son pays et son cœur.

à une assez petite distance, le 53ᵉ, dont divers postes couronnaient les sommités voisines : tel était notre nouveau séjour.

Le 12, je rendis compte à l'Empereur de l'objet particulier sur lequel il m'avait dit, deux jours auparavant, de lui représenter mes idées ; il ne décida rien, croyant la chose tout à fait inutile. J'avais osé insister, parce que, dans le doute même, il n'y avait du moins rien à risquer ni à perdre : c'était se donner la chance de la loterie sans la dépense de la mise. L'événement a prouvé, du reste, qu'il avait bien jugé ; la chose eût été parfaitement inutile ; elle n'eût pu amener aucun résultat.

Le même jour le colonel Wilks, ancien gouverneur pour la compagnie,

que l'amiral était venu déplacer, vint faire sa visite à l'Empereur ; je servis d'interprète.

Régularisation de la maison de l'Empereur. — Situation morale des captifs entre eux, etc. — Quelques nuances du caractère de l'Empereur.

Vendredi 15, samedi 16.

La maison domestique de l'Empereur, au départ de Plymouth, se trouva composée encore de onze personnes. Je me fais un plaisir de consacrer ici leurs noms ; je le dois à leur dévouement.

PERSONNES COMPOSANT LE SERVICE DE L'EMPEREUR.

Chambre. — Marchand, Parisien, premier valet de chambre. — Saint-Denis, dit Aly, de Versailles, valet de chambre. — Noverraz, Suisse, valet de chambre. — Santini, Corse, huissier.

Livrée. — Archambault aîné, de Fontainebleau, piqueur. — Archambault cadet, de Fontainebleau, piqueur. — Gentilini, Elbois, valet de pied.

Bouche. — Cypriani, Corse, mort à Sainte-Hélène, maître d'hôtel. — Pierron, Parisien, officier. — Lepage, cuisinier. — Rousseau, de Fontainebleau, argentier.

Quelque nombreuse que se trouvât cette maison de l'Empereur, on pourrait dire cependant que, depuis notre départ d'Angleterre, durant notre traversée, et depuis notre débarquement à Sainte-Hélène, elle avait cessé d'exister pour lui.

Notre dispersion, les incertitudes de notre établissement, nos besoins, l'irrégularité avec laquelle ils étaient satisfaits, avaient nécessairement créé le désordre.

Dès que nous nous trouvâmes tous réunis à Longwood, l'Empereur voulut régulariser tout ce qui était autour de lui, et chercha à employer chacun de nous suivant la pente de son esprit. Conservant au grand maréchal le commandement et la surveillance de tout en grand, il confia à M. de Montholon tous les détails domestiques ; il donna au général Gourgaud la direction de l'écurie, et me réserva le détail des meubles avec l'administration intérieure de ce qui nous serait fourni. Cette dernière partie me semblait tellement en contact avec les détails domestiques, et je trouvais que l'unité sur ce point devait être si avantageuse au bien commun, que je me prêtai le plus que je pus à m'en faire dépouiller ; ce qui ne fut ni difficile ni long.

Ces nouvelles dispositions de l'Empereur arrêtées, tout commença à marcher tant bien que mal, et nous en fûmes certainement beaucoup mieux. Toutefois ces dispositions, quelque raisonnables qu'elles fussent, ne laissèrent pas de semer parmi nous des germes d'éloignement qui poussèrent de légères racines, et reparurent parfois à la surface : l'un trouvait qu'il avait perdu, l'autre voulait donner trop de lustre à sa partie, un autre se trouvait lésé dans le partage. Nous n'étions pas les membres d'une même famille qui, s'employant chacun selon ses moyens, ne songent qu'à faire prospérer la masse commune. Ce que la nécessité eût dû nous contraindre de faire, nous étions loin de le mettre en pratique ; nous nous débattions encore sur les débris de quelque luxe et les restes de quelque ambition.

Quand l'attachement à la personne de l'Empereur nous réunit autour de lui, le hasard seul, et non pas les sympathies, présida à notre agglomération ; ce fut un ensemble purement fortuit, et non le résultat des affinités. Aussi formions-nous masse à Longwood, plutôt par encerclure que par cohésion. Et comment en eût-il été autrement ? Nous étions presque tous étrangers les uns aux autres, et malheureusement les circonstances, l'âge, le caractère, étaient en nous autant de dispositions à le demeurer.

Ces circonstances, bien que légères, ont eu pourtant la conséquence fâcheuse de nous priver, en grande partie, de nos plus douces ressources. Elles ont empêché parmi nous cette confiance, cet épanchement, cette union intime, qui peuvent répandre quelques charmes, même au sein des plus cruelles infortunes. Mais aussi, par contre, ces mêmes circonstances m'ont bien souvent rendu témoin des dispositions privées du cœur de l'Empereur : ses invitations indirectes à nous unir et à confondre nos sentiments ; son soin constant à nous épargner tout juste motif de jalousie ; cette distraction calculée qui lui dérobait ce dont il ne voulait pas s'apercevoir ; enfin, jusqu'aux gronderies mêmes si paternelles dont nous nous rendions quelquefois l'objet, et qui, pour le dire en passant à l'honneur de chacun de nous, étaient évitées avec autant de zèle, reçues avec autant de respect que si elles fussent émanées du trône des Tuileries.

Qui aujourd'hui sur la terre pourrait se flatter de connaître dans l'Empereur l'homme privé plus que moi ? Qui a possédé les deux mois de solitude au désert de Briars ? Qui a joui de ces longues promenades au clair de lune, de ces heures nombreuses écoulées avec lui ? Qui a eu comme moi l'instant, le lieu, le sujet des conversations ? Qui a reçu le ressouvenir des charmes de l'enfance, le récit des plaisirs de la jeunesse, l'amertume des douleurs modernes ? Aussi puis-je m'expliquer à présent bien des circonstances qui semblaient dans le temps, à plusieurs, difficiles à entendre. Je comprends bien, surtout aujourd'hui, ce qui nous frappait si fort, et le caractérisait particulièrement aux jours de sa puissance, savoir : qu'on n'était jamais complétement perdu avec lui ; que, quelque éclatante qu'eût été la disgrâce, quelque profond qu'eût été l'abîme où l'on avait été jeté, on devait toujours espérer d'en revenir ; qu'une fois auprès de lui, quelque faute que l'on fît, quelque déplaisir que l'on causât, il était bien rare de s'en voir éloigné tout à fait. C'est qu'il est dans l'Empereur, à un degré éminent, deux qualités bien précieuses : un grand fonds de justice et une disposition naturelle à s'attacher. Quels que soient les contrariétés et les mouvements de colère qu'il vient à éprouver, il est encore un sentiment de justice qui reste tout-puissant sur lui : on est toujours sûr de le rendre attentif à de bonnes raisons ; on est même sûr, si l'on garde le silence, de les lui voir produire lui-même, s'il s'en présente à son esprit. D'un autre côté, il n'oublie jamais les services une fois rendus ; pas davantage les habitudes prises : tôt ou tard le ressouvenir lui en vient à l'esprit. Il se dit tout ce que l'on a dû souffrir, trouve que le châtiment a été assez long, et fait alors chercher au loin celui que le monde même avait oublié. Celui-ci reparaît au grand étonnement de tous, à l'étonnement de lui-même. On en connaît une foule d'exemples.

L'Empereur, sans être démonstratif, s'attache sincèrement. Une fois qu'il a pris l'habitude de quelqu'un, il ne pense pas qu'il puisse s'en séparer. Il en aperçoit les fautes, il les condamne, il blâme son propre choix, il gronde même avec force ; mais on n'a rien à craindre, ce sont comme autant de nouveaux liens.

On sera surpris sans doute de me voir esquisser ces traits du caractère de Napoléon avec autant de simplicité ; c'est que je me contente d'écrire seulement ce que je vois, et d'exprimer ce que je sens.

Ma situation matérielle adoucie. — Mon lit changé, etc.

Dimanche 17.

L'Empereur m'a fait demander à deux heures ; il commençait sa toilette. En me voyant, il m'a trouvé pâle. Je lui ai dit que cela pouvait venir de l'atmosphère de ma chambre, dont le voisinage de la cuisine faisait une véritable étuve souvent remplie de fumée. Il a voulu alors que je m'emparasse tout à fait du cabinet topographique pour y travailler le jour et y coucher la nuit, dans le lit même que l'amiral lui avait fait préparer, et dont il n'avait pas voulu faire usage, préférant son lit de campagne habituel. En finissant sa toilette, et choisissant parmi deux ou trois tabatières qu'il avait sous la main, il en a donné une assez brusquement à son valet de chambre (Marchand). « Serrez cela, a-t-il dit, je la retrouve toujours sous

« mes yeux ; elle me fait mal. » Je ne saurais dire ce que c'était ; je présume toutefois qu'il s'agissait d'un portrait du roi de Rome.

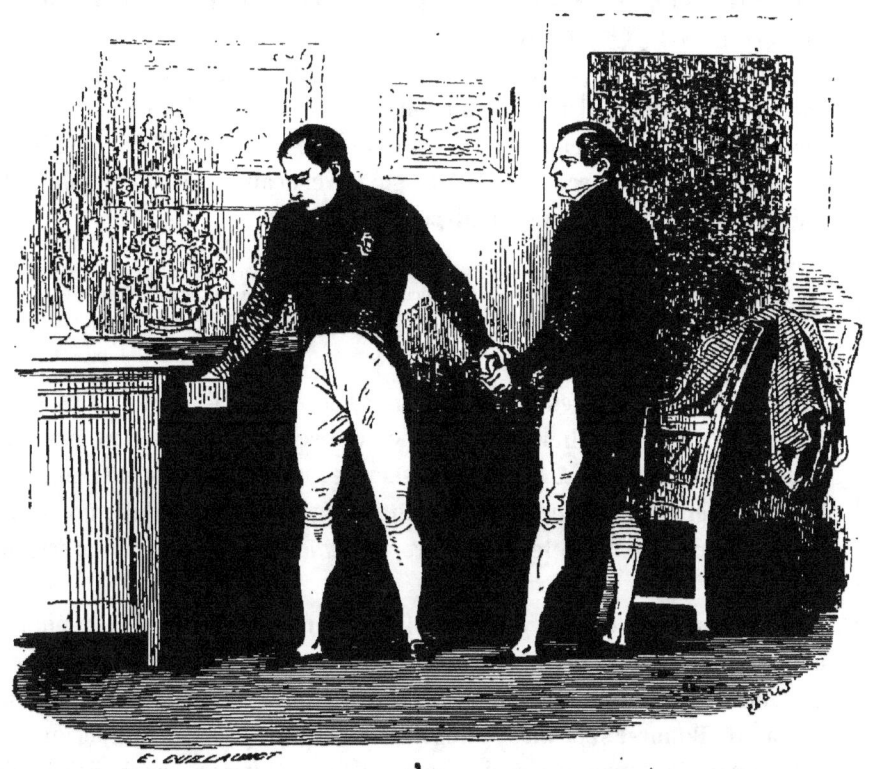

L'Empereur est sorti, je l'ai suivi ; il a fait le tour de la maison et a voulu entrer dans ma chambre. Portant la main à la muraille que chauffe la cuisine, il m'a répété que je ne pouvais pas demeurer là ; qu'il voulait absolument que je couchasse désormais dans son lit du cabinet topographique, ajoutant la parole charmante que c'était le *lit d'un ami*.

Nous nous sommes dirigés ensuite vers une mauvaise ferme qui était en vue. Sur notre chemin se trouvait le casernement des Chinois : ce sont des hommes de main-d'œuvre, des laboureurs, etc., que les bâtiments anglais enrôlent à Macao, qui restent dans l'île au service de la compagnie un certain nombre d'années, et s'en retournent après avoir recueilli un petit pécule à la manière de nos Auvergnats. L'Empereur a voulu leur faire beaucoup de questions, mais nous n'avons jamais pu nous entendre.

De là nous sommes descendus au jardin de la compagnie, formé dans la rigole des deux ravins opposés. L'Empereur a fait venir le jardinier et celui qui surveille le bétail de la compagnie et commande les Chinois ; il leur a fait, à chacun, une foule de questions relatives à leurs emplois. Il est rentré très-fatigué de sa course à pied : nous avions pourtant à peine fait un mille ; mais c'était sa première excursion.

Avant dîner, l'Empereur m'a fait appeler, ainsi que mon fils, pour notre travail accoutumé. Il m'appelait paresseux, et me faisait observer que mon fils en riait sous cape. Il m'en a demandé la raison ; j'ai répondu que c'était sans doute parce que Sa Majesté le vengeait. « Ah ! j'entends, a-t-il « dit en riant, je suis ici le grand-père. »

Habitudes et heures de l'Empereur. — Son style avec les deux impératrices. — Détails. — Maximes de l'Empereur sur la police. — Police secrète des lettres. — Détails curieux. — L'Empereur pour un gouvernement fixe et modéré.

Lundi 18, mardi 19.

Peu à peu nos heures et nos habitudes se régularisèrent. L'Empereur déjeunait vers les dix heures dans sa chambre, sur un guéridon, parfois il appelait l'un de nous. A la table de service, nous déjeunions à peu près à la même heure ; l'Empereur, pour notre agrément particulier, nous avait laissés libres d'en faire les honneurs, et d'y inviter qui bon nous semblerait.

Il n'y avait pas encore d'heures fixes pour la promenade ; la chaleur était très-forte dans le jour, l'humidité prompte et grande vers le soir. On annonçait depuis longtemps des chevaux de selle et de voiture venant du cap de Bonne-Espérance ; mais ils n'arrivaient point. L'Empereur travaillait dans la journée avec plusieurs de nous ; il me réservait d'ordinaire pour le temps qui précédait le dîner, lequel n'était guère servi que sur les huit ou neuf heures. Il me faisait donc venir sur les cinq ou six heures avec mon fils ; je n'écrivais ni ne lisais plus, à cause de l'état de mes yeux ; mon fils était venu à bout de me remplacer ; c'était lui qui écrivait ce que l'Empereur dictait ; je n'étais plus là que pour l'aider à se retrouver plus tard dans son griffonnage, ce à quoi je m'étais habitué de manière à pouvoir reproduire, presque littéralement et dans leur entier, toutes les paroles de l'Empereur.

La campagne d'Italie était finie, nous la repassions en entier ; l'Empereur corrigeait ou dictait de nouveau. On dînait, ainsi que je viens de le dire, de huit à neuf heures ; la table était mise dans la première pièce en entrant ; madame de Montholon était à la droite de l'Empereur ; j'étais à sa gauche ; MM. de Montholon, Gourgaud et mon fils étaient dans les parties opposées. La salle avait encore de l'odeur, surtout quand le temps était humide ; et quelque peu qu'il y en eût, c'était encore assez pour incommoder l'Empereur ; aussi nous n'étions pas dix minutes à table. On préparait le dessert dans la pièce voisine, qui était le salon ; nous allions nous y remettre à table, on y servait le café, la conversation se prolongeait ; on lisait quelques scènes de Molière, de Racine, de Voltaire ; nous regrettions chaque fois de n'avoir pas Corneille. De là on passait à une table de reversi ; c'était le jeu de l'Empereur au temps de sa jeunesse, disait-il. Ce ressouvenir lui était agréable ; il pensait qu'il pouvait s'en amuser longtemps ; il ne tarda pas à se détromper ; du reste, nous le jouions avec toutes ses variantes, ce qui amenait beaucoup de mouvement ; j'ai vu jusqu'à quinze ou dix-huit mille fiches de remises. L'Empereur essayait presque à chaque coup de faire le reversi, c'est-à-dire de faire toutes les levées, ce qui est assez difficile, et cela lui réussissait néanmoins souvent : le caractère perce toujours et partout ! On se retirait de dix à onze heures.

Aujourd'hui 19, quand j'aborde l'Empereur, il me donne à lui traduire un libelle qui lui était tombé sous la main. A travers mille inepties, nous arrivons à des lettres privées qu'il adressait à l'impératrice Joséphine, sous la forme solennelle de *Madame et chère épouse*. Ensuite c'était une combinaison d'espions et d'agents, à l'aide desquels l'Empereur lisait dans l'intérieur de toutes les familles en France, et perçait dans l'obscurité de tous les cabinets de l'Europe. L'Empereur n'a pas voulu aller plus loin, et m'a fait jeter le livre, en me disant : « C'est par trop bête ! »

Le fait est que Napoléon, dans ses relations privées, n'a jamais cessé d'écrire très-bourgeoisement *tu* à l'impératrice Joséphine, et *ma bonne petite Louise* à Marie-Louise.

La première fois que j'ai vu de l'écriture suivie de l'Empereur, c'est à Saint-Cloud, après la bataille de Friedland, entre les mains de l'impératrice Joséphine, qui se plaisait à nous la faire déchiffrer comme des espèces d'hiéroglyphes. Elle portait : « Mes enfants viennent d'illustrer encore
« une fois ma carrière ; la journée de Friedland s'inscrira dans l'histoire
« à côté de celles de Marengo, d'Austerlitz et d'Iéna. *Tu* feras tirer le
« canon ; Cambacérès fera publier le bulletin........ » Plus tard la même faveur me procura la vue de la même écriture, lors du traité de Tilsit. Elle disait : « La reine de Prusse est réellement charmante ; elle est pleine
« de coquetterie pour moi, mais n'en sois pas jalouse ; je suis une toile ci-
« rée sur laquelle tout cela ne fait que glisser. Il m'en coûterait trop cher
« pour faire le galant. »

A ce sujet on racontait alors parmi nous, dans le salon de Joséphine, que la reine de Prusse tenant à sa main une fort belle rose, l'Empereur la

Bataille de Friedland

lui avait demandée; la reine avait d'abord hésité quelques instants, disait-on, puis elle l'avait donnée en disant : « Pourquoi faut-il que je vous donne

« si facilement, vous qui demeurez inflexible sur tout ce que je vous de-
« mande? » Faisant allusion à la place de Magdebourg qu'elle avait ardemment sollicitée. Circonstance du reste tant soit peu variée, ainsi qu'on pourra s'en convaincre plus tard par le récit même de Napoléon qu'on trouvera par la suite.

Telle était pourtant la nature des rapports privés, que des ouvrages anglais d'un certain mérite ont défigurée au point de démontrer l'Empereur comme un tyran farouche, insolent et brutal; prêt à faire violence, à l'aide de ses mamelouks, à cette belle reine, sous les yeux même de son mari malheureux.

Mais voici précisément sur le même sujet et à la même époque une lettre authentique, dont je n'ai eu connaissance que depuis peu, et qui achèvera de donner une idée juste du style de Napoléon vis-à-vis de Joséphine, en même temps qu'elle fera connaître des formes aimables, et surtout une sensibilité et une galanterie domestiques qu'amis et ennemis étaient assurément bien loin de soupçonner alors en celui que, par toute l'Europe, la calomnie et le mensonge étaient venus à bout de faire passer pour le plus dur, le plus brutal, le plus insensible des hommes. Cette lettre de Napoléon est une réponse à des observations que lui adressait Joséphine sur le bulletin de la grande armée, qui s'exprimait avec trop peu de ménagement sur la reine de Prusse.

« J'ai reçu la lettre où tu me parais fâchée du mal que je dis des fem-
« mes. Il est vrai que je hais les femmes intrigantes au delà de tout ; je
« suis accoutumé à des femmes bonnes, douces et conciliantes : ce sont
« celles que j'aime. Si elles m'ont gâté, ce n'est pas ma faute, mais la
« tienne. Au reste, tu verras que j'ai été fort bon pour une qui s'est mon-
« trée sensible, madame d'Hatzfeld. Lorsque je lui montrai la lettre de
« son mari, elle me dit en sanglotant, avec une profonde sensibilité et
« naïvement : C'est bien là son écriture. Son accent allait à l'âme, elle me
« fit peine, je lui dis : *Eh bien! Madame, jetez cette lettre au feu. je ne*

« *serai plus assez puissant pour faire condamner votre mari*. Elle brûla
« la lettre, et me parut bienheureuse ; son mari est depuis tranquille, deux

« heures plus tard il était perdu. Tu vois donc que j'aime les femmes
« bonnes, naïves et douces; mais c'est que celles-là seules te ressemblent,
« etc., etc. » (6 novembre 1806, à neuf heures du soir.)

Quant à ce grand échafaudage de police et d'espionnage dont parlait le mauvais livre que nous venons de parcourir, quel État du continent peut se vanter d'en avoir eu moins que le gouvernement français? Et cependant quel terrain pouvait en demander plus que la France? Tous les pamphlets de l'Europe se sont dirigés sur ce point, pour rendre odieux chez autrui ce qu'ils cherchaient par là à cacher d'autant plus chez eux. Toutefois ces mesures, si nécessaires en principe, avilissantes sans doute dans leurs détails, n'ont jamais été traitées que *for ten grand* par l'Empereur, et toujours d'après sa maxime constante, qu'il n'y a que ce qui est indispensable qui doive être fait. Je l'ai souvent entendu, au Conseil d'État, se faire rendre compte de ces objets, les traiter avec une sollicitude particulière, chercher à en prévenir les inconvénients, créer des commissions de son conseil pour aller visiter les prisons, et lui faire des rapports directs. Employé moi-même dans une mission de cette nature, j'ai pu me convaincre, en effet, de tous les abus, de toutes les vexations des subalternes; mais aussi de *toute l'inclination et de l'extrême désir du souverain* de les réprimer.

L'Empereur voulut même, disait-il, chercher à relever, aux yeux des peuples, cette branche d'administration que flétrissaient en quelque sorte les préjugés et l'opinion, en la confiant à quelqu'un dont le caractère et la moralité seraient sans reproches. Il fit appeler en 1810, à Fontainebleau, un de ses conseillers d'État, M. Pasquier, qui avait été émigré, ou à peu près. Sa famille, de l'ancien parlement, sa première éducation, ses premières opinions, tout eût pu le rendre suspect à quelqu'un de plus défiant que l'Empereur. Dans le cours de la conversation, il lui demanda : « Si le
« comte de Lille se découvrait maintenant à Paris, et que vous fussiez
« chargé de la police, le feriez-vous arrêter? — Oui, sans doute, répondit
« le conseiller d'État, parce qu'il aurait rompu son ban, et qu'il y serait
« en opposition à toutes les lois existantes. » Et l'Empereur continuant à poser des questions auxquelles il fut répondu à sa satisfaction, il termina, disant : « Eh bien, retournez à Paris, je vous y fais mon préfet de police. »

Quant au secret des lettres sous le gouvernement de Napoléon, quoi qu'on en ait dit dans le public, on en lisait très-peu à la poste, assurait l'Empereur : celles qu'on rendait aux particuliers, ouvertes ou recachetées, n'avaient pas été lues la plupart du temps; jamais on n'en eût fini. Ce moyen était employé bien plus pour prévenir les correspondances dangereuses que pour les découvrir. Les lettres réellement lues n'en conservaient aucune trace ; les précautions étaient des plus complètes. Il existait depuis Louis XIV, disait l'Empereur, un bureau de *police politique* pour découvrir les relations avec l'étranger. Depuis ce souverain, les mêmes familles en étaient demeurées en possession ; les individus et leurs fonctions étaient inconnus, c'était un véritable emploi. Leur éducation s'était achevée à grands frais dans les diverses capitales de l'Europe ; ils avaient leur morale particulière, et se prêtaient avec répugnance à l'examen des lettres de l'intérieur : c'étaient pourtant eux qui l'exerçaient. Dès que quelqu'un se trouvait couché sur la liste de cette importante surveillance, ses armes, son cachet, étaient aussitôt gravés par le bureau, si bien que ses lettres, après avoir été lues, parvenaient néanmoins intactes, et sans aucun indice de soupçon, à leur adresse. Ces circonstances, les graves inconvénients qu'elles pouvaient amener, les grands résultats qu'elles pouvaient produire, faisaient la principale importance du directeur général des postes, et commandaient dans sa personne beaucoup de prudence, de sagesse et de sagacité.

L'Empereur a donné à ce sujet de grandes louanges à M. Lavalette : il n'était nullement partisan, du reste, de cette mesure, disait-il ; car, quant aux lumières diplomatiques qu'elle pouvait procurer, il ne pensait pas qu'elles pussent répondre aux dépenses qu'elles occasionnaient : ce bureau coûtait 600,000 francs. Et quant à la surveillance exercée sur les lettres des citoyens, il croyait qu'elle pouvait causer plus de mal que de bien. « Rarement, disait-il, les conspirations se traitent par cette voie ; « et quant aux opinions individuelles obtenues par les correspondances « épistolaires, elles peuvent devenir plus funestes qu'utiles au prince, sur- « tout avec notre caractère. De qui ne nous plaignons-nous pas avec notre « expansion et notre mobilité nationales ? Tel que j'aurai maltraité à mon « lever, observait-il, écrira dans le jour que je suis un tyran : il m'aura « comblé de louanges la veille, et le lendemain, peut-être, il sera prêt à « donner sa vie pour moi. La violation du secret des lettres peut donc « faire perdre au prince ses meilleurs amis, en lui inspirant à tort de la « méfiance et des préventions ; d'autant plus que les ennemis capables « d'être dangereux sont toujours assez rusés pour ne pas s'exposer à ce « danger. Il est tel de mes ministres dont je n'ai jamais pu surprendre « une lettre. »

Je crois avoir déjà dit qu'au retour de l'île d'Elbe, on a trouvé aux Tuileries une foule de pétitions et de pièces où Napoléon se trouvait fort indécemment mentionné : il les fit brûler. « Elles eussent formé un recueil

« bien abject, disait l'Empereur. J'eus un moment l'idée d'en insérer quel-
« ques-unes dans *le Moniteur*; elles auraient dégradé quelques individus,
« mais n'eussent rien appris sur le cœur humain : les hommes sont tou-
« jours les mêmes! »

L'Empereur, du reste, était loin de connaître tout ce que la police exécutait en son nom sur les écrits et sur les individus : il n'en avait ni le temps ni les moyens. Aussi tous les jours apprend-il de nous, ou par des pamphlets qui lui tombent sous la main, des arrestations d'individus ou des suppressions d'ouvrages qui sont tout à fait neuves pour lui.

En parlant des ouvrages cartonnés ou défendus par la police, sous son règne, l'Empereur disait que n'ayant rien à faire à l'île d'Elbe, il s'y était amusé à parcourir quelques-uns de ces ouvrages, et souvent il ne concevait pas les motifs que la police avait eus dans la plupart des prohibitions qu'elle avait ordonnées.

De là il est passé à discuter la liberté ou la limitation de la presse. C'est, selon lui, une question interminable et qui n'admet point de demi-mesure. Ce n'est pas le principe en lui-même, dit-il, qui apporte la grande difficulté, mais bien les circonstances sur lesquelles on aura à faire l'application de ce principe pris dans le sens abstrait. L'Empereur serait même par nature, disait-il, pour la liberté illimitée.

C'est sous ce même point de vue, et avec les mêmes raisonnements, que je l'ai vu constamment traiter ici toutes les grandes questions ; aussi Napoléon a-t-il vraiment été et doit-il demeurer, avec le temps, le type, l'étendard et le principe des idées libérales : elles sont dans son cœur, dans ses principes, dans sa logique. Si parfois ses actions semblent s'en être écartées, c'est que les circonstances l'ont impérieusement maîtrisé. En voici une preuve que j'acquis dans le temps, et que je n'appréciais pas alors autant qu'aujourd'hui.

Causant à l'écart dans un de ses cercles du soir aux Tuileries, avec trois ou quatre personnes de la cour groupées autour de lui, ainsi que cela arrivait souvent, il termina une grande question politique par ces paroles remarquables : « Car moi aussi je suis foncièrement et naturellement pour
« un gouvernement fixe et *modéré*. » Et comme la figure d'un des interlo-
cuteurs lui exprimait quelque surprise : « Vous ne le croyez pas, continua-
« t-il ; pourquoi? Est-ce parce que ma marche ne semble point d'accord
« avec mes paroles ? Mais, mon cher, que vous connaîtriez peu les choses et
« les hommes ! la nécessité du moment n'est-elle donc rien à vos yeux ?
« Je n'aurais qu'à relâcher les rênes, et vous verriez un beau tapage ; ni
« vous ni moi ne coucherions peut-être pas après-demain aux Tuileries. »

Première tournée de l'Empereur à cheval. — Dureté des instructions ministérielles à son égard. — Nos peines, nos plaintes. — Paroles de l'Empereur. — Réponses brutales.

Mercredi 20 au samedi 23.

L'Empereur est monté à cheval après déjeuner. Nous avons pris le chemin de la ferme; nous avons rencontré le fermier dans le jardin de la compagnie; nous nous en sommes fait suivre. Nous avons parcouru tout le terrain avec lui; l'Empereur lui faisant une foule de questions sur tous les détails de sa ferme, ainsi qu'il le faisait, me disait-il, dans ses chasses aux environs de Versailles, où il discutait avec les fermiers les idées du

Conseil d'État, pour venir reproduire ensuite à ce même Conseil d'État les objections des fermiers. Nous avons prolongé le terrain de Longwood le long de la vallée, jusqu'à ce que les chevaux n'ayant plus de passage, nous nous sommes vus contraints de rétrograder. Nous avons alors traversé le vallon, gagné le plateau du camp, couru jusqu'à la montagne des Signaux, et, prolongeant sa crête, nous sommes venus, en dehors du camp, par la maison des Signaux, jusqu'au chemin qui conduit de Longwood chez madame Bertrand. L'Empereur voulait d'abord aller jusque chez elle ; mais à mi-chemin il s'est ravisé, et nous sommes rentrés dans Longwood.

Les instructions des ministres anglais, à l'égard de l'Empereur à Sainte-Hélène, avaient été dictées avec cette dureté et ce scandale qui ont présidé en Europe à leur violation solennelle du droit des gens. Un officier anglais devait être constamment à la table de l'Empereur ; mesure barbare qui nous eût privés de la douceur de nous trouver en famille : on ne s'en abstint que parce que l'Empereur n'eût jamais mangé que dans sa chambre. Peut-être se repentait-il, et j'ai de bonnes raisons de le croire, de n'en avoir pas agi ainsi à bord du *Northumberland*.

Un officier anglais devait sans cesse accompagner l'Empereur à cheval ; gêne cruelle qui tendait à ne pas lui permettre un moment de distraction dans sa malheureuse situation. On y renonça, du moins pour l'intérieur de certaines limites qu'on nous fixa à cet effet, parce que l'Empereur avait déclaré qu'autrement il ne monterait jamais à cheval.

Dans notre triste situation, chaque jour venait ajouter quelque chose à nos contrariétés ; c'était sans cesse une piqûre nouvelle, d'autant plus cruelle que le mal s'établissait pour un long avenir.

Ulcérés comme il était permis de l'être, nous étions sensibles à tout ; et trop souvent les motifs qu'on nous donnait prenaient encore les couleurs de l'ironie. Ainsi des sentinelles étaient mises, à la nuit, sous les fenêtres de l'Empereur et jusqu'à nos portes ; c'était, nous disait-on, pour notre propre sûreté. On gênait la libre communication avec les habitants, on nous mettait au secret, et l'on répondait que c'était pour que l'Empereur ne fût point importuné. Les consignes, les ordres variaient sans cesse ; nous vivions dans la perplexité, dans l'hésitation, dans la crainte d'être exposés à chaque pas à quelque affront imprévu. L'Empereur, qui ressentait vivement toutes ces choses, prit le parti d'en faire écrire à l'amiral par M. de Montholon. Il parlait avec chaleur, et accompagnait ses paroles d'observations dignes de remarque. « Que l'amiral ne s'attende pas, di-
« sait-il, que je traite aucun de ces objets avec lui. S'il venait demain,
« malgré mon juste ressentiment, il me trouverait le visage aussi riant et
« la conversation aussi insignifiante que de coutume ; non qu'il y eût de
« la dissimulation de ma part, ce ne serait que le fruit de mon expérience.
« Je me souviens encore de lord Withworth qui remplit l'Europe d'une
« longue conversation avec moi dont à peine quelques mots étaient vrais.
« Toutefois ce fut alors ma faute : elle fut assez forte pour m'apprendre
« à n'y plus revenir. Aujourd'hui l'Empereur a gouverné trop longtemps
« pour ne pas savoir qu'il ne doit point se commettre à la discrétion de

« quelqu'un auquel il donnerait le droit de dire à faux : *L'Empereur m'a*
« *dit cela*; car l'Empereur n'aurait pas même la ressource d'affirmer que
« non. Un témoignage en vaut un autre; il faut donc de nécessité qu'il
« emploie quelqu'un qui puisse dire au narrateur qu'il ment dans ce qu'il
« lui fait dire, et qu'il est prêt à lui rendre raison de son expression, ce
« que l'Empereur ne saurait faire. »

La lettre de M. de Montholon était vive, la réponse fut injurieuse et brutale : *On ne connaissait pas telle chose à Sainte-Hélène qu'un Empereur; la justice et la modération du gouvernement anglais à notre égard seraient l'admiration des âges futurs*, etc., etc. La philosophie seule devait nous tenir lieu de ressentiment : toute satisfaction était hors de notre pouvoir; adresser une plainte directe au prince régent, c'eût été ménager peut-être à celui qui nous offensait un titre méritoire; et puis il ne pouvait exister de plaintes de l'Empereur adressées à qui que ce fût sur la terre; il n'était plus pour lui, à cet égard, d'autre tribunal que Dieu, les nations et la postérité.

Le 23, la frégate *la Doris* est arrivée du Cap : elle apportait sept chevaux qui y avaient été achetés pour l'Empereur.

Mépris de l'Empereur pour la popularité; ses motifs, ses arguments, etc. — Sur ma femme. — La mère et la sœur du général Gourgaud.

Dimanche 24.

L'Empereur lisait quelque chose où on le faisait parler avec trop de bonté; il s'est récrié sur l'erreur de l'écrivain : « Comment a-t-on pu me
« faire dire cela? C'est trop tendre, trop doucereux pour moi; on sait bien
« que je ne le suis pas. — Sire, disais-je, on a eu une bonne intention; la
« chose est innocente en elle-même, et a pu produire un bon résultat au
« dehors. Cette réputation de bonté que vous semblez vouloir dédaigner,
« eût pu avoir un poids immense sur l'opinion; elle eût prévenu du moins
« les couleurs dont un système en Europe a faussement peint Votre Majesté
« aux yeux des peuples. Votre cœur, que je connais à présent, est certai-
« nement aussi bon que celui de Henri IV, que je n'ai pas connu; eh bien !
« sa bonté est encore proverbiale; il est demeuré une idole, et je soup-
« çonne que Henri IV était un tant soit peu charlatan; pourquoi Votre Ma-
« jesté a-t-elle dédaigné de l'être aussi? Elle montre trop d'horreur pour
« cette espèce de moyen. Après tout, c'est le charlatanisme qui gouverne
« le monde; heureux toutefois quand il n'est qu'innocent ! »

L'Empereur s'est mis à rire de ce qu'il appelait mon verbiage. « Mon
« cher, qu'est-ce que la popularité, la débonnaireté? disait-il. Qui fut plus

« populaire, plus débonnaire que le malheureux Louis XVI! Pourtant
« quelle a été sa destinée? Il a péri! C'est qu'il faut servir dignement le
« peuple, et ne pas s'occuper de lui plaire : la belle manière de le gagner,
« c'est de lui faire du bien ; rien n'est plus dangereux que de le flatter : s'il
« n'a pas ensuite tout ce qu'il veut, il s'irrite et pense qu'on lui a manqué
« de parole; et si alors on lui résiste, il hait d'autant plus qu'il se dit trompé.
« Le premier devoir du prince, sans doute, est de faire ce que veut le peu-
« ple, mais ce que veut le peuple n'est presque jamais ce qu'il dit : sa
« volonté, ses besoins doivent se trouver moins dans sa bouche que dans
« le cœur du prince.

« Tout ce système peut sans doute se soutenir, celui de la débonnaireté
« comme celui de la sévérité; chacun a ses avantages et ses inconvénients :
« tout se balance dans ce bas monde. Que si vous me demandez à quoi ont
« pu me servir mes expressions et mes formes sévères, je répondrai : A
« m'épargner de faire ce dont je menaçais. Quel mal, après tout, ai-je
« fait? Quel sang ai-je versé? Qui peut se vanter, dans les circonstances
« où je me suis trouvé, qu'il eût fait mieux? Quelle époque de l'histoire,
« semblable à mes difficultés, offre mes innocents résultats? Car que me
« reproche-t-on? On a saisi les archives de mon administration, on est
« demeuré maître de mes papiers : qu'a-t-on eu à mettre au grand jour?
« Tous les souverains, dans ma position, au milieu des factions, des trou-
« bles, des conspirations, ne sont-ils pas entourés de meurtres et d'exécu-
« tions? Voyez pourtant quel a été avec moi le calme subit de la France?
« Cette marche vous étonne, continua-t-il en riant, vous qui parfois
« montrez la douceur et la *naïveté* d'un enfant? »

Et me voilà, dans ma propre défense, soutenant vivement à mon tour
que tous les systèmes pouvaient avoir leur avantage. « Tout homme,
« convenais-je, doit se créer sans doute un caractère par l'éducation ;
« mais il faut qu'il en pose les bases sur celui que lui a donné la nature ;
« autrement il court le risque de perdre les avantages de celui-ci, sans
« obtenir ceux du caractère qu'il voudrait se donner ; ce pourrait n'être
« plus qu'un instrument qui fausserait sans cesse. Après tout, de quoi
« pourrai-je avoir à me plaindre? Du dernier degré de la misère, je me
« suis relevé seul à une assez belle aisance, et du pavé de Londres je suis
« parvenu aux marches de votre trône, aux sièges de votre conseil ; le
« tout sans que j'aie à être embarrassé, devant qui que ce soit, d'aucune
« parole, d'aucun écrit, d'aucune démarche. N'est-ce pas aussi avoir
« produit en petit mes petites merveilles? Et qu'aurais-je pu donc faire
« de mieux avec un autre tour donné à mon caractère? »

On est venu interrompre la conversation, pour dire à l'Empereur que l'amiral et des dames venues par *la Doris* sollicitaient la faveur d'être

présentés. L'Empereur a répondu sèchement qu'il ne voyait personne, qu'on le laissât tranquille.

Au point où nous en étions, la politesse personnelle de l'amiral était une injure de plus; comme on ne pouvait venir à nous qu'avec la permission de l'amiral, l'Empereur ne pouvait accorder qu'on fît ainsi les honneurs de sa personne : s'il était au secret, il fallait qu'on le signifiât; s'il n'y était pas, il devait voir qui bon lui semblait. Il ne fallait pas surtout qu'on se targuât en Europe de l'entourer de toutes sortes d'égards et de respects, quand on ne l'abreuvait que d'inconvenances et de caprices.

L'Empereur est sorti à cinq heures et s'est promené dans le jardin. Le général-colonel du 53e régiment est venu l'y trouver, et lui a demandé la permission de lui présenter le lendemain son corps d'officiers; l'Empereur l'a accepté pour trois heures.

Demeurés seuls nous deux, l'Empereur a prolongé sa promenade; il s'est arrêté devant une des plates-bandes à considérer une fleur, et m'a demandé si ce n'était pas là un lis; c'en était un magnifique..... « Ah!

« voilà donc, a dit l'Empereur, la fleur, l'emblème des Bourbons! Cet
« éclat, cette blancheur sans tache, peut prêter en effet à beaucoup de
« jolies choses; mais pourquoi faut-il que la stupidité des Bourbons dans
« leurs derniers actes soit venue à bout de rendre tout cela odieux, anti-
« pathique à nos populations! »

Après le dîner, durant notre reversi accoutumé, dont l'Empereur commençait du reste à se fatiguer : « Où croyez-vous, m'a-t-il dit tout à coup,
« que soit en ce moment madame de Las Cases? — Hélas! Sire, lui ai-je
« répondu, Dieu le sait! — Elle est à Paris, a-t-il continué; c'est aujour-
« d'hui mardi, il est neuf heures, elle est à l'Opéra. — Non, Sire, elle est
« trop bonne femme pour être au spectacle quand je suis ici. — Voilà bien
« les maris, disait l'Empereur en riant, toujours confiants et crédules! »
Puis passant au général Gourgaud, il l'a plaisanté de même sur sa mère
et sa sœur [1]. Celui-ci s'en attristant beaucoup, et ses yeux se mouillant,

[1] Le général Gourgaud avait pour sa mère et sa sœur une tendresse extrême; il en était aimé de même. Ses soins pour elles allaient au point de leur peindre, dans ses lettres, Sainte-Hélène comme un lieu de délices, afin de les tranquilliser sur son compte : c'étaient des forêts d'orangers, de citronniers, un printemps perpétuel, en un mot, tout à fait du roman. Et les ministres anglais n'ont pas rougi plus tard de faire tourner contre lui ces innocentes supercheries de sa sollicitude filiale!!!

l'Empereur, le regardant de côté, disait d'une manière charmante : « N'est-
« ce pas bien méchant à moi, bien barbare, bien tyran, de toucher ainsi
« des cordes si tendres? »

L'Empereur me demandait ensuite combien j'avais d'enfants ; quand et
comment j'avais connu madame de Las Cases. Je lui répondais que madame de Las Cases était ma première connaissance dans la vie ; que notre
mariage était un nœud que nous avions lié nous-mêmes dans notre enfance,
et que pourtant il avait fallu la plupart des événements de la révolution
pour pouvoir l'accomplir, etc., etc.

L'Empereur souvent blessé dans ses campagnes. — Cosaques. — *Jérusalem délivrée*.

Lundi 25.

L'Empereur, qui n'avait pas été bien la veille, a continué d'être indisposé, et a fait prévenir qu'il ne pourrait pas recevoir les officiers du 53e,
ainsi qu'il l'avait fixé. Vers le milieu du jour, il m'a fait appeler, et nous
avons relu quelques chapitres de la campagne d'Italie. Je comparais celui
de la bataille d'Arcole à un chant de l'*Iliade*.

Quelque temps avant l'heure du dîner, nous nous trouvions réunis autour de lui dans sa chambre ; on est venu nous dire que nous étions servis ;
il nous a renvoyés ; je sortais le dernier, il m'a retenu. « Restez, m'a-t-il
« dit, nous dînerons ensemble ; nous sommes les vieux, laissons aller les
« jeunes ; nous nous tiendrons compagnie. » Puis il a voulu s'habiller,
« ayant l'intention, disait-il, de passer dans le salon après son dîner. »

En faisant sa toilette, il passait sa main sur sa cuisse gauche, où se
voyait un trou considérable ; il y enfonçait le doigt en me le montrant significativement, et voyant que j'ignorais ce que ce pouvait être, il m'a dit
que c'était le coup de baïonnette qui avait failli lui coûter la cuisse au siége
de Toulon. Marchand, qui l'habillait, s'est permis d'observer qu'on le savait bien à bord du *Northumberland* ; qu'un des hommes de l'équipage lui
avait dit, lorsqu'on y arriva, que c'était un Anglais qui, le premier, avait
blessé notre Empereur.

L'Empereur, prenant alors ce sujet, disait qu'on avait généralement
admiré et prôné le rare bonheur qui le tenait comme invulnérable au milieu de tant de batailles. « Et l'on était dans l'erreur, ajoutait-il ; seule-
« ment j'avais toujours fait mystère de tous mes dangers. » Et il a raconté
qu'il avait eu trois chevaux tués sous lui au siége de Toulon ; qu'il en avait
eu plusieurs tués ou blessés dans ses campagnes d'Italie ; trois ou quatre
au siége de Saint-Jean-d'Acre. Qu'il avait été blessé maintes fois ; qu'à la
bataille de Ratisbonne une balle lui avait frappé le talon ; qu'à celle d'Es-

L'Empereur Napoléon blessé devant Ratisbonne

ling ou de Wagram, je ne saurais plus dire laquelle, un autre coup de feu lui avait déchiré la botte, le bas et la peau de la jambe gauche; en 1814, il avait perdu un cheval et son chapeau à Arcis-sur-Aube, ou dans son voisinage; et après le combat de Brienne, en rentrant le soir à son quartier général, triste et méditatif, il se trouva chargé inopinément par des Cosaques qui avaient passé sur les derrières de l'armée; il en repoussa un de la main, et se vit contraint de tirer son épée pour sa défense person-

nelle; plusieurs de ces Cosaques furent tués à ses côtés. « Mais ce qui « donne un prix bien extraordinaire à cette circonstance, disait-il, c'est « qu'elle se passa auprès d'un arbre que je considérais en cet instant, et que « je reconnaissais pour être celui au pied duquel, durant nos récréations, « à l'âge de douze ans, je venais lire la *Jérusalem délivrée*. » C'était donc là que Napoléon avait éprouvé sans doute les premières émotions de la gloire!

L'Empereur répétait qu'il avait été très-souvent exposé dans ses batailles; mais on le taisait toujours avec le plus grand soin. Il avait recommandé, une fois pour toutes, le silence le plus absolu sur toutes

les circonstances de cette nature. « Quelle confusion, quel désordre n'eus-
« sent pas résulté du plus léger bruit, du plus petit doute touchant mon
« existence! disait-il. A ma vie se rattachait le sort d'un grand empire,
« toute la politique et les destinées de l'Europe! »

Cette habitude, du reste, de tenir ces circonstances secrètes, faisait, ajoutait-il en ce moment, qu'il n'avait pas songé à les relater dans ses campagnes; et puis elles étaient aujourd'hui presque hors de sa mémoire; ce n'était plus guère, disait-il, que par hasard et dans le cours de ses conversations qu'elles pouvaient lui revenir, etc., etc.

Ma conversation avec un Anglais.

Mardi 26.

L'Empereur a continué d'être indisposé.

Un des Anglais, dont la femme avait été refusée hier à la suite de l'amiral, est venu me rendre visite ce matin, dans l'intention d'essayer une nouvelle et dernière tentative pour parvenir à Napoléon. Cet Anglais parlait très-bien le français, ayant demeuré en France pendant toute la guerre. C'était un de ceux connus dans le temps sous le nom de *détenus*; un de ceux qui, venus en France comme voyageurs, s'y trouvèrent arrêtés par le Premier Consul, lors de la rupture du traité d'Amiens, en représailles de ce que le gouvernement anglais avait, suivant sa coutume, saisi nos bâtiments marchands avant de nous déclarer la guerre. Cette circonstance causa une longue et vive discussion entre les deux gouvernements, et empêcha même, durant toute la guerre, un cartel d'échange. Les ministres anglais s'obstinèrent à ne vouloir pas regarder leurs compatriotes arrêtés comme des prisonniers, dans la crainte que ce ne fût une renonciation implicite à leur espèce de *droit de piraterie*. Toutefois cette obstination de leur part valut une longue captivité à leurs compatriotes; ils ont été retenus en France plus de dix ans : c'est l'absence du siége de Troie, aussi longue, aussi pénible, mais moins glorieuse.

Cet Anglais était beau-frère de l'amiral Burton, qui venait de mourir, commandant la station de l'Inde. Cette circonstance pouvait lui donner quelques rapports directs avec les ministres, à son arrivée en Angleterre; il pouvait avoir été choisi par l'amiral pour y rendre bien des choses qui nous concernent; je n'ai donc pas refusé la conversation, je l'ai même prolongée. Elle a duré plus de deux heures, toute calculée de ma part sur ce qu'il pouvait redire à l'amiral, répéter au gouvernement ou dans les cercles en Angleterre. J'en fais grâce; on n'y retrouverait que l'éternelle récapitulation de nos reproches et de nos griefs, la fastidieuse répétition de nos plaintes et de nos douleurs.

Mon Anglais m'a écouté avec beaucoup d'attention ; il a montré même parfois un intérêt marqué, approuvant fort plusieurs de mes observations ; mais aura-t-il été sincère, et ne tiendra-t-il pas à Londres un langage tout à fait différent ?

Chaque fois qu'un bâtiment arrive de Sainte-Hélène en Angleterre, les papiers publics présentent aussitôt sur les captifs de Longwood des relations infidèles, absurdes, qui doivent nécessairement les rendre ridicules à la masse du public. Comme nous nous en exprimions ici avec amertume, des Anglais honnêtes et distingués nous dirent : « Ne vous y méprenez pas, « ces injures ne viennent pas sans doute de nos compatriotes qui vous « visitent ici, mais bien de nos ministres à Londres, car aux excès et à la « violence du pouvoir l'administration qui nous gouverne aujourd'hui « joint toute la petitesse des intrigues les plus basses et les plus viles. »

Sur l'émigration. — Bienfaisance des Anglais. — Ressources des émigrés, etc.

Mercredi 27.

L'Empereur, se trouvant mieux, est monté à cheval vers une heure, et au retour a reçu les officiers du 53ᵉ. Il a été pour eux tout à fait aimable et gracieux.

Après cette visite, l'Empereur, qui m'avait dit de demeurer avec lui, s'est promené dans le jardin ; je lui ai rendu compte de ma conversation de la veille avec l'Anglais qui était venu me faire visite. De là ses questions se sont portées sur l'émigration, Londres et les Anglais.

Je lui disais que l'émigration n'aimait pas les Anglais, mais qu'il y avait peu d'émigrés qui ne se fussent attachés à quelque Anglais; que les Anglais n'aimaient point l'émigration, mais qu'il y avait peu de familles anglaises qui n'eussent adopté quelque Français. Ce devait être là toute la clef des sentiments et des rapports, souvent contradictoires, qu'on rencontre d'ordinaire sur cet objet. Quant au bien qu'ils nous avaient fait, surtout la classe mitoyenne, qui est celle qui caractérise toujours un peuple, il était au delà de toute expression, et nous endettait envers elle d'une véritable reconnaissance. Il est difficile d'énumérer les bienfaits particuliers, les institutions bienveillantes, les mesures charitables employées vis-à-vis de nous; ce sont les particuliers qui, par leur exemple, ont amené le gouvernement à des secours réguliers; et quand ceux-ci ont été établis, les autres n'ont point cessé.

« Mais n'avez-vous jamais entrevu l'occasion de faire fortune? me
« disait l'Empereur. — Deux fois, Sire. Un évêque de Rodez, *Colbert*,
« Écossais de naissance, qui m'aimait beaucoup, me proposa de suivre
« son frère à la Jamaïque : il y allait chef du pouvoir exécutif, était un des
« planteurs les plus considérables; il m'eût confié la gestion de ses biens,
« et m'eût fait avoir celle de ses amis; l'évêque me garantissait en trois
« ans une véritable fortune. Je ne pus m'y résoudre, je préférai continuer
« une vie misérable à m'éloigner des côtes de France.

« Une autre fois, des amis voulaient m'envoyer dans l'Inde; j'y eusse été
« employé, protégé; on me garantissait encore, en très-peu de temps, une
« fortune considérable. Je ne voulus pas; je me trouvais trop âgé, c'était
« trop loin, disais-je. Il y a vingt ans de cela, et je suis à Sainte-Hélène.

« Cependant il en était peu dont l'émigration, dans le principe, eût été
« plus dure que la mienne, bien qu'il n'en fût pas de plus brillante vers
« sa fin. Je m'étais vu plus d'une fois à la veille de manquer littéralement
« de tout : pourtant je n'avais jamais été découragé ni même malheureux.
« J'avais trouvé le vrai trésor de la philosophie en me comparant au grand
« nombre de ceux qui, autour de moi, étaient plus malheureux encore;
« aux vieillards, aux femmes, à ceux qui, dépourvus d'une certaine in-
« struction, de certaines facultés, n'apprendraient jamais une langue
« étrangère, ne sauraient jamais se créer aucun moyen. Moi, j'avais de la
« jeunesse, de l'ardeur, je me sentais capable de quelque chose, j'étais
« plein d'espérance; je montrais ce que je ne savais pas, tout ce qu'on
« voulait; j'apprenais la veille ce qu'on me demandait pour le lendemain.

« Plus tard mon Atlas historique fut une idée heureuse qui m'ouvrit une
« mine d'or ; ce n'était pourtant alors qu'une véritable esquisse ; mais à
« Londres tout s'encourage, tout se vend ; et puis le Ciel bénit mes efforts.
« Débarqué à l'entrée de la Tamise, j'avais gagné Londres à pied, n'ayant
« que 7 louis dans ma poche, sans connaissances, sans recommandations
« sur ces rives étrangères ; j'en sortis en poste, possédant 2,500 guinées,
« ayant fait des amis tendres pour lesquels j'aurais donné ma vie. »

« Mais moi, si j'avais émigré, disait l'Empereur, quel eût été mon sort,
« mon lot ? » Il parcourait alors inutilement diverses directions, et s'arrêtait constamment sur le militaire. « J'y aurais toujours bien fourni ma
« carrière, après tout, disait-il. — Cela n'est pas sûr, répondais-je, Sire ;
« vous vous fussiez trouvé étouffé dans la foule. Arrivé à Coblentz ou
« dans tout corps français, vous eussiez été classé d'après le rang du tableau ; rien n'eût pu vous le faire franchir, car nous étions stricts observateurs des formes, etc., etc. »

L'Empereur me demandait ensuite quand et comment j'étais rentré.
« Après la paix d'Amiens, par le bienfait de votre amnistie ; encore
« m'étais-je glissé par contrebande dans une famille anglaise, pour
« atteindre Paris plus tôt. Dès que j'y fus arrivé, de peur de compromettre cette famille, j'allai moi-même faire ma déclaration à la police,
« qui me donna une carte que je devais faire viser toutes les semaines
« ou tous les mois ; je n'en fis rien et il ne m'en arriva rien. J'étais
« décidé à me conduire sagement ; qu'avais-je à craindre ? disais-je.
« Cependant une fois je vis qu'il eût pu m'en coûter cher : c'était le
« moment le plus violent de la crise de Georges et Pichegru. D'ordinaire
« je passais mes soirées dans des sociétés intimes dans ma propre maison, je ne sortais presque jamais ; mais ici conduit par la fatalité, peut-
« être par le vif intérêt que je prenais à la chose du jour, je m'égarai
« un soir assez tard dans le faubourg Saint-Germain ; je manquai le
« passage du pont Louis XVI, que je connaissais si bien, et allai déboucher sur le boulevard des Invalides, sans plus savoir où je me trouvais. Les postes étaient doublés partout et multipliés. Je demandai ma
« route à une sentinelle ; j'entendis distinctement son camarade, à quel-
« ques pas de là, lui demander pourquoi il ne m'arrêtait pas ; celui-ci
« répondit que je ne faisais aucun mal. Je gagnai mon gîte à pas redoublés, frémissant sur le danger que je venais de courir : j'étais en contravention formelle vis-à-vis de la police ; mon émigration, mon nom,
« mes habitudes, mes opinions me classaient parmi les mécontents ; tous
« les renseignements qu'on eût pris m'eussent été défavorables, je n'au-

« rais pu me réclamer de personne; on eût trouvé dans ma poche, et
« c'est ce qui me frappait davantage, 5 guinées : bien que je fusse en
« France depuis plus de deux ans, c'étaient les dernières que m'avait
« valu mon travail; je les portais toujours, je les ai ici. Leur vue était
« pour moi une espèce de bonheur, elles me rappelaient un temps
« pénible qui n'était plus. Or, que ne pouvait-il, que ne devait-il pas
« arriver par le concours de toutes ces circonstances? J'aurais eu beau
« nier, affirmer, personne ne m'eût cru; j'eusse beaucoup souffert sans
« doute, et pourtant je n'étais nullement coupable. Voilà cependant la
« justice des hommes! Toutefois je ne me mis pas plus en règle vis-à-vis
« de la police, et il ne m'arriva jamais rien.

« Lorsque je fus présenté à la cour de Votre Majesté, les émigrés qui
« étaient dans le même cas que moi firent lever leur surveillance qui
« était de dix ans; moi, je me promis bien de laisser finir la mienne de
« sa belle mort. Invité, au nom de Votre Majesté, à une fête qu'elle
« donnait à Fontainebleau, je trouvai plaisant d'aller à la police deman-
« der un passe-port. On convint qu'il m'était régulièrement nécessaire,
« mais on me le refusa, pour ne pas rendre, dit-on, l'administration
« ridicule. Plus tard, devenu chambellan de Votre Majesté, j'eus à faire
« un voyage privé; et pour cette fois, ils m'affranchirent pour toujours
« et en riant de toute formalité future.

« Au retour de Votre Majesté, en 1815, voulant rendre service à
« quelques émigrés qui étaient revenus avec le roi, j'allai pour eux à la
« police. J'étais un conseiller d'État, tous les registres me furent ouverts.
« Après l'article de mes amis, je fus curieux de connaître le mien; j'ap-
« pris que j'y étais noté comme grand courtisan de M. le comte d'Ar-
« tois, à Londres. Je ne pus m'empêcher de réfléchir sur ce que pou-
« vaient amener la différence des temps et la bizarrerie des révolutions.
« Du reste, ma note était tout à fait inexacte; j'allais bien, il est vrai,
« chez M. le comte d'Artois; mais de mois en mois tout au plus peut-
« être; pour en être courtisan, avec la meilleure volonté, je ne l'aurais
« pas pu; j'avais à pourvoir à ma subsistance de chaque jour; j'avais la
« fierté de vouloir vivre de mes occupations, le temps m'était précieux. »
J'amusais beaucoup l'Empereur par mon récit, et je trouvais un grand
charme à le lui faire.

Jeudi 28.

L'Empereur s'est trouvé incommodé de nouveau. Sa santé s'altère;
cet endroit lui est visiblement contraire. Il m'a fait appeler à trois heures;
il avait eu un léger accès de fièvre, il se trouvait mieux, et a fait sa toilette

pour essayer de se promener. Je l'ai décidé à remettre son gilet de flanelle, que, dans ce lieu de température humide et inconstante, il avait imprudemment mis de côté. Marchant à l'aventure, la pluie est venue nous surprendre, et nous a forcés à nous abriter sous un arbre à gomme. Le grand maréchal et M. de Montholon sont venus nous rejoindre. Au retour, réunis dans sa chambre, la conversation est devenue des plus intéressantes : il nous racontait des anecdotes de son plus petit intérieur, confirmant, redressant ou détruisant celles que madame de Montholon ou moi lui disions avoir circulé dans le monde ; rien n'était plus piquant, aussi fut-ce un vrai chagrin pour nous d'entendre annoncer à l'Empereur qu'il était servi.

Excursion difficile. — Premier essai de notre vallée. — Marais perfide. — Moments caractéristiques. — Anglais désabusés. — Poison de Mithridate.

Vendredi 29.

Il est un endroit de notre enclos d'où l'on voit au loin la partie de la mer où apparaissent les vaisseaux qui arrivent ; là est un arbre au pied duquel on peut la considérer à son aise. J'étais dans l'habitude, depuis quelques jours, d'y aller dans mes moments d'oisiveté pour voir arriver, me disais-je, le vaisseau qui doit terminer notre exil. Le célèbre *Munich* est demeuré vingt ans au fond de la Sibérie, buvant chaque jour à son retour à Saint-Pétersbourg, avant de voir arriver cet instant désiré. J'aurai son courage ; mais j'espère n'avoir pas besoin de sa patience.

Depuis quelques jours des bâtiments se succédaient ; de très-bon matin on en avait aperçu trois, dont j'en jugeai deux bâtiments de guerre. En revenant, on me dit que l'Empereur était déjà levé ; j'allai le trouver dans le jardin pour lui faire part de ma découverte. Il voulut déjeuner sous un arbre, et me retint. Après le déjeuner, il me dit de le suivre à cheval. Nous prolongeâmes en dehors de Longwood tous les arbres à gomme, et essayâmes, à l'extrémité, de descendre dans une vallée très-rapide et profondément sillonnée : c'étaient des sables, des cailloux presque mouvants, parsemés de ronces marines ; nous fûmes obligés de descendre de cheval. L'Empereur ordonna au général Gourgaud de prendre par un autre côté avec les chevaux et les deux piqueurs qui formaient notre suite ; il s'obstina à continuer de sa personne, au milieu des difficultés où nous nous trouvions. Je lui donnais le bras ; nous descendions et regrimpions avec peine tous les ravins ; il regrettait la légèreté de sa jeunesse, me reprochait d'être plus leste que lui : il y trouvait plus de différence que le peu d'âge qui nous sépare. C'est, disais-je, que je rajeunissais pour le servir. Chemin faisant, il remarquait que ceux qui pourraient nous considérer en ce moment reconnaîtraient sans peine l'inquiétude et l'impatience françaises. « Au fait, disait-il, il n'y a que des Français auxquels « il puisse venir dans l'idée de faire ce que nous faisons en cet instant. » Nous arrivâmes enfin tout haletants au bas de la vallée. (*Voyez* la carte géographique.) Ce que nous avions pris de loin pour un chemin tracé n'était qu'un petit ruisseau d'un pied et demi de large; nous voulûmes le traverser en attendant nos chevaux; mais les bords de ce petit ruisseau étaient perfides, ils semblaient d'une terre sèche qui nous supporta d'abord; mais bientôt nous nous sentîmes enfoncer subitement, comme si nous eussions été sur de la glace qui se fût brisée; nous étions menacés de disparaître. J'en avais déjà presque au-dessus du genou quand un effort m'en a fait sortir; je me suis retourné pour donner la main à l'Empereur; il était enfoncé des deux jambes, ses mains à terre, s'efforçant de se dégager. Ce n'est pas sans peine ni sans boue que nous avons retrouvé la terre ferme; moi ne pouvant m'empêcher de m'écrier : *Marais d'Arcole! marais d'Arcole!* Nous les avions travaillés quelques jours auparavant; Napoléon avait failli y demeurer. Pour lui, il répétait, en considérant ses vêtements : « Mon cher, voici une sale aventure. » Et puis il disait : « Si nous avions disparu ici, qu'eût-on dit en Europe? Les cafards « prouveraient sans nul doute que nous avons été engloutis pour tous nos « crimes. »

Les chevaux nous ayant enfin rejoints, nous avons continué, forçant des haies, escaladant des murs, et avons remonté à grand'peine toute la vallée qui sépare Longwood du pic de Diane. Nous sommes rentrés par le côté de madame Bertrand; il était trois heures. On est venu nous dire que les bâtiments aperçus ce matin étaient un brick et un transport venus d'Angleterre, et un Américain.

Sur les sept heures, l'Empereur m'a fait demander; il était avec le grand maréchal, qui lui lisait les papiers-nouvelles depuis le 9 jusqu'au 16 octobre; cela ne finissait pas; il était neuf heures. L'Empereur, étonné qu'il fût si tard, s'est levé brusquement, et impatienté qu'on ne lui donnât pas son dîner, a marché droit à la table, se plaignant qu'on l'eût fait attendre. On a eu la gaucherie de lui donner une raison fort ridicule; cette inconvenance domestique l'a vivement choqué, puis il s'est choqué intérieurement encore de s'être montré si choqué; aussi le dîner a-t-il été sombre et silencieux.

Revenu dans le salon pour le dessert, l'Empereur a cependant pris la parole sur les nouvelles que nous avaient apportées les gazettes : les conditions de la paix, les forteresses livrées aux étrangers, la fermentation des grandes villes. Il a traité ces sujets en maître; mais il s'est retiré de bonne heure, l'instant qui avait précédé le dîner lui demeurait visiblement sur le cœur.

Peu de temps après il m'a fait demander, voulant continuer les papiers. Comme je me mettais en devoir de lire, il s'est rappelé l'état de mes yeux, et ne l'a plus voulu. J'insistai, disant que je parcourrais vite, et que ce ne serait pas long; mais il les a éloignés lui-même, ajoutant : « La nature ne « se commande pas; je vous le défends; j'attendrai demain. » Il s'est mis à marcher, et bientôt ce qu'il en avait dans le cœur en est sorti. Qu'il me semblait aimable dans ses reproches et dans ses plaintes! Qu'il était homme et bon; car ce qu'il disait était juste et vrai! Mais c'étaient de ces moments précieux où la nature, prise sur le fait, montre à nu le fond du cœur et du caractère. Et je me disais en le quittant, ce que j'ai d'ailleurs si souvent l'occasion de me redire : « Bon Dieu, que l'Empereur a été mal connu dans le monde! »

Au demeurant, on lui rend déjà ici plus de justice. Ces Anglais si acharnés, si excusables d'ailleurs par les fausses peintures dont on les a si constamment nourris, commencent à prendre une idée plus juste de son caractère; ils avouent qu'ils sont étrangement détrompés chaque jour, et que Napoléon est bien différent de ce Bonaparte que les intérêts politiques et le mensonge leur avaient tracé sous des aspects si odieux. Tous ceux qui ont pu le voir, l'entendre et avoir affaire à lui, n'ont plus qu'une voix là-dessus; il est échappé plus d'une fois à l'amiral, au travers de nos querelles avec lui, de se récrier que l'Empereur était sans contredit le meilleur naturel de toute la bande, le plus raisonnable, le plus juste, le plus facile; et il disait vrai.

Une autre fois, un honnête Anglais, que nous voyions souvent, confessait à Napoléon, dans toute l'humilité de son âme, et en forme d'expiation, qu'il avait à se reprocher et qu'il était honteux d'avouer qu'il avait cru fermement toutes les abominations débitées sur son compte : ses étranglements, ses massacres, ses fureurs, ses brutalités; enfin jusqu'aux difformités de sa personne et aux traits hideux de sa figure. « Après tout, « ajoutait-il candidement, comment ne l'aurais-je pas cru? Tous nos livres « en étaient pleins, c'était dans toutes nos bouches; pas une voix ne s'é-« levait pour le contredire. — Eh bien! dit Napoléon en souriant, c'est à « vos ministres pourtant que j'ai l'obligation de toutes ces gentillesses: « ils ont inondé l'Europe de pamphlets et de libelles contre moi. Peut-« être auraient-ils à dire pour excuse qu'ils ne faisaient que répondre à

« ce qu'ils recevaient de France même ; et ici, il faut être juste, ceux
« d'entre nous qu'on a vus danser sur les ruines de leur patrie ne s'en
« faisaient pas faute, et les tenaient abondamment pourvus.

« Quoi qu'il en soit, on me tourmenta souvent, au temps de ma puissance,
« pour que je fisse combattre ces menées ; je m'y refusai toujours. A quoi
« m'eût servi qu'on m'eût défendu ? On eût dit que j'avais payé, et cela ne
« m'eût que discrédité un peu davantage. Une victoire, un monument de
« plus ; voilà la meilleure, la véritable réponse, disais-je constamment.
« Le mensonge passe, la vérité reste. Les gens sages, la postérité surtout,
« ne jugent que sur des faits. Aussi qu'est-il arrivé? Déjà le nuage se dis-
« sipe, la lumière perce, je gagne tous les jours ; bientôt il n'y aura plus
« rien de plus piquant en Europe que de me rendre justice. Ceux qui
« m'ont succédé tiennent les archives de mon administration, les archives
« de la police, les greffes des tribunaux ; ils ont à leur disposition, à leur
« solde, ceux qui eussent été les exécuteurs, les complices de mes atro-
« cités et de mes crimes ; eh bien ! qu'ont-ils publié? qu'ont-ils fait con-
« naître ?

« Aussi, la première fureur passée, les gens d'esprit et de jugement me
« reviendront ; je ne conserverai pour ennemis que des sots ou des mé-
« chants. Je puis demeurer tranquille, je n'ai qu'à laisser faire, et la suite
« des événements, les débats des partis opposés, leurs productions ad-
« verses, feront luire chaque jour les matériaux les plus sûrs, les plus
« glorieux de mon histoire. Et à quoi ont abouti, après tout, les immenses
« sommes dépensées en libelles contre moi ? Bientôt il n'y en aura plus de
« traces ; tandis que mes monuments et mes institutions me recomman-
« deront à la postérité la plus reculée.

« Aujourd'hui, du reste, on ne saurait plus recommencer ces torts
« envers moi ; la calomnie a épuisé tous ses venins sur ma personne ; elle
« ne saurait plus me heurter ; elle n'est plus pour moi que *le poison de*
« *Mithridate.* »

L'Empereur laboure un sillon. — Denier de la veuve. — Entrevue avec l'amiral. — Nouveaux arrangements. — Le polonais Piontowsky.

Samedi 30.

L'Empereur m'avait fait appeler avant huit heures. Pendant qu'il faisait sa toilette, je lui ai achevé les papiers commencés la veille. Une fois habillé, il est sorti, a marché vers les écuries, a demandé son cheval et est parti seul avec moi, tandis qu'on préparait encore ceux de la suite. Nous nous sommes promenés à l'aventure ; arrivés dans un champ qu'on labourait, l'Empereur est descendu de son cheval, dont je me suis emparé, a saisi la charrue, au grand étonnement de celui qui la conduisait,

et a tracé lui-même un sillon d'une longue étendue, le tout avec une rapidité singulière et sans autres paroles entre nous que de me dire, en quittant, de donner un napoléon. Remonté à cheval, il a continué sans intention dans le voisinage. Les piqueurs ont rejoint successivement.

Au retour, l'Empereur a voulu déjeuner sous un arbre dans le jardin, et nous a retenus. Il nous avait dit durant sa course qu'il venait de nous faire un petit cadeau, bien léger à la vérité, disait-il, mais tout se mesure aux circonstances, et dans celle-ci c'était pour lui, ajoutait-il, *le denier de la veuve*. C'était un traitement mensuel qu'il venait d'arrêter pour chacun de nous. Or, ce traitement devait être prélevé sur une somme assez peu forte que nous avions dérobée à la vigilance anglaise, et cette somme demeurait ici l'unique et seule ressource de Napoléon. On sent combien elle devenait précieuse ; aussi j'ai employé le premier instant où je me suis trouvé seul avec lui pour lui exprimer ma pensée à cet égard, et ma résolution personnelle de ne pas profiter de son bienfait. Il en a beaucoup ri, et comme j'insistais toujours : « Eh bien, m'a-t-il dit en me saisissant « l'oreille, si vous n'en avez pas besoin, gardez-le-moi, je saurai où le « retrouver quand il me le faudra. »

Après son déjeuner, l'Empereur est rentré dans son intérieur, et je l'ai suivi pour finir les papiers-nouvelles. Il y avait longtemps que je lisais ; M. de Montholon a fait demander à être introduit ; il venait de causer longuement avec l'amiral, qui désirait beaucoup voir l'Empereur. L'Empereur a interrompu ma traduction, s'est promené quelque temps comme s'il eût hésité ; puis, prenant son chapeau, il a gagné le salon pour y recevoir l'amiral. J'en ai eu une vive joie ; s'il était possible que notre état d'hostilité cessât, j'étais sûr que deux minutes de lui aplaniraient plus de difficultés que deux journées entières d'aucun de nous. En effet, j'ai compris que ses arguments, sa logique, sa bonhomie avaient tout entraîné. On m'a assuré que l'amiral était sorti enchanté. Pour l'Empereur, il était fort content ; il est loin de haïr l'amiral, il a même peut-être un faible pour lui. « Vous pouvez être un très-habile homme de « mer, doit-il lui avoir dit ; mais vous n'entendez rien à notre situation. « Nous ne vous demandons rien ; nous pouvons nous nourrir à l'écart « de nos peines et de nos privations, nous suffire à nous-mêmes ; mais « notre estime vaut bien qu'on s'en mette en peine. » L'amiral s'est rejeté sur ses instructions. « Mais ne sait-on pas, répliquait l'Empereur, « l'espace immense qui existe entre la dictée des instructions et leur « exécution ? Tel les ordonne de loin, qui s'y opposerait lui-même s'il « devait les voir exécuter. Qui ne sait encore, continua-t-il, qu'au moin- « dre différend, à la moindre contrariété, au premier cri de l'opinion, « les ministres désavouent des instructions, ou blâment vivement de ne « les avoir pas mieux interprétées ? »

L'amiral a été à merveille ; l'Empereur n'a eu qu'à se louer de lui ; toutes les aspérités se sont émoussées, on s'est entendu sur tout. Ainsi il a été convenu que l'Empereur pourrait aller désormais dans l'île ; que l'officier que les instructions attachaient à sa personne n'exercerait qu'une surveillance lointaine, qui ne pourrait blesser les regards de l'Empereur ; que les visitants arriveraient à l'Empereur, non par la permission de l'amiral, qui était le surveillant de Longwood, mais par celle du grand maréchal, qui en faisait les honneurs.

Ce jour notre petite colonie s'est accrue d'un Polonais, le capitaine Piontowsky. Il était du nombre de ceux que nous avions laissés à Plymouth. Son dévouement pour l'Empereur, sa douleur d'en être séparé, avaient vaincu les Anglais et leur avaient arraché la permission de venir le rejoindre.

Sous-gouverneur Skelton.

Dimanche 31.

Le sous-gouverneur, colonel Skelton, et sa femme, qui s'étaient toujours montrés fort prévenants pour nous, sont venus présenter leurs hommages à l'Empereur, qui, après une bonne heure de conversation, dont j'étais l'interprète, m'a fait traduire au colonel Skelton l'invitation de le suivre dans sa promenade à cheval; le colonel a accepté avec joie. Nous nous sommes mis en route et avons parcouru la vallée qui nous sépare du pic de Diane, au grand étonnement du colonel, pour qui cette course était tout à fait nouvelle; il la trouvait fatigante, et même en certains endroits n'hésitait pas à la prononcer dangereuse. L'Empereur l'a retenu à dîner ainsi que sa femme, et s'est montré fort aimable pour eux.

Premier de l'an. — Fusils de chasse, etc. — Famille du gouverneur Wilks.

Lundi 1ᵉʳ janvier 1816 au mercredi 3.

Le premier jour de l'an, nous nous sommes tous réunis vers les dix heures du matin pour présenter nos hommages à l'Empereur, au sujet de la nouvelle année; il nous a reçus quelques instants après; nous avions

bien plutôt à lui offrir des vœux que des félicitations. L'Empereur a voulu que nous déjeunassions et passassions tout ce jour ensemble en véritable famille, a-t-il dit, et il s'est arrêté sur notre situation ici. « Vous ne com-

« posez plus qu'une poignée au bout du monde, disait-il, et votre con-
« solation doit être au moins de vous y aimer. » Nous l'avons tous accompagné dans le jardin, où il a été se promener pendant qu'on préparait le déjeuner. En cet instant on lui a apporté ses fusils de chasse, qui avaient été jusque-là retenus par l'amiral. Cet envoi n'était, du reste, de la part de l'amiral, qu'un procédé qui témoignait de ses dispositions nouvelles ; ces fusils ne pouvaient être d'aucun autre agrément pour l'Empereur, la nature du terrain et le défaut de gibier ne lui permettant aucune illusion sur le divertissement de la chasse : il ne se trouvait parmi nos arbres à gomme que des tourterelles que quelques coups de fusil de la part du général Gourgaud et de mon fils eurent bientôt détruites ou forcées à l'émigration.

Mais il était dit que les meilleures intentions de l'amiral, les plus bienveillantes, porteraient toujours quelques restrictions, quelques teintes de caprice propre à en détruire l'effet : avec les deux ou trois fusils de l'Empereur, il s'en trouvait deux ou trois autres à nous ; ils nous furent délivrés, mais avec la condition qu'ils seraient remis chaque soir dans la tente de l'officier de garde. On s'imagine bien qu'une pareille sujétion fit remercier sans hésitation l'offre d'une telle faveur, et ces fusils ne nous restèrent sans condition qu'après quelques pourparlers. Cependant qui étions-nous? quelques malheureux isolés du reste de l'univers, entourés de sentinelles, gardés par tout un camp? Et de quoi s'agissait-il? de deux fusils de chasse. Je cite cette circonstance : elle est bien petite en elle-même ; mais elle est caractéristique, et peindra mieux que beaucoup d'autres choses la vérité de notre situation et la nature de nos peines.

Le 3, j'ai été déjeuner chez madame Bertrand avec laquelle je devais aller dîner chez le gouverneur. La distance de Plantation-House, sa demeure, demande une heure et demie de voyage avec six bœufs ; un attelage de chevaux serait dangereux. On traverse ou on tourne cinq ou six gorges bordées de précipices de plusieurs centaines de pieds de profondeur (*voyez* la carte géographique) ; on ôte quatre bœufs aux descentes trop rapides, et on les remet aux montées. Nous nous sommes arrêtés aux trois quarts de la route pour visiter une vieille bonne dame de quatre-vingt-trois ans, qui avait fait beaucoup de prévenances aux enfants de madame Bertrand. Sa demeure était agréable ; il y avait seize ans qu'elle n'en était sortie, lorsque, apprenant l'arrivée de l'Empereur, elle se mit en route pour la ville, disant que, dût-il lui en coûter la vie, elle serait heureuse si elle parvenait à l'apercevoir ; elle avait eu le bonheur de réussir.

Plantation-House est le lieu le mieux situé et le plus agréable de l'île ; le château, le jardin et les dépendances rappellent les demeures, dans nos provinces, des familles de vingt-cinq à trente mille livres de rente. Cet endroit est bien soigné et tenu avec goût : enfermé dans l'enceinte de Plantation-House, on pourrait se croire en Europe, et ne pas soupçonner les lieux de désolation qui composent la plus grande partie du reste de l'île. Le maître de la maison en ce moment, le colonel Wilks, le gouverneur pour la compagnie que l'amiral était venu déplacer, est un homme du meilleur ton, fort agréable ; sa femme est bonne et aimable ; sa fille, charmante.

Le gouverneur avait réuni une trentaine de personnes ; les manières, les expressions, les formes, tout y était européen. Nous y avons passé quelques heures qui ont été les seules d'oubli et de distraction que j'aie éprouvées depuis notre sortie de France. Le colonel Wilks me montrait une partialité et une bienveillance toutes particulières ; nous en étions aux compliments et à la sympathie de deux auteurs qui s'encensent réciproquement. Nous avons fait échange de nos productions : il comblait M. Le Sage de choses flatteuses, et celles que je lui rendais étaient des plus sincères ; car son ouvrage renferme des points intéressants et nouveaux sur l'Indostan, qu'il a habité longtemps en mission diplomatique : une douce philosophie, beaucoup d'instruction et un style fort pur, concourent à en faire un livre distingué. M. Wilks, dans ses opinions politiques, est, du reste, un homme très-froid, qui juge avec calme et sans passion des affaires du moment, qui conserve les idées saines, les principes libéraux d'un Anglais sage et indépendant.

Au moment de nous mettre à table, à notre grande surprise, on nous a annoncé que l'Empereur venait de passer avec l'amiral presque à la porte de Plantation-House ; et un des convives (M. Doveton de Sandy-Bay) nous dit alors avoir eu la bonne fortune de le posséder ce matin même chez lui pendant trois quarts d'heure.

Vie de Longwood. — Course à cheval de l'Empereur. — Notre nymphe. — Sobriquets. — Des îles, de leur défense. — Grandes forteresses. — Gibraltar. — Culture et lois de l'île. — Enthousiasme, etc.

Jeudi 4 au lundi 8.

Quand je suis entré chez l'Empereur pour lui rendre compte de notre excursion de la veille, il m'a dit, en me saisissant l'oreille : « Eh bien ! « vous m'avez abandonné hier, j'ai pourtant bien fini ma soirée. N'allez « pas croire que je ne saurais me passer de vous. » Paroles charmantes, que le ton qui les accompagnait et la connaissance que j'avais de lui désormais me rendaient délicieuses.

Tous les jours le temps a été beau, la température sèche, la chaleur forte, mais tombant subitement, ainsi que de coutume, vers les cinq ou six heures.

L'Empereur, depuis son arrivée à Longwood, avait interrompu ses dictées ordinaires : il passait son temps à lire dans son intérieur, faisait sa toilette de trois à quatre heures, et sortait ensuite à cheval avec deux ou trois de nous. Les matinées devaient lui paraître plus longues ; mais sa santé s'en trouvait mieux. Nos courses étaient toutes dirigées vers la vallée voisine, dont j'ai déjà parlé ; soit que nous la remontassions en la prenant dans la partie inférieure et revenant par la maison du grand maréchal ; soit au contraire que nous commençassions par ce dernier côté, pour la parcourir en descendant. Une fois même ou deux, nous la franchîmes en écharpe, et traversâmes de la sorte d'autres vallées pareilles. Nous explorâmes ainsi le voisinage, et visitâmes le peu d'habitations qui s'y trouvaient : toutes étaient pauvres et misérables. Les chemins étaient parfois impraticables, il nous fallait même de temps en temps descendre de cheval ; nous avions à franchir des haies, à escalader des murs de pierre qu'on rencontre fort souvent ; mais rien ne nous arrêtait.

Dans ces courses habituelles, nous avions adopté depuis quelques jours une station régulière dans le milieu de la vallée ; là, entourée de roches sauvages, s'était montrée une fleur inattendue : sous un humble toit nous avait apparu un visage charmant de quinze à seize ans. Nous l'avions

surprise le premier jour dans son costume journalier, il n'annonçait rien moins que l'aisance ; le lendemain nous retrouvâmes la jeune personne avec une toilette fort soignée ; mais alors notre jolie fleur des champs ne nous parut plus qu'une fleur de parterre assez ordinaire. Toutefois nous nous y arrêtions chaque jour quelques minutes ; elle s'avançait alors de quelques pas pour entendre les deux ou trois phrases que l'Empereur lui adressait ou lui faisait traduire en passant, et nous continuions notre route tout en devisant sur ses attraits. Dès cet instant elle augmenta la nomenclature spéciale de Longwood ; elle ne fut plus que *notre nymphe*.

L'Empereur, dans son intimité, avait la coutume de baptiser insensiblement tout ce qui l'entourait : ainsi la vallée que nous parcourions d'habitude en cet instant n'avait plus d'autre nom que la *vallée du Silence;* notre hôte de Briars n'était que notre *Amphitryon;* son voisin, le major aux six pieds de haut, notre *Hercule;* sir Georges Cockburn, *monseigneur l'amiral* tant qu'on était en gaieté; dès que l'humeur arrivait, ce n'était plus que le *Requin*, etc., etc.

Notre nymphe est précisément l'héroïne de la petite pastorale dont il a plu au docteur Warden d'embellir ses lettres ; bien que j'eusse redressé son erreur lorsqu'il m'en donna lecture avant son départ pour l'Europe, lui disant : « Si vous avez le projet de créer un conte, c'est bien ; mais si « vous avez voulu peindre la vérité, vous avez tout à changer. » Apparemment qu'il aura pensé que son conte avait beaucoup plus d'intérêt, et il l'a conservé.

Du reste, on m'a appris que Napoléon avait porté bonheur à notre nymphe : la petite célébrité qu'elle en avait acquise a attiré la curiosité des voyageurs ; ses attraits ont fait le reste : elle est devenue la femme d'un très-riche négociant ou capitaine de la compagnie des Indes.

Au retour de nos courses, nous trouvions déjà rendues les personnes que l'Empereur invitait à dîner. Il eut successivement le général-colonel du 53ᵉ, plusieurs de ses officiers et leurs femmes, l'amiral, la bonne, belle et douce madame Hodson, la femme de notre Hercule, que l'Empereur avait été visiter un jour dans le fond de Briars, et dont il avait tant caressé les enfants, etc., etc.

Le jour où dîna l'amiral, l'Empereur, en prenant son café, a causé quelques instants sur la position de l'île. L'amiral a dit que le 66ᵉ venait renforcer le 53ᵉ ; l'Empereur en a ri, et lui a demandé s'il ne se croyait pas déjà assez fort. Puis, passant à des observations générales, il a dit qu'un soixante-quatorze de plus valait mieux qu'un régiment; que la sûreté d'une île, c'étaient des vaisseaux; que des fortifications n'étaient qu'un retard; qu'un débarquement fait à forces supérieures était un résultat tout obtenu, au temps près, si la distance n'admettait point un secours.

L'amiral lui ayant demandé quelle était dans son opinion la place la plus forte du monde, l'Empereur a répondu qu'il était impossible de l'assigner, parce que la force d'une place se compose de ses moyens propres, et de circonstances étrangères indéterminées. Pourtant il a nommé Strasbourg, Lille, Metz, Mantoue, Anvers, Malte, Gibraltar. L'amiral ayant dit qu'en Angleterre on lui avait supposé, pendant quelque temps, le dessein d'attaquer Gibraltar. « Nous nous en serions bien donné de « garde, a dit l'Empereur; cela nous servait trop bien. Cette place ne « vous est d'aucune utilité; elle ne défend, n'intercepte rien; ce n'est « qu'un objet d'amour-propre national qui coûte fort cher à l'Angleterre, « et blesse singulièrement la nation espagnole. Nous aurions été bien « maladroits de détruire une pareille combinaison. »

Le 7, l'Empereur a reçu la visite du secrétaire du gouvernement et d'un des membres du conseil de l'île. Il les a beaucoup questionnés sur la culture, la prospérité et les améliorations dont leur colonie serait susceptible. Ils répondaient qu'en 1772 on avait adopté le système de fournir, des magasins de la compagnie, de la viande à moitié prix aux habitants; il en était résulté une grande paresse dans l'industrie et l'abandon de l'agriculture. Depuis cinq ans on avait changé ce système; ce qui, joint à d'autres circonstances, avait ramené l'émulation, et porté l'île à un état supérieur à ce qu'elle avait jamais été. Il est à craindre que notre venue ne soit un coup mortel pour cette prospérité croissante.

Sainte-Hélène, de sept à huit lieues de tour, environ la grandeur de Paris, obéit aux lois générales d'Angleterre et à des lois locales de l'île; ces lois locales se font ici par le conseil, et se sanctionnent en Angleterre par la cour de la compagnie des Indes. Le conseil se compose du gouverneur, de deux membres civils et d'un secrétaire qui tient les registres; tous sont nommés par la compagnie, et sont révocables à volonté. Les membres du conseil sont législateurs, administrateurs et magistrats; ils décident sans appel, à l'aide du jury, au civil et au criminel. Il n'y a ni procureur ni avocat dans l'île : le secrétaire du conseil légitime tous les actes, et se trouve une espèce de notaire unique. La population de l'île est en ce moment de cinq à six mille âmes environ, y compris les noirs et la garnison.

L'Empereur se promenait seul avec moi dans le jardin. Un matelot de vingt-deux à vingt-trois ans, d'une figure franche et ouverte, nous a abordés avec l'émotion de l'empressement et de la joie, et l'inquiétude d'être aperçu par nos surveillants du dehors. Il ne parlait qu'anglais, et me

disait avec précipitation avoir bravé deux fois l'obstacle des sentinelles et tous les dangers d'une défense sévère pour voir de près l'Empereur; qu'il obtenait ce bonheur, disait-il tout en le considérant; qu'il mourrait content; qu'il faisait des vœux au ciel pour que Napoléon se portât bien et qu'il fût un jour plus heureux. Je l'ai congédié; et, en nous abandonnant, il se cachait encore derrière les arbres, les haies, afin de nous apercevoir plus longtemps. Nous recevions souvent ainsi des preuves non équivoques du sentiment bienveillant de ces marins. Ceux du *Northumberland* surtout se croyaient désormais des rapports établis avec l'Empereur. Lors de notre séjour à Briars, où notre réclusion était moins complète, ils venaient souvent rôder le dimanche autour de nous, disant qu'ils venaient revoir leur compagnon de vaisseau (*ship's mate*). Le jour où nous quittâmes cet endroit, étant seul avec l'Empereur dans le jardin, il s'en était présenté un à la porte, me demandant s'il pouvait y faire un pas sans offenser. Je lui demandai son pays et sa religion. Sa réponse fut plusieurs signes de croix rapides en signe d'intelligence et de fraternité; puis, fixant l'Empereur devant lequel il se trouvait, et levant les yeux au ciel, il commença avec lui-même une conversation de gestes que sa grosse figure réjouie rendait partie grotesque, partie sentimentale. Cependant il était difficile d'exprimer avec plus de vérité l'admiration, le respect, les vœux et la sympathie : de grosses larmes commençaient à rouler dans ses yeux. « Dites à ce cher homme que je ne lui veux pas de mal, me disait-il, « que je lui souhaite bien du bonheur. Nous sommes beaucoup comme « cela : il faut qu'il se porte bien et longtemps. » Il avait à la main un bouquet de fleurs champêtres. Il indiquait la pensée de vouloir les offrir ;

mais, hésitant, et comme combattu en lui-même, il nous fit subitement un salut brusque, et disparut.

L'Empereur ne put s'empêcher de se montrer sensible à ces deux circonstances, tant la figure, l'accent, le geste de ces hommes portaient le caractère de la vérité. Il disait alors : « Ce que c'est pourtant que le pou-
« voir de l'imagination ! tout ce qu'elle peut sur les hommes ! Voilà des
« gens qui ne me connaissaient point, qui ne m'avaient jamais vu, seule-
« ment ils avaient entendu parler de moi : et que ne se sentent-ils pas, que
« ne feraient-ils pas en ma faveur ! Et la même bizarrerie se renouvelle
« dans tous les pays, dans tous les âges, dans tous les sexes ! Voilà le
« fanatisme ! oui, l'imagination gouverne le monde ! »

L'Empereur vivement contrarié. — Nouvelles brouilleries avec l'amiral.

Mardi 9.

L'enceinte tracée autour de Longwood, où nous avons la liberté de nous promener, ne permet guère qu'une demi-heure de course à cheval ; ce qui a porté l'Empereur, pour agrandir l'espace ou gagner du temps, à descendre dans le fond des ravins par des chemins très-mauvais et parfois dangereux,

L'île n'ayant pas trente milles de tour, il eût été désirable que l'enceinte eût été portée à un mille des bords de la mer. Alors on eût pu se promener et même varier ses courses sur des espaces de quinze à dix-huit milles. La surveillance n'eût été ni plus pénible ni moins effective en la plaçant sur les rives de la mer et les débouchés des vallées, en traçant même par des signaux tous les pas de l'Empereur. On nous avait fait observer, il est très-vrai, que l'Empereur était le maître de parcourir toute l'île sous l'escorte d'un officier anglais ; mais l'Empereur était décidé à ne sortir jamais, s'il devait se priver, durant sa promenade, d'être absolument à lui-même ou à l'intimité des siens. L'amiral, dans sa dernière entrevue avec l'Empereur, avait très-délicatement arrêté et promis que, lorsque l'Empereur voudrait sortir des limites, il en ferait prévenir le capitaine anglais de service à Longwood ; que celui-ci se rendrait au poste pour ouvrir le passage à l'Empereur, et qu'ensuite la surveillance serait faite, s'il en existait, de manière que l'Empereur, durant le reste de sa promenade, soit qu'il entrât dans quelques maisons ou profitât de quelque beau site pour travailler, n'aperçût rien qui pût le distraire d'un moment de rêverie.

D'après cela, l'Empereur se proposait ce matin de monter à cheval à sept heures. Il avait fait préparer un petit déjeuner, et comptait aller, dans la direction de Sandy-Bay, chercher une source d'eau, et profiter de quelques belles végétations, dont on est privé à Longwood, pour y passer la matinée, et y travailler quelques heures.

Nos chevaux étaient prêts. Au moment de monter, j'ai été prévenir le capitaine anglais, qui, à mon grand étonnement, a déclaré que son projet était de se mêler avec nous ; que l'Empereur ne pouvait trouver mauvais, après tout, qu'un officier ne jouât pas le rôle d'un domestique, en restant seul de l'arrière. J'ai répondu que l'Empereur approuverait sans doute ce sentiment, mais qu'il renoncerait dès l'instant à sa partie. « Vous devez « trouver simple et sans vous en croire offensé, lui ai-je dit, qu'il répugne « à la présence de celui qui le garde. » L'officier se montrait fort peiné,

et me disait que sa situation était des plus embarrassantes. « Nullement,
« lui ai-je observé, si vous n'exécutez que vos ordres. Nous ne vous deman-
« dons rien, vous n'avez à vous justifier de rien. Il doit vous être aussi
« désirable qu'à nous de voir les limites poussées vers les bords de la
« mer ; vous seriez délivré d'un service pénible et peu digne. Le but qu'on
« se propose n'en serait pas moins bien rempli ; j'oserais vous dire qu'il
« le serait davantage. Quand on veut garder quelqu'un, il faut garder la
« porte de sa chambre ou celles de son enceinte ; les portes intermédiaires
« ne sont plus que des peines sans efficacité. Vous perdez de vue l'Em-
« pereur tous les jours quand il descend dans les ravins de l'enceinte ;
« vous ne connaissez son existence que par son retour. Eh bien ! faites-
« vous un mérite de cette concession qu'amène la force des choses ;
« étendez-la jusqu'à un mille du rivage : aussi bien vous pouvez le tracer
« sans cesse, à l'aide de vos signaux, du haut de vos sommités. »

Mais l'officier en revenait toujours à dire qu'il ne demandait ni regard ni parole de l'Empereur, qu'il serait avec nous comme s'il n'y était pas. Il ne pouvait comprendre et ne comprenait pas, en effet, que sa vue seule pût faire du mal à l'Empereur. Je lui ai dit qu'il était une échelle pour la manière de sentir, et que la même mesure n'était pas celle de tout le monde. Il semblait croire que nous interprétions les sentiments de l'Empereur, et que, si les raisons qu'il me donnait lui étaient expliquées, il se rendrait ; il était tenté de lui écrire. Je l'assurai que, pour ce qui lui était personnel, il n'en dirait jamais autant à l'Empereur que j'en pourrais dire moi-même ; que, du reste, j'allais de ce pas lui rendre mot à mot notre conversation. Je suis revenu bientôt lui confirmer ce que je lui avais dit d'avance. L'Empereur avait dès l'instant renoncé à sa partie.

Voulant toutefois, pour mon compte, éviter tout malentendu qui aurait pu accroître les discussions toujours fâcheuses, je lui ai demandé s'il aurait quelque objection à me montrer le compte qu'il rendrait à l'amiral. Il m'a dit qu'il n'en aurait aucune, mais qu'il ne le lui rendrait que de vive voix. Résumant alors notre longue conversation en deux mots, je l'ai réduite à deux points bien positifs : lui, à m'avoir dit vouloir se joindre au groupe de l'Empereur ; moi, à lui avoir répondu que l'Empereur dès lors renonçait à sa partie et ne sortirait pas des limites : ce qui a été parfaitement agréé de nous deux.

L'Empereur m'a fait appeler dans sa chambre. Dévorant en silence le contre-temps qu'il venait d'éprouver, il se trouvait déjà déshabillé et en robe de chambre. Il m'a retenu à déjeuner, et a fait observer que le temps tournait à la pluie, que nous aurions eu un mauvais jour pour notre excursion; mais c'était un faible adoucissement à la contrainte aiguë qui venait de troubler un plaisir innocent.

Le fait est que l'officier avait reçu de nouveaux ordres. Mais l'Empereur n'avait eu l'idée de sa petite excursion que sur les promesses antérieures de l'amiral; promesses pour lesquelles l'Empereur s'était plu à lui témoigner de la satisfaction. Ce changement, survenu sans en avoir rien fait dire, devait nécessairement être très-sensible à l'Empereur. On lui manquait de parole, ou l'on avait voulu le rendre dupe. Ce tort de l'amiral est un de ceux qui ont le plus pesé sur le cœur de l'Empereur.

L'Empereur a pris un bain et n'a point dîné avec nous. A neuf heures, il m'a fait appeler dans sa chambre. Il lisait *Don Quichotte*, ce qui nous a amenés à causer de la littérature espagnole, des traductions de Lesage, etc., etc. Il était fort triste et causait peu. Il m'a renvoyé au bout de trois quarts d'heure.

Chambre de Marchand. — Linge, vêtements de l'Empereur, manteau de Marengo. — Éperons de Champ-Aubert, etc.

Mercredi 10.

Vers les quatre heures, l'Empereur m'a fait appeler dans sa chambre. Il était habillé et en bottes; il comptait monter à cheval ou se promener dans le jardin, mais il pleuvait un peu. Nous avons marché et causé en attendant que le temps s'éclaircît. Il a ouvert la porte de sa chambre sur le cabinet topographique, afin d'allonger sa promenade de toute l'étendue de ce cabinet. En approchant du lit qui s'y trouve, il m'a demandé si j'y couchais toujours. Je lui ai répondu que j'avais cessé dès l'instant où j'avais su qu'il voulait sortir de bon matin. « Qu'importe, m'a-t-il dit, revenez-y; je sortirai au besoin par ma porte de derrière. »

La pluie continuant, il a renoncé à la promenade; mais il regrettait que le grand maréchal ne fût pas arrivé. Il se sentait aujourd'hui disposé au travail; depuis quinze jours il l'avait interrompu. En attendant Bertrand, il cherchait à tuer le temps. « Allons chez madame de Montholon, » m'a-t-il dit. Je l'y ai annoncé. Il s'est assis, et nous avons causé d'ameublement et de ménage. Il s'est mis alors à faire l'inventaire de l'appartement pièce à pièce, et l'on est demeuré d'accord que le mobilier ne s'élevait guère au delà de trente napoléons. Sortant de chez madame de Montholon, il a couru de chambre en chambre, et s'est arrêté devant l'escalier qui, dans le corridor, conduit en haut chez les gens : c'est une espèce d'échelle de vaisseau fort rapide. « Voyons, dit-il, l'appartement de « Marchand ; on dit qu'il y est comme une petite-maîtresse. » Nous avons grimpé. Marchand s'y trouvait. Sa petite chambre est propre ; il y a collé du papier qu'il a peint lui-même. Son lit n'était point garni. Marchand ne couche point si loin de la porte de son maître. A Briars, lui et les deux autres valets de chambre ont constamment couché par terre en travers de la porte de l'Empereur ; si bien que, quand j'en sortais tard, il me fallait leur marcher sur le corps. L'Empereur s'est fait ouvrir les armoires ; elles n'ont présenté que son linge et ses habits ; le tout était fort peu considérable, et pourtant il s'étonnait encore d'être si riche.

On y voyait son habit de Premier Consul, en velours rouge, brodé soie et or. Il lui avait été présenté par la ville de Lyon, circonstance qui faisait sans doute qu'il se trouvait ici, son valet de chambre sachant qu'il l'affectionnait beaucoup, parce qu'il lui venait, disait-il, de sa chère ville de Lyon.

On y voyait aussi le manteau de Marengo, manteau glorieux sur lequel ont été plus tard exposés religieusement les restes mortels de l'immortel vainqueur ; manteau qui figure aujourd'hui dans les objets spécialement légués par Napoléon à son fils. O bizarre succession des événements, des personnes et des choses ! Ainsi donc ce manteau de Marengo se verra dans les palais autrichiens, au sein des princes d'Autriche, et précisément comme monument de famille, tandis que l'événement qui le rendit si célèbre avait semblé dans le temps les menacer de la destruction, eux et leur monarchie.

Après un léger inventaire, qui n'était pas sans prix pour moi : « Com-
« bien ai-je d'éperons ? a-t-il dit en se saisissant d'une paire ? — Quatre
« paires, a répondu Marchand. — Y en a-t-il de plus distingués les uns
« que les autres ? — Non, Sire. — Eh bien ! j'en veux donner une à Las
« Cases. Ceux-ci sont-ils vieux ? — Oui, Sire, ils sont presque usés ; ils
« ont servi à Votre Majesté dans la campagne de Dresde et dans celle de
« Paris. — Tenez, mon cher, m'a-t-il dit en me les donnant, voilà pour
« vous ; ils m'ont servi à Champ-Aubert. » J'aurais voulu qu'il me fût permis de les recevoir à genoux ; ils avaient été illustrés par les belles et glorieuses journées de Champ-Aubert, Montmirail, Craonne, Nangis, Montereau ! Au temps des Amadis, fut-il jamais de plus digne monument de chevalerie ! « Votre Majesté me fait chevalier, lui ai-je dit ; mais com-
« ment gagner ces éperons ? Je ne puis plus prétendre à aucun fait

« d'armes ; et quant à l'amour, au dévouement, à la fidélité, depuis long-
« temps, Sire, je n'ai plus rien à vous donner. »

Cependant le grand maréchal ne venait pas, et l'Empereur voulait travailler. « Vous ne pouvez donc plus écrire, m'a-t-il dit, vos yeux sont tout
« à fait perdus? » Depuis que nous étions ici, j'avais interrompu tout travail ; ma vue disparaissait, et j'en éprouvais une tristesse mortelle. « Oui,
« Sire, lui ai-je répondu, ils le sont tout à fait, et ma douleur est de les
« avoir perdus sur la campagne d'Italie, sans avoir eu le bonheur et la
« gloire de l'avoir faite. » Il a cherché à me consoler en me disant qu'avec
du repos ma vue se réparerait sans doute, ajoutant : « Ah ! que ne nous
« ont-ils laissé Planat ! ce bon jeune homme me serait aujourd'hui d'un
« grand service. »

Amiral Taylor, etc.

Jeudi 11.

Après le déjeuner, vers midi et demi, me promenant devant la porte,
j'ai vu arriver une nombreuse cavalcade, précédée du général-colonel

du 53ᵉ : c'était l'amiral Taylor, arrivé la veille du Cap avec son escadre, et repartant le surlendemain pour l'Europe. Parmi ses capitaines était

son fils, ayant un bras de moins ; il l'avait perdu à Trafalgar, où son père commandait *le Tonnant*.

L'amiral Taylor était venu payer ses respects, me dit-il, à l'Empereur ; mais on venait de lui répondre qu'il était malade, et il en était cruellement désappointé. Je lui fis observer que le climat de Longwood était très-défavorable à Napoléon. Je choisissais mal mon temps ; le ciel était très-beau, et le lieu déployait en ce moment toute l'illusion dont il pouvait être susceptible : aussi l'amiral remarqua-t-il que le site était charmant. Mais à peine lui eus-je répondu d'un air triste et vrai : « Oui, monsieur « l'amiral, *aujourd'hui, et pour vous qui n'y resterez qu'un quart* « *d'heure*, qu'il se confondit en excuses, me priant de lui pardonner son impertinente expression, disait-il. Je dois cette justice à toute la grâce qu'il témoigna en cet instant.

L'Empereur couché en joue. — Nos passe-temps du soir. — Romans. — Sortie politique.

Vendredi 12 au dimanche 14.

L'Empereur, depuis plusieurs jours, avait entièrement interrompu ses promenades à cheval. La reprise qu'il voulut en faire le 12 ne fut pas propre à lui en redonner le goût ni l'habitude : nous avions franchi notre vallée ordinaire, nous la remontions sur le revers opposé à Longwood, lorsque, d'une des crêtes où jusque-là il n'y avait eu aucun poste, un soldat nous fit beaucoup de cris et de gestes. Comme nous étions dans le bassin de notre enceinte, nous n'en tînmes aucun compte ; alors cet homme descendit hors d'haleine, chargeant son arme en courant. Le général Gourgaud resta de l'arrière pour voir ce qu'il voulait, tandis que nous continuâmes notre route. Je pus le voir, à l'aide de plusieurs tournants, colleter le soldat et le contenir ; puis il le fit suivre de force jusqu'au poste

voisin du grand maréchal, où le général Gourgaud voulait le faire entrer ; mais il lui échappa. Il se trouva que c'était un caporal ivre qui avait mal entendu sa consigne ; il nous avait plusieurs fois couchés en joue. Cette circonstance, qui pouvait se répéter si facilement, nous fit frémir pour l'existence de l'Empereur ; lui n'y vit qu'un affront moral, un nouvel obstacle à son exercice du cheval.

L'Empereur avait interrompu ses invitations à dîner ; l'heure, la distance, la toilette étaient pénibles pour les convives ; quant à nous,

nous en éprouvions de la gêne dans nos habitudes, sans en recueillir aucun agrément. L'Empereur était moins avec nous, sa conversation n'avait plus le même abandon.

L'après-dînée était désormais consacrée à la lecture de quelque ouvrage. L'Empereur lisait lui-même tout haut; quand il était fatigué, il passait le livre à quelqu'un; mais alors il n'en supportait jamais la lecture plus d'un quart d'heure, il s'endormait. Nous en étions en ce moment à des romans; nous en entamions beaucoup que nous ne finissions pas. C'était *Manon Lescaut*, que nous rejetâmes bientôt comme roman d'antichambre; les *Mémoires de Grammont*, si pleins d'esprit, mais qui ne font point d'honneur aux hautes mœurs du temps; le *Chevalier de Faublas*, qui n'est supportable qu'à vingt ans, etc. Quand ces lectures pouvaient nous conduire jusqu'à onze heures ou minuit, l'Empereur en témoignait une véritable joie : il appelait cela des conquêtes sur le temps, et il trouvait qu'elles n'étaient pas les plus faciles.

La politique aussi avait son tour. Environ toutes les trois ou quatre semaines nous recevions un gros paquet de journaux d'Europe : c'était un coup de fouet qui nous ravivait et nous agitait fort durant quelques jours, pendant lesquels nous discutions, classions et résumions les nouvelles; après quoi nous retombions insensiblement dans le marasme. Les derniers journaux nous avaient été apportés par la corvette *la Levrette*, arrivée depuis quelques jours; ils remplirent une de nos soirées, et firent éclater dans l'Empereur un de ces moments de chaleur et de verve dont j'ai été parfois le témoin au Conseil d'État, et qui lui échappent de temps à autre ici.

Il marchait à grands pas au milieu de nous, s'animant par degré et ne s'interrompant que par quelques instants de méditation.

« Pauvre France, disait-il, quelles seront tes destinées? Surtout qu'est « devenue ta gloire!... » Je supprime le reste, d'une assez longue étendue, il le faut.

N. B. Aujourd'hui que le temps ne gêne plus cette publication, le voici.

« Quelles seront tes espérances, tes ressources? Un roi sans système,
« incertain, à demi-mesures, quand elles devraient être positives et extrê-
« mes; une ombre de ministère, quand il lui faudrait tant de force et de
« talent; division dans la maison royale, quand il n'y faudrait qu'une
« volonté; un prince du sang à la tête d'une opposition toute nationale!
« Que de sujets de troubles, que de combinaisons pour l'avenir! Qui pour-
« rait assigner le dénoûment! Quelles adresses que celles de ces deux
« Chambres! On les a lues tout à l'heure, à qui de nous en reste-t-il quel-

« que chose? Elles sont sans couleur, sans but, sans résultats, propres à
« tous les temps, à toutes les circonstances ; de mauvais oripeaux de sou-
« veraineté, guenilles de trônes, lieux communs, flagorneries abjectes et
« stupides, qui nous dégradent et nous avilissent aux yeux des étrangers.
« Y a-t-il rien dans tout cela de national? je le demande. Aperçoit-on une
« lueur de cette opposition utile à la dignité et à la force du souverain?
« Comment osent-ils parler de son chagrin, pleurer avec lui ! c'est lui qui
« cause leurs maux, il était de la coalition, il est l'allié de leurs bour-
« reaux!... Ils disent qu'il n'a qu'à parler, que tous les sacrifices qu'il
« demandera, ils sont prêts à les faire!... Ils appuient surtout sur le sys-
« tème de la légitimité, auquel ne croit aucun de ceux qui parlent!...
« Mais c'est là le discours de Metternich, de Nesselrode, de Castlereagh,
« et non celui de Français!... A quoi bon des assemblées sous le roi?
« C'est de sa part une faute de plus, elles ne feront qu'éveiller, et il fallait
« endormir. Elles ne sont composées que de ses affidés, dit-on, soit ; mais
« qu'en peut-il attendre? Croit-il qu'elles lui donneront du crédit dans la
« nation? elles sont anti-nationales. Si elles marchent avec lui, furieuses
« dans leurs réactions, elles le porteront plus loin qu'il ne voudra ; si au
« contraire elles témoignent la moindre opposition, elles le gêneront dans
« sa marche. Jamais les assemblées n'ont réuni prudence et énergie, sa-
« gesse et vigueur, et c'est pourtant aujourd'hui ce qu'il faut au roi.

« Louis XVIII, l'année dernière, pouvait s'identifier avec la nation ; au-
« jourd'hui il n'a plus de choix, il faut qu'il pèse avec les principes de son
« parti, il ne peut plus essayer que le régime de ses pères... D'un autre
« côté, les alliés n'ont pas mieux entendu leurs intérêts : il fallait affaiblir
« la France, mais non la désespérer ; il fallait lui enlever du territoire, et
« non lui imposer des contributions. Ce n'est pas ainsi qu'on traite vingt-
« huit millions d'hommes. Les Français devaient au moins racheter la
« perte de la gloire par du repos et du bonheur. En imposant des humi-
« liations, il fallait donner du pain, il fallait essayer de réduire ce grand
« corps à la stagnation. »

L'Empereur a terminé en disant qu'il était bien sinistre sans doute ;
mais qu'il avait beau faire, qu'il ne pouvait voir que des catastrophes,
des massacres, du sang.

<small>Sur l'*Histoire secrète du cabinet de Bonaparte*, par Goldsmith. — Détails, etc.</small>

<small>Lundi 15.</small>

J'avais entendu parler, à bord du vaisseau, de l'*Histoire secrète du cabinet de Bonaparte*, par Goldsmith, et au premier moment de loisir ici

j'avais eu la fantaisie de le parcourir ; mais j'ai eu beaucoup de peine à me le procurer, les Anglais s'en défendirent longtemps ; ils disaient que c'était un si abominable libelle, qu'ils n'osaient me le mettre dans les mains : ils en avaient honte eux-mêmes, disaient-ils. Il me fallut insister longtemps ; leur répéter maintes fois que nous étions tous cuirassés sur de pareilles gentillesses ; que celui-là même qui en était l'objet ne faisait qu'en rire quand le hasard les lui plaçait sous la main ; et puis, si cet ouvrage était si mauvais qu'on le disait, il manquait son but, il cessait de l'être. Je demandai ce qu'était ce Goldsmith, son auteur. C'était un Anglais, me disait-on, qui avait longtemps desservi son pays à Paris pour de l'argent et qui, de retour en Angleterre, cherchait à échapper au châtiment et à gagner encore quelque argent, en accablant d'injures et d'imprécations l'idole qu'il avait longtemps encensée. J'obtins enfin cet ouvrage. Il faut en convenir, il est difficile d'amasser de plus horribles et de plus ridicules vilenies que n'en présentent ses premières pages : le viol, l'empoisonnement, l'inceste, l'assassinat et tout ce qui s'ensuit, sont accumulés par l'auteur sur son héros, et cela dès la plus tendre enfance. Il est vrai qu'il importe peu à l'auteur, à ce qu'il semble, de les rendre croyables, et qu'il les démontre lui-même impossibles, ou bien les détruit par les anachronismes, les *alibi*, les contradictions de toute espèce, les méprises des noms, des personnes, des faits les plus authentiques, etc. Ainsi, lorsque Napoléon n'avait encore que dix à douze ans, et se trouvait sous les barreaux de son école militaire, il lui fait commettre des attentats qui demanderaient du moins l'âge viril et une certaine liberté. L'auteur lui fait entreprendre ce qu'il appelle ses brigandages d'Italie à la tête de huit mille galériens échappés des bagnes de Toulon. Plus tard, il fait abandonner les rangs autrichiens à vingt mille Polonais, qui passent sous les drapeaux du général français, etc., etc. Le même auteur fait venir Napoléon en fructidor à Paris, quand tout le monde sait qu'il ne quitta jamais son armée. Il le fait traiter avec le prince de Condé, et demander Madame Royale en mariage, pour prix de sa trahison. Je passe une foule de choses d'une aussi absurde impudence. Il est évident que pour la partie surtout des anecdotes sales ou ridicules, il n'a fait qu'entasser tout ce qu'il a entendu ; mais encore à quelle source a-t-il été puiser? La plupart de ces traits ont pris certainement naissance dans certains cercles fort malveillants de Paris ; mais encore, sur ce terrain, avaient-ils un certain esprit, du sel, du mordant, certaines couleurs dans l'apparence, certaines grâces dans la diction ; ici ces traits sont déjà descendus des salons dans la rue ; ils n'ont été recueillis qu'après avoir roulé dans le ruisseau. Les Anglais convenaient que c'était si fort, qu'à l'exception des classes les plus vulgaires, cet ouvrage avait été un poison qui portait son antidote avec lui.

A présent on s'étonnera peut-être que, dès les premières pages, je n'aie pas repoussé une pareille production. Mais c'est si grossièrement méchant, que cela ne saurait exciter la colère ; d'un autre côté, il n'est point de dégoût que ne fasse surmonter l'oisiveté de Sainte-Hélène, on est heureux d'y avoir quelque chose à parcourir. *Nous n'avons de trop ici que du temps,* disait très-plaisamment l'Empereur il y a peu de jours : j'ai donc continué ; et puis, le dirai-je ? ce n'est pas sans quelque plaisir que je lis désormais les contes absurdes, les mensonges, les calomnies qu'un auteur tient toujours, comme de coutume, de la meilleure autorité, sur des objets que je connais aujourd'hui si parfaitement moi-même, qui me sont devenus aussi familiers que les détails de ma propre vie. Comme aussi je trouve quelque charme à laisser des pages remplies des couleurs les plus fausses, un portrait purement fantastique, pour venir étudier la vérité aux côtés du personnage réel, dans sa propre conversation pleine de choses toujours neuves, toujours grandes.

Ce matin l'Empereur m'ayant fait venir après son déjeuner, je l'ai trouvé en robe de chambre, étendu sur son canapé. La conversation l'a conduit à me demander quelle était ma lecture du moment. J'ai répondu que c'était un des plus fameux, des plus sales libelles publiés contre lui, et je lui ai cité à l'instant quelques-uns des traits les plus abominables. Il en riait beaucoup, et a voulu voir l'ouvrage ; je l'ai fait venir ; nous l'avons parcouru ensemble. En tombant d'horreurs en horreurs, il s'écriait *Jésus !..... Jésus !.....* se signait ; geste que je me suis aperçu lui être familier dans sa petite intimité, lorsqu'il rencontre des assertions monstrueuses, impudentes, cyniques, qui excitent son indignation ou sa surprise, sans le porter à la colère. Chemin faisant, l'Empereur analysait certains faits, redressait des points dont l'auteur avait su quelque chose. Parfois il haussait les épaules de pitié, parfois il riait de bon cœur ; jamais il ne montra le moindre signe d'humeur. Quand il lut l'article de ses nombreuses débauches, les violences, les outrages qu'on lui faisait commettre, il observa que l'auteur avait voulu sans doute en faire un héros sous tous les rapports ; qu'il le livrait du reste à ceux qui voulaient le faire impuissant, que c'était à ces messieurs à s'accorder ensemble, ajoutant gaiement que tout le monde n'était pas aussi malheureux que le plaideur de Toulouse. Toutefois on avait tort, disait-il, de l'attaquer sur ses mœurs, lui que tout le monde savait les avoir singulièrement améliorées partout où il avait gouverné ; on ne pouvait ignorer que son naturel ne le portait pas à la débauche; la multitude de ses affaires ne lui en auraient pas d'ailleurs *laissé le temps*. Arrivé aux pages où sa mère était peinte à Marseille sous le rôle le plus dégoûtant et le plus abject, il s'est arrêté répétant plusieurs fois, avec l'accent de l'indignation et d'une demi-douleur : « Ah! « Madame!... Pauvre Madame!:... Avec toute sa fierté!.... Si elle lisait « ceci!.... Grand Dieu!.... »

Nous avons passé ainsi plus de deux heures, au bout desquelles il s'est mis à sa toilette ; on a introduit le docteur O'Méara, c'était l'heure à laquelle d'ordinaire il était admis. « *Dottore*, lui dit-il en italien, tout en

« faisant sa barbe, je viens de lire une de vos belles productions de Lon« dres contre moi. » La figure du docteur demandait ce que c'était ; je lui fis voir le livre de loin ; c'était précisément lui qui me l'avait prêté, il était déconcerté. « On a bien raison de dire, continuait l'Empereur, « qu'il n'y a que la vérité qui offense, je n'ai pas été fâché un instant, « mais j'ai ri souvent. » Le docteur cherchait à répondre et s'entortillait dans de grandes phrases : c'était un libelle infâme, dégoûtant, tout le monde le savait, personne n'en faisait de cas ; toutefois quelques-uns pouvaient le croire, faute d'y avoir répondu. « Mais que faire à cela? « disait l'Empereur. S'il entrait aujourd'hui dans la tête de quelqu'un « d'imprimer qu'il m'est venu du poil et que je marche ici à quatre pattes, « il est des gens qui le croiraient, et diraient que c'est Dieu qui m'a puni

« comme Nabuchodonosor. Et que pourrais-je faire? Il n'y a aucun
« remède à cela. » Le docteur sortit, concevant à peine la gaieté, l'indifférence, le naturel dont il venait d'être témoin; pour nous, nous y étions désormais accoutumés.

L'Empereur se décide à apprendre l'anglais.

Mardi 16.

Sur les trois heures, l'Empereur m'a fait venir pour causer pendant qu'il faisait sa toilette; nous avons été ensuite faire quelques tours dans le jardin. Il est venu à remarquer qu'il était honteux qu'il ne sût pas encore lire l'anglais. Je l'ai assuré que s'il avait continué, après les deux leçons que je lui avais données aux environs de Madère, il lirait aujourd'hui toute espèce de livres anglais. Il en demeurait convaincu, et m'a commandé alors de le forcer chaque jour à prendre une leçon. De là la conversation a conduit à faire savoir que je venais de donner à mon fils sa première leçon de mathématiques; c'est une partie que l'Empereur aime beaucoup, dans laquelle il est très-fort. Il s'est étonné que je montrasse à mon fils d'abondance, sans livre et sans cahier; il ne me savait pas de cette force, disait-il, et m'a menacé alors de le voir parfois, à l'improviste, examiner le maître et l'écolier. A dîner il a entrepris ce qu'il a appelé M. le professeur de mathématiques, et bien lui en a pris d'être ferré; une question n'attendait pas l'autre; souvent elles étaient fort subtiles. Il ne revenait pas, du reste, que dans les lycées on ne montrât pas de très-bonne heure les mathématiques; il disait qu'on avait gâté toutes ses intentions touchant son université, se plaignait fort de M. de Fontanes, se récriant sur ce qu'on lui gâchait tout chez lui pendant qu'il était contraint d'aller faire la guerre au loin, etc., etc.

Première leçon d'anglais, etc.

Mercredi 17.

Aujourd'hui l'Empereur a pris sa première leçon d'anglais; et comme mon grand but était de le mettre à même de lire promptement les papiers-nouvelles, cette première leçon n'a consisté qu'à faire connaissance avec une gazette anglaise, à en étudier les formes et le plan, à connaître le placement toujours uniforme des divers objets qu'elle renferme, à séparer les annonces et les commérages de ville d'avec la politique, et dans celle-ci apprendre à discerner ce qui est authentique d'avec ce qui n'est qu'un bruit hasardé.

Je me suis engagé, si l'Empereur avait la constance de s'ennuyer tous les jours de pareilles leçons, à ce que dans un mois il pût lire les journaux sans le secours d'aucun de nous. L'Empereur ensuite a voulu faire quelques thèmes : il écrivait des phrases dictées, et les traduisait en anglais, à l'aide d'un petit tableau que je lui ai fait pour les verbes auxiliaires et les articles, et à l'aide du dictionnaire pour les autres mots que je lui faisais chercher lui-même. Je lui expliquais les règles de la syntaxe et de la grammaire, à mesure qu'elles se présentaient : il a fait de la sorte quelques phrases qui l'ont plus amusé que les versions que nous avions aussi essayées. Après la leçon, sur les deux heures, nous sommes passés dans le jardin ; on a tiré plusieurs coups de fusil ; ils étaient si près, qu'il semblait que ce fût dans le jardin même. L'Empereur a fait l'observation que mon fils (nous croyions que c'était lui) semblait faire une bonne chasse ; j'ai ajouté que ce serait la dernière fois qu'il la ferait aussi près de l'Empereur. « Effectivement, a-t-il repris, allez dire qu'il ne nous approche « qu'à la portée du canon. » J'y ai couru, nous l'accusions à tort ; tout ce bruit se faisait pour les chevaux de l'Empereur que l'on s'occupait à dresser.

Après le dîner, pendant le café, l'Empereur m'accolant à la cheminée, m'appuyait la main sur la tête comme pour me mesurer la taille, et me

disait : « Je suis un géant pour vous. — Votre Majesté l'est pourtant

« d'autres, lui ai-je répondu, que cela ne saurait m'affecter. » Il a parlé aussitôt d'autre chose, car il ne s'arrête pas volontiers sur les phrases de cette nature.

Nos habitudes journalières. — Conversation avec le gouverneur Wilks. — Armées. — Chimie. — Politique. — Détails sur l'Inde. — *Delphine*, de madame de Staël. — MM. Necker, Calonne.

Jeudi 18 au samedi 20.

Notre vie se passait dans une grande uniformité. L'Empereur ne sortait pas du tout le matin ; vers les deux heures, la leçon d'anglais était devenue très-régulière ; venait ensuite la promenade du jardin ou quelques présentations qui étaient fort rares ; puis une petite course en calèche, car les chevaux étaient enfin arrivés ; avant le dîner, la révision des campagnes d'Italie ou d'Égypte ; après le dîner, la lecture de nos romans.

Le 20, l'Empereur reçut le gouverneur Wilks, avec lequel il eut une conversation à fond sur l'armée, les sciences, l'administration et les Indes. Parlant de l'organisation de l'armée anglaise, il s'est arrêté sur son mode d'avancement, s'étonnant que chez un peuple où existait l'égalité des droits les soldats devinssent si rarement officiers. Le colonel Wilks avouait que leurs soldats n'étaient pas faits pour le devenir, et que les Anglais s'étonnaient à leur tour de l'immense différence, à cet égard, qu'ils avaient remarquée dans l'armée française, où presque chaque soldat leur avait montré les germes d'un officier. « C'est une des grandes conséquences de « la conscription, faisait observer l'Empereur : elle avait rendu l'armée « française la mieux composée qui fût jamais. C'était, continuait-il, une « institution éminemment nationale et déjà fort avancée dans nos mœurs : « il n'y avait plus que les mères qui s'en affligeassent encore ; et le temps « serait venu où une fille n'eût pas voulu d'un garçon qui n'aurait pas « acquitté sa dette envers la patrie. Et c'est dans cet état seulement, « ajoutait-il, que la conscription aurait acquis la dernière mesure de ses « avantages : quand elle ne se présente plus comme un supplice ou « comme une corvée, mais qu'elle est devenue un point d'honneur dont « chacun demeure jaloux, alors seulement la nation est grande, glo- « rieuse, forte ; c'est alors que son existence peut défier les revers, les « invasions, les siècles.

« Du reste, continuait-il, il est vrai de dire encore qu'il n'est rien qu'on « n'obtienne des Français par l'appât du danger ; il semble leur donner « de l'esprit ; c'est leur héritage gaulois... La vaillance, l'amour de la « gloire sont chez les Français un instinct, une espèce de sixième sens. « Combien de fois, dans la chaleur des batailles, je me suis arrêté à con-

« templer mes jeunes conscrits se jetant dans la mêlée pour la première
« fois : *l'honneur et le courage leur sortaient par tous les pores!* »

De là, l'Empereur sachant que le gouverneur Wilks était très-fort sur la chimie, l'a attaqué sur cet objet. Il lui a parlé des immenses progrès que cette science avait fait faire à toutes nos manufactures. Il lui a dit que l'Angleterre et la France avaient sans doute également de grands chimistes; mais que la chimie était bien plus généralement répandue en France, et surtout beaucoup plus dirigée vers des résultats utiles; qu'en Angleterre elle demeurait une science; qu'en France elle commençait à n'être plus qu'une pratique. Le gouverneur convenait de la vérité littérale de ces assertions, et ajoutait, avec grâce de son côté, que c'était à lui, Empereur, que ces avantages étaient dus, et que toutes les fois que la science serait conduite par la main du pouvoir, elle aurait de grands et d'heureux résultats pour le bien-être de la société. L'Empereur disait que dans les derniers temps la France avait conquis le sucre de betterave, de même qualité et de même prix que le sucre de canne. Le gouverneur en a été fort étonné : il ne le soupçonnait pas. L'Empereur lui a affirmé que c'était un fait des plus avérés, bien qu'en opposition directe aux préjugés encore existants de l'Europe, et même de la France. Il a ajouté de plus qu'il en était de même du pastel, substitut de l'indigo, et ainsi de presque tous les objets coloniaux, à l'exception du bois de teinture. Ce qui le portait à conclure que si la découverte de la boussole avait produit une révolution dans le commerce, les progrès de la chimie étaient appelés à en produire la contre-révolution.

On a parlé ensuite des émigrations nombreuses actuelles des ouvriers de France et d'Angleterre en Amérique. L'Empereur remarquait que ce pays privilégié s'enrichissait de nos folies. Le gouverneur a souri, disant que celles de l'Angleterre se trouvaient en tête du catalogue, par les nombreuses fautes ministérielles qui avaient amené la révolte de ces colonies et leur émancipation. A cela l'Empereur faisait observer que cette émancipation, au surplus, avait dû être inévitable ; que quand les enfants sont devenus aussi grands que leurs pères, il est difficile qu'ils obéissent longtemps.

Alors la conversation a conduit naturellement aux Indes ; le gouverneur y a demeuré nombre d'années, il y occupait de hauts emplois, il y a fait de grandes recherches, il a pu répondre à une foule de questions de l'Empereur sur les lois, les mœurs, les usages des Indous, l'administration des Anglais, la nature et la confection des lois actuelles, etc., etc.

Les Anglais, aux Indes, sont régis par les lois d'Angleterre ; les indigènes, par les lois locales faites par les divers conseils, agents de la compagnie, qui ont pour règle fondamentale de se rapprocher le plus possible des lois mêmes de ces peuples.

Hyder-Aly était un homme de génie ; Tippoo, son fils, n'était qu'un présomptueux, fort ignorant et très-inconsidéré. Hyder-Aly avait eu jusqu'au delà de cent mille hommes ; Tippoo n'en avait guère jamais compté que cinquante mille. Ces peuples ne manquent pas de courage ; mais ils n'ont pas nos forces physiques ; ils sont sans discipline et sans tactique. Dix-sept mille hommes de troupes anglaises, dont quatre mille Européens seulement, avaient suffi pour détruire cet empire de Mysore. Cependant il était à croire que tôt ou tard l'esprit national affranchirait ces contrées du joug britannique : le mélange du sang européen avec celui des indigènes créait une race mixte, dont le nombre et la nature préparaient certainement de loin une grande révolution. Toutefois aujourd'hui ces peuples étaient certainement plus heureux qu'avant la domination anglaise : l'administration d'une exacte justice et la douceur du gouvernement étaient, quant à présent, les plus fortes garanties de la métropole. On avait cru devoir y joindre aussi la défense aux Anglais et aux Européens d'y acheter des terres ou d'y former des établissements héréditaires, etc. Voilà ce que j'ai recueilli de plus marquant dans l'intéressante conversation de M. Wilks.

Delphine, de madame de Staël, occupait en ce moment nos soirées. L'Empereur l'analysait : peu de choses trouvaient grâce devant lui. Le désordre d'esprit et d'imagination qui y règne animait sa critique : c'étaient toujours, disait-il, les mêmes défauts qui l'avaient jadis éloigné de son auteur, en dépit des avances et des cajoleries les plus vives de celle-ci.

Dès que la victoire eut consacré le jeune général de l'armée d'Italie, madame de Staël, sans le connaître et par la seule sympathie de la gloire, professa dès cet instant pour lui des sentiments d'enthousiasme dignes de sa *Corinne*; elle lui écrivait, disait Napoléon, de longues et nombreuses épîtres pleines d'esprit, de feu, de métaphysique : c'était une erreur des institutions humaines, lui mandait-elle, qui avait pu lui donner pour femme la douce et tranquille madame Bonaparte : c'était une âme de feu, comme la sienne, que la nature avait sans doute destinée à celle d'un héros tel que lui, etc.

Je renvoie aux campagnes d'Italie pour faire voir que l'ardeur de madame de Staël ne s'était pas ralentie pour n'avoir pas été partagée. Opiniâtre à ne pas se décourager, elle était parvenue plus tard à lier connaissance, même à se faire admettre ; et elle usait de ce privilége, disait l'Empereur, jusqu'à l'importunité. Il est vrai, ainsi qu'on l'a dit dans le monde, que le général voulant le lui faire sentir, s'excusait un jour d'être à peine vêtu, et qu'elle avait répondu avec sentiment et vivacité, que cela importait peu, que le génie n'avait point de sexe.

Madame de Staël nous a transportés naturellement à son père, M. Necker. L'Empereur racontait qu'en allant à Marengo, il avait reçu sa visite à Genève ; que là il avait assez lourdement montré le désir de rentrer au ministère, désir du reste que M. de Calonne, son rival, vint aussi témoigner plus tard à Paris avec une inconcevable légèreté. M. Necker avait ensuite écrit un ouvrage dangereux sur la politique de la France, pays qu'il essayait de prouver ne pouvoir plus être ni monarchie ni république, et dans lequel il appelait le Premier Consul l'*homme nécessaire*.

Le Premier Consul proscrivit l'ouvrage, qui dans ce moment pouvait lui être fort nuisible ; il en livra la réfutation au consul Lebrun, qui, avec sa belle prose, disait l'Empereur, en fit pleine et prompte justice. La coterie Necker s'en aigrit, madame de Staël intrigua, et reçut l'ordre de sortir de France ; depuis elle demeura toujours une ardente et fort active ennemie. Toutefois, au retour de l'île d'Elbe, madame de Staël écrivit ou fit dire à l'Empereur, lui exprimant à sa manière tout l'enthousiasme que venait de lui causer ce merveilleux événement, qu'elle était vaincue, que ce dernier acte n'était pas d'un homme, qu'il plaçait dès cet instant son auteur dans le ciel. Puis, en se résumant, elle finissait par insinuer que si l'Empereur daignait laisser payer les deux millions déjà ordonnancés par le roi en sa faveur, elle lui consacrerait à jamais sa plume et ses principes. L'Empereur lui fit répondre que rien ne le flatterait plus que son suffrage, car il appréciait tout son talent; mais qu'en vérité il n'était pas assez riche pour le payer tout ce prix.

Mon nouveau logement, etc. — Description. — Visite matinale, etc.

Dimanche 21

J'étais enfin venu dans le logement qu'on avait bâti pour me tirer de mon étuve. Sur un terrain constamment humide on avait posé un plancher de dix-huit pieds de long sur onze de large; on l'avait environné d'un mur d'un pied d'épaisseur, formé d'une espèce de pisé ou de torchis qu'on eût pu abattre d'un coup de pied; à la hauteur de sept pieds on l'avait abrité d'une toiture en planches recouvertes de papier goudronné : tel était l'ensemble et le contour de mon nouveau palais; partagé en deux pièces, dont l'une renfermait juste deux lits séparés par une commode, et ne pouvait admettre qu'un seul siége; l'autre, tout à la fois mon salon et mon cabinet, avait une seule fenêtre scellée à demeure, à cause de la violence des vents et de la pluie; à droite et à gauche d'elle deux tables à écrire pour moi et mon fils, un canapé en face et deux siéges; voilà tout l'emménagement et le mobilier. Qu'on ajoute que l'exposition des deux fenêtres était tournée vers un vent constamment de la même direction et la plupart du temps au degré de tempête, et vers des pluies très-communes et fort souvent battantes, qui pénétraient déjà par les ouvertures ou filtraient par le toit et les murs avant que nous fussions venus nous y établir, et l'on aura la description complète de ma demeure.

Je venais de passer ma première nuit dans ce lieu nouveau, je ne me portais pas bien, et le changement de lit m'avait privé de tout sommeil; on vint me prévenir, sur les sept heures, que l'Empereur allait monter à cheval; je répondis que, me sentant incommodé, j'allais essayer de reposer; mais peu de minutes s'étaient écoulées, que quelqu'un, entrant brusquement dans ma chambre, vint ouvrir mes rideaux avec autorité, trouva mauvais que je fusse aussi paresseux, décida qu'on devait secouer ses incommodités; puis, frappé de l'odeur de la peinture, de l'extrême petitesse du lieu, du voisinage des deux lits, prononça qu'il ne pouvait être toléré de dormir ainsi l'un sur l'autre, que cela devait être trop malsain, que je devais retourner au lit du cabinet topographique, qu'une fausse délicatesse ne devait pas me le faire abandonner, que si j'y gênais on saurait bien me le dire. Ce quelqu'un, on l'a deviné, c'était l'Empereur.

Je fus bientôt, comme on le juge, en bas de mon lit, réveillé, guéri et vêtu. Toutefois il était déjà bien loin, et il me fallut le chercher dans la campagne. Après l'avoir rejoint, la conversation tomba sur la longue audience accordée la veille au gouverneur Wilks. Il s'arrêta avec beaucoup de gaieté sur la grande importance que mon ouvrage (l'Atlas historique de Le Sage) semblait m'avoir donnée à ses yeux, l'extrême bienveillance qu'il semblait lui avoir inspirée. « Du reste, continuait l'Empereur, à « charge de revanche, sans doute; tendresse et fraternité usuelle d'au- « teurs, tant qu'ils ne se critiquent pas. Et sait-il votre parenté avec le « vénérable Las Casas? » J'ai répondu que je n'en savais rien; mais le général Gourgaud, qui se trouvait à l'autre côté de l'Empereur, lui a dit que oui.

Lectures de l'Empereur. — Madame de Sévigné. — *Charles XII.* — *Paul et Virginie.* — Vertot. — Rollin. — Velly. — Garnier.

Lundi 22 au vendredi 26.

Tous ces jours ont été gâtés par des pluies presque continuelles. L'Empereur n'a pu monter à cheval qu'une fois le matin dans le parc, et tenter une seule fois après midi de franchir notre vallée, que le temps avait rendue presque impraticable. Il n'a pas été plus possible de faire usage de la calèche; il a donc fallu se réduire à quelques tours de jardin, et partager la tristesse du temps. Nous en avons travaillé davantage; l'Empereur a pris régulièrement d'excellentes et fortes leçons d'anglais. Il passe de coutume toute la matinée à lire; il lit de suite des ouvrages entiers fort considérables, sans s'en trouver nullement fatigué; il m'en lisait toujours quelque peu avant que de se mettre à l'anglais.

C'étaient les *Lettres de madame de Sévigné*, dont le style est si coulant et peint si bien les mœurs du moment. Lisant la mort de Turenne et le procès de Fouquet, il remarquait, pour celui-ci, que l'intérêt de madame de Sévigné était bien chaud, bien vif, bien tendre pour de la simple amitié.

C'était *Charles XII*, dont il lisait la défense contre les Turcs dans sa maison de Bender; il ne pouvait s'empêcher de rire et de répéter avec eux : *Tête de fer! Tête de fer!* Il me demandait si on était bien d'accord sur la nature de sa mort. Je lui disais tenir de la propre bouche de Gustave III qu'il avait été assassiné par les siens : Gustave l'avait visité dans son caveau; la balle était d'un pistolet, elle avait été tirée de près et par derrière, etc., etc. Au commencement de la révolution, j'avais connu beaucoup Gustave III aux eaux d'Aix-la-Chapelle, et quoique je fusse bien jeune alors, j'avais eu plus d'une fois l'honneur de sa conversation; il m'avait même promis de me placer dans sa marine, si nos affaires de France tournaient mal.

Un autre jour, c'était *Paul et Virginie* que lisait l'Empereur; il en faisait ressortir les endroits touchants, ceux-là étaient toujours simples et naturels; ceux où abondaient le pathos, les idées abstraites et fausses, tant à la mode lorsque l'ouvrage fut publié, étaient tous froids, mauvais, manqués. L'Empereur disait avoir été fort engoué de cet ouvrage dans sa jeunesse.

Mais si l'Empereur aimait *Paul et Virginie*, il riait de pitié, disait-il, des *Études de la Nature* du même auteur. Bernardin, disait-il, bon littérateur, était à peine géomètre; ce dernier ouvrage était si mauvais, que les gens de l'art dédaignaient d'y répondre; Bernardin en jetait les hauts cris. Le célèbre mathématicien Lagrange répondait toujours à ce sujet, en parlant à l'Institut : « Si Bernardin était de notre classe, s'il parlait « notre langue, nous le rappellerions à l'ordre, mais il est de l'Académie, « et son style n'est pas de notre ressort. » Bernardin se plaignant un jour, comme de coutume, au Premier Consul du silence des savants à son égard, celui-ci lui dit : « Savez-vous le calcul différentiel, monsieur Bernardin? « — Non. — Eh bien, allez l'apprendre; et vous vous répondrez à vous- « même. » Plus tard, étant Empereur, toutes les fois qu'il l'apercevait, il avait coutume de lui dire : « Monsieur Bernardin, quand nous donnerez- « vous des *Paul et Virginie* ou des *Chaumière indienne?* Vous devriez « nous en fournir tous les six mois. »

En lisant les *Révolutions romaines de Vertot*, que l'Empereur estimait fort d'ailleurs, il en trouvait les harangues délayées. C'est la plainte constante de l'Empereur contre tous les ouvrages qu'il rencontre; cela avait été aussi, disait-il, son défaut à lui-même dans sa jeunesse; assurément il s'en est bien corrigé depuis. L'Empereur s'est amusé à rayer au crayon les phrases parasites qu'il condamnait dans Vertot : il est sûr qu'avec ces suppressions, l'ouvrage présentait en effet bien autrement de la force, de l'énergie et de la chaleur. « Ce serait un travail bien précieux et bien

« goûté sans doute, disait-il, que de se dévouer à réduire ainsi, avec goût
« et discernement, les principaux ouvrages de notre langue. Je ne connais
« guère que Montesquieu, disait-il, qui pût échapper à ces réductions. »
Il parcourait souvent Rollin, et le trouvait diffus et trop bonhomme.
Crévier, son continuateur, lui semblait détestable. Il se plaignait de nos
matériaux classiques et du temps que de si mauvais livres faisaient perdre
à la jeunesse. C'est qu'ils étaient composés par des rhéteurs, de simples
professeurs, et que ces sujets immortels, la base de nos connaissances
dans la vie, eussent dû être, disait-il, présentés, écrits et rédigés par des
hommes d'État et des hommes du monde. Napoléon avait à ce sujet
des idées très-heureuses ; le temps seul lui avait manqué pour les faire
exécuter.

L'Empereur était encore moins satisfait de nos histoires de France ; il
n'en pouvait lire aucune : *Velly* était plein de mots, et vide de choses ; ses
continuateurs étaient encore pires. « Notre histoire, disait-il, devait être
« en quatre ou cinq volumes ou en cent. » Il avait connu *Garnier*, le
continuateur de Velly et de Villaret ; il demeurait tout près de la Malmaison. C'était un bon vieillard octogénaire qui occupait un entre-sol sur le
chemin, avec une petite galerie. Frappé de l'empressement affectueux
que témoignait ce bon vieillard toutes les fois que passait le Premier Consul, celui-ci s'informa qui ce pouvait être. Apprenant que c'était Garnier,
il expliqua son empressement. « Il pensait, sans doute, disait gaiement
« Napoléon, qu'à titre d'historien, le Premier Consul était de son do-
« maine ; mais il devait s'étonner de retrouver des consuls où il était ha-
« bitué à voir des rois. » Et c'est ce que lui dit en riant le Premier
Consul, qui le fit appeler un jour et lui donna une forte pension. « Le
« bonhomme, ajoutait l'Empereur, dans sa reconnaissance, eût écrit
« depuis cet instant volontiers et du fond de son cœur tout ce qu'on eût
« voulu. »

Difficulté vaincue. — Dangers personnels de l'Empereur à Eylau, à Iéna, etc. — Troupes russes, autrichiennes, prussiennes. — Jeune Guibert. — Corbineau.
— Maréchal Lannes. — Bessières. — Duroc.

Samedi 27.

Sur les cinq heures, l'Empereur est sorti en calèche ; la soirée était
fort belle, nous allions fort vite, et l'espace à parcourir est fort court.
L'Empereur a fait ralentir dans l'intention de l'allonger. Comme nous
rentrions, jetant les yeux sur le camp, dont nous n'étions séparés que par
le ravin, il a demandé pourquoi on ne franchissait pas cet espace, qui
doublerait notre promenade. On a répondu que c'était impossible, et

Bataille de Marengo.

nous continuions de rentrer; mais comme réveillé tout à coup par ce mot *impossible*, qu'il a si souvent dit n'être pas français, il a ordonné d'aller reconnaître le terrain; nous avons tous mis pied à terre; la calèche seule a continué vers le point difficile; nous l'avons vue franchir les obstacles, et nous sommes rentrés triomphants, comme si nous venions de doubler nos possessions.

Pendant le dîner et après, on a parlé de divers faits d'armes. Le grand maréchal disait que ce qui l'avait le plus frappé dans la vie de l'Empereur était le moment, à Eylau, où, seul avec quelques officiers de son état-major, il se trouva presque heurté par une colonne de quatre à cinq mille Russes : l'Empereur était à pied; le prince de Neufchâtel fit aussitôt avancer les chevaux; l'Empereur lui lance un regard de reproche, donne l'ordre de faire avancer un bataillon de sa garde, qui était assez loin en arrière, et demeure immobile, répétant plusieurs fois, à mesure que les Russes approchaient : *Quelle audace ! quelle audace !* A la vue des

grenadiers de la garde, les Russes s'arrêtèrent net. « Il était plus que « temps, disait Bertrand; l'Empereur n'avait pas bougé; tout ce qui l'en- « tourait avait frémi. »

L'Empereur avait écouté ce récit sans aucune observation, mais il a ensuite ajouté qu'une des plus belles manœuvres qu'il se rappelait était celle qu'il avait exécutée à Eckmulh. Malheureusement il n'en a point dit

davantage, et n'a rien détaillé. « Le succès à la guerre, a-t-il continué,
« tient tellement au coup d'œil et au moment, que la bataille d'Austerlitz,
« gagnée si complétement, eût été perdue si j'eusse attaqué six heures
« plus tôt. Les Russes s'y montrèrent des troupes excellentes qu'on n'a
« jamais retrouvées depuis : l'armée russe d'Austerlitz n'aurait pas
« perdu la bataille de la Moscowa.

« Marengo, continuait Napoléon, était la bataille où les Autrichiens
« s'étaient le mieux battus; leurs troupes s'y étaient montrées admira-
« bles, mais leur valeur s'y enterra : on ne les a plus retrouvés depuis.

« Les Prussiens n'ont pas fait à Iéna la résistance qu'on attendait de leur
« réputation. Du reste, les multitudes de 1814 et de 1815 n'étaient que de
« la canaille auprès des vrais soldats de Marengo, d'Austerlitz et d'Iéna. »

L'Empereur disait avoir couru le plus grand danger la veille d'Iéna; il
eût pu disparaître, pour ainsi dire, sans qu'on connût bien sa destinée :
il s'était approché, durant l'obscurité, des bivouacs ennemis pour les reconnaître; il n'avait avec lui que quelques officiers. L'idée qu'on se faisait
de l'armée prussienne tenait chez nous tout le monde en alerte; on croyait
les Prussiens disposés surtout aux attaques de nuit. L'Empereur, en revenant, reçut le feu de la première sentinelle de son camp; ce fut un signal pour toute la ligne, si bien que Napoléon n'eut d'autre ressource
que de se jeter à plat ventre, jusqu'à ce que la méprise fût reconnue;

Bataille d'Iéna.

encore, toute sa crainte était-elle que la ligne prussienne, dont il était fort près, n'en fît alors autant.

A Marengo, les soldats autrichiens avaient bien conservé le souvenir du vainqueur de Castiglione, d'Arcole et de Rivoli; son nom était bien quelque chose sur leur esprit, mais ils étaient loin de le croire présent, ils le croyaient mort; on avait pris soin de leur persuader qu'il avait péri en Égypte; que ce Premier Consul dont on leur parlait n'était que son frère. Ce bruit s'était tellement accrédité partout, que Napoléon fut dans l'obligation de se montrer publiquement à Milan pour le détruire.

L'Empereur, passant ensuite à un grand nombre d'officiers et de ses aides de camp, leur distribuait couramment le blâme et la louange; il les connaissait tous à fond. Deux des circonstances, disait-il, qui l'avaient le plus affecté sur les champs de bataille, avaient été la mort du jeune *Guibert* et celle du général *Corbineau* : un boulet, à Aboukir, avait percé

la poitrine du premier, de part en part, sans l'achever; l'Empereur, après lui avoir adressé quelques paroles, s'était vu contraint, par la force de ses propres sensations, de s'éloigner. L'autre avait été enlevé, roulé, réduit à rien par un boulet, à Eylau, sous les yeux de l'Empereur, comme il achevait de lui donner des ordres.

L'Empereur citait aussi les derniers moments du maréchal *Lannes*, ce valeureux duc de Montebello, si justement appelé le *Roland de l'armée*, qui, visité par l'Empereur sur son lit de mort, semblait oublier sa situation pour ne s'occuper que de celui qu'il aimait par-dessus tout. L'Empereur en faisait le plus grand cas. « Il n'avait été longtemps qu'un sa-
« breur, disait-il, mais il était devenu du premier talent. » Quelqu'un a dit alors qu'il serait curieux de connaître quelle conduite il eût tenue dans ces derniers temps. « Nous avons appris à ne jurer de rien, disait l'Em-
« pereur. Toutefois je ne pense pas qu'il eût été possible de le voir man-
« quer à l'honneur et au devoir. D'ailleurs il est à croire qu'il n'aurait
« pas existé ; brave comme il l'était, il est indubitable qu'il se fût fait tuer
« dans les derniers temps, ou du moins qu'il eût été assez blessé pour se
« trouver à l'écart, hors du centre et de l'influence des affaires. Enfin,
« s'il eût été disponible, il était de ces hommes à changer la face des af-
« faires par son propre poids et sa propre influence. »

L'Empereur vint ensuite à *Duroc*, sur le caractère et la vie privée duquel il s'arrêta longtemps. « Duroc, concluait-il, avait des passions vives,
« tendres et secrètes qui répondaient peu à sa froideur extérieure. J'ai été
« longtemps avant de le savoir, tant son service était exact et régulier ; ce
« n'était que quand ma journée était entièrement close et finie, quand je

« reposais déjà, que la sienne commençait. Le hasard seul ou quelque
« accident ont pu me le faire connaître. Duroc était pur et moral, tout à
« fait désintéressé pour recevoir, extrêmement généreux pour donner. »

L'Empereur disait qu'en ouvrant la campagne de Dresde, il avait perdu deux hommes bien précieux, et cela, remarquait-il, le plus bêtement du monde : c'étaient *Bessières* et *Duroc*. Il affectait en ce moment d'en parler avec un stoïcisme qu'on s'apercevait bien n'être pas naturel. Quand il alla voir Duroc, après son coup mortel, il essaya de lui donner quelques

espérances; mais Duroc, qui ne s'abusait pas, ne lui répondit qu'en le suppliant de lui faire donner de l'opium. L'Empereur, trop affecté, ne put prendre sur lui de rester longtemps, et se déroba à ce déchirant spectacle. Alors l'un de nous lui a rappelé que, revenu d'auprès de Duroc, il se mit à se promener seul devant sa tente; personne n'osait l'aborder. Cependant on avait des mesures essentielles à prendre pour le lendemain; on se hasarda donc à venir lui demander où il fallait placer la batterie de la garde. *A demain tout*, fut la réponse de l'Empereur. A ce ressouvenir, l'Empereur avec affectation a parlé brusquement d'autre chose.

Duroc fut une de ces personnes dont on ne connaît le prix qu'après l'avoir perdue : telle a été, après sa mort, la phrase de la cour et de la ville, tel a été le sentiment unanime partout.

Duroc était natif de Nancy, département de la Meurthe. On doit avoir lu plus haut l'origine de sa fortune : Napoléon l'avait trouvé au siège de Toulon, et s'y intéressa tout d'abord. Depuis il s'y était attaché chaque jour davantage, et l'on pourrait même dire qu'ils ne s'étaient plus quittés. J'ai dit ailleurs avoir entendu de l'Empereur que, dans toute sa carrière, Duroc seul avait possédé sa confiance aveugle et reçu tous ses épanchements. Duroc n'était pas brillant, mais il avait un excellent jugement, et rendait des services essentiels que sa modestie et leur nature laissaient peu connaître.

Duroc aimait l'Empereur pour lui-même; c'était à l'homme privé surtout qu'il portait son dévouement bien plus qu'au monarque. En recevant et accueillant les sensations intimes du prince, il avait acquis le secret, peut-être le droit de les adoucir et de les diriger : combien de fois n'a-t-il pas dit à l'oreille de gens consternés par la colère de l'Empereur : « Laissez-le aller; il dit ce qu'il sent, non ce qu'il pense ni ce qu'il fera « demain. » Quel serviteur! quel ami! quel trésor que celui-là! que d'éclats il a arrêtés! que d'ordres reçus dans le premier mouvement, qu'il n'a pas exécutés, sachant qu'on lui en saurait gré le lendemain! L'Empereur s'était fait à cette espèce d'arrangement tacite, et ne s'en abandonnait que davantage à cette explosion qu'arrache parfois la nature, et qui soulage par son épanchement.

Duroc périt de la manière la plus malheureuse, dans un moment bien critique, et sa mort fut encore une des fatalités de la carrière de Napoléon.

Le lendemain de la bataille de Wurchen, sur le soir, le léger combat de Reichenbach venait de finir; tous les coups avaient cessé. Duroc, du haut d'une éminence, et causant avec le général Kirchner, observait à l'écart la retraite des derniers rangs ennemis. Une pièce fut ajustée sur ce groupe doré, et le fatal boulet fit périr les deux généraux. Le général

Kirchner était officier du génie, très-distingué, beau-frère du maréchal Lannes, qui l'avait choisi sur son courage et sa capacité.

Duroc influait plus qu'on ne pense sur les déterminations de l'Empereur; sa mort a peut-être été, sous ce rapport, une calamité nationale. On a des raisons de croire que s'il eût vécu, l'armistice de Dresde, qui nous a perdus, n'aurait pas eu lieu ; on eût poussé jusqu'à l'Oder et au delà : alors les ennemis eussent accédé dès cet instant à la paix, et nous eussions échappé à leurs machinations, à leurs intrigues, et surtout à la longue, basse et atroce perfidie du cabinet autrichien qui nous a perdus.

Plus tard, Duroc eût encore influé sur d'autres grands événements, et fait prendre sans doute une autre face aux affaires. Enfin, plus tard encore, lors de la chute de Napoléon, Duroc n'eût certainement pas séparé ses destinées de celles de l'Empereur. Duroc se fût trouvé avec nous à Sainte-Hélène, et ce seul secours eût suffi peut-être pour contre-balancer en Napoléon tous les horribles tourments dont on prétendit l'abreuver.

Bessières, du département du Lot, fut jeté par la révolution dans la carrière des armes : il débuta par être simple soldat dans la garde constitutionnelle de Louis XVI. Devenu plus tard officier de chasseurs, des actes d'une bravoure personnelle extraordinaire attirèrent l'attention du général en chef de l'armée d'Italie qui, lorsqu'il créa ses guides, choisit Bessières pour les commander. Voilà les commencements de Bessières et l'origine de sa fortune. A compter de cet instant, on le retrouve, toujours à la tête de la garde du Consul ou de la garde impériale, dans des charges de réserve décidant la victoire ou recueillant ses fruits. Son nom se rattache noblement à toutes nos belles batailles.

Bessières grandit avec l'homme qui l'avait distingué, et reçut une part abondante des faveurs que répandit l'Empereur : il fut fait maréchal de l'Empire, duc d'Istrie, colonel de la cavalerie de la garde, etc., etc.

Ses qualités, se développant avec les circonstances, le montrèrent toujours à la hauteur de sa fortune : on vit Bessières constamment bon, humain, généreux ; d'une loyauté, d'une droiture antiques ; soldat, homme de bien et citoyen honnête homme. Il employa souvent sa haute faveur à des services et à des obligeances spéciales, même en dépit d'opinions contraires. Je connais des gens qui, s'ils veulent être reconnaissants, le répéteront avec moi, et pourront certifier en lui des sentiments bien noblement hauts.

Bessières était adoré de la garde, au milieu de laquelle il passait sa vie. A la bataille de Wagram, un boulet le renversa de son cheval sans lui causer d'autre dommage. Ce fut un cri de douleur dans toute la garde ; aussi Napoléon lui dit-il, en le retrouvant : « Bessières, le boulet qui vous a frappé

« a fait pleurer toute ma garde; remerciez-le, il doit vous être bien cher. »

Moins heureux à l'ouverture de la campagne de Saxe, la veille même de la bataille de Lutzen, dans une circonstance assez insignifiante, s'étant porté en avant au milieu des tirailleurs, il y fut frappé dans la poitrine

d'un boulet qui le renversa mort. Il avait vécu comme Bayard, il mourut comme Turenne.

J'avais conversé avec lui bien peu de temps avant ce funeste événement. Le hasard nous avait réunis tête à tête en loge particulière au théâtre, où, après avoir causé des affaires qui l'affectaient fort, car il idolâtrait la patrie son dernier mot, en me quittant, fut qu'il partait pour l'armée dans la nuit, et qu'il désirait que nous pussions nous revoir. « Car, ajoutait-il, « dans la crise des circonstances, et avec nos jeunes soldats, c'est à nous « autres chefs à ne pas nous épargner. » Hélas ! il ne devait plus revenir.

Bessières aimait sincèrement l'Empereur, et lui portait une espèce de culte ; il n'eût certainement pas, plus que Duroc, abandonné ni sa personne ni ses destinées. Et il semble que le sort, si décidément prononcé contre Napoléon dans ses derniers moments, en lui enlevant deux amis aussi vrais, se soit plu à lui ôter la plus douce jouissance, et à priver deux de ses plus fidèles serviteurs de leur plus beau titre de gloire, celui de la reconnaissance envers le malheur.

L'Empereur avait fait transporter aux Invalides, à Paris, les restes de deux hommes qu'il aimait, et dont il se savait tant aimé. Il leur réservait des honneurs extraordinaires ; les événements qui ont suivi les en ont privés, mais l'histoire, dont les pages sont plus impérissables encore que le marbre et le bronze, les a consacrés à jamais.

Lors de la reprise d'armes, après l'armistice de Dresde en 1813, deux ou trois mois après la mort de Duroc, pendant la marche de Reichenbach à Gorlitz, Napoléon s'arrêta à Makersdorf, et montra au roi de Naples l'endroit où Duroc était tombé ; il manda le propriétaire de la petite ferme où le grand maréchal était mort, et lui assigna la somme de 20,000 francs,

dont 4,000 francs, pour un monument en l'honneur de Duroc, et 16,000 francs pour les propriétaires de la maison, mari et femme. La donation fut accomplie dans la soirée, en présence du juge de Makersdorf, l'argent fut compté devant eux, et ils furent chargés de faire ériger ce monument.

Étude de l'anglais, etc. — Détails. — Réflexions, etc. — Promenade à cheval. — Cheval embourbé ; autres traits caractéristiques.
Dimanche 28.

Nos jours se passaient, comme chacun le soupçonne, dans une insipide monotonie. L'ennui, les souvenirs, la mélancolie, étaient nos dangereux ennemis; le travail, notre grand, notre unique refuge. L'Empereur suivait très-régulièrement ses occupations; l'anglais était devenu pour lui une affaire importante. Il y avait près de quinze jours qu'il avait pris sa première leçon, et, à compter de cet instant, quelques heures tous les jours depuis midi avaient été employées à cette étude, tantôt avec une ardeur vraiment admirable, tantôt avec un dégoût visible, alternative qui m'entretenait moi-même dans une véritable anxiété. D'un autre côté, chaque jour aussi j'étais aiguillonné davantage en me voyant approcher du but auquel je tendais. L'acquisition de l'anglais pour l'Empereur était une véritable et sérieuse conquête. Jadis il lui en coûtait, disait-il, annuellement pour de simples traductions 100,000 écus, et encore les avait-il bien à point nommé? ajoutait-il; étaient-elles fidèles? Aujourd'hui nous nous trouvions emprisonnés au milieu de cette langue, entourés de ses productions; tous les grands changements, toutes les grandes questions que l'Empereur avait créées sur le continent, avaient été traités par les Anglais en sens opposé; c'étaient autant de faces nouvelles pour l'Empereur, auquel elles étaient jusque-là demeurées étrangères.

Qu'on ajoute que les livres français étaient rares parmi nous, que l'Empereur les connaissait tous et les avait relus jusqu'à satiété, tandis que nous pouvions nous en procurer une foule d'anglais tout à fait neufs pour lui; j'apercevais déjà le terme de nos difficultés; j'entrevoyais le moment où l'Empereur aurait traversé tous les dégoûts inévitables du commencement. Mais qu'on se figure, si l'on peut, tout ce que devait être pour lui l'étude scolastique des conjugaisons, des déclinaisons, des articles, etc. On ne pouvait y être parvenu qu'avec un grand courage de la part de l'écolier, un véritable artifice de la part du maître. Il me demandait souvent s'il ne méritait pas de férules, il devinait leur heureuse influence dans les écoles; il eût avancé davantage, disait-il gaiement, s'il eût eu à les craindre. Il se plaignait de n'avoir pas fait de progrès, et ils auraient été immenses pour qui que ce fût.

Plus l'esprit est grand, rapide, étendu, moins il peut s'arrêter sur des détails réguliers et minutieux. L'Empereur, qui saisissait avec une merveilleuse facilité tout ce qui regardait le raisonnement de la langue, en avait fort peu dès qu'il s'agissait de son mécanisme matériel. C'étaient une vive intelligence et une fort mauvaise mémoire; cette dernière circonstance surtout le désolait; il trouvait qu'il n'avançait pas. Dès que je pouvais soumettre les objets en question à quelque loi ou analogie régulière, c'était classé, saisi à l'instant; l'écolier devançait même alors le maître dans les applications et les conséquences ; mais fallait-il retenir par cœur et répéter les éléments bruts, c'était une grande affaire; on prenait sans cesse les mots les uns pour les autres, et il serait devenu trop fastidieux d'exiger d'abord une trop scrupuleuse régularité. Une autre difficulté, c'est qu'avec les mêmes lettres, les mêmes voyelles, ces mots nous demandaient une tout autre prononciation; l'écolier ne voulait reconnaître que la nôtre; et le maître eût décuplé les difficultés de l'ennui, s'il eût voulu exiger mieux. Enfin l'écolier, même dans sa propre langue, avait la manie d'estropier les noms propres; les mots étrangers, il les prononçait tout à fait à son gré; et une fois sortis de sa bouche, quoi qu'on fît, ils demeuraient toujours les mêmes parce qu'il les avait, une fois pour toutes, logés de la sorte dans sa tête. C'est ce qui ne manqua pas d'arriver pour la plupart de nos mots anglais, et le maître dut avoir la sagesse et l'indulgence de s'en contenter d'abord, laissant au temps à rectifier peu à peu, s'il était jamais possible, toutes ces incorrections. De ce concours de circonstances il naquit véritablement une nouvelle langue qui n'était entendue que de moi, il est vrai; mais elle procurait à l'Empereur la lecture de l'anglais, et il eût pu, à toute rigueur, se faire entendre par écrit : c'était déjà beaucoup, c'était tout.

Le 30, l'Empereur voulut revenir à notre vallée du Silence, abandonnée depuis longtemps. Nous étions vers son milieu, le passage était bouché par des broussailles mortes et une espèce de barrière faite pour arrêter le bétail. Le chasseur (le fidèle Aly) descendit, comme de coutume, pour nous ouvrir la route. Nous passâmes, mais le cheval du chasseur, pendant son opération, s'était éloigné de lui ; quand il voulut le reprendre, il s'enfuit. Il avait beaucoup plu, il alla s'embourber dans un marécage pareil à celui où l'Empereur, peu de jours après notre arrivée à Longwood, s'était vu enfoncer de manière à craindre d'y demeurer. Le chasseur courut après nous pour nous dire qu'il demeurait pour débarrasser son cheval. Nous étions dans un chemin très-difficile, fort étroit, à la file les uns des autres ; ce ne fut que quelque temps après que l'Empereur nous entendit redire entre nous l'accident du chasseur. Il gronda de ce que nous n'avions point attendu, et voulut que le grand maréchal et le général Gourgaud retournassent vers lui. L'Empereur mit pied à terre pour les attendre, et marcha vers une petite élévation d'où il paraissait comme sur un piédestal, au milieu des ruines. Il avait la bride de son cheval passée autour de son bras, et s'est mis à siffler un air : il avait pour écho une nature muette, et pour tout entourage la nudité du désert. « Et pourtant, me suis-je dit involontairement, naguère encore

« que de sceptres dans ses mains! que de couronnes sur sa tête! que de
« rois à ses pieds!... »

Sur ces entrefaites arrivèrent le grand maréchal et Gourgaud : ils aidèrent l'Empereur à remonter à cheval, et nous continuâmes. Ces messieurs avouaient, du reste, que sans leur secours le cheval n'eût jamais pu s'en retirer; les efforts réunis de tous les trois avaient à peine suffi. Assez longtemps après, au tournant d'un coude, l'Empereur observa que le chasseur n'avait pas suivi, et dit qu'il eût fallu attendre de le savoir en état de continuer; ces messieurs pensaient qu'il était demeuré pour nettoyer tant soit peu son cheval. Dans le cours de notre promenade, à plusieurs autres tournants, l'Empereur répéta la même observation. Nous entrâmes chez le grand maréchal, où nous nous reposâmes quelques instants; l'Empereur, en sortant, demanda si le chasseur était passé : on ne l'avait pas vu. Enfin, arrivant à Longwood, sa première parole fut encore de demander si le chasseur était arrivé; il l'était depuis longtemps, étant revenu par une route différente.

Je viens d'appuyer peut-être beaucoup sur cette minutieuse circonstance; mais c'est qu'elle m'a paru tout à fait caractéristique. Dans cette sollicitude domestique le lecteur aura de la peine à retrouver le monstre insensible, dur, méchant, cruel, en un mot le tyran dont on l'a si souvent, si longtemps entretenu.

FRAGMENTS DE LA CAMPAGNE D'ITALIE.

'ai dit plus haut quelque part que je donnerais des fragments de la campagne d'Italie, demeurés en mes mains. Me voilà à la fin d'un mois; j'en vais placer ici quelque chose.

Treize vendémiaire.

N. B. Tous les mots en caractère italique sont des corrections faites au manuscrit original, de la main de Napoléon même.

1. *Constitution de l'an III.* — La chute de la municipalité du 31 mai et du parti de Danton, de Robespierre, amena la chute des jacobins et la fin du gouvernement révolutionnaire. *Depuis*, la Conven-

tion fut successivement gouvernée par des factions qui ne surent acquérir aucune prépondérance; ses principes variaient chaque mois. Une épouvantable réaction *affligea* l'intérieur de la république. Les domaines cessèrent de se vendre, et le discrédit des assignats croissant chaque jour, les armées se trouvaient sans solde; les réquisitions et le maximum y avaient seuls maintenu l'abondance. Les magasins se vidèrent; le pain même du soldat ne fut plus assuré. Le recrutement, dont les lois avaient été exécutées avec la plus grande rigueur sous le gouvernement révolutionnaire, cessa. Les armées continuèrent d'obtenir de grands succès, parce que jamais elles n'avaient été plus nombreuses; mais les armées éprouvaient des pertes journalières, il n'y *avait* plus de moyens pour les réparer.

Le parti de l'étranger, qui s'étayait du prétexte du rétablissement des Bourbons, acquérait chaque jour de nouvelles forces. Les salons étaient ouverts, on y discourait sans crainte. Les communications étaient devenues plus faciles avec l'extérieur. La perte de la république se tramait publiquement.

La révolution était vieille; elle avait froissé bien des intérêts : une main de fer avait pesé sur les individus. Bien des crimes avaient été commis, ils furent tous relevés avec acharnement, et chaque jour davantage on excita l'animadversion publique contre tous ceux qui avaient gouverné, administré ou participé d'une manière quelconque aux succès de la révolution.

Pichegru avait été gagné : c'était le premier général de la république, fils d'un laboureur de la Franche-Comté, et frère minime dans sa jeunesse au collège de Brienne. Il se vendit au parti royal, et lui livra le succès des opérations de son armée.

Les prosélytes des ennemis de la république ne furent pas nombreux dans l'armée; elle resta fidèle aux principes de la révolution, pour lesquels elle avait versé tant de sang et remporté tant de victoires.

Tous les partis étaient fatigués de la Convention; elle l'était d'elle-même. Sa mission avait été *l'établissement d'une constitution*; elle vit enfin que le salut de la patrie, le sien propre, exigeaient que, sans délai, *elle remplît sa principale mission*. Elle adopta, le 21 juin 1795, la constitution connue sous le titre de constitution de l'an III. Le gouvernement était confié à cinq personnes, sous le nom de Directoire; la législature à deux Conseils, dits des Cinq-Cents et des Anciens. Cette constitution fut soumise à l'acceptation du peuple réuni en assemblée primaire.

II. *Lois additionnelles à la constitution.* — L'opinion était généralement répandue qu'il fallait attribuer la chute de la constitution de 91 à la loi de la Constituante, *qui excluait ses membres de la législature*. La Convention ne *tomba pas dans* la même faute; elle joignit à la constitution deux lois additionnelles, par lesquelles elle prescrivit que les deux tiers de la législature nouvelle seraient composés des membres de la Convention, et que les assemblées électorales de départements n'auraient à nommer, *pour cette fois*, qu'un tiers seulement des deux Conseils. La Convention prescrivit de plus que ces deux lois additionnelles seraient soumises à l'acceptation du peuple, comme parties inséparables de la constitution.

Le mécontentement fut dès lors général. Le parti de l'étranger surtout voyait tous ses projets déjoués par ces dispositions. Il s'était flatté que les deux conseils auraient été entièrement composés d'hommes neufs et étrangers à la révolution, ou même en partie de ceux qui en avaient été victimes; et dès lors il *espérait* d'arriver à la contre-révolution par l'influence même de la législature.

Ce parti ne manquait pas de très-bonnes raisons pour cacher les véritables motifs de son mécontentement. Il alléguait que les droits du peuple étaient méconnus, puisque la Convention, qui n'avait eu de mission que pour établir une constitution, usurpait les pouvoirs d'un corps électoral en donnant elle-même à ses membres les pouvoirs d'un corps législatif; que la preuve que la Convention savait qu'elle agissait contre l'intention du peuple, c'est qu'elle imposait aux assemblées primaires la condition *arbitraire* de voter à la fois sur l'ensemble de la constitution et ses lois additionnelles. La Convention ne devait vouloir que ce que voulait le peuple. Pourquoi ne laissait-elle pas voter séparément sur la constitution et les lois additionnelles? c'est qu'elle savait que les lois additionnelles seraient unanimement rejetées. Quant à la constitution en elle-même, elle était préférable sans doute à ce qui existait, et, sur ce point, tous les partis étaient d'accord. Les uns, il est vrai, eussent voulu un président au lieu de cinq directeurs; les autres auraient désiré un Conseil plus populaire; mais, en général, on vit cette nouvelle constitution avec plaisir. Quant au parti de l'étranger, qui était dirigé par des comités secrets, il n'attachait aucune importance à des formes de gouvernement qu'il ne voulait pas maintenir; il n'étudiait dans la constitution que le moyen d'en profiter pour opérer la contre-révolution, et tout ce qui tendait à ôter l'autorité des mains de la Convention et des conventionnels lui était agréable.

III. *Les lois additionnelles sont rejetées par les sections de Paris.* — Les quarante-huit sections de Paris se réunirent. Ce furent quarante-huit tribunes dans lesquelles *accoururent* les orateurs les plus virulents : La Harpe, Sérizi, Lacretelle jeune, Vaublanc, Regnault, etc. *Il fallait* peu de talent pour exciter tous les esprits contre la Convention, et *plusieurs* de ces orateurs en montrèrent beaucoup.

La capitale fut ainsi mise en fermentation. *Après le 9 thermidor, on avait organisé* la garde nationale. On avait eu *en vue d'en éloigner* les jacobins, mais on était tombé dans l'excès contraire, et les contre-révolutionnaires s'y trouvaient en assez grand nombre.

Cette garde nationale était de plus de quarante mille hommes, armée et habillée; elle partagea toute l'exaspération des sectionnaires contre la Convention, et les lois additionnelles furent rejetées dans Paris. Les sections se succédèrent à la barre de la Convention, et y manifestaient hautement leur opinion. La Convention cependant croyait encore que toute cette agitation se calmerait aussitôt que les provinces auraient manifesté leur opinion par l'acceptation de la constitution et des lois additionnelles. Elle croyait pouvoir comparer cette agitation de la capitale à ces commotions si communes à Londres, et dont Rome avait si souvent donné l'exemple au temps des comices. Elle proclama, le 23 septembre, l'acceptation de la constitution et des lois additionnelles par la majorité des assemblées primaires; mais, dès le lendemain, les sections de Paris nommèrent des députés pour former une assemblée centrale d'électeurs qui se réunirent à l'Odéon.

IV. *Résistance armée des sections de Paris.* — Les sections avaient mesuré leurs forces, évalué la faiblesse de la Convention : cette assemblée d'électeurs fut une assemblée d'insurgés.

La *Convention* annula l'assemblée de l'Odéon, la déclara illégale, et ordonna à ses comités de la dissoudre par la force. Le 10 vendémiaire, la force armée se porta à l'Odéon et exécuta cet ordre. Le peuple, rassemblé sur la place de l'Odéon, fit entendre quelques murmures, se permit quelques injures, mais n'opposa aucune résistance.

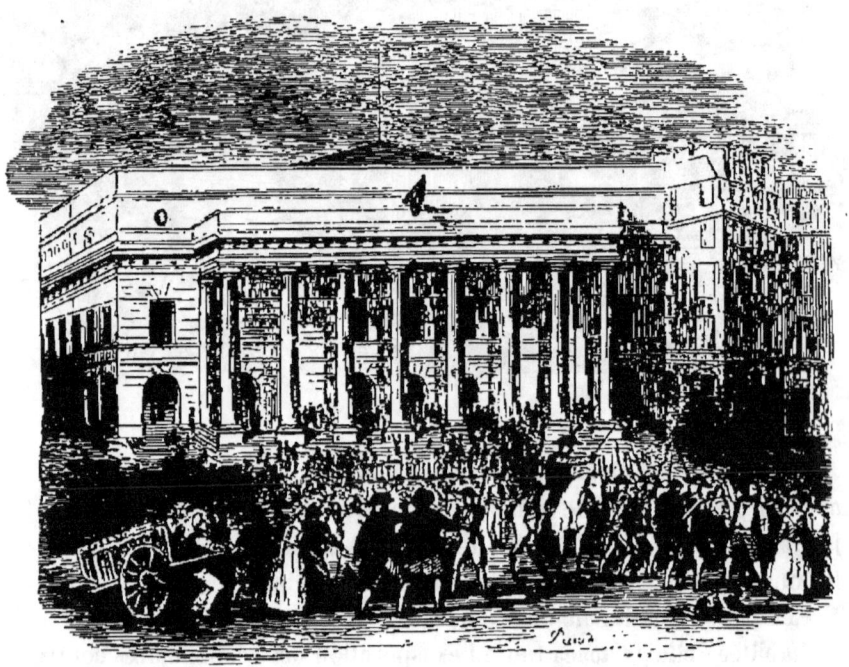

Le décret de la Convention qui fermait l'Odéon excita l'indignation de toutes les sections. Celle Lepelletier, dont le chef-lieu était au couvent des Filles-Saint-Thomas, paraissait être à la tête de ce mouvement. Un décret de la Convention ordonna que le lieu de ses séances fût fermé, l'assemblée dissoute, et la section désarmée.

Le 12 vendémiaire (3 octobre), à sept ou huit heures du soir, le général Menou, accompagné des représentants du peuple, commissaires près de l'armée de l'intérieur, se rendit, avec un corps nombreux de troupes, au lieu des séances de la section Lepelletier pour y faire exécuter le décret de la Convention, infanterie, cavalerie, artillerie, tout fut entassé dans la rue Vivienne, à l'extrémité de laquelle était le couvent des Filles-Saint-Thomas. Les sectionnaires occupaient *les fenêtres des* maisons de cette rue; plusieurs de leurs bataillons *se rangèrent* en bataille dans la cour du couvent, et la force militaire que commandait le général Menou *se trouva compromise.*

Le comité de la section s'était déclaré représentant du peuple souverain dans l'exercice de ses fonctions. Il refusa d'obéir aux ordres de la Convention; et, après une heure d'inutiles pourparlers, le général Menou et les commissaires de la Convention se retirèrent, par une espèce de capitulation, sans avoir désarmé ni dissous ce rassemblement.

V. *Menou est destitué du commandement de l'armée de l'intérieur.* — La section, demeurée victorieuse, se constitua en permanence, envoya des députations à toutes les autres sections, vanta ses succès, et pressa l'organisation qui pouvait assurer sa résistance. *On se prépara à* la journée du 13 vendémiaire.

Le général Bonaparte, attaché depuis quelques mois à la direction du mouvement des armées de la république, était dans une loge à Feydeau lorsque de ses amis le prévinrent de la scène singulière qui se passait. Il fut curieux d'observer les détails d'un si grand spectacle. Voyant les troupes conventionnelles repoussées, il courut aux tribunes de l'assemblée

pour y juger de l'effet de cette nouvelle, et suivre les développements et la couleur qu'on y donnerait.

La Convention était dans la plus grande agitation. Les représentants auprès de l'armée, pour se disculper, se hâtèrent d'accuser Menou. On attribua à la trahison ce qui n'était dû qu'à la malhabileté. Il fut mis en arrestation.

Alors différents représentants se montrèrent successivement à la tribune; ils peignirent l'étendue du danger : les nouvelles qui, à chaque instant, arrivaient des sections, ne faisaient voir que trop combien il était grand. Chacun des membres proposa le général qui avait sa confiance. Ceux qui avaient été à Toulon, à l'armée d'Italie, et les membres du comité de salut public qui avaient des relations journalières avec Napoléon le proposèrent comme plus capable que personne de les tirer de ce pas dangereux par la promptitude de son coup d'œil et l'énergie de son caractère. On l'envoya chercher dans la ville.

Napoléon, qui avait tout entendu et savait ce dont il était question, délibéra près d'une demi-heure avec lui-même sur ce qu'il avait à faire.

« Une guerre à mort éclatait entre la Convention et Paris. *Était-il sage de*
« *se déclarer*, de parler au nom de toute la France? Qui oserait descendre
« seul dans l'arène pour se faire le champion de la Convention? La vic-
« toire même aurait quelque chose d'odieux, tandis que la défaite vouerait
« pour jamais à l'exécration des races futures.

« Comment se dévouer ainsi à être le bouc émissaire de tant de crimes
« auxquels on fut étranger! Pourquoi s'exposer bénévolement à aller
« grossir en peu d'heures le nombre de ces noms qu'on ne prononce
« qu'avec horreur?

« Mais, d'un autre côté, si la Convention succombe, que deviennent les
« grandes vérités de notre révolution? Nos nombreuses victoires, notre
« sang si souvent versé, ne sont plus que des actions honteuses. L'étran-
« ger, que nous avons tant vaincu, triomphe et nous accable de son mé-
« pris...... Un entourage insolent et dénaturé reparaît triomphant avec
« lui; il nous reproche nos crimes, exerce sa vengeance, et nous gouverne
« en ilotes par la main de cet étranger.

« Ainsi la défaite de la Convention ceindrait le front de l'étranger, et
« scellerait la honte et l'esclavage de la patrie.

« Ce sentiment, vingt-cinq ans, la confiance en ses forces, sa destinée!.. »
Il se décida, et se rendit au comité, auquel il peignit vivement l'impossibilité de pouvoir diriger une opération aussi importante avec trois représentants qui, dans le fait, exerçaient tous les pouvoirs et gênaient toutes

les opérations du général; il ajouta qu'il avait été témoin de l'événement de la rue Vivienne, que les commissaires avaient été les plus coupables, et s'étaient pourtant trouvés au sein de l'assemblée des accusateurs triomphants.

Frappé de ces raisons, mais dans l'impossibilité de destituer les commissaires sans une longue discussion dans l'assemblée, le comité, pour tout concilier, *car on n'avait pas de temps à perdre*, détermina de prendre le général dans l'assemblée même. Dans cette vue, il proposa Barras à la Convention comme général en chef, et donna le commandement à Napoléon, qui, par là, se trouvait débarrassé des trois commissaires, sans qu'ils eussent à se plaindre.

Aussitôt que Napoléon se trouva chargé du commandement des forces qui devaient protéger l'assemblée, il se transporta dans un des cabinets des Tuileries où était Menou, afin d'obtenir de lui les renseignements nécessaires sur les forces et la position des troupes et celle de l'artillerie. L'armée n'était que de cinq mille hommes de toutes armes, avec quarante pièces de canon, alors aux Sablons, sous la garde de quinze hommes. Il était une heure après minuit. Napoléon expédia aussitôt un chef d'escadron du 21e de chasseurs (Murat), avec trois cents chevaux, pour se rendre, en toute diligence, aux Sablons, et ramener l'artillerie au jardin des Tuileries. Un moment plus tard, il n'était plus temps. Cet officier, arrivant à deux heures aux Sablons, s'y trouva avec la tête d'une colonne

de la section Lepelletier qui venait saisir le parc ; mais il était à cheval ; on était en plaine : la section se retira ; et à six heures du matin les quarante pièces entrèrent aux Tuileries.

VI. *Dispositions d'attaque et défense des Tuileries.* — Depuis six heures jusqu'à neuf, Napoléon courut tous les postes, et plaça cette artillerie à la tête du pont Louis XVI, du pont Royal, de la rue de Rohan, au cul-de-sac Dauphin, dans la rue Saint-Honoré, au Pont-Tournant, etc., etc. ; il en confia la garde à des officiers sûrs. La mèche était allumée partout, et la petite armée était distribuée aux différents postes, ou en réserve au jardin et au Carrousel.

La générale battait par tout Paris, et les gardes nationales se formaient à tous les débouchés, cernant ainsi le palais et les jardins. Leurs tambours portaient l'audace jusqu'à venir battre la générale sur le Carrousel et sur la place Louis XV.

Le danger était imminent, quarante mille gardes nationaux bien armés, organisés depuis longtemps, se présentaient animés contre la Convention ; les troupes de ligne, chargées de la défendre, étaient peu nombreuses, et pouvaient être facilement entraînées par le sentiment de la population qui les environnait. La Convention, pour accroître ses forces, donna des armes à quinze cents individus dits les patriotes de 89. C'étaient des hommes qui, depuis le 9 thermidor, avaient perdu leurs emplois, et quitté leurs départements où ils étaient poursuivis par l'opinion. On en forma trois bataillons, *que l'on* confia au général Berruyer. Ces hommes se battirent avec la plus grande valeur. Ils entraînèrent la troupe de ligne et furent pour beaucoup dans le succès de la journée.

Un comité de quarante membres, sous la présidence de Cambacérès, et composé du comité de salut public et de sûreté générale, dirigeait toutes les affaires. On discutait beaucoup, on ne décidait rien, et le danger devenait à chaque instant plus pressant.

Les uns voulaient qu'on posât les armes, et qu'on reçût les sectionnaires comme les sénateurs romains avaient reçu les Gaulois. D'autres voulaient qu'on se retirât sur les hauteurs de Saint-Cloud, au camp de César, pour y être joint par l'armée des côtes de l'Océan. D'autres voulaient qu'on envoyât des députations aux quarante-huit sections *pour leur faire diverses propositions.* Pendant ces vaines discussions, et à deux heures après midi, un nommé Lafond déboucha sur le Pont-Neuf, venant de la section Lepelletier, à la tête de trois ou quatre bataillons, dans le temps qu'une autre colonne de même force venait de l'Odéon à sa rencontre : *ils se réunirent sur* la place Dauphine.

Le général Cartaux, qui avait été placé au Pont-Neuf avec quatre cents hommes et quatre pièces de canon, ayant l'ordre de défendre les deux côtés du pont, quitta son poste, et se replia sous les guichets. En même temps un bataillon de gardes nationaux venait occuper le jardin de l'Infante : il se disait affectionné à la Convention, et pourtant saisissait ce poste sans ordres. D'un autre côté, Saint-Roch, le Théâtre-Français et l'hôtel de Noailles étaient occupés en force par la garde nationale. Les postes opposés n'étaient séparés que de douze à quinze pas. Les sectionnaires envoyaient des femmes à chaque instant, ou se présentaient eux-mêmes, sans armes et les chapeaux en l'air, pour fraterniser avec la ligne.

VII. *Combat du 13 vendémiaire.* — A chaque instant les affaires empiraient.

A trois heures, Danican, général des sections, envoya un parlementaire sommer la Convention d'éloigner les troupes qui menaçaient le peuple, et de désarmer les terroristes. Ce parlementaire traversa les postes les yeux

bandés, et avec toutes les formes de la guerre. Il fut introduit ainsi au milieu du *comité* des quarante, qu'il émut beaucoup par ses menaces :

on le renvoya vers les quatre heures. La nuit approchait, il n'était pas douteux qu'elle ne dût être favorable aux sectionnaires, vu le grand nombre. *Ils pouvaient* se faufiler de maison en maison, dans toutes les avenues des Tuileries, déjà étroitement bloquées. A peu près à la même heure, on apporta dans la salle de la Convention sept cents fusils, des gibernes *et des cartouches* pour armer les conventionnels eux-mêmes comme corps de réserve; ce qui en alarma plusieurs qui ne comprirent qu'alors la *grandeur* du danger où ils étaient.

Enfin, à quatre heures un quart, des coups de fusil furent tirés de l'hôtel de Noailles, où s'étaient introduits les sectionnaires; les balles arrivaient jusqu'au perron des Tuileries. Au même moment la colonne Lafond déboucha par le quai Voltaire, marchant sur le pont Royal. Alors on donna l'ordre aux batteries de tirer. Une pièce de huit, au cul-de-sac Dauphin, commença le feu, et servit de signal pour tous les postes. Après plusieurs décharges, Saint-Roch fut enlevé. La colonne Lafond, prise en

tête et en écharpe par l'artillerie placée sur le quai, à la hauteur du guichet du Louvre, et à la tête du pont Royal, fut mise en déroute. La rue Saint-Honoré, la rue Saint-Florentin et les lieux adjacents furent balayés.

Une centaine d'hommes essayèrent de résister, au Théâtre de la République, quelques obus les délogèrent en un instant : à six heures tout était fini.

Si l'on entendait *dans la nuit*, de loin en loin, quelques coups de canon, c'était pour empêcher les barricades que quelques *habitants* avaient cherché à établir avec des tonneaux.

Il y eut environ deux cents tués ou blessés du côté des sectionnaires, et presque autant du côté des conventionnels ; la plus grande partie de ceux-ci, aux portes de Saint-Roch.

Trois représentants, Fréron, Louvet et Sieyes montrèrent de la *résolution*.

La section des Quinze-Vingts, faubourg Saint-Antoine, est la seule qui ait fourni deux cent cinquante hommes à la Convention ; tant ses dernières oscillations politiques lui avaient *indisposé toutes les classes* ; toutefois, si les faubourgs ne se levèrent point en sa faveur, du moins ils *n'agirent* pas non plus contre elle. Il est faux qu'on ait fait tirer à poudre au commencement de l'action ; cela n'eût servi qu'à enhardir les sectionnaires et à compromettre les troupes ; mais il est vrai que le combat une fois engagé, le succès n'étant plus douteux, alors on ne tira plus qu'à poudre.

VIII. *Le 14 vendémiaire.* — Il existait encore des rassemblements de la section Lepelletier.

Le 14, au matin, des colonnes débouchèrent contre eux, par les boulevards, la rue de Richelieu et le Palais-Royal. Des canons avaient été placés aux principales avenues. Les sectionnaires furent promptement délogés, et le reste de la journée fut employé à parcourir la ville, à visiter les chefs-lieux des sections, à ramasser les armes et à lire des proclamations. Le soir tout était rentré dans l'ordre, et Paris se trouvait parfaitement tranquille.

Lorsque, après ce grand événement, les officiers de l'armée de l'intérieur furent présentés en corps à la Convention, celle-ci, par acclamation, nomma Napoléon général en chef de cette armée, Barras ne pouvant cumuler plus longtemps le titre de représentant avec des fonctions militaires.

Le général Menou fut traduit à un conseil de guerre ; on voulait sa mort. Le général en chef le sauva en disant aux juges que si Menou méritait la mort, les trois représentants qui avaient dirigé les opérations et parlementé avec les sectionnaires la méritaient aussi ; que la Convention n'avait qu'à mettre en jugement les trois membres, et qu'alors on jugerait Menou. L'esprit de corps fut plus puissant que la voix des ennemis de Menou.

La même commission condamna plusieurs individus *à mort* par contumace, *entre autres Vaublanc*. Le nommé Lafond fut le seul exécuté. Ce jeune homme avait montré beaucoup de courage dans l'action, la tête de sa colonne, sur le pont Royal, se reforma trois fois sous la mitraille avant de se disperser tout à fait. C'était un émigré; il n'y eut pas moyen de le sauver, quelque désir que l'on eût : l'imprudence de ses réponses déjoua constamment les bonnes intentions de ses juges.

IX. *Napoléon commande en chef l'armée de l'intérieur.* — Après le 13 vendémiaire, Napoléon eut à organiser la garde nationale, qui était un objet de la plus haute importance, comptant alors jusqu'à cent quatre bataillons.

Il forma en même temps la garde du Directoire, et *réorganisa* celle du Corps législatif. Ces mêmes éléments se trouvèrent précisément dans la suite une des causes de son succès à la fameuse journée du 18 brumaire. Il avait laissé de tels souvenirs parmi ces corps, qu'à son retour d'Égypte, bien que le Directoire eût recommandé à ses soldats de ne point lui rendre d'honneurs militaires qu'il ne fût en grand uniforme, rien ne put les empêcher de battre au champ, de quelque manière qu'il parût.

Le peu de mois que Napoléon commanda l'armée de l'intérieur se trouvèrent remplis de difficultés et d'embarras. Ce furent l'installation d'un gouvernement nouveau, dont les membres étaient divisés entre eux et souvent en opposition avec les Conseils; une fermentation sourde parmi les anciens sectionnaires qui composaient la majorité de Paris; la turbulence active des jacobins, qui se reformaient sous le nom de société du Panthéon; les agents des étrangers et ceux du royalisme, *qui* formaient un parti puissant; le discrédit des finances et du papier-monnaie, qui mécontentait les troupes à l'extrême; mais, plus que tout cela encore, l'horrible famine qui, à cette époque, désola la capitale.

Dix ou douze fois les subsistances manquèrent, et les faibles distributions journalières que le gouvernement avait été contraint d'établir furent interrompues. Il fallait une activité, une dextérité peu communes pour surmonter tant d'obstacles et maintenir le calme dans la capitale, en dépit de circonstances fâcheuses et si graves.

La société du Panthéon donnait chaque jour plus d'inquiétudes au Directoire. La police n'osait aborder cette société de front. *Le général en chef* fit mettre le scellé sur le lieu de ses assemblées, et les membres ne bougèrent plus tant qu'il demeura présent. Ce ne fut qu'après son départ qu'ils parurent de nouveau, sous l'influence de Babœuf, Antonelle et autres, et éclatèrent au camp de Grenelle.

Il eut souvent à haranguer à la halle, dans les rues, aux sections et dans les faubourgs; et une remarque singulière à ce sujet, c'est que, dans toutes les parties de la capitale, le faubourg Saint-Antoine est celui qu'il a toujours trouvé le plus facile à entendre raison et à recevoir des impulsions généreuses.

Ce fut pendant le commandement de Paris que Napoléon fit la connaissance de madame de Beauharnais.

On avait exécuté le désarmement général des sections. Il se présenta à *l'État-Major* un jeune homme de dix à douze ans, qui vint supplier le général en chef de lui faire rendre l'épée de son père, qui avait été général de la république. Ce jeune homme était Eugène de Beauharnais, depuis

vice-roi d'Italie. Napoléon, touché de la nature de sa demande et des grâces de son âge, lui accorda ce qu'il demandait : Eugène se mit à pleurer en voyant l'épée de son père. Le général en fut touché, et lui témoigna tant de bienveillance, que madame de Beauharnais se crut obligée de venir le lendemain lui en faire des remercîments : Napoléon s'empressa de lui rendre sa visite.

Chacun connait la grâce extrême de l'impératrice Joséphine, ses manières douces et attrayantes. La connaissance devint bientôt intime et tendre, et *ils* ne tardèrent pas à se marier.

X. *Napoléon est nommé général en chef de l'armée d'Italie.* — On reprochait à Scherer, commandant de l'armée d'Italie, de ne pas avoir su profiter de sa bataille de Loano ; depuis on était peu satisfait de sa conduite. On voyait à son quartier général de Nice beaucoup plus d'employés que de militaires. Ce général demandait de l'argent pour solder ses troupes et réorganiser les différents services; il demandait des chevaux pour remplacer les siens qu'on avait laissés périr faute de subsistance : le gouvernement ne pouvait donner ni l'un ni l'autre; on lui fit des réponses dilatoires ; on l'amusa par de vaines promesses. Il fit connaître alors que si l'on tardait davantage, il serait obligé d'évacuer la rivière de Gênes, de revenir sur la Roya, et peut-être même de repasser le Var. Le Directoire résolut de le remplacer.

Un jeune général de vingt-cinq ans ne pouvait rester plus longtemps à la tête de l'armée de l'intérieur. Le sentiment de ses talents et la confiance que l'armée d'Italie avait en lui *le désignaient* comme seul capable de la tirer de la fâcheuse situation où elle se trouvait. Les conférences qu'il eut avec le Directoire à ce sujet, et les projets qu'il lui présenta, ne laissèrent plus aucun doute. Il partit pour Nice, et le général Hatri, âgé de soixante ans, vint de l'armée de Sambre-et-Meuse le remplacer à l'armée de l'intérieur, laquelle avait perdu son importance, depuis que la crise des subsistances était passée et que le gouvernement se trouvait assis.

Bataille de Montenotte. — Depuis l'arrivée du général en chef à Nice, le 28 mars 1796, jusqu'à l'armistice de Cherasque, le 28 avril suivant : espace d'un mois.

I. *Plan de campagne pour entrer en Italie en tournant les Alpes.* — Le roi de Sardaigne, que sa position géographique et militaire a fait appeler le portier des Alpes, avait en 1796 des forteresses à l'issue de toutes les gorges qui conduisent en Piémont. Si l'on eût voulu pénétrer en Italie, en forçant les Alpes, il eût fallu s'emparer de ces forteresses ; or, les routes ne permettaient pas les transports de l'artillerie de siége : d'ailleurs les montagnes sont couvertes de neige les trois quarts de l'année ; ce qui ne laisse que très-peu de temps pour le siége de ces places. On conçut l'idée de tourner les Alpes, et d'entrer en Italie précisément au point où cessent ces hautes montagnes, et où les Apennins commencent. Le Saint-Gothard est le col le plus élevé des Alpes. A partir de ce col, les autres vont toujours en baissant. Ainsi le Saint-Gothard est plus haut que le Brenner ; celui-ci, que les montagnes de Cadore ; les montagnes de Cadore, que le col de Tarvis et les montagnes de la Carniole. De l'autre côté, le Saint-Gothard est plus haut que le Simplon ; le Simplon plus haut que le Saint-Bernard ; le Saint-Bernard plus haut que le Mont-Cénis ; le Mont-Cénis plus haut que le col de Tende. Depuis celui-ci, les Alpes continuent de baisser toujours, et finissent enfin aux montagnes Saint-Jacques, près Savone, où commencent les Apennins. Alors la chaîne de l'Apennin se relève, et va toujours en augmentant par un mouvement inverse ; de sorte que la Bochetta, les cols voisins, ceux qui séparent la Ligurie des États de Parme, la Toscane du Modenais, du Bolonais, vont toujours en s'élevant. La vallée de la Madone de Savone, et les mamelons de Saint-Jacques et de Montenotte sont donc tout à la fois les points les plus abaissés des Alpes et des Apennins, celui où finissent les uns et où les autres commencent.

Savone, port de mer et place forte, se trouvait placée pour servir tout à la fois de magasin et de point d'appui. De cette ville à la Madone, le chemin est une chaussée ferrée de trois milles, et de la Madone à la Carcari il y a quatre ou cinq autres milles. Ce dernier intervalle pourrait être rendu praticable à l'artillerie en peu de jours. A Carcari l'on trouve des chemins de voiture qui conduisent dans l'intérieur du Piémont et du Montferrat.

Ce point était le seul par où l'on pût entrer en Italie sans trouver de montagnes ; les élévations du terrain y sont si peu de chose qu'on a conçu plus tard, sous l'Empire, le projet d'un canal qui aurait joint l'Adriatique à la Méditerranée, à l'aide du Pô et d'une branche de la Bormida, dont la source part des hauteurs qui avoisinent Savone.

En pénétrant en Italie par les sources de la Bormida, on pouvait se flatter de séparer et de désunir les armées sardes et autrichiennes, puisque de là on menaçait également la Lombardie et le Piémont. On pouvait marcher sur Milan comme sur Turin. Les Piémontais avaient intérêt à couvrir Turin, et les Autrichiens à couvrir Milan.

II. *État des deux armées.* — L'armée ennemie était commandée par le général Beaulieu, officier distingué, qui avait acquis de la réputation dans les campagnes du Nord. Cette armée se trouvait munie de tout ce qui pouvait la rendre redoutable. L'armée française, au contraire, manquait de tout, et son gouvernement ne pouvait rien lui donner. L'armée des alliés se composait d'Autrichiens, de Sardes, de Napolitains : ils se trouvaient déjà triples de l'armée française, et devaient s'accroître encore successivement des forces du pape, de Naples, de celles de Modène et de Parme.

Cette armée se divisait en deux grands corps : l'armée active autrichienne, composée de quatre divisions, d'une forte artillerie et d'une nombreuse cavalerie, accrue d'une division napolitaine, formant un total de soixante mille hommes sous les armes. L'armée active de Sardaigne, composée de trois divisions piémontaises, d'une division autrichienne ayant quatre mille chevaux, était commandée par le général autrichien Colli, qui lui-même était aux ordres du général Beaulieu. Le reste des forces sardes tenait garnison dans les places, ou défendait les cols opposés à l'armée française des Alpes : elles étaient commandées par le duc d'Aoste. L'armée française était composée de quatre divisions actives, sous les généraux Masséna, Augereau, Laharpe et Serrurier : chacune de ces divisions pouvait, l'une portant l'autre, présenter six à sept mille hommes sous les armes. La cavalerie, de trois mille chevaux, était dans le plus mauvais état, quoiqu'elle eût été longtemps sur le Rhône pour se refaire; mais elle y avait manqué de subsistances. L'arsenal d'Antibes et celui de Nice étaient bien pourvus, mais on manquait de moyens de transports ; tous les chevaux de trait avaient péri de misère. La pénurie des finances était telle en France, que, malgré tous les efforts du gouvernement, on ne put donner que deux mille louis en espèces au trésor de l'armée pour l'ouverture de la campagne; il n'y avait donc rien à espérer de la France. Toutes les ressources désormais ne pouvaient s'attendre que de la victoire. Ce n'était que dans les plaines d'Italie que l'on pouvait organiser les transports, atteler l'artillerie, habiller les soldats, monter la cavalerie. On conquérait tout cela, si l'on forçait l'entrée de l'Italie. L'armée française n'avait guère à la vérité que trente mille hommes, et on lui en présentait plus de quatre-vingt-dix mille. Si ces deux armées eussent eu à lutter dans une bataille générale, sans doute l'infériorité du nombre de l'armée française et son infériorité en artillerie et cavalerie ne lui eussent pas permis de résister; mais ici on pouvait suppléer au nombre par la rapidité des marches; à l'artillerie, par la nature des manœuvres; au manque de cavalerie, par la nature des positions; et le moral de nos troupes était excellent : tous les soldats avaient fait les autres campagnes d'Italie ou celles des Pyrénées.

III. *Napoléon arrive à Nice.* — Napoléon arriva à Nice du 26 au 29 mars. Le tableau de l'armée, qui lui fut présenté par Scherer, se trouva pire encore que tout ce qu'il avait pu s'imaginer. Le pain était mal assuré, depuis longtemps il ne se faisait plus de distributions de viande; il ne fallait compter que sur deux cents mulets pour les transports, et l'on ne devait pas songer à conduire plus de douze pièces de canon : chaque jour la position empirait. Il ne fallait pas perdre un instant, l'armée ne pouvait plus vivre où elle était, il fallait avancer ou reculer.

Le général français donna des ordres pour que son armée se mît en mouvement. Il voulait surprendre l'ennemi dès le début de la campagne, et l'étourdir par des succès éclatants et décisifs.

Le quartier général n'avait jamais quitté Nice depuis le commencement de la guerre : il reçut l'ordre de se rendre à Albenga. Depuis longtemps toutes les administrations se regardaient comme à poste fixe, et s'occupaient bien plus des commodités de la vie que des besoins de l'armée. Le général français passa la revue des troupes et leur dit : « Soldats! vous êtes

« nus, mal nourris ; on nous doit beaucoup, on ne peut rien nous donner.
« Votre patience, le courage que vous montrez au milieu de ces rochers,
« sont admirables, mais ils ne vous procurent aucune gloire. Je viens vous
« conduire dans les plus fertiles plaines du monde. De riches provinces,
« de grandes villes seront en notre pouvoir, et là vous aurez richesses,
« honneurs et gloire. Soldats d'Italie, manqueriez-vous de courage? »

Ces discours, un jeune général de vingt-cinq ans, en qui la confiance était déjà grande par les opérations brillantes de Toulon, de Saorgio, de Savone, dirigées par lui les années précédentes, étaient accueillis par de vives acclamations.

En voulant tourner toutes les Alpes et entrer en Italie par le col de Cadibonne, il fallait que toute l'armée se rassemblât sur son extrême droite ; opération dangereuse, si les neiges n'eussent pas alors couvert les débouchés des Alpes. Le passage de l'ordre défensif à l'ordre offensif est une des opérations les plus délicates. Serrurier fut placé à Garezzio, avec sa division, pour observer les camps que Colli avait sur Ceva. Masséna et Augereau furent placés en réserve à Loano, Finale, et jusqu'à Savone. Laharpe marcha pour menacer Gênes; son avant-garde, commandée par Cervoni, occupa Voltri. Au même moment, le général en chef fit demander au sénat de Gênes le passage de la Bochetta et les clefs de Gavi, annonçant ainsi qu'il voulait pénétrer en Lombardie, et appuyer ses opérations sur la ville de Gênes. La rumeur fut extrême à Gênes; les conseils se mirent en permanence.

IV. *Bataille de Montenotte*, 11 avril. — Beaulieu, alarmé, court en toute hâte de Milan au secours de Gênes. Il porte son quartier général à Novi, partage son armée en trois corps. La droite, sous les ordres de Colli, composée de Piémontais, eut son quartier général à Ceva; elle fut chargée de la défense de la Stura et du Tanaro. Le centre, sous les ordres de d'Argenteau, marche sur Montenotte, pour couper l'armée française en tombant sur son flanc gauche, et lui intercepter, à Savone, la route de la Corniche. De sa personne, Beaulieu, avec sa gauche, couvre Gênes et marche sur Voltri. Au premier aspect, ces dispositions paraissaient bien entendues; mais, en étudiant mieux les circonstances du pays, on découvre que Beaulieu divisait ses forces, puisque toute communication directe était impraticable entre son centre et sa gauche, autrement que par derrière les montagnes; tandis que l'armée française, au contraire, était placée de manière à se réunir en peu d'heures, et tomber en masse sur l'un ou l'autre des corps ennemis; et, l'un d'eux fortement battu, l'autre était dans l'absolue nécessité de se retirer.

Le général d'Argenteau, commandant le centre de l'armée ennemie, vint camper à Montenotte-Inférieure, le 9 avril. Le 10, il marcha sur Monte-Legino, pour déboucher par la Madone. Le colonel Rampon, qui avait été chargé de la garde des trois redoutes de Monte-Legino, ayant eu avis de la marche de l'ennemi, poussa une forte reconnaissance à sa rencontre. Sa reconnaissance fut ramenée depuis midi jusqu'à deux heures, qu'elle rentra dans les redoutes. D'Argenteau essaya de les enlever d'emblée; il fut repoussé dans trois attaques consécutives : il y renonça. Comme ses troupes étaient fatiguées, il prit position, et remit au lendemain à tourner ces redoutes pour les faire tomber. Beaulieu, de son côté, déboucha le 9 sur Gênes. Toute la journée du 10, Laharpe se trouva engagé avec ses avant-gardes en avant de Voltri, pour lui disputer les gorges et le contenir. Mais le 10 au soir, il se replia sur Savone, et le 11, à la pointe du jour, il se trouvait, avec toute sa division, derrière Rampon et les redoutes de Monte-Legino. Dans cette même nuit du 10 au 11, le général en chef marcha avec les divisions Masséna et Augereau, par le col Cadibonne, et déboucha derrière Montenotte. A la pointe du jour, d'Argenteau, enveloppé de tous côtés, fut attaqué en tête par Rampon

et Laharpe, en queue et en flanc par le général en chef. La déroute fut complète; tout le corps de d'Argenteau fut écrasé, dans le même temps que Beaulieu se présentait à Voltri, où il ne trouvait plus personne. Ce ne fut que dans la journée du 11 que le général apprit le désastre de Montenotte et l'entrée des Français dans le Piémont. Il lui fallut alors replier en toute hâte ses troupes sur elles-mêmes, et repasser les mauvais chemins où les dispositions de son plan l'avaient forcé de se jeter. Il s'ensuivit que, trois jours après, à la bataille de Millésimo, une partie seule de ses troupes put arriver à temps.

V. *Bataille de Millésimo*, 14 avril. — Le 12, le quartier général de l'armée française était à Carcari; l'armée battue s'était retirée: les Piémontais sur Millésimo, et les Autrichiens sur Dégo.

Ces deux positions étaient liées par une division piémontaise qui devait occuper les hauteurs de Biestro.

A Millésimo, les Piémontais se trouvaient à cheval sur le chemin qui couvre le Piémont; ils furent rejoints par Colli avec tout ce qu'il put tirer de la droite.

A Dégo, les Autrichiens occupaient la position qui défend le chemin d'Acqui, route directe du Milanais ; ils furent successivement rejoints par tout ce que Beaulieu put ramener de Voltri : ils se trouvaient là en position de recevoir tous les renforts que pourrait leur fournir la Lombardie. Ainsi les deux grands débouchés du Piémont et du Milanais étaient couverts : l'ennemi se flattait d'avoir le temps de s'y établir et de s'y retrancher.

Quelque avantageuse que nous ait été la bataille de Montenotte, l'ennemi avait trouvé dans la supériorité du nombre de quoi réparer ses pertes ; mais, le surlendemain 14, la bataille de Millésimo nous ouvrit les deux routes de Turin et de Milan.

Augereau, formant la gauche de l'armée française, marcha sur Millésimo ; Masséna, avec le centre, se porta sur Dégo, et Laharpe, commandant la droite, cheminait sur les hauteurs de Cairo. L'ennemi avait appuyé sa droite, en faisant occuper le mamelon de Cosseria qui domine les deux branches de la Bormida ; mais dès le 13 le général Augereau, qui n'avait pas donné à la bataille de Montenotte, poussa la droite de l'ennemi

avec tant d'impétuosité, qu'il lui enleva les gorges de Millésimo, et cerna le mamelon de Cosseria. Provera, avec son arrière-garde, forte de deux mille hommes, fut coupé. Dans une position aussi désespérée, il paya d'audace : ce général se réfugia dans un vieux castel ruiné et s'y barricada.

De cette hauteur, il voyait la droite de l'armée sarde qui faisait des dispositions pour la bataille du lendemain, où il espérait être dégagé. Toutes les troupes de Colli, du camp de Ceva, devaient être arrivées dans la nuit. On sentait donc l'importance de s'emparer, dans la journée, du château de Cosseria; mais ce poste était fort : on y échoua. Le lendemain les deux armées en vinrent aux mains. Masséna et Laharpe enlevèrent Dégo après un combat opiniâtre; Ménars et Joubert, les hauteurs de Biestro. Toutes les attaques de Colli pour dégager Cosseria furent vaines; il fut battu et poursuivi l'épée dans les reins : alors Provera dut poser les armes. L'ennemi, vivement poursuivi dans les gorges de Spigno, y laissa une partie de son artillerie, beaucoup de *drapeaux et de prisonniers*. La séparation des deux armées autrichienne et sarde fut dès lors bien marquée. Beaulieu porta son quartier général à Acqui, *route du Milanais*, et Colli se porta à Ceva, pour s'opposer à la jonction de Serrurier et couvrir Turin.

VI. *Combat de Dégo*, 15 *août*. — Cependant une division de grenadiers autrichiens, qui avait été dirigée de Voltri par Sassello, arriva à trois heures du matin à Dégo. La position n'était plus occupée que par des avant-gardes. Ces grenadiers enlevèrent donc facilement le village, et l'alarme fut grande au quartier général français, où l'on avait peine à comprendre comment les ennemis pouvaient être à Dégo, lorsque nous avions des avant-postes sur la route d'Acqui. Après deux heures d'un combat très-chaud, Dégo fut repris, et la division ennemie presque entièrement prisonnière.

Nous perdîmes dans ces affaires le général Banel à Millésimo, et le général Causse à Dégo. Ces deux officiers étaient de la bravoure la plus brillante; ils venaient tous les deux de l'armée des Pyrénées-Orientales, et il était à remarquer que les officiers qui arrivaient de cette armée montraient une impétuosité et un courage des plus distingués. C'est dans le village de Dégo que Napoléon distingua, pour la première fois, un chef de bataillon qu'il fit colonel : c'était Lannes qui, depuis, fut maréchal de l'empire, duc de Montebello, et déploya les plus grands talents. On le verra constamment dans la suite prendre la plus grande part à tous les événements militaires.

Le général français dirigea alors ses opérations sur Colli et le roi de Sardaigne, et se contenta de tenir les Autrichiens en échec. Laharpe fut placé en observation près de Dégo, pour garantir nos derrières et tenir en respect Beaulieu, qui, très-affaibli, ne s'occupait plus qu'à rallier et réorganiser les débris de son armée. La division Laharpe, obligée de demeurer plusieurs jours dans cette position, s'y trouva vivement tourmentée par le défaut de subsistances, vu le manque de transports et l'épuisement du pays où avaient séjourné tant de troupes ; ce qui donna lieu à quelques désordres.

Serrurier, instruit à Garessio des batailles de Montenotte et de Millésimo, se mit en mouvement, s'empara de la hauteur de Saint-Jean, et entra dans Ceva le même jour qu'Augereau arrivait sur les hauteurs de Montezemoto. Le 17, après quelques légères affaires, Colli évacua le camp retranché de Ceva, les hauteurs de Montezemoto, et se retira derrière la Cursaglia. Le même jour, le général en chef porta son quartier général à Ceva. L'ennemi y avait laissé toute son artillerie qu'il n'avait pas eu le temps d'emmener, et s'était contenté de laisser garnison dans le château.

Ce fut un spectacle sublime que l'arrivée de l'armée sur les hauteurs de Montezemoto ; de là se découvraient les immenses et fertiles plaines du

Piémont. Le Pô, le Tanaro et une foule d'autres rivières serpentaient au loin ; une ceinture blanche de neige et de glace, d'une prodigieuse élévation, cernait à l'horizon ce riche bassin de la terre promise. Ces gigantesques barrières, qui paraissaient les limites d'un autre monde, que la nature s'était plu à rendre si formidables, auxquelles l'art n'avait rien épargné, venaient de tomber comme par enchantement. « Annibal a forcé les « Alpes, dit le général français en fixant ses regards sur ces montagnes ;

« nous, nous les aurons tournées. » Phrase heureuse, qui exprimait en deux mots la pensée et le résultat de la campagne.

L'armée passa le Tanaro. Pour la première fois, nous nous trouvions absolument en plaine, et la cavalerie put alors nous être de quelque secours. Le général Stengel, qui la commandait, passa la Cursaglia à Lezegno, et battit la plaine. Le quartier général fut porté au château de Lezegno, sur la droite de la Cursaglia, près de l'endroit où elle se jette dans le Tanaro.

VII. *Combat de Saint-Michel, bataille de Mondovi, 20 et 22 avril.* — Le général Serrurier réunit ses forces à Saint-Michel. Le 20, il passe le pont de Saint-Michel en même temps que Masséna passait le Tanaro pour attaquer les Piémontais. Mais Colli, jugeant le danger de sa position, abandonna le confluent des deux rivières, marcha lui-même pour prendre position à Mondovi. Il se trouva, par une circonstance fortuite, avec ses forces, précisément devant Saint-Michel, comme le général Serrurier débouchait du pont. Il fit halte, lui opposa des forces supérieures et le força de se replier. Serrurier se fût pourtant maintenu dans Saint-Michel, si un de ses régiments d'infanterie légère ne se fût livré au pillage. Le général français déboucha, le 22, par le pont de Torre, et se porta sur Mondovi. Colli y avait déjà élevé quelques redoutes, et s'y est trouvé en position; sa droite à Notre-Dame de Vico, et son centre à la Bicoque. Dans la journée même, Serrurier enleva la redoute de la Bicoque, et décida de la bataille, qui a pris le nom de Mondovi. Cette ville et tous ses magasins tombèrent au pouvoir du vainqueur.

Le général Stengel, qui s'était trop éloigné en plaine avec un millier de chevaux, fut attaqué par les Piémontais, doubles en force. Il fit toutes les dispositions qu'on devait attendre d'un général consommé, et opérait sa retraite sur ses renforts, lorsque, dans une charge, il tomba blessé à mort d'un coup de pointe. Le général Murat, à la tête de la cavalerie, repoussa les Piémontais et les poursuivit à son tour pendant quelques heures. Le général Stengel, Alsacien, était un excellent officier de hussards : il avait servi sous Dumouriez aux campagnes du Nord, était adroit, intelligent, alerte; il réunissait les qualités de la jeunesse à celles de l'âge avancé : c'était un vrai général d'avant-postes. Deux ou trois jours avant sa mort, il était entré le premier dans Lezegno. Le général français y arriva quelques heures après, et, quelque chose dont il eût besoin, tout était prêt. Les défilés, les gués avaient été reconnus; des guides étaient assurés; le curé, le maître de poste avaient été interrogés; des intelligences étaient déjà liées avec les habitants; des espions étaient envoyés dans plusieurs directions; les lettres de la poste saisies, et celles qui pouvaient donner des renseignements militaires, traduites et analysées; toutes les mesures étaient prises pour former des magasins de subsistances, pour rafraîchir la troupe. Malheureusement Stengel avait la vue basse, défaut essentiel dans sa profession, qui lui devint funeste, et contribua à sa mort.

Après la bataille de Mondovi, le général en chef marcha sur Cherasque; Serrurier se porta sur Fossano, et Augereau sur Alba.

VIII. *Prise de Cherasque, 25 avril.* — Ces trois colonnes entrèrent à la fois le 25 avril, dans Cherasque, Fossano et Alba. Le quartier général de Colli était à Fossano, le jour même que Serrurier l'en délogea. Cherasque, à l'embouchure de la Stura et du Tanaro, était forte, mais mal armée et point approvisionnée, parce qu'elle n'était pas frontière. Le général français attachait une grande importance à sa possession. Il y trouva du canon, et fit travailler à force à la mettre en état de défense. L'avant-garde passa la Stura, et se porta au delà de la petite ville de Bra.

Cependant la jonction de Serrurier nous avait permis de communiquer avec Nice par Ponte-di-Nava; nous en reçûmes des renforts d'artillerie et tout ce que l'on avait pu préparer. On avait pris dans tous les différents combats beaucoup d'artillerie et de chevaux; on en leva de tous côtés dans la plaine de Mondovi. Peu de jours après l'entrée à Cherasque, l'armée eut soixante bouches à feu approvisionnées; la cavalerie fit des remontes de chevaux. Les soldats, qui avaient été sans distributions durant les huit ou dix jours de cette campagne, commencèrent à en recevoir de régulières. Le pillage et le désordre, suite ordinaire de la rapidité des mouvements, cessèrent; on rétablit la discipline, et chaque jour l'armée changea de face, au milieu de l'abondance et des ressources qu'offrait ce beau pays. Les pertes se réparèrent. La rapidité des mouvements, l'impétuosité des troupes, et surtout l'art de les opposer toujours à l'ennemi, au moins en nombre égal, et souvent en nombre supérieur, joint aux succès constants qu'on avait obtenus, avaient épargné bien des hommes : d'ailleurs les soldats arrivaient par tous les débouchés, de tous les dépôts, de tous les hôpitaux, au seul bruit de la victoire et de l'abondance qui régnait dans l'armée. On trouva en Piémont de tous les vins : ceux du Mont-Ferrat ressemblaient aux vins de France. La misère avait été telle jusque-là dans l'armée française, qu'on oserait à peine la décrire. Les officiers, depuis plusieurs années, ne recevaient que 8 fr. par mois, et l'état-major était entièrement à pied. Le maréchal Berthier a conservé dans ses papiers un ordre du jour d'Albenga, qui accordait une gratification de trois louis à chaque général.

IX. *Armistice de Cherasque, le 28 avril.* — L'armée n'était plus éloignée que de dix lieues de Turin.

La cour de Sardaigne ne savait plus à quoi se résoudre ; son armée était découragée et en partie détruite. L'armée autrichienne, réduite à plus de moitié, semblait n'avoir d'autre pensée que de couvrir Milan. Les esprits étaient fort agités dans tout le Piémont, et la cour ne jouissait nullement de la confiance publique. Elle se mit à la discrétion du général français et sollicita un armistice ; celui-ci y accéda. Bien des personnes eussent préféré que l'armée eût marché et se fût emparée de Turin. Mais Turin est une place forte ; si l'on voulait en fermer les portes, on avait besoin d'un train d'artillerie qu'on n'avait pas pour les faire ouvrir. Le roi avait encore un grand nombre de forteresses, et, malgré les victoires qu'on venait de remporter, le moindre échec, le plus léger caprice de la fortune pouvait tout renverser. Les deux armées ennemies, malgré leurs nombreux revers, étaient encore égales à l'armée française : elles avaient une artillerie considérable, et surtout une cavalerie qui n'avait pas souffert. Dans l'armée française, malgré ses victoires, il y avait de l'étonnement : on demeurait frappé de la grandeur de l'entreprise ; l'on doutait de la possibilité du succès, quand on considérait la faiblesse des moyens. Le moindre événement douteux eût donc rencontré beaucoup d'esprits disposés à l'exagération. Des officiers, même des généraux, ne concevaient pas qu'on osât songer à la conquête de l'Italie avec aussi peu d'artillerie, sans presque de cavalerie, et avec une armée aussi faible, que les maladies et l'éloignement de la patrie allaient affaiblir chaque jour. On trouve des traces de ces sentiments de l'armée dans la proclamation suivante du général en chef, qu'il adressa à ses soldats à Cherasque :

« Soldats ! vous avez en quinze jours remporté six victoires, pris
« vingt et un drapeaux, cinquante-cinq pièces de canon, plusieurs places
« fortes, et conquis la partie la plus riche du Piémont: Vous avez fait
« quinze mille prisonniers, tué ou blessé plus de dix mille hommes.

« Vous vous étiez jusqu'ici battus pour des rochers stériles, illustrés par
« votre courage, mais inutiles à la patrie. Vous égalez aujourd'hui par
« vos services l'armée conquérante de la Hollande et du Rhin. Dénués de
« tout, vous avez suppléé à tout. Vous avez gagné des batailles sans canon,
« passé des rivières sans ponts, fait des marches forcées sans souliers,
« bivouaqué sans eau-de-vie et souvent sans pain. Les phalanges répu-
« blicaines, les soldats de la liberté étaient seuls capables de souffrir ce
« que vous avez souffert ! Grâces vous en soient rendues, soldats ! la patrie
« reconnaissante vous devra en partie sa prospérité ; et si, vainqueurs de

« Toulon, vous présageâtes l'immortelle campagne de 1793, vos victoires
« actuelles en présagent une plus belle encore.

« Les deux armées qui naguère vous attaquaient avec audace fuient
« épouvantées devant vous. Les hommes pervers qui riaient de votre
« misère et se réjouissaient, dans leurs pensées, des triomphes de nos
« ennemis, sont confondus et tremblants. Mais, soldats! il ne faut pas
« vous le dissimuler, vous n'avez rien fait, puisqu'il vous reste encore à
« faire. Ni Turin ni Milan ne sont à vous! Les cendres des vainqueurs de
« Tarquin sont encore foulées par les assassins de Basseville. Vous étiez
« dénués de tout au commencement de la campagne; vous êtes aujour-
« d'hui abondamment pourvus. Les magasins pris à vos ennemis sont
« nombreux, l'artillerie de siége et de campagne est arrivée. Soldats! la
« patrie a droit d'attendre de vous de grandes choses! Justifierez-vous son
« attente? Les plus grands obstacles sont franchis sans doute; mais vous
« avez encore des combats à livrer, des villes à prendre, des rivières à
« passer. *En est-il entre nous dont le courage s'amollisse? En est-il*
« *qui préféreraient retourner sur les sommets de l'Apennin et des Alpes,*
« *essuyer patiemment les injures de cette soldatesque esclave?* Non, il n'en
« est pas parmi les vainqueurs de Montenotte, de Millésimo, de Dégo, de
« Mondovi. Tous brûlent de porter au loin la gloire du peuple français.
« Tous veulent humilier ces rois orgueilleux qui osaient méditer de nous
« donner des fers. Tous veulent dicter une paix glorieuse, et qui indem-
« nise la patrie des sacrifices immenses qu'elle a faits. Amis, je vous la
« promets cette conquête; mais il est une condition qu'il faut que vous
« juriez de remplir, c'est de respecter les peuples que vous délivrez; c'est de
« réprimer les pillages horribles auxquels se portent des scélérats suscités
« par vos ennemis. Sans cela vous ne seriez point les libérateurs des peu-
« ples, vous en seriez les fléaux. Vous ne seriez pas l'honneur du peuple
« français, il vous désavouerait. Vos victoires, votre courage, vos succès,
« le sang de nos frères morts aux combats, tout serait perdu, même l'hon-
« neur et la gloire. Quant à moi et aux généraux qui ont votre confiance,
« nous rougirions de commander à une armée sans discipline, sans frein,
« qui ne connaîtrait de loi que la force. Mais investi de l'autorité natio-
« nale, fort de la justice et par la loi, je saurai faire respecter à ce petit
« nombre d'hommes sans courage, sans cœur, les lois de l'humanité et
« de l'honneur qu'ils foulent aux pieds. Je ne souffrirai pas que des bri-
« gands souillent vos lauriers, je ferai exécuter à la rigueur le règlement
« que j'ai fait mettre à l'ordre. Les pillards seront impitoyablement fu-
« sillés; déjà plusieurs l'ont été. J'ai eu lieu de remarquer avec plaisir

« l'empressement avec lequel les bons soldats de l'armée se sont portés
« à faire exécuter les ordres.

« Peuples d'Italie! l'armée française vient pour rompre vos chaînes :
« le peuple français est l'ami de tous les peuples ; venez avec confiance
« au-devant d'elle. Vos propriétés, votre religion et vos usages seront
« respectés. Nous ferons la guerre en ennemis généreux, et nous n'en
« voulons qu'aux tyrans qui vous asservissent. »

Les conférences pour la suspension d'armes eurent lieu au quartier général, chez Salmatoris, alors maître d'hôtel du roi, et qui depuis a été préfet du palais de l'Empereur. Le général piémontais Latour, et le colonel Lacoste, chargés des pouvoirs du roi, se rendirent à Cherasque. Le comte de Latour était un vieux soldat, lieutenant général au service de Sardaigne, très-opposé à toutes les nouvelles idées, de peu d'instruction et d'une capacité médiocre. Le colonel Lacoste, natif de Savoie, était dans

la force de l'âge ; il s'exprimait avec facilité, avait beaucoup d'esprit, et se montrait sous des rapports avantageux. Les conditions furent que le roi quitterait la coalition, et enverrait un plénipotentiaire à Paris pour y traiter de la paix définitive ; que jusque-là il y aurait armistice ; que jusqu'à la paix ou à la rupture des négociations, Ceva, Coni, Tortone, ou à son défaut Alexandrie, seraient remises sur-le-champ à l'armée française avec toute l'artillerie et les magasins ; qu'elle continuerait d'occuper tout le terrain qui se trouvait en ce moment dans sa possession; que les routes militaires, dans toutes les directions, permettraient la libre communication de l'armée avec la France et de la France avec l'armée; que Valence serait immédiatement évacuée par les Napolitains, et remise au général français, jusqu'à ce qu'il eût effectué le passage du Pô; enfin que les milices du pays seraient licenciées, et que les troupes régulières seraient disséminées dans les garnisons, de manière à ne pouvoir donner aucun ombrage à l'armée française. Désormais les Autrichiens isolés pouvaient être poursuivis jusque dans l'intérieur de la Lombardie. Toutes les troupes de l'armée des Alpes et du voisinage de Lyon, devenues disponibles, allaient rejoindre. Notre ligne de communication avec Paris serait raccourcie de moitié; enfin on avait des points d'appui et de grands dépôts d'artillerie pour former des équipages de siége, et pour assiéger Turin même, si le Directoire ne concluait pas la paix.

X. *Le colonel aide de camp Murat traverse le Piémont, et porte à Paris la nouvelle des victoires de l'armée.* — Le général Murat, premier aide de

camp du général en chef, fut expédié pour Paris avec vingt et un drapeaux et la copie de l'armistice. Napoléon avait pris cet officier au 13 vendémiaire ; il était alors chef d'escadron au 21ᵉ de chasseurs. Il a été marié depuis à la sœur de l'empereur, est devenu maréchal d'empire, grand amiral, grand-duc de Berg et roi de Naples. Il a eu une grande part dans toutes les opérations militaires du temps ; il a toujours déployé un grand courage, et surtout une singulière hardiesse dans les mouvements de la cavalerie.

La province d'Alba, que les Français traversèrent, était de tout le Piémont le pays le plus opposé à l'autorité royale, celui qui contenait le plus de germes révolutionnaires : il y avait déjà éclaté des troubles ; plus tard encore il en éclata de nouveaux. Si, au lieu de négocier, Napoléon eût voulu continuer la guerre avec le roi de Sardaigne, c'est là qu'il eût trouvé le plus de secours et le plus de disposition à l'insurrection. Ainsi, au bout de quinze jours, le premier point du plan de campagne était atteint, les plus grands résultats obtenus : les forteresses piémontaises des Alpes étaient en notre pouvoir ; la coalition se trouvait affaiblie d'une puissance qui avait cinquante mille hommes sur pied, et qui était plus imposante encore par sa position. La législature nationale avait décrété cinq fois que l'armée d'Italie avait bien mérité de la patrie, dans les séances des 21, 22, 24, 25 et 26 avril.

En conformité aux conditions de l'armistice de Cherasque, le roi de Sardaigne envoya à Paris le comte de Revel pour traiter de la paix définitive. Elle y fut conclue et signée le 15 mai. Par ce traité, la place d'Alexandrie resta à demeure aux armées françaises. Suze, Labrunette, Exil, furent démolies. Les Alpes se trouvèrent ouvertes, et le roi demeura à la disposition de la république, n'ayant plus d'autre point fortifié que Turin et le fort de Bard.

Éloge de Sainte-Hélène par l'Empereur. — Petites ressources de l'île.

Jeudi 1ᵉʳ février.

La philosophie la plus heureuse et la plus sage est celle qui nous fait voir parfois le côté le moins défavorable des circonstances les plus fâcheuses : l'Empereur, dans ce sentiment sans doute, nous disait aujourd'hui, en se promenant au fond du jardin, qu'après tout, exil pour exil, Sainte-Hélène était peut-être encore la meilleure place. Dans les latitudes élevées, nous aurions eu beaucoup à souffrir des rigueurs du froid, et nous aurions expiré misérablement sous l'ardeur brûlante de toute autre île du tropique. « Le rocher de Sainte-Hélène, continuait-il, était stérile,

« sauvage sans doute, le climat y était monotone, insalubre ; mais la
« température, il fallait en convenir, était douce. »

La conversation l'a mené à me demander ce qui eût été préférable, de l'Amérique ou de l'Angleterre, dans le cas où nous eussions été libres de nos mouvements. Je répondais que, si l'Empereur avait voulu vivre en philosophe, en sage, dans le repos et loin désormais de l'agitation du monde, il aurait fallu choisir l'Amérique ; mais pour peu qu'il eût conservé le sentiment ou l'arrière-pensée des affaires, il eût fallu préférer l'Angleterre.

En attendant, pour se faire une juste idée de l'état de notre exil et de ses ressources, il nous a été dit, dans la journée, que nous devions mettre de l'économie dans plusieurs de nos consommations, peut-être même nous attendre à en faire le sacrifice momentané : on nous a dit que le café devenait extrêmement rare, et qu'il pourrait manquer bientôt ; depuis longtemps nous n'avons plus de sucre blanc ; il n'en reste plus aujourd'hui que fort peu et très-mauvais, réservé exclusivement pour l'Empereur ; il en est de même de plusieurs autres productions essentielles. Notre île est un vaisseau qui tient la mer ; il manque bientôt si la traversée se prolonge ou si on le surcharge de bouches outre mesure. Nous avons suffi pour affamer Sainte-Hélène, d'autant plus que les bâtiments de commerce ne peuvent désormais en approcher : on dirait que ce lieu est devenu pour eux un écueil maudit et redouté, si l'on ne savait que la croisière anglaise donne ses soins à les tenir éloignés. Mais ce qui, dans les privations dont nous sommes menacés, nous a surpris davantage et nous affecterait le plus, c'est le manque de papier à écrire. On nous a dit que, depuis trois mois que nous étions ici, nous avions épuisé les magasins de la colonie ; ce qui prouverait qu'ils sont d'ordinaire légèrement fournis, ou bien que nous en faisons une furieuse consommation : notre seule réunion à Longwood en emploierait donc à elle seule six ou huit fois plus que tout le reste de la colonie ensemble. Qu'on joigne à ces détails matériels nos privations physiques et morales ; qu'on se dise que nous ne jouissons pas même des ressources de l'île : on nous y refuse l'herbe et le feuillage, qui se trouvent dans d'autres sites de l'île.

Notre vie animale est des plus misérables : soit impossibilité d'être mieux, soit mauvaise administration, toutefois est-il certain qu'à peine est-il rien de mangeable : le vin est des plus mauvais ; on ne saurait employer l'huile ; je viens de dire que le café, le sucre manquent, et que nous affamons l'île. On sait bien qu'on peut se passer de tout, qu'on pourrait ne pas mourir à beaucoup moins ; mais quand on prétend nous traiter avec magnificence et nous persuader que nous sommes très-bien, on nous amène à nous récrier sur ce que nous sommes très-mal et sur ce que nous manquons de tout. Si l'on s'avisait de supposer, sur notre silence, que nous sommes heureux, qu'on apprenne du moins que la seule force de notre moral peut nous faire résister à des maux que les expressions ne sauraient rendre.

Première saignée de mon fils. — L'Empereur me donne un cheval. — Progrès de l'Empereur dans l'anglais.

Vendredi 2 au mardi 6.

Mon fils depuis longtemps souffrait de la poitrine, il avait de fortes palpitations; j'ai réuni trois chirurgiens, ils l'ont condamné à la saignée. C'est du reste en ce moment, chez les Anglais, le remède en faveur, la panacée universelle; ils l'emploient pour tout et pour rien.

Vers le milieu du jour nous avons fait un tour en calèche. Au retour de la promenade, l'Empereur s'est fait amener un cheval qu'on venait d'acheter; il était fort beau et d'une jolie tournure; il l'a fait essayer, l'a trouvé fort bien, et me l'a donné à l'instant même, avec une bonté toute particulière. Je n'ai pu en faire usage, il s'est trouvé vicieux, et a passé alors au général Gourgaud, meilleur écuyer que moi.

Le 3 a été affreux, la pluie a été constante, impossible de sortir. Le mauvais temps a duré plusieurs jours de la sorte; jamais je n'aurais soupçonné que nous pussions être aussi longtemps sans la possibilité de nous hasarder dehors.

L'humidité nous enveloppait de toutes parts, la pluie gagnait au travers de notre toiture. Nos heures intérieures se ressentent de ce mauvais temps du dehors; j'en étais triste apparemment.

« Qu'avez-vous? me disait l'Empereur un de ces matins; depuis quel-
« ques jours vous changez; serait-ce le moral? vous feriez-vous des
« *Dragons* à la manière de madame de Sévigné? » Je répondais : « Sire,
« c'est le physique, l'état de mes yeux m'attriste à la mort; car le moral,
« je sais le tenir en bride, et Votre Majesté m'a donné des éperons qui
« seraient une dernière et victorieuse ressource. »

Cependant l'Empereur travaillait trois, quatre, jusqu'à cinq heures de temps à l'anglais; les progrès devenaient réellement très-grands, il en était parfois frappé lui-même, et s'en réjouissait en enfant. Il disait un de ces jours à table, et il répète souvent, qu'il me doit cette conquête, et qu'elle est bien grande. Je n'y aurai pourtant eu d'autre mérite que celui que j'ai employé pour les autres travaux de l'Empereur, d'avoir osé en donner l'idée, d'y être revenu sans cesse; et, une fois entamée, d'avoir mis dans la partie de l'exécution qui dépendait de moi une promptitude et une régularité journalières qui faisaient tout son encouragement. S'il arrivait qu'on ne fût pas prêt quand il nous demandait, s'il fallait renvoyer au lendemain, le dégoût le saisissait aussitôt, et le travail en demeurait là, jusqu'à ce que quelque chose vînt le remonter. « J'ai « besoin d'être poussé, me dit-il confidentiellement dans une de ces « interruptions passagères, le plaisir d'avancer peut seul me soutenir; « car, mon cher, nous pouvons en convenir entre nous, rien de tout « ceci n'est amusant, il n'y a pas le mot pour rire dans toute notre « existence. »

Avant dîner, l'Empereur faisait toujours plusieurs parties d'échecs. A nos après-dînées nous reprîmes le reversi, qui avait été longtemps abandonné. Comme on ne se payait pas jadis très-régulièrement, on convint désormais d'en faire une masse commune; on discuta sur sa destination future, l'Empereur demanda les avis; quelqu'un proposa de l'employer à délivrer la plus jolie esclave de l'île : cette opinion enleva tous les suffrages, l'on se mit au jeu avec ardeur, et la première soirée produisit deux napoléons et demi.

L'Empereur apprend la mort de Murat.

Mercredi 7, jeudi 8.

La frégate *la Thébaine* est arrivée du Cap, et nous a apporté quelques journaux; je les traduisais à l'Empereur en nous promenant dans le jardin. Un de ces papiers renfermait une grande catastrophe; je lus que Murat, ayant débarqué avec quelques hommes en Calabre, y avait été saisi et fusillé. A ces paroles inattendues, l'Empereur, me saisissant le bras, s'est écrié : « Les Calabrois ont été plus humains, plus généreux « que ceux qui m'ont envoyé ici! » Ce fut tout. Après quelques moments de silence, comme il ne disait plus rien, je continuai.

Murat, sans vrai jugement, sans vues solides, sans caractère proportionné à ces circonstances, venait de périr dans une tentative évidemment désespérée. Il n'est pas impossible que le retour de l'Empereur de l'île d'Elbe ne lui eût tourné la tête, et qu'il n'espérât peut-être en renouveler le prodige pour son propre compte. Ainsi périt si misérablement celui qui avait été une des causes si actives de nos malheurs! En 1814, son courage, son audace, pouvait nous tirer de l'abîme; sa trahison nous y précipita; il neutralisa le vice-roi sur le Pô; il l'y combattit, lorsque, réunis ensemble, ils eussent pu forcer les gorges du Tyrol, descendre en Allemagne et venir sur Bâle et les rives du Rhin, détruire, saisir les derrières des alliés, et leur couper toute retraite en France.

L'Empereur, à l'île d'Elbe, dédaigna toute communication avec le roi de Naples; mais, partant pour la France, il lui écrivit qu'allant prendre possession de son trône, il se plaisait à lui déclarer qu'il n'était plus de *passé entre eux*; qu'il lui pardonnait sa conduite dernière, lui rendait sa bienveillance, lui envoyait quelqu'un pour lui signer la garantie de ses États, et lui recommandait, sur toute chose, de se maintenir en bonne intelligence avec les Autrichiens, et de se contenter de les contenir dans le cas où ils voudraient marcher sur la France. Murat, en ce moment, tout au sentiment de sa première jeunesse, ne voulut ni garantie ni signature : la parole de l'Empereur, son amitié, lui suffisaient, s'écria-t-il; il prouverait qu'il avait été plus malheureux que coupable. Son dévouement, son ardeur, allaient, disait-il, lui obtenir l'oubli du passé.

« Mais il était dans la destinée de Murat, disait l'Empereur, de nous faire
« du mal. Il nous avait perdus en nous abandonnant, et il nous perdit en
« prenant trop chaudement notre parti : il ne garda plus aucune mesure :
« il attaqua lui-même les Autrichiens sans plan raisonnable, sans moyens
« suffisants, et il succomba sans coup férir. »

Les Autrichiens, délivrés de cet obstacle, s'en servirent comme de raison ou de prétexte pour en augurer des vues ambitieuses dans Napoléon reparaissant sur la scène. C'est ce qu'ils lui objectèrent constamment toutes les fois qu'il leur protesta de sa modération.

L'Empereur, avant la circonstance malheureuse des hostilités de Murat, avait déjà noué quelques négociations avec l'Autriche. D'autres États inférieurs, que je crois inutile de nommer, lui avaient fait dire qu'il pouvait compter sur leur neutralité. Nul doute que la chute du roi de Naples n'ait donné aussitôt une autre tournure aux affaires.

On a essayé de faire passer Napoléon pour un homme terrible, implacable : le vrai, c'est qu'il était étranger à toute vengeance, et ne savait pas conserver de rancune, quelque mal qu'on lui eût fait. Son courroux, d'ordinaire, s'exhalait par des sorties violentes, et c'était là tout. Ceux qui le connaissaient le savaient bien. Murat l'avait outrageusement trahi; on vient de lire qu'il l'avait perdu deux fois, et cependant c'est à Toulon que Murat accourt chercher un asile. « Je l'eusse amené à Waterloo, nous
« disait Napoléon; mais l'armée française était tellement patriotique, si
« morale, qu'il est douteux qu'elle eût voulu supporter le dégoût et
« l'horreur qu'avait inspirés celui qu'elle disait avoir trahi, perdu la
« France. Je ne me crus pas assez puissant pour l'y maintenir, et pourtant

« il nous eût valu peut-être la victoire; car que nous fallait-il dans certains
« moments de la journée? enfoncer trois ou quatre carrés anglais : or,
« Murat était admirable pour une telle besogne; il était précisément
« l'homme de la chose; jamais à la tête d'une cavalerie on ne vit quel-
« qu'un de plus déterminé, de plus brave, d'aussi brillant.

« Quant au parallèle des circonstances de Napoléon et de Murat, celui
« de leur débarquement respectif en France et sur le territoire de Naples,
« il n'en saurait exister aucun, disait l'Empereur : Murat n'avait d'autre
« bon argument dans sa cause que le succès, et il était purement chimé-
« rique au moment où et de la manière dont il l'a entrepris. J'étais l'élu
« d'un peuple, j'étais le légitime dans leurs doctrines nouvelles; mais
« Murat n'était point Napolitain; les Napolitains n'avaient jamais élu
« Murat; était-il à croire qu'il pût exciter parmi eux un bien vif intérêt?
« aussi sa proclamation est-elle tout à fait fausse et vide de choses. Ferdi-
« nand de Naples devait et pouvait ne le présenter que comme un fauteur
« d'insurrection; c'est ce qu'il a fait, et il l'a traité en conséquence.

« Quelle différence avec moi! continuait Napoléon. Avant mon arrivée,
« toute la France était déjà pleine d'un même sentiment. Je débarque, et
« ma proclamation n'est pleine que de ce même sentiment : chacun y lit
« ce qu'il a dans le cœur. La France était mécontente, j'étais sa ressource;
« les maux et le remède furent aussitôt en harmonie : voilà toute la clef
« de ce mouvement électrique, sans exemple dans l'histoire. Il prit sa
« source uniquement dans la nature des choses; il n'y eut point de conspi-
« ration, et l'élan fut général; pas une parole ne fut portée, et tout le
« monde s'entendit. Les populations entières se précipitaient sur le pas-
« sage du libérateur. Le premier bataillon que j'enlevai de ma personne
« me valut aussitôt la totalité de l'armée. Je me trouvai porté jusqu'à
« Paris; le gouvernement existant, tous ses agents disparurent sans ef-
« forts, comme les nuages se dissipent à la vue du soleil. Et encore eussé-
« je succombé, terminait l'Empereur, encore fussé-je tombé dans les
« mains de mes ennemis, je n'étais pas purement un chef d'insurrection;
« j'étais un souverain reconnu de toute l'Europe; j'avais mon titre, ma
« bannière, mes troupes; je venais faire la guerre à mon ennemi. »

Porlier, Ferdinand. — Tableaux de l'Atlas.

Vendredi 9.

Dans des gazettes que je traduisais à l'Empereur, j'ai trouvé l'histoire de Porlier : c'était un des chefs les plus remarquables des fameuses guerrillas. Il venait d'essayer d'en appeler à la nation contre la tyrannie de Ferdinand; mais il avait échoué, avait été pris et pendu.

L'Empereur a dit : « Je ne suis pas du tout surpris de cette tentative en
« Espagne : à mon retour de l'île d'Elbe, ceux des Espagnols qui s'étaient
« montrés les plus acharnés contre mon invasion, qui avaient acquis le
« plus de renommée dans la résistance, s'adressèrent immédiatement à
« moi : ils m'avaient combattu, disaient-ils, comme leur tyran ; ils ve-
« naient m'implorer comme un libérateur. Ils ne me demandaient qu'une
« légère somme, disaient-ils, pour s'affranchir eux-mêmes, et produire
« dans la Péninsule une révolution semblable à la mienne. Si j'eusse
« vaincu à Waterloo, j'allais les secourir. Cette circonstance m'explique
« la tentative d'aujourd'hui. Nul doute qu'elle ne se renouvelle encore.
« Ferdinand, dans sa fureur, a beau vouloir serrer avec rage son sceptre,
« un de ces beaux matins il lui glissera de la main comme une anguille. »

Les gazettes finies, l'Empereur, dans son oisiveté, feuilletait mon atlas ; j'ai eu la grande satisfaction de le voir enfin s'arrêter sur les tableaux généalogiques, ce que je désirais depuis bien longtemps, car il les passait toujours. J'ai analysé devant lui, sur le tableau d'Angleterre, la fameuse guerre de la Rose rouge et de la Rose blanche, inintelligible pour le grand nombre des lecteurs sans le secours de pareils tableaux. Il a été frappé de leur utilité, et s'est mis alors à en parcourir un grand nombre d'autres ; il remarquait, à celui de Russie, qu'il serait bien difficile, sans un tel secours, de suivre l'ordre irrégulier de succession des derniers souverains ; et il a été fort surpris, à celui de France, de la démonstration singulière qu'en dépit de sept ou huit applications de la loi salique Louis XVI eût encore régné comme si cette loi salique n'eût point existé.

L'Empereur s'arrêtait beaucoup sur l'encadrement rigoureux et complet de ces tableaux ; il ne revenait pas de la quantité de points de ralliements qui s'y trouvaient indiqués en un aussi petit espace : l'ordre numérique du souverain, son degré de génération, l'ensemble de toute sa parenté, etc., etc., et il me répétait alors ce qu'il m'avait déjà dit ou à peu près, que s'il les eût bien connus dans le temps il m'eût fait venir pour obtenir de moi un format plus commode, moins coûteux, et en faire la pâture des lycées.

Il ajoutait qu'il eût voulu voir toutes les histoires réimprimées avec de tels documents à l'appui, pour leur intelligence. Je lui disais que j'avais eu la même idée, qu'elle avait déjà été exécutée sur l'histoire d'Angleterre par Hume, et que, sans nos derniers événements, elle l'allait l'être sur l'histoire d'Allemagne de Pfeffel, sur celle de France de Hénaut, et sur une histoire des trois couronnes du Nord, etc.

Sur les quatre heures, j'ai présenté à l'Empereur le capitaine de *la*

Thébaine, qui partait le lendemain pour l'Europe, et le colonel Macoy, du régiment de Ceylan. Ce brave soldat semblait un monument mutilé : il avait une jambe de moins, un coup de sabre lui traversait le front,

d'autres cicatrices couvraient son visage. Il était tombé sur le champ de bataille en Calabre, et demeuré prisonnier du général Parthonaux. L'Empereur lui fit un accueil tout particulier; on pouvait voir qu'il y avait sympathie réciproque. Le colonel Macoy avait été major du régiment corse que commandait le nouveau gouverneur que nous attendons. Ce colonel disait à quelqu'un qu'il trouvait un homme tel que l'Empereur bien mal traité ici, et qu'il supposait au général Lowe trop d'élévation pour ne pas penser que sa seule acceptation du gouvernement de l'île annonçait qu'il y viendrait améliorer notre condition.

L'Empereur est ensuite monté à cheval. Nous avons remonté notre vallée accoutumée, et ne sommes rentrés que vers les sept heures. L'Empereur a continué de se promener dans le jardin; la température était des plus douces, le clair de lune charmant; le beau temps était revenu tout à fait.

Sur l'Égypte. — Ancien projet sur le Nil.

Samedi 10.

A présent l'Empereur allait couramment dans son anglais; et, à l'aide du dictionnaire, il eût pu, à toute rigueur, se passer de moi. Ses progrès décidés le ravissaient. La leçon s'est passée aujourd'hui à lire, dans l'*Encyclopédie britannique*, l'article du Nil, dont il prenait occasionnellement quelques notes pour ses dictées au grand maréchal. Il s'y est trouvé une citation dont jadis j'avais entretenu l'Empereur, qu'il avait jusque-là regardée comme absurde. Le grand Alburquerque proposait au roi de Portugal de détourner le Nil, avant son entrée dans la vallée d'Égypte, et de le rejeter dans la mer Rouge, ce qui eût rendu l'Égypte un désert impraticable, et consacré le cap de Bonne-Espérance pour la route unique du grand commerce des Indes. Bruce ne croit pas cette gigantesque idée entièrement impossible, elle frappait singulièrement l'Empereur.

Sur les cinq heures, l'Empereur est monté en calèche; la promenade a été extrêmement agréable; la précaution d'avoir fait abattre quelques arbres a triplé l'espace primitif, en créant plusieurs circuits naturels. Au retour, on a profité de la belle soirée pour se promener longtemps dans le jardin; la conversation a été des plus intéressantes, les sujets étaient grands et profonds : c'était sur les diverses religions, l'esprit qui les avait dictées; les absurdités, les ridicules dont on les avait entremêlées, les excès qui les avaient dégradées, les objections qu'on leur avait opposées : l'Empereur a traité tous ces objets avec sa supériorité ordinaire.

Uniformité. — Ennui. — Solitude de l'Empereur. — Caricatures.

Dimanche 11.

L'Empereur a lu aujourd'hui l'article *Égypte*, en anglais, dans l'*Encyclopédie britannique*, et en a recueilli des notes qui ne laissent pas que de lui être utiles pour sa campagne d'Égypte. Cette circonstance lui est très-agréable, et lui fait répéter plusieurs fois le jour combien il se trouve heureux de ses progrès; il est de fait qu'il peut maintenant lire tout seul.

Sur les quatre heures, j'ai suivi l'Empereur dans le jardin. Nous y avons marché seuls pendant quelque temps : bientôt après on est venu nous rejoindre. La température était fort douce. L'Empereur a fait observer le calme de notre solitude : c'était dimanche, tous les ouvriers étaient au loin. Il a ajouté qu'on ne nous accuserait pas du moins de dissipation ni d'ardentes poursuites des plaisirs; en effet, il est difficile d'imaginer plus d'uniformité et plus d'absence de toute diversion.

L'Empereur soutient cette situation d'une manière admirable; il nous surpasse tous de beaucoup par l'égalité de son caractère et la sérénité de son humeur. Il était difficile d'être plus sage et plus tranquille que lui, remarquait-il. Il se couchait à dix heures, ne se levait ou plutôt ne paraissait qu'à cinq ou six heures du soir. Sa vie extérieure n'était donc guère, disait-il, de plus de quatre heures; c'était celle du prisonnier qu'on tire chaque jour de son cachot pour le laisser respirer un peu. Mais que de pensées dans son long intérieur! que de travaux même! Et, au sujet du travail, l'Empereur disait qu'il se trouvait aussi fort qu'il l'avait jamais été; qu'il ne se sentait ni flétri ni usé en quoi que ce fût; qu'il s'étonnait lui-même du peu d'effet sur lui des grands événements dont il avait été dernièrement l'objet. C'était du plomb, disait-il, qui avait glissé sur le marbre; le poids avait pu comprimer le ressort, mais n'avait pu le briser : il s'était relevé avec toute son élasticité. L'Empereur ajoutait n'imaginer personne au monde qui eût mieux plié que lui sous la nécessité sans remède; et c'est là, disait-il, le véritable empire de la raison, le vrai triomphe de l'âme.

L'heure de la calèche est arrivée. En allant la joindre, l'Empereur a aperçu la petite Hortense, la fille de madame Bertrand, qui lui plaît beaucoup. Il l'a fait venir, l'a embrassée tendrement deux ou trois fois, et a voulu la prendre en voiture avec le petit Tristan de Montholon. Durant

la course, le grand maréchal, qui venait de parcourir les journaux arrivés, racontait divers bons mots et caricatures qu'il y avait trouvés. Il nous en citait une assez piquante. Deux actions composaient le tableau : l'une était Napoléon donnant à la princesse d'Hatzfeld, pour la jeter au feu, la lettre dont la disparition sauvait son mari. Au bas était : *Acte tyrannique d'un usurpateur.* Le pendant était de toute autre nature : c'était madame de Labédoyère et son fils, prosternée aux pieds du roi qui la repoussait, tandis qu'on fusillait à quelques pas son mari ; et au bas était écrit : *Acte paternel de la légitimité.*

Cela nous a conduits à raconter à l'Empereur la foule de caricatures dont nous avions été inondés après la restauration. Il en était beaucoup qui l'ont fort amusé ; une surtout l'a fait sourire : c'était le château des Tuileries. Une troupe d'oies et de dindons entrait dandinant, par la grande porte, dans le palais, poussée par un cercle de soldats de toutes nations et de toutes armes : au même instant sortait des fenêtres supérieures un aigle aux ailes étendues, s'éloignant d'un vol fier et rapide ; et sur le fronton se lisaient ces seuls mots : *Changement de dynastie.*

L'Empereur a observé que si les caricatures vengeaient quelquefois le malheur, elles harcelaient sans cesse le pouvoir. Et combien n'en a-t-on pas fait sur moi ! disait-il. Alors il nous en a demandé quelques-unes. Parmi toutes celles que nous avons citées, il a fort applaudi celle-ci, comme fort jolie et d'un fort bon goût : c'était le vieux George III qui, de sa côte d'Angleterre, jetait, en colère, à la tête de Napoléon, sur la rive opposée, une énorme betterave, en disant : *Va te faire sucre !*

Longue course à pied de l'Empereur.

Lundi 12.

Vers les quatre heures, l'Empereur se promenait dans le jardin. La température était des plus agréables ; chacun de nous se récriait sur ce que c'était une de nos belles soirées d'Europe : nous n'avions encore rien éprouvé de pareil depuis notre arrivée dans l'île. L'Empereur a fait demander la calèche, et, comme par diversion, il a voulu laisser là nos arbres à gomme, pour aller, par le chemin qui conduit chez le grand maréchal, prendre la route qui contourne le bassin supérieur de notre vallée favorite, et gagner, si c'était possible, le site appartenant à une demoiselle Masson, qui est sur le revers opposé en face de Longwood. Arrivé chez madame Bertrand, l'Empereur l'a fait monter dans sa calèche, où se trouvaient déjà madame de Montholon et moi ; le reste suivait à cheval : nous étions tous réunis. A quelques pas de chez madame Bertrand, au poste militaire même qui s'y trouve établi, le terrain était fort à pic et très-inégal. Les chevaux se sont refusés, il a fallu descendre. La barrière s'est trouvée à peine suffisante pour la largeur de la voiture ; mais les soldats anglais sont accourus, et, de tout cœur, l'ont, en un instant, fait franchir à force de bras. Cependant, une fois dans le nou-

veau bassin, la promenade à pied était si agréable, que l'Empereur a voulu la continuer. Au bout de quelque temps, comme le jour baissait, il a voulu que la calèche allât seule reconnaître le chemin jusqu'à la porte de mademoiselle Masson, tandis que nous continuerions à marcher. La soirée était réellement des plus agréables. La nuit était venue, mais il faisait le plus beau clair de lune possible. Notre promenade pouvait réveiller le souvenir de celles autour de nos châteaux en Europe, dans les belles soirées d'été.

La calèche revenue, l'Empereur n'a point voulu y monter encore; il l'a envoyée attendre chez madame Bertrand, et, quand il y a été rendu, il a voulu continuer encore à pied jusqu'à Longwood, où il est arrivé très-fatigué. Il avait marché près de six milles, ce qui est beaucoup pour lui, qui n'a jamais été marcheur à aucune époque de sa vie.

Politique de l'Empereur sur les affaires de France. — Sa prédiction sur les Bourbons.

Mardi 13 au samedi 17.

A six heures du matin, l'Empereur est monté à cheval. Nous avons fait le tour du parc, en commençant dans la direction de notre vallée, et en venant gagner le chemin qui conduit du camp chez le grand maréchal. Devant la porte de celui-ci, s'est arrêté et mis en ligne, pour nous laisser passer, un gros de cent cinquante à deux cents matelots du *Northumberland*, qui, chaque jour, portent des planches ou des pierres pour

le service de Longwood ou du camp. L'Empereur a parlé aux officiers, et a souri avec plaisir à nos anciens compagnons ; ils avaient l'air ravi de le voir.

J'ai déjà dit que, de temps à autre, nous recevons des journaux de l'Europe qui nous occupent diversement, et amènent toujours à la fin quelques tableaux vifs et animés de la part de l'Empereur. Il trouvait aujourd'hui qu'en résumé l'état de la France ne s'était point amélioré. « Les Bourbons, répétait-il, n'avaient eu cette fois d'autre parti que « celui de la sévérité. Quatre mois étaient déjà écoulés ; les alliés al- « laient repartir ; on n'avait pris encore que des demi-mesures ; l'affaire « demeurait mal embarquée. Un gouvernement, disait-il, ne peut vivre « que de son principe ; il est évident que celui-ci est le retour aux vieilles « maximes : il fallait le faire franchement. Les Chambres surtout, dans « cette circonstance, seront fatales ; elles inspireront au roi une fausse « confiance, et n'auront aucun poids sur la nation. Bientôt le roi n'aura

« plus aucun moyen de communication avec elle ; ce ne sera plus la même
« religion ni le même langage. Il ne sera personne qui ait le droit de dé-
« tromper le peuple sur les absurdités qu'il plaira au premier venu de
« lui débiter, lorsqu'on voudra lui faire croire qu'on veut empoison-
« ner les sources, faire sauter le territoire, etc., etc... » L'Empereur
concluait qu'il y aurait quelques exécutions juridiques, et un extrême
désir de réaction ; qu'elle serait assez forte pour irriter, pas assez pour
soumettre, et que, tôt ou tard, *une éruption volcanique finirait par en-
gloutir le trône, ses alentours et ses partisans.* « Si les destinées ont réglé
« que les Bourbons régneront, disait-il, ce ne sera toutefois que dans
« quelques générations qu'ils en acquerront la certitude. Quant à pré-
« sent, ils sont sans doute bien plus mal situés que l'année dernière.
« Alors on pouvait, à toute rigueur, les présenter comme médiateurs
« entre les puissances et le pays ; ils n'avaient pas contribué directement
« au déchirement de la patrie, à la flétrissure de la gloire nationale. Mais
« cette fois ils étaient les alliés de nos ennemis. Ils sont rentrés sur les
« cadavres et les décombres qu'ils ont provoqués, dont ils se sont réjouis;
« ils ont ruiné la nation, ses forces, sa gloire, ses monuments, et n'ont
« pas craint de partager ses dépouilles avec les ennemis, et de se réserver
« la honte et le mépris en partage. Aux yeux de toute la France, ils ont
« cessé d'être Français, ils se sont proscrits eux-mêmes. »

Quant à l'Europe, elle semblait à l'Empereur aussi enflammée qu'elle l'avait jamais été. Elle avait anéanti la France ; mais la résurrection de celle-ci pouvait venir un jour de l'explosion des peuples, que la politique des souverains, du reste, était des plus propres à aliéner. Elle pouvait venir encore de la querelle prochaine des puissances entre elles, ce qui très-probablement finirait par avoir lieu.

Peinture du bonheur domestique par l'Empereur. — Deux demoiselles de l'île. —
L'Empereur souffrant.

Dimanche 18, lundi 19.

L'Empereur m'a fait appeler sur les dix heures ; il venait de rentrer. Il m'a appris qu'il avait été à cheval vers les six heures, mais qu'il n'avait pas voulu qu'on troublât le sommeil de *Son Excellence*. Le déjeuner est venu, il était détestable ; je n'ai pu m'empêcher de le remarquer. Il m'a plaint d'en faire un aussi mauvais, et m'a dit qu'il était vrai qu'il fallait avoir faim pour pouvoir le manger.

Sur les cinq heures, l'Empereur a été se promener au jardin. Il s'est mis à peindre le bonheur du particulier honnête et aisé, jouissant paisiblement, dans le fond de sa province, des champs et de la maison qu'il a reçus de ses pères. Rien assurément n'était plus philosophique; nous n'avons pu nous empêcher de sourire à un tableau si paisible, ce qui l'a fait pincer les oreilles de l'un de nous. « Du reste, a-t-il continué, ce « bonheur ne peut guère aujourd'hui se connaître en France que par « tradition; la révolution a tout bouleversé; elle en a privé les anciens, « et les nouveaux sont encore neufs à cette jouissance; ce que je viens « de peindre n'existe plus. » Et il faisait alors l'observation qu'être privé de sa chambre natale, du jardin qu'on avait parcouru dans son enfance, n'avoir pas l'habitation paternelle, c'était n'avoir point de patrie. J'ajoutais que perdre la demeure qu'on s'était créée après le naufrage, la maison qu'on avait partagée avec sa femme, celle où l'on avait donné le jour à ses enfants, c'était encore perdre sa seconde patrie. Que de monde en était là!!! et quelle époque avait été la nôtre!!!

Le soir, pendant le dîner, on a parlé de deux demoiselles de l'île, dont l'une est grande, fort belle et très-agaçante; l'autre, beaucoup moins jolie, mais douce dans ses manières, d'une grâce et d'une tenue parfaites. Tous les avis se partageaient. L'Empereur, qui ne connaissait que la première, tenait fortement pour elle. Quelqu'un a pris la liberté de lui dire que s'il voyait la seconde, elle ne lui ferait pas changer d'opinion. Cela ne lui a pas suffi, il a voulu que ce quelqu'un exprimât son propre choix. celui-ci a répondu qu'il était de beaucoup pour la seconde; ce qui a paru contradictoire; l'Empereur a voulu l'explication. « C'est, ai-je répondu, « que si je voulais acheter une esclave je me fixerais sur la première; « mais que, si je trouvais quelque bonheur à le devenir moi-même, je « m'adresserais à la seconde. — C'est donc à dire, a repris vivement « l'Empereur, que vous me croyez de mauvais goût et de mauvais ton? « — Non, Sire, mais je soupçonne à Votre Majesté des dispositions dif- « férentes des miennes. » Il a ri et n'a pas contredit.

Le 19, de fort bon matin, l'Empereur est sorti pour monter à cheval; il était à peine six heures, et pourtant j'étais tout prêt, j'avais donné ordre qu'on m'éveillât; il a été surpris de me voir là et de me trouver si diligent. Nous avons erré dans les bois à l'aventure, nous étions rentrés vers les neuf heures, le soleil commençant déjà à être très-chaud.

L'Empereur, sur les quatre heures, a voulu essayer son anglais; mais il n'était pas bien; tout dans la journée lui avait paru mauvais, disait-il, rien ne lui avait réussi. La promenade du jardin ne l'a point remis; il n'était pas bien à dîner, il n'a pu faire ses parties d'échecs accoutumées, et s'est retiré souffrant.

Travaux de l'Empereur à l'île d'Elbe. — Prédilection des Barbaresques pour Napoléon.

Mardi 20.

Le temps a été extrêmement mauvais. L'Empereur avait été assez mal toute la nuit; il n'est pas sorti de sa chambre avant cinq heures. Vers les six heures nous avons profité d'une éclaircie pour faire le tour du parc en calèche. Les chevaux dont on nous a gratifiés sont vicieux, ils se butent au premier obstacle, et demeurent immobiles; ils se sont arrêtés aujourd'hui plusieurs fois; la pluie rendait leur tâche plus pénible; un moment il a fallu réunir tous les efforts pour n'être pas obligés de revenir à pied; le grand maréchal et le général Gourgaud ont été obligés de mettre pied à terre et de pousser à la roue. La conversation, durant la promenade,

était sur l'île d'Elbe : l'Empereur parlait des chemins qu'il y avait faits, des maisons qu'il y avait bâties; les meilleurs artistes d'Italie se disputaient l'honneur d'y travailler, et sollicitaient comme une faveur de pouvoir les embellir, etc.

Il disait que ses couleurs, que son pavillon, étaient devenus les premiers de la Méditerranée. Son pavillon était sacré, disait-il, pour les Barbaresques, qui d'ordinaire faisaient des présents aux capitaines, leur ajoutant qu'ils acquittaient la dette de Moscou. Le grand maréchal ajoutait que quelques bâtiments réunis, de cette nation, étant venus mouiller à l'île d'Elbe, y avaient donné beaucoup d'inquiétude : on avait interrogé ces gens-là sur leurs intentions, et fini par leur demander nettement s'ils avaient des vues hostiles ; ils avaient répondu : « Contre le grand « Napoléon? Ah! jamais..... nous ne faisons pas la guerre à Dieu! »

Quand le pavillon de l'île d'Elbe entrait dans un des ports de la Méditerranée, Livourne excepté, il y était reçu avec de vives acclamations ; c'était la patrie qui semblait revenir. Quelques bâtiments français, venus de la Bretagne et de la Flandre, qui relâchèrent à l'île d'Elbe, témoignèrent le même sentiment.

« Tout est graduation dans le monde, concluait l'Empereur. L'île « d'Elbe, trouvée si mauvaise il y a un an, est un lieu de délices com-« parée à Sainte-Hélène. Quant à Sainte-Hélène, ah! elle peut défier tous « les regrets à venir. »

Piontowsky. — Caricature. — Bonté héréditaire et proverbiale des Bourbons.

Mercredi 21 au vendredi 23.

L'Empereur a continué de se lever de bonne heure et de se promener à cheval, bien que ce fût au pas seulement, dans le parc et au milieu des arbres à gomme. Cependant ce léger exercice lui était bon ; il le forçait du moins à prendre l'air, il revenait avec meilleur appétit, et travaillait avec plus de gaieté. Il déjeunait dans le jardin, sous quelques arbres qu'on avait entrelacés pour lui procurer un peu d'ombrage. Un de ces matins, en se mettant à table, il aperçut au loin le Polonais *Piontowsky*, et le fit appeler pour qu'il déjeunât avec lui. Il s'amuse à le questionner quand il le trouve sous ses pas.

Piontowsky, dont on ne connaît pas trop l'origine, était venu à l'île d'Elbe et avait obtenu d'y servir comme soldat dans la garde ; au retour de l'île d'Elbe, il avait été porté au grade de lieutenant ; à notre départ de Paris, il avait reçu la permission de suivre : il fut à Plymouth du nombre de ceux que les instructions anglaises séparèrent de nous. Piontowsky, avec plus de constance ou plus d'adresse que ses camarades, avait obtenu de nous rejoindre. L'Empereur, du reste, ne l'avait jamais connu, et lui parlait à Sainte-Hélène pour la première fois. Aucun de nous ne le connaissait davantage.

La conversation a amené une caricature citée par les derniers journaux ; c'était Louis XVIII sur son trône. Dans un coin du tableau tombait, sous la fusillade ou sous la guillotine, une foule de proscrits. Un de ceux-ci parvenait à s'enfuir, et passait devant le roi, qui s'efforçait de l'arrêter, et qui, l'ayant manqué, s'écriait : *Ah! malheureux, tu échappes à ma clémence!*

Quelle horreur! a repris l'un de nous. Quoi! en dépit de la bonté héréditaire des Bourbons! — « Oh! oui, a continué l'Empereur, la bonté
« proverbiale des Bourbons! c'est cela! Et pourtant quel n'est pas
« l'empire des mots une fois reçus! Un historien, dans sa niaiserie,
« aura hasardé cette phrase qui se présente bien; d'autres la répéteront
« par adulation, et voilà la multitude saisie d'un mot qui remplira toutes
« les bouches, même au milieu des faits les plus contraires. En voici
« des preuves en foule : C'est Henri IV, sans contredit le meilleur
« d'entre eux, offrant la vie au maréchal de Biron, son compagnon
« d'armes, son ami de cœur, si seulement il veut convenir de sa faute;
« et qui le laisse froidement exécuter, parce que celui-ci s'avise de faire
« l'entêté. C'est Louis XIII qui, au moment de l'exécution de son favori,
« immolé par un ministre implacable, dit en regardant sa montre : *Le*
« *cher ami passe en cet instant un mauvais quart d'heure.* C'est Louis XIV
« à qui, partant pour la chasse, on annonce la mort inévitable et pro-
« chaine de sa maîtresse du jour, âgée de dix-huit ans, et qui se con-
« tente de dire pour tous regrets : *Elle sera morte bien jeune!* C'est le
« Régent qui, durant l'agonie du cardinal Dubois, le compagnon de ses
« débauches, le confident de ses pensées, son premier ministre, s'aper-
« cevant d'un orage, dit : *Voilà qui va me délivrer de mon drôle*, et qui,
« à l'instant où il vient d'expirer, écrit à l'un de ses roués exilé par le
« défunt : *Arrive, je t'attends ce soir à souper; aussi bien morte la bête,*
« *mort le venin!* C'est Louis XV qui, perdant la maîtresse, l'amie, la
« confidente de vingt ans, dit à ses familiers, parce qu'il pleuvait beau-
« coup pendant son convoi : *La marquise a là un bien mauvais temps*
« *pour son voyage.* Enfin cent autres choses de la sorte, on n'en finirait
« pas. Et cependant l'adage d'aller toujours son train; et voilà l'histoire
« pour les innombrables gens futiles et sans réflexion! »

Retour de l'île d'Elbe. — Détails, etc.

Samedi 24.

Après dîner, l'Empereur, prenant le café, disait que c'était à peu près vers ce temps que, l'année dernière, il avait quitté l'île d'Elbe. Le grand maréchal lui a dit que c'était le 26 février et un dimanche. « A telles
« enseignes, Sire, que vous avez fait avancer la messe pour avoir plus de
« temps à dicter des ordres. »

L'après-midi même on était parti. Le lendemain matin, nous étions encore en vue sur les dix heures, à la grande anxiété de ceux qui s'intéressaient à notre succès.

L'Empereur, s'abandonnant à la conversation, a causé plus d'une heure des détails de cet événement, unique dans l'histoire par la hardiesse de l'entreprise et les merveilles de l'exécution. Je renvoie plus loin son récit.

Progrès dans l'anglais. — Paroles charmantes de l'Empereur sur la destination des campagnes d'Italie et d'Égypte. — Son opinion sur nos grands poëtes. — Tragédies modernes. — *Hector*. — *Les États de Blois*. — Talma.

Dimanche 25 au mardi 27.

L'anglais allait de mieux en mieux. L'Empereur convenait avoir eu un moment de dégoût. Il avait un instant, me disait-il, vu passer sa *furia francese* ; mais je l'avais ranimé, disait-il, par une méthode qu'il trouvait sûre, infaillible, la meilleure de toutes les méthodes, celle de lire et d'analyser une seule page, et de la recommencer jusqu'à ce qu'elle fût sue imperturbablement. Les règles grammaticales s'expliquent chemin faisant ; de la sorte, il n'y a pas un moment de perdu pour l'étude et la mémoire. Les progrès semblent lents d'abord, on croit avancer peu ; mais quand on arrive à la cinquantième page, on est tout étonné de savoir la langue. Nous avions donc ajouté une page de *Télémaque* au reste de notre leçon, et nous nous en trouvions très-bien. Du reste, l'Empereur, en ce moment, bien qu'il n'eût encore que vingt ou vingt-cinq leçons complètes, parcourait tous les livres, aurait fait entendre par écrit ce dont il eût eu besoin. Il ne comprenait pas tout, il est vrai ; mais on ne pourrait désormais lui rien cacher, disait-il, et c'était immense, c'était une conquête achevée.

L'Empereur entamait une nouvelle époque bien précieuse, celle du départ de Fontainebleau jusqu'au retour à Paris, et sa seconde abdication. Il ne possédait aucune pièce sur ces événements si rapides ; mais c'est cette rapidité même qui me faisait le supplier d'employer sa mémoire à consacrer des circonstances que les événements ou l'esprit de parti pourraient affaiblir ou dénaturer.

L'Empereur revoyait aussi fort souvent avec moi les divers chapitres de la campagne d'Italie ; le moment qui précédait le dîner était consacré d'ordinaire à cette révision. Il m'avait chargé de couper chaque chapitre d'une manière régulière, uniforme, d'en indiquer les paragraphes convenables, etc., etc. C'est ce qu'il appelait la triture ou la charlatanerie de l'éditeur. « Et cela vous regarde, me disait-il un jour avec une grâce
« et une bonté qui me pénétraient ; ce sera désormais votre bien. La

« campagne d'Italie portera votre nom et la campagne d'Égypte celui de
« Bertrand. Je veux qu'elle fasse tout à la fois la fortune de votre poche
« et celle de votre mémoire; vous aurez toujours bien là 100,000 fr.,
« et votre nom durera autant que le souvenir de mes batailles. »

Quant à nos après-dînées, les pièces de théâtre nous occupaient en ce moment, les tragédies surtout. L'Empereur les aime particulièrement, et se plaît à les analyser; il y porte une logique singulière et beaucoup de goût. Il sait une foule de vers dont il se souvient depuis son enfance, époque, dit-il, où il savait beaucoup plus qu'aujourd'hui. L'Empereur est ravi de Racine, il y trouve de vraies délices. Il admire éminemment Corneille, et fait fort peu de cas de Voltaire, plein, dit-il, de boursouflure, de clinquant, toujours faux, ne connaissant ni les hommes, ni les choses, ni la vérité, ni la grandeur des passions.

L'Empereur, à un de ses couchers à Saint-Cloud, analysait la pièce qui venait de se jouer : c'était *Hector*, par *Luce de Lancival*. Cette pièce lui plaisait beaucoup : elle avait de la chaleur, de l'élan; il l'appelait une pièce de *quartier général*, assurant qu'on irait mieux à l'ennemi après l'avoir entendue; qu'il en faudrait beaucoup dans cet esprit, etc.

De là passant aux drames, qu'il appelait les tragédies des femmes de chambre, il les disait capables de supporter au plus la première représentation. Ils allaient ensuite toujours en perdant; une bonne tragédie, au contraire, gagnait chaque jour davantage. La haute tragédie, continuait-il, était l'école des grands hommes. C'était le devoir des souverains de l'encourager et de la répandre; et il n'était pas nécessaire, prétendait-il, d'être poëte pour la juger, il suffisait de connaître les hommes et les choses, d'avoir de l'élévation et d'être homme d'État; et s'animant par degrés : « La tragédie, disait-il avec chaleur, échauffe l'âme, élève le
« cœur, peut et doit créer des héros. Sous ce rapport, peut-être, la
« France doit à *Corneille* une partie de ses belles actions : *aussi*, *Mes-*
« *sieurs*, *s'il vivait*, *je le ferais prince.* »

Une autre fois, pareillement à son coucher, il analysait et condamnait *les États de Blois*, qu'on venait de jouer sur le théâtre de la cour pour la première fois; et apercevant parmi nous l'architrésorier Lebrun, littérateur fort distingué, il lui demanda son opinion. Celui-ci, sans doute dans l'intérêt de l'auteur, se contenta de répondre que le sujet était mauvais. « Mais ce serait la première faute de M. *Raynouard*, répliqua l'Em-
« pereur; il l'a choisi lui-même, personne ne le lui a imposé : et puis, il
« n'est pas de sujet si mauvais dont le grand talent ne sache tirer quelque
« parti. Et Corneille serait encore sans doute Corneille, même dans

« celui-ci. Quant à M. Raynouard, il a manqué tout à fait son affaire; il
« ne montre ici d'autre talent que celui de la versification, tout le reste
« est mauvais, très-mauvais. Sa conception, ses détails, son résultat,
« sont manqués; il viole la vérité de l'histoire. Ses caractères sont faux;
« sa politique est dangereuse et peut être nuisible. Cette circonstance me
« confirme, ce que du reste chacun sait très-bien, qu'il est une énorme
« différence entre la lecture et la représentation d'une pièce. J'avais cru
« d'abord que celle-ci pouvait passer; ce n'est que ce soir que j'en ai vu
« les inconvénients. Les éloges prodigués aux Bourbons sont les moin-
« dres; les diatribes contre les révolutionnaires sont bien pires. M. Ray-
« nouard a été faire du chef des Seize le capucin Chabot de la Convention.
« Il y a dans sa pièce pour tous les partis, pour toutes les passions. Si je
« la laissais donner dans Paris, on pourrait venir m'apprendre que cin-
« quante personnes se sont égorgées dans le parterre. De plus, l'auteur
« a fait de Henri IV un vrai Philinte, et du duc de Guise un Figaro, ce
« qui est trop choquant en histoire. Le duc de Guise était un des plus
« grands personnages de son temps, avec des qualités et des talents su-
« périeurs, et auquel il ne manqua que d'oser pour commencer dès lors
« la quatrième dynastie; de plus, c'est un parent de l'impératrice, un
« prince de la maison d'Autriche avec qui nous sommes en amitié, dont
« l'ambassadeur était présent ce soir à la représentation. L'auteur a plus
« d'une fois étrangement méconnu toutes les convenances. » Et l'Empereur disait ensuite se raffermir plus que jamais dans la détermination
qu'il avait prise de ne pas laisser jouer une tragédie nouvelle sur le théâtre
public avant qu'elle n'eût été mise à l'épreuve sur le théâtre de la cour.
Il fit donc interdire la représentation des *États de Blois*. Mais ce qui est
bien digne de remarque, c'est que, sous le roi, cette pièce a reparu solennellement avec toute la faveur que devait lui donner la proscription de
l'Empereur, et qu'elle est tombée néanmoins, tant avait été juste le jugement que Napoléon en avait porté.

Talma, le célèbre tragique, parvenait très-souvent jusqu'à l'Empereur,
qui faisait grand cas de son talent et le récompensait magnifiquement.
Quand le Premier Consul devint Empereur, les bruits de Paris furent
qu'il faisait venir Talma pour prendre des leçons d'attitude et de costume. L'Empereur, qui n'ignorait jamais rien de ce qui se disait contre
lui, en plaisantait un jour Talma. Celui-ci en demeurait déconcerté,
confondu. « Vous avez tort, lui disait l'Empereur; je n'aurais sans doute
« eu rien de mieux à faire, si toutefois j'en avais eu le temps. » Et alors
c'était lui qui donnait à Talma des leçons sur son art : « Racine, lui disait-

« il, a mal à propos chargé *Oreste* en niaiseries, et vous le chargez encore
« davantage. Dans *la Mort de Pompée*, vous ne jouez pas *César* en grand
« homme. Dans *Britannicus*, vous ne jouez pas *Néron* en tyran, etc. »
Et tout le monde sait que ce grand acteur a fait en effet, depuis, de
grandes corrections dans ces rôles fameux.

<small>Les faiseurs d'affaires dans la révolution. — Crédit de l'Empereur à son retour. — Sa réputation dans les bureaux comme vérificateur. — Ministres des finances, du Trésor. — Cadastre.</small>

<small>Jeudi 29 au vendredi 1er mars.</small>

Après le travail, l'Empereur a été se promener dans le jardin. Nous sommes ensuite montés en calèche. Il faisait tout à fait nuit et pleuvait fort quand nous sommes rentrés.

Après le dîner, et pendant le café, que nous avons pris à table dans la salle à manger, la conversation est tombée sur ce qu'on appelle à Paris les *gens d'affaires*, les *grandes fortunes* acquises dans la révolution. Il n'était pas une de ces personnes dont l'Empereur ne connût le nom, la famille, les affaires et le degré de moralité.

A peine Premier Consul, il se trouva aux prises, dit-il, avec la célèbre madame *Récamier*. Son père avait été placé dans les postes. Napoléon, en entrant au gouvernement, avait été obligé de signer de confiance une foule de listes. Mais il eut bientôt établi une grande surveillance dans toutes les parties; il trouva qu'une correspondance avec les chouans se faisait sous le couvert de M. Bernard, père de madame Récamier. Il fut aussitôt destitué, et courait risque d'être jugé et mis à mort. Sa fille accourut auprès du Premier Consul, et sur ses sollicitations, le Premier Consul voulut bien faire grâce du procès; mais il fut inébranlable sur le reste: et madame Récamier, habituée à tout obtenir, ne prétendait à rien moins qu'à la réintégration de son père. Telles étaient les mœurs du temps. Cette sévérité de la part du Premier Consul fit jeter les hauts cris; on n'y était pas accoutumé. Madame Récamier et ses partisans, qui étaient fort nombreux, ne lui pardonnèrent jamais.

Les fournisseurs et les faiseurs d'affaires étaient ceux surtout qui tenaient le plus au cœur du nouveau magistrat suprême, qui appelait cette classe le fléau, la lèpre d'une nation. L'Empereur faisait l'observation que la France entière n'aurait pas suffi alors à ceux de Paris; qu'à son arrivée à la tête des affaires, ils composaient une véritable puissance, et qu'ils étaient des plus dangereux pour l'État, dont ils obstruaient et corrompaient les ressorts par leurs intrigues, celles de leurs agents et de leur nombreuse clientèle. Au vrai, ils ne pouvaient, disait-il, jamais présenter que des sources empoisonnées et ruineuses, à la façon des juifs et des usuriers. Ils avaient déconsidéré le Directoire, et ils prétendaient bien diriger aussi le Consulat. On peut dire qu'ils composaient alors la tête de la société, qu'ils y tenaient le premier rang.

« Un des plus grands pas rétrogrades, disait l'Empereur, que je fis
« faire à la société vers son état et ses mœurs passés, fut de faire rentrer
« tout ce faux lustre dans la foule; jamais je n'en voulus élever aucun
« aux honneurs. De toutes les aristocraties, celle-là me semblait la pire. »

L'Empereur rend à Lebrun la justice de l'avoir affermi spécialement dans ce principe. « Ce parti m'en a toujours voulu depuis, disait Napo-
« léon; mais ce qu'il m'a bien moins pardonné encore, c'est l'inquisition
« sévère que je faisais exercer dans leurs comptes vis-à-vis du gouverne-
« ment. »

L'Empereur disait avoir fait à ce sujet un usage admirable de son Conseil d'État : il nommait une commission de quatre ou cinq de ses membres, gens intègres et capables; ils lui faisaient leur rapport, et lui, Premier Consul ou Empereur, n'avait plus, s'il y avait lieu à poursuites, qu'à apposer au bas : *Renvoyé au grand juge pour faire exécuter les lois.* Arrivés à ce point, les impliqués venaient d'ordinaire à composition, ils regorgeaient un, deux, trois, quatre millions, plutôt que de se laisser poursuivre. L'Empereur savait bien que tous ces faits étaient faussement représentés dans les cercles de la capitale, qu'ils lui créaient une foule d'ennemis, lui attiraient les reproches d'arbitraire et de tyrannie; mais il acquittait un grand devoir vis-à-vis de la société en masse, et elle devait, pensait-il, lui tenir compte de pareilles mesures vis-à-vis ces sangsues publiques.

« Les hommes sont toujours les mêmes, disait Napoléon; depuis
« Pharamond, les traitants se sont toujours conduits ainsi, et on en a
« toujours usé de même à leur égard; mais à aucune époque de la mo-
« narchie, ils n'ont été attaqués avec des formes aussi légales, ni abordés
« avec autant d'énergie et de franchise que par moi. L'opinion des gens
« d'affaires eux-mêmes était bien différente de celle des salons; ceux qui
« avaient de la moralité et de la droiture trouvaient même une nouvelle
« garantie dans cette extrême sévérité, et il s'en est vu une preuve bien
« remarquable au retour de l'île d'Elbe; des maisons de Londres,
« d'Amsterdam, m'ont ouvert secrètement un crédit de quatre-vingts à
« cent millions, au simple taux de sept à huit pour cent. L'argent qu'elles
« déposaient au trésor à Paris, net de tout, leur était payé par des rentes

« sur le grand-livre à cinquante ; elles étaient alors pour le public à cin-
« quante-six ou cinquante-sept. »

Cette ressource, si utile pour les affaires dans la crise où l'on se trouvait, et si satisfaisante, si flatteuse pour celui qui en était l'objet, prouve l'opinion véritable que l'on avait en Europe sur l'Empereur, et la confiance qu'il inspirait dans les affaires. Cette négociation, inconnue dans le temps, explique, ce qu'on ne comprit pas alors à Paris, les moyens financiers que l'Empereur se trouva posséder tout à coup à son retour.

L'Empereur jouissait d'une réputation singulière parmi tous les bureaucrates et les faiseurs de chiffres ; c'est qu'il s'y entendait réellement beaucoup lui-même. « Ce qui commença ma réputation, disait-il, fut
« que, vérifiant la balance d'une année lors du consulat, je relevai une
« erreur de deux millions, qui se trouvait au désavantage de la répu-
« blique. M. Dufresne, alors chef de la trésorerie, au demeurant parfai-
« tement honnête, n'en voulait d'abord rien croire ; pourtant c'était une
« affaire de chiffres, il fallut bien en convenir. On fut plusieurs mois à la
« trésorerie à pouvoir découvrir l'erreur : elle se trouva enfin dans un
« compte du fournisseur Séguin, qui en convint aussitôt, sur la présen-
« tation des pièces, et restitua, disant qu'il s'était trompé. »

Une autre fois Napoléon, visitant la solde de la garnison de Paris, marqua un article de soixante et quelques mille francs, affectés à un détachement qu'il assura n'avoir jamais été dans la capitale. Le ministre nota cet objet, comme par complaisance, intérieurement convaincu que l'Empereur se trompait ; c'était pourtant vrai, et la somme dut être rétablie.

N. B. La première publication du *Mémorial* m'a fait recevoir de l'autorité la plus compétente (le ministre même du trésor) la confirmation la plus positive de l'article ci-dessus : voici les détails qui m'ont été adressés à ce sujet. Je les transcris littéralement.

« Tous les dix jours (décadi) le directeur, ensuite ministre du trésor,
« apportait au Premier Consul des états de la situation de toutes les par-
« ties de la finance ; ils formaient un volume de trente-cinq à quarante
« pages grand in-folio. C'étaient de nombreuses colonnes de chiffres,
« auxquelles dix commis avaient travaillé pendant plusieurs jours. Le
« Premier Consul, les parcourant, s'arrêtait à divers articles, deman-
« dait des explications, en donnait lui-même ; c'était une chose mer-
« veilleuse que sa promptitude à démêler, dans ces lignes pressées, ce
« qui était vraiment important. Un jour, dans le cours du travail, son
« doigt s'arrêta sur un article de soixante mille francs payés à un régi-

« ment. Il le fait remarquer au ministre et dit : La somme a-t-elle été
« payée à Paris? — Sans doute. — Les pièces bien vérifiées? — Assuré-
« ment. — Eh bien! c'est une grande fraude, le détachement est à cent
« lieues d'ici : voyez dès aujourd'hui s'il y a du remède. »

« Je me fis rendre compte; c'était une fraude hardie, commise à
« l'aide de formules imprimées, revêtues de signatures parfaitement
« imitées. »

L'Empereur regardait comme de la plus haute importance la séparation du ministère des finances d'avec celui du trésor : elle amenait la
distinction des objets, et créait un contrôle mutuel. Le ministre du
trésor était, sous un chef tel que lui (Napoléon), l'homme le plus important de l'empire, disait-il, non pas comme ministre du trésor, mais
comme contrôleur général : toutes les ordonnances de l'empire lui passaient sous les yeux; il pouvait donc découvrir les vols et les abus de
quelque part qu'ils vinssent, et les faire connaître en secret au souverain; ce qui arrivait en effet journellement.

La *spécialité* était un autre point sur lequel il s'arrêtait avec complaisance, comme ayant été un des ressorts les plus heureux de son administration.

Parlant du *cadastre*, tel qu'il l'avait arrêté, il disait qu'il eût pu être
considéré à lui seul comme la véritable constitution de l'empire, c'est-à-
dire la véritable garantie des propriétés, et la certitude de l'indépendance
de chacun; car, une fois établi, et la législature ayant fixé l'impôt, chacun
faisait aussitôt son propre compte, et n'avait plus à craindre l'arbitraire
de l'autorité ou celle des répartiteurs, qui est le point le plus sensible et
le moyen le plus sûr pour forcer à la soumission. L'Empereur, durant
cette conversation, a donné son opinion sur les talents et le caractère de
MM. *Gaudin*, *Mollien*, *Louis*, ainsi que sur la plupart de ses autres ministres et conseillers d'État, et a terminé le sujet en concluant qu'il était
venu à bout de créer une administration la plus pure et la plus énergique
sans doute de l'Europe; et qu'il en possédait tellement les détails lui-
même, qu'il pensait qu'avec les *Moniteurs* seuls il serait en état de tracer
d'ici l'histoire de toute l'administration financière de la France durant
son règne.

Le 1ᵉʳ mars, sont arrivés des bâtiments venant du Cap; l'un d'eux
était le *Wellesley*, de soixante-quatorze canons, qui portait dans sa cale
un autre vaisseau démonté. Ils avaient été construits tous les deux dans
l'Inde en bois de teck, aux trois quarts meilleur marché qu'en Angleterre. Ce bois est excellent, et le vaisseau de nature à durer beaucoup

plus longtemps que ceux d'Europe; mais jusqu'ici on se plaint qu'ils marchent moins bien : toutefois c'est une révolution probable qui se prépare dans les matériaux et la construction de la marine anglaise.

Flotte de la Chine.

Samedi 2.

La flotte de la Chine est arrivée ce matin; plusieurs vaisseaux sont entrés successivement dans la journée, et beaucoup d'autres sont demeurés en vue : c'est la joie, la fête, la moisson de l'île. L'argent que laissent les passagers pendant leur courte relâche fait une grande partie des revenus des habitants.

A cinq heures l'Empereur est sorti dans le jardin, et est descendu à pied jusqu'à l'ouverture d'une gorge d'où l'on découvrait plusieurs vaisseaux faisant route à toutes voiles pour le mouillage.

Sur l'invasion en Angleterre. — Détails.

Dimanche 3.

L'Empereur m'a fait venir sur les deux heures; il faisait sa toilette, et m'a dit que je voyais en lui un homme mort, bon à enterrer; que je devais en savoir quelque chose, qu'il avait dû m'éveiller souvent dans la nuit. Effectivement je l'avais entendu constamment tousser et éternuer; il avait un rhume de cerveau des plus violents; il l'avait pris hier au soir en demeurant trop tard à l'humidité; il se promettait bien, à l'avenir, d'être toujours rentré à six heures. La toilette faite, il s'est mis à travailler un moment à l'anglais; cela n'a pas été long, il était réellement accablé, tant il avait la tête prise. Il m'a dit de m'asseoir à côté de lui, et m'a fait bavarder plus de deux heures sur Londres, durant mon émigration. Un moment il a dit : « Ont-ils eu bien peur de mon invasion en Angleterre? « Quelle fut alors l'opinion générale à ce sujet? — Sire, ai-je répondu, « je ne saurais vous le dire, j'étais déjà repassé en France. Mais dans les « salons de Paris, nous en faisions des gorges chaudes, et les Anglais qui « s'y trouvaient faisaient comme nous : nous racontions que chacun, « jusqu'à Brunet même, s'en moquait, et que vous aviez fait mettre ce « dernier en prison pour avoir eu l'insolence de plaisanter dans ses « rôles, avec des coquilles de noix surnageant dans une cuvette, ce qu'il « appelait travailler aussi à sa petite flottille. — Eh bien ! a repris l'Em- « pereur, vous avez pu en rire à Paris, mais Pitt n'en riait pas dans « Londres; il eut bientôt mesuré toute l'étendue du danger; aussi me

« jeta-t-il une coalition sur le dos au moment où je levais le bras pour
« frapper. Jamais l'oligarchie anglaise ne courut de plus grand péril.

« Je m'étais ménagé la possibilité du débarquement; je possédais la
« meilleure armée qui fût jamais, celle d'Austerlitz, c'est tout dire.
« Quatre jours m'eussent suffi pour me trouver dans Londres; je n'y
« serais point entré en conquérant, mais en libérateur : j'aurais renou-
« velé Guillaume III, mais avec plus de générosité et de désintéresse-
« ment. La discipline de mon armée eût été parfaite, elle se fût conduite
« dans Londres comme si elle eût été encore dans Paris : point de sacri-
« fices, pas même de contributions exigées des Anglais; nous ne leur
« eussions pas présenté des vainqueurs, mais des frères qui venaient les
« rendre à la liberté, à leurs droits. Je leur eusse dit de s'assembler,
« de travailler eux-mêmes à leur régénération, qu'ils étaient nos aînés
« en fait de législation politique; que nous ne voulions y être pour rien,
« autrement que pour jouir de leur bonheur et de leur prospérité, et
« j'eusse été strictement de bonne foi. Aussi quelques mois ne se seraient
« pas écoulés, que ces deux nations, si violemment ennemies, n'eussent
« plus composé que des peuples identifiés désormais par leurs principes,
« leurs maximes, leurs intérêts; et je serais parti de là pour opérer, du
« Midi au Nord, sous les couleurs républicaines (j'étais alors Premier
« Consul), la régénération européenne, que plus tard j'ai été sur le point
« d'opérer du Nord au Midi sous les formes monarchiques. Et ces deux
« systèmes pouvaient être également bons, puisqu'ils tendaient tous les
« deux au même but, et se seraient tous deux opérés avec fermeté, mo-
« dération et bonne foi. Que de maux qui nous sont connus, que de
« maux que nous ne connaissons pas encore eussent été épargnés à cette
« pauvre Europe! Jamais projet plus large dans les intérêts de la civilisa-
« tion ne fut conçu avec des intentions plus généreuses, et n'approcha
« davantage de son exécution. Et, chose bien remarquable, les obstacles
« qui m'ont fait échouer ne sont point venus des hommes; ils sont tous
« venus des éléments : dans le Midi, c'est la mer qui m'a perdu; et c'est
« l'incendie de Moscou, les glaces de l'hiver, qui m'ont perdu dans le
« Nord : ainsi l'eau, l'air et le feu, toute la nature, et rien que la na-
« ture, voilà quels ont été les ennemis d'une régénération universelle,
« commandée par la nature même!... Les problèmes de la Providence
« sont insolubles!!!... »

Après quelques instants de silence, l'Empereur en est revenu à développer son invasion. « On croyait, a-t-il dit, que mon invasion n'était
« qu'une vaine menace, parce qu'on ne voyait aucun moyen raisonnable

« de la tenter; mais je m'y étais pris de loin, j'opérais sans être aperçu :
« j'avais dispersé tous nos vaisseaux, les Anglais étaient obligés de courir
« après sur les divers points du globe; les nôtres pourtant n'avaient
« d'autre but que de revenir, à l'improviste, et tous à la fois, se réunir
« en masse sur nos côtes. Je devais avoir soixante-dix ou quatre-vingts
« vaisseaux français ou espagnols dans la Manche : j'avais calculé que
« j'en demeurerais maître pendant deux mois; j'avais trois ou quatre
« mille petits bâtiments qui n'attendaient que le signal; mes cent mille
« hommes faisaient chaque jour la manœuvre de l'embarquement et du
« débarquement, comme tout autre temps de leur exercice; ils étaient
« pleins d'ardeur et de bonne volonté, l'entreprise était très-populaire
« parmi les Français, et nous étions appelés par les vœux d'une grande
« partie des Anglais. Mon débarquement opéré, je ne devais calculer que
« sur une seule bataille rangée; l'issue n'en pouvait être douteuse, et la
« victoire nous plaçait dans Londres, car le local du pays n'admettait
« point de guerre de chicane; ma conduite morale eût fait le reste. Le
« peuple anglais gémissait sous le joug de l'oligarchie; dès qu'il eût vu
« son orgueil ménagé, il eût été tout aussitôt à nous; nous n'eussions
« plus été pour lui que des alliés venus pour le délivrer. Nous nous pré-
« sentions avec les mots magiques de liberté et d'égalité, etc, »

Et après être revenu encore à une foule de petits détails d'exécution tous admirables, et avoir fait remarquer à combien peu il avait tenu que le tout ne s'exécutât, il s'est interrompu assez brusquement, disant : « Mais sortons, allons faire un tour. »

Et nous avons été nous promener dans le jardin. Le temps, qui avait été pluvieux depuis trois jours, s'était remis tout à fait au beau. Cependant l'Empereur, se rappelant sa résolution d'être rentré à six heures, a demandé tout de suite la calèche, pour être revenu de bonne heure. Mon fils a suivi à cheval; c'était la première fois qu'il jouissait d'une telle faveur; il s'est fort bien acquitté de son début : l'Empereur l'en a complimenté.

L'Empereur, continuant d'être souffrant, s'est retiré encore de fort bonne heure.

Réception de quelques officiers de la flotte de la Chine.

Lundi 4.

Aujourd'hui l'Empereur a reçu quelques capitaines de la flotte de la Chine; il a causé fort longtemps avec eux sur la nature de leur commerce, la facilité de leurs relations avec les Chinois, les mœurs de ceux-ci, etc., etc... Ces bâtiments de la Chine sont de quatorze ou quinze cents tonneaux, à peu près égaux aux vaisseaux de soixante-quatre; ils tirent vingt-deux ou vingt-trois pieds; ils sont chargés presque en totalité de thé; l'un d'eux en avait près de quinze cents tonneaux à bord. Les six bâtiments qui sont entrés hier sont estimés environ soixante millions; et comme ils seront frappés en arrivant d'un droit de cent pour cent, ils jetteront dans la circulation de l'Europe une valeur de cent vingt millions.

Les Européens ont très-peu de liberté à Canton : ils ne peuvent guère circuler que dans les faubourgs; ils sont traités avec le plus grand mépris par les Chinois, qui exercent sur eux une grande supériorité et beaucoup d'arbitraire. Ceux-ci sont très-intelligents et fort perspicaces, industrieux, alertes, voleurs et de mauvaise foi. Toutes les affaires se traitent en langue européenne, qu'ils parlent avec facilité.

L'arrivée des flottes ici fait le bonheur de l'île et celui des passagers; les habitants vendent leurs denrées et achètent leurs provisions, les passagers respirent l'air de terre et se rafraîchissent. Ce mouvement dure ordinairement quinze jours ou trois semaines; mais dans cette circonstance, l'amiral, au grand chagrin de tous, a réduit la relâche à deux jours seulement pour les deux premiers bâtiments venus, obligeant le reste à demeurer sous voile au dehors, pour n'entrer successivement de la sorte que deux à deux. Il faut qu'il ait reçu des ordres bien sévères, ou qu'il conçoive de vives inquiétudes, dont nous ne nous doutons pas.

L'Empereur s'est promené pendant quelque temps dans le jardin, avant de monter en calèche. Au travers des arbres, dans le voisinage, on voyait rôder plusieurs des officiers nouvellement venus, qui cherchaient à apercevoir l'Empereur; ils y attachaient un prix infini.

Cour de l'Empereur, étiquette, etc. — Anecdote de Tarare. — Grands officiers. — Chambellans. — Splendeur sans égale de la cour des Tuileries.—Belle administration du Palais. - Intention de l'Empereur à ses levers. — Grand couvert. — De la cour et de la ville.

Mardi 5.

Aujourd'hui la conversation de l'Empereur est tombée sur sa cour et sur son étiquette, il s'y est arrêté fort longtemps. Voici ce que j'en ai recueilli.

Au moment de la révolution, disait-il, la cour d'Espagne, celle de

Naples, reposaient encore sur l'importance et la grandeur de Louis XIV, mêlées à la boursouflure et à l'exagération des Castillans et des Maures. Elles étaient tristes et ridicules; celle de Pétersbourg avait pris la couleur et les formes des salons; à Vienne, elle était devenue bourgeoise; et il ne restait pas de vestiges du bel esprit, des grâces et du bon goût de celle de Versailles.

Napoléon, arrivant à la souveraine puissance, trouva donc, ainsi qu'on le dit vulgairement, *terre rase et maison nette*, et put composer une cour tout à fait à son gré. Il rechercha, dit-il, un milieu raisonnable, voulant accorder la dignité du trône avec nos mœurs nouvelles, et surtout faire servir cette création à l'amélioration des manières des grands et à l'industrie du peuple. Certes, ce n'était pas une petite affaire que de relever un trône sur le terrain même où l'on avait juridiquement exécuté le monarque régnant, et où chaque année l'on avait juré constitutionnellement la haine des rois. Ce n'était pas une petite affaire que de rétablir les dignités, les titres, les décorations, au milieu d'un peuple qui combattait et triomphait depuis quinze ans pour les proscrire. Toutefois Napoléon, qui semblait toujours faire ce qu'il voulait, disait-il, parce qu'il avait l'art de vouloir juste et à propos, enleva de haute lutte ces difficultés. On le fit Empereur, il créa des grands et se composa une cour. Bientôt la victoire sembla prendre le soin elle-même d'affermir et d'illustrer subitement ce nouvel ordre de choses. Toute l'Europe le reconnut, et il fut même un moment où l'on eût dit que toutes les cours du continent étaient accourues à Paris pour composer celle des Tuileries, qui devint la plus brillante et la plus nombreuse que l'on eût jamais vue. Elle eut des cercles, des ballets, des spectacles; on y étala une magnificence et une grandeur extraordinaires. La seule personne du souverain conserva toujours une extrême simplicité, qui servait même à le faire reconnaître. C'est que ce luxe, ce faste, qu'il encourageait autour de lui, étaient dans ses combinaisons, disait-il, non dans ses goûts. Ce luxe, ce faste, étaient calculés pour exciter et payer nos manufactures et notre industrie nationale. Les cérémonies et les fêtes du mariage de l'impératrice, et celles du baptême du roi de Rome, ont laissé bien loin derrière tout ce qui les a devancées, et ne se renouvelleront probablement jamais.

L'Empereur prit à tâche de rétablir au dehors tout ce qui pouvait le mettre en harmonie avec les autres cours de l'Europe; mais au dedans il eut le soin constant d'ajuster les formes anciennes avec nos nouvelles mœurs.

Ainsi il rétablit les levers et les couchers de nos rois; mais, au lieu qu'ils étaient réels alors, ils ne furent plus que nominaux. Au lieu de présenter les plus petits détails d'une vraie toilette et les saletés qui pouvaient en être la suite, ces instants, sous l'Empereur, n'étaient réellement consacrés qu'à recevoir le matin ou congédier le soir ceux de sa maison qui avaient des ordres directs à prendre de lui, et dont la prérogative était de pouvoir lui faire leur cour à ces heures privilégiées.

Ainsi l'Empereur rétablit des présentations spéciales auprès de sa personne, des admissions à sa cour ; mais au lieu de ne se décider que sur des *preuves* officielles de noblesse, ce ne fut plus que sur la base combinée de la fortune, de l'influence et des services.

Ainsi l'Empereur créa des titres dont la qualification donnait la main à l'ancienne féodalité ; mais, sans valeur réelle et d'un but purement national, sans prérogative, sans priviléges, ils allaient atteindre toutes les naissances, tous les services, toutes les professions. Il les disait un rapprochement utile avec les mœurs de la vieille Europe au dehors, et un hochet innocent pour bien des vanités du dedans. « Car, observait-il, « combien d'hommes supérieurs sont enfants plus d'une fois dans la « journée ! »

Ainsi l'Empereur fit reparaître des décorations, et distribua des croix et des cordons ; mais, au lieu de ne les répandre que sur des classes spéciales et privilégiées, il les étendit à toute la société, à tous les genres de services, à tous les genres de talents ; et, par un privilége exclusif peut-être en la personne de Napoléon, plus il en accorda, plus ils acquirent de prix. Il estime à vingt-cinq mille peut-être le nombre des décorations de la Légion-d'Honneur qu'il a distribuées, et le désir de les obtenir, disait-il, allait toujours croissant : c'était devenu une espèce de fureur. Après la campagne de Wagram, il l'adressa à l'archiduc Charles ; et, par un raffinement de galanterie qui n'appartenait qu'à Napoléon, ce fut la croix d'argent, précisément celle du simple soldat, qu'il lui envoya.

C'était, disait l'Empereur, la pratique fidèle et volontaire des maximes qu'on vient de voir qui faisait de lui le monarque vraiment national, et qui aurait rendu la quatrième dynastie la dynastie vraiment constitutionnelle. « Aussi, remarquait-il, le peuple du plus bas étage en avait-il l'ins- « tinct secret. » Et à ce sujet il racontait qu'en revenant de son couronnement d'Italie, et dans les environs de Lyon, la population accourant sur les routes, il lui prit fantaisie de monter seul et à pied la montagne de *Tarare*. Il avait défendu que personne ne le suivît ; se mêlant à la foule, il accosta une bonne vieille à qui il demanda ce que cela signifiait ; elle lui répondit que c'était l'Empereur qui allait passer. Sur quoi, après quel-

ques paroles de politique, il lui dit : « Mais la bonne, autrefois vous aviez
« *le tyran Capet*, à présent vous avez *le tyran Napoléon*; que diable avez-
« vous gagné à tout cela? » La force de l'argument, disait Napoléon,
déconcerta la vieille pour un moment. Mais cependant elle se remit et lui

répondit : « Mais pardonnez-moi, monsieur; après tout, il y a une grande
« différence : nous avons choisi celui-ci, et nous avions l'autre par hasard;
« l'un était le roi des nobles, l'autre est celui du peuple; c'est le nôtre.
« — Et la bonne vieille avait raison, ajoutait l'Empereur, et elle décou-
« vrait là plus d'instinct et de bon sens que bien des gens d'une grande
« instruction et de beaucoup d'esprit. »

L'Empereur s'entoura de grands officiers de la couronne, il se composa une nombreuse maison d'honneur en chambellans, écuyers et autres; il les prit et parmi les personnes nouvelles que la révolution avait
élevées, et dans les familles anciennes qu'elle avait dépouillées. Les premiers se regardaient sur un terrain qu'ils avaient acquis, les autres sur
un terrain qu'ils croyaient recouvrer. Pour l'Empereur, il ne cherchait
dans ce mélange que l'extinction des haines et la fusion des partis. Toutefois il est aisé, dit-il, d'apercevoir des mœurs et des manières bien diffé-

rentes : les anciens mettaient bien plus d'empressement et de grâce dans leur service ; une madame de Montmorency se serait précipitée pour renouer les souliers de l'impératrice : une dame nouvelle y eût répugné ; celle-ci eût craint d'être prise pour une femme de chambre ; madame de Montmorency n'avait nullement cette crainte. Ces emplois d'honneur étaient pour la plupart sans émoluments, ils portaient même à de grandes dépenses ; mais ils mettaient chaque jour sous les yeux du maître, d'un maître tout-puissant, source des honneurs et des grâces, et qui avait dit hautement qu'il ne voulait pas qu'un officier de sa maison s'adressât à d'autre qu'à lui.

Au moment du mariage de l'impératrice, l'Empereur fit une recrue nombreuse de chambellans dans les premiers rangs de l'ancienne aristocratie ; tout à la fois pour montrer à l'Europe qu'il n'existait plus qu'un parti en France, et pour entourer l'impératrice de noms qui eussent pu lui être familiers peut-être. L'Empereur balança même à prendre dans cette classe la dame d'honneur ; la crainte que l'impératrice, dont il ne connaissait pas le caractère, n'arrivât avec des préjugés de naissance qui enflerait trop l'ancien parti, lui fit faire un autre choix.

Depuis cet instant jusqu'au moment de nos revers, les plus anciennes, les plus illustres familles sollicitaient avec ardeur d'entrer dans la maison de l'Empereur : et comment ne l'eussent-elles pas fait ! l'Empereur gouvernait le monde, il avait élevé la France et les Français au-dessus des nations ; la puissance, la gloire, la force, étaient son cortége ; on était heureux d'entrer dans l'atmosphère d'un tel lustre ; appartenir directement à sa personne était, au dedans et au dehors, un titre à la considération, aux hommages, aux respects.

Lors de la restauration, un royaliste de distinction, qui s'était conservé pur et devant lequel j'avais trouvé grâce, me disait le plus sérieusement du monde (car quelle différence d'idées n'amène point la différence des partis) qu'avec mon nom et la conduite franche que j'avais tenue, je ne devais pas désespérer de pouvoir me placer encore auprès du roi, ou dans la maison de quelque prince ou princesse du sang. Quel fut le renversement de ses idées quand je lui répondis : « Mon cher, je me le suis rendu
« impossible : j'ai servi le maître le plus puissant de la terre, je ne sau-
« rais désormais prendre rien de pareil auprès de qui que ce soit ici-bas.
« Sachez que quand nous allions porter au loin les ordres de l'Empereur,
« dans les cours étrangères, en portant sa couleur, nous nous considé-
« rions et nous étions considérés partout à l'égal des princes. Il nous a
« fait voir jusqu'à sept rois attendant dans ses salons, au milieu de nous

Mariage de l'Empereur Napoléon avec Marie-Louise, le 2 avril 1810.

« et avec nous. Lors de son mariage, quatre reines portaient le manteau
« de l'impératrice, dont un de nous pourtant était le chevalier d'honneur

« et un autre l'écuyer. Croyez donc, mon cher, qu'une ambition géné-
« reuse se trouve rassasiée après de telles grandeurs. »

Du reste, la magnificence et la splendeur qui composaient cette cour sans exemple reposaient sur un ordre et une régularité d'administration qui ont fait l'étonnement et l'admiration de ceux qui sont venus en fouiller les débris. L'Empereur en inspectait plusieurs fois lui-même les comptes dans l'année. On a trouvé tous ses châteaux réparés et embellis; ils renfermaient près de quarante millions de mobilier et quatre millions de vaisselle. S'il eût joui de quelques années de paix, l'imagination a de la peine à s'arrêter, dit-il, sur ce qu'il aurait pu faire.

L'Empereur disait avoir eu une idée heureuse qu'il était bien fâché de n'avoir pas exécutée : c'était d'avoir chargé quelques personnes de rechercher les pétitions les plus importantes : « Elles m'eussent indiqué
« chaque jour, disait-il, trois ou quatre particuliers des provinces qui
« auraient été admis à mon lever, et m'auraient expliqué directement
« leur affaire, je l'eusse discutée immédiatement avec eux, et je leur
« eusse rendu prompte justice. »

Je disais à l'Empereur que la commission qu'il avait créée fort anciennement sous le titre de *Commission des Pétitions*, approchait infiniment de son idée actuelle, et faisait en effet beaucoup de bien. J'en avais été président lors du retour de l'île d'Elbe; et, dans le premier mois, j'avais déjà fait droit à plus de quatre mille pétitions.

« Il est vrai, lui disais-je, que les circonstances d'abord et l'habitude
« ensuite, n'avaient jamais permis à cet établissement de jouir de la plus
« précieuse prérogative dont il avait doté sa création; celle qui aurait
« produit sans doute le plus d'effet sur l'opinion, savoir, de lui pré-
« senter officiellement, à sa grande audience du dimanche, le résultat
« du travail de toute la semaine. » Mais la nature des choses, les constantes expéditions de l'Empereur, et surtout la jalousie des ministres, tout avait concouru à dépouiller cette commission de ce beau privilége.

L'Empereur était fâché aussi, disait-il, de n'avoir point établi, par l'étiquette du palais, que toutes les personnes présentées, les femmes surtout, qui pourraient prétendre à obtenir de lui une audience, arriveraient de plein droit au salon de service. L'Empereur, le traversant plusieurs fois dans la journée, eût pu satisfaire en passant à quelques-unes de leurs demandes, et se fût épargné de la sorte le refus de ces audiences ou la perte du temps qu'elles lui causaient.

L'Empereur avait balancé quelque temps, disait-il, à rétablir le grand couvert de nos rois, c'est-à-dire le dîner en public, chaque dimanche, de toute la famille impériale. Il nous a demandé notre avis, nous différions : les uns l'approuvaient, présentaient ce spectacle de famille comme fort moral pour le public, et propre à produire le meilleur effet sur son esprit : c'était d'ailleurs, disaient-ils, un moyen pour chaque individu de voir son souverain; d'autres le combattaient, objectant qu'il y avait dans cette cérémonie quelque chose d'idole et de féodal, de badauderie et de servilité, qui n'était plus dans nos mœurs ni dans leur dignité moderne. On pouvait bien aller voir le souverain à l'église ou au spectacle; là, on concourait du moins à ses actes religieux ou l'on prenait part à ses plaisirs; mais aller le voir manger, c'était se donner un ridicule mutuel : la souveraineté, devenue, ainsi que l'avait si bien dit l'Empereur, une magistrature, ne devait se montrer qu'en pleine activité : accordant des grâces, réparant des torts, expédiant des affaires, passant des revues, mais surtout dépouillée des infirmités ou des besoins de l'homme, etc. Son utilité, ses bienfaits devaient être son nouveau prestige; l'apparition du souverain devait être de tous les instants et inattendue, comme la Providence : telle était l'école nouvelle, telle avait été la nôtre.

« Eh bien! disait l'Empereur, il est peut-être vrai que les circonstances

« du temps auraient dû borner cette cérémonie au prince impérial, et
« seulement au temps de sa jeunesse; car c'était l'enfant de toute la na-
« tion, il devait donc appartenir dès lors à tous les sentiments, à tous les
« yeux. »

Au retour de l'île d'Elbe, l'Empereur disait avoir eu la pensée de dîner chaque dimanche dans la galerie de Diane, au milieu de quatre ou cinq cents convives; ce qui eût été sans doute, disait-il, d'un immense effet sur le public, surtout au moment du Champ de Mai, lors de la réunion des députés des départements à Paris; mais la rapidité et l'importance des affaires l'en empêchèrent : il craignit aussi peut-être qu'on ne vît dans cette mesure une trop grande affectation de popularité, et que les ennemis du dehors ne la transformassent en crainte de sa part.

On est dans l'habitude, disait l'Empereur, de citer l'influence du ton et des manières de la cour sur celles d'une nation : il était loin d'avoir obtenu, remarquait-il, aucun résultat à ce sujet; mais c'était le vice des circonstances et de plusieurs combinaisons inaperçues : il y avait beaucoup réfléchi, et il pensait qu'il l'eût obtenu avec le temps.

« La cour, continuait-il, prise collectivement, n'exerce point cette in-
« fluence; ce n'est que parce que ses éléments, ceux qui la composent,
« vont propager, chacun dans sa sphère d'activité, ce qu'ils ont puisé à
« la source commune; le ton de la cour n'arrive donc à toute une nation
« qu'au travers des sociétés intermédiaires. Or, nous n'avions pas de
« sociétés, nous ne pouvions point encore en avoir. Les sociétés, ces
« réunions pleines de charmes, où l'on jouit si bien des avantages de la
« civilisation, disparaissent subitement devant les révolutions, et ne se
« rétablissent qu'avec lenteur après la tempête. Les bases indispensables
« de la société sont l'oisiveté et le luxe; or, nous étions encore tous dans
« l'agitation, et les grandes fortunes n'étaient pas encore bien établies. Un
« grand nombre de spectacles, une foule d'établissements publics, pré-
« sentaient d'ailleurs des plaisirs plus faciles, moins gênants, plus vifs.
« La génération des femmes du jour était jeune; elles aimaient mieux
« courir et se montrer en public que de demeurer chez elles, et se com-
« poser un cercle rétréci. Mais elles auraient vieilli, disait-il, et avec un
« peu de temps et de repos, toutes les choses eussent repris leur allure
« naturelle. Et puis encore, faisait-il observer, ce serait peut-être une
« erreur que de juger d'une cour moderne par le souvenir des cours
« anciennes : les cours anciennes étaient véritablement la puissance; on
« disait la cour et la ville. Aujourd'hui, si l'on voulait parler juste, on
« était obligé de dire la ville et la cour. Les seigneurs féodaux, depuis

« qu'ils avaient perdu leur pouvoir, cherchaient en dédommagement
« leurs jouissances. Les souverains eux-mêmes semblaient désormais
« soumis à cette loi : le trône, avec nos idées libérales, cessait insensi-
« blement d'être une seigneurie, et devenait purement une magistrature ;
« le prince, n'ayant plus qu'une représentation morale, toujours triste et
« ennuyeuse à la longue, devait chercher à s'y dérober, pour venir, en
« simple citoyen, prendre sa part des charmes de la société. »

Parmi une grande quantité de mesures nouvelles projetées par l'Empereur pour un avenir plus tranquille, son idée favorite avait été, la paix obtenue et le repos conquis, de ne plus vivre que pour les épurations administratives et les améliorations locales ; de se voir en tournées perpétuelles dans les départements : il eût visité et non parcouru, campé et non voyagé ; il eût fait usage de ses propres chevaux, se fût entouré de l'impératrice, du roi de Rome, de toute sa cour. Toutefois il eût voulu que ce grand attirail n'eût été onéreux à personne, mais plutôt un bienfait pour tous : une tenture des Gobelins et tous les accessoires, traînés à sa suite, eussent meublé, décoré ses stations. Les autres personnes de la cour, disait-il, eussent été logées à la craie chez les bourgeois, qui eussent regardé leurs hôtes comme un bienfait plutôt qu'un fardeau, parce qu'ils eussent toujours été pour eux la certitude de quelque avantage ou de quelques faveurs. « C'est là, continuait-il, que j'eusse pu, dans chaque
« lieu, prévenir les fraudes, châtier les dilapidateurs ; ordonner des édi-
« fices, des ponts, des chemins ; dessécher des marais, fertiliser des
« terres, etc....... Si le Ciel alors, continuait-il, m'eût accordé quelques
« années, assurément j'aurais fait de Paris la capitale de l'univers, et
« de toute la France un véritable roman. » Il répétait souvent ces dernières paroles : que de gens déjà auront dit cela, ou le répéteront avec lui !

Jeu d'échecs venu de la Chine. — Présentation des capitaines de la flotte de la Chine.

Mercredi 6.

L'Empereur est monté à cheval à sept heures ; il m'a dit d'appeler mon fils pour nous accompagner ; c'était une grande faveur. Durant notre promenade, l'Empereur est descendu cinq ou six fois pour regarder, à l'aide d'une lunette, des vaisseaux qui étaient en vue ; il en a reconnu un pour être hollandais : les trois couleurs sont toujours pour nous un objet de sentiment et de vive émotion. Dans une de ces stations, le cheval le plus fringant de la bande s'est échappé, il a fallu le poursuivre longtemps ; mon fils a gagné ses éperons ; il l'a ramené triomphant, et l'Empereur a remarqué que dans un tournoi ce serait une victoire.

Au retour, l'Empereur a déjeuné à l'ombre; il nous a retenus tous. Avant et après le déjeuner, l'Empereur a causé avec moi seul, à l'écart, d'objets sérieux, et que je ne puis confier au papier......

La chaleur était devenue forte, il s'est retiré. Il était quatre heures et demie quand il m'a fait appeler; sa toilette se finissait. Le docteur lui a apporté un jeu d'échecs qu'il avait été acheter à bord des bâtiments chinois; l'Empereur en avait désiré un. Celui-ci avait été payé trente napoléons; il était l'objet de l'admiration du pauvre docteur, et rien ne paraissait plus ridicule à l'Empereur : toutes les pièces, au lieu de ressembler aux nôtres, étaient de grosses et lourdes images de leurs noms; ainsi un cavalier y était armé de toutes pièces, et la tour reposait sur un énorme éléphant, etc. L'Empereur n'a pu s'en servir, disant plaisamment qu'il lui faudrait une grue pour faire mouvoir chaque pièce.

Cependant autour du jardin rôdaient encore beaucoup d'officiers ou des employés des bâtiments de la Chine. Leur curiosité, quelques heures auparavant, les avait portés à pénétrer chez nous; nous avions été littéralement envahis dans nos chambres. L'un disait que l'orgueil de sa vie serait d'avoir vu Napoléon; l'autre, qu'il n'oserait pas se présenter devant sa femme, en Angleterre, s'il ne pouvait lui dire qu'il avait été assez heureux pour apercevoir ses traits; l'autre, qu'il abandonnerait tous les bénéfices de son voyage pour un seul coup d'œil, etc.

L'Empereur les a fait approcher; il serait difficile de rendre leur satisfaction et leur joie : ils n'avaient pas osé autant prétendre ni espérer.

L'Empereur leur a fait, suivant son usage, de nombreuses questions sur la Chine, son commerce, ses habitants; leurs rapports, leurs mœurs, les missionnaires, etc. Il les a gardés plus d'une demi-heure avant de les congédier. A leur départ, nous lui peignions l'enthousiasme dont ces officiers nous avaient rendus les témoins, nous lui racontions tout ce qu'ils avaient laissé échapper à son sujet. « Je le crois bien, dit-il; vous ne vous « apercevez pas qu'ils sont des nôtres. Tout ce que vous avez vu là est du « *tiers état* d'Angleterre, les ennemis naturels, sans qu'ils s'en rendent « peut-être compte à eux-mêmes, de leur vieille et insolente aristo-« cratie. »

Mystification.

Jeudi 7.

L'Empereur est monté de fort bonne heure à cheval; il m'a dit de nouveau d'appeler mon fils pour l'accompagner. L'Empereur, la veille, en le voyant à cheval, m'avait demandé si je ne lui faisais pas apprendre à panser son cheval, que rien n'était plus utile dans la vie, qu'il l'avait particulièrement ordonné dans l'école militaire de Saint-Germain. J'étais fâché qu'une pareille idée m'eût échappé, elle était dans mon genre, je la saisis avec ardeur, et mon fils encore davantage. Aussi il montait en ce moment un cheval auquel personne n'avait touché que lui. L'Empereur, à qui je l'ai dit, en a paru satisfait, et a daigné lui faire subir une espèce de petit examen.

Un instant avant le dîner, je me suis rendu, comme de coutume, au salon; l'Empereur y jouait une partie d'échecs avec le grand maréchal. Le valet de chambre de service à la porte du salon est venu me porter une lettre; il y avait dessus : *très-pressé*. Par respect pour l'Empereur, je me cachais pour essayer de la lire; elle était en anglais : on y disait que j'avais fait un très-bel ouvrage; qu'il n'était pourtant pas exempt de fautes; que si je voulais les corriger dans une nouvelle édition, nul doute que l'ouvrage n'en valût beaucoup mieux; et sur ce, l'on priait Dieu qu'il m'eût en sa digne et sainte garde. Une pareille lettre, si peu attendue et tant soit peu déplacée, me semblait-il, excitait ma surprise, un peu ma colère; le rouge m'en était monté au visage; c'était au point que je ne m'étais pas donné le temps d'en considérer l'écriture. En la parcourant, j'ai reconnu la main, malgré la beauté inusitée de l'écriture, et je n'ai pu m'empêcher d'en rire beaucoup à part. Mais l'Empereur, qui me voyait par côté, m'a demandé de qui était la lettre qu'on m'avait remise. J'ai répondu que c'était un écrit qui m'avait imprimé un premier sentiment bien différent de celui qu'il me laisserait. Je le disais si naturellement, la mystification avait été si complète, qu'il se mit à rire aux larmes. La lettre était de lui; l'écolier avait voulu se moquer de son maître, et s'essayer à ses dépens. Je garde soigneusement cette lettre; la gaieté, le style et la circonstance me la rendent plus précieuse qu'aucun diplôme qu'eût pu me donner l'Empereur au temps de sa puissance.

L'Empereur en état d'employer son anglais. — Sur la médecine. — Corvisart. — Définition. — Sur la peste. — Médecine de Babylone.

Vendredi 8.

L'Empereur n'avait pas dormi de la nuit : dans son insomnie, il s'était amusé à m'écrire une nouvelle lettre en anglais; il me l'a envoyée cachetée; j'en ai corrigé les fautes, et lui ai répondu, en anglais aussi, par le retour du courrier; il m'a fort bien compris; ce qui l'a convaincu de ses progrès, et lui a prouvé qu'il pourrait désormais, à toute rigueur, correspondre dans sa nouvelle langue.

Le docteur Warden, du *Northumberland*, a dîné avec l'Empereur. La conversation a été exclusive sur la médecine, tantôt gaie, tantôt sérieuse et profonde. L'Empereur était en bonne humeur, un mot n'attendait pas l'autre; il accablait le docteur de questions, d'arguments spirituels et subtils qui l'embarrassaient fort; celui-ci n'y voyait que du feu; si bien qu'après le dîner, il me prit à part pour me demander comment il se faisait que l'Empereur fût si fort sur ces matières; il ne doutait pas qu'elles ne fussent l'objet de ses conversations familières. « Pas plus que tout autre chose, lui disais-je avec vérité; mais c'est « qu'il est peu de sujets qui soient étrangers à l'Empereur, et qu'il les « traite tous d'une manière neuve et piquante. »

L'Empereur ne croit point à la médecine ni à ses remèdes, dont il ne fait aucun usage. « Docteur, disait-il, notre corps est une machine à « vivre; il est organisé pour cela, c'est sa nature; laissez-y la vie à son « aise, qu'elle s'y défende elle-même, elle fera plus que si vous la pa- « ralysiez en l'encombrant de remèdes. Notre corps est comme une « montre parfaite qui doit aller un certain temps; l'horloger n'a pas la « faculté de l'ouvrir, il ne peut la manier qu'à tâtons et les yeux ban- « dés. Pour un qui, à force de la tourmenter à l'aide d'instruments « biscornus, vient à bout de lui faire du bien, combien d'ignorants la « détruisent, etc..... »

L'Empereur ne reconnaissait donc d'utilité à la médecine que dans certains cas assez rares, dans des maladies connues, consacrées par le temps et l'expérience; et il comparait alors l'art du médecin à celui de l'ingénieur dans les sièges réguliers, où les maximes de Vauban, les règles de l'expérience, ont soumis tous les hasards à des lois connues.

Aussi, d'après ces principes, l'Empereur avait-il conçu l'idée d'une loi qui n'eût permis à la masse des médecins en France que l'usage des remèdes innocents, et qui leur eût interdit celui des remèdes *héroïques*, c'est-à-dire qui peuvent donner la mort, à moins qu'ils ne fissent trois ou quatre mille francs au moins de leur état; ce qui supposait déjà, disait-il, de l'éducation, des connaissances et un certain crédit public. « Cette mesure, disait-il, était certainement juste et bienfaisante; toute« fois elle était encore, dans les circonstances où je me trouvais, hors « de saison; les lumières n'étaient pas encore assez généralement « répandues : nul doute que la masse du peuple n'eût vu qu'un acte de « tyrannie dans la loi qui pourtant le dérobait à ses bourreaux. »

L'Empereur avait, disait-il, souvent entrepris, sur la médecine, le célèbre Corvisart, son premier médecin. Celui-ci, à part l'honneur de son corps et de ses collègues, lui confessait avoir à peu près les mêmes opinions, et les mettait même en pratique. Il était très-ennemi des remèdes, les employait fort peu. L'impératrice Marie-Louise, souffrant beaucoup dans sa grossesse, et le tourmentant pour être soulagée, il lui donnait malicieusement des pilules de mie de pain, qui ne laissaient pas que de lui faire beaucoup de bien, assurait-elle.

L'Empereur disait qu'il avait amené Corvisart à avouer que la médecine était une ressource privilégiée; qu'elle pouvait faire du bien aux riches, mais qu'elle était le fléau des pauvres. « Mais ne croyez-vous « pas, disait l'Empereur, que, vu l'incertitude de la médecine en elle« même et l'ignorance des mains qui l'emploient, ses résultats, pris « en masse, sont plus funestes aux peuples qu'utiles? » Corvisart en convenait franchement. « Mais vous-même n'avez-vous jamais tué per« sonne? disait l'Empereur, c'est-à-dire n'est-il pas des malades qui « sont morts évidemment de vos remèdes? — Sans doute, répondait « Corvisart; mais je ne dois pas l'avoir plus sur la conscience que « Votre Majesté, qui aurait fait périr des cavaliers, non pas parce « qu'elle aurait ordonné une mauvaise manœuvre, mais parce qu'il « s'est trouvé sur leur route un fossé, un précipice qu'elle n'avait pu « voir, etc.... »

De là l'Empereur est passé à des problèmes et des définitions qu'il proposait au docteur. « Qu'est-ce que la vie? lui disait-il. Quand et « comment la recevons-nous? Tout cela est-il autre chose que mys« tère? »

Puis il définissait la folie innocente une lacune ou divagation de jugement entre des idées justes et leur application : un fou mange des raisins dans une vigne qui n'est pas la sienne, et répond aux reproches du propriétaire : « Nous sommes deux ici, le soleil nous voit ; donc j'ai « le droit de manger des raisins. » Le fou terrible était celui chez qui cette lacune ou divagation de jugement s'exerçait entre des idées et des actes : c'était celui qui coupait la tête d'un homme endormi, et se cachait derrière une haie pour jouir de l'embarras du corps mort lorsqu'il viendrait à se réveiller.

L'Empereur demandait encore au docteur quelle était la différence entre le sommeil et la mort, et il y répondait lui-même en disant que le sommeil était la suspension momentanée des facultés sur lesquelles notre volonté exerce son pouvoir ; et la mort, la suspension durable, non-seulement de ces mêmes facultés, mais encore de celles sur lesquelles notre volonté est sans pouvoir.

De là la conversation est tombée sur la peste. L'Empereur soutenait qu'elle se prenait par l'aspiration aussi bien que par le contact ; il disait que son plus grand danger et sa plus grande propagation étaient dans la crainte ; son siége principal dans l'imagination : en Égypte, tous ceux dont l'imagination était frappée périssaient. La défense la plus sûre, le remède le plus efficace étaient le courage moral. Lui, Napoléon, avait impunément touché, disait-il, des pestiférés à Jaffa, et sauvé beaucoup de monde en trompant les soldats pendant plus de deux mois sur la nature du mal : ce n'était pas la peste, leur avait-on dit, mais une fièvre à bubons. De plus, il avait observé que le meilleur moyen d'en préserver l'armée avait été de la mettre en marche et de lui donner beaucoup de mouvement : la distraction et la fatigue s'étaient trouvées les plus sûres garanties, etc.

L'Empereur disait encore au docteur : « Si Hippocrate entrait tout à « coup dans votre hôpital, ne serait-il pas bien étonné ? adopterait-il « vos maximes et vos mesures ? entendriez-vous son langage ? vous com- « prendriez-vous l'un et l'autre ? » Et il terminait enfin par vanter gaiement la médecine de Babylone, où l'on exposait les malades à la porte, et où les parents, assis auprès d'eux, arrêtaient les passants pour leur demander s'ils avaient jamais eu pareille chose, et ce qui les avait guéris. On avait du moins la certitude, disait-il, d'éviter ceux que les remèdes avaient tués.

Samedi 9.

J'étais à déjeuner avec l'Empereur, après la leçon d'anglais, lorsqu'on m'a apporté une lettre de ma femme, qui m'a rempli de joie et de reconnaissance. Elle me mandait que la crainte, ni la fatigue, ni la distance, ne sauraient l'empêcher de venir me rejoindre, qu'elle n'aurait de bonheur qu'auprès de moi, qu'elle n'attendait que la saison. Dévouement admirable! bien supérieur à tout le nôtre ici, en ce qu'il s'exécute aujourd'hui de sa part en toute connaissance de cause. Je ne pense pas qu'on puisse avoir la barbarie à Londres de le lui refuser : que sollicite-t-elle? des grâces, une faveur? Non; elle demande de partager un exil, d'aller, sur un roc abandonné, remplir un devoir, et témoigner sa tendresse[1].

Procès de Ney. — Voiture perdue à Waterloo. — Entrevue de Dresde. — Sur l'humeur des femmes. — Princesse Pauline. — Beau mouvement de l'Empereur.

Dimanche 10 au mardi 12.

Dans les papiers qui venaient d'arriver, et que l'Empereur a eu la satisfaction cette fois de lire tout seul, se trouvaient beaucoup de détails sur le procès du maréchal Ney, qui se traitait en cet instant. A ce sujet, l'Empereur disait que l'horizon était bien sombre; que ce malheureux maréchal était certainement en grand péril; que néanmoins il ne fallait pas désespérer encore. « Le roi se croit sans doute bien
« sûr de ses pairs, disait-il; ceux-ci sont sûrement bien montés, bien ré-
« solus, bien acharnés; eh bien! le plus léger incident, un vent nouveau,
« que sais-je? et alors, en dépit de tous les efforts du roi et de ce qu'ils
« croient être l'intérêt de leur cause, il peut prendre tout à coup fantaisie
« à la Chambre des pairs de ne pas condamner, et Ney se trouver sauvé. »

Cela a conduit l'Empereur à s'étendre sur notre esprit léger, fugitif, changeant. « Tous les Français, a-t-il dit, sont frondeurs, turbulents;
« mais non conspirateurs, encore moins conjurés. Leur légèreté est
« tellement de nature, leurs variations si subites, qu'on ne pourrait
« dire qu'elles les déshonorent : ce sont de vrais girouettes au gré des
« vents; mais ce vice, chez eux, est sans calcul; et voilà leur meilleure
« excuse. Du reste, il est bien entendu que nous ne parlons ici que de
« la masse, de celle qui compose l'opinion; car des exemples individuels,
« au contraire, ont fourmillé dans nos derniers temps, qui couvrent
« certaines classes d'une abjection dégoûtante. »

[1] Que j'étais loin de juger du cœur et de l'âme de ceux qui nous retenaient! Madame de Las Cases s'est vue constamment repoussée, soit par divers prétextes ou même par le silence. Enfin, et comme pour se débarrasser de son importunité, lord Bathurst lui a fait écrire au commencement de 1817 qu'on pourra lui permettre de se rendre au Cap de Bonne-Espérance (500 lieues plus loin que Sainte-Hélène), d'où, « si le gouverneur de Sainte-Hélène (sir Hudson Lowe) n'y trouve aucune objection, elle pourra « se rendre auprès de son époux. »

J'abandonne sans commentaire cette espèce de mauvaise plaisanterie à quiconque se sent un cœur d'homme.

C'était cette connaissance du caractère national, continuait l'Empereur, qui l'avait toujours empêché d'avoir fait usage de la *haute-cour*. Elle était dans notre constitution, le conseil d'État en avait même arrêté l'organisation ; mais l'Empereur avait senti tout le danger de l'éclat et de l'agitation que répandent toujours de pareils spectacles. « Une telle
« procédure, disait-il, était un véritable appel au public, et devenait tou-
« jours un grand échec à l'autorité, si l'accusé l'emportait. Un ministère,
« en Angleterre, pouvait bien supporter sans inconvénient les effets de
« cet appel perdu ; mais un souverain tel que je l'étais, et dans les cir-
« constances où je me trouvais, ne l'aurait pas pu sans le plus grand
« danger pour la chose publique ; aussi préférais-je m'en tenir constam-
« ment aux tribunaux ordinaires. La malveillance trouva souvent à y
« redire, et pourtant, de tous ceux qu'il lui plut alors d'appeler des vic-
« times, quel est celui, je vous prie, qui ait survécu populaire à nos
« dernières épreuves ? Elles ont pris soin de me justifier ; tous demeu-
« rent flétris dans l'opinion nationale. »

L'Empereur avait réservé, pour lire avec moi, un article du journal relatif à la voiture qu'il a perdue à Waterloo : la grande quantité d'expressions techniques le lui avaient rendu trop difficile. Le journaliste donnait un détail très-circonstancié de cette voiture, et faisait un inventaire très-minutieux de tout ce qui s'y trouvait ; il y joignait parfois les réflexions les plus triviales : en mentionnant une petite boîte de liqueur, il observait que l'Empereur ne s'oubliait pas et ne se laissait manquer de rien : en citant certains objets recherchés de son nécessaire, il ajoutait qu'on pouvait voir qu'il faisait sa toilette en *homme comme il faut* (l'expression était en français). Ce dernier mot a produit dans l'Empereur une sensation que n'eût pas excitée sans doute un sujet plus important. « Mais, me dit-il avec une espèce de dégoût mêlé de douleur,
« ce peuple d'Angleterre me croit donc un animal sauvage ? l'a-t-on
« amené véritablement jusque-là ? ou son prince de Galles, espèce de
« bœuf Apis, m'assure-t-on, ne fait-il pas sa toilette comme chacun de
« ceux qui, parmi nous, ont quelque éducation ?.... »

Il est certain que j'aurais été fort embarrassé de lui expliquer ce qu'avait voulu dire le journaliste. Au surplus, il est connu que l'Empereur est la personne du monde qui mettait le moins de prix à ses aises et s'en occupait le moins ; mais aussi, et il se plaît à le confesser, il n'en fut jamais pour qui le dévouement et les soins des serviteurs en réunirent davantage. Comme il mangeait à des heures très-irrégulières, on avait trouvé le secret, dans ses courses et ses voyages, d'avoir son dîner fort ressemblant à celui des Tuileries et toujours prêt. Il n'avait qu'à parler, et il se trouvait servi : c'était magique, disait-il lui-même. Durant quinze ans, il a bu constamment un même vin de Bourgogne (Chambertin), qu'il aimait et qu'on croyait lui être salutaire ; ce vin se retrouvait pour lui dans toute l'Allemagne, au fond de l'Espagne, partout, jusqu'à Moscou, etc., etc. ; et il est vrai de dire que les arts, le luxe, le raffinement de l'élégance et du bon goût semblaient se disputer, et comme à son insu, autour de lui, pour lui ménager quelques jouissances. Le journaliste anglais décrivait donc une infinité d'objets qui étaient dans la voiture, sans doute, mais dont l'Empereur n'avait pas la moindre connaissance, bien qu'il ne s'en étonnait nullement, disait-il.

Le mauvais temps, qui continuait de commander notre réclusion, n'a pas influé sur l'humeur de l'Empereur, qui précisément ces jours-ci a montré plus d'abandon, a été plus causeur que de coutume. Il a parlé longuement, et dans les plus grands détails, de la fameuse entrevue de Dresde.

Cette entrevue a été l'époque de la plus haute puissance de Napoléon ; il y a paru *le roi des rois* ; il en était à se voir obligé de témoigner qu'il fallait qu'on s'occupât de l'empereur d'Autriche, son beau-père. Ce souverain, non plus que le roi de Prusse, n'avaient pas de maison à leur suite; Alexandre n'en avait pas eu davantage à Tilsit ou à Erfurt. Là, comme à Dresde, on mangeait chez Napoléon. Ces cours, disait l'Empereur, étaient mesquines et bourgeoises : c'était lui qui en fixait l'étiquette, et y donnait le ton; il faisait passer François devant lui, et celui-

ci était dans le ravissement. Le luxe de Napoléon et sa magnificence durent le faire paraître un roi d'Asie : là, comme à Tilsit, il gorgea de diamants tous ceux qui l'approchèrent. Nous lui apprîmes qu'à Dresde il n'avait pas eu un soldat français autour de lui, et que sa cour parfois n'avait pas été sans inquiétude sur sa personne. Il avait de la peine à nous croire; mais nous l'assurions que c'était un fait, qu'il n'avait eu d'autre garde que les gardes du corps saxons. « C'est égal, nous disait-il,
« alors j'étais là dans une si bonne famille, avec de si braves gens, que
« j'étais sans risques; tous m'y aimaient; et à l'heure qu'il est je suis sûr
« que le bon roi de Saxe dit chaque jour un *Pater* et un *Ave* pour moi.
« J'ai perdu, ajoutait-il, les destinées de cette pauvre bonne princesse
« Auguste; et j'ai eu bien tort. Revenant de Tilsit, je reçus à Marienwer-
« der un chambellan du roi de Saxe, qui me remit une lettre de son

« maître; il m'écrivait : Je viens de recevoir une lettre de l'empereur
« d'Autriche qui me demande ma fille en mariage; je vous envoie cette
« lettre pour que vous me disiez la réponse que je dois faire. — Je serai
« sous peu de jours à Dresde, » fut la réponse de l'Empereur, et à son
arrivée il condamna ce mariage et l'empêcha. « J'ai eu grand tort, ré-
« pétait-il, je craignais que l'empereur François ne m'enlevât le roi de
« Saxe; mais au contraire, c'est la princesse Auguste qui m'eût amené
« l'empereur François, et je ne serais pas ici. »

Napoléon, à Dresde, travaillait beaucoup, et Marie-Louise, jalouse de
profiter des plus petits loisirs de son époux, sortait à peine pour ne
pas les perdre. L'empereur François, qui ne faisait rien et s'ennuyait
tout le jour à courir la ville, ne comprenait rien à cette réclusion du
ménage; il s'imaginait que c'était pour se donner de la tenue et de
l'importance. L'impératrice d'Autriche cherchait beaucoup à faire cou-

rir Marie-Louise : elle lui peignait son assiduité comme ridicule. Elle
eût volontiers pris des tons de belle-mère avec Marie-Louise, qui n'était
pas disposée à le souffrir, leur âge étant à peu près le même. Elle venait
souvent le matin à la toilette de Marie-Louise fureter dans son luxe et

sa magnificence : elle n'en sortait jamais les mains vides. « Le règne
« de Marie-Louise a été fort court, disait l'Empereur, mais elle a dû
« bien en jouir ; elle avait la terre à ses pieds. » L'un de nous s'est permis de demander si l'impératrice d'Autriche n'était pas l'ennemie jurée
de Marie-Louise. « Pas autrement, disait l'Empereur, qu'une bonne
« petite haine de cour : de la détestation dans le cœur, mais gazée sous
« des lettres journalières de quatre pages, pleines de tendresse et de
« cajoleries. »

L'impératrice d'Autriche soignait extrêmement Napoléon, avait pour lui une coquetterie toute particulière tant qu'il était présent ; mais sitôt qu'il avait le dos tourné, elle ne s'occupait plus qu'à en détacher Marie-Louise par les insinuations les plus méchantes et les plus malicieuses : elle était choquée de ne pas réussir à prendre quelque empire sur lui. « D'ailleurs elle a de l'adresse et de l'esprit, disait l'Empereur,
« et assez pour embarrasser son mari, qui avait acquis la certitude
« qu'elle en faisait peu de cas. Sa figure était agréable, piquante, avait
« quelque chose de tout particulier ; c'était une *jolie petite religieuse*.

« Quant à l'empereur François, on connaît sa débonnaireté, qui le
« rend toujours dupe des intrigants. Son fils lui ressemblera.

« Le roi de Prusse, comme caractère privé, est un loyal, bon et
« honnête homme ; mais dans sa capacité politique, c'est un homme na-
« turellement plié à la nécessité ; avec lui on est le maître tant qu'on a
« la force et que la main est levée.

« Pour l'empereur de Russie, c'est un homme infiniment supérieur à
« tout cela ; il a de l'esprit, de la grâce, de l'instruction, est facilement
« séduisant, mais on doit s'en défier : il est sans franchise ; c'est un vrai
« *Grec du Bas-Empire*. Toutefois n'est-il pas sans idéologie réelle ou
« jouée ; ce ne serait du reste, après tout, que des teintes de son éduca-
« tion et de son précepteur. Croira-t-on jamais, disait l'Empereur, ce
« que j'ai eu à débattre avec lui ? Il me soutenait que l'hérédité était un
« abus dans la souveraineté, et j'ai dû passer plus d'une heure et user
« toute mon éloquence et ma logique à lui prouver que cette hérédité
« était le repos et le bonheur des peuples. Peut-être aussi me mystifiait-il,
« car il est fin, faux, adroit, hypocrite ; je le répète, c'est un Grec du
« Bas-Empire ; il peut aller loin. Si je meurs ici, ce sera mon véritable
« héritier en Europe. Moi seul pouvais l'arrêter se présentant avec son
« déluge de Tartares. La crise est grande et permanente pour le conti-
« nent européen, surtout pour Constantinople : il l'a fort désiré de moi ;
« j'ai été fort cajolé à ce sujet, mais j'ai constamment fait la sourde

« oreille. Cet empire, quelque délabré qu'il parût, devait demeurer
« notre point de séparation à tous deux : c'était le marais qui empêchait
« de tourner ma droite. Pour la Grèce, c'est autre chose! » Et après
s'être arrêté sur ce pays, il a repris : « La Grèce attend un libérateur!...
« Ce serait une belle couronne de gloire! il inscrira son nom à jamais
« avec ceux d'Homère, Platon et Épaminondas!... Je n'en ai peut-être
« pas été loin!... Quand, dans ma campagne d'Italie, j'arrivai sur les
« bords de l'Adriatique, j'écrivis au Directoire que j'avais sous mes yeux
« le royaume d'Alexandre!... Plus tard je liai des relations avec Aly-
« Pacha; et quand on nous a saisi Corfou, on aura dû y trouver des mu-
« nitions et un équipement complet pour une armée de quarante à cin-
« quante mille hommes. J'avais fait lever les cartes de la Macédoine, de
« la Servie, de l'Albanie.

« La Grèce, le Péloponèse du moins, doit être le lot de la puissance
« européenne qui possédera l'Égypte : ce devait être le nôtre... Et puis,
« au nord, un royaume indépendant, Constantinople avec ses pro-
« vinces, pour servir comme de barrage à la puissance russe, ainsi qu'on
« a prétendu le faire à l'égard de la France en créant le royaume de la
« Belgique. »

Dans une autre de ces soirées, l'Empereur déclamait contre l'humeur
des femmes : Car rien, disait-il, n'annonçait plus chez elle le rang, la
bonne éducation, le bon ton, que l'égalité de leur caractère et le constant
désir de plaire. Il ajoutait qu'elles étaient tenues à se montrer toujours
maîtresses d'elles-mêmes, à être toujours en scène. Ses deux femmes,
nous disait-il, avaient toujours été ainsi; elles étaient assurément bien différentes dans leurs qualités et leurs dispositions; toutefois elles s'étaient
ressemblées tout à fait sur ce point. Jamais il n'avait été témoin de la
mauvaise humeur de l'une ou de l'autre; toutes deux avaient été constamment occupées à lui plaire, etc....

Quelqu'un a osé observer pourtant que Marie-Louise s'était vantée que
toutes les fois qu'elle voulait quelque chose, si difficile que cela fût, elle
n'avait qu'à pleurer. L'Empereur en a ri; c'était pour lui, disait-il, une
découverte : il aurait pu le soupçonner de Joséphine, mais il ne le savait
pas de Marie-Louise. Et puis s'adressant à mesdames Bertrand et Montholon : « Vous voilà bien, Mesdames, leur dit-il; sur certaines choses,
« vous êtes toutes les mêmes. »

Il a continué longtemps sur les deux impératrices, et a répété, suivant
sa coutume, que l'une était l'innocence et l'autre les grâces. Il est passé
de là à ses sœurs, et surtout s'est arrêté particulièrement et longtemps

sur les attraits de la *princesse Pauline*. Il a été convenu que c'était, sans contredit, la plus jolie femme de Paris. L'Empereur disait que les artistes s'accordaient à en faire une véritable Vénus de Médicis ; et comme on achevait de détailler ses attraits avec beaucoup d'élégance et de grâces, il a demandé tout à coup si une princesse du jour, chez nous, valait cela ; sur quoi quelqu'un s'est écrié que les attraits de madame la duchesse d'Angoulême étaient d'une nature toute différente ; ils étaient purement célestes : c'était la bonté, la douceur, la tendre charité, et surtout l'oubli et le pardon des injures. A ces mots, l'Empereur a avancé la main pour

saisir l'oreille du malicieux interlocuteur. Heureusement pour celui-ci, la table de jeu l'en séparait.

Voici du reste, chemin faisant, une anecdote qui, si elle était vraie, serait bien propre à peindre les dispositions passionnées du château contre notre esprit d'égalité. Un Anglais, qui avait été fort de la connaissance de M. le comte d'Artois durant son exil, prenait congé de lui pour retourner en Angleterre, et lui disait qu'il espérait que, malgré la différence de nation, il lui continuerait ses bons souvenirs. « Que voulez-vous dire, « Milord, avec notre différence de nation ? repartit vivement le prince ; « il n'en est désormais que deux pour moi, la *noblesse* et la *canaille*. « Milord, nous sommes de la même nation. »

A la suite de ces conversations, l'Empereur demanda quelle était la date du mois ; c'était le 11 mars. « Eh bien, dit-il, il y a un an aujour-

« d'hui, c'était un beau jour ; j'étais à Lyon, je passais des revues, j'avais
« le maire à dîner, qui, par parenthèse, s'est vanté depuis que c'était le

« plus mauvais dîner qu'il eût fait de sa vie. » L'Empereur s'est animé,
il marchait à grands pas. « J'étais redevenu une grande puissance! »
continua-t-il ; et il a laissé échapper un soupir qu'il a relevé aussitôt par
ces paroles, dont il serait difficile de tracer l'accent et la chaleur : « J'a-
« vais fondé le plus bel empire de la terre, et je lui étais si nécessaire
« qu'en dépit de toutes les secousses dernières, ici, sur mon rocher, je
« semble demeurer encore comme le maître de la France. Voyez ce qui
« s'y passe, lisez les journaux, vous le trouverez à chaque ligne. Qu'on
« m'y laisse pénétrer, on verra ce qu'elle est et ce que je puis ! » Et alors
que d'idées, que de projets il a développés pour la gloire et le bonheur de
la patrie! Il a parlé longtemps avec tant d'intérêt et un tel abandon, que
nous pouvions oublier les heures, les lieux et les temps. En voici quelque
chose :

« Quelle fatalité, disait-il; que l'on ne s'en soit pas tenu à mon retour
« de l'île d'Elbe! que chacun n'ait pas vu que j'étais le plus propre à l'é-
« quilibre et au repos européens! Mais les rois et les peuples m'ont
« craint; ils ont eu tort. Je revenais un homme nouveau; ils n'ont pu

« le croire ; ils n'ont pu imaginer qu'un homme eût l'âme assez forte
« pour changer son caractère ou se plier à des circonstances obligées.
« J'avais pourtant fait mes preuves et donné quelques gages de ce genre.
« Qui ne sait que je ne suis pas un homme à demi-mesures? J'aurais
« été franchement le monarque de la constitution et de la paix, comme
« j'avais été celui de la dictature et des grandes entreprises.

« Quelles pouvaient être les craintes des rois? Redoutaient-ils toujours
« mes conquêtes, ma monarchie universelle? Mais ma puissance et mes
« forces n'étaient plus les mêmes, et puis je n'avais vaincu et conquis que
« dans ma propre défense ; c'est une vérité que le temps développera
« chaque jour davantage. L'Europe ne cessa jamais de faire la guerre à
« la France, à ses principes, à moi ; et il nous fallait abattre, sous peine
« d'être abattu. La coalition exista toujours, publique ou secrète, avouée
« ou démentie ; elle fut toujours en permanence ; c'était aux alliés seuls
« à nous donner la paix : les Français s'effrayaient de conquérir de nou-
« veau. Moi-même, me croit-on insensible aux charmes du repos et de la
« sécurité, quand la gloire et l'honneur ne le veulent pas autrement!
« Avec nos deux Chambres, on m'eût refusé désormais de passer le
« Rhin ; et pourquoi l'eussé-je voulu? Pour ma monarchie universelle?
« Mais je n'ai jamais fait preuve entière de démence ; or ce qui la carac-
« térise surtout, c'est la disproportion entre les vues et les moyens. Si
« j'ai été sur le point d'accomplir cette monarchie universelle, c'est sans
« calcul, et parce qu'on m'y a amené pas à pas. Les derniers efforts pour
« y parvenir semblaient coûter à peine ; était-il si déraisonnable de les
« tenter? Les souverains n'avaient donc rien à craindre de mes armes.

« Redoutaient-ils que je les inondasse de principes anarchiques?
« Mais ils connaissent par expérience mes doctrines sur ce point. Ils
« m'ont vu tous occuper leur territoire ; combien n'ai-je pas été poussé
« à révolutionner leur pays, municipaliser leurs villes, soulever leurs
« sujets! Bien qu'on m'ait salué, en leur nom, de *moderne Attila*, de
« *Robespierre à cheval*, tous le savent dans le fond de leur cœur!!!
« qu'ils y descendent! Si je l'avais été, je régnerais encore peut-être ;
« mais eux, bien sûrement et depuis longtemps, ils ne régneraient plus.
« Dans la grande cause dont je me voyais le chef et l'arbitre, deux sys-
« tèmes se présentaient à suivre : de faire entendre raison aux rois par
« les peuples, ou de conduire à bon port les peuples par les rois ; mais
« on sait s'il est facile d'arrêter les peuples quand une fois ils sont
« lancés : il était plus naturel de compter un peu sur la sagesse et l'in-
« telligence des rois ; j'ai dû leur supposer toujours assez d'esprit pour

« de si clairs intérêts; je me suis trompé : ils n'ont tenu compte de
« rien; et, dans leur aveugle passion, ils ont déchaîné contre moi ce
« que j'avais retenu contre eux. Ils verront!!!

« Enfin les souverains se trouvaient-ils offusqués de voir un simple
« soldat parvenir à une couronne? Redoutaient-ils l'exemple? Mais les
« solennités, mais les circonstances qui ont accompagné mon élévation,
« mon empressement à m'associer à leurs mœurs, à m'identifier à leur
« existence, à m'allier à leur sang et à leur politique, fermaient assez
« la porte aux nouveaux concurrents. Bien plus, si l'on eût dû avoir le
« spectacle d'une légitimité interrompue, je maintiens qu'il leur était
« bien plus avantageux que ce fût par moi, sorti des rangs, que par un
« prince membre de leur famille; car des milliers de siècles s'écoule-
« ront avant que les circonstances accumulées sur ma tête aillent en
« puiser un autre dans la foule pour reproduire le même spectacle;
« tandis qu'il n'est pas de souverain qui n'ait à quelques pas de lui, dans
« son palais, des cousins, des neveux, des frères, quelques parents pro-
« pres à imiter facilement celui qui une fois les aurait remplacés.

« D'une autre part, de quoi pouvaient s'effrayer les peuples? Que je
« vinsse les ravager, leur imposer des chaînes? Mais je revenais le
« Messie de la paix et de leurs droits; cette doctrine nouvelle faisait
« ma force; la violer, c'était me perdre. Cependant les Français mêmes
« m'ont redouté; ils ont eu l'insanité de discuter quand il n'y avait
« qu'à combattre, de se diviser quand il fallait à tout prix se réunir.
« Et ne valait-il pas mieux encore courir les dangers de m'avoir pour
« maître que de s'exposer à subir le joug de l'étranger? N'était-il pas
« plus aisé de se défaire d'un despote, d'un tyran, que de secouer
« les chaînes de toutes les nations réunies? Et puis d'où leur venait
« cette défiance sur ma personne? parce qu'ils m'avaient déjà vu con-
« centrer en moi tous les efforts et les diriger d'une main vigoureuse.
« Mais n'apprennent-ils pas aujourd'hui à leurs dépens combien c'était
« nécessaire? Eh bien! le péril fut toujours le même, la lutte terrible et
« la crise imminente. Dans cet état de choses, la dictature n'était-elle
« pas nécessaire, indispensable? Le salut de la patrie me commandait
« même de la déclarer ouvertement au retour de Leipsick. J'eusse dû
« le faire encore au retour de l'île d'Elbe. Je manquai de caractère, ou
« plutôt de confiance dans les Français, parce que plusieurs n'en avaient
« plus en moi, et c'était me faire grande injure. Si les esprits étroits et
« vulgaires ne voyaient dans tous mes efforts que le soin de ma puis-
« sance, les esprits larges n'auraient-ils pas dû démontrer que, dans les

« circonstances où nous nous trouvions, ma puissance et la patrie ne
« faisaient qu'un? Fallait-il donc de si grands malheurs sans remèdes,
« pour pouvoir me faire comprendre? L'histoire me rendra plus de
« justice; elle me signalera, au contraire, comme l'homme des abnéga-
« tions et du désintéressement. De quelles séductions ne fus-je pas l'ob-
« jet à l'armée d'Italie? L'Angleterre m'offrit d'être roi de France lors
« du traité d'Amiens. Je repoussai la paix de Châtillon; je dédaignai
« toute stipulation personnelle à Waterloo : pourquoi? C'est que rien
« de tout cela n'était la patrie, et je n'avais d'autre ambition que la
« sienne, celle de sa gloire, de son ascendant, de sa majesté. Et aussi
« voilà pourquoi, en dépit de tant de malheurs, je demeure si populaire
« parmi les Français. C'est une espèce d'instinct, d'arrière-justice de
« leur part.

« Qui sur la terre eut plus de trésors à sa disposition? J'ai eu plu-
« sieurs centaines de millions dans mes caves; plusieurs autres cen-
« taines composaient mon domaine de l'extraordinaire : tout cela était
« mon bien. Que sont-ils devenus? ils se sont fondus dans les besoins
« de la patrie. Qu'on me considère ici, je demeure nu sur mon roc!
« Ma fortune était toute dans celle de la France! Dans la situation ex-
« traordinaire où le sort m'avait élevé, mes trésors étaient les siens; je
« m'étais identifié sans réserve avec ses destinées. Quel autre calcul
« eût pu m'atteindre si haut? M'a-t-on jamais vu m'occuper de moi? Je
« ne me suis jamais connu d'autres jouissances, d'autres richesses que
« celles du public; c'est au point que quand Joséphine, qui avait le goût
« des arts, venait à bout, à la faveur de mon nom, de s'emparer de
« quelques chefs-d'œuvre, bien qu'ils fussent dans mon palais, sous mes
« yeux, dans mon ménage, je m'en trouvais comme blessé, je me croyais
« volé : *ils n'étaient pas au Muséum*.

« Ah! sans doute, le peuple français a beaucoup fait pour moi! plus
« qu'on ne fit jamais pour un homme! Mais aussi qui fit jamais autant
« pour lui?... qui jamais s'identifia de la sorte avec lui?....

« Mais autour de nous, je reviens à celle-là surtout, à l'Angleterre.
« Quelles pouvaient être ses craintes? On se le demande en vain. Avec
« notre constitution nouvelle, nos deux Chambres, n'avions-nous pas
« désormais embrassé sa religion? N'était-ce donc pas là un moyen sûr
« de nous entendre, de faire désormais cause commune? Grâce à leurs
« parlements respectifs, chacun fût devenu la garantie de l'autre; et
« saura-t-on jamais jusqu'à quel point pouvait se porter l'union des
« deux peuples et celle de leurs intérêts, les combinaisons nouvelles

« qu'il était possible de mettre en œuvre? Si j'eusse battu l'armée an-
« glaise et gagné ma dernière bataille, j'eusse causé un grand et heu-
« reux étonnement; le lendemain je proposais la paix, et pour le coup
« c'eût été moi qui aurais prodigué les avantages à pleines mains. Au
« lieu de cela, peut-être les Anglais seront-ils réduits à pleurer un jour
« d'avoir vaincu à Waterloo!!!

« Je le répète, les peuples et les rois ont eu tort; j'avais retrempé
« les trônes; j'avais retrempé la noblesse inoffensive, et les trônes et
« la noblesse peuvent se trouver de nouveau en péril. J'avais consacré,
« fixé les limites raisonnables des droits des peuples; et les réclamations
« vagues, absolues et immodérées peuvent renaître.

« Mon retour et mon maintien sur le trône, mon adoption franche
« cette fois de la part des souverains, jugeaient définitivement la cause
« des rois et des peuples; tous les deux l'avaient gagnée. Aujourd'hui
« on la remet en question : tous deux peuvent la perdre. On pouvait
« avoir tout fini, on peut avoir tout à reprendre; on a pu se garantir un
« calme long et assuré, commencer à en jouir; et au lieu de cela, il peut
« suffire d'une étincelle pour ramener une conflagration universelle!...
« Pauvre et triste humanité!.... »

Pénétré comme je le suis des paroles et des opinions que j'ai recueillies de Napoléon sur son roc, et bien que parfaitement persuadé et
convaincu de toute leur sincérité, je n'en éprouve pas moins une jouissance indicible, lorsqu'une contr-eépreuve vient m'en démontrer l'exacte
vérité; et je dois dire que je goûte ce bonheur toutes les fois que je
rencontre les occasions de ces contre-épreuves.

« Je me rendis aux Tuileries peu de jours après le 20 mars, dit
Benjamin Constant; je trouvai Bonaparte seul. Il commença le premier
la conversation : elle fut longue, je n'en donnerai qu'une analyse, car je
ne me propose pas de mettre en scène un homme malheureux. Je n'amu-
serai point nos lecteurs aux dépens de la puissance déchue; je ne livre-
rai point à la curiosité malveillante celui que j'ai servi par un motif quelconque, et je ne transcrirai de ses discours que ce qui sera indispensable;
mais, dans ce que j'en transcrirai, je rapporterai ses propres paroles.

« Il n'essaya de me tromper ni sur ses vues ni sur l'état des choses.
Il ne se présenta point comme corrigé par les leçons de l'adversité; il
ne voulut point se donner le mérite de revenir à la liberté par inclination; il examina froidement dans son intérêt, avec une impartialité trop
voisine de l'indifférence, ce qui était possible et ce qui était préférable.

« La nation, me dit-il, s'est reposée douze ans de toute agitation poli-

« tique, et depuis une année elle se repose de la guerre : ce double repos
« lui a rendu un besoin d'activité. Elle veut ou croit vouloir une tribune
« et des assemblées ; elle ne les a pas toujours voulues. Elle s'est jetée à
« mes pieds quand je suis arrivé au gouvernement ; vous devez vous en
« souvenir, vous qui essayâtes de l'opposition. Où était votre appui,
« votre force ? Nulle part. J'ai pris moins d'autorité que l'on ne m'invi-
« tait à en prendre... Aujourd'hui tout est changé : un gouvernement
« faible, contraire aux intérêts nationaux, a donné à ces intérêts l'habi-
« tude d'être en défense et de chicaner l'autorité. Le goût des constitu-
« tions, des débats, des harangues, parait revenir... Cependant ce n'est
« que la minorité qui le veut, ne vous y trompez pas. Le peuple, ou, si
« vous l'aimez mieux, la multitude, ne veut que moi ; ne l'avez-vous pas
« vue, cette multitude, se pressant sur mes pas, se précipitant du haut

« des montagnes, m'appelant, me cherchant, me saluant ? A ma ren-
« trée de Cannes ici, je n'ai pas conquis, j'ai administré.... Je ne suis
« pas seulement, comme on l'a dit, l'Empereur des soldats, je suis celui
« des paysans, des plébéiens de la France... Aussi, malgré tout le passé,
« vous voyez le peuple revenir à moi : il y a sympathie entre nous. Ce
« n'est pas comme avec les privilégiés : la noblesse m'a servi, elle s'est

« lancée en foule dans mes antichambres; il n'y a pas de places qu'elle
« n'ait acceptées, demandées, sollicitées. J'ai eu des *Montmorency*, des
« *Noailles*, des *Rohan*, des *Beauveau*, des *Mortemart;* mais il n'y a
« jamais eu analogie. Le cheval faisait des courbettes, il était bien
« dressé, mais je le sentais frémir. Avec le peuple, c'est autre chose : la
« fibre populaire répond à la mienne; je suis sorti des rangs du peuple,
« ma voix agit sur lui. Voyez ces conscrits, ces fils de paysans; je ne les
« flattais pas, je les traitais durement; ils ne m'entouraient pas moins,
« ils n'en criaient pas moins *vive l'Empereur!* C'est qu'entre eux et moi
« il y a même nature; ils me regardent comme leur soutien, leur sau-
« veur contre les nobles... Je n'ai qu'à faire un signe, ou plutôt détour-
« ner les yeux, les nobles seront massacrés dans toutes les provinces. Ils
« ont si bien manœuvré depuis six mois!... Mais je ne veux pas être le
« roi d'une *jaquerie*. S'il y a des moyens de gouverner par une constitu-
« tion, à la bonne heure... J'ai voulu l'empire du monde; et, pour me
« l'assurer, un pouvoir sans bornes m'était nécessaire. Pour gouverner
« la France seule, il se peut qu'une constitution vaille mieux... J'ai voulu
« l'empire du monde, et qui ne l'aurait pas voulu à ma place? Le monde
« m'invitait à le régir : souverains et sujets se précipitaient à l'envi sous
« mon sceptre. J'ai rarement trouvé de la résistance en France; mais
« j'en ai pourtant rencontré davantage dans quelques Français obscurs
« et désarmés, que dans tous ces rois, si fiers aujourd'hui de n'avoir
« plus un homme populaire pour égal... Voyez donc ce qui vous semble
« possible. Apportez-moi vos idées. Des élections libres? des discussions
« publiques? des ministres responsables? la liberté? Je veux tout cela...
« La liberté de la presse surtout; l'étouffer est absurde; je suis convaincu
« sur cet article... Je suis l'homme du peuple; si le peuple veut réelle-
« ment la liberté, je la lui dois; j'ai reconnu sa souveraineté, il faut que
« je prête l'oreille à ses volontés, même à ses caprices. Je n'ai jamais
« voulu l'opprimer pour mon plaisir; j'avais de grands desseins; le sort
« en a décidé, je ne suis plus un conquérant, je ne puis plus l'être. Je sais
« ce qui est possible et ce qui ne l'est pas; je n'ai plus qu'une mission :
« relever la France et lui donner un gouvernement qui lui convienne...
« Je ne hais point la liberté; je l'ai écartée lorsqu'elle obstruait ma route;
« mais je la comprends, j'ai été nourri dans ses pensées... Aussi bien,
« l'ouvrage de quinze années est détruit; il ne peut se recommencer. Il
« faudrait vingt ans et deux millions d'hommes à sacrifier... D'ailleurs
« je désire la paix, et je ne l'obtiendrai qu'à force de victoires. Je ne veux
« pas vous donner de fausses espérances; je laisse dire qu'il y a des né-

« gociations, il n'y en a point. Je prévois une lutte difficile, une longue
« guerre. Pour la soutenir, il faut que la nation m'appuie; mais en ré-
« compense elle exigera de la liberté : elle en aura... La situation est
« neuve... Je ne demande pas mieux que d'être éclairé. Je vieillis; l'on
« n'est plus à quarante-cinq ans ce qu'on était à trente. Le repos d'un
« roi constitutionnel peut me convenir. Il conviendra plus sûrement
« encore à mon fils. » (*Minerve française.* 94ᵉ livr.)

Mercredi 13.

L'Empereur a fait dire au grand maréchal d'écrire à l'amiral pour savoir si une lettre que lui, Napoléon, écrirait au prince régent lui serait envoyée.

Injure à l'Empereur et au prince de Galles. — Exécution de Ney. — Évasion de Lavalette.

Jeudi 14, vendredi 15.

Nous avons reçu la réponse de l'amiral ; après avoir commencé, selon son protocole ordinaire, par dire qu'il ne connaissait personne du titre d'Empereur à Sainte-Hélène, il marquait qu'il enverrait la lettre mentionnée au prince régent, sans doute, mais qu'il s'en tiendrait à la lettre de ses instructions, qui portaient de ne laisser partir aucun papier pour l'Angleterre, qu'il n'eût été ouvert et lu par lui.

Cette lettre, il faut l'avouer, nous jeta dans une grande surprise ; la partie des instructions citées par l'amiral avait deux objets, tous deux étrangers à l'interprétation que lui donnait cet officier.

Le premier était, au cas que nous fissions des plaintes, pour que les autorités locales pussent y joindre leurs observations, et que le gouvernement, en Angleterre, pût nous rendre justice plus promptement, sans être obligé de renvoyer dans l'île pour demander des renseignements ultérieurs; cette précaution était donc tout à fait dans nos intérêts. Le second objet de cette mesure était pour que notre correspondance ne pût être nuisible aux intérêts du gouvernement ou de la politique d'Angleterre. Mais nous écrivions au souverain; au chef, à l'homme même de ces intérêts et de ce gouvernement; le traiter de la sorte, était l'entacher de l'idée de roi fainéant ou de sultan renfermé dans le fond du sérail; c'était une véritable monstruosité dans nos mœurs européennes!

Depuis longtemps nous avions peu ou point de rapports avec l'amiral. Quelqu'un pensa que la mauvaise humeur peut-être avait dicté sa réponse ; un autre voulut qu'il craignît que la lettre ne renfermât des plaintes contre lui. Mais l'amiral connaissait trop bien l'Empereur pour ne pas savoir qu'il ne s'adresserait jamais à d'autre tribunal qu'à celui des nations. Moi qui savais quel eût été le sujet de la lettre, j'en ressentais une plus vive indignation : l'unique intention de l'Empereur avait été d'employer cette voie, la seule qui semblât convenable à sa dignité, pour écrire à sa femme et se procurer des nouvelles de son fils. Toutefois le grand maréchal répondit à l'amiral qu'il outre-passait ou interprétait mal ses instructions ; qu'on ne pouvait regarder sa détermination que comme une monstrueuse vexation de plus ; que la condition imposée était trop au-dessous de la dignité de l'Empereur, aussi bien que de celle du prince de Galles, pour qu'il conservât la pensée d'écrire.

Il venait d'arriver une frégate, portant les journaux de l'Europe jusqu'au 31 décembre : ils contenaient l'exécution de l'infortuné maréchal Ney et l'évasion de Lavalette.

« Ney, disait l'Empereur, aussi mal attaqué que mal défendu, avait
« été condamné par la Chambre des pairs, en dépit d'une capitulation
« sacrée. On l'avait laissé exécuter, c'était une faute de plus ; on en
« avait fait dès cet instant un martyr. Qu'on n'eût point pardonné
« Labédoyère, parce qu'on n'eût vu dans la clémence qu'une prédilection
« en faveur de la vieille aristocratie, cela se concevait ; mais le pardon
« de Ney n'eût été qu'une preuve de la force du gouvernement et de
« la modération du prince. On dira peut-être qu'il fallait un exemple ;
« mais le maréchal le devenait bien plus sûrement par un pardon,
« après avoir été avili par un jugement ; c'était pour lui une véritable
« mort morale qui lui ôtait toute influence, et cependant le coup de
« l'autorité était porté, le souverain satisfait et l'exemple accompli.

« Le refus de clémence vis-à-vis *Lavalette* et son évasion étaient de
« nouveaux griefs tout aussi impopulaires, disait l'Empereur. Mais les
« salons de Paris, faisait-il observer, montraient les mêmes passions
« que les clubs, la noblesse recommençait les Jacobins. L'Europe, du
« reste, demeurait dans une complète anarchie ; on y suivait hautement
« le code de l'immoralité politique ; tout ce qui tombait sous la
« main des souverains devenait bon pour chacun d'eux. Au moins, de
« mon temps, étais-je le point de mire de toutes les récriminations de
« ce genre. Les souverains alors ne parlaient que principes et vertus ;
« mais aujourd'hui, continuait-il, qu'ils étaient victorieux et sans frein,
« ils pratiquaient sans pudeur tous les torts qu'ils reprochaient alors

« eux-mêmes. Quelles ressources et quel espoir laissaient-ils donc aux
« peuples et à la morale? Nos Françaises du moins, faisait-il remarquer,
« illustraient leurs sentiments : madame *Labédoyère* avait failli expirer
« de douleur; ces journaux nous apprennent que madame *Ney* avait
« donné le spectacle du dévouement le plus courageux et le plus acharné.
« Madame *Lavalette* allait devenir l'héroïne de l'Europe. »

Commission pour le prince régent.

Samedi 16.

L'Empereur avait quitté l'*Encyclopédie britannique* pour prendre ses leçons d'anglais dans les *Annual Registers*. Il y a lu l'aventure d'un M. Spencer-Smith, arrêté à Venise, condamné à se rendre à Valenciennes, et qui s'échappa dans sa route. « Ce doit être une chose très-simple,
« disait l'Empereur, dont le narrateur aura fait une grande histoire.
« Cette affaire m'est tout à fait inconnue, a-t-il ajouté, c'était un détail
« de police d'une importance trop inférieure pour qu'il eût pu remonter
« jusqu'à moi. »

Vers les quatre heures, on a présenté à l'Empereur le capitaine de *la Spey* qui arrivait d'Europe, et le capitaine du *Ceylan* qui partait pour l'Angleterre. L'Empereur était assez triste, il n'était pas bien; l'audience du premier a été fort courte; celle du second eût été de même, s'il n'eût réveillé l'Empereur en demandant si nous avions des lettres à envoyer en Europe. L'Empereur alors m'a dit de lui demander s'il verrait le prince régent; sur son affirmation, j'ai été chargé de lui traduire que l'Empereur avait voulu écrire au prince régent; mais que sur l'observation inouïe de l'amiral qu'il ouvrirait cette lettre, il s'en était abstenu comme d'une chose contraire à sa dignité et à celle du prince régent lui-même. Qu'il avait bien entendu vanter les lois d'Angleterre, mais qu'il n'en apercevait le bénéfice nulle part; qu'il ne lui restait plus qu'à attendre, qu'à désirer un bourreau; que l'agonie qu'on lui faisait éprouver était inhumaine, barbare; qu'il eût été plus franc, plus énergique de lui donner la mort. L'Empereur m'a fait répéter au capitaine qu'il voulût bien se charger de ces mots, et l'a congédié; celui-ci était très-rouge et fort embarrassé.

Esprit de l'Ile-de-France.

Dimanche 17.

Un colonel anglais, arrivé du Cap et venant de l'Ile-de-France, s'est présenté dans la matinée chez moi pour tâcher de pouvoir faire sa cour à l'Empereur. L'amiral n'avait accordé à son vaisseau que deux ou trois heures de mouillage, et ayant obtenu que l'Empereur voulût bien le recevoir à quatre heures, il m'assura qu'il préférerait manquer son vaisseau plutôt que de perdre une telle occasion. L'Empereur n'était pas très-bien, il avait passé plusieurs heures dans son bain; à quatre heures il reçut le colonel.

L'Empereur lui fit beaucoup de questions sur l'Ile-de-France, cédée depuis peu aux Anglais : il paraît que sa prospérité et son commerce souffrent du changement de domination.

Au départ du colonel, resté seul avec l'Empereur dans le jardin, je lui ai raconté que sa personne semblait être demeurée bien chère aux habitants de l'Ile-de-France; que le colonel m'avait dit que le nom de Napoléon n'y était prononcé qu'avec attendrissement. Lorsqu'on y apprit sa sortie de France et sa venue à Plymouth, c'était précisément un grand jour de fête dans la colonie; le spectacle devait être tout à fait remarquable; la nouvelle étant parvenue dans le jour, le soir il ne parut pas au théâtre un seul colon, soit blanc ou de couleur : il n'y eut que des Anglais, qui en demeurèrent embarrassés et fort irrités. L'Empereur m'écoutait. « C'est tout simple, m'a-t-il dit, « après quelques moments de silence : cela prouve que les habitants « de l'Ile-de-France sont demeurés Français; je suis la patrie, ils l'ai- « ment; on l'a blessée en moi, ils s'en affligent. » J'ajoutai que le changement de domination gênant leurs expressions, ils n'osaient pas porter publiquement sa santé; mais qu'on n'y manquait pourtant jamais, disait le colonel; on buvait à *lui*; ce mot lui était consacré. Ces détails le touchaient. « Pauvres Français, a-t-il dit avec expression. « Pauvre peuple! pauvre nation! je méritais tout cela, je t'aimais! « Mais toi tu ne méritais pas assurément tous les maux qui pèsent sur « toi! Ah! que tu méritais bien qu'on se dévouât pour toi! Mais il faut « en convenir, que d'infamie, de lâcheté et de dégradation j'ai eues « autour de moi! » Et, me fixant, il ajouta : « Et je ne parle pas ici de « vos amis du faubourg Saint-Germain; car, pour eux, c'est encore « une autre question. »

Il nous parvenait souvent des traits et des mots qui, pareils à ceux de l'Ile-de-France, étaient propres à remuer la fibre du cœur : l'île de l'Ascension, dans notre voisinage, avait toujours été déserte et abandonnée; depuis que nous sommes ici, les Anglais ont cru devoir y faire un établissement. Le capitaine qui en a été prendre possession nous dit, à son retour, qu'il avait été fort étonné, en débarquant, de trouver sur le rivage : *Vive à jamais le grand Napoléon!*

Dans les derniers journaux qui venaient de nous arriver, parmi plusieurs traits ou jeux de mots bienveillants, il se trouvait, en plusieurs langues, que *Paris* ne serait heureux que quand on lui aurait rendu son *Hélène* : c'étaient quelques gouttes de miel dans notre coupe d'absinthe.

Intentions de l'Empereur sur Rome. — Horrible nourriture. — *Britannicus.*

Lundi 18, mardi 19.

L'Empereur est monté à cheval sur les huit heures ; il y avait bien longtemps qu'il s'en était abstenu ; le défaut d'espace à parcourir en est la cause. Sa santé en souffre visiblement, et l'on doit s'étonner que le manque d'exercice ne soit pas plus nuisible encore à celui qui en prenait journellement de si violents. Au retour, l'Empereur a déjeuné dehors, et nous tous avec lui. Après le déjeuner, la conversation est tombée sur *Herculanum* et *Pompeïa*, le phénomène et l'époque de leur destruction, le temps et les hasards de leur découverte moderne, les monuments et les curiosités qu'ils nous ont fournis depuis. L'Empereur disait que si Rome fût restée sous sa domination, elle fût sortie de ses ruines; il se proposait de la nettoyer de tous ses décombres, de restaurer tout ce qui eût été possible, etc. Il ne doutait pas que, le même esprit s'étendant dans le voisinage, il eût pu en être en quelque sorte de même d'Herculanum et de Pompeïa.

Le déjeuner fini, l'Empereur a envoyé mon fils chercher le volume de Crevier qui renferme les catastrophes d'Herculanum et de Pompeïa, et nous les a lues, ainsi que la mort et le caractère de Pline. Il s'est retiré vers midi pour prendre du repos.

Sur les six heures, nous avons fait en calèche notre course d'habitude; l'Empereur avait fait monter avec lui M. et madame Skelton, qui étaient venus lui faire visite.

Après le dîner, en quittant la table et rentrant dans le salon, nous n'avons pu nous empêcher de revenir sur le repas que nous venions de faire; rien à la lettre n'avait été mangeable : le pain mauvais, le vin impotable, la viande dégoûtante et malsaine; on est obligé d'en renvoyer souvent; on tient, malgré les représentations, à nous la fournir tuée, parce que c'est le moyen de nous faire passer les animaux morts. L'Empereur, choqué, n'a pu s'empêcher de dire avec chaleur : « Sans doute
« il est bien des individus dans une condition physique pire encore; mais
« cela ne nous ôte pas le droit de juger la nôtre, ni les traitements in-
« fâmes dont on nous entoure! Les mauvais procédés du gouvernement
« anglais ne se sont point bornés à nous envoyer ici, ils se sont étendus
« jusqu'au choix des individus auxquels on a remis nos personnes et nos
« besoins! Pour moi, je souffrirais moins si j'étais sûr qu'un jour quel-
« qu'un le divulguât à l'univers, de manière à entacher d'infamie ceux
« qui en sont coupables! Mais parlons d'autre chose, a-t-il dit. Quel jour
« est aujourd'hui? » Quelqu'un a dit : « Le 19 mars. — Quoi, s'est-il
« écrié, la veille du 20 mars! » Et après quelques secondes : « Mais parlons
« encore d'autre chose. » Il a envoyé chercher un volume de Racine, il a d'abord commencé la comédie des *Plaideurs*; mais, après une ou deux scènes, il nous a lu *Britannicus*. La lecture finie et le juste tribut d'admiration payé, il a dit qu'on reprochait ici à Racine un dénoûment trop prompt; qu'on ne pressentait pas d'assez loin l'empoisonnement de Britannicus. Il a fort loué la vérité du caractère de Narcisse, observant que c'était toujours en blessant l'amour-propre des princes qu'on influait le plus sur leurs déterminations.

Vingt mars. — Couches de l'impératrice.

Mercredi 20.

PRÈS le dîner, un de nous a fait observer qu'à pareil jour, à pareil moment, il y avait un an (20 mars), l'Empereur était moins isolé, moins tranquille. « Je me « mettais à table aux Tuileries, a dit Napo- « léon. J'y étais parvenu avec difficulté, je « venais de courir au moins les dangers « d'une bataille. » En effet, il avait été saisi en arrivant par plusieurs milliers d'officiers et de citoyens; on se l'était arraché; il n'était pas monté au château, on l'y avait porté, et bien plus dans le tumulte de quelqu'un qu'on va déchirer, que dans l'ordre et le respect de celui qu'on veut honorer. Mais c'était le sentiment et l'intention qu'il fallait juger ici. C'était de l'enthousiasme et de l'amour jusqu'à la rage et au délire.

L'Empereur a ajouté qu'il était à croire que plus d'une personne en parlerait ce soir en Europe, et qu'en dépit de toute surveillance il se viderait bien des bouteilles en son intention.

La conversation est ensuite tombée sur le roi de Rome; ce jour était l'anniversaire de sa naissance; l'Empereur comptait qu'il avait cinq ans. Il est passé de là aux couches de l'impératrice, et semblait se complaire à se vanter d'avoir été dans cette circonstance, disait-il, aussi bon mari que qui que ce fût au monde : il aida constamment toute la nuit l'impératrice à marcher. Nous en savions quelque chose, nous qui étions de la maison ; nous avions été convoqués tous au château dès dix heures du soir; nous y passâmes la nuit entière; les cris arrivaient parfois jusqu'à nous. Vers le matin, l'accoucheur ayant dit à l'Empereur que les douleurs avaient cessé et que cela pourrait être long encore, l'Empereur alla se mettre au bain, et l'on nous congédia, en nous prévenant de ne pas nous écarter de chez nous. Il n'y avait pas longtemps que l'Empereur était dans le bain, que les douleurs reprirent, et que l'accoucheur vint, la tête perdue, lui dire qu'il était le plus malheureux des hommes, que sur mille couches qui arrivaient dans Paris, il ne s'en présentait pas de plus difficile. L'Empereur, se rhabillant à la hâte, le rassurait en lui disant qu'un homme qui savait son métier serait impardonnable de perdre la tête; qu'il n'y avait rien ici qui dût le troubler; qu'il n'avait qu'à se figurer qu'il accouchait une bourgeoise de la rue Saint-Denis; que la nature n'avait pas deux lois; qu'il était bien sûr qu'il ferait pour le mieux, et qu'il n'aurait à craindre surtout aucun reproche. On lui représenta qu'il y avait un grand danger pour la mère ou pour l'enfant. « Avec la mère, répondit-il sans hésiter, j'aurai un autre enfant. Condui-« sez-vous ici comme si vous attendiez le fils d'un savetier. »

Arrivé auprès de l'impératrice, il put s'assurer qu'elle était réellement en danger; l'enfant se présentait mal, et tout portait à croire qu'il serait étouffé.

L'Empereur demanda à Dubois pourquoi il ne l'accouchait pas. Celui-ci s'en défendit, ne le voulant, disait-il, qu'en présence de Corvisart, qui n'était pas encore arrivé. « Mais que vous dira-t-il? disait l'Empe-« reur. Si c'est un témoin ou une justification que vous vous réservez, « me voilà, moi. » Dubois alors, mettant bas son habit, se mit au travail. A l'aspect des fers, l'impératrice poussa des cris douloureux, s'écriant qu'on voulait la tuer. Elle était fortement tenue par l'Empereur, madame de Montesquiou, Corvisart, qui venait d'entrer, etc.[1]. Madame de Montesquiou saisit adroitement l'occasion de la rassurer, en lui disant qu'elle s'était trouvée elle-même plus d'une fois dans cette situation.

Cependant l'impératrice se persuadait toujours qu'on en usait différemment avec elle qu'avec toute autre, et répétait souvent : « Parce que « je suis impératrice, me sacrifiera-t-on! » Elle est convenue depuis avec l'Empereur que cela avait été réellement sa crainte. Enfin on la délivra. Le péril avait été si grand, que toute l'étiquette, dit l'Empereur, qui avait été recherchée et arrêtée à ce sujet, fut mise de côté, et l'enfant posé à l'écart sur le plancher pendant qu'on ne s'occupait uniquement que de

---

[1] Cette scène se passait en présence de vingt-deux personnes :
  L'EMPEREUR;
Dubois, Corvisart, Bourdier et Ivan;
Mesdames de Montebello, de Luçai et de Montesquiou;
Les six premières dames d'annonces : Ballant, Deschamps, Durand, Hureau, Nabasson et Gérard;
Cinq femmes de chambre : Mesdemoiselles Honoré, Édouard, Barbier, Aubert et Geoffroy;
La garde madame Blaise et deux filles de garde-robe.

la mère; il y demeura plusieurs instants, et on le croyait mort; ce fut Corvisart qui le releva, le frotta, et lui fit pousser un cri, etc.

On lit dans l'intéressant ouvrage de M. le baron Fleury de Chaboulon sur le retour de l'île d'Elbe : « Lorsque le jeune Napoléon vint au monde, « on le crut mort; il était sans chaleur, sans mouvements, sans respi- « ration; on faisait des efforts multipliés pour le rappeler à la vie, lors- « que partirent successivement les cent et un coups de canon destinés à « célébrer sa naissance; la commotion et l'ébranlement qu'ils occasion- « nèrent agirent si fortement sur les organes du royal enfant, qu'il reprit « ses sens. »

Conjuration de Catilina. — Les Gracques. — Les historiens. — Sommeil durant la bataille. — César, ses *Commentaires*. — Des divers systèmes militaires.

Jeudi 21, vendredi 22.

L'Empereur est monté à cheval de fort bonne heure; nous avons fait le tour des limites dans plusieurs directions. C'est durant cette prome- nade que l'Empereur prend à présent sa leçon d'anglais : je marche à côté de lui : il fait des phrases anglaises que je traduis mot à mot, à mesure qu'il les prononce; ce qui lui fait voir qu'il est entendu ou le met à même de se corriger. Quand il a fini sa phrase, je la lui répète en anglais, de manière qu'il l'entende bien à son tour, ce qui sert à lui former l'oreille.

Aujourd'hui l'Empereur lisait, dans l'histoire romaine, *la conjuration de Catilina*; il ne pouvait la comprendre telle qu'elle est tracée : « Quelque scélérat que fût Catilina, remarquait-il, il devait avoir un « objet : ce ne pouvait être celui de gouverner dans Rome, puisqu'on « lui reprochait d'avoir voulu y mettre le feu aux quatre coins. » L'Empereur pensait que c'était plutôt quelque nouvelle faction à la façon de Marius et de Sylla, qui, ayant échoué, avait accumulé sur son chef toutes les accusations banales dont on les accable en pareil cas. Quelqu'un alors fit observer à l'Empereur que c'est ce qui lui serait infailliblement arrivé à lui-même, s'il eût succombé en vendémiaire, en fructidor ou en brumaire, avant d'avoir éclairé d'un si grand lustre un horizon purgé de nuages.

Les Gracques lui inspiraient bien d'autres doutes, bien d'autres soupçons, lesquels, disait-il, devenaient presque des certitudes quand on s'était trouvé dans les affaires de nos jours. « L'histoire, faisait-il ob« server, présente en résultat les Gracques comme des séditieux, des ré« volutionnaires, des scélérats; et dans les détails elle laisse échapper « qu'ils avaient des vertus, qu'ils étaient doux, désintéressés, de bonnes « mœurs; et puis ils étaient les fils de l'illustre Cornélie; ce qui, pour « les grands cœurs, doit être tout d'abord une forte présomption en leur « faveur. D'où pouvait donc venir un tel contraste? Le voici, disait l'Em« pereur : c'est que les Gracques s'étaient généreusement dévoués pour « les droits du peuple opprimé contre un sénat oppresseur, et que leur « grand talent, leur beau caractère, mirent en péril une aristocratie fé« roce qui triompha, les égorgea et les flétrit. Les historiens du parti les « ont transmis avec cet esprit; sous les empereurs il a fallu conti« nuer; le seul mot des droits du peuple, sous un maître despotique, « était un blasphème, un vrai crime; plus tard il en a été de même sous « la féodalité, fourmilière de petits despotes. Voilà la fatalité sans doute « de la mémoire des Gracques : leurs vertus n'ont donc jamais cessé, « dans la suite des siècles, d'être des crimes; mais aujourd'hui qu'avec « nos lumières nous nous sommes avisés de raisonner, les Gracques « peuvent et doivent trouver grâce à nos yeux.

« Dans cette lutte terrible de l'aristocratie et de la démocratie qui « vient de se renouveler de nos jours, dans cette exaspération du vieux

« terrain contre l'industrie nouvelle qui fermente dans toute l'Europe,
« nul doute que si l'aristocratie triomphait par la force, elle ne montrât
« partout beaucoup de Gracques, et ne les traitât à l'avenir tout aussi
« bénignement que l'ont fait leurs devanciers. »

L'Empereur ajoutait qu'il était aisé de voir, du reste, qu'il y avait lacune chez les auteurs anciens dans cette époque de l'histoire ; que tout ce que nous en représentaient les modernes n'était évidemment formé que de *grappillage*. Puis il revenait sur les reproches déjà faits au bon Rollin et à son élève Crevier : ils étaient tous deux sans talent, sans intention, sans couleur. Il fallait convenir que les anciens nous étaient bien supérieurs sur ce point ; et cela parce que chez eux les hommes d'État étaient hommes de lettres, et les hommes de lettres hommes d'État ; ils cumulaient les professions, tandis que nous les séparons d'une manière absolue. Cette division fameuse du travail, qui chez nous amène la perfection des ouvrages mécaniques, lui est tout à fait funeste dans les productions mentales : tout ouvrage d'esprit est d'autant plus supérieur que celui qui le produit est plus universel. Nous devons à l'Empereur d'avoir cherché à établir ce principe, en employant souvent les mêmes hommes à plusieurs objets tout à fait étrangers entre eux ; c'était son système. Un jour il nomma de son propre mouvement un de ses chambellans pour aller en Illyrie liquider la dette autrichienne : c'était un objet considérable et fort compliqué ; le chambellan, jusque-là étranger à toute affaire, en frémit, et le ministre, privé de cette nomination, et conséquemment mécontent, se hasarda de représenter à l'Empereur que sa nomination étant tombée sur quelqu'un d'entièrement neuf, il était à craindre qu'il ne sût pas s'en tirer. « J'ai la main heureuse, Mon« sieur, fut sa réponse ; ceux sur qui je la pose sont propres à tout. »

L'Empereur, continuant sa critique, condamnait aussi beaucoup ce qu'il appelait des niaiseries historiques, ridiculement exaltées par les traducteurs et les commentateurs. Elles prouvaient dans l'origine, disait-il, des historiens qui jugeaient mal des hommes et de leur situation. « C'était
« à tort, par exemple, faisait-il observer, qu'ils vantaient si haut la *conti-*
« *nence de Scipion*, et s'extasiaient sur le calme d'Alexandre, de César et
« d'autres, pour avoir dormi la veille d'une bataille. Il n'y a qu'un moine,
« disait-il, privé de femme, dont le visage s'enlumine à leur seul nom et
« qui hennit à leur approche derrière ses barreaux, qui puisse faire un
« grand mérite à Scipion de n'avoir pas violé celle que le hasard mettait en
« son pouvoir, quand il en avait tant d'autres à sa libre disposition : autant
« valait qu'un affamé lui tînt aussi grand compte d'être passé tranquil-

« lement à côté d'une table bien servie sans s'être rué dessus. Quant à
« avoir dormi au moment d'une bataille, il n'est point, assurait-il, de nos
« soldats, de nos généraux, qui n'aient répété vingt fois cette merveille;
« et tout leur héroïsme n'était guère que dans la fatigue de la veille. »

A cela le grand maréchal a ajouté qu'il pouvait dire avoir vu, lui, Napoléon dormir, non-seulement la veille d'une bataille, mais durant la bataille même. « Il le fallait bien, disait l'Empereur : quand je donnais
« des batailles qui duraient trois jours, la nature devait aussi avoir ses
« droits; je profitais du plus petit instant, je dormais où et quand je
« pouvais. » L'Empereur avait dormi sur le champ de bataille de Wagram et de Bautzen, durant le combat même, et fort en dedans de la portée des boulets. Il disait sur cela qu'indépendamment de l'obligation d'obéir

à la nature, ces sommeils offraient au chef d'une très-grande armée le précieux avantage d'attendre avec calme les rapports et la concordance de toutes ses divisions, au lieu de se laisser emporter peut-être par le seul objet dont il serait le témoin.

L'Empereur disait encore qu'il trouvait dans Rollin, dans César même, des circonstances de la guerre des Gaules qu'il ne pouvait entendre. Il ne comprenait rien à l'invasion des Helvétiens, au chemin qu'ils prenaient, au but qu'on leur donnait, au temps qu'ils étaient à passer la Saône, à la diligence de César, qui avait le temps d'aller en Italie chercher des légions aussi loin qu'Aquilée, et qui retrouvait les envahisseurs encore à leur passage de la Saône, etc... Qu'il n'était pas plus facile de comprendre la manière d'établir des quartiers d'hiver qui s'étendaient de Trèves à Vannes. Et comme nous nous récriions aussi sur les travaux immenses que les généraux obtenaient de leurs soldats, les fossés, les murailles, les grosses tours, les galeries, etc., l'Empereur répondait qu'alors tous les efforts s'employaient en confection et sur les lieux mêmes, au lieu que de nos jours ils consistaient dans le transport. Il croyait d'ailleurs que leurs soldats travaillaient, en effet, plus que les nôtres. Il a le projet de dicter quelque chose là-dessus.

« Au surplus, continuait-il, l'histoire ancienne est longue, et le sys-
« tème de guerre a changé souvent. Il en est toujours ainsi. De nos
« jours, il n'est déjà plus celui du temps de Turenne et de Vauban. Au-
« jourd'hui les travaux de campagne devenaient inutiles; le système
« même de nos places était désormais problématique ou sans effet;
« l'énorme quantité de bombes et d'obus changeait tout. Ce n'était plus
« contre l'horizontale qu'on avait à se défendre, mais contre la courbe
« et la développée. Aucune des places anciennes n'était désormais à
« l'abri : elles cessaient d'être tenables; aucun pays n'était assez riche
« pour les entretenir. Le revenu de la France ne pouvait suffire à ses
« lignes de la Flandre, car les fortifications extérieures n'étaient guère
« aujourd'hui que le quart ou le cinquième de la dépense nécessaire;
« les casemates, les magasins, les établissements à l'abri de la bombe,
« voilà désormais ce qui était indispensable et ce à quoi on ne pourrait
« suffire. » L'Empereur se plaignait surtout de la faiblesse de la maçonnerie actuelle; le génie avait un vice radical sur cet objet, il lui avait coûté des sommes immenses en pure perte.

L'Empereur, frappé de ces vérités nouvelles, avait imaginé un système tout à fait au rebours des axiomes établis jusqu'ici : c'était d'avoir un calibre de gros échantillon, poussé en dehors de la ligne magistrale vers l'ennemi, et d'avoir cette ligne magistrale elle-même, au contraire, défendue par une grande quantité de petite artillerie mobile; par là, l'ennemi était arrêté court dans son approche subite : il n'avait que des pièces faibles pour attaquer des pièces fortes; il était dominé par ce gros échantillon, autour duquel les ressources de la place, les petites pièces, venaient se grouper, ou même se portaient au loin en tirailleurs, et pouvaient suivre tous les mouvements de l'ennemi par leur facile mobilité. Il fallait à l'ennemi dès lors de l'artillerie de siége; il devait ouvrir la tranchée; on gagnait du temps, et le véritable objet de la fortification était accompli. L'Empereur a employé ce moyen avec beaucoup de succès, et au grand étonnement des ingénieurs, à la défense de Vienne et à celle de Dresde : il voulait l'employer à celle de Paris, qu'il ne croyait défendable que de la sorte, mais du succès duquel il ne doutait nullement, etc.

RÉSUMÉ DES NEUF MOIS ÉCOULÉS.

Voilà déjà neuf mois que j'écris mon journal, et je crains bien qu'au travers des portions hétérogènes qui s'y succèdent sans ordre, on n'ait que trop souvent perdu de vue mon principal, mon unique objet, ce qui concerne Napoléon et peut servir à le caractériser. C'est pour y suppléer, en tant que de besoin, que je vais essayer ici un résumé de quelques lignes; résumé d'ailleurs que je me propose, pour le même motif, de réitérer désormais tous les trois mois.

En quittant la France, nous étions demeurés un mois à la disposition du brutal et féroce ministère anglais; puis notre traversée à Sainte-Hélène avait été de trois mois.

A notre débarquement, nous avons occupé Briars près de deux mois.

Enfin nous étions à Longwood depuis trois mois.

Or, ces neuf mois eussent composé quatre époques bien distinctes pour celui qui se serait occupé d'observer Napoléon.

Tout le temps de notre séjour à Plymouth, Napoléon demeura concentré et purement passif, n'opposant que la force d'inertie. Ses maux étaient tels et tellement sans remède, qu'il laissait stoïquement courir les événements.

Durant toute notre traversée, ce fut en lui constamment une parfaite égalité, et surtout la plus complète indifférence; il ne témoignait aucun désir, n'exprimait aucun contre-temps. On lui portait, il est vrai, les plus grands égards; il les recevait sans s'en apercevoir, il parlait peu, et toujours le sujet était étranger à sa personne. Quiconque tombé subitement à bord aurait été témoin de sa conversation, eût été bien loin sans doute de deviner à qui il avait affaire : ce n'était pas l'Empereur. Je ne saurais mieux le peindre dans cette circonstance, qu'en le comparant à ces passagers de haute distinction qu'on transporte avec grand respect au lieu de leur mission.

Notre séjour à Briars présenta une autre nuance. Napoléon, réduit presque à lui seul, ne recevant personne, tout à son travail, semblant oublier les événements et les hommes, jouissait en apparence du calme et de la paix d'une solitude profonde, dédaignant, par distraction ou par mépris, de s'apercevoir des inconvénients ou des privations dont on l'environnait; s'il en exprimait parfois quelque chose, ce n'était que réveillé par l'importunité de quelque Anglais, ou excité par le récit des outrages faits aux siens. Toute sa journée était remplie par ses dictées; le reste du temps donné au délassement d'une conversation toute privée. Il ne mentionnait point les affaires de l'Europe; parlait rarement de l'Empire, fort peu du consulat, mais beaucoup de son généralat d'Italie, et bien plus encore, et presque constamment, des plus minutieux détails de son enfance et de sa première jeunesse. Ces derniers sujets surtout semblaient, en cet instant, d'un charme tout particulier pour lui. On eût dit qu'ils lui procuraient un oubli complet; ils le portaient même à la gaieté. C'était presque uniquement de ces objets qu'il remplissait les heures nombreuses de ses promenades nocturnes au clair de lune.

Enfin notre établissement à Longwood fut une quatrième et dernière nuance. Toutes nos situations jusque-là n'avaient été qu'éphémères et transitoires. Cette dernière devenait fixe, et menaçait d'être durable. Là allaient commencer réellement notre exil et nos destinées nouvelles. L'histoire les prendrait là; les regards de l'univers allaient nous y considérer. L'Empereur, semblant faire ce calcul, régularise tout ce qui l'entoure, et prend l'attitude de la dignité qu'opprime la force; il trace autour de lui une enceinte morale derrière laquelle il se défend à présent pouce à pouce contre les inconvenances et les outrages; il ne passe plus rien à ses persécuteurs, il se montre susceptible sur les formes, hostile contre toute entreprise. Les Anglais n'avaient pas douté que l'habitude ne produisît enfin la familiarité. L'Empereur les ramène au premier jour, et le respect le plus profond se manifeste.

Ce ne fut pas pour nous une petite surprise ni une légère satisfaction que d'avoir à nous dire que, sans savoir comment ni pourquoi, il devenait pourtant visible que, dans l'esprit et aux regards des Anglais, l'Empereur se trouvait à présent plus haut qu'il ne l'avait été jusque-là; nous pouvions même nous apercevoir que ce sentiment allait chaque jour croissant.

Avec nous, l'Empereur reprit tout à fait, dans ses conversations, l'examen des affaires de l'Europe. Il analysait les projets et la conduite des souverains; il leur opposait la sienne, jugeait, tranchait, parlait de son règne, de ses actes; en un mot, nous retrouvions l'Empereur et *tout* Napoléon. Ce n'est pas qu'il eût jamais cessé de l'être un instant pour notre dévouement et nos soins, ni que, de notre côté, nous eussions à en souffrir le moins du monde sous aucun rapport. Jamais il ne fut pour nous d'humeur plus égale, de bonté plus constante, d'affection plus habituelle. C'était précisément au milieu de nous, et tout à fait en famille, qu'il concertait ses sorties contre l'ennemi commun ; et celles qu'on trouvera les plus vigoureuses, qui paraîtront dictées par la colère, ne l'ont presque jamais été, même sans quelque rire et sans quelque gaieté.

La santé de l'Empereur, durant les six mois qui précédèrent notre établissement à Longwood, ne sembla pas éprouver la moindre altération ; pourtant c'était un régime si contraire ! Les heures, la nourriture, n'étaient plus les mêmes ; ses habitudes étaient toutes bouleversées. Lui accoutumé à tant de mouvement était demeuré renfermé tout ce temps dans une chambre. Les bains étaient devenus une partie de son existence, et il en avait été constamment privé, etc., etc. Ce ne fut qu'après être arrivé à Longwood, et lorsqu'il eut retrouvé une partie de ces objets, qu'il eut couru à cheval et repris des bains, qu'on commença à apercevoir une altération sensible.

Chose singulière ! tant qu'il avait été mal, il n'y eut point de traces de ses souffrances ; ce ne fut que dès qu'il fut mieux qu'on les vit apparaître. Ne serait-ce pas que, dans l'ordre moral comme dans l'ordre physique, il se trouve souvent un long intervalle entre la cause et les effets ?

Journée de Longwood, etc. — Procès de Drouot. — Jugements militaires. — Soult. — Masséna. — Camarades de l'Empereur dans l'artillerie. — L'Empereur croyant son nom inconnu même dans Paris.

Samedi 23 au mardi 26.

Ces matinées furent en partie d'un très-mauvais temps, de ces pluies battantes qui nous permettaient à peine de mettre le nez dehors.

Quant à nos soirées, il nous importait peu le temps qu'il faisait, qu'il plût ou qu'il fît beau clair de lune ; dès que la nuit approchait, nous nous constituions littéralement nous-mêmes de vrais prisonniers. Vers les neuf heures, on nous entourait de sentinelles ; c'eût été une douleur que de les rencontrer. Ce n'est pas qu'accompagnés de l'officier anglais, l'Empereur et nous-mêmes n'eussions pu sortir plus tard ; mais c'eût été pour nous un supplice plutôt qu'un plaisir, et c'est ce que cet officier ne pouvait concevoir. Il laissa deviner, dans le principe, qu'il imaginait que la mauvaise humeur seule dictait cette réclusion, et qu'elle aurait bientôt une fin ; je ne sais ce qu'il aura pensé de notre constance.

L'Empereur, comme je crois l'avoir déjà dit, se mettait à table régulièrement à huit heures ; il n'y demeurait jamais une demi-heure ; parfois à peine un quart d'heure. De retour dans le salon, quand il était souffrant ou silencieux, nous avions toutes les peines du monde à atteindre neuf heures et demie ou dix heures ; ce n'était même qu'à l'aide de quelques lectures. Mais quand il avait de la gaieté ou s'abandonnait à la conversation, nous arrivions en un instant jusqu'à onze heures et au delà : c'étaient nos bonnes soirées. Il se retirait alors avec une espèce de satisfaction d'avoir, disait-il, conquis le temps. Et c'était justement ces jours-là, lorsque nous avions le moins de mérite, qu'il faisait observer qu'il fallait tout notre courage pour supporter une pareille vie.

Dans une de ces soirées, la conversation tomba sur les procès militaires qui s'instruisent aujourd'hui en France. L'Empereur ne pensait pas que le *général Drouot* pût être condamné pour être venu à la suite d'un souverain reconnu, faisant la guerre à un autre. A cela quelqu'un disait que ce que l'on trouvait ici sa justification devait être son plus grand péril au jugement de la légitimité.

L'Empereur convenait, en effet, qu'il n'y avait rien à répondre à la doctrine mise en avant aujourd'hui. D'un autre côté, cependant, en condamnant le général Drouot, l'Empereur disait que l'on condamnait l'émigration, et légitimait les jugements contre les émigrés. Les doctrines républicaines punissaient de mort quiconque portait les armes contre la France ; il n'en était pas ainsi de la doctrine royale. Si l'on adoptait ici la loi républicaine, l'émigration et le parti royal se condamnaient eux-mêmes.

Du reste, en thèse générale, le cas de Drouot était même bien différent de celui de Ney ; et puis il y avait eu en Ney une vacillation malheureuse qu'on ne retrouvait pas dans Drouot. Aussi l'intérêt qu'on avait porté à Ney ne tenait-il qu'à l'opinion : celui que faisait naître Drouot tiendrait à la personne.

L'Empereur a continué sur les dangers et les embarras des tribunaux dans toute l'affaire du retour de l'île d'Elbe. Une circonstance particulière surtout le frappait à l'extrême, c'était la situation de *Soult*, qu'on nous disait en jugement. Lui Napoléon savait, disait-il, jusqu'à quel point Soult était innocent ; et pourtant, sans cette circonstance toute personnelle, lui Napoléon, s'il était juré, indubitablement le déclarerait coupable, tant les apparences se réunissaient contre lui. Ney, dans sa défense, par un sentiment dont il est difficile de se rendre compte, fait dire faussement à l'Empereur que Soult était d'accord avec lui. Or, toutes les circonstances de la conduite de Soult pendant son ministère, la confiance de l'Empereur après son retour, etc..., s'accordent avec cette disposition : qui donc ne le condamnerait pas ? «.Pourtant Soult est innocent, disait
« l'Empereur ; il m'a même confessé qu'il avait pris un penchant réel
« pour le roi. L'autorité dont il jouissait sous celui-ci, disait-il, si diffé-

« rente de celle de mes ministres, était quelque chose de fort doux, et
« l'avait tout à fait subjugué. »

Masséna, dont les papiers nous annonçaient aussi la proscription,
« Masséna, continuait l'Empereur, était une autre personne qu'ils juge-
« ront peut-être comme coupable de trahison. Tout Marseille était contre
« lui, les apparences l'accablaient, et pourtant il avait rempli son devoir
« jusqu'au moment où il s'était déclaré ouvertement. » Il avait même été
loin, revenu à Paris, de chercher à se faire aucune espèce de mérite auprès de l'Empereur, lorsque Napoléon lui demandait s'il eût dû compter
sur lui. « Le vrai, continuait l'Empereur, est que tous les chefs avaient
« fait leur devoir, mais qu'ils n'avaient rien pu contre le torrent de l'o-
« pinion, et personne n'avait bien calculé les sentiments de la masse et
« l'élan de cette nation. Carnot, Fouché, Maret, Cambacérès, m'ont
« confessé à Paris qu'ils s'étaient fort trompés à cet égard. Et personne,
« continuait l'Empereur, ne le juge bien encore, etc., etc. — Si le roi,
« continuait-il, fût resté plus tard en France, il eût peut-être péri dans
« quelque soulèvement ; mais s'il fût tombé dans mes mains, je me serais
« cru assez fort pour pouvoir l'entourer de bons traitements dans quelque
« demeure à son choix, comme Ferdinand l'avait été à Valencey, etc., etc. »

Précisément avant cette conversation, l'Empereur jouant aux échecs,

et son roi étant tombé, il s'était écrié : « Ah ! mon pauvre Louis XVIII,
« te voilà à bas ! » Et comme après l'avoir ramassé on le lui rendait mu-

filé : « Ah! l'horreur, s'est-il écrié ; bien certainement je n'accepte pas
« l'augure, et je suis même loin de le souhaiter... Je ne lui en veux pas à
« ce point. »

Je n'aurais eu garde d'omettre cette circonstance, quelque petite qu'elle soit, tant elle est caractéristique sous bien des rapports. Aussi, l'Empereur retiré dans son appartement, nous y revînmes entre nous. Quelle gaieté, quelle liberté d'esprit dans son horrible infortune! nous disions-nous. Quel calme de cœur! quelle absence de fiel, d'irritation, de haine! Qui reconnaîtrait là celui que l'inimitié, le mensonge se sont plu à désigner si monstrueusement? Qui même des siens l'a bien connu, ou a cherché à le faire bien connaître?

Dans une autre soirée, l'Empereur parlait de ses premières années dans l'artillerie et de ses camarades de table : c'est un temps sur lequel il revient souvent avec un grand plaisir. On lui cita un de ses commensaux (Rolland de Villarceaux) qui, ayant été préfet du même département sous lui et sous le roi, n'avait pu obtenir de le demeurer encore à son retour. L'Empereur, cherchant à se le rappeler, a dit ensuite que cette personne avait, à une certaine époque, manqué sa fortune auprès de lui. Que quand il devint commandant de l'armée de l'intérieur, il l'avait comblé, l'avait fait son aide de camp, et projetait d'en faire un homme de confiance ; mais cet aide de camp tant favorisé avait été fort mal pour lui, au moment du départ pour l'armée d'Italie : il avait alors abandonné son général pour le Directoire. « Néanmoins, disait l'Empereur, une fois sur
« le trône, il eût encore pu beaucoup sur moi, s'il eût su s'y prendre. Il
« avait le droit des premières années, qui ne se perd jamais. Je n'eusse
« certainement pas résisté à une surprise dans un rendez-vous de chasse,
« par exemple, ou à toute autre demi-heure de conversation sur les
« temps passés ; j'aurais oublié ce qu'il m'avait fait ; il ne m'importait
« plus s'il avait été de mon parti ou non, je les avais désormais réunis
« tous. Ceux qui avaient la clef de mon caractère savaient bien cela ; ils
« savaient qu'avec moi, dans quelque disposition que je fusse contre eux,
« c'était comme au jeu de barres, la partie était gagnée aussitôt qu'on
« avait pu toucher le but. Aussi n'avais-je d'autre moyen, si je voulais
« résister, que de refuser de les voir. »

Il nous disait d'un autre ancien camarade qu'avec de l'esprit et les qualités convenables il eût pu tout auprès de lui. Il ajoutait qu'avec moins de cupidité un troisième n'eût jamais été éloigné par lui.

Au sujet du lustre de la puissance impériale, le grand maréchal dit alors que, quelque grand, quelque resplendissant que l'Empereur lui eût paru sur le trône, jamais il ne lui avait laissé une impression supérieure, peut-être même égale, à celle que lui avait faite sa situation à la tête de l'armée d'Italie. Il développait et prouvait assez bien sa pensée, et l'Empereur ne l'écoutait pas sans une espèce de complaisance. Cependant, remarquions-nous, que de grands événements depuis! que d'élévation! que de grandeur! que de renommée par toute la terre! L'Empereur écoutait.

« Eh bien, a-t-il dit, malgré tout cela, Paris est si grand, et renferme tant
« de gens de toute espèce, et quelques-uns tellement bizarres, que je sup-
« pose qu'il en est qui ne m'ont jamais vu, et qu'il peut en être d'autres
« à qui mon nom même n'est jamais parvenu. Ne le pensez-vous pas?
« nous disait-il. » Et il fallait voir avec quelle bizarrerie lui-même, avec quelles ressources d'esprit il développait alors cette assertion qu'il savait mauvaise. Nous nous sommes tous récriés fortement que quant à son nom, il n'était pas de ville et de village en Europe, peut-être même dans le monde, où il n'eût été prononcé. J'ai ajouté pour mon compte : « Sire,
« avant de revenir en France, à la paix d'Amiens, Votre Majesté n'étant
« encore que Premier Consul, je voulus parcourir le pays de Galles,
« comme une des portions les plus extraordinaires de l'Angleterre. Je
« gravis des sommités tout à fait sauvages et d'une hauteur prodigieuse;
« j'atteignis des chaumières que je croyais appartenir à un autre univers.
« En entrant dans une de ces solitudes éloignées, je disais à mon compa-
« gnon de voyage : C'est ici qu'on doit trouver le repos et échapper au
« bruit des révolutions. Le maître, nous soupçonnant Français à notre
« accent, nous demanda aussi des nouvelles de France, et ce que faisait
« son Premier Consul *Bonaparte*. »

— « Sire, dit un autre de nous, nous avons eu la curiosité de demander
« aux officiers de la Chine si nos affaires européennes étaient arrivées
« jusqu'à cet empire. Sans doute, nous ont-ils répondu, confusément à
« la vérité, parce que cela ne les intéresse nullement; mais le nom de
« votre Empereur y est célèbre et associé aux grandes idées de conquête
« et de révolution; précisément comme ont pénétré chez nous les noms
« de ceux qui ont changé la face de cette partie du monde : les Gengiskan,
« les Tamerlan, etc. »

La publication du *Mémorial* a porté beaucoup de personnes à me fournir des renseignements sur des faits dont ils avaient été acteurs ou témoins. Et au sujet de l'universelle célébrité de Napoléon, dont il est ici question, l'un a dit qu'après Waterloo et la dissolution de l'armée, ayant été chercher du service en Perse, et se trouvant admis à l'audience du souverain, le premier objet qui avait frappé ses regards avait été le portrait de Napoléon, sur le trône même, au-dessus de la tête du schah.

Un autre, revenant des mêmes contrées, assurait que l'idée du pouvoir de Napoléon était tellement populaire dans toute l'Asie, et y exerçait une telle influence, qu'après sa chute, des agents du roi, chargés de remplacer les siens, s'étaient vus souvent réduits à emprunter l'autorité de son nom pour obtenir de la bienveillance sur leur route et se ménager les facilités de parvenir à leur destination.

Enfin un troisième m'a écrit que le capitaine du navire *le Bordelais*, dans le cours de son voyage à la côte nord-ouest d'Amérique, relâchant aux îles Sandwich, avait été présenté au roi, qui, durant l'audience, s'informa du roi Georges III et de l'empereur Alexandre. Au pied du trône se trouvait assise une femme, la favorite du prince, laquelle, à chacun des noms européens qu'avait prononcés le roi, s'était retournée vers lui avec un sourire de dédain et une impatience marquée; mais n'y

pouvant plus tenir, elle interrompit le roi en s'écriant : *Et Napoléon, comment se porte-t-il ?*

Examen de conscience politique. — État fidèle de l'Empire, sa prospérité. — Idées libérales de l'Empereur sur la différence des partis. — Marmont. — Murat. — Berthier.

Mercredi 27.

Aujourd'hui l'Empereur se promenait dans le jardin avec le grand maréchal et moi. La conversation nous conduisit à faire notre examen de conscience politique.

L'Empereur avait été très-chaud, disait-il, et de fort bonne foi au commencement de la révolution ; il s'était refroidi par degré à mesure qu'il avait acquis des idées plus justes et plus solides ; son patriotisme s'était affaissé, disait-il, sous les absurdités politiques et les monstrueux excès civils de nos législatures ; enfin sa foi républicaine avait disparu lors de la violation des choix du peuple par le Directoire, au temps de la bataille d'Aboukir.

Pour le grand maréchal, il disait n'avoir jamais été républicain, mais très-chaud constitutionnel, jusqu'au 10 août où les horreurs du jour l'avaient guéri de toute illusion : il avait failli être massacré en défendant le roi aux Tuileries.

Quant à moi, il était notoire que j'avais débuté par être royaliste pur et des plus ardents. « C'est donc à dire, Messieurs, a repris plaisamment
« l'Empereur, qu'ici je suis le seul qui ait été républicain ? — Et encore,
« Sire, avons-nous repris tous deux, Bertrand et moi. — Oui, républi-
« cain et patriote, a répété l'Empereur. — Pour patriote, lui a observé
« l'un de nous, moi aussi je l'ai été malgré mon royalisme ; mais, pour
« comble de bizarrerie, je ne le suis devenu que sous l'empire. — Com-
« ment, vilain ! vous êtes donc obligé de convenir que vous n'avez pas
« toujours aimé votre pays ? — Sire, ne faisons-nous pas ici notre exa-
« men de conscience ? je me confesse. Revenu à Paris, en vertu de votre
« amnistie, pouvais-je m'y regarder d'abord comme Français, quand
« chaque loi, chaque décret, chaque ordonnance tapissant les rues n'ac-
« compagnait jamais ma malheureuse qualification d'émigré que des
« épithètes les plus outrageantes ! Aussi, en y rentrant, je ne pensais pas
« que j'y demeurasse ; j'y avais été attiré par la curiosité, je n'avais fait
« que céder à l'attrait invincible du sol, au besoin de respirer encore
« l'atmosphère natale ; je n'y possédais plus rien ; pour seulement revoir
« la France, j'avais été obligé de jurer à la frontière l'abandon de mon
« patrimoine, la légalisation de sa perte ; aussi je ne me regardais dans
« ce pays, jadis le mien, que comme un simple passager ; j'étais un véri-
« table étranger de mauvaise humeur et même malveillant. Arriva l'em-
« pire, ce fut une grande chose : c'étaient alors, me disais-je, mes mœurs,
« mes préjugés, mes principes qui triomphaient : ce n'était plus qu'une
« différence dans la personne du souverain. Quand s'ouvrit la campagne
« d'Austerlitz, mon cœur s'étonna de se retrouver Français : ma situa-
« tion était pénible ; je me disais tiré à quatre chevaux ; je me sentais

« partagé entre la passion aveugle et le sentiment national ; les triomphes
« de l'armée française et de leur général me répugnaient, leur défaite
« m'eût humilié. Enfin les prodiges d'Ulm et l'éclat d'Austerlitz vinrent
« me tirer d'embarras ; je fus vaincu par la gloire : j'admirai, je recon-
« nus, j'aimai Napoléon, et dès ce moment je devins Français jusqu'au
« fanatisme. Depuis lors, je n'ai pas eu d'autre pensée, d'autres paroles,
« d'autres sentiments, et me voici à vos côtés. »

L'Empereur est passé alors à une foule de questions sur l'émigration, notre nombre, notre esprit. Je lui disais des choses curieuses sur nos princes, le duc de Brunswick, le roi de Prusse ; je le faisais rire sur la déraison de nos prétentions, le peu de doute de nos succès, le désordre de nos moyens, l'incapacité de nos chefs. « Les hommes, disais-je, n'é-
« taient véritablement pas alors ce qu'ils ont été depuis. Heureusement
« ceux que nous avions à combattre n'étaient, au commencement, que
« de notre force ; nous croyions surtout, répétions-nous sans cesse, et je
« croyais fermement que l'immense majorité de la nation française était
« pour nous. J'aurais dû pourtant me désabuser lorsque nos rassemble-
« ments furent parvenus jusqu'à Verdun et au delà, car pas un ne venait
« nous joindre ; tous, au contraire, fuyaient à notre approche. Toutefois
« je l'ai cru longtemps encore, même après mon retour d'Angleterre,
« tant nous nous abusions à la suite des absurdités dont nous nous
« nourrissions les uns les autres ; nous nous disions que le gouverne-
« ment ne reposait que dans une poignée de gens, qu'il ne durait que
« par la force, qu'il était en horreur à la nation ; et il en est qui n'au-
« ront pas cessé de le croire. Je suis persuadé que parmi ceux qui le
« répètent aujourd'hui aux Chambres, il en est qui sont de bonne
« foi, tant je reconnais l'esprit, les idées et les expressions de Co-
« blentz. — Mais quand vous êtes-vous donc désabusé, disait l'Empe-
« reur ? — Sire, fort tard ; même quand je me suis rallié, quand je suis
« venu à la cour de Votre Majesté, j'étais conduit par l'admiration et
« le sentiment bien plutôt que par la conviction de votre force et de
« votre durée. Cependant, quand je me trouvai dans votre Conseil
« d'État, voyant la franchise avec laquelle on votait les décrets les plus
« décisifs, que pas un doute n'existait sur la plus légère résistance, qu'il
« n'y avait autour de moi que conviction et persuasion parfaites, il
« me sembla alors que votre puissance et l'état des choses gagnaient
« avec une rapidité dont je ne me rendais pas compte. A force de
« chercher en moi-même à en deviner la cause, je fis un jour une
« grande et importante découverte ; c'est que tout cela existait en effet

« depuis fort longtemps, mais que je ne l'avais pas su ni voulu l'aper-
« cevoir : je m'étais tenu caché sous le boisseau, de peur que la lu-
« mière ne me parvînt. En ce moment je me trouvais lancé au milieu
« de tout son éclat; j'en étais ébloui. Dès cet instant, tous mes préjugés
« tombèrent : ce fut la taie qu'on enleva de dessus mes yeux.

« Envoyé depuis en mission par Votre Majesté, et ayant parcouru
« plus de soixante départements, je mis le soin le plus scrupuleux et la
« bonne foi la plus parfaite à vérifier tout ce dont j'avais douté si long-
« temps. J'interrogeai les préfets, les autorités inférieures, je me fis
« produire les documents et les registres ; j'interrogeai de simples par-
« ticuliers, sans en être connu ; j'employai toutes les contre-épreuves
« possibles, et je recueillis la conviction que le gouvernement était en-
« tièrement national et tout à fait du vœu des peuples; que jamais la
« France, à aucune époque de son histoire, n'avait été plus forte, plus
« florissante, mieux administrée, plus heureuse. Jamais les chemins
« n'avaient été mieux entretenus; l'agriculture avait gagné d'un dixième,
« d'un neuvième, d'un huitième en productions[1].

« Une inquiétude, une ardeur générales animaient tous les esprits au
« travail, et les portaient à une amélioration personnelle et journalière.
« L'indigo était conquis, le sucre devait l'être infailliblement. Jamais, à
« aucune époque, le commerce intérieur et l'industrie en tous genres
« n'avaient été portés aussi loin : au lieu de quatre millions de livres de
« coton qui s'employaient au moment de la révolution, il s'en tra-
« vaillait à présent au delà de trente millions de livres, bien que nous
« ne puissions en recevoir par mer, et qu'il nous vînt par terre d'aussi
« loin que de Constantinople. Rouen était devenu un vrai prodige dans
« ses résultats, etc., etc.

« Les impositions se payaient partout, la conscription était nationa-
« lisée; la France, au lieu d'être épuisée, comptait plus de populations
« qu'auparavant, et elle croissait journellement.

« Quand, avec ces données je reparus dans mes anciens cercles, ce
« fut une véritable insurrection ; on jeta les hauts cris, on me rit au
« nez, mais il y avait pourtant dans le nombre des gens sensés, et je re-
« venais bien fort; j'en ébranlai plusieurs, j'en convainquis quelques-
« uns ; j'eus aussi mes conquêtes. »

L'Empereur, résumant, disait qu'il fallait convenir que notre réunion

---

[1] Circonstance assez singulière : c'est précisément de M. de Villèle, devenu depuis célèbre, que j'obtins en Languedoc cette assertion sur l'agriculture.

politique à Sainte-Hélène était certainement des plus extraordinaires : que nous étions arrivés à un centre commun par des routes bien divergentes. Cependant nous les avions parcourues tous de bonne foi. Rien ne prouvait donc mieux, disait-il, l'espèce de hasard, l'incertitude et la fatalité qui d'ordinaire, dans le dédale des révolutions, conduisent les cœurs droits et honnêtes. Rien ne prouve plus aussi, continuait-il, combien l'indulgence et les vues sages sont nécessaires pour recomposer la société après de longs troubles. Ce sont ces dispositions et ces principes qui l'avaient fait, disait-il, l'homme le plus propre aux circonstances de brumaire, et ce sont eux qui le faisaient sans doute encore l'homme le plus propre aux circonstances actuelles de la France. Il n'avait sur ce point ni défiance, ni préjugés, ni passions ; il avait constamment employé des hommes de toutes les classes, de tous les partis, sans jamais regarder en arrière d'eux, sans leur demander ce qu'ils avaient fait, ce qu'ils avaient dit, ce qu'ils avaient pensé, exigeant seulement, disait-il, qu'ils marchassent désormais et de bonne foi vers le but commun : le bien et la gloire de tous ; qu'ils se montrassent vrais et bons Français. Jamais surtout il ne s'était adressé aux chefs pour se gagner les partis ; mais, au contraire, il avait attaqué la masse des partis, afin de pouvoir dédaigner leurs chefs. Tel avait été, disait-il, le système constant de sa politique intérieure, et malgré les derniers événements il était loin de s'en repentir ; s'il avait à recommencer, il le ferait encore. « C'est sans
« raison surtout, disait-il, qu'on m'a reproché d'avoir employé et des no-
« bles et des émigrés. Imputation banale et tout à fait vulgaire ! Le fait est
« que sous moi il n'y avait plus en France que des opinions, des senti-
« ments individuels. Ce ne sont pas les nobles et les émigrés qui ont amené
« la restauration, mais bien plutôt la restauration qui a ressuscité les
« nobles et les émigrés. Ils n'ont pas plus particulièrement contribué à
« notre perte que d'autres : les vrais coupables sont les intrigants de toutes
« les couleurs et de toutes les doctrines. Fouché n'était point un noble ;
« Talleyrand n'était pas un émigré ; Augereau et Marmont n'étaient ni
« l'un ni l'autre. Enfin, voulez-vous une preuve dernière du tort de s'en
« prendre à des classes entières, quand une révolution comme la nôtre
« a labouré au milieu d'elles ! comptez-vous ici. Sur quatre, vous vous
« trouvez deux nobles, dont l'un même est émigré. Le bon M. *de Ségur*,
« malgré son âge, à mon départ, m'a fait offrir de me suivre. Je pour-
« rais multiplier mes citations à l'infini. C'est encore sans raison, con-
« tinuait-il, qu'on m'a reproché d'avoir dédaigné certaines personnes
« influentes ; j'étais trop puissant pour ne pas mépriser impunément les

« intrigues et l'immoralité reconnue de la plupart d'entre eux. Aussi
« n'est-ce rien de tout cela qui m'a renversé, mais seulement des cata-
« strophes imprévues, inouïes, des circonstances forcées : cinq cent
« mille hommes aux portes de la capitale; une révolution encore toute
« fraîche, une crise trop forte pour les têtes françaises, et surtout une
« dynastie pas assez ancienne. Je me serais relevé du pied des Pyrénées
« mêmes, si seulement j'eusse été mon petit-fils.

« Et ce que c'est pourtant que la magie du passé! Bien certainement
« j'étais l'élu des Français, leur nouveau culte était leur ouvrage. Eh
« bien! dès que les anciens ont reparu, voyez avec quelle facilité ils sont
« retournés aux idoles!...

« Et comment une autre politique, après tout, eût-elle pu empêcher
« ce qui m'a perdu? J'ai été trahi par *Marmont*, que je pouvais dire
« mon fils, mon enfant, mon ouvrage; lui auquel je confiais mes des-
« tinées, en l'envoyant à Paris au moment même où il consommait sa
« trahison et ma perte. J'ai été trahi par *Murat*, que de soldat j'avais
« fait roi, qui était l'époux de ma sœur. J'ai été trahi par *Berthier*, véri-
« table oison que j'avais fait une espèce d'aigle. J'ai été trahi, dans le Sé-
« nat, précisément par ceux du parti national qui me doivent tout. Tout
« cela n'a donc tenu nullement à mon système de politique intérieure.
« Sans doute on pourrait m'accuser avec avantage d'avoir employé trop
« facilement d'anciens ennemis ou des nobles et des émigrés, si un Mac-
« donald, un Valence¹, un Montesquiou m'eussent trahi, mais ils m'ont
« été fidèles; que si on m'objectait la bêtise de Murat et de Berthier, je
« répondrais par l'esprit de Marmont. Je n'ai donc pas à me repentir
« de mon système de politique intérieure, etc. »

Chance de danger dans les batailles, etc. — Les bulletins très-véridiques.

Jeudi 28.

L'Empereur, pendant le dîner, parlait sur les chances de danger des
bâtiments de la Chine, dont un périssait sur trente, d'après les renseignements qu'il avait obtenus des capitaines; ce qui l'a conduit aux chances
de péril dans les batailles, qu'il a dit être moindres que cela. *Wagram*
lui a été citée comme une bataille sanglante; il n'évaluait pas les tués à
plus de trois mille, ce qui n'était qu'un cinquantième : nous étions cent

---

¹ Parcourant un jour à Longwood les noms des sénateurs qui avaient signé la déchéance, l'un de
nous fit observer celui de M. de Valence, signant comme secrétaire. Mais un autre expliqua que cette
signature était fausse, que M. de Valence s'en était plaint et avait réclamé. « C'est très-vrai, dit l'Em-
« pereur, e le sais il a été très-bien Valence a été national. »

soixante mille. *Esling* avait été peut-être à quatre mille, nous étions quarante mille : c'était un dixième, il est vrai, mais aussi était-elle une des plus funestes : toutes les autres demeuraient incomparablement au-dessous.

Cela a porté la conversation sur les bulletins. L'Empereur les a dits très-véridiques, a assuré qu'à l'exception de ce que le voisinage de l'ennemi forçait de déguiser pour qu'il n'en tirât pas des lumières nuisibles lorsqu'ils arrivaient dans ses mains, tout le reste était très-exact. A Vienne et dans toute l'Allemagne, on leur rendait plus de justice que chez nous. Si on leur avait fait une mauvaise réputation dans nos armées, si on disait communément *menteur comme un bulletin*, c'étaient les rivalités personnelles, l'esprit de parti qui l'avaient établi ainsi ; c'était l'amour-propre blessé de ceux qu'on avait oublié d'y nommer, et qui y avaient ou croyaient y avoir des droits, et, par-dessus tout encore, notre ridicule défaut national de ne pas avoir de plus grands ennemis de nos succès et de notre gloire que nous-mêmes.

Insalubrité de l'île.

Vendredi 29

Le temps était constamment mauvais ; impossible de mettre le pied dehors. La pluie et l'humidité envahissaient nos appartements de carton ; la santé de chacun en souffrait. La température est douce ici sans doute, mais le climat y est des plus insalubres. C'est une chose reconnue dans l'île qu'on y atteint rarement cinquante ans, presque jamais soixante. Qu'on joigne à cela notre isolement du reste de l'univers, les privations physiques, les mauvais procédés moraux, il en résultera qu'assurément les prisons d'Europe sont de beaucoup préférables à la liberté de Sainte-Hélène.

Sur les quatre heures, on m'a amené plusieurs capitaines de la Chine qui devaient être présentés à l'Empereur. Ils ont pu voir la petitesse, l'humidité, le mauvais état de mon réduit. Ils s'informaient comment l'Empereur se trouvait dans sa santé. Elle s'altérait visiblement, leur disais-je. Jamais nous n'entendions de plaintes de lui. Sa grande âme résistait à tout et contribuait même à le tromper sur son corps ; mais nous pouvions le voir dépérir à vue d'œil. Je les ai conduits quelques instants après à l'Empereur, qui se promenait dans le jardin. Il m'a semblé précisément beaucoup plus altéré que de coutume. Il les a congédiés au bout d'une demi-heure. Il est rentré, et a pris un bain. Avant et après le dîner, il avait l'air abattu et souffrant. Il a commencé à nous lire *les*

Femmes savantes; mais, dès le deuxième acte, il a passé le livre au grand maréchal, et a sommeillé sur le canapé durant tout le reste de la lecture.

Paroles de l'Empereur sur son expédition en Orient.

Samedi 30, dimanche 31.

Aujourd'hui le temps a continué à être très-mauvais; nous en souffrions tous. De plus, nous sommes littéralement infestés de rats, de puces, de punaises. Notre sommeil en est troublé; de sorte que les peines de la nuit sont en parfaite harmonie avec celles du jour.

Le temps s'était remis tout-à-fait au beau le 31. Nous sommes sortis en calèche. L'Empereur, dans le cours de la conversation, est arrivé à dire, parlant de l'Égypte et de la Syrie, que s'il eût enlevé Saint-Jean-d'Acre, ce qu'il eût dû faire, il opérait une révolution dans l'Orient. « Les plus petites circonstances conduisent les plus grands événements, « disait-il. La faiblesse d'un capitaine de frégate qui prend chasse au « large au lieu de forcer son passage dans le port, quelques contrariétés « de détails dans quelques chaloupes ou bâtiments légers, ont empêché « que la face du monde ne fût changée. Saint-Jean-d'Acre enlevé, l'ar-« mée française volait à Damas et à Alep; elle eût été en un clin d'œil « sur l'Euphrate. Les chrétiens de la Syrie, les Druses, les chrétiens de « l'Arménie se fussent joints à elle; les populations allaient être « ébranlées. » Un de nous ayant dit qu'on eût été bientôt renforcé de cent mille hommes : « Dites de six cent mille, a repris l'Empereur; qui « peut calculer ce que c'eût été? J'aurais atteint Constantinople et les « Indes; j'eusse changé la face du monde! »

Description de l'appartement de l'Empereur. — Horloge du grand Frédéric. — Montre de Rivoli. — Détails minutieux de sa toilette. — Son costume. — Bruits ridicules, absurdités sur sa personne. — Complot de Georges. — De Cérachi. — Attentat du fanatique de Schœnbrunn.

Lundi 1ᵉʳ, mardi 2 avril

Tout ce qui touche l'Empereur et le concerne semble devoir être précieux; des milliers de personnes le penseront ainsi. C'est dans ce sentiment, avec cette opinion, que je vais décrire minutieusement ici son appartement, l'ameublement qui s'y trouve, les détails de sa toilette, etc. Et puis, avec le temps, peut-être un jour son fils se plaira-t-il à reproduire les détails, la contexture de sa prison! Peut-être aimera-t-il à s'entourer d'objets éloignés, d'ombres fugitives, qui lui recomposeront une espèce de réalité!

L'appartement de l'Empereur est formé de deux pièces *A* et *B*, ainsi qu'on peut le voir sur le plan de Longwood inséré dans l'ouvrage, chacune de quinze pieds de long sur douze de large, et d'environ sept de haut.

Un assez mauvais tapis en couvre le plancher; des pièces de nankin, tendues en guise de papier, les tapissent toutes deux.

Dans la chambre à coucher *A* se voit le petit lit de campagne *a*, où couche l'Empereur; le canapé *b*, sur lequel il repose la plus grande partie du jour. Il est encombré de livres qui semblent lui en disputer l'usage. A côté est un petit guéridon *c*, sur lequel il déjeune et dîne dans son intérieur, et qui, le soir, porte un chandelier à trois branches, recouvert d'un grand chapiteau.

Entre les deux fenêtres, à l'opposite de la porte, est une commode *d*, contenant son linge, et sur laquelle est son grand nécessaire.

La cheminée *e*, supportant une fort petite glace, présente plusieurs tableaux. A droite est celui du roi de Rome sur un mouton, par Aimé Thibault; à gauche, en pendant, est un autre portrait du roi de Rome, assis sur un carreau, essayant une pantoufle, par le même auteur; plus bas, sur la cheminée, est un petit buste, en marbre, du même enfant. Deux chandeliers, deux flacons, et deux tasses de vermeil, tirés du nécessaire de l'Empereur, achèvent l'ornement et la symétrie de la cheminée.

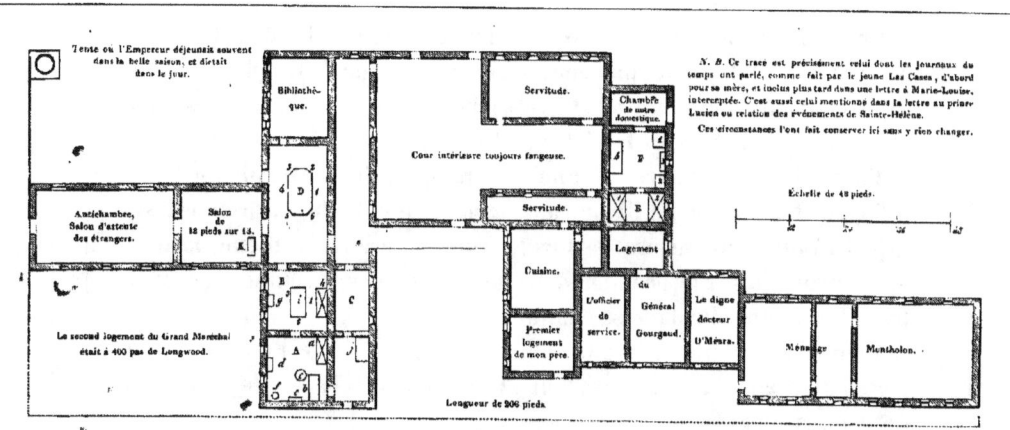

Enfin, au pied du canapé, et précisément en regard de l'Empereur quand il y repose étendu, ce qui a lieu la plus grande partie du jour, est le portrait de Marie-Louise, tenant son fils entre ses bras, par Isabey. Ce mauvais petit réduit est ainsi devenu un sanctuaire de famille.

Il ne faut pas oublier, sur la gauche de la cheminée et en dehors des portraits, la grosse montre d'argent du grand Frédéric, espèce de réveille-matin, prise à Potsdam, et, en pendant, à droite, la propre montre de l'Empereur, celle qu'il portait à l'armée d'Italie et d'Égypte, recouverte des deux côtés d'une boîte en or portant son chiffre B. Voilà la première chambre.

La seconde pièce *B*, servant de cabinet, présente le long des murs, du côté des fenêtres, des planches brutes posées sur de simples tréteaux, supportant un bon nombre de livres épars et les divers chapitres écrits par chacun de nous sous la dictée de l'Empereur.

Entre les deux fenêtres est une armoire *g*, en forme de bibliothèque; à l'opposite, un second lit de campagne *h*, semblable au premier, sur lequel l'Empereur repose parfois le jour et se couche même la nuit, après avoir quitté le premier dans ses fréquentes insomnies, et avoir travaillé ou marché dans sa chambre.

Enfin dans le milieu est la table de travail *i*, avec l'indication des places qu'occupent ordinairement l'Empereur et chacun de nous lorsqu'il nous dicte.

L'Empereur fait sa toilette dans sa chambre à coucher. Quand il se déshabille, ce qu'il fait de ses propres mains, il jette tout ce dont il se dépouille par terre, s'il ne se trouve là un de ses valets de chambre pour s'en saisir. Combien de fois je me suis précipité pour ramasser son cordon de la Légion-d'Honneur, quand je le voyais arriver ainsi sur le plancher!

La barbe est une des dernières parties de sa toilette, qui ne vient qu'après qu'on lui a mis ses bas, ses souliers, etc. Il se rase toujours lui-même, ôtant d'abord sa chemise, et demeurant en simple gilet de flanelle, qu'il avait quitté sous les chaleurs de la ligne, et qu'il a été obligé de reprendre à Longwood, à la suite de vives coliques dont il a été immédiatement soulagé par la reprise de la flanelle.

L'Empereur se rase dans l'embrasure de la fenêtre, à côté de la cheminée. Son premier valet de chambre lui présente le savon et un rasoir; un second tient devant lui la glace de son nécessaire, de manière à ce que l'Empereur présente au jour la joue qu'il rase. Ce second valet de chambre l'avertit si le rasoir a laissé quelque chose en arrière. Cette joue rasée, il se fait une évolution complète pour faire l'autre, chacun changeant de côté.

L'Empereur se lave ensuite la figure et très-souvent la tête dans un grand *lavabo* d'argent *f*, fixé dans l'encoignure de la chambre, et apporté de l'Élysée. Vient ensuite l'histoire des dents, après quoi l'Empereur quitte son gilet de flanelle. Il est fort gras, peu velu, a la peau blanche, et présente un certain embonpoint qui n'est pas de notre sexe; ce qu'il observe parfois gaiement. L'Empereur se frotte alors la poitrine et les bras avec une brosse assez rude, la donne ensuite à son valet de chambre, pour qu'il lui frotte le dos et les épaules, qu'il arrondit à cet effet, lui répétant d'ordinaire, quand il est de bonne humeur : *Allons fort, comme sur un âne.* Il s'inondait ensuite d'eau de Cologne, tant qu'il en a eu à sa disposition; mais il en a bientôt manqué, et, ne s'en trouvant point dans l'île, il a dû se réduire à l'eau de lavande, ce qui a été pour lui une privation réelle.

Quand il était en gaieté ou sans préoccupation, il lui arrivait d'ordinaire, à la fin du frottage de ses épaules, comme à chaque évolution pour les deux côtés de sa barbe, de considérer en face, quelques secondes, le valet de chambre en service, et de lui appliquer ensuite une bonne tape sur les oreilles, en l'accompagnant de quelques mots de plaisanterie.

C'est là sans doute ce que les faiseurs de libelles et de pamphlets ont appelé battre cruellement tout ce qui était autour de lui! car, à nous aussi, il lui arrivait souvent de nous pincer l'oreille ou de nous la prendre à poignée; mais, à l'expression qui accompagnait toujours ce geste, nous devions penser qu'on était bien heureux, au temps de sa puissance, d'une pareille faveur.

C'est ce qui me rappelle et m'explique tout à fait aujourd'hui certaines paroles d'un de ses anciens ministres. Ce ministre (le duc Decrès), au temps de sa plus grande faveur, désirait vivement une certaine grâce. Après avoir parcouru avec moi toutes les chances du succès, il lui échappa de dire dans l'épanchement : « **Je l'aurai, après tout, la première fois que je serai bourré.** » Et sur ce qu'il remarquait quelque chose sur ma figure, il ajouta avec un sourire significatif : « Mon cher,
« c'est qu'après tout ce n'est pas aussi terrible que tu le penses ; ne
« l'est pas qui veut, je t'assure... »

L'Empereur ne sortait de sa chambre qu'habillé et toujours en souliers, ne portant des bottes que le matin, s'il allait à cheval. En arrivant à Longwood, il a quitté son petit uniforme vert de la garde; il n'a plus porté alors qu'un habit de ses chasses dont on avait ôté le galon. Il lui allait assez mal et commençait à être fort usé ; on s'inquiétait déjà comment on le remplacerait. Au demeurant, ce n'était pas le seul besoin de cette espèce dont il était entouré. Nous souffrions de le voir contraint, par exemple, à porter plusieurs jours les mêmes bas de soie, et nous nous récriions sur ce qu'on pouvait compter les jours par le nombre de marques que les souliers y traçaient; il ne faisait qu'en rire. Dans toute autre chose, il a continué son costume habituel : veste et culotte de casimir blanc et cravate noire. Enfin, quand il allait sortir, celui de nous qui se trouvait là lui donnait son petit chapeau, chapeau remarquable, en quelque sorte devenu identique à sa personne, et dont on lui en a déjà volé plusieurs depuis que nous sommes dans l'île : car quiconque nous approche est avide d'en remporter quelque chose. Combien de fois chacun de nous a été persécuté par les personnes les plus distinguées pour en obtenir, ne fût-ce qu'un bouton de son habit ou toute autre minutie de même nature!

J'assistais presque tous les jours à cette toilette, soit que je m'y trouvasse par la fin de mon travail, soit que j'y fusse appelé pour causer.

Un jour, considérant l'Empereur remettre son gilet de flanelle, mes traits exprimaient sans doute quelque chose de particulier. « De quoi
« sourit *Votre Excellence* (expression de sa bonne humeur)? Qu'est-ce

« qui l'occupe en ce moment? — Sire, c'est que je viens de trouver
« dans un pamphlet que Votre Majesté, pour plus de sûreté, était cui-
« rassée nuit et jour. Certains salons de Paris disaient aussi quelque
« chose de semblable, et en donnaient pour preuve l'embonpoint subit
« de Votre Majesté, qui, suivant eux, n'était pas naturel. Or, je pensais
« en cet instant que je pourrais témoigner, avec connaissance de cause,
« que cet embonpoint était très-naturel, et que je pourrais affirmer
« aussi qu'à Sainte-Hélène, du moins, Votre Majesté avait laissé toutes
« précautions de côté. — C'est une des mille et une bêtises qu'ils ont
« écrites sur mon compte. Celle-ci est d'autant plus gauche, que tous
« ceux qui me connaissent savent le peu de soin que je prenais de
« ma conservation. Accoutumé dès l'âge de dix-huit ans aux boulets
« des batailles, et sachant toute l'inutilité de vouloir s'en préserver, je
« m'abandonnais à ma destinée. Depuis, lorsque je suis arrivé à la tête
« des affaires, j'ai dû me croire encore au milieu des batailles, dont
« les conspirations étaient les boulets. J'ai continué mon même calcul;
« je me suis abandonné à mon étoile, laissant à la police tout le soin
« des précautions. J'ai été peut-être le seul souverain de l'Europe qui
« n'avait point de gardes du corps. On m'abordait sans avoir à traverser
« une salle des gardes. Quand on avait franchi l'enceinte extérieure des
« sentinelles, on avait la circulation de tout mon palais. C'était un grand
« sujet d'étonnement pour Marie-Louise de me voir si peu de défense ;
« elle me disait souvent que son père était bien mieux gardé, qu'il avait
« des armes autour de lui, etc. Pour moi, j'étais aux Tuileries comme
« ici ; je ne sais seulement pas où est mon épée, la voyez-vous !

« Ce n'est pas, continuait-il, que je n'aie couru de grands dangers.
« Je compte trente et quelques conspirations à pièces authentiques, sans
« parler de celles qui sont demeurées inconnues : d'autres en inventent;
« moi j'ai soigneusement caché toutes celles que j'ai pu. La crise a été
« bien forte pour mes jours, surtout depuis Marengo jusqu'à la tentative
« de Georges et l'affaire du duc d'Enghien. »

Napoléon disait que, huit jours avant l'arrestation de Georges, un des plus déterminés de sa bande lui avait remis en main propre une pétition à la parade; d'autres s'introduisirent à Saint-Cloud ou à la Malmaison parmi les gens; enfin Georges lui-même paraît avoir été fort près de sa personne et dans un même appartement.

L'Empereur, indépendamment de son étoile, attribue son salut à certaines circonstances qui lui étaient propres. Ce qui l'avait sauvé, disait-il, c'était d'avoir vécu de fantaisie; de n'avoir jamais eu d'habitudes régulières ni de marche suivie. L'excès du travail le retenait dans son cabinet et chez lui ; il ne dînait jamais chez personne, allait rarement au spectacle, et ne paraissait guère que quand et où il n'était pas attendu, etc.

Les deux attentats qui l'avaient mis le plus en péril, me disait-il tout en gagnant le jardin, sa toilette finie, étaient ceux du sculpteur *Cérachi* et du *fanatique de Schœnbrunn*.

Cérachi, avec quelques forcenés, avait résolu la mort du Premier Consul : ils devaient l'immoler au sortir de sa loge au spectacle. Le Consul, averti, s'y rendit néanmoins, et passa hardiment au travers de ceux qui s'étaient montrés les plus empressés à venir occuper leurs postes : on ne les arrêta qu'au milieu ou vers la fin du spectacle.

Cérachi, disait l'Empereur, avait jadis adoré le Consul ; mais il avait juré sa perte depuis qu'il ne voyait plus en lui, prétendait-il, qu'un tyran. Ce sculpteur avait été comblé par le général Bonaparte, il en avait exécuté le buste et sollicitait en ce moment, par tous les moyens imaginables, d'obtenir seulement une séance pour une correction, qu'il disait nécessaire. Conduit par son étoile, le Consul ne put disposer d'un instant, et pensant que le besoin était la véritable cause des pressantes sollicitations de Cérachi, il lui fit donner six mille francs. Il se méprenait étrangement ! Cérachi n'avait eu d'autre intention que de le poignarder quand il poserait.

La conspiration fut dévoilée par un capitaine de la ligne, complice lui-même. « Étrange modification de la cervelle humaine, ajoutait Na« poléon, et jusqu'où ne vont pas les combinaisons de la folie et de la « bêtise ! Cet officier m'avait en horreur comme consul, mais il m'a« dorait comme général. Il voulait bien qu'on m'arrachât de mon poste, « mais il eût été bien fâché qu'on m'eût ôté la vie. Il fallait, disait-il, se « saisir de moi, ne me pas faire de mal, et m'envoyer à l'armée pour y « continuer de battre l'ennemi et de faire la gloire de la France. Le « reste des conjurés lui rit au nez ; mais quand il vit distribuer les poi« gnards et qu'on dépassait ses intentions, il vint lui-même dénoncer le « tout au Consul. »

A ce sujet quelqu'un dit à Napoléon qu'il avait été témoin à Feydeau d'une circonstance qui mit la plus grande partie de la salle en émoi. L'Empereur arrivait dans la loge de l'impératrice Joséphine ; à peine assis, un jeune homme grimpe vivement sur la banquette qui était audessous de la loge et pose la main sur la poitrine de l'Empereur ; tous les spectateurs du côté opposé frémirent ; mais ce n'était qu'une pétition que l'Empereur prit et lut froidement.

Le *fanatique de Schœnbrunn*, disait l'Empereur, était le fils d'un ministre protestant d'Erfurt, qui, vers le temps de la bataille de Wagram, résolut d'assassiner Napoléon en pleine parade. Déjà il était venu à bout de percer l'enceinte des soldats qui retenait la foule éloignée de la personne de l'Empereur; déjà il en avait été repoussé deux ou trois fois, quand le général Rapp, voulant de nouveau l'éloigner de la main, ren-

contra quelque chose sous son habit; c'était un couteau d'un pied et demi de long, pointu et tranchant des deux côtés. « J'en ai frémi en le « considérant, disait l'Empereur, il n'était enveloppé que d'une simple « gazette! »

Napoléon se fit amener l'assassin dans son cabinet. Il appela Corvisart, et lui ordonna de tâter le pouls au criminel, tandis qu'il lui adressait la parole. L'assassin demeura constamment sans émotion, avouant son acte d'une voix ferme, et citant souvent la *Bible*.

« Que me vouliez-vous? lui dit l'Empereur. — Vous tuer. — Que « vous ai-je fait? Qui vous a établi mon juge ici-bas? — Je voulais ter- « miner la guerre. — Et que ne vous adressiez-vous à l'empereur Fran- « çois? — Lui! Et à quoi bon! Il est si nul! disait l'assassin. Et puis,

« lui mort, un autre lui succéderait ; au lieu qu'après vous les Français
« disparaîtraient aussitôt de toute l'Allemagne. »

Vainement l'Empereur chercha à l'émouvoir. « Vous repentez-vous ?
« lui dit-il. — Non. — Le feriez-vous encore ? — Oui. — Mais si je vous
« faisais grâce ! » Ici pourtant, disait Napoléon, la nature reprit un instant ses droits ; la figure, la voix de l'homme s'altérèrent momentanément. « Alors, dit-il, je croirais que Dieu ne le veut plus. » Mais bientôt il reprit toute sa férocité. On le garda à l'écart plus de vingt-quatre heures sans manger ; le médecin l'examina encore ; on le questionna de

nouveau ; tout fut inutile, il resta toujours le même homme, ou pour mieux dire une véritable bête féroce, et on l'abandonna à son sort.

Partis à prendre après Waterloo.

Mercredi 3.

L'Empereur, dans la matinée, a travaillé dans le jardin. Le temps était superbe, le jour des plus purs et des plus beaux. Il lisait l'expédition d'Alexandre dans Rollin ; il avait plusieurs cartes étendues devant lui ; il se plaignait d'un récit fait sans goût, sans intention, qui ne laissait, disait-il, aucune idée juste des grandes vues d'Alexandre ; il lui prenait envie de refaire ce morceau, etc., etc.

Sur les cinq heures, j'ai été le joindre dans le jardin ; il s'y prome-

nait entouré de tous. D'aussi loin qu'il m'a aperçu, il m'a dit : « Arrivez,
« venez nous dire votre opinion sur un point que nous débattons depuis
« une heure.

« Au retour de Waterloo, croyez-vous que j'eusse pu renvoyer le Corps
« Législatif et sauver la France sans lui ? — Non, ai-je dit ; le Corps Lé-
« gislatif ne se serait pas dissous volontairement ; il eût fallu employer
« la force : il eût protesté, et il y eût eu scandale. Le dissentiment qui eût
« éclaté dans son sein se fût répété dans la nation. Cependant l'ennemi
« serait arrivé. Votre Majesté eût succombé, accusée par toute l'Europe,
« accusée par les étrangers, accusée par nous-mêmes, emportant peut-
« être la malédiction universelle, et semblant n'avoir été qu'un chef
« d'aventures et de violences. Au lieu de cela, Votre Majesté est sortie
« pure de la mêlée, et demeurera le héros d'une cause qui vivra éter-
« nellement dans le cœur de tous ceux qui croient à la cause des peu-
« ples ; elle s'est assuré, par sa modération, le plus beau caractère de
« l'histoire, dont autrement elle eût pu courir le risque de devenir la
« réprobation. elle a perdu sa puissance, il est vrai, mais elle a comblé
« la mesure de sa gloire !... »

« — Eh bien ! c'est aussi en partie mon avis, a repris l'Empereur ;
« mais est-il bien sûr que le peuple français sera juste envers moi ? ne
« m'accusera-t-il pas de l'avoir abandonné ? L'histoire décidera : je suis
« loin de la redouter, je l'invoque !

« Et moi-même, me suis-je demandé quelquefois, ai-je bien fait pour
« ce peuple malheureux tout ce qu'il avait droit d'attendre ? Il a tant fait
« pour moi ! Saura-t-il jamais, ce peuple, tout ce que m'a coûté la nuit
« qui précéda ma dernière décision ; cette nuit des incertitudes et des
« angoisses !

« Deux grands partis m'étaient laissés : celui de tenter de sauver la
« patrie par la violence, ou celui de céder moi-même à l'impulsion gé-
« nérale. J'ai dû prendre celui que j'ai suivi ; amis et ennemis, bien in-
« tentionnés et méchants, tous étaient contre moi. Je demeurais seul ;
« j'ai dû céder ; et une fois fait, cela a été fait : je ne suis pas pour les
« demi-mesures ; et puis la souveraineté ne se quitte pas, ne se reprend
« pas de la sorte comme on le ferait d'un manteau.

« L'autre parti demandait une étrange vigueur. Il se fût trouvé de
« grands criminels, et il eût fallu de grands châtiments : le sang pouvait
« couler, et alors sait-on où nous étions conduits ? Quelles scènes pou-
« vaient se renouveler ! Moi, n'allais-je pas par là me tremper, noyer
« ma mémoire de mes propres mains dans ce cloaque de sang, de crimes,

« d'abominations de toute espèce, que la haine, les pamphlets, les libelles
« ont accumulés sur moi? Ce jour-là je semblais justifier tout ce qu'il
« leur a plu d'inventer. Je devenais pour la postérité et l'histoire le Né-
« ron, le Tibère de nos temps. Si encore, à ce prix, j'eusse sauvé la pa-
« trie!... je m'en sentais l'énergie!... Mais était-il bien sûr que j'aurais
« réussi? Tous nos dangers ne venaient pas du dehors; nos dissentiments
« au dedans ne leur étaient-ils pas supérieurs? Ne voyait-on pas une
« foule d'insensés s'acharner à disputer sur les nuances avant d'avoir
« assuré le triomphe de la couleur? A qui d'eux eût-on persuadé que je
« ne travaillais pas pour moi seul, pour mes avantages personnels? Qui
« d'eux eût-on convaincu que j'étais désintéressé? que je ne combattais
« que pour sauver la patrie? A qui eût-on fait croire tous les dangers,
« tous les malheurs auxquels je cherchais à la soustraire? Ils étaient
« visibles pour moi; mais quant au vulgaire, il les ignorera toujours
« s'ils n'ont pesé sur lui.

« Qu'eût-on répondu à celui qui se fût écrié : Le voilà de nouveau le
« despote, le tyran! le lendemain même de ses serments, il les viole de
« nouveau! Et qui sait si, dans tous ces mouvements, cette complication
« inextricable, je n'eusse point péri d'une main même française, dans le
« conflit des citoyens? Et alors que devenait la nation aux yeux de tout
« l'univers et dans l'estime des générations les plus reculées! Car sa
« gloire est à m'avouer! Je ne saurais avoir fait tant de choses pour son
« honneur et son lustre, sans elle, en dépit d'elle : elle me rendrait
« trop grand!... Je le répète, l'histoire décidera!... »

Après cette sortie, il est revenu sur les mesures et les détails de la campagne, et s'arrêtait avec complaisance sur son glorieux début, avec angoisse sur le terrible désastre qui l'avait terminée.

« Toutefois, concluait-il, rien ne me semblait encore désespéré, si
« j'eusse trouvé le concours que je devais attendre. Nos seules ressources
« étaient dans les Chambres : j'accourus à Paris pour les en convaincre;
« mais elles s'insurgèrent aussitôt contre moi, sous je ne sais quel pré-
« texte, que je venais les dissoudre. Quelle absurdité! Dès cet instant
« tout fut perdu [1].

---

[1] Le temps, qui apprend tout, nous a fait connaître les petits ressorts qui ont amené un des plus grands dénoûments.
Voici ce que je tiens de la propre bouche des acteurs :
En apprenant l'arrivée de Napoléon à l'Élysée après Waterloo, Fouché court aux membres inquiets, défiants, ombrageux de la Chambre : « Aux armes! leur crie-t-il. Il revient furieux et résolu à dissoudre les Chambres et à saisir la dictature; nous ne devons pas souffrir ce retour de la tyrannie. » Et de là il court aux meilleurs amis de Napoléon : « Savez-vous, leur dit-il, que la fermentation est extrême

« Ce n'est pas, ajoutait l'Empereur, qu'il faille peut-être accuser la
« masse de ces Chambres ; mais telle est la marche inévitable de ces
« corps nombreux, ils périssent par défaut d'unité ; il leur faut des chefs
« aussi bien qu'aux armées : on nomme à celles-ci ; mais les grands ta-
« lents, les génies éminemment supérieurs, se saisissent des assemblées
« et les gouvernent. Or, nous manquions de tout cela ; aussi, en dépit
« du bon esprit dont le grand nombre pouvait être animé, tout se trouva,
« dès l'instant, confusion, vertige, tumulte : la perfidie, la corruption,
« vinrent s'établir aux portes du Corps Législatif ; l'incapacité, le dés-
« ordre, le travers d'esprit, régnèrent dans son sein, et la France devint
« la proie de l'étranger.

« Un moment j'eus envie de résister, continuait-il, je fus sur le point
« de me déclarer en permanence aux Tuileries, au milieu des ministres
« et du Conseil d'État ; d'appeler autour de moi les six mille hommes de
« la garde que j'avais à Paris ; de les grossir de la partie bien intentionnée
« de la garde nationale, qui était nombreuse, et de tous les fédérés des
« faubourgs ; d'ajourner le Corps Législatif à Tours ou à Blois ; de réor-
« ganiser sous Paris les débris de l'armée, et de travailler seul ainsi, et
« par forme de dictature, au salut de la patrie. Mais le Corps Législatif
« aurait-il obéi ? J'aurais bien pu l'y contraindre par la force ; mais alors
« quel scandale et quelle nouvelle complication ! Le peuple ferait-il cause
« commune avec moi ? L'armée même m'obéirait-elle constamment ?
« Dans les crises toujours renaissantes, ne se séparerait-on pas de moi ?
« N'essaierait-on pas de s'arranger à mes dépens ? L'idée que tant d'ef-
« forts et de dangers n'avaient que moi pour objet ne serait-elle pas un
« prétexte plausible ? Les facilités que chacun avait trouvées l'année pré-
« cédente auprès des Bourbons ne seraient-elles pas aujourd'hui, pour
« bien des gens, des inductions décisives ?

« Oui, j'ai balancé longtemps, disait l'Empereur, pesé le pour et le
« contre ; et, comme je vais vite et loin, que je pense fortement, j'ai
« conclu que je ne pouvais résister à la coalition du dehors, aux roya-

« contre l'Empereur parmi certains députés, et que nous n'avons d'autre parti pour le sauver que de
« leur montrer les dents, de leur faire voir toute la force de l'Empereur, et combien il lui serait facile
« de les dissoudre ? »

Les amis de Napoléon, aisément dupés, au fort de cette crise soudaine, ne manquent pas de suivre, ou
peut-être même dépassent les suggestions de Fouché, qui recourt ensuite aux premiers, leur disant :
« Vous voyez bien que ses meilleurs amis en conviennent, le danger est pressant ; dans peu d'heures, si
« on n'y pourvoit, il n'y aura plus de Chambres et l'on serait bien coupable de laisser échapper le seul
« instant de s'y opposer. » Alors la permanence des Chambres, l'abdication forcée de Napoléon, et un
grand empire succombe sous les plus petites, les plus subalternes intrigues, à la faveur des rapports, de
vrais commérages d'antichambre. Ah ! Fouché !... Fouché !... que l'Empereur le connaissait bien, quand
il disait qu'on était toujours sûr de trouver son vilain pied sali dans les souliers de tout le monde !

« listes du dedans, à la foule de sectes que la violation du Corps Légis-
« latif aurait créées, à cette partie de la multitude qu'il faut faire mar-
« cher par la force, enfin à cette condamnation morale, qui vous impute,
« quand vous êtes malheureux, tous les maux qui se présentent. Il ne
« m'est donc resté absolument que le parti de l'abdication; elle a tout
« perdu : je l'ai vu, je l'ai dit; mais je n'ai pas eu d'autre choix.

« Les alliés avaient toujours suivi contre nous le même système; ils
« l'avaient commencé à Prague, continué à Francfort, à Chatillon, à
« Paris et à Fontainebleau. Ils se sont conduits avec beaucoup d'esprit!
« Les Français purent en être la dupe en 1814; mais la postérité con-
« cevra difficilement qu'ils le fussent en 1815; elle flétrira à jamais ceux
« qui s'y laissèrent prendre. Je leur avais dit leur histoire en partant
« pour l'armée : *Ne ressemblons pas aux Grecs du Bas-Empire qui s'amu-
« saient à discuter entre eux quand le bélier frappait les murailles de leur
« ville.* Je la leur ai dite encore quand ils m'ont forcé d'abdiquer : *Les
« ennemis veulent me séparer de l'armée; quand ils auront réussi, ils sé-
« pareront l'armée de vous; vous ne serez plus alors qu'un vil troupeau,
« la proie des bêtes féroces.* »

Nous avons demandé à l'Empereur si, avec le concours du Corps Législatif, il eût cru pouvoir sauver la patrie. Il a répondu sans hésitation
qu'il s'en serait chargé avec confiance, et eût cru pouvoir en répondre.

« En moins de quinze jours, disait-il, c'est-à-dire avant que les masses
« de l'ennemi eussent pu se présenter devant Paris, j'en eusse complété
« les fortifications; j'eusse réuni sous ses murailles, des débris de l'ar-
« mée, plus de quatre-vingt mille hommes de bonnes troupes, et trois
« cents pièces attelées. Au bout de quelques jours de feu, la garde natio-
« nale, les fédérés, les habitants de Paris, eussent suffi à la défense des
« retranchements; il me serait donc demeuré quatre-vingt mille hommes
« disponibles sous la main.

« Et l'on savait, continuait-il, tout le parti que j'étais capable d'en
« tirer. Les souvenirs de 1814 étaient encore tout frais : *Champ-Aubert,
« Montmirail, Craonne, Montereau,* vivaient encore dans l'imagination
« de ceux qui avaient à nous combattre. Les mêmes lieux leur eussent
« rendu présents les prodiges de l'année précédente; ils m'avaient alors
« surnommé, dit-on, le *cent mille hommes.* La rapidité, la force de nos
« coups, leur avaient arraché ce mot; le fait est que nous nous étions
« montrés admirables : jamais une poignée de braves n'accomplit plus
« de merveilles. Si ces hauts faits n'ont jamais été bien connus dans le
« public, par les circonstances de nos désastres, ils ont été dignement

Napoléon à Montereau.

« jugés de nos ennemis, qui les ont comptés par nos coups. Nous fûmes
« vraiment alors les Briarées de la fable !...

« Paris, continuait-il, serait devenu en peu de jours une place impre-
« nable. L'appel à la nation, la magnitude du danger, l'inflammation des
« esprits, la grandeur du spectacle, eussent dirigé de toutes parts des
« multitudes sur la capitale. J'aurais aggloméré indubitablement plus
« de quatre cent mille hommes, et je n'estime pas que les alliés dépas-
« sassent cinq cent mille. L'affaire était alors ramenée à un combat sin-
« gulier qui eût causé autant d'effroi à l'ennemi qu'à nous ; il eût hésité,
« et la confiance du grand nombre me fût revenue.

« Cependant je me serais entouré d'une consulte ou junte nationale,
« tirée par moi des rangs du Corps Législatif, toute formée de noms na-
« tionaux, dignes de la confiance de tous ; j'aurais ainsi fortifié ma dic-
« tature militaire de toute la force de l'opinion civile ; j'aurais eu ma
« tribune ; elle eût soufflé le talisman des principes sur toute l'Europe ;
« les souverains eussent frémi de voir la contagion gagner les peuples ;
« ils eussent tremblé, traité ou succombé !...

« —Mais, Sire, nous sommes-nous écriés, pourquoi n'avoir pas entre-
« pris ce qui eût infailliblement réussi, et pourquoi nous trouvons-nous
« ici ?

« —Eh bien ! vous autres aussi, vous y voilà, reprenait-il, vous blâmez,
« vous condamnez ! Mais si je vous faisais passer en revue les chances
« contraires, vous changeriez bientôt de langage. Et puis vous oubliez
« que nous avons raisonné dans l'hypothèse que le Corps Législatif se fût
« réuni à moi, et vous savez ce qu'il en a été. J'eusse pu le dissoudre, il
« est vrai ; la France, l'Europe me blâment peut-être, et la postérité me
« blâmera sans doute d'avoir eu la faiblesse de ne pas m'en défaire
« après son insurrection ; je me devais, dira-t-on, aux destinées d'un
« peuple qui avait tout fait pour moi. Mais en le dissolvant, je pouvais,
« tout au plus, obtenir de l'ennemi quelque capitulation, et encore, je
« le répète, m'aurait-il fallu du sang et me montrer tyran !... J'en avais
« néanmoins arrêté le plan dans la nuit du 20, et le 21 au matin allait
« voir des déterminations d'une étrange vigueur, quand, avant le jour,
« tout ce qu'il y avait de bon et de sage vint m'avertir qu'il n'y fallait pas
« songer ; que tout m'échappait, et qu'on ne cherchait aveuglément qu'à
« s'accommoder. Mais ne recommençons pas ; n'en voilà que trop sur un
« sujet qui fait toujours du mal ! Je le répète de nouveau, l'histoire dé-
« cidera !... » Et l'Empereur est rentré dans son intérieur en me disant
de le suivre. . . . .

Jeudi 4 avril.

J'ai été trouver l'Empereur, sur les cinq heures, dans le jardin; il avait pris un bain trop chaud, et il en souffrait. Nous avons été en calèche; le temps était magnifique : depuis plusieurs jours il est fort chaud et très-sec. Napoléon a travaillé avant le dîner avec le grand maréchal, dont la femme dînait chez l'amiral. L'Empereur est rentré de suite après le dîner dans sa chambre.

Traits caractéristiques.

Vendredi 5 au lundi 8.

Tous ces différents jours, l'Empereur est monté à cheval sur les six à sept heures du matin, n'emmenant que moi et mon fils.

Je puis affirmer que je n'ai jamais surpris dans Napoléon ni préjugés ni passions, c'est-à-dire jamais un jugement sur les personnes et sur les choses que la raison ne l'eût dicté, et je n'ai jamais vu dans ce qu'on aurait pu appeler passions que de pures sensations; aussi je dis avec vérité que, dans l'habitude de dix-huit mois, je ne l'ai jamais trouvé n'ayant pas raison.

Un autre point dont j'ai pu me convaincre, et que je consigne ici parce qu'il me revient en ce moment, c'est que, soit nature, soit calcul, soit habitude de la dignité, il renfermait la plupart du temps et gardait en lui-même les impressions de la peine vive qu'on lui causait, et encore peut-être davantage les émotions de bienveillance qu'il éprouvait. Je l'ai surpris souvent à réprimer des mouvements de sensibilité, comme s'il s'en fût trouvé compromis : tôt ou tard j'en fournirai quelques preuves. En attendant, voici un trait caractéristique qui va trop au but que je me propose dans ce Journal, celui de montrer l'homme à nu, de prendre la nature sur le fait, pour que j'aie dû me trouver arrêté par d'autres considérations.

Napoléon, depuis quelques jours, avait quelque chose sur le cœur, il avait été extrèmement choqué d'une circonstance domestique; il s'en trouvait vivement blessé. Durant ces trois jours, pendant lesquels nous nous sommes promenés chaque matin à l'aventure dans le parc, il y est revenu presque chaque fois avec chaleur, me faisant tenir très-près à son côté et ayant ordonné à mon fils de pousser en avant. Dans un certain moment il lui arriva de dire : « Je sais bien que je suis déchu; « mais le ressentir de l'un des miens! ah!... »

Ces paroles, son geste, son accent m'ont percé l'âme; je me serais précipité à ses genoux, je les aurais embrassés si j'eusse pu.

« L'homme est exigeant, a-t-il continué, susceptible; il a souvent tort,

« je le sais ; aussi, quand je me défie de moi-même, je me demande :
« Eût-on agi de la sorte aux Tuileries ? C'est toujours là ma grande
« épreuve. »

Il a ensuite beaucoup parlé de lui, de nous, de nos rapports réciproques, de notre situation dans l'île, de l'influence que notre attitude individuelle aurait pu exercer, etc., etc... Et ses réflexions étaient nombreuses, vives, fortes; elles étaient justes. Dans l'émotion qu'elles me causaient, je me suis écrié · « Sire, permettez-moi de m'emparer de
« cette affaire; jamais elle n'a paru bien certainement sous de telles cou-
« leurs; si elle était vue de la sorte, je suis sûr qu'elle navrerait de dou-
« leur, et vous verriez quels repentirs! je ne vous demande qu'à pouvoir
« dire un mot. » Sur quoi l'Empereur, revenant à lui, a dit avec dignité : « Non, Monsieur; bien plus, je vous le défends. L'épanchement
« est fait, la nature a eu son cours, je ne m'en souviens plus, et vous,
« vous ne devez jamais l'avoir su. »

En effet, au retour, nous avons tous déjeuné dans le jardin, et il s'y est montré plus gai que de coutume. Le soir il a dîné dans son intérieur.

Politique. — État de l'Europe. — Ascendant irrésistible des idées libérales.

Mardi 9, mercredi 10.

Il est arrivé le 9 un bâtiment d'Angleterre portant les journaux jusqu'au 21 janvier. L'Empereur, dont les promenades à cheval ont continué tous les matins, a passé le reste du temps dans sa chambre à parcourir ces journaux.

Les derniers numéros que nous venions de recevoir étaient aussi chauds qu'aucun de ceux que nous eussions vus. L'agitation en France allait croissant; le roi de Prusse arrêtait chez lui les sociétés secrètes, il conservait la landwehr; la Russie faisait de nouvelles recrues; l'Autriche se querellait avec la Bavière; en Angleterre la persécution des protestants de France et la violence du parti qui se rendait maître remuaient l'esprit public et préparaient des armes à l'opposition : jamais l'Europe n'avait été plus en fermentation.

Au récit du déluge de maux et des événements sanglants qui affligeaient tous les départements, l'Empereur s'est élancé de son canapé, et, frappant du pied avec chaleur, il s'est écrié : « Ah! quel malheur que
« je n'aie pu gagner l'Amérique! De l'autre hémisphère même, j'eusse
« protégé la France contre les réacteurs! la crainte de mon apparition
« eût tenu en bride leur violence et leur déraison; il eût suffi de mon
« nom pour enchaîner les excès et frapper d'épouvante! »

Puis, continuant sur le même sujet, il a conclu avec une chaleur qui tenait de l'inspiration : « La contre-révolution, même en la laissant
« aller, doit inévitablement se noyer d'elle-même dans la révolution.
« Il suffit à présent de l'atmosphère des jeunes idées pour étouffer les
« vieux féodalistes; car rien ne saurait désormais détruire ou effacer
« les grands principes de notre révolution ; ces grandes et belles vérités
« doivent demeurer à jamais, tant nous les avons entrelacées de lustre,
« de monuments, de prodiges; nous en avons noyé les premières souil-
« lures dans des flots de gloire ; elles sont désormais immortelles! Sor-
« ties de la tribune française, cimentées du sang des batailles, décorées
« des lauriers de la victoire, saluées des acclamations des peuples, sanc-
« tionnées par les traités, les alliances des souverains, devenues fami-
« lières aux oreilles comme à la bouche des rois, elles ne sauraient plus
« rétrograder!!!

« Elles vivent dans la Grande-Bretagne, elles éclairent l'Amérique,
« elles sont nationalisées en France : voilà le trépied d'où jaillira la lu-
« mière du monde!

« Elles le régiront; elles seront la foi, la religion, la morale de tous
« les peuples : et cette ère mémorable se rattachera, quoi qu'on ait voulu
« dire, à ma personne; parce qu'après tout j'ai fait briller le flambeau,
« consacré les principes, et qu'aujourd'hui la persécution achève de
« m'en rendre le Messie. Amis et ennemis, tous m'en diront le premier
« soldat, le grand représentant. Aussi, même quand je ne serai plus, je
« demeurerai encore pour les peuples l'étoile polaire de leurs droits;
« mon nom sera le cri de guerre de leurs efforts, la devise de leurs espé-
« rances. »

Opinions de l'Empereur sur plusieurs personnages connus.— Pozzo di Borgo.— Metternich.— Bassano.— Clarke.— Champagny.— Cambacérès.— Lebrun.— Talleyrand.— Fouché, etc.

Jeudi 11, vendredi 12.

L'Empereur a continué de profiter des matinées supportables pour monter à cheval; il déjeunait dans le jardin; la conversation se prolongeait ensuite avec un grand abandon et beaucoup d'intérêt sur sa vie privée, les événements publics, les personnes qui l'ont entouré, celles qui ont joué un grand rôle chez les autres puissances, etc., etc...

Il n'était plus question de leçons d'anglais; elles ne se prenaient plus qu'à cheval ou dans le cours de la journée lors de sa promenade; la régularité de la langue y perdait quelque chose, la facilité de s'exprimer gagnait infiniment.

Aujourd'hui, sur les cinq heures, nous avons fait notre tour de calèche accoutumé; le soir les conversations ont recommencé sur les anecdotes ministérielles et sur plusieurs personnages demeurés célèbres.

Napoléon nous a fait l'histoire de M. *Pozzo di Borgo*, son compatriote, qui avait été membre de la législative. C'est lui, à ce qu'on crut, qui a conseillé à l'empereur Alexandre de marcher sur Paris, bien que Napoléon se fût jeté sur ses derrières. « Et en cela, disait l'Empe-
« reur, il a par ce seul fait décidé des destinées de la France, de celles de
« la civilisation européenne, de la face et du sort du monde. Il était de-
« venu très-influent sur le cabinet russe. Au 20 mars, disait l'Empereur,
« il fit retraite dans la Belgique, et après l'entrée de Napoléon dans Paris
« il y eut quelques communications ministérielles échangées avec lui, et
« l'on a lieu de croire qu'elles eussent pu devenir très-importantes, pour
« peu que la lutte se fût prolongée, et que les chances eussent été dou-
« teuses. »

Il a fait aussi l'histoire de M. *Capo d'Istria*.

Il est passé de là à M. *de Metternich*. C'est lui, nous a-t-il dit, qui l'avait élevé au poste qu'il occupe. « Il serait difficile de rendre toutes
« les protestations personnelles qu'il m'avait si souvent répétées; sa
« vénalité n'était ignorée de personne, si ce n'est peut-être du pauvre
« François. »

Il est constant qu'au congrès de Vienne il a échappé à un grand monarque, dans un moment de dépit, de s'écrier : *Ce Metternich me coûte les yeux de la tête*. Paroles qui expliquent assez la tournure de plus d'une décision et les rapports de la fameuse sainte-alliance.

L'Empereur est venu ensuite à ses propres ministres : *Bassano*, qu'il croyait, disait-il, lui avoir été sincèrement attaché; *Clarke*, dont le temps devait, selon lui, faire pleine justice; *Champagny*, duc de Cadore, qu'il avait fait successivement ambassadeur à Vienne, ministre de l'intérieur, ministre des relations extérieures, etc., et dont ce méchant Talleyrand disait, avec sa malice ordinaire, que c'était l'homme propre à toutes places la veille du jour qu'on l'y nommait.

Vint ensuite *Cambacérès*, que Napoléon disait être l'homme des abus, avec un penchant décidé pour l'ancien régime, tandis que *Lebrun*, au contraire, avait, assurait-il, une forte pente en sens opposé : c'était, disait-il, l'homme des idéalités; et voilà les deux contre-poids, ajoutait-il, entre lesquels s'était placé le Premier Consul, qu'on appela si plaisamment dans le temps *le tiers consolidé*.

M. de *Talleyrand* et *Fouché* eurent leur tour; il s'y arrêta longtemps,

et partit de là pour faire une vigoureuse sortie sur l'immoralité des hauts administrateurs en France, et généralement de tous les fonctionnaires ou hommes à place; sur leur manque de religion politique ou de sentiment national, qui les portait à administrer indifféremment, un jour pour l'un, un jour pour l'autre : « Cette légèreté, cette inconsé-
« quence nous venaient de loin, disait-il; nous demeurions toujours
« Gaulois : aussi nous ne vaudrions tout notre prix que lorsque nous
« substituerions les principes à la turbulence, l'orgueil à la vanité, et
« surtout l'amour des institutions à l'amour des places. »

De tout cela, l'Empereur concluait que les souverains, à la suite de nos derniers événements, devaient nécessairement avoir retenu une arrière-pensée de mépris et de dépit contre un grand peuple qui se jouait ainsi de la souveraineté. « Du reste, continuait-il, l'excuse est peut-être
« dans la nature des choses, dans la force des circonstances. La *démo-*
« *cratie* élève la souveraineté, l'*aristocratie* seule la conserve. La mienne
« n'avait point encore pris les racines ni l'esprit qui devaient lui être
« propres; au moment de la crise, elle s'était trouvée encore de la dé-
« mocratie; elle avait été se confondre dans la foule et céder à l'impul-
« sion du moment, au lieu de lui servir d'ancre de salut contre la
« tempête et de l'éclairer sur son aveuglement. »

Voici ce qui s'est dit de neuf sur M. de Talleyrand et M. Fouché qui reviennent si souvent : je cherche à me répéter le moins possible.

Et qu'on n'aille pas croire que je me complaise ici à des personnalités, on ne saura jamais toutes celles que j'ai supprimées, et je puis même affirmer qu'il n'est aucun de ceux qui croiraient avoir à se plaindre qui ne me doive au contraire quelque chose.

« M. de Talleyrand avait attendu, disait l'Empereur, deux fois vingt-
« quatre heures à Vienne, des pleins pouvoirs pour traiter de la paix en
« mon nom. Mais j'aurais eu honte de prostituer ainsi ma politique; et
« pourtant il m'en coûte peut-être l'exil de Sainte-Hélène; car je ne dis-
« conviens pas qu'il ne soit d'un rare talent, et ne puisse en tout temps
« mettre un grand poids dans la balance.

« M. de Talleyrand, continuait-il, était toujours en état de trahison;
« mais c'était de complicité avec la fortune. Sa circonspection était ex-
« trême; se conduisant avec ses amis comme s'ils devaient être ses en-
« nemis; avec ses ennemis comme s'ils pouvaient devenir ses amis. M. de
« Talleyrand avait toujours été contraire, dans mon esprit, au faubourg
« Saint-Germain. Dans l'affaire du divorce, il avait été pour l'impéra-
« trice Joséphine; c'était lui qui avait poussé à la guerre d'Espagne, bien

« que, dans le public, il eût eu l'art de s'y montrer contraire. » Aussi était-ce par une espèce de malice que Napoléon avait choisi Valencey pour y placer Ferdinand. « C'était lui enfin, disait l'Empereur, qui avait « été l'instrument principal et la cause active de la mort du duc d'En- « ghien. »

Une actrice célèbre (mademoiselle *Raucourt*) l'avait peint, assurait Napoléon, d'une manière fort vraie : « Si vous le questionnez, disait- « elle, c'est une boîte de fer-blanc dont vous ne tirez pas un mot; si « vous ne lui demandez rien, bientôt vous ne saurez comment l'arrêter, « ce sera une véritable commère. »

C'est en effet une indiscrétion qui, dans le principe, heurta la confiance de l'Empereur en son ministre, et l'ébranla dans son esprit. « J'avais confié, disait Napoléon, une chose fort importante à M. de Tal- « leyrand ; peu d'heures après, Joséphine me la rendit mot pour mot. « J'envoyai chercher aussitôt ce ministre, pour lui dire que je venais

« d'apprendre de l'impératrice une chose que je n'avais confiée qu'à lui « seul : or, le cercle du rapport se composait déjà de quatre ou cinq in- « termédiaires.

« Le visage de M. de Talleyrand est tellement impassible, disait l'Em- « pereur, qu'on ne saurait jamais y rien lire; aussi Lannes ou Murat « disaient-ils plaisamment de lui que si, en vous parlant, son derrière « venait à recevoir un coup de pied, sa figure ne vous en dirait rien. »

M. de Talleyrand avait un intérieur fort doux et même attachant, ses familiers et ses agents l'aimaient et lui étaient fort dévoués.

Dans son intimité, on l'a entendu parler volontiers et gaiement de sa profession ecclésiastique, qu'il n'avait d'ailleurs embrassée que par force, contraint par ses parents, bien que l'aîné de plusieurs frères. Il réprouvait un jour un air que l'on fredonnait autour de lui; il l'avait en horreur, disait-il; il lui rappelait le temps où il était obligé d'apprendre le plain-chant et de chanter au lutrin.

Une autre fois un de ses habitués racontait pendant le souper ; M. de Talleyrand, préoccupé, semblait étranger à la conversation. Durant le récit, il échappe au conteur, qui se trouvait en verve, de dire de quelqu'un : *Celui-là est un vilain drôle, c'est un prêtre marié.* M. de Talleyrand, réveillé par ces paroles, saisit une cuiller, la plonge précipitamment dans le plat vis-à-vis de lui, et d'un geste menaçant lui crie : « Un

« tel, voulez-vous des épinards ? » Le narrateur de se confondre, et chacun de rire, M. de Talleyrand comme les autres.

L'Empereur, lors du concordat, avait voulu faire M. de Talleyrand cardinal, et le mettre à la tête des affaires religieuses : c'était son lot, lui disait-il, il rentrait dans le giron, réhabilitait sa mémoire, fermait la bouche aux déclamateurs. M. de Talleyrand ne le voulut jamais : son aversion pour l'état ecclésiastique était invincible.

Napoléon avait été sur le point de lui donner l'ambassade de Varsovie, confiée depuis à l'abbé de Pradt; mais des affaires d'agiotage, des saletés, disait-il, sur lesquelles M. de Talleyrand était incorrigible, le forcèrent à y renoncer. C'était par le même motif et sur la réclamation de plusieurs souverains d'Allemagne qu'il s'était vu contraint de lui retirer le portefeuille des relations extérieures.

Fouché, disait l'Empereur, était le Talleyrand des clubs, et Talleyrand le Fouché des salons.

« L'intrigue, ajoutait-il, était aussi nécessaire à Fouché que la nour-
« riture : il intriguait en tous temps, en tous lieux, de toutes manières
« et avec tous. On ne découvrait jamais rien qu'on ne fût sûr de l'y
« rencontrer pour quelque chose ; il n'était occupé que de courir après,
« sa manie était de vouloir être de tout !… Toujours dans les souliers
« de tout le monde. » C'était le mot souvent répété de l'Empereur.

Lors de la conspiration de Georges, quand on arrêta Moreau, Fouché n'était plus au ministère de la police, et cherchait fort à se faire regretter. « Quelle gaucherie ! disait-il, ils ont arrêté Moreau quand il
« revenait de sa campagne à Paris, ce qui pouvait montrer en lui une
« innocente confiance ; c'était quand il se rendait à Gros-Bois, au con-
« traire, qu'il fallait le saisir ; car il devenait évident alors qu'il fuyait. »

On connaît de lui le mot qu'il a dit, ou qu'on lui a prêté, sur l'affaire du duc d'Enghien : « C'est plus qu'un crime, c'est une faute. » De pareils traits peignent plus le caractère d'un homme que des volumes entiers.

L'Empereur connaissait bien Fouché, et n'en a jamais été la dupe.

On l'a beaucoup blâmé de s'en être servi en 1815, où en effet Fouché l'a indignement trahi. Napoléon n'ignorait pas ses dispositions ; mais il savait aussi que le danger reposait plus sur les événements que sur la personne. « Si j'eusse été victorieux, disait-il, Fouché eût été fidèle : il
« est vrai qu'il se donnait de grands soins pour être prêt selon toutes
« les chances. Il me fallait vaincre ! »

L'Empereur, du reste, eut connaissance de ses menées, et l'on va voir qu'il le ménageait peu.

Après le retour de l'Empereur en 1815, un des premiers banquiers de Paris se présente à l'Élysée pour le prévenir que peu de jours auparavant quelqu'un arrivant de Vienne s'était présenté chez lui avec des lettres de crédit, et s'était informé des moyens d'arriver à Fouché. Soit réflexion, soit pressentiment, ce banquier conçut quelques doutes sur cet individu, et vint les communiquer personnellement à l'Empereur, qui fut frappé que Fouché lui en eût fait mystère.

En peu d'heures Réal eut trouvé l'homme en question ; il le conduisit aussitôt à l'Élysée, où il fut enfermé dans un cabinet. L'Empereur se le fit amener au jardin. « Me connaissez-vous ? » dit-il à cet homme. Ce début, les idées qu'inspirait la présence de l'Empereur, ébranlèrent

fortement l'étranger. « Je sais toutes vos menées, continua Napoléon
« avec sévérité; si vous les confessez à l'instant, je puis vous faire
« grâce, sinon vous ne sortez de ce jardin que pour être fusillé. — Je

« vais tout dire : Je suis envoyé ici par M. de Metternich au duc d'O-
« trante, pour lui proposer de faire partir un émissaire pour Bâle : il y
« rencontrera celui que M. de Metternich y a envoyé de Vienne; ils
« doivent avoir des signes de reconnaissance, et les voici, dit-il en déli-
« vrant quelques papiers. — Avez-vous rempli votre mission auprès de
« Fouché? — Oui. — A-t-il envoyé son émissaire? — Je n'en sais rien. »
L'homme fut remis sous la clef, et une heure après quelqu'un de
confiance était en route pour Bâle; il s'aboucha avec l'émissaire autrichien, et eut même avec lui jusqu'à quatre conférences.

Cependant Fouché, inquiet de la disparition de son Viennois, se présente un soir chez l'Empereur, affectant une gaieté, une aisance, au
travers de laquelle se réfugiait un extrême embarras. « Plusieurs
« glaces se trouvaient dans l'appartement où nous nous promenions,
« disait l'Empereur; je me plaisais à l'étudier à la dérobée; sa figure
« était hideuse; il ne savait guère comment entamer ce qui l'intéressait
« si fort. — Sire, dit-il enfin, il y a quatre ou cinq jours qu'il m'est ar-
« rivé une circonstance dont je crains de n'avoir pas fait part à Votre
« Majesté.. mais j'ai tant d'affaires... je suis entouré de tant de rap-

« ports, de tant d'intrigues... Il m'est venu un homme de Vienne, avec
« des propositions si ridicules..., et cet homme je ne le trouve plus.

« —Monsieur Fouché, lui dit alors l'Empereur, il pourrait être funeste
« pour vous que vous me prissiez pour un sot. Je tiens votre homme
« et toute son intrigue depuis plusieurs jours. Avez-vous envoyé à Bâle?
« — Non, Sire. — Ce sera heureux pour vous; s'il en était autrement,
« et j'en aurai la preuve, vous péririez. »

Les événements ont montré que ce n'eût été que justice. Toutefois ici il paraît que Fouché n'y avait pas envoyé; aussi l'affaire en demeura là.

Papiers d'Europe. — Politique.

Samedi 13.

L'Empereur a déjeuné au jardin, et nous y a tous fait appeler. Il a résumé les papiers nouvelles que nous avions parcourus le matin, et s'est étendu sur la haute politique. Voici ce que j'en ai retenu de plus saillant.

« Paris au 13 vendémiaire était tout à fait dégoûté de son gouverne-
« ment, disait l'Empereur; mais la totalité des armées, la grande ma-
« jorité des départements, la petite bourgeoisie, les paysans, lui demeu-
« raient attachés; aussi la révolution triompha-t-elle de cette grande
« attaque de la contre-révolution, bien qu'il n'y eût encore que quatre
« ou cinq ans que les nouveaux principes eussent été proclamés; on
« sortait des scènes les plus effroyables et les plus calamiteuses; on
« cherchait un meilleur avenir.

« Mais quelle différence aujourd'hui! L'immense majorité des Fran-
« çais doit avoir en horreur le gouvernement qui lui est imposé par la
« force, car il lui enlève sa gloire, sa fortune, ses habitudes; il blesse
« son orgueil, sa doctrine, ses maximes; il la place sous le joug de l'é-
« tranger, elle qui, depuis vingt ans, lui donnait des lois. Ce gouverne-
« ment, ennemi de toutes ces choses si chères à la population, n'a point
« d'armes; il n'est même pas lui-même, il n'agit que par le comité de
« l'étranger, par ses décisions et ses volontés. Il agit sur un peuple
« dont presque toutes les générations sont nées dans la révolution, et
« se trouvent imprégnées des principes qu'on voudrait faire disparaître.
« Aussi, qui pourrait prévoir la fin de tout ceci? qui oserait assigner la
« marche future des choses? En 1814, la nation entière a pu aller au
« roi; aujourd'hui ce ne peuvent être que ses partisans seuls, et ses
« partisans intéressés. Alors c'était une succession paisible, aujourd'hui
« c'est une conquête terrible, outrageante; s'il cherche à former une
« armée nationale, il faudra tout aussitôt qu'il s'en défie. Un soldat,

« dans la longueur de la journée, dans l'ennui de ses casernes, a besoin
« de parler de guerre; il ne peut parler de Fontenoy ni de Prague, qu'il
« ne connait pas; il faudra qu'il parle des victoires de Marengo, d'Aus-
« terlitz, d'Iéna, de celui qui les a gagnées, de moi enfin, qui remplis
« toutes les bouches, et suis dans toutes les imaginations...

« Une telle situation est sans exemple dans l'histoire; de quelque côté
« qu'on la considère, on ne voit jamais que les malheurs de la France.
« Que résultera-t-il de tout cela? Deux peuples sur un même sol, achar-
« nés, irréconciliables, qui se chamailleront sans relâche et s'extermi-
« neront peut-être.

« Bientôt la même fureur gagnera toute l'Europe. L'Europe ne formera
« bientôt plus que deux partis ennemis : on ne s'y divisera plus par
« peuples et par territoires, mais par couleur et par opinion. Et qui
« peut dire les crises, la durée, les détails de tant d'orages! car l'issue
« n'en saurait être douteuse, les lumières et le siècle ne rétrograderont
« pas!... Quel malheur que ma chute!... J'avais refermé l'outre des
« vents; les baïonnettes ennemies l'ont déchirée. Je pouvais marcher
« paisiblement à la régénération universelle; elle ne s'exécutera dé-
« sormais qu'au travers des tempêtes! J'amalgamais, peut-être extir-
« pera-t-on! »

Arrivée du gouverneur. — Progrès de l'Empereur dans son anglais. — Première visite du gouverneur. — Déclaration exigée de nous.

Dimanche 14 au mardi 16.

Des bâtiments étaient en vue; les signaux ont appris qu'ils portaient le nouveau gouverneur, sir *Hudson Lowe*.

Pendant le dîner, l'Empereur nous a fait, en anglais, un récit des papiers français, contenant, disait-il, la destinée de M. La Peyrouse, le lieu où il avait fait naufrage, ses divers événements, sa mort et son journal, etc., etc.; le tout composait des détails curieux, piquants, roma-nesques, qui nous attachaient extrêmement; l'Empereur en a joui, et s'est mis à rire; car son récit n'était qu'une fable pour nous montrer ses progrès en anglais, nous disait-il.

Le nouveau gouverneur est arrivé sur les dix heures, malgré le mauvais temps et la pluie; il était accompagné de l'amiral, chargé de le présenter, et qui lui avait dit sans doute que c'était l'heure la plus convenable.

L'Empereur ne l'a point reçu; il était malade, et se fût-il bien porté, il ne l'eût pas reçu davantage. Le gouverneur, en arrivant de la sorte, manquait aux formes de la bienséance la plus commune; nous soupçonnâmes sans peine que c'était une espièglerie de l'amiral. Le gouverneur, qui n'avait peut-être pas l'intention de se rendre aucunement désagréable, a paru fort déconcerté; nous en riions sous cape; pour l'amiral, il en était triomphant.

Le gouverneur, après avoir hésité longtemps et donné des marques évidentes de mauvaise humeur, nous a quittés assez brusquement.

Nous n'avons pu douter que toute l'ordonnance de cette première entrevue n'eût été conduite dans l'intention secrète de nous indisposer, dès les premiers moments, les uns contre les autres. Le gouverneur s'y sera-t-il prêté? n'en aura-t-il eu aucun soupçon? C'est ce que le temps nous apprendra.

Sur les cinq heures et demie, l'Empereur m'a fait appeler dans le jardin; il était seul; il m'a dit qu'il se présentait une nouvelle circonstance personnelle à chacun de nous : on allait exiger notre déclaration individuelle d'unir notre destinée à la sienne, ou, si nous le préférions, on devait nous sortir de Sainte-Hélène et nous rendre à la liberté.

Nous ne devinions pas le motif de cette mesure : était-ce, de la part du ministère anglais, pour se ménager des pièces régulières? mais nous n'étions partis de Plymouth pour Sainte-Hélène qu'avec cette condition préalable; était-ce pour isoler l'Empereur? mais devait-on croire que nous l'abandonnerions?

Il me demanda quelle serait ma détermination à cet égard; je répondis qu'elle ne pouvait être douteuse; que si j'avais pu éprouver quelques déchirements, c'eût été au moment de ma première détermination; qu'à compter de cet instant, mon sort s'était trouvé irrévocablement fixé : qu'alors j'avais suivi la gloire et mon honneur; que depuis, chaque jour davantage, je suivais mes affections et mes sentiments. La voix de l'Empereur devint plus douce; ce furent là ses remercîments : je le connaissais désormais, ils étaient grands!

Conversation caractéristique. — Retour de l'île d'Elbe prévu dès Fontainebleau. — Introduction du gouverneur. — Mortification de l'amiral. —Nos griefs contre lui. —
Signalement de sir Hudson Lowe.

Mercredi 17.

L'Empereur m'a fait appeler dans le milieu du jour pour causer. Une partie de la conversation fournit des développements trop précieux du caractère de l'interlocuteur, pour que je n'en transcrive pas ici quelques traits.

Il se trouvait parfois entre nous des contrariétés, des piquasseries, des bouderies qui gênaient l'Empereur et le rendaient malheureux : il est tombé sur ce sujet; il analysait notre situation avec sa logique ordinaire, appréciait les peines et les ennuis de notre exil, en indiquait les meilleurs soulagements. Nous devions faire, disait-il, des sacrifices mutuels, nous passer bien des choses : l'homme ne marquait dans la vie qu'en dominant le caractère que lui avait donné la nature, ou en s'en créant un par l'éducation et sachant le modifier suivant les obstacles qu'il rencontrait.

« Vous devez tâcher de ne faire ici qu'une famille, disait-il, vous « m'avez suivi pour adoucir mes peines; comment ce sentiment ne suf-« firait-il pas pour tout maîtriser? Si la sympathie ne peut faire ici tous « les frais, il faut être conduit du moins par le raisonnement et le « calcul; il faut savoir compter ses peines, ses sacrifices, ses jouissances « pour arriver à un résultat, de même qu'on additionne ou qu'on sous-« trait tout ce qui se calcule. Tous les détails de la vie ne doivent-ils pas « être soumis à cette règle? Il faut savoir vaincre sa mauvaise humeur. « Il est assez simple que vous ayez ici des différends, des querelles; mais « il faut une explication et non pas une bouderie : l'une amène des ré-« sultats, l'autre ne fait que compliquer les choses : la raison, la logique, « un résultat surtout, doivent être le guide et le but constant de tout « ici-bas. » Et alors il se citait lui-même, ou pour avoir suivi ces principes, ou pour s'en être éloigné. Il ajoutait qu'il fallait savoir pardonner, et ne pas demeurer dans une hostile et acariâtre attitude qui blesse le voisin et empêche de jouir soi-même; qu'il fallait reconnaître les faiblesses humaines, et se plier à elles plutôt que de les combattre.

« Que serais-je devenu, disait-il, si je n'eusse suivi ces maximes? On « m'a dit souvent que j'étais trop bon, pas assez défiant. C'eût été bien « pis si j'eusse été le contraire! J'ai été trahi deux fois; eh bien! je le « serais peut-être encore une troisième; et c'est par cette grande con-« naissance du caractère des hommes, cette indulgence raisonnée que je « m'étais créée, que j'ai pu gouverner la France, et que je suis le plus « propre peut-être, dans l'état où elle se trouve, à la gouverner encore. « En quittant Fontainebleau, n'avais-je pas dit à tous ceux qui me de-« mandaient leur ligne de conduite : Allez au roi, servez-le... J'avais « voulu leur rendre légitime ce que beaucoup n'eussent pas manqué de « faire d'eux-mêmes; je n'avais pas voulu laisser écraser ceux qui eussent « été obstinément fidèles; enfin je n'avais pas voulu surtout avoir à « blâmer personne au retour. »

Ici, contre ma constante coutume, il m'est échappé d'oser questionner en quelque sorte l'Empereur : « Comment, Sire, me suis-je écrié, dès « Fontainebleau, Votre Majesté a songé au retour? — Oui, sans doute,

Les Adieux de Fontainebleau.

« et par le raisonnement le plus simple. Si les Bourbons, me suis-je dit,
« veulent commencer une cinquième dynastie, je n'ai plus rien à faire
« ici, mon rôle est fini ; mais s'ils s'obstinaient, par hasard, à vouloir
« recontinuer la troisième, je ne tarderai pas à reparaître. On pourrait
« dire que les Bourbons eurent alors ma mémoire et ma conduite à
« leur disposition, s'ils se fussent contentés d'être les magistrats d'une
« grande nation; s'ils l'eussent voulu, je demeurais pour le vulgaire un
« ambitieux, un tyran, un brouillon, un fléau. Que de sagacité, de sang-
« froid il eût fallu pour m'apprécier et me rendre justice! Mais ils ont
« tenu à se retrouver encore les seigneurs féodaux, ils ont préféré n'être
« que les chefs odieux d'un parti odieux à toute la nation. Mais leur
« entourage, une fausse marche, m'ont rendu désirable, et ce sont eux
« qui ont réhabilité ma popularité et prononcé mon retour; autrement
« ma mission politique était dès lors consommée; je demeurais pour
« toujours à l'île d'Elbe ; et nul doute qu'eux et moi nous y eussions
« tous gagné : car je ne suis pas revenu pour recueillir un trône, mais
« bien pour acquitter une grande dette. Peu le comprendront, n'im-
« porte, j'entrepris une étrange charge; mais je la devais au peuple
« français ; ses cris arrivaient jusqu'à moi, pouvais-je y demeurer in-
« sensible ?

« Mon existence, du reste, à l'île d'Elbe, était encore assez enviable,
« assez douce; j'allais m'y créer en peu de temps une souveraineté d'un
« genre nouveau : ce qu'il y avait de plus distingué en Europe commen-
« çait à venir passer en revue devant moi. J'aurais offert un spectacle
« inconnu à l'histoire, celui d'un monarque descendu du trône, qui
« voyait défiler avec empressement devant lui le monde civilisé.

« On m'objectera, il est vrai, que les alliés m'auraient enlevé de mon
« île, et je conviens que cette circonstance a même hâté mon retour.
« Mais si les Bourbons eussent bien gouverné en France, si les Français
« eussent été contents, mon influence avait fini, je n'appartenais plus
« qu'à l'histoire, et l'on n'eût point songé, à Vienne, à me déplacer.
« C'est l'agitation créée, entretenue en France par les Bourbons et leur
« inepte entourage, qui a forcé de songer à mon éloignement. »

Ici le grand maréchal est entré chez l'Empereur, annonçant l'arrivée du gouverneur, conduit par l'amiral et suivi de tout son état-major.

Après quelque temps encore de conversation, Bertrand est resté seul avec Napoléon, et j'ai gagné le salon d'attente (*voir le plan*). Nous nous y trouvions en grand nombre, nous efforçant d'échanger quelques mots; nous nous observions bien plus que nous ne causions.

448 MÉMORIAL

Au bout d'une demi-heure, l'Empereur étant passé dans son salon, le valet de chambre en service, à la porte et de notre côté, a appelé le gouverneur, qui a été introduit. L'amiral suivait de près; mais le valet de chambre, qui n'avait entendu demander que le gouverneur, a refermé brusquement la porte sans admettre l'amiral, qui, sur ses instances, s'est

vu même repoussé; il s'est retiré, fort déconcerté, dans une embrasure de fenêtre.

Ce valet de chambre était Noverraz, bon et vrai Suisse, dont toute l'intelligence, disait souvent l'Empereur, était dans son attachement à sa personne.

Nous demeurâmes saisis d'une circonstance aussi inattendue, que nous crûmes être la volonté de l'Empereur. Mais bien que nous eussions à nous plaindre de l'amiral, nous avons été à lui pour le distraire de son embarras; sa situation vraiment cruelle nous peinait. Cependant l'état-major du gouverneur a bientôt après été demandé et introduit; l'embarras de l'amiral s'en est accru. Au bout d'un quart d'heure, l'Empereur ayant congédié tout le monde, le gouverneur est ressorti; l'amiral a couru à lui; ils se sont dit quelques mots avec chaleur, nous ont salués et sont partis.

Nous avons rejoint l'Empereur au jardin, et lui avons parlé de la déconfiture de l'amiral; il ignorait tout. Par la plus singulière fatalité, le hasard seul avait amené cette circonstance; mais il en a été ravi, disait-il; il en riait aux éclats; il s'en frottait les mains : c'était la joie d'un enfant, celle d'un écolier qui vient d'attraper son régent.

« Ah! mon bon *Noverraz*, a-t-il dit, tu as donc eu une fois de l'esprit.
« Vous verrez qu'il m'aura entendu dire que je ne voulais plus voir
« l'amiral, et il se sera cru obligé de lui fermer la porte au nez : c'est
« charmant! Il n'y aurait pourtant pas à se jouer avec ce bon Suisse; si
« j'avais le malheur de dire qu'il faut se défaire du gouverneur, il serait
« homme à le tuer à mes yeux. Du reste, continuait plus gravement l'Em-
« pereur, c'est la faute du gouverneur; que ne demandait-il l'amiral?
« d'autant plus qu'il m'avait fait dire ne pouvoir m'être présenté que par
« lui; que ne l'a-t-il fait demander encore, quand il m'a présenté ses
« officiers? C'est donc tout à fait sa faute. Au demeurant, l'amiral y a
« gagné sans doute, je n'eusse pas manqué de l'apostropher en présence
« de tous ses compatriotes. Je lui aurais dit que, par le sentiment de
« l'habit militaire que nous portions tous deux depuis quarante ans, je
« le plaignais d'avoir, aux yeux du monde, compromis, dégradé son
« ministère, sa nation, son souverain, en manquant, sans nécessité et
« sans discernement, à un des plus vieux soldats de l'Europe; je lui
« eusse reproché de m'avoir débarqué à Sainte-Hélène comme un galé-
« rien de Botany-Bay; je lui eusse dit que, pour un véritable homme
« d'honneur, je devais être plus vénérable sur un roc que sur mon trône
« au milieu de mes armées. »

La force, la nature de ces paroles, mirent fin à toute gaieté et terminèrent la conversation.

Mais puisque nous sommes sur le compte de l'amiral, et qu'il va nous quitter, résumons ici, et avec autant d'impartialité que peuvent l'admettre notre situation et notre mauvaise humeur, les torts que nous avons à lui reprocher, le tout pour n'y plus revenir.

Nous ne pouvions lui passer la familiarité affectée dont il usait avec nous, bien que nous y répondissions peu; nous lui pardonnions encore moins d'avoir osé essayer de l'étendre jusqu'à l'Empereur; nous ne pouvions lui pardonner non plus l'air gonflé et satisfait de lui-même avec lequel il l'appelait général. Certes, l'Empereur avait immortalisé ce titre; mais le terme, le ton et l'intention étaient autant d'outrages.

En arrivant dans l'île, il avait jeté l'Empereur dans une chambre de quelques pieds en carré, et l'y avait retenu deux mois, bien qu'il existât d'autres logements dans l'île, notamment celui que lui-même s'était adjugé. Il lui avait indirectement interdit la promenade à cheval dans l'enclos de Briars; on avait abreuvé d'embarras et d'humiliations les officiers de l'Empereur, lorsqu'ils venaient le visiter journellement dans sa petite cellule.

Plus tard, à Longwood, il avait placé des sentinelles sous les fenêtres mêmes de l'Empereur; et, par un tour d'esprit qui ne pouvait être que la plus amère des ironies, il prétendait que ce n'était que dans l'intérêt du *général* et pour sa propre sûreté. Il ne permettait d'arriver à nous qu'avec un billet de sa part; et, en nous mettant ainsi au secret, il disait que c'était une attention particulière pour que l'on n'importunât pas l'Empereur, et qu'il n'était là que *grand maréchal*. Il donnait un bal, et envoyait une invitation par écrit au *général Bonaparte*, comme à chacun de ceux de sa suite. Il répondait avec un persiflage indécent aux notes du grand maréchal qui employait le mot d'*Empereur*, qu'il ne savait pas qu'il y eût aucun *Empereur* dans l'île de Sainte-Hélène, qu'il n'en connaissait aucun en Europe ou ailleurs qui fût hors de ses États. Il refusait à l'Empereur d'écrire au prince régent, à moins qu'il ne reçût la lettre ouverte, ou qu'on ne lui en donnât lecture. Il avait gêné les égards, les expressions, les sentiments d'autrui pour Napoléon; mis aux arrêts des subordonnés, nous assurait-on, pour s'être servis de la qualification d'Empereur, ou autres expressions semblables, usitées souvent néanmoins par ceux du 53°, et sans doute, disait Napoléon, par un sentiment irrésistible de ces braves.

L'amiral avait limité, par son seul caprice, la direction de nos promenades. Il avait même, à cet égard, manqué de parole à l'Empereur; il l'avait assuré, dans un moment de rapprochement, qu'il pouvait désormais aller dans toute l'île sans que la surveillance de l'officier anglais préposé à sa garde pût même être aperçue. Mais deux ou trois jours après, au moment où Napoléon mettait le pied à l'étrier pour aller déjeuner à l'ombre, loin de notre demeure habituelle, il eut l'insigne désagrément d'être contraint de rentrer, l'officier ayant déclaré qu'il devait désormais faire partie de son groupe et ne point le quitter d'un pas. Depuis cet instant, l'Empereur ne voulut jamais revoir l'amiral. Celui-ci, d'ailleurs, n'avait jamais observé les formes de bienséance les plus ordinaires, affectant toujours de choisir pour ses visites des heures inaccoutumées; dirigeant dans la même voie les étrangers de distinction qui arrivaient dans l'île, pour éviter par là sans doute qu'ils ne parvinssent jusqu'à l'Empereur, qui ne manquait pas de les refuser. On a vu que l'amiral en avait agi de la sorte lors de la première visite du nouveau gouverneur; sa joie, dans cette dernière circonstance, sur le mauvais succès de sir Hudson Lowe, n'avait que trop visiblement trahi ses intentions.

Toutefois, s'il fallait, à travers notre mauvaise humeur et la délicatesse de sa mission, résumer une opinion impartiale, nous n'hésiterions pas à convenir, à la suite de tant de griefs, que ces griefs reposaient bien plus dans les formes que dans le fond, et nous dirions, avec l'Empereur, qui avait naturellement un faible pour lui, que l'amiral Cockburn est bien loin d'être un méchant homme, qu'il est même susceptible d'élans généreux et délicats, que nous en avons plusieurs fois éprouvé les effets; mais qu'aussi, par contre, nous l'avons trouvé souvent capricieux, irascible, vain, dominateur, fort habitué à l'autorité, l'exerçant avec rudesse, mettant souvent la force à la place de la dignité. Et pour exprimer en deux mots la nature de nos rapports, nous dirions que, comme geôlier, il a été doux, humain, généreux; nous lui devons de la reconnaissance; mais que, comme notre hôte, il a été parfois impoli, souvent pire encore, et nous avons lieu d'en être mécontents et de nous plaindre.

En relisant ce résumé pour une nouvelle impression, je ne puis me défendre d'éprouver qu'il est peut-être plus que sévère. Serait-ce que le temps aurait dissipé l'irritation dans laquelle il fut tracé, ou bien serait-ce parce que je ne suis pas né pour de longs ressentiments, ou bien encore serait-ce enfin parce que les manières, les procédés, les actes du successeur, n'admettant de comparaison avec personne, toutes autres plaintes doivent s'effacer et disparaître au simple souvenir de ce dernier?

Sur les deux ou trois heures, l'Empereur a fait sa promenade accoutumée; il a beaucoup causé avec nous dans le jardin, et en calèche, sur les circonstances du matin; et la conversation sur cet objet a repris encore après le dîner. Quelqu'un a fait observer, toutefois assez plaisamment, que les deux premiers jours du gouverneur avaient été des jours de batailles, et devaient lui faire croire que nous étions intraitables, nous qui étions naturellement si doux et si patients. A ces dernières expressions, l'Empereur n'a pu s'empêcher de sourire et de me pincer l'oreille.

On est passé de là au signalement de sir Hudson Lowe; on l'a trouvé un homme d'environ quarante-cinq ans, d'une taille commune, mince, maigre, sec, rouge de visage et de chevelure, marqueté de taches de rousseur, des yeux obliques fixant à la dérobée et rarement en face, recouverts de sourcils d'un blond ardent, épais et fort proéminents. Il « est hideux! a dit l'Empereur, c'est une face patibulaire. Mais ne nous

« hâtons pas de prononcer : le moral, après tout, peut raccommoder « ce que cette figure a de sinistre ; cela ne serait pas impossible. »

Convention des souverains sur Napoléon, etc. — Paroles remarquables.

Jeudi 48.

Le temps avait été horrible depuis plusieurs jours : aujourd'hui il est devenu très-beau ; l'Empereur est sorti de bonne heure pour se promener dans le jardin ; sur les quatre heures, il est monté en calèche, et a fait une promenade plus longue que de coutume. Avant dîner, l'Empereur m'a fait appeler pour lui traduire la convention des souverains relative à sa captivité. La voici :

« Napoléon Bonaparte étant au pouvoir des souverains alliés, Leurs Majestés le roi du royaume-uni de la Grande-Bretagne et d'Irlande, l'empereur d'Autriche, l'empereur de Russie et le roi de Prusse ont agréé, en vertu des stipulations du traité du 25 mars 1815, sur les mesures les plus propres à rendre impossible toute entreprise de sa part contre le repos de l'Europe :

« Art. 1er. Napoléon Bonaparte est considéré par les puissances qui ont signé le traité du 20 mars dernier comme leur prisonnier.

« Art. 2. Sa garde est spécialement confiée au gouvernement britannique.

« Le choix de la place et des mesures qui peuvent le mieux assurer l'objet de la présente stipulation sont réservés à Sa Majesté britannique.

« Art. 3. Les cours impériales d'Autriche et de Russie et la cour royale de Prusse nommeront des commissaires pour se rendre et habiter dans la place que le gouvernement de Sa Majesté britannique aura assignée pour la résidence de Napoléon Bonaparte, et qui, sans être responsables de sa garde, s'assureront de sa présence.

« Art. 4. Sa Majesté très-chrétienne est invitée, au nom des quatre cours ci-dessus mentionnées, d'envoyer pareillement un commissaire français au lieu de la détention de Napoléon Bonaparte.

« Art. 5. Sa Majesté le roi du royaume-uni de la Grande-Bretagne et de l'Irlande s'oblige à remplir les engagements qui lui sont assignés par la présente convention.

« Art. 6. La présente convention sera ratifiée, et la ratification sera échangée dans quinze jours, ou plus tôt s'il est possible.

« En foi de quoi les plénipotentiaires respectifs ont signé la présente convention, et y ont apposé le sceau de leurs armes.

« Fait à Paris, ce 2 août de l'année de notre Seigneur, 1815. »

La lecture faite, l'Empereur m'a demandé ce que j'en pensais.

« Sire, ai-je répondu, dans la position où nous nous trouvons, j'aime
« mieux dépendre des intérêts d'un seul que de la décision compliquée
« de quatre. L'Angleterre évidemment a dicté ce traité; voyez avec quel
« soin elle stipule qu'elle seule répondra, disposera du prisonnier; je
« ne la vois occupée qu'à nantir ses mains *du levier d'Archimède*; elle ne
« saurait donc avoir l'idée de le briser. »

L'Empereur, sans expliquer sa pensée sur cet objet, est passé aux différentes chances qui pouvaient amener sa sortie de Sainte-Hélène, et a dit ces paroles remarquables : « Si l'on est sage en Europe, si l'ordre
« s'établit partout, alors nous ne vaudrons plus ni l'argent ni les soins
« que nous coûtons ici; on se débarrassera de nous; mais cela peut se
« prolonger encore quelques années : trois, quatre ou cinq ans; autre-
« ment, et à part les événements fortuits qu'il n'est pas donné à l'intelli-
« gence humaine de prévoir, je ne vois guère, mon ami, que deux
« grandes chances bien incertaines pour sortir d'ici : le besoin que
« pourraient avoir de moi les rois contre les peuples débordés, ou celui
« que pourraient avoir les peuples soulevés, aux prises avec les rois;
« car, dans cette immense lutte du présent contre le passé, je suis l'ar-
« bitre et le médiateur naturel; j'avais aspiré à en être le juge suprême;
« toute mon administration au dedans, toute ma diplomatie au dehors,

« roulaient vers ce grand but. L'issue eût été plus facile et plus prompte;
« mais le destin en a ordonné autrement. Enfin une dernière chance,
« et ce pourrait être la plus probable, ce serait le besoin qu'on aurait
« de moi contre les Russes; car dans l'état actuel des choses, avant dix
« ans toute l'Europe peut-être *cosaque*, ou toute en *république;* voilà
« pourtant les hommes d'État qui m'ont renversé. » . . . .
. . . .

Et puis revenant sur la décision des souverains à son égard, à son style, au fiel qu'elle témoigne : « Il est difficile de les expliquer, a-t-il dit. »

« *François!* il est religieux, et je suis son fils.

« *Alexandre!* nous nous sommes aimés!

« *Le roi de Prusse!* je lui ai fait beaucoup de mal sans doute; mais je
« pouvais en faire davantage; et puis n'y a-t-il donc pas de la gloire,
« une véritable jouissance à s'agrandir par le cœur!

« Pour l'*Angleterre*, c'est à l'animosité de ses ministres que je suis
« redevable de tout; mais encore serait-ce au *prince régent* à s'en aper-
« cevoir, à interférer, sous peine d'être noté de fainéant ou de protéger
« une vulgaire méchanceté.

« Ce qu'il y a de sûr, c'est que tous ces souverains se compromettent,
« se dégradent, se perdent en moi.... »

Déclaration exigée de nous. — Visite d'adieu de l'ancien gouverneur. — Conversation remarquable. — Saillie d'un vieux soldat anglais.

Vendredi 19, samedi 20.

L'Empereur avait le projet de déjeuner dans le jardin; le grand maréchal et madame Bertrand étaient venus ensuite de cette intention. L'Empereur avait passé une mauvaise nuit, n'avait point dormi; il a déjeuné dans son intérieur.

Le gouverneur nous a notifié officiellement que nous devions lui donner chacun notre déclaration, exprimant que nous demeurions volontairement à Longwood, et que nous nous soumettions d'avance à toutes les restrictions que nécessiterait la captivité de Napoléon. Je lui ai adressé la mienne.

Le colonel Wilks, repassant en Europe, est arrivé avec sa fille pour prendre congé de l'Empereur; elle a été présentée par madame Bertrand. J'ai déjà dit que le colonel Wilks était l'ancien gouverneur de la colonie pour la compagnie des Indes; c'est lui que l'amiral avait remplacé en cette qualité, au nom du roi, lorsque notre translation à Sainte-Hélène avait fait passer cette île des mains de la compagnie dans celles du gouvernement.

L'Empereur était ce matin d'une gaieté remarquable; il a causé quelque temps avec ces dames, puis il s'est retiré avec M. Wilks dans

une embrasure de fenêtre, me faisant suivre pour servir d'interprète.

Le colonel Wilks a été longtemps agent diplomatique de la compagnie dans la péninsule indienne; il a écrit une histoire de ces régions, a beaucoup de connaissances, surtout en chimie; c'était donc un militaire, un littérateur, un diplomate, un chimiste. L'Empereur l'a questionné sur tous ces objets, et les a traités lui-même avec beaucoup d'abondance et d'éclat; la conversation a été longue, vive et variée, elle a duré plus de deux heures. En voici les principaux traits. Je me répéterai peut-être, car l'Empereur et le colonel Wilks avaient déjà eu, il y a quelques mois, une longue conversation précisément sur les mêmes objets; mais n'importe, ces objets sont d'un tel intérêt, que j'aime mieux encore répéter quelque chose que de rien laisser perdre.

L'Empereur lui a d'abord parlé de l'armée anglaise, de son organisation, et surtout de son mode d'avancement; il l'a opposée à la nôtre, et a répété ce que j'ai dit ailleurs sur son excellente composition, les avantages de notre conscription, l'esprit valeureux des Français, etc.

Passant à la politique, il a dit : « Vous avez perdu l'Amérique par l'af-
« franchissement; vous perdrez l'Inde par l'invasion. La première perte
« était toute naturelle : quand les enfants deviennent grands, ils font
« bande à part; mais pour les Indous, ils ne grandissent pas, ils demeu-
« rent toujours enfants; aussi la catastrophe ne viendra que du dehors.
« Vous ne savez pas tous les dangers dont vous avez été menacés par
« mes armes ou par mes négociations, etc., etc.

« Mon système continental!.... Vous en avez ri peut-être? — Sire, a
« dit le colonel, nous en avons fait le semblant; mais tous les gens sensés

« ont senti le coup. — Eh bien! a continué l'Empereur, moi, je me suis
« trouvé seul de mon avis sur le continent; il m'a fallu pour l'instant
« employer partout la violence. Enfin l'on commence à me comprendre,
« déjà l'arbre porte son fruit : j'ai commencé, le temps fera le reste.

« Si je n'eusse succombé, j'aurais changé la face du commerce aussi
« bien que la route de l'industrie : j'avais naturalisé au milieu de nous
« le sucre, l'indigo; j'aurais naturalisé le coton et bien d'autres choses
« encore : on m'eût vu déplacer les colonies, si l'on se fût obstiné à ne
« pas nous en donner une portion.

« L'impulsion chez nous était immense; la prospérité, les progrès
« croissaient sans mesure; et pourtant vos ministres répandaient par
« toute l'Europe que nous étions misérables et que nous retombions
« dans la barbarie. Aussi le vulgaire des alliés a-t-il été étrangement
« surpris à la vue de notre intérieur, aussi bien que vous autres, qui en
« êtes demeurés déconcertés, etc.

« Le progrès des lumières en France était gigantesque, les idées par-
« tout se rectifiaient et s'étendaient, parce que nous nous efforcions de
« rendre la science populaire. Par exemple, on m'a dit que vous étiez
« très-forts sur la chimie; eh bien! je suis loin de prononcer de quel
« côté de l'eau se trouve le plus habile ou les plus habiles chimistes....

« — En France, a dit aussitôt le colonel. — Peu importe, continue
« l'Empereur; mais je maintiens que dans la masse française il y a dix
« et peut-être cent fois plus de connaissances chimiques qu'en Angle-
« terre, parce que les diverses branches industrielles l'appliquent au-
« jourd'hui à leur travail; et c'était là un des caractères de mon école :
« si l'on m'en eût laissé le temps, bientôt il n'y aurait plus eu de métiers
« en France, tous eussent été des arts, etc. »

Enfin il a terminé par ces mots remarquables : « L'Angleterre et la
« France ont tenu dans leurs mains le sort de l'univers, celui surtout
« de la civilisation européenne. Que de mal nous nous sommes fait!
« que de bien nous pouvions faire!

« Sous l'école de Pitt, nous avons désolé le monde, et pour quel
« résultat? Vous avez imposé quinze cents millions à la France, et les
« avez fait lever par des Cosaques. Moi, je vous ai imposé sept milliards,
« et les ai fait lever de vos propres mains, par votre parlement; et au-
« jourd'hui encore, même après la victoire, est-il bien certain que vous
« ne succombiez pas tôt ou tard sous une telle charge?

« Avec l'école de Fox, nous nous serions entendus.... Nous eussions
« accompli, maintenu l'émancipation des peuples, le règne des prin-

« cipes; il n'y eût eu en Europe qu'une seule flotte, une seule armée;
« nous aurions joint nos intérêts et nos efforts; nous nous serions attelés
« ensemble pour marcher avec plus de certitude au même but; nous
« aurions gouverné le monde, nous aurions fixé chez tous le repos et la
« prospérité, ou par la force ou par la persuasion. . . . .
. . . .
« Oui, encore une fois, que de mal nous avons fait! que de bien nous
« pouvions faire! »

Jamais Napoléon n'avait été plus causant, et il rit plus d'une fois de la volubilité avec laquelle je m'efforçais de rendre la rapidité de ses expressions; pour le colonel, il nous quitta saisi, confondu, ébloui.

Après son départ, l'Empereur a continué de causer longtemps dans le salon; il a ensuite gagné le jardin, en dépit du mauvais temps; il a fait appeler tout le monde, il a voulu connaître et lire les déclarations que nous avions faites : elles sont devenues le sujet de la conversation.

Quatre bâtiments sont arrivés aujourd'hui d'Europe; ils amenaient le 66ᵉ, et avaient quitté l'Angleterre avant le départ du *Phaéton*, frégate qui a amené le nouveau gouverneur, sir Hudson Lowe.

Après le dîner, l'Empereur nous a raconté fort plaisamment le dire

du plus vieux soldat du 55ᵉ, qui, l'ayant vu hier pour la première fois, était retourné à ses camarades en leur disant : « On m'avait bien

« trompé, on m'avait assuré que Napoléon était si vieux ! mais il n'en est
« rien, le b..... a encore au moins soixante campagnes dans le corps. »

Nous étions jaloux de ce propos, disions-nous, il était trop français, nous le réclamions pour un de nos grenadiers ; et nous avons raconté à notre tour à l'Empereur un grand nombre de bons mots de nos soldats, durant son absence et lors de son retour ; il en a été fort amusé. Un surtout l'a beaucoup fait rire : c'était la réponse d'un grenadier à Lyon.

M. le comte d'Artois, accouru en toute hâte lors du débarquement de l'île d'Elbe, y passait une grande revue : il disait aux soldats qu'ils étaient bien vêtus, bien nourris, que leur solde était à jour ; à quoi le grenadier auquel il s'adressait répondait à chaque observation : « Oui,
« assurément. — Eh bien ! conclut le prince d'un air confiant et pro-
« scripteur, vous n'étiez pas de la sorte avec Bonaparte ? il y avait de
« l'arriéré, on vous devait ? — Eh ! qu'est-ce que cela fait, repartit
« vivement le grenadier, s'il nous plaisait de lui faire crédit ! »

Message de l'Empereur au prince régent. — Paroles caractéristiques. —Portefeuille perdu à Waterloo. Sur les ambassadeurs. — M. de Narbonne. — Après Moscou, l'Empereur sur le point d'être arrêté en Allemagne. — Compte de toilette de l'Empereur. — Budget d'un ménage dans les capitales de l'Europe. — L'ameublement de la maison de la rue de la Victoire. — Ameublement des palais impériaux.—Moyens de vérification de Napoléon.

Dimanche 21

L'EMPEREUR m'a fait demander au jardin, sur les quatre heures, pour servir d'interprète. Un capitaine Hamilton, commandant la frégate *la Havane*, partait le lendemain pour l'Europe. Il était venu prendre congé de l'Empereur avec tous ses officiers.

Le capitaine Hamilton parlait français. Quand je suis arrivé, l'Empereur s'exprimait avec chaleur :

« On veut savoir ce que je désire, disait-il; je demande ma liberté
« ou un bourreau! Rapportez ces paroles à votre prince régent. Je ne
« demande plus de nouvelles de mon fils, puisqu'on a eu la barbarie
« de laisser mes premières demandes sans réponse.

« Je n'étais point votre prisonnier : les sauvages eussent eu plus d'é-
« gards pour ma position. Vos ministres ont indignement violé en moi le

« droit sacré de l'hospitalité, ils ont entaché votre nation pour jamais! »

Le capitaine Hamilton s'étant hasardé de répondre que l'Empereur n'était pas prisonnier de l'Angleterre seule, mais de tous les alliés, l'Empereur a repris avec chaleur :

« Je ne me suis point livré à la Russie, elle m'eût bien reçu sans
« doute; je ne me suis point livré à l'Autriche, j'en aurais été égale-
« ment bien traité; mais je me suis livré, librement et de mon choix,
« à l'Angleterre, parce que je croyais à ses lois, à sa morale publique.
« Je me suis cruellement trompé! Toutefois il est un ciel vengeur, et tôt
« ou tard vous porterez les peines d'un attentat que les hommes vous
« reprochent déjà!... Redites tout cela au prince régent, Monsieur. » Et accompagnant ces dernières paroles d'un geste de la main, il le congédia.

Nous avons continué de marcher quelque temps encore. Le grand maréchal, qui avait accompagné quelques pas M. Hamilton, étant revenu, nous avons cru devoir le laisser tête à tête avec l'Empereur; mais, à peine rentré dans ma chambre, il m'a fait appeler. Il était seul dans la sienne, et m'a demandé si je ne m'étais pas assez retiré dans la journée. Je lui ai dit que le respect seul et la discrétion m'avaient ôté d'auprès de lui. A quoi il m'a répondu que c'était à tort, qu'il n'y avait rien de mystérieux ni de secret. « Et puis, a-t-il ajouté, une certaine
« liberté, un certain abandon, ont bien aussi leur charme. » Ces paroles, découlées négligemment de la bouche de Napoléon, peuvent servir à le peindre plus que beaucoup de pages.

Nous avons alors parcouru une publication anglaise, renfermant les pièces officielles trouvées dans le portefeuille qui lui a été enlevé à Waterloo. L'Empereur, étonné lui-même de tous les ordres qu'il donnait presque à la fois, des détails sans nombre qu'il dirigeait sur tous les points de l'empire, a dit : « Cette publication, après tout, ne saurait me
« faire du mal, elle fera dire à bien des gens que ce qu'elle contient n'est
« pas d'un homme qui dormait; on me comparera aux légitimes, je n'y
« perdrai pas. »

Après le dîner, l'Empereur a causé longtemps de sujets rompus. En parlant de ses ambassadeurs, il a trouvé que M. *de Narbonne* était le seul qui eût bien mérité ce titre et rempli vraiment cette fonction. « Et
« cela, disait-il, par l'avantage personnel, non-seulement de son esprit,
« mais bien plus encore par celui de ses mœurs d'autrefois, de ses ma-
« nières, de son nom. Car, tant qu'on n'a qu'à prescrire, le premier
« venu suffit, tout est bon; peut-être même l'aide de camp est-il préfé-
« rable; mais dès qu'on en est réduit à négocier, c'est autre chose; alors

« à la vieille aristocratie des cours de l'Europe on ne doit plus présenter
« que des éléments de cette même aristocratie ; car elle aussi est une
« espèce de maçonnerie : un Otto, un Andréossi entreront-ils dans les
« salons de Vienne, aussitôt les épanchements de l'opinion se tairont,
« les habitudes de mœurs cesseront; ce sont des intrus, des profanes;
« les mystères doivent être interrompus. C'est le contraire pour un Nar-
« bonne, parce qu'il y a affinité, sympathie, identité; et telle femme de
« la vieille roche livrera peut-être sa personne à un plébéien, qu'elle ne
« lui découvrira pas les secrets de l'aristocratie. »

L'Empereur aimait beaucoup M. de Narbonne; il s'y était fort attaché, disait-il, et le regretta vivement. Il ne l'avait fait son aide de camp que parce que Marie-Louise, ajoutait-il, par une intrigue de son entourage, l'avait refusé pour chevalier d'honneur; poste qui était tout à fait son lot, disait Napoléon. « Jusqu'à son ambassade, répétait-il, nous avions été
« dupes de l'Autriche : en moins de quinze jours M. de Narbonne eut tout
« pénétré, et M. de Metternich se trouva fort gêné de cette nomination. »

« Toutefois, remarquait l'Empereur, ce que peut faire la fatalité! les
« succès mêmes de M. de Narbonne m'ont perdu peut-être, ses talents
« m'ont été du moins bien plus nuisibles qu'utiles: l'Autriche, se croyant
« devinée, jeta le masque et précipita ses mesures. Avec moins de péné-
« tration de notre part, elle eût prolongé quelque temps encore ses in-
« décisions naturelles, et durant ce temps d'autres chances pouvaient
« s'élever. »

Quelqu'un ayant parlé des ambassades de Dresde et de Berlin, et penchant à blâmer nos agents diplomatiques dans ces cours, lors de la crise du retour de Moscou, l'Empereur a répondu que le vice, à cet instant, n'avait point été dans les personnes, mais bien dans les choses; que chacun avait pu prévoir d'un coup d'œil ce qui pouvait arriver, que lui n'en avait pas été la dupe d'une minute; que s'il n'avait pas ramené l'armée lui-même à Wilna et en Allemagne, ce n'avait été que par la crainte de ne pouvoir regagner la France de sa personne. Il avait voulu remédier, disait-il, à ce péril imminent par de l'audace et de la rapidité, en traversant toute la Germanie, seul et vite. Toutefois, il s'était vu à l'instant d'être retenu en Silésie : « Mais heureusement,
« disait-il, les Prussiens passèrent à se consulter le moment qu'ils
« eussent dû employer à agir. Ils firent comme les Saxons pour Char-
« les XII, qui disait gaiement à sa sortie de Dresde, dans une occasion
« semblable : Vous verrez qu'ils délibéreront demain s'ils auraient bien
« fait de m'arrêter aujourd'hui, etc., etc. »

L'Empereur, avant dîner, m'a fait appeler dans son cabinet pour faire quelques thèmes anglais; il venait, me disait-il, de faire son compte de toilette; elle lui coûtait quatre napoléons par mois. Nous avons beaucoup ri de l'immensité du budget. Il m'a parlé de faire venir ses vêtements, ses souliers, ses bottes, de ses ouvriers ordinaires qui avaient ses mesures. J'y trouvais de graves inconvénients; mais ce qui devait nous mettre d'accord, lui disais-je, c'est que bien certainement on ne le permettrait pas.

« Il est dur, pourtant, disait-il, de me trouver sans argent, et je veux « régulariser quelque chose à cet égard. Aussi, dès que le bill qui doit « fixer notre situation ici nous sera notifié, je m'arrangerai pour avoir « un crédit annuel de sept à huit mille napoléons sur Eugène. Il ne sau-« rait s'y refuser, il tient de moi plus de quarante millions peut-être; et « puis ce serait faire injure à ses sentiments personnels que d'en douter. « D'ailleurs nous avons de grands comptes à régler ensemble; je suis sûr « que si j'avais chargé une commission de mes conseillers d'État d'un « rapport à ce sujet, elle m'eût présenté sur lui une reprise de dix à « douze millions au moins. »

A dîner, l'Empereur nous a questionnés sur ce qui était nécessaire, disait-il, pour un garçon, dans une capitale de l'Europe, ou pour un ménage raisonnable, ou enfin pour un ménage de luxe.

Il aime ces questions et ces calculs, et les traite avec une grande sagacité et des détails toujours curieux.

Chacun de nous a présenté ses budgets, et l'on s'est accordé, pour Paris, à quinze mille, quarante mille et cent mille francs. L'Empereur s'est arrêté sur l'extrême différence qu'il y avait entre le prix des choses et celui des mêmes choses, suivant les personnes et les circonstances.

« En quittant l'armée d'Italie, a-t-il dit, pour venir à Paris, madame « Bonaparte avait écrit qu'on meublât, avec tout ce qu'il y avait de « mieux, une petite maison que nous avions rue de la Victoire. Cette « maison ne valait pas plus de quarante mille francs. Quelle fut ma « surprise, mon indignation et ma mauvaise humeur, quand on me « présenta le compte des meubles du salon, qui ne me semblaient rien « de très-extraordinaire, et qui montaient pourtant à la somme énorme « de cent vingt à cent trente mille francs! J'eus beau me défendre, crier, « il fallut payer. L'entrepreneur montrait la lettre qui demandait tout ce « qu'il y avait de mieux: or, tout ce qui était là était de nouveaux modèles « faits exprès; il n'y avait pas de juge de paix qui ne m'eût condamné. »

De là l'Empereur est passé aux prix fous demandés pour les ameublements des palais impériaux, aux grandes économies qu'il y avait introduites. Il nous a donné le prix du trône, celui des ornements impériaux, etc., etc... Quoi de plus curieux que de tenir de sa bouche ces détails, ces comptes, le mode de ses économies! Combien je regrette de ne les avoir pas consignés dans le temps! Mais veut-on connaître un de ses moyens de vérification? Il revenait aux Tuileries, qu'on avait magnifiquement meublées en son absence; on n'eut rien de plus pressé que de lui faire voir et admirer le tout : il s'en montre très-satisfait, et s'arrêtant à une embrasure de fenêtre, devant une fort riche tenture, il demande des ciseaux, coupe un superbe gland d'or en pendant, le met froidement dans sa poche et continue son inspection, au grand étonnement de ceux qui le suivaient, incertains et cherchant à deviner son motif.

A quelques jours de là, à son lever, le gland ressort de sa poche, et le remettant à celui qui était chargé des ameublements : « Tenez, mon
« cher, lui dit-il, Dieu me garde de penser que vous me volez! mais on
« vous vole; vous avez payé ceci un tiers au-dessus de sa valeur : on vous
« a traité en intendant de grand seigneur, vous eussiez fait un meilleur
« marché si vous n'aviez pas été connu. »

C'est que Napoléon, dans une de ses promenades matinales, et déguisé, ce qui lui arrivait fréquemment, était entré dans plusieurs ma-

gasins de la rue Saint-Denis, avait fait évaluer ce qu'il avait emporté, proposé des entreprises analogues, et amené le résultat, disait-il, à sa plus simple expression. Chacun connaissait son faire à cet égard, et c'était là, disait-il encore, ses grands moyens d'économie domestique, qui, malgré une extrême magnificence d'ailleurs, était portée au dernier degré d'exactitude et de régularité. En dépit de ses immenses occupations, il revisait lui-même tous ses propres comptes; mais il avait sa manière : on les lui présentait toujours par spécialité; il s'arrêtait sur le premier article venu, le sucre par exemple, et trouvant des milliers de livres, il prenait une plume et demandait au comptable : « Combien « de personnes dans ma maison, Monsieur? (Et il fallait pouvoir lui ré- « pondre sur-le-champ.) — Sire, tant. — A combien de livres de sucre « par jour les portez-vous l'une dans l'autre? — Sire, à tant. » Il faisait aussitôt son calcul, et se montrait satisfait, ou s'écriait en lui rejetant son papier : « Monsieur, je double votre propre estimation, « et vous dépassez encore énormément; votre compte est donc faux ? « Recommencez tout cela, et montrez-moi plus d'exactitude. » Et il suffisait de ce seul calcul, de cette seule algarade, faisait-il observer, pour tenir chacun dans la plus stricte régularité. Aussi disait-il parfois de son administration privée, comme de son administration publique : « J'ai introduit un tel ordre; j'emploie de telles contre-épreuves, que je « ne puis être volé de beaucoup. Si je le suis encore, je le laisse sur la « conscience du coupable; il n'en sera pas étouffé, cela ne saurait être « lourd. »

Le gouverneur visite ma chambre. — Critique du *Mahomet* de Voltaire. — Un Mahomet de l'histoire. — Grétry.

Lundi 22 au jeudi 25.

Depuis plusieurs jours le temps a été très-mauvais. L'Empereur a discontinué ses promenades du matin; son travail est devenu plus régulier, il a dicté chaque jour sur l'époque des événements de 1814.

Sir Hudson Lowe est venu visiter l'établissement; il est entré chez moi et y est demeuré un quart d'heure. Il m'a dit être fâché de la manière dont nous nous trouvions; nos demeures étaient plutôt des bivouacs, convenait-il, que des chambres. Et il avait raison : le papier goudronné dont on s'était servi pour la couverture cédait déjà à la chaleur du climat : quand il faisait du soleil, j'étouffais; quand il pleuvait, j'étais inondé.

Il allait donner l'ordre d'y remédier autant que possible, disait-il, et a ajouté poliment qu'il avait apporté avec lui quinze cents à deux mille volumes français; que, dès qu'ils seraient en ordre, il se ferait un plaisir de les mettre à notre disposition, etc., etc...

Racine et Voltaire ont fait les frais de ces soirées : *Phèdre*, *Athalie*, qui nous étaient lues par l'Empereur, ont fait nos délices. Il ajoutait des observations et des commentaires qui leur donnaient un nouveau prix.

Mahomet a été l'objet de sa plus vive critique, dans le caractère et dans les moyens. Voltaire, disait l'Empereur, avait ici manqué à l'histoire et au cœur humain. Il prostituait le grand caractère de Mahomet par les intrigues les plus basses. Il faisait agir un grand homme qui avait changé la face du monde, comme le plus vil scélérat, digne au plus du gibet. Il ne travestissait pas moins inconvenablement le grand caractère d'Omar, dont il ne faisait qu'un coupe-jarret de mélodrame, et un vrai pourvoyeur de son maître.

Voltaire péchait ici surtout par la base, en attribuant à l'intrigue ce qui n'appartient qu'à l'opinion. « Les hommes qui ont changé l'univers, « faisait observer l'Empereur, n'y sont jamais parvenus en gagnant des « chefs, mais toujours en remuant des masses. Le premier moyen est du « ressort de l'intrigue, et n'amène que des résultats secondaires; le se- « cond est la marche du génie, et change la face du monde! »

De là, l'Empereur, passant à la vérité historique, doutait de tout ce qu'on attribuait à Mahomet. « Il en aura été sans doute de lui comme « de tous les chefs de sectes, disait-il. Le Coran, ayant été fait trente ans « après lui, aura consacré bien des mensonges. Alors l'empire du Pro- « phète, sa doctrine, sa mission étant déjà fondés, accomplis, on a pu, « on a dû parler en conséquence. Néanmoins il reste encore à expliquer « comment l'événement prodigieux dont nous sommes certains, la con- « quête du monde, a pu s'opérer en aussi peu de temps; cinquante ou « soixante ans ont suffi. Par qui a-t-elle été opérée? par des peuplades « du désert, peu nombreuses, ignorantes, nous dit-on, mal aguerries, « sans discipline, sans système. Et pourtant elles agissaient contre le « monde civilisé, riche de tant de moyens! Ici le fanatisme ne saurait « suffire; car il lui a fallu le temps de se créer lui-même, et la carrière « de Mahomet n'a été que de treize ans... »

L'Empereur pensait qu'indépendamment des circonstances fortuites qui amènent parfois les prodiges, il fallait encore qu'il y eût ici, en arrière, quelque chose que nous ignorons; que le monde chrétien avait été si prodigieusement entamé par les résultats de quelque cause première qui nous demeurait cachée, que peut-être ces peuples, surgis tout à coup du fond des déserts, avaient eu chez eux de longues guerres civiles, parmi lesquelles s'étaient formés de grands caractères, de grands talents, des impulsions irrésistibles, ou quelque autre cause de cette nature, etc.

En somme, Napoléon, sur les affaires de l'Orient, s'éloignait beaucoup des croyances communes tirées de nos livres habituels. Il avait à cet égard des idées tout à fait à lui, et pas bien arrêtées, disait-il ; et c'était son expédition d'Égypte qui avait amené ce résultat dans son esprit.

Au moment de la révolution, Voltaire avait détrôné Corneille et Racine : on s'était endormi sur les beautés de ceux-ci, et c'est au Premier Consul qu'est dû le réveil.

C'est lui qui fit reparaître alors tous nos chefs-d'œuvre nationaux dramatiques et lyriques, jusqu'aux pièces mêmes proscrites par la politique : ainsi on revit *Richard Cœur-de-Lion,* qu'un tendre intérêt avait comme consacré aux Bourbons.

« Le pauvre Grétry m'en sollicitait depuis longtemps, nous disait un
« jour l'Empereur, et je hasardais en l'accordant une épreuve redou-
« table ; on me prédisait de grands scandales. La représentation eut
« lieu néanmoins sans nul inconvénient ; alors j'ordonnai de la répéter
« huit jours, quinze jours de suite, jusqu'à indigestion. Le charme
« rompu, *Richard* a continué d'être joué sans qu'on y songeât davan-
« tage, jusqu'au moment où les Bourbons à leur tour l'ont proscrit,
« parce qu'un tendre intérêt le consacrait désormais à ma personne. »

Étrange vicissitude qui s'est renouvelée encore, nous a-t-on dit, pour le drame du prince Édouard ou du prétendant en Écosse. L'Empereur l'avait interdit à cause des Bourbons, et les Bourbons viennent de l'interdire à cause de l'Empereur.

Ma visite à Plantation-House. — Insinuation. — Première méchanceté de sir H. Lowe. — Proclamations de Napoléon. — Sa politique en Égypte. — Aveu d'acte illégal.

Vendredi 26.

J'ai été à Plantation-House faire ma visite. Lady Lowe m'a paru belle, aimable, un tant soit peu actrice. Sir Hudson Lowe l'a épousée peu de temps avant son départ d'Europe, et précisément, nous a-t-on dit, pour l'aider à nous faire les honneurs de la colonie. J'ai compris que cette dame était veuve d'un des officiers de l'ancien régiment de sir Hudson Lowe, et sœur d'un colonel tué à Waterloo.

Le gouverneur m'a témoigné une politesse et une bienveillance toutes particulières qui m'ont frappé. Nous étions de connaissance depuis longtemps sans que je m'en doutasse, m'a-t-il dit. Depuis longtemps l'*Atlas de M. Lesage*, continuait-il, avait charmé ses instants, sans qu'il pût imaginer certainement alors la circonstance qui lui ferait connaître son auteur. Il s'était procuré cet ouvrage en Sicile, où il l'avait fait venir de Naples en contrebande. Il ne tarissait pas sur les louanges données à l'Atlas; il avait souvent lu la bataille d'Iéna avec le général Blucher, au quartier général duquel il était commissaire de sa nation dans la campagne de 1814; il avait toujours admiré les expressions libérales, l'esprit de modération et d'impartialité avec lesquels l'Angleterre, bien qu'ennemie, y était constamment traitée; mais certains passages équivoques l'avaient grandement frappé dans le temps, remarquait-il; c'étaient des passages d'opposition ou de censure envers celui qui nous gouvernait. Il les expliquait par ma qualité et mes doctrines d'ancien émigré, et aujourd'hui cela lui semblait une singulière contradiction de me retrouver ici auprès de cette personne.

Or, nous venions d'apprendre que sir Hudson Lowe avait toujours été en Italie un chef de haute police, un agent actif d'espionnage et d'embauchage. Je n'ai pu me défendre, je l'avoue, de soupçonner dans cette conversation certaine insinuation. S'il en eût été ainsi, et l'Empereur n'en a pas douté, la chose était assez bien embarquée de sa part, et si je me fusse moins respecté, je pouvais lui faire beau jeu et le laisser aller fort loin, mais je me suis contenté de répondre qu'il s'était tout à fait mépris sur l'application des passages équivoques, et qu'ils ne pouvaient s'adresser à Napoléon, puisqu'il me voyait auprès de lui.

J'ai trouvé chez moi, au retour, deux ouvrages français que sir Hudson Lowe m'avait envoyés dès le matin, avec un billet dans lequel il exprimait son espoir qu'ils seraient agréables à l'Empereur. Le croirait-on! le premier de ces ouvrages était *l'Ambassade de Varsovie*, par l'abbé de Pradt... *Première méchanceté de sir Hudson Lowe!* car c'était une nouveauté, il est vrai, mais un véritable libelle, uniquement dirigé contre Napoléon.

Quant au second, au premier instant je l'ai cru un trésor; j'ai pensé qu'il allait tout à fait nous tenir lieu des *Moniteurs*, et nous fournir tous les matériaux qui nous manquaient. C'était le Recueil des proclamations et de toutes les pièces officielles de Napoléon comme *général*, comme *Premier Consul*, comme *Empereur*; mais il était du libelliste Goldsmith fort incomplet; les plus beaux bulletins sont supprimés, etc. Toutefois, dans cet état d'imperfection, ce Recueil demeure encore le plus beau monument qu'aucun homme ait jamais laissé sur la terre.

L'Empereur, après le dîner, s'est amusé à lire dans Goldsmith quelques-unes de ses proclamations à l'armée d'Italie. Elles réagissaient sur lui-même, il s'y complaisait, il en était ému. « Et ils ont osé dire que « je ne savais pas écrire! » s'est-il écrié.

Il est ensuite passé aux proclamations d'Égypte, et a beaucoup plai-

santé sur celle dans laquelle il se donnait comme inspiré et envoyé de Dieu. « C'était du charlatanisme, convenait-il, mais du plus haut. D'ail-
« leurs, tout cela n'était que pour être traduit en beaux vers arabes, et
« par un de leurs cheiks les plus habiles. Mes Français, disait-il, ne
« faisaient qu'en rire, et leurs dispositions à cet égard étaient telles, en
« Italie et en Égypte, que pour pouvoir les ramener à entendre citer
« la religion, j'étais obligé d'en parler fort légèrement moi-même, de
« placer les juifs à côté des chrétiens, les rabbins à côté des évêques. »

Du reste, il était faux, comme on le disait dans Goldsmith, qu'il se fût jamais habillé en musulman; s'il était jamais entré dans une mosquée, cela avait toujours été, disait-il, comme vainqueur, jamais comme fidèle.

« Et après tout, ajoutait-il gaiement, ce n'est pas qu'il eût été impos-
« sible que les circonstances m'eussent amené à embrasser l'islamisme;
« et, comme disait cette bonne reine de France : *Vous m'en direz tant!...*
« Mais ce n'eût été qu'à bonne enseigne; il m'eût fallu pour cela au
« moins jusqu'à l'Euphrate. Le changement de religion, inexcusable
« pour des intérêts privés, peut se comprendre peut-être par l'immen-
« sité de ses résultats politiques. Henri IV avait dit : *Paris vaut bien une*
« *messe.* Croit-on que l'empire d'Orient, et peut-être la sujétion de
« toute l'Asie n'eussent pas valu un turban et des pantalons? car c'est au
« vrai uniquement à quoi cela se fût réduit. Les grands cheiks s'étaient
« étudiés à nous faire beau jeu, ils avaient aplani les grandes difficultés;
« ils permettaient le vin, et nous faisaient grâce de toute formalité
« corporelle : nous ne perdions donc que nos culottes et un chapeau.
« Je dis nous, car l'armée, disposée comme elle l'était, s'y fût prêtée
« indubitablement, et n'y eût vu que du rire et des plaisanteries. Ce-
« pendant voyez les conséquences! Je prenais l'Europe à revers, la vieille
« civilisation européenne demeurait cernée, et qui eût songé alors à
« inquiéter le cours des destinées de notre France ni celui de la généra-
« tion du siècle!...
« Qui eût osé l'entreprendre! Qui eût pu y parvenir! etc. »

Première insulte, première barbarie de sir H. Lowe. — Traits caractéristiques.

Samedi 27.

Le gouverneur sir Hudson Lowe est venu sur les deux heures. Il a fait demander à l'Empereur son agrément pour qu'on fît comparaître tous ses domestiques devant lui. *Première insulte de sir Hudson Lowe.*
Il voulait probablement vérifier s'ils avaient fait leurs déclarations

avec pleine et libre volonté. M. de Montholon, chargé du service de la maison, a répondu, au nom de l'Empereur à sir Hudson Lowe, que Sa Majesté ne pouvait imaginer qu'on eût la prétention de mettre le doigt entre lui et son valet de chambre; que si on demandait sa permission, il la refusait; que si les instructions portaient cette mesure, on avait la force, on pouvait la remplir; que ce serait un outrage de plus ajouté à ceux que le ministère anglais accumulait sur sa tête.

Je les ai joints à cet instant; il m'a été aisé de voir que les deux interlocuteurs étaient peu satisfaits l'un de l'autre.

Toutefois les domestiques vinrent : M. de Montholon et moi nous nous mîmes à l'écart, pour ne pas sanctionner une telle mesure par notre présence. Le gouverneur leur parla et vint nous joindre ensuite,

nous disant : « Je suis content à présent; je puis mander à mon gouver- « nement que tous ont signé de plein gré et de leur bonne volonté. »

Il lui restait pourtant de l'humeur sans doute, car il se mit assez hors de propos à nous vanter la beauté du site, nous disant qu'après tout nous n'étions pas si mal; et comme nous lui disions que dans ce climat brûlant nous restions sans ombrage, sans un seul arbre · *On en plantera*, nous dit-il. Quel mot atroce! *Première barbarie de sir Hudson Lowe!* et il nous a quittés.

Vers les cinq heures, l'Empereur est monté en voiture pour faire un tour de promenade. En sortant de chez lui, il nous a dit : « *Messieurs,* « *un homme de moins, et j'étais le maître du monde!* Cet homme, le « devinez-vous? » Nous écoutions... « Eh bien, c'est l'abbé de Pradt, « a-t-il dit, l'aumônier du dieu Mars. » Nous nous sommes mis à rire.

« Je n'en impose pas, a-t-il continué, c'est ainsi qu'il commence dans

« son *Ambassade de Varsovie*, vous pouvez le lire. C'est un bien méchant
« ouvrage contre moi ; un vrai libelle, dans lequel il m'accable de torts,
« d'injures, de calomnies. Mais, soit que j'aie été bien disposé, soit qu'il
« n'y ait, comme on dit, que la vérité qui blesse, il n'a fait que me
« faire rire, il m'a vraiment amusé. »

Deux de nous avaient parfois des différends. On ne le trouve ici que parce que j'y rencontre des traits caractéristiques de l'âme et du cœur de celui à qui nous étions consacrés, et puis, d'ailleurs, les papiers du temps et le retour de l'un d'eux en Europe, à cause de cette circonstance, l'ont assez fait connaître.

Me rendant au salon pour y attendre le dîner, j'y ai trouvé l'Empereur qui s'exprimait avec la dernière chaleur sur ce sujet, qui le contrariait à l'excès ; cela a été fort long, très-vif, fort touchant . . . . . .
. . . .

« Vous m'avez suivi pour m'être agréables, dites-vous ? *Soyez frères !*
« autrement vous ne m'êtes qu'importuns !... Vous voulez me rendre
« heureux ? *Soyez frères !* autrement vous ne m'êtes qu'un supplice.

« Vous parlez de vous battre, et cela sous mes yeux ! Ne suis-je donc
« plus tout l'objet de vos soins, et l'œil de l'étranger n'est-il pas arrêté
« sur nous !... Je veux qu'ici chacun soit animé de mon esprit... Je veux
« que chacun soit heureux autour de moi ; que chacun surtout y partage
« le peu de jouissances qui nous sont laissées. Il n'est pas jusqu'au petit
« Emmanuel que voilà que je ne prétende en avoir sa part complète... »

Le dîner seul a terminé la mercuriale ; et bientôt après l'Empereur m'a fait appeler dans sa chambre à coucher, où je suis demeuré assez tard. . . . .

Abbé de Pradt. — Son ambassade à Varsovie. — Guerre de Russie. — Son origine.

Dimanche 28.

L'Empereur est revenu sur M. l'abbé de Pradt et sur son ouvrage ; il le réduisait à la première et à la dernière page. « Dans la première,
« disait-il, il se donne pour le seul homme qui ait arrêté Napoléon dans
« sa course ; dans la dernière, il laisse voir que l'Empereur, à son pas-
« sage au retour de Moscou, le chassa de son ambassade, ce qui est vrai ;
« et c'est ce que son amour-propre cherche à défigurer ou à venger :
« voilà tout l'ouvrage.

« Mais l'abbé, continuait-il, n'avait atteint à Varsovie aucun des buts
« qu'on se proposait ; il avait, au contraire, fait beaucoup de mal. Les
« bruits contre lui étaient accourus en foule de toutes parts au-devant

« de moi. Les auditeurs de son ambassade, ces jeunes gens mêmes avaient
« été choqués de sa tenue, et furent jusqu'à l'accuser d'intelligence avec
« l'ennemi, ce que je fus loin de croire. Mais il eut en effet avec moi une
« longue conversation qu'il dénature, comme de raison ; et c'est pen-
« dant même qu'il débitait complaisamment un long verbiage d'esprit,
« que je jugeais être autant d'inepties et d'impertinences, que je griffonnai
« sur le coin de la cheminée, sous les propres yeux de M. de Pradt, et
« tout en l'écoutant, l'ordre de le retirer de son ambassade et de l'en-
« voyer au plus tôt en France. Circonstance qui fit beaucoup rire alors,
« et que l'abbé semble tenir extrêmement à dissimuler. »

Du reste, je ne puis me refuser de transcrire ici ce qu'il dit dans cet ouvrage de la cour de l'empereur Napoléon à Dresde, parce que ces paroles font image, et donnent une juste idée de la nature des choses et des personnes en ce moment-là.

« O vous, y est-il dit, qui voulez vous faire une juste idée de la
« prépotence qu'a exercée en Europe l'empereur Napoléon, qui désirez
« mesurer les degrés de frayeur au fond de laquelle étaient tombés
« presque tous les souverains, transportez-vous en esprit à Dresde,
« et venez y contempler ce prince superbe, au plus haut période de sa
« gloire, si voisin de sa dégradation !

« L'Empereur occupait les grands appartements du château. Il y avait
« mené une partie nombreuse de sa maison ; il y tenait table, et, à l'ex-
« ception du premier dimanche, où le roi de Saxe donna un gala, ce fut
« toujours chez Napoléon que les souverains et une partie de leurs fa-
« milles se réunirent, d'après les invitations adressées par le grand ma-
« réchal de son palais. Quelques particuliers y étaient admis. J'ai joui
« de cet honneur le jour de ma nomination à l'ambassade de Varsovie.

« Les levers de l'Empereur se tenaient, comme aux Tuileries, à neuf
« heures. C'est là qu'il fallait voir en quel nombre, avec quelle soumis-
« sion craintive une foule de princes, confondus avec les courtisans,
« souvent à peine aperçus par eux, attendaient le moment de compa-
« raître devant le nouvel arbitre de leurs destinées. »

Ce morceau et quelques autres, d'une aussi grande vérité et d'une aussi belle diction, sont étouffés sous une foule de détails pleins de déguisement et de malice. Ce sont des faits dénaturés, dit l'Empereur, des conversations mutilées ; et, s'arrêtant sur les détails de l'impératrice d'Autriche, comblée d'adulations, et sur ceux de l'empereur Alexandre, dont l'auteur vante les vertus aimables, les qualités brillantes, au détriment et en opposition de lui, Napoléon, il a conclu : « Certes, ce n'est

« pas là un évêque français, c'est un mage de l'Orient, adorateur du
« soleil qui s'élève. »

Toutefois, à ses efforts pour prouver que nous avons été les injustes
agresseurs dans la querelle de Russie, je vais opposer ce qui suit :

L'Empereur, parlant de cette guerre, disait : « Il n'est point de petits
« événements pour les nations et les souverains : ce sont eux qui gou-
« vernent leurs destinées. Depuis quelque temps, il s'était élevé de la
« mésintelligence entre la France et la Russie.

« La France reprochait à la Russie la violation du système conti-
« nental.

« La Russie exigeait une indemnité pour le duc d'Oldembourg, et
« élevait d'autres prétentions.

« Des rassemblements russes s'approchaient du duché de Varsovie ;
« une armée française se formait au nord de l'Allemagne. Cependant
« on était encore loin d'être décidé à la guerre, lorsque tout à coup une
« nouvelle armée russe se met en marche vers le duché, et une note
« insolente est présentée à Paris comme *ultimatum* par l'ambassadeur
« russe, qui, au défaut de son acceptation, menace de quitter Paris
« sous huit jours.

« Je crus alors la guerre déclarée. Depuis longtemps je n'étais plus
« accoutumé à un pareil ton. Je n'étais pas dans l'habitude de me laisser
« prévenir ; je pouvais marcher à la Russie à la tête du reste de l'Europe.
« L'entreprise était populaire, la cause était européenne. C'était le
« dernier effort qui restait à faire à la France ; ses destinées, celles du
« nouveau système européen, étaient au bout de la lutte. La Russie était
« la dernière ressource de l'Angleterre. La paix du globe était en Russie,
« et le succès ne devait point être douteux. Je partis : toutefois, arrivé à
« la frontière, moi à qui la Russie avait déclaré la guerre en retirant
« son ambassadeur, je crus devoir envoyer le mien (*Lauriston*) à l'em-
« pereur Alexandre, à Wilna. Il fut refusé, et la guerre commença.

« Cependant, qui le croirait ! Alexandre et moi nous étions tous les
« deux, continuait l'Empereur, dans l'attitude de deux bravaches, qui,
« sans avoir envie de se battre, cherchent à s'effrayer mutuellement.
« Volontiers je n'eusse pas fait la guerre ; j'étais entouré, encombré de
« circonstances inopportunes, et tout ce que j'ai appris depuis m'assure
« qu'Alexandre en avait bien moins envie encore.

« M. de Romanzof, qui avait conservé des relations à Paris, et qui,
« plus tard, au moment des échecs éprouvés par les Russes, fut fort mal-
« traité par Alexandre pour la résolution qu'il lui avait fait prendre,

« l'avait assuré que le moment était venu où Napoléon, embarrassé,
« ferait des sacrifices pour éviter la guerre; que l'occasion était favora-
« ble, qu'il fallait la saisir; qu'il ne s'agissait que de se montrer et de
« parler ferme; qu'on aurait les indemnités du duc d'Oldembourg;
« qu'on acquerrait Dantzick, et que la Russie se créerait une immense
« considération en Europe.

« Telle était la clef du mouvement des troupes russes et de la note
« insolente du prince Kourakin, qui, sans doute, n'était pas dans le
« secret, et qui avait eu le tort, par son peu d'esprit, d'exécuter ses
« instructions trop à la lettre. La même présomption, le même système
« amena encore le refus de recevoir Lauriston à Wilna; et voici, disait
« Napoléon, les vices et le malheur de ma diplomatie nouvelle; elle de-
« meurait isolée, sans affinité, sans contact, au milieu des objets qu'il
« s'agissait de manier. Si j'avais eu un ministre des relations extérieures
« de la vieille aristocratie, un homme supérieur, il eût pu, il eût dû
« dans la conversation deviner cette nuance; et nous n'eussions pas eu
« la guerre. Talleyrand en eût été capable peut-être, mais ce fut au-
« dessus de la nouvelle école. Pour moi, je ne pouvais pourtant deviner
« tout seul. La dignité m'interdisait les éclaircissements personnels, je
« ne pouvais juger que sur les pièces, et j'avais beau les tourner, les re-
« tourner, arrivé à un certain point, elles demeuraient muettes, et ne
« pouvaient répondre à toutes mes attaques.

« A peine eus-je ouvert la campagne que le masque tomba; les vrais
« sentiments de l'ennemi durent se montrer. Au bout de trois ou quatre
« jours, frappé de nos premiers succès, Alexandre me dépêcha quelqu'un
« pour me dire que, si je voulais évacuer le territoire envahi, revenir au
« Niémen, il allait traiter. Mais, à mon tour, je pris cela pour une ruse.
« J'étais enflé du succès; j'avais pris l'armée russe en flagrant délit :
« tout était culbuté et en désordre. J'avais coupé Bagration, je devais
« espérer de le détruire; je crus donc qu'on ne voulait que gagner du
« temps pour le sauver et se rallier. Nul doute que si j'avais été con-
« vaincu de la bonne foi d'Alexandre, je n'eusse accédé à sa demande.
« Je serais revenu au Niémen, il n'eût pas passé la Dwina. Wilna eût été
« neutralisé; nous nous y serions rendus, chacun avec deux ou trois
« bataillons de notre garde : nous eussions traité en personne. Que de
« combinaisons j'eusse introduites!... Il n'eût eu qu'à choisir!... Nous
« nous serions séparés bons amis...

« Et malgré les événements qui ont suivi et le laissent triomphant, est-
« il bien prouvé que ce parti eût été moins avantageux pour lui que ce qui

« est arrivé depuis? Il est venu à Paris, il est vrai, mais avec toute l'Eu-
« rope. Il a acquis la Pologne. Mais quelles seront les suites de l'ébran-
« lement donné à tout le système européen, de l'agitation donnée à tous
« les peuples, de l'accroissement de l'influence européenne sur le reste de
« la Russie par l'agglomération des acquisitions nouvelles, par les courses
« lointaines des soldats russes, par l'influence des hommes et des lu-
« mières hétérogènes qui viennent s'y réfugier de toutes parts? etc., etc.

« Les souverains russes se contenteront-ils de consolider ce qu'ils ont
« acquis? Mais si l'ambition les saisit au contraire, à quelle entreprise,
« à quelle extravagance ne peuvent-ils pas se livrer! Et pourtant ils ont
« perdu Moscou, ses richesses, ses ressources, celles d'un grand nombre
« d'autres villes! Ce sont autant de plaies qui saigneront plus de cin-
« quante ans. Et pourtant que n'aurions-nous pas pu fixer à Wilna pour
« le bien-être de tous, pour celui des peuples aussi bien que pour celui
« des rois!!!... »

Dans un autre moment l'Empereur disait : « J'ai pu partager l'empire
« turc avec la Russie; il en a été plus d'une fois question entre nous.
« Constantinople l'a toujours sauvé. Cette capitale était le grand embar-
« ras, la vraie pierre d'achoppement. La Russie la voulait; je ne devais
« pas l'accorder. C'est une clef trop précieuse; elle vaut à elle seule un
« empire : celui qui la possédera peut gouverner le monde. »

Et comme l'Empereur se résumant en est revenu à dire : « Qu'a donc
« gagné Alexandre qu'il n'eût obtenu à Wilna à meilleur compte? » il
est échappé à quelqu'un de dire : « Sire, d'avoir vaincu et d'être demeuré
« triomphant. — Ce pourra être la pensée du vulgaire, s'est écrié l'Em-
« pereur, ce ne saurait être celle d'un roi. Un roi, s'il gouverne par lui-
« même, ou ses conseils s'il en est incapable, ne doit point, dans une
« aussi grande entreprise, avoir pour but la victoire, mais bien ses
« résultats. Et puis, ne s'arrêterait-on même qu'à cette considération
« vulgaire, je maintiens que le but encore serait manqué, car ici la
« palme des suffrages doit demeurer au vaincu.

« Qui pourrait mettre en parallèle mes succès d'Allemagne avec ceux
« des alliés en France? Les gens éclairés, réfléchis, l'histoire, ne le
« feront point.

« Les alliés sont venus traînant toute l'Europe contre presque rien du
« tout. Ils présentaient six cent mille hommes en ligne; ils avaient une
« réserve égale. S'ils étaient battus, ils ne couraient aucun risque, ils se
« repliaient. Moi, au contraire, en Allemagne, à cinq cents lieues au loin,
« j'étais à peine à force égale. Je demeurais entouré de puissances et de

Bataille de Wagram

« peuples retenus seulement par la crainte. A chaque instant, au premier
« échec, ils pouvaient se déclarer. Je triomphais au milieu des périls
« toujours renaissants ; il me fallait sans cesse autant d'adresse que de
« force. Qu'il me fallut un étrange caractère dans toutes ces entreprises,
« un étrange coup d'œil, une étrange confiance dans mes combinaisons,
« désapprouvées par tous ceux peut-être qui m'environnaient!

« Quels actes les alliés opposeront-ils à de tels actes? Si je n'eusse
« vaincu à Austerlitz, j'allais avoir toute la Prusse sur les bras. Si je
« n'eusse triomphé à Iéna, l'Autriche et l'Espagne se déclaraient sur
« mes derrières. Si je n'eusse battu à Wagram, qui ne fut pas une vic-
« toire aussi décisive, j'avais à craindre que la Russie ne m'abandonnât,
« que la Prusse ne se soulevât, et les Anglais étaient déjà devant Anvers.

« Toutefois quelles ont été mes conditions après la victoire?

« A Austerlitz, j'ai laissé la liberté à Alexandre, que je pouvais faire
« mon prisonnier [1].

« Après Iéna, j'ai laissé le trône à la maison de Prusse, que j'en avais
« abattue.

« Après Wagram, j'ai négligé de morceler la monarchie autrichienne.

« Attribuera-t-on tout cela à de la simple magnanimité? Les gens forts
« et profonds auraient le droit de m'en blâmer. Aussi, sans repousser ce
« sentiment, qui ne m'est pas étranger, aspirais-je à de plus hautes
« pensées encore. Je voulais préparer la fusion des grands intérêts
« européens, ainsi que j'avais opéré celle des partis au milieu de nous.
« J'ambitionnais d'arbitrer un jour la grande cause des peuples et
« des rois. Il me fallait donc me créer des titres auprès des rois, me
« rendre populaire au milieu d'eux. Il est vrai que ce ne pouvait être
« sans perdre auprès des peuples, je le sentais bien ; mais j'étais tout-puis-
« sant et peu timide. Je m'inquiétais peu des murmures passagers des
« peuples, bien sûr que le résultat devait me les ramener infailliblement.

« Cependant, continuait l'Empereur, je fis une grande faute après
« Wagram, celle de ne pas abattre l'Autriche davantage. Elle demeurait
« trop forte pour notre sûreté ; c'est elle qui nous a perdus. Le lende-
« main de la bataille, j'aurais dû faire connaître, par une proclamation,
« que je ne traiterais avec l'Autriche que sous la séparation préalable
« des trois couronnes d'Autriche, de Hongrie et de Bohême. Et, le croi-
« ra-t-on? un prince de la maison d'Autriche m'a fait insinuer plusieurs

---

[1] Depuis mon retour en Europe, on m'a assuré qu'il existait deux billets au crayon, de l'empereur Alexandre, sollicitant anxieusement qu'on le laissât passer. Si cela était vrai, quelle vicissitude de fortune! Le vainqueur magnanime aurait péri dans les fers, au loin de l'Europe, privé de sa famille, et précisément au nom du vaincu qu'il avait si généreusement écouté!!!

« fois de lui en faire passer une, ou même de le mettre sur le trône de sa
« maison, alléguant que ce ne serait qu'alors que cette puissance marche-
« rait de bonne foi avec moi. Il offrait de me donner en espèce d'otage
« son fils pour aide de camp en outre de toutes les garanties imaginables. »

L'Empereur disait s'en être même occupé. Il avait balancé quelque temps avant son mariage avec Marie-Louise. Mais depuis, continuait-il, il en eût été incapable; il se sentait des sentiments trop bourgeois sur l'article des alliances, disait-il : « L'Autriche était devenue ma famille,
« et pourtant ce mariage m'a perdu. Si je ne m'étais pas cru tranquille
« et même appuyé sur ce point, j'aurais retardé de trois ans la résur-
« rection de la Pologne; j'aurais attendu que l'Espagne fût soumise et
« pacifiée. J'ai posé le pied sur un abîme recouvert de fleurs, etc., etc...»

L'Empereur souffrant. — Premier jour de complète réclusion. — Ambassadeurs persan et turc. — Anecdotes.
Lundi 29.

Sur les cinq heures, le grand maréchal m'a fait une petite visite dans ma chambre; il n'avait pu voir l'Empereur, qui était resté enfermé toute la journée, étant souffrant, et n'ayant voulu voir personne. Sur la fin du jour, je suis allé me promener dans les allées que l'Empereur parcourt d'ordinaire vers ce temps; j'étais triste de m'y trouver seul. Nous avons dîné sans lui.

Sur les neuf heures, au moment où je calculais que la journée se serait écoulée sans que je le visse, il m'a fait demander; je lui ai témoigné de l'inquiétude. Il m'a dit qu'il était bien; « qu'il ne souffrait pas;
« qu'il lui avait pris fantaisie de demeurer seul; qu'il avait lu toute la
« journée, et qu'elle lui avait paru courte et d'un calme parfait. »

Cependant il avait l'air triste, ennuyé. Dans son désœuvrement, il a pris mon Atlas, qui s'est ouvert à la mappemonde; il s'est arrêté sur la Perse. « Je l'avais bien judicieusement ajustée, a-t-il dit. Quel heureux
« point d'appui pour mon levier, soit que je voulusse inquiéter la Russie
« ou déborder sur les Indes! J'avais commencé des rapports avec ce pays,
« et j'espérais les amener jusqu'à l'intimité, aussi bien qu'avec la Tur-
« quie. Il était à croire que ces animaux eussent assez compris leurs
« intérêts pour cela; mais ils m'ont échappé l'un et l'autre au moment
« décisif. L'or des Anglais a été plus fort que mes combinaisons! Quel-
« ques ministres infidèles auront, pour quelques guinées, livré l'exis-
« tence de leur pays; résultat ordinaire sous des monarques de sérail ou
« des rois fainéants! »

De là, l'Empereur, laissant la haute politique, est passé à des anecdotes de sérail, puis aux Persans de Montesquieu et à ses *Lettres*, qu'il disait pleines d'esprit, d'observations fines, et surtout la satire sanglante du temps. Il s'est ensuite arrêté sur les ambassadeurs turc et persan qui ont demeuré à Paris sous son règne. Il me demandait quelle impression ils avaient produite dans la capitale; s'ils y faisaient des visites, s'ils recevaient du monde, etc., etc.

Je répondais qu'un moment ils avaient occupé la capitale, et fort longtemps fait le spectacle de la cour, le Persan surtout. A son arrivée, il recevait volontiers, et comme il distribuait facilement des essences et allait même jusqu'aux châles, il y eut fureur parmi les femmes; mais le grand nombre le força bientôt de borner sa libéralité, et dès lors, et le moment de la vogue passé, il ne fut plus question de lui. J'ajoutais à l'Empereur qu'à la cour, et quand Sa Majesté n'y était pas, nous nous étions permis parfois, très-inconsidérément sans doute, quelques espiègleries à leur égard. Un jour, entre autres, à un concert de l'impératrice Joséphine, *Askerkan*, avec sa longue barbe peinte, s'ennuyant sans doute de cette musique, s'endormit debout adossé à la muraille, ses pieds un tant soit peu en avant, appuyés à un fauteuil que

retenait le coin de la cheminée. On trouva gai de le lui soutirer doucement, de sorte qu'il manqua glisser tout de son long, et ne se retint qu'en faisant un bruit effroyable. C'était celui des deux qui entendait le mieux la plaisanterie. Cependant cette fois il se fâcha violemment; et, comme nous ne nous comprenions que des yeux et du geste, la scène était des plus plaisantes. Le soir, l'impératrice, qui se fit expliquer la cause du bruit qu'elle avait entendu, en rit beaucoup, et gronda bien davantage. « C'était très-mal assurément, remarquait l'Empereur ; mais « aussi que diable venait-il faire là? — Sire, il venait faire sa cour, « ainsi que son camarade le Turc; ils espéraient que Votre Majesté le « saurait, bien qu'elle fût peut-être alors à cinq cents lieues. » J'ajoutais que nous leur avions vu faire des actes de courtisanerie bien plus forts encore, quoiqu'il ne s'en fût peut-être pas aperçu davantage. « Nous les « avons vus, lui disais-je, après les grandes audiences diplomatiques du « dimanche, suivre Votre Majesté à la messe, et partager les travées de « la chapelle avec des cardinaux de la sainte église romaine. — Quelle « monstruosité pour eux! s'écriait l'Empereur. Quel renversement de « tous leurs principes et de toutes leurs coutumes! que de choses extra- « ordinaires j'ai fait faire! et pourtant rien de tout cela n'était com- « mandé, pas même aperçu! »

La conversation continuant sur les deux Orientaux, je racontais qu'on m'avait dit que l'archichancelier Cambacérès leur avait un jour donné un grand dîner à tous deux ensemble.

Quoique des mêmes contrées et de la même religion, ils montraient pourtant deux nuances fort différentes : le Turc, disciple d'Omar, était le janséniste; le Persan, sectateur d'Aly, était le jésuite. On disait plaisamment qu'à ce repas ils s'observaient l'un et l'autre à l'égard du vin, comme deux évêques auraient pu le faire pour le gras du vendredi.

Le Turc, atrabilaire et ignorant, fut déclaré n'être qu'une grosse bête; le Persan, littérateur et fort causant, passa pour avoir beaucoup d'esprit. On observa qu'il prenait tous ses mets à pleines mains, n'employant que ses doigts pour manger, et il s'en serait peu fallu qu'il n'eût servi ses voisins de la sorte. Un de nos usages le frappa, c'était de nous voir manger du pain avec tous nos mets; il ne concevait pas que nous nous crussions obligés, disait-il, de manger constamment de la même chose avec toutes choses.

Je dois avoir déjà dit que rien n'amuse et ne distrait plus complétement l'Empereur que le récit des mœurs et des histoires de nos salons. L'émigration, le faubourg Saint-Germain étaient des sujets sur lesquels il revenait avec moi le plus volontiers dès que nous étions ensemble; et il expliquait cela, me disant une fois : « J'étais au fait des « miens, mais j'ai toujours ignoré ceux-là. » C'était d'ailleurs en lui, ajoutait-il, le penchant naturel de savoir ce qui se passait chez le voisin.

le commérage des petites villes. « Ce n'est pas, continuait-il, qu'on ne
« m'en parlât au temps de ma puissance ; mais si l'on m'en disait du bien,
« je me tenais aussitôt en garde, je craignais les insinuations ; et si l'on
« m'en parlait mal, je me défiais de la délation, et j'avais à me défendre
« du mépris. Ici, mon cher, aucun de ces inconvénients ; vous et moi,
« nous sommes déjà de l'autre monde, nous causons aux Champs-Ély-
« sées : vous êtes sans intérêts, et moi sans défiance. »

J'étais donc heureux quand l'occasion de raconter se présentait, et je
la saisissais avec empressement. Du reste, l'Empereur me devinait à cet
égard et m'en tenait compte ; car, à la fin d'une de mes histoires, me
pinçant l'oreille, il me dit d'un son de voix qui me ravissait : « J'ai trouvé
« dans votre Atlas qu'un roi du Nord ayant été muré dans un cachot, un
« soldat avait demandé et obtenu de s'y enfermer avec lui pour le désen-
« nuyer, soit en le faisant parler, soit en lui racontant. Mon cher, vous
« voilà ce soldat.

« Les salons de Paris sont terribles avec leurs quolibets, remarquait
« alors l'Empereur, et cela parce qu'il faut convenir que la plupart sont
« pleins de sel et d'esprit. Avec eux on est toujours battu en brèche, et il
« est bien rare qu'on n'y succombe pas. — Il est sûr, disais-je, que nous
« ne respections rien, que nous nous attaquions même aux dieux ; rien
« ne nous était sacré, et Votre Majesté suppose bien qu'elle-même et
« l'impératrice n'étaient pas épargnées. — Ah ! je le crois bien, ré-
« pondait l'Empereur ; mais n'importe, racontez toujours. — Eh bien,
« Sire, on disait qu'un jour Votre Majesté, fort mécontente à la lecture
« d'une dépêche de Vienne, avait dit à l'impératrice, dans sa colère et
« sa mauvaise humeur : *Votre père est une ganache*. Marie-Louise, qui
« ignorait beaucoup de termes français, s'adressant au premier cour-
« tisan qui lui tomba sous la main : — L'Empereur me dit que mon père
« est une ganache ; que veut dire cela ? A cette interpellation inattendue,
« le courtisan, dans son embarras, balbutia que cela voulait dire un
« homme sage, de poids, de bon conseil. A quelques jours de là, et la
« mémoire encore toute fraîche de sa nouvelle acquisition, l'impératrice
« présidant le Conseil d'État, et voyant la discussion plus animée qu'elle
« ne voulait, interpella, pour y mettre fin, Cambacérès, qui, à ses cô-
« tés, bayait tant soit peu aux corneilles. — C'est à vous à nous mettre
« d'accord dans cette occasion importante, lui dit-elle ; vous serez notre
« oracle, car je vous tiens pour la première, la meilleure *ganache* de
« l'empire. » A ces paroles de mon récit, l'Empereur riait à s'en tenir
les côtés. « Ah ! quel dommage, disait-il, que cela ne soit véritable !

« Voyez-vous bien l'ensemble du tableau? l'empesure compromise de
« Cambacérès, l'hilarité de tout le Conseil, et l'embarras de la pauvre
« Marie-Louise, épouvantée de tout son succès. »

La conversation avait duré longtemps ainsi, et peut-être y avait-il déjà plus de deux heures que j'étais avec l'Empereur. Je m'étais évertué à babiller tant et plus pour le distraire, et j'avais réussi. L'Empereur s'était ranimé; il avait ri. Quand il me renvoya il était beaucoup mieux, et moi je partais heureux.

Deuxième jour de réclusion. — L'Empereur reçoit le gouverneur dans sa chambre. — Conversation caractéristique.

Mardi 30

Je devais aller dîner avec mon fils à Briars, chez notre hôte, à notre ancienne demeure. Sur les trois heures et demie, je suis allé prendre les ordres de l'Empereur; il était comme hier, et n'avait pas le projet de sortir davantage.

Un instant avant d'arriver à Hut's-gate, chez madame Bertrand, j'ai rencontré le gouverneur qui allait à Longwood. Il m'a demandé comment se portait l'Empereur. Je lui ai dit que j'en étais inquiet, qu'il n'avait reçu aucun de nous hier, qu'il m'avait dit ce matin être bien, mais qu'à son visage j'eusse préféré qu'il m'eût dit être incommodé.

Vers les huit heures et demie nous nous sommes mis en route pour revenir à Longwood; il faisait très-obscur. Le temps s'est mis à une pluie battante, aussi vive, aussi mordante que la grêle; nous avons fait la course la plus désagréable, la plus pénible, la plus dangereuse; à chaque instant à la veille de nous précipiter dans les abîmes, parce que nous galopions au hasard sans rien voir. Nous sommes arrivés transpercés.

L'Empereur avait donné l'ordre de m'introduire chez lui à mon retour. Il était bien; mais il n'était pas sorti plus que la veille, et n'avait pas reçu davantage. Il m'attendait, a-t-il dit, et avait beaucoup de choses à me raconter.

Ayant appris que le gouverneur était venu, il l'avait admis dans sa chambre, bien que n'étant pas habillé et se trouvant obligé de garder son canapé. Il avait parcouru vis-à-vis de lui, dans le calme le plus parfait, disait-il, tous les points qui pouvaient se présenter naturellement à l'esprit. Il a parlé de protester contre le traité du 2 août, où les monarques alliés le déclarent proscrit et prisonnier. Il demandait quel était le droit de ces souverains de disposer de lui sans sa participation, lui qui était leur égal, et avait été parfois leur maître.

S'il avait voulu se retirer en Russie, disait-il, Alexandre, qui s'était dit son ami, qui n'avait eu avec lui que des querelles politiques, s'il ne l'eût pas maintenu roi, l'eût du moins traité comme tel. Le gouverneur n'en disconvenait pas.

S'il eût voulu, continuait-il, se réfugier en Autriche, l'Empereur François, sous peine de flétrissure et d'immoralité, ne pouvait lui interdire non-seulement son empire, mais même sa maison, sa famille, dont lui Napoléon était membre. Le gouverneur en convenait encore.

« Enfin, si, comptant mes intérêts personnels pour quelque chose, « lui avait-il dit; je me fusse obstiné à les défendre en France les armes « à la main, nul doute que les alliés ne m'eussent accordé par traité une « foule d'avantages, peut-être même du territoire. » Le gouverneur, qui était demeuré longtemps sur les lieux, est convenu positivement qu'il eût obtenu sans peine quelque grand établissement souverain. « Je ne « l'ai pas voulu, avait poursuivi l'Empereur, je me suis décidé à « quitter les affaires, indigné de voir les meneurs de la France la trahir « ou se méprendre grossièrement sur ses plus chers intérêts; indi-« gné de voir que la masse des représentants pouvait, plutôt que de « périr, transiger avec cette indépendance sacrée, qui, non moins que « l'honneur, est aussi *une île escarpée et sans bords*. Dans cet état de « choses, à quoi me suis-je décidé? quel parti ai-je pris? J'ai été cher-

« cher un asile dans un pays auquel on croyait des lois toutes-puissantes,
« chez un peuple dont, pendant vingt ans, j'avais été le plus grand en-
« nemi. Vous autres, qu'avez-vous fait?... Vos actes ne vous honore-
« ront pas dans l'histoire! Et toutefois il est une Providence vengeresse ;
« tôt ou tard vous en porterez la peine! Un long temps ne s'écoulera
« pas que votre prospérité, vos lois n'expient cet attentat! Vos ministres,
« par leurs instructions, ont assez prouvé qu'ils voulaient se défaire de
« moi! Pourquoi les rois qui m'ont proscrit n'ont-ils pas osé ordonner
« ouvertement ma mort? L'un eût été aussi légal que l'autre! Une fin
« prompte eût montré plus d'énergie de leur part que la mort lente à
« laquelle on me condamne. Les Calabrois ont été bien plus humains,
« plus généreux que les souverains ou vos ministres! Je ne me donnerai
« pas la mort; je pense que ce serait une lâcheté; il est noble et coura-
« geux de surmonter l'infortune! chacun ici-bas est tenu à remplir son
« destin; mais si l'on compte me tenir ici, vous me la devez comme un
« bienfait; car ma demeure ici est une mort de chaque jour! L'île est
« trop petite pour moi, qui chaque jour faisais dix, quinze, vingt lieues
« à cheval; le climat n'est pas le nôtre, ce n'est ni notre soleil, ni nos
« saisons. Tout ici respire un ennui mortel! la position est désagréable,
« insalubre; il n'y a point d'eau; ce coin de l'île est désert, il a re-
« poussé ses habitants! »

Le gouverneur ayant alors remarqué que ses instructions ordonnaient
ces limites resserrées, qu'elles commandaient même qu'un officier le
suivrait en tout temps : « Si elles eussent été observées ainsi, je ne se-
« rais jamais sorti de ma chambre; et si les vôtres ne peuvent point
« accorder plus d'étendue, vous ne pouvez désormais rien pour nous.
« Du reste, je ne demande ni ne veux rien. Transmettez mes sentiments
« à votre gouvernement. »

Il est échappé au gouverneur de dire : Voilà ce que c'est que de donner des instructions de si loin, et sur une personne que l'on ne connaît
pas. Il s'est rejeté sur ce qu'à l'arrivée de la maison ou du palais de bois
qui est en route, on pourrait prendre peut-être de meilleures mesures ;
que le vaisseau qui arrivait portait un grand nombre de meubles, des
comestibles qu'on supposait lui être agréables; que le gouvernement
faisait tous ses efforts pour adoucir sa situation.

L'Empereur a répondu que tous ces efforts se réduisaient à bien peu
de chose : qu'il avait prié qu'on l'abonnât au *Morning Chronicle* et au
Statesman pour lire *la question* sous les expressions les moins désagréables; on n'en avait rien fait; il avait demandé des livres, sa seule con-

solation; neuf mois étaient écoulés, il ne les avait point reçus; il avait demandé des nouvelles de son fils, de sa femme, on était demeuré sans répondre.

« Quant aux comestibles, aux meubles, au logement, avait-il con-
« tinué, vous et moi sommes soldats, Monsieur; nous apprécions ces
« choses ce qu'elles valent. Vous avez été dans ma ville natale, dans ma
« maison peut-être; sans être la dernière de l'île, sans que j'aie à en
« rougir, vous avez vu toutefois le peu qu'elle était. Eh bien! pour avoir
« possédé un trône et distribué des couronnes, je n'ai point oublié ma
« condition première : mon canapé, mon lit de campagne, que voilà,
« me suffisent. »

Le gouverneur a fait l'observation que ce palais de bois et tout ce qui l'accompagne était du moins une attention.

« Pour vous satisfaire peut-être aux yeux de l'Europe, a repris l'Em-
« pereur; mais à moi ils sont tout à fait indifférents et étrangers. Ce
« n'est point une maison, ce ne sont point des meubles qu'il fallait
« m'envoyer; mais bien plutôt un bourreau et un linceul! Les uns me
« semblent une ironie, les autres me seraient une faveur. Je le répète,
« les instructions de vos ministres y conduisent, et moi je le réclame.
« L'amiral, qui n'est point un méchant homme, me semble à présent
« les avoir adoucies; je ne me plains point de ses actes, ses formes seules
« m'ont choqué. » Ici le gouverneur a demandé si dans son ignorance il n'avait pas lui-même commis quelques fautes : « Non, Monsieur, nous
« ne nous plaignons de rien depuis votre arrivée. Toutefois un acte nous
« a blessés : c'est votre inspection de nos domestiques, en ce qu'elle
« était injurieuse à M. de Montholon, dont c'était suspecter la bonne foi;
« petite, pénible, offensante envers moi, et peut-être aussi envers un gé-
« néral anglais lui-même, qui venait mettre le doigt entre moi et mon
« valet de chambre. »

Le gouverneur était assis dans un fauteuil en travers de l'Empereur, demeuré étendu sur son canapé. Il faisait sombre, le soir était venu, on ne se distinguait plus bien. « Aussi, remarquait l'Empereur, est-ce inuti-
« lement que j'ai cherché à étudier le jeu de sa figure et à connaître
« l'impression que je pouvais causer en ce moment. »

Dans le cours de la conversation, l'Empereur, qui avait lu le matin la campagne de 1814 par Alphonse de Beauchamp, dans laquelle tous les bulletins anglais sont signés *Lowe*, a demandé au gouverneur si c'était lui. Celui-ci s'est hâté de répondre, et avec un embarras marqué, qu'ils étaient de lui, et que cela avait été sa manière de voir.

En se retirant, sir Hudson Lowe, qui dans le cours de la conversation avait plusieurs fois offert à l'Empereur son médecin, qu'il disait très-habile, lui a réitéré de la porte la prière de trouver bon qu'il le lui envoyât ; mais l'Empereur le devinait, et l'a constamment refusé.

Après ce récit, l'Empereur a gardé le silence quelques minutes, puis il a repris comme par suite de réflexion : « Quelle ignoble et sinistre fi-
« gure que celle de ce gouverneur! Dans ma vie je ne rencontrai jamais
« rien de pareil! C'est à ne pas boire sa tasse de café, si on avait laissé
« un tel homme un instant seul auprès!... Mon cher, on pourrait m'a-
« voir envoyé pis qu'un geôlier

SUITE DES FRAGMENTS DE LA CAMPAGNE D'ITALIE.

Bataille de Castiglione.—Depuis l'invasion de Wurmser, le 29 juillet 1796, jusqu'au blocus de Mantoue, le 24 août suivant, espace de vingt-six jours.

N. B. Les mots en italique sont des corrections au manuscrit, de la main de l'Empereur.

Le *maréchal Wurmser quitte le commandement de l'armée d'Allemagne, et prend le commandement de l'armée autrichienne en Italie.* — L'armée d'Italie avait ouvert la campagne au mois d'avril. On était en juin, et les armées du Nord, du Rhin et de Sambre-et-Meuse étaient encore inactives. Ces grandes et belles armées, de plus de deux cent mille hommes, faisant les principales forces de la république, tenaient tranquillement garnison en Hollande, sur Meuse et Rhin, et dans l'Alsace.

Lorsqu'on apprit l'arrivée des Français sur l'Adige et le blocus de Mantoue, la cour d'Autriche renonça à l'offensive qu'elle avait projetée en Alsace et sur le Bas-Rhin, et ordonna au maréchal Wurmser, qui avait été destiné à cette opération, de *revenir* en toute hâte diriger les affaires d'Italie, et d'y amener trente mille hommes de ses meilleures troupes, qui, jointes aux renforts envoyés de toute la monarchie, devaient lui composer une armée de *près* de cent mille hommes.

L'armée française d'Italie avait rempli sa tâche en détruisant l'armée qui lui était opposée. Si les armées du Nord en eussent fait autant, la grande lutte eût été terminée.

Cependant le bruit des préparatifs de la maison d'Autriche retentissait dans toute l'Italie. Toutes les nouvelles confidentielles des agents diplomatiques, toutes les lettres des ennemis de la France étaient pleines de détails sur l'immensité des moyens qu'on allait déployer, sur la certitude que *l'empereur d'Allemagne* avant la fin d'août serait maître de Milan, et aurait chassé les Français de l'Italie.

II. *Situation de l'armée d'Italie.* — Dès la fin de juin *le général français* suivait attentivement tous ces préparatifs, et en concevait de vives alarmes. Il faisait sentir au Directoire qu'il était impossible que trente mille Français pussent soutenir seuls l'effort de toute la puissance autrichienne. Il demandait qu'on lui envoyât des renforts des armées du Rhin, ou bien que ces mêmes armées entrassent en campagne *sans délai*. Il rappelait la promesse positive qu'on lui avait donnée, à son départ de Paris, qu'elles commenceraient à opérer le 15 avril; il se plaignait que deux mois se fussent écoulés sans qu'elles eussent bougé.

Wurmser quitta le Rhin avec ses renforts vers le commencement de juin; et vers la fin du même mois les armées du Rhin et de Sambre-et-Meuse ouvrirent enfin la campagne. Mais alors leur diversion n'était plus utile à l'armée d'Italie : Wurmser y était déjà arrivé.

Le général français réunit toutes ses forces sur l'Adige et sur la Chiesa; il ne laissa personne dans les légations, ni en Toscane, si ce n'est un bataillon de dépôt dans la citadelle de Ferrare et deux à Livourne. Il affaiblit autant que possible les garnisons de Coni, Tortone et Alexandrie; il rassembla sous sa main tous les moyens disponibles de l'armée. Le siège de Mantoue commençait à donner des malades; et quelque soin que l'on eût porté à mettre le moins de monde possible devant cette place malsaine, nos pertes ne laissaient pas que d'être considérables.

Le général en chef ne put réunir *en ligne* que trente mille hommes présents sous les armes. C'est avec *cette armée* qu'il allait avoir à lutter contre la principale armée de la maison d'Autriche.

La correspondance des divers pays de l'Italie étant très-active avec le Tyrol, où se réunissaient toutes ces forces ennemies, on pouvait s'apercevoir chaque jour de l'influence funeste de ces grands préparatifs sur les esprits. Les partisans des Français tremblaient; ceux de l'Autriche, au contraire, étaient fiers et menaçants. Mais tous s'étonnaient qu'une puissance comme la France laissât une armée qui avait si bien mérité d'elle, sans secours et sans appui. Ces observations pénétraient jusqu'aux soldats mêmes, par leur habituelle communication avec les habitants du pays.

A la fin de juillet, le général Soret avait son quartier général à Salo : il était chargé de couvrir le débouché de la Chiesa, où passe une grande route qui communique de Trente à Brescia. Masséna était à Bussolengo, faisant occuper la Corona et Montebaldo par la brigade Joubert, et campait, avec le reste de sa division, sur le plateau de Rivoli. La brigade de Dallemagne était postée à Vérone; la division d'Augereau occupait Porto-Legnago et le bas Adige. Le général Guillaume commandait à Peschiera, où six galères, sous les ordres du capitaine de vaisseau Lallemand, assuraient le lac de Guarda. Enfin Serrurier pressait le siége de Mantoue. Kilmaine commandait la cavalerie de l'armée.

III. *Plan de campagne de Wurmser.* — Wurmser pouvait passer la Brenta, déboucher par Vicence et Padoue, sur l'Adige. Par là il évitait les montagnes; mais il se trouvait séparé de Mantoue par l'Adige, et obligé de la passer de vive force devant l'armée française; ou bien il pouvait déboucher entre l'Adige et le lac de Guarda, s'emparer de Montebaldo, du plateau de Rivoli, faire venir son artillerie et ses bagages par la chaussée qui suit la rive gauche de l'Adige. Son armée se trouvait alors avoir franchi les montagnes et l'Adige, et n'avoir plus d'obstacles pour arriver jusqu'à Mantoue. Mais son artillerie et sa cavalerie ne pouvaient se joindre à son infanterie qu'après la prise du plateau de Rivoli. Il pouvait donc se trouver attaqué, et obligé de livrer une *bataille décisive*, avant d'être joint par son artillerie et sa cavalerie.

Cependant il ne tint pas compte de cet inconvénient, et adopta ce dernier parti. *Wurmser*, instruit de la prise du camp retranché de Mantoue et des dangers de la place, précipita son mouvement de huit à dix jours. Il divisait son armée en trois corps : le premier et le plus considérable, formant son centre, déboucha par Montebaldo et s'empara de tout le pays entre l'Adige et le lac de Guarda; il était composé de quatre divisions formant quarante mille hommes; le second formant sa gauche, composé d'une division d'infanterie de dix à douze mille hommes avec toute l'artillerie, la cavalerie et les bagages, suivit la chaussée qui de Roveredo conduit à Vérone, le long de la rive gauche de l'Adige, et devait se réunir à l'armée en passant l'Adige, soit au plateau de Rivoli, soit sur les ponts de Vérone ; le troisième, formant sa droite, fort de trois divisions, composant trente à trente-cinq mille hommes, se dirigea sur la rive gauche du lac de Guarda, suivit le débouché de la Chiesa, en côtoyant le lac d'Idro : par cette marche, ce corps avait tourné le Mincio, coupait une des grandes routes de l'armée française à Milan, et tournait tout le siége de Mantoue. Ce plan était, de la part de l'ennemi, le résultat d'une extrême confiance dans ses forces et dans ses succès. Il comptait tellement sur notre défaite, qu'il s'occupait déjà de nous couper toute retraite. Ainsi Wurmser, en perspective, cernait d'avance l'armée française ; la croyant enchaînée à la nécessité de défendre le siége de Mantoue, il pensait que cerner ce point fixe, c'était cerner l'armée française, qu'il en regardait comme inséparable.

IV. *Wurmser débouche par Montebaldo, par la chaussée de Roveredo à Vérone, et par celle de la Chiesa, 29 juillet.* — A la fin de juillet, le quartier général de l'armée française fut transporté à Brescia. Le 28, à dix heures du soir, le général français partit de Brescia pour visiter ses avant-postes. Arrivé le 29 à la pointe du jour à Peschiera, il y apprit

que la Corona et Montebaldo étaient attaqués par des forces considérables. Il arriva à huit heures du matin à Vérone. A deux heures après midi, les troupes légères de l'ennemi se montrèrent sur le sommet des montagnes qui séparent Vérone du Tyrol, et s'engagèrent avec nos troupes. Le général en chef rétrograda toute la soirée, et porta le quartier général à Castel-Novo, entre l'Adige et le Mincio. Il était là plus à portée de recevoir les rapports de toute la ligne.

Dans le courant de la nuit, il apprit que Joubert, attaqué à la Corona par toute une armée, avait résisté tout le jour, mais qu'il venait de se replier sur le plateau de Rivoli, que Masséna occupait en grande force; que des lignes nombreuses de feu couvraient toutes les montagnes entre le lac de Guarda et l'Adige; que, sur les hauteurs de Vérone, les feux indiquaient qu'à la fin du jour les troupes ennemies s'y étaient augmentées; que du côté de Montebello, Vicence, Bassano, Legnano, il n'y avait ni mouvements ni ennemis; mais que du côté de Brescia, trois divisions ennemies avaient débouché par la vallée de la Chiesa. L'une couvrait les hauteurs de Saint-Osetto, semblant se diriger sur Brescia; l'autre avait pris position à Gavardo, et paraissait se porter sur Ponte-Saint-Marco et Lonato; la troisième avait pris sur Salo, où l'on se battait déjà.

Un peu plus tard, il fut instruit que la division *ennemie* de Saint-Osetto avait déjà envoyé son avant-garde à Brescia, où elle n'avait trouvé aucune résistance, puisqu'on n'y avait laissé que trois cents convalescents pour la garde des hôpitaux. Ainsi la communication de l'armée avec Milan, par Brescia, se trouvant interceptée, on ne pouvait plus correspondre avec cette ville que par Crémone.

Des coureurs ennemis se faisaient déjà voir sur toutes les routes qui de Brescia vont sur Milan, Crémone et Mantoue, annonçant partout qu'une armée de quatre-vingt mille hommes avait débouché par Brescia, en même temps qu'une autre de cent mille débouchait par Vérone.

Il apprit aussi que la division ennemie, dirigée sur Salo, en était venue aux mains avec Soret, et que celui-ci, ayant eu connaissance des deux autres divisions qui se portaient sur Brescia et sur Lonato, avait craint de se trouver coupé et de Brescia et de l'armée, et avait jugé à propos de se replier sur les hauteurs de Dezenzano, afin de conserver ses communications; qu'il avait laissé le général Guieux à Salo avec quinze cents hommes dans un antique château, espèce de forteresse à l'abri d'un coup de main; que la division ennemie de Gavardo avait envoyé quelques coureurs sur Ponte-Saint-Marco, mais qu'ils y *avaient été* contenus par une compagnie de chasseurs qui s'y trouvait.

V. *Grande et prompte résolution que prend le général français. Combat de Salo. Combat de Lonato, 31 juillet.* — Dès ce moment, le plan d'attaque de Wurmser se trouvait dévoilé. Seule contre toutes ces forces, l'armée française ne pouvait rien : on n'était pas un contre trois. Mais seul contre chacun des corps ennemis, il y avait égalité.

Le général français prit son parti sur-le-champ. L'ennemi avait pris l'initiative, qu'il espérait conserver; le général français résolut de déconcerter ses projets en prenant lui-même cette initiative. Wurmser supposait l'armée française fixée à la position de Mantoue. Napoléon décida aussitôt de la rendre mobile, en levant le siége de cette place, sacrifiant son équipage de siége, et se portant rapidement, avec toutes les forces réunies de l'armée, sur un des corps de l'armée ennemie, pour revenir successivement contre les autres corps. La droite de l'armée autrichienne, qui avait débouché par la chaussée de la Chiesa et Brescia, étant la plus engagée, il marcha d'abord sur elle.

Serrurier *brûla ses affûts et ses plates-formes, jeta* ses poudres à l'eau, enterra ses projectiles, encloua ses pièces, et leva le siége de *Mantoue* dans la nuit du 31 juillet au 1ᵉʳ août.

Augereau se porta de *Legnano* sur le Mincio à Borghetto. Masséna défendit, toute la journée du 30, les hauteurs entre l'Adige et le lac de Guarda. Dallemagne se dirigea sur Lonato.

Le général en chef se rendit sur les hauteurs, en arrière de Dezenzano. Il fit marcher Soret sur Salo, pour dégager le général Guieux, qui se

trouvait compromis dans la mauvaise position où il l'avait laissé. Cependant ce général s'était battu quarante-huit heures contre toute une division ennemie; cinq fois on lui avait livré l'assaut, et cinq fois il avait couvert les avenues de cadavres. Soret arriva au moment même où l'ennemi tentait un dernier effort : il tomba sur ses flancs, le défit entièrement, lui prit des drapeaux, et dégagea Guieux.

Dans le même moment, la division autrichienne de Gavardo s'était portée sur Lonato, pour prendre *position sur les hauteurs*, et tâcher d'opérer sa jonction avec Wurmser sur le Mincio. Le général en chef mena lui-même la brigade de Dallemagne contre cette division. *Cette brigade* fit des prodiges de valeur, la 32ᵉ en faisait partie. L'ennemi fut battu, mis en déroute, et éprouva une grande perte.

Ces deux divisions ennemies, battues par Soret et Dallemagne, *se rallièrent* à Gavardo. Soret craignit *de se compromettre*, et revint prendre une position intermédiaire entre Salo et Dezenzano.

Pendant ce temps, Wurmser avait fait passer sur les ponts de Vérone son artillerie et sa cavalerie. Maître de tout le pays entre l'Adige et le lac de Guarda, il plaçait une de ses divisions sur les hauteurs de Peschiera, pour masquer cette place et garder ses communications. Il en dirigeait deux autres, avec une partie de sa cavalerie, sur Borghetto, pour s'emparer du pont sur le Mincio, et déboucher sur la Chiesa, afin de se mettre en communication avec sa droite. Enfin, avec ses deux dernières divisions d'infanterie et le reste de sa cavalerie, il marchait sur Mantoue, pour faire lever le siége de cette place.

Depuis vingt-quatre heures, les troupes françaises avaient tout évacué *de devant Mantoue : Wurmser* y trouva les tranchées et les batteries encore entières, les pièces renversées et enclouées, et partout des débris d'affûts, de plates-formes et de munitions de toute espèce. La précipitation qui semblait avoir présidé à ces mesures dut le réjouir agréablement; tout ce qu'il voyait autour de lui semblait bien plus le résultat de l'épouvante que les suites d'un plan calculé.

Masséna, après avoir contenu l'ennemi toute la journée du 30, passa dans la nuit le Mincio à Peschiera, et continua sur Brescia. La division autrichienne qui *se présenta devant* Peschiera trouva la rive droite du Mincio garnie de tirailleurs fournis *par la garnison et par* une arrière-garde laissée par Masséna, laquelle avait ordre de *disputer le passage du Mincio*, et, lorsqu'il serait forcé, de se concentrer sur Lonato.

En se dirigeant sur Brescia, Augereau avait passé le Mincio à Borghetto. Il avait coupé le pont et laissé aussi une arrière-garde pour border la rivière, avec ordre de se concentrer à Castiglione *lorsqu'elle serait forcée*.

Toute la nuit du 31 juillet au 1ᵉʳ août, *le général en chef* marcha avec les *divisions* Augereau et Masséna sur Brescia, où l'on arriva à dix heures du matin. La division ennemie de Brescia, instruite que toute l'armée française débouchait sur elle par toutes les routes, n'eut garde d'attendre, et se retira en toute hâte. Les Autrichiens, en entrant dans Brescia, y avaient trouvé tous nos malades et nos convalescents; mais ils y restèrent si peu, et furent contraints d'en sortir si précipitamment, qu'ils n'eurent pas le temps de reconnaître leurs prisonniers ni d'en disposer.

Le général Despinois et l'adjudant général Herbin, chacun avec quelques bataillons, furent mis à la poursuite des ennemis sur Saint-Osetto et *les débouchés de la Chiesa*.

Les deux divisions Augereau et Masséna *retournèrent*, par une contre-marche rapide, du côté du Mincio, d'où elles étaient parties *pour soutenir leur arrière-garde*.

VI. *Bataille de Lonato, 3 août.* — Le 2 août, Augereau, formant la droite, occupait Montechiaro; Masséna, formant le centre, était campé à Ponte-Marco, se liant avec Soret, qui, formant la gauche, occupait une hauteur entre Salo et Dezenzano, faisant face en arrière pour contenir toute la droite de l'ennemi.

Cependant les arrière-gardes qu'Augereau et Masséna avaient laissées sur le Mincio s'étaient retirées devant les divisions ennemies qui avaient passé cette rivière. Celle d'Augereau, qui avait ordre de se réunir à Castiglione, quitta ce poste avant le temps, et revint en désordre joindre son corps.

Napoléon, mécontent du général Valette, qui la commandait, le destitua devant les troupes pour n'avoir pas montré plus de fermeté dans cette occasion. Quant au général Pigeon, chargé de l'arrière-garde de Masséna, il vint en bon ordre sur Lonato, qui lui avait été indiqué, et s'y établit.

L'ennemi, profitant de la faute du général Valette, s'empara de Castiglione le 2 même, et s'y retrancha.

Le 3, eut lieu la bataille de Lonato : elle fut donnée par les deux divisions de Wurmser venues de Borghetto, et par une des brigades de la division demeurée sur Peschiera, ce qui, avec la cavalerie, pouvait composer trente mille hommes. Les Français en avaient vingt à vingt-trois mille; aussi le succès ne fut pas douteux. Wurmser, avec les deux divisions d'infanterie et la cavalerie qu'il avait conduites à Mantoue, ne put s'y trouver.

A l'aube du jour, l'ennemi se porta sur Lonato, qu'il attaqua vivement : c'est par là qu'il prétendait faire sa jonction avec sa droite, sur laquelle, du reste, il commençait à concevoir des inquiétudes. L'avant-garde de Masséna fut culbutée ; l'ennemi prit Lonato. Le général en chef, qui était à Ponte-Marco, marcha lui-même pour reprendre Lonato. Le général autrichien, s'étant trop étendu, toujours dans l'intention de gagner sur la droite, afin d'ouvrir ses communications avec Salo, fut enfoncé, Lonato repris au pas de charge, et la ligne ennemie coupée. Une partie se replia sur le Mincio, l'autre se jeta sur Salo ; mais elle rencontra le général Soret en front, et avait le général Saint-Hilaire en queue.

Tournée de tout côté, elle fut obligée de mettre bas les armes. Si nous fûmes attaqués au centre, ce fut nous qui attaquâmes à la droite. Au jour, Augereau aborda l'ennemi qui couvrait Castiglione, et l'enfonça après un combat opiniâtre où la valeur des troupes suppléa au nombre. L'ennemi éprouva beaucoup de mal, perdit Castiglione, et se retira sur Mantoue, d'où lui arrivèrent les premiers renforts, mais seulement quand la journée était déjà finie. Nous perdîmes beaucoup de braves dans cette affaire opiniâtre ; l'armée regretta particulièrement le général Beyrand et le colonel Pourailles, officiers très-distingués.

VII. *Reddition des trois divisions de droite de l'ennemi, et d'une partie de son centre.* — Les trois divisions de droite de l'armée ennemie eurent nouvelle dans la nuit de la bataille de Lonato ; elles en entendaient le canon : leur découragement devint extrême. Leur jonction avec le corps principal de l'armée devenait impossible. Elles avaient vu d'ailleurs sur elles *plusieurs divisions* françaises, et les croyaient toujours manœuvrant contre elles. *L'armée française* leur semblait innombrable, elles la voyaient partout.

Wurmser avait, de Mantoue, dirigé une partie de ses troupes vers Marcaria, pour poursuivre Serrurier. Il fallut perdre du temps pour faire revenir ces troupes sur *Castiglione.* Le 4, il ne se trouvait pas en mesure. Il employa toute la journée à rassembler ces corps, à réorganiser ce qui avait combattu à Lonato, et à réapprovisionner son artillerie.

Quand le général français, sur les deux ou trois heures après midi, vint observer sa ligne de bataille, il la trouva formidable ; elle présentait encore quarante mille combattants. Il ordonna qu'on se retranchât à Castiglione, et partit lui-même pour Lonato, afin de veiller en personne au mouvement de ses troupes, qu'il devenait de la plus haute importance de rassembler dans la nuit autour de Castiglione. Toute la journée, Soret et Herbin d'un côté, Dallemagne et Saint-Hilaire de l'autre, avaient marché à la suite des trois divisions ennemies de la droite, *et de celles coupées du centre à la journée de Lonato,* les avaient poursuivies sans relâche, faisant des prisonniers à chaque pas. Des bataillons entiers avaient posé les armes à Saint-Osetto, d'autres à Gavardo, d'autres enfin erraient incertains dans les vallées voisines.

Quatre ou cinq mille de ceux-ci sont instruits par des paysans qu'il n'y avait que douze cents Français dans Lonato; ils y marchent dans l'espoir de s'ouvrir un chemin vers le Mincio. Il était quatre heures après midi; Napoléon y entrait de son côté, venant de Castiglione. On lui annonce un parlementaire; il apprend en même temps qu'on prend les armes, que des colonnes ennemies débouchent par Ponte-Saint-Marco, qu'elles veulent entrer dans Lonato, et font sommer cette ville de se rendre.

Cependant nous étions toujours maîtres de Salo et de Gavardo; dès lors il devenait évident que ce ne pouvait être que des colonnes perdues qui cherchaient à se frayer un passage. Napoléon fait monter à cheval son nombreux état-major : il se fait amener l'officier parlementaire, et

lui fait débander les yeux au milieu de tout le mouvement d'un grand quartier général. « Allez dire à votre général, lui dit-il, que je lui donne

« huit minutes pour poser les armes. Il se trouve au milieu de l'armée
« française; passé ce temps, il n'aurait rien à espérer. »

Harassés depuis trois jours, errants, incertains, ne sachant plus que devenir, persuadés qu'ils avaient été trompés par les paysans, ces quatre ou cinq mille hommes posèrent les armes. Ce seul trait peut donner une idée du désordre et de la confusion de ces divisions autrichiennes, qui, battues à Salo, à Lonato, à Gavardo, poursuivies dans toutes les directions, étaient désormais à peu près fondues. Tout le reste du 4 et la nuit entière se passèrent à rallier la totalité des colonnes et à les concentrer sur Castiglione.

VIII. *Bataille de Castiglione, 5 août.* — Le 5, avant le jour, *l'armée française toute réunie*, forte de vingt-cinq mille hommes, y compris la division Serrurier, *occupa les hauteurs de Castiglione*, excellente position. Le général Serrurier, avec la division du siége de Mantoue, avait reçu l'ordre de marcher toute la nuit, et de tomber au jour sur les derrières de la gauche de Wurmser; son attaque devait être le signal de la bataille. On attendait un grand succès moral de cette attaque inopinée; et, pour la rendre plus sensible, *l'armée française feignit* de reculer.

Aussitôt qu'on entendit les premiers coups du corps de Serrurier, qui, étant malade, avait été remplacé par le *général* Fiorella, on marcha vivement à l'ennemi, et l'on tomba sur des gens déjà ébranlés dans leur confiance, *et n'ayant plus* leur première ardeur. Un mamelon, au milieu de la plaine, formait un fort appui pour la gauche ennemie. L'adjudant général Verdier fut chargé de l'attaquer; l'aide de camp *du général en chef*, Marmont, s'y dirigea avec vingt pièces d'artillerie. le poste fut enlevé. Masséna attaqua la droite, Augereau le centre, Fiorella prit la gauche à revers; partout on fut victorieux, l'ennemi fut mis dans une déroute complète; l'excessive fatigue des troupes françaises put seule sauver les débris de Wurmser : ils fuirent en désordre au delà du Mincio, où Wurmser espérait se maintenir : il y eût trouvé l'avantage de rester en communication avec Mantoue. Mais la division Augereau se dirigea sur Borghetto, celle de Masséna sur Peschiera.

Le général Guillaume, commandant de cette dernière place, qui y avait été laissé avec quatre cents hommes seulement, en avait muré les portes pour s'y mieux défendre. Il eût fallu quarante-huit heures pour les désencombrer. Les soldats durent sauter par-dessus les remparts pour aller à l'ennemi. Les troupes autrichiennes qui bloquaient Peschiera étaient fraîches. Elles soutinrent longtemps le combat contre la 18ᵉ de ligne.

Elles furent enfin enfoncées, perdirent dix-huit pièces de canon, et beaucoup de prisonniers.

Le général en chef marcha avec la division Serrurier sur Vérone. Il y arriva le 7 dans la nuit; Wurmser en avait fait fermer les portes, voulant gagner la nuit pour faire filer ses bagages, mais on les enfonça à coups de canon, et l'on pénétra dans la ville. Les Autrichiens y perdirent beaucoup de monde. La division Augereau, éprouvant des difficultés à opérer son passage à Borghetto, revint passer à Peschiera.

Perdant l'espérance de conserver la ligne du Mincio, Wurmser essaya de conserver les positions importantes du Montebaldo et de la Roca d'Anfo. Le général Saint-Hilaire marcha sur la Roca d'Anfo, attaqua l'ennemi dans la vallée de Loudon, et lui fit beaucoup de prisonniers. On s'empara de Riva, et Wurmser fut obligé de brûler sa flottille. Masséna marcha sur le Montebaldo et reprit la Corona. Augereau remonta la rive gauche de l'Adige, en suivant les crêtes des montagnes, et arriva jusqu'à la hauteur d'Ala. L'ennemi éprouva des pertes considérables dans les tentatives dont il accompagna sa retraite. Ses troupes n'avaient plus de moral.

Après la perte de deux batailles comme celles de Lonato et de Castiglione, Wurmser aurait dû comprendre qu'il ne pouvait plus disputer ce qu'il convenait aux Français d'occuper pour s'assurer de la ligne de l'Adige. Il se retira à Roveredo et à Trente. L'armée française avait elle-même besoin de repos. Les forces de Wurmser, après ses défaites, étaient encore égales aux nôtres, mais avec cette différence que désormais un bataillon de l'armée d'Italie en mettait quatre des ennemis en fuite, et que partout on ramassait du canon, des prisonniers et des objets militaires.

Wurmser avait ravitaillé la garnison de Mantoue, il est vrai; mais il ne ramenait pas en ce moment, de toute sa belle armée, y compris sa cavalerie, plus de quarante à quarante-cinq mille hommes. Du reste, rien ne saurait être comparable au découragement et à la démoralisation de cette belle armée, après ses revers, si ce n'est l'extrême confiance dont elle était animée au commencement de la campagne.

Le plan de Wurmser, qui pouvait réussir dans d'autres circonstances, ou contre un autre homme que son adversaire, devait pourtant avoir l'issue funeste qu'il a eue; et, bien qu'au premier coup d'œil la défaite de cette grande et belle armée, en si peu de jours, semble ne devoir être attribuée qu'à l'habileté du général français, qui improvisa sans cesse ses manœuvres contre un plan général arrêté à l'avance, il faut convenir que ce plan reposait sur des bases fausses. C'était une faute que de faire agir séparément des corps qui n'avaient entre eux aucune communication *vis-à-vis d'une armée centralisée,* et dont les communications étaient faciles.

La droite ne pouvait communiquer avec le centre que par Roveredo et Lodron. Ce fut une seconde faute encore que de subdiviser le corps de la droite et de donner des buts différents à ces différentes divisions. Celle qui fut à Brescia ne trouva personne contre elle, et celle qui atteignit Lonato eut affaire aux troupes, qui, la veille, étaient à Vérone devant la gauche *autrichienne,* laquelle dans ce moment n'avait plus rien devant elle. L'armée autrichienne comptait de très-bonnes troupes, mais elle en avait aussi de médiocres ; tout ce qui était venu du Rhin avec Wurmser était excellent et animé de l'espoir de la victoire, mais tous les cadres de l'ancienne armée de Beaulieu, battue dans tant de circonstances, traînaient avec eux le découragement. Une des dispositions de Wurmser, que les circonstances rendirent des plus funestes, c'est que la plus grande partie de sa droite se trouva composée de Hongrois, troupes lourdes qui, une fois déroutées, ne surent plus comment se tirer de ces montagnes, et qui, à cause de leur langage, ne purent se faire entendre.

IX. *Second siège de Mantoue.* — Les premiers *jours* de la levée du blocus de Mantoue furent employés par la garnison à défaire les ouvrages

des assiégeants, à faire entrer les pièces et les munitions qu'ils *trouvèrent.* Mais les prompts revers de Wurmser ramenèrent bientôt les Français devant la place. La perte de l'équipage d'artillerie ne laissait plus d'espérance de pouvoir en faire le siége. Cet équipage, formé à grande peine de pièces recueillies dans les différentes places de l'Italie, était presque entièrement perdu. D'ailleurs la saison devenait trop mauvaise, l'ouverture et le service de la tranchée eussent été trop dangereux pour les troupes, au moment où la malignité du climat allait exercer ses ravages. *Le général français*, n'ayant donc pas sous la main un équipage de siége qui pût lui donner l'assurance de prendre Mantoue avant six semaines, ne voulut pas songer à en former un second, qui n'eût été prêt qu'au moment même ou de nouveaux événements pouvaient l'exposer à le perdre de nouveau, en le forçant de lever le siége une seconde fois. Il se contenta donc d'un simple blocus. Le général Sahuguet en fut chargé ; il attaqua Governolo, et le général Dallemagne Borgo-Forte : ils s'en emparèrent ainsi que de tout le Séraglio, rejetèrent l'ennemi dans la place et en resserrèrent étroitement le blocus. On s'occupa de multiplier les redoutes et les fortifications autour de la ville, afin d'y employer le moins de monde possible ; car tous les jours les assiégeants diminuaient par le ravage de la fièvre, et l'on prévoyait avec effroi que ce ravage ne ferait qu'accroître avec l'automne. Il était vrai que la garnison était soumise aux mêmes maux et à la même diminution.

X. *Conduite des différents peuples d'Italie durant cette crise.* — Cependant la position de l'Italie, dans le peu de jours qui venaient de s'écouler, avait été une véritable révélation. Toutes les passions s'étaient montrées au grand jour ; chacun se démasqua. Le parti ennemi se montra à Crémone, à Casal-Major, et quelques étincelles se laissèrent voir à Pavie. En général, la Lombardie montra un bon esprit ; à Milan surtout presque tout le peuple témoigna une grande constance et beaucoup de fortitude : ils gagnèrent notre confiance, et méritèrent les armes qu'ils ne cessaient de demander avec instances. Aussi le général français leur écrivait-il dans sa satisfaction : « Lorsque l'armée battait en retraite, que les par-
« tisans de l'Autriche et les ennemis de la liberté la croyaient perdue
« sans ressource, lorsqu'il était impossible à vous-mêmes de soupçonner
« que cette retraite n'était qu'une ruse, vous avez montré de l'attache-
« ment pour la France, de l'amour pour la liberté ; vous avez déployé
« un zèle et un caractère qui vous ont mérité l'estime de l'armée, et
« vous mériterez la protection de la république française.

« Chaque jour votre peuple se rend davantage digne de la liberté. Il
« acquiert chaque jour de l'énergie. Il paraîtra sans doute un jour avec
« gloire sur la scène du monde. Recevez le témoignage de ma satisfaction

« et du vœu sincère que fait le peuple français pour vous voir libres et
« heureux. »

Les peuples de Bologne, Ferrare, Reggio, Modène, montrèrent un véritable intérêt pour notre cause. Parme demeura fidèle à son armistice, mais la régence de Modène se montra ouvertement notre ennemie. A Rome, les Français furent insultés dans les *rues*, on y proclama leur expulsion de l'Italie. On suspendit l'accomplissement des conditions de l'armistice non encore remplies. Le général en chef eût pu punir une pareille conduite, mais d'autres pensées le portaient ailleurs, et l'obligeaient d'ajourner le châtiment, si les négociations n'amenaient le repentir.

Le cardinal Mattey, archevêque de Ferrare, témoigna sa joie à la nouvelle de la levée du siége de Mantoue. Il appela les peuples à l'insurrection contre les Français. Il prit possession de la *citadelle* de Ferrare, et y arbora les couleurs du pape. Le pape y envoya aussitôt un légat, et par là viola l'armistice. Après la bataille de Castiglione, le général français fit arrêter Mattey et le fit conduire à Brescia. Le cardinal, interdit, ne répondit que par ce seul mot : PECCAVI ! ce qui désarma *Napoléon*, qui se contenta de le mettre trois mois dans un séminaire à Brescia. Depuis ce cardinal a été plénipotentiaire du pape à Tolentino. Le cardinal Mattey était d'une famille princière à Rome : c'était un homme borné, de peu de talent, mais qui passait pour être d'une dévotion sincère. Il était minutieusement attaché aux pratiques du culte. Après la mort du pape Pie VI, la cour de Vienne s'agita beaucoup au conclave de Venise pour le faire nommer pape, mais elle ne réussit point. *Chiaramonti, évêque d'Imola, l'emporta, et prit le nom de Pie VII.*

N. B. écrit sous dictée. — Le rapport ne donne que vingt mille hommes amenés du Rhin par Wurmser. Le chapitre dit trente, et celui-ci a raison. L'inégalité des forces a toujours été telle entre les deux armées, que le général français, dans ses rapports, croyait être obligé souvent de diminuer les forces de l'ennemi pour ne pas décourager sa propre armée. C'est ce qui explique la différence des nombres qu'on rencontre parfois entre l'ouvrage et les pièces officielles.

Bataille d'Arcole. — Depuis l'offensive d'Alvinzi, le 2 novembre 1796, jusqu'à l'entière expulsion de son armée, le 21 du même mois : espace de dix-neuf jours.

I. *Le maréchal Alvinzi prend le commandement de la nouvelle armée autrichienne ; sa force.* — Les armées françaises du Rhin et de Sambre-et-Meuse avaient été battues en Allemagne ; elles avaient repassé le Rhin.

Ces succès consolaient la cour de Vienne de ses pertes en Italie. Ils lui donnaient la facilité d'humilier l'orgueil des Français dans cette partie. Elle donna des ordres pour former une armée, dégager Mantoue, délivrer Wurmser, et réparer les affronts qu'elle avait reçus de ce côté. Elle assembla quatre divisions *d'infanterie et une de cavalerie* dans le Frioul, et deux dans le Tyrol, faisant ensemble soixante mille hommes. Ces troupes se composaient de forts détachements des armées victorieuses d'Allemagne, des cadres recrutés de l'armée de Wurmser, et d'une levée extraordinaire de quinze mille Croates. Le commandement général fut donné au maréchal Alvinzi, et l'on confia le corps particulier du Tyrol d'environ dix-huit mille hommes au général Davidowich. Le sénat de Venise secondait en secret les Autrichiens. Il lui demeurait démontré que les succès de la cause française seraient la ruine de son aristocratie. Il voyait chaque jour l'esprit de ses peuples de terre ferme se détériorer, et appeler à grands cris une révolution. La cour de Rome avait levé le masque : se trouvant compromise depuis les affaires de Wurmser, elle n'espérait plus son salut que dans les succès de l'Autriche. Elle n'exécutait aucune des conditions de l'armistice de Bologne ; elle s'apercevait avec effroi que le général français temporisait, et que, par une feinte modération et des négociations prolongées, il ajournait l'instant du châtiment. Elle était exaltée d'ailleurs par les succès d'Allemagne, et instruite à point du petit nombre des Français, et du grand nombre de leurs malades ; elle mettait en mouvement ses moyens physiques en levant des troupes, et ses moyens moraux en persuadant les esprits, à l'aide des couvents et des prêtres, de la faiblesse des Français, et de la force irrésistible des Autrichiens.

II. *Bon état de l'armée française ; l'opinion des peuples d'Italie appelle ses succès.* — Le général français s'était flatté longtemps de recevoir de nouveaux renforts. Il avait fortement représenté au Directoire, ou que les armées du Nord devaient repasser le Rhin, ou qu'il fallait qu'on lui envoyât cinquante mille hommes. On lui fit des promesses qu'on ne réalisa pas ; et tous les secours qu'on lui donna se réduisirent à quatre régiments détachés de la Vendée : l'esprit de cette province s'était amélioré. Ces régiments, composant environ huit mille hommes, arrivèrent successivement dans un intervalle de deux mois. Ils furent d'un grand secours, compensèrent les pertes éprouvées *les mois précédents*, et maintinrent l'armée active à son nombre habituel de trente mille combattants. Les lettres du Tyrol, du Frioul, de Venise, de Rome, ne cessaient *de parler* des grands préparatifs qui se faisaient contre les Français; mais cette fois l'esprit plus prononcé des peuples, et d'autres circonstances, donnaient une tout autre physionomie à l'Italie et aux affaires. Ce n'était plus *comme* avant Lonato et Castiglione. Les prodiges accomplis par les Français, les nombreuses défaites éprouvées par les Autrichiens, avaient tourné l'opinion. Alors les trois quarts de l'Italie pensaient qu'il était impossible que les Français pussent conserver leur conquête; aujourd'hui les trois quarts de cette même Italie ne croyaient pas qu'il fût au pouvoir des Autrichiens de jamais la leur arracher. On fit sonner bien haut l'arrivée de quatre régiments venant de France. Leur mouvement se fit par bataillons, ce qui composa douze colonnes. On prit toutes les mesures pour que le pays et une partie de l'armée crussent qu'on s'était renforcé de douze régiments.

On croyait que les vivres manquaient dans Mantoue, et que cette place tomberait infailliblement avant que l'armée autrichienne pût recommencer la lutte, de sorte que nos troupes *entendaient parler* des préparatifs de l'*Autriche* avec confiance : *elles semblaient sûres* de la victoire. L'armée était bien nourrie, bien payée, bien vêtue; son artillerie était nombreuse et bien attelée; sa cavalerie faible en nombre, à la vérité, mais ne manquant de rien, et en aussi bon état que possible.

La population de tous les pays occupés par nos armées faisait à présent cause commune avec nous. Elle appelait nos succès de tous ses vœux. La disposition des pays au delà du Pô était telle qu'il pouvait même suffire à contenir les levées que le cardinal secrétaire d'État de Rome appelait l'armée du pape. Cette misérable cour, sans esprit, sans courage, sans talents, sans bonne foi, n'était pas autrement redoutable.

III. *Combat de la Brenta.* — *Vaubois évacue le Tyrol en désordre.* — Au commencement de novembre, le quartier général de l'armée autrichienne était à Conegliano, et de nombreux *postes* garnissaient la rive *gauche* de la Piave. Dans le Tyrol, des corps opposés à chacun des nôtres se formaient sur la ligne du Lavisio; partout l'ennemi se montrait en force. Le projet d'Alvinzi n'était pas douteux; il ne voulait pas, comme Wurmser, attaquer par le Tyrol; il craignait de s'engager dans les montagnes. Il attribuait à l'intelligence du soldat français, à sa plus grande dextérité, les succès de *Lonato et de Castiglione*. Il résolut donc de faire sa principale attaque par la plaine, et d'arriver sur l'Adige par le Véronais, le Vicentin et le Padouan. Le 2 novembre, ce général jeta deux ponts sur la Piave, et se porta sur Bassano avec quarante-neuf à cinquante mille hommes. Masséna, en observation, contint toutes ses colonnes, l'obligea de déployer toutes ses forces, gagna quelques jours, et se replia sur Vicence, où il fut joint par le général français, qui amenait avec lui la division Augereau, une brigade de Mantoue, et se trouvait dès lors avoir sous sa main vingt à vingt-deux mille hommes. Le projet de Napoléon était de battre Alvinzi, et de se porter ensuite sur Trente, par un mouvement inverse à celui qu'il avait fait il y avait peu de temps, et de prendre à dos l'armée qui opérait dans le Tyrol. Alvinzi, qui avait passé la Brenta, fut attaqué le 5 et culbuté. Toutes ses divisions furent jetées au delà de cette *rivière*.

Mais Vaubois, qui était aux mains avec l'ennemi, depuis le 2 novembre, n'avait pu se maintenir ni à Trente ni dans aucune position intermédiaire. Sa division, ne disputant plus le terrain, revenait en désordre sur Vérone. Tout paraissait faire craindre que la position de la Corona et du Montebaldo *ne pourrait arrêter l'ennemi. On craignit pour le siège de* Mantoue. Le général en chef *fut donc obligé* de rétrograder sur Vérone, et d'y arriver assez à temps pour rallier Vaubois, et *assurer* les positions de Montebaldo et de Rivoli. Il passa la revue de la division Vaubois sur

le plateau de Rivoli. « Soldats, leur dit-il d'un ton sévère, je ne suis pas « content de vous. Vous n'avez marqué ni discipline ni constance. Vous

« avez cédé au premier échec. Aucune position n'a pu vous rallier : il en
« était dans votre retraite qui étaient inexpugnables. Soldats du 85° et
« du 39°, vous n'êtes pas des soldats français. Que l'on me donne ces
« drapeaux, et que l'on écrive dessus : Ils ne sont plus de l'armée d'Ita-
« lie ! » Un morne silence régnait dans tous les rangs ; la consternation
était peinte sur toutes les figures. Des sanglots se font entendre; de
grosses larmes coulent de tous les yeux, et l'on voit ces vieux soldats,
dans leur émotion, déranger leurs armes pour essuyer leurs pleurs. Le
général en chef fut obligé de leur adresser quelques paroles de consolation. « Général, lui criaient-ils, *mets-nous à l'avant-garde*, et tu verras
« si nous sommes de l'armée d'Italie !!! » Effectivement, ces régiments
qui avaient été le plus grondés furent mis à l'avant-garde, et s'y couvrirent de gloire.

IV. *Bataille de Caldiero*, 12 *novembre*. — Les opérations d'Alvinzi
se trouvèrent couronnées des plus heureux succès : déjà il était maître
de tout le Tyrol et de tout le pays entre la Brenta et l'Adige; mais le plus
difficile lui restait encore *à faire* : c'était de passer l'Adige de vive force,
devant l'armée française. Le chemin de Vérone à Vicence longe l'Adige
pendant trois lieues, et ne quitte la direction du *fleuve qu'à* Ronco, où
il tourne perpendiculairement à gauche pour *se diriger* sur Vicence, à
Villa-Nova ; la petite rivière de l'Alpon coupe la grande route, et se jette,
après avoir traversé Arcole, dans l'Adige, entre Ronco et Albaredo.
Sur la gauche de Villa-Nova se trouvent des hauteurs offrant de très-
belles positions, connues sous le nom de Caldiero. En occupant ces positions, on garde une partie de l'Adige, on couvre Vérone, et l'on se
trouve en mesure de tomber sur les derrières de l'ennemi, si celui-ci se
dirigeait sur le bas Adige.

Le général français eut à peine *assuré* la défense de Montebaldo, et
raffermi les troupes de Vaubois, qu'il voulut occuper Caldiero comme
donnant plus de chances à la défensive, et plus d'énergie à son attitude.
Il déboucha le 11 de Vérone, la brigade de Verdier en tête, culbuta
l'avant-garde ennemie, et parvint bientôt au pied de Caldiero : mais
Alvinzi lui-même avait occupé cette position qui est *bonne* également
contre Vérone. Le 12, à la pointe du jour, on vit toute son armée couronner ces hauteurs, qu'il avait couvertes de formidables batteries. Le
terrain reconnu, Masséna dut attaquer la hauteur et forcer la droite de
l'ennemi; cette hauteur enlevée, et l'ennemi la gardait mal, la bataille
se trouvait décidée. Le général Launay marcha avec sa demi-brigade et
s'empara de la hauteur; mais il ne put s'y maintenir, et fut fait prison-

nier. Cependant la pluie tombait par torrents, le chemin devint bientôt impraticable pour notre artillerie, pendant que nous étions écrasés par celle de l'ennemi. Nous avions trop de désavantage à gravir contre un

ennemi en position. L'attaque fut contremandée, et l'on se contenta de soutenir la bataille tout le reste du jour. Comme la pluie dura toute la journée et celle du lendemain, le général français prit le parti de retourner au camp de Vérone.

Les pertes dans cette affaire avaient été égales; cependant l'ennemi s'attribua avec raison la victoire, ses avant-postes s'approchèrent de Saint-Michel, et la situation des Français devint critique.

V. *Murmures et sentiments divers qui agitent l'armée française.* — Vaubois, battu en Tyrol, avait fait des pertes considérables; il n'avait plus que six mille hommes. Les deux autres divisions, après s'être vaillamment battues sur la Brenta, s'étaient vues en retraite sur Vérone, ayant manqué leur opération sur Caldiero. Le sentiment des forces de l'ennemi était dans toutes les têtes. Les soldats de Vaubois, pour justifier leur retraite dans le Tyrol, disaient s'y être battus un contre trois. Les soldats mêmes demeurés sous les yeux de Napoléon trouvaient les ennemis trop nombreux. Les deux divisions, après leurs pertes, ne comptaient pas plus de treize mille hommes sous les armes.

L'ennemi avait perdu aussi sans doute, mais il avait eu l'avantage; il avait acquis le sentiment de sa supériorité, il avait pu compter à son aise le petit nombre des Français; aussi ne doutait-il déjà plus de la délivrance de Mantoue ni de la conquête de l'Italie. Il avait fait ramasser une grande quantité d'échelles, et en faisait faire beaucoup d'autres, voulant enlever Vérone d'assaut. A Mantoue, la garnison s'était réveillée, elle faisait de fréquentes sorties, qui harcelaient sans cesse les assiégeants; et les troupes se trouvaient trop faibles pour contenir une si forte garnison. Tous les jours on était instruit que quelque nouveau secours arrivait à l'ennemi : nous ne pouvions en espérer aucun! Enfin les agents de l'Autriche, ceux de Venise et du pape, faisaient sonner très-haut les avantages obtenus par Alvinzi, et sa supériorité sur nous. Nous n'étions plus en position de prendre l'offensive nulle part : d'un côté, la position de Caldiero, que nous n'avions pu enlever; de l'autre, les gorges du Tyrol, qui venaient d'être le théâtre de la défaite de Vaubois. Mais eussions-nous occupé des positions qui eussent permis d'entreprendre sur Alvinzi, il avait trop de supériorité par le nombre. Tout interdisait pour l'instant toute offensive; il fallait donc laisser l'initiative à l'ennemi, et attendre froidement ce qu'il voulait entreprendre. La saison était extrêmement mauvaise, la pluie tombait par torrents, et tous les mouvements se faisaient dans la boue. L'affaire de Caldiero, celle du Tyrol, avaient sensiblement baissé le moral de l'armée. On avait bien encore le sentiment de la supériorité sur l'ennemi à nombre égal, mais on ne croyait pas pouvoir lui résister, dans l'infériorité où l'on se trouvait. Un grand nombre de braves avaient été blessés deux ou trois fois à différentes batailles depuis l'entrée en Italie. La mauvaise humeur s'en mêlait.

« Nous ne pouvons pas seuls, disaient-ils, remplir la tâche de tous :
« l'armée d'Alvinzi qui se trouve ici est celle devant laquelle les armées
« du Rhin et de Sambre-et-Meuse se sont retirées, et elles sont oisives
« dans ce moment : pourquoi est-ce à nous à remplir leur tâche? On ne
« nous envoie aucun secours; si nous sommes battus, nous regagnerons
« les Alpes en fuyards et sans honneur. Si au contraire nous sommes
« vainqueurs, à quoi aboutira cette nouvelle victoire? on nous opposera
« une autre armée semblable à celle d'Alvinzi, comme Alvinzi lui-même
« a succédé à Wurmser; et, dans cette lutte constamment inégale, il
« faudra bien que nous finissions par être écrasés. »

Napoléon faisait *répondre :* « Nous n'avons plus qu'un effort à faire,
« et l'Italie est à nous. Alvinzi est sans doute plus nombreux que nous;

« mais la moitié de ses troupes sont de véritables recrues ; et, lui battu,
« Mantoue succombe ; nous demeurons maîtres de l'Italie, nous voyons
« finir nos travaux, car non-seulement l'Italie, mais encore la paix gé-
« nérale sont dans Mantoue. Vous voulez aller sur les Alpes, vous n'en
« êtes plus capables. De la vie dure et fatigante de ces stériles rochers,
« vous avez bien pu venir conquérir les délices de la Lombardie ; mais
« des bivouacs riants et fleuris de l'Italie, vous ne vous élèveriez plus
« aux rigueurs de ces âpres sommets, vous ne supporteriez plus long-
« temps sans murmurer les neiges ni les glaces des Alpes. Des secours
« nous sont arrivés ; nous en attendons encore ; beaucoup sont en route.
« Que ceux qui ne veulent plus se battre, qui sont assez riches, ne nous
« parlent pas de l'avenir. Battez Alvinzi, et je vous réponds du reste !!! »
Ces paroles, répétées par tout ce qu'il y avait de cœurs généreux, rele-
vaient les âmes, et faisaient passer successivement à des sentiments
opposés. Ainsi, tantôt l'armée, dans son découragement, eût voulu se
retirer ; tantôt, remplie d'enthousiasme, elle parlait de courir aux
armes.

Lorsque l'on apprit à Brescia, Bergame, Milan, Crémone, Lodi,
Pavie, Bologne, que l'armée avait essuyé un échec, les blessés, les ma-

lades sortirent des hôpitaux encore mal guéris, et vinrent se ranger dans les rangs, la blessure encore sanglante. Ce spectacle était touchant, et remplit l'armée des plus vives émotions.

VI. *Marche de nuit de l'armée sur Ronco; elle y passe l'Adige sur un pont de bateaux.* — Enfin le 14 novembre, à la nuit tombante, *le camp de Vérone* prit les armes. Les colonnes se mettent en marche dans le plus grand silence : on traverse la ville et l'on vient se former sur la rive droite. L'heure à laquelle on part, la direction qui est celle de la retraite, le silence qu'on garde, contre l'habitude constante d'apprendre, par l'ordre du jour, qu'on va se battre; la situation des affaires, tout enfin ne laisse aucun doute qu'on se retire. Ce premier pas de retraite, qui entraîne nécessairement la levée du siège de Mantoue, *présage* la perte de toute l'Italie. Ceux des habitants qui plaçaient dans nos victoires l'espoir de leurs nouvelles destinées, suivent inquiets et le cœur serré les mouvements de cette armée qui emporte toutes leurs espérances.

Cependant l'armée, au lieu de suivre la route de Peschiera, prend tout à coup à gauche et longe l'Adige : on arrive avant le jour à Ronco. Andréossy achevait d'y jeter un pont; et l'armée, aux premiers rayons du soleil, se voit avec étonnement, par un simple à gauche, sur l'autre rive. Alors les officiers et les soldats, qui du temps qu'ils poursuivaient Wurmser avaient traversé ces lieux, commencèrent à deviner l'intention du général. Ils voient que, ne pouvant enlever Caldiero, il le tourne; qu'avec douze mille hommes ne pouvant rien en plaine contre quarante-cinq mille, il les attire sur de simples chaussées, dans de vastes marais, où le nombre ne sera plus rien, mais où le courage des têtes de colonne sera tout. Alors l'espoir de la victoire ranime tous les cœurs, et chacun promet de se surpasser pour seconder un plan si beau et si hardi.

Kilmaine était resté dans Vérone avec quinze cents hommes de toutes armes, les portes étroitement fermées, les communications sévèrement interdites. L'ennemi ignorait parfaitement notre mouvement.

Le pont de Ronco fut jeté sur la droite de l'Alpon, à peu près à un quart de lieue de son embouchure. S'il l'eût été sur la rive gauche, du côté d'Albaredo, on se fût trouvé en plaine, tandis qu'on voulait se placer dans des marais, où le nombre demeurait sans effet. D'un autre côté, on craignait qu'Alvinzi, instruit, ne marchât subitement à Vérone et ne s'en emparât, ce qui eût obligé le corps de Rivoli de se retirer à Peschiera, et eût compromis celui de Ronco. Il fallut donc se placer sur la rive droite de l'Alpon, de manière à pouvoir tomber sur les derrières de l'ennemi qui attaquerait Vérone, et par là soutenir cette place par la rive gauche, ce que l'on n'eût pu faire si l'on eût jeté le pont sur la rive gauche de l'Alpon, parce que l'ennemi aurait pu border la rive droite de cette rivière, et, sous cette protection, enlever Vérone. Cette double raison avait donc déterminé le placement du pont. Or, trois chaussées partaient de Ronco, où ce pont avait été jeté,

et toutes étaient environnées de marais. La première se dirige sur Vérone en remontant l'Adige; la deuxième conduit à Villa-Nova, et passe devant Arcole, qui a un pont à une lieue et demie de l'Adige, sur la petite rivière de l'Alpon; la troisième descend l'Adige, et va sur Albaredo.

VII. *Bataille d'Arcole, première journée, 15 novembre.* — Trois colonnes se dirigèrent sur ces trois chaussées. L'une, à gauche, *remonta l'Adige* jusqu'à l'extrémité des marais; *de là* l'on communiquait sans obstacle avec Vérone : ce point était des plus importants. Par là, plus de craintes de voir l'ennemi attaquer Vérone, puisqu'on se fût trouvé sur ses derrières. La colonne de droite prit vers Albaredo, et occupa jusqu'à l'Alpon. Celle du centre se porta sur Arcole, où nos tirailleurs parvinrent jusqu'au pont sans être aperçus. Il était cinq heures du matin, et l'ennemi ignorait tout. Les premiers coups de fusil se tirèrent sur le pont d'Arcole, où deux bataillons de Croates, avec deux pièces de canon, bivouaquaient comme corps d'observation pour garder les derrières de l'armée où étaient tous les parcs, et surveiller les partis que la garnison de Legnano aurait pu jeter dans la campagne. Cette place n'était qu'à trois lieues : l'ennemi avait eu la négligence de ne pas pousser des postes jusqu'à l'Adige ; il regardait cet espace comme des marais impraticables. L'intervalle d'Arcole à l'Adige n'était point gardé ; on s'était contenté d'ordonner des patrouilles de hussards, qui, trois fois par jour, parcouraient les digues et éclairaient l'Adige. La route de Ronco à Arcole rencontre l'Alpon à deux milles, et de là remonte pendant un mille la rive droite de ce petit ruisseau jusqu'au pont, qui tourne perpendiculairement à droite et entre dans le village d'Arcole. Des Croates étaient bivouaqués, *la droite* appuyée au village, et la gauche vers l'embouchure. Par ce bivouac ils avaient devant leur front *la digue*, dont ils n'étaient séparés que par le ruisseau ; tirant devant eux, ils prirent en flanc la colonne dont la tête était sur Arcole. Il fallut se replier en toute hâte jusqu'au point de la chaussée qui ne prêtait plus son flanc à la rive gauche. On instruisit Alvinzi que quelques coups de fusil avaient été tirés au pont d'Arcole ; il y fit peu d'attention. Cependant, à la pointe du jour, on put observer de Caldiero et des clochers voisins le mouvement des Français. D'ailleurs les reconnaissances des hussards, qui tous les matins longeaient l'Adige pour s'assurer des événements de la nuit, furent reçues à coups de fusil de toutes les digues, et poursuivies par la cavalerie française. Alvinzi acquit donc de tout côté la certitude que les Français avaient passé l'Adige, et se trouvaient en force sur toutes les digues. Il lui parut insensé d'imaginer qu'on pût jeter ainsi toute une armée dans des marais impraticables. Il pensa plutôt que c'était un détachement posté de ce côté pour l'inquiéter lorsqu'on l'attaquerait en force du côté de Vérone. Cependant ses reconnaissances du côté de Vérone lui ayant rapporté que tout y était tranquille, Alvinzi crut important de rejeter ces troupes françaises au delà de l'Adige, pour tranquilliser ses derrières. Il dirigea une division sur la digue d'Arcole, et une autre vers la digue qui *longe* l'Adige, avec ordre de tomber tête baissée sur ce qu'elles rencontreraient, et de *tout* jeter dans *la rivière*. Vers les neuf heures *du matin*, ces deux divisions attaquèrent en effet vivement. Masséna, qui était chargé de la digue de gauche, ayant laissé engager l'ennemi, courut sur lui au pas de charge, l'enfonça, lui causa beaucoup de perte, et lui fit un grand nombre de prisonniers. On en fit autant sur la digue d'Arcole : on attendit que l'ennemi eût dépassé le coude du pont. On l'attaqua au pas de charge ;

on le mit en déroute, et on lui fit beaucoup de prisonniers. Il devenait de la plus haute importance de s'emparer d'Arcole, puisque de là on débouchait sur les derrières de l'ennemi et que l'on pouvait s'y établir avant que l'ennemi pût être formé. Mais ce pont d'Arcole, par sa situation, résistait à toutes nos attaques. Napoléon essaya un dernier effort de sa personne ; il saisit un drapeau, s'élança vers le pont et l'y plaça. La colonne qu'il conduisait l'avait à moitié franchi, lorsque le feu de flanc fit manquer l'attaque. Les grenadiers de la tête, abandonnés par la queue, hésitent, ils sont entraînés dans la fuite, mais ils ne veulent pas se dessaisir de leur général ; ils le prennent par le bras, les che- veux, les habits, et l'entraînent dans leur fuite ; au milieu des morts, des mourants et de la fumée. *Le général en chef est précipité dans un marais; il y enfonce jusqu'à la moitié du corps; il est au milieu des ennemis;* mais les Français s'aperçoivent que leur général n'est point avec eux. Un cri se fait entendre : « Soldats, en avant pour sau- « ver le général ! » Les braves reviennent aussitôt au pas de course sur l'ennemi, le repoussent jusqu'au delà du pont, et Napoléon est sauvé.

Cette journée fut celle du dévouement militaire. Le général Lannes était accouru de Milan ; il avait été blessé à *Governolo* ; il était encore souffrant dans ce moment : il se plaça entre l'ennemi et Napoléon, le couvrit

de son corps et reçut trois blessures, ne voulant jamais le quitter. Muiron, aide de camp du général en chef, fut tué couvrant de son corps son général... Mort héroïque et touchante !... Belliard, Vignoles furent blessés en ramenant les troupes en *avant*. Le brave *général* Robert y fut tué.

On fit jeter un pont à l'embouchure de l'Alpon, afin de prendre Arcole à revers ; mais pendant ce temps, Alvinzi, instruit du véritable état des choses, et concevant les plus vives alarmes sur le *danger* de sa position, avait abandonné Caldiero, défait ses batteries, et fait repasser l'Alpon à tous ses parcs, ses bagages et ses réserves. Les Français, du haut du clocher de Ronco, virent avec douleur cette proie leur échapper ; et c'est alors, et dans les mouvements précipités de l'ennemi, qu'on put juger toute l'étendue et les conséquences du plan du général français. Chacun vit quels auraient pu être les résultats d'une combinaison si profonde et si hardie : l'armée ennemie échappait à sa destruction. Ce ne fut que vers les quatre heures que le général Guieux put marcher sur Arcole par la rive gauche *de l'Alpon*. Le village fut enlevé sans coup férir; mais alors il n'y avait plus rien d'utile; il était six heures trop tard; l'ennemi s'était mis en position naturelle. Arcole n'était plus qu'un poste intermédiaire entre le front des deux armées. Le matin, ce village était sur les derrières de l'ennemi.

Toutefois de grands résultats avaient couronné cette journée : Caldiero était évacué, et Vérone ne courait plus de dangers. Deux divisions d'Alvinzi avaient été défaites avec des pertes considérables. De nombreuses colonnes de prisonniers, et grand nombre de trophées qui défilèrent *au travers du camp*, remplirent d'enthousiasme les soldats et les officiers, et chacun reprit la confiance et le sentiment de la victoire.

VIII. *Seconde journée*, *16 novembre*. — Cependant Davidowich, avec son corps du Tyrol, avait attaqué, dès la veille, les hauteurs de Rivoli. Il en avait chassé Vaubois, et l'avait contraint de se retirer sur Castel-Novo. Déjà les coureurs ennemis paraissent aux portes de Vérone. Kilmaine, débarrassé d'Alvinzi et de toutes craintes sur la rive gauche, par l'évacuation de Caldiero, avait dirigé toute *son attention* sur la rive droite : mais il était à craindre que si l'ennemi marchait vigoureusement sur Castel-Novo, il ne forçât Vaubois, n'arrivât à Mantoue, ne surprît l'armée assiégeante, ne se joignît à la garnison, ne coupât la retraite au quartier général et à l'armée qui était à Ronco. Il fallait donc être, à la pointe du jour, en mesure de soutenir Vaubois, protéger Mantoue et ses communications, et battre Davidowich, s'il s'était avancé dans la journée. Il était nécessaire, pour la réussite de ce projet, de calculer les heures. Il se résolut donc, dans l'incertitude de ce qui se serait passé dans la journée, de supposer que tout avait été mal du côté de Vaubois. Il fit évacuer Arcole, qui avait coûté tant de sang, replia toute son armée sur la rive droite de l'Adige, ne laissant sur la rive gauche qu'une brigade et quelques pièces de canon. Il ordonna, dans cette position, qu'on fît la soupe, en attendant ce qui se serait passé du côté de Vaubois pendant cette journée. Si l'ennemi avait marché sur Castel-Novo, il fallait lever le pont de l'Adige, disparaître de devant Alvinzi, se trouver à dix heures derrière Vaubois à *Castel-Novo*, *et culbuter l'ennemi sur Rivoli*. On avait laissé à Arcole des bivouacs allumés, ainsi que des piquets de grand'garde pour qu'Alvinzi ne s'aperçût de rien. A quatre heures après minuit, l'on battit pour prendre les armes, afin d'être prêt à marcher. Mais dans le moment on apprit que Vaubois *était encore en* position à moitié chemin de Rivoli à Castel-Novo, et qu'il garantissait de tenir toute la journée. Davidowich était le même général qui avait commandé une des divisions que Wurmser avait fait déboucher par la Chiusa ; il se souvenait des résultats ; il n'avait garde de se compromettre. Cependant, vers trois heures du matin, Alvinzi, instruit de la marche rétrograde des Français, fit occuper Arcole sur-le-champ, dirigea au jour deux colonnes sur les digues de l'Adige et d'Arcole pour marcher sur nous. La fusillade s'engagea à deux cents toises de notre pont ; les troupes le repassèrent au pas de charge, tombèrent sur l'ennemi, le rompirent, le poursuivirent vivement jusqu'aux débouchés des marais qu'ils remplirent de leurs

morts. Des drapeaux, du canon et des prisonniers furent les trophées de cette journée, où deux nouvelles divisions d'Alvinzi furent défaites.

Sur le soir, le *général français*, par les mêmes motifs et les mêmes combinaisons, fit le même mouvement que la veille. Il concentra toutes ses troupes sur la rive droite de l'Adige, ne laissant qu'une avant-garde sur la rive gauche.

IX. *Troisième journée, 17 novembre.* — Cependant Alvinzi, induit en erreur par un espion qui assurait que le général avait repassé l'Adige, marché sur Mantoue, et n'avait laissé qu'une arrière-garde à Ronco, déboucha à la pointe du jour, avec l'intention d'enlever le pont de Ronco. Un moment avant le jour, on apprit que rien n'avait bougé du côté de Vaubois, que Davidowich n'avait point fait de mouvements. On revint sur l'autre bord de l'Adige. Les têtes de nos colonnes se rencontrèrent à moitié des digues avec deux autres divisions d'Alvinzi. Il se livra un combat opiniâtre, nos troupes furent *alternativement en avant et en arrière. Pendant un moment*, les balles arrivaient sur le pont. La 75° avait été rompue; le général en chef plaça la 32° en embuscade, ventre à terre

dans un petit bois de saules, le long *de la digue* d'Arcole. Cette demi-brigade se releva, fit une décharge, marcha à la baïonnette, et culbuta dans les marais une colonne ennemie, épaisse de toute sa longueur; c'étaient trois mille Croates, et ils y périrent tous. Masséna, sur la gauche, éprouvait des vicissitudes ; mais il marcha *à la tête de sa division*, son chapeau au bout de son épée en signe de drapeau, et fit un horrible carnage de la division *qui lui était* opposée.

Après midi, *le général français* jugea qu'enfin le moment d'en finir était venu. Car si Vaubois *avait été* battu *le jour encore* par Davidowich, il serait obligé de se porter, *la nuit prochaine*, à son secours et à celui de Mantoue. Dès lors Alvinzi se porterait sur Vérone, il recueillerait l'honneur et les résultats de la victoire : tant d'avantages remportés dans trois journées seraient perdus. Il fit compter soigneusement le nombre des prisonniers, récapitula les pertes de l'ennemi ; il conclut qu'il s'était affaibli *dans ces trois jours* de plus de vingt mille hommes, qu'ainsi désormais ses forces en bataille ne seraient pas *beaucoup plus d'un tiers au-dessus des nôtres. Il donna ordre de sortir des marais et d'aller attaquer l'ennemi en plaine.*

Les circonstances de ces trois journées avaient tellement changé le moral des deux armées, que la victoire nous était assurée. L'armée passa le pont jeté à l'embouchure de l'Alpon. Elliot, aide de *camp* du général en chef, chargé d'en construire un second, y fut tué. A deux heures *après midi*, l'armée française était en bataille, sa gauche à Arcole et sa droite dans la direction de Porto-Legnano ; elle avait en face l'ennemi, dont la droite s'appuyait sur l'Alpon, et la gauche à des marais. *L'ennemi était à cheval* sur la route de Montebello. L'adjudant Lorcet était parti de Legnano avec six à sept cents hommes, quatre pièces de canon et deux cents chevaux, pour tourner les marais auxquels l'ennemi appuyait sa gauche.

Vers les trois heures, au moment où ce détachement de la garnison de Legnano se portait sur l'ennemi, que la canonnade était vive sur toute

la ligne, et que les tirailleurs en étaient aux mains, *le général français ordonna au chef d'escadron Hercule de se porter, avec cinquante guides et quatre ou cinq trompettes, au travers des roseaux, et de charger sur* l'extrémité de la gauche de l'ennemi, au même moment que la garnison de Legnano commencerait à la canonner par derrière ; ce qu'il exécuta avec intelligence, et contribua beaucoup au succès de la journée. L'ennemi fut culbuté partout ; sa ligne rompue, il laissa beaucoup de prisonniers. Alvinzi avait échelonné sept à huit mille hommes sur ses derrières, pour assurer sa retraite et pour escorter ses parcs, et par là sa ligne de bataille ne se trouva pas plus forte que la nôtre. Il fut mené battant tout le reste de la soirée. Toute la nuit il continua sa retraite sur Vicence. Notre cavalerie le poursuivit au delà de Montebello.

Arrivé à Villa-Nova, Napoléon s'arrêta pour avoir les rapports de la poursuite de l'ennemi et de la contenance que faisait son arrière-garde. Il entra dans le couvent de Saint-Boniface; l'église avait servi d'ambulance. Il y trouva quatre ou cinq cents blessés, la plus grande partie morts ; *il en sortait une odeur de cadavre*, il recula d'horreur ! Il s'entendit appeler par son nom : deux malheureux soldats français blessés étaient depuis trois jours au milieu des morts, sans avoir mangé ; ils n'avaient point été pansés, ils désespéraient d'eux-mêmes ; mais ils furent rappelés à la vie par la vue de leur général : tous les secours leur furent prodigués.

Le général français visita les hauteurs de Caldiero, et se remit en marche vers Vérone. A mi-chemin, il rencontra un officier d'état-major autrichien, que Davidowich envoyait à Alvinzi. Ce jeune homme se croyait au milieu des siens. D'après ses dépêches, il y avait trois jours que les deux armées ne s'étaient communiquées. Davidowich ignorait tout.

X. *L'armée française rentre triomphante dans Vérone par la rive gauche.* — Napoléon entre triomphant dans Vérone par la porte de Venise, trois jours après en être sorti mystérieusement par la porte de Milan. On se peindrait difficilement l'étonnement et l'enthousiasme des habitants ; nos ennemis mêmes les plus déclarés ne purent rester froids, et joignirent leurs hommages à ceux de nos amis. Le général français passe *sur la rive droite de l'Adige*, et court sur Davidowich qui était encore à Rivoli. Il est chassé de poste en poste et poursuivi l'épée dans les reins jusqu'à Roveredo. De ses soixante à soixante et dix mille hommes, on calcule qu'Alvinzi en perdit de trente à trente-cinq mille dans ces affaires, et que ce fut l'élite de ses troupes.

Cependant de si grands résultats ne s'étaient pas obtenus sans pertes, et l'armée avait plus que jamais besoin de repos. Le général français ne jugea pas devoir reprendre le Tyrol, et s'étendre jusqu'à Trente. Il se contenta de faire occuper Montebello, la Corona, les gorges de la Chiusa et de l'Adige. Alvinzi se rallia à Bassano, et Davidowich à Trente. Cependant on devait croire qu'on obtiendrait bientôt Mantoue, avant que le général autrichien pût recevoir une nouvelle armée. Les fréquentes sorties de Wurmser pour obtenir quelques vivres, le grand nombre de déserteurs qui étaient maigres et depuis un mois à la demi-ration, le dénûment de ses hôpitaux et le grand nombre de ses malades, tout dut donner l'espoir d'une prompte reddition.

Bataille de Rivoli. — Depuis l'offensive de Provera, le 1er janvier 1797, jusqu'à la reddition de Mantoue, le 1er février suivant, espace d'un mois.

ENISE faisait de nouvelles levées d'Esclavons, il arrivait tous les jours de nouveaux bataillons dans les lagunes; les partis étaient en présence dans toutes les villes du pays Vénitien. Les citadelles de Vérone et de Brescia étaient dans les mains des troupes françaises. Des troubles survenus à Bergame firent sentir la nécessité d'occuper la citadelle; le général Baraguey-d'Hilliers en prit possession.

Les négociations avec Rome continuaient; *mais elles ne marchaient pas: l'expérience avait prouvé qu'on ne pouvait rien obtenir de cette cour que par les menaces et la présence de la force.*

Le général en chef annonça à Milan son départ pour Rome; il fit partir *le général Lahosse avec* quatre mille *Italiens* pour Bologne, y dirigea une colonne de trois mille Français, et fit prévenir le grand-duc de Toscane que ses troupes traverseraient ses États pour se rendre à Perrugia ; il partit effectivement lui-même, et *se rendit à Bologne.* Manfredini vint l'y trouver, pour ménager les intérêts de son maître, et s'en retourna convaincu que le général français marchait sur Rome. Pour cette fois, cette cour ne fut point dupe de toutes ces apparences; elle resta immobile. Elle était au fait des plans adoptés à Vienne, et en espérait le succès. Cependant, lorsqu'elle apprit que le général français était à Bologne, le secrétaire d'État fut étonné ; mais le ministre d'Autriche soutint son courage, en lui faisant comprendre que rien n'était plus heureux pour leurs vues que d'attirer le général français dans le fond de l'Italie, et que, fallût-il quitter Rome, ce serait encore un bonheur, puisque la défaite des Français sur l'Adige en serait d'autant plus assurée.

II. *Situation de l'armée autrichienne.* — Alvinzi recevait *tous les jours* des renforts considérables. Le Padouan, le Trévisan et tout le Bassanais étaient *couverts* de troupes autrichiennes. Il s'était écoulé deux mois depuis la bataille d'Arcole ; l'Autriche les avait *mis à profit pour* faire arriver dans le *Frioul les divisions* tirées des rives du Rhin, où les armées françaises étaient inactives et en plein quartier d'hiver. Un mouvement avait été imprimé à toute la monarchie autrichienne. On leva dans le Tyrol plusieurs bataillons d'excellents tireurs : il *fut* aisé de leur persuader qu'il fallait défendre leur territoire et aider à reconquérir l'Italie, si essentielle à la prospérité du Tyrol. Les succès de l'Autriche dans la campagne dernière en Allemagne, et ses humiliations en Italie, avaient remué *l'esprit public.* Les grandes villes offraient des bataillons de volontaires : Vienne en fournit quatre : on leva ainsi *un renfort* de dix à douze mille volontaires. Les bataillons de Vienne reçurent de l'impératrice des drapeaux brodés de ses propres mains. *Ils les perdirent,* mais les défendirent avec honneur. L'armée d'Autriche se composait de huit divisions de forces inégales, de plusieurs brigades de cavalerie incorporées avec ces divisions, et de deux divisions de cavalerie. On évaluait cette armée à plus de quatre-vingt mille combattants.

III. *Situation de l'armée française.* — L'armée française avait *été renforcée*, depuis Arcole, de deux régiments d'infanterie tirés des côtes de la Provence, la 57ᵉ en faisait partie, et d'un régiment de cavalerie. *Cela faisait environ* cinq à six mille hommes, et *compensait* les pertes d'Arcole et du blocus de Mantoue. Joubert, avec une forte division, occupait Montebaldo, Rivoli et Busselengo. Rey, avec une division moins forte, était en réserve à Dezenzano. Masséna était à Vérone, avec une avant-garde à Saint-Michel; Augereau à Legnano, avec une avant-garde à Bevilaqua. Serrurier bloquait Mantoue. La Corona était couverte de retranchements. Les châteaux de Vérone et de Legnano étaient en bon état, ainsi que Peschiera et Pizzighitone. On occupait les citadelles de Brescia, Bergame, le fort de Fuente, la citadelle de Ferrare et le fort Urbin. Des forces navales sur le lac de Guarda nous assuraient la possession de ce lac. Des barques armées, placées sur le lac Majeur et le lac de Côme, y exerçaient une sévère police.

IV. *Plan d'opération adopté par la cour de Vienne.* — Wurmser avait débouché sur trois colonnes : sa droite par la chaussée de Chiusa, au delà du lac de Guarda; son centre par Montebaldo, entre le lac de Guarda et l'Adige; sa gauche par la rive gauche de l'Adige. Quelques mois après, Alvinzi avait attaqué sur deux colonnes; l'une opérant dans le Tyrol, l'autre sur la Piave, la Brenta et l'Adige. Mais *la bataille de Lonato, celles de Castiglione, d'Arcole, avaient fait échouer ces deux plans de campagne. La cour de Vienne adopta cette fois un nouveau plan*, qui se liait avec les opérations de Rome. Il fut arrêté que l'armée autrichienne ferait deux grandes attaques : la première par le Montebaldo, comme avait fait Wurmser; le seconde sur l'Adige par les plaines du Padouan; que les deux corps qui exécuteraient ces deux attaques n'auraient rien de commun entre eux; qu'ils marcheraient indépendamment l'un de l'autre; de sorte que si l'un réussissait, le premier but serait rempli et Mantoue débloqué. Le corps principal devait déboucher par le Tyrol; et, s'il battait l'armée française, il arriverait sous les murs de Mantoue, y ferait sa jonction avec le deuxième corps qui agissait sur l'Adige. Si au contraire la principale attaque échouait, et que le second corps réussît, le siége de Mantoue serait également levé, et la place réapprovisionnée. Alors ce corps d'armée se jetterait dans le Séraglio, et établirait ses communications avec Rome. Le maréchal Wurmser prendrait le commandement de l'armée qui était dans la Romagne. La grande quantité de généraux, d'officiers et de cavalerie démontée qui se trouvait dans Mantoue, servirait à discipliner l'armée du pape, et ferait une diversion qui obligerait le général français à avoir aussi deux corps d'armée, l'un sur la rive gauche, l'autre sur la rive droite du Pô.

Un agent secret *envoyé* de Vienne, fort intelligent, fut arrêté par une sentinelle, comme il franchissait le dernier poste de l'armée française devant Mantoue. On lui fit rendre sa dépêche qu'il avait avalée, renfermée dans une petite boule de cire à cacheter. Cette dépêche était une

petite lettre écrite en caractères très-fins, signée de l'empereur François. Il annonçait à Wurmser qu'il allait être incessamment dégagé. Dans tous les cas, il lui ordonnait de ne pas se rendre prisonnier, d'évacuer la place, de passer le Pô, ce qu'il pouvait faire, puisqu'il était maître du Séraglio, de se rendre dans les États du pape, où il prendrait le commandement de son armée. L'empereur d'Autriche supposait, comme on le voit, que Wurmser était maître du Séraglio; il était mal informé.

V. *Combat de Saint-Michel.* — En exécution du plan adopté par la cour de Vienne, Provera eut le commandement du corps d'armée qui devait agir sur l'Adige pour passer cette rivière et se porter sur Mantoue. Les bataillons volontaires de Vienne faisaient partie du corps d'armée, qui était composé de trois divisions formant vingt-cinq mille hommes. Aux premiers jours de janvier, Provera porta son quartier général à Padoue. Le 12, il se dirigea, avec deux divisions, sur Montagna, où était l'avant-garde d'Augereau, commandée par le brave général Duphot. Au même moment, la troisième division autrichienne, qui avait pris position sur les hauteurs de Caldiero, marcha sur Saint-Michel pour y attaquer l'avant-garde de Masséna, dont le quartier général était à Vérone : c'était une fausse attaque. Le général Duphot, attaqué à la pointe du jour par l'avant-garde de Provera, composée des volontaires de Vienne, la contint facilement et la repoussa. Mais vers midi, toute l'armée autrichienne s'étant déployée, Duphot fit retraite et repassa l'Adige à Legnano. La division qui forma la droite de Provera, et qui attaqua Saint-Michel, était la plus faible. Le général Masséna marcha de Vérone au secours de son avant-garde. La division autrichienne fut rompue, dispersée et poursuivie l'épée dans les reins jusqu'au delà de l'Alpon.

Ce fut dans ce moment que le général français arriva en poste de Bologne. Il avait été instruit, par ses agents de Venise, du mouvement de l'armée autrichienne sur Padoue. Il avait fait camper les troupes italiennes sur la frontière de la Transpadane pour s'opposer au pape, dirigé les deux mille Français de Bologne sur Ferrare, où ils avaient passé le Pô à Ponte-di-Lagoscuro, et rejoint l'armée sur l'Adige. De sa personne il passa le Pô à Borgoforte, se rendit au quartier général de Roverbella, et arriva à Vérone au plus fort du feu du combat de Saint-Michel. Il ordonna sur-le-champ à Masséna de replier dans la nuit toutes ses troupes sur Vérone.

L'ennemi paraissait être en opération, et il fallait tenir toutes les troupes disponibles pour pouvoir se porter où serait la véritable attaque. Dans la nuit, on reçut des nouvelles du quartier général de Legnano, qui disaient que toute l'armée autrichienne était en mouvement sur le bas Adige; que le grand état-major de l'ennemi y était, ainsi que deux équipages de pont. Le rapport du général Duphot, officier de confiance, ne laissait aucun doute sur les nombreuses forces déployées devant lui : il les portait à vingt mille hommes, et supposait que c'était la première ligne de l'ennemi. On fut confirmé dans l'opinion que l'ennemi opérait sur le bas Adige, par la nouvelle de ce qui s'était passé à la Corona. Joubert manda que, pendant toute la journée du 12, il avait été attaqué par l'ennemi, qu'il l'avait contenu, et que la division autrichienne avait été repoussée dans toutes ses tentatives.

VI. *Le général Alvinzi occupe la Corona et jette un pont sur l'Adige.* — Le général français ordonna à la division Masséna de repasser l'Adige et de se réunir sur la rive droite. Il attendit ainsi toute la journée du 13 ce qui se serait passé ce même jour à Legnano, sur l'Adige et la Corona. Les troupes furent prévenues d'être prêtes à faire une marche de nuit, et d'être sous les armes à dix heures du soir. La division qui était à Dezenzano se porta le 11 à Castel-Novo, et attendit là de nouveaux ordres.

Il pleuvait à grands flots. Les troupes étaient sous les armes ; mais le général en chef ignorait encore de quel côté il les dirigerait. A dix heures du soir, les rapports du Montebaldo et du bas Adige arrivèrent. Joubert mandait que le 13, à neuf heures du matin, l'ennemi avait déployé de grandes forces, qu'il s'était battu toute la journée ; que sa position étant très-resserrée, il avait eu le bonheur de se maintenir ; mais qu'à deux heures après midi, s'étant aperçu qu'il était débordé par la gauche par la marche d'une division autrichienne qui longeait le lac de Guarda et menaçait de se placer entre Peschiera et lui, et par sa droite par une autre division ennemie qui avait longé la rive gauche de l'Adige, jeté un pont à une lieue au-dessus de Rivoli, passé ce fleuve, et filait par la rive droite, longeant le pied du Montemagone, pour enlever le plateau de Rivoli, il avait jugé indispensable d'envoyer une brigade pour s'assurer le plateau de Rivoli, la clef de toute la position, et que sur les quatre heures il avait jugé lui-même nécessaire d'abandonner la Corona, afin d'arriver de jour sur le plateau de Rivoli, qu'il serait obligé d'évacuer le lendemain avant neuf heures. Sur le bas Adige, l'ennemi avait bordé la rive gauche. Nous étions sur la rive droite. Le projet de l'ennemi se trouva dès lors démasqué. Il fut évident qu'il opérait avec deux grandes armées sur le Montebaldo et sur le bas Adige. La division Augereau parut suffisante pour disputer et défendre le passage de la rivière. Sur le Montebaldo, il n'y avait pas un moment à perdre, puisque l'ennemi allait faire sa jonction avec son artillerie et sa cavalerie, en s'emparant du plateau de Rivoli ; et que si on pouvait l'attaquer avant qu'il se fût emparé de ce point important, il serait obligé de combattre sans son artillerie et sans sa cavalerie. Il ne fut plus douteux que la principale attaque de l'ennemi ne fût par le Montebaldo. Toutes les troupes furent donc dirigées sur le plateau de Rivoli. Le général en chef s'y rendit lui-même à deux heures du matin.

VII. *Bataille de Rivoli.* — Le temps s'était éclairci, il faisait un clair de lune superbe. Napoléon monta sur différentes hauteurs et observa les diverses lignes des feux ennemis. Elles remplissaient le pays entre l'Adige et le lac de Guarda; l'atmosphère en était embrasée. On distingua fort bien cinq corps qui paraissaient formés par cinq divisions *qui avaient déjà commencé leur* mouvement la veille. Les feux des bivouacs *annonçaient* quarante ou cinquante mille hommes. Les Français devaient être à six heures du matin à Rivoli, avec vingt-deux mille hommes : *c'était encore une très-grande disproportion ; mais nous avions sur l'ennemi l'avantage d'avoir soixante pièces de canon et plusieurs milliers de chevaux.* Il fut évident, par la position des cinq bivouacs ennemis, qu'ils *voulaient* nous attaquer vers neuf ou dix heures du matin. La colonne de droite, qui était fort éloignée, avait pour but de venir cerner *le plateau de* Rivoli par derrière : *elle ne pouvait être arrivée avant dix heures ;* la première division du centre devait avoir la destination d'attaquer notre position de gauche. La seconde, qui était sur la crête supérieure de Montebaldo, près Saint-Marco, avait pour but de s'emparer de la chapelle de Saint-Marco, de descendre par le plateau de Rivoli, et d'ouvrir le chemin à la colonne de gauche, qui avait longé le pied du Montebaldo, et se trouvait bivouaquée au bord du plateau le long de l'Adige, au fond de la vallée. Le cinquième bivouac paraissait une division de réserve : *il était en arrière.*

Sur ces données, Napoléon établit son plan. Il ordonna à Joubert, qui avait évacué la chapelle Saint-Marco, et qui n'occupait plus le plateau de Rivoli que par une arrière-garde, de reprendre *de suite* l'offensive ; de se réemparer de la chapelle, et, à l'aube du jour, de pousser la deuxième division du centre de l'ennemi, qui était sur la crête supérieure, aussi loin que possible. Cent Croates, instruits par un prisonnier de l'évacuation de Saint-Marco, venaient d'en prendre possession, lorsque Joubert remonta sur cette chapelle à quatre heures du matin, et reprit sa position en avant.

La fusillade s'engagea avec un régiment de Croates. Au jour, Joubert attaqua la division qui était devant lui, et la poussa de hauteurs en hauteurs sur la crête supérieure de Montebaldo, qui domine la vallée de l'Adige. La première division autrichienne du centre pressa alors sa marche, et un peu avant neuf heures *elle arriva* sur les hauteurs de gauche du plateau de Rivoli. Elle n'avait point d'artillerie. La 14ᵉ et la 85ᵉ, qui garnissaient ce plateau, avaient chacune une batterie. La 14ᵉ, qui occupait la droite, repoussa les attaques de l'ennemi, la 85ᵉ fut débordée et rompue. Mais le général français courut à la division Masséna, qui, ayant marché toute la nuit, prenait un peu de repos, *la mena à l'ennemi*; et, en moins d'une *demi-heure,* la première division autri-

chienne du centre fut battue et mise en déroute; il était dix heures et demie. La division autrichienne de la gauche, composée de trois mille hommes d'infanterie, de cinq à six mille hommes de cavalerie, de toute l'ambulance et le gros bagage de l'armée, qui était au fond de la vallée, entendant la fusillade près du plateau, et s'étant aperçue que Joubert, qui était à une lieue en avant, n'avait plus personne à la chapelle Saint-Marco, fit monter quelques bataillons de troupes légères pour l'occuper et prendre Joubert à dos. Lorsque ses bataillons furent à demi-hauteur, l'ennemi se hasarda à faire déboucher douze pièces de canon, deux à trois bataillons d'infanterie et mille chevaux. Cette opération était difficile; c'était une véritable escalade. Joubert, *s'en étant aperçu*, envoya au pas de course trois bataillons qui arrivèrent à la chapelle avant l'ennemi, et le précipitèrent au fond de la vallée. Une batterie de quinze pièces, placée au plateau de Rivoli, mitrailla la partie de la colonne de gauche qui *commençait* à déboucher. Le colonel Leclerc chargea par peloton avec trois cents chevaux. Le chef d'escadron Lasalle était à la tête du premier peloton, et, par son intrépidité, décida du succès.

L'ennemi fut culbuté dans le ravin; on prit tout ce qui avait débouché, infanterie, cavalerie, artillerie.

A onze heures, la colonne de droite de l'armée autrichienne arriva à la position qui lui était indiquée. Elle y trouva notre division de réserve de Dezenzano. Elle plaça une brigade pour la tenir en échec. L'autre brigade, forte de quatre mille hommes, *se plaça* sur la hauteur, à cheval sur le chemin de Vérone au plateau de Rivoli. Elle n'avait point d'artillerie; elle croyait avoir tourné l'armée française, mais il était trop tard. A peine arrivée sur la hauteur, elle put voir la déroute de trois divisions autrichiennes *du centre et de la gauche*. On dirigea contre elle douze à quinze *pièces de la réserve. Après une vive* canonnade, *elle fut attaquée*, cernée et entièrement prise. La deuxième brigade, qui était plus en arrière, en position contre la réserve de Dezenzano, se mit en retraite. Elle fut vivement poursuivie; une grande partie fut tuée ou prise. Il était une heure après midi; l'ennemi était partout en retraite et vivement poursuivi.

Joubert avança avec tant de rapidité qu'un moment nous crûmes toute l'armée d'Alvinzi prise. Joubert arrivait à l'escalier, seule retraite de l'ennemi; mais Alvinzi, sentant le danger où il était, marcha avec ses troupes de réserve, contint Joubert et même lui fit perdre un peu de terrain. La bataille était gagnée. Nous avions du canon, des drapeaux et un grand nombre de prisonniers. Deux de nos détachements qui venaient rejoindre l'armée *donnèrent dans la division qui nous avait coupé le chemin de Vérone. Le bruit se répandit aussitôt sur les derrières* que l'armée française était cernée *et perdue*.

Dans cette journée, le *général en chef* fut plusieurs fois entouré par l'ennemi. Il eut plusieurs chevaux tués ou blessés. Chabot occupait Vé-

rone avec une poignée de monde; mais la division de Caldiero avait été si bien battue le 12 à Saint-Michel, qu'elle n'avait pu rien entreprendre. Elle se contenta de garder sa position.

VIII. *Passage de l'Adige par Provera. Il marche sur Mantoue.* — Le 14, Provera jeta un pont à Anghiari; et le 15, à la pointe du jour, il passa l'Adige et se mit en marche sur Mantoue. Augereau se porta sur le pont de l'ennemi, fit prisonniers quinze cents hommes que Provera avait laissés pour sa garde, et s'empara du pont pendant la journée du 15; mais Provera avait gagné *une marche* sur lui : **Mantoue était compromise.**

Il est difficile d'empêcher un ennemi qui a plusieurs équipages de pont de passer une rivière, lorsque l'armée qui défend le passage a pour but de couvrir un siége. Le général doit avoir pris ses mesures pour *arriver à une position intermédiaire* entre la rivière qu'il défend et la place qu'il couvre avant l'ennemi. Le général français avait donné des ordres en conséquence. Aussitôt que l'ennemi *aurait* passé, il fallait se diriger sur la Molinella, y arriver avant lui, et, après avoir couvert la place, marcher à sa rencontre. L'oubli de ce principe et de ces instructions compromit Mantoue.

Napoléon, ayant appris à trois heures après midi que Provera jetait un pont à Anghiari, prévit sur-le-champ ce qui allait arriver. Il laissa à Masséna, à Murat et à Joubert le soin de suivre le lendemain Alvinzi, et partit à l'heure même avec quatre régiments pour se rendre devant Mantoue. Il arriva à Roverbello comme Provera arrivait devant Saint-Georges. Hohenzollern, qui commandait l'avant-garde de Provera, parut le 16 à l'aube du jour. Il arrivait à la tête d'un régiment couvert de manteaux blancs à la porte de Saint-Georges. Il savait que ce faubourg n'était point fortifié, qu'il n'était couvert que par un simple retranchement de campagne; il espérait le surprendre. Miolis, qui y commandait, ne se gardait que du côté de la ville. Il savait qu'il était couvert par une division qui était sur l'Adige, et que l'ennemi était très-loin. Les hussards de Hohenzollern ressemblaient au premier de hussards français. Cependant un vieux sergent de la garnison de Saint-Georges, qui faisait du bois à deux cents pas de la place, fixa cette cavalerie arrivant sur la ville; il conçut des doutes qu'il communiqua à un de ses camarades; il leur parut que les manteaux blancs étaient bien neufs pour être Berchini. Ces braves gens, dans l'incertitude, se jettent dans Saint-Georges,

crient aux armes et poussent la barrière. La cavalerie se mit au galop; mais il n'était plus temps : elle fut reconnue et mitraillée. Toutes les troupes furent bientôt sur les remparts. A midi Provera cerna la place. Le brave Miolis, avec quinze cents hommes, se défendit toute la journée.

IX. *Bataille de la Favorite.* — Cependant Provera communiqua avec Wurmser par une barque au travers du lac. Le 17, à la pointe du jour, Wurmser sort avec la garnison et prend position à la Favorite. A une heure du matin, Napoléon plaça les quatre régiments entre la Favorite et Saint-Georges, et empêcha la garnison de Mantoue de se joindre à Provera. Serrurier attaqua à la pointe du jour la garnison de Mantoue avec les troupes du blocus. Le général en chef attaqua Provera. C'est à cette bataille que la 57ᵉ mérita le nom de *terrible*. Seule elle aborda la ligne autrichienne à la baïonnette et renversa tout ce qui voulut résister. A deux heures après midi, la garnison de Mantoue ayant été rejetée, Provera capitula et posa les armes, nous laissant beaucoup de

drapeaux, de bagages, plusieurs équipages de pont. Six mille prisonniers et plusieurs généraux restèrent en notre pouvoir. Il ne s'échappa des vingt-deux mille hommes de Provera que ce qui était resté de la division qui le 12 avait attaqué Saint-Michel, et qui continua de rester dans sa position de Caldiero, et quinze cents hommes que Provera avait laissés sur la rive gauche de l'Adige à la garde de ses parcs et magasins; tout le reste fut pris ou tué. Cette bataille fut appelée de la Favorite.

Le 15, Joubert poussa toute la journée Alvinzi devant lui, et arriva si rapidement sur l'escalier, que six à sept mille hommes furent coupés. Murat, avec une colonne, se porta sur la Corona et entra dans le Tyrol. La division Masséna se rendit à Bassano. Une division d'Alvinzi commençait à se rallier sur la Brenta ; on la défit, et on la jeta au delà de la Piave. Le général Augereau marcha à Castel-Franco, et de là à Trévise. Il eut aussi à soutenir quelques légères affaires d'avant-garde. Toutes les troupes autrichiennes repassèrent la Piave. Les neiges remplissaient toutes les gorges du Tyrol ; ce fut le plus grand obstacle que Joubert eut à surmonter ; l'infanterie française triompha de tout. Joubert entra dans Trente. Le général Victor fut envoyé sur le Laviso, et par les gorges de la Brenta il se mit en communication avec Masséna, dont le quartier général était à Bassano.

On ramassa beaucoup de prisonniers dans divers petits combats ; on trouva partout des malades autrichiens et beaucoup de magasins. L'armée se trouva dans la même position qu'après les batailles de Roveredo, de Bassano et avant celle d'Arcole, et Bessières fut envoyé porter de nouveaux trophées à Paris. Les combats de Saint-Michel, de Rivoli, d'Anghiari et de la Favorite firent perdre à Alvinzi plus des deux tiers de son armée. De ses quatre-vingt mille hommes il n'en ramena que vingt-cinq mille en Autriche.

X. *Reddition de Mantoue.*—Désormais nous n'avions plus d'inquiétude sur Mantoue. Depuis longtemps la garnison avait été mise à la demi-ration ; tous les chevaux étaient mangés. On fit connaître à Wurmser les résultats de la bataille de Rivoli ; il n'avait plus rien à espérer. On le somma de se rendre ; il répondit fièrement qu'il avait des vivres pour un an. Cependant, à quelques jours de là, Klenau, son premier aide de camp, se rendit au quartier général de Serrurier : il protesta que la *garnison* avait encore pour trois mois de vivres ; mais que le maréchal ne croyant pas que l'Autriche pût dégager la place à temps, sa conduite serait réglée par les conditions qu'on lui ferait. Serrurier répondit qu'il allait prendre les ordres du général en chef à ce sujet.

Napoléon se rendit à Roverbello ; Serrurier fit appeler Klenau. Le général français resta inconnu, enveloppé dans sa capote. La conversation s'engagea entre Serrurier et Klenau ; Klenau employait tous les moyens d'usage, et diversait longuement sur les grands moyens qui restaient à Wurmser, et la grande quantité de vivres *qu'il avait dans ses magasins de réserve*. Le général français s'approcha de la table et écrivit près d'une demi-heure ses décisions en marge des propositions de Wurmser pendant que la discussion durait toujours avec Serrurier. *Quand il eut fini :* « Si Wurmser, dit-il à Klenau, avait seule-

« ment pour dix-huit à vingt jours de vivres et qu'il parlât de se rendre,
« il ne mériterait aucune capitulation *honorable*. Voici les conditions
« que je lui accorde, ajouta-t-il en rendant le papier à Serrurier; vous
« y lirez surtout qu'il sera libre de sa personne, parce que j'honore son
« grand âge et ses mérites, et que je ne veux pas qu'il devienne la vic-
« time des intrigants qui voudraient le perdre à Vienne. *S'il ouvre ses
« portes demain, il aura les conditions que je viens d'écrire; s'il tarde
« quinze jours, un mois, deux, il aura encore les mêmes conditions. Il
« peut donc désormais attendre jusqu'au dernier morceau de pain. Je
« pars à l'instant pour passer le Pô; je marche sur Rome.* Vous connais-
« sez mes intentions, allez les dire à votre général. »

Klenau, qui n'avait rien conçu aux premières paroles, ne tarda pas à juger *à qui il avait affaire.* Il prit connaissance des décisions, dont la nature le pénétra de reconnaissance et d'admiration pour un procédé aussi généreux et aussi peu attendu. Il ne fut plus question de dissimuler, et il convint qu'il n'avait plus de vivres que pour trois jours. Wurmser fit solliciter *le général français,* puisqu'il devait traverser le Pô, de venir le passer à Mantoue, ce qui lui éviterait beaucoup de détours et de difficultés. Mais déjà tous les arrangements de voyage étaient disposés. Wurmser lui écrivit pour lui exprimer toute sa reconnaissance. Peu de jours après, il lui expédia un aide de camp à Bologne pour l'instruire d'une trame d'empoisonnement qui devait avoir lieu dans la Romagne, et lui donna des renseignements nécessaires pour s'en garantir; cet avis fut utile. Le général Serrurier présida donc aux détails de la reddition de Mantoue, et vit défiler devant lui le vieux maré-

chal et tout l'état-major de son armée. Déjà Napoléon était dans la Romagne. L'indifférence avec laquelle il se dérobait au spectacle si flatteur d'un maréchal de grande réputation, généralissime des forces autrichiennes, à la tête de tout son état-major, lui remettant son épée, fut un sujet d'étonnement *qui retentit dans toute l'Europe.*

N. B. Écrit sous dictée. — 1° Alvinzi, quoi qu'on trouve dans les divers rapports, avait quatre-vingt mille hommes, Provera compris. Les forces du Tyrol étaient de plus de cinquante mille hommes. Provera en avait vingt-cinq, dont cinq mille combattaient à Saint-Michel, et dix-huit mille, formant deux divisions, avaient marché sur Mantoue. De ces dix-huit mille hommes, trois mille restèrent sur ses derrières, dix mille arrivèrent à Saint-Georges, et cinq mille restèrent en arrière sur la Molinella pour parer le mouvement d'Augereau qui suivait : tout cela fut pris. S'il ne se trouva que sept mille prisonniers dans la colonne de Provera, c'est qu'il avait livré deux combats, l'un à Anghiari, un autre à Saint-Georges, et donné la bataille de la Favorite, qui lui avait coûté du monde, et que beaucoup de soldats autrichiens entrés dans les hôpitaux ne sont pas compris dans le nombre des prisonniers. Les rapports ne marquent que vingt-trois mille prisonniers : le vrai est que les Français en firent plus de trente mille; c'est qu'en général l'armée gardait mal ses prisonniers; elle en laissait échapper un grand nombre. Le cabinet de Vienne avait organisé des administrations en Suisse et sur les routes pour favoriser leur désertion. On peut calculer qu'un quart des prisonniers se sauvait avant d'être arrivé au quartier général central; un autre quart avant de parvenir en France, où il n'en arrivait guère qu'une moitié. Beaucoup aussi s'encombraient dans les hôpitaux.

2° Si, dans le rapport officiel, Bessières ne présenta au Directoire que soixante et onze drapeaux, c'est que les méprises communes dans les mouvements d'un grand état-major en retinrent treize en arrière. On les trouva dans le nombre de ceux que présenta Augereau après la prise de Mantoue.

3° Des soixante drapeaux qu'Augereau présenta au Directoire, treize étaient un reste des trophées de Rivoli et de la Favorite qu'aurait dû présenter Bessières. Les quarante-sept autres furent trouvés dans Mantoue, et font connaître les nombreux cadres de l'armée de Wurmser qui s'étaient renfermés dans cette place. Le choix d'Augereau pour porter ces drapeaux fut la récompense des services qu'il avait rendus à l'armée, surtout à la journée de Castiglione. Cependant il eût été plus naturel encore de les envoyer par Masséna, qui avait des titres bien supérieurs. Mais le général en chef comptait beaucoup plus sur celui-ci pour sa campagne d'Allemagne, et ne voulut point s'en séparer. Il en est qui ont cru que Napoléon, s'apercevant qu'on affectait d'élever outre mesure le général Augereau, fut bien aise, en l'envoyant à Paris, de mettre chacun à même d'apprécier justement le caractère et les talents de cet officier, qui ne pouvait que perdre à l'épreuve. D'autres ont pensé, au contraire, que le général en chef avait eu pour but de fixer les regards de Paris sur un de ses lieutenants. Augereau était Parisien.

Troisième jour de réclusion. — Beau résumé de l'histoire de l'Empereur par lui-même.

Mercredi 1er mai.

L'Empereur n'est pas plus sorti de sa chambre que la veille. Je me suis trouvé malade de la course de Briars; j'ai eu un peu de fièvre et une forte courbature. Sur les sept heures du soir, l'Empereur m'a fait venir dans sa chambre. Il lisait Rollin, que, selon sa coutume il disait beaucoup trop bonhomme. Il ne semblait pas avoir souffert, et me disait même qu'il était très-bien; mais je n'en étais que plus inquiet de sa réclusion et de son calme. Il a voulu dîner plus tard que de coutume, et m'a fait rester. Il a demandé un verre de vin de Constance quelque temps avant son dîner; c'est ce qu'il fait d'ordinaire quand il se sent le besoin d'être réveillé.

Après le dîner, il a parcouru quelques-unes des adresses, des proclamations ou actes du Recueil de Goldsmith, d'ailleurs si incomplet; quelques-unes l'ont remué. Alors, posant le livre et se mettant à marcher, il a dit : « Après tout, ils auront beau retrancher, supprimer,
« mutiler, il leur sera bien difficile de me faire disparaître tout à fait.
« Un historien français sera pourtant bien obligé d'aborder l'empire; et,
« s'il a du cœur, il faudra bien qu'il me restitue quelque chose, qu'il me
« fasse ma part, et sa tâche sera aisée, car les faits parlent, ils brillent
« comme le soleil.

« J'ai refermé le gouffre anarchique et débrouillé le chaos. J'ai des-
« souillé la révolution, ennobli les peuples et raffermi les rois. J'ai excité
« toutes les émulations, récompensé tous les mérites, et reculé les li-
« mites de la gloire! Tout cela est bien quelque chose! Et puis sur quoi
« pourrait-on m'attaquer, qu'un historien ne puisse me défendre? Se-
« rait-ce mes intentions? mais il est en fonds pour m'absoudre. Mon
« despotisme? mais il démontrera que la dictature était de toute néces-
« sité. Dira-t-on que j'ai gêné la liberté? mais il prouvera que la licence,
« l'anarchie, les grands désordres, étaient encore au seuil de la porte.
« M'accusera-t-on d'avoir trop aimé la guerre? mais il montrera que j'ai
« toujours été attaqué; d'avoir voulu la monarchie universelle? mais il
« fera voir qu'elle ne fut que l'œuvre fortuite des circonstances, que ce
« furent nos ennemis eux-mêmes qui m'y conduisirent pas à pas. Enfin
« sera-ce mon ambition? Ah! sans doute, il m'en trouvera, et beaucoup,
« mais de la plus grande et de la plus haute qui fût peut-être jamais!
« celle d'établir, de consacrer enfin l'empire de la raison et le plein
« exercice, l'entière jouissance de toutes les facultés humaines! Et ici
« l'historien peut-être se trouvera réduit à devoir regretter qu'une telle
« ambition n'ait pas été accomplie, satisfaite! » Et après quelques secondes de silence et de réflexion : « Mon cher, a dit l'Empereur, en
« bien peu de mots, voilà pourtant toute mon histoire. »

Quatrième jour de réclusion absolue. — *Le Moniteur* favorable à l'Empereur.

Jeudi 2.

L'Empereur a encore gardé la chambre comme les jours précédents Il m'a fait appeler le soir après notre dîner, sur les neuf heures. Il avait passé la journée sans voir personne. Je suis demeuré avec lui jusqu'à onze heures ; il était gai et bien portant. Je l'assurai que les journées nous étaient bien longues quand on ne le voyait pas ; qu'il était difficile qu'il ne sentît pas bientôt les effets funestes de sa stricte réclusion et du manque de respirer l'air du dehors. Pour moi, j'en étais fort inquiet et très-affligé. En effet, une demi-heure au moins avant que de me renvoyer, il s'est mis dans son lit. Les jambes lui refusaient, disait-il, le service ; il se sentait fatigué d'avoir tant marché avec moi, bien qu'il n'eût fait que quelques tours dans sa chambre.

Il avait beaucoup parlé de la Légion-d'Honneur, du Recueil de Goldsmith et du *Moniteur*. Il disait, à l'occasion de celui-ci, qu'assurément c'était une chose bien remarquable et dont bien peu d'autres pourraient se vanter, que d'avoir traversé la révolution, si jeune et avec tant de fracas, sans avoir à redouter le *Moniteur*. « Il n'est pas une phrase, disait-« il, que j'aie à en faire effacer. Au contraire, il demeurera infailliblement ma justification toutes les fois que je pourrai en avoir besoin. »

Sur la Légion-d'Honneur, il a dit, entre autres choses, que la diversité des ordres de chevalerie et leur spécialité de récompense consacraient les castes, tandis que l'unique décoration de la Légion-d'Honneur, avec l'universalité de son application, était au contraire le type de l'*égalité*. L'une entretenait l'éloignement parmi les classes, tandis que l'autre devait amener la cohésion des citoyens ; et son influence, ses résultats dans la grande famille pouvaient devenir incalculables : c'était le centre commun, le moteur universel de toutes les ambitions diverses, le véhicule de tous les lustres, la récompense et l'aiguillon de tous les efforts généreux, etc., etc.

Notre éducation et nos mœurs passées nous faisaient bien plus vaniteux que forts penseurs. Aussi bien des officiers se trouvaient-ils choqués de voir leur même décoration descendre jusqu'au tambour, et embrasser également le prêtre, le juge, l'écrivain et l'artiste. Mais ce travers se fût passé ; nous marchions vite, et bientôt les militaires se seraient trouvés honorés de se voir en confraternité avec les premiers savants et les plus distingués de toutes les professions, tandis que ceux-ci se seraient sentis ennoblis de se trouver en ligne avec ce qu'il y avait de plus vaillant, et l'ensemble eût composé vraiment la réunion de tout ce qu'il y avait de plus *honorable* dans l'État.

Et il termina par ces paroles remarquables : « Le jour où l'on s'é-« loignera de l'organisation première, on aura détruit une grande pen-« sée, et ma *Légion-d'Honneur* cessera d'exister. »

Cinquième jour de la réclusion.

Vendredi 3.

L'Empereur n'est pas sorti davantage ; c'était son cinquième jour de réclusion, il continuait à ne voir personne. Il me faisait appeler, pour ainsi dire, à la dérobée ; et comme je ne m'en vantais pas, nous ignorions tout à fait au dehors ce qui se passait dans son intérieur. J'y suis entré aujourd'hui sur les six heures du soir.

Je lui ai renouvelé notre inquiétude et notre peine de le voir ainsi renfermé. Il m'a dit qu'il supportait fort bien la chose. Mais les journées étaient longues, et les nuits encore davantage. Il n'avait rien fait de tout le jour; il s'était trouvé de mauvaise humeur, disait-il : encore en ce moment il était silencieux, sombre, appesanti. Il s'est mis au bain; je l'ai suivi, et ne l'ai quitté que pour le laisser essuyer. Il a fini la soirée par des objets ou des récits bien importants. . . . .
. . . .

Sixième jour de réclusion.

Samedi 4.

L'Empereur n'est pas sorti encore. Il m'avait dit qu'il monterait à cheval sur les quatre heures; mais la pluie est venue déranger son intention. Il a reçu le grand maréchal.

Sur les huit heures, il m'a fait appeler pour dîner avec lui. Il a dit que le gouverneur était venu chez le grand maréchal, qu'il y était demeuré plus d'une heure. Il y avait tenu une conversation souvent pénible, même parfois offensante. Il avait parcouru divers objets avec beaucoup d'humeur et très-peu d'égards, d'une manière très-vague et sans résultats, nous reprochant surtout, à ce qu'il paraissait, de nous plaindre beaucoup et sans raison, disait-il. Il soutenait que nous étions très-bien, et devrions être contents; que nous semblions nous abuser étrangement sur nos personnes et nos situations, etc., etc.; que, du reste (du moins cela a été compris ainsi), il voudrait être assuré chaque jour, par témoignage évident, de l'existence et de la présence de l'Empereur.

Il est certain que ce point était la véritable cause de son humeur et de son agitation. Plusieurs jours venaient de s'écouler sans qu'il eût pu recevoir de rapport de son officier ou de ses espions, l'Empereur n'étant point sorti, et personne n'étant censé avoir été admis chez lui.

Mais comment s'y prendrait-il? c'est ce qui nous a fort occupés à notre tour. L'Empereur ne se soumettrait jamais, fût-ce au péril de sa vie, à une visite régulière, qui pourrait, au fait, se renouveler capricieusement à toute heure du jour et de la nuit. Le gouverneur emploiera-t-il la force et la violence pour disputer à l'Empereur un dernier asile de quelques pieds en carré et quelques heures de repos? Ses instructions doivent avoir prévu le cas; aucun outrage, aucun manque d'égards, aucune barbarie ne me surprendraient dans les ordres donnés.

Quant aux expressions du gouverneur sur ce que nous nous abusions sur nos personnes et notre situation, nous savons fort bien qu'au lieu d'être aux Tuileries, nous sommes à Sainte-Hélène; qu'au lieu d'être maîtres, nous sommes captifs. En quoi dès lors pourrions-nous donc nous abuser?

Sur la Chine et la Russie. — Rapprochements des deux grandes révolutions de France et d'Angleterre.

Dimanche 5.

Sur les dix heures du matin, l'Empereur allait monter à cheval : c'était sa première sortie. Le résident de la compagnie des Indes à la Chine se trouvait là, sollicitant depuis longtemps l'honneur de lui être présenté. Il l'a fait appeler, l'a questionné pendant quelques minutes avec beaucoup de bienveillance. Nous avons fait route ensuite pour aller voir madame Bertrand. L'Empereur y est resté plus d'une heure. Il est faible et changé, sa conversation traînante. Nous avons gagné Longwood. L'Empereur a voulu déjeuner à l'air.

Il a fait appeler notre hôte de Briars, le bon M. Balcombe, et le résident de la Chine qui se trouvait encore là. Tout le temps du déjeuner

s'est passé en questions sur la Chine et sur sa population, ses lois, ses usages, son commerce, etc.

Le résident racontait qu'il y avait peu d'années il était arrivé un accident entre les Russes et les Chinois, qui eût pu avoir des suites, si les affaires d'Europe n'eussent entièrement absorbé la Russie.

Le voyageur russe Krusenstern, dans sa course autour du monde, relâcha à Canton avec ses deux bâtiments. On le reçut provisoirement, et on lui permit, tout en attendant les ordres de la cour, de vendre des fourrures dont étaient chargés ses vaisseaux, et de les remplacer par du thé. Ces ordres se firent attendre plus d'un mois. M. de Krusenstern était déjà parti depuis deux jours quand ils arrivèrent. Ils portaient que les deux vaisseaux eussent à sortir à l'instant; que tout commerce avec les Russes, dans cette partie, demeurait interdit; qu'on avait assez accordé à leur empereur, par terre, dans le nord de l'empire; qu'il était inouï qu'il eût tenté de l'accroître encore, dans le midi, par mer; qu'on montrerait un vif mécontentement à ceux qui leur auraient appris cette route. L'ordre portait encore que, si les bâtiments étaient partis avant l'arrivée du rescrit de Pékin, la factorerie anglaise serait chargée de le faire parvenir, par la voie de l'Europe, à l'empereur des Russes.

Napoléon s'était trouvé très-fatigué de sa courte sortie; il y avait sept jours qu'il n'avait pas quitté la chambre : c'était la première fois qu'il reparaissait au milieu de nous. Nous avons trouvé ses traits visiblement altérés.

Sur les cinq heures, il m'a fait appeler; le grand maréchal était auprès de lui. J'ai trouvé l'Empereur déshabillé. Il avait essayé vainement de reposer; il se croyait un peu de fièvre, c'était de la courbature. Il avait fait allumer du feu, et n'avait pas voulu de lumière dans sa chambre. Nous avons causé ainsi dans l'obscurité, à conversation perdue, jusqu'à huit heures.

Il avait été question, dans le jour, du rapprochement des deux grandes révolutions d'Angleterre et de France. « Elles ont beaucoup de simi« litude et de différence, faisait observer l'Empereur; elles sont inépui« sables pour la méditation. » Et il a dit des choses fort remarquables et fort curieuses. Je vais réunir ici ce qui a été dit en cet instant, ou bien encore dans d'autres moments.

« Dans les deux pays, la tempête se forme sous les deux règnes indolents et faibles de Jacques Ier et de Louis XV; elle éclate sous les deux infortunés Charles Ier et Louis XVI.

« Tous deux tombent victimes; tous deux périssent sur l'échafaud, et leurs deux familles sont proscrites et bannies.

« Les deux monarchies deviennent deux républiques, et, durant cette période, les deux nations se plongent dans tous les excès qui peuvent dégrader l'esprit et le cœur. Elles se déshonorent par des scènes de fureur, de sang et de folie; elles brisent tous les liens et renversent tous les principes.

« Alors dans les deux pays deux hommes, d'une main vigoureuse, arrêtent le torrent et règnent avec lustre. Après eux les deux familles héréditaires sont rappelées, mais toutes deux prennent une mauvaise direction. Elles font des fautes; une nouvelle tempête éclate inopinément dans les deux endroits, et rejette en dehors du territoire les deux dynasties rétablies, sans qu'elles aient pu venir à bout de faire opposer la moindre résistance aux deux adversaires qui les renversent.

« Dans ce parallèle singulier, *Napoléon* se trouve avoir été en France tout à la fois le *Cromwell* et le *Guillaume III* de l'Angleterre. Mais comme tout rapprochement avec Cromwell a quelque chose d'odieux, je me hâte d'ajouter que si ces deux hommes célèbres coïncident dans une seule circonstance, il est difficile de différer davantage sur toutes les autres.

« Cromwell paraît sur la scène dans un âge mûr. Il n'arrive au premier rang qu'à force de duplicité, d'adresse et d'hypocrisie.

« Napoléon s'élance à peine au sortir de l'enfance, et ses premiers pas brillent d'une gloire pure.

« C'est en opposition et en haine de tous les partis, en imprimant une souillure éternelle à la révolution anglaise, que Cromwell arrive au pouvoir suprême.

« C'est au contraire en effaçant les taches de la révolution française, et par le concours de tous les partis qui s'efforcent tour à tour de l'avoir pour chef, que Napoléon monte sur le trône.

« Toute la gloire militaire de Cromwell fut acquise sur le sang anglais; tous ses triomphes durent être autant de deuils nationaux. Ceux de Napoléon ne frappèrent jamais que l'étranger, et remplirent d'ivresse la nation française.

« Enfin la mort de Cromwell fut la joie de toute l'Angleterre; elle devint une délivrance publique. On ne saurait en dire précisément autant de Napoléon.

« En Angleterre, la révolution fut le soulèvement de toute la nation contre le roi. Il avait violé les lois, usurpé le pouvoir absolu : elle voulut rentrer dans ses droits.

« En France, la révolution fut le soulèvement d'une partie de la nation contre une autre partie; celui du tiers état contre la noblesse; la réaction des Gaulois contre les Francs. Le roi fut moins attaqué comme souverain que comme chef de la féodalité : on ne lui reprocha point d'avoir violé les lois, mais on prétendit s'affranchir et se reconstituer à neuf.

« En Angleterre, si Charles Ier avait cédé de bonne foi, s'il avait eu le caractère modéré, incertain de Louis XVI, il eût survécu.

« En France au contraire, si Louis XVI avait résisté franchement, s'il avait eu le courage, l'activité, l'ardeur de Charles Ier, il eût triomphé.

« Durant tout le conflit, Charles Ier, isolé dans son île, n'eut autour de lui que des partisans, des amis; jamais aucune branche constitutionnelle.

« Louis XVI avait une armée régulière; les secours de l'étranger, deux portions constitutionnelles de la nation : la noblesse et le clergé. Il se présentait en outre à Louis XVI un second parti décisif que n'eut pas Charles Ier, celui de renoncer à être le chef de la *féodalité*, pour le devenir de la *nation*; malheureusement il ne sut prendre ni l'un ni l'autre.

Charles Ier périt donc pour avoir résisté, et Louis XVI pour n'avoir pas résisté. L'un était intimement convaincu des droits de sa prérogative : il est douteux, assure-t-on, que l'autre en fût bien persuadé, non plus que de sa nécessité.

« En Angleterre, la mort de Charles Ier fut l'ouvrage de l'ambition astucieuse, atroce, d'un seul homme.

« En France, ce fut l'ouvrage de la multitude aveuglée, celui d'une assemblée populaire et désordonnée.

« En Angleterre, les représentants du peuple, par une teinte de pudeur, s'abstinrent d'être juges et parties dans le meurtre qu'ils commandaient; ils nommèrent un tribunal pour juger le roi.

« En France, ils ont osé être tout à la fois accusateurs et juges.

« C'est qu'en Angleterre l'affaire était conduite par une main invisible; elle avait plus de réflexion et de calme. En France, elle le fut par la multitude dont la fougue est sans bornes.

« En Angleterre, la mort du roi donna naissance à la république. En France, au contraire, ce fut la naissance de la république qui causa la mort du roi.

« En Angleterre, l'explosion politique s'opéra par les efforts du fanatisme religieux le plus ardent. En France, elle se fit aux acclamations d'une cynique impiété : chacun selon son siècle et ses mœurs.

« En Angleterre, c'étaient les excès de la sombre école de Calvin. En France, c'étaient ceux des doctrines trop relâchées de l'école moderne.

« En Angleterre, la révolution se trouva mêlée avec une guerre civile.

En France, elle le fut avec des guerres étrangères ; et c'est à ces efforts, à cette contradiction des étrangers, que les Français attribuent avec raison la faute de leurs excès. Les Anglais n'ont aucune excuse de ce genre

« C'est l'armée, en Angleterre, qui fut coupable de toutes les fureurs, de toutes les extravagances ; elle fut le fléau des citoyens.

« En France, au contraire, c'est à l'armée qu'on dut tout. Ce furent ses triomphes au dehors qui affaiblirent ou firent oublier les horreurs du dedans ; c'est elle qui donna à la patrie l'indépendance, la gloire, les trophées.

« En Angleterre, la restauration fut l'ouvrage des Anglais mêmes ; elle fut reçue avec la plus vive exaltation : la nation échappait à l'esclavage, et crut retrouver la liberté.

« En France, au contraire, la restauration fut l'ouvrage des puissances « étrangères ; elle porta l'humiliation, le deuil dans les âmes françaises, « la nation vit ternir sa gloire et tout rentrer dans l'esclavage.

« En Angleterre, l'expulsion de Jacques II fut l'ouvrage d'un prince et de soldats étrangers ; il y eut hésitation ; et après son succès, le nouveau souverain ne se trouva guère qu'à la tête d'une faction.

« En France, l'expulsion identique fut l'ouvrage d'un seul homme ; il suffit de sa seule présence, parce qu'il ramenait l'indépendance, la gloire, les espérances nationales ; c'était l'homme de la patrie ; il réunissait tous les cœurs, tous les vœux ; sa marche fut un triomphe, son retour un délire.

« Enfin, en Angleterre un gendre renverse son beau-père du trône : il est appuyé de toute l'Europe, et l'ouvrage demeure impérissable et révéré.

« En France, au contraire, l'élu d'un peuple qu'il a déjà gouverné quinze ans avec l'assentiment du dedans et du dehors ressaisit une couronne qu'il prétend lui appartenir. L'Europe entière se lève en masse ; elle le met hors la loi. Onze cent mille hommes marchent contre sa seule personne, il succombe ; on le jette dans les fers, et l'on prétend flétrir sa mémoire !!! »

Docteur O'Méara ; explication. — Consulat. — Opinion de l'émigration sur le consul. — Idée de l'Empereur sur le bien des émigrés. — Syndicat projeté. — Circonstances heureuses qui concoururent à la carrière de l'Empereur. — Opinion des Italiens. — Couronnement par le pape.—Les mécontents séduits lors de Tilsitt. — Bourbons d'Espagne.—Arrivée du fameux palais de bois.

Lundi 6 mai.

L'Empereur m'a fait appeler sur les neuf heures. Il était tracassé des dispositions du nouveau gouverneur, surtout de l'idée qu'on osât violer le dernier sanctuaire de son intérieur ; il préférait la mort à ce dernier outrage, et était résolu à en courir les risques. Une catastrophe lui semblait inévitable, il supposait qu'elle était ordonnée, que l'on ne cherchait que les prétextes ; il était décidé à ne pas les éviter.

« Je m'attends à tout, me disait-il dans un certain moment d'aban-
« don ; ils me tueront ici, c'est certain..... »

Il a fait venir le docteur O'Méara pour connaître son opinion personnelle, et m'a chargé de lui traduire qu'il ne se plaignait nullement de lui jusqu'à présent, bien au contraire, qu'il le regardait comme un honnête homme, et la preuve en était qu'il allait s'en rapporter à ses réponses. Il s'agissait de s'entendre : se considérait-il comme son médecin, à lui personnellement, ou comme le médecin d'une prison, et imposé par son gouvernement? était-il son confesseur ou son surveillant ; faisait-il des rapports sur lui, ou en ferait-il au besoin ? Dans l'un des deux cas, l'Empereur continuait de recevoir volontiers ses services, était recon-

naissant de ceux qu'il avait déjà reçus ; dans l'autre, il le remerciait, et le priait de les discontinuer.

Le docteur a répondu bien positivement et avec affection. Il a dit que son ministère étant tout de profession, et entièrement étranger à la politique, il se considérait comme le médecin de sa personne, et demeurait étranger à toute autre considération ; qu'il ne faisait aucun rapport, qu'on ne lui en avait pas encore demandé ; qu'il n'imaginait pas de cas qui pût le porter à en faire, que celui de maladie grave où il aurait besoin d'appeler les secours d'autres gens de l'art, etc., etc.

Sur les trois heures, l'Empereur est sorti dans le jardin, se préparant à monter à cheval. Il venait de dicter longuement à Gourgaud, et avait à peu près complété son époque de 1815 ; il était content de son travail.

J'ai osé lui recommander ensuite celle du consulat, cette époque si brillante, où une nation en dissolution se trouva magiquement recomposée en peu d'instants dans ses lois, sa religion, sa morale, dans les vrais principes, les préjugés honnêtes et brillants ; le tout aux applaudissements et à l'admiration universelle de l'Europe étonnée.

J'étais en Angleterre à cette époque ; la masse de l'émigration, lui disais-je, avait été vivement frappée de tous ses actes : le rappel des prêtres, celui des émigrés, avaient été reçus comme un bienfait ; la grande foule s'était empressée d'en profiter.

L'Empereur me demandait alors si ce mot d'amnistie ne nous avait pas choqués. « Non, disais-je, nous savions toutes les difficultés que le
« Premier Consul avait éprouvées à notre égard ; nous savions que tout
« le bon de cette mesure n'était dû qu'à lui, que lui seul était pour nous,
« que tout ce qu'il y avait de mauvais venait de ceux qu'il avait été
« obligé de combattre en notre faveur. Plus tard, ajoutai-je, et rentrés
« en France, nous trouvions, il est vrai, que le Consul eût pu nous traiter
« mieux à l'égard de nos biens, et sans beaucoup de peine, par sa seule
« attitude silencieuse et passive ; c'en eût été assez pour amener partout
« des arrangements à l'amiable entre les dépouillés et les acheteurs.

« — Sans doute je l'eusse pu, disait l'Empereur ; mais pouvais-je me
« fier assez à vous autres pour cela ?..... Répondez.

« — Sire, disais-je, à présent que je suis plus habitué aux affaires, que
« je vois plus en grand, je comprends facilement que la politique le vou-
« lait ainsi. Les dernières circonstances ont montré combien c'était sage ;
« il ne fallait point désintéresser ainsi la nation. L'affaire des biens natio-
« naux est un des premiers arcs-boutants de l'esprit et du parti national.

« — Vous y êtes, répliquait l'Empereur : toutefois j'eusse pu accorder
« toutes choses ; j'en ai eu un moment la pensée, et j'ai fait une faute de
« ne pas l'accomplir. C'était de composer une masse, un *syndicat* de tous
« les biens restants des émigrés, et de le leur distribuer à leur retour,
« dans une échelle proportionnelle. Au lieu de cela, quand je me suis mis
« à rendre individuellement, je n'ai pas tardé à m'apercevoir que je les
« rendais trop riches et ne faisais que des insolents. Tel à qui, grâce à
« ses mille sollicitations et à ses mille courbettes, on rendait cinquante

« mille écus, cent mille écus de rente, ne nous tirait plus le chapeau le
« lendemain ; et loin d'avoir la moindre reconnaissance, ce n'était plus
« qu'un impertinent qui prétendait même avoir payé sous main la faveur
« qu'il avait obtenue. Tout le faubourg Saint-Germain allait prendre
« cette direction. Il se trouva que j'allais recréer sa fortune, et qu'il n'en
« fût pas moins demeuré ennemi et antinational. Alors j'arrêtai, en
« opposition à l'acte d'amnistie, la restitution des bois non vendus, tou-
« tes les fois qu'ils dépasseraient une certaine valeur. C'était une injus-
« tice, d'après la lettre de la loi, sans doute; mais la politique le voulait
« impérieusement : la faute en avait été à la rédaction et à l'impré-
« voyance. Cette réaction de ma part détruisit le bon effet du rappel des
« émigrés, et m'aliéna toutes les grandes familles. J'eusse pourvu à cet
« inconvénient, ou j'en eusse neutralisé les effets par mon syndicat.
« Pour une grande famille mécontente, j'eusse attaché cent nobles de la
« province, et satisfait au fond à la stricte justice, qui voulait que l'émi-
« gration entière, qui avait couru une même chance, embarqué sa for-
« tune en commun sur le même vaisseau, éprouvé le même naufrage,
« encouru une même peine, obtînt un même résultat. C'est une faute de
« ma part, ajoutait l'Empereur, d'autant plus grande que j'en ai eu l'i-
« dée; mais j'étais seul, entouré d'oppositions et d'épines; tous étaient
« contre vous autres ; vous vous le peindriez difficilement ; et cependant
« les grandes affaires me talonnaient, le temps courait, j'étais obligé de
« voir ailleurs.

« Encore aussi tard que mon retour de l'île d'Elbe, a continué l'Em-
« pereur, j'ai été sur le point d'exécuter quelque chose de la sorte. Si
« l'on m'en eût donné le temps, j'allais m'occuper des pauvres émigrés
« de province que la cour avait délaissés. Et ce qu'il y a d'assez singulier,
« c'est que l'idée en avait été réveillée en moi précisément par un ancien
« ex-ministre de Louis XVI (Bertrand de Molleville), que les princes
« avaient laissé fort mal récompensé, et qui me présentait les moyens de
« réparer avec beaucoup d'avantages bien des choses de ce genre. »

Je répondais à l'Empereur : « Les gens raisonnables, parmi l'émigra-
« tion, savaient bien que le peu d'idées généreuses et libérales à leur
« égard ne venaient que de vous ; ils ne se dissimulaient pas que tout
« votre entourage les eût détruits. Ils savaient que toute idée de la no-
« blesse lui était odieuse; ils vous tenaient grand compte de ne pas penser
« ainsi. Leur amour-propre, le croirez-vous? trouvait même parfois
« quelques consolations à se dire que vous étiez de leur classe, etc. »

Alors l'Empereur m'a demandé ce que nous disions donc, dans l'émigration, de sa naissance et de sa personne, etc. Je répondais qu'il nous avait apparu pour la première fois à la tête de l'armée d'Italie : aucun de nous ne savait ce qui précédait ; il nous était tout à fait inconnu. Nous ne pouvions jamais prononcer son nom de *Buonaparte*. Cela l'a beaucoup fait rire, etc.

La conversation alors l'a conduit à dire qu'il s'était souvent arrêté et avait réfléchi maintes fois sur le concours singulier des circonstances secondaires qui avaient amené sa prodigieuse carrière.

« 1° Si mon père, disait-il, qui est mort avant quarante ans, eût vécu, il eût été nommé député de la noblesse de Corse à l'Assemblée constituante. Il tenait fort à la noblesse et à l'aristocratie; d'un autre côté, il était très-chaud dans les idées généreuses et libérales ; il eût donc été ou tout à fait du côté droit, ou au moins dans la minorité de la noblesse. Dans tous les cas, quelles qu'eussent été mes opinions personnelles, j'aurais suivi sa trace, et voilà ma carrière entièrement dérangée et perdue.

« 2° Si je m'étais trouvé plus âgé au moment de la révolution, j'eusse été peut-être moi-même nommé député. Ardent et chaud, j'eusse marqué infailliblement, quelque opinion que j'eusse suivie ; mais, dans tous les cas, je me serais fermé la route militaire, et alors encore voilà ma carrière perdue.

« 3° Si même ma famille eût été plus connue, si nous eussions été plus riches, plus en évidence, ma qualité de noble, même en suivant la route de la révolution, m'eût frappé de nullité ou de proscription. Jamais je n'eusse obtenu la confiance ; jamais je n'eusse commandé une armée ; ou si je l'eusse commandée, je n'eusse jamais osé tout ce que j'ai fait. Supposant même tous mes succès, je n'aurais pu suivre le penchant de mes idées libérales à l'égard des prêtres et des nobles, et je ne fusse jamais parvenu à la tête du gouvernement.

« 4° Il n'est pas jusqu'au grand nombre de mes frères et de mes sœurs qui ne m'ait été grandement utile, en multipliant mes rapports et mes moyens d'influence.

« 5° La circonstance de mon mariage avec madame de Beauharnais m'a mis en point de contact avec tout un parti qui m'était nécessaire pour concourir à mon système de fusion, un des principes les plus grands de mon administration, et qui la caractérisera spécialement. Sans ma femme, je n'aurais jamais pu avoir avec ce parti aucun rapport naturel.

« 6° Il n'y a pas jusqu'à mon origine étrangère, contre laquelle on a

« essayé de crier en France, qui ne m'ait été bien précieuse. Elle m'a
« fait regarder comme un compatriote par tous les Italiens ; elle a gran-
« dement facilité mes succès en Italie. Ces succès, une fois obtenus, ont
« fait rechercher partout les circonstances de notre famille, tombée
« depuis longtemps dans l'obscurité. Elle s'est trouvée, au su de tous
« les Italiens, avoir joué longtemps un grand rôle au milieu d'eux.
« Elle est devenue, à leurs yeux et à leurs sentiments, une famille ita-
« lienne ; si bien que quand il a été question du mariage de ma sœur
« Pauline avec le prince Borghèse, il n'y a eu qu'une voix à Rome et en
« Toscane, dans cette famille et tous ses alliés : *C'est bien*, ont-ils tous
« dit, *c'est entre nous, c'est une de nos familles.* Plus tard, lorsqu'il a été
« question du couronnement par le pape à Paris, cet acte de la plus
« haute importance, ainsi que l'ont prouvé les événements, essuya de
« grandes difficultés ; le parti autrichien, dans le conclave, y était vio-
« lemment opposé ; le parti italien l'emporta, en ajoutant aux considé-
« rations politiques cette petite considération de l'amour-propre natio-
« nal : *Après tout, c'est une famille italienne que nous imposons aux
« barbares pour les gouverner ; nous serons vengés des Gaulois.* »

De là l'Empereur est passé naturellement au pape, qui n'était pas sans quelque penchant pour lui, disait-il. Le pape ne lui imputait pas d'avoir ordonné sa translation en France. Il s'était indigné de lire dans certains ouvrages que l'Empereur s'était porté à des excès sur sa personne. Il avait reçu à Fontainebleau tous les traitements qu'il avait désirés : aussi, revenu à Rome, il était bien loin de lui conserver du fiel. Quand il avait appris le retour de l'île d'Elbe en France, il avait dit à Lucien, d'un air qui marquait sa confiance et sa partialité, *è sbarcato, è arrivato* (il est débarqué, il est arrivé). Il lui avait ajouté plus tard : « Vous allez à
« Paris, c'est bien ; faites ma paix avec lui. Je suis à Rome : il n'aura
« jamais aucun désagrément de moi. »

« Aussi est-il bien sûr, disait l'Empereur, que Rome sera un asile
« naturel et très-favorable pour ma famille : on y croira qu'elle est chez
« elle. Enfin, terminait-il en riant, il n'est pas même jusqu'au nom de
« *Napoléon*, peu connu, poétique, rédondant, qui ne soit venu ajouter
« quelques petites choses à la grande circonstance. »

Je répétais alors à l'Empereur que la masse de l'émigration était loin d'être injuste à son égard. L'opposition sensée de la vieille aristocratie avait de la haine contre lui, il est vrai, mais uniquement parce qu'elle le rencontrait un obstacle. Elle était loin de ne pas apprécier justement ses actions et ses talents ; elle les admirait malgré elle. Les mystiques

Couronnement de l'Empereur Napoléon.

mêmes ne trouvaient en lui qu'un défaut : *Ah! que n'est-il légitime!* leur est-il arrivé de dire plus d'une fois. Austerlitz nous ébranla, mais ne nous vainquit pas ; Tilsit subjugua tout. « Votre Majesté, disais-je, « a dû juger elle-même et jouir à son retour de l'universalité des « hommages, des acclamations et des vœux.

« — C'est donc à dire, reprenait l'Empereur en riant, que si, à cette « époque, j'eusse pu ou j'eusse voulu m'en tenir au repos et au plaisir, « si j'eusse adopté le rôle des fainéants, si tout eût repris son ancien « cours, vous m'eussiez adoré ? Mais, mon cher, si j'en eusse eu le goût « et la volonté, ce qui n'était pas dans ma nature assurément, les circon- « stances mêmes encore ne m'en eussent pas laissé le maître. »

De là l'Empereur est passé aux difficultés sans nombre qui l'ont entouré et maîtrisé sans cesse ; et, arrivé à la guerre d'Espagne, il a dit : « Cette malheureuse guerre m'a perdu ; elle a divisé mes forces, multi- « plié mes efforts, attaqué ma moralité ; et pourtant on ne pouvait « laisser la Péninsule aux machinations des Anglais, aux intrigues, à l'es- « poir, au prétexte des Bourbons. Du reste, ceux d'Espagne méritaient « bien peu qu'on les craignît : nationalement, ils nous étaient et nous « leur étions tout à fait étrangers : au château de Marrach, à Bayonne, « j'ai vu Charles IV et la reine ne pas savoir la différence de madame « de Montmorency aux dames nouvelles ; les derniers noms leur étaient « même plus familiers, à cause des gazettes et des actes publics. L'im- « pératrice Joséphine, qui avait le tact le plus exquis sur tout cela, n'en « revenait point. Quoi qu'il en soit, cette famille était à mes pieds, pour « que j'adoptasse une fille quelconque et que j'en fisse une princesse des « Asturies. Ils me demandèrent nommément mademoiselle *de Tascher*, « depuis duchesse d'Aremberg ; des raisons personnelles à moi s'y op- « posèrent. Un instant je m'étais fixé sur mademoiselle *de La Roche-* « *foucauld*, depuis princesse Aldobrandini ; mais il me fallait quelqu'un « qui me fût vraiment attaché, une femme qui fût uniquement Fran- « çaise, qui eût la tête, les talents à la hauteur d'une telle destinée, et « je craignais de ne pas trouver tout cela. »

Puis revenant à la guerre d'Espagne, l'Empereur a repris : « Cette « combinaison m'a perdu. Toutes les circonstances de mes désastres « viennent se rattacher à ce nœud fatal ; elle a détruit ma moralité en « Europe, compliqué mes embarras, ouvert une école aux soldats « anglais. C'est moi qui ai formé l'armée anglaise dans la Péninsule.

« Les événements ont prouvé que j'avais fait une grande faute dans le « choix de mes moyens ; car la faute est dans les moyens bien plus que

« dans les principes. Il est hors de doute que, dans la crise où se trou-
« vait la France, dans la lutte des idées nouvelles, dans la grande cause
« du siècle contre le reste de l'Europe, nous ne pouvions laisser l'Es-
« pagne en arrière, à la disposition de nos ennemis : il fallait l'enchaî-
« ner, de gré ou de force, dans notre système. Le destin de la France le
« demandait ainsi, et le code du salut des nations n'est pas toujours ce-
« lui des particuliers. D'ailleurs, à la nécessité de la politique se joignait
« ici, pour moi, la force du droit. L'Espagne, quand elle m'avait cru
« en péril, l'Espagne, quand elle me sut aux prises à Iéna, m'avait à
« peu près déclaré la guerre. L'injure ne devait pas passer impunie ; je
« pouvais la lui déclarer à mon tour ; et certes le succès ne pouvait point
« être douteux. C'est cette facilité même qui m'égara. La nation mépri-
« sait son gouvernement ; elle appelait à grands cris une régénération.
« De la hauteur à laquelle le sort m'avait élevé, je me crus appelé, je
« crus digne de moi d'accomplir en paix un si grand événement. Je
« voulus épargner le sang, que pas une goutte ne souillât l'émancipation
« castillane. Je délivrai donc les Espagnols de leurs hideuses institutions;
« je leur donnai une constitution libérale ; je crus nécessaire, trop
« légèrement peut-être, de changer leur dynastie. Je plaçai un de mes
« frères à leur tête ; mais il fut le seul étranger au milieu d'eux. Je res-
« pectai l'intégrité de leur territoire, leur indépendance, leurs mœurs, le
« reste de leurs lois. Le nouveau monarque gagna la capitale, n'ayant
« d'autres ministres, d'autres conseillers, d'autres courtisans que ceux
« de la dernière cour. Mes troupes allaient se retirer ; j'accomplissais le
« plus grand bienfait qui ait jamais été répandu sur un peuple, me di-
« sais-je, et je me le dis encore. Les Espagnols eux-mêmes, m'a-t-on
« assuré, le pensaient au fond, et ne se sont plaints que des formes.
« J'attendais leurs bénédictions ; il en fut autrement : ils dédaignèrent
« l'intérêt pour ne s'occuper que de l'injure ; ils s'indignèrent à l'idée
« de l'offense, se révoltèrent à la vue de la force, tous coururent aux
« armes. Les Espagnols en masse se conduisirent comme un homme
« d'honneur. Je n'ai rien à dire à cela, sinon qu'ils ont triomphé, qu'ils
« en ont été cruellement punis! qu'ils en sont peut-être à regretter !...
« Ils méritaient mieux !..... »

Aujourd'hui l'Empereur a dîné avec nous ; il y avait longtemps que nous en étions privés. Après le dîner, il nous a lu des morceaux de *Paul et Virginie*, qu'il aime beaucoup par des ressouvenirs de ses premiers ans, disait-il.

Le transport *l'Adamante* est arrivé : ce vaisseau avait manqué l'île ; il faisait partie d'un convoi dont les autres bâtiments étaient arrivés depuis près d'un mois. Sur ces bâtiments était le fameux palais de bois qui avait rempli toutes les gazettes d'Angleterre, et probablement celles de toute l'Europe. Là étaient aussi les meubles magnifiques, les envois splendides que ces mêmes gazettes ont tant annoncés. Le palais de bois s'est trouvé n'être qu'un certain nombre de madriers bruts dont on ne sait que faire ici, et qui demanderaient plusieurs années pour être employés convenablement; le reste s'est trouvé à l'avenant. L'ostentation, la pompe, le luxe, ont été pour l'Europe; la vérité et les misères pour Sainte-Hélène.

Iliade, Homère.

Mardi 7.

Le gouverneur est venu vers les quatre heures, a fait le tour de l'établissement et n'a demandé aucun de nous. Sa mauvaise humeur s'accroît visiblement, ses manières deviennent farouches et brutales.

Sur les cinq heures, l'Empereur m'a fait demander; le grand maréchal y était depuis longtemps. Après son départ, nous avons causé littérature; nous avons passé en revue tous les poëmes épiques anciens et modernes. Il s'est arrêté sur l'*Iliade*, en a pris un volume, et en a lu tout haut plusieurs chants. Cet ouvrage lui plaisait infiniment. « Il était, « disait-il, ainsi que la *Genèse* et la *Bible*, le signe et le gage du temps. « Homère, dans sa production, était poëte, orateur, historien, législa- « teur, géographe, théologien : c'était l'encyclopédiste de son époque. »

L'Empereur estimait Homère inimitable. Le père Hardouin avait osé attaquer cette antiquité sacrée, et l'attribuer à un moine du dixième siècle. C'était une imbécillité, disait Napoléon. Du reste, ajoutait-il, jamais il n'avait été aussi frappé de ses beautés qu'en cet instant; et les sensations qu'il lui faisait éprouver lui confirmaient tout à la fois la justesse de l'approbation universelle. Ce qui le frappait surtout, remarquait-il, c'était la grossièreté des manières avec la perfection des idées. On voyait les héros tuer leur viande, la préparer de leurs propres mains, et prononcer pourtant des discours d'une rare éloquence et d'une grande civilisation.

L'Empereur m'a retenu à dîner, « quoique, m'a-t-il dit, vous feriez « peut-être mieux d'aller à la table de service; vous mourrez de faim « avec moi.

« — Sire, ai-je répondu, il est sûr que vous êtes bien mal; mais « j'aimerai toujours ce mal au-dessus de toutes choses. »

Il avait souffert de la tête dans la journée; nous nous en plaignions tous aussi. Je regrettais fort qu'il ne fût pas sorti; le temps avait été très-beau.

Après son dîner, il a fait entrer tout le monde dans sa chambre et nous a gardés jusqu'à dix heures.

L'Empereur est sorti vers cinq heures et a fait un tour en calèche. Au retour, l'Empereur a reçu plusieurs Anglais ; il leur a fait une foule de questions suivant sa coutume. Leur vaisseau était *le Cornwall*, se rendant à la Chine et devant repasser au mois de janvier prochain, dans son retour pour l'Europe.

Le dîner fini, l'un de nous disait à l'Empereur qu'il avait souffert vivement dans la journée en mettant au net sa dictée sur la bataille de Waterloo, voyant que les résultats n'avaient tenu qu'à un cheveu. L'Empereur, pour toute réponse, avec un accent qui venait de loin, a dit à mon fils : « *My son* (mon fils), c'était son expression d'habitude, « allez nous chercher *Iphigénie en Aulide*, cela nous fera plus de bien. » Et il nous a lu cette belle pièce, qu'on aime chaque fois davantage.

Paroles caractéristiques de l'Empereur relatives à moi.

Mercredi 8.

Je suis allé dîner à Briars avec mon fils et le général Gourgaud ; nous y sommes demeurés à un petit bal. J'y rencontrai l'amiral, et jamais je ne le trouvai mieux. C'était la première fois que je le voyais depuis l'aventure de *Noverraz* ; je savais combien il devait l'avoir sur le cœur : il allait retourner en Europe, et je connaissais les sentiments de l'Empereur ; je fus tenté vingt fois d'aborder franchement le sujet et de le rapprocher ainsi de Napoléon. La vérité, la justice, notre intérêt le demandaient ; je fus arrêté par de trop petites considérations sans doute : que de fois je m'en suis blâmé depuis !... mais je n'avais pas reçu cette mission délicate, et je n'osais la prendre tout à fait sur moi. L'amiral pouvait lui donner de la publicité et une tournure qui eussent fort déplu à l'Empereur, et m'auraient exposé à des désagréments très-possibles. A ce sujet, je vais citer le trait suivant ; il caractérise trop Napoléon pour être omis.

Il me peignait un jour tous les vices de la faiblesse et de la crédulité dans le souverain, les intrigues qu'elles alimentaient dans le palais, l'instabilité dont elles étaient les sources ; il prouvait très-bien qu'il ne pouvait échapper à l'adresse des courtisans ni à celle de la calomnie :
« Et je vais vous en donner une preuve, disait-il ; vous voilà, vous, qui
« avez tout quitté pour me suivre ; vous dont le dévouement est noble
« et touchant ; eh bien ! que pensez-vous avoir fait ?... Qui croyez-vous
« être !... Rien qu'un ancien noble, qu'un émigré, agent des Bourbons,
« et d'intelligence avec les Anglais ; qui avez concouru à me livrer à eux,

« et ne m'avez suivi ici que pour m'observer et me vendre. Votre plus
« grand éloignement contre le gouverneur, sa plus grande animosité
« contre vous, ne sont que des apparences convenues pour mieux ca-
« cher votre jeu. » Et comme je riais de la tournure spirituelle qu'il
créait et de la volubilité avec laquelle il l'exprimait : « Vous riez ? a-t-il
« repris ; mais je vous assure qu'ici je n'improvise pas, je ne suis que
« l'écho de ce qu'on a essayé de faire parvenir jusqu'à moi..... Et com-
« ment voulez-vous, continua-t-il, qu'une tête sans sagacité, faible et
« crédule, ne soit pas ébranlée par de tels rapprochements et de telles
« combinaisons ? Allez, mon cher, si je n'étais supérieur à la plupart
« des légitimes, j'aurais pu déjà me priver de vos soins ici, et votre
« cœur droit serait peut-être réduit aujourd'hui à dévorer au loin les
« cruels tourments que cause l'ingratitude. » Et il finit disant : « Pauvre
« et triste humanité !..... L'homme n'est pas plus à l'abri sur la pointe
« d'un rocher que sous les lambris d'un palais ! il est le même partout !
« l'homme est toujours l'homme ! »

Hoche. — Divers généraux.

Vendredi 10.

Le temps a été affreux ; il était impossible de sortir. L'Empereur a été
contraint de marcher dans la salle à manger ; il a fait allumer du feu
dans le salon, et s'est mis à jouer aux échecs avec le grand maréchal.

Après dîner, il nous a lu l'histoire de Joseph, dans la Bible, et ensuite
l'*Andromaque* de Racine.

Plusieurs bâtiments étaient entrés la veille au soir : c'était la flotte du Bengale. Lady Loudon, femme de lord Moira, gouverneur général de l'Inde, était au nombre des passagers.

Aujourd'hui dans le cours de la conversation, le nom de *Hoche* ayant été prononcé, quelqu'un a dit qu'il était bien jeune encore, mais qu'il donnait beaucoup d'espérances. « C'est bien mieux que cela, a repris « Napoléon, dites qu'il les avait déjà beaucoup remplies. » Ils s'étaient vus tous les deux, continuait-il, et avaient causé deux ou trois fois. Hoche avait pour lui de l'estime jusqu'à l'admiration. Napoléon n'a pas fait difficulté de dire qu'il avait sur Hoche l'avantage d'une profonde instruction et les principes d'une éducation distinguée. Du reste, il établissait cette grande différence entre eux : « Hoche, disait-il, cherchait toujours
« à se faire un parti, et n'obtenait que des créatures ; moi, je m'étais
« créé une immensité de partisans, sans rechercher nullement la popu-
« larité. De plus, Hoche était d'une ambition hostile, provoquante ; il
« était homme à venir de Strasbourg avec vingt-cinq mille hommes saisir
« le gouvernement par force, tandis que moi je n'avais jamais eu qu'une
« politique patiente, conduite toujours par l'esprit du temps et les
« circonstances du moment. »

L'Empereur ajoutait que Hoche, plus tard, ou se serait rangé, ou se serait fait écraser par lui ; et comme il aimait l'argent, les plaisirs, il ne doutait pas qu'il ne se fût rangé. Moreau, dans cette même circonstance, disait-il, n'avait su faire ni l'un ni l'autre ; aussi Napoléon n'en faisait aucun cas, et le regardait comme tout à fait incapable, n'entendant pourtant pas en cela parler de son mérite militaire. « Mais c'était un
« homme faible, disait-il, mené par ses alentours, et servilement soumis
« à sa femme : c'était un général de vieille monarchie.

« Hoche, continuait l'Empereur, périt subitement et avec des cir-
« constances singulières qui donnèrent lieu à beaucoup de conjectures ;
« et comme il existait un parti avec lequel tous les crimes me revenaient
« de droit, l'on essaya de répandre que je l'avais fait empoisonner. Il fut
« un temps où rien de mauvais ne pouvait arriver que je n'en fusse
« l'auteur : ainsi, de Paris, je faisais assassiner Kléber en Égypte ; à
« Marengo, je brûlais la cervelle à Desaix ; j'étranglais, je coupais la
« gorge dans les prisons ; je prenais le pape aux cheveux, et cent absur-
« dités pareilles. Toutefois, comme je n'y faisais pas la moindre atten-
« tion, la mode s'en passa ; je ne vois pas que ceux qui m'ont succédé se
« soient empressés de la réveiller ; pourtant, s'il eût existé un seul de ces
« crimes, ils ont à leur disposition les documents, les exécuteurs, les
« complices ; etc., etc..... »

« Néanmoins, tel est l'empire des bruits, quelque absurdes qu'ils
« soient, qu'il est probable que tout cela a été cru du vulgaire, et qu'une
« bonne partie le croit peut-être encore ; heureusement qu'il n'en est pas
« ainsi de l'histoire ; elle raisonne. »

Puis revenant : « C'est une chose bien remarquable, a-t-il dit, que
« le nombre de grands généraux qui ont surgi tout à coup de la révolu-
« tion. Pichegru, Kléber, Masséna, Marceau, Desaix, Hoche, etc., et
« presque tous de simples soldats ; mais aussi là semblent s'être épuisés
« les efforts de la nature ; elle n'a pu rien produire depuis, je veux dire
« du moins d'une telle force. C'est qu'à cette époque tout fut donné au
« concours parmi trente millions d'hommes, et la nature doit prendre
« ses droits ; tandis que plus tard on était rentré dans les bornes plus
« resserrées de l'ordre et de la société. On a été jusqu'à m'accuser de ne
« m'être entouré, au militaire et au civil, que de gens médiocres, pour
« mieux me conserver la supériorité ; mais aujourd'hui qu'on ne rou-
« vrira sûrement pas le concours, à eux de mieux choisir ; on verra ce
« qu'ils trouveront.

« Une autre chose non moins remarquable, continuait-il, c'est l'ex-
« trême jeunesse de plusieurs de ces généraux qui semblent sortir tout
« faits des mains de la nature. Leur caractère est à l'avenant ; à l'excep-
« tion de Hoche, qui donnait le scandale des mœurs, les autres ne con-
« naissaient uniquement que leur affaire : la *gloire* et la *patrie,* voilà
« tout leur cercle de rotation ; ils tiennent tout à fait de l'antique.

« C'est Desaix, que les Arabes nomment *le sultan juste* ; c'est Marceau,
« pour les obsèques duquel les Autrichiens observent un armistice, par
« la vénération qu'il leur avait inspirée ; c'est le jeune Duphot, qui était
« la vertu même.

« Mais on ne peut pas dire qu'il en fut ainsi de tous ceux qui étaient
« plus avancés en âge ; c'est qu'ils tenaient du temps qui venait de dis-
« paraître. M***, A***, B***, et beaucoup d'autres étaient des dépréda-
« teurs intrépides.

« L'un d'eux, en outre, était d'une avarice sordide, et l'on a prétendu
« que je lui avais joué un tour pendable ; que, révolté un jour de ses
« dernières déprédations, j'avais tiré sur son banquier pour deux ou
« trois millions. Grand embarras ! car enfin mon nom était bien quel-
« que chose. Le banquier écrivit qu'il ne pouvait payer sans autorisation ;
« il lui fut répondu de payer tout de même, que le plaignant aurait les
« tribunaux pour se faire rendre justice ; mais l'intéressé n'en fit rien
« et laissa payer.

« O***, M***, N***, n'avaient que de la bravoure personnelle.

« Moncey était un honnête homme; Macdonald avait une grande
« loyauté; B*** est une de mes erreurs.

« S*** avait bien aussi ses défauts et ses qualités; toute sa campagne
« du midi de la France est très-belle; et ce qu'on aura de la peine à
« croire, c'est qu'avec son attitude et sa tenue, qui indiquent un grand
« caractère, il n'était pas le maître dans son ménage. Quand j'appris à
« Dresde la défaite de Vittoria et la perte de toute l'Espagne due à ce
« pauvre Joseph, dont les plans, les mesures et les combinaisons n'é-
« taient pas de notre temps, mais semblaient tenir bien plutôt d'un
« Soubise que de moi, je cherchai quelqu'un propre à réparer tant de
« désastres, je jetai les yeux sur S***, qui était auprès de moi. Il était
« tout prêt, me disait-il, mais il me suppliait de parler à sa femme, qui
« allait fortement s'y opposer; je lui dis de me l'envoyer. Elle parut
« avec l'attitude hostile, et le verbe haut, me disant que son mari ne

« retournerait certainement pas en Espagne; qu'il avait déjà beaucoup
« fait, et méritait après tout du repos. Madame, lui dis-je, je ne vous ai
« pas mandée pour subir vos algarades; je ne suis pas votre mari, moi;
« et si je l'étais, ce serait encore tout de même. Ce peu de paroles la
« confondit; elle devint souple, obséquieuse, et ne s'occupa plus que
« de gagner quelques conditions : je n'y pris seulement pas garde, et me
« contentai de la féliciter de ce qu'elle savait entendre raison. Dans les

« grandes crises, lui dis-je, Madame, le lot des femmes est d'adoucir nos
« traverses ; retournez à votre mari, et ne le tourmentez pas. »

Invitation ridicule de sir Hudson Lowe.

Samedi 11.

A quatre heures, j'étais chez l'Empereur. Le grand maréchal y est entré ; il lui a donné un billet ; l'Empereur, après l'avoir parcouru des yeux, l'a rendu en levant les épaules et disant : « C'est trop sot, point « de réponse ! Passez-le à Las Cases. »

Le croira-t-on ? c'était un billet du gouverneur au grand maréchal, invitant *le général Bonaparte* à venir rencontrer à dîner, à Plantation-House, lady Loudon, femme de lord Moira. Je suis devenu rouge de l'inconvenance. Pouvais-je imaginer rien au monde de plus souverainement ridicule ! Sir Hudson Lowe ne trouvait sans doute rien de plus simple ; et pourtant il a été longtemps dans les quartiers généraux du continent ; il s'est trouvé mêlé aux transactions diplomatiques du temps !!!....

Napoléon à l'Institut. — Au Conseil d'État. — Code civil. — Bertrand de Molleville. — Mot pour lord Saint-Vincent. — Sur l'intérieur de l'Afrique. — Ministère de la marine. — Decrès.

Dimanche 12.

L'Empereur, se promenant au jardin et causant sur divers objets, s'est arrêté sur l'Institut, sa composition, son esprit. Lorsqu'il y parut à son retour de l'armée d'Italie, dans sa classe composée d'environ cinquante membres, il pouvait se considérer, disait-il, comme le dixième. Lagrange, Laplace, Monge, en étaient la tête. C'était un spectacle assez remarquable, ajoutait-il, et qui occupait fort les cercles, que de voir le jeune général de l'armée d'Italie dans les rangs de l'Institut, discutant en public, avec ses collègues, des objets très-profonds et fort métaphysiques. On l'appela alors le *géomètre* des batailles, le *mécanicien* de la victoire, etc., etc.

Napoléon, devenu Premier Consul, ne causa pas moins de sensation au Conseil d'État. Il présida constamment les séances de la confection du Code civil. « Tronchet en était l'âme, disait-il, et lui, Napoléon, le dé-
« monstrateur. Tronchet avait un esprit éminemment profond et juste,
« mais il sautait par-dessus les développements, parlait fort mal, et ne
« savait pas se défendre. » Tout le Conseil, disait l'Empereur, était d'abord contre ses énoncés ; mais lui, Napoléon, dans son esprit vif et sa grande facilité de saisir et créer des rapports lumineux et nouveaux, prenait la parole, et, sans autre connaissance de la matière que les bases justes

fournies par Tronchet, développait ses idées, écartait les objections, et ramenait tout le monde.

En effet, les procès-verbaux du Conseil d'État nous ont transmis les improvisations du Premier Consul sur la plupart des articles du Code civil. On est frappé, à chaque ligne, de la justesse de ses observations, de la profondeur de ses vues, et surtout de la libéralité de ses sentiments.

C'est ainsi qu'en dépit des diverses oppositions, on lui doit cet article du Code : *Tout individu né en France est Français.* « En effet, disait-il, « je demande quel inconvénient il y aurait à le reconnaître pour Fran- « çais ? Il ne peut y avoir que de l'avantage à étendre les lois civiles fran- « çaises ; ainsi, au lieu d'établir que l'individu né en France d'un père « étranger n'obtiendra les droits civils que lorsqu'il aura déclaré vouloir « en jouir, on pourrait décider qu'il n'en est privé que lorsqu'il y renonce « formellement.

« Si les individus nés en France d'un père étranger n'étaient pas con- « sidérés comme étant de plein droit Français, alors on ne pourrait sou- « mettre à la conscription et aux autres charges publiques les fils de ces « étrangers qui se sont mariés en France par suite des événements de « la guerre.

« Je pense qu'on ne doit envisager la question que sous le rapport de « l'intérêt de la France. Si les individus nés en France n'ont pas de biens, « ils ont du moins l'esprit français, les habitudes françaises ; ils ont l'at- « tachement que chacun a naturellement pour le pays qui l'a vu naître ; « enfin, ils supportent les charges publiques. »

Le Premier Consul n'est pas moins remarquable dans *la conservation du droit de Français aux enfants nés de Français établis en pays étranger*, qu'il fit étendre de beaucoup, en dépit de fortes oppositions. « La « nation française, disait-il, nation grande et industrieuse, est répandue « partout ; elle se répandra encore davantage par la suite ; mais les Fran-« çais ne vont chez l'étranger que pour y faire leur fortune. Les actes par « lesquels ils paraissaient se rattacher momentanément à un autre gou-« vernement ne sont faits que pour obtenir une protection nécessaire à « leurs projets. S'il est dans leur intention de rentrer en France quand « leur fortune sera achevée, faudra-t-il les repousser ? Se fussent-ils même « affiliés à des ordres de chevalerie, il serait injuste de les confondre « avec les émigrés qui ont été prendre les armes contre leur patrie.

« Et s'il arrivait un jour qu'une contrée envahie par l'ennemie lui fût « cédée par un traité, pourrait-on avec justice dire à ceux de ses habi-« tants qui viendraient s'établir sur le territoire de la république, qu'ils « ont perdu leur qualité de Français pour n'avoir pas abandonné leur « ancien pays au moment même où il a été cédé, parce qu'ils auraient « prêté momentanément serment à un nouveau souverain pour se donner « le temps de dénaturer leur fortune et de la transporter en France ? »

Dans une autre séance sur les décès des militaires, quelques difficultés s'élevant sur ceux mourant en terre étrangère, le Premier Consul reprit vivement : « Le militaire n'est jamais chez l'étranger lorsqu'il est sous « le drapeau ; où est le drapeau, là est la France ! »

Sur le divorce, le Premier Consul est pour l'adoption du principe, et parle longuement sur la cause d'incompatibilité qu'on cherchait à repousser ; il dit : « On prétend qu'elle est contraire à l'intérêt des femmes, « des enfants, et à l'esprit des familles ; mais rien n'est plus contraire à « l'intérêt des époux, lorsque leur humeur est incompatible, que de les « réduire à l'alternative ou de vivre ensemble ou de se séparer avec éclat. « Rien n'est plus contraire à l'esprit de famille qu'une famille divisée.

« Le mariage prend sa forme des mœurs, des usages, de la religion de « chaque peuple ; c'est par cette raison qu'il n'est pas le même partout. « Il est des contrées où les femmes et les concubines vivent sous le même « toit, où les enfants des esclaves sont traités à l'égal des autres ; l'orga-« nisation des familles ne dérive donc pas du droit naturel : les mariages « des Romains n'étaient pas organisés comme ceux des Français.

« Les précautions établies par la loi pour empêcher qu'à quinze, à dix-« huit ans, on ne contracte avec légèreté un engagement qui s'étend à « toute la vie, sont certainement sages ; cependant sont-elles suffisantes ?

« Qu'après dix ans de mariage le divorce ne soit plus admis que pour
« des raisons très-graves, on le conçoit ; mais puisque les mariages con-
« tractés dans la première jeunesse sont si rarement l'ouvrage des époux,
« puisque ce sont les familles qui les forment d'après certaines idées de
« convenances, il faut que, si les époux reconnaissent qu'ils ne sont
« pas faits l'un pour l'autre, ils puissent rompre une union sur laquelle
« il ne leur a pas été permis de réfléchir. Cependant cette facilité ne doit
« favoriser ni la légèreté ni la passion ; qu'on l'entoure donc de toutes
« les précautions, de toutes les formes propres à en prévenir l'abus ;
« qu'on décide, par exemple, que les époux seront entendus par un con-
« seil secret de famille formé sous la présidence du magistrat ; qu'on
« ajoute encore, si l'on veut, qu'une femme ne pourra user qu'une fois
« du divorce ; qu'on ne lui permette de se marier qu'après cinq ans, afin
« que le projet d'un autre mariage ne la porte pas à dissoudre le premier ;
« qu'après dix ans de mariage, la dissolution soit rendue très-difficile.

« Vouloir n'admettre le divorce que pour cause d'adultère publique-
« ment prouvé, c'est le proscrire absolument ; car, d'un côté, peu d'a-
« dultères peuvent être prouvés ; de l'autre, il est peu d'hommes assez
« éhontés pour proclamer la turpitude de leurs épouses. Il serait d'ail-
« leurs scandaleux et contre l'honneur de la nation de révéler ce qui
« se passe dans un certain nombre de ménages ; on en conclurait, quoi-
« que à tort, que ce sont là les mœurs françaises. »

Les premiers légistes du Conseil étaient pour que la mort civile entraînât la dissolution du contrat civil du mariage. La discussion fut très-
vive. Le Premier Consul, dans un beau mouvement, s'y opposa en ces
termes : « Il serait donc défendu à une femme profondément convain-
« cue de l'innocence de son mari de suivre dans sa déportation l'homme
« auquel elle est le plus étroitement unie ; ou si elle cédait à sa convic-
« tion, à son devoir, elle ne serait plus qu'une concubine ! Pourquoi
« ôter à ces infortunés le droit de vivre l'un auprès de l'autre, sous le
« titre honorable d'époux légitimes ?

« Si la loi permet à la femme de suivre son mari sans lui accorder le
« titre d'épouse, elle permet l'adultère.

« La société est assez vengée par la condamnation, lorsque le coupable
« est privé de ses biens, séparé de ses amis, de ses habitudes ; faut-il en-
« core étendre la peine jusqu'à la femme, et l'arracher avec violence à
« une union qui identifie son existence avec celle de son époux ? Elle vous
« dirait : Mieux valait lui ôter la vie, du moins me serait-il permis de
« chérir sa mémoire ; mais vous ordonnez qu'il vive, et vous ne voulez

« pas que je le console ! Eh ! combien d'hommes ne sont coupables qu'à
« cause de leur faiblesse pour leurs femmes ! Qu'il soit donc permis à
« celles qui ont causé leurs malheurs de les adoucir en les partageant. Si
« une femme satisfait à ce devoir, vous estimez sa vertu, et cependant
« vous ne mettez aucune différence entre elle et l'être infâme qui se pro-
« stitue, etc., etc. » On pourrait faire des volumes de pareilles citations.

En 1815, après la restauration, causant avec M. Bertrand de Molleville, ancien ministre de la marine de Louis XVI, homme très-capable
et fort distingué à plus d'un titre, il me disait : « Votre Buonaparte,
« votre Napoléon, était un homme bien extraordinaire, il faut en conve-
« nir. Que nous étions loin de le connaître de l'autre côté de l'eau ! Nous
« ne pouvions nous refuser à l'évidence de ses victoires et de ses inva-
« sions, il est vrai ; mais Genseric, Attila, Alaric, en avaient fait autant.
« Aussi me laissait-il l'impression de la terreur bien plus que celle de
« l'admiration. Mais depuis que je suis ici, je me suis avisé de mettre le
« nez dans les discussions du Code civil, et dès cet instant ce n'a plus
« été que de la profonde vénération. Mais où diable avait-il appris tout
« cela !... Et puis voilà que chaque jour je découvre quelque chose de
« nouveau. Ah ! Monsieur, quel homme vous aviez là ! Vraiment, il faut
« que ce soit un prodige !... »

Sur les cinq heures, l'Empereur a reçu le capitaine Bowen, de la frégate *la Salcète*, qui part demain. Il a été fort gracieux pour lui, et comme
la conversation a amené le nom de lord Saint-Vincent, qu'il disait être
son protecteur, l'Empereur lui a dit : « Vous le verrez. Eh bien, je vous
« charge de lui faire mes compliments comme à un bon matelot, à un
« brave et digne vétéran. »

Sur les sept heures, l'Empereur s'est mis au bain ; il m'a fait venir, et
nous avons beaucoup parlé des affaires du jour, puis de littérature, et
enfin de géographie. Il s'étonnait qu'on n'eût pas de notions certaines sur
l'intérieur de l'Afrique. Je lui disais que j'avais eu l'idée, il y a quelques
années, de présenter à son ministre de la marine un projet de voyage
dans l'intérieur de l'Afrique : non pas une excursion furtive et aven-
tureuse, mais une véritable expédition militaire, digne en tout du temps
et du faire de l'Empereur. Le ministre me rit au nez lors de ma première conversation à ce sujet, et traita mon idée de folie.

J'avais voulu, disais-je, attaquer l'Afrique par les quatre points cardinaux, soit que de ces quatre points on fût venu se réunir au centre, soit
que, débarquées à l'est et à l'ouest, vers son milieu, les deux parties de
l'expédition fussent venues au-devant l'une de l'autre, pour se séparer de

nouveau et aller l'une vers le nord, l'autre vers le sud. Il est à croire, pensais-je, qu'en exigeant de la cour de Portugal tous les renseignements qu'elle eût pu procurer, on eût trouvé que la communication de l'est à l'ouest existait déjà, ou que ce qui restait à faire était peu de chose. Avec nos idées du jour, notre enthousiasme, nos entreprises, nos prodiges, on eût facilement trouvé cinq à six cents bons soldats, des chirurgiens, des médecins, des botanistes, des chimistes, des astronomes, des naturalistes, tous de bonne volonté, qui eussent indubitablement accompli quelque chose digne du temps.

L'attirail nécessaire en bêtes de somme, en petites nacelles de cuir pour traverser les rivières, en outres pour porter de l'eau à travers les déserts, en petite artillerie très-maniable, etc., en eût assuré une entière et facile exécution.

« Nul doute, disait l'Empereur, que votre idée ne m'eût plu. Je m'en « serais saisi, je l'aurais fait passer dans les mains de quelque commis- « sion, et j'aurais marché au résultat. »

Il regrettait fort, disait-il, de n'avoir pas eu lui-même le temps, durant son séjour en Égypte, d'accomplir quelque chose de cette espèce. Il avait des soldats tout propres à braver le désert. Il avait reçu des présents de la reine du Darfour et lui en avait envoyé. S'il fût demeuré plus longtemps, il allait pousser fort loin nos vérifications géographiques dans les parties septentrionales de l'Afrique, et cela avec la plus grande simplicité d'exécution, en plaçant seulement dans chaque caravane quelques officiers intelligents, pour lesquels il se serait fait donner des otages, etc.

La conversation est passée de là à la marine et à son département. L'Empereur l'a traitée à fond. Il ne pouvait pas dire qu'il fût content de *Decrès*; et l'on pouvait, pensait-il, lui reprocher peut-être sa constance à son égard. Mais le manque de sujets avait dû le maintenir; car après tout, assurait-il, Decrès était encore ce qu'il avait pu trouver de mieux. *Gantheaume* n'était qu'un matelot nul et sans moyens, qui avait fait manquer trois fois, disait-il, la conservation de l'Égypte. *Caffarelli* avait été perdu dans son esprit, parce qu'on s'était artificieusement étudié à lui peindre sa femme comme une faiseuse d'affaires [1], ce qu'on savait équivaloir pour lui à une proscription certaine. *Missiessi* était un homme peu sûr; lui et sa famille étaient très-attachés aux Bourbons, ce qui les avait fait accuser

[1] Des amis m'ont assuré que ces expressions avaient été bien pénibles à ceux qui en étaient l'objet; cependant je puis assurer qu'elles avaient été prononcées dans des intentions tout à fait bienveillantes pour Caffarelli, et faites même pour le flatter. L'Empereur, en mentionnant les causes que l'intrigue avait mises en avant pour écarter du ministère cet administrateur distingué, avait été bien loin de prononcer qu'elles étaient réelles; bien au contraire : et j'aurais été d'autant plus malencontreux dans mon récit, que c'est une famille à laquelle je suis fort attaché.

d'avoir livré Toulon. L'Empereur avait eu un moment l'idée d'*Émériau*, mais il ne le trouva pas à cette hauteur. Il se demandait si *Truguet* n'eût pas réussi ; il le croyait fort peu capable, bon administrateur pourtant ; mais il avait été trop chaud, disait-il, dans la révolution ; il avait poussé la chose outre mesure.

« Du reste, remarquait l'Empereur en passant, j'avais rendu tous mes
« ministères si faciles, que je les avais mis à la portée de tout le monde,
« pour peu qu'on possédât du dévouement, du zèle, de l'activité, du tra-
« vail. Il fallait en excepter tout au plus celui des relations extérieures,
« parce qu'il s'agissait souvent, disait-il, dans celui-là d'improviser et de
« séduire. Au vrai, concluait-il, dans la marine la stérilité était réelle, et
« Decrès, après tout, était peut-être encore le meilleur. Il avait du com-
« mandement ; son administration était rigoureuse et pure. Il avait de
« l'esprit, et beaucoup, mais seulement pour sa conversation. Il ne
« créait rien, exécutait mesquinement, marchait et ne voulait pas cou-
« rir. Il eût dû passer la moitié de son temps dans les ports et sur les
« flottes d'exercice ; je lui en eusse tenu compte ; mais, en courtisan, il
« craignait de s'éloigner de son portefeuille. Il me connaissait mal ; il
« eût été bien mieux défendu là que dans ma cour : son éloignement eût
« été son meilleur avocat. »

L'Empereur regrettait fort, disait-il, *Latouche-Tréville* ; lui seul lui avait présenté l'idée d'un vrai talent : il pensait que cet amiral eût pu donner une autre impulsion aux affaires. L'attaque sur l'Inde, celle de l'Angleterre eussent été du moins entreprises, disait-il, et se fussent peut-être accomplies.

L'Empereur se blâmait touchant les péniches de Boulogne. Il eût mieux fait d'employer, disait-il, de vrais vaisseaux à Cherbourg. Toutefois *Villeneuve*, avec plus de vigueur au cap Finistère, eût pu rendre l'attaque praticable. « J'avais combiné cette apparition de Villeneuve de très-loin,
« avec beaucoup d'art et de calcul, en opposition à la routine des marins
« qui m'entouraient. Et tout réussit comme je l'avais prévu jusqu'au
« moment décisif ; alors la mollesse de Villeneuve vint tout perdre. Et
« Dieu sait d'ailleurs, ajoutait l'Empereur, les instructions que lui avait
« données Decrès. Dieu sait les lettres particulières qu'ils se sont écrites
« et que je n'ai jamais pu éclaircir, car j'étais bien puissant, bien fure-
« teur, et ne croyez pas pourtant que je vinsse à bout de vérifier tout ce
« que je voulais autour de moi.

« Le grand maréchal disait l'autre jour qu'il était reconnu parmi vous
« autres, au salon de service, que je n'étais plus abordable sitôt que j'a-

« vais reçu le ministre de la marine. Le moyen qu'il n'en fût pas ainsi ! il
« n'avait jamais que de mauvaises nouvelles à me donner. Moi-même j'ai
« jeté le manche après la cognée lors du désastre de Trafalgar. Je ne pou-
« vais pas être partout, j'avais trop à faire avec les armées du continent.

« Longtemps j'ai rêvé une expédition décisive sur l'Inde, mais j'ai été
« constamment déjoué. J'envoyais seize mille soldats, tous sur des vais-
« seaux de ligne; chaque soixante-quatorze en eût porté cinq cents, ce
« qui eût demandé trente-deux vaisseaux. Je leur faisais prendre de l'eau
« pour quatre mois ; on l'eût renouvelée à l'Ile-de-France ou dans tout
« autre endroit habité du désert de l'Afrique, du Brésil ou de la mer des
« Indes ; on eût au besoin fait la conquête de cette eau partout où on
« eût voulu relâcher. Arrivé sur les lieux, les vaisseaux jetaient les sol-
« dats à terre et repartaient aussitôt, complétant leurs équipages par
« le sacrifice de sept ou huit de ces vaisseaux, dont la vétusté avait
« déjà marqué la condamnation; si bien qu'une escadre anglaise ar-
« rivant d'Europe à la suite de la nôtre n'eût plus rien trouvé.

« Quant à l'armée, abandonnée à elle-même, mise aux mains d'un chef
« sûr et capable, elle eût renouvelé les prodiges qui nous étaient fami-
« liers, et l'Europe eût appris la conquête de l'Inde comme elle avait
« appris celle de l'Égypte. »

J'avais beaucoup connu Decrès, nous avions commencé ensemble dans la marine. Il avait pour moi, je le crois, toute l'amitié dont il était susceptible ; quant à moi, je lui étais tendrement attaché. C'était une passion malheureuse, répondais-je à ceux qui m'en plaisantaient, ce qui arrivait souvent, car son impopularité était extrême ; et j'ai pensé plus d'une fois qu'il s'y complaisait par calcul. J'étais, à Sainte-Hélène comme ailleurs, presque toujours seul à le défendre. Or, je disais à l'Empereur que j'avais beaucoup vu Decrès pendant le séjour à l'île d'Elbe, qu'il avait été parfait pour lui. Nous nous étions parlé alors à cœur ouvert, et j'ai lieu de croire que depuis il aurait eu en moi une confiance pleine et entière.

« A peine Votre Majesté rentrait aux Tuileries, disais-je, que Decrès et
« moi nous nous sautions au cou, nous écriant : Nous le tenons ! nous le
« tenons ! Ses yeux étaient remplis de larmes, je lui dois ce témoignage.
« Tiens, me dit-il encore tout ému et sa femme présente, tu me prouves
« en cet instant que j'ai eu des torts avec toi, et je t'en dois la répara-
« tion ; mais tes anciens titres te rapprochaient si naturellement de ceux
« qui nous quittent aujourd'hui, que je ne doutais pas que tôt ou tard tu
« ne fusses très-bien auprès d'eux, si bien que tu as gêné plus d'une fois

« peut-être mes expressions et mes vrais sentiments. — Et vous l'aurez
« cru, pauvre niais! s'est écrié l'Empereur en riant aux éclats; n'était-ce
« pas là plutôt l'admirable finesse de cour, une touche pour La Bruyère,
« un vrai trait d'esprit, du reste? car, s'il lui était arrivé pendant mon
« absence de laisser échapper quelque drôlerie contre moi, vous voyez que
« par là il remédiait à tout, et une fois pour toutes. — Eh bien, Sire,
« ai-je continué, ce que je viens de dire peut n'être que plaisant; mais
« voici ce qui est plus essentiel :

« Au plus fort de la crise de 1814, avant la prise de Paris, Decrès fut
« sondé de la manière la plus délicate pour conspirer contre Votre Ma-
« jesté, et il s'y refusa franchement. Decrès murmurait facilement et
« souvent; il avait une certaine autorité d'expressions et de manières;
« c'était une acquisition à ne pas dédaigner dans un parti. Il se trouva, à
« cette époque de douleur, faire visite à un personnage fameux, le héros
« des machinations du jour. Celui-ci, qui s'était avancé au-devant de
« Decrès, le ramenant en boitant à sa cheminée, y prit un livre disant :
« Je lisais tout à l'heure quelque chose qui me frappait singulièrement.
« Écoutez : Montesquieu, livre tel, chapitre tel, page telle. « Quand le
« prince s'est élevé au-dessus de toutes les lois, que la tyrannie est
« devenue insupportable, il ne reste plus aux opprimés..... — C'est

« assez! s'écria Decrès en lui mettant la main sur la bouche, je n'écoute

« plus, fermez votre livre. » Et l'autre ferma tranquillement son livre comme si de rien n'était, et se mit à causer de tout autre chose.

« Plus tard un maréchal, après sa fatale défection, effrayé de ses ré-
« sultats sur l'opinion, et cherchant vainement autour de lui de l'appro-
« bation et de l'appui, essaya d'y intéresser Decrès en quelque chose. —
« Je me suis toujours souvenu, lui disait-il, d'une de nos conversations
« où vous nous peigniez si énergiquement les maux et les embarras de
« la patrie. Votre souvenir, la force de vos arguments sont pour beau-
« coup dans ce qui m'a porté à y remédier. — Oui, mon cher, reprit
« Decrès avec une réprobation marquée ; mais vous êtes-vous dit aussi
« que vous aviez sauté par-dessus le cheval ?

« Et pour apprécier justement ces anecdotes, disais-je à l'Empereur,
« il faut savoir qu'elles m'étaient racontées par Decrès lui-même pen-
« dant l'absence de Votre Majesté, et bien assurément sans le moindre
« soupçon de votre retour. »

La conversation avait duré plus de deux heures dans le bain ; l'Empereur n'a dîné que fort tard. Nous avons causé de l'École militaire de Paris. Comme je n'en étais sorti qu'un an avant qu'il y arrivât, les mêmes officiers, les mêmes maîtres, les mêmes camarades nous avaient été communs. Il trouvait un charme particulier à repasser ainsi de compagnie ce temps de notre enfance, nos occupations, nos espiègleries, nos jeux, etc.

Dans sa gaieté, il a demandé un verre de vin de Champagne, ce qu'il fait bien rarement ; et sa sobriété est telle, qu'il suffit de ce seul verre pour colorer son visage et le porter à parler davantage. On sait qu'il ne passe guère plus d'un quart d'heure ou d'une demi-heure à table : il y avait plus de deux heures que nous y étions. Son étonnement a été grand en apprenant de Marchand qu'il était onze heures. « Comme le
« temps a passé ! disait-il avec une espèce de satisfaction. Que ne puis-
« je avoir souvent de pareils moments ! Mon cher, m'a-t-il dit en me
« renvoyant, vous me quittez heureux !!! »

État dangereux de mon fils. — Paroles remarquables. — *Dictionnaire des Girouettes*. — Berthollet.

Lundi 13.

Le docteur Warden était venu se joindre à deux autres de ses confrères pour former une consultation pour mon fils, dont l'indisposition me donnait de l'inquiétude.

L'Empereur a bien voulu recevoir, à ma requête, cette ancienne connaissance du *Northumberland*, et a causé près de deux heures, passant familièrement en revue les actes de son administration qui ont accumulé sur lui le plus de haine, de mensonges et de calomnies. Rien n'était plus correct, plus clair, plus simple, plus curieux, plus satisfaisant, me disait plus tard ce docteur.

L'Empereur termina par ces paroles remarquables : « Je m'inquiète « peu de tous les libelles lancés contre moi ; mes actes et les événements « y répondent mieux que les plus habiles plaidoyers. Je me suis assis « sur un trône vide. J'y suis monté vierge de tous les crimes ordinaires « aux chefs de dynasties. Qu'on aille chercher dans l'histoire, et que « l'on compare. Si j'ai à craindre un reproche de la postérité et de l'his- « toire, ce ne sera pas d'avoir été trop méchant, mais peut-être d'avoir « été trop bon. »

Après le dîner, l'Empereur a parcouru le *Dictionnaire des Girouettes* nouvellement arrivé, dont l'idée est plaisante et l'exécution manquée. C'est le recueil alphabétique des personnes vivantes qui ont paru sur la scène depuis la révolution, et dont les expressions, les sentiments ou les actes avaient suivi la variation du vent. Des girouettes accompagnent leur nom, avec l'extrait des discours en regard, ou les actes qui les leur avaient méritées. En l'ouvrant, l'Empereur a demandé s'il s'y trouvait quelqu'un de nous. Non, Sire, lui a-t-on répondu plaisamment ; il n'y a que Votre Majesté. En effet, Napoléon y était pour avoir consacré la république et exercé la royauté.

L'Empereur s'est mis à nous lire divers articles. La transition des discours de chacun était vraiment curieuse ; le contraste était parfois exprimé avec tant d'impudeur et d'effronterie, que l'Empereur, tout en lisant, ne pouvait s'empêcher d'en rire de bon cœur. Néanmoins, au bout de quelques pages, il a rejeté le livre avec l'expression du dégoût et de la douleur, faisant observer qu'après tout ce recueil était la dégradation de la société, le code de la turpitude, le bourbier de notre honneur. Un article lui a été particulièrement sensible, celui de *Bertholet*, qu'il avait tellement comblé, sur lequel il devait tant compter, disait-il.

Tout le monde connaît ce trait charmant : Bertholet ayant éprouvé des pertes et se trouvant gêné, l'Empereur, qui l'apprit, lui envoya cent mille écus, ajoutant qu'il avait à se plaindre de lui, puisqu'il avait ignoré que lui, Napoléon, était toujours au service de ses amis. Eh bien ! Bertholet, lors des désastres, avait été très-mal pour l'Empereur, qui en fut vraiment affecté dans le temps, répétant plusieurs fois : « Quoi! « Bertholet! mon ami Bertholet!... Bertholet sur lequel j'aurais dû tant « compter! »

Au retour de l'île d'Elbe, Bertholet sentit se réveiller ses sentiments pour son bienfaiteur; il se hasarda à reparaître aux Tuileries, faisant dire par Monge à l'Empereur que, s'il n'en obtenait un regard, il se tuerait à la porte en sortant. Et l'Empereur ne crut pas pouvoir lui refuser un sourire en passant devant lui.

L'Empereur, durant son règne, avait répété sa noble et généreuse obligeance en faveur de plusieurs gros manufacturiers. Il voulait chercher leur article, mais toutes les voix se sont élevées pour témoigner en leur faveur.

Réception des passagers de la flotte de Bengale.

March 14.

Vers les quatre heures, il nous est arrivé un très-grand nombre de visiteurs ; c'étaient les passagers de la flotte des Indes, que l'Empereur avait consenti à recevoir. On comptait parmi eux un M. *Strange*, beau-frère de lord Melvil, ministre de la marine d'Angleterre; un M. *Arbuthnot*; sir *Williams Burough*, un des juges de la cour suprême de Calcutta; deux aides de camp de lord Moira; d'autres encore, parmi lesquels plusieurs femmes. Nous étions tous à causer dans la salle d'attente. L'Empereur, sortant de sa chambre pour gagner le jardin, a excité parmi nos visiteurs un empressement extrême. Ils se sont précipités aux fenêtres pour le voir passer; cela nous rappelait tout à fait Plymouth. Le grand maréchal a conduit toutes ces personnes à l'Empereur, qui les a reçues avec une grâce parfaite et ce sourire qui exerce tant d'empire. L'avidité était dans les regards de tous, l'émotion sur la figure de plusieurs.

L'Empereur a parlé à chacun d'eux, connaissant, suivant sa coutume, ce qui se rattachait à certains noms à mesure qu'il les entendait. Il a beaucoup parlé législation et justice avec le juge suprême; commerce et administration avec les officiers de la compagnie; a questionné les militaires sur leurs années de service et leurs blessures; a dit à deux de ces dames des choses fort aimables sur leurs figures et leur teint respecté par les fournaises du Bengale; puis, s'adressant à l'un des aides de camp de lord Moira, il lui a dit que son grand maréchal lui avait appris que lady Loudon était dans l'île; que si elle eût été en dedans de ses limites il se fût fait un vrai plaisir de lui faire sa cour, mais qu'étant en dehors de son enceinte, c'était pour lui comme si elle était encore au Bengale.

Durant ces conversations, dont j'ai été l'interprète, M. Strange, avec qui j'avais déjà causé auparavant, ne put s'empêcher de m'attirer à lui par le pan de mon habit, pour me dire avec l'accent de la surprise et de la satisfaction : « Ah ! combien d'esprit et de grâce dans la manière « dont votre Empereur tient un lever ! — Monsieur, c'est qu'il n'est « pas sans quelque habitude là-dessus. »

Nous les avons reconduits à notre salon, d'où la curiosité les a fait pénétrer jusqu'à la seconde pièce, le salon de l'Empereur. Sir Williams Burough, que son emploi rend marquant dans son gouvernement, m'a demandé si c'était la salle à manger. Je lui ai dit que c'était le salon, et, pour mieux dire, le tout. Il en a été fort étonné. Je lui ai montré alors par la fenêtre les deux pièces qui composent tout l'intérieur de l'Empereur. Sa figure était peinée; son esprit semblait faire des comparaisons avec le passé; et, considérant les meubles misérables et la petitesse de l'espace, il m'a dit d'un air pénétré : « Mais bientôt vous serez « mieux. — Comment donc ! quitterions-nous cette île? — Non ; mais « il vous arrive de fort beaux meubles et une belle maison. — Le vice

« n'est point dans les meubles et dans la maison qui sont ici ; il est
« dans le roc sur lequel elle repose, dans la latitude qu'elle occupe : tant
« qu'on ne changera pas cette latitude, nous ne serons jamais bien. »

Je lui ai répété littéralement ce que l'Empereur avait dit peu de jours auparavant au gouverneur sur le même sujet. Cet homme s'est ému, et, me serrant la main, m'a dit avec chaleur : « Mon cher Monsieur, « c'est un trop grand homme ; il a trop de grands talents, il s'est rendu « trop redoutable, il est trop à craindre pour nous. — Mais, lui ai-je « dit à mon tour, pourquoi n'avoir pas tiré ensemble le char de front, « au lieu de se tuer réciproquement à le tirer en sens opposé ? Quelle « n'eût pas pu être sa course alors ! » Il m'a regardé, et, me serrant de nouveau la main d'un air pensif, il m'a dit : « Oui, cela vaudrait bien mieux sans doute ; mais. . . . . »

Du reste, tous étaient également frappés, surtout de la liberté des manières de l'Empereur et du calme de sa figure. Je ne sais ce qu'ils s'attendaient à trouver. L'un d'eux me disait qu'il ne pouvait pas se faire une juste idée de la force d'âme qui avait été nécessaire à Napoléon pour supporter de pareilles secousses. « C'est que personne ne connaît « encore bien l'Empereur, ai-je repris. Il nous disait l'autre jour qu'il « avait été de marbre pour tous les grands événements, qu'ils avaient « glissé sur lui sans mordre sur son moral ni sur ses facultés. »

L'amiral. — Lady Loudon. — Mon atlas. — Circonstance singulière à ce sujet. — Visite du gouverneur. Conversation chaude avec l'Empereur.

Mercredi 15, jeudi 16.

Lady Loudon, femme de lord Moira, gouverneur général des Indes, était depuis quelques jours dans l'île et attirait toutes les attentions. C'était une grande dame, répondant peut-être à nos duchesses dans la vieille monarchie. Les officiers anglais lui prodiguaient les derniers égards. L'amiral l'avait à bord du *Northumberland* ce jour-là, et lui donnait une petite fête. Il envoya une ordonnance à cheval me prier de lui prêter *mon Atlas* pour la soirée, voulant le faire considérer à lady Loudon, dont le mari s'y trouvait indiqué comme le premier représentant des Plantagenets, et conséquemment comme *le légitime* du trône d'Angleterre.

L'amiral et moi nous étions sur le pied d'une complète indifférence, à peu près étrangers l'un à l'autre depuis qu'il m'avait débarqué. C'était donc moins une bienveillance pour moi qu'un compliment pour l'ouvrage lui-même. On s'en était entretenu, la dame avait désiré le voir, et on avait eu envie de le lui montrer. Toutefois je ne pus satisfaire ce désir ; il était dans la chambre de l'Empereur : ce fut ma réponse.

L'Empereur rit du succès que l'amiral avait voulu me ménager, et moi je plaignais fort la dame sur l'espèce de divertissement qu'on avait voulu lui donner. Tout cela conduisit l'Empereur à s'arrêter lui-même sur l'Atlas, et à rappeler une partie de ce qu'il en avait déjà dit plusieurs fois. Il ne revenait pas, disait-il, d'entendre toujours et partout parler de cet ouvrage, de le voir couru des étrangers à l'égal au moins des nationaux. Il en avait entendu parler à bord du *Bellérophon*, à bord du *Northumberland*, à l'île de Sainte-Hélène ; partout, ce qu'il y avait d'instruit et de distingué le connaissait ou demandait à le connaître.

« Voilà ce que j'appelle, concluait-il gaiement, *un vrai triomphe
« et beaucoup de bruit dans la république des lettres*, etc. Je veux que
« vous me fassiez à fond l'historique de cet ouvrage, quand et comment
« il a été conçu, de quelle manière il a été exécuté ; ses résultats ; pour-
« quoi, dans le principe, vous l'avez mis sous un nom emprunté ; pour-
« quoi, plus tard, vous ne lui avez pas substitué le véritable, etc. ;
« enfin, mon cher, un vrai rapport ; entendez-vous, monsieur le con-
« seiller d'État ? »

J'ai répondu que ce serait long, mais que ce ne serait pas sans charme pour moi ; que mon Atlas était l'histoire d'une grande partie de ma vie ; que je lui devais surtout le bonheur de me trouver ici près de lui, etc...

Le 16, le gouverneur s'est présenté sur les trois heures, suivi de son secrétaire militaire ; il désirait voir l'Empereur pour lui parler d'affaires. La brèche était décidée entre nous et le gouverneur depuis ce que l'on m'a vu appeler plus haut sa première *méchanceté*, sa première *injure* et sa première *brutalité*. L'éloignement, la mésintelligence et l'aigreur mutuels allaient toujours croissant ; nous étions fort mal disposés les uns et les autres. L'Empereur se portait assez mal ; il n'était point habillé ; toutefois il m'a dit qu'il le recevrait, sa toilette faite. En effet, peu d'instants après il est passé dans son salon, et j'ai introduit sir Hudson Lowe.

Demeuré dans la salle d'attente avec le secrétaire militaire, j'ai pu entendre, par le son de la voix de l'Empereur, qu'il s'animait et que la scène était chaude. L'audience a été fort longue et très-orageuse. Le gouverneur congédié, j'ai couru au jardin où l'Empereur me faisait

demander. Depuis deux jours il n'était pas bien : ceci a achevé de le bouleverser. « Eh bien! m'a-t-il dit en m'apercevant, la crise a été
« forte, je me suis fâché, mon cher! on m'a envoyé plus qu'un geôlier!
« sir Lowe est un bourreau! Quoi qu'il en soit, je l'ai reçu aujourd'hui
« avec ma figure d'ouragan, la tête penchée et l'oreille en avant Nous
« nous sommes considérés comme deux béliers qui allaient s'encorner;
« et mon émotion doit avoir été bien forte, car j'ai senti la vibration
« de mon mollet gauche. C'est un grand signe chez moi, et cela ne m'é-
« tait pas arrivé depuis longtemps. »

Le gouverneur avait abordé l'Empereur avec embarras et en phrases coupées. Il était arrivé des pièces de bois, disait-il... Les journaux devaient le lui avoir appris, à lui Napoléon... C'était une habitation pour lui... Il serait bien aise de savoir ce qu'il en pensait... etc., etc. A quoi l'Empereur a répondu par le silence et un geste très-significatif. Puis, passant rapidement à d'autres objets, il lui a dit avec chaleur qu'il ne lui demandait rien, qu'il ne voulait rien de lui, que seulement il le priait de le laisser tranquille; que tout en se plaignant de l'amiral, il lui avait constamment reconnu un cœur; qu'au milieu et en dépit de ses contrariétés, il l'avait pourtant reçu toujours en parfaite confiance; qu'il n'en était plus de même aujourd'hui; que depuis un mois que, lui Napoléon, se trouvait en d'autres mains, il avait été plus agacé que durant les six autres mois qu'il avait été dans l'île.

Le gouverneur ayant répondu qu'il n'était pas venu pour recevoir des leçons : « Ce n'est pourtant pas faute que vous en ayez besoin, a repris
« l'Empereur. Vous avez dit, Monsieur, que vos instructions étaient
« bien plus terribles que celles de l'amiral. Sont-elles de me faire mou-
« rir par le fer ou par le poison? Je m'attends à tout de la part de vos
« ministres : me voilà, exécutez votre victime! J'ignore comment vous
« vous y prendrez pour le poison; mais quant à m'immoler par le fer,
« vous en avez déjà trouvé le moyen. S'il vous arrive, ainsi que vous
« m'en avez fait menacer, de violer mon intérieur, je vous préviens
« que le brave 53e n'y entrera que sur mon cadavre.

« En apprenant votre arrivée, je me félicitais de trouver un général
« de terre, qui, ayant été sur le continent et dans les grandes affaires,
« aurait su employer des mesures convenables vis-à-vis de moi; je me
« trompais grossièrement. » Le gouverneur ayant dit qu'il était militaire dans l'intérêt et les formes de sa nation, l'Empereur a repris :
« Votre nation, votre gouvernement, vous-même, serez couverts d'op-
« probre à mon sujet; vos enfants le partageront; ainsi le voudra la

« postérité. Fut-il jamais de barbarie plus raffinée que la vôtre, Mon-
« sieur, lorsqu'il y a peu de jours vous m'avez invité à votre table sous
« la qualification de *général Bonaparte*, pour me rendre la risée ou
« l'amusement de vos convives! Auriez-vous mesuré votre considéra-
« tion au titre qu'il vous plaisait de me donner? Je ne suis point pour
« vous le général Bonaparte; il ne vous appartient pas plus qu'à per-
« sonne sur la terre de m'ôter les qualifications qui sont les miennes.
« Si lady Loudon eût été dans mon enceinte, j'eusse été la voir sans
« doute, parce que je ne compte point avec une femme; mais j'eusse
« cru l'honorer beaucoup. Vous avez offert, m'a-t-on dit, des officiers
« de votre état-major pour m'accompagner dans l'île, au lieu du simple
« officier établi dans Longwood. Monsieur, quand des soldats ont reçu
« le baptême du feu dans les batailles, ils sont tous les mêmes à mes
« yeux; leur couleur n'est point ici ce qui m'importe, mais l'obliga-
« tion de les voir, quand ce serait une reconnaissance tacite du point
« que je conteste. Je ne suis point prisonnier de guerre; je ne dois donc
« point me soumettre aux règles qui en sont la suite. Je ne suis dans vos
« mains que par le plus horrible abus de confiance. »

Le gouverneur, au moment de sortir, ayant demandé à l'Empereur
de lui présenter son secrétaire militaire, l'Empereur a répondu que
c'était fort inutile; que si cet officier avait l'âme délicate, il devait s'en
soucier fort peu; que pour lui il le sentait de la sorte; qu'il ne pouvait
d'ailleurs exister aucun rapport de société entre les geôliers et les prisonniers; que c'était donc parfaitement inutile. Il a congédié le gouverneur.

Le grand maréchal est venu nous joindre; il arrivait de chez lui, où
le gouverneur était descendu avant et après sa visite à l'Empereur. Il a
rendu un compte détaillé de ces deux visites.

En repassant, le gouverneur avait montré une extrême mauvaise humeur, et s'était plaint fortement de celle de l'Empereur. Ne s'en fiant
point à son propre esprit, il avait eu recours à celui de l'abbé de Pradt,
dont l'ouvrage nous était présent à tous en ce moment. Il avait dit:
« Que Napoléon ne s'était pas contenté de se créer une France imaginaire, une Espagne imaginaire, une Pologne imaginaire, mais qu'il
voulait encore se créer *une Sainte-Hélène imaginaire.* » Et l'Empereur
n'a pu s'empêcher d'en rire.

Nous avons alors fait notre tournée en calèche. Au retour, l'Empereur s'est mis au bain. Il m'a fait appeler, a dit qu'il ne dînerait qu'à
neuf heures, et m'a retenu. Il est beaucoup revenu sur la scène du jour,

sur les abominables traitements dont il est l'objet, sur la haine atroce qui les commande, la brutalité qui les exécute. Et après quelques instants de silence et de méditation, il lui est échappé ce qu'il me dit souvent : « Mon cher, ils me tueront ici ! c'est certain ! » Quelle horrible prophétie !...

Vendredi 17.

J'ai été fort malade toute la nuit ; l'Empereur a déjeuné dans le jardin, il m'y a fait appeler ; il était lui-même triste et abattu ; il ne se portait pas bien du tout. Après le déjeuner, nous nous sommes promenés longtemps autour de la maison ; il ne disait mot. La chaleur l'a forcé de rentrer vers une heure. Il regrettait vivement de n'avoir point d'ombrage.

Vers quatre heures, il a envoyé savoir si je continuais d'être souffrant ; il revenait de la promenade en calèche, où je n'avais pu le suivre. J'ai été le joindre au jardin, où il était demeuré avec le grand maréchal. Il continuait d'être triste, indifférent, distrait ; il a fait raconter à Bertrand son séjour à Constantinople en 1796, son voyage à Athènes et son retour au travers de l'Albanie. Il était beaucoup question de Sélim III, de ses améliorations, du baron de Tott, etc., etc. Tout cela était fort curieux : malheureusement je ne trouve dans mon manuscrit que de simples indications que ma mémoire ne saurait m'aider à développer aujourd'hui.

Madame la maréchale Lefèvre. — Traits caractéristiques.
Samedi 18.

L'Empereur a continué d'être souffrant. Au retour d'une promenade en calèche, il s'est mis au bain ; il m'a fait appeler. Il y est devenu gai ; nous avons causé avec la plus grande liberté jusqu'à huit heures et demie. Il a voulu dîner dans son cabinet, et m'a gardé. Le lieu, le tête-à-tête, l'élégance du service, la propreté de la table, me donnaient, disais-je, l'idée d'une petite bonne fortune ; il en a ri. Il m'a beaucoup questionné et m'a fait revenir sur Londres, mon émigration, nos princes, l'évêque d'Arras (de Consié), etc., etc. Il revenait lui-même sur les principales époques de son consulat ; il en donnait des détails et des anecdotes bien curieuses ; de là nous sommes passés à l'ancienne cour, à la nouvelle, etc. Beaucoup de ces choses ne seraient que des répétitions : je crois les avoir déjà mentionnées ailleurs. D'autres qui ne sont qu'indiquées dans mon manuscrit demeureront pour jamais perdues.

Voici seulement ce que je transcris comme nouveau. Il m'est arrivé

d'égayer l'Empereur par les anecdotes et les coq-à-l'âne prêtés gratuitement, sans nul doute, à madame la maréchale Lefèvre, qui pendant longtemps a joui du privilége de faire les gorges chaudes de nos salons et même des Tuileries. « Je m'en étais étonné, disais-je, tout comme
« un autre, jusqu'à ce qu'un jour je me l'interdis à jamais, en appre-
« nant un trait d'elle qui prouvait l'élévation de ses sentiments autant
« que la bonté de son cœur.

« Madame Lefèvre, femme d'un soldat aux gardes, et par conséquent
« d'un état à l'avenant, courait elle-même gaiement, et volontiers, au-
« devant de ses souvenirs, et même de ses occupations manuelles de
« cette époque. Elle et son mari se trouvaient dans ces temps avoir
« donné des soins domestiques à leur capitaine (le marquis de Valady),
« parrain de leur enfant, et fameux dans la défection des gardes fran-
« çaises, non moins fameux encore dans son fanatisme de république
« et de liberté, qui ne le privait pourtant pas de certains sentiments
« généreux ; car, membre de la Convention, il a péri pour s'être opposé
« à l'exécution de Louis XVI, qualifiant hautement cet acte de véritable
« meurtre, ajoutant de la meilleure foi du monde que ce prince était
« déjà assez malheureux d'avoir été roi, pour qu'on songeât à lui infli-
« ger d'autre châtiment.

« La veuve de ce député, au retour de son émigration, reçut tout
« aussitôt les offres et les soins les plus touchants du ménage Lefèvre,
« parvenu alors à un haut degré de splendeur et de crédit.

« Or, un jour, madame Lefèvre accourut chez elle : «Mais savez-vous,
« lui dit-elle, que vous n'êtes pas bons, et que vous avez bien peu de
« cœur entre vous autres gens comme il faut? Nous, tout bêtement sol-
« dats, nous en agissons mieux. On vient de nous apprendre qu'un de
« nos anciens officiers, et le camarade de votre mari, vient d'arriver
« de son émigration, et qu'on le laisse ici mourir de faim ; ce serait
« grande honte !...... Nous craindrions, nous autres, de l'offenser, si
« nous venions à son secours; mais vous, c'est autre chose : vous ne
« pouvez que lui faire plaisir. Portez-lui donc cela de votre part. » Et
« elle lui jeta un rouleau de cent louis, ou mille écus. Sire, depuis ce
« temps, disais-je, je n'ai plus envie de me moquer de madame Lefèvre ;
« je n'ai plus senti pour elle qu'une vénération profonde ; je m'empres-
« sais de lui donner la main aux Tuileries, et je me trouvais fier de la
« promener dans vos salons, en dépit de tous les quolibets que j'en-
« tendais bourdonner autour de moi. »

Nous avons parcouru alors un grand nombre de rapports de bienveillances exercées par les nouveaux parvenus en faveur des anciens ruinés, et cité beaucoup de traits à l'avenant; entre autres la galanterie, bien recherchée peut-être, de celui qui, de simple soldat, arrivé au grade de maréchal ou de haut général, je ne me souviens plus, se procura un jour la satisfaction, dans sa splendeur nouvelle, de réunir en dîner de famille son ancien colonel et quatre ou cinq officiers du régiment, qu'il reçut avec son ancien habit de soldat, n'employant constamment vis-à-vis d'eux que les mêmes qualifications dont il s'était servi autrefois.

« Et voilà pourtant, disait l'Empereur, la vraie manière d'éteindre la
« fureur des temps, car de pareils procédés doivent nécessairement
« créer de grands échanges de bienveillances réciproques entre les partis
« opposés, et il est à croire que dans les derniers temps les obligés au-
« ront obligé à leur tour, ne fût-ce que pour demeurer *quittes*. »

Ce mot de *quittes* me rappelle un trait caractéristique de l'Empereur, qui doit trouver ici sa place.

Un général, dans son département, s'était rendu coupable d'excès, qui, portés devant les tribunaux, devaient lui coûter l'honneur, peut-être la vie. Or, ce général avait rendu les plus grands services à Napoléon dans la journée de brumaire. Il mande le général, et, après lui avoir reproché ses infamies : « Toutefois, lui dit-il, vous m'avez obligé,
« je ne l'ai point oublié. Je vais peut-être outre-passer les lois, et man-
« quer à mes devoirs : je vous fais grâce, Monsieur, allez-vous-en ; mais
« sachez qu'à compter d'aujourd'hui, nous sommes *quittes*. Désormais
« tenez-vous bien, j'aurai les yeux sur vous. »

Le gouverneur de Java. — Conversation familière de l'Empereur sur sa famille.

Dimanche 19.

Sur les trois heures, l'Empereur a reçu le gouverneur de Java (Raffles) et ses officiers dans le jardin. Il a fait ensuite un tour en calèche.

En rentrant sur les six heures, je l'ai suivi dans son cabinet; il a fait appeler le grand maréchal et sa femme, et s'est mis à causer familièrement jusqu'à dîner, parcourant mille objets de sa famille et de son plus petit intérieur au temps de sa puissance. Il s'est arrêté surtout sur l'impératrice *Joséphine*. Ils avaient fait ensemble, disait-il, un ménage tout à fait bourgeois, c'est-à-dire fort tendre et très-uni, n'ayant eu longtemps qu'une même chambre et qu'un même lit. » Circonstance
« très-morale, disait l'Empereur, qui influe singulièrement sur un mé-

« nage, assure le crédit de la femme, la dépendance du mari, main-
« tient l'intimité et les bonnes mœurs. On ne se perd point de vue,
« en quelque sorte, continuait-il, quand on passe la nuit ensemble ;
« autrement, on devient bientôt étrangers. Aussi, tant que dura cette
« habitude, aucune de mes pensées, aucune action n'échappaient à Jo-
« séphine ; elle suivait, saisissait, devinait tout ; ce qui parfois n'était
« pas sans quelque gêne pour moi et pour les affaires. Un moment
« d'humeur y mit fin lors du camp de Boulogne. » Certaines circonstances politiques arrivées de Vienne, la nouvelle de la coalition qui
éclata en 1805, avaient occupé le Premier Consul tout le jour, et pro-
longèrent son travail fort avant dans la nuit. Revenant se coucher fort
mal disposé, on lui fit une véritable scène de ce retard. La jalousie
en était la cause ou le prétexte. Il se fâcha à son tour, s'évada, et ne
voulut plus entendre à reprendre son assujettissement. Toute la crainte
de l'Empereur, disait-il, avait été que Marie-Louise n'en eût exigé un
pareil ; car enfin il l'eût bien fallu. C'est le véritable apanage, le vrai
droit d'une femme, ajoutait-il.

« Un fils de Joséphine m'eût été nécessaire, et m'eût rendu heu-
« reux, continuait l'Empereur, non-seulement comme résultat poli-
« tique, mais encore comme douceur domestique.

« Comme résultat politique, je serais encore sur le trône, car les
« Français s'y seraient attachés comme au roi de Rome, et je n'aurais
« pas mis le pied sur l'abîme couvert de fleurs qui m'a perdu. Et qu'on
« médite après sur la sagesse des combinaisons humaines ! Qu'on ose
« prononcer avant la fin sur ce qui est heureux ou malheureux ici-bas !

« Comme douceur domestique, ce gage eût fait tenir Joséphine tran-
« quille, et eût mis fin à une jalousie qui ne me laissait pas de repos ; et
« cette jalousie se rattachait bien plus à la politique qu'au sentiment.
« Joséphine prévoyait l'avenir, et s'effrayait de sa stérilité. Elle sentait
« bien qu'un mariage n'est complet et réel qu'avec des enfants ; or elle
« s'était mariée ne pouvant plus en donner. A mesure que sa fortune
« s'éleva, ses inquiétudes s'accrurent : elle employa tous les secours de
« la médecine ; elle feignit souvent d'en avoir obtenu du succès. Quand
« elle dut enfin renoncer à tout espoir, elle mit souvent son mari sur
« la voie d'une grande supercherie politique ; elle finit même par oser la
« lui proposer directement.

« Joséphine avait à l'excès le goût du luxe, le désordre, l'abandon de
« la dépense, naturels aux créoles. Il était impossible de jamais fixer ses
« comptes ; elle devait toujours : aussi c'était constamment de grandes

« querelles quand le moment de payer ses dettes arrivait. On l'a vue
« souvent alors envoyer chez ses marchands leur dire de n'en déclarer
« que la moitié. Il n'est pas jusqu'à l'île d'Elbe où des mémoires de
« Joséphine ne soient venus fondre sur moi de toutes les parties de
« l'Italie. »

Quelqu'un qui avait connu l'impératrice Joséphine à la Martinique, a répété à l'Empereur beaucoup de particularités de sa jeunesse et de sa famille. Il est très-vrai qu'on lui avait prédit plusieurs fois, dans son enfance, qu'elle porterait une couronne. Et une autre circonstance non moins remarquable ni moins bizarre serait que la sainte ampoule, qui servait à sacrer nos rois, eût été brisée, ainsi que quelques-uns l'ont prétendu, précisément par son premier mari, le général Beauharnais, qui, dans un moment de défaveur populaire, aurait espéré, par cet acte, se remettre en crédit.

On a dit, on a écrit mille bruits absurdes sur le mariage de Napoléon et de Joséphine. On trouvera dans les campagnes d'Italie la véritable et première cause de leur connaissance et de leur union. C'est par Eugène, encore enfant, qu'elle se fit. Après vendémiaire, il alla demander l'épée de son père au général en chef de l'armée de l'intérieur (le général Bonaparte); l'aide de camp Lemarrois introduisit ce jeune enfant, qui, en revoyant l'épée de son père, se mit à pleurer. Le général en chef fut touché de ce sentiment, et le combla de caresses. Sur le récit qu'Eugène fit à sa mère de l'accueil qu'il avait reçu du jeune général, elle accourut lui faire visite et le remercier. « On sait, disait l'Empereur, qu'elle croyait
« aux pressentiments, aux sorciers; on lui avait prédit dans son enfance
« qu'elle ferait une grande fortune, qu'elle serait souveraine. On
« connaît d'ailleurs toute sa finesse; aussi me répétait-elle souvent
« depuis qu'aux premiers récits d'Eugène le cœur lui avait battu, et
« qu'elle avait entrevu dès cet instant une lueur de sa destinée, l'accom-
« plissement des prédictions; etc., etc. »

« Une autre nuance caractéristique de Joséphine, disait l'Empereur,
« était sa constante dénégation. Dans quelque moment que ce fût, quel-
« que question que je lui fisse, son premier mouvement était la négative,
« sa première parole *non* ; et ce *non*, disait l'Empereur, n'était pas préci-
« sément un mensonge, c'était une précaution, une simple défensive; et
« c'est ce qui nous distingue éminemment, disait-il à madame Bertrand,
« de vous autres, mesdames, ce qui n'est au fond entre nous que diffé-
« rence de sexe et d'éducation : vous aimez, et l'on vous apprend à dire
« *non*; nous, au contraire, nous nous faisons gloire de le dire, même

« quand cela n'est pas. De là, toute la clef de nos conduites respectives
« si différentes. Nous ne sommes vraiment pas et nous ne saurions être
« de même espèce dans la vie.

« Lors de la terreur, Joséphine étant en prison, son mari mort sur
« l'échafaud, *Eugène*, son fils, avait été mis chez un menuisier, et y fut
« littéralement en apprentissage et en service. *Hortense* ne fut guère
« mieux, elle fut mise, si je ne me trompe, chez une ouvrière en linge. »

Ce fut Fouché qui le premier toucha la corde fatale du divorce ; il alla, sans mission, conseiller à Joséphine de dissoudre son mariage, pour le bien de la France, lui disait-il. Le moment pourtant n'était pas encore arrivé pour Napoléon. Cette démarche causa beaucoup de chagrin et de trouble dans le ménage ; elle irrita fort l'Empereur ; et s'il ne chassa pas alors Fouché, à la vive sollicitation de Joséphine, c'est qu'au fait il avait déjà secrètement arrêté ce divorce en lui-même, et qu'il ne voulut pas, par ce châtiment, donner un contre-coup à l'opinion.

Toutefois il doit à la justice de dire que, dès qu'il le voulut, Joséphine obéit. Ce fut pour elle une peine mortelle ; mais elle se soumit et de bonne foi, sans vouloir mettre à profit des tracasseries inutiles qu'elle eût pu essayer de faire valoir. Et ici c'est peut-être le lieu de dire que je tiens de la bouche du prince primat des détails curieux sur le mariage et le divorce. Madame de Beauharnais fut mariée au général Bonaparte par un prêtre insermenté, mais qui avait négligé, par pur accident, l'autorisation obligée du curé de la paroisse. Ce défaut de formalité, ou tout autre, occupa fort depuis le cardinal Fesch, et, soit scrupule ou autrement, il fit si bien qu'il vint à bout, au moment du couronnement, de persuader aux deux époux de se laisser marier par lui, à huis clos, *en tant que de besoin*. Lors du divorce, la séparation civile fut prononcée par le Sénat. Quant à la séparation religieuse, on ne voulait pas s'adresser au pape, et on n'en eut pas besoin. Le cardinal Fesch ayant refait le mariage sans témoins, l'officialité de Paris l'annula pour ce défaut, et déclara qu'il n'y avait pas eu de mariage. A ce jugement l'impératrice Joséphine fit appeler le cardinal Fesch à la Malmaison, et lui demanda s'il oserait attester et signer par écrit qu'elle avait été mariée, et bien mariée. « Sans
« doute, répondit le cardinal Fesch, je le soutiendrai partout, et je vais
« vous en signer le témoignage. » Ce qu'il fit en effet.

« Mais, disais-je alors au prince primat, quel jugement a donc
« porté l'officialité de Paris ? — Celui de la vérité, répondit le prince. —
« Mais que veut dire alors la déclaration du cardinal Fesch ? Serait-elle
« donc fausse ? — Pas dans son opinion, disait-il, parce qu'il a adopté

« les doctrines ultramontaines, par lesquelles les cardinaux prétendent
« avoir le droit de marier sans témoins, ce qui n'est pas reconnu en
« France, et frappe de nullité. »

Toutefois il semble que l'impératrice Joséphine ne demanda cet écrit que pour sa propre satisfaction, et n'en fit pas autrement usage.

Elle se conduisit avec beaucoup de grâce et d'adresse ; elle désira que le vice-roi fût mis à la tête de cette affaire, et fit elle-même, à cet égard, des offres de service à la maison d'Autriche.

Joséphine, ajoutait Napoléon, eût vu volontiers Marie-Louise : elle en parlait souvent et avec beaucoup d'intérêt, ainsi que du roi de Rome : quant à Marie-Louise, elle traitait à merveille Eugène et Hortense ; mais elle montrait une grande répugnance pour Joséphine, et surtout une vive jalousie. « Je voulus la mener un jour à la Malmaison, disait l'Empereur ;
« mais, sur cette proposition, elle se mit à fondre en larmes. Elle ne
« m'empêchait pas d'y aller, me disait-elle, se contentant de ne vouloir pas
« le savoir. Toutefois, dès qu'elle en suspectait l'intention, il n'est pas
« de ruse qu'elle n'employât pour me gêner là-dessus. Elle ne me quit-
« tait plus ; et comme ces visites semblaient lui faire beaucoup de peine,
« je me fis violence, et n'allai presque jamais à la Malmaison. Quand il
« m'arrivait d'y aller, c'étaient alors d'autres larmes de ce côté, c'étaient
« des tracasseries de toute espèce. Joséphine avait toujours devant les
« yeux et dans ses intentions l'exemple de la femme de Henri IV, qui,
« disait-elle, avait vécu à Paris après son divorce, venait à la cour, avait
« assisté au sacre. Elle, Joséphine, était bien mieux située encore, pré-
« tendait-elle ; elle avait ses propres enfants, et ne pouvait plus en avoir
« d'autres, etc. »

Joséphine avait une connaissance accomplie de toutes les nuances du caractère de l'Empereur et un tact admirable pour la mettre en pratique. « Jamais il ne lui est arrivé, par exemple, disait l'Empereur, de
« rien demander pour Eugène, d'avoir jamais même remercié pour
« ce que je faisais pour lui ; d'avoir même montré plus de soins ou de
« complaisance le jour des grandes faveurs, tant elle avait à cœur de
« se montrer persuadée et de me convaincre que tout cela n'était pas
« son affaire à elle, mais bien la mienne à moi, qui pouvais et devais y
« rechercher des avantages. Nul doute qu'elle n'ait eu plus d'une fois
« la pensée que j'en viendrais un jour à l'adopter pour successeur. »

L'Empereur se disait convaincu qu'il avait été ce qu'elle aimait le mieux, et ajoutait en riant qu'il ne doutait pas qu'elle n'eût quitté un rendez-vous d'amour pour venir auprès de lui. Elle n'eût pas manqué

un voyage, quelque pénible qu'il fût, pour tout au monde. Ni fatigue, ni privations ne pouvaient la rebuter; elle employait l'importunité, la ruse même, pour le suivre. « Montais-je en voiture au milieu de la nuit
« pour la course la plus lointaine, à ma grande surprise j'y trouvais
« Joséphine tout établie, bien qu'elle n'eût pas dû être du voyage. — Mais
« il vous est impossible de venir : je vais trop loin; vous auriez trop
« à souffrir. — Pas le moindrement, répondait Joséphine. — Et puis, il
« faut que je parte à l'instant. — Aussi me voilà toute prête. — Mais il
« vous faut un grand attirail. — Aucun, disait-elle, tout est préparé.
« — Et la plupart du temps il fallait bien que je cédasse.

« En somme, concluait l'Empereur, Joséphine avait donné le bonheur
« à son mari, et s'était constamment montrée son amie la plus tendre,
« professant à tout moment et en toute occasion la soumission, le dé-
« vouement, la complaisance la plus absolue. Aussi lui ai-je toujours
« conservé les plus tendres souvenirs et la plus vive reconnaissance.

« Joséphine, disait encore l'Empereur, mettait ces dispositions et ces
« qualités (la soumission, le dévouement, la complaisance) au rang des
« vertus et de l'adresse politique dans son sexe, et elle blâmait fort et
« grondait souvent sur ce point sa fille *Hortense* et sa parente *Stéphanie*,
« qui vivaient mal avec leurs maris, montrant des caprices et affectant
« de l'indépendance.

« *Louis*, disait l'Empereur à ce sujet, était un enfant gâté par la lec-
« ture de Jean-Jacques. Il n'avait pu être bien avec sa femme que très-
« peu de mois. Beaucoup d'exigences de sa part, de l'étourderie de la
« part d'Hortense, voilà les torts réciproques. Toutefois ils s'aimaient
« en s'épousant, ils s'étaient voulus l'un et l'autre; ce mariage, au sur-
« plus, avait été le résultat des efforts de Joséphine, qui y trouvait son
« compte. J'aurais voulu au contraire, moi, m'étendre dans d'autres
« familles, et j'avais un moment jeté les yeux sur une nièce de M. de
« Talleyrand, devenue depuis madame Juste de Noailles. »

On avait fait courir les bruits les plus ridicules sur les rapports de lui Napoléon avec Hortense; on avait voulu que son aîné fût de lui. Mais de pareilles liaisons n'étaient, disait-il, ni dans ses idées ni dans ses mœurs; et pour peu qu'on connût celles des Tuileries, on sent bien, remarquait-il, qu'il eût pu s'adresser à beaucoup d'autres avant d'en être réduit à un choix aussi peu naturel, aussi révoltant. « Louis savait bien
« apprécier la nature de ces bruits, disait l'Empereur; mais son amour-
« propre, sa bizarrerie n'en étaient pas moins choqués, et il les mettait
« souvent en avant comme prétexte.

« Quoi qu'il en soit, *Hortense*, continuait l'Empereur, Hortense, si
« bonne, si généreuse, si dévouée, n'est pas sans avoir eu quelques torts
« avec son mari ; j'en dois convenir, en dehors de toute l'affection que
« je lui porte et du véritable attachement que je sais qu'elle a pour moi.
« Quelque bizarre, quelque insupportable que fût Louis, il l'aimait ; et,
« en pareil cas, avec d'aussi grands intérêts, toute femme doit tou-
« jours être maîtresse de se vaincre, avoir l'adresse d'aimer à son tour.
« Si elle eût su se contraindre, elle se serait épargné le chagrin de ses
« derniers procès ; elle eût eu une vie plus heureuse ; elle eût suivi son
« mari en Hollande, et y serait demeurée. Louis n'eût point fui d'Ams-
« terdam ; je ne me serais pas vu contraint de réunir son royaume, ce
« qui a contribué à me perdre en Europe, et bien des choses se seraient
« passées différemment.

« *La princesse de Bade*, a-t-il dit, s'est montrée plus habile. Sitôt qu'elle
« a vu le divorce de Joséphine, elle a connu sa position, elle s'est rap-
« prochée de son mari ; ils ont formé depuis le mariage le plus heureux.

« *Pauline* était trop prodigue ; elle avait trop d'abandon, elle devait
« être immensément riche par tout ce que je lui ai donné ; mais elle
« donnait tout à son tour, et sa mère la sermonnait souvent à cet égard,
« lui prédisant qu'elle pourrait mourir à l'hôpital. Mais *Madame* elle-
« même était aussi par trop parcimonieuse, c'en était ridicule ; j'ai été
« jusqu'à lui offrir des sommes fort considérables par mois si elle voulait
« les distribuer. Elle voulait bien les recevoir, mais pourvu, disait-elle,
« qu'elle fût maîtresse de les garder. Dans le fond, tout cela n'était
« qu'excès de prévoyance de sa part : toute sa peur était de se trouver un
« jour sans rien. Elle avait connu le besoin, et ces terribles moments
« ne lui sortaient pas de la pensée. Il est juste de dire d'ailleurs qu'elle
« donnait beaucoup à ses enfants en secret ; c'est une si bonne mère !..

« Du reste, cette même femme, à laquelle on eût si difficilement arraché
« un écu, disait l'Empereur, eût tout donné pour préparer mon retour
« de l'île d'Elbe ; et après Waterloo elle m'eût remis entre les mains
« tout ce qu'elle possédait pour aider à rétablir mes affaires : elle me l'a
« offert ; elle se fût condamnée au pain noir sans murmure [1]. C'est que

---

[1] Que l'Empereur connaissait bien sa mère ! À mon retour en Europe, j'ai vu se vérifier à la lettre ce qu'il en dit ici, et j'en ai joui avec délices.

À peine eus-je fait connaître à Madame Mère la situation de l'Empereur, et ma résolution de me consacrer uniquement à y apporter quelque adoucissement, que sa réponse, par le retour du courrier, fut que toute sa fortune était à la disposition de son fils, qu'elle se réduirait à une simple servante s'il le fallait ; m'autorisant, bien que je n'en fusse pas connu personnellement, à tirer, dès l'instant même, telle somme que je croirais nécessaire au bien-être de l'Empereur. Le cardinal Fesch joignait ses offres d'une manière tout aussi touchante ; et c'est ici le cas de faire connaître que tous les membres de la famille de l'Empereur s'empressèrent de témoigner le même zèle, la même tendresse, le même dévoue-

« chez elle le grand l'emportait encore sur le petit : la fierté, la noble
« ambition marchaient chez elle avant l'avarice. »

Et ici l'Empereur a fait l'observation qu'à l'heure même qu'il était il avait encore présentes à la mémoire des leçons de fierté qu'il en avait reçues dans son enfance, et qu'elles avaient agi sur lui toute la vie. Madame Mère avait une âme forte et trempée aux plus grands événements ; elle avait éprouvé cinq à six révolutions : elle avait eu trois fois sa maison brûlée par les factions en Corse.

« *Joseph* ne m'a guère aidé ; mais c'est un fort bon homme ; sa femme,
« *la reine Julie*, est la meilleure créature qui ait existé. Joseph et moi
« nous nous sommes toujours fort aimés et fort accordés, il m'aime
« sincèrement. Je ne doute pas qu'il ne fît tout au monde pour moi ;
« mais toutes ses qualités tiennent uniquement de l'homme privé : il est
« éminemment doux et bon ; il a de l'esprit et de l'instruction ; il est
« aimable. Dans les hautes fonctions que je lui avais confiées, il a fait
« ce qu'il a pu ; ses intentions étaient bonnes ; aussi la principale faute
« n'est pas à lui, mais bien plutôt à moi, qui l'avais jeté hors de sa sphère ;
« et dans des circonstances bien grandes, la tâche s'est trouvée hors de
« proportion avec ses forces.

« *La reine de Naples* s'était beaucoup formée dans les événements, di-
« sait l'Empereur. Il y avait chez elle de l'étoffe, beaucoup de caractère
« et une ambition désordonnée. Elle devait beaucoup souffrir en cet
« instant, remarquait-il, d'autant plus qu'on pouvait dire qu'elle était née
« reine. Elle n'avait pas comme nous, continuait l'Empereur, connu le
« simple particulier. Elle, Pauline, Jérôme, étaient encore des enfants,

ment. Tant que ma santé me permit de correspondre avec eux, j'ai reçu une foule de lettres dont l'ensemble formerait le recueil le plus touchant. Elles honorent leur cœur, et eussent pu être une douce consolation pour l'Empereur, si les restrictions anglaises m'eussent permis de les faire parvenir jusqu'à lui.

N. B. Dans ce chapitre et dans d'autres passages du *Mémorial*, tous les proches de Napoléon se trouvent mentionnés ; et l'on devra convenir que loin d'avoir observé plus de ménagement pour eux que pour d'autres, j'en ai certainement employé beaucoup moins, au point même d'avoir laissé échapper des expressions dont l'irrégularité ne saurait être excusée que par la précipitation avec laquelle le manuscrit et la rédaction première ont été envoyés à la presse ; c'est que j'ai voulu que mes lettres de créance vis-à-vis du public se lussent précisément dans les chances auxquelles je m'exposais bénévolement : celles de déplaire à d'illustres personnes de la connaissance de la plupart desquelles j'ai été honoré, pour lesquelles je conserve un tendre attachement, une vénération profonde, et dont la bienveillance et l'affection me seraient si chères ! Si je n'avais mentionné à leur égard que ce qu'il y avait d'agréable, et que je me fusse tu sur ce qui ne l'était pas, quelles eussent été les garanties de ma véracité aux yeux des contemporains et à ceux de l'histoire ? N'eût-on pas pu m'accuser avec quelque avantage de n'être qu'un complaisant, un panégyriste, un flatteur ; et alors quelle atteinte n'eût pas pu recevoir mon grand, mon seul, mon unique objet, celui de faire connaître Napoléon par ses propres, ses plus intimes paroles ? Or n'est-il pas évident que pour y parvenir j'avais besoin, sur toutes choses, d'être cru ? ce que je ne pouvais obtenir qu'en donnant les preuves les plus évidentes d'une minutieuse véracité, quelque inconvénient d'ailleurs qu'elle eût pu créer contre moi. Au surplus, si les illustres intéressés sont justes, je dois être sûr de leur indulgence ; s'ils ne l'étaient pas, j'en serais profondément affligé ; mais ce serait dans le mérite même de mes intentions que j'irais chercher mes consolations.

« que j'étais le premier homme de France; aussi ne se sont-ils jamais
« cru d'autre état que celui dont ils ont joui au temps de ma puissance.

« *Jérôme* était un prodige dont les débordements avaient été criants.
« Son excuse peut-être pouvait se trouver dans son âge et dans ce dont
« il s'était entouré. Au retour de l'île d'Elbe, il semblait d'ailleurs
« avoir beaucoup gagné et donner de grandes espérances; et puis il
« existait un beau témoignage en sa faveur, c'est l'amour qu'il avait
« inspiré à sa femme; la conduite de celle-ci, lorsqu'après ma chute,
« son père, ce terrible roi de Wurtemberg, si despotique, si dur, a voulu
« la faire divorcer, est admirable. Cette princesse s'est inscrite dès lors
« de ses propres mains dans l'histoire. »

A notre grand regret, on est venu annoncer le dîner. L'Empereur a
continué d'être fort causant toute la soirée, parcourant comme en famille
une foule d'objets divers, principalement la conduite d'un grand nombre
de personnages pendant son absence et lors de son retour. Il ne s'est retiré
qu'à minuit, et en terminant par ces paroles : « Qu'est en ce moment
« la France, Paris? et que sera-t-il de nous d'aujourd'hui à un an?... »

L'Empereur endormi. — Maximes morales et politiques de Napoléon.

Lundi 20.

L'Empereur est monté en calèche de fort bonne heure. Au retour, vers
trois heures, il m'a fait suivre dans sa chambre. « Je suis triste, ennuyé,

« souffrant, m'a-t-il dit; asseyez-vous dans ce fauteuil, tenez-moi compa-
« gnie. » Il s'est étendu sur son canapé et a fermé les yeux; il s'est en-

dormi, et moi je le veillais! Sa tête était découverte; j'étais à deux pas de lui, je contemplais son front, ce front où je lisais Marengo, Austerlitz et cent autres actes immortels. Quelles étaient en ce moment mes idées, mes sensations! Qu'on le juge si l'on peut; pour moi, je ne saurais le rendre.

L'Empereur, au bout de trois quarts d'heure, s'est levé, a fait quelques tours dans sa chambre, puis il lui a pris fantaisie d'aller visiter toutes les nôtres. En énumérant en détail les inconvénients de la mienne, il en riait d'indignation, et a dit en sortant : « Non, je ne crois pas qu'il y ait « de chrétien plus mal abrité que cela. »

Après le dîner, l'Empereur a effleuré plusieurs contes moraux. Après quelques pages de l'un d'eux, il a dit : « La morale va être sans doute que « *les hommes ne changent jamais*, ce qui n'est pas vrai; ils changent en « mal et même en bien. Il en est ainsi d'une foule d'autres maximes « consacrées par les auteurs, toutes également fausses. *Les hommes sont* « *ingrats*, disent-ils; non, il n'est pas vrai que les hommes soient aussi « ingrats qu'on le dit; et si l'on a si souvent à s'en plaindre, c'est que « d'ordinaire le bienfaiteur exige encore plus qu'il ne donne.

« On vous dit encore que *quand on connaît le caractère d'un homme,* « *on a la clef de sa conduite*; c'est faux : tel fait une mauvaise action, qui « est foncièrement honnête homme; tel fait une méchanceté sans être « méchant. C'est que presque jamais l'homme n'agit par l'acte naturel « de son caractère, mais par une passion secrète du moment, réfugiée, « cachée dans les derniers replis du cœur. Autre erreur quand on vous « dit que *le visage est le miroir de l'âme.* Le vrai est que l'homme est « très-difficile à connaître, et que, pour ne pas se tromper, il faut ne le « juger que sur ses actions; et encore faudrait-il que ce fût sur celles « du moment, et seulement pour ce moment.

« Au fait, les hommes ont leurs vertus et leurs vices, leur héroïsme « et leur perversité; les hommes ne sont ni généralement bons ni gé- « néralement mauvais; mais ils possèdent et exercent tout ce qu'il y a « de bon et de mauvais ici-bas; voilà le principe : ensuite le naturel, « l'éducation, les accidents font les applications. Hors de cela, tout est « système, tout est erreur; tel a été mon guide, et il m'a réussi assez gé- « néralement. Toutefois je me suis trompé en 1814 en croyant que la « France, à la vue de ses dangers, allait ne faire qu'un avec moi; mais « je ne m'y suis plus trompé en 1815, au retour de Waterloo. »

Le gouverneur arrêtant lui-même un domestique. — Lecture de la Bible. — Applications curieuses.

Mardi 21.

Au retour de notre promenade en calèche, nous avons appris que le gouverneur était venu pendant notre absence, et qu'il avait arrêté lui-même un de nos domestiques, dernièrement au service du sous-gouverneur Skelton, et depuis peu de jours à celui du général Montholon. En l'apprenant, l'Empereur a dit : « Quelle turpitude ! c'est ignoble ! un « gouverneur !..... Un lieutenant général anglais, arrêter lui-même un « domestique ! Vraiment, c'est par trop dégoûtant !..... »

Après le dîner, l'Empereur a demandé : « Que lirons-nous ce soir ? » On s'est accordé pour la *Bible*. « C'est assurément bien édifiant, a re-« marqué l'Empereur : on ne le devinerait point en Europe. » Et il nous a lu le livre de Judith, disant à presque chaque lieu, chaque ville ou village qu'il nommait : « J'ai campé là ; j'ai enlevé ce poste d'assaut ; j'ai « donné bataille dans ce lieu-là, etc., etc. »

Caprices de l'autorité. — La princesse Stéphanie de Bade, etc.

Mercredi 22.

Dans la journée, il a été beaucoup question des matelots anglais du *Northumberland* qu'on nous avait donnés comme domestiques, et qu'il s'agissait de nous retirer en cet instant. Ils étaient pourtant avec nous en vertu d'un contrat réciproque qui liait les deux parties pour un an. Mais nous sommes en dehors du droit commun. Le gouverneur disait que l'amiral les demandait absolument ; l'amiral disait qu'il les laisserait si le gouverneur le voulait. On nous donnait des soldats en échange ; mais on nous les a pris, rendus, repris et rendus de nouveau, sans que nous puissions deviner ce qu'on voulait.

Me trouvant chez l'Empereur, et en attendant son dîner, la conversation est tombée sur l'établissement de madame Campan, les personnes qui y ont été élevées, les fortunes que l'Empereur a faites à plusieurs d'entre elles ; et il s'est arrêté particulièrement sur *Stéphanie de Beauharnais*, devenue princesse de Bade, qu'il a dit affectionner beaucoup ; et il est entré dans un grand nombre de détails à son sujet.

La princesse Stéphanie de Bade avait perdu sa mère n'étant encore qu'une enfant, et fut laissée par elle aux soins d'une Anglaise, son amie intime ; celle-ci, fort riche et sans enfants, l'avait en quelque sorte adoptée, et avait confié son éducation à d'anciennes religieuses, dans le midi de la France, à Montauban, je crois.

Napoléon, encore Premier Consul, entendit un jour Joséphine, dont elle était la parente, mentionner cette circonstance. « Comment pou-« vez-vous, s'écria-t-il, permettre une pareille chose ? Quelqu'un de votre « nom à la charge d'une étrangère, d'une Anglaise, en cet instant notre

« ennemie ! Ne craignez-vous pas que votre mémoire n'en souffre un « jour ? » Et aussitôt un courrier fut expédié pour ramener la jeune enfant aux Tuileries ; mais les religieuses ne voulurent point s'en dessaisir. Napoléon, heurté, prit les informations et autorisations nécessaires, et bientôt il fut expédié un second courrier au préfet du lieu, avec ordre de se saisir à l'instant même de la jeune Beauharnais, au nom de la loi.

Or, telles étaient, par les circonstances du temps, certaines éducations et les opinions qu'elles pouvaient inspirer, que la jeune Stéphanie ne se vit pas réclamer sans douleur, et qu'elle ne vit pas sans effroi celui qui se disait son allié et voulait être son bienfaiteur. Elle fut placée chez madame Campan, à Saint-Germain ; on lui prodigua toutes sortes de maîtres, et elle n'en sortit que pour jeter un grand éclat par sa beauté, ses grâces, son esprit et ses vertus.

L'Empereur l'adopta pour fille, et la maria au prince héréditaire de Bade. Le mariage, durant quelques années, fut loin d'être heureux ; mais avec le temps les préventions disparurent, les époux se réunirent, et ils n'ont plus eu, dès cet instant, qu'à regretter le bonheur dont ils s'étaient privés.

La princesse de Bade, aux conférences d'Erfurt, avait été fort distinguée par l'empereur Alexandre, son beau-frère, qui lui prodiguait de véritables attentions. On le savait, et, pour y obvier, les gens dirigeant la haute politique lors de nos désastres de 1813, craignant l'entrevue d'Alexandre avec la princesse de Bade, à Manheim, cherchèrent à détruire à temps son influence par des rapports mensongers et des propos inventés qui lui aliénèrent la bienveillance de ce monarque. Aussi, lors de l'arrivée d'Alexandre à Manheim, dans sa marche triomphale vers Paris, la princesse Stéphanie fut loin d'en être bien traitée : elle put s'en trouver blessée dans ses sentiments ; mais sa fierté demeura tout entière, et alors commença pour son mari une véritable gloire de caractère. Les personnages les plus augustes le circonvinrent de toutes parts, et l'importunèrent longtemps pour qu'il répudiât la femme qu'il avait reçue de Napoléon ; mais il s'y refusa constamment, répondant avec une noble fierté qu'il ne commettrait jamais une bassesse qui répugnait autant à sa tendresse qu'à son honneur. Ce prince généreux, auquel nous n'avions pas rendu assez de justice à Paris, a succombé depuis sous une maladie longue et douloureuse, durant laquelle la princesse lui a prodigué jusqu'au dernier moment, de ses propres mains, les soins les plus minutieux et les plus touchants, qui lui ont mérité toute la reconnaissance et l'affection de ses proches et de ses peuples.

Elle a embelli l'exercice de la souveraineté, et elle a honoré son caractère de femme ; et comme fille, elle a professé dans tous les temps la plus haute vénération, la plus tendre reconnaissance pour celui qui, au sommet d'un pouvoir sans bornes, l'avait bénévolement adoptée pour fille.

Autres maximes de l'Empereur. — Scène de Portalis au Conseil d'État, etc. — Accidents de l'Empereur à Saint-Cloud, à Auxonne, à Marly.

Jeudi 25.

L'Empereur m'a fait venir sur les deux heures dans sa chambre ; il était souffrant ; il avait mal dormi. Il a fait sa toilette, me disant que cela le remettrait. De là nous avons passé au jardin ; la conversation l'a conduit à dire que nos mœurs voulaient que le souverain ne se montrât que comme un bienfait ; les actes de rigueur devaient passer par les autres ; la clémence devait lui demeurer : c'était son premier domaine. A Paris, on lui avait reproché parfois, disait-il, certaines conversations, des paroles qu'il n'aurait pas dû, il est vrai, exprimer lui-même. Cependant, ajoutait-il, sa situation personnelle, son extrême activité, la plupart de ses actes, qui venaient tous réellement de lui, auraient dû lui faire passer bien des choses. Du reste, il rendait justice au tact extrêmement fin de la capitale ; nulle part sans doute, remarquait-il, il ne se trouvait autant d'esprit ni plus de goût qu'à Paris. Il se reprochait la scène de *Portalis* au Conseil d'État. Moi qui l'avais présente, je lui disais l'avoir trouvée en quelque sorte paternelle. « Il y avait pourtant
« quelque chose de trop, a-t-il repris. J'eusse dû m'arrêter avant de lui
« commander de sortir. La scène eût dû finir, puisqu'il ne se justifiait
« pas, par un simple *c'est bon* ; il n'eût dû trouver le châtiment que chez
« lui. Le souverain a toujours tort de parler en colère. Peut-être étais-
« je excusable dans mon conseil, j'y étais en famille ; ou bien peut-être
« encore, mon cher, cela demeure-t-il un vrai tort de ma part : on a ses
« défauts, la nature a ses droits. »

Il se reprochait surtout et au dernier degré, dans une autre circonstance, la scène faite aux Tuileries, dans une de ses grandes audiences du dimanche, en présence de toute la cour, tant elle avait été violente et dure ; il s'agissait de quelqu'un d'un nom très-marquant dans le faubourg Saint-Germain, et père d'un de ses chambellans qu'il estimait fort et aimait beaucoup. « Mais là, continuait-il, je fus vraiment poussé à
« bout ; j'éclatai contre mon gré. Je venais de lui donner une des lé-
« gions de Paris ; la capitale était menacée, il s'agissait de la défendre.
« J'ai appris plus tard qu'il se réjouissait de nos désastres, et les appe-

« lait; mais je n'en savais rien encore. Nous allions avoir l'ennemi sur
« les bras; il m'écrit froidement que sa santé ne lui permet pas ce
« service; et néanmoins il ose se montrer frais et dispos sous mes yeux,
« en courtisan; j'en fus indigné. Cependant je me contins et le passai,
« mais il trouva le secret de se replacer encore trois ou quatre fois avec
« empressement sur mes pas. Je n'y pus plus tenir, et la bombe éclata.
« — Comment, Monsieur, lui dis-je, vous m'écrivez être malade pour
« combattre, et vous accourez ici en courtisan bien portant! Moi qui
« croyais que votre nom appartenait à la patrie, je vous ai fait l'honneur
« de vous donner une des légions de la capitale, pour la défendre contre
« l'ennemi qui est aux portes, et vous me refusez?... Mais que voulez-
« vous que je pense? vous m'embarrassez, Monsieur, j'ai le droit de
« m'en indigner, et il faut ici que ma pensée se fasse jour. Il y a de la
« lâcheté ou de la trahison; serait-ce de la trahison?.... Mais je ne vio-
« lente les sentiments de personne, Monsieur; ce n'est pas moi qui ai
« été vous chercher. Qu'il vous souvienne de tous vos empressements
« et de toutes vos courbettes, de vos nombreuses cajoleries pour arriver

« jusqu'à moi! Ah! quittez cette croix d'honneur que vous m'avez arra-
« chée! aussi bien elle se sentirait trop déplacée, et surtout ne reparais-

« sez plus dans ce palais dont les murailles ne pourraient que vous rap-
« peler votre honte! — Croira-t-on qu'après une telle sortie, que je me
« reprochais si fort à moi-même, il ne s'occupa que de me faire entourer
« de ses soumissions, de son repentir, de ses nouvelles protestations,
« en vrai misérable? mais je ne voulus entendre rien. — Et vous avez
« bien fait, Sire, a repris l'un de nous; car il a justifié jusqu'au bout les
« prévisions de Votre Majesté : lors de l'entrée des alliés, on l'a vu sur
« la terrasse des Tuileries, en face de l'hôtel Talleyrand qu'occupait
« l'empereur de Russie, agiter un mouchoir blanc au milieu de la foule
« pressée, et lui répéter à tue-tête : Allons, mes amis, mes enfants,
« criez : Vive *Alexandre!* vive notre ami! notre *libérateur!* La multi-

« tude s'en indigna, et, en dépit de la garde russe qui bordait l'hôtel,
« elle le força de déguerpir aussitôt. Il faillit être assommé. »

De là l'Empereur en est revenu, selon son habitude, à me questionner
sur un grand nombre de familles et d'individus dont les noms lui étaient
familiers, mais les personnes peu connues.

L'Empereur, du reste, était tout à fait raisonnable sur les conduites
individuelles; dans la grande nomination de chambellans calculée pour
l'entourage de Marie-Louise, on avait compris le duc de *Duras*. « Il me

« fit prier de trouver bon, disait l'Empereur, qu'il refusât, ayant été,
« ajoutait-il, premier gentilhomme de la chambre de Louis XVI et de
« Louis XVIII. Je fus le premier à m'écrier : Comment voudrait-on
« qu'il en pût être autrement?.... Il a raison. C'était un manque de
« goût dans ceux qui me l'avaient proposé; mais moi, qu'avais-je à y
« faire? Pouvais-je deviner de pareils détails? mes grandes affaires me
« permettaient-elles d'y descendre ? »

Sur les quatre heures, l'Empereur est monté en calèche. Durant notre course accoutumée, il a parlé de plusieurs accidents fort graves qui avaient menacé sa vie.

A Saint-Cloud, il avait voulu une fois mener sa calèche à six chevaux et à grandes guides. L'aide de camp ayant gauchement traversé les chevaux, les fit emporter. L'Empereur ne put prendre le tour nécessaire; la calèche alla, avec toute la force d'une vélocité extrême, frapper contre la grille. L'Empereur se trouva violemment jeté à huit ou dix pieds

en travers sur le ventre. Il a été mort, disait-il, huit ou dix secondes; il avait senti le moment où il avait cessé d'exister, ce qu'il appelait le moment de la *négative*. Le premier qui, se jetant à bas de son cheval, vint à le toucher, le ressuscita, le rappela soudainement à la vie par le simple contact, comme dans le cauchemar, où l'on se trouve délivré, disait-il, dès qu'on a pu proférer un cri.

Une autre fois, ajoutait-il, il avait été noyé assez longtemps. C'était en 1786, à Auxonne, sa garnison. Étant à nager et seul, il avait perdu connaissance, coulé, obéi au courant ; il avait senti fort bien la vie lui échapper ; il avait même entendu, sur les bords, des camarades annoncer qu'il était noyé, et dire qu'ils couraient chercher des bateaux pour reprendre son corps. Dans cet état, un choc le rendit à la vie ; c'était un banc de sable contre lequel frappa sa poitrine : sa tête se trouvant merveilleusement hors de l'eau, il en sortit lui-même, vomit beaucoup, rejoignit ses vêtements, et avait atteint son logis qu'on cherchait encore son corps.

Une autre fois, à Marly, à la chasse du sanglier, tout l'équipage étant en fuite, en véritable déroute d'armée, disait l'Empereur, il tint bon avec Soult et Berthier contre trois énormes sangliers qui les chargeaient

à bout portant. « Nous les tuâmes roides tous les trois, disait-il ; mais « je fus touché par le mien, et j'ai failli en perdre le doigt que voilà. » En effet, la dernière phalange de l'avant-dernier doigt de la main gauche portait une forte blessure. « Mais le risible, disait l'Empereur, c'é- « tait de voir la multitude, entourée de tous les chiens et se cachant « derrière les trois héros, crier à tue-tête : *A l'Empereur ! sauvez l'Empe-* « *reur ! à l'Empereur !!!* Mais pourtant personne n'avançait, etc., etc. »

Politique du moment. — Sentiments vraiment patriotiques de l'Empereur; beau mouvement de l'Empereur.—Horoscope touchant son fils, etc., etc.

Vendredi 24

L'Empereur était sur la politique ; la lecture des derniers journaux arrivés depuis trois jours en a fourni le sujet. En France, l'émigration des patriotes était nombreuse, rapide, et l'on semblait vouloir la favoriser en ne confisquant pas les biens, etc., etc. . . . .

L'Empereur croyait voir dans les débats du parlement d'Angleterre l'arrière-pensée du partage de la France ; il en était navré. « Tout cœur « vraiment français, disait-il, doit être au désespoir ; une immense ma- « jorité sur le sol de la patrie doit ressentir les angoisses de la plus vive « douleur. Ah ! s'est-il écrié, que ne suis-je dans une sphère en dehors « de ce globe ! Que n'ai-je le pied sur un sol évidemment libre et indé- « pendant ; où l'on ne pourrait soupçonner aucune influence d'autrui ! « que j'étonnerais le monde ! J'adresserais une proclamation aux Fran- « çais ; je leur crierais : Vous allez finir, si vous ne vous réunissez. L'o- « dieux, l'insolent étranger va vous morceler, vous anéantir. Relevez- « vous, Français ! faites masse à tout prix : ralliez-vous, s'il le faut, *même* « *aux Bourbons*... car l'existence de la patrie, son salut avant tout... »

Toutefois il pensait que la Russie devait combattre ce partage ; elle devait avoir à craindre par là l'accroissement et l'agglomération de l'Allemagne contre elle. L'un de nous ayant fait observer que l'Autriche devait s'y opposer aussi, dans la crainte de n'avoir pas un soutien nécessaire contre les entreprises de la Russie, et ayant de plus mentionné qu'elle pourrait vouloir être utile au roi de Rome et s'en servir, l'Empereur a répliqué : « Oui, comme d'instrument de menace peut-être, « mais jamais comme un objet de bienveillance ; il doit leur être trop « redoutable. Le roi de Rome serait l'homme des peuples, il sera celui « de l'Italie. Aussi la politique autrichienne le tuera, peut-être pas sous « son grand-père, qui est un honnête homme, mais qui ne vivra pas « toujours : ou bien encore, si les mœurs de nos jours n'admettent « pas un tel attentat, alors ils essayeront d'abrutir ses facultés, ils l'hé- « béteront ; et si enfin il échappait à l'assassinat physique et à l'assas- « sinat moral, si sa mère et la nature venaient à le sauver de tous ces « dangers, alors !... alors !... a-t-il répété plusieurs fois comme en cher- « chant, alors !... comme alors !... car qui peut assigner les destinées « d'aucun ici-bas ! »

L'Empereur est retourné de là à l'Angleterre, concluant qu'elle seule était véritablement intéressée à la destruction de la France ; et, dans l'abondance, la mobilité de son esprit, il s'est mis à parcourir les divers plans qu'elle pouvait suivre. Elle ne devait pas trop accroitre la Belgique, disait-il; autrement, Anvers lui deviendrait formidable comme sous la France. Elle devait laisser les Bourbons dans le centre avec huit ou dix millions d'habitants seulement, et les environner de princes, ducs ou rois de Normandie, Bretagne, Aquitaine et Provence; de telle sorte que Cherbourg, Brest, la Garonne et la Méditerranée se trouvassent dans des mains différentes. C'était, disait-il, faire rétrograder la monarchie française de plusieurs siècles, faire recommencer les premiers Capets, et ménager aux Bourbons quelques centaines d'années de nouveaux efforts pénibles et laborieux. « Mais heureusement, pour « en arriver là, remarquait l'Empereur, l'Angleterre devait avoir à sur- « monter des obstacles invincibles : l'uniformité de la division territo- « riale en départements, la similitude du langage, l'identité de mœurs, « l'universalité de mon code, celle de mes lycées, et la gloire, la splen- « deur que j'ai léguées, voilà autant de nœuds indissolubles, d'institu- « tions vraiment nationales. Avec cela, on ne morcelle pas, on ne dissout « pas un grand peuple, ou il se renouvelle et ressuscite toujours. C'est « le géant de l'Arioste, que l'on voit courir après chacun de ses mem- « bres abattus, sa tête même, la replacer et combattre de nouveau. — « Ah! Sire, a dit alors quelqu'un, la vertu et la puissance du géant « tenaient à un seul cheveu arraché, et si le cheveu vital de la France « devait être Napoléon! — Non, a repris assez brusquement l'Empe- « reur, ce ne saurait être; mon souvenir et mes idées survivraient en- « core. » Et puis, reprenant le sujet, il a dit : « Avec ma France, au « contraire, l'Angleterre devait naturellement finir par n'en être plus « qu'un appendice. La nature l'avait faite une de nos îles aussi bien que « celles d'Oléron ou de la Corse. A quoi tiennent les destinées des em- « pires! disait-il. Que nos révolutions sont petites et insignifiantes dans « l'organisation de l'univers! Si, au lieu de l'expédition d'Égypte, j'eusse « fait celle d'Irlande; si de légers dérangements n'avaient mis obstacle « à mon entreprise de Boulogne, que pourrait être l'Angleterre aujour- « d'hui? Que serait le continent? le monde politique? etc., etc. »

Brutus de Voltaire.

Samedi 25.

Après le diner, l'Empereur a lu *OEdipe*, qu'il a extrêmement vanté; puis *Brutus*, dont il a fait une analyse très-remarquable. Voltaire, disait-il, n'avait point entendu ici le vrai sentiment. Les Romains étaient guidés par l'amour de la patrie comme nous le sommes par l'honneur. Or, Voltaire ne peignait pas le vrai sublime de Brutus sacrifiant ses enfants, malgré ses angoisses paternelles, au salut de la patrie ; il en avait fait un monstre d'orgueil, immolant ses enfants à sa situation présente, à son nom, à sa célébrité. Tout le nœud de la pièce, continuait-il, était conçu à l'avenant. Tullie était une forcenée qui mettait le marché à la main pour son lit, et non une femme tendre, dont la séduction et l'influence dangereuse pouvaient entraîner au crime, etc., etc.

Établissements français sur le fleuve Saint-Laurent.— L'Empereur eût pu gagner l'Amérique.—Sur la politique du cabinet anglais.—Carnot au moment de l'abdication.

Dimanche 26.

L'Empereur m'a fait appeler vers les deux heures. Nous avons parcouru quelques journaux.

Les journaux nous apprenaient que son frère Joseph avait acheté de grandes propriétés au nord de l'État de New-York, sur le fleuve Saint-Laurent, et qu'un grand nombre de Français se groupaient autour de lui, de manière à fonder bientôt un établissement. On faisait observer que le choix du lieu semblait être fait dans les intérêts des États-Unis, et en opposition à la politique de l'Angleterre ; car, dans le Sud, à la Louisiane, par exemple, les réfugiés n'auraient pu avoir d'autres vues et d'autre avenir que le repos et la prospérité domestique ; tandis qu'aux lieux où on les plaçait, il était évident qu'ils devaient devenir bientôt un attrait naturel pour la population du Canada déjà française, et former par la suite une forte barrière ou même un point hostile contre les Anglais, qui en sont encore les dominateurs. L'Empereur disait que cet établissement devait compter en peu de temps une réunion d'hommes très-forts dans tous les genres. S'ils remplissaient leur devoir, ajoutait-il, il sortirait de là d'excellents écrits, des réfutations victorieuses du système qui triomphe aujourd'hui en Europe. L'Empereur avait déjà eu à l'île d'Elbe quelque idée semblable.

De là il est passé à récapituler tout ce qu'il avait donné aux membres de sa famille, les sommes qu'ils pouvaient avoir recueillies ; elles devaient être très-considérables. Lui seul, remarquait-il, n'avait rien ; s'il se trouvait, avec le temps, posséder quelque chose en Europe, il ne le devrait qu'à la prévoyance et aux combinaisons de quelques amis.

Si l'Empereur eût gagné l'Amérique, il comptait, disait-il, appeler à lui tous ses proches ; il supposait qu'ils eussent pu réaliser au moins quarante millions. Ce point serait devenu le noyau d'un rassemblement national, d'une patrie nouvelle. Avant un an, les événements de la France, ceux de l'Europe auraient groupé autour de lui cent millions et soixante mille individus, la plupart de ceux-ci ayant propriétés, talents et instruction. L'Empereur disait qu'il aurait aimé à réaliser ce rêve ; c'eût été une gloire toute nouvelle.

« L'Amérique, continuait-il, était notre véritable asile, sous tous les
« rapports. C'est un immense continent, d'une liberté toute particulière.
« Si vous avez de la mélancolie, vous pouvez monter en voiture, courir
« mille lieues et jouir constamment du plaisir d'un simple voyageur.
« Vous y êtes l'égal de tout le monde ; vous vous perdez à votre gré dans
« la foule, sans inconvénients, avec vos mœurs, votre langage, votre
« religion, etc., etc. »

L'Empereur disait qu'il ne pouvait désormais se trouver simple particulier sur le continent de l'Europe ; son nom y était trop populaire ; il tenait trop maintenant par quelque côté à chaque peuple ; il était devenu de tous les pays.

« Pour vous, m'a-t-il dit en riant, votre lot naturel était les pays de
« l'Orénoque ou ceux du Mexique. Les souvenirs du *bon Las Casas* n'y
« sont point effacés ; vous y auriez eu ce que vous eussiez voulu. Il est
« de la sorte des destinations toutes marquées. Grégoire, par exemple,
« n'a qu'à aller à Haïti, on l'y fera pape. »

Au moment de la seconde abdication de l'Empereur, un Américain à Paris lui écrivit : « Tant que vous avez été à la tête d'une nation, tout
« prodige de votre part était possible, toutes les espérances pouvaient
« être conçues ; mais aujourd'hui rien ne vous est plus possible en Eu-
« rope. Fuyez, gagnez les États-Unis. Je connais le cœur des chefs et les
« dispositions de la multitude ; vous trouverez là une patrie et de véri-
« tables consolations. » L'Empereur ne le voulut pas. Il pouvait sans nul doute, à la faveur de la célérité ou du déguisement, gagner Brest, Nantes, Bordeaux, Toulon, et probablement atteindre l'Amérique, mais il ne pensait pas que sa dignité lui permît le déguisement ni la fuite. Il se croyait tenu à montrer à toute l'Europe son entière confiance dans le peuple français et l'extrême affection de celui-ci à sa personne, en traversant son territoire, dans une telle crise, en simple particulier et sans escorte. Enfin, et c'était par-dessus tout ce qui le dirigeait en cet *instant critique*, il espérait qu'à la vue du danger les yeux se dessilleraient, qu'on reviendrait à lui, et qu'il pourrait sauver la patrie. C'est ce qui lui fit allonger le temps le plus qu'il put à la Malmaison, c'est ce qui le fit retarder beaucoup encore à Rochefort. S'il est à Sainte-Hélène, c'est à ce sentiment qu'il le doit ; jamais il ne put se séparer de cette pensée. Plus tard, quand il n'y eut plus d'autre ressource que d'accepter l'hospitalité du *Bellérophon*, peut-être ce ne fut pas sans une espèce de

secrète satisfaction intérieure qu'il s'y voyait irrésistiblement amené par la force des choses : être en Angleterre, c'était ne pas être éloigné de la France. Il savait bien qu'il n'y serait pas libre, mais il espérait être entendu ; et alors que de chances s'ouvraient à la nouvelle direction qu'il pourrait imprimer ! « Les ministres anglais, ennemis de leur patrie ou
« vendus à l'étranger, disait-il, ont trouvé ma seule personne encore trop
« redoutable. Ils ont pensé que ma seule opinion dans Londres eût été
« plus que l'opposition tout entière, qu'il leur eût fallu changer de sys-
« tème ou quitter leurs places ; et, plutôt que de céder à un changement
« et pour conserver leurs places, ils ont lâchement sacrifié les vrais inté-
« rêts de leur pays, le triomphe, la gloire de ses lois, la paix du monde,
« le bonheur de l'Europe, la prospérité, les bénédictions de l'avenir. »

Le soir, l'Empereur s'est trouvé revenir sur les indécisions qu'il avait éprouvées avant de prendre un parti définitif après Waterloo.

Son discours à ses ministres, en agitant l'abdication, fut la prophétie littérale de ce que nous avons vu depuis. Carnot fut le seul qui sembla le comprendre. Il combattit cette abdication, qui, selon lui, était le coup de mort de la patrie ; il voulait qu'on se défendît jusqu'à extinction, en désespérés. Il fut le seul de son avis ; tout le reste opina pour l'abdication.

Elle fut résolue, et alors Carnot, s'appuyant la tête de ses deux mains, se mit à fondre en larmes.

« Dans un autre endroit l'Empereur disait : « Je ne suis pas un dieu ; je
« ne pouvais pas faire tout à moi seul ; je ne pouvais sauver la nation
« qu'avec elle-même. J'étais bien sûr que le peuple avait ce sentiment ;
« aussi souffre-t-il aujourd'hui sans l'avoir mérité. C'est la tourbe des
« intrigants, ce sont les gens à titres, à emplois, qui ont été les vrais
« coupables. Ce qui les a séduits, ce qui m'a perdu, c'est la douceur du
« système de 1814, la bénignité de la restauration ; ils ont cru à sa ré-
« pétition. Le changement du prince était devenu pour eux une mauvaise
« plaisanterie. Il n'y en a pas un qui n'ait cru demeurer tout ce qu'il était
« en me voyant remplacé par Louis XVIII ou par tout autre. Dans cette
« grande affaire, ces hommes malhabiles, avides, égoïstes, ne voyaient
« qu'une compétition qui leur importait peu, et ne songeaient qu'à leurs
« intérêts individuels, lorsqu'il s'agissait d'une guerre de principes à
« mort qui devait les dévorer tous ; et puis pourquoi le dissimuler?
« convenons-en, j'avais élevé et il s'est trouvé dans mon entourage *de*
« *fiers misérables.* » Et se tournant vers moi, il a ajouté : « Et ceci encore
« n'est pas pour votre faubourg Saint-Germain ; son affaire est une autre
« question. Ceux-là ne sont pas sans pouvoir fournir quelque espèce d'ex-
« cuse. Lors du premier renversement, en 1814, les grands traîtres ne
« sont pas partis de là. Je n'eus pas trop à m'en plaindre, et, à mon re-
« tour, ils ne me devaient plus rien. J'avais abdiqué, le roi était revenu ;
« ils étaient retournés à leurs premières affections. Ils avaient recom-
« mencé un nouveau bail, etc., etc. »

État de l'industrie en France.—Sur les physionomies.

Lundi 27.

L'Empereur a marché vers l'extrémité du bois, en attendant que la
calèche vînt nous prendre. La conversation est tombée sur l'état de l'industrie en France. L'Empereur l'avait portée, disait-il, à un degré inconnu jusqu'à lui ; et on ne le croyait pas en Europe, même en France.
Les étrangers en ont été grandement surpris à leur arrivée. L'abbé de
Montesquiou, disait-il, ne revenait pas d'en avoir les preuves en main
lors de son ministère de l'intérieur.

L'Empereur était le premier en France qui eût dit : d'abord l'agriculture, puis l'industrie, c'est-à-dire les manufactures ; enfin le commerce
qui ne doit être que la surabondance des deux premiers. C'était encore
lui qui avait défini et mis en pratique d'une manière claire et suivie les
intérêts si divergents des manufacturiers et des négociants. C'était à lui
qu'on devait la conquête du sucre, de l'indigo et du coton. Il avait proposé un million pour celui qui parviendrait à filer, par mécanique, le lin

comme le coton, et il ne doutait pas que ce résultat n'eût été obtenu, et que la fatalité des circonstances eût seule empêché de consacrer cette magnifique découverte, etc., etc. (Effectivement elle avait été obtenue dans la Belgique.)

Les ennemis de notre propre bien, la vieille aristocratie, disait-il, s'était perdue en mauvaises plaisanteries, en frivoles caricatures sur tous ces objets ; mais les Anglais, qui sentaient le coup, n'en riaient point, et en demeurent encore affectés aujourd'hui.

Quelque temps avant le dîner, l'Empereur était souffrant ; il attribuait sa situation à de mauvais vin nouvellement arrivé. Et à propos de vin, il me racontait que Corvisart, Bertholet et autres chimistes et médecins lui avaient souvent recommandé et répété, à lui qui était si éminemment exposé, que si jamais en buvant il lui arrivait de trouver le moindre mauvais goût à du vin, il devait le cracher à l'instant.

De là, la conversation l'a conduit à s'étonner du caractère de quelqu'un dont les traits étaient un vrai contraste avec ce caractère. « Cela « prouve, disait-il, qu'on ne doit pas prendre les hommes à leur visage ; « on ne les connaît bien qu'à l'essai. Que de figures j'ai eues à juger dans « ma vie ! que d'expériences j'ai pu faire ! que de dénonciations, que de « rapports j'ai entendus ! Aussi m'étais-je fait la loi constante de ne plus « me laisser influencer jamais par les traits ni par les paroles. Néan- « moins il faut convenir que les traits fournissent parfois de bizarres « rapprochements ! Par exemple, en considérant *notre Monseigneur* (le « gouverneur), qui ne trouve du *chat-tigre* dans ses traits ? Autre exem- « ple : J'avais quelqu'un en service intime auprès de moi ; je l'aimais « beaucoup, et j'ai été obligé de le chasser, parce que je l'ai pris plu- « sieurs fois la main dans le sac, et qu'il volait par trop impudemment : « eh bien ! qu'on le regarde, on lui trouvera un *œil de pie*. »

A ce sujet, je citais Mirabeau, qui, en parlant du visage d'un membre distingué de nos diverses législatures, le sénateur Pastoret, disait : « Il y a du *tigre* et du *veau*, mais le *veau* domine. » Ce qui a beaucoup fait rire Napoléon, parce que cela, remarquait-il, était exactement vrai.

L'Empereur devant le camp anglais.

Mardi 28.

L'Empereur est sorti vers les deux heures. Le temps était fort doux et fort agréable. Nous avons été en calèche près d'une heure. Il avait d'abord été question d'aller à cheval ; l'Empereur en sent le besoin pour sa santé, mais il semble y porter un dégoût extrême : il ne saurait, dit-il, tourner sur lui-même de la sorte ; dans nos limites il se croit dans un manége, il en a des nausées. Cependant, au retour, nous sommes venus à bout de l'y déterminer. Il nous avait tous auprès de lui; nous avons gagné la crête du prolongement de la montagne des Chèvres qui sépare l'horizon de la ville d'avec celui de Longwood (*voir la carte*). Nous sommes revenus en passant sur le front du camp; c'était la seconde fois depuis notre séjour à Longwood. Tous les soldats, quelles que fussent leurs occupations, ont tout quitté, et sont accourus spontanément pour former la haie. « Quel soldat européen, disait l'Empereur à ce sujet, « n'est pas ému à mon approche! » Et c'est parce qu'il le savait qu'il évitait soigneusement ici de passer devant le camp anglais, dans la crainte qu'on ne l'accusât de vouloir provoquer ce sentiment. Cette petite course et la fatigue qu'elle a causée ont été agréables à tout le monde. Nous étions de retour à cinq heures. L'Empereur trouvait la journée bien longue: depuis quelque temps il ne dicte plus. Il a aperçu des espèces de quilles façonnées par les gens pour leur usage; il les a fait apporter, et nous avons fait une partie. J'y ai perdu contre l'Empereur un napoléon et demi, qu'il m'a bien fait payer, pour les jeter au valet de pied qui nous servait la boule.

La Corse et le pays natal. — Paroles de Paoli. — Magnanimité de Madame Mère. — Lucien destiné à la Corse. — Cour du Consul. — Madame de Chevreuse. — Lettre de Madame Mère.

Mercredi 29

EPUIS longtemps l'Empereur se promet, chaque soirée, à notre sollicitation, de monter à cheval le lendemain de bon matin ; mais, au moment d'exécuter ce projet, il ne s'en trouve plus le courage. Aujourd'hui il était donc au jardin dès huit heures et demie ; il m'y a fait appeler. La conversation est tombée sur la Corse, et y est demeurée plus d'une heure. « La patrie est toujours chère, disait-il ; Sainte-Hélène même « pourrait l'être à ce prix. » La Corse avait donc mille charmes ; il en détaillait les grands traits, la coupe hardie de sa structure physique. Il disait que les insulaires ont toujours quelque chose d'original, par leur

isolement, qui les préserve des irruptions et du mélange perpétuel qu'éprouve le continent ; que les habitants des montagnes ont une énergie de caractère et une trempe d'âme qui leur est toute particulière. Il s'arrêtait sur les charmes de la terre natale : tout y était meilleur, disait-il ; il n'était pas jusqu'à l'odeur du sol même ; elle lui eût suffi pour le deviner les yeux fermés ; il ne l'avait retrouvée nulle part. Il s'y voyait dans ses premières années, à ses premières amours ; il s'y trouvait dans sa jeunesse, au milieu des précipices, franchissant les sommets élevés, les vallées profondes, les gorges étroites ; recevant les honneurs et les plaisirs de l'hospitalité ; parcourant la ligne des parents dont les querelles et les vengeances s'étendaient jusqu'au septième degré. Une fille, disait-il, voyait entrer dans la valeur de sa dot le nombre de ses cousins. Il se rappelait avec orgueil que n'ayant que vingt ans, il avait fait partie d'une grande excursion de Paoli à Porte di Nuovo. Son cortége était nombreux : plus de cinq cents des siens l'accompagnaient à cheval ; Napoléon mar-

chait à ses côtés ; Paoli lui expliquait, chemin faisant, les positions, les lieux de résistance ou de triomphe de la guerre de la liberté. Il lui détaillait cette lutte glorieuse ; et sur les observations de son jeune compagnon, le caractère qu'il lui avait laissé apercevoir, l'opinion qu'il lui avait inspirée, il lui dit : *O Napoléon ! tu n'as rien de moderne ! tu appartiens tout à fait à Plutarque.*

Quand Paoli voulut livrer son île aux Anglais, la famille Bonaparte demeura chaude à la tête du parti français, et eut le fatal honneur de voir *intimer* contre elle *une marche* des habitants de l'île, c'est-à-dire d'être attaquée par la levée en masse.

« Douze ou quinze mille paysans, disait l'Empereur, fondirent des
« montagnes sur Ajaccio ; notre maison fut pillée et brûlée, les vignes
« perdues, les troupeaux détruits. *Madame*, entourée d'un petit nombre
« de fidèles, fut réduite à errer quelque temps sur la côte, et dut gagner
« la France. Toutefois Paoli, à qui notre famille avait été si attachée, et
« qui lui-même avait toujours professé une considération particulière
« pour Madame, Paoli avait essayé près d'elle la persuasion avant d'em-
« ployer la force. Renoncez à votre opposition, lui avait-il fait dire, elle
« perdra vous, les vôtres, votre fortune ; les maux seront incalculables,
« rien ne pourra les réparer. » En effet, l'Empereur faisait observer que sans les chances que lui a procurées la révolution, sa famille ne s'en serait jamais relevée. « Madame répondit en héroïne, et comme eût
« fait Cornélie, disait Napoléon, qu'elle ne connaissait pas deux lois,
« qu'elle, ses enfants, sa famille, ne connaissaient que celle du devoir
« et de l'honneur. Si le vieil archidiacre Lucien eût vécu, ajoutait
« l'Empereur, son cœur eût saigné à l'idée du péril de ses moutons,
« de ses chèvres et de ses bœufs, et sa prudence n'eût pas manqué de
« conjurer l'orage. »

Madame, victime de son patriotisme et de son dévouement à la France, crut être accueillie à Marseille en émigrée de distinction ; elle s'y trouva perdue, à peine en sûreté, et fut fort déconcertée de ne trouver le patriotisme que dans les rues et tout à fait dans la boue.

Napoléon, dans sa jeunesse, avait écrit une histoire de la Corse, qu'il adressa à l'abbé Raynal, ce qui lui valut quelques lettres et des distinctions flatteuses de la part de cet écrivain, alors l'homme à la mode. Cette histoire s'est perdue.

L'Empereur nous disait que, lors de la guerre de Corse, aucun des Français qui étaient venus dans l'île n'en sortait tiède sur le caractère de ces montagnards ; les uns en étaient pleins d'enthousiasme, les autres ne voulaient y voir que des brigands.

A Paris, on avait dit au Sénat que la France avait été chercher un maître chez un peuple dont les Romains ne voulaient pas pour esclaves.

« Ce sénateur a pu vouloir m'injurier, disait l'Empereur, mais il faisait « là un grand compliment aux Corses. Il disait vrai ; jamais les Romains « n'achetaient d'esclaves corses ; ils savaient qu'on n'en pouvait rien « tirer ; il était impossible de les plier à la servitude. »

Lors de la guerre de la liberté en Corse, quelqu'un proposa le singulier plan de couper ou de brûler tous les châtaigniers, dont le fruit faisait la nourriture des montagnards : « Vous les forcerez, disait-il, à « descendre dans la plaine vous demander la paix et du pain. » Heureusement, disait l'Empereur, que c'était de ces plans inexécutables qui ne sont quelque chose que sur le papier. Par un sentiment contraire, Napoléon, dans ses premières années, déclamait constamment contre les chèvres, qui sont nombreuses dans l'île, et causent de grands dégâts aux arbres. Il voulait qu'on les extirpât entièrement. Il avait à ce sujet des prises terribles avec le vieil archidiacre son oncle, qui en possédait de nombreux troupeaux et les défendait en patriarche. Dans sa fureur, il reprochait à son neveu d'être un *novateur*, et accusait les *idées philosophiques* du péril de ses chèvres.

Paoli mourut fort vieux à Londres ; il vit Napoléon Premier Consul et Empereur, et le chagrin de celui-ci est de ne pas l'avoir rappelé près de lui. « C'eût été une grande jouissance pour moi, un vrai trophée, di« sait-il ; mais, entraîné par les grandes affaires, j'avais rarement le « temps de me livrer à mes sentiments personnels. »

Au retour de l'Empereur, en 1815, Joseph, à l'arrivée de Lucien à Paris, conseilla à l'Empereur de l'envoyer gouverneur général en Corse : cela avait même été résolu ; l'importance et la précipitation des événements l'ont empêché. S'il en avait été ainsi, disait l'Empereur, il y fût demeuré le maître ; cela eût offert de grandes ressources à nos patriotes persécutés. A combien de malheureux la Corse n'eût-elle pas servi d'asile ! Du reste, il répétait qu'il avait peut-être fait une faute, en abdiquant, de ne pas s'être réservé la souveraineté de la Corse, avec quelques millions de la liste civile ; de n'avoir pas emporté ce qu'il avait de précieux, et gagné Toulon, d'où rien n'eût pu gêner son passage ; qu'alors il se fût trouvé chez lui ; la population eût été sa famille ; il eût disposé de tous les bras, de tous les cœurs. Trente mille, cinquante mille alliés n'auraient pu le soumettre. Aucun d'eux n'en eût voulu prendre la charge ; mais c'est précisément cette position même si heureuse qui l'a retenu. Il n'avait pas voulu qu'on eût pu dire que dans le naufrage du peuple français, qui lui était visible, lui seul avait eu l'art de gagner le port.

On lui racontait alors qu'il avait couru dans le monde qu'il eût été le maître en 1814 d'avoir la Corse au lieu de l'île d'Elbe. « Sans doute, di-« sait l'Empereur, et quand on saura bien les affaires de Fontainebleau, « on sera bien surpris! J'eusse pu alors me réserver ce que j'eusse voulu; « l'humeur du moment me décida pour l'île d'Elbe. Toutefois, si j'avais « eu la Corse, il est à croire que le retour de 1815 n'eût pas été tenté. « A l'île d'Elbe même, ce n'est qu'en gouvernant mal, qu'en n'accom-« plissant pas vis-à-vis de moi les engagements stipulés qu'on a prononcé « mon retour. »

Nous avons alors rappelé à l'Empereur sa première intention de monter à cheval; il nous a dit qu'il aimait mieux causer et marcher. Il a demandé son déjeuner, à la suite duquel nous sommes demeurés longtemps à parler de l'ancienne cour, de la noblesse qui la composait, de ses prétentions, des carrosses du roi, etc., et tout cela se comparait à mesure avec ce qu'avait créé l'Empereur.

De là il est remonté à l'époque de son consulat et aux grandes difficultés qu'avait présentées l'espèce de cour qu'il s'agissait alors de composer. Le Premier Consul, en arrivant aux Tuileries, succédait à des orages, à des temps, à des mœurs qu'il était résolu de faire oublier. Mais il avait toujours été aux armées; il arrivait d'Égypte, il avait quitté la France jeune et sans expérience. Il ne connaissait personne, et c'est ce qui lui causa d'abord un grand embarras. Lebrun fut pour lui, dans ces premiers moments, une espèce de tuteur fort précieux. Les banquiers ou faiseurs d'affaires étaient alors ceux qui donnaient le ton; à peine le Consul était-il nommé, que plusieurs s'empressèrent d'offrir des prêts considérables. Ce dévouement ne semblait que généreux, mais renfermait d'arrière-espérances. C'étaient en général des gens mal famés; ils furent refusés.

Le Premier Consul avait une répugnance naturelle contre les faiseurs d'affaires; il s'était fait un devoir, disait-il, de montrer d'autres principes que ceux du temps du Directoire. Il voulait que la probité devînt le premier ressort et le caractère de son nouveau gouvernement. Le Consul se vit aussi presque aussitôt entouré de femmes de fournisseurs : elles étaient toutes charmantes et de la dernière élégance; ces deux circonstances semblaient être de rigueur parmi tous les faiseurs d'affaires et entrer pour beaucoup dans leurs spéculations. Mais le sévère Lebrun était là pour éclairer son jeune Télémaque. Il fut résolu de ne pas les admettre dans la société des Tuileries. Toutefois on n'était pas sans embarras pour la composer; on ne voulait pas de nobles, pour ne pas effaroucher les opinions publiques : on ne voulait pas de faiseurs d'affaires, afin de relever les mœurs nouvelles ; il ne restait pas grand'chose : aussi fut-ce d'abord pendant quelque temps une espèce de lanterne magique fort mêlée et très-changeante. Cependant cette réunion eut bientôt sa couleur, son ton, son mérite.

A Moscou, le vice-roi trouva une correspondance de la princesse Dolgorowcki, qui avait habité Paris à cette époque. Elle parlait fort bien des Tuileries dans ses lettres. Elle disait que ce n'était pas précisément une cour, mais que ce n'était pas non plus un camp; que c'était une autorité, une tenue toute nouvelle ; que le Premier Consul n'avait pas le chapeau sous le bras ni l'épée d'acier, il est vrai, mais que ce n'était pas non plus un homme à sabre, etc., etc. « Et, continuait l'Empereur,
« voilà pourtant ce que sont les hommes et les rapports ; c'est sur de pa-
« reilles expressions, mais mal présentées, que la princesse Dolgorowcki
« a dû être fort maltraitée par moi. Je dois lui avoir donné l'ordre dans
« le temps de quitter la France ; nous la supposions mauvaise, et nous
« étions, comme on le voit, dans l'erreur. Madame Grant, dont le mi-
« nistre des relations étrangères n'avait point encore fait sa femme, a
« beaucoup contribué à nous aliéner les Russes. »

L'Empereur disait qu'au retour de l'île d'Elbe, il aurait éprouvé moins d'embarras pour composer sa société. « Elle était même toute trouvée,
« ajoutait-il, dans ce que j'appelais *mes veuves* : la duchesse d'Istrie,
« madame Duroc, mesdames Regnier, Legrand et toutes les autres veuves
« de mes premiers généraux. Je disais aux princesses qui me deman-
« daient comment recomposer leur cour de suivre mon exemple. Rien
« n'était plus naturel, plus beau, plus moral. Elles étaient encore jeunes,
« et pourtant déjà formées au monde ; dans le nombre il s'en trouvait
« même de charmantes et de fort aimables : la plupart auront été ruinées;
« plusieurs, dit-on, se remarient et changent de nom, de sorte que de
« tant de fortunes et de tant d'élévations fondées par moi, tout, jusqu'aux
« noms mêmes, disparaîtra peut-être. S'il en était ainsi, ne donneront-ils
« pas l'occasion de dire qu'il fallait après tout qu'il y eût un vice radical
« dans les choix que j'avais faits ? Ce serait, du reste, tant pis pour eux ;
« ils ne feront là que ménager un triomphe et des insolences à la vieille
« aristocratie. »

Nous sommes revenus à lui rappeler la course à cheval ; nous y tenions, parce que nous savions que sa santé en dépendait, mais il n'y a pas eu moyen. « Nous sommes bien ici, a-t-il dit, bâtissons-y trois
« tentes, etc., etc. » Et la causerie a continué sur le faubourg Saint-Ger-

main, l'hôtel de Luynes, qu'il en disait la métropole ; et il a raconté l'exil de madame de Chevreuse. Il l'avait menacée maintes fois, et pour des torts réels, pour de véritables insolences, assurait-il. Un jour, poussé à bout, il lui avait dit : « Madame, dans vos maximes et dans « vos doctrines féodales, vous vous prétendez les seigneurs de vos terres ; « eh bien ! moi, d'après vos principes, je me dis le seigneur de la France, « et Paris est mon village. Or, je n'y souffre personne qui veuille m'y « déplaire. Je vous juge par vos propres lois ; sortez-en, et n'y rentrez « jamais. » L'Empereur, en l'exilant, s'était promis d'être inflexible pour son retour, parce qu'il avait beaucoup supporté avant de punir, et qu'il fallait, disait-il, un exemple sévère qui épargnât le besoin de le répéter sur d'autres. C'était là un de ses grands principes.

Je disais à l'Empereur que j'avais été fort souvent à l'hôtel de Luynes, que j'avais beaucoup connu madame de Chevreuse et sa belle-mère, à laquelle je demeurais toujours fort attaché. Celle-ci avait fait preuve d'une rare et constante affection pour sa belle-fille, ayant voulu partager son exil et l'ayant suivie dans tous ses voyages. Dans ma mission en Illyrie, je les rencontrai de nuit dans une auberge au pied du Simplon, et ce fut pour elles une véritable joie, une bonne fortune inattendue que de pouvoir se procurer au milieu du désert les plus petits détails de Paris et de la cour : c'était l'avidité de Fouquet aux récits de Lauzun ; car l'éloignement de la capitale était devenu pour elles une véritable mort, et elles en étaient au désespoir.

Enfin j'ajoutais que j'avais vu l'hôtel de Luynes pendant longtemps sinon conquis, du moins calmé, et peut-être moins qu'indifférent. Les désastres inattendus avaient tout réveillé.

Quant à madame de Chevreuse, jolie, spirituelle, aimable, presque un peu plus que bizarre, elle avait été sans doute poussée par l'appât de la célébrité et par l'essaim de ses courtisans ou de ses adorateurs : « J'en- « tends, reprit l'Empereur, elle espérait recommencer la Fronde ; mais « moi je n'étais pas un roi mineur. »

Le brick *le Musquito*, parti d'Angleterre le 22 mars, est arrivé avec les journaux français jusqu'au 5 mars, et ceux de Londres jusqu'aux 21. Rentrant dans son cabinet, l'Empereur m'a dit de le suivre. Il y a lu le *Journal des Débats*. Pendant cette lecture, il m'a été remis de la part du grand maréchal, pour l'Empereur, une lettre venant de l'Europe. Je la lui ai remise ; il l'a lue une fois, a soupiré ; il l'a relue encore, l'a déchirée et jetée sous la table : elle était arrivée ouverte !... Il s'est remis à sa lecture des journaux, puis, s'interrompant tout à coup au bout de

quelques minutes, il m'a dit : « C'est de la pauvre Madame; elle se porte
« bien, et veut venir me joindre !... » Et il s'est remis à lire. Ces nouvelles, les premières qui fussent parvenues à l'Empereur sur sa famille,
étaient de la main du cardinal Fesch, et l'Empereur se montrait visiblement blessé de les avoir reçues ouvertes.

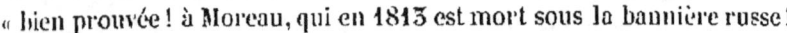
Moreau.—Georges.—Pichegru.—Opinion du camp de Boulogne, de Paris.—Maubreuil.

Jeudi 30.

L'Empereur est sorti sur les deux heures. Nous nous trouvions tous
autour de lui; il est revenu sur les journaux des *Débats*, sur les statues
que les papiers annonçaient devoir être élevées à Moreau et à Pichegru.
« A Moreau, disait-il, dont la conspiration de 1803 est aujourd'hui si
« bien prouvée! à Moreau, qui en 1813 est mort sous la bannière russe!

« à Pichegru, coupable d'un des plus grands crimes que l'on connaisse;
« un général qui s'est fait battre exprès, qui a fait tuer ses soldats de
« connivence avec l'ennemi! Et après tout, continuait-il, comme l'his-
« toire n'est guère que ce que répètent les hommes, à force de répéter
« que ce sont de grands hommes qui ont bien mérité de leur pays, ils
« finiront par passer pour tels, et leurs adversaires ne seront plus que
« des misérables. »

On lui faisait observer qu'il ne pouvait en être ainsi que dans les temps de ténèbres et d'ignorance ; qu'aujourd'hui la quantité d'actes et de monuments publics, l'impression, la gravure et l'universalité des lumières feraient toujours ressortir la vérité pour ceux qui voudraient la connaître, que chaque parti aurait ses historiens, à l'aide desquels l'homme sage pourrait toujours porter un jugement impartial.

L'Empereur alors a repris toute l'affaire de Moreau, Georges et Pichegru, dont j'ai déjà parlé et dont j'ai promis plus tard les détails ; il a dit aujourd'hui que celui qui confessa les premières indications désigna, sans pouvoir la nommer, une personne à laquelle Georges et les autres chefs ne parlaient que chapeau bas, avec beaucoup d'égards et de respect. On présuma d'abord que ce devait être le duc de Berri. Un instant on pensa que cela avait pu être l'apparition momentanée du duc d'Enghien. Un des conspirateurs, que la mélancolie saisit dans sa prison, déchira le voile sans intention. Il se pendit peu de jours après son arrestation ; on accourut au bruit, on le délivra, mais la nature avait repris ses droits : gisant sur son grabat, et dans la crise qu'il venait d'éprouver, il répétait des imprécations contre Moreau, l'accusait d'avoir appelé traîtreusement un bon nombre d'honnêtes gens, de leur avoir promis une grande assistance, et de n'avoir personne ; il nommait aussi Georges et Pichegru. Ce furent les premiers soupçons qu'on eut contre Moreau, les premiers indices contre Pichegru ; on n'avait pensé jusque-là ni à l'un ni à l'autre. Ce fut alors que Réal, qui était accouru à cette espèce de confession de mort, proposa au Consul d'arrêter Moreau.

« La crise était des plus fortes, disait l'Empereur ; l'opinion publi-
« que fermentait, on calomniait la sincérité du gouvernement sur la
« conspiration dont il parlait, sur les conspirateurs qu'il dénonçait. Ils
« étaient au nombre d'environ quarante que le gouvernement affirmait
« être dans Paris. On en publia les noms, et le Premier Consul mit son
« honneur à s'en saisir. Il manda Bessières, et commanda que sa garde
« entourât Paris et gardât ses murailles. Pendant six semaines per-
« sonne ne sortit plus de Paris sans des motifs précis et autorisés. Tous
« les esprits étaient sombres ; mais chaque matin *le Moniteur* annonçait
« la capture d'un, deux ou trois des individus mentionnés. L'opinion
« tourna, elle me revint, et l'indignation croissait à mesure qu'on sai-
« sissait des conspirateurs. Il n'en échappa pas un seul, tous furent
« arrêtés. »

Les papiers du temps disent comment le fut Georges, qui ne succomba qu'après avoir tué deux hommes. Il paraît qu'il avait été trahi par son camarade, qui conduisait le cabriolet où ils étaient ensemble l'un et l'autre.

Quant à Pichegru, il fut victime de la plus infâme trahison. « C'est « vraiment, disait l'Empereur, la dégradation de l'humanité ; il fut « vendu par son ami intime, cet homme, disait l'Empereur, que je ne « veux pas nommer, tant son acte est hideux et dégoûtant. » Et ici nous lui apprîmes que ce nom était dans *le Moniteur*, ce qui l'étonna. « Cet « homme, continua-t-il, ancien militaire, et qui depuis a fait le négoce « à Lyon, vint offrir de le livrer pour 100,000 écus. Il raconta qu'ils « avaient soupé la veille ensemble, et que Pichegru, se lisant chaque « matin dans *le Moniteur*, et sentant approcher sa destinée, lui avait dit : « — Mais si moi et quelques généraux nous allions résolûment nous pré- « senter au front des troupes, ne les enlèverions-nous pas ? — Non, lui dit « son ami, vous ne vous doutez pas de la France ; vous n'auriez pas un « seul soldat. Et il disait vrai. La nuit venue, l'infidèle ami conduisit « les agents de police à la porte de Pichegru, leur détailla les formes « de la chambre, ses moyens de défense. Pichegru avait des pistolets « sur sa table de nuit, la lumière était allumée : il dormait. On ouvrit « doucement la porte avec de fausses clefs, que l'ami avait fait faire « exprès ; on renversa la table de nuit, la lumière s'éteignit, et l'on

« se colleta avec Pichegru, réveillé en sursaut. Il était très-fort; il fallut
« le lier et le transporter nu. Il rugissait comme un taureau. »

De là l'Empereur est passé à dire qu'en arrivant au consulat il avait eu à cœur d'apaiser les départements de l'Ouest. Il avait fait venir la plupart des chefs; il en avait ému plusieurs, et avait, disait-il, fait verser des larmes à quelques-uns au nom de la patrie et de la gloire. Georges eut son tour; l'Empereur dit qu'il tâta toutes ses fibres, parcourut toutes les cordes; ce fut en vain : le clavier fut épuisé sans produire aucune vibration. Il le trouva constamment insensible à tout sentiment vraiment élevé; Georges ne se montra que froidement avide du pouvoir, il en demeurait toujours à vouloir commander ses cantons. Le Premier Consul, après avoir épuisé toute conciliation, prit le langage du premier magistrat. Il le congédia en lui recommandant d'aller vivre chez lui tranquille et soumis, de ne pas se méprendre surtout à la nature de la démarche qu'il venait de faire en cet instant, de ne pas attribuer à faiblesse ce qui n'était que le résultat de sa modération et de sa grande force; qu'il se dît bien et répétât à tous les siens que, tant que le Premier Consul tiendrait les rênes de l'autorité, il n'y aurait ni chance ni salut pour quiconque oserait conspirer. Georges s'en fut, et la suite a prouvé que ce n'était pas sans avoir puisé dans cette conférence quelque estime pour celui qu'il ne cessa de vouloir détruire.

Moreau était le point d'attraction et de ralliement qui avait attiré la nuée de conspirateurs qui vint de Londres fondre sur Paris. Il paraît que Lajollais, son aide de camp, les avait trompés en leur parlant au nom de Moreau, et en leur disant que ce général était sûr de toute la France et pouvait disposer de toute l'armée. Moreau ne cessa de leur dire, à leur arrivée, qu'il n'avait personne, pas même ses aides de camp; mais que, s'ils tuaient le Premier Consul, il aurait tout le monde.

Moreau, livré à lui-même, disait l'Empereur, était un fort bon homme, qu'il eût été facile de conduire : c'est ce qui explique ses irrégularités. Il sortait du palais tout enchanté, il y revenait plein de fiel et d'amertume ; c'est qu'il avait vu sa belle-mère et sa femme. Le Premier Consul, qui eût été bien aise de le rallier à lui, se raccommoda une fois à fond ; mais cela ne dura que quatre jours. En effet, depuis on essaya maintes fois de les rapprocher, Napoléon ne le voulut plus. Il prédit que Moreau ferait des fautes, qu'il se perdrait ; et certes il ne pouvait le faire d'une manière qui justifiât plus complétement la prédiction du Premier Consul et le servît davantage.

A Wittemberg, quelques jours avant la bataille de Leipsick, on inter-

cepta des chariots et des effets dans lesquels étaient les papiers de Moreau qu'on renvoyait à sa veuve en Angleterre. L'une de ces lettres était de madame Moreau elle-même, qui avait écrit à son mari de laisser là ses hésitations, son insignifiance habituelle, et de savoir prendre hardiment un parti; de faire triompher le légitime, celui des Bourbons. Moreau répondait à cela, peu de jours avant sa mort, qu'elle le laissât tranquille avec ses chimères. « Me voilà bien rapproché de la France, « lui mandait-il, bien à même de prendre de bonnes informations.... « Eh bien! on m'a fait donner dans un véritable guêpier. »

L'Empereur fut au moment de faire imprimer ces papiers dans *le Moniteur*; mais il existait encore en France quelques personnes aveuglément tenaces sur l'opinion qu'elles avaient toujours conservée de Moreau, s'obstinant à le regarder comme une victime de la tyrannie. La contre-révolution n'avait pas encore permis qu'on vînt se vanter de ses actes désavoués jusque-là, et en réclamer la récompense. La circonstance d'inimitié personnelle arrêta l'Empereur. Il ne trouva pas qu'il fût bien de la réveiller à son avantage, et de flétrir un homme qu'un boulet venait de frapper sur le champ de bataille.

Le grand procès de Moreau et de Pichegru fut fort long et agita grandement l'esprit public. Ce qui vint ajouter encore à l'éclat de cette affaire et à la crise, remarquait Napoléon, fut de se trouver compliquée avec l'affaire du duc d'Enghien, qui vint à la traverse. « Les hommes « d'État, disait l'Empereur, m'ont reproché une grande faute dans ce « procès, et l'ont comparée à celle de Louis XVI dans l'affaire du collier, « qu'il mit entre les mains du Parlement, au lieu de la faire juger par « une commission. Selon ces hommes d'État, j'aurais dû me contenter « de livrer les coupables à une commission militaire, c'eût été terminé « en deux fois vingt-quatre heures ; *je le pouvais*, c'était légal, et l'on « ne m'en eût pas voulu davantage; je ne me serais pas exposé aux « chances que je courus. Mais je me sentais un pouvoir tellement indé- « terminé, j'étais en même temps si fort en justice, que je voulus que « le monde entier demeurât témoin. Aussi les ambassadeurs, les agents « de toutes les puissances assistèrent-ils constamment aux débats! »

Quelqu'un alors fit observer à l'Empereur que le parti qu'il avait pris se trouvait bien heureux aujourd'hui, et pour l'histoire, et pour son caractère. Il existait par là, disais-je, trois volumes de pièces authentiques du procès.

Un de nous, qui servait alors à l'armée de Boulogne, disait que tous ces événements, même celui du duc d'Enghien, y avaient paru en règle; qu'ils y avaient été tous adoptés, et que sa surprise avait été grande, revenant quelques mois après à Paris, d'y trouver l'exaspération qu'ils y avaient créée.

L'Empereur convenait qu'elle avait été extrême, surtout celle causée par la mort du duc d'Enghien, sur laquelle même encore aujourd'hui en Europe on semblait, disait-il, juger aveuglément et avec passion. Il énumérait de nouveau son droit et ses raisons ; il a fait passer en revue les nombreuses tentatives pratiquées sur sa personne. Il remarquait que pourtant il devait à la justice de dire qu'il n'avait jamais trouvé Louis XVIII dans une conspiration directe contre sa vie ; ce qui avait été, l'on pouvait dire, permanent chez M. le comte d'Artois. Il n'avait jamais connu de Louis XVIII que des plans systématiques, des opérations idéales, etc., etc.....

« Si je fusse demeuré en 1815, a-t-il continué, j'allais produire au « grand jour quelques-uns de ces derniers attentats. L'affaire Maubreuil « surtout eût été solennellement instruite par la première Cour de l'em « pire, et l'Europe eût frémi d'horreur en voyant jusqu'où pouvait re- « monter la honte de l'assassinat et du guet-apens. »

Politique.—Angleterre.—Lettres retenues par le gouverneur.—Paroles caractéristiques.

Vendredi 31.

A cinq heures, j'ai été joindre l'Empereur dans le jardin ; nous y étions tous réunis. Il était sur la politique, il peignait la triste situation de l'Angleterre au milieu de ses triomphes ; le gouffre de sa dette, la folie, le besoin, l'impossibilité pour elle d'être un pouvoir continental, les dangers de sa constitution, les véritables embarras des ministres, la juste clameur de tous. L'Angleterre, avec ses cent cinquante ou deux cent mille soldats, faisait autant d'efforts que lui en avait jamais fait à l'époque de sa grande puissance, elle faisait peut-être davantage. Jamais il n'avait eu plus de cinq cent mille Français au complet. Les traces de son système continental étaient suivies maintenant par toutes les puissances du continent : elles le seraient plus à mesure qu'elles s'assiéraient davantage. Il n'hésitait pas à dire, et il le prouvait, que, malgré les événements du jour, l'Angleterre eût gagné à demeurer fidèle au traité d'Amiens ; que l'Europe entière y eût gagné ; que lui seul Napoléon et sa gloire y eussent perdu, et que c'était l'Angleterre pourtant, et non pas lui, qui l'avait rompu.

Il n'était plus qu'un système pour l'Angleterre, continuait-il, celui de revenir à sa constitution, d'abandonner le système militaire, de ne plus se mêler du continent que par l'influence de la mer, sur laquelle elle régnait seule aujourd'hui. Si elle prenait toute autre marche, on pouvait lui prédire de grands malheurs ; et elle la prendrait inévitablement cette marche, parce que toute son aristocratie le voudrait ainsi, et que l'ineptie, l'orgueil ou la vénalité de son ministère présent le feraient persister dans sa marche actuelle.

L'Empereur est rentré dans son cabinet où je l'ai suivi. Il m'a parlé d'une lettre qui, m'ayant été envoyée d'Angleterre par la poste ordinaire, aurait été retenue par le gouverneur, pour ne lui avoir pas été adressée officiellement. On en disait autant d'une lettre pour le grand maréchal. L'Empereur remarquait que, s'il en était ainsi, il y aurait quelque chose de barbare et d'inhumain dans la conduite du gouverneur de les avoir renvoyées sans nous en avoir parlé, sans nous donner la consolation d'apprendre de qui elles étaient..... Un défaut de forme, disait-il, peut se réparer aisément dans l'île; il ne saurait en être de même à deux mille lieues de distance de nous.

Après le dîner, l'Empereur, causant sur notre situation et la conduite du gouverneur, qui est venu aujourd'hui faire rapidement le tour de nos murailles, revenait sur la dernière entrevue qu'ils avaient eue ensemble, et disait des choses précieuses à ce sujet. « Je l'ai fort maltraité sans « doute, disait-il, et rien que ma situation présente ne saurait me justi- « fier; mais la mauvaise humeur m'est permise : j'en rougirais dans toute « autre situation. Si c'eût été aux Tuileries, je me croirais en con- « science obligé à des réparations. Jamais, au temps de ma puissance, « je ne maltraitai quelqu'un qu'il n'y eût de ma part quelque mot qui « raccommodât le tout; mais ici il n'y en a eu aucun, et je n'en « avais pas l'envie. Toutefois il y a été peu sensible; sa délicatesse « n'en a pas semblé blessée. J'aurais aimé, pour son honneur, à lui « voir, par exemple, témoigner de la colère, repousser la porte avec « violence en sortant, ou toute autre chose pareille. J'eusse été certain « du moins qu'il y avait en lui du ressort et de l'élasticité; mais je n'y « ai rien trouvé. »

Bataille du Tagliamento. — Depuis le passage de la Piave, le 13 mars 1797, jusqu'à l'entrée de l'armée française en Allemagne, le 28 du même mois, espace de dix-sept jours.

N. B. Les mots en italique sont des corrections au manuscrit, de la main de l'Empereur.

Je vais mettre ici ce qui me reste des chapitres de l'armée d'Italie, pour ne les pas trop éloigner de ceux qui précèdent.

Dans ce qui a été publié plus tard sur ces campagnes d'Italie émanant directement de l'Empereur, je dois dire que j'y remarque des chapitres entièrement neufs, et que ceux que je connaissais montrent parfois quelque accroissement dans les détails, soit que Napoléon, dans ses loisirs, y soit revenu par pure prédilection, soit qu'il y ait été amené par la connaissance d'ouvrages publiés en Europe sur le même sujet.

I. *Situation de l'Italie au commencement de 1797.* — La paix de *Tolentino* avait *rétabli les relations avec Rome.* La cour de Naples *était* satisfaite de la modération des Français à l'égard *du pape :* elle y voyait une preuve que l'intention de la république était *de ne pas se mêler de ses* affaires intérieures, *et de ne donner aucun appui aux mécontents.* Nous étions maîtres de la république de Gênes, le parti oligarchique y était sans crédit. Les républiques cispadane et transpadane étaient animées du meilleur esprit; nous y trouvions toute espèce d'assistance. *En Piémont*, Alexandrie, Fenestrelles, Cherasque, Coni, Tortone, avaient garnison française; Suze, Labrunette, Desmont, étaient démolies. La misère et le mécontentement étaient à l'extrême *parmi le peuple*. Des mouvements d'insurrection s'étaient manifestés dans diverses provinces *contre la cour*; le roi de Sardaigne *avait* réuni ses troupes de ligne en corps d'armée *pour les dissiper*. Le général français avait tout fait pour *maintenir l'ordre et la tranquillité en Piémont* : il avait souvent menacé de faire marcher des troupes contre *les mécontents*; mais les communications *étaient* rétablies entre le Piémont, la France et les républiques cispadane et transpadane. *L'esprit qui dominait dans ces républiques se propageait en Piémont*. Les officiers et les soldats français, *animés des principes républicains, les propageaient dans toute l'Italie*. Les circonstances étaient *devenues* telles, qu'il fallait, *pour assurer les desseins du général français*, ou détruire *le roi de Sardaigne*, ou dissiper entièrement toutes ses inquiétudes, *et contenir les mécontents*. *Le général français imagina de proposer* un traité offensif et défensif à la cour de Sardaigne ; il fut signé par le général Clarke et le marquis de Saint-Marsan. La république garantissait au roi sa couronne ; le roi *déclarait la guerre à l'Autriche, et fournissait un contingent de dix mille hommes et vingt pièces de canon à l'armée française. Ce traité était très-important pour l'exécution du grand plan du général en chef; son armée se trouvait renforcée, et il avait avec lui des otages qui lui assuraient le Piémont pendant son absence de l'Italie.* Mais le Directoire ne sentit point l'importance de ce traité, et en ajourna constamment la ratification. Cependant la publicité du traité donna un nouveau crédit au roi et découragea les malveillants. L'État de Venise seul donnait des inquiétudes : Brescia, Bergame, la Polésine, une partie du Vicentin et du Padouan étaient parfaitement disposés pour la cause française ; mais *le parti autrichien, qui était celui du sénat de Venise, pouvait disposer de la plus grande partie du Véronais, et de douze mille Esclavons qui étaient dans Venise*. Tous les moyens que Napoléon put imaginer pour aplanir les difficultés ayant échoué, il fut obligé de passer outre, de se contenter d'occuper la forteresse de Vérone, et de laisser un corps de réserve pour observer le pays vénitien et garantir la sûreté de ses derrières. On verra dans le chapitre suivant les raisons qui s'opposèrent à ce qu'il mît fin aux troubles de cette république avant d'entrer en Allemagne.

II. *L'empereur d'Allemagne refuse de reconnaître la république fran-*

çaise et d'entrer en négociation. Le général français se dispose à l'y forcer.
— Avant et après la prise de Mantoue, diverses ouvertures pacifiques avaient été faites à la cour de Vienne : toutes furent infructueuses ; le général Clarke avait été envoyé de Paris avec une lettre du Directoire à l'empereur d'Allemagne, et des pleins pouvoirs pour négocier et conclure des préliminaires de paix. Une conférence avait eu lieu à Vicence, avant la bataille de Rivoli, entre Clarke et le baron de Vincent, *aide de camp de l'empereur*. Ce dernier *dit* que son maître ne reconnaissait point la république française, et ne *pouvait* entendre parler de paix *sans le concours de son allié, c'est-à-dire de l'Angleterre*. Depuis la prise de Mantoue, Clarke fit une seconde tentative. Il se rendit à Florence, et vit le grand-duc ; il obtint la même réponse. Le général français, tranquille sur l'Italie, résolut de rejeter les Autrichiens au delà des Alpes Juliennes, de les poursuivre sur la Drave, sur la Muer, de passer le Simmering, et d'obliger l'empereur d'Autriche à signer la paix dans Vienne. Le projet était vaste, le succès paraissait assuré. Le général en chef promit la paix au gouvernement *français* dans le courant de l'été.

L'armée d'Italie n'avait jamais été si belle, si nombreuse, ni en meilleur état : elle se composait de huit divisions d'infanterie, de six mille chevaux, et comptait cent cinquante pièces de canon bien attelées. Ses troupes étaient bien habillées, bien chaussées, bien nourries, bien payées, composées de vieux soldats et d'excellents officiers. Cette armée, d'environ soixante mille hommes, *pouvait* tout entreprendre.

L'armée française, depuis la prise de Mantoue, menaçait directement les États héréditaires de la maison d'Autriche ; ses avant-postes étaient sur les frontières. Les armées françaises du Rhin et de Sambre-et-Meuse, qui avaient leurs quartiers d'hiver sur la rive gauche du Rhin, en étaient éloignées de plus de cent lieues, *en étant séparées par les États* du corps germanique. L'armée d'Italie était éloignée d'environ cent quatre-vingts lieues de Vienne, et les armées du Rhin et de Sambre-et-Meuse de plus de deux cents lieues. L'armée d'Italie fixa donc toute l'attention de la cour de Vienne. Le prince Charles, qui avait obtenu des succès *sur le Danube* dans les campagnes précédentes, fut envoyé sur la Piave avec quarante mille hommes de *renfort* des meilleures troupes de la monarchie.

Dès le mois de janvier, les ingénieurs autrichiens parcouraient tous les cols et les hauteurs des Alpes Noriques, projetaient des retranchements, dressaient des plans pour fortifier Gradisca, Clagenfurt, Tarvis. Mais tous ces travaux ne pouvaient se commencer qu'après la fonte des neiges, qui, dans les Alpes Noriques, ne disparaissent que vers la fin de

Passage du Mont Saint-Bernard.

mars. Il était donc important de prévenir l'ennemi, avant qu'il eût réuni tous ses moyens et retranché les gorges et passages difficiles qu'on avait à traverser : Napoléon résolut d'être en Allemagne à la fin de mars.

III. *Plan de campagne de l'armée française pour marcher sur Vienne.* — Le Brenner est la sommité la plus élevée des Alpes du Tyrol, c'est la division géographique de l'Allemagne et de l'Italie. L'Inn, l'Adda et l'Adige prennent leurs sources sur cette haute chaîne ; l'Inn coule du sud-ouest au nord-est, cinquante lieues dans le Tyrol, sur le revers du Brenner, vers le Danube, dans lequel il se jette, séparant la Bavière de l'Autriche. L'Adda, dont les sources sont près de celles de l'Inn, coule du nord au sud, et se jette, après vingt-huit lieues de cours, dans le lac de Côme, d'où elle sort pour traverser la Lombardie. L'Adige, qui prend sa source à peu de lieues de celle de l'Inn, court du nord au sud, à une cinquantaine de lieues sur l'autre penchant du Brenner, entre en Italie à Vérone, d'où elle se jette dans l'Adriatique près de l'embouchure du Pô. Un grand nombre d'affluents coulent dans ces diverses rivières, et forment des gorges à pic où il est impossible de pénétrer sans être maître des sommités. C'est la partie des Alpes la plus rude et la plus difficile, celle qui est la plus coupée et dont la pente est la plus brusque.

Pour se rendre de l'Italie à Vienne, il n'y a que trois grandes chaussées : celle du Tyrol, celle de la Carinthie et celle de la Carniole. La première traverse la chaîne supérieure des Alpes au col du Brenner ; la seconde au col des Alpes Noriques, entre Ponteba et Tarvis ; la troisième au col des Alpes de la Carniole, à quelques lieues de Laybach. Suivant la loi générale des Alpes, le col du Brenner est beaucoup plus élevé que le col de Tarvis, le col de Tarvis que celui de Laybach.

La chaussée du Tyrol part de Vérone, remonte la rive gauche de l'Adige, passe à Trente, Bolzano, Brixen ; traverse le Brenner à soixante lieues de Vérone ; rencontre l'Inn à Innspruck, à neuf lieues et demie ; longue l'Inn jusqu'à demi-chemin de Rattemberg à Kufstein, et trouve Salzburg à trente-quatre lieues et demie, d'où elle traverse Ens sur le Danube, à trente-deux lieues, et de là jusqu'à Vienne court trente-six lieues. Cette chaussée, qui porte le nom de chaussée du Tyrol, a donc de Vérone à Vienne cent soixante et onze lieues.

La chaussée de la Carinthie part de Saint-Danièle, traverse la chaîne des Alpes Noriques entre Tarvis et la Ponteba, en parcourant trente et une lieues ; elle passe la Drave à Villach, à vingt-quatre lieues et demie ; traverse Clagenfurt, capitale de la Carinthie, à huit lieues de Villach ; rencontre la Mur, qu'elle suit jusqu'à Judenbourg, à vingt lieues et demie, et continue, en serpentant sur l'une et l'autre rive jusqu'à Bruch, pendant l'espace de douze lieues. De Bruch, la chaussée quitte la Mur et monte pendant douze lieues sur le Simmering, montagne qui sépare la vallée du Danube de la vallée de la Mur, et de là descend dans la plaine qui conduit à Vienne, qui n'en est plus qu'à vingt lieues. Il y a donc des frontières de l'Italie à Vienne quatre-vingt-dix-sept lieues, ou de Saint-Danièle cent vingt-huit lieues.

La chaussée de la Carniole part de Goritz, arrive à Laybach après vingt-sept lieues, passe la Save, les Alpes, et descend sur la Drave, qu'elle passe à Marbourg, à trente lieues et demie de Laybach ; de Marbourg, elle rencontre la Mur à Ehrenhausen, à quatre lieues et demie ; elle longe cette rivière jusqu'à Bruch, en passant par Gratz, capitale de la Styrie, pendant l'espace de vingt-six lieues ; là elle rencontre la chaussée de la Carinthie : de Goritz à Vienne, il y a donc, par la chaussée de la Carniole, cent trois lieues.

La chaussée du Tyrol se joint à la chaussée de la Carinthie par six communications transversales : 1° un peu au-dessus de Brixen, une chaussée dite Pusthersthal prend à droite, remonte un des affluents de l'Adige, passe à Lienz, Spital, et aboutit à Villach, à quarante-six lieues et demie de Brixen ; 2° de Salzbourg part une chaussée qui traverse Rastadt, rencontre le Pusthersthal à Spital, et arrive à Villach, à cinquante-deux lieues de Salzbourg ; 3° de la seconde chaussée transversale, à quatre lieues au-dessous de Rastadt, part une chaussée qui suit la Mur jusqu'à Scheiffing, où elle rencontre la chaussée de la Carinthie ; elle a environ seize lieues ; 4° de Lintz sur le Danube part une chaussée qui passe l'Ens près de Rottenman, traverse de hautes montagnes, et descend sur Judenbourg ; 5° d'Ens sur le Danube, une chaussée remonte l'Ens pendant environ vingt lieues, et redescend sur Leoben pendant environ huit lieues ; 6° enfin du Danube par Saint-Polten, une chaussée arrive à Bruch, qui en est à environ vingt-quatre lieues. Les deux chaussées de la Carniole et de la Carinthie se joignent par trois communications transversales : 1° de Goritz, en remontant l'Isonzo pendant dix lieues, on arrive à Caporetto, où l'on trouve la chaussée d'Udine ; six lieues plus haut, on trouve la Chiusa autrichienne ; et enfin, cinq lieues plus haut, Tarvis, où elle joint la chaussée de la Ponteba ou de la Carinthie ; 2° de Laybach part une chaussée qui traverse la Save, la Drave, et arrive, après dix-sept lieues, à Clagenfurt ; mais elle est très-difficile pour l'artillerie ; 3° enfin de Marbourg une chaussée remonte la Drave, et arrive, après environ vingt-cinq lieues, à Clagenfurt, où elle rencontre la chaussée de la Carinthie ; une fois dépassé Clagenfurt et Marbourg, ces deux chaussées de la Carinthie et de la Carniole cheminent parallèlement à une vingtaine de lieues l'une de l'autre, et n'ont plus aucune communication transversale praticable aux voitures.

Le projet de Napoléon était de pénétrer en Allemagne par la chaussée de *la Carinthie*, de traverser la Carniole, la Styrie, et d'arriver sur le Simmering ; mais le prince Charles *avait deux* armées : *l'une* en Tyrol, et l'autre *derrière* la Piave ; il fallait donc laisser une partie de l'armée en observation contre l'armée du Tyrol. Le général français préféra faire prendre également l'offensive aux divisions du Tyrol, les faire arriver jusqu'à Brixen, et *les diriger sur Clagenfurt* par la chaussée de Pusthersthal, dans le temps que le principal corps de l'armée se porterait sur la Piave, traverserait le Tagliamento, déboucherait par la chaussée de *la Carinthie* sur la Drave et Villach, *où il serait rejoint par* son aile du Tyrol ; et alors toute l'armée réunie marcherait sur le Simmering.

Trois divisions, formant un ensemble de quinze mille hommes sous les ordres du général Joubert, furent destinées à l'opération du Tyrol ; quatre, sous les ordres du général en chef en personne, *faisant* trente-cinq mille hommes, marchèrent sur le Tagliamento ; le 8ᵉ, qui se composait en partie des troupes qui avaient marché sur Rome, fut destiné à former un corps d'observation contre Venise, et assurer la tranquillité de nos derrières. Les généraux de division Baraguey-d'Hilliers et Delmas commandaient dans le Tyrol sous Joubert ; les généraux Masséna, Serrurier, Guieux et Bernadotte étaient à la tête des quatre divisions d'infanterie qui marchaient sur le Tagliamento ; le général Dugua commandait la cavalerie. Les armées du Rhin et de Sambre-et-Meuse devaient passer le Rhin et entrer en Allemagne, de manière à arriver sur le Lech *et le Danube* en même temps que l'armée française arriverait sur le Simmering. On avait compté sur la division du Piémont, forte de dix mille hommes ; mais le retard des ratifications priva l'armée française de ce renfort *si important*.

IV. *Passage de la Piave*, 13 *mars*. — Dans le Tyrol, tout le mois de février se passa en fortes escarmouches. Les Autrichiens s'y étaient montrés en force et très-hardis. Sur la Piave le prince Charles fit divers mouvements pour profiter de l'éloignement *d'une partie* de l'armée française, qu'il supposait sur Rome. Le général Guieux se crut menacé à Trévise, et repassa la Brenta ; mais le prince Charles, *mieux instruit, sut que le général français n'avait mené sur Rome que quatre ou cinq mille hommes, et s'arrêta.* Tout se réduisit à quelques escarmouches. Le quartier général français arriva dans les premiers jours de mars à Bassano.

La proclamation suivante fut mise à l'ordre du jour :

« La prise de Mantoue vient de finir une campagne qui vous a donné
« des titres éternels à la reconnaissance de la patrie.

« Vous avez *remporté la victoire dans quatorze batailles rangées et
« soixante-dix combats*; vous avez fait plus de cent mille prisonniers,
« pris à l'ennemi cinq cents pièces de canons de campagne, deux mille
« de gros calibres, quatre équipages de pont.

« Les contributions mises sur les pays que vous avez conquis ont
« nourri, entretenu, soldé l'armée pendant toute la campagne; vous
« avez en outre envoyé trente millions au ministère des finances pour
« le soulagement du trésor public.

« Vous avez enrichi le Muséum de Paris de plus de trois cents objets,
« chefs-d'œuvre de l'ancienne et nouvelle Italie, et qu'il a fallu trente
« siècles pour produire.

« Vous avez conquis à la république les plus belles contrées de l'Eu-
« rope; les républiques lombarde et transpadane vous doivent leur
« liberté; les couleurs françaises flottent pour la première fois sur les
« bords de l'Adriatique, en face et à vingt-quatre heures de navigation
« de l'ancienne Macédoine; les rois de Sardaigne, de Naples, le pape, le
« duc de Parme, se sont détachés de la coalition de nos ennemis, et ont
« brigué notre amitié; vous avez chassé les Anglais de Livourne, de
« Gênes, de la Corse.... Mais vous n'avez pas encore tout achevé; une
« grande destinée vous est réservée : c'est en vous que la patrie met ses
« plus chères espérances; vous continuerez à en être dignes.

« De tant d'ennemis qui se coalisèrent pour étouffer la république à sa
« naissance, l'empereur seul reste devant nous : se dégradant lui-même
« du rang d'une grande puissance, ce prince s'est mis à la solde des
« marchands de Londres; il n'a plus de volonté, de politique, que celles
« de ces insulaires perfides, qui, étrangers au malheur de la guerre,
« sourient avec plaisir aux maux du continent.

« Le Directoire exécutif n'a rien épargné pour donner la paix à l'Eu-
« rope; la modération de ses propositions ne se ressentait pas de la force
« de ses armées, il n'avait pas consulté votre courage, mais l'humanité
« et l'envie de vous faire rentrer dans vos familles : il n'a pas été écouté
« à Vienne; il n'est donc plus d'espérance pour la paix qu'en allant la
« chercher dans le cœur des États héréditaires de la maison d'Autriche.

« Vous y trouverez un brave peuple accablé par la guerre qu'il a eue
« contre les Turcs, et par la guerre actuelle. Les habitants de Vienne et

« des États d'Autriche gémissent sur l'aveuglement et l'arbitraire de leur
« gouvernement : il n'en est pas un qui ne soit convaincu que l'or de
« l'Angleterre a corrompu les ministres de l'empereur. Vous respecte-
« rez leur religion et leurs mœurs ; vous protégerez leurs propriétés :
« c'est la liberté que vous apporterez à la brave nation hongroise.

« La maison d'Autriche, qui depuis trois siècles va perdant à chaque
« guerre une partie de sa puissance, qui mécontente ses peuples en les
« dépouillant de leurs priviléges, se trouvera réduite ; à la fin de cette
« sixième campagne (puisqu'elle nous contraint à la faire), à accepter
« la paix que nous lui accorderons, et à descendre, dans la réalité, au
« rang des puissances secondaires, où elle s'est déjà placée en se mettant
« aux gages et à la disposition de l'Angleterre.

« *Signé* BONAPARTE. »

L'armée se mit en mouvement. Il fallait passer la Piave, que défendait l'armée du prince Charles, et chercher à gagner avant lui les gorges d'Osopo et de la Ponteba. Masséna, avec sa belle division, fut destiné à remplir cet objet important ; il partit de Bassano, passa la Piave et le Tagliamento dans les montagnes, tournant ainsi toute l'armée du prince Charles. Celui-ci détacha une division pour l'opposer à cette manœuvre. Masséna la battit, la poursuivit l'épée dans les reins, lui prit beaucoup

de monde et quelques pièces de canon. Parmi ces prisonniers se trouva le général de Lusignan, qui avait insulté les malades français ses compatriotes, aux hôpitaux de Brescia, durant les succès éphémères de Wurmser. Masséna se rendit maître de Feltres, de Cadore et de Bellune, *menant battant* la division autrichienne, sans éprouver de pertes considérables.

Le général en chef se porta le 12 sur Azolo, avec la division Serrurier, passa la Piave à la pointe du jour, marcha sur Conégliano, où était le quartier général autrichien, tournant ainsi toutes les divisions autrichiennes qui défendaient la basse Piave, ce qui permit au général Guieux d'exécuter son passage, à deux heures après midi, à Ospedaletto. La rivière dans cet endroit est assez haute, et eût exigé un pont; mais la bonne volonté y suppléa. Un seul tambour courut des risques, et fut sauvé par une vivandière de l'armée, qui se jeta à la nage : le général en chef la récompensa en lui attachant au cou une chaîne d'or. Le 12, le

général français fut à Conégliano avec les divisions Serrurier et Guieux. La division Bernadotte rejoignit le lendemain.

Le prince Charles avait choisi les plaines du Tagliamento pour champ de bataille, les croyant avantageuses *pour tirer parti* de sa cavalerie.

Son arrière-garde essaya de tenir à Sacile ; mais elle fut battue par le général Guieux, qui y entra le 13.

V. *Bataille du Tagliamento, 16 mars.* — Le 16, à neuf heures du matin, les deux armées furent en présence, l'armée française sur la rive droite, l'armée autrichienne sur la rive gauche du Tagliamento. Les divisions Guieux, Serrurier, Bernadotte faisaient la gauche du centre, et la droite était avec le quartier-général, en avant de Valvasone. Le prince Charles, avec des forces à peu près égales, était rangé de la même manière, en face, sur la rive gauche. Par cette position, le prince Charles *ne couvrait pas la chaussée de la Ponteba.* Les débris de la division opposée à Masséna n'étaient plus capables de l'arrêter. Cependant la Ponteba était la route la plus courte de Vienne, et la direction naturelle pour couvrir cette capitale. Cette conduite du prince Charles ne pouvait s'expliquer qu'en supposant qu'il ne connaissait pas encore bien le nouveau terrain sur lequel il devait opérer, lequel n'avait jamais été le théâtre de la guerre dans les temps modernes ; ou que, ne croyant pas le général français assez hardi pour se porter sur Vienne, il n'eût de crainte que pour Trieste, centre des établissements maritimes de l'Autriche ; ou enfin, que ses positions n'étaient point définitivement prises, et que, couvert par le Tagliamento, il espérait gagner quelques jours qui suffiraient à une division de grenadiers déjà arrivée à Clagenfurt, pour venir renforcer la division opposée à Masséna.

La canonnade s'engagea d'une rive à l'autre. La cavalerie légère fit plusieurs charges sur le gravier du torrent. Le général en chef, voyant l'ennemi trop bien préparé, fit poser les armes à ses soldats et établir les bivouacs. Le général autrichien y fut trompé ; il crut que l'armée française, *qui avait marché toute la nuit,* prenait position ; il fit un mouvement en arrière, *et alla* reprendre ses bivouacs. Mais deux heures après, quand tout fut tranquille dans les deux camps, les Français reprirent subitement les armes, et Duphot, à la tête de la 27e légère, formant l'avant-garde de Guieux, et Murat, à la tête de la 15e légère, conduisant l'avant-garde de Bernadotte, soutenus chacun par leurs divisions, chaque brigade formant une ligne, et celles-ci appuyées par Serrurier, marchant derrière en réserve, se précipitèrent dans la rivière. L'ennemi avait couru aux armes ; mais déjà toutes nos troupes avaient passé dans le plus bel ordre, et se trouvaient rangées en bataille sur la rive gauche. La canonnade et la fusillade s'engagèrent de toutes parts. Aux premiers coups de canon, Masséna exécuta son passage à Saint-Danièle : il éprouva peu de résistance et s'empara d'Osopo, cette clef de la chaussée de Ponteba que l'ennemi avait fait la faute de négliger : il l'intercepta désormais à l'armée autrichienne, sépara tout à fait de celle-ci la division qui lui était opposée, et la poursuivit jusqu'au pont de Casasola, en la jetant toujours sur la Carinthie. Le prince Charles désespéra de la vic-

toire. Après plusieurs heures de combat et différentes charges d'infanterie et de cavalerie, il se mit en retraite, nous laissant du canon et des prisonniers.

VI. *Plan de retraite du prince Charles.* — Le prince Charles ne pouvait plus se retirer vers la Ponteba *par la chaussée de Saint-Danièle et d'Osopo,* que Masséna tenait en sa possession. Il prit le parti de regagner cette chaussée à Tarvis, *avec la plus grande partie de son armée,* par Udine, Cividale, Caporetto, la Chiusa autrichienne; il jeta une de ses divisions sur sa gauche, par Palma-Nova, Gradisca et Laybach, pour couvrir *la Carniole.* Mais Masséna n'était qu'à deux journées de Tarvis, et l'armée autrichienne, par cette nouvelle route, avait cinq ou six marches à faire. Le prince Charles compromettait donc son armée : il le sentit, et, de sa personne, courut à Clagenfurt presser la marche d'une division de grenadiers qui s'y trouvait. *Cependant Masséna avait lui-même perdu deux jours ; mais ayant reçu l'ordre de se porter sans hésitation sur Tarvis, il y rencontra le prince Charles en bataille, avec* les débris de la division qui, depuis la Piave, *fuyait devant lui, et une belle division* de grenadiers hongrois.

Le combat fut vif et opiniâtre de part et d'autre. Chacun sentait l'importance du succès : car si Masséna parvenait à s'emparer du débouché de Tarvis, la partie de l'armée autrichienne que le prince Charles avait engagée dans la vallée de l'Isonzo était perdue. Le prince Charles se prodigua de sa personne, et fut *plusieurs fois* sur le point d'être arrêté

par les tirailleurs français. Le général Brune, qui commandait une brigade de la division Masséna, s'y comporta avec la plus grande valeur. Le prince Charles fut rompu : il avait fait donner jusqu'à ses dernières réserves ; il ne put opérer aucune retraite. Les débris de ses troupes allèrent se rallier à Villach, derrière la Drave. Masséna, maître de Tarvis, s'y établit, *en faisant face du côté de Villach et du côté de Goritz, barrant les débouchés de l'Isonzo.*

VII. *Combat de Gradisca. Prise de Layback et de Trieste.* — Le lendemain de la bataille du Tagliamento, le quartier général se rendit à Palma-Nova : c'est une place forte qui appartient aux Vénitiens. Le prince Charles l'avait fait occuper, et y avait établi ses magasins ; mais jugeant qu'il lui faudrait laisser cinq à six mille hommes pour la garder, son artillerie de place n'étant pas encore arrivée, il résolut de l'évacuer. *Nous l'armâmes aussitôt* et la mîmes à l'abri d'un coup de main. Le lendemain 19, on marcha sur l'Isonzo.

Le général Bernadotte se présenta à Gradisca pour passer cette rivière. Il trouva la ville fermée, et fut reçu à coups de canon ; on voulut parlementer avec le commandant de la place, mais il s'y refusa. Napoléon partit alors avec la division Serrurier, prit le chemin de Montefalcone, et marcha jusqu'au lieu où la rive gauche de la rivière cesse de dominer la rive droite. Il lui fallait perdre du temps pour construire un pont ; le colonel Andréossi, directeur des ponts, se jeta le premier dans la rivière pour la sonder ; les colonnes suivirent son exemple, et l'on passa, ayant de l'eau jusqu'à mi-corps, sous la faible fusillade de deux bataillons de Croates qui furent mis en déroute. Il était une heure après midi ; on prit alors sur la gauche ; on monta sur les hauteurs, qu'on suivit jusque vis-à-vis Gradisca, où l'on arriva à cinq heures du soir. La place se trouva ainsi cernée et dominée. La division Serrurier avait marché avec d'autant plus de rapidité, que la fusillade était vive sur la rive droite, où Bernadotte était aux prises. Ce général avait eu l'imprudence de vouloir enlever la place d'assaut : il avait été repoussé, et avait perdu quatre à cinq cents hommes sans nécessité. Cet excès d'ardeur était justifié par l'envie qu'avaient les troupes de Sambre-et-Meuse de se signaler, et par la noble émulation d'arriver à Gradisca avant les anciennes troupes d'Italie. Lorsque le gouverneur de Gradisca vit l'Isonzo passé et les hauteurs couronnées, il capitula, et se rendit prisonnier de guerre *avec plusieurs régiments et beaucoup de canons.* Le quartier général fut porté le surlendemain à Goritz. La division Bernadotte fut dirigée sur Laybach. Le général Dugua, *avec mille chevaux, prit possession de Trieste.* La division Serrurier, de Goritz remonta l'Izonzo pour soutenir le général Guieux, et regagner à Tarvis la chaussée de la Carinthie. Le général Guieux, du champ de bataille du Tagliamento, s'était dirigé vers Udine et Cividale, et avait rencontré à Caporetto la chaussée de l'Isonzo. Il avait eu tout le jour de forts engagements avec le *principal corps* du prince Charles, qui avait pris la même route pour gagner Tarvis ; il lui avait tué beaucoup de monde et fait beaucoup de prisonniers. Le général autrichien avait laissé une arrière-garde à la Chiusa vénitienne, et s'était porté sur Tarvis, espérant que le prince Charles l'occupait encore. Mais Masséna y était depuis deux jours. Il fut attaqué en front par Masséna, et en queue par Guieux. La position même de la Chiusa vénitienne, qui était *forte*, ne put résister à l'impétueuse 4ᵉ de ligne ; elle gravit avec une rapidité inouïe une montagne qui domine la gauche de la Chiusa ; et tournant ainsi ce poste important, il ne resta plus d'autre ressource aux ennemis que de poser les armes. Bagages, canons, parc, drapeaux, tout fut pris. On ne fit que cinq mille prisonniers; dix mille avaient été tués ou blessés dans différents

combats. *Depuis le Tagliamento, dix mille soldats, habitants* de la Carniole ou de la Croatie, voyant *que tout était perdu*, se débandèrent dans les gorges et gagnèrent isolément leurs villages.

Le quartier général se rendit successivement à Caporetto, à Tarvis, à Villach, à Clagenfurt.

VIII. *Entrée en Allemagne, passage de la Drave, prise de Clagenfurt, 29 mars.* — La province de Goritz, qui est la première des États héréditaires de la maison d'Autriche, confine avec l'Italie. Les habitants y parlent italien. Cette province fut sur-le-champ organisée; le vieux château de Goritz fut armé : on composa un gouvernement provisoire des sept personnes les plus considérables, que l'on chargea de l'administration du pays. Toutes les mesures furent prises pour rassurer les habitants et pour alléger le fardeau que leur occasionnait la garnison.

Les mêmes mesures furent prises à Trieste pour l'Istrie. Toutes les marchandises anglaises furent confisquées; on répara le vieux château pour servir de refuge à la petite garnison qu'on voulait y laisser. Les habitants étaient dans des dispositions très-favorables aux Français.

Laybach est la capitale de la Carniole : on y organisa un gouvernement provisoire sur les mêmes principes qu'à Goritz et Trieste. Cette ville fut mise en état de défense : elle avait une enceinte bastionnée d'un très-vieux tracé. On abattit les maisons qui se trouvaient sur les remparts.

Dans ces pays situés près des Alpes, la saison était encore froide. Les habitants, qui avaient d'abord été effrayés, n'eurent qu'à se louer de l'armée française, laquelle à son tour n'eut pas à se plaindre de ces peuples.

Les dispositions des habitants du cercle de Villach parurent favorables aux Français; ils fournirent avec un grand empressement tout ce qui était nécessaire à l'armée. Nous étions en Allemagne, les mœurs y étaient différentes ; nos soldats eurent beaucoup à se louer de l'esprit d'hospitalité qui caractérise le paysan allemand. La grande quantité de chevaux et de voitures, qu'ils se procuraient plus facilement qu'en Italie, leur fut d'une grande utilité.

On mit en état la ville de Clagenfurt, capitale de la Carinthie : on y organisa aussi un gouvernement provisoire. Cette ville a une enceinte bastionnée, mais négligée depuis des siècles et ne servant guère qu'à la police de la ville; les remparts étaient couverts de maisons, on les abattit, et on en fit un point d'appui pour l'armée.

Le général Dugua, à Trieste, confisqua tous les magasins appartenant aux Anglais ou aux Autrichiens; on en trouva de considérables et de toute espèce. On prit également possession des mines d'Idria : on y trouva pour plusieurs millions de vif-argent, qu'on évacua immédiatement sur Palma-Nova.

En entrant en Carinthie, on avait publié la proclamation suivante :

« L'armée française ne vient point dans votre pays pour le conquérir
« ni pour porter aucun changement à votre religion, à vos mœurs, à
« vos coutumes. Elle est l'amie de toutes les nations, et particulièrement
« des braves peuples de la Germanie.

« Le Directoire exécutif de la république française n'a rien épargné
« pour terminer les calamités qui désolent le continent : il s'était décidé
« à faire le premier pas et à envoyer le général Clarke à Vienne, comme
« plénipotentiaire, pour entamer des négociations de paix. Mais la
« cour de Vienne a refusé de l'entendre; elle a même déclaré à Vicence,
« par l'organe de M. de Vincent, qu'elle ne reconnaissait pas la république
« française. Le général Clarke a demandé un passeport pour aller lui-
« même parler à l'empereur; mais les ministres de la cour de Vienne

« ont craint, avec raison, que la modération des propositions qu'il
« était chargé de faire ne décidât l'empereur à la paix. Ces minis-
« tres, corrompus par l'or de l'Angleterre, trahissent l'Allemagne et
« leur prince, et n'ont plus de volonté que celle de ces insulaires per-
« fides, l'horreur de l'Europe entière.

« Habitants de la Carinthie, je le sais, vous détestez autant que nous
« et les Anglais qui seuls gagnent à la guerre actuelle, et votre minis-
« tère qui leur est vendu. Si nous sommes en guerre depuis six ans,
« c'est contre le vœu des braves Hongrois, des citoyens éclairés de
« Vienne, et des simples et bons habitants de la Carinthie.

« Eh bien ! malgré l'Angleterre et les ministres de la cour de Vienne,
« soyons amis. La république française a sur vous les droits de conquête;
« qu'ils disparaissent devant un contrat qui nous lie réciproquement.
« Vous ne vous mêlerez pas d'une guerre qui n'a pas votre aveu. Vous
« fournirez les vivres dont nous pourrons avoir besoin. De mon côté, je
« protégerai votre religion, vos mœurs, vos propriétés ; je ne tirerai de
« vous aucune contribution : la guerre n'est-elle pas par elle-même
« assez horrible ! Ne souffrez-vous pas déjà trop, vous, innocentes vic-
« times, des sottises des autres ! Toutes les impositions que vous avez
« coutume de payer à l'empereur serviront à indemniser des dégâts
« inséparables de la marche d'une armée, et à payer les vivres que vous
« nous aurez fournis. »

IX. *Affaire du Tyrol.* — Immédiatement après la bataille du Tagliamento, le général français expédia l'ordre au général Joubert d'attaquer l'armée qui lui était opposée, de s'emparer de tout le Tyrol italien, d'exécuter hardiment la marche qu'il lui avait prescrite, et de pénétrer en Carinthie par le Pusthersthal.

Le général Joubert entra en opération le 28 mars, passa le Lavisio, battit l'ennemi, *lui fit plusieurs milliers de prisonniers, passa l'Adige, le battit* à Tramin, s'empara de Bolzano, livra un nouveau combat à Clauzen; força les gorges d'*Innspruck* le 28, *rejeta les troupes autrichiennes au delà du Brenner*, et se dirigea sur la Carinthie, après avoir fait éprouver beaucoup de perte à l'ennemi et lui avoir pris sept à huit mille hommes. Le général Joubert montra du talent, de la constance et de l'activité dans la direction de cette opération difficile. *Les généraux Delmas, Baraguey-d'Hilliers et Dumas se distinguèrent. Les troupes montrèrent la plus grande intrépidité.*

X. *Résumé.* — Ainsi, en dix-sept jours, les deux armées du prince Charles avaient été défaites. L'ennemi, rejeté au delà du Brenner, avait évacué le Tyrol, après avoir fait des pertes très-considérables. L'Autriche avait perdu Palma-Nova, place très-forte, et Trieste et Fiume, seuls ports de la monarchie autrichienne; la province de Goritz, l'Istrie, la Carniole, la Carinthie étaient conquises; la Save, la Dave, les Alpes Noriques étaient passées. L'armée n'était plus qu'à soixante lieues de Vienne. Elle était fondée à espérer d'y arriver avant la fin de mai.

L'armée autrichienne, démoralisée et ruinée, ne pouvait plus lutter contre l'armée française, qui n'avait éprouvé aucune perte sensible, et chez qui le moral et le sentiment de sa supériorité étaient à un degré inexprimable.

Fragments de Léoben.

VI. *Opérations de Joubert dans le Tyrol.* — Joubert avait battu l'ennemi sur le Lavisio le 28 mars, il lui avait fait plusieurs milliers de prisonniers; il l'avait poursuivi à Botzen, l'avait défait de nouveau à

Clauzen, avait forcé les gorges d'Innspruck le 28, et se dirigeait à la droite par le Pusthersthal le long de la Drave, avait marché pour déboucher la Carinthie et venir prendre la gauche de l'armée française. Il

avait laissé un corps d'observation sur le Lavisio, pour couvrir Vérone en Italie. Ce corps devait au besoin se replier sur le Montebaldo.

Bernadotte, de son côté, après avoir organisé la Carniole, avait rejoint l'armée, en laissant sous les ordres du général Friant un corps d'observation pour couvrir Laybach : on était menacé du côté de la Croatie. L'Autriche avait fait une levée très-considérable dans cette population d'une organisation spéciale toute militaire. Friant avait eu des affaires très-brillantes ; mais, ne croyant pas garder Fiume, il se contenta de prendre une position propre à couvrir Laybach et Trieste. Du reste, il avait eu pour instruction de regagner, en cas de besoin, Palma-Nova, qui avait été bien armée, et d'y grossir le corps d'observation qu'on y avait laissé pour couvrir l'Italie. De Clagenfurt, l'armée française continua sa marche pour gagner la Mur.

Le prince Charles espérait tenir dans les gorges de Newmark : il lui était très-important de couvrir ses communications avec Salzbourg, l'Inn et le Tyrol, d'où il attendait des renforts très-considérables. Pour en être plus certain, il demanda une suspension d'armes au général français, qui, comprenant son but, la lui refusa. Il fut donc attaqué à Newmark et forcé sans coup férir : il perdit du canon et des prisonniers. Une division de grenadiers venue du Rhin couvrait sa retraite ; il fut attaqué encore et battu de nouveau à Hundsmarck. Enfin le quartier général atteignit Judemberg, et nos avant-postes parvinrent jusqu'au Simmering. Dès lors toute combinaison du prince Charles à l'égard de ses renforts se trouva déjouée. Nous lui coupions désormais les deux routes du Tyrol et de Salzbourg. Les troupes qui avaient été opposées à Joubert et dans le Tyrol, et que ce prince avait appelées à lui, celles bien plus considérables encore qui lui arrivaient du Rhin par Salzbourg, et qui se trouvaient déjà les unes et les autres engagées dans ces routes transversales, furent obligées de rétrograder, ne pouvant plus désormais se rallier au prince Charles que par derrière le Simmering.

Le désordre et la terreur régnaient dans Vienne, rien n'arrêtait cette redoutable armée française. Tant de positions réputées inexpugnables, tant de gorges que l'on croyait impossible de forcer, se trouvaient toutes franchies, et le pavillon tricolore flottait sur le sommet du Simmering, à trois journées de Vienne. Une partie de la famille impériale avait quitté cette capitale; Marie-Louise, mariée depuis à Napoléon et impératrice des Français, alors âgée de cinq ans, fut mise en route avec ses sœurs ; les archives et les objets les plus précieux se transportaient en Hongrie ; toutes les premières familles, imitant celle du souverain, faisaient évacuer à la hâte ce qu'elles avaient de plus cher; et les esprits les plus sages voyaient la monarchie à la veille d'un entier bouleversement.

Lorsque le général français avait ouvert la campagne, le gouvernement lui avait promis qu'aussitôt qu'il aurait passé l'Isonzo, les armées du Rhin et de Sambre-et-Meuse, fortes de plus de cent cinquante mille hommes, sortiraient de leurs quartiers d'hiver et pénétreraient en Allemagne. Mais l'Isonzo était déjà passé depuis longtemps, et ces armées demeuraient encore dans leurs quartiers d'hiver. Le général français, profitant de la victoire du Tagliamento et des fausses directions que le prince Charles avait données à ses colonnes, avait franchi et sans perte, par cette seule victoire, tous les obstacles entre les Alpes et le Simmering.

VII. *Napoléon écrit au prince Charles.* — Le lendemain de la victoire du Tagliamento, Napoléon instruisit le Directoire qu'il suivait le prince Charles l'épée dans les reins, et que bientôt les drapeaux français flotteraient sur les sommités du Simmering; qu'il se flattait que les armées du Rhin et de Sambre-et-Meuse étaient en marche, ou que, si elles n'y étaient pas, elles y seraient bientôt; il insistait surtout pour connaître le moment précis de leurs mouvements; quinze à vingt jours de retard lui importaient peu, mais il devait en être instruit, afin d'agir en conséquence; il prévenait qu'il aurait constamment toute son armée réunie sous sa main, et que ses positions seraient telles qu'il demeurerait toujours maître des événements; qu'il suffirait donc de lui désigner seulement l'époque précise de la marche de ces deux armées. Ce fut à Clagenfurt qu'il reçut la réponse à cette dépêche : elle portait les félicitations du Directoire sur ses nouveaux succès, mais contenait en même temps la déclaration singulière et inattendue que les armées du Rhin, de Sambre-et-Meuse ne passeraient pas le Rhin, et qu'on ne devait plus compter sur leur diversion en Allemagne, parce que les désastres de la campagne dernière les privaient de bateaux et du matériel nécessaire. Cette étrange dépêche ne pouvait provenir que d'intrigues ou de vues politiques qu'il devenait inutile de pénétrer; seulement il ne convenait plus au général français de réaliser désormais ce qui avait été le plus ardent de ses vœux, de planter ses drapeaux victorieux sur les remparts de Vienne. Il ne devait plus songer à dépasser le Simmering sans manquer aux règles de la sagesse. Aussi, deux heures après la réception du courrier, il écrivit au prince Charles qu'ayant pouvoir de négocier, il lui offrait la gloire de donner la paix au monde et de finir les maux de son pays.

« Monsieur le général en chef, les braves militaires font la guerre
« et désirent la paix : celle-ci ne dure-t-elle pas depuis six ans? Avons-
« nous assez tué de monde et assez commis de maux à la triste huma-
« nité? Elle réclame de tous côtés. L'Europe, qui avait pris les armes
« contre la république française, les a posées ; votre nation reste seule,
« et cependant le sang va couler encore plus que jamais. Cette sixième
« campagne s'annonce par des présages sinistres ; quelle qu'en soit l'is-
« sue, nous tuerons de part et d'autre quelques milliers d'hommes de
« plus, et il faudra bien que l'on finisse par s'entendre, puisque tout a
« un terme, même les passions haineuses!

« Le Directoire exécutif de la république française avait fait connaître
« à Sa Majesté l'empereur le désir de mettre fin à la guerre qui désole
« tous les peuples ; l'intervention de la cour de Londres s'y est opposée :
« n'y a-t-il donc aucun espoir de nous entendre! et faut-il, pour les in-
« térêts et les passions d'une nation étrangère aux maux de la guerre,
« que nous continuions à nous entr'égorger? Vous, Monsieur le général
« en chef, qui par votre naissance approchez si près du trône et êtes au-
« dessus de toutes les petites passions qui animent souvent les ministres
« et les gouvernements, êtes-vous décidé à mériter le titre de bienfaiteur
« de l'humanité entière et de vrai sauveur de l'Allemagne? Ne croyez
« pas, Monsieur le général en chef, que j'entende par là qu'il ne soit pas
« possible de la sauver par la force des armes ; mais, dans la supposition
« que les chances de la guerre vous deviennent favorables, l'Allemagne
« n'en sera pas moins ravagée. Quant à moi, Monsieur le général en
« chef, si l'ouverture que je viens de vous faire peut sauver la vie à un
« seul homme, je m'estimerai plus fier de la couronne civique que je
« me trouverais avoir méritée, que de la triste gloire qui peut revenir
« des succès militaires.

« Je vous prie, etc.

« *Signé* Buonaparte. »

Ces nouvelles laissèrent respirer à Vienne et y donnèrent quelques espérances. Le marquis de Gallo, ambassadeur de Naples, fut aussitôt envoyé au général français; mais, n'ayant pas de pouvoirs, il fut obligé de retourner, après une conférence de deux heures. Le lendemain, les généraux Bellegarde et Merfelt vinrent au quartier général français à Judemburg, et sur leur parole que des plénipotentiaires allaient arriver de Vienne pour y traiter de la paix définitive, ils obtinrent une suspension d'armes qui assurait à l'armée française la possession des pays qu'elle occupait déjà, et d'autres encore qu'elle n'occupait pas, mais qui étaient nécessaires à sa ligne. Les généraux autrichiens comprenaient avec peine comment le général français, dans sa belle situation, pouvait accorder un armistice; ils ne l'expliquaient que par l'inaction des armées françaises sur le Rhin.

Cependant Napoléon ressentait vivement la force des circonstances; il déplorait dans son cœur qu'un défaut de combinaison ou qu'une vaine jalousie le privassent des immenses résultats qu'il était à la veille de recueillir. S'il avait été peu sensible à la gloire d'entrer dans Rome, il s'était passionné de l'idée d'entrer dans Vienne, et rien que la seule déclaration du Directoire pouvait en ce moment l'en empêcher.

IX. *Les préliminaires furent signés à Léoben.* — Pour la signature, on se réunit dans une petite maison de campagne qu'on neutralisa. Les secrétaires dressèrent d'abord le procès-verbal de la neutralisation, et les plénipotentiaires respectifs s'y rendirent ensuite pour signer. Les commissaires autrichiens avaient mis en tête du traité que l'empereur reconnaissait la république française. « Effacez, dit Napoléon : l'exis-
« tence de la république est aussi visible que le soleil ; un pareil article

« ne pourrait convenir qu'à des aveugles; nous sommes maîtres chez
« nous, nous voulons y établir le gouvernement qu'il nous plait, sans que
« personne y trouve à redire. » A **Léoben**, le quartier général français

se trouva chez l'évêque même. On était alors dans la semaine sainte : toutes les cérémonies religieuses de cette semaine et celles de Pâques se firent avec la plus grande solennité au milieu de l'armée française. Cette armée, accoutumée au respect pour le culte et les religions du pays où elle se trouvait, en agit ici comme auraient agi les troupes autrichiennes : ce qui satisfit au dernier degré le peuple et le clergé.

Les préliminaires avaient été signés à Léoben le 18, et le 20 le général français reçut de nouvelles dépêches du Directoire, annonçant que les armées du Rhin se mettaient en mouvement, qu'elles allaient passer le Rhin, et qu'elles seraient bientôt au cœur de l'Allemagne. Effectivement, quelques jours après on apprit que l'armée de Sambre-et-Meuse, sous le commandement de Hoche, avait passé le Rhin le 19, veille du jour même de la signature des préliminaires de Léoben, mais quarante jours après l'ouverture de la campagne en Italie. L'adjudant général Dessolles, qui portait les préliminaires à Paris, rencontra nos troupes aux prises avec celles de l'ennemi. Il est difficile d'expliquer la cause de ce changement subit dans le système du gouvernement. Si Napoléon eût appris le 17, au lieu du 20, les nouvelles intentions du Directoire, il est certain que les préliminaires n'auraient pas été signés, et qu'on eût exigé de bien meilleures conditions ; toutefois celles qu'on obtint dépassèrent encore de beaucoup les espérances du Directoire. Dans ses instructions au général français, on l'avait autorisé à conclure la paix toutes les fois que les frontières constitutionnelles de la république seraient reconnues. Il est vrai qu'en donnant ces instructions, le Directoire avait été loin de deviner les succès et l'ascendant de cette armée, et n'avait pu prévoir ainsi tout ce qu'il pourrait exiger.

X. Parmi les diverses causes auxquelles on attribua l'étrange conduite du Directoire dans cette occasion, beaucoup ont pensé que bien des personnes en France voyaient avec quelque jalousie la grande renommée de Napoléon ; sa marche hardie et décidée leur inspirait des craintes sur les projets ultérieurs que pourrait nourrir son ambition. La proclamation par laquelle il avait protégé en Italie les prêtres déportés, et qui lui avait gagné beaucoup de partisans en France, son style respectueux envers le pape, son refus de détruire le saint-siège, ses ménagements pour le roi de Sardaigne et pour les aristocrates de Gênes et de Venise ; tout cela avait fait de grandes impressions, et se trouvait commenté souvent avec des intentions fort malignes. Lorsqu'on vit la victoire du Tagliamento et les succès qui suivirent, les Alpes Noriques passées, et l'Allemagne envahie par cette route inconnue, la joie de la république à la vue des grandes humiliations de notre implacable ennemi fut beaucoup diminuée, aux yeux de plusieurs, par la crainte de voir Napoléon acquérir une nouvelle gloire en entrant triomphant dans Vienne, et réunir alors sous son commandement toutes les forces de la république. Qui pourra, se disaient-ils, sauver la liberté publique de l'influence d'un caractère et d'une gloire si extraordinaires? Si les armées du Rhin ont été battues l'an passé, elles ne devront leur succès cette année qu'à Napoléon, qui aura tourné à lui seul toute l'Allemagne et les devancera de quinze à vingt jours dans Vienne. Ces armées d'ailleurs, participant déjà à la gloire de l'armée d'Italie par les deux divisions qui ont été envoyées, partageront aussi son enthousiasme pour le jeune héros : il les maîtrisera toutes. Beaucoup de raisons faisaient donc désirer que Napoléon fût empêché d'entrer dans Vienne ; que non-seulement les trois armées demeurassent séparées, mais qu'encore on alimentât entre elles une certaine jalousie. Il parut que ces idées influèrent d'abord sur la décision du Directoire ; mais dès que les nouvelles des brillants succès de l'armée d'Italie et son entrée en Allemagne eurent atteint les armées du Rhin par la voie des papiers publics et les relations de l'ennemi, alors elles s'indignèrent elles-mêmes de leur oisiveté, et demandèrent à grands cris si l'armée d'Italie devait tout faire. A ce mouvement se joignit le sentiment du grand nombre de familles qui avaient leurs enfants à l'armée d'Italie, et l'opinion de la généralité des citoyens, animés de sentiments nobles et purs, qui ne pouvaient rien comprendre à l'inaction des autres armées. L'impulsion fut si violente, que ces armées du Rhin, de Sambre-et-Meuse durent alors passer le fleuve et marcher en Allemagne. On retira le commandement de l'armée de Sambre-et-Meuse à Beurnonville, homme nul, sans talent civil ou militaire, et on le confia à Hoche, jeune général du plus grand mérite. Son patriotisme ardent, joint à une extrême activité, à une ambition désordonnée, au soin qu'il prenait de se concilier les officiers et de se créer un grand nombre de partisans, faisait espérer que, placé à la tête de l'armée la plus nombreuse, et secondé de toute l'influence du gouvernement, il serait aisément un rival propre à partager l'opinion des soldats et des citoyens, et garantir ainsi la république, quelles que fussent d'ailleurs l'amitié, l'estime, l'espèce d'enthousiasme même que Hoche n'eût cessé de témoigner en toute occasion pour Napoléon.

Ces réflexions étaient faites publiquement dans les sociétés de Paris, et ne pouvaient manquer de revenir à Napoléon qui, au sommet des grandeurs et de la gloire, ne se trouvait donc environné que de précipices. La guerre ne pouvait plus désormais qu'empirer sa situation, surtout en accroissant sa gloire : il en chercha aussitôt une nouvelle dans la paix, qui devait le rendre cher à toute la population, et créer pour lui un nouvel ordre d'événements ; car c'était désormais le seul qui pût soustraire la république à la situation fâcheuse à laquelle la portait en ce moment la fausse direction de l'esprit public dans l'intérieur.

Retour de Rastadt.

N. B. Les mots en italique sont au manuscrit des corrections de la propre main de Napoléon.

APOLÉON partit de Rastadt, traversa la France incognito, *arriva* à Paris sans s'arrêter, et *descendit* à sa petite maison, Chaussée-d'Antin, rue Chantereine. Une délibération de la municipalité de Paris *donna quelques jours après, à cette rue*, le nom de rue de la Victoire. Le corps municipal, l'administration du département, les Conseils, cherchèrent à l'envi les moyens de lui témoigner la reconnaissance nationale. On proposa au Conseil des Anciens de lui donner la terre de Chambord et un grand hôtel à Paris; c'eût été tout à fait convenable. Le général de l'armée d'Italie, qui pendant deux ans avait nourri son armée, créé et entretenu son matériel, *soldé plusieurs années*

de solde arriérée, fait passer trente ou quarante millions aux caisses de France, *et plusieurs centaines de millions en chefs-d'œuvre des arts*, tout aux affaires *publiques*, avait négligé sa propre fortune. *Il ne possédait pas* cent mille écus en argenterie, bijoux, argent, *meubles*, etc. Une grande récompense nationale eût donc été tout à fait à sa place; mais le Directoire, sans qu'on sache pourquoi, s'alarma de cette proposition, et ses affidés l'écartèrent, en répandant que les services du général n'étaient point de ceux qu'on récompense avec de l'argent.

Dès son arrivée, les chefs de tous les partis se présentèrent chez lui, mais ils n'y furent point admis. Le public était extrêmement avide de le voir; les rues, les places par où l'on croyait qu'il passerait, étaient pleines de monde, mais il ne se montrait nulle part.

L'Institut venait de le nommer membre de la classe de *mécanique*; ce fut le costume qu'il adopta.

Il ne reçut d'habitude que quelques savants, tels que Monge, Bertholet, Borda, Laplace, Prôny, Lagrange; *peu de généraux*, *seulement* Kléber, Desaix, Lefebvre, Cafarelli du Falga et un petit nombre de députés.

Le Directoire voulut le recevoir en audience publique; on fit des échafaudages dans la place du Luxembourg pour cette cérémonie, où il fut conduit et présenté par le ministre des relations extérieures, Talleyrand. La substance de son discours fut que, quand la république aurait les meilleures lois organiques, son bonheur et celui de l'Europe seraient assurés. Il évita de parler de fructidor, des affaires *du temps et* de l'expédition d'Angleterre.

Ce discours simple donna *cependant* beaucoup à penser, et ne put donner prise à aucun ennemi. Le Directoire et le ministre des relations extérieures lui donnèrent deux fêtes; il parut à l'une et à l'autre, *y resta peu* de temps. *Il eut l'air d'être peu sensible à ces fêtes.* Celle du ministre des relations extérieures, Talleyrand, fut marquée au coin du bon goût; tout Paris y était. Une femme célèbre (madame de Staël), déterminée à lutter avec le vainqueur de l'Italie, l'interpella au milieu d'un grand *cercle*, lui demandant quelle était à ses yeux la première femme du monde morte ou vivante. *Celle qui a fait le plus d'enfants, lui répondit-il.*

On courait aux séances de l'Institut pour y voir le général; il n'y manquait jamais. Il n'allait aux spectacles qu'en loges grillées. Il rejeta bien loin la proposition des administrateurs de l'Opéra qui voulaient donner une représentation d'apparat. Le maréchal de Saxe, de Lowendal, Dumouriez y avaient triomphé au retour de l'armée.

Lorsqu'au retour d'Égypte, au 18 brumaire, il parut aux Tuileries, il

était encore inconnu aux habitants de Paris, *ce qui redoubla le désir de le voir.*

II. *Jalousie du Directoire.* — Le Directoire lui témoignait les plus grands égards ; quand il le voulait consulter, il envoyait toujours un des ministres le prendre : il était admis sur-le-champ, prenait séance entre deux des directeurs, et donnait son avis sur les objets du moment.

Les troupes *rentrant en France* chantaient des chansons en son honneur, le portaient aux nues. Elles disaient qu'il fallait chasser les avocats, et le faire roi.

Les directeurs affectaient la franchise jusqu'à lui montrer les rapports secrets que leur en faisait la police, mais *ils dissimulaient mal la peine qu'ils éprouvaient de tant de popularité. Le général d'Italie* appréciait toute la délicatesse et les embarras de sa situation. *Le gouvernement* marchait mal, et beaucoup d'espérances se tournaient vers lui. Le Directoire eut d'abord la pensée de le faire retourner à Rastadt *pour s'ôter* la responsabilité du congrès ; mais le général refusa cette mission, représentant qu'il ne convenait pas que la même main maniât la plume et l'épée. Depuis, le Directoire le nomma commandant de l'armée d'Angleterre, ce qui servit à couvrir, aux yeux de l'ennemi, l'intention et les apprêts de l'expédition d'Égypte.

Les troupes qui composaient cette armée d'Angleterre couvraient la Normandie, la Picardie, la Belgique. Son nouveau général en chef fut inspecter tous ces points, mais il voulut les parcourir incognito : ces courses mystérieuses inquiétaient d'autant plus l'ennemi, et masquaient davantage les préparatifs du Midi. Il avait la satisfaction de vérifier partout les sentiments qu'imprimaient sa personne et sa gloire. Il se trouvait partout l'objet de toutes les conversations, de tous les préparatifs. C'est dans ce voyage, en visitant Anvers, qu'il conçut, pour la première fois, les grandes idées maritimes qu'il y fit exécuter depuis. C'est alors encore qu'il jugea à Saint-Quentin de tous les avantages du canal qu'il a fait construire dans la suite. Enfin c'est alors qu'il fixa ses idées sur la supériorité que la marée donnait à Boulogne sur Calais, pour tenter avec de simples *péniches* une entreprise sur l'Angleterre.

III. *Premier incident qui détermine le Directoire à abandonner les principes de politique posés à Campo-Formio.* — Les principes de la politique qui réglaient la république avaient été déterminés à Campo-Formio. Le Directoire y était étranger. *D'ailleurs il ne pouvait maîtriser ses passions, chaque incident le dominait. La Suisse en fournit le premier exemple.* La France avait constamment à se plaindre du canton de Berne et de l'aristocratie suisse. Tous les agents étrangers qui avaient agité la France avaient toujours eu à Berne leur levier, leur point d'appui. Il s'agissait de profiter de la grande influence que nous venions d'acquérir en Europe pour détruire la prépondérance de nos ennemis en Suisse. *Le général d'Italie* approuvait fort le ressentiment du Directoire; il pensait que le moment était venu d'assurer à la France l'influence politique de la Suisse, mais il ne croyait pas nécessaire pour cela de bouleverser ce pays. Il fallait, pour se conformer à la politique *adoptée*, arriver à son but avec le moins de changement possible. Il proposait que notre ambassadeur en Suisse présentât une note appuyée de deux corps d'armée en Savoie et en Franche-Comté, dans laquelle il ferait connaître que la France et l'Italie croyaient nécessaire à leur politique et à leur sûreté, ainsi qu'à la dignité réciproque des trois nations, que le pays de Vaud, l'Argovie et les bailliages italiens devinssent des cantons libres, indépendants, égaux aux autres cantons; que la France et l'Italie avaient beaucoup à se plaindre de l'aristocratie de certaines familles de Berne, de Soleure, de Fribourg; mais qu'elles oubliaient tout, si les paysans de ces cantons étaient réintégrés dans leurs *droits* politiques. *Tous ces changements se seraient opérés sans efforts et sans l'emploi des armes*; mais Rewbell, *entraîné* par des démagogues de la Suisse, fit adopter un système différent, sans égard aux mœurs, à la religion et aux localités des cantons. On arrêta de soumettre toute la Suisse à une constitution unique semblable à celle de la France. Les petits cantons s'irritèrent de perdre leur liberté, et toute la Suisse se souleva à l'aspect d'un bouleversement qui forçait tous les intérêts, allumait toutes les passions. On courut aux armes. Il fallut faire entrer nos troupes et conquérir tout le pays. *Du sang fut versé* : l'Europe fut alarmée.

IV. *Second incident.*—D'un autre côté, cette misérable cour de Rome, par une suite du vertige qui la caractérisait, aigrie plutôt que corrigée par le traité de Tolentino, continuait dans son système d'aversion et de fautes contre la France, dans l'espoir de comprimer dans son sein les amis de la France. Ce cabinet de faibles vieillards sans sagesse fit fermenter autour d'eux les opinions contraires. Il se mit en querelle avec la république cisalpine. Il eut l'imprudence de mettre le général autrichien Provera à la tête de ses troupes. Il excita son propre parti de toutes les manières. Il y eut tumulte : le jeune *Duphot*, général de la plus belle

espérance, qui se trouvait à Rome comme voyageur, fut massacré à la porte de l'ambassadeur de France, cherchant à empêcher le désordre, et l'ambassadeur français Joseph, frère du *général*, se retira à Florence.

Napoléon, consulté, répondit par son adage accoutumé, que ce n'était point à un incident à gouverner la politique, mais bien à la politique à gouverner les incidents; que, quelque tort qu'eût cette inepte cour de Rome, le parti à prendre vis-à-vis d'elle demeurait toujours une fort grande question. Qu'il fallait la corriger, mais non pas la détruire; qu'en renversant le pape et révolutionnant Rome, on aurait infailliblement la guerre avec Naples, ce qu'il fallait, sur toutes choses, éviter. Qu'il fallait ordonner à notre ambassadeur de retourner à Rome demander un exemple des coupables; exiger qu'une ambassade extraordinaire vînt faire des excuses au Luxembourg; faire sortir Provera, mettre à la tête des affaires les prélats les plus modérés, et forcer le pape à conclure un concordat avec la république cisalpine, afin que, par toutes ces mesures réunies, Rome tranquille ne pût plus avoir part aux affaires; que ce concordat avec la Cisalpine aurait de plus l'avantage de préparer de loin les esprits en France à une pareille mesure. Mais La Reveillère, entouré de ses théophilanthropes, fit décider qu'on marcherait contre le pape. Le temps était venu, disait-il, de faire disparaître cette idole. Le mot d'ailleurs de république romaine suffisait pour transporter toutes les imaginations ardentes de la révolution. Le général français avait été trop circonspect dans le temps; et si on avait des querelles aujourd'hui avec le pape, c'était uniquement sa faute; mais peut-être avait-il ses vues particulières. En effet, ses formes civiles, ses ménagements vis-à-vis du pape, sa généreuse compassion pour des prêtres déportés, avaient, dans le temps, fortement frappé les esprits en France.

Quant à la crainte que la révolution de Rome n'entraînât la guerre avec Naples, on la traita de subtilité. Nous avions nous-mêmes un parti nombreux à Naples; et nous ne devions rien craindre d'une puissance du troisième ordre. Berthier reçut donc l'ordre d'aller avec une armée saisir Rome et y établir la république romaine; ce qui fut exécuté. On établit à Rome trois consuls pour exercer le pouvoir; un sénat et un tribunat composèrent la législature. Quatorze cardinaux se rendirent à la basilique de Saint-Pierre, et chantèrent un *Te Deum* en commémoration du rétablissement de la république romaine, qui n'était rien moins que l'abolition de l'autorité temporelle du pape. Mais le peuple, enivré un moment de l'idée de l'indépendance, entraîna la plus grande partie du clergé. Cependant la main qui avait jusque-là retenu les officiers et les administrations de l'armée n'y était plus; on se livra dans

Rome aux dernières dilapidations ; on gaspilla tout le mobilier du Vatican ; on saisit partout les tableaux et les objets rares. On indisposa tellement le pays, que le pays à son tour vint à bout d'indisposer l'armée : elle se souleva contre des généraux qu'elle accusait. Ce mouvement séditieux des soldats fut du plus grand danger ; on eut beaucoup de peine à les contenir. On croit avec raison qu'ils furent excités par des agents napolitains, anglais, autrichiens.

V. *Troisième incident.* — Bernadotte avait été nommé ambassadeur à Vienne. Ce choix *ne fut pas bon* : un général ne pouvait être agréable à une nation si constamment battue : il aurait fallu envoyer un personnage de l'ordre civil ; mais le Directoire avait peu de ceux-ci à sa disposition : ou ils étaient très-obscurs, ou il les avait éloignés. Quoi qu'il en soit, Bernadotte, alors d'un caractère fort exalté, fit des fautes graves dans son ambassade. Un jour, sans qu'on en puisse deviner le motif, il fit arborer le pavillon tricolore au haut de sa maison. On pense qu'il y fut

insidieusement poussé par des agents qui voulaient compromettre l'Autriche. En effet, la populace, à l'instigation des mêmes agents, se trouva tout à coup insurgée : elle arracha le drapeau et insulta Bernadotte.

Le Directoire, dans sa fureur, manda le *général d'Italie* pour s'appuyer de son influence dans l'opinion, et lui donna lecture d'un message aux Conseils, qui déclarait la guerre à l'Autriche, et d'un décret qui lui donnait à lui-même le commandement de l'armée d'Allemagne. Il ne partagea pas l'opinion du Directoire. Si vous vouliez la guerre, il fallait vous y préparer indépendamment de l'événement de Bernadotte ; il fallait ne pas engager vos troupes en Suisse, dans l'Italie méridionale, sur les bords de l'Océan ; *il fallait ne pas proclamer le projet de réduire l'armée* à cent mille hommes, projet qui n'est pas encore exécuté, il est vrai, mais qui est connu, et décourage l'armée. Ces mesures indiquent que vous aviez compté sur la paix. Bernadotte a matériellement tort : en déclarant la guerre, c'est le jeu de l'Angleterre que vous jouez. Ce n'est pas connaître la politique du cabinet de Vienne que de croire que s'il eût voulu la guerre, il vous eût insulté. Il vous aurait caressé, endormi, pendant qu'il ferait marcher ses troupes. Vous n'auriez connu ses véritables intentions que par son premier coup de canon. Soyez sûrs que l'Autriche vous donnera toute satisfaction. Ce n'est point avoir un système politique, *que d'être entraîné ainsi par tous les événements*. La force de la vérité calma le gouvernement. L'Autriche donna des satisfactions ; les conférences de Seltz eurent lieu ; mais cet incident retarda l'expédition d'Égypte de quinze jours.

VI. *Retard de l'expédition d'Égypte.* — Napoléon commença à craindre qu'au milieu des orages que l'impéritie du gouvernement et la nature des choses accumulaient autour de nous, cette entreprise ne fût funeste aux vrais intérêts de la patrie ; il témoigna sa pensée au Directoire : L'Europe, disait-il, n'était rien moins que tranquille. Le congrès de Rastadt ne se terminait pas ; on était obligé de garder des troupes dans l'intérieur, pour s'assurer des élections et comprimer les départements de l'Ouest. Il proposait de contremander l'expédition, d'attendre des circonstances plus favorables.

Le Directoire, alarmé, soupçonnant *qu'il avait* le projet d'aspirer à la direction des affaires, n'en fut que plus ardent à presser l'expédition, d'autant plus qu'il ne sentait pas toutes les *conséquences* des changements qu'il avait faits dans *le système public.* Selon lui, l'événement de la Suisse, loin de nous affaiblir, nous donnait d'excellentes positions et les troupes helvétiques pour auxiliaires. L'affaire de Rome était terminée, puisque le pontife était déjà à Florence, et la république romaine proclamée ; et celle de Bernadotte ne devait plus avoir de suites, car l'empereur avait offert des réparations. Le moment était donc plus favorable que jamais d'attaquer l'Angleterre, ainsi qu'on l'avait médité, en

Irlande et en Égypte. Il offrit alors de laisser au moins Kléber ou Desaix, qui brûlaient d'être *de l'expédition*. Leur grand caractère et leurs talents supérieurs pouvaient au besoin être en France d'une grande utilité; mais on refusa Kléber, que Rewbel détestait, et Desaix, qu'on n'appréciait pas. La république, répondit-on, n'en était pas à ces deux généraux : il s'en trouverait une foule pour faire triompher la patrie, si jamais elle était en danger.

VII. *L'intérieur de la république est menacé d'une crise.* — *Le Directoire était sur un abîme, mais il ne le croyait pas.* Les affaires allaient mal aussi dans l'intérieur. Le Directoire avait abusé de sa victoire de fructidor. Il avait eu le tort de ne pas rallier à la république tout ce qui, n'ayant pas fait partie de la faction de l'étranger, n'avait été que séduit ou égaré. Il était privé par là de l'assistance et des talents d'un grand nombre d'individus qui, par ressentiment, se jetaient dans le parti opposé à la république, bien que leurs intérêts et leurs opinions les portassent naturellement vers ce gouvernement. Il se trouvait contraint d'employer des hommes sans moralité. De là le mécontentement de l'opinion publique, et la nécessité de maintenir un grand nombre de troupes au dedans, pour s'assurer des élections et contenir la Vendée.

Il était facile de prévoir que les nouvelles élections amèneraient une crise, que le nouveau tiers de législateurs serait composé d'hommes exagérés qui accroîtraient la source des maux qui pesaient sur la patrie. Le Directoire n'avait aucune politique intérieure; il marchait au jour le jour, entraîné par le caractère individuel des directeurs, ou par la nature vicieuse d'un gouvernement de cinq personnes. Il ne prévoyait rien et n'apercevait de difficulté que quand il était matériellement arrêté. Quand on leur disait : Comment ferez-vous aux élections prochaines? — Nous y pourvoirons par une loi, répondit La Reveillère. La suite a fait voir de quelle nature était la loi méditée par le Directoire. *Quand on leur disait: Pourquoi ne relevez-vous pas tous les amis de la république qui n'ont été que menés et trompés en fructidor par le parti de l'étranger? Pourquoi ne pas rappeler Carnot, Portalis, Dumolard, Barbé-Marbois, etc., etc., afin de faire un faisceau contre le parti de l'étranger et les exagérés? Mais les directeurs attachaient peu de prix à ces observations: ils se croyaient populaires et assis sur un terrain solide et ferme. Un parti composé des députés ayant influence dans les deux Conseils, des fructidoriens patriotes qui cherchaient un protecteur, des généraux les plus influents et les plus éclairés, pressèrent longtemps le général d'Italie de faire un mouvement et de se mettre à la tête de la république; il* s'y refusa : il n'était pas encore assez fort pour marcher tout seul. Il avait sur l'art de gouverner, et sur ce qu'il fallait à une grande nation, des idées si différentes des hommes de la révolution et des assemblées, que, ne pouvant agir seul, il *craignait* de compromettre son caractère. Il se détermina à partir pour l'Égypte, mais résolu de reparaître si les circonstances venaient à rendre sa personne nécessaire ou utile.

VIII. *Cérémonie du 21 janvier.* — Talleyrand, ministre des relations extérieures, *était l'homme* du Directoire. Il était évêque d'Autun lors de la révolution ; il fut un des trois évêques qui prêtèrent serment à la constitution civile du clergé, et qui sacrèrent les évêques constitutionnels ; ce fut lui qui dit la messe à la fameuse fédération de 1790. Député à l'As-

semblée constituante, il y fit plusieurs rapports sur les biens du clergé. Sous la Législative, il fut envoyé à Londres pour traiter avec le gouvernement anglais. Mais quand la révolution eut pris une pente plus rapide et plus acerbe, *il devint suspect*, et fut contraint de se réfugier en Amérique.

Après le 13 vendémiaire, la Convention raya l'ancien évêque d'Autun de la liste des émigrés ; il reparut alors en France, et y fut très-protégé par *la coterie* de madame de Staël. Il était discret, souple, insinuant, et gagna la faveur des directeurs Barras, Merlin, Rewbell, et même de

La Reveillère-Lepaux, auxquels il faisait la cour comme il la faisait jadis à Versailles. Il devint ministre des affaires étrangères, ce qui le mit en correspondance avec le négociateur de Campo-Formio. Talleyrand s'attacha, dès cet instant, à plaire *au général* et à s'insinuer dans son esprit ; c'est lui que le Directoire employait constamment auprès *du général d'Italie*. A l'approche du 21 janvier, où le gouvernement célébrait l'anniversaire de l'exécution de Louis XVI, ce fut un grand objet de discussion entre les directeurs et les ministres de savoir si Napoléon devait aller à la cérémonie ou non. On craignait d'un côté que, s'il n'y allait pas, cela ne dépopularisât la fête ; de l'autre, que, s'il y allait, on oubliât le Directoire, pour s'occuper de lui. Néanmoins on conclut qu'il devait y aller. Talleyrand, comme de coutume, se chargea de la négociation ; *le général* s'en excusa, disant qu'il n'avait pas de fonctions publiques, qu'il n'avait personnellement rien à faire à cette cérémonie, qui, par sa nature, plaisait à fort peu de monde. Il ajoutait que cette fête était des plus impolitiques ; que l'événement qu'elle rappelait était une catastrophe, un vrai malheur national ; qu'il comprenait très-bien qu'on célébrât le 14 juillet, parce que c'était une époque où le peuple avait conquis ses droits ; mais que le peuple aurait pu conquérir ses droits, établir même une république, sans se souiller du supplice *d'un prince déclaré inviolable et non responsable par la constitution même*. Qu'il ne prétendait pas discuter si cela avait été utile ou inutile, mais qu'il soutenait que c'était un incident malheureux. Qu'on célébrait des fêtes nationales pour des victoires, mais qu'on pleurait sur les victimes *restées sur le champ de bataille*. Qu'il était assez simple d'ailleurs que lui, Talleyrand, étant ministre, dût y paraître ; mais qu'un simple particulier n'avait rien à y faire. Que cette politique de célébrer la mort d'un homme ne pouvait jamais être l'acte d'un gouvernement, mais seulement celui d'une faction, *comme qui dirait d'un club de jacobins*. Qu'il ne concevait pas comment le Directoire, qui avait proscrit les jacobins et les anarchistes, qui aujourd'hui traitait avec tant de princes, ne sentît pas qu'une telle cérémonie faisait à la république beaucoup plus d'ennemis que d'amis, éloignait au lieu de rapprocher, aigrissait au lieu d'adoucir, ébranlait au lieu de raffermir, était indigne enfin du gouvernement d'une grande nation. Talleyrand mettait en jeu tous ses moyens : il essayait de prouver que c'était juste, parce que c'était politique ; et que c'était politique, disait-il, car tous les pays et toutes les républiques avaient célébré comme un triomphe la chute du pouvoir absolu et le meurtre des tyrans. Ainsi Athènes avait toujours célébré la mort de

Pisistrate, et Rome la chute des décemvirs. Il ajoutait que d'ailleurs c'était une loi qui régissait le pays, et que dès lors chacun lui devait soumission et obéissance ; il concluait enfin que l'influence du général sur l'opinion était telle qu'il devait y paraître, ou qu'autrement son absence pourrait blesser les intérêts de la chose publique. Après plusieurs pourparlers, on trouva un *mezzo termine* : l'Institut se rendait à cette fête ; il fut convenu que *le membre de l'Institut suivrait* sa classe qui remplissait un devoir de corps. Cette affaire, ainsi ménagée par Talleyrand, fut très-agréable au Directoire.

Cependant, quand l'Institut entra dans l'enceinte[1] où se célébrait cette cérémonie, quelqu'un qui reconnut Napoléon l'ayant fait apercevoir, il n'y eut plus, dès cet instant, d'yeux que pour lui. Ce que le Directoire avait craint lui-même arriva : il se trouva complétement éclipsé. Quand la fête fut terminée, on laissa le Directoire sortir tout seul. La multitude demeura pour celui qui avait voulu se perdre dans la foule de l'Institut,

et fit retentir les airs de : *Vive le général des armées d'Italie !* de sorte que cet événement ne fit qu'accroître les déplaisirs des gouvernants.

[1] Dans la première édition il est dit à *Saint-Sulpice*. On m'a démontré qu'il y avait erreur matérielle. Napoléon se sera trompé de nom, ce qui lui arrivait quelquefois. Peut-être trouvera-t-on par la publication de ses Mémoires qu'il se sera redressé lui-même. Au surplus, celui qui tiendrait rigoureusement ici à l'exactitude locale peut se satisfaire aisément en cherchant dans les papiers du temps où s'est passé l'anniversaire du 21 janvier en 1798.

Un autre événement mit Talleyrand à même d'être encore *agréable au Directoire*. Dans un café ou lieu public, chez Garchi, deux jeunes gens, sous prétexte de ralliement politique, suspectés par la manière dont leurs cheveux étaient tressés, furent insultés, attaqués, assassinés. Ce guet-apens avait été dirigé par les ordres du ministre de la police, Sottin, et par ses agents. Or, les circonstances étaient déjà telles pour *le général d'Italie*, que, bien qu'au fond de son domicile, il était obligé néanmoins, pour sa propre sûreté, de porter une attention inquisitive sur des événements de cette nature. Il fit éclater son indignation, et Talleyrand lui fut envoyé pour le calmer. Celui-ci disait qu'un pareil événement était commun en temps de crise, que les moments de révolution sortaient de la loi commune, qu'ici il devenait nécessaire d'en imposer à la haute société, et de réprimer la hardiesse des salons ; qu'il était des genres de fautes que les tribunaux ne sauraient atteindre ou réprimer ; qu'on ne pouvait sans doute approuver la lanterne de l'Assemblée constituante, et que cependant sans elle la révolution n'eût jamais marché ; qu'il est des maux qu'on doit tolérer, parce qu'ils évitaient de plus grands maux. *Le général* répondait qu'un pareil langage eût été tout au plus supportable avant fructidor, lorsque les partis étaient en présence, et qu'on avait mis le Directoire plutôt dans le cas de se défendre que dans la situation d'administrer ; qu'alors, peut-être, cet acte eût pu s'excuser sur la nécessité ; mais qu'aujourd'hui que ce gouvernement se trouvait investi de toute la puissance, que la loi ne trouvait d'opposition nulle part, que les citoyens étaient tous sinon affectionnés, du moins soumis, cette action devenait un crime atroce, un véritable outrage à la civilisation ; que partout où se prononçaient les mots de loi et de liberté, tous les citoyens demeuraient solidaires les uns des autres ; qu'ici, dans cette expédition de coupe-jarrets, chacun devait se trouver frappé de terreur, se demander où cela s'arrêterait, se croire sous le régime des janissaires. Ces raisons étaient trop plausibles pour avoir besoin d'être développées à un homme de l'esprit et du caractère de M. de Talleyrand ; mais il avait une mission, il cherchait à justifier une administration dont il ambitionnait de conserver la faveur et la confiance.

Voltaire. — Jean-Jacques. — M. de Châteaubriand; son discours pour l'Institut. — Colères feintes de l'Empereur ; ses principes à cet égard.

Samedi 1er juin.

L'Empereur m'a fait venir ; il avait pris un bain de trois heures. Il me donnait à deviner ce qu'il avait lu : c'était la *Nouvelle Héloïse* qui l'avait tant charmé à Briars. En l'analysant de nouveau, il la sabrait cette fois tout à fait. Le rocher de la Meillerie est venu en citation ; il croyait l'avoir détruit par la route qu'il avait fait ouvrir pour le passage du Simplon ; je l'ai assuré qu'il en restait encore assez pour en conserver le parfait souvenir : il s'avançait, disais-je, en saillie sur le chemin même, et ferait encore, au besoin, un très-beau saut de Leucade.

L'Empereur attribuait en grande partie au beau portrait de milord Édouard, dans la *Nouvelle Héloïse,* et à quelques pièces de théâtre de Voltaire, la belle réputation du caractère anglais en France. Il s'étonnait de la facilité de l'opinion dans ces temps-là : Voltaire et Jean-Jacques l'avaient gouvernée à leur gré ; ils seraient bien moins heureux aujourd'hui. Si Voltaire, surtout, avait régné sur ses contemporains, disait-il, s'il avait été le héros du temps, c'est que tous alors n'étaient que des nains.

On a lu à l'Empereur un discours de M. de Châteaubriand pour rendre le clergé apte à hériter. C'était, disait-il, un discours d'Académie, et non pas une opinion de législateur. Il y avait beaucoup d'esprit, fort peu de sens, aucune vue. « Laissez hériter le clergé, continuait l'Empe-
« reur, et personne ne mourra sans être obligé de payer son absolution ;
« car, de quelque opinion qu'on soit, personne ne sait où il va en quittant
« la vie. C'est là le grand, le dernier compte ; aussi personne ne peut répondre de son dernier sentiment ni de la force de sa tête. Qui peut dire
« que je ne mourrai pas dans les bras d'un confesseur, et qu'il ne me fera
« pas faire amende honorable pour le mal même que je n'aurai pas fait. »

Lors de la catastrophe de 1814, M. de Châteaubriand s'est signalé par des pamphlets si outrageusement passionnés, tellement virulents, si effrontément calomnieux, qu'il est à croire qu'il les regrette à présent, et qu'un aussi beau talent que le sien ne se prostituerait pas à les reproduire aujourd'hui.

Quelques années avant nos désastres, l'Empereur, lisant quelques morceaux de cet écrivain, demanda comment il se faisait qu'il ne fût pas de l'Institut. Ces paroles furent aussitôt une recommandation toute-puissante, et M. de Châteaubriand fut bientôt nommé à la presque unanimité. C'était un usage de rigueur à l'Institut que le récipiendaire fît l'éloge de son prédécesseur : M. de Châteaubriand, s'écartant de la route battue, consacra une partie de son discours à flétrir les principes politiques de M. Chénier son devancier, et à le proscrire comme régicide. Ce fut un vrai plaidoyer politique, où il discutait la restauration de la monarchie, le jugement et la mort de Louis XVI. Ce fut alors une grande rumeur dans tout l'Institut ; les uns refusant d'entendre un discours

qui leur paraissait indécent, d'autres, au contraire, appuyant pour qu'on en admît la lecture. De l'Institut, la querelle se répandit dans Paris; elle remplit et divisa bientôt tous les cercles de la capitale. L'Empereur, à qui tout parvenait, et qui voulait tout connaître, se fit apporter ce discours : il le trouva de la dernière extravagance, et en prononça sur-le-champ l'interdiction. Un de ses grands officiers (M. de Ségur), membre de l'Institut, qui avait opiné vivement pour la lecture du discours, lui servit à l'un de ses couchers à manifester son opinion : « Et depuis
« quand, Monsieur, lui dit-il avec sévérité, l'Institut se permet-il de de-
« venir une assemblée politique ? Qu'il fasse des vers, qu'il censure les
« fautes de la langue, mais qu'il ne sorte pas du domaine des Muses, ou
« je saurai l'y faire rentrer. Est-ce bien vous, Monsieur, qui avez voulu
« autoriser une pareille diatribe ? Que M. de Châteaubriand ait de l'in-
« sanité ou de la malveillance, il y a pour lui des petites-maisons ou un
« châtiment ; et puis peut-être encore est-ce son opinion, et il n'en doit
« pas le sacrifice à ma politique qu'il ignore, comme vous qui la con-
« naissez si bien : il peut avoir son excuse ; vous ne sauriez avoir la vô-
« tre, vous qui vivez à mes côtés, qui savez ce que je fais, ce que je veux.
« Monsieur, je vous tiens pour coupable, pour criminel : vous ne tendez
« à rien moins qu'à ramener le désordre, la confusion, l'anarchie, les
« massacres. Sommes-nous donc des bandits, et ne suis-je qu'un usur-

« pateur ? Je n'ai détrôné personne, Monsieur ; j'ai trouvé, j'ai relevé la

« couronne dans le ruisseau, et le peuple l'a mise sur ma tête : qu'on
« respecte ses actes!...

« Analyser en public, mettre en question, discuter des faits aussi ré-
« cents, dans les circonstances où nous nous trouvons, c'est rechercher
« des convulsions nouvelles, c'est être l'ennemi du repos public. La res-
« tauration de la monarchie est et doit demeurer un mystère; et puis,
« qu'est-ce que cette nouvelle proscription prétendue des convention-
« nels et des régicides? Comment oser réveiller des points aussi déli-
« cats? Laissons à Dieu à prononcer sur ce qu'il n'est plus permis aux
« hommes de juger! Seriez-vous donc plus difficile que l'impératrice?
« Elle a bien des intérêts aussi chers que vous, peut-être, et bien autre-
« ment directs; imitez plutôt sa modération, sa magnanimité; elle n'a
« voulu rien apprendre ni rien connaître.

« Eh quoi! l'objet de tous mes soins, le fruit de tous mes efforts serait-
« il donc perdu! C'est donc à dire que si je venais à vous manquer de-
« main, vous vous égorgeriez encore entre vous de plus belle? » Et marchant à grands pas, il se frappait le front de la main, disant : « *Ah!*
« *pauvre France! que tu as longtemps encore besoin d'un tuteur!* »

Puis il reprit : « J'ai fait tout au monde pour accorder tous les partis :
« je vous ai réunis dans les mêmes appartements, fait manger aux mêmes
« tables, boire dans les mêmes coupes; votre union a été l'objet constant
« de mes soins : j'ai le droit d'exiger qu'on me seconde...

« Depuis que je suis à la tête du gouvernement, m'a-t-on jamais en-
« tendu demander ce qu'on était, ce qu'on avait été, ce qu'on avait dit,
« fait, écrit?... Qu'on m'imite!

« On ne m'a jamais connu qu'une question, un but unique : *Voulez-
« vous être bon Français avec moi?* et, sur l'affirmative, j'ai poussé cha-
« cun dans un défilé de granit sans issue, à droite ou à gauche, obligé de
« marcher vers l'autre extrémité, où je montrais de la main l'honneur,
« la gloire, la splendeur de la patrie. »

La mercuriale fut si vive, que celui à qui elle s'adressait, homme
d'honneur et de grande délicatesse d'ailleurs, se crut dans l'obligation
de demander une audience le lendemain, voulant remettre sa démission.
Cette audience lui fut accordée, et l'Empereur l'apercevant, lui dit :
« Mon cher, vous venez pour la conversation d'hier; elle vous a affligé
« et moi aussi; mais c'est un avertissement que j'ai voulu donner à
« plusieurs; s'il produit quelque bien, ce doit être notre consolation à
« tous deux : qu'il n'en soit plus question. » Et il parla d'autres choses.

C'est ainsi que souvent l'Empereur attaquait toute une masse sur de simples individus; et il le faisait avec un grand éclat, pour qu'on en demeurât frappé davantage; mais ses colères publiques, dont on a fait tant de bruit, n'étaient que feintes ou factices. L'Empereur disait qu'il avait prévenu par là bien des fautes et s'était épargné beaucoup de châtiments.

Un jour, dans une des grandes audiences, il attaqua un colonel avec la plus grande chaleur et tout à fait avec l'accent de la colère, sur de légers désordres commis par son régiment envers les habitants du pays qu'il venait de traverser en rentrant en France; et comme le colonel, pensant la punition fort au-dessus de la faute commise, cherchait à se disculper et y revenait souvent, l'Empereur lui disait à voix basse sans discontinuer la mercuriale publique : « C'est bien; mais taisez-« vous. Je vous crois; mais demeurez tranquille.... » Et plus tard, en le revoyant seul, il lui dit : « C'est que je fustigeais en vous des généraux « qui vous entouraient, et qui, si je me fusse adressé directement à « eux, se seraient trouvés mériter la dernière dégradation, peut-être « davantage. »

Mais si l'Empereur attaquait de la sorte en public, il lui arrivait parfois aussi de se voir attaqué à son tour : j'ai été témoin de plusieurs exemples.

Un jour, à Saint-Cloud, à la grande audience du dimanche, et précisément à mon côté, un sous-préfet ou autre fonctionnaire piémontais, l'air égaré, et tout hors de lui, l'interpelle de la voix la plus élevée, lui demandant justice sur sa destitution, soutenant qu'il avait été faussement accusé et condamné. « Allez trouver mes ministres, lui répondit l'Em-« pereur. — Non, Sire, c'est par vous que je veux être jugé. — Je ne le « saurais; je n'en ai point le temps; j'ai à m'occuper de tout l'empire, « et mes ministres sont institués pour s'occuper des individus. — Mais « ils me condamneront toujours. — Et pourquoi ? — Parce que tout « le monde m'en veut. — Et pourquoi encore ? — Parce que je vous « aime. Il suffit qu'on vous soit attaché pour qu'on devienne en horreur « à tout le monde. — Ce que vous dites là est bien fort, Monsieur, dit « l'Empereur avec calme; j'aime à croire que vous vous trompez. » Et il passa tranquillement au voisin, tandis que nous en demeurions déconcertés, et en étions devenus rouges d'embarras. Une autre fois, à une parade, un jeune officier, aussi tout hors de lui, sort des rangs pour se plaindre qu'il est maltraité, dégradé; qu'on a été injuste à son égard, qu'on lui a fait éprouver des passe-droits, et qu'il y a cinq ans qu'il est lieutenant sans pouvoir obtenir d'avancement. « Calmez-vous, lui dit

« l'Empereur, moi je l'ai bien été sept ans, et vous voyez qu'après tout,
« cela n'empêche pas de faire son chemin. » Tout le monde de rire, et le

jeune officier, subitement refroidi, d'aller reprendre son rang. En tout, rien n'était plus commun que de voir les individus s'attaquer à l'Empereur et lui tenir tête.

Je l'ai vu maintes fois, dans de vives et chaudes réclamations, ne pouvoir obtenir la dernière parole, et prendre le parti de céder, en passant à d'autres personnes ou en changeant de sujet.

Principe général. Les actes de l'Empereur, quelque passionnés qu'ils parussent, étaient toujours accompagnés de calculs. « Quand un de mes
« ministres, disait-il, ou quelque autre grand personnage avait fait une
« faute grave, qu'il y avait vraiment lieu à se fâcher, que je devais vrai-
« ment me mettre en colère, être furieux, alors j'avais toujours le soin
« d'admettre un tiers à cette scène ; j'avais pour règle que quand je me
« décidais à frapper, le coup devait porter sur plusieurs ; celui qui le re-
« cevait ne m'en voulait ni plus ni moins ; et celui qui en était le témoin,
« dont il eût fallu voir la figure et l'embarras, allait discrètement trans-
« mettre au loin ce qu'il avait vu et entendu : une terreur salutaire cir-
« culait de veine en veine dans le corps social. Les choses en marchaient
« mieux ; je punissais moins, je recueillais infiniment, et sans avoir fait
« beaucoup de mal. »

Dans une de ces grandes occasions, le ministre de la marine (Decrès) se trouva admis de conserve avec le véritable patient, et l'Empereur l'avait choisi dans la triple intention qu'il fût le témoin, qu'il reçût sa part directe d'un avertissement salutaire, et servît néanmoins de terme de comparaison propre à confusionner d'autant celui qu'il avait réellement en vue; car, après s'être exprimé vis-à-vis de celui-ci avec la dernière violence, et être entré dans les plus petits détails d'une menace extrême, se retournant tout à coup vers Decrès, il lui dit : « Et « vous aussi, Monsieur le ministre de la marine, on m'apprend que

« vous vous avisez d'être de l'opposition ; c'est fort étrange, j'en suis
« très-irrité, quoique après tout je sache bien que chez vous il y a du
« moins des *tirants d'eau* d'honneur et de fidélité que vous ne dépasserez
« jamais. »

Réflexions sur le gouverneur.—Dépenses de la maison de l'Empereur aux Tuileries.—Sur les bonnes comptabilités.—MM. Mollien, La Bouillerie.

Dimanche 2 juin.

L'Empereur est sorti à cheval sur les huit heures; il y avait bien longtemps qu'il s'en était abstenu. Il est descendu chez madame Bertrand, et s'y est arrêté longtemps. Il y peignait énergiquement et avec

beaucoup d'esprit les rapports du gouverneur avec nous, ses mesures subalternes, son peu d'égards, le rétréci de sa police, le ridicule de sa gestion, son ignorance des affaires et des manières. « Nous avions, di-
« sait-il, à nous plaindre sans doute de l'amiral, mais au moins était-il
« Anglais; au lieu que celui-ci n'est qu'un mauvais sbire d'Italie.
« Nous n'avons pas les mêmes mœurs, disait-il, nous ne saurions nous
« entendre; nos sentiments ne parlent pas le même langage : il ne se
« doute pas que des monceaux de diamants ne sauraient effacer l'arres-
« tation qu'il est venu faire d'un de nos domestiques, presque à mes
« yeux. Depuis ce jour-là, il a répandu la pâleur sur toute ma maison. »

Au retour, nous avons déjeuné dans le jardin. Le soir, le temps s'est passé à tracer le budget de celui qui, à Paris, aurait cinquante mille livres de rente : l'écurie, disait l'Empereur, devait y entrer pour un sixième, la table pour un quart, etc.

J'ai déjà dit qu'il aimait ces calculs, qui prenaient toujours quelque chose de neuf et de piquant dans sa bouche.

La conversation a conduit à des détails plus curieux sur la liste civile et les dépenses de la maison de l'Empereur. Voici ce que j'en ai recueilli :

La table était d'un million ; et pourtant le dîner de la personne de l'Empereur n'était dans ce compte que pour cent francs par jour. Jamais on n'a pu arriver à le faire manger chaud, parce qu'une fois au travail on ne savait jamais quand il quitterait; aussi, l'heure du dîner venue, on mettait pour lui des poulets à la broche de demi-heure en demi-heure; et l'on en a vu rôtir des douzaines avant d'atteindre celui qui lui a été présenté.

De là on est passé aux avantages d'une bonne comptabilité. L'Empereur citait surtout sur ce point MM. *de Mollien* et *La Bouillerie*. Le premier avait ramené le trésor public à une simple maison de banque ; si bien que l'Empereur, dans un seul tout petit cahier, avait, disait-il, constamment sous les yeux l'état complet de ses affaires, sa recette, sa dépense, ses arriérés, ses ressources, etc., etc.

L'Empereur disait avoir eu dans ses caves, aux Tuileries, jusqu'à quatre cents millions en or qui étaient tellement à lui, qu'il n'en existait d'autres traces qu'un petit livret dans les mains de son trésorier particulier. Tout s'est fondu à mesure, et surtout lors des revers, dans les dépenses de l'État. Comment aurait-il pu, disait-il, songer à s'en réserver quelque chose? il s'était identifié tout à fait avec la nation.

Il disait encore avoir fait entrer en France plus de deux milliards de numéraire, sans compter tout ce que les individus pouvaient en avoir rapporté pour leur propre compte.

L'Empereur disait avoir été vivement sensible à ce qu'en 1814 M. de La Bouillerie, se trouvant à Orléans avec des dizaines de millions à lui Napoléon, sa propriété personnelle, il les eût portés à M. le comte d'Artois, à Paris, au lieu de les conduire à Fontainebleau, comme cela était de son devoir et de sa conscience. « La Bouillerie pourtant n'était pas
« un méchant homme, disait l'Empereur, je l'avais aimé et estimé. Au
« retour de 1815, il sollicita vivement d'être admis près de moi et de
« pouvoir se justifier; il aurait prouvé sans doute que c'était la faute de
« son ignorance, et non de son cœur. Il me connaissait bien; il savait que
« s'il arrivait jusqu'à moi, il en serait quitte pour quelques paroles de
« colère. Mais je me connaissais aussi : j'étais résolu de ne pas le re-
« prendre; je refusai de le voir. C'était le seul moyen que j'avais en cette
« occasion de résister à lui et à plusieurs autres.

« Toutefois *Estève*, son prédécesseur, n'en eût pas fait autant; il
« m'était chaudement attaché; il m'eût conduit mon trésor par force à
« Fontainebleau. S'il ne l'eût pu, il l'eût enterré, jeté dans les rivières,
« distribué plutôt que de le livrer. »

Sur les femmes, etc.—La polygamie.

Lundi 3.

L'Empereur, après un bain de trois heures, est sorti vers les cinq heures pour se promener dans le jardin. Il était fort triste, silencieux, il avait l'air souffrant. Nous sommes montés en calèche, et peu à peu il s'est remis et est devenu plus causant.

Au retour, il s'est promené encore quelque temps, pour faire la guerre à l'une de ces dames qui étaient avec nous; il s'est amusé à déclamer contre les femmes. « Nous n'y entendions rien, nous autres peuples d'Occi-
« dent, disait-il (et un clignotement de côté nous prévenait de sa malice);
« nous avions tout gâté en traitant les femmes trop bien. Nous les
« avions portées, à grand tort, presque à l'égal de nous. Les peuples
« de l'Orient avaient bien plus d'esprit et de justesse, ils les avaient dé-
« clarées la véritable propriété de l'homme; et en effet la nature les
« avait faites nos esclaves; ce n'est que par nos travers d'esprit qu'elles
« osent prétendre à être nos souveraines; elles abusaient de quelques
« avantages pour nous séduire et nous gouverner. Pour une qui nous
« inspirait quelque chose de bien, il en était cent qui nous faisaient faire
« des sottises. » Et, continuant d'applaudir aux maximes de l'Orient, il approuvait fort la polygamie, la prétendait dans la nature, et se mou-

trait fort adroit, très-fécond dans ses preuves : « La femme, disait-il,
« est donnée à l'homme pour qu'elle fasse des enfants. Or, une femme
« unique ne pourrait suffire à l'homme pour cet objet; elle ne peut être
« sa femme quand elle est grosse, elle ne peut être sa femme quand elle
« nourrit, elle ne peut être sa femme quand elle est malade, elle cesse
« d'être sa femme quand elle ne peut plus lui donner d'enfants : l'homme,
« que la nature n'arrête ni par l'âge ni par aucun de ces inconvénients,
« doit donc avoir plusieurs femmes, etc.

« Et de quoi vous plaindriez-vous après tout, Mesdames? continuait-
« il en souriant ; ne vous avons-nous pas reconnu une âme? vous savez
« qu'il est des philosophes qui ont balancé. Vous prétendriez à l'égalité?
« Mais c'est folie ; la femme est notre propriété, nous ne sommes pas la
« sienne ; car elle nous donne des enfants, et l'homme ne lui en donne
« pas. Elle est donc sa propriété comme l'arbre à fruit est celle du jar-
« dinier. Si l'homme fait une infidélité à sa femme, qu'il lui en fasse
« l'aveu, s'en repente, il n'en demeure plus de traces ; la femme se
« fâche, pardonne, ou se raccommode, et encore y gagne-t-elle parfois.
« Il ne saurait en être ainsi de l'infidélité de la femme : elle aurait beau
« l'avouer, s'en repentir ; qui garantit qu'il n'en demeurera rien? Le
« mal est irréparable : aussi ne doit-elle, ne peut-elle jamais en con-
« venir. Il n'y a donc, Mesdames, et vous devez l'avouer, que le manque
« de jugement, les idées communes et le défaut d'éducation qui puissent
« porter une femme à se croire en tout l'égale de son mari ; du reste,
« rien de déshonorant dans la différence; chacun a ses propriétés et ses
« obligations : vos propriétés, Mesdames, sont la beauté, les grâces, la
« séduction ; vos obligations, la dépendance et la soumission, etc., etc. »

Après le dîner, l'Empereur a envoyé mon fils chercher les Mémoires
du chevalier de Grammont et un volume du Théâtre de Voltaire. Se
créant, disait-il, la tâche d'atteindre onze heures, il a lu assez longtemps
du premier ouvrage, remarquant combien peu de chose peut amuser
quand on y répand du véritable esprit. Quant à Voltaire, il a parcouru
Mahomet, *Sémiramis*, et autres, en faisant ressortir les vices, et concluant comme de coutume que Voltaire n'a connu ni les choses, ni les
hommes, ni les grandes passions.

Reprise des Mémoires de l'Empereur, etc.

Mardi 4.

L'Empereur m'a fait appeler vers les quatre heures pour aller en
calèche. Il m'a dit qu'il venait enfin de dicter de nouveau, et que cela
n'était pas sans quelque mérite : qu'il avait été toute la matinée d'une

humeur détestable; qu'il avait d'abord essayé de sortir vers une heure, mais qu'il était rentré bientôt, absorbé par le dégoût et l'ennui, et que, ne sachant que faire, il lui était venu dans l'idée de se remettre à dicter.

Il y avait longtemps que l'Empereur avait interrompu le travail régulier de ses Mémoires. Ma campagne d'Italie était finie depuis plusieurs mois; celle d'Égypte de Bertrand l'était aussi; le général Gourgaud avait été fort malade; tout cela avait amené des lacunes qui avaient créé le dégoût. L'Empereur en était demeuré là, et ne se sentait pas le courage de s'y remettre. J'ai profité de ce qu'il venait de dire pour faire observer que ses dictées étaient pour lui le grand, le seul moyen de tromper son ennemi, d'user le temps; et pour nous l'inestimable avantage d'acquérir de véritables trésors chers à l'honneur, à la gloire de la France; qu'il était d'une importance réelle qu'il continuât son histoire. Chacun de nous, assurais-je, donnerait volontiers son sang pour l'obtenir; il le devait à sa mémoire, à sa famille, à nous. Où son fils trouverait-il sa véritable histoire? Qui pourrait la lui tracer dignement? Sans ces documents précieux, que de choses finiraient avec Napoléon! Nous qui l'entourions jadis, que savions-nous alors? que n'avons-nous pas appris ici? etc. L'Empereur a répondu qu'il allait s'y remettre, et il a posé la question sur le plan à suivre : serait-ce une histoire? seraient-ce des annales? il l'a discuté longtemps sans pouvoir rien arrêter.

A dîner, il a dit : « J'ai été fort grondé aujourd'hui sur ma paresse;
« je viens donc me remettre au travail, attaquer plusieurs points à la fois,
« chacun aura son lot. Hérodote n'a-t-il pas, je crois, donné le nom des
« Muses à ses livres? a-t-il dit en me regardant. Eh bien! je veux que cha-
« cun des miens porte un des vôtres. Il n'y aura pas jusqu'au petit Em-
« manuel qui n'ait le sien. Je vais entamer le consulat avec Montholon.
« Gourgaud aura quelque autre époque ou des batailles détachées, et le
« petit Emmanuel préparera les pièces et les matériaux de l'époque du
« couronnement. »

<small>École militaire. - Plan d'éducation ordonné par l'Empereur.—Ses intentions pour les vieux militaires. - Changements opérés dans les habitudes de la capitale.</small>

Mercredi 5.

L'Empereur est sorti vers les quatre heures : durant la promenade, la conversation a été sur l'ancienne École militaire de Paris, le luxe qu'on y employait à notre égard, la sévérité au contraire que l'Empereur avait établie dans les siennes.

A l'École militaire de Paris, nous étions nourris, servis magnifiquement, traités en toutes choses comme des officiers jouissant d'une grande aisance, plus grande certainement que celle de la plupart de nos familles, et fort au-dessus de celle dont beaucoup de nous devions jouir un jour. L'Empereur, dans ses Écoles militaires, avait voulu, disait-il, éviter ce travers ; il avait voulu surtout que ses jeunes officiers, qui devaient commander un jour des soldats, eussent commencé par être eux-mêmes de vrais soldats, eussent pratiqué eux-mêmes tous les détails techniques, ce qui est d'un avantage immense, disait-il, dans le reste de la vie, pour pouvoir les suivre et les faire observer dans ceux que l'on doit faire obéir. Ainsi, à Saint-Germain, les jeunes gens pansaient eux-mêmes leurs

chevaux, apprenaient à les ferrer, etc., etc. A Saint-Cyr, on pratiquait de même tous les détails correspondants de l'infanterie : on y était vraiment à la chambrée, on y mangeait à la gamelle, etc. ; le tout, sans que le reste des instructions analogues à la condition future des jeunes gens en souffrît aucunement ; en un mot, ils ne sortaient qu'ayant réellement gagné leur grade d'officier, et capables de commander et de faire aller des soldats. « Aussi, disait l'Empereur, si les jeunes gens qui se présen-
« tèrent dans les corps à l'origine de cette institution y furent reçus d'a-
« bord avec une grande jalousie, du moins fut-on obligé de rendre pleine
« justice à leur tenue et à leur capacité. »

On voit le même esprit présider aux institutions d'Écouen, de Saint-Denis, et autres établissements que la bienfaisante sollicitude de Napoléon créa pour les filles des membres de la Légion d'honneur. Des règlements dressés par lui-même ordonnaient de n'y employer que ce qui aurait été confectionné dans la maison et par les mains mêmes des élèves. Ces règlements bannissaient toute espèce de luxe, on ne devait avoir d'autre but, disait l'Empereur, que d'en faire de bonnes ménagères et d'honnêtes femmes.

Napoléon, auquel la voix publique donnait au temps de sa puissance un caractère si dur et un cœur si froid, est pourtant bien certainement le souverain qui a mis le plus de véritables sentiments en actions ; c'est que, par une tournure d'esprit qui lui était particulière, il évitait toutes démonstrations de sensibilité avec autant de soin que d'autres en mettent à les prodiguer.

Il avait adopté tous les enfants des militaires tués à Austerlitz, et pour lui un tel acte ne se bornait pas à une pure formalité, il les eût dotés.

Je tiens de la bouche d'un jeune homme, qui me l'a raconté depuis mon retour en Europe, et encore avec les larmes de la reconnaissance, qu'ayant été assez heureux, sortant à peine de l'enfance, pour donner une preuve de dévouement qui avait été remarquée, l'Empereur lui demanda quelle carrière il voulait suivre ; et, sans attendre sa réponse, en désigna une lui-même. A quoi le jeune homme ayant fait observer que la fortune de son père ne le permettrait pas : « Que vous importe, re-
« prit vivement Napoléon, *ne suis-je pas aussi votre père?* » Ceux qui l'ont connu dans son intérieur, ou ont vécu près de sa personne, peuvent citer mille traits de la sorte.

Il avait beaucoup fait pour les militaires et les vétérans, et il se proposait encore bien davantage : c'étaient chaque jour quelques pensées nouvelles.

Il nous fut présenté au Conseil d'État un projet de décret pour qu'à l'avenir les places dans les douanes, les perceptions, les droits réunis, etc., fussent données à des militaires blessés ou à des vétérans susceptibles de les exercer, à partir du simple soldat jusqu'aux rangs supérieurs. Et, comme ce projet était reçu avec froideur, l'Empereur, adressant son adage ordinaire à l'un des opposants, le somma d'aborder franchement la question et de dire toute sa pensée. « Eh bien ! Sire,
« dit M. Malouet, c'est que je crains que les citoyens ne se trouvent heur-
« tés de se voir préférer des militaires. — Monsieur, repartit vivement

« l'Empereur, vous séparez là ce qui ne l'est pas ; les citoyens et les sol-
« dats aujourd'hui ne font qu'un. Dans la crise où nous nous trouvons,
« la conscription atteint tout le monde ; la carrière militaire n'est plus
« une affaire de goût, elle est une affaire de force. La plupart de ceux
« qui s'y trouvent ont perdu leur état contre leur gré ; il est donc juste
« de leur en tenir compte. — Mais, répétait encore l'opposant, c'est qu'on
« pourrait croire, par la rédaction du projet, que Votre Majesté ne
« veut désormais donner la plus grande partie de ces places qu'aux mi-
« litaires. — Mais c'est bien aussi mon intention, Monsieur, dit l'Em-
« pereur ; il ne s'agit que de savoir si j'en ai le droit et si je blesse la
« justice. Or la constitution me donne la nomination à tous ces em-
« plois, et il me semble qu'il est de toute justice que ce soient ceux qui
« ont le plus souffert qui aient le plus de droits aux indemnités. » Puis,
haussant la voix : « Messieurs, la guerre n'est point un métier de roses ;
« vous ne la connaissez ici, sur vos bancs, que d'après la lecture des
« bulletins ou le récit de nos triomphes. Vous ne connaissez pas nos
« bivouacs, nos marches forcées, nos privations de tous genres, nos
« souffrances de toutes espèces. Moi, je les connais, parce que je les
« vois et que parfois je les partage. »

Quoi qu'il en soit, ce projet de décret, après plusieurs rédactions, finit par disparaître comme beaucoup d'autres, et les intentions de l'Empereur ne furent même pas connues du public, que je sache, bien qu'il eût semblé mettre un vif intérêt à le voir adopté, et qu'il en eût poursuivi la défense dans les plus petits détails.

« Mais, Sire, lui avait-on objecté dans le principe, Votre Majesté don-
« nerait-elle de ces places à un militaire qui ne saurait point lire ? —
« Pourquoi pas ? — Mais comment pourrait-il remplir sa place, tenir
« ses registres ? — Eh bien ! Monsieur, il appellerait son voisin ; il ferait
« venir de ses parents, et le bienfait intentionné pour un se répandrait
« sur plusieurs. D'ailleurs je ne tiens pas à votre objection ; nous n'a-
« vons qu'à prescrire la condition qu'il sera capable de la remplir, etc. »

A la nuit, l'Empereur m'a fait appeler dans sa chambre. Il y était seul, avec un peu de feu et dans l'ombre ; les lumières étaient dans la chambre voisine. Cette obscurité plaisait, disait-il, à sa mélancolie. Il était triste et silencieux.

Après le dîner, l'Empereur répétait avoir beaucoup médité sur les moyens de récréer la société. Il avait eu des cercles à la cour, des spectacles, des voyages à Fontainebleau. Cela gênait, disait-il, les gens de la cour, et n'influait pas sur les cercles de la capitale. Il n'y avait point encore assez de cohésion dans toutes ces parties hétérogènes pour qu'elles pussent réagir convenablement les unes sur les autres ; cependant cela fût venu avec le temps, assurait-il. On lui faisait remarquer qu'il avait beaucoup contribué à raccourcir les soirées de la capitale. Tout ce qui tenait au gouvernement travaillait beaucoup, et, devant se lever de grand matin, était obligé de se coucher de fort bonne heure.

« Ce fut, du reste, un grand étonnement pour Paris, disait l'Empe-
« reur, une véritable révolution dans les mœurs, presque une sédition
« dans la société, lorsque le Premier Consul voulut qu'on quittât les
« bottes pour venir en société, qu'on se mît en bas, et qu'on soignât
« tant soit peu sa toilette. »

L'Empereur revenait beaucoup sur ce qui formait le bon ton et les manières agréables des sociétés de sa jeunesse. Il s'est arrêté surtout à définir ce qui rendait alors les intimités agréables ; la teinte légère de flatterie réciproque, ou du moins l'opposition fine et délicate, etc.

Résistance à la médecine.—*Gil Blas*.—Général Bizanet.

Jeudi 6.

Je n'ai vu l'Empereur qu'à six heures ; il était demeuré dans sa chambre, souffrant, et n'avait encore rien mangé de la journée. Il se trouvait du malaise, disait-il, et s'amusait en ce moment à parcourir des gravures sur la ville de Londres, que le docteur lui avait prêtées. Celui-ci avait eu l'honneur de le voir dans la journée, et l'avait beaucoup fait rire. « Apprenant que je n'étais pas bien, disait l'Empereur, il avait
« prétendu se saisir de moi comme de sa proie, en me conseillant aussi-
« tôt une médecine, à moi qui ne me rappelle point en avoir jamais pris
« dans ma vie. »

Il était déjà plus de sept heures ; l'Empereur a dit que celui qui se sentait faim n'était pas bien malade. Il a demandé à manger, on lui a apporté un poulet, qu'il a trouvé excellent : cela l'a remis ; il est devenu causant, et a passé en revue divers romans français. La lecture de *Gil Blas* avait rempli la plus grande partie de sa journée. Il était plein d'esprit, disait-il, mais il aurait mérité les galères lui et tous les siens. De là il s'est mis à parcourir un recueil chronologique, et s'est arrêté sur la belle affaire de Berg-op-Zoom par le général *Bizanet*.

« Que de belles actions pourtant, disait l'Empereur, ont été se per-
« dre dans la confusion de nos désastres, ou même dans la multiplicité
« de celles que nous avons produites ! Celle de Berg-op-Zoom est du
« nombre : la garnison naturelle de cette place était de huit à dix mille

« hommes peut-être, et pourtant elle ne comptait en cet instant pas
« plus de deux mille sept cents combattants. Un général anglais, à la
« faveur de la nuit, et d'intelligence avec les habitants, s'y introduit
« avec quatre mille huit cents hommes d'élite. Ils sont dans la place, la
« population est pour eux; mais rien ne saurait triompher de la valeur
« française! on se bat en désespérés dans les rues; la presque totalité

« de la troupe anglaise est tuée ou demeure prisonnière. Certes, con-
« cluait l'Empereur, voilà un acte de braves! le général Bizanet est un
« brave! »

Il est sûr que dans nos derniers moments, comme le disait l'Empereur, une foule de hauts faits, de traits historiques, ont été se perdre dans la confusion de nos désastres et le gouffre de nos malheurs.

C'est l'extraordinaire et singulière défense d'Huningue par l'intrépide *Barbanègre*.

C'est la belle résistance du général *Teste* à Namur, où, dans une ville ouverte, avec une poignée de braves, il arrête court l'élan des Prussiens, et favorise la rentrée de Grouchy sans être entamé.

C'est l'expédition brillante du brave *Excelmans* dans Versailles, qui eût pu avoir des suites si importantes, si elle eût été soutenue, ainsi que cela avait été décidé ; et enfin un grand nombre d'autres.

Romans de l'Empereur. — Napoléon peu connu de sa maison même. — Ses idées religieuses.

Vendredi 7, samedi 8.

Dans une longue conversation privée du matin, l'Empereur aujourd'hui revenait sur toutes les horreurs de notre situation présente, et épuisait les chances d'un meilleur avenir.

A la suite de tous ces objets, que je ne puis rendre ici, s'abandonnant à son imagination, il disait qu'il n'y avait plus pour lui de séjour que l'Angleterre et l'Amérique. Celui de son inclination, disait-il, serait l'Amérique, parce qu'il y serait vraiment libre, et qu'il n'aspirait plus qu'à l'indépendance et au repos ; et il faisait alors son roman. Il se voyait près de son frère Joseph, entouré d'une petite France, etc., etc.

Toutefois la politique, remarquait-il, pouvait décider pour l'Angleterre. Il devait demeurer peut-être l'esclave des événements. Il se devait, après tout, à un peuple qui avait fait plus pour lui qu'il ne lui avait rendu lui-même à son tour, etc. Et alors il faisait encore son roman, etc., etc.

De là, la conversation allant toujours, l'Empereur ne revenait pas de s'être convaincu que beaucoup de ceux qui l'entouraient et qui formaient sa cour croyaient la plupart des absurdités et des balivernes qui avaient été débitées sur son compte, et allaient jusqu'à douter de la fausseté des horreurs dont on souillait son caractère. Qu'ainsi nous le croyions cuirassé au milieu de nous, soumis aux pressentiments et au fatalisme, sujet à des accès de rage ou d'épilepsie ; ayant étranglé Pichegru, fait couper le cou à un petit capitaine anglais, etc..... Et sa sortie contre nous était en quelque sorte méritée ; nous étions obligés d'en convenir ; seulement nous avions à répondre que bien des circonstances se réunissaient pour que le gros de son entourage d'alors demeurât encore le vulgaire. Nous apercevions souvent sa personne, disais-je ; mais nous n'avions jamais aucune communication avec lui : tout demeurait mystère pour nous. Aucune voix ne s'élevait pour réfuter, tandis qu'il en était une foule dans l'ombre, et quelques-unes des plus rapprochées de lui, qui, par travers d'esprit ou mauvaise intention, ne semblaient occupées qu'à insinuer sans cesse. Quant à moi, je confessais de bonne foi n'avoir eu d'idée certaine de son caractère qu'ici, bien que j'eusse à me féliciter de l'avoir réellement en partie deviné. « Et pourtant,

« répliquait-il à cela, vous m'avez vu et entendu souvent au Conseil
« d'État. »

Le soir, après le dîner, la conversation tomba sur la religion. L'Empereur s'y est arrêté longtemps. Je vais en transcrire ici avec soin le résumé, comme tout à fait caractéristique sur un point qui a dû exercer sans doute souvent la curiosité de plusieurs.

L'Empereur, après un mouvement très-vif et très-chaud, a dit : « Tout
« proclame l'existence d'un Dieu, c'est indubitable[1] ; mais toutes nos re-
« ligions sont évidemment les enfants des hommes. Pourquoi y en avait-il
« tant? pourquoi la nôtre n'avait-elle pas toujours existé? pourquoi était-
« elle exclusive? que devenaient les hommes vertueux qui nous avaient
« devancés? pourquoi ces religions se décriaient-elles, se combattaient-
« elles, s'exterminaient-elles? pourquoi cela avait-il été de tous les temps,
« de tous les lieux? C'est que les hommes sont toujours les hommes,
« c'est que les prêtres ont toujours glissé partout la fraude et le men-
« songe. Toutefois, disait l'Empereur, dès que j'ai eu le pouvoir, je me
« suis empressé de rétablir la religion. Je m'en servais comme de base
« et de racine. Elle était à mes yeux l'appui de la bonne morale, des
« vrais principes, des bonnes mœurs. Et puis l'inquiétude de l'homme
« est telle, qu'il lui faut ce vague et ce merveilleux qu'elle lui présente.
« Il vaut mieux qu'il le prenne là que d'aller le chercher chez Cagliostro,
« chez mademoiselle Lenormand, chez toutes les diseuses de bonne
« aventure et chez les fripons. » Quelqu'un ayant osé lui dire qu'il pourrait se faire qu'il finît par être dévot, l'Empereur a répondu, avec l'air de conviction, qu'il craignait que non, et qu'il le prononçait à regret; car c'était sans doute une grande consolation; que toutefois son incrédulité ne venait ni de travers ni de libertinage d'esprit, mais seulement de la force de sa raison. « Cependant, ajoutait-il, l'homme ne doit jurer
« de rien sur tout ce qui concerne ses derniers instants. En ce moment,
« sans doute, je crois bien que je mourrai sans confesseur; et néan-
« moins voilà un tel, montrant l'un de nous, qui me confessera peut-

---

[1] Depuis mon retour en Europe, je tiens de M. l'évêque Grégoire qu'au plus fort de la crise du concordat, mandé avant le jour à la Malmaison, quand il y arriva, le Premier Consul se promenait déjà dans une allée, discutant vivement avec le sénateur Volney. « Oui, Monsieur, lui disait-il, on dira ce « qu'on voudra, mais il faut au peuple une religion, et surtout de la croyance; et quand je dis le peu-
« ple, Monsieur, je ne prétends pas encore dire assez, car moi-même, » et il étendait en cet instant ses bras avec une espèce d'inspiration enthousiaste vers le soleil qui précisément en cet instant « apparaissait radieux à l'horizon, » moi-même, exprimait-il avec chaleur, à la vue d'un tel spectacle, « je me surprends à être ému, entraîné, convaincu. » Et se tournant vers l'abbé Grégoire, il lui dit :
« Et vous, Monsieur, qu'en dites-vous? » A quoi celui-ci n'eut qu'à répondre qu'un pareil spectacle était « bien fait pour donner lieu aux plus sérieuses et aux plus fécondes méditations.

« être. Je suis bien loin d'être athée, assurément ; mais je ne puis croire
« tout ce que l'on m'enseigne en dépit de ma raison, sous peine d'être
« faux et hypocrite.

« Sous l'empire, et surtout après le mariage de Marie-Louise, on fit
« tout au monde pour me porter, à la manière de nos rois, à aller en
« grande pompe communier à Notre-Dame ; je m'y refusai tout à fait ;
« je n'y croyais pas assez, disais-je, pour que ce pût m'être bénéficiel,
« et je croyais trop encore pour m'exposer froidement à un sacrilége. »
A cela, comme on citait quelqu'un qui s'était vanté en quelque sorte de
n'avoir pas fait sa première communion : « C'est fort mal à lui, a re-
« pris l'Empereur : il a manqué là à son éducation, ou l'on s'est rendu
« coupable vis-à-vis d'elle. » Puis continuant son sujet : « Dire d'où je
« viens, ce que je suis, où je vais, est au-dessus de mes idées, et pourtant
« tout cela est. Je suis la montre qui existe et qui ne se connaît pas.
« Toutefois le sentiment religieux est si consolant, que c'est un bienfait
« du ciel que de le posséder. De quelle ressource ne nous serait-il pas
« ici ? quelle puissance pourraient avoir sur moi les hommes et les cho-
« ses, si, prenant en vue de Dieu mes revers et mes peines, j'en atten-
« dais le bonheur futur pour récompense !..... A quoi n'aurais-je pas
« droit, moi qui ai traversé une carrière aussi extraordinaire, aussi
« orageuse, sans commettre un seul crime ; et j'ai pu tant en commettre !
« Je puis paraître devant ce tribunal de Dieu, je puis attendre son juge-
« ment sans crainte. Il n'entreverra jamais au dedans de moi l'idée de
« l'assassinat, de l'empoisonnement, de la mort injuste ou préméditée,
« si commune dans les carrières qui ressemblent à la mienne. Je n'ai
« voulu que la gloire, la force, le lustre de la France ; toutes mes facul-
« tés, tous mes efforts, tous mes moments étaient là. Ce ne saurait être
« un crime, je n'ai vu là que des vertus ! Quelle serait donc ma jouis-
« sance, si le charme d'un avenir futur se présentait à moi pour cou-
« ronner la fin de ma vie, etc. »

. . . . . . Plus loin, il disait : « Mais comment pouvoir être con-
« vaincu par la bouche absurde, par les actes iniques de la plupart de
« ceux qui nous prêchent ? Je suis entouré de prêtres qui me répètent
« sans cesse que leur règne n'est pas de ce monde, et ils se saisissent de
« tout ce qu'ils peuvent. Le pape est le chef de cette religion du ciel, et
« il ne s'occupe que de la terre. Que de choses celui d'aujourd'hui, qui
« assurément est un brave et saint homme, m'offrait pour retourner à
« Rome ! La discipline de l'Église, l'institution des évêques, ne lui étaient
« plus rien, s'il pouvait à ce prix redevenir prince temporel. Aujour-

« d'hui même, il est l'ami de tous les protestants, qui lui accordent tout
« parce qu'ils ne le craignent pas. Il n'est l'ennemi que de l'Autriche
« catholique, parce que celle-ci serre de près son territoire, etc.

« . . . . . . Nul doute, du reste, continuait-il encore, que mon
« espèce d'incrédulité ne fût, en ma qualité d'Empereur, un bienfait
« pour les peuples ; et autrement, comment aurais-je pu exercer une
« véritable tolérance ? comment aurais-je pu favoriser avec égalité des
« sectes aussi contraires, si j'avais été dominé par une seule ? comment
« aurais-je conservé l'indépendance de ma pensée et de mes mouve-
« ments, sous la suggestion d'un confesseur qui m'eût gouverné par les
« craintes de l'enfer ? Quel empire un méchant, le plus stupide des
« hommes, ne peut-il pas, à ce titre, exercer sur ceux qui gouvernent
« les nations ? N'est-ce pas alors le moucheur de chandelles qui, dans
« les coulisses, peut faire mouvoir à son gré l'Hercule de l'Opéra ? Qui
« doute que les dernières années de Louis XIV n'eussent été bien dif-
« férentes avec un autre confesseur ? J'étais tellement pénétré de ces
« vérités, que je me promettais bien de faire en sorte, autant qu'il eût
« été en moi, d'élever mon fils dans la même ligne religieuse où je me
« trouve, etc., etc. »

L'Empereur a terminé cette conversation en envoyant mon fils chercher l'Évangile, et le prenant au commencement, il ne s'est arrêté qu'a-
près le discours de Jésus sur la montagne. Il se disait ravi, extasié de
la pureté, du sublime et de la beauté d'une telle morale, et nous l'étions
de même.

Portrait des directeurs.—Anecdotes.—18 fructidor.

Dimanche 9.

L'Empereur a beaucoup parlé de la création du Directoire ; il l'avait
installé, se trouvant alors commandant en chef de l'armée de l'intérieur. Cela l'a conduit à passer en revue les cinq directeurs dont il a
donné le portrait et le caractère. Il a peint leurs ridicules et leurs
fautes, ce qui a conduit aux événements de fructidor, et a fourni un
grand nombre de choses fort curieuses. Voici ce que j'en ai recueilli,
partie de ses conversations perdues, partie de ses dictées sur les campagnes d'Italie.

« *Barras*, disait l'Empereur, d'une des bonnes familles de Provence,
« était officier au régiment de l'Ile-de-France ; à la révolution, il fut
« nommé député à la Convention nationale par le département du Var.
« Il n'avait aucun talent pour la tribune, et nulle habitude de travail.

« Après le 31 mai, il fut nommé, avec Fréron, commissaire à l'armée
« d'Italie et en Provence, alors foyer de la guerre civile. De retour à
« Paris, il se jeta dans le parti thermidorien ; menacé par Robespierre,
« ainsi que Tallien et tout le reste du parti de Danton, ils se réunirent,
« et firent la journée du 9 thermidor. Au moment de la crise, la Con-
« vention le nomma pour marcher contre la commune, qui s'était in-
« surgée en faveur de Robespierre ; il réussit.

« Cet événement lui donna une grande célébrité. Tous les thermido-
« riens, après la chute de Robespierre, devinrent les hommes de la
« France.

« Le 12 vendémiaire, au moment de la crise, on imagina, pour se dé-
« faire subitement des trois commissaires près de l'armée de l'inté-
« rieur, de réunir dans sa personne les pouvoirs de commissaire et
« ceux de commandant de cette armée. Mais les circonstances étaient
« trop graves pour lui, elles étaient au-dessus de ses forces : Barras n'a-
« vait pas fait la guerre, il avait quitté le service n'étant que capitaine ;
« il n'avait d'ailleurs aucune connaissance militaire.

« Les événements de thermidor et de vendémiaire le portèrent au

« Directoire : il n'avait point les qualités nécessaires pour cette place ; il
« fit mieux que ceux qui le connaissaient n'attendaient de lui.

« Il donna de l'éclat à sa maison ; il avait un train de chasse, et fai-
« sait une dépense considérable. Quand il sortit du Directoire, au
« 18 brumaire, il lui restait encore une grande fortune ; il ne la dissi-
« mulait pas. Cette fortune n'était pas, il s'en faut, de nature à avoir
« influé sur le dérangement des finances ; mais la manière dont il l'avait
« acquise, en favorisant les fournisseurs, altéra la morale publique.

« Barras était d'une haute stature ; il parla quelquefois dans des mo-
« ments d'orage, et sa voix couvrait alors la salle. Ses facultés morales
« ne lui permettaient pas d'aller au delà de quelques phrases. La passion
« avec laquelle il parlait l'aurait fait prendre pour un homme de réso-
« lution, il ne l'était point ; il n'avait aucune opinion faite sur aucune
« partie de l'administration publique.

« En fructidor il forma, avec Rewbell et La Reveillère-Lepaux, la
« majorité contre Carnot et Barthélemi ; après cette journée, il fut en
« apparence l'homme le plus considérable du Directoire ; mais en
« réalité c'était Rewbell qui avait la véritable influence des affaires.
« Barras soutint constamment en public le rôle d'un ami chaud de
« Napoléon. Lors du 30 prairial, il eut l'adresse de se concilier le
« parti dominant dans l'assemblée, et ne partagea pas la disgrâce de
« ses collègues.

« *La Reveillère-Lepaux*, natif d'Angers, était de la très-petite bour-
« geoisie, petit, bossu, de l'extérieur le plus désagréable qu'on puisse
« imaginer : c'était un véritable Ésope. Il écrivait passablement, son
« esprit était de peu d'étendue, il n'avait ni l'habitude des affaires ni la
« connaissance des hommes. Il fut alternativement dominé, selon les
« temps, par Carnot et Rewbell. Le Jardin des Plantes et la *théophilan-*
« *thropie*, nouvelle religion dont il avait la manie de vouloir être fon-
« dateur, faisaient toute son occupation. Du reste, il était patriote chaud
« et sincère, honnête homme, citoyen probe et instruit ; il entra pauvre
« au Directoire et en sortit pauvre. La nature ne lui avait accordé que
« les qualités d'un magistrat subalterne. »

Napoléon, après son retour de l'armée d'Italie, se trouva, sans qu'il
en pût deviner la cause, l'objet tout particulier du soin, de l'attention
et des cajoleries du directeur La Reveillère, qui un jour lui offrit un
dîner *strictement* en famille, et cela, disait-il, pour être plus ensemble.
Le jeune général l'accepta ; et en effet il ne s'y trouvait que la femme et
la fille du directeur ; et tous les trois, par parenthèse, disait l'Empereur,

étaient trois chefs-d'œuvre de laideur. Après le dessert, les deux femmes se retirèrent, et la conversation devint sérieuse. La Reveillère s'étendit

longuement sur les inconvénients de notre religion, la nécessité néanmoins d'en avoir une, et vanta en grand détail les avantages de celle qu'il prétendait instituer, *la théophilanthropie.* « Je commençais à trou-
« ver, disait l'Empereur, la conversation longue et un peu lourde,
« quand tout à coup, se frottant les mains avec satisfaction et d'un air
« malin : De quel prix serait pourtant une acquisition comme la vôtre !
« de quelle utilité, de quel poids ne serait pas votre nom ! et comme cela
« serait glorieux pour vous ! Allons, qu'en pensez-vous ? Le jeune géné-
« ral était loin de s'attendre à une pareille proposition ; toutefois il ré-
« pondit avec humilité qu'il ne se sentait pas digne d'un tel honneur ;
« et puis, que dans les routes obscures il avait pour principe de suivre
« ceux qui le devançaient ; qu'ainsi il était résolu de faire là-dessus
« comme avaient fait son père et sa mère. Une réponse si positive fit
« bien voir au grand prêtre qu'il n'y avait rien à faire, et il en demeura
« là ; mais aussi, depuis, plus de petits soins ni de cajoleries pour le
« jeune général.

« *Rewbell,* disait l'Empereur, natif d'Alsace, était un des meilleurs
« avocats de Colmar. Il avait de l'esprit, esprit qui caractérise un bon
« praticien ; il influença presque toujours les délibérations, prenait

« facilement des préjugés, croyait peu à la vertu, était d'un patriotisme
« assez exalté. C'est un problème que de savoir s'il s'est enrichi au Di-
« rectoire : il était environné de fournisseurs, il est vrai ; mais, par la
« tournure de son esprit, il serait possible qu'il se fût plu seulement
« dans la conversation d'hommes actifs et entreprenants, et qu'il eût
« joui de leurs flatteries sans leur faire payer les complaisances qu'il
« avait pour eux. Il avait une haine particulière contre le système ger-
« manique : il a montré de l'énergie dans les assemblées, soit avant ou
« après sa magistrature ; il aimait à travailler et à agir ; il avait été
« membre de la Constituante et de la Convention : celle-ci le nomma
« commissaire à Mayence, où il montra peu de caractère et nul talent
« militaire, il contribua à la reddition de la place, qui pouvait encore
« se défendre. Il avait, comme les praticiens, un préjugé d'état contre
« les militaires.

« *Carnot*, natif de Bourgogne, était entré très-jeune dans le génie, et
« soutint dans son corps le système de Montalembert. Il passait pour un
« original parmi les camarades, et était déjà chevalier de Saint-Louis lors
« de la révolution, qu'il embrassa chaudement. Il fut nommé à la Con-
« vention et membre du comité de salut public avec Robespierre, Bar-
« rère, Couthon, Saint-Just, Billaud-Varennes, Collot-d'Herbois, etc. Il
« montra une grande exaltation contre les nobles, ce qui lui occasionna
« plusieurs querelles avec Robespierre, qui, sur les derniers temps, en
« protégeait un grand nombre.

« Carnot était travailleur, sincère dans tout, mais sans intrigues, et
« facile à tromper. Il fut employé auprès de Jourdan comme commissaire
« de la Convention au déblocus de Maubeuge, où il rendit des services ;
« au comité de salut public, il dirigea les opérations de la guerre, et il
« fut utile ; du reste, sans expérience ni habitude de la guerre. Il montra
« toujours un grand courage moral.

« Après thermidor, lorsque la Convention mit en arrestation tous les
« membres du comité de salut public, excepté lui, Carnot voulut partager
« leur sort. Cette conduite fut d'autant plus noble, que l'opinion publique
« était violemment prononcée contre le comité. Il fut nommé membre
« du Directoire après vendémiaire ; mais depuis le 9 thermidor il avait
« l'âme déchirée par les reproches de l'opinion publique, qui attribuait au
« comité tout le sang qui avait coulé sur les échafauds. Il sentit le besoin
« d'acquérir de l'estime, et en croyant diriger lui-même, il se laissa en-
« traîner par des meneurs du parti de l'étranger. Alors il fut porté aux
« nues ; mais il ne mérita pas les éloges des ennemis de la patrie ; il se

« trouva placé dans une fausse position, et succomba en fructidor.

« Après le 18 brumaire, Carnot fut rappelé et mis au ministère de la
« guerre par le Premier Consul ; il eut beaucoup de querelles avec le mi-
« nistre des finances et le directeur du trésor Dufrènes, dans lesquelles il
« est juste de dire qu'il avait toujours tort. Enfin il quitta le ministère,
« persuadé qu'il ne pourrait plus aller faute d'argent.

« Membre du Tribunat, il parla et vota contre l'empire ; mais sa
« conduite toujours droite ne donna point d'ombrage à l'adminis-
« tration. Plus tard, il fut fait inspecteur en chef aux revues, et reçut

« de l'Empereur une pension de retraite de vingt mille francs

« Tant que les choses prospérèrent, l'Empereur n'en entendit point
« parler ; mais, après la campagne de Russie, lors des malheurs de la
« France, Carnot demanda du service. La ville d'Anvers lui fut confiée ;
« il s'y comporta bien. Au retour de 1815, l'Empereur, après quelque
« hésitation, le nomma ministre de l'intérieur, et il n'eut pas lieu de s'en
« plaindre ; il le trouva fidèle, probe, travailleur et toujours vrai. Nommé
« de la commission du gouvernement provisoire au mois de juin, et peu
« propre à cette fonction, il y fut joué.

« Le Tourneur de la Manche est né en Normandie ; il avait été officier
« dans le génie avant la révolution. On a peine à s'expliquer comment

« il fut nommé au Directoire ; ce ne peut être que par une de ces bizarre-
« ries attachées aux grandes assemblées. Il était de peu d'esprit, de peu
« d'instruction, et d'un petit caractère. Il y avait à la Convention cinq
« cents députés qui lui étaient préférables. Du reste, il était probe et
« honnête homme ; il sortit pauvre du Directoire.

« Le Tourneur se rendit la fable et la risée de Paris. Il vint, dit-on, de
« son département, prendre possession au Directoire, dans un chariot,
« avec sa gouvernante, ses ustensiles de cuisine, sa basse-cour. Les mau-

« vais plaisants de la capitale l'ajustèrent, et il fut aussitôt noyé. On le
« faisait revenir du Jardin des Plantes, où il était accouru tout d'abord,
« et raconter ce qu'il y avait trouvé de rare ; et, comme on lui demandait
« s'il y avait vu *Lacépède*, il s'étonnait fort de l'avoir passée, assurant
« qu'on ne lui avait montré que *la Girafe*[1].

« A peine le Directoire fut établi, qu'il se compromit à tous les yeux
« par de grands travers d'esprit, de mœurs et de combinaisons. Ce ne
« furent que fautes et absurdités ; il se trouva discrédité, perdu, au mo-
« ment même de son apparition. Les directeurs, étourdis de leur éléva-

[1] On m'a dit plus tard qu'une partie de ces quolibets étaient étrangers à Le Tourneur, et ne devaient regarder que Letourneux, ministre vers ces temps-là.

« tion, songèrent à se donner des manières, et coururent après le bon
« ton. Pour mieux y réussir, chacun des directeurs se composa une pe-
« tite cour, où fut accueillie la haute classe, jusque-là disgraciée et leur
« ennemie naturelle, tandis qu'on en repoussait la masse des anciennes
« connaissances, celle des camarades, comme trop vulgaire désormais.
« Tous ceux qui, dans la révolution, avaient montré plus d'énergie que
« les membres du Directoire ou avaient marché avec eux, leur devinrent
« importuns et furent aussitôt éloignés. Le Directoire donna donc à rire
« à l'un des deux partis et s'aliéna l'autre. Les cinq petites cours exi-
« geaient d'autant plus de servitude qu'elles étaient subalternes et ri-
« dicules ; mais un grand nombre d'hommes ne purent se résoudre à
« plier devant des formes que ni les circonstances récentes, ni la nature
« du gouvernement, ni le prestige des gouvernants ne pouvaient faire
« admettre.

« Cependant tout ce que le Directoire fit pour gagner les salons de
« Paris ne lui réussit pas; il n'acquit aucune influence sur eux, et le
« parti des Bourbons gagna du terrain. Lorsque le Directoire s'en aper-
« çut, il revint brusquement en arrière ; mais alors il ne trouva plus les
« républicains qu'il avait aliénés. Ce furent donc des oscillations perpé-
« tuelles qui ressemblaient à des caprices; on naviguait sans direction,
« on n'avait aucun but; on n'était pas un. On ne voulait ni terreur ni
« royalisme, mais on ne savait pas prendre la route qui devait faire
« arriver.

« Le Directoire crut alors remédier à ces incertitudes et éviter ces
« perpétuelles oscillations en frappant à la fois les deux partis extrêmes,
« qu'ils l'eussent mérité ou non. S'il faisait arrêter un royaliste qui avait
« conspiré ou troublé la tranquillité publique, il faisait au même
« instant arrêter un républicain, n'eût-il rien fait. Ce système s'appela
« *la bascule politique*. L'injustice, la fausseté de ce système discrédita
« le gouvernement; toutes les âmes se resserrèrent : ce fut un gouverne-
« ment de plomb. Tous les sentiments vrais et généreux furent contre le
« Directoire.

« Les gens d'affaires, les agioteurs, les intrigants s'emparèrent des
« ressorts et eurent tout crédit. Les places furent données à des hommes
« vils, à des protégés ou à des parents. La corruption s'introduisit dans
« toutes les branches de l'administration; les dilapidateurs l'eurent
« bientôt senti et purent agir sans crainte. Les affaires étrangères, les
« armées, les finances, l'intérieur, tout se ressentit d'un système aussi
« vicieux.

« Un tel état de choses amoncela bientôt un orage politique, et l'on
« marcha à grands pas vers la crise de fructidor.

« A cette époque, la manière du Directoire continuait d'être molle,
« capricieuse, incertaine. Des émigrés rentrés, des journalistes aux gages
« de l'étranger, flétrissaient audacieusement les meilleurs patriotes. La
« rage des ennemis de la gloire nationale irritait, exaspérait les soldats
« de l'armée d'Italie ; ceux-ci se prononçaient hautement contre eux. Les
« Conseils, de leur côté, ne parlaient plus que prêtres, cloches et émi-
« grés ; ils agissaient en vrais contre-révolutionnaires : aussi tous les
« officiers de l'armée qui avaient plus ou moins marqué dans les dépar-
« tements, dans les bataillons volontaires, ou même dans les troupes
« de ligne, se sentant attaqués dans ce qui les touchait de plus près,
« irritaient encore la colère de leurs soldats ; tous les esprits étaient
« enflammés.

« Dans une circonstance aussi orageuse, quel parti devait prendre le
« général de l'armée d'Italie ? Il s'en présentait trois :

« 1° Se ranger du parti dominant dans les Conseils ? Mais il était déjà
« trop tard ; l'armée se prononçait, et les meneurs du parti, les orateurs
« du Conseil, en l'attaquant sans cesse, lui et l'armée, ne lui laissaient
« plus la possibilité de prendre cette résolution.

« 2° De prendre le parti du Directoire et de la république ? C'était le
« plus simple, celui du devoir, l'impulsion de l'armée, celui même où
« l'on se trouvait déjà engagé : car tous les écrivains restés fidèles à la
« révolution s'étaient déclarés d'eux-mêmes les ardents défenseurs et les
« apologistes zélés de l'armée et de son chef.

« 3° De dominer les deux factions, en se présentant franchement dans
« la lutte comme régulateur de la république ? Mais, quelque fort que
« Napoléon se sentît de l'appui des armées, quelque accrédité qu'il fût
« en France, il ne pensait pas qu'il fût encore dans l'esprit du temps,
« ni dans l'opinion publique, de lui permettre une marche aussi auda-
« cieuse. Et d'ailleurs, quand ce troisième parti eût été son but secret, il
« n'eût pu y arriver immédiatement, et sans avoir au préalable épousé un
« des deux partis qui se partageaient en ce moment l'arène politique. Il
« fallait de nécessité d'abord se ranger ou du côté des Conseils ou du
« côté du Directoire, lors même qu'on eût voulu former un tiers parti.

« Ainsi des trois partis à prendre, le troisième, pour son exécution,
« rentrait dans l'un des deux premiers. Depuis le renouvellement des
« Conseils et l'attaque déjà formée par eux contre Napoléon, l'un des
« deux autres, le premier, lui était absolument interdit. Cette analyse,

« faisait observer l'Empereur, ressortait tout naturellement d'une pro-
« fonde méditation sur les circonstances actuelles de la France. Le gé-
« néral n'avait donc rien à faire qu'à laisser aller les événements et
« seconder l'impulsion naturelle de ses troupes. De là l'adresse de
« l'armée d'Italie et le fameux ordre du jour de son général.

« Soldats, je le sais, disait-il, votre cœur est plein d'angoisses sur les
« malheurs de la patrie ; mais si les menées de l'étranger pouvaient
« l'emporter, nous volerions du sommet des Alpes, avec la rapidité de
« l'aigle, pour défendre cette cause qui nous a déjà coûté tant de sang. »

« Ces mots décidèrent la question. Les soldats, en délire, voulaient
« tous marcher sur Paris : le contre-coup en retentit aussitôt dans la
« capitale. Il s'y fit une véritable explosion ; et le Directoire, que chacun
« croyait perdu, qui l'instant d'auparavant chancelait seul et aban-
« donné, se trouva tout à coup fort de l'opinion publique ; il prit aussitôt
« l'attitude et la marche d'un parti triomphant ; il terrassa à l'instant
« tous ses ennemis.

« Le général de l'armée d'Italie avait fait porter l'adresse de ses
« soldats au Directoire par Augereau, parce qu'il était de Paris, et fort
« prononcé dans les idées du moment.

« Cependant les politiques du temps se demandèrent : Qu'aurait fait
« Napoléon si les Conseils l'eussent emporté ? si cette faction, qui fut
« vaincue, avait au contraire culbuté le Directoire ? Dans ce cas, il paraît
« qu'il était décidé à marcher sur Lyon et Mirbel avec quinze mille
« hommes. Là se fussent aussitôt ralliés à lui tous les républicains du
« midi et de la Bourgogne. Les Conseils, victorieux, n'auraient pas été
« trois ou quatre jours sans se diviser violemment ; car si ses membres
« étaient uniformes dans leur marche contre le Directoire, on savait
« qu'ils étaient loin de l'être dans le but ultérieur qu'ils se proposaient.
« Les meneurs, tels que Pichegru, Imbert-Colomès et autres, vendus
« à l'étranger, poussaient violemment au royalisme et à la contre-révo-
« lution, tandis que Carnot et autres voulaient des résultats tout à fait
« contraires. La confusion et l'anarchie n'eussent donc pas manqué
« d'être aussitôt dans l'État. Alors toutes les classes des citoyens, toutes
« les factions auraient vu avec plaisir dans Napoléon une ancre de salut,
« un point de ralliement, seul propre à sauver tout à la fois et de la
« terreur royale et de la terreur démagogique. Il devait donc arriver
« facilement à Paris, et s'y trouver naturellement porté à la tête des
« affaires par le vœu et l'assentiment de tous les partis. La majorité des
« Conseils était forte et positive, à la vérité, mais c'était uniquement

« contre les directeurs. Elle devait se diviser à l'infini sitôt qu'ils seraient
« renversés.

« Le choix de trois nouveaux directeurs venant à mettre au grand jour
« la véritable intention des mesures de la contre-révolution, l'immensité
« des citoyens, dans son effroi, allait se précipiter vers Napoléon dé-
« ployant l'oriflamme nationale ; car les vrais contre-révolutionnaires
« étaient, au fait, en petit nombre, et leurs prétentions trop ridicules et
« trop absurdes. Tout eût plié devant Napoléon, l'eût-on appelé César
« ou Cromwel. Il marchait avec une religion, un parti dont les idées
« étaient fixes et populaires ; il était maître de ses soldats ; les caisses de
« l'armée étaient pleines ; il possédait tous les autres moyens propres à
« s'assurer leur constance et leur fidélité ; et il s'agissait de dire si Napo-
« léon, dans le secret de son cœur, n'aurait pas désiré que les affaires
« eussent pris cette tournure. Nous penserions que oui. Que le triomphe
« de la majorité des Conseils fût son désir et son espérance, nous som-
« mes portés à le croire par le fait suivant : c'est que, dans le moment
« de la crise entre les deux factions, un arrêté secret, signé des trois mem-
« bres composant le parti du Directoire, lui demanda trois millions pour
« soutenir l'attaque des Conseils, et que Napoléon, sous divers prétex-
« tes, ne les envoya pas, quoique cela lui fût facile ; et l'on sait qu'il
« n'est pas dans son caractère d'hésiter pour des mesures d'argent.

« Aussi, quand la lutte fut finie, et que le Directoire triomphant se
« plut à déclarer tout haut qu'il devait toute son existence à Napoléon,
« il conserva néanmoins dans le cœur quelques sentiments vagues que
« Napoléon n'avait embrassé son parti que dans l'espoir de le voir
« culbuté et de se mettre à sa place.

« Quoi qu'il en soit, après le 18 fructidor, l'ivresse de l'armée fut
« au comble et le triomphe de Napoléon complet. Mais le Directoire,
« malgré sa reconnaissance apparente, l'entoura, dès ce moment, de
« nombreux agents qui épièrent ses pas et cherchèrent à pénétrer ses
« pensées.

« La position de Napoléon était délicate, quoique sa conduite eût été
« si régulière et si parfaite, qu'encore, même à présent, nous n'entre-
« tenons que de simples conjectures sur cet objet ; seulement c'est dans
« cette délicatesse de position que nous croyons trouver les principales
« raisons de la conclusion de la paix à Campo-Formio, du refus de de-
« meurer au congrès de Rastadt, et enfin de l'entreprise de l'expédition
« d'Égypte.

« Comme il arrive toujours en France, aussitôt après le 18 fructi-

« dor, le parti vaincu disparut tout à coup, et la majorité du Direc-
« toire triompha sans modération. Il devint tout, et réduisit les Con-
« seils à rien.

« Napoléon sentit alors la nécessité de la paix, qui, terminant les af-
« faires actuelles, lui donnerait une nouvelle popularité. Il avait tout à
« craindre de la continuation de la guerre; elle pouvait fournir, à ceux
« qui l'auraient suspecté, des prétextes faciles de lui nuire. On pouvait
« vouloir l'exposer dans des situations difficiles, et se servir contre lui
« du concours des autres généraux.

« Deux des plus célèbres d'alors avaient manifesté des dispositions
« authentiques dans cette grande affaire de fructidor : c'étaient Moreau
« et Hoche.

« Moreau s'était tout à fait montré contre le Directoire; et, par une
« conduite pusillanime et répréhensible, il se perdit tout à la fois sous
« le rapport du devoir et sous celui du point d'honneur.

« Hoche fut en entier pour le Directoire. Cédant à la fougue de son
« caractère, il fit marcher sur Paris une partie de son armée, manqua
« son but par trop d'impétuosité. Ses troupes furent contremandées par
« la puissance des Conseils ; et lui-même fut obligé de se sauver de Paris,
« dans la crainte de se voir arrêté par ces mêmes Conseils.

« Hoche n'avait donc rien fait pour le succès de cette journée; il y
« avait même nui par trop de zèle. Mais il avait montré un homme tout
« dévoué; et la majorité du Directoire pouvait se fier aveuglément à
« lui, bien que son imprudence eût manqué de le perdre.

« Cette même majorité du Directoire doutait, au contraire, de Napo-
« léon qui l'avait fait triompher ; il lui restait toujours que ce général avait
« pu calculer que le Directoire succomberait sous les Conseils, et qu'il
« pourrait s'élever sur ses ruines.

« Cependant comment le Directoire pouvait-il arranger cette pensée
« avec les actes de ce général, qui avait tout mis dans la balance pour le
« faire triompher? car il est évident que, sans l'ordre du jour de Napo-
« léon et l'adresse de son armée, le Directoire était perdu.

« Des personnes bien instruites pensent qu'au vrai Napoléon n'avait
« pas assez calculé son influence personnelle en France ; qu'il s'en était
« laissé imposer par les libelles et les journaux dirigés contre lui ; qu'il
« avait cru les mesures qu'il prenait propres, non à faire triompher tout
« à fait le Directoire, mais juste ce qu'elles devaient être pour devenir
« lui-même le sauveur et le vrai soutien de la république. Ces personnes
« ajoutent qu'au moment où les officiers que Napoléon avait à Paris et

« toute la correspondance de la France lui eurent appris que sa procla-
« mation avait du soir au matin changé tout à fait l'esprit de l'intérieur,
« alors seulement il s'aperçut qu'il avait trop fait. Nous nous rangerions
« d'autant plus volontiers de cette opinion, que nous ne saurions com-
« prendre comment Napoléon aurait pensé sérieusement à conserver
« trois directeurs dont il ne faisait aucun cas. Celui de tous qu'il esti-
« mait (Carnot) était du parti opposé, et nous savons qu'il était indigné
« de la corruption ou de la faiblesse des autres.

« Le nommé Bottot, agent intime de Barras, fut expédié auprès de
« Napoléon avec la mission secrète de le pénétrer, et de savoir pourquoi
« il n'avait pas envoyé les trois millions dont le Directoire avait eu tant
« de besoin.

« Bottot joignit le général français à Passeriano; il intrigua beaucoup
« dans les alentours de Napoléon; mais il trouva chacun très-chaud
« pour le parti qui avait triomphé; et, ayant quelques intérêts à traiter
« pour lui-même, il finit par avouer, dans quelques conversations inti-
« mes, le secret de sa mission et les soupçons vagues du Directoire. Il
« avait été facilement détrompé par la simplicité de l'entourage du gé-
« néral, la franchise de Napoléon, et surtout l'élan de toute l'armée et
« celui de l'Italie entière en sa faveur. Mais le Directoire eût-il eu rai-
« son, il n'eût pas été difficile, au milieu de cette atmosphère, avec des
« prévenances et quelques conversations naïves et simples, d'ôter à Bot-
« tot jusqu'au plus petit ombrage. Aussi écrivit-il à Paris que les craintes
« conçues n'étaient que de véritables chimères, bien moins dangereuses
« que le mauvais esprit des gens qui voulaient les faire croire. Mais les
« trois millions, lui disait-on, d'où peut venir ce refus? — Napoléon
« avait prouvé que l'ordre envoyé par le Directoire était mystérieux,
« irrégulier, et qu'environné de fripons qui avaient déjà si notoire-
« ment volé le trésor, il avait dû s'assurer prudemment de la vérité;
« qu'il avait aussitôt expédié à Paris son aide de camp de confiance La-
« valette, et qu'aussitôt que Lavalette lui eut mandé le véritable état
« des choses, les trois millions partaient lorsque la journée se trouva
« décidée. »

Sur la diplomatie anglaise.—Lords Whitworth, Chatam,—Castlereagh, Cornwallis, Fox, etc.

Lundi 10.

Aujourd'hui la suite de la conversation a conduit l'Empereur à dire
que rien n'était dangereux et perfide comme les conversations officielles
avec les agents diplomatiques anglais. « Les ministres anglais, disait-il,

« ne présentent jamais une affaire comme de leur nation à une autre na-
« tion, mais bien comme d'eux-mêmes à leur propre nation, s'embarras-
« sant peu de ce qu'ont dit ou de ce que disent leurs adversaires; ils pré-
« sentent hardiment ce qu'ont dit leurs agents diplomatiques, ou ce qu'ils
« leur font dire, se retranchant sur ce que ces agents ayant un carac-
« tère public, étant notariés, ils doivent avoir titre de foi dans leurs
« rapports. C'est ainsi, faisait-il observer, que les ministres anglais
« avaient dans le temps publié une longue conversation avec moi,
« Napoléon, sous le nom de lord Whitworth, laquelle était entièrement
« fausse [1]. »

Cet ambassadeur avait sollicité une audience du Premier Consul et des communications personnelles. Le Premier Consul, qui lui-même aimait à traiter directement les affaires, s'y prêta volontiers. « Mais ce
« fut pour moi, disait l'Empereur, une leçon qui changea ma méthode
« pour jamais. A compter de cet instant, je ne traitai plus officielle-
« ment d'affaires politiques que par l'intermédiaire de mon ministre
« des relations extérieures. Celui-là du moins pouvait donner un dé-
« menti authentique et formel; le souverain ne le pouvait pas.

« Il est entièrement faux, continuait l'Empereur, que notre entrevue
« personnelle ait eu rien qui sortît des bienséances accoutumées. Lord
« Whitworth lui-même, au sortir de la conférence, se trouvant avec
« d'autres ambassadeurs, leur dit en avoir été très-satisfait, et qu'il ne
« doutait pas que toutes nos affaires ne se terminassent bien. Or quel ne
« fut pas l'étonnement de ces mêmes ambassadeurs lorsqu'ils lurent à
« quelque temps de là dans les papiers anglais le rapport de lord Whit-
« worth, dans lequel il m'accusait de m'être livré à des emportements
« extrêmes et inconvenants! Nous avions alors des amis chauds parmi
« ces ambassadeurs, et quelques-uns furent jusqu'à témoigner leur sur-
« prise au diplomate anglais, en lui rappelant que cela ressemblait peu
« à ce qu'il leur avait dit au sortir de la conférence même. Lord Whit-
« worth escobarda comme il put, mais n'en maintint pas moins les as-
« sertions du document officiel.

« Le fait, ajoutait l'empereur, est que tous les agents politiques an-
« glais sont dans le cas de faire deux rapports sur le même objet : l'un
« public et faux pour les archives ministérielles, l'autre confidentiel et

---

[1] Nous tous qui avons été à Sainte-Hélène, nous tous qui avons vu et avons été pour quelque chose dans les faits allégués au parlement d'Angleterre par lord Bathurst, nous pouvons affirmer devant Dieu et devant les hommes que les ministres anglais n'ont pas cessé de mériter les justes reproches encourus au temps de lord Whitworth. Nombre d'Anglais, sur les lieux mêmes, en sont demeurés d'accord avec nous, et ont rougi, ont-ils dit, pour leur pays!!!....

« vrai pour les seuls ministres ; et quand la responsabilité de ceux-ci se
« trouve en jeu, ils produisent le premier, qui, bien que faux, répond à
« tout et les met à couvert. Et c'est ainsi, disait l'Empereur, que les meil-
« leures institutions deviennent vicieuses quand la morale cesse d'en être
« la base, et quand les agents ne sont plus conduits que par l'égoïsme,
« l'orgueil et l'insolence. Le pouvoir absolu n'a pas besoin de mentir ;
« il se tait. Le gouvernement responsable, obligé de parler, déguise et
« ment effrontément.

« C'est, du reste, une chose bien remarquable que, dans ma grande
« lutte avec l'Angleterre, son gouvernement ait eu l'art de jeter con-
« stamment tant d'odieux sur ma personne et mes actes ; qu'il se soit si
« impudemment récrié sur mon despotisme, mon égoïsme, mon ambi-
« tion, ma perfidie, précisément quand lui seul était coupable de tout
« ce dont il osait m'accuser. Il fallait donc qu'il existât un bien fort
« préjugé contre moi, et que je fusse réellement bien à craindre,
« puisqu'on pouvait s'y laisser prendre. Je le conçois de la part des rois
« et des cabinets, il y allait de leur existence ; mais de la part des
« peuples !!!...

« Les ministres anglais ne cessaient de parler de mes déceptions ;
« mais pouvait-il être rien de comparable à leur machiavélisme, à leur
« égoïsme, durant tout le temps de bouleversement et les convulsions
« qu'ils alimentaient eux-mêmes ?

« Ils sacrifièrent la malheureuse Autriche en 1805, uniquement pour
« échapper à l'invasion dont je les menaçais.

« Ils la sacrifièrent encore en 1809, seulement pour se mettre plus
« à l'aise sur la péninsule espagnole.

« Ils sacrifièrent la Prusse en 1806, dans l'espoir de recouvrer le
« Hanovre.

« Ils ne secoururent pas la Russie en 1807, parce qu'ils préféraient
« aller saisir des colonies lointaines, et qu'ils essayaient de s'emparer
« de l'Égypte.

« Ils donnèrent le spectacle de l'infâme bombardement de Copenhague
« en pleine paix, et du larcin de la flotte danoise par un vrai guet-apens.
« Déjà ils avaient donné un pareil spectacle par la saisie, aussi en pleine
« paix, de quatre frégates espagnoles chargées de riches trésors ; ce qu'ils
« avaient opéré en véritable vol de grands chemins.

« Enfin, durant toute la guerre de la péninsule, dont ils cherchent à
« prolonger la confusion et l'anarchie, on ne les voit s'empresser qu'à
« trafiquer des besoins et du sang espagnol, en faisant acheter leurs ser-

« vices et leurs fournitures au poids de l'or et des concessions.

« Quand toute l'Europe s'égorge à la faveur de leurs intrigues et de
« leurs subsides, eux ne s'occupent à l'écart que de leur propre sûreté,
« des avantages de leur commerce, de la souveraineté des mers et du
« monopole du monde. Pour moi, je n'avais jamais rien fait de tout cela,
« et jusqu'à la malheureuse affaire d'Espagne, qui du reste ne vient qu'a-
« près celle de Copenhague, je puis dire que ma moralité demeure inat-
« taquable. Mes transactions avaient pu être tranchantes, dictatoriales,
« mais jamais perfides.

« Et que l'on s'étonne à présent, que l'on se demande comment il
« s'est fait qu'en 1814, l'Angleterre ayant été la vraie libératrice de l'Eu-
« rope, aucun Anglais néanmoins n'ait pu faire un pas sur le continent
« sans trouver partout les malédictions, la haine, l'exécration !... C'est
« que tout arbre porte son fruit, que l'on ne recueille que ce que l'on a
« semé, et que tel devait être le résultat infaillible des méfaits de l'ad-
« ministration anglaise, de la dureté, de l'insolence des ministres à
« Londres, et de celle de leurs agents par tout le globe.

« Depuis un demi-siècle, les ministères anglais ont toujours été en
« baissant de considération et d'estime publiques. Jadis ils étaient dis-
« putés par de grands partis nationaux, caractérisés par de grands sys-
« tèmes distincts; aujourd'hui ce ne sont plus que les débats d'une même
« oligarchie, ayant toujours le même but, et dont les membres discor-
« dants s'arrangent entre eux, à l'aide de concessions et de compromis :
« ils ont fait du cabinet de Saint-James une boutique.

« La politique de lord Chatam pouvait avoir ses injustices; mais il les
« proclamait du moins avec audace et énergie : elles avaient une cer-
« taine grandeur. M. Pitt y a introduit l'astuce et l'hypocrisie : lord
« Castlereagh, son soi-disant héritier, y a réuni le comble de toutes les
« sortes de turpitudes et d'immoralités. Chatam se faisait gloire d'être
« un *marchand*; lord Castlereagh, au grand détriment de sa nation,
« s'est donné la jouissance de faire le *Monsieur*; il a sacrifié son pays
« pour fraterniser avec les grands du continent, et dès lors a joint les
« vices du salon à la cupidité du comptoir ; la duplicité, la souplesse du
« courtisan, à la dureté, à l'insolence du parvenu.

« La pauvre constitution anglaise est gravement compromise aujour-
« d'hui : il y a loin de là aux Fox, aux Sheridan, aux Gray ; à ces grands
« talents, à ces beaux caractères de l'opposition, que l'oligarchie victo-
« rieuse a tant bafoués.

« Lord Cornwalis, disait l'Empereur, est le premier Anglais qui

« m'ait donné une sérieuse bonne opinion de sa nation; puis Fox, et je
« pourrais encore ajouter ici au besoin l'amiral d'aujourd'hui (Malcolm).

« *Cornwalis*, disait-il, était dans toute l'étendue du terme un digne,
« brave et honnête homme. Lors du traité d'Amiens, et l'affaire conve-
« nue, il avait promis de signer le lendemain à une certaine heure :
« quelque empêchement majeur le retint chez lui; mais il envoya sa pa-
« role. Le soir même un courrier de Londres vint lui interdire certains
« articles; il répondit qu'il avait signé, et vint apposer sa signature.
« Nous nous entendions à merveille; je lui avais livré un régiment qu'il
« s'amusait fort à faire manœuvrer. En tout j'en ai conservé un agréa-
« ble souvenir, et il est certain qu'une demande de lui eût eu plus d'em-
« pire sur moi peut-être que celle d'un souverain. Sa famille a paru le
« deviner; on m'a fait quelquefois des demandes en son nom, elles ont
« toutes été satisfaites.

« *Fox* vint en France immédiatement après le traité d'Amiens. Il
« s'occupait d'une histoire des Stuarts, et me fit demander à fouiller dans
« nos archives diplomatiques. J'ordonnai que tout fût mis à sa disposi-
« tion. Je le recevais souvent; la renommée m'avait entretenu de ses
« talents; je reconnus bientôt en lui une belle âme, un bon cœur, des
« vues larges, généreuses, libérales, un ornement de l'humanité : je
« l'aimais. Nous causions souvent, et sans nul préjugé, sur une foule
« d'objets; quand je voulais l'asticoter, je le ramenais sur la machine
« infernale; je lui disais que ses ministres avaient voulu m'assassiner ;
« il me combattait alors avec chaleur, et finissait toujours en me disant
« dans son mauvais français : *Premier Consul, ôtez-vous donc cela de
« votre tête*. Mais il n'était pas convaincu sans doute de la bonté de sa
« cause, et il est à croire qu'il s'escrimait bien plus en défense de l'hon-
« neur de son pays qu'en défense de la moralité des ministres. »

L'Empereur a terminé, disant : « Il suffirait d'une demi-douzaine de
« Fox et de Cornwalis pour faire la fortune morale d'une nation.......
« Avec de telles gens, je me serais toujours entendu; nous eussions été
« bientôt d'accord. Non-seulement nous aurions eu la paix avec une
« nation foncièrement très-estimable, mais encore nous aurions fait
« ensemble de très-bonne besogne. »

Caractères.—Bailli, La Fayette, Monge, Grégoire, etc.—Saint-Domingue.—Système à suivre.—
Lacretelle.

Mardi 11 au mercredi 12.

Nous avions eu trois jours d'un temps affreux, l'Empereur a profité
d'un instant de beau pour monter en calèche. Il venait de lire l'his-

toire de la Constituante par Rabaut de Saint-Étienne. Il portait contre celui-ci à peu près les mêmes plaintes que contre Lacretelle ; il est passé de là à certains caractères : « *Bailli*, disait-il, avait été bien loin d'être « méchant, mais c'était un niais politique. *La Fayette* en avait été un « autre. Sa bonhomie politique devait le rendre constamment dupe des « hommes et des choses. Son insurrection des Chambres, au retour de « Waterloo, avait tout perdu. Qui avait donc pu lui persuader que je n'ar- « rivais que pour les dissoudre, moi qui n'avais de salut que par elles ? »

Quelqu'un ayant dit comme excuse ou atténuation : « Sire, c'est pour- « tant le même homme qui, traitant plus tard avec les alliés, s'est indi- « gné qu'on lui proposât de livrer Votre Majesté, leur demandant avec « chaleur si c'était bien au prisonnier d'Olmutz qu'on osait s'adres- « ser. — Mais, Monsieur, a repris l'Empereur, vous quittez là un sujet « pour en reprendre un autre, ou plutôt vous concordez avec ma pen- « sée, loin de la combattre. Je n'ai point attaqué les sentiments ni les « intentions de M. de La Fayette, je ne me suis plaint que de ses « funestes résultats. »

Puis l'Empereur a continué de la sorte à passer en revue les premiers acteurs du temps ; il s'est fort arrêté sur l'affaire Favras, etc.

« Du reste, concluait l'Empereur, rien n'était plus commun que de « rencontrer des hommes de cette époque fort au rebours de la réputa- « tion que sembleraient justifier leurs paroles et leurs actes d'alors. On « pourrait croire *Monge*, par exemple, un homme terrible. Quand la « guerre fut décidée, il monta à la tribune des Jacobins, et déclara qu'il « donnait d'avance ses deux filles aux deux premiers soldats qui seraient « blessés par l'ennemi ; ce qu'il pouvait faire à toute rigueur pour son « compte, disait l'Empereur ; mais il prétendait qu'on y obligeât tout « le monde, et voulait qu'on tuât tous les nobles, etc. Or Monge était le « plus doux, le plus faible des hommes, et n'aurait pas laissé tuer un « poulet s'il eût fallu en faire l'exécution lui-même, ou seulement devant « lui. Ce forcené républicain, à ce qu'il croyait, avait pourtant une « espèce de culte pour moi, c'était de l'adoration : il m'aimait comme « on aime sa maîtresse, etc.

« Autre exemple, disait l'Empereur. *Grégoire*, si acharné contre le « clergé, qu'il voulait ramener à sa simplicité première, eût pu être pris « pour un héros d'irréligion ; et Grégoire, quand les révolutionnaires « reniaient Dieu et abolissaient la prêtrise, faillit se faire massacrer en « montant à la tribune pour y proclamer hautement ses sentiments « religieux, et protester qu'il mourrait prêtre. Quand on détruisait les

« autels dans toutes les églises, Grégoire en élevait un dans sa cham-
« bre, et y disait la messe chaque jour. Du reste, ajoutait l'Empereur,
« le lot de celui-ci est tout trouvé. S'ils le chassent de France, il doit
« aller se réfugier à Saint-Domingue. L'ami, l'avocat, le panégyriste des
« nègres, sera un Dieu, un saint parmi eux. »

De là, la conversation est passée naturellement à Saint-Domingue. Dans ma jeunesse, j'avais vu cette colonie au plus haut point de sa splendeur. L'Empereur m'a questionné beaucoup, et s'est informé de tous les détails de cette époque éloignée.

« Après la restauration, disait l'Empereur, le gouvernement français
« y avait envoyé des émissaires et des propositions qui avaient fait rire
« les nègres. Pour moi, ajouta-t-il, à mon retour de l'île d'Elbe, je me
« fusse accommodé avec eux : j'eusse reconnu leur indépendance, je
« me fusse contenté de quelques comptoirs, à la manière des côtes d'A-
« frique, et j'eusse tâché de les rallier à la mère patrie et d'établir avec
« eux un commerce de famille, ce qui, je pense, eût été facile à obtenir.

« J'ai à me reprocher une tentative sur cette colonie lors du consulat.
« C'était une grande faute que d'avoir voulu la soumettre par la force ;
« je devais me contenter de la gouverner par l'intermédiaire de Tous-
« saint. La paix n'était pas encore assez établie avec l'Angleterre. Les
« richesses territoriales que j'eusse acquises en la soumettant n'auraient
« enrichi que nos ennemis. » L'Empereur avait d'autant plus à se reprocher cette faute, disait-il, qu'il l'avait vue et qu'elle était contre son inclination. Il n'avait fait que céder à l'opinion du Conseil d'État et à celle
de ses ministres, entraînés par les criailleries des colons, qui formaient
à Paris un gros parti, et qui de plus, ajoutait-il, étaient presque tous
royalistes et vendus à la faction anglaise.

L'Empereur assurait que l'armée qui y fut envoyée n'était que de seize mille hommes, et qu'elle était suffisante. Si l'expédition manqua, ce fut purement par des circonstances accidentelles, comme la fièvre jaune, la mort du général en chef, surtout les fautes qu'il commit, une nouvelle guerre, etc.

« L'arrivée du capitaine général Leclerc, disait l'Empereur, fut suivie
« d'un succès complet ; mais il ne sut pas s'en assurer la durée. S'il
« avait suivi les instructions secrètes que je lui avais adressées moi-
« même, il eût sauvé bien des malheurs et se fût épargné de grands
« chagrins. Je lui ordonnais, entre autres choses, de s'associer les
« hommes de couleur pour mieux contenir les noirs ; et, aussitôt après
« la soumission de la colonie, d'envoyer en France tous les généraux et

« officiers supérieurs noirs à la disposition du ministre de la guerre,
« qui les eût employés dans leurs grades respectifs. Cette mesure, qui
« eût privé la population nègre de ses chefs et de ses meneurs, eût été
« d'une politique décisive, sans blesser en eux les lois et les règlements
« militaires. Mais Leclerc fit tout le contraire ; il abattit le parti de
« couleur et donna sa confiance aux généraux noirs : il arriva ce qui
« devait arriver, il fut dupé par ceux-ci, se vit assailli d'embarras, et
« la colonie fut perdue. Il ne voulut pas envoyer en France, dans le
« principe, Toussaint, qui y eût occupé un poste éminent, et à quelque
« temps de là il se vit contraint à le faire arrêter et à nous l'envoyer
« prisonnier, ce que la malveillance ne manqua pas de peindre sous les
« couleurs odieuses de la tyrannie et de la déloyauté, représentant
« Toussaint comme une innocente victime digne du plus vif intérêt ; et
« pourtant il était éminemment criminel.

« Toussaint n'était pas un homme sans mérite, bien qu'il ne fût pas
« ce qu'on a essayé de le peindre dans le temps. Son caractère d'ailleurs
« prêtait peu, il faut le dire, à inspirer une véritable confiance : il était
« fin, astucieux ; nous avons eu fort à nous en plaindre ; il eût fallu
« toujours s'en défier.

« Un officier du génie ou d'artillerie, directeur des fortifications de
« Saint-Domingue (le colonel Vincent), le conduisait en grande partie.
« Cet officier était venu en France avant l'expédition de Leclerc ; on
« avait conféré longtemps avec lui ; il avait beaucoup cherché à détour-
« ner de l'entreprise ; il en avait peint exactement toutes les difficultés,
« sans prétendre néanmoins qu'elle fût impossible. » L'Empereur pensait que les Bourbons réussiraient à soumettre Saint-Domingue, s'ils
employaient la force ; mais ce n'était pas le résultat des armes qu'il
fallait calculer ici, c'était plutôt le résultat du commerce et de la haute
politique. Trois ou quatre cents millions de capitaux enlevés de France
pour être transportés au loin, un temps indéfini pour en recueillir les
avantages, la presque certitude de les voir enlevés par les Anglais, ou
les révolutions, etc., voilà ce qu'il y avait à considérer, et l'Empereur
terminait, disant : « Le système colonial que nous avons vu est fini pour
« nous ; il l'est pour tout le continent de l'Europe ; nous devons y
« renoncer et nous rabattre désormais sur la libre navigation des mers
« et l'entière liberté d'un échange universel. »

Le Moniteur, etc. —Liberté de la presse.

Jeudi 13.

L'Empereur venait de parcourir beaucoup de *Moniteurs*. « Ces *Moni-*

« *teurs,* disait-il, si terribles, si à charge à tant de réputations, ne sont
« constamment utiles et favorables qu'à moi seul. C'est avec les pièces
« officielles que les gens sages, les vrais talents, écriront l'histoire ; or,
« ces pièces sont pleines de moi, et ce sont elles que je sollicite et que
« j'invoque. » Il ajoutait qu'il avait fait du *Moniteur* l'âme et la force de
son gouvernement, son intermédiaire et ses communications avec l'opinion publique du dedans et du dehors. Tous les gouvernements depuis l'ont imité plus ou moins.

Arrivait-il au dedans, parmi les hauts fonctionnaires, une faute grave quelconque : « Aussitôt, disait l'Empereur, trois conseillers d'État éta-
« blissaient une enquête ; ils me faisaient un rapport, affirmaient les
« faits, discutaient les principes ; moi, je n'avais plus qu'à écrire au bas :
« *Envoyé pour faire exécuter les lois de la république* ou *de l'empire,* et
« mon ministère était fini ; le résultat public obtenu, l'opinion faisait
« justice. C'était là le plus redoutable et le plus terrible de mes tribu-
« naux. S'agissait-il, au dehors, de quelques grandes combinaisons poli-
« tiques ou de quelques points délicats de diplomatie, les objets étaient
« indirectement jetés dans *le Moniteur* ; ils attiraient aussitôt l'attention
« universelle, occupaient toutes les discussions, c'était le mot d'ordre
« pour les partisans du gouvernement, en même temps qu'un appel à
« l'opinion pour tous. On a accusé *le Moniteur* pour ses notes tran-
« chantes, trop virulentes contre l'ennemi ; mais, avant de les condam-
« ner, il faudrait mettre en ligne de compte le bien qu'elles peuvent
« avoir produit ; l'inquiétude parfois dont elles torturaient l'ennemi ;
« la terreur dont elles frappaient un cabinet incertain ; le coup de fouet
« qu'elles donnaient à ceux qui marchaient avec nous ; la confiance et
« l'audace qu'elles inspiraient à nos soldats, etc., etc. »

La conversation est tombée de là sur la liberté de la presse. L'Empereur a conclu qu'il était des institutions aujourd'hui sur lesquelles on n'était plus appelé à décider si elles étaient bonnes, mais seulement s'il était possible de les refuser au torrent de l'opinion. Or, il prononçait que son interdiction, dans un gouvernement représentatif, était un anachronisme choquant, une véritable folie. Aussi, à son retour de l'île d'Elbe, avait-il abandonné la presse à tous ses excès, et il pensait bien qu'ils n'avaient été pour rien dans sa chute nouvelle. Quand on voulut discuter au Conseil, devant lui, les moyens d'en mettre l'autorité à l'abri : « Messieurs, avait-il dit plaisamment, c'est apparemment
« pour vous autres que vous voulez défendre ou gêner cette liberté ; car,
« pour moi, désormais je demeure étranger à tout cela. La presse s'est

« épuisée sur moi en mon absence; je la défie bien à présent de rien
« produire de neuf ou de piquant contre moi. »

Guerre et Maison d'Espagne. — Ferdinand à Valencey. — Fautes dans l'affaire d'Espagne. — Historique de ces événements, etc.—Belle lettre de Napoléon à Murat.

Vendredi 14.

L'Empereur a été malade toute la nuit; il était encore souffrant tout le jour; il a pris un bain de pieds, et ne s'est pas trouvé en humeur de sortir; il a diné seul dans son intérieur, et m'a fait venir vers le soir.

L'Empereur s'est remis en causant; le sujet a été constamment la guerre d'Espagne : j'en ai déjà mentionné quelque chose plus haut, où l'on a vu que l'Empereur s'y condamne entièrement. Je cherche à répéter le moins possible, aussi je vais ici inscrire seulement ce qui m'a paru neuf.

« Le vieux roi et la reine, disait l'Empereur, étaient, au moment de
« l'événement, l'objet de la haine et du mépris des sujets. Le prince
« des Asturies conspira contre eux, les fit abdiquer et devint aussitôt
« l'amour, l'espoir de la nation. Toutefois cette nation était mûre pour
« de grands changements, et les sollicitait avec force; j'y étais très-
« populaire; c'est dans cette situation des esprits que tous ces person-
« nages furent réunis à Bayonne; le vieux roi me demandant vengeance
« contre son fils, le jeune prince sollicitant ma protection contre son
« père et me demandant une femme. Je résolus de profiter de cette
« occasion unique pour me délivrer de cette branche des Bourbons,
« continuer dans ma propre dynastie le système de famille de Louis XVI,
« et enchaîner l'Espagne aux destinées de la France. Ferdinand fut
« envoyé à Valencey; le vieux roi à Compiègne, à Marseille, où il voulut;
« et mon frère Joseph fut régner dans Madrid avec une constitution
« libérale adoptée par une junte de la nation espagnole qui était venue
« la recevoir à Bayonne.

« Il me parait, continuait-il, que l'Europe et même la France n'ont
« jamais eu une idée juste de la situation de Ferdinand à Valencey. On
« se méprend étrangement dans le monde sur le traitement qu'il a
« éprouvé, et plus encore peut-être sur ses dispositions personnelles
« relatives à sa situation. Le fait est qu'il était à peine gardé à Valencey,
« et qu'il n'eût pas voulu s'en échapper. S'il se trama quelques intrigues
« pour favoriser son évasion, il fut le premier à les dénoncer. Un Irlan-
« dais (baron de Colli) pénétra jusqu'à sa personne au nom de George III,
« lui offrant de l'enlever; mais, loin d'y accéder, Ferdinand tout aussi-
« tôt en donna connaissance à l'autorité.

« Il ne cessait de me demander une femme de ma main. Il m'écrivait
« spontanément pour me complimenter toutes les fois qu'il m'arrivait
« quelque chose d'heureux. Il avait donné des proclamations aux Espa-
« gnols pour qu'ils se soumissent ; il avait reconnu Joseph ; choses qu'on
« eût pu regarder comme forcées peut-être ; mais il lui demandait son
« grand cordon : il m'offrait don Carlos, son frère, pour commander
« les régiments espagnols qui allaient en Russie, choses auxquelles il
« n'était nullement obligé. Enfin il me sollicitait vivement de le laisser
« venir à ma cour à Paris, et si je ne me suis pas prêté à un spectacle
« qui eût frappé l'Europe, et lui eût prouvé par là tout l'affermissement
« de ma puissance, c'est que la gravité des circonstances qui m'appelaient
« au dehors, et mes fréquentes absences de la capitale ne m'en ont pas
« laissé l'occasion. »

Vers un commencement d'année, à un lever de l'Empereur, je me trouvais le voisin du chambellan, comte d'Arberg, faisant le service à Valencey près des princes d'Espagne. Arrivé à lui, l'Empereur demanda comment se conduisaient ces princes, s'ils étaient sages ; et puis il ajouta : « Vous m'avez apporté une bien jolie lettre : entre nous, c'est vous qui

« la leur aurez faite ? » D'Arberg l'assura qu'il ignorait même l'objet de son contenu. « Eh bien ! dit l'Empereur, elle est charmante ; un fils n'é-
« crirait pas autrement à son père. »

« Quand les circonstances devinrent difficiles pour nous en Espagne,
« disait l'Empereur, je proposai plus d'une fois à Ferdinand de s'en
« retourner, d'aller régner sur son peuple, lui disant que nous nous fe-
« rions franchement la guerre, que le sort des armes en déciderait. —
« Non, répondit le prince, qui semble avoir été bien conseillé, et ne
« varia jamais de ce système ; des troubles politiques agitent mon pays,
« je ne manquerais pas de compliquer les affaires, je pourrais en deve-
« nir la victime et porter ma tête sur l'échafaud : je reste ; si vous vou-
« lez m'accorder la protection et l'appui de vos armes, je pars, et je vous
« serai un allié fidèle.

« Plus tard, lors de nos désastres, et vers la fin de 1813, je me rendis
« à cette proposition, et le mariage de Ferdinand fut arrêté avec la fille
« aînée de Joseph ; mais alors les circonstances n'étaient plus les mêmes,
« et Ferdinand demanda d'ajourner le mariage. — Vous ne pouvez plus
« m'accorder l'appui de vos armes, disait-il, je ne dois point me donner
« en ma femme un titre d'exclusion aux yeux de mes peuples. Et il par-
« tit dans des intentions de bonne foi, à ce qu'il semble, continuait l'Em-
« pereur, car il est demeuré fidèle aux principes de son départ jusqu'aux
« événements de Fontainebleau. »

Il est hors de doute que, si les affaires de 1814 eussent tourné différemment, il n'eût accompli, disait l'Empereur, son mariage avec la fille
aînée de Joseph.

L'Empereur, en revenant sur ces événements, disait que les résultats
lui donnaient irrévocablement tort, mais qu'indépendamment de ce tort
du destin, il se reprochait aussi des fautes graves dans l'exécution. Une
des plus grandes était d'avoir mis de l'importance à détrôner la dynastie des Bourbons, et à maintenir comme base de ce système, pour souverain nouveau, précisément celui qui, par ses qualités et son caractère,
devait nécessairement le faire manquer.

Lors de la réunion à Bayonne, l'ancien précepteur de Ferdinand, son
principal conseil (Escoïquiz), apercevant tout aussitôt les grands projets de l'Empereur, et défendant la cause de son maître, lui disait :
« Vous voulez vous créer un travail d'Hercule lorsque vous n'avez sous
« la main qu'un jeu d'enfant. Vous voulez vous délivrer des Bourbons
« d'Espagne : pourquoi les craindriez-vous ? Ils sont nuls, ils ne sont
« plus Français. Vous connaissez la force des vôtres : ils sont des aigles,
« comparés aux nôtres. Vous n'avez aucunement à les craindre : ils sont
« tout à fait étrangers à votre nation et à vos mœurs. Vous avez ici
« madame de Montmorency et de vos dames nouvelles ; ils ne connais-

« sent pas plus les unes que les autres, elles sont sans différence à leurs
« yeux, etc., etc. » Malheureusement l'Empereur en décida autrement.
Je me suis permis de lui dire que des Espagnols m'avaient assuré que si
l'orgueil national avait été épargné, que si la junte espagnole se fût
tenue à Madrid au lieu de Bayonne, ou bien encore qu'on eût renvoyé
Charles IV et gardé Ferdinand, la révolution eût été populaire, et les
affaires auraient pris une autre tournure. L'Empereur n'en doutait pas,
et convenait que cette entreprise avait été mal embarquée, que beaucoup de circonstances eussent pu être mieux conduites. « Toutefois,
« disait-il, Charles IV était usé pour les Espagnols : il eût fallu user de
« même Ferdinand ; le plan le plus digne de moi, le plus sûr pour mes
« projets, eût été une espèce de médiation à la manière de celle de la
« Suisse. J'aurais dû donner une constitution libérale à la nation espa-
« gnole, et charger Ferdinand de la mettre en pratique. S'il l'exécutait
« de bonne foi, l'Espagne prospérait et se mettait en harmonie avec nos
« mœurs nouvelles ; le grand but était obtenu, la France acquérait une
« alliée intime, une addition de puissance vraiment redoutable. Si Fer-
« dinand, au contraire, manquait à ses nouveaux engagements, les Es-
« pagnols eux-mêmes n'eussent pas manqué de le renvoyer, et seraient
« venus me solliciter de leur donner un maître. Quoi qu'il en soit, ter-
« minait l'Empereur, cette malheureuse guerre d'Espagne a été une véri-
« table plaie, la cause première des malheurs de la France. Après mes
« conférences d'Erfurt avec Alexandre, disait-il, l'Angleterre devait être
« contrainte à la paix par la force des armes ou par celle de la raison.
« Elle se trouvait perdue, déconsidérée sur le continent ; son affaire de
« Copenhague avait révolté tous les esprits ; et moi je brillais en ce
« moment de tous les avantages contraires, quand cette malheureuse
« affaire d'Espagne est venue subitement tourner l'opinion contre moi
« et réhabiliter l'Angleterre. Elle a pu dès lors continuer la guerre ;
« les débouchés de l'Amérique méridionale lui ont été ouverts ; elle
« s'est fait une armée dans la péninsule, et de là elle est devenue l'agent
« victorieux, le nœud redoutable de toutes les intrigues qui ont pu se
« former sur le continent, etc. : c'est ce qui m'a perdu !

« On m'assaillit alors de reproches que je ne méritais pas : l'histoire
« me lavera. On m'accusa dans cette affaire de perfidie, d'embûches et
« de mauvaise foi, et il n'y avait rien de tout cela. Jamais, quoi qu'on
« en ait dit, je ne manquai de foi ni ne violai de parole, pas plus contre
« l'Espagne que contre aucune autre puissance.

« On sera certain un jour que dans les grandes affaires d'Espagne je

« fus complétement étranger à toutes les intrigues intérieures de sa cour,
« que je ne manquai de parole ni à Charles IV ni à Ferdinand VII; que
« je ne rompis aucun engagement vis-à-vis du père ni du fils; que je
« n'employai point de mensonge pour les attirer tous deux à Bayonne,
« mais qu'ils y accoururent à l'envi l'un de l'autre. Quand je les vis à
« mes pieds, que je pus juger par moi-même de toute leur incapacité,
« je pris en pitié le sort d'un grand peuple, je saisis aux cheveux l'occasion
« unique que me présentait la fortune pour régénérer l'Espagne,
« l'enlever à l'Angleterre et l'unir intimement à notre système. Dans
« ma pensée, c'était poser une des bases fondamentales du repos et de
« la sécurité de l'Europe. Mais loin d'y employer d'ignobles, de faibles
« détours, comme on l'a répandu, si j'ai péché, c'est au contraire par
« une audacieuse franchise, par un excès d'énergie. Bayonne ne fut pas
« un guet-apens, mais un immense, un éclatant coup d'État. Quelque
« peu d'hypocrisie m'eût sauvé, ou bien encore si j'avais voulu seulement
« abandonner le prince de la Paix à la fureur du peuple ; mais l'idée
« m'en parut horrible; il m'eût semblé recueillir le prix du sang; et
« puis il est vrai de dire encore que Murat m'a beaucoup gâté tout cela....

« Quoi qu'il en soit, je dédaignais les voies tortueuses et communes ;
« je me trouvais si puissant !..... J'osai frapper de trop haut. Je vou-
« lus agir comme la Providence qui remédie aux maux des mortels par
« des moyens à son gré, parfois violents, et sans s'inquiéter d'aucun
« jugement.

« Toutefois, j'embarquai fort mal toute cette affaire, je le confesse ;
« l'immoralité dut se montrer par trop patente, l'injustice par trop
« cynique, et le tout demeure fort vilain, puisque j'ai succombé ; car
« l'attentat ne se présente plus dès lors que dans sa hideuse nudité et
« privé de tout le grandiose, des nombreux bienfaits qui remplissaient
« mon intention. La postérité l'eût préconisé pourtant si j'avais réussi,
« et avec raison peut-être, à cause de ses grands et heureux résultats :
« tel est le sort et le jugement dans les choses d'ici-bas ! ! !... Mais, je le
« répète, il n'y eut ni manque de foi, ni perfidie, ni mensonge ; bien
« plus, il n'y avait nulle occasion pour cela. » Et ici l'Empereur a repris
dans son entier et dans son principe tout l'historique de l'affaire d'Espagne, répétant beaucoup de choses déjà dites plus haut.

« Deux partis, disait l'Empereur, divisaient la cour et la famille ré-
« gnante : l'un était celui du monarque, aveuglément gouverné par son
« favori, le prince de la Paix, lequel s'était fait le véritable roi. L'autre
« était celui de l'héritier présomptif, conduit par son précepteur, Escoi-

« quiz, qui aspirait à gouverner. Ces deux partis recherchaient égale-
« ment mon appui et me faisaient beau jeu ; nul doute que je ne fusse
« résolu d'en tirer tout l'avantage possible.

« Le favori, pour se maintenir dans son poste, aussi bien que pour se
« mettre à l'abri de la vengeance du fils (la mort du père arrivant),
« m'offrait, au nom de Charles IV, de faire de concert la conquête du
« Portugal, se réservant pour lui la souveraineté des Algarves comme
« asile.

« D'un autre côté, le prince des Asturies m'écrivait clandestinement,
« à l'insu de son père, pour me demander une femme de ma main, et
« implorer ma protection.

« Je conclus avec le premier, et laissai le second sans réponse. Mes
« troupes étaient déjà admises dans la péninsule quand le fils profita
« d'une émeute pour faire abdiquer son père et régner à sa place.

« On m'a imputé bêtement d'avoir pris part à toutes ces intrigues ;
« mais j'y étais d'autant plus étranger, que la dernière circonstance sur-
« tout dérangeait tous mes projets arrêtés avec le père, et par suite
« desquels mes troupes se trouvaient déjà au sein de l'Espagne. Les deux
« partis sentirent bien dès lors que je pouvais et devais être leur arbitre.
« Le roi détrôné s'adressa donc à moi pour obtenir vengeance, et le fils
« y eut recours pour être reconnu. Tous deux s'empressèrent de venir
« plaider devant moi, également poussés par leurs conseillers respec-
« tifs, ceux-là mêmes qui les gouvernaient tout à fait, et qui ne voyaient
« plus d'autres moyens pour assurer leur propre tête que de se jeter
« dans mes bras.

« Le prince de la Paix, ayant failli être massacré, persuada facilement
« ce voyage à Charles IV et à la reine, qui s'étaient eux-mêmes vus en
« danger de périr par la multitude.

« De son côté, le précepteur Escoiquiz, le véritable auteur de tous les
« maux de l'Espagne, alarmé de voir Charles IV protester contre son
« abdication, ne voyant que l'échafaud si son pupille ne triomphait pas,
« fut fort ardent à déterminer le jeune roi. Ce chanoine, d'ailleurs très-
« confiant dans ses moyens, ne désespérait pas d'influencer de vive voix
« sur mes déterminations, et de m'amener ainsi à reconnaître Ferdi-
« nand, m'offrant, pour son propre compte, de gouverner, disait-il, tout
« à fait à ma dévotion, aussi bien que pourrait le faire le prince de la
« Paix, au nom de Charles IV. Et il faut convenir, disait l'Empereur,
« que si j'eusse écouté plusieurs de ses raisons et suivi quelques-unes de
« ses idées, je m'en serais beaucoup mieux trouvé.

« Quand je les tins tous réunis à Bayonne, ma politique se trouva
« posséder bien au delà de ce qu'elle eût jamais osé prétendre; il en a
« été ainsi de plus d'un autre événement de ma vie dont on a fait hon-
« neur à ma politique, et qui n'appartenait qu'au hasard : je n'avais pas
« combiné, mais je profitais. Ici j'avais le nœud gordien devant moi, je
« le coupai ; j'offris à Charles IV et à la reine de me céder la couronne
« d'Espagne et de vivre paisiblement en France ; ils s'y prêtèrent, je
« pourrais dire presque volontiers, tant ils étaient ulcérés contre leur
« fils, et tant eux et leur favori ne recherchaient autre chose désormais
« que le repos et la sûreté. Le prince des Asturies n'y résista pas extra-
« ordinairement ; mais il ne fut employé contre lui ni violence ni me-
« nace ; et si la peur le décida, ce que je crois bien, cela ne dut regarder
« que lui.

« Voilà, mon cher, en bien peu de mots, tout l'historique de l'affaire
« d'Espagne : quoi qu'on en dise ou qu'on écrive, on en arrivera là ; et
« vous voyez qu'il ne saurait y avoir occasion pour moi à détour, men-
« songes, manque de paroles ou violations d'engagements. Pour m'en
« rendre coupable, il eût donc fallu vouloir me salir gratuitement ; or
« jamais je n'ai montré ce penchant.

« Du reste, dès que j'eus prononcé, la tourbe des intrigants qui four-
« mille dans toutes les cours, ceux-là mêmes qui avaient été les plus
« actifs à provoquer les malheurs, cherchèrent aussitôt à faire leur
« affaire auprès de Joseph, comme ils l'avaient faite auprès de Char-
« les IV et de Ferdinand VII ; mais, soigneusement attentifs à la marche
« des événements, ils ont tourné plus tard à mesure que les circon-
« stances devenaient difficiles et que nos désastres approchaient ; si bien
« que ce sont encore eux qui se trouvent gouverner aujourd'hui Fer-
« dinand ; et, chose effroyable! pour mieux s'asseoir, ils n'ont pas
« hésité à rejeter l'odieux et le crime des malheurs éprouvés sur la
« masse des *niais*, qu'ils ont proscrits et qu'ils tiennent dans le ban-
« nissement, de ces gens naturellement honnêtes qui, dans le principe,
« blâmèrent fort le voyage de Ferdinand, dont plusieurs même s'y
« opposèrent, puis prêtèrent serment à Joseph, qui leur sembla identifié
« pour lors au bonheur et au repos de leur patrie, et lui demeurèrent
« fidèles jusqu'à ce que la grande catastrophe vint le faire descendre du
« trône.

« Il serait difficile d'accumuler plus d'effronterie et de turpitude que
« n'en ont montré tous ces intrigants, principaux acteurs de cette grande
« scène ; ce qui, pour le dire en passant, atténue la dégradation dont de

« pareilles vilenies ont chargé la France aux yeux de l'Europe. On voit
« qu'elles ne lui sont pas exclusives; les intrigants, les ambitieux, les
« avides, se trouvent partout, sont les mêmes partout, les individus
« seuls sont coupables; les nations ne sauraient être responsables, leur
« seul tort est de se trouver pour le moment en évidence : malheur à
« celle qui occupe la scène ! »

N. B. Aujourd'hui l'affaire d'Espagne demeure parfaitement connue, grâce aux écrits des principaux acteurs, le chanoine Escoiquiz, le ministre Cevallos et autres, et surtout l'honnête et respectable M. Llorente, qui, sous la signature anagrammatique de Nellerto, a publié les mémoires du temps, appuyés du recueil de toutes les pièces officielles. Les contradictions adverses des deux premiers, leurs disputes entre eux, les réclamations et les dénégations des contemporains, ont réduit leurs écrits à leur juste valeur, tout en les dépouillant de tout ce qu'il y avait d'erroné, de faux ou même de falsifié : il en résulte qu'aux yeux de tout homme impartial et froid, ils concourent tous, même involontairement, à confirmer les assertions justificatives émises plus haut par Napoléon ; non qu'ils ne reproduisent cette différence qu'on doit inévitablement attendre de la diversité de parti et d'intérêts, mais seulement parce qu'il est vrai de dire qu'aucun n'établit avec fondement une occasion positive, qu'il ne présente aucune pièce officielle qui puisse la constater, tandis que toutes celles qui existent attestent et consacrent le contraire.

Ce qu'on peut observer encore dans l'histoire, aujourd'hui bien authentique, de ces affaires, c'est que l'Angleterre elle-même s'y est trouvée tout à fait étrangère, du moins dans le principe, ce qui était loin de la pensée de Napoléon, qui accusa dans les temps les Anglais d'être la première cause de toutes les intrigues, et qui les en accusait encore à Sainte-Hélène, tant il était habitué à les trouver au fond de tout ce qui se tramait contre lui.

Au surplus, voici sur cette affaire d'Espagne une lettre de l'Empereur qui y jette plus de jour que ne sauraient le faire des volumes. Elle est admirable; les événements qui ont suivi la rendent un chef-d'œuvre. Elle fait voir la rapidité, le coup d'œil d'aigle avec lequel Napoléon jugeait immédiatement les choses et les personnes.

Malheureusement elle montre aussi combien l'exécution des subalternes, la plupart du temps, détruisait ou gâtait les plus belles, les plus hautes conceptions, et sous ce rapport encore, cette lettre demeure bien précieuse pour l'histoire. Sa date la rend prophétique.

29 mars 1808.

« Monsieur le grand-duc de Berg, je crains que vous ne me trompiez
« sur la situation de l'Espagne, et que vous ne vous trompiez vous-même.
« L'affaire du 20 mars a singulièrement compliqué les événements. Je
« reste dans une grande perplexité.

« *Ne croyez pas que vous attaquiez une nation désarmée, et que vous*
« *n'ayez que des troupes à montrer pour soumettre l'Espagne.* La révolu-
« tion du 20 mars prouve qu'il y a de l'énergie chez les Espagnols. Vous
« avez affaire à un peuple neuf : il a tout le courage et il aura tout l'en-
« thousiasme que l'on rencontre chez les hommes que n'ont point usés
« les passions politiques.

« L'aristocratie et le clergé sont les maîtres de l'Espagne. S'ils crai-
« gnent pour leurs priviléges et pour leur existence, ils feront contre
« nous des levées en masse qui pourront éterniser la guerre. J'ai des
« partisans ; si je me présente en conquérant, je n'en aurai plus.

« Le prince de la Paix est détesté, parce qu'on l'accuse d'avoir livré
« l'Espagne à la France. Voilà le grief qui a servi l'usurpation de Ferdi-
« nand. Le parti populaire est le plus faible.

« Le prince des Asturies n'a aucune des qualités qui sont nécessaires
« au chef d'une nation ; cela n'empêchera pas que, pour nous l'opposer,
« on en fasse un héros. Je ne veux pas qu'on use de violence envers les
« personnages de cette famille : il n'est jamais utile de se rendre odieux
« et d'enflammer les haines. L'Espagne a plus de cent mille hommes
« sous les armes, c'est plus qu'il ne faut pour soutenir avec avantage
« une guerre intérieure. Divisés sur plusieurs points, ils peuvent ser-
« vir de noyau au soulèvement total de la monarchie.

« Je vous présente l'ensemble des obstacles qui sont inévitables ; il en
« est d'autres que vous sentirez. L'Angleterre ne laissera pas échapper
« cette occasion de multiplier nos embarras. Elle expédie journellement
« des avisos aux forces qu'elle tient sur les côtes du Portugal et dans
« la Méditerranée : elle fait des enrôlements de *Siciliens* et de *Portugais*.

« La famille royale n'ayant point quitté l'Espagne pour aller s'établir
« aux Indes, il n'y a qu'une révolution qui puisse changer l'état de ce
« pays. C'est peut-être celui de l'Europe qui y est le moins préparé. Les
« gens qui voient les vices monstrueux de ce gouvernement et l'anarchie
« qui a pris la place de l'autorité légale font le plus petit nombre ; le
« plus grand nombre profite de ces vices et de cette anarchie.

« Dans l'intérêt de mon empire, je puis faire beaucoup de bien à l'Es-
« pagne. Quels sont les meilleurs moyens à prendre ?

« Irai-je à Madrid? Exercerai-je l'acte d'un grand protectorat, en pro-
« nonçant entre le père et le fils? Il me semble difficile de faire régner
« Charles IV; son gouvernement et son favori sont tellement dépopu-
« larisés, qu'ils ne se soutiendraient pas trois mois.

« Ferdinand est l'ennemi de la France, c'est pour cela qu'on l'a fait
« roi. Le placer sur le trône sera servir les factions qui, depuis vingt-
« cinq ans, veulent l'anéantissement de la France. Une alliance de fa-
« mille serait un faible lien. *La reine Élisabeth et d'autres princesses*
« françaises ont péri misérablement lorsque l'on a pu les immoler impu-
« nément à d'atroces vengeances. Je pense qu'il ne faut rien précipiter,
« qu'il convient de prendre conseil des événements qui vont suivre... Il
« faudra fortifier les corps d'armée qui se tiendront sur les frontières
« du Portugal, et attendre...

« Je n'approuve pas le parti qu'a pris Votre Altesse Impériale de s'em-
« parer aussi précipitamment de Madrid. Il fallait tenir l'armée à dix
« lieues de la capitale. Vous n'aviez pas l'assurance que le peuple et la
« magistrature allaient reconnaître Ferdinand sans contestation. Le
« prince de la Paix doit avoir dans les emplois publics des partisans; il
« y a d'ailleurs un attachement d'habitude au vieux roi qui pouvait pro-
« duire des résultats. Votre entrée à Madrid, en inquiétant les Espagnols
« a puissamment servi Ferdinand. J'ai donné ordre à Savary d'aller
« auprès du nouveau roi voir ce qui se passe. Il se concertera avec Votre
« Altesse Impériale. J'aviserai ultérieurement au parti qui sera à pren-
« dre; en attendant, voici ce que je juge convenable de vous prescrire :

« Vous ne m'engagerez à une entrevue *en Espagne* avec Ferdinand
« que si vous jugez la situation des choses telle que je doive le recon-
« naître comme roi d'Espagne. Vous userez de bons procédés envers le
« roi, la reine et le prince Godoy. Vous exigerez pour eux et vous leur
« rendrez les mêmes honneurs qu'autrefois. Vous ferez en sorte que
« les Espagnols ne puissent pas soupçonner le parti que je prendrai.
« Cela ne vous sera pas difficile : je n'en sais rien moi-même.

« Vous ferez entendre à la noblesse et au clergé que si la France doit
« intervenir dans les affaires d'Espagne, leurs priviléges et leurs immu-
« nités seront respectés. Vous leur direz que l'Empereur désire le
« perfectionnement des institutions politiques de l'Espagne, pour la
« mettre en rapport avec l'état de civilisation de l'Europe, pour la
« soustraire au régime des favoris... Vous direz aux magistrats et aux
« bourgeois des villes, aux gens éclairés, que l'Espagne a besoin de re-
« créer la machine de son gouvernement, et qu'il lui faut des lois qui

« garantissent les citoyens de l'arbitraire et des usurpations de la féoda-
« lité, des institutions qui raniment l'industrie, l'agriculture et les arts.
« Vous leur peindrez l'état de tranquillité et d'aisance dont jouit la
« France, malgré les guerres où elle s'est toujours engagée ; la splendeur
« de la religion, qui doit son établissement au concordat que j'ai signé
« avec le pape. Vous leur démontrerez les avantages qu'ils peuvent tirer
« d'une régénération politique : l'ordre et la paix dans l'intérieur,
« la considération et la puissance dans l'extérieur. Tel doit être l'esprit
« de vos discours et de vos écrits. Ne brusquez aucune démarche ; je
« puis attendre à Bayonne, je puis passer les Pyrénées, et, me fortifiant
« vers le Portugal, aller conduire la guerre de ce côté.

« Je songerai à vos intérêts particuliers, n'y songez pas vous-même.....
« Le Portugal restera à ma disposition. Qu'aucun projet personnel ne
« vous occupe et ne dirige votre conduite : cela me nuirait, et vous
« nuirait encore plus qu'à moi.

« Vous allez trop vite dans vos instructions du 14 ; la marche que
« vous prescrivez au général Dupont est trop rapide, à cause de l'événe-
« ment du 19 mars. Il y a des changements à faire ; vous donnerez de
« nouvelles dispositions, vous recevrez des instructions de mon ministre
« des affaires étrangères.

« J'ordonne que la discipline soit maintenue de la manière la plus
« sévère : point de grâce pour les plus petites fautes. L'on aura pour
« l'habitant les plus grands égards. L'on respectera principalement les
« églises et les couvents.

« L'armée évitera toute rencontre, soit avec des corps de l'armée es-
« pagnole, soit avec des détachements : il ne faut pas que, d'aucun côté,
« il soit brûlé une amorce.

« Laissez *Solano* dépasser *Badajoz,* faites-le observer ; donnez vous-
« même l'indication des marches de mon armée, pour la tenir toujours
« à une distance de plusieurs lieues des corps espagnols. Si la guerre
« s'allumait, tout serait perdu.

« C'est à la politique et aux négociations qu'il appartient de décider
« des destinées de l'Espagne. Je vous recommande d'éviter des explica-
« tions avec Solano, comme avec les autres généraux et les gouverneurs
« espagnols.

« Vous m'enverrez deux estafettes par jour. En cas d'événements
« majeurs, vous m'expédierez des officiers d'ordonnance. Vous me ren-
« verrez sur-le-champ le chambellan qui vous porte cette dépêche ; vous
« lui remettrez un rapport détaillé.

« Sur ce, je prie Dieu, Monsieur le grand-duc de Berg, qu'il vous ait, etc.
« *Signé* NAPOLÉON. »

Samedi 15.

Le temps était magnifique ; nous avons fait notre tour en calèche, durant lequel nous avons aperçu très-près du rivage un gros bâtiment, dont la manœuvre nous a paru singulière. Les marques distinctives nous l'ont fait prendre pour *le Newcastle*, annoncé depuis quelque temps comme venant relever *le Northumberland*; mais ce n'était qu'un bâtiment de la compagnie.

Dans une partie de la journée, l'Empereur, au travers d'un grand nombre d'objets, en est arrivé à mentionner plusieurs personnes qui viendraient le joindre à Sainte-Hélène, disait-il, si on leur en laissait la liberté, et il s'est mis à analyser les motifs qui les détermineraient. De là il est passé aux motifs de ceux qui se trouvent autour de lui. « *Bertrand*, disait-il, est désormais identifié avec mon sort : c'est de« venu historique. *Gourgaud* était mon premier officier d'ordonnance : « il est mon ouvrage ; c'est mon enfant. *Montholon* est le fils de Se« monville, un beau-frère de Joubert, un enfant de la révolution et « des camps. Vous, mon cher, disait-il au quatrième, vous... » Et après avoir cherché un instant, il a repris : « Mais vous, mon cher, au fait, « par quel diable de hasard vous trouvez-vous ici ? — Sire, lui ai-je « répondu, par le bonheur de mon étoile, et pour l'honneur de l'émi« gration. »

Effets envoyés d'Angleterre. — L'Empereur avait voulu proscrire le coton en France. — Conférences de Tilsit. — Reine de Prusse, le roi. — Empereur Alexandre. — Anecdotes, etc.

Dimanche 16.

'EMPEREUR est entré vers les dix heures dans ma chambre : je m'habillais, je dictais à mon fils précisément mon journal. L'Empereur y a jeté les yeux quelques instants et n'a rien dit; il l'a quitté pour saisir quelques dessins commencés : c'était la topographie à la plume de quelques-uns des champs de bataille d'Italie, un essai de mon fils et une surprise que nous nous plaisions à ménager à l'Empereur. Nous les avions travaillés jusque-là en secret.

J'ai suivi l'Empereur au jardin; il y a beaucoup causé sur des objets qu'on venait de nous envoyer d'Angleterre : c'était principalement des meubles. Il a fait ressortir le peu de grâce et la gaucherie de ceux qui étaient chargés de nous les remettre : en nous offrant, faisait-il observer, même ce qui nous eût été le plus agréable, ils trouvaient encore moyen de nous offenser; aussi était-il bien déterminé à n'en pas faire usage, et il avait déjà fait remercier pour deux fusils de chasse qui étaient particulièrement destinés à lui être offerts. L'Empereur a voulu déjeuner en plein air, et nous y a tous fait appeler.

La conversation s'étant trouvée sur la mode et les parures, l'Empereur a dit qu'un moment il avait voulu proscrire l'usage du coton en France, pour mieux soutenir les batistes et les linons de nos villes de la Flandre. L'impératrice Joséphine s'était révoltée, elle avait poussé les hauts cris : il avait fallu y renoncer.

L'Empereur était très-causant, le temps fort doux et assez agréable : il s'est mis à marcher dans l'espèce d'allée perpendiculaire à la face de la maison. La conversation s'est fixée sur l'époque fameuse de Tilsit; voici les détails précieux que j'en ai recueillis :

L'Empereur racontait que si la reine de Prusse était venue au commencement des négociations, elle eût pu influer beaucoup sur leur résultat; heureusement elle arriva les choses assez avancées pour que l'Empereur pût se décider à conclure vingt-quatre heures après. On a pensé que le roi l'en avait empêchée jusque-là par un commencement de jalousie contre un grand personnage; et cette jalousie, disait l'Empereur, n'était pas, assurait-on, sans quelque léger fondement.

Dès le moment de son arrivée, l'Empereur se rendit chez elle pour lui faire visite. La reine de Prusse, disait-il, avait été très-belle, mais elle commençait à perdre de sa première jeunesse.

L'Empereur dit que cette reine le reçut comme mademoiselle Duchesnois dans Chimène, demandant, criant *justice;* renversée en arrière, en un mot tout à fait en scène; c'était de la véritable tragédie. Il en fut un moment interloqué, et il n'imagina, dit-il, d'autre moyen de se débarrasser qu'en ramenant la chose au ton de la haute comédie; ce qu'il essaya en lui avançant un siége et la forçant de s'y asseoir : elle n'en continua pas moins du ton le plus pathétique. « La Prusse s'était aveu-
« glée sur sa puissance, disait-elle; elle avait osé combattre un héros,
« s'opposer aux destinées de la France, négliger son heureuse amitié :
« elle en était bien punie!... La gloire du grand Frédéric, ses souvenirs,
« son héritage, avaient trop enflé le cœur de la Prusse, ils causaient sa

« ruine !..... » Elle sollicitait, suppliait, implorait. Magdebourg surtout

était l'objet de ses vœux. L'Empereur eut à se tenir le mieux qu'il put ; heureusement le mari arriva : la reine, d'un regard expressif, réprouva ce contre-temps, et montra de l'humeur. « En effet, le roi essaya de « mettre son mot dans la conversation, gâta toute l'affaire, et je fus « délivré, » dit l'Empereur.

L'Empereur eut la reine à dîner : elle déploya, disait-il, vis-à-vis de lui tout son esprit, elle en avait beaucoup ; toutes ses manières, elles étaient fort agréables ; toute sa coquetterie, elle n'était pas sans charmes. « Mais j'étais résolu de tenir bon, ajoutait-il ; toutefois il me fallut « beaucoup d'attention sur moi-même pour demeurer exempt de toute « espèce d'engagement et de toute parole douteuse, d'autant plus que « j'étais soigneusement observé, et tout particulièrement par Alexandre. »

Un instant avant de se mettre à table, Napoléon, s'étant approché d'une console, y avait pris une très-belle rose, qu'il présenta à la reine, dont la main exprima d'abord une espèce de refus apprêté ; mais, se ravisant aussitôt, elle dit : *Oui, mais au moins avec Magdebourg.* Sur quoi l'Empereur lui répliqua : « Mais..... je ferai remarquer à Votre « Majesté que c'est moi qui la donne, et vous qui allez la recevoir. » Le dîner, et tout le reste du temps se passa de la sorte.

La reine était à table entre les deux empereurs, qui firent assaut de galanterie. On s'était placé d'après la bonne oreille d'Alexandre : il en

est une dont il entend à peine. Le soir venu, et la reine retirée, l'Empereur, qui n'avait cessé d'être de la plus grande amabilité, mais qui s'était vu pourtant souvent poussé à bout, résolut d'en finir. Il manda M. de Talleyrand et le prince Kourakin, parla de la grosse dent; et lâchant, dit-il, les gros mots, fit sentir qu'après tout une femme et la galanterie ne pouvaient ni ne devaient altérer un système conçu pour les destinées d'un grand peuple; qu'il exigeait que l'on conclût à l'instant, et que l'on signât de suite ; ce qui fut fait comme il l'avait voulu. « Ainsi « la conversation de la reine de Prusse, disait-il, avança le traité de « huit ou quinze jours. » Le lendemain, la reine se préparait à venir renouveler ses attaques; elle fut indignée quand elle apprit la signature du traité. Elle pleura beaucoup, et résolut de ne plus voir l'empereur Napoléon. Elle ne voulait pas accepter son second dîner. Alexandre fut obligé d'aller lui-même la décider; elle jetait les hauts cris, elle prétendait que Napoléon lui avait manqué de parole. Mais Alexandre avait toujours été présent. Il avait été un témoin même dangereux, prêt à témoigner en sa faveur au moindre geste, à la moindre parole échappés à Napoléon. « Il ne vous a rien promis, lui disait-il ; si vous pouvez me « prouver le contraire, je m'engage ici à le lui faire tenir d'homme à

« homme, et il le fera, j'en suis sûr. — Mais il m'a donné à entendre,
« disait-elle..... — Non, disait Alexandre, et vous n'avez rien à lui
« reprocher. » Enfin elle vint. Napoléon, qui n'avait plus à se défendre,
n'en fut que plus aimable pour elle. Elle joua quelques moments le rôle
de coquette offensée ; et, le dîner fini, quand elle voulut se retirer, Napoléon la reconduisant, arrivé au milieu de l'escalier où il s'arrêtait, elle
lui serra la main, et lui dit avec une espèce de sentiment : « Est-il pos-
« sible qu'ayant eu le bonheur de voir d'aussi près l'homme du siècle
« et de l'histoire, il ne me laisse pas la liberté et la satisfaction de pou-
« voir l'assurer qu'il m'a attachée pour la vie !... — Madame, je suis à

« plaindre, lui répondit gravement l'Empereur ; c'est un effet de ma
« mauvaise étoile. » Et il prit congé d'elle.

Arrivée à sa voiture, elle s'y jeta en sanglotant, fit appeler Duroc
qu'elle estimait beaucoup, lui renouvela toutes ses plaintes, et lui dit,
en montrant le palais : « Voilà une maison où l'on m'a cruellement
« trompée. »

« La reine de Prusse, disait l'Empereur, avait certainement des
« moyens, beaucoup d'instruction et une grande habitude ; elle régnait
« véritablement depuis plus de quinze ans. Aussi, en dépit de mon
« adresse et de tous mes efforts, se montra-t-elle constamment maî-
« tresse de la conversation, la domina toujours, revint sans cesse à son
« sujet, peut-être trop, mais du reste avec une grande convenance, et

« sans qu'il fût possible de s'en fâcher ; et il est vrai de dire que l'objet
« était important pour elle, le temps précieux et court.

« Un des hauts contractants lui répéta plusieurs fois, disait l'Empe-
« reur, qu'elle eût dû venir dès le principe ou pas du tout, lui rappelant
« que, pour sa part, il avait fait tout son possible pour qu'elle vînt tout
« de suite. On voulait, disait l'Empereur, qu'il y eût recherché un in-
« térêt personnel ; mais, par contre, le mari avait mis un intérêt tout
« aussi personnel à s'y opposer.

« Le roi de Prusse, disait-il, m'avait fait demander son audience de
« congé. Alexandre me fit prier, avec mystère, de la retarder seulement
« de vingt-quatre heures. Je le fis, croyant bien que je me montrais là
« bon ami. Le roi de Prusse ne me l'a jamais pardonné, non qu'il se
« doutât en aucune manière de mon véritable tort, disait-il en souriant
« malignement, mais parce qu'il trouvait la majesté royale blessée d'a-
« voir vu renvoyer au lendemain l'audience qu'il demandait pour le
« jour même.

« Un autre poids à mon sujet, qu'il n'a jamais pu s'ôter de dessus le
« cœur, c'était d'avoir violé, disait-il, son territoire d'Anspach, dans
« notre guerre d'Austerlitz. Dans toutes nos rencontres depuis, quelque
« grands que fussent les intérêts du moment, il les laissait tous de côté
« pour revenir à me prouver que j'avais bien réellement violé son terri-
« toire à Anspach. Il avait tort ; mais enfin il en était persuadé, et son
« ressentiment était celui d'un honnête homme : toutefois sa femme
« s'en dépitait, et lui eût voulu une plus haute politique, etc. »

Napoléon, du reste, se reprochait, disait-il, comme une véritable
faute, d'avoir reçu en aucune manière le roi de Prusse à Tilsit. Sa première détermination avait été de le refuser. Il eût alors été tenu à moins
de ménagements envers lui, et eût pu lui garder la Silésie ; il en eût
enrichi la Saxe et se fût probablement par là réservé d'autres destinées.
Il disait aussi : « J'apprends que les politiques aujourd'hui blâment fort
« mon traité de Tilsit. Ils ont découvert, depuis mes désastres, que par
« là j'avais mis l'Europe à la merci des Russes ; mais si j'avais réussi à
« Moscou, et on sait à combien peu cela a tenu, ils auraient admiré sans
« doute alors combien j'avais mis, au contraire, par ce traité, les
« Russes à la merci de l'Europe. J'avais de grandes vues sur les Alle-
« mands..... Mais j'ai échoué, et partant, j'ai eu tort : cela est de toute
« justice..... »

Presque tous les jours, à Tilsit, les deux empereurs et le roi sortaient
ensemble à cheval ; mais celui-ci était toujours maladroit ou malheu-

reux, disait Napoléon. Les Prussiens en souffraient visiblement. Napoléon était constamment entre les deux souverains : or, le roi pouvait à

peine suivre, ou bien heurtait et gênait sans cesse Napoléon. Revenait-on, d'un saut les deux empereurs étaient à terre, et ils se prenaient par la main pour monter ensemble les escaliers. Mais comme Napoléon faisait les honneurs, il n'eût pas voulu rentrer avant d'avoir vu passer le roi : alors il fallait l'attendre longtemps, et, comme il plut souvent, il en résultait que les deux empereurs se mouillaient à cause du roi, au grand mécontentement de tous les spectateurs.

« Cette maladresse ressortait d'autant plus, disait l'Empereur, qu'A-
« lexandre est plein de grâces, et se trouverait de niveau avec tout ce
« qu'il y a de plus aimable dans les salons de Paris. Alexandre se trou-
« vait parfois si fatigué de son compagnon, qu'absorbaient ses chagrins
« ou toute autre cause, que nous rompions de concert la société, pour
« nous délivrer plus tôt. On se séparait donc immédiatement après le
« dîner, sous prétexte de quelques affaires chez soi ; mais Alexandre et
« moi nous nous retrouvions bientôt ensuite pour prendre le thé chez
« l'un ou chez l'autre, et nous restions alors à causer ensemble jusqu'à
« minuit et au delà. »

Alexandre et Napoléon se revirent quelque temps après à Erfurt, et se donnèrent les plus grandes marques d'affection. Alexandre y proféra hautement les sentiments d'une amitié tendre et d'une admiration véritable. Ils passèrent ensemble quelques jours dans le charme d'une intimité parfaite et les communications les plus familières de la vie privée. « C'étaient deux jeunes gens de bonne compagnie, disait l'Empereur, dont « les plaisirs en commun n'auraient eu rien de caché l'un pour l'autre. »

Napoléon avait fait venir à Erfurt tout ce que notre scène française comptait de plus distingué. Une actrice fort connue, l'une des jeunes premières, attira l'attention de son hôte, qui eut un moment la fantaisie de faire sa connaissance. Il demandait à son compagnon s'il ne pouvait y avoir aucun inconvénient. « Nul, répondit celui-ci ; seulement, ajouta-« t-il avec intention, c'est un moyen sûr et rapide pour que vous soyez « bientôt connu de tout Paris. Après-demain, jour de poste, partiront « les plus petits renseignements, et, sous peu, il n'y a pas de statuaire à « Paris qui ne pût facilement modeler votre personne de la tête aux « pieds. » Le danger d'une telle publicité calma sur-le-champ l'ardeur naissante ; car le soupirant, disait Napoléon, se montrait fort circonspect sur cet article, et sans doute, remarquait-il gaiement, par la crainte de l'adage connu : Quand le masque tombe, le héros s'évanouit.

Si l'Empereur l'eût voulu, Alexandre, assurait-il, lui eût certainement donné sa sœur en mariage ; sa politique l'y eût déterminé, si même son inclination n'y avait pas été. Il fut saisi en apprenant le mariage avec l'Autriche, et s'écria : « Me voilà renvoyé au fond de mes forêts ! » S'il sembla tergiverser d'abord, c'est qu'il lui fallait quelque temps pour se prononcer ; sa sœur était bien jeune, et puis il fallait le consentement de sa mère. Le testament de Paul le voulait ainsi, et l'impératrice-mère était des plus passionnées contre Napoléon. Livrée d'ailleurs à toutes les absurdités, aux contes ridicules qu'on s'était plu à répandre sur sa personne : « Comment, disait-elle, marierai-je ma fille à un homme qui « ne peut être le mari de personne ? Un autre homme viendra donc dans « le lit de ma fille, si l'on veut en avoir des enfants ? Elle n'est pas faite « pour cela. — Ma mère, lui disait Alexandre, pouvez-vous bien vous « nourrir des libelles de Londres et des lazzis des salons de Paris ? Si « c'est là toute la difficulté, s'il n'y a que cela qui vous embarrasse, moi « je vous le cautionne, et beaucoup d'autres pourront vous le cautionner « avec moi. »

« Si l'affection d'Alexandre a été sincère pour moi, disait encore « l'Empereur, c'est l'intrigue qui me l'a aliéné. Des intermédiaires, « Metternich ou autres, à l'instigation de Talleyrand, ou même ce der-« nier directement, n'ont cessé, en temps opportun, de lui citer les « ridicules dont je l'avais accablé, disaient-ils, l'assurant qu'à Tilsit et

« Erfurt, il n'avait pas plutôt le dos tourné que je m'égayais fort d'or-
« dinaire à son sujet. Alexandre est fort susceptible, ils l'auront facile-
« ment aigri. Ce qu'il y a de certain, c'est qu'il s'en est plaint amère-
« ment à Vienne lors du congrès, et pourtant rien n'était plus faux; il
« me plaisait et je l'aimais. »

Un aide de camp de Napoléon fut envoyé, aussitôt après le traité de Tilsit, auprès d'Alexandre, à Pétersbourg; il y fut comblé de bons traitements, et ne tarit pas sur les efforts et la galanterie d'Alexandre pour se rendre agréable à son nouvel allié.

Ce même aide de camp devint plus tard ministre de la police, et en 1814, peu de temps après la restauration, il fit, assure-t-on, une citation heureuse au sujet de sa mission en Russie. Lui étant demandé un jour, aux Tuileries, avec une sorte d'abandon tout à fait naïf, par quelqu'un très-avant dans la confiance du roi : « A présent que tout est
« fini, vous pouvez tout dire; apprenez-nous quel était votre agent à
« Hartwell (c'était, comme l'on sait, la demeure de Louis XVIII en
« Angleterre). L'interpellé, surpris du peu de goût de la question, ré-
« pondit avec dignité : Monsieur le comte, l'Empereur regardait l'asile
« des rois comme un sanctuaire inviolable, et nous l'observions. On
« nous a fait connaître aujourd'hui qu'on n'en agissait pas de même à
« son égard. Mais vous, Monsieur le comte, vous devriez avoir moins
« de doute qu'un autre. Quand j'arrivai à Pétersbourg, vous y étiez au
« nom du roi. L'empereur Alexandre, dans la première chaleur de sa
« réconciliation, me donna connaissance de tout ce qui vous concernait,
« et demanda si l'on voulait qu'il vous fît sortir de ses États. Je n'avais
« point d'ordres; j'écrivis pour prendre ceux de l'Empereur. Sa réponse
« fut, courrier par courrier, qu'il lui suffisait de l'amitié sincère d'A-
« lexandre; que jamais il n'entrerait dans ses autres rapports parti-
« culiers; qu'il n'avait pas de haine personnelle contre les Bourbons;
« que, s'il croyait même qu'il leur fût possible de l'accepter, il leur
« offrirait un asile en France, et tel château royal qui leur serait agréa-
« ble. Si vous ignorâtes alors cette lettre, continua le duc de Rovigo,
« faites-la chercher aujourd'hui, vous la trouverez sans doute dans les
« cartons des relations extérieures. »

Arrivée des commissaires étrangers.—Étiquette forcée de Napoléon, anecdotes.—Conseil d'État ; détails du local; habitudes.—Citations de quelques séances; digression.—Gassendi.—Les régiments croates.—Ambassadeurs.—Bans de la garde nationale, l'Université, etc., etc.

Lundi 17.

On est venu nous dire que la frégate *le Newcastle* et la frégate *l'Oronte* étaient devant le port, courant des bordées pour entrer. Ces deux bâtiments avaient manqué l'île dans la nuit, et étaient obligés de l'attaquer sous le vent. Ils nous apportaient le bill qui concerne la détention de l'Empereur. La législature anglaise avait converti en loi la détermination des ministres à cet égard. Les commissaires des trois puissances d'Autriche, de France et de Russie, étaient aussi à bord de ces bâtiments.

Dans le courant de la journée, l'Empereur, parlant des formes, des costumes qu'il avait prescrits, de l'étiquette qu'il avait introduite, disait : « Il m'était devenu bien difficile de m'abandonner à moi-même. Je « sortais de la foule; il me fallait, de nécessité, me créer un extérieur, « me composer une certaine gravité, en un mot, établir une étiquette, « autrement l'on m'eût journellement frappé sur l'épaule. En France, « nous sommes naturellement enclins à une familiarité déplacée, et « j'avais à me prémunir surtout contre ceux qui avaient *sauté à pieds* « *joints* sur leur éducation. Nous sommes très-facilement courtisans, « très-obséquieux au début, portés d'abord à la flatterie, à l'adulation ; « mais bientôt arrive, si on ne la réprime, une certaine familiarité « qu'on porterait aisément jusqu'à l'insolence. On sait que nos rois « n'étaient pas exempts de cet inconvénient. » Et l'Empereur a cité une anecdote, sous Louis XV, fort caractéristique, celle de ce courtisan, disait-il, à qui ce prince demanda, à son lever, combien il avait d'enfants. « Quatre, Sire, » répondit-il. Le roi, ayant eu occasion de lui parler en public deux ou trois fois dans la journée, lui fit précisément toujours la même question : « Un tel, combien avez-vous d'enfants? » Et toujours l'autre répondit : « Quatre, Sire. » Enfin le soir, au jeu, le roi lui ayant demandé encore : « Un tel, combien avez-vous d'enfants ? — Sire, répon- « dit-il cette fois, six. — Comment diable! reprit le roi, mais il me « semble que vous m'aviez dit quatre? — Ma foi, Sire, c'est que j'ai « craint de vous ennuyer en vous répétant toujours la même chose. »

« Sire, dit alors à l'Empereur l'un de nous, voici une anecdote d'un « pays voisin, digne de celle qui vient d'être mentionnée, et qui pourra « servir à comparer l'insolence gratuite du courtisan d'un maître absolu « avec l'énergique ressentiment de celui qui n'a rien à redouter de son « souverain constitutionnel.

« Quelqu'un de la haute société, à Londres, ayant à se plaindre d'un « grand personnage dont il avait été fort maltraité, à je ne sais quel « sujet, jura devant ses amis de le lui faire payer ostensiblement. Ayant « appris que le grand personnage devait paraître à une fort belle assem-

« blée, il s'y rend lui-même de bonne heure, et se place près de la maî-
« tresse de la maison. Quand le grand personnage vient à débiter à cette
« dame son petit mot de compliment, et qu'il n'a pas encore la face re-
« tournée, le mécontent se penche négligemment vers la dame, lui de-
« mandant à haute voix quel peut être là son gras ami (who is your fat
« friend). La dame, qui en devient rouge, le pousse du coude, lui disant
« tout bas : Taisez-vous donc, ne voyez-vous pas que c'est le prince
« régent? A quoi le monsieur de répondre, d'une voix encore plus
« élevée : Comment, le prince!... mais, sur mon honneur, le voilà
« devenu aussi gras qu'un cochon (How, the prince!... but, upon my
« word, he is grown as fat as a pig)! »

Libre à chacun de deviser sur le mérite relatif des deux insolents : tous deux sont fort blâmables sans doute, et, si le nôtre présente moins de grossièreté, il faut convenir aussi que son impertinence est tout à fait sans but et purement gratuite.

Dans un autre moment de la journée, l'Empereur a dit beaucoup de choses sur les séances du Conseil d'État. Je lui en avais cité plusieurs ; d'autres nous demeuraient déjà douteuses et effacées. « Eh bien, m'a-t-il
« ajouté, encore quelque temps, et il en restera à peine vestige dans le
« souvenir. » Ne pouvant dormir cette nuit, ces paroles me sont reve-

nues, et, durant mon insomnie, je repassais minutieusement dans mon esprit tout ce que j'avais connu du Conseil d'État, le local de ses séances, les habitudes, les formes, etc., etc.; et je ne crois pouvoir mieux employer l'oisiveté de notre solitude de Sainte-Hélène que de les consigner ici. J'y joindrai de temps à autre ce qui me reviendra des séances dont j'ai été le témoin, à mesure qu'elles se présenteront à ma mémoire. Il en est pour qui tous ces détails seront de quelque prix.

La salle du Conseil d'État aux Tuileries, lieu ordinaire des séances, était une pièce latérale à la chapelle et de toute sa longueur; le mur mitoyen présentait plusieurs portes pleines, qui, ouvertes le dimanche, formaient les travées de la chapelle; c'était une très-belle pièce allongée. A l'une de ses extrémités, vers l'intérieur du palais, était une grande et belle porte qui servait de passage à l'Empereur, lorsque, suivi de sa cour, il se rendait le dimanche à sa tribune pour y entendre la messe. Cette porte ne s'ouvrait le reste de la semaine que pour l'Empereur, quand il arrivait à son Conseil d'État. Les membres de ce Conseil n'entraient que par deux petites portes pratiquées à l'extrémité opposée.

Dans toute la longueur de la salle, à droite et à gauche, était établie accidentellement, et pour le temps du Conseil seulement, une longue file de tables assez éloignées du mur pour y admettre un siége et une libre circulation extérieure. Là s'asseyaient hiérarchiquement les conseillers d'État, dont la place d'ailleurs se trouvait désignée par un carton portant leur nom, et renfermant leurs papiers. A l'extrémité de la salle, vers la grande porte d'entrée et transversalement à ces deux files de tables, il en était placé de semblables pour les maîtres des requêtes; les auditeurs prenaient place sur des tabourets ou des chaises, en arrière des conseillers d'État.

A l'extrémité supérieure de la salle, en face de la grande porte d'entrée, se trouvait la place de l'Empereur, sur une estrade élevée d'une ou deux marches. Là étaient son fauteuil et une petite table recouverte d'un riche tapis et garnie de tous les accessoires nécessaires, ainsi qu'en avaient devant eux tous les membres du Conseil: papier, plumes, encre, canifs, etc.

A la droite de l'Empereur, mais au-dessous de lui et à votre niveau, le prince archichancelier, sur sa petite table séparée; à sa gauche, le prince architrésorier, qui y assistait fort rarement; et enfin, à la gauche encore de celui-ci, M. Locré, rédacteur des procès-verbaux du Conseil.

Quand il venait accidentellement des princes de la famille, ils avaient une pareille table placée sur le même alignement, et selon leur rang hiérarchique. Si c'étaient seulement des ministres, qui tous d'ailleurs avaient faculté de se présenter au Conseil quand bon leur semblait, ceux-ci prenaient place sur les files latérales, en tête des premiers conseillers d'État. Une grande enceinte intérieure restait vide ; elle n'était jamais traversée que par l'Empereur ou les membres du Conseil quand ils allaient lui prêter serment.

Des huissiers, même pendant les délibérations, parcouraient silencieusement la salle pour le service des membres du Conseil. Chacun de ceux-ci d'ailleurs se levait à son gré, et circulait extérieurement pour chercher auprès de ses collègues les renseignements particuliers dont il eût pu avoir besoin.

Les pourtours supérieurs de la salle représentaient des peintures allégoriques relatives aux fonctions du Conseil d'État : telles que la Justice, le Commerce, l'Industrie, etc., etc.; et enfin, le plafond se trouvait décoré du beau tableau de la bataille d'Austerlitz par Gérard ; ainsi c'était sous un des plus beaux lauriers dont Napoléon ait ennobli la France qu'il administrait son intérieur.

C'est dans cet endroit que, durant près de dix-huit mois, j'ai joui de la satisfaction inappréciable d'assister régulièrement deux fois la semaine à des séances si précieuses par leur intérêt spécial, et bien plus encore par la présence de l'Empereur, qui n'y manquait jamais, et semblait en être réellement l'âme et la vie. C'est là que je l'ai vu prolonger quelquefois les séances depuis onze heures du matin jusqu'à neuf heures du soir, et montrer à la fin autant de facilité, d'abondance, de fraîcheur d'esprit et de tête qu'en commençant, lorsque nous autres nous tombions de lassitude et de fatigue.

Quand la cour était à Saint-Cloud, c'était là que le Conseil était convoqué ; mais quand la séance y était indiquée de trop bon matin, ou s'annonçait devoir être trop longue, alors il arrivait à l'Empereur de la suspendre, pour qu'on pût prendre quelque nourriture, et il s'élevait alors dans quelques pièces voisines, pour les besoins du Conseil, une certaine quantité de petites tables des plus magnifiquement servies, et surtout comme par enchantement ; car, pour le dire en passant, rien ne saurait donner une juste idée de l'espèce de féerie en toutes choses dont nous avons été les témoins dans les palais impériaux.

L'heure de la séance du Conseil était indiquée chaque fois dans nos lettres de convocation ; en général, c'était pour onze heures.

Quand un nombre suffisant de membres était arrivé, l'archichancelier, qu'on y trouvait toujours le premier, et qui présidait le Conseil en l'absence de l'Empereur, ouvrait la séance, et entamait alors ce qu'on appelait *le petit ordre du jour,* ne contenant que les affaires de simples localités et de pure forme.

Une heure plus tard, d'ordinaire, le tambour, battant au champ dans l'intérieur du palais, nous annonçait l'arrivée de l'Empereur. La grande porte s'ouvrait, on annonçait Sa Majesté : tout le Conseil se levait, et l'Empereur entrait, précédé de son chambellan et de son aide de camp de service, qui lui présentaient son fauteuil, recevaient son chapeau, et demeuraient à la séance en arrière de lui, prêts à recevoir et à exécuter ses ordres.

L'archichancelier présentait alors à l'Empereur *le grand ordre du jour,* contenant la série des objets en délibération. L'Empereur les parcourait, et nommait tout haut l'objet qu'il lui plaisait de déterminer. Le conseiller d'État chargé de ce rapport en faisait lecture, et la délibération commençait.

Chacun pouvait prendre la parole ; si plusieurs se présentaient à la fois, l'Empereur en désignait l'ordre. On parlait de sa place et assis; on ne pouvait pas lire, il fallait improviser. Quand l'Empereur jugeait la discussion, à laquelle d'ailleurs il prenait beaucoup de part lui-même, suffisamment éclaircie, il faisait un résumé toujours lumineux, souvent neuf et piquant, concluait et mettait aux voix.

J'ai dit ailleurs de quelle liberté on jouissait dans ces délibérations. L'ardeur, s'animant par degrés, devenait parfois extrême, et souvent les discussions se prolongeaient outre mesure, surtout lorsque l'Empereur, s'occupant probablement d'autre chose, semblait, par distraction ou autrement, y être devenu étranger; alors d'ordinaire il promenait sur la salle un œil incertain, ou mutilait les crayons avec son canif, ou piquait avec ce même canif le tapis de sa table, ou le bras de son fauteuil, ou bien encore usait son crayon ou sa plume à des griffonnages ou à des traits bizarres, qui, à son départ, devenaient l'objet de la convoitise des jeunes gens, qui se les arrachaient; et il fallait voir alors, si par hasard il y avait tracé quelque nom de pays ou de capitale, les inductions à perte de vue qu'on cherchait à en tirer.

Quelquefois aussi, comme l'Empereur venait au Conseil précisément après avoir mangé, et souvent après de grandes fatigues du matin, il lui arrivait d'arrondir son bras sur la table, d'y poser sa tête et de s'endormir. L'archichancelier se saisissait, dès cet instant, de la délibération, qui allait toujours son train, et que l'Empereur, à son réveil, reprenait au point où elle se trouvait, si même elle n'était terminée et remplacée par une nouvelle. Il arrivait encore très-souvent à l'Empereur de demander un verre d'eau et du sucre; et à cet effet, et pour son usage, il se trouvait toujours sur l'une des tables de la chambre voisine, et hors de toute précaution, tout ce qui était nécessaire.

L'Empereur avait l'habitude, comme l'on sait, de prendre du tabac à chaque instant; c'était en lui une espèce de manie exercée la plupart du temps par la distraction. Sa tabatière se trouvait bientôt vide, et il n'en continuait pas moins d'y puiser à chaque instant, ou de la porter constamment tout ouverte à son nez, surtout quand il avait lui-même la parole. C'était alors aux chambellans qui s'étaient faits le plus à son service, ou qui y mettaient le plus de recherche, à lui soustraire cette tabatière vide pour y en substituer une pleine; car il existait une grande émulation de soins, de galanterie parmi les chambellans favorisés du service habituel près de l'Empereur, service extrêmement envié. C'étaient, du reste, à peu près toujours les mêmes, soit qu'ils s'intriguassent beaucoup pour y demeurer, soit qu'il fût naturellement plus agréable à l'Empereur de voir continuer un service déjà goûté. Au demeurant, c'était le grand maréchal Duroc qui arrêtait toutes ces dispositions.

Au sujet de ces soins et de cette galanterie, l'un d'eux qui s'était aperçu que l'Empereur, allant au théâtre, oubliait parfois sa lorgnette, dont il faisait un grand usage au spectacle, avait imaginé d'en faire faire une toute semblable et de verres pareils, si bien que la première fois qu'il vit l'Empereur en être privé, il la lui présenta comme la sienne. De retour dans son intérieur, l'Empereur se trouva donc avoir deux lorgnettes, sans qu'on pût lui dire comment. Le lendemain il s'enquit du chambellan dont il l'avait reçue, qui lui répondit simplement que c'en était une en réserve pour son besoin.

L'Empereur ne laissait pas d'être fort sensible à ces soins, innocents en eux-mêmes, l'on pourrait même dire touchants, s'ils ne venaient que du cœur et s'ils n'avaient d'autre guide qu'une véritable affection ; car alors on ne se montrait pas par là un courtisan servile, mais bien un serviteur tendrement dévoué ; d'autant plus que Napoléon, de son côté, bien qu'on en ait voulu dire dans les salons de Paris, était plein de véritables égards pour les personnes de son service. Quand il quittait Paris pour Saint-Cloud, la Malmaison ou autres lieux, en un mot, ce qu'on appelait à la cour être à la campagne, il admettait d'ordinaire son service au nombre des réceptions privées qui composaient le soir son cercle familier, et dont la faveur était tenue à si haut prix. Dans ces circonstances encore, il faisait manger avec lui ses chambellans. Aussi un jour, à Trianon, à table, et fort enrhumé du cerveau, ce qui lui arrivait souvent, il eut besoin d'un mouchoir ; et comme on courait le chercher, le chambellan de service, assis à ses côtés, et parent de Marie-Louise, s'empressa de lui en présenter un dont il avait eu soin de se précautionner, et voulait reprendre l'autre. « Je vous remercie, dit « l'Empereur ; mais je ne pardonnerais pas qu'on pût dire que j'ai « laissé M. un tel toucher mon mouchoir sale. » Et il le jeta par terre. Tel était pourtant l'homme que dans nos cercles l'on disait si grossier, si brutal, maltraitant tout son service, et jusqu'aux dames du palais même. Le fait est que l'Empereur, au contraire, était des plus scrupuleusement attaché aux convenances, et fort sensible aux petits soins qu'il recevait, bien qu'il n'en témoignât jamais rien, il est vrai ; c'était manie ou système chez lui : il fallait savoir le deviner, et l'on s'en apercevait à son œil devenu plus attentif, au son de sa voix plus radouci. Au rebours d'autres qui accablent d'expressions touchantes, qu'ils ne sentent souvent pas, Napoléon semblait s'être fait la loi de contenir ou de déguiser les sensations bienveillantes qu'on lui inspirait. Je crois l'avoir déjà dit ailleurs ; en voici quelques preuves nouvelles qui me reviennent en cet instant : elles seront d'autant plus caractéristiques, qu'elles appartiendront à Longwood même, où Napoléon néanmoins devait avoir plus d'abandon et se tenir moins en garde.

J'étais d'ordinaire assis auprès de mon fils quand l'Empereur lui dictait, tout en marchant dans son appartement ; or il lui arrivait souvent de s'arrêter derrière moi pour voir où en était la dictée. Combien de fois, dans cette situation, il me serrait la tête de ses deux bras ! Souvent alors une légère pression me rapprochait d'abord de lui ; mais presque aussitôt, réprimant ce mouvement, il ne semblait plus qu'avoir voulu s'accouder sur mes épaules, ou bien encore s'essayer, comme par jeu, de me faire plier, se récriant alors sur ma force.

A mon fils, qu'il aimait beaucoup, je l'ai vu souvent faire de la main ce qu'on eût pu appeler une caresse ; et comme pour annuler tout aussitôt ce geste, l'accompagner à l'instant de paroles dites d'une voix relevée, approchant fort de la brusquerie. Enfin je l'ai vu entrant un jour au salon, dans des dispositions de contentement et de distraction, prendre affectueusement la main de madame Bertrand, l'élever pour la porter à ses lèvres, et s'arrêter subitement par un mouvement qui eût eu de la gaucherie, si madame Bertrand elle-même n'y eût pourvu en s'empressant, avec cette grâce parfaite qui la caractérise, de baiser elle-même cette main qui lui avait été tendue. Mais me voilà bien loin de mon sujet, je me suis laissé aller au bavardage. Revenons au Conseil d'État.

On nous distribuait, imprimés et à domicile, tous les rapports, les projets d'avis et de décrets que nous devions discuter. Il est tel objet, l'Université, par exemple, qui a subi peut-être vingt rédactions ; d'autres languissaient longtemps dans les cartons, ou finissaient même par disparaître tout à fait sans qu'il en fût donné aucun motif.

Au retour de ma mission en Hollande, et tout nouvellement membre du Conseil d'État, spécialement attaché à la marine, dans tout le feu de mon premier zèle, et fort de mes observations en Hollande, je pris la parole sur la conscription, laquelle se discutait en cet instant. Je demandai qu'il fût permis à tous les conscrits hollandais, vu leur sympathie naturelle, de choisir le service de la marine. Je demandai encore que, dans toute la conscription française, il fût loisible à chacun de faire le même choix. Je faisais ressortir les inconvénients qu'on évitait par là, et les grands avantages qu'on se procurait. On ne pouvait, disais-je, trop multiplier nos marins. Nos équipages de vaisseaux étaient de vrais régiments ; les mêmes hommes étaient donc tout à la fois matelots et soldats, canonniers et pontonniers ; avec la même solde, on obtenait deux services, etc. Le tout allait fort bien jusque-là ; je me félicitais intérieurement, je touchais à ma conclusion, quand le mot eut le malheur de me manquer ; l'absence atteignit bientôt jusqu'à l'idée, et me voilà muet, interdit, sans plus savoir ni ce que je voulais, ni même où j'étais. Je parlais là pour la première fois ; j'avais fait une entreprise extraordinaire, celle de surmonter ma timidité naturelle. Un silence profond régnait autour de moi, une multitude d'yeux m'ajustaient ; je crus que j'allais défaillir. Il ne me resta plus qu'à avouer ma souffrance, à dire à l'Empereur que je préférerais bien davantage de me trouver à une bataille, et qu'à lui demander enfin la permission d'achever par la lecture de quelques lignes écrites. Mais à partir de là il ne m'est jamais venu l'envie de prendre la parole de nouveau ; j'en ai été guéri pour toujours ; mon éloquence ne s'est jamais répétée. Toutefois, et malgré ma mésaventure, mon peu de paroles n'avait pas été perdu pour l'Empereur ; car, à quelques jours de là, l'aide de camp de service, le comte Bertrand me dit que Sa Majesté jouant au billard, et voyant entrer le ministre de la marine, l'avait apostrophé sur le sujet, lui disant : « Eh « bien ! Las Cases nous a lu au Conseil un très-bon mémoire sur la « composition des matelots : il est loin d'être de votre avis sur l'âge que « vous voulez d'eux, etc., etc. »

Il n'y avait pas de séance présidée par l'Empereur qui ne fût du plus grand intérêt, parce qu'il y parlait toujours, et que tout ce qu'il disait était extrêmement remarquable. J'en sortais toujours enthousiasmé ; mais ce qui me surprenait fort et m'indignait beaucoup, c'était d'entendre le soir répéter dans les salons quelques-unes de ces choses, mais toujours très-défigurées et en général très-malveillantes. D'où pouvait naître une si singulière circonstance ? Était-ce infidélité dans celui qui avait entendu ? était-ce méchanceté chez celui à qui on l'avait redit ? Toutefois la chose était ainsi.

J'eus plus d'une fois l'envie, dans le temps, d'écrire ce dont j'avais été le témoin, et j'ai beaucoup regretté depuis de ne l'avoir pas fait. Je vais transcrire ici quelques souvenirs épars qui reviennent à ma mémoire.

Un jour l'Empereur, parlant des droits politiques à accorder à des étrangers d'origine française, disait : « Le plus beau titre sur la terre « est d'être né Français ; c'est un titre dispensé par le ciel, qu'il ne devrait « être donné à personne sur la terre de pouvoir retirer. Pour moi, je « voudrais qu'un Français d'origine, fût-il à sa dixième génération d'é- « tranger, se trouvât encore Français s'il le réclamait. Je voudrais, s'il

« se présentait sur l'autre rive du Rhin disant : Je veux être Français,
« que sa voix fût plus forte que la loi, que les barrières s'abaissassent
« devant lui, et qu'il rentrât triomphant au sein de la mère commune. »

Une autre fois il disait, au sujet de je ne sais quoi : « L'Assemblée
« constituante fut bien gauche d'abolir jusqu'à la noblesse purement
« titulaire, ce qui humilia beaucoup de monde. Moi, je fais mieux, j'a-
« noblis tous les Français ; chacun peut être fier. »

Une autre fois, et je l'ai peut-être déjà cité ailleurs, il disait : « Je
« veux élever la gloire du nom français si haut, qu'il devienne l'envié
« des nations ; je veux un jour, Dieu aidant, qu'un Français voyageant
« en Europe croie se trouver toujours chez lui. »

Enfin une autre fois encore, et au sujet d'un projet de décret dont je
ne me rappelle pas quel a été le résultat, mais qui avait pour objet de
déterminer que les rois de la famille impériale occupant des trônes
étrangers laisseraient leurs titres et leur étiquette de roi à la frontière,
pour ne les reprendre qu'en sortant, l'Empereur, répondant à quelques
objections et exposant les motifs, dit : « Du reste, je leur réserve en
« France un bien plus beau titre encore ; ils y seront plus que rois,
« ils seront princes français. »

Je pourrais multiplier à l'infini une foule de citations pareilles : elles
doivent être demeurées dans le souvenir de tous les membres du Conseil
comme dans le mien. A présent l'on s'étonnera peut-être qu'ayant vu si
souvent l'Empereur, qu'en ayant entendu de telles paroles, j'aie dit que
je ne le connaissais pas encore quand je me suis déterminé à le suivre.
Ma réponse est que dans les temps dont je parle j'avais à son sujet encore plus d'admiration et d'enthousiasme que de véritable conviction.
Nous étions assaillis, dans le palais même, de tant de bruits absurdes
sur sa personne et son petit intérieur, nous avions si peu de communication directe avec lui, qu'à force d'avoir entendu répéter les mêmes
choses, il me restait peut-être, à l'insu de moi-même, une espèce de défiance et de doute. On nous le disait si dissimulé, si astucieux, si rusé,
qu'il était possible, après tout, qu'il prononçât en public d'aussi magnifiques paroles dans quelque vue particulière et sans le sentir aucunement : il en est tant qui pensent si mal et s'expriment si bien ! Aussi
ce n'est qu'ici, à Longwood, et depuis que j'ai appris à le connaître à
fond, que je sais combien il était là réellement et naturellement lui-
même. Jamais peut-être sur la terre nul n'aima la France et son lustre
comme lui ; il n'est pas de sacrifice qui lui eût coûté pour elle. Il l'a
prouvé à Châtillon, il l'a prouvé au retour de Waterloo, et il l'expri-

mait énergiquement quand sur son roc il me disait ces paroles mémorables que j'ai déjà citées : « Non, mes véritables souffrances ne sont « point ici! »

Mais voici d'autres sujets, les uns plaisants, d'autres plus graves. Un jour le conseiller d'État, général Gassendi, se trouvant prendre part à la discussion du moment, s'y appuya de la doctrine des économistes; l'Empereur, qui l'aimait beaucoup à titre d'ancien camarade de l'artillerie, l'arrêtant, lui dit : « Mais, mon cher, qui vous a rendu si savant? « où avez-vous pris de tels principes? » Gassendi, qui parlait rarement, après s'être défendu de son mieux, se trouvant dans ses derniers retranchements, répondit qu'après tout c'était de lui, Napoléon, qu'il avait pris cette opinion. « Comment! s'écria l'Empereur avec chaleur, que « dites-vous là? est-ce bien possible? Comment! de moi, qui ai toujours « pensé que s'il existait une monarchie de granit, il suffirait des idéa-« lités des économistes pour la réduire en poudre! » Et après quelques autres développements, partie ironiques, partie sérieux, il conclut : « Allons, mon cher, vous vous serez endormi dans vos bureaux, et vous « y aurez rêvé tout cela. » Gassendi, qui se fâchait aisément, lui riposta : « Oh! pour nous endormir dans nos bureaux, Sire, c'est une

« autre affaire; j'en défierais bien avec vous, vous nous y tourmentez « trop pour cela. » Et tout le Conseil de rire, et l'Empereur plus fort que les autres.

Une autre fois on s'occupait d'organiser les provinces illyriennes, acquises depuis peu. La partie de ces provinces limitrophe des Turcs avait des régiments croates dont l'organisation était toute particulière; c'étaient de vraies colonies militaires : elles avaient été imaginées, il y avait plus d'un siècle, par le grand Eugène pour servir de barrière contre les incursions et les brigandages des Turcs, et avaient toujours depuis fort bien rempli leur destination. La commission chargée de ce travail proposait la dissolution de ces régiments croates, et les remplaçait par une garde nationale à l'instar de la nôtre. « Est-on fou! s'é-
« cria l'Empereur à cette lecture ; des Croates sont-ils des Français, et
« a-t-on bien compris l'excellence de l'institution, son utilité, son impor-
« tance? — Sire, répondit celui qui se trouvait dans l'obligation de dé-
« fendre le rapport, les Turcs n'oseraient pas aujourd'hui recommencer
« leurs excès. — Et pourquoi cela ? — Sire, parce que Votre Majesté
« est devenue leur voisin. — Eh bien? — Sire, ils auraient trop de
« respect pour votre puissance. — Ah ! oui, Sire, Sire, reprit vertement
« l'Empereur, des compliments à présent! Eh bien, Monsieur, allez les
« porter aux Turcs, qui vous répondront par des coups de fusil, et vous
« viendrez m'en donner des nouvelles. » Et il prononça dès cet instant que les régiments croates seraient conservés.

Un jour on nous proposa un projet de décret touchant les ambassadeurs. Ce projet était fort remarquable, je ne pense pas qu'on en ait eu connaissance dans le monde. La froideur du Conseil à ce sujet le fit disparaître, ainsi que beaucoup d'autres qui ont éprouvé le même sort; ce qui, pour le dire en passant, donne une preuve de plus d'une certaine indépendance dans le Conseil, et montre dans l'Empereur plus de modération qu'on ne lui en croyait.

L'Empereur, qui semblait seul appuyer ce décret et y tenir beaucoup, dit, dans sa défense, des choses très-curieuses. Il prétendait que les ambassadeurs n'eussent ni prérogatives ni priviléges qui pussent les mettre à l'abri des lois du pays ; tout au plus accorderait-il qu'ils fussent soumis seulement à une juridiction plus relevée. « Je ne m'opposerais pas, par
« exemple, disait-il, à ce qu'ils ne devinssent justiciables qu'après une
« décision préalable d'une réunion des ministres et des hauts dignitaires
« de l'empire, à ce qu'ils ne fussent jugés que par un tribunal spécial,
« composé des premiers magistrats et des premiers fonctionnaires de
« l'État. M'objecteriez-vous que les souverains, se trouvant compromis
« dans la personne de leurs représentants, ne m'enverraient plus d'am-
« bassadeurs? Où serait le malheur? Je retirerais les miens, et l'État

« gagnerait d'immenses salaires fort onéreux, et souvent au moins très-
« inutiles. Pourquoi voudrait-on soustraire les ambassadeurs à toute
« juridiction? Ils ne doivent être envoyés que pour être agréables, pour
« entretenir un échange de bienveillance et d'amitié entre les souverains
« respectifs. S'ils sortent de ces limites, je voudrais qu'ils rentrassent
« dans la classe de tous, dans le droit commun. Je ne saurais admettre
« tacitement qu'ils puissent être auprès de moi à titre d'espions à gages,
« ou bien alors je suis un sot, et je mérite tout le mal qu'il peut m'en
« arriver. Seulement il s'agit de s'entendre et de le proclamer d'avance,
« afin de ne pas tomber dans l'inconvénient de violer ce qu'on est con-
« venu d'appeler jusqu'ici le droit des gens et les habitudes reçues. »

« Au plus fort d'une crise célèbre, disait-il, on vint m'avertir qu'un
« grand personnage (M. le comte d'Artois), venu furtivement de Lon-
« dres, s'était réfugié chez M. de Cobentzel, et s'y croyait à l'abri sous
« les immunités de cet ambassadeur d'Autriche. Je mandai M. de Co-
« bentzel pour connaître le fait, et lui déclarer qu'il serait malheureux
« qu'il en fût ainsi ; car un puéril usage ne serait rien à mes yeux con-
« tre le salut d'une nation ; que je n'hésiterais pas à faire saisir le cou-
« pable et son receleur privilégié, à les livrer tous deux à un tribunal,
« et à les faire exécuter : et je l'aurais fait, Messieurs, ajouta-t-il fière-
« ment en élevant la voix. On le savait bien, aussi on ne s'y frottait
« pas. » Ces paroles me parurent terribles alors, mais aujourd'hui que
je connais si bien Napoléon, je suis sûr qu'elles étaient prononcées bien
moins pour le personnage qu'elles concernaient que pour nous tous qui
écoutions.

L'Empereur, longtemps avant son expédition de Russie, un ou deux
ans peut-être, avait voulu établir dès lors un classement militaire de la
nation. Il fut lu au Conseil d'État jusqu'à quinze ou vingt rédactions de
l'organisation des trois bans de la garde nationale en France. Le premier, celui des jeunes gens, était d'aller jusqu'à la frontière ; le second,
celui de l'âge mitoyen et des hommes mariés, ne sortait pas du département ; enfin, le dernier, celui des hommes âgés, demeurait uniqué-
ment à la défense de la ville. L'Empereur, qui y tenait beaucoup, y revint souvent, et dit de très-belles choses extrêmement patriotiques ;
mais il y eut constamment dans tout le Conseil une défaveur marquée,
une opposition sourde et inerte. Les affaires marchaient, et l'Empereur,
attiré par d'autres objets, vit échapper ce plan que sa prévoyance calculait sans doute pour notre salut, et qui l'eût été en effet ! Par ce plan
plus de deux millions d'individus se seraient trouvés classés, armés

lors des désastres; qui alors eût osé nous aborder? Dans une de ces séances, l'Empereur eut un mouvement fort chaud, fort remarquable. Un membre (M. Malouet) employait beaucoup de circonlocutions peu favorables à cette organisation. L'Empereur lui adressa sa phrase habituelle. « Parlez hardiment, Monsieur, ne mutilez pas votre pensée, « dites-la tout entière, nous sommes ici entre nous. » L'orateur alors déclara que cette mesure alarmait tout le monde, que chacun frémissait de se voir classé, dans la persuasion que, sous le prétexte de la défense intérieure, on ne s'occupait que du moyen de les transporter au dehors. « Eh bien ! à la bonne heure, dit l'Empereur, je vous com-
« prends à présent. Mais, Messieurs, dit-il en s'adressant à tout le Con-
« seil, vous êtes tous pères de famille, jouissant d'une grande fortune,
« exerçant des emplois importants ; vous devez avoir une immense clien-
« tèle; vous devez être bien gauches ou bien peu soigneux, si, avec tous
« ces avantages, vous n'exercez pas une grande influence d'opinion. Or,
« comment se fait-il que vous, qui me connaissez si bien, me laissiez si
« peu connu ! Et depuis quand m'avez-vous vu employer la ruse et la
« fraude dans mon système de gouvernement? Je ne suis point timide,
« et n'ai point l'usage des voies obliques. Si j'ai un défaut, c'est de
« m'expliquer trop vertement, trop laconiquement peut-être ; je me
« contente de prononcer; j'ordonne, parce que je m'en repose ensuite,
« pour les formes et les détails, sur les intermédiaires qui exécutent; et
« Dieu sait si, sur ce point, j'ai beaucoup à me louer ! Si donc j'avais
« besoin de monde, je le demanderais hardiment au Sénat qui me l'ac-
« corderait; et si je ne l'obtenais de lui, je m'adresserais au peuple
« même, que vous verriez marcher avec moi. Je vous étonne peut-être,
« car vous semblez parfois ne pas vous douter du véritable état des cho-
« ses. Sachez que ma popularité est immense, incalculable; car, quoi
« qu'on en veuille dire, partout le peuple m'aime et m'estime ; son gros
« bon sens l'emporte sur toute la malveillance des salons et la métaphy-
« sique des niais. Il me suivrait en opposition de vous tous. Cela vous
« étonne encore, et pourtant il en serait ainsi; c'est qu'il ne connait que
« moi : c'est par moi qu'il jouit sans crainte de tout ce qu'il a acquis ;
« c'est par moi qu'il voit ses frères, ses fils, indistinctement avancés, dé-
« corés, enrichis ; c'est par moi qu'il voit ses bras facilement et toujours
« employés, ses sueurs accompagnées de quelques jouissances. Il me
« trouve toujours sans injustice, sans préférence. Or il voit, il touche,
« il comprend tout cela et rien de plus, rien surtout de la métaphysique ;
« non que je repousse les vrais, les grands principes, le Ciel m'en pré-

« serve ! on ne les voit pratiquer autant que nos circonstances extraor-
« dinaires me le permettent ; mais je veux dire que le peuple ne les com-
« prend pas encore, au lieu qu'il me comprend tout à fait, et s'en fie à
« moi. Croyez donc qu'il fera toujours ce que nous réglerons pour son
« bien. Ne vous en laissez pas surtout imposer par l'opposition que vous
« mentionnez : elle n'existe que dans les salons de Paris, nullement
« dans la nation ; et, dans le projet qui nous occupe en cet instant, je
« n'ai nulle vue ultérieure au dehors, je le déclare ; je ne pense qu'à la
« sûreté, au repos, à la stabilité de la France au dedans. Poursuivez
« donc les bans de la garde nationale ; que chaque citoyen connaisse son
« poste au besoin ; que M. Cambacérès, que voilà, soit dans le cas de
« prendre son fusil si le danger le requiert, et alors vous aurez vrai-
« ment une nation maçonnée à chaux et à sable, capable de défier les
« siècles et les hommes. Je relèverai, du reste, cette garde nationale
« à l'égal de la ligne ; les vieux officiers retirés en seront les chefs
« et les pères ; j'en ferai solliciter les grades à l'égal des faveurs de la
« cour, etc., etc. '»

On doit retrouver tout cela dans les registres de M. Locré, partie au sujet des bans de la garde nationale, partie encore, autant que je puis me le rappeler, au sujet d'une des conscriptions annuelles. Je me souviens aussi qu'il fut particulièrement question, un jour, de l'Université. L'Empereur se fâchait sur le peu de progrès et la mauvaise direction de sa marche. M. de Ségur fut chargé de présenter un rapport à ce sujet, et le fit avec sa franchise et sa loyauté accoutumées. Il abordait franchement la question, trouvait que la création de l'Empereur était mal comprise, mal exécutée ; que la science ne devait y être que secondaire ; que les principes et la doctrine nationale devaient y passer avant tout, et que c'était pourtant ce dont on semblait s'y occuper le moins.

L'Empereur ne se trouvait pas à la séance. Une telle sortie déplut sans doute aux amis du principal intéressé. Nous avions le tort de sacrifier beaucoup à l'esprit de coteries. Ce rapport ne reparut jamais ; on le retira de nos cartons, et l'on y mit même assez d'importance pour le redemander à ceux de nous qui l'avaient emporté chez eux.

Toutefois, à quelque temps de là, les grands dignitaires de l'Université furent mandés à la barre du Conseil. L'Empereur se fâcha, parla de la mauvaise organisation, du mauvais esprit qui semblait présider à cette institution importante, dit qu'on gâtait toutes ses idées, qu'on n'exécutait jamais bien ses intentions. Le grand maître courba devant l'orage, et n'en continua pas moins son train accoutumé ; et l'Empereur dit qu'à son retour de l'île d'Elbe on l'a assuré que ce même grand maître de l'Université s'était vanté, auprès du gouvernement qui succédait, d'avoir gêné, dénaturé, autant qu'il avait été en son pouvoir, l'impulsion que Napoléon avait prétendu imprimer aux générations qui s'élevaient.

Souvenirs de Waterloo.

Mardi 18.

L'Empereur m'avait fait appeler dans son cabinet avant le dîner : il était occupé à lire les journaux de France qui venaient d'arriver.

« Un soin tout particulier, disait-il, semblait en cet instant animer les Bourbons en France, celui de déterrer les morts. Quelques vestiges retrouvés, réels ou supposés, étaient pour eux une grande affaire ; c'était là, avec des créations de moines, les triomphes nouveaux dont ils illustreraient désormais la nation. »

« Il est sûr, ajoutait l'Empereur, qu'ils vont faire tout leur possible « pour *encapuciner* cette pauvre France ; ils vont la couvrir de moines et « de prêtres, bien plus par hypocrisie que par ferveur, tant ils sont per- « suadés et tant il est vrai que le trône et l'autel sont des alliés naturels, « indispensables pour enchaîner le peuple et l'abrutir..... » Puis il a repris : « O nations ! avec votre sagesse, quelles sont pourtant vos desti- « nées ! Vous êtes en masse le jouet des passions et du caprice comme on « pourrait l'être des vents et de la mode..... De mon temps, on n'a en- « tendu que guerres, batailles, bulletins ; aujourd'hui, ce ne sont que « prières, cloches et sermons..... Toutes mes casernes peuvent se trans- « former en séminaires, et peut-être une conscription d'abbés rempla- « cera notre conscription de soldats, etc. »

Après dîner, en résumant les papiers déjà lus, l'Empereur remarquait que l'agitation et l'incertitude continuaient à régner en France ; il faisait observer que les derniers papiers anglais s'exprimaient avec la dernière indécence sur la famille royale..... Plus tard, un autre article l'a porté à dire : « Les circonstances actuelles, les besoins du moment et une « sympathie d'ancienne date concourent extrêmement à favoriser le « retour des moines en France : cela doit y être caractéristique comme « chez le pape. » Et s'arrêtant sur celui-ci, il concluait : « Encore pour « lui, du moins, est-ce son affaire spéciale, et qui peut lui redonner une « force réelle. Croirait-on bien que, prisonnier à Fontainebleau, et « lorsqu'il s'agissait de savoir s'il existerait lui-même, il discutait sérieu- « sement avec moi l'existence des moines, et prétendait m'amener à les « rétablir !..... C'est bien là de la cour de Rome !..... etc., etc. »

C'était aujourd'hui l'anniversaire de la bataille de Waterloo. Le souvenir en a été réveillé par quelqu'un ; il a produit une impression visible sur l'Empereur. « Journée incompréhensible! a-t-il prononcé avec « douleur..... Concours de fatalités inouïes!.... Grouchy!.... Ney!.... « d'Erlon!.... N'y a-t-il eu que du malheur! Ah! pauvre France!.... » Et il s'est couvert les yeux de la main. « Et pourtant, disait-il, tout ce qui « tenait à l'habileté avait été accompli!.... tout n'a manqué que quand « tout avait réussi!.... »

Dans un autre moment, il disait sur le même sujet : « Singulière « campagne, où, dans moins d'une semaine, j'ai vu trois fois s'échapper « de mes mains le triomphe assuré de la France et la fixation de ses « destinées.

« Sans la désertion d'un traître, j'anéantissais les ennemis en ouvrant « la campagne.

« Je les écrasais à Ligny, si ma gauche eût fait son devoir.

« Je les écrasais encore à Waterloo, si ma droite ne m'eût pas man- « qué.

« . . . . . . Singulière défaite, où, malgré la plus horrible catas- « trophe, la gloire du vaincu n'a point souffert, ni celle du vainqueur « augmenté : la mémoire de l'un survivra à sa destruction ; la mémoire « de l'autre s'ensevelira peut-être dans son triomphe!..... »

Départ du *Northumberland*. — Introduction et forme des campagnes d'Italie. — Campagne de Russie, par un aide de camp du vice-roi.

Mercredi 19.

AUJOURD'HUI le *Northumberland* est parti pour l'Europe.

Nous avions fait la traversée sur ce vaisseau, nous avions souvent conversé avec tous les officiers, qui nous avaient extrêmement bien traités ; l'équipage nous avait montré beaucoup de bienveillance ; enfin l'amiral Cockburn même, contre lequel nous avions bien plus d'humeur que de répugnance, et dont les torts au fond ne nous avaient pas blessé le cœur; soit ces choses réunies, ou toute autre dont je ne me rends pas compte, ou bien peut-être encore cette disposition si forte, si naturelle à s'attacher à ses semblables, et à se créer des liens sociaux, toujours est-il certain que nous ne nous trouvâmes pas indifférents à ce départ; il nous semblait que nous perdions quelque chose.

L'Empereur avait eu une très-mauvaise nuit : il a mis les pieds dans l'eau, pour soulager un grand mal de tête.

Il est sorti vers une heure pour se promener dans le jardin, tenant le premier volume d'un ouvrage anglais sur sa vie. Il le parcourait en marchant. L'auteur se donnait pour moins malintentionné que Goldsmith. Il renfermait moins de saletés, il est vrai; mais c'étaient encore les mêmes inventions ou la même ignorance, les mêmes contes, les mêmes faussetés. Il lisait l'article de son enfance, ou des premières années de son collége. Tout y était imaginaire et controuvé; ce qui lui fit me dire que j'avais eu bien raison d'insister pour que tous ces objets se trouvassent en tête de la campagne d'Italie, que ce qu'il lisait en ce moment l'y décidait plus que jamais.

Pour comprendre ceci, je dois dire, ce que j'ai toujours négligé de faire, que la campagne d'Italie dictée, les chapitres réglés et finis, l'Empereur s'était montré très-incertain sur la manière d'entrer en matière. Il avait varié beaucoup et souvent, tournant autour de trois ou quatre idées qu'il abandonnait et reprenait tour à tour. Quelquefois il voulait commencer par quelques entreprises insignifiantes dont il avait fait partie avant le siége de Toulon; une expédition manquée sur la Sardaigne, etc. Quelquefois encore il voulait mettre en tête les premiers commencements de notre révolution, l'état de l'Europe et les mouvements de nos armées. Je combattais toujours ces idées; cela devait le mener trop loin, disais-je. Il avait commencé par me dicter le siége de Toulon, et c'était là, soutenais-je constamment, le véritable point de départ, l'ordre naturel; car ce n'était pas, remarquai-je, une histoire qu'il voulait entreprendre, mais bien ses mémoires particuliers. Or, dans ce bel épisode des siècles, il devait, disais-je, apparaître tout à coup sur la scène et sur le premier plan qu'il était destiné à ne jamais plus quitter. C'était à moi, éditeur, à consacrer dans une introduction de ma façon tous les détails des premières années et des temps antérieurs à celui où lui Napoléon prenait la parole. Il goûta enfin cette idée, l'exposa, la débattit un jour à table, et prononça qu'il s'y arrêtait. Voici l'historique de la forme des campagnes d'Italie, et ce à quoi l'Empereur faisait allusion plus haut.

A trois heures, le gouverneur et le nouvel amiral sir Pulteney Malcolm ont été introduits chez l'Empereur, qui, bien qu'il fût souffrant, a été néanmoins très-gracieux et fort causant.

Avant et après le dîner, l'Empereur a parcouru l'ouvrage d'un ancien aide de camp du vice-roi sur la campagne de Russie. On le lui avait dit affreux. L'Empereur s'est tellement habitué aux libelles et aux pamphlets que les déclamations ne lui font plus rien. Il ne voit plus dans ces ouvrages que les faits; et, sous ce point, il ne trouvait pas celui-ci si mauvais qu'on le lui avait dit : « Un historien y prendrait de bonnes choses,
« disait-il, des faits, et négligerait les déclamations, qui ne sont faites
« que pour les sots. Or, ici l'auteur prouve que les Russes eux-mêmes
« ont brûlé Moscou, Smolensk, etc....., que nous avons été victorieux
« dans toutes les affaires. Les faits, dans cet ouvrage, remarquait alors
« l'Empereur, ont été évidemment rédigés pour être publiés sous mon
« règne au temps de ma puissance. Les déclamations ont été intercalées
« depuis ma chute.

« Quant aux désastres de la retraite, je ne lui ai laissé rien à dire non
« plus qu'aux autres libellistes, mon vingt-neuvième bulletin a été leur
« désespoir. Ils ont été, dans leur rage, jusqu'à me reprocher d'avoir
« exagéré. Ils étaient furieux ; je les privais aussi d'un beau sujet ; je leur
« avais enlevé leur proie. »

Après la citation de cet auteur et de plusieurs autres Français, tous dénaturant nos victoires et déclamant contre nous-mêmes, il n'a pu s'empêcher de remarquer qu'il était sans exemple de voir une nation s'acharner ainsi à ruiner sa propre gloire, de voir s'élever de son propre sein les mains occupées à flétrir et à détruire ses trophées. « Mais du
« milieu d'elle s'élèveront indubitablement aussi, disait-il, des vengeurs.
« Les temps à venir noteront d'infamie le délire d'aujourd'hui. » Et il s'écriait : « Se peut-il bien que ce soient des Français qui parlent, qui
« écrivent ainsi? N'ont-ils donc ni cœur ni entrailles pour la patrie ?
« Non, ils ne sont point Français ; ils parlent notre langue peut-être, ils
« sont nés sur le même sol que nous ; mais ils n'ont ni notre cœur ni
« nos sentiments. Ils ne sont point Français ! »

Paroles prophétiques, etc.—Lord Holland, etc., princesse Charlotte de Galles.— Conversation particulière et personnelle inappréciable pour moi.

Vendredi 21.

L'Empereur marchait dans le jardin ; nous étions tous autour de lui. La conversation est tombée sur la possibilité de se trouver un jour en

Europe, de revoir la France. « Mes chers amis, nous a-t-il dit avec un
« véritable sentiment, avec une expression impossible à rendre, vous
« autres vous la reverrez ! — Non pas sans vous ! » nous sommes-nous

écriés tous. Cela a conduit à analyser de nouveau les chances probables
de sortir de Sainte-Hélène, et toutes venaient se perdre dans l'obligation
et la nécessité de convenir que ce ne pouvait être qu'avec l'intermédiaire
des Anglais. Et l'Empereur ne voyait pas trop comment cela pourrait
arriver. « L'impression est faite, disait-il, elle est trop profonde, ils me
« craindront toujours. M. Pitt le leur a dit : il n'y a point de salut pour
« vous avec un homme qui a toute une invasion dans sa seule tête. —
« Mais, reprenait quelqu'un, s'il venait à se trouver pourtant de nou-
« veaux intérêts ; s'il arrivait un ministère vraiment libéral et constitu-
« tionnel, n'aurait-il donc aucun avantage à fixer par vous, Sire, les
« principes libéraux en France, et à les propager par là sur tout le con-
« tinent ? — A la bonne heure, disait l'Empereur, je conçois ceci. — Ce
« ministère, continuait-on, n'aurait-il donc aucune garantie dans ces
« principes libéraux mêmes, et dans vos propres intérêts ? — J'en con-
« viens encore, disait l'Empereur. Lord Holland, ministre, m'écrivant
« à Paris : Si vous faites cela, je serai renversé; ou la princesse Charlotte
« de Galles qui m'eût tiré d'ici, me faisant dire à Paris : Si vous agissez

« ainsi, je deviendrai l'horreur, j'aurai été le fléau de ma nation, seraient
« des paroles qui m'arrêteraient court et m'enchaîneraient plus que des
« armées, etc., etc.

« Et puis, au fait, qu'aurait-on à craindre! Que je fisse la guerre? je
« suis trop vieux. Que je courusse encore après la gloire? je m'en suis
« gorgé, j'en avais fait litière, et, pour le dire en passant, c'était une
« chose que j'avais rendue désormais tout à la fois bien commune et bien
« difficile. Que je commençasse des conquêtes? je n'en fis pas par manie,
« elles étaient le résultat d'un grand plan, je dirais bien plus, de la né-
« cessité : elles furent raisonnables dans leur temps; aujourd'hui elles
« seraient impossibles; elles étaient exécutables alors, il serait insensé
« d'en avoir l'intention à présent; et puis, les bouleversements et les
« malheurs de la pauvre France ont désormais enfanté assez de difficul-
« tés; *il y aurait assez de gloire à la déblayer, pour n'avoir pas à en*
« *rechercher d'autre.* »

Deux de ces messieurs avaient été à la ville voir les nouveaux arrivants
et courir après les nouvelles. Leur retour et leur récit ont fait au jardin,
quelques instants, l'occupation de l'Empereur. Il est rentré sur les six
heures dans son cabinet, où il m'a dit de le suivre; bientôt après, le
hasard a amené une très-longue conversation d'un intérêt et d'un prix
inexprimables pour moi. Bien que le sujet m'en soit purement et exclusivement personnel, je n'ai garde de le passer sous silence : les traits
caractéristiques relatifs à Napoléon, lesquels s'y rencontrent à chaque
instant, seraient mon excuse si j'en avais besoin.

Les nouveaux venus sur *le Newcastle* avaient encore parlé beaucoup
de mon Atlas historique, ce qui porta l'Empereur à remarquer de nouveau qu'il était inouï le bien que m'avait fait cet ouvrage, et qu'il était
inouï aussi qu'il n'en eût pas eu une exacte connaissance!

« Comment ne s'est-il donc trouvé, me disait-il, aucun de vos amis qui
« m'en ait donné une idée juste? Je ne l'ai bien vu qu'à bord du *Nor-*
« *thumberland*, et il est connu de toute la terre. Comment n'avez-vous
« pas demandé à m'en entretenir vous-même! je vous eusse apprécié, je
« vous eusse fait une tout autre fortune. J'en avais une idée tellement
« confuse et tellement subalterne, que peut-être vous était-elle défavo-
« rable. Voilà les souverains et leur malheur; car personne n'avait plus
« de bonne volonté sans doute que moi. Ceux qui étaient déjà fixés au-
« tour de ma personne eussent pu tout, auprès de moi, pour une chose
« comme la vôtre, parce que c'était un fait que je pouvais juger moi-
« même, et que je ne demandais pas mieux. A présent que je connais

« vos cartes, que j'ai une idée juste du classement inappréciable qu'elles
« présentent, de l'impression ineffaçable qu'elles doivent inculquer aux
« enfants, quant aux temps, aux distances, aux embranchements, j'au-
« rais voulu créer une espèce d'*École normale* pour cet objet, ou en as-
« surer du moins l'enseignement uniforme. Votre ouvrage, ou certaines
« parties *eussent inondé les lycées*; je lui aurais donné une bien autre
« célébrité. Je vous le répète, pourquoi ne me l'avez-vous pas fait
« connaître? C'est un secret fâcheux à confesser; mais il faut le dire,
« mon cher, un peu d'intrigue est indispensable auprès des souverains;
« la modestie est presque toujours perdue. Se peut-il que Clarke, Decrès,
« Montalivet, M. de Montesquiou, ne m'en aient pas parlé d'après vos
« suggestions, même Barbier, mon bibliothécaire? car c'est encore une
« autre vérité à confesser, qu'on réussit quelquefois mieux par la porte
« du valet de chambre qu'autrement. Comment madame de S....., votre
« amie, ne m'en parlait-elle pas? Nous avons été si souvent, dans le
« principe, en voiture ensemble; elle eût pu faire alors de vous ce qu'elle
« eût voulu, en vous peignant à moi ce que vous êtes. — Oui, Sire, répon-
« dais-je..... mais alors je..... — Je vous entends, alors vous ne le cher-
« chiez pas peut-être? — Sire, mon heure n'était pas encore venue. »
Alors a suivi une explication très-prolongée sur la manière dont j'étais
arrivé auprès de l'Empereur, les missions qu'il m'avait données, l'opinion qu'il avait prise; les traits dont, suivant sa coutume, il m'avait
frappé à demeure dans son esprit. Je demeurais debout, près de la
table de travail, dans la seconde pièce; l'Empereur allait et venait de
toute la longueur des deux chambres; le sujet était des plus précieux
pour moi; et pour bien comprendre mes sensations présentes, il faudrait se reporter à la toute-puissance de Napoléon, à ce temps où, bien
que près de lui, personne n'eût osé espérer connaître le fond de sa pensée sur soi, ni supposer qu'on eût jamais la possibilité de s'en entretenir
contradictoirement et confidentiellement avec lui : le bonheur d'une
telle circonstance m'eût paru alors un rêve; aujourd'hui ce me semblait
une conversation aux Champs-Élysées. « Je n'avais nulle idée juste de
« vous, disait-il, je n'avais aucune connaissance exacte de ce qui vous
« concernait. Vous n'avez eu auprès de moi aucun ami pour vous faire
« apprécier; vous l'avez négligé vous-même. Quelques-uns de ceux sur
« qui vous auriez pu compter vous ont même desservi. Je ne connaissais
« pas votre ouvrage; cela eût fait beaucoup. J'ignorais que vous eussiez
« été à l'École militaire de Paris comme moi; c'eût été encore un titre
« à mon attention.

« Vous avez été émigré, vous n'auriez jamais eu mon entière confiance;
« je savais que vous aviez été très-attaché aux Bourbons, vous n'auriez
« jamais été dans les grands secrets. —Mais, Sire, Votre Majesté m'avait
« admis auprès de sa personne, elle m'avait fait entrer dans son Conseil
« d'État, elle m'avait donné des missions.—C'est que je m'étais fait de
« vous l'idée d'un honnête homme, je ne suis pas défiant non plus,
« sans savoir pourquoi, je vous regardais comme très-pur en fait d'ar-
« gent. Si vous étiez venu me dire un mot lors de votre affaire de licen-
« ces, je vous eusse donné raison à l'instant ; mais, je le répète, je ne
« vous eusse mis dans aucune affaire politique. — Quel danger, Sire,
« n'ai-je donc pas couru quand, à Paris et en Hollande, les Anglais situés
« vis-à-vis de nous comme nous le sommes aujourd'hui à Sainte-Hélène
« vis-à-vis d'eux, je n'hésitai pas, vu mes anciens rapports, et en dépit de
« vos règlements, de faire passer leurs lettres quand je les avais lues, et
« qu'elles ne me présentaient aucun inconvénient ! De quel danger,
« d'après vos idées, n'eût pas été pour moi une dénonciation du minis-
« tre de la police à ce sujet ! et pourtant je ne croyais en cela que faire
« un usage naturel et discrétionnaire des dignités auxquelles m'avait
« élevé Votre Majesté, de la confiance qu'elle m'avait accordée. J'étais si
« fort dans ma conscience, si droit dans mes intentions, que je me
« croyais au-dessus de ces lois, je ne les croyais pas faites pour moi.—
« Eh bien ! je l'eusse compris, je l'aurais même cru, disait l'Empereur,
« si vous vous étiez exprimé ainsi ; car personne au monde n'entendait
« plus facilement raison que moi, et c'est précisément de la sorte que
« j'aurais voulu être servi ; et pourtant il est certain que vous eussiez été
« perdu, parce que tout eût parlé contre vous. Voilà la fatalité des cir-
« constances et l'un des malheurs de ma situation. De plus, quand j'avais
« pris un préjugé, il me demeurait : c'était encore le malheur de ma place
« et de mes circonstances ; pouvais-je faire autrement? avais-je du temps
« pour des explications ? Je ne pouvais agir qu'avec des sommaires et des
« extraits ; j'étais bien sûr que je pouvais me tromper souvent ; mais
« comment faire ? En est-il beaucoup qui aient mieux fait que moi?

« —Sire, continuais-je, j'éprouvais un chagrin secret : Votre Majesté ne
« me disait jamais rien à ses cercles ni à ses levers, elle me passait tou-
« jours, et pourtant ne manquait jamais de parler de moi à ma femme
« quand j'étais absent. J'en étais à douter quelquefois que je fusse bien
« connu de vous, ou à craindre, surtout dans les derniers temps, que
« Votre Majesté n'eût quelque chose contre moi. — En aucune manière,
« cela, disait-il ; si je parlais de vous absent, c'est que j'avais pour prin-

« cipe de parler toujours aux femmes de leurs maris en mission. Si je
« vous passais présent, c'est que je ne faisais pas assez de cas de vous. Il
« en était ainsi d'une foule d'autres ; vous étiez pour moi dans la masse,
« vous étiez placé dans mon esprit d'une façon tout à fait banale. Vous
« m'approchiez, et vous n'aviez pas su en tirer parti ; vous aviez eu des
« missions, vous n'aviez pas su les faire valoir au retour : c'est un grand
« tort sur le terrain de la cour que de ne pas savoir se mettre en avant ;
« vous étiez pour moi sans couleur. Je me rappelle même à présent que
« j'ai voulu parfois avoir recours à vous. Celui du ministère duquel vous
« dépendiez en quelque sorte, que vous dites votre ami, qui eût pu vous
« servir, vous a éloigné ; il m'a maintenu dans mes idées sur votre
« compte : lui vous connaissait bien, peut-être vous a-t-il craint : on
« savait que j'allais vite en besogne. — Sire, disais-je à tout cela, ma
« situation était d'autant plus pénible, que dans le monde on ne cessait
« de m'entretenir de la bienveillance de Votre Majesté, et de me prédire
« une grande fortune. On me nommait à chaque instant à toutes
« sortes de places : c'étaient la préfecture maritime de Brest, celle de
« Toulon, d'Anvers, le ministère de l'intérieur, celui de la marine ; une
« place importante dans l'éducation du roi de Rome, etc., etc. — Eh
« bien ! a repris l'Empereur, vous me le rappelez, il y avait quelque fon-
« dement dans une partie de ce que vous venez de dire là ; vous étiez en
« effet dans ma pensée pour quelque chose auprès du roi de Rome, et
« je vous avais destiné, à votre retour de Hollande, à la préfecture ma-
« ritime de Toulon, ce qui, pour moi, à cette époque, était une espèce
« de ministère : il y avait vingt-cinq vaisseaux de ligne en rade, et je vou-
« lais les accroître encore. Eh bien ! c'est votre ami le ministre qui m'en
« a détourné : vous étiez de la vieille marine, disait-il ; vos préjugés et
« ceux de la nouvelle devaient vous rendre incompatibles l'un à l'autre.
« Cela me parut péremptoire, et je n'y pensai plus ; cependant, tel que
« je vous connais aujourd'hui, vous étiez l'homme qu'il m'eût fallu.

« Je crois bien, en effet, avoir eu encore pour vous d'autres idées ;
« mais vous avez tout perdu vous-même, je le répète : vous vous êtes
« refusé, quand il eût fallu assaillir. Mon cher, faut-il le dire, avec la
« meilleure volonté de ma part, mes nominations aux emplois tenaient
« beaucoup de la loterie. Une idée me venait, je destinais ; mais si l'appli-
« cation n'était pas immédiate, cela me passait : j'avais tant à faire !
« Survenait un tiers plus heureux, et il était nanti. Mais reprenez.
« — Sire, continuais-je, moi qui ne savais pas un mot de vos bonnes
« intentions, j'étais dans une situation véritablement ridicule au mi-

« lieu des félicitations nombreuses que je recevais. Je tâchais de m'en
« tirer le moins gauchement possible ; mais plus je faisais d'efforts
« dans ce sens, plus on l'attribuait à ma modestie. Je n'avais demandé
« qu'une chose à Votre Majesté, maître des requêtes : elle me l'accorda
« aussitôt. Clarke, à ce sujet, me reprochait de m'être abaissé. Il fal-
« lait demander, me disait-il, à être conseiller d'État : vous l'eussiez
« été tout de même. — Non, répondait l'Empereur, je ne vous connaissais
« pas assez, j'eusse pris cela pour une ambition absurde. — Sire, di-
« sais-je, j'avais eu le tact de juger votre opinion. — Eh bien ! avec cela,
« continuait l'Empereur, c'est bizarre sans doute, mais Clarke a peut-être
« eu raison ; la demande de simple maître des requêtes a pu vous ra-
« baisser dans ma pensée, c'est-à-dire vous maintenir sur la ligne où je
« vous avais fixé ; j'étais bien aise de voir mes chambellans faire quel-
« que chose, mais maître des requêtes était bien peu. Cependant c'est
« singulier, continuait-il, comme la mémoire revient, à présent que
« je m'y arrête. Vous aviez des choses isolées qui m'ont passé rapide-
« ment sans qu'on me les rappelât ; si elles eussent été réunies et bien
« présentées, elles eussent dû me donner de vous une tout autre idée.
« Vous fûtes faire la campagne de Flessingue comme volontaire. Je le
« sus, et ce qui n'eût été rien dans tout autre, me frappa dans un émi-
« gré qui quittait son ménage et n'était pas sans fortune. — Sire, j'en
« reçus la plus douce récompense au retour, Votre Majesté m'en parla.
« — Vous voyez bien, me dit-il ; mais vous avez laissé noyer cela dans
« le fleuve d'oubli. Vous m'avez écrit plusieurs fois ; tout cela me re-
« vient à présent peu à peu. Vous m'avez présenté des combinaisons sur
« la mer Adriatique qui m'ont séduit ; il s'agissait de maîtriser cette
« mer, et d'y fonder une flotte à bas prix, à l'aide des immenses forêts
« de la Croatie. J'envoyai le tout au ministre, qui ne m'en a jamais
« parlé. Vous m'avez encore envoyé d'autres choses ? — Sire, peut-être
« des idées sur le système de guerre maritime à adopter contre l'An-
« gleterre, accompagnées d'une carte géographique à l'appui. — Oui ;
« je m'en souviens, et la carte a demeuré plusieurs jours sur mon bu-
« reau dans mon cabinet ; je vous ai même fait demander, mais vous
« étiez en mission. — Sire, à peu près dans le même temps, j'eus l'hon-
« neur de vous adresser un projet pour transformer le Champ-de-Mars
« en une *naumachie* qui eût servi d'ornement au palais du roi de Rome.
« Je le creusais assez pour recevoir de petites corvettes qui eussent été
« construites, équipées, montées, manœuvrées par l'école de marine,
« que j'établissais à l'École Militaire. Tous les princes de la maison im-

« périale eussent été contraints d'en faire partie deux ans, quelle qu'eût
« été d'ailleurs leur destination ultérieure. Votre Majesté eût porté tous
« les grands de l'empire à en faire autant de quelques-uns de leurs en-
« fants. Je ne doutais pas que ces circonstances réunies et le spectacle
« offert à la capitale n'eussent été des moyens infaillibles de rendre la
« marine tout à fait populaire et nationale en France. — Eh bien! je
« n'ai pas eu connaissance de cela, disait l'Empereur, sous la pensée
« duquel tout se magnifiait immédiatement. Cette idée m'eût plu, je
« l'eusse fait examiner; elle pouvait avoir en effet d'immenses résultats.
« De là il n'y avait plus qu'un pas à vouloir rendre la Seine navigable ou
« à tirer un canal de Paris à la mer; et qu'est-ce que cela eût eu de trop
« gigantesque? Les Romains autrefois et les Chinois aujourd'hui ont
« fait davantage; ce n'eût été qu'un jeu pour l'armée en temps de paix.
« J'ai eu bien des projets de la sorte; mais nos ennemis m'ont enchaîné
« à la guerre. De quelle gloire ils m'ont privé!... Allons, continuez. —
« Sire, je dois encore avoir fait mettre sous vos yeux des idées sur le
« complément des écoles de marine. — Les ai-je adoptées dans les éco-
« les que j'ai formées? disait l'Empereur; étiez-vous dans mon sens?
« — Sire, vos écoles étaient arrêtées, je n'en proposais que le complé-
« ment. — A présent, je crois me rappeler un peu; n'y avait-il pas quel-
« que chose de trop démocratique? — Non, Sire, je partais du principe
« que Votre Majesté avait pourvu au concours exclusif de la classe inter-
« médiaire, et je proposais d'y adjoindre au-dessous toutes les chances
« que pouvait présenter le concours des matelots, et de placer au-dessus
« celles que pouvait présenter le concours des grands de votre cour. —
« Oui, je me rappelle, disait l'Empereur, qu'il y avait des idées neuves
« et singulières qui attirèrent mon attention. J'envoyai encore le tout au
« ministre, qui l'a gardé pour lui ou l'a tourné en ridicule. Il me revient
« encore que, dans votre mission en Hollande, dont je me faisais pré-
« senter la correspondance, je trouvai l'idée de faire déboucher nos flot-
« tilles, de la mer d'Allemagne dans la mer Baltique, à l'aide des canaux
« qui unissent l'Elbe, l'Oder et la Vistule. Cette idée me frappa, elle était
« dans mon genre. Aussi, à votre retour, en vous revoyant au lever, je
« dois vous avoir mis sur la voie; mais vous ne comprîtes pas mes ques-
« tions, ou vos réponses furent insignifiantes, non positives. J'en con-
« clus que vous aviez eu peut-être un faiseur, et je passai à votre voisin.
« Il en était ainsi avec moi; mais, je le répète, je n'avais pas le temps
« de faire autrement.
« Quand je me rappelle à présent tout cela, j'y trouve pour vous tant

« de motifs d'attention de ma part, que je m'en étonne, et me dis qu'il
« faut que vous ayez admirablement manœuvré pour vous y refuser; il
« faut que vous ne l'ayez pas voulu. Ce qu'il y a de bien certain, c'est
« que ce n'est qu'en cet instant que tout cela me revient, et que, lors de
« notre départ et encore longtemps après, vous ne m'avez jamais repré-
« senté, à votre nom et à votre figure près, que quelqu'un de neuf et sur
« lequel je ne savais rien. Tâchez de comprendre cela, expliquez-le si
« vous pouvez; mais c'est pourtant de la sorte.

« Aussi pourquoi n'avez-vous pas mieux employé vos amis? Pourquoi
« n'êtes-vous pas venu vous-même à moi? — Sire, tous ceux qui vous
« approchaient de fort près ne songeaient guère qu'à eux, leur amitié
« n'allait pas au delà de la bienveillance. Parler, demander pour un
« autre s'appelait user son crédit, et on le réservait tout entier pour soi;
« d'ailleurs, une fois même auprès de votre personne, il ne convenait
« plus que d'autres que moi-même vous parlassent pour moi. Or, Sire,
« les moments étaient si courts, vos dispositions pour moi si incertaines,
« il fallait tellement en peu de mots frapper votre esprit, j'étais si peu sûr
« de me bien faire entendre, je craignais tant de laisser une impression
« défavorable, de me perdre tout à fait, que je préférais m'en abstenir;
« car ce n'était pas tout que d'avoir de l'intrigue, encore fallait-il qu'elle
« portât son résultat. — Eh bien, disait l'Empereur, vous avez peut-être
« tout aussi bien fait; vous avez jugé la chose à merveille : avec ce que
« je connais de vous à présent, votre réserve, votre timidité, vous vous
« seriez peut-être en effet perdu. Je me rappelle aussi, car tout me re-
« vient à présent peu à peu, une circonstance qui vous a peut-être été
« défavorable. M. de Montesquiou, en vous proposant pour cham-
« bellan, vous donna une très-grande fortune. Bientôt après, je sus le
« contraire, non que cela dût vous faire tort, ni qu'il y eût rien de per-
« sonnel contre vous; mais d'autres qui auraient voulu être chambel-
« lans se récrièrent sur ce qu'on ne les avait pas préférés pour leur
« grande fortune, ou bien encore vous citaient, si on leur objectait qu'ils
« n'en avaient pas assez. C'est ainsi que cela se passe à la cour.

« — Mais c'est donc à dire, continuais-je, Sire, qu'avec mon carac-
« tère, j'étais destiné à n'être jamais connu de Votre Majesté? — Si fait,
« disait l'Empereur, et c'était à peu près obtenu. Ne vous avais-je pas
« renommé chambellan à mon retour? Le nombre en fut très-petit : ne
« fûtes-vous pas immédiatement conseiller d'État? C'est que vous étiez
« de l'ancienne aristocratie; vous aviez été émigré, et vous aviez résisté
« à une grande épreuve, à celle des Bourbons; ce devenait un titre im-

« mense à mes yeux. De plus, bien des voix à présent vantaient votre
« conduite : tôt ou tard nous nous serions connus à fond, etc., etc. »

<small>Arrivée de la bibliothèque.—Témoignage d'Horneman en faveur du général Bonaparte.</small>

<small>Samedi 22.</small>

Le temps était fort mauvais. Sur les trois heures, l'Empereur m'a fait appeler; il était dans le cabinet topographique, entouré de tous occupés à déballer des caisses de livres arrivés par *le Newcastle*. L'Em-

pereur y mettait la main avec une espèce de joie. Les hommes se modèlent à leurs circonstances ; leurs jouissances se façonnent à leurs peines. En voyant la collection des *Moniteurs* tant attendue, l'Empereur a ressenti un plaisir extrême ; il s'en est saisi, et ne l'a plus quittée le reste du jour.

Après dîner, l'Empereur s'est mis à parcourir les relations des voyages en Afrique de Park et d'Horneman, dont il suivait les traces sur mon Atlas. Horneman et la société africaine de Londres s'étendaient, dans cette relation, sur les services, la générosité du général en chef de l'armée d'Égypte (Bonaparte), qui s'était empressé d'aider à leurs découvertes, etc., etc... Les expressions polies et agréables employées à ce sujet étonnaient et réjouissaient l'Empereur, qui depuis longtemps n'est plus habitué à lire son nom, qu'il retrouve cependant partout, qu'entouré d'épithètes toujours outrageantes.

Sur la mémoire.—Commerce.—Idées et système de Napoléon sur divers points d'économie politique.

Dimanche 23.

L'Empereur, dans la première jouissance de ses nouveaux livres, avait passé toute la nuit à lire et à dicter des notes à Marchand ; il était fort fatigué ; ma visite lui a donné du repos. Il a fait sa toilette, et nous avons été nous promener dans le jardin.

Pendant le dîner, l'Empereur parlait des immenses lectures de sa jeunesse. Tous les livres qu'il vient de parcourir relatifs à l'Égypte lui font voir qu'il n'avait rien oublié de ce qu'il avait lu ; il n'avait rien ou presque rien à corriger de ce qu'il avait dicté sur l'Égypte. Il y avait ajouté bien des choses qu'il n'avait pas lues, mais qu'il se trouve, par ces livres, avoir devinées juste.

On a parlé de la mémoire. Il disait qu'une tête sans mémoire est une place sans garnison. La sienne était heureuse ; elle n'était point générale, absolue, mais relative, fidèle, et seulement pour ce qui lui était nécessaire. Quelqu'un ayant dit que sa mémoire, à lui, tenait de sa vue, qu'elle devenait confuse par l'éloignement des lieux et des objets, à mesure qu'il changeait de place, l'Empereur a repris que, pour lui, la sienne tenait du cœur, qu'elle conservait le souvenir fidèle de tout ce qui lui avait été cher.

A propos de bonne mémoire et de tendres souvenirs, je dois placer ici un mot de l'Empereur qui m'a échappé dans le temps. Racontant un jour à table une de ses affaires en Égypte, il nommait numéro par numéro les huit ou dix demi-brigades qui en faisaient partie ; sur quoi madame Bertrand ne put s'empêcher de l'interrompre, demandant comment il était possible, après tant de temps, de se rappeler ainsi tous ces numéros : « Madame, le souvenir d'un amant pour ses anciennes maîtresses, » fut la vive réplique de Napoléon.

Après dîner, l'Empereur s'est fait apporter mon Atlas, voulant y vérifier le résumé de tout ce qu'il venait de parcourir dans ses livres sur l'Afrique, et il s'est étonné de l'y retrouver si fidèlement.

Il est passé de là au commerce, à ses principes, aux systèmes qu'il a enfantés. L'Empereur a combattu les économistes, dont les principes pouvaient être vrais dans leur énoncé, mais devenaient vicieux dans leur application. La combinaison politique des divers États, continuait-il, rendait ces principes fautifs ; les localités particulières demandaient à chaque instant des déviations de leur grande uniformité. Les douanes, que les économistes blâmaient, ne devaient point être un objet de fisc, il est vrai, mais elles devaient être la garantie et les soutiens d'un peuple ; elles devaient suivre la nature et l'objet du commerce. La Hollande, sans productions, sans manufactures, n'ayant qu'un commerce d'entrepôt et de commission, ne devait connaître ni entraves ni barrière. La France, au contraire, riche en productions, en industrie de toute sorte, devait sans cesse être en garde contre les importations d'une rivale qui lui demeurait encore supérieure ; elle devait l'être contre l'avidité, l'égoïsme, l'indifférence des purs commissionnaires.

« Je n'ai garde, disait l'Empereur, de tomber dans la faute des hommes
« à systèmes modernes ; de me croire, par moi seul et par mes idées, la
« sagesse des nations. La vraie sagesse des nations, c'est l'expérience. Et
« voyez comme raisonnent les économistes : ils nous vantent sans cesse
« la prospérité de l'Angleterre, et nous la montrent constamment pour
« modèle. Mais c'est elle dont le système des douanes est le plus lourd,
« le plus absolu ; et ils déclament sans cesse contre les douanes ; ils vou-
« draient nous les interdire. Ils proscrivent aussi les prohibitions ; et
« l'Angleterre est le pays qui donne l'exemple des prohibitions ; et
« elles sont en effet nécessaires pour certains objets ; elles ne sauraient
« être suppléées par la force des droits : la contrebande et la fantaisie fe-
« raient manquer le but du législateur. Nous demeurons encore en
« France bien arriérés sur ces matières délicates : elles sont encore
« étrangères ou confuses pour la masse de la société. Cependant quel pas
« n'avions-nous pas fait, quelle rectitude d'idées n'avait pas répandue la
« seule classification graduelle que j'avais consacrée de l'agriculture, de
« l'industrie et du commerce ! objets si distincts et d'une graduation si
« réelle et si grande !

« 1° *L'agriculture :* l'âme, la base première de l'empire ;

« 2° *L'industrie :* l'aisance, le bonheur de la population ;

« 3° *Le commerce extérieur :* la surabondance, le bon emploi des deux
« autres.

« L'agriculture n'a cessé de gagner durant tout le cours de la révolu-
« tion. Les étrangers la croyaient perdue chez nous. En 1814, les An-
« glais ont été pourtant contraints de confesser qu'ils avaient peu ou
« point à nous montrer.

« L'industrie ou les manufactures, et le commerce intérieur ont fait
« sous moi des progrès immenses. L'application de la chimie aux ma-

« nufactures les a fait avancer à pas de géant. J'ai imprimé un élan qui
« sera partagé de toute l'Europe.

« Le commerce extérieur, infiniment au-dessous dans ses résultats
« aux deux autres, leur a été aussi constamment subordonné dans ma
« pensée. Celui-ci est fait pour les deux autres, les deux autres ne sont
« pas faits pour lui. Les intérêts de ces trois bases essentielles sont di-
« vergents, souvent opposés. Je les ai constamment servis dans leur
« rang naturel, mais n'ai jamais pu ni dû les satisfaire à la fois. Le
« temps fera connaître ce qu'ils me doivent tous, les ressources natio-
« nales que je leur ai créées, l'affranchissement des Anglais que j'avais
« ménagé. Nous avons à présent le secret du traité de commerce de
« 1783. La France crie encore contre son auteur ; mais les Anglais
« l'avaient exigé sous peine de recommencer la guerre. Ils voulurent
« m'en faire autant après le traité d'Amiens ; mais j'étais puissant et
« haut de cent coudées. Je répondis qu'ils seraient maîtres des hauteurs
« de Montmartre, que je m'y refuserais encore ; et ces paroles rempli-
« rent l'Europe.

« Ils en imposeront un aujourd'hui, à moins que la clameur publique,
« toute la masse de la nation, ne les forcent à reculer ; et ce servage en
« effet serait une infamie de plus aux yeux de cette même nation, qui
« commence à posséder aujourd'hui de vraies lumières sur ses in-
« térêts.

« Quand je pris le gouvernement, les Américains, qui venaient chez
« nous à l'aide de leur neutralité, nous apportaient les matières brutes,
« et avaient l'impertinence de repartir à vide pour aller se remplir à
« Londres des manufactures anglaises. Ils avaient la seconde imperti-
« nence de nous faire leurs payements, s'ils en avaient à faire, sur Lon-
« dres ; de là les grands profits des manufacturiers et des commission-
« naires anglais, entièrement à notre détriment. J'exigeai qu'aucun
« Américain ne pût importer aucune valeur, sans exporter aussitôt son
« exact équivalent ; on jeta les hauts cris parmi nous, j'avais tout perdu,
« disait-on. Qu'arriva-t-il néanmoins ? C'est que mes ports fermés, en
« dépit même des Anglais qui donnaient la loi sur les mers, les Améri-
« cains revinrent se soumettre à mes ordonnances. Que n'eussé-je donc
« pas obtenu dans une meilleure situation !

« C'est ainsi que j'avais naturalisé au milieu de nous les manufactures
« de coton, qui comportent :

« 1° *Du coton filé*. Nous ne le filions pas ; les Anglais le fournissaient
« même comme une espèce de faveur.

« 2° Le *tissu*. Nous ne le faisions point encore ; il nous venait de l'é-
« tranger.

« 3° Enfin *l'impression*. C'était notre seul travail. Je voulus acquérir
« les deux premières branches ; je proposai au Conseil d'État d'en pro-
« hiber l'importation ; on y pâlit. Je fis venir Oberkampf ; je causai
« longtemps avec lui ; j'en obtins que cela occasionnerait une secousse
« sans doute ; mais qu'au bout d'un an ou deux de constance, ce serait
« une conquête dont nous recueillerions d'immenses avantages. Alors
« je lançai mon décret en dépit de tous ; ce fut un vrai coup d'État.

« Je me contentai d'abord de prohiber le tissu ; j'arrivai enfin au co-
« ton filé, et nous possédons aujourd'hui les trois branches, à l'avantage
« immense de notre population, au détriment et à la douleur insigne
« des Anglais : ce qui prouve qu'en administration comme à la guerre,
« pour réussir il faut souvent mettre du caractère. Si j'avais pu réussir
« à faire filer le lin comme le coton (et j'avais offert un million pour
« prix de l'invention, que j'aurais obtenue indubitablement sans nos
« malheureuses circonstances [1]), j'en serais venu à prohiber le coton,
« si je n'eusse pu le naturaliser sur le continent.

« Je ne m'occupais pas moins d'encourager les soies. Comme Em-
« pereur et Roi d'Italie, je comptais cent vingt millions de rente en ré-
« colte de soie.

« Le système des licences était vicieux sans doute : Dieu me garde de
« l'avoir posé comme principe ! Il était de l'invention des Anglais ; pour
« moi, ce n'était qu'une ressource du moment. Le système continental
« lui-même, dans son étendue et sa rigueur, n'était, dans mes opinions,
« qu'une mesure de guerre et de circonstance.

« La souffrance et l'anéantissement du commerce extérieur, sous
« mon règne, étaient dans la force des choses, dans les accidents du
« temps. Un moment de paix l'eût ramené aussitôt à son niveau na-
« turel. »

Artillerie.—Son usage.—Ses vices.—Anciennes écoles.

Lundi 24.

L'Empereur avait passé les vingt-quatre heures entières, disait-il,
dans ses *Moniteurs* sur la Constituante. Il s'en était amusé comme
d'un roman. Il y voyait, remarquait-il, poindre les hommes qui ont
plus tard joué un si grand rôle. Toutefois il avouait qu'il était néces-

---

[1] En effet, le lin se file aujourd'hui comme le coton.

saire d'avoir une idée des ressorts extérieurs; autrement, ce qu'on lisait sur cette assemblée perdait beaucoup de son intérêt, de sa couleur, demeurait souvent même inintelligible. L'esprit des premiers moments, les premiers intérêts de la révolution demeuraient entièrement souterrains, etc.

Après dîner, l'Empereur a beaucoup parlé sur l'artillerie. Il eût désiré plus d'uniformité dans les pièces, moins de subdivision. Le général était souvent hors d'état de juger leur meilleur emploi, et rien ne pouvait être supérieur aux avantages de l'uniformité dans tous les instruments et tous les accessoires.

L'Empereur se plaignait qu'en général l'artillerie ne tirait pas assez dans une bataille. Le principe à la guerre était qu'on ne devait pas manquer de munitions : quand elles étaient rares, c'était l'exception ; hors de cela, il fallait toujours tirer. Lui, qui avait souvent manqué périr par des boulets perdus, qui savait de quelle importance c'eût été pour le sort de la bataille et de la campagne, il était d'avis de tirer sans cesse sans calculer les dépenses des boulets. Bien plus, s'il eût voulu, disait-il, fuir le poste du danger, il se serait mis à trois cents toises plutôt qu'à huit cents : à la première distance, les boulets passent souvent sur la tête ; à la seconde, il faut que tous tombent quelque part.

Il disait qu'on ne pouvait jamais faire tirer les artilleurs sur les masses d'infanterie, quand ils se trouvaient attaqués eux-mêmes par une batterie opposée. C'était lâcheté naturelle, disait-il gaiement, violent instinct de sa propre conservation. Un artilleur parmi nous se récriait contre une telle assertion. « C'est pourtant cela, continuait l'Empereur, « vous vous mettez aussitôt en garde contre qui vous attaque; vous cher- « chez à le détruire, pour qu'il ne vous détruise pas. Vous cessez souvent « votre feu, pour qu'il vous laisse tranquille et qu'il retourne aux masses « d'infanterie, qui sont pour la bataille d'un bien autre intérêt, etc. »

L'Empereur revenait souvent sur le corps de l'artillerie au temps de son enfance : c'était le meilleur, le mieux composé de l'Europe, disait-il ; c'était un service tout de famille, des chefs entièrement paternels, les plus braves, les plus dignes gens du monde, purs comme de l'or ; trop vieux parce que la paix avait été longue. Les jeunes gens en riaient parce que le sarcasme et l'ironie étaient la mode du temps; mais ils les adoraient, et ne faisaient que leur rendre justice.

Napoléon, dans ses dernières volontés, s'est ressouvenu de ce sentiment, et l'a consacré par un legs en faveur des enfants ou des petits-enfants du baron Dutheil, son ancien chef d'artillerie : « Comme sou-

« venir de reconnaissance, est-il écrit de sa main, pour les soins que ce
« brave général prit de nous, lorsque nous étions comme lieutenant et
« capitaine sous ses ordres. »

Nous avons reçu le troisième et dernier envoi des livres apportés par la frégate. L'Empereur s'est beaucoup fatigué en travaillant lui-même au déballage.

Sur les trois heures, l'Empereur a reçu plusieurs présentations, entre autres l'amiral et sa femme.

Mes instructions et mes dernières volontés sur l'impression des campagnes d'Italie.—Idées de l'Empereur sur le général Drouot. — Sur la bataille de Hohenlinden.

Mercredi 26.

L'Empereur m'a fait venir avec mon fils, et nous a assigné notre travail dans les *Moniteurs* pour l'accomplissement et la vérification des chapitres de notre campagne d'Italie.

L'Empereur, bien qu'il en eût dit précédemment, n'avait pourtant pas repris son travail, et je me réjouis fort d'une circonstance qui semblait devoir provoquer enfin une ferveur nouvelle.

Il s'agissait de recueillir dans *le Moniteur* tous les rapports, les lettres officielles, de manière à en composer les pièces justificatives. L'Empereur voulait qu'elles fussent classées, et que nous en évaluassions l'étendue, afin qu'il pût calculer d'un trait de plume celle de l'impression, ajoutant de nouveau que tous ces soins étaient désormais les miens; que je ne travaillais plus là que pour moi. Douces paroles, auxquelles le son de sa voix, l'air de familiarité, toute son expression, donnaient bien plus de prix encore que leur signification!

L'Empereur m'a dit si souvent que cette relation des campagnes d'Italie porterait mon nom, qu'il me la donnait, qu'elle serait mienne, que je puis bien m'abandonner peut-être au rêve de leur impression future, et tracer ici déjà mes idées à cet égard, afin que mon fils, les recueillant, puisse les suivre, si cet instant arrivait trop tard pour moi.

L'Empereur me donne là un monument précieux, magnifique, national; ne le compromettons, ne le dégradons pas. Aussi, point de spéculations à son sujet, nul bénéfice détrimental surtout. Et ce n'est pas assez encore; je veux en outre l'entourer de soins et de détails de sentiments qui lui soient tout particuliers.

Ainsi, 1° garder la propriété de l'ouvrage : il formera au plus quatre volumes ;

2° Faire les frais de l'impression, et la soigner soi-même;

3° Rechercher s'il n'y aurait pas moyen que les cartes fussent faites par des officiers de l'armée d'Italie, l'impression composée et exécutée par des ouvriers sortis de la même armée, ainsi que le libraire, etc..... Ce concours serait heureux, j'y attacherais le plus grand prix;

4° Comme il n'y a pas un mot dans cette relation qui ne vienne de l'Empereur, que c'est de son entière dictée, ne permettre, sous aucun prétexte, la plus légère altération ni correction, etc., à moins que ce ne fût par quelque note qui en donnât le motif ou l'explication;

5° Composer son introduction du résumé de tout ce que j'ai recueilli dans mon journal sur les premières années de l'Empereur, antérieures au commencement de sa relation;

6° Tirer cent exemplaires, sans aucune épargne de frais, et avec tout le luxe possible, pour être vendus, quelle que soit d'ailleurs leur véritable valeur intrinsèque, *mille francs pièce*. On pourra joindre à chacun de ces exemplaires non pas un *fac-simile*, mais quelques lignes de l'écriture véritable de Napoléon dont j'ai une certaine quantité en mes mains;

7° Garder en réserve une seconde centaine d'exemplaires pareils aux précédents, pour être vendus avec le temps, si les premiers sont épuisés, à *cinq cents francs*;

8° Après ces deux cents exemplaires, ne plus tirer que sur du papier le plus commun et aux moindres frais possibles, de manière à pouvoir livrer l'ouvrage à un très-bas prix. Tout invalide de l'armée d'Italie le recevra gratis, tout soldat blessé ne le payera que moitié, et tout officier les trois quarts;

9° Traiter avec un libraire anglais, un allemand, un russe, un italien et un espagnol, de manière à leur assurer une traduction antérieure à tous leurs confrères, sans autre rétribution de leur part que l'obligation de prendre cinq cents exemplaires français, ou de s'engager eux-mêmes, s'ils le préféraient, à répandre les cinq cents premiers exemplaires de leur édition avec le texte français en regard;

10° Enfin, si le bénéfice de l'ouvrage le permet, imprimer comme complément et suite de l'ouvrage les rôles de l'armée d'Italie, qu'on pourra se procurer sans doute aux archives de la guerre. Si mon fils venait à avoir d'autres idées, ou qu'on lui en procurât de meilleures, il les joindra à celles-ci, ou leur donnera la préférence si elles le méritent.

Un moyen sûr d'en obtenir, et de ne pas se tromper à cet égard, serait de s'entourer d'un petit comité de membres de cette armée d'Italie qui eussent le même zèle pour cet ouvrage.

Aujourd'hui à dîner, l'Empereur passait encore en revue ses généraux. Il a fait l'éloge de beaucoup d'entre eux ; la plupart n'existent plus. Il élevait au plus haut point les talents et les facultés du *général Drouot*. Tout est problème dans la vie, disait-il ; ce n'est que par le connu qu'on peut arriver à l'inconnu. Or, il connaissait déjà, remarquait-il, comme certain dans le général Drouot tout ce qui pouvait en faire un grand général. Il avait les raisons suffisantes pour le supposer supérieur à un grand nombre de ses maréchaux. Il n'hésitait pas à le croire capable de commander cent mille hommes. « Et peut-être ne s'en doute-t-il pas, « ajoutait-il, ce qui ne serait en lui qu'une qualité de plus. »

Il est revenu sur la bravoure prodigieuse de Murat et de Ney, dont le courage, disait-il, devançait tellement le jugement ! Et voilà l'énigme, concluait-il après quelques développements, de certaines actions dans certaines gens, l'inégalité entre le caractère et l'esprit : elle explique tout.

La conversation a conduit à la bataille de *Hohenlinden*, si célèbre.

« C'était, disait l'Empereur, une de ces grandes actions enfantées par le
« hasard, obtenues sans combinaisons. Moreau, répétait-il alors, n'avait

« point de création, il n'était pas assez décidé; aussi valait-il mieux
« sur la défensive. Hohenlinden avait été une échauffourée ; l'ennemi
« avait été frappé au milieu même de ses opérations, et vaincu par des
« troupes qu'il avait lui-même déjà coupées et qu'il devait détruire.
« Le mérite en était surtout aux soldats et aux généraux des corps
« partiels qui s'étaient trouvés le plus en péril et avaient combattu en
« héros. »

Nous disions à l'Empereur, au sujet de sa campagne d'Italie, des victoires rapides et journalières dont elle avait occupé la renommée, qu'il avait dû avoir bien des jouissances. « Aucune, répliquait-il. — « Mais au moins Votre Majesté en a bien procuré au loin ? — Cela se « peut; au loin on ne lisait que le succès, on ignorait la position. Si « j'avais eu des jouissances, je me serais reposé; mais j'avais tou- « jours le péril devant moi; et la victoire du jour était aussitôt oubliée, « pour s'occuper de l'obligation d'en remporter une nouvelle le lende- « main, etc. »

Hohenlinden, Moreau, me rappellent une opinion bien caractéristique d'un général très-distingué (Lamarque). Il avait été attaché à Moreau, s'était trouvé longtemps sous ses ordres, et, cherchant à me faire comprendre la différence du faire de ce général avec celui de Napoléon, il disait : « Si les deux armées eussent été en présence et prêtes à combattre, « je me serais mis dans les rangs de Moreau, tant il y aurait eu de régu- « larité, de précision, de calcul : il était impossible de lui être supérieur « à cet égard, peut-être même de l'égaler. Mais si les deux armées étaient « venues au-devant l'une de l'autre, à la distance de cent lieues, l'Em- « pereur eût escamoté trois, quatre, cinq fois son adversaire avant que « celui-ci eût eu le temps de se reconnaître. »

Les rats, vrai fléau pour nous, etc.—Impostures de lord Castlereagh.— Héritières françaises.

Jeudi 27.

Nous avons failli n'avoir point de déjeuner : une irruption de rats qui avaient débouché de plusieurs points dans la cuisine durant la nuit avait tout enlevé. Nous en sommes littéralement infestés ; ils sont énormes, méchants et très-hardis ; il ne leur fallait que fort peu de temps pour percer nos murs et nos planchers. La seule durée de nos repas leur suffisait pour pénétrer dans le salon, où les attirait le voisinage des mets. Il nous est arrivé plus d'une fois d'avoir à leur donner bataille après le dessert; et un soir, l'Empereur voulant se retirer, celui de nous qui voulut lui donner son chapeau en fit bondir un des plus gros.

Nos palefreniers avaient voulu élever des volailles, ils durent y renoncer, parce que les rats les leur dévoraient toutes. Ils allaient jusqu'à les saisir la nuit, perchées sur les arbres.

Aujourd'hui l'Empereur traduisant une espèce de revue ou journal dans lequel il se trouvait que lord Castlereagh, dans une grande assemblée publique, avait prononcé que Napoléon, depuis sa chute même, n'avait pas fait difficulté de dire que tant qu'il eût régné il eût continué de faire la guerre à l'Angleterre, n'ayant jamais eu d'autre but que de la détruire, l'Empereur n'a pas pu s'empêcher de se sentir aiguillonné par ces paroles. « Il faut, a-t-il dit avec indignation, « que lord Castlereagh soit bien familier avec le mensonge, et qu'il « compte bien sur la bonhomie de ses auditeurs. Serait-il donc possible « que leur bon sens leur permît de croire que j'aurais dit une pareille « sottise, lors même qu'elle eût été dans ma pensée?... »

Plus loin se lisait encore que lord Castlereagh avait dit en plein parlement que si l'armée française était si fort attachée à Napoléon, c'est qu'il faisait une espèce de conscription de toutes les héritières de l'em-

pire, et qu'il les distribuait ensuite à ses généraux. « Ici, a repris encore
« l'Empereur, lord Castlereagh se ment de nouveau à lui-même. Il est
« venu au milieu de nous; il a vu nos mœurs, nos lois, la vérité; il doit
« être sûr qu'une pareille chose était impossible, tout à fait au-dessus
« de ma puissance. Pour qui prendrait-il donc notre nation? Les Fran-
« çais étaient incapables de souffrir jamais une telle tyrannie. Sans
« doute j'ai fait beaucoup de mariages, et j'eusse voulu en faire des
« milliers d'autres : c'était un des grands moyens d'amalgamer, de fon-
« dre en une seule famille des factions inconciliables. Si j'eusse eu plus
« de temps à moi, je me serais occupé d'étendre ces unions aux pro-
« vinces réunies, même à la confédération du Rhin, afin de resserrer
« davantage ces portions éparses; mais dans tout cela je n'ai jamais
« employé que mon influence, jamais mon autorité. Lord Castle-
« reagh n'y regarde pas de si près. Sa politique a besoin de me rendre
« odieux, tous les moyens lui sont bons : il ne recule devant aucune
« calomnie. Il se trouve à son aise pour cela : je suis dans les fers; il
« a pris tous les moyens de me tenir la bouche fermée, de me rendre
« impossible toute réplique, et je suis à mille lieues du théâtre : il
« est donc bien posté, rien ne le gêne; mais certes c'est là le comble
« de l'impudence, de la bassesse, de la lâcheté! »

Voici, du reste, un exemple qui peut servir de preuve aux assertions
émises plus haut par Napoléon; j'en tiens le récit de la bouche même
du premier intéressé. M. d'Aligre avait une fille, héritière immense : il
vint à la pensée de l'Empereur de la marier à M. de Caulincourt,
duc de Vicence. L'Empereur l'affectionnait beaucoup, on le regardait
comme une espèce de favori; ses qualités personnelles, non moins que
ses emplois, en faisaient un des premiers personnages de l'empire.
L'Empereur n'imaginait donc pas qu'il pût se présenter le moindre
obstacle à cette union. Il mande M. d'Aligre, qui venait souvent à la
cour, et lui fait sa demande; mais M. d'Aligre avait d'autres vues, et
s'y refusa. Napoléon le retourna de toutes manières; M. d'Aligre fut inébranlable. En me le racontant, il me laissait apercevoir qu'il croyait
avoir montré beaucoup de courage; et en effet il en avait tout le mérite, car il pensait, ainsi que nous tous, qu'il était très-dangereux de
contrarier les volontés de l'Empereur. Il se trompait ainsi que nous :
nous ne le connaissions pas. Je sais aujourd'hui que la justice privée, et
surtout les droits de famille, sont tout-puissants sur lui ; aussi je ne
sache pas que M. d'Aligre ait jamais eu à souffrir ou à se plaindre pour
son refus.

Détails du gouverneur sur les dépenses à Longwood, etc.—Anecdote travestie par Goldsmith.— Gaieté.

Vendredi 28, samedi 29.

Le gouverneur était entré chez le grand maréchal, et lui avait fait pressentir vaguement des réductions à Longwood. Il avait naïvement exprimé qu'on avait pensé à Londres que la liberté qui nous avait été offerte de revenir en Europe eût diminué de beaucoup l'entourage de l'Empereur. Il avait dit aussi, sans que le grand maréchal pût bien le comprendre, que si nous avions de la fortune à nous, nous pouvions nous aider de notre argent, et tirer sur nous-mêmes, ainsi que je l'avais déjà fait, faisait-il observer, etc., etc. Il a dit que son gouvernement n'avait entendu donner à l'Empereur qu'une table journalière de quatre personnes au plus, et de ne lui permettre qu'un dîner prié par semaine... Quels détails!... Aurait-il eu la pensée d'insinuer que, quant à nous, nous devions payer pension, et entrer à l'avenir pour quelque chose dans la dépense de la maison? Qu'on ne le regarde pas comme incroyable : nous apprenons journellement ici à croire que tout est possible.

Dans un autre moment, l'Empereur, revenant sur une lecture qu'il venait de faire, et où se trouvait l'histoire d'une Irlandaise au sujet de laquelle Goldsmith le maltraitait fort, se rappelait très-bien, disait-il, que, se rendant à Bayonne au château de Marrach, à la fête que lui donnait la ville de Bordeaux, il vit aux côtés de l'impératrice Joséphine une figure charmante, de la plus grande beauté; il en fut vivement frappé. On ne fut pas sans s'apercevoir de l'impression qu'elle avait causée. Elle avait été prévue et ménagée à dessein. « Et Dieu sait, disait « l'Empereur, pour quelles intentions. C'était une nouvelle lectrice de « l'impératrice Joséphine. Cette jeune personne suivit donc au château « de Marrach, et elle n'eût pas manqué de faire de grands progrès. Elle « occupait déjà véritablement la pensée, quand celui qui avait le secret « des postes vint détruire le charme, en m'envoyant directement une « lettre adressée à la jeune personne. Cette lettre était de sa mère ou « de sa tante, laquelle était Irlandaise; on y stylait la petite personne, « on lui traçait le rôle qu'elle devait jouer, on lui recommandait de « l'adresse, et on insistait surtout pour qu'elle ne manquât pas de se mé- « nager à propos et à tout prix des traces vivantes qui pussent prolon- « ger sa faveur ou lui réserver de grands rapports d'intérêt. A cette « lecture, toute illusion s'évanouit, disait l'Empereur; la saleté de l'in-

« trigue, la turpitude des détails, le style, la main qui l'avait tracé, mais
« par-dessus tout encore son titre d'étrangère, amenèrent un dégoût im-
« médiat, et la petite et jolie Irlandaise fut en effet, comme le dit Gold-
« smith, mise dans une chaise de poste et soudainement acheminée vers
« Paris. Et voilà que j'apprends, nous disait l'Empereur, qu'un libel-
« liste m'en fait un crime, lorsqu'au fait c'était bien plutôt de ma part
« une vertu, un acte de continence dont je pourrais me vanter à plus
« juste titre peut-être que le fameux Scipion ; mais c'est ainsi qu'on écrit
« l'histoire. »

L'Empereur, après le dîner, dans l'embarras de ce que nous lirions, a dit que, puisqu'il était reconnu que nous n'avions pas assez d'esprit pour faire chacun notre conte ou notre histoire, nous devions nous condamner du moins à choisir chacun à notre tour notre lecture du soir ; et il a commencé par indiquer pour son compte le poëme de *la Pitié*, de l'abbé Delille. Il a trouvé les vers bien faits, le langage pur, les idées agréables ; mais pourtant c'était encore, remarquait-il, sans création et sans chaleur. C'était supérieur de versification à Voltaire, sans doute, mais bien loin encore de nos autres grands maîtres.

Aujourd'hui samedi, l'Empereur a déjeuné dans le jardin, et nous y a fait tous appeler. Après déjeuner, il a fait quelques tours de promenade. Il était en gaieté, il nous plaisantait tour à tour. A l'un, c'était sur la beauté et l'élégance de son logement ; à l'autre sur les sommes que le gouverneur avait payées pour lui, que la belle layette de son enfant allait grossir encore ; à moi, sur le goût que le gouverneur semblait prendre à mes lettres de change, qui le portait à désirer que les autres en fissent autant. Il riait et s'amusait beaucoup de nos récriminations.

Pendant toute la promenade en calèche, la conversation a roulé sur nos rois et leurs maîtresses : mesdames de Montespan, de Pompadour, Dubarry, etc. On a vivement discuté le principe ; les opinions étaient différentes, et on les a chaudement défendues. L'Empereur, qui s'était amusé à flotter alternativement entre les opinions opposées, a fini par conclure néanmoins tout à fait en l'honneur de la morale.

Historique politique de la cour de Londres durant notre émigration; Georges III; M. Pitt; le prince de Galles.—Anecdotes, etc., etc.— Les Nassau.— Retour remarquable de Napoléon sur lui-même, etc.

Dimanche 30.

L'Empereur m'a fait appeler de bonne heure pour déjeuner avec lui; il était triste, soucieux, peu causant; les paroles ne venaient pas. Le hasard ayant ramené la citation de Londres et de mon émigration, l'Empereur m'a dit, comme pour fixer un sujet et trouver une distraction : « Mais, à Londres, vous devez avoir vu la

« cour, le roi, le prince de Galles, M. Pitt, M. Fox, et autres grands
« personnages qui figuraient alors ? Dites-moi ce que vous en savez.
« Quelle était l'opinion ? Faites-moi un historique. — Sire, Votre Ma-
« jesté oublie en ce moment ou n'a peut-être jamais bien su la posi-
« tion d'un émigré à Londres. Je doute qu'on nous eût reçus à la
« cour : le bon vieux Georges III était plein d'intérêt pour nos mal-
« heurs individuels, mais il répugnait fort à nous avouer politiquement.
« Et eût-on voulu nous y recevoir, nos moyens ne nous permettaient
« pas d'y paraître. Je n'ai donc pas été à la cour. Toutefois j'ai vu la
« plupart de ceux que mentionne Votre Majesté, et surtout j'en ai entendu
« beaucoup parler.

« J'ai vu et entendu le roi de très-près plusieurs fois à la chambre des
« pairs ; le prince de Galles dans les mêmes circonstances, et de plus,
« dans les cercles de la capitale. Et puis, il n'en est pas de Londres
« comme de la France ; on n'y retrouve pas cette immense distance entre
« la cour et la masse de la nation : le pays est si ramassé, les lumières
« si générales, l'éducation si rapprochée, l'aisance si commune, la
« sphère d'activité si rapide, que toute la nation semble être dans le
« même lieu et sur le même plan ; et qu'à la vue de cet ensemble, qu'on
« pourrait dire distingué, on est tenté de se demander *où est le peuple ?*
« ce qui est en effet la question que l'on prête à Alexandre lors de sa
« visite à Londres. Il en résulte donc qu'ayant vu beaucoup de monde
« de toutes les classes, de tous les états, de toutes les opinions, je dois
« avoir reçu des notions qui nécessairement peuvent fort approcher de
« la vérité. Malheureusement alors je m'occupais peu d'observer et de
« recueillir, et je crains bien qu'aujourd'hui, après un si long temps,
« tous ces objets ne sortent que très-confusément de ma mémoire.

« Georges III était le plus honnête homme de son empire ; ses vertus
« privées le rendaient pour tous un objet de vénération profonde ; une
« extrême moralité, un grand respect pour les lois, furent le principal
« caractère de toute sa vie. Roi à vingt ans, et vivement épris des char-
« mes d'une belle Écossaise des premières familles du pays, on craignait
« fort qu'il ne voulût l'épouser ; mais il suffit de lui rappeler que c'était
« contraire à la loi, et il consentit dès cet instant à épouser celle qu'on
« lui désignerait : ce fut une princesse de Mecklenbourg. Dans sa dou-
« leur il la trouva fort laide, et elle l'était en effet beaucoup ; néanmoins
« Georges III est demeuré toute sa vie un époux exemplaire ; jamais on ne
« lui a connu la moindre distraction.

« L'avénement de Georges III a été une véritable révolution politique

« en Angleterre : les prétendants avaient fini ; la maison de Hanovre se
« trouvait désormais assise ; les whigs, qui l'avaient placée sur le trône,
« furent évincés de l'administration : c'étaient des surveillants incom-
« modes dont on n'avait plus besoin ; elle fut ressaisie par les torys, ces
« amis du pouvoir, qui l'ont toujours conservé depuis, au grand détri-
« ment des libertés publiques.

« Toutefois le roi personnellement était exempt de passion à cet
« égard ; il aimait sincèrement les lois, la justice, et surtout le bien-être
« et la prospérité de son pays. Si l'Angleterre a pris un parti si violent
« contre notre révolution française, c'est bien moins à Georges III qu'il
« faut s'en prendre qu'à M. Pitt, qui en fut le véritable boute-feu. Ce-
« lui-ci était mû par la haine extrême qu'il portait à la France, héritage
« de son père le grand Chatam ; et aussi par une vive tendance vers le
« pouvoir de l'oligarchie. M. Pitt, au moment de notre révolution, était
« l'homme de la nation ; il gouvernait l'Angleterre ; il entraîna le roi,
« qu'on gagnait toujours par les faits : et il faut convenir que les excès
« et les souillures de notre premier début étaient, sous ce rapport, des
« armes bien favorables aux dispositions et à l'éloquence de M. Pitt.
« Sire, il est à croire que si l'infortuné Georges III eût conservé sa rai-
« son, Votre Majesté en eût à la fin tiré aussi un grand parti, parce
« qu'elle lui eût présenté d'autres faits, et qu'il s'y serait rendu.
« Georges III avait sa nature et sa mesure de caractère : elle était en
« harmonie avec ses conceptions intellectuelles ; il voulait savoir, être
« convaincu. Une fois sa route prise, il était difficile de l'en faire sortir ;
« toutefois ce n'était pas impossible ; son bon sens laissait de grandes
« ressources.

« Sa maladie, sous ce rapport, a été un fléau pour nous, un fléau pour
« l'Europe, un fléau pour l'Angleterre même, qui commence à revenir
« de la haute opinion qu'elle avait conçue de M. Pitt, dont elle ressent
« aujourd'hui les funestes erreurs.

« Ce fut le premier accès de la maladie du roi qui fixa la réputation
« de M. Pitt et son crédit. A peine au-dessus de vingt-cinq ans, il osa lut-
« ter seul contre la masse de ceux qui abandonnaient le roi, le croyant
« perdu, contre la masse de ceux qui se hâtaient de proclamer son in-
« capacité pour se servir du pouvoir sous son jeune successeur. Cette
« conduite rendit Pitt l'idole de la nation ; c'est la belle époque de sa
« vie ; et son plus doux triomphe a été sans contredit de conduire
« Georges III à Saint-Paul, allant rendre grâces à Dieu de sa guérison au
« milieu d'un concours immense de peuple ivre de joie et de satisfac-

« tion. — Mais, disait l'Empereur, quelle fut la conduite du prince de
« Galles dans cette circonstance? — Sire, il faut croire qu'elle fut bonne;
« toutefois on parla beaucoup alors d'une caricature très-maligne qui
« représentait un jeune homme fort ressemblant, comme de coutume,
« s'agitant à plat ventre dans la boue au milieu de la rue; elle portait
« pour légende : *Jeune héritier courant ventre à terre féliciter son père
« sur son retour à la santé.*

« L'on ne doutait pas que M. Pitt n'eût été en cette occasion le véri-
« table sauveur du roi, ainsi que le sauveur de la paix publique; car
« l'expérience prouva que Georges III avait la capacité de régner encore,
« et l'on ne doutait pas que si la régence eût été organisée, ainsi que le
« prétendait l'opposition, cette capacité eût été difficilement reconnue
« par la suite, et eût sans doute donné lieu à une guerre civile.

« J'ai souvent entendu dire que le dérangement mental de Georges III
« n'était pas une folie ordinaire, que son aliénation ne venait pas pré-
« cisément de l'affection locale du cerveau, mais bien de l'engorgement
« des vaisseaux qui y conduisent; dérangement produit par une mala-
« die depuis longtemps particulière à cette famille. Son mal, disait-on,
« était plutôt chez lui du délire que de la folie. La cause cessant, le
« prince retrouvait aussitôt toutes ses facultés, et avec autant de force
« que si elles n'avaient subi aucune interruption; c'est ce qui explique
« ses nombreuses rechutes et ses nombreux rétablissements. On en
« donnait pour preuve la force mentale qui avait dû lui être nécessaire
« pour pouvoir, à l'instant de sa première convalescence, supporter la
« pompe, le spectacle de la population de Londres réunie sur son pas-
« sage et remplissant l'air de ses acclamations.

« Une autre preuve non moins remarquable, c'était, après une se-
« conde rechute, le calme et le sang-froid avec lesquels il reçut au
« spectacle le feu de son assassin en entrant dans sa loge. Il en fut si
« peu troublé, qu'il se retourna aussitôt vers la reine, qui se trouvait
« encore en dehors, pour lui dire de ne pas s'effrayer, que ce n'était
« qu'une fusée qu'on venait de tirer dans la salle; et il demeura sans
« émotion apparente tout le reste du temps. Certes, tout cela n'annon-
« çait pas une tête faible. Il est vrai qu'on pourrait opposer à ces choses
« la permanence du mal dans ses dernières années, s'il est certain
« qu'il n'eut point de longs intervalles lucides.

« Georges III, ce monarque si honnête homme et si bien intentionné,
« a manqué périr plus d'une fois de la main des assassins; sa carrière
« fournit l'exemple de plusieurs tentatives, et je ne crois pas qu'aucun

« des coupables ait subi la mort, parce que tous se sont trouvés en
« démence de fanatisme religieux ou politique. La dernière tentative,
« la plus fameuse, est en 1794, je crois. Le roi arrivait au spectacle,
« ce qui, dans ces temps de crise, était une espèce de fête qu'il répétait
« de temps à autre, comme pour maintenir l'esprit public. En entrant
« dans sa loge, un homme du parterre l'ajusta avec un pistolet d'arçon,
« et la balle n'épargna le monarque que parce qu'il se baissait en cet in-
« stant pour saluer le public. Qu'on juge du tumulte effroyable! L'homme
« ne chercha point à déguiser son forfait : c'était précisément le fana-
« tique de Schœnbrunn voulant immoler Votre Majesté, et soutenant
« toujours qu'il n'avait eu d'autre but que la paix et le bonheur de son
« pays. Le jury le proclama aliéné, et il ne fut condamné qu'à la ré-
« clusion.

« Lors de mon excursion à Londres, en 1814, un hasard singulier m'a
« mis sous les yeux précisément cet assassin. L'esprit encore tout frais
« de la mission que Votre Majesté m'avait confiée l'année d'auparavant
« concernant les dépôts de mendicité et les maisons de correction, j'eus
« la fantaisie de visiter ces mêmes établissements en Angleterre. Comme
« on me montrait Newgate dans le plus grand détail, j'entrai dans une
« salle où se trouvaient un grand nombre de condamnés jouissant d'une
« certaine liberté. L'un de ceux qui frappèrent d'abord les regards de
« mon conducteur se trouva être Heatfield, qu'il me nomma, et dont je
« me rappelai aussitôt le nom, lui demandant si ce serait l'assassin de
« Georges III. C'était lui-même, me dit-il, qui subissait à Newgate la ré-
« clusion perpétuelle à laquelle il avait été condamné pour sa folie. Je
« fis l'observation que dans le temps cette folie avait été pour le public,
« ainsi que cela arrive toujours, un objet de beaucoup de doute et de
« grande contestation. Il me fut répondu que Heatfield était incontesta-
« blement fou, mais seulement par crise ; que sa folie d'ailleurs était
« tellement momentanée, qu'on le laissait passer le jour en ville sur sa
« parole, et qu'il était le premier à indiquer qu'on fît attention à lui
« quand il sentait que son mal allait le reprendre ; et alors mon con-
« ducteur l'appela. M'étant hasardé de lui faire quelques questions, il
« me reconnut aussitôt à mon accent pour Français, et me dit qu'il
« s'était beaucoup battu contre les nôtres en Flandre. (Il avait été
« chasseur ou dragon sous le duc d'York.) Il en portait les marques,
« me disait-il, en me montrant plusieurs balafres ; et pourtant, ajou-
« tait-il, il était loin de les haïr, car ils étaient braves et n'avaient point
« de tort dans cette affaire ; on avait été se mêler de leurs discussions

« qui ne regardaient qu'eux. Et il commençait à s'animer beaucoup,
« ce qui porta mon conducteur à me faire signe et à le renvoyer. Il était
« là sur la corde délicate, me dit le surveillant, et pour peu qu'on l'y eût
« tenu, il serait devenu furieux.

« Mais je reviens à Georges III. Le sentiment dominant de ce prince
« était l'amour du bien public et le bien-être de son pays. Il lui a con-
« stamment tout sacrifié, c'est ce qui l'a porté à garder si longtemps
« M. Pitt, pour lequel il avait conçu une grande répugnance, parce qu'il
« en était fort mal traité.

« La crise étant des plus grandes pour l'Angleterre, le péril immi-
« nent, les talents du premier ministre supérieurs, celui-ci était donc
« nécessaire. Abusant de cette circonstance, toute-puissante sur l'esprit
« du monarque, M. Pitt le gouvernait avec dureté et sans aucun ména-
« gement; à peine lui laissait-il la disposition de la moindre place. Un
« emploi venait-il à vaquer, le roi avait-il à récompenser quelque servi-
« teur particulier, il arrivait toujours trop tard, M. Pitt venait d'en
« disposer, et pour le bien de l'État, disait-il, pour le succès du service
« parlementaire. Si le roi témoignait trop son mécontentement, M. Pitt
« avait sa phrase toute prête et toujours la même, il allait se retirer et
« céder sa place à un autre. Arriva enfin une circonstance très-délicate
« pour la conscience du roi, qui était fort religieux : l'émancipation des
« catholiques d'Irlande, à laquelle il se refusait avec obstination. M. Pitt
« insistait vivement; il s'y était engagé, disait-il, et il s'appuya de sa me-
« nace ordinaire : pour cette fois le roi le prit au mot, et dans sa joie
« de se voir délivré, il répétait le jour même à plusieurs qu'il venait de
« se défaire du taureau qui depuis vingt ans lui donnait de la corne dans
« le ventre. Et il n'est peut-être pas inutile de faire connaître ici comme
« une singularité remarquable, au sujet des mauvais traitements de
« M. Pitt pour le roi, qu'on a entendu dire à Georges III que de tous ses
« ministres, M. Fox, tant accusé de républicanisme, et peut-être avec
« quelque raison, avait été celui qui, venu à la tête des affaires, lui avait
« constamment montré le plus d'égards, de déférence, de respect et de
« condescendance.

« Toutefois tel était sur l'esprit du roi l'ascendant de l'utilité publi-
« que, qu'en dépit de toute sa répugnance, il reprit M. Pitt au bout d'un
« an. On crut dans le temps que M. Pitt, en se retirant, avait eu l'adresse
« d'asseoir au ministère M. Addington, sa créature, afin de s'y replacer
« bientôt sans obstacles; mais il a été prouvé plus tard que M. Pitt
« avait été contraint de recourir lui-même aux intrigues pour renverser

« son successeur et obtenir son second ministère, qui d'ailleurs fut peu
« digne de lui : il n'est plein que des désastres qu'il avait du reste tous
« provoqués. Et c'est le boulet victorieux d'Austerlitz qui le tua dans
« Londres.

« Le temps sape chaque jour davantage la réputation de M. Pitt, non
« dans l'éminence de ses talents, mais dans leur funeste application.
« L'Angleterre gémit des maux dont il l'a accablée, et dont le plus fatal
« est l'école et les doctrines qu'il lui a léguées. C'est lui qui a introduit
« la police en Angleterre, qui a familiarisé ce pays avec la force armée,
« et commencé ce système de délation, d'embûches et de démoralisa-
« tion de toute espèce, si complétement perfectionné par ses succes-
« seurs.

« Sa grande tactique fut d'exciter constamment nos excès sur le con-
« tinent, et de les montrer ensuite comme un épouvantail à l'Angleterre,
« qui lui accordait dès lors tout ce qu'il voulait. — Mais vous autres,
« demandait l'Empereur, que disiez-vous de tout cela? quelle était l'o-
« pinion de l'émigration? — Sire, répondais-je, nous autres nous voyions
« tout et toujours dans la même lorgnette; ce que nous avions dit le
« premier jour de notre émigration, nous le répétions encore le dernier
« jour de notre exil. Nous n'avions pas avancé d'un pas; nous étions de-
« venus, nous demeurions peuple. M. Pitt était notre oracle; tout ce que
« disaient lui, Burke, Windham et les plus fougueux de ce côté nous
« semblait délicieux ; ce qu'objectaient leurs adversaires, abominable.
« Fox, Shéridan, Grey n'étaient pour nous que d'infâmes jacobins,
« jamais nous ne leur avons donné d'autres épithètes. — C'est bien,
« disait l'Empereur ; mais reprenez votre Georges III.

« — Ce prince vertueux aimait par-dessus tout la vie privée et les soins
« de la campagne; il consacrait le temps que lui laissaient les affaires à
« la culture d'une ferme à peu de milles de Londres; et il ne retournait
« guère à la capitale que pour ses levers réguliers ou les conseils extraor-
« dinaires que nécessitaient les circonstances, et il retournait aussitôt à
« ses champs, où il vivait sans faste et en *bon fermier*, disait-il lui-même.
« Quant aux intrigues, elles demeuraient à la ville autour des ministres
« et parmi eux.

« Georges III eut beaucoup de chagrins domestiques. Il eut pour sœur
« cette Mathilde, reine de Danemark, dont l'histoire est un si malheu-
« reux roman ; ses deux frères lui donnèrent beaucoup de contrariétés
« par leur mariage, et il n'avait pas lieu d'être content de son fils
« aîné.

« Les deux frères de Georges III étaient le duc de Cumberland et le duc
« de Glocester. J'ai beaucoup connu celui-ci en société très-privée : c'é-
« tait le plus digne, le plus honnête, le plus loyal gentilhomme de l'An-
« gleterre. Tous deux, selon l'esprit de la constitution britannique, n'é-
« taient que d'illustres particuliers totalement étrangers aux affaires. Or
« il parvint au roi que l'un d'eux avait épousé ou allait épouser une sim-
« ple particulière. C'était une grande faute à ses yeux : il avait fait, lui,
« un si grand sacrifice pour ne pas la commettre ; il s'en fâcha beau-
« coup ; et, comme il envoyait à ce sujet un message au parlement con-
« tre celui de ses frères qui s'était rendu coupable, voilà qu'il apprend
« que l'autre s'est évadé à Calais pour en déclarer autant. C'était comme
« une fatalité, une véritable épidémie ; car on répandait aussi de tous
« côtés que l'héritier même du trône s'était marié secrètement. —
« Quoi! dit l'Empereur, le prince de Galles? — Oui, Sire, lui-même :
« on racontait partout son mariage, qu'on entourait de détails trop peu
« sûrs pour que je me permette de les hasarder ; mais le fait semblait
« généralement reconnu. Il est vrai que le prince l'a fait démentir plus
« tard en parlement par l'organe de l'opposition, et dès lors il faut le
« croire.

« Toutefois je tiens de la bouche même d'un très-proche parent de sa
« prétendue femme que la chose était positive. Je lui ai entendu jeter feu
« et flamme lors du mariage solennel du prince, et menacer de se porter
« à des excès personnels. Cela pouvait donc demeurer un point contesté,
« qui prenait la couleur inévitable de l'esprit de parti : les uns soute-
« naient avec obstination la réalité de ce mariage, tandis que les autres
« le niaient avec violence. Peut-être pourrait-on concilier cette contra-
« diction en disant que celle que l'on prétendait qu'il avait épousée (ma-
« dame Fitz Herbert), étant catholique, cette circonstance rendait le
« mariage impossible aux yeux de la loi, et parfaitement nul dans l'hé-
« ritier de la couronne. Quoi qu'il en soit, j'ai souvent rencontré ma-
« dame Fitz Herbert en société ; sa voiture était aux armes du prince, et
« sa livrée la livrée du prince. Cette dame était beaucoup plus âgée que
« lui. Au surplus, belle, aimable, de beaucoup de caractère et d'une
« fierté peu endurante, ce qui la brouillait souvent avec le prince, et
« amenait entre eux, disait-on, des scènes de violence fort peu dignes d'un
« rang aussi élevé. C'est dans une dernière querelle de ce genre, lorsque
« madame Fitz Herbert avait, assurait-on, fait fermer sa porte obstiné-
« ment au prince, que M. Pitt eut l'adresse de saisir l'occasion favora-
« ble pour le faire consentir à épouser la princesse de Brunswick. —

« Mais arrêtez-vous, me dit l'Empereur, vous allez beaucoup trop vite,
« vous passez ce qui m'intéresse davantage. Sous quels auspices le prince
« de Galles entra-t-il dans le monde? Quelle fut sa nuance politique?
« son attitude avec l'opposition? etc. — Sire, ce prince se présenta au
« public avec tous les avantages de la figure, tous ceux du corps et de
« l'esprit. Il fut accueilli avec un enthousiasme universel; mais il dé-
« veloppa bientôt ces penchants et ces actes, qui, dans le milieu du der-
« nier siècle, semblaient former le rôle obligé de grands seigneurs à la
« mode. Ce furent la fureur du jeu et ses inconvénients, les excès de la
« table et le reste; surtout un entourage en grande partie réprouvé
« par l'opinion. Alors les cœurs généreux se resserrèrent, les espé-
« rances se ternirent, et la portion intermédiaire, qui partout constitue
« véritablement la nation, et qui en Angleterre, il faut en convenir,
« présente la population la plus morale de l'Europe, désespéra de son
« avenir. C'était un adage reçu en Angleterre, répété surtout parmi le
« peuple, que le prince de Galles ne régnerait jamais; les diseuses de
« bonne aventure, les sorciers, disait-on, devaient le lui avoir prédit à
« lui-même, etc., etc.

« L'opposition, dans les bras de laquelle il s'était jeté, ainsi que cela
« n'est que trop commun aux héritiers présomptifs; l'opposition, dont il
« était l'appui et les espérances, cherchant à s'aveugler ou autrement, se
« tirait d'affaire, quand on lui exposait tous ses griefs, en répondant
« qu'il renouvellerait Henri V; que Henri V avait montré un bien mau-
« vais sujet pour prince de Galles; mais qu'il était devenu le premier
« roi de la monarchie, et ils en concluaient que le prince de Galles serait
« un de leurs plus grands rois. — Mais, disait l'Empereur, est-ce qu'il a
« pris le parti de la révolution et défendu nos idées modernes? — Non,
« Sire; à mesure que la crise des principes allait chez nous en croissant,
« la décence le forçait de s'éloigner de l'opposition qui en prenait la
« défense; il cessait une alliance ostensible, et remplissait le vide de sa
« vie en s'abandonnant aux plaisirs et à leurs inconvénients; il était
« constamment surchargé de dettes, bien que le parlement les eût déjà
« payées plusieurs fois; elles l'embarrassaient fort, et compromettaient
« son caractère et sa popularité. Ce fut dans une de ses gênes extrêmes,
« combinées avec la querelle de madame Fitz Herbert, que M. Pitt
« s'empara du prince, en offrant de faire acquitter encore une fois ses
« dettes, s'il voulait enfin se rapprocher tout à fait de son père et con-
« sentir à se marier. Il lui fallut en passer par tout ce qu'on voulut, et
« la main de la princesse de Brunswick fut demandée et obtenue. Mais

« dans le court intervalle de la négociation, une femme célèbre qui
« convoitait depuis longtemps de gouverner le prince, trouvant la place
« vide, s'y établit. On lui prête d'avoir dit qu'elle y visait depuis vingt
« ans ; car elle était encore beaucoup plus âgée que lui, circonstance
« qui était comme un goût particulier à la famille ; on l'a remarquée
« aussi dans plusieurs de ses frères. Cette personne fut aussitôt nommée
« dame d'honneur de la future princesse de Galles ; elle fut même la
« chercher, et l'amena en Angleterre. Ce fut sous de tels auspices, et
« sous cette maligne influence, que la nouvelle épouse mit le pied sur le
« sol britannique. Aussi assure-t-on que cette malheureuse princesse n'eut
« même pas la douceur de vingt-quatre heures complètes de cet instant
« privilégié, si significativement appelé par les Anglais la *lune de miel*.
« Dès le lendemain, les moqueries, les manques d'égards, le mépris,
« demeurèrent son partage.

« Tout ce qu'il y avait de généreux, de moral en Angleterre prit parti
« pour elle, et jeta les hauts cris. Néanmoins le plus odieux, il faut en
« convenir, en retomba sur celle qui en était la cause, et qu'on accusa
« d'avoir ensorcelé le prince. Elle devint l'exécration publique, et tou-
« tefois le prince, assurait-on, n'avait même pas pour excuse les pres-
« tiges de son aveuglement ; car on prétend qu'à la suite d'un repas très-
« gai, au milieu de ses joyeux compagnons, l'un d'eux fut conduit par la
« conversation à dire qu'il connaissait la madame *de Merteuil* de notre
« roman des *Liaisons dangereuses*. Un grand nombre d'autres s'écrièrent
« aussitôt qu'ils en connaissaient aussi une. Alors le prince, dit-on, pro-
« posa follement que chacun écrivît à part son secret. Tous les billets
« furent jetés dans un vase, et il en sortit autant de lady *** qu'il y avait
« de convives ; le prince lui-même n'ayant pas soupçonné une telle
« unanimité, et n'imaginant pas être reconnu, avait aussi, dit-on, écrit
« ce nom ! ! !

« J'ai connu cette dame, et il faut avouer que sa figure et tout son
« ensemble répondaient si peu à son âge, qu'il était bien difficile de le
« deviner. Elle avait tous les charmes de la première jeunesse, re-
« haussés de toute la grâce des meilleures manières, et je dois dire que
« dans les cercles où je l'ai vue, elle exerçait même une certaine attrac-
« tion de bienveillance ; soit que les mœurs de cet étage disposassent à
« l'indulgence, soit qu'en effet elle ne méritât pas toutes les malédictions
« dont on l'accablait dans la rue.

« Une faculté tout à fait privilégiée dans le prince de Galles semble
« avoir été ce que les Anglais appellent le pouvoir de *la fascination*.

« Il en est doué au dernier degré : on dirait qu'il suffit de sa volonté
« pour ramener la multitude et corrompre en quelque sorte l'opinion ;
« il la reconquiert au moindre pas qu'il fait vers elle. Sa vie est pleine
« de ces pertes, de ces retours de popularité, et peut-être est-ce la cer-
« titude de cet heureux secret qui l'a porté si souvent à affronter, ainsi
« qu'on le lui a reproché, cette opinion publique. Ses ennemis ont dit
« de lui qu'il avait porté cette espèce de courage jusqu'à l'héroïsme. Ils
« lui ont reproché l'audace avec laquelle, sous la condamnation lui-
« même d'une vie domestique désordonnée, disaient-ils, il s'était acharné
« à vouloir trouver dans sa femme ce dont il était le trop coupable
« exemple ; inconséquence qu'on ne doit attribuer pourtant sans doute
« qu'aux suggestions funestes de pernicieux conseillers ennemis de sa
« gloire et de son repos. Toujours est-il certain qu'on a employé contre
« la princesse et la corruption la plus basse, et le secours des lois, et
« toute l'influence de l'héritier du trône ; et tout cela en vain : ce qui,
« disait-on, faisait le supplice du prince, et le livrait au ridicule ; car
« on riait de son guignon sans exemple, de ne pouvoir venir à bout de
« prouver ce que tant d'autres maris paieraient si cher pour tenir se-
« cret. La haine s'accrut à chaque nouvelle défaite, et les tourments de
« la victime avec elle. On la réduisit à une espèce d'exil à quelques
« milles de Londres ; on la priva de sa fille, on l'outragea à la vue des
« souverains alliés venus à Londres. Toutefois les expressions manifes-
« tées par la multitude étaient constamment là pour la venger ; et il
« fallut en venir à lui faire quitter l'Angleterre, ce qu'on obtint d'elle-
« même à l'aide des insinuations perfides, peut-être, de quelques pré-
« tendus amis. »

Ici l'Empereur m'a interrompu de nouveau, disant que j'omettais encore un point essentiel. Quand et comment le prince était-il arrivé au
pouvoir royal ? Comment s'était-il arrangé avec l'opposition ? Qu'avait-
il fait de ses anciens amis ? « Sire, ai-je dit, ici finissent mes véritables
« informations. Il a été un temps où la crise politique a porté Votre Ma-
« jesté à couper toute communication entre l'Angleterre et la France.
« Les journaux ne nous parvenaient plus ; les lettres nous étaient inter-
« dites ; les deux peuples n'avaient plus rien de commun. Il existe donc
« en moi une véritable lacune que je craindrais de ne remplir que par
« de vrais barbouillages. Toutefois je crois avoir compris qu'après des
« chutes et rechutes du vieux roi, tous les partis s'accordèrent enfin à
« remettre au prince de Galles la régence, avec le plein exercice de l'au-
« torité souveraine. Alors arriva cette époque tant attendue de change-

« ments et d'espérances. Le ciel s'ouvrait enfin pour cette opposition si
« longtemps panégyriste du prince, pour ces anciens amis, qui, dès l'en-
« fance, semblaient avoir uni leurs destinées à la sienne. Mais, à la
« grande surprise de tous, et par je ne sais quelle rouerie, dit-on, de
« lord Castlereagh, rien ne fut changé. Ces anciens ministres, si long-
« temps l'objet de la réprobation du prince, demeurèrent, et ces amis
« si chers, si tendres, si longtemps flattés, n'arrivèrent point !

« L'opposition jeta les hauts cris : mais on lui répondit plaisamment
« que, quand le méchant prince de Galles était devenu un grand roi,
« son premier acte avait été de repousser son entourage. Cela pouvait
« être gai, mais nullement applicable ; car les plus beaux caractères de
« l'empire se trouvaient à la tête de cette opposition, et ils étaient loin
« d'être des *Falstaff* ou autres bouffons et autres mauvais sujets de la
« sorte : aussi montrèrent-ils dès cet instant pour le prince un éloigne-
« ment absolu : les uns ne voulurent plus le voir ; d'autres refusèrent ses
« invitations ou repoussèrent les avances qui leur étaient faites. On en
« cite un pourtant qui, par la suite, se laissa aller, dit-on, à accepter du
« prince un dîner privé. Celui-ci, recourant à ses moyens de séduction
« constamment victorieux, essaya de lui prouver, avec sa grâce accou-
« tumée, qu'il n'avait pas pu agir différemment, et demanda de lui dire
« enfin ce dont ses anciens amis pouvaient l'accuser avec justice. Le con-
« vive, encore le cœur gros, profita de l'occasion et lui récapitula sans
« ménagement tous ses torts ; et le tout avec une telle chaleur, que la
« princesse Charlotte, qui se trouvait à table et penchait peut-être en
« secret pour l'opinion du convive, se mit à fondre en larmes. Cette
« scène étant parvenue le lendemain à lord Byron, il la consacra dans
« des vers qui firent quelque bruit.

« Pleure, fille des rois, y était-il dit, pleure les fautes de ton père !
« Puisse chacune de tes larmes effacer un de ses torts ! Puisse surtout
« le peuple d'Angleterre, pressentant dans ta douleur son heureux ave-
« nir, payer d'un sourire chacun de tes pleurs [1] ! »

---

[1] Depuis mon retour en Europe, je me suis procuré ces vers en original. Si ma traduction présente quelque différence, c'est qu'à Sainte-Hélène je citais de mémoire. Les voici :

Weep, daughter of a royal line,
A sire's disgrace, a realm's decay ;
Ah, happy ! if each tear of thine
Could wash a father's fault away !
Weep for thy tears are virtue's tears
Auspicious to these suffering isles ;
And be each drop in future years
Repaid thee by thy people's smiles !

March 1812.

« En 1814, lors de ma course à Londres, j'ai eu l'honneur d'être
« présenté au prince de Galles à Carlton-House. — Et que diable alliez-
« vous faire là? m'a dit l'Empereur. — Votre Majesté a certainement
« bien raison ; mais j'y fus conduit par une espèce de point d'honneur ;
« je crus ne pouvoir pas faire autrement : beaucoup de Français étaient
« en cet instant à Londres ; j'étais le seul qui eût approché Votre Ma-
« jesté, porté ses couleurs, suivi la ligne qu'on semblait réprouver en
« cet instant. Quelqu'un m'ayant dit que les autres ne souffriraient cer-
« tainement pas ma présentation, cela me décida. Nous fûmes en effet
« vingt-deux Français présentés à la fois à un des grands levers du
« prince, et je dois dire que je ne vis jamais plus de grâce dans les ma-
« nières, plus de charmes dans l'expression, plus d'harmonie dans tout
« l'ensemble, je crus apercevoir le beau idéal du bon ton. Je conçus
« tout le pouvoir, toute la vérité de cette magie d'enchantement que
« j'avais entendu si souvent lui attribuer ; et encore en ce moment, Sire,
« en me retraçant cette belle figure où je croyais lire l'élévation d'âme,
« l'appréciation, le désir de la gloire, je suis à me demander comment
« Votre Majesté se trouve ici ; comment des ministres atroces ont pu le
« faire condescendre à se déclarer le geôlier, le bourreau ! — Mon cher,
« m'a dit l'Empereur, c'est que peut-être vous n'êtes pas physionomiste,
« vous avez pris l'auréole de la coquetterie pour celle de la grandeur,
« l'occupation de plaire pour l'amour de la gloire ; et puis l'amour de la
« gloire n'est pas précisément sur la figure ; il se trouve au fond du cœur,
« et vous ne l'avez pas fouillé [1].

« Et ne me traduisiez-vous pas l'autre jour, a continué alors l'Em-
« pereur, je ne sais quel papier ou quel ouvrage où il était dit que le
« prince régent avait fait un grand étalage d'intérêt et de sympathie en
« faveur des derniers Stuarts ? qu'il a mis le plus haut prix à obtenir ce
« qui leur avait appartenu, ce qu'ils avaient laissé ? qu'il parlait d'élever
« un monument au dernier d'entre eux ? Il y a là dedans, a ajouté l'Em-
« pereur, encore bien plus de calcul que de magnanimité ; c'est qu'il est
« soigneux d'affirmer et de consacrer leur extinction. Là commence,
« se dit-il, sa légitimité, sa sécurité, et il a raison. Si de mon temps et
« dans les circonstances où les ministres anglais avaient plongé l'Angle-

---

[1] Depuis ces paroles, la grande victime a succombé !.... Moi, son serviteur, j'ai vu commencer ses tortures ; d'autres m'ont transmis les angoisses de sa longue agonie !!!.. Elle a expiré!!!..... Et l'on n'a cessé de frapper constamment au nom du prince! Aussi l'immortelle victime a-t-elle laissé de ses propres mains ces mots terribles : « *Je lègue l'opprobre de ma mort à la maison régnante d'Angleterre!...* »

« terre, il se fût trouvé encore quelque jeune Stuart, brave, entrepre-
« nant, capable, à la hauteur du siècle, il eût été débarqué en Irlande,
« escorté des doctrines modernes, et l'on eût vu sans doute le spectacle
« des Stuarts régénérés, chassant à leur tour les Brunswick dégénérés.
« L'Angleterre aussi eût eu son 20 mars. Et ce que c'est pourtant qu'un
« trône et tous ses poisons ; à peine y est-on assis, qu'on en ressent la
« contagion. Ces Brunswick, amenés par les idées libérales, élevés par
« la volonté du peuple, sont à peine assis, qu'ils ne recherchent que l'ar-
« bitraire et la toute-puissance ; il leur faut absolument rouler dans
« l'ornière qui a fait culbuter leurs devanciers ; et cela, parce qu'ils sont
« devenus rois ?... Et l'on dirait que c'est la marche inévitable ! Cette
« belle tige des Nassau, par exemple, ces patrons en Europe d'une noble
« indépendance, eux dont le libéralisme devrait être dans le sang et
« jusque dans la moelle de leurs os ; ces Nassau enfin, qui ne seront qu'à
« la queue par leur territoire, et qui pourraient se placer à la tête par
« leurs doctrines, on vient à les asseoir sur un trône ; eh bien ! vous les
« verrez infailliblement ne s'occuper que de se rendre ce qu'on appelle
« aujourd'hui légitimes, en prendre les principes, la marche, les tra-
« vers, etc. Eh ! mon cher, moi-même, après tout, ne m'a-t-on pas fait
« le même reproche ? et peut-être n'est-ce pas sans quelque apparence
« de raison, car enfin peut-être bien des nuances se seront dérobées à
« moi-même. J'ai pourtant déclaré dans une circonstance solennelle
« qu'à mes yeux la souveraineté n'était point dans le titre, ni le trône
« dans son appareil. On m'a reproché qu'à peine au pouvoir j'avais
« exercé le despotisme, l'arbitraire ; mais c'est la dictature qu'il fallait
« dire, et les circonstances m'absoudront assez. Ce qu'on m'a reproché
« encore, c'est de m'être laissé enivrer par mon alliance avec la maison
« d'Autriche, de m'être cru bien plus véritablement souverain après
« mon mariage, en un mot, de m'être cru dès cet instant Alexandre
« devenu le fils d'un dieu ! Mais tout cela était-il bien juste ? Ai-je donc
« prêté véritablement à de tels travers ? Il m'arrivait une femme jeune,
« belle, agréable ; ne m'était-il donc pas permis d'en témoigner quel-
« que joie ? Ne pouvais-je donc, sans encourir le blâme, lui consacrer
« quelques instants ? Ne m'était-il donc pas permis, à moi aussi, de me
« livrer à quelques moments de bonheur ? Eût-on donc voulu qu'à la
« façon de votre prince de Galles, j'eusse maltraité ma femme dès la
« première nuit ? Ou bien encore attendait-on que j'eusse fait voler sa
« tête, à la façon de ce sultan, pour échapper aux reproches de la mul-
« titude ? Non, ma seule faute dans cette alliance a été vraiment d'y avoir

« apporté un cœur trop bourgeois... J'avais si souvent répété que le cœur
« d'un homme d'État ne devait être que dans sa tête!... Malheureuse-
« ment ici le mien était demeuré à sa place pour les sentiments de fa-
« mille, et ce mariage m'a perdu, parce que je croyais surtout à la reli-
« gion, à la piété, à la morale, à l'honneur de François. Je l'estimais
« essentiellement... Il m'a cruellement trompé !... Je veux bien qu'on
« l'ait trompé à son tour ; aussi je lui pardonne... Mais l'histoire l'épar-
« gnera-t-elle? Si toutefois... »

Et Napoléon a gardé le silence quelques instants, la tête appuyée sur une de ses mains. Puis se réveillant : « Quel roman pourtant que ma « vie!..... a-t-il dit en se levant. Mais ouvrez ma porte et marchons. » Et nous avons parcouru quelque temps les diverses pièces adjacentes...

. . . .

RÉSUMÉ DES TROIS MOIS, AVRIL, MAI ET JUIN.

J'ai déjà fait observer qu'il était impossible, dans un recueil comme le mien, de maintenir en quoi que ce soit l'unité d'intérêt et de but; or je vais essayer d'y ramener, en retraçant ici en bien peu de mots, et sans interruption, les aggravations dont on a frappé l'Empereur pendant ces trois mois; les mauvais traitements qu'on a multipliés, la détérioration visible de sa santé, l'ensemble de ses habitudes et les principaux objets de sa conversation ; en un mot, le bulletin physique et moral de sa personne.

Dans cette courte période :

1° Un nouveau gouverneur arrive, et il se trouve que c'est un homme à vues fort étroites ou très-méchant; un caporal avec sa consigne, et non un général avec ses instructions.

2° On exige de chacun des captifs une déclaration comme quoi il se soumet d'avance à toutes les restrictions qu'on pourrait imposer à Napoléon, le tout dans l'espoir de les détacher de sa personne.

3° On nous communique officiellement la convention des souverains alliés qui, sans autre forme de procès, proclament et consacrent l'ostracisme, l'emprisonnement de Napoléon.

4° Nous recevons le bill du parlement d'Angleterre qui convertissait en loi l'acte oppressif des ministres anglais sur la personne de Napoléon.

5° Enfin des commissaires viennent, au nom de leurs monarques, surveiller les chaînes et contempler les souffrances de la victime. Ainsi notre horizon se rembrunit de plus en plus, les chaînes se raccourcissent, toute espérance d'amélioration future nous échappe, et le plus sinistre avenir seul demeure.

L'arrivée du nouveau gouverneur est le signal des grandes misères. C'est pour la personne de l'Empereur le commencement d'un supplice nouveau ; chaque jour il reçoit un coup d'épingle.

Le premier pas de sir Hudson Lowe est *une insulte* ; une de ses premières paroles, *une barbarie* ; un de ses premiers actes, *une méchanceté*.

Bientôt il ne semble plus avoir d'autre occupation, n'avoir reçu d'autre emploi que de nous tourmenter et de nous faire souffrir sous toutes les formes, sur tous les objets, de toutes les manières.

L'Empereur, qui s'était promis d'abord de s'en tenir au plus complet stoïcisme, s'en émeut néanmoins et s'en exprime fortement. Les conversations sont chaudes, la brèche s'ouvre, chaque jour va l'agrandir.

La santé de l'Empereur s'altère visiblement, et nous le voyons changer à vue d'œil. Contre sa nature, il se sent incommodé très-souvent ; une fois il garde sa chambre jusqu'à six jours de suite sans sortir du tout ; une mélancolie secrète qui se déguise à tous les yeux, peut-être aux siens propres, un mal concentré, commencent à le saisir ; il rétrécit chaque jour le cercle déjà si resserré de son mouvement et de ses distractions ; il renonce au cheval ; il n'invite plus d'Anglais à dîner ; il abandonne même son travail régulier ; ses dictées, auxquelles jusque-là il avait semblé trouver quelques charmes, ne vont plus : le dégoût l'avait saisi, et il ne se trouvait plus le courage, me disait-il parfois, de s'y remettre. La plupart de ses journées se passent à parcourir des livres dans sa chambre ou en conversations avec nous, publiques ou privées, et le soir il nous lit lui-même, après son dîner, quelques pièces de théâtre de nos maîtres, ou toute autre production amenée par le hasard ou les caprices du moment.

Toutefois la sérénité de son âme, son égalité de caractère, n'éprouvent par ces circonstances nulle altération vis-à-vis de nous ; au contraire, nous n'en semblons que plus resserrés en famille ; il est plus à nous, et nous lui appartenons davantage ; ses conversations présentent plus d'abandon, d'épanchement et d'intérêt.

Il me faisait venir à présent très-souvent dans sa chambre pour causer, et ses conversations privées le conduisaient parfois à des sujets très-importants, tels que la guerre de Russie, celle d'Espagne, les conférences de Tilsit et d'Erfurt, qu'on rencontre dans cette période de mon recueil. Et ici je dois faire ou répéter quelques observations que je prie ceux qui me liront de ne pas perdre de vue durant tout le cours de cet ouvrage; elles serviront à prévenir quelques reproches ou objections qu'on serait tenté d'élever sur le manque d'ordre, l'insuffisance et le peu de fini d'objets aussi essentiels. C'est que, si je ne l'ai déjà dit, en conversation publique ou privée avec l'Empereur, je ne me suis jamais permis aucune observation ou demande d'éclaircissements, lors même qu'ils m'ont semblé les plus nécessaires; je me sentais cette réserve commandée :

1° Par le respect et la bienséance;

2° Par la crainte d'interrompre une conversation constamment précieuse;

3° Par l'espoir de prendre la vérité, pour ainsi dire, au vol, et de la saisir de la sorte plus naturellement;

4° Par la persuasion d'être à demeure maintenant et pour toujours auprès de l'Empereur; la certitude par là qu'avec le temps j'entendrais mentionner de nouveau les mêmes objets qui se redresseraient et se compléteraient d'eux-mêmes;

5° Parce que l'Empereur devait, avec le temps, voir lui-même mon Journal, et que je ne doutais pas qu'encouragé par ce qu'il y trouverait déjà sur ces divers objets, il ne les convertît en dictées régulières; je ne les ai pas eues, et par là, de quels morceaux nous demeurons privés !

6° Enfin, et ceci a été un de mes plus grands motifs, c'est que l'Empereur, arrivé parfois, dans le cours de longues conversations tout à fait familières, à des objets de la plus haute importance, ne racontait pas néanmoins pour m'apprendre, mais le plus souvent par désœuvrement, seulement pour causer; et l'on eût pu dire par forme de rabâchage, s'il était permis d'appliquer une telle expression à une telle personne et à de tels objets. Il s'en entretenait avec moi comme si j'eusse dû les connaître aussi bien que lui-même.

Or, j'étais tout à fait étranger à ses grands projets, à ses hautes conceptions, circonstance d'ailleurs que je me suis convaincu plus tard ici m'être commune avec la plupart de ceux qui, lors de sa puissance, l'approchaient davantage, voire même ses ministres; aussi lui arrivait-il quelquefois, soit que ma figure exprimât trop l'étonnement, soit que revenant à lui, et sachant bien ce qu'il en était, de me dire : « Mais cela « est peut-être neuf pour vous ? » A quoi je n'avais rien de mieux à répondre, pour être vrai, que : « Oui, Sire, et tout à fait, pour la plus « grande partie. » Qu'eût-ce donc été si, dans ces occasions inappréciables, j'eusse été gauchement l'interrompre pour lui faire apercevoir que j'avais de la peine à le suivre ou à l'entendre! je n'eusse pas manqué de le dégoûter de causer, et moi j'aurais perdu beaucoup. Je le laissais donc aller, quelque désir que j'eusse eu parfois de m'éclaircir. Ce que j'en saisissais une première fois me semblait déjà du plus haut prix. L'Empereur se répétait souvent, je le savais : Alors j'en apprendrai davantage avec le temps, me disais-je, et je ne désespérais pas d'arriver de la sorte à être assez maître de la matière pour oser me permettre par la suite de la raisonner tant soit peu avec lui ; ce que sa bonté pour moi, dans les derniers temps, eût daigné trouver convenable; je lui eusse même été agréable, j'en suis sûr, en ce que cela eût réveillé ses idées et fourni un aliment nouveau à sa conversation. Malheureusement mon enlèvement subit et imprévu d'auprès de sa personne m'a laissé les seuls détails que j'avais recueillis jusque-là ; et à la douleur d'avoir été enlevé à des soins pieux qui étaient devenus mon bonheur, se joindront désormais d'éternels regrets d'avoir, par ma trop grande circonspection peut-être, perdu pour l'histoire une occasion unique qui ne peut se renouveler jamais.

J'ai été bien aise d'entrer minutieusement ici dans ces détails, afin qu'on comprît comment j'ai obtenu une portion de mes récits, et qu'en me lisant, on pût se répondre à soi-même pourquoi des objets aussi importants demeurent aussi imparfaits.

Toutefois, si l'historien n'y trouve pas la trace lumineuse qu'il recherche et qu'il aurait cru devoir y trouver, du moins y rencontrera-t-il une foule d'étincelles propres à le mettre inévitablement sur la voie ; circonstance spéciale qui me servira à caractériser moi-même mon propre recueil, en disant qu'il y a de *tout* et qu'il n'y a *rien* ; qu'il n'y a *rien*, mais qu'il y a de tout. Et en disant qu'il n'y a *rien*, je me trompe assurément, car on y rencontrera une foule de traits sur les qualités privées, les dispositions naturelles, le cœur et l'âme de l'homme extraordinaire auquel cet ouvrage est consacré ; si bien qu'il deviendra impossible à tout homme de bonne foi et recherchant la vérité de n'être pas à même de se fixer sur son caractère. Or, je prie de se rappeler que tel a été mon unique but, le seul que j'aie annoncé.

Mon fils tombe de cheval. — Pillage par les armées. — Caractère du soldat français. — Détails de Waterloo par le nouvel amiral.

Lundi 1ᵉʳ juillet 1816 au jeudi 4.

Hier mon fils, dans sa promenade, emporté par son cheval, et craignant de se frapper aux arbres, avait cru devoir se jeter à terre. Il s'était foulé le pied assez fortement pour être condamné à un mois de chaise longue.

L'Empereur a daigné entrer dans ma chambre, sur les onze heures, pour connaître la situation de mon fils, dont il a fort grondé la maladresse. Je l'ai suivi dans le jardin.

La conversation est tombée sur le pillage des armées et des horreurs qu'il entraîne.

Pavie, disait l'Empereur, était la seule place qu'il eût jamais livrée au pillage : il l'avait promis à ses soldats pour vingt-quatre heures ; mais au bout de trois il n'y put tenir davantage, et le fit cesser. « Je « n'avais que douze cents hommes, disait-il ; les cris de la population, « qui parvenaient jusqu'à moi, l'emportèrent. S'il y eût eu vingt mille

« soldats, c'eût été eux dont la masse, au contraire, eût étouffé les « plaintes de la population ; il ne serait rien parvenu jusqu'à moi. Du « reste, continuait-il, heureusement la politique est parfaitement d'ac- « cord avec la morale pour s'opposer au pillage. J'ai beaucoup médité « sur cet objet ; on m'a mis souvent dans le cas d'en gratifier mes sol-

« dats ; je l'eusse fait si j'y eusse trouvé des avantages. Mais rien n'est
« plus propre à désorganiser et à perdre tout à fait une armée. Un sol-
« dat n'a plus de discipline dès qu'il peut piller ; et si en pillant il s'est
« enrichi, il devient aussitôt un mauvais soldat, il ne veut plus se bat-
« tre. D'ailleurs, observait-il encore, le pillage n'est pas dans nos mœurs
« françaises : le cœur de nos soldats n'est point mauvais ; le premier
« moment de fureur passé, il revient à lui-même. Il serait impossible
« à des soldats français de piller pendant vingt-quatre heures : beau-
« coup emploieraient les derniers moments à réparer les maux qu'ils
« auraient faits d'abord. Dans leur chambrée, ils se reprochent plus
« tard les uns aux autres les excès commis, et frappent eux-mêmes de
« réprobation et de mépris ceux d'entre eux dont les actes ont été trop
« odieux. »

Sur les trois heures, le nouvel amiral, *sir Pulteney Malcolm*, et tous ses officiers ont été présentés à l'Empereur. L'amiral a causé d'abord seul avec lui près de deux heures. Il a dû être très-frappé de la conversation, car il a dit en sortant qu'il venait de prendre une bien belle et bonne leçon sur l'histoire de France.

L'Empereur a dû lui dire, en terminant : « Vous avez levé une contri-
« bution de sept cents millions sur la France ; j'en ai imposé une de plus
« de dix milliards sur votre pays. Vous avez levé la vôtre par vos baïon-
« nettes ; j'ai fait lever la mienne par votre parlement. » — Et c'est bien là la véritable analyse des affaires, a répondu l'amiral.

L'amiral était à Bruxelles à dîner avec lord Vellington, lorsque Blucher envoya dire qu'il était attaqué. Wellington, disait l'amiral, avait à Waterloo quatre-vingt-dix mille hommes, et Bulow vingt-cinq mille. C'était précisément là le compte qu'avait estimé l'Empereur. L'amiral ramenait d'Amérique douze mille hommes de vieille troupe, sans aucun soupçon du nouvel état de l'Europe. A la mer, un bâtiment lui apprit la révolution du retour de l'île d'Elbe ; elle lui sembla si magique, qu'il ne put la croire. Toutefois, à la vue de Plymouth, il reçut ordre de continuer en toute hâte sur Ostende ; il l'atteignit à temps : quatre mille hommes purent prendre part à la bataille ; et ils étaient sans contredit ce qu'il y avait de meilleur dans toute la ligne, assurait l'amiral. Qui peut assigner leur degré d'influence ! Les Anglais crurent la bataille perdue tout le jour, et ils conviennent qu'elle l'était sans la faute de Grouchy. L'amiral était venu de sa personne durant la bataille à portée de Wellington.

Anecdotes sur le 18 brumaire.—Siéyes. — Grand électeur.—Cambacérès.—Lebrun, etc.

Vendredi 5.

Le temps était délicieux. L'Empereur a fait au galop deux tours en calèche. J'étais seul avec lui. Il m'a beaucoup parlé de mon fils, de son avenir, avec un intérêt et une bonté qui me remplissaient le cœur. Il disait que, vu son âge, cette circonstance de Sainte-Hélène était sans prix pour le reste de sa vie; que son moral s'y serait trouvé en serre chaude, etc., etc.

Après dîner, l'Empereur est revenu sur le 18 brumaire, et nous l'a raconté avec une infinité de petits détails. Comme il l'a dicté depuis longtemps au général Gourgaud, c'est là que je renverrai pour la masse de l'événement. Je n'en vais donner ici que quelques traits ou accessoires qui ne s'y trouveront sans doute pas.

La situation de Napoléon, à son retour d'Égypte, fut unique. Il s'était vu aussitôt sollicité par tous les partis, et avait reçu tous leurs secrets. Il en était trois bien distincts: *le Manége,* dont un général fort connu, Bernadotte, était un des chefs; *les Modérés,* conduits par Siéyes, et *les Pourris,* disait-il, ayant Barras à leur tête.

La détermination que prit Napoléon de s'associer aux Modérés lui fit courir de grands dangers, disait-il. Avec les Jacobins il n'en eût couru aucun; ils lui avaient offert de le nommer *dictateur*: « Mais après avoir « vaincu avec eux, disait l'Empereur, il m'eût fallu presque aussitôt « vaincre contre eux. Un club ne supporte point de chef durable, il lui « en faut un pour chaque passion. Or, se servir un jour d'un parti, pour « l'attaquer le lendemain, de quelque prétexte qu'on l'enveloppe, c'est « toujours trahir; ce n'était pas dans mes principes.

« Mon cher, me disait l'Empereur dans un autre moment, après « avoir parcouru de nouveau l'événement de brumaire, il y a loin de « là, vous en conviendrez, à la conspiration de Saint-Réal, qui offre « bien plus d'intrigues et bien moins de résultats: la nôtre ne fut que « l'affaire d'un tour de main. Il est sûr, ajoutait-il, que jamais plus « grande révolution ne causa moins d'embarras, tant elle était désirée; « aussi se trouva-t-elle couverte des applaudissements universels.

« Pour mon propre compte, toute ma part dans le complot d'exécu- « tion se borna à réunir à une heure fixe la foule de mes visiteurs, et à « marcher à leur tête pour saisir la puissance. Ce fut du seuil de ma « porte, du haut de mon perron, et sans qu'ils en eussent été prévenus « d'avance, que je les conduisis à cette conquête; ce fut au milieu de « leur brillant cortége, de leur vive allégresse, de leur ardeur unanime

« que je me présentai à la barre des Anciens pour les remercier de la
« dictature dont ils m'investissaient.

« On a discuté métaphysiquement, et l'on discutera longtemps encore
« si nous ne violâmes pas les lois, si nous ne fûmes pas criminels ; mais
« ce sont autant d'abstractions bonnes tout au plus pour les livres et les
« tribunes, et qui doivent disparaître devant l'impérieuse nécessité ;
« autant vaudrait accuser de dégât le marin qui coupe ses mâts pour ne
« pas sombrer. Le fait est que la patrie sans nous était perdue, et que
« nous la sauvâmes. Aussi les auteurs, les grands acteurs de ce mémo-
« rable coup d'État, au lieu de dénégations et de justifications, doivent-
« ils, à l'exemple de ce Romain, se contenter de répondre avec fierté à
« leurs accusateurs : *Nous protestons que nous avons sauvé notre pays,*
« *venez avec nous en rendre grâces aux dieux.*

« Et, certes, tous ceux qui dans le temps faisaient partie du tourbillon
« politique ont eu d'autant moins de droits de se récrier avec justice,
« que tous convenaient qu'un changement était indispensable, que tous
« le voulaient, et que chacun cherchait à l'opérer de son côté. Je fis le
« mien à l'aide des *Modérés* ; la fin subite de l'anarchie, le retour im-
« médiat de l'ordre, de l'union, de la force, de la gloire, furent ses ré-

« sultats. Ceux des *Jacobins* ou ceux des *Immoraux* auraient-ils été su-
« périeurs? Il est permis de croire que non. Toutefois il n'est pas moins
« très-naturel qu'ils en soient demeurés mécontents, et en aient jeté
« les hauts cris. Aussi, n'est-ce qu'à des temps plus éloignés, à des hom-
« mes plus désintéressés qu'il appartient de prononcer sainement sur
« cette grande affaire. »

Au surplus, voici deux traits qui aideront à juger de l'état réel de la république à l'époque de brumaire. Après cette journée, il ne se trouva pas au trésor de quoi expédier un courrier; et quand le Consul voulut se procurer la force précise de l'armée, il fut réduit à envoyer des personnes sur les lieux. « Mais, disait-il, vous devez avoir des rôles au bu-
« reau de la guerre? — A quoi nous serviraient-ils? répondait-on, il
« y a eu tant de mutations dont on n'a pu tenir compte. — Mais du
« moins vous devez avoir l'état de la solde qui nous mènera à notre
« but! — Nous ne la payons pas. — Mais les états de vivres? — Nous ne
« les nourrissons pas. — Mais ceux de l'habillement? — Nous ne les
« habillons pas. »

La révolution de brumaire accomplie, il se trouva trois Consuls provisoires : *Napoléon*, *Siéyes* et *Ducos*. Il fallait un président. La crise était chaude et rendait le général bien nécessaire : aussi saisit-il le fauteuil, et ses deux acolytes n'eurent garde de le lui disputer. Ducos, d'ailleurs, se prononça dès cet instant une fois pour toutes. Le général seul pouvait les sauver, disait-il; et dès lors il se déclarait pour toujours de son avis en toutes choses. Siéyes s'en mordit les lèvres; mais il dut en faire autant.

Siéyes calcule volontiers ses intérêts. Dès la première réunion des trois Consuls en séance, et dès qu'ils furent seuls, Siéyes alla mystérieusement regarder aux portes si personne ne pouvait entendre; puis, revenant à Napoléon, il lui dit avec complaisance et à demi-voix, en lui montrant une commode : « Voyez-vous ce beau meuble? vous ne vous
« doutez peut-être pas de sa valeur? » Napoléon crut qu'il lui faisait considérer un meuble de la couronne, et peut-être qui aurait servi à Louis XVI. « Ce n'est pas du tout cela, lui dit Siéyes voyant sa méprise;
« je vais vous mettre au fait. Il renferme huit cent mille francs!!! et ses
« yeux s'ouvraient tout grands. Dans notre magistrature directoriale,
« nous avions réfléchi qu'un directeur sortant de place pouvait fort bien
« rentrer dans sa famille sans posséder un denier, ce qui n'était pas
« convenable. Nous avions donc imaginé cette petite caisse, de laquelle
« nous tirions une somme pour chaque membre sortant. En cet instant,

« plus de directeurs ; nous voilà donc possesseurs du reste. Qu'en fe-
« rons-nous ? » Napoléon, qui avait prêté une grande attention, et commençait enfin à comprendre, lui répondit : « Si je le sais, la somme

« ira au Trésor public ; mais si je l'ignore, et je ne le sais point encore,
« vous pouvez vous la partager, vous et Ducos, qui êtes tous deux anciens
« directeurs ; seulement, dépêchez-vous, car demain il serait peut-être
« trop tard. Les collègues ne se le firent pas dire deux fois, observait
« l'Empereur. Siéyes se chargea gaiement de l'opération, et fit le par-
« tage, comme dans la fable, en lion. Il fit nombre de parts : il en prit
« une comme pauvre ex-directeur, une autre comme ayant dû rester en
« charge plus longtemps que ses collègues, une autre parce qu'il avait
« donné l'idée de cet heureux changement, etc., etc. ; bref, dit l'Empe-
« reur, il s'adjugea six cent mille francs, et n'en envoya que deux cent
« mille au pauvre Ducos, qui, revenu des premières émotions, voulait
« absolument reviser ce compte et lui chercher querelle. Tous les deux
« revenaient à chaque instant, à ce sujet, à leur troisième collègue pour
« qu'il les mît d'accord, mais celui-ci répondait toujours : Arrangez-
« vous entre vous ; soyez surtout silencieux, car si le bruit remontait
« jusqu'à moi, il vous faudrait abandonner le tout.
« Lorsqu'il fallut se fixer sur une constitution, disait l'Empereur,

« Siéyes donna une autre scène fort plaisante. Les circonstances et l'o-
« pinion publique en avaient fait une espèce d'oracle en ce genre; il dé-
« roula donc aux commissions des deux Conseils, mystérieusement et
« avec poids et mesure, les différentes bases, qui furent toutes adoptées,
« bonnes, imparfaites ou mauvaises. Enfin il couronna l'œuvre en dé-
« voilant la sommité, ce qu'on attendait avec une vive et curieuse im-
« patience. Il proposa un *grand électeur* qui résiderait à Versailles,
« jouirait de six millions annuels, représenterait la dignité nationale, et
« n'aurait d'autre fonction que de nommer deux Consuls : celui de la
« *paix*, celui de la *guerre*, tout à fait indépendants dans leurs fonctions.
« Encore si cet électeur avait fait un mauvais choix, le Sénat devait-il
« *l'absorber* lui-même. C'était l'expression technique, c'est-à-dire le
« faire disparaître en le faisant rentrer par forme de punition dans la
« foule des citoyens. »

Napoléon, faute d'expérience dans les assemblées, et aussi par une circonspection commandée par le moment, avait pris peu ou point de part
à ce qui avait précédé; mais ici, à ce point décisif, il se mit à rire, dit-
il, au nez de Siéyes, et sabra ce qu'il appelait ses niaiseries métaphysiques. Siéyes n'aimait pas à se défendre, disait l'Empereur, et ne savait
pas le faire. Il essaya pourtant ici de dire qu'après tout un roi n'était
pas autre chose. Napoléon lui répondait : « Mais vous prenez l'abus pour
« le principe, l'ombre pour le corps. » Puis il l'acheva en lui disant :
« Et comment avez-vous pu imaginer, monsieur Siéyes, qu'un homme
« de quelque talent et d'un peu d'honneur voulût se résigner au rôle d'un
« cochon à l'engrais de quelques millions? » Après une telle sortie, qui, disait l'Empereur, fit rire aux éclats tous les assistants, la création de Siéyes
demeura noyée; il n'y eut plus moyen pour lui de revenir à son grand
électeur, et l'on se décida pour un Premier Consul à décision suprême,
ayant la nomination à tous les emplois, et deux Consuls accessoires à
voix délibératives seulement. C'était au fait, dès cet instant, l'unité du
pouvoir. Le Premier Consul était un vrai président d'Amérique, gazé
sous des formes que commandait encore l'esprit ombrageux du moment; aussi l'Empereur dit-il que son règne commença réellement dès
ce jour-là.

L'Empereur regrettait en quelque sorte que Siéyes n'eût pas été l'un
des trois Consuls. Celui-ci, qui le refusa d'abord, le regretta aussi, mais
quand il n'était plus temps. Il s'était mépris sur la nature de ces Consuls, disait Napoléon; il craignait pour son amour-propre et redoutait
d'avoir à chaque instant le Premier Consul à combattre. « Ce qui eût

« été vrai, observait l'Empereur, si tous les Consuls eussent été égaux :
« nous aurions été alors tous ennemis ; mais la constitution les ayant
« faits subordonnés, il n'y avait plus de lutte d'amour-propre, aucune
« cause d'inimitié, mais milie d'une véritable union. » Siéyes le reconnut, mais trop tard. L'Empereur disait qu'il eût pu être fort utile au conseil, meilleur peut-être que les autres, parce qu'il avait parfois des idées neuves et très-lumineuses ; mais que du reste il n'était pas du tout propre à gouverner. En dernière analyse, disait l'Empereur, pour gouverner il faut être militaire : on ne gouverne qu'avec des éperons et des bottes. Siéyes, sans être peureux, avait peur de tout : ses espions de police troublaient son repos. Au Luxembourg, durant le Consulat provisoire, il réveillait souvent Napoléon, son collègue, et le harcelait avec les trames nouvelles qu'il apprenait à chaque instant de sa police particulière. « Mais a-t-on gagné notre garde? lui disait celui-ci. — Non. —
« Eh bien, allez dormir. En guerre comme en amour, pour conclure,
« mon cher, il faut se voir de près. Il sera temps de nous inquiéter quand
« on attaquera nos six cents hommes. »

L'Empereur disait qu'au demeurant il avait choisi en *Cambacérès* et *Lebrun* deux hommes de mérite, deux personnages distingués ; tous deux sages, modérés, capables, mais d'une nuance tout à fait opposée. L'un, avocat des abus, des préjugés, des anciennes institutions, du retour des honneurs, des distinctions, etc. ; l'autre, froid, sévère, insensible, combattant tous ces objets, y cédant sans illusion, et tombant naturellement dans l'idéologie.

L'Empereur revenait à faire observer que Siéyes aurait peut-être contribué à donner une autre couleur, une autre tournure, d'autres nuances à l'administration impériale ; mais on répliquait que cette variante n'eût pu qu'être nuisible ; car on avait beaucoup loué dans le temps le choix de Napoléon. Les hommes qu'il avait appelés, lui disait-on, n'étaient pas dans le cas d'être désavoués de personne en Europe. Ils avaient beaucoup contribué à lui ramener l'opinion des diverses nuances parmi nous en France, il n'en eût pas été de même de Siéyes. Son nom et son souvenir eussent aux yeux de beaucoup nui aux actes auxquels il eût participé, et on cita dans ce temps, avec un empressement qui faisait voir toute la malveillance qu'on lui portait, une anecdote qu'on disait s'être passée aux Tuileries entre lui et l'Empereur. Il était échappé à Siéyes, disait-on, parlant de Louis XVI à l'Empereur, de dire *le tyran*.
« Monsieur l'abbé, faisait-on répondre à l'Empereur, s'il eût été un
« tyran, vous diriez la messe, et moi je ne serais pas ici. » L'Empereur

a souri à cette anecdote, sans exprimer autrement si elle était vraie ou non. On verra plus loin qu'elle était fausse.

Nouveaux torts du gouverneur. — Ses absurdités.

Samedi, 6 au lundi 8.

Il y a longtemps que je n'ai parlé du gouverneur. Nous cherchions à l'éloigner le plus possible de notre pensée; nous ne l'apercevions presque plus. Ses mauvaises manières, ses vexations, me forcent d'y revenir aujourd'hui : elles semblent prendre une nouvelle activité. Il vient de nous garder des lettres d'Europe, bien qu'elles fussent venues ouvertes et de la manière la plus ostensible; mais seulement parce qu'elles n'avaient point passé par les mains du secrétaire d'État, sans faire attention qu'un manque de formalité peut se réparer facilement en Angleterre, mais qu'il demeure sans remède pour nous à deux mille lieues de distance. Si encore, en exécutant aussi rigoureusement la lettre de ses instructions, il avait l'humanité de nous faire savoir qu'il a reçu ces lettres et de qui elles sont, il nous tranquilliserait sur des personnes dont nous pleurions la négligence ou la santé ; mais il a la barbarie de nous en faire un mystère. Il y a peu de jours que la comtesse Bertrand ayant écrit à la ville, il a fait saisir le billet et le lui a renvoyé comme ayant été écrit sans son aveu. Il a accompagné cette injure d'une lettre officielle par laquelle il nous interdit dès à présent toute communication par écrit ou même verbale avec les habitants sans avoir été soumise à son visa ; et, chose absurde et peu croyable, c'est qu'il nous a fait cette interdiction vis-à-vis de personnes qu'il nous laisse la liberté d'aller visiter à notre gré. Il a accompagné la publication du bill qui nous concerne de commentaires qui ont répandu la terreur parmi les habitants ; il se récrie sur l'excessive dépense de la table de l'Empereur ; il insiste sur de fortes diminutions. On n'avait point entendu que le général Bonaparte aurait autant de personnes autour de lui. Les ministres, nous dit-il ingénument, n'avaient point douté que la permission qu'il nous avait apportée de nous en aller ne nous eût décidés à quitter l'Empereur, etc. Toutes ces tracasseries ont amené un échange de notes assez vives. A un article du gouverneur, dans lequel il disait que si les restrictions qu'on nous impose nous semblaient trop dures, nous pourrions nous en affranchir en nous en allant, l'Empereur a dicté lui-même l'addition suivante à la réponse que nous avions déjà faite : « Qu'honorés par lui « dans sa prospérité, nous placions notre plus douce jouissance à le ser-

« vir, aujourd'hui qu'il ne pouvait rien pour nous; et tant pis pour
« quiconque ne comprenait pas cette conduite. »

Nouvelles vexations.—*Tristan*.— Fables de La Fontaine, etc.— Le ventre gouverne le monde.—
Difficulté de juger les hommes.

Mardi 9 au jeudi 11.

Les vexations du gouverneur continuent, et il ne cesse de gagner du terrain sur notre malheureuse situation. Son parti semble pris de nous mettre au secret. Il a publié une proclamation en ville, ordonnant de lui envoyer, sous peine de châtiment, dans les vingt-quatre heures, tous billets ou lettres que nous pourrions adresser aux habitants, pour quelque motif que ce fût. Il a interdit à ceux-ci de visiter le grand maréchal et sa femme, qui se trouvent en tête de notre enceinte. Les premiers moments de ce nouveau blocus de madame Bertrand ont été si sévères, que des médicaments envoyés d'ici par le docteur à un des gens du grand maréchal qui était à la mort n'ont pu y entrer, et que ce n'est que par accommodement que l'officier a pris sur lui de les faire parvenir pardessus le mur.

Le gouverneur, ayant lu dans une de mes lettres pour l'Europe que je demandais plusieurs objets de vêtements et de toilette, est venu me dire que je pouvais prendre la plupart de ces objets parmi ce que le gouvernement avait envoyé ici pour Napoléon; et comme je lui ai répondu que je préférais les acheter, ne voulant pas gêner mes sentiments d'aucune reconnaissance, le gouverneur a observé sèchement qu'il me serait loisible de les payer si j'en avais la fantaisie; à quoi j'ai répliqué : « Pardonnez, monsieur, j'aime à choisir mes boutiques. » Il en est résulté que le gouverneur m'a fait dire plus tard par le docteur qu'il allait porter des plaintes contre moi aux ministres pour avoir refusé avec *mépris*, disait-il, les dons du gouvernement. A quoi je lui ai riposté aussitôt que je lui serais obligé, étant bien plus heureux qu'il eût à transmettre à ses ministres des refus que des demandes.

L'Empereur a rencontré le petit Tristan, fils aîné de M. de Montholon, qui n'a guère que sept ans, et court tout le jour. Il l'a fait approcher entre ses deux jambes et a voulu lui faire réciter quelques fables, dont le pauvre enfant sur dix mots n'en comprenait pas deux. L'Empereur en riait beaucoup, condamnait qu'on donnât La Fontaine aux enfants qui ne pouvaient l'entendre, et s'est mis à expliquer ces fables à Tristan, à vouloir les lui rendre sensibles, et rien de plus curieux que ses développements, leur simplicité, leur justesse, leur logique.

Dans la fable *du Loup et de l'Agneau,* rien n'était plus risible comme de voir le petit bonhomme dire Sire et Votre Majesté; et en parlant du

loup, et en parlant de l'Empereur, mêler à tort et à travers tout cela dans sa bouche, et bien plus encore probablement dans sa tête.

L'Empereur trouvait qu'il y avait beaucoup trop d'ironie dans cette fable pour être à la portée des enfants. Elle péchait d'ailleurs, disait-il, dans son principe et sa morale, et c'était la première fois qu'il s'en sentait frappé. Il était faux que la raison du plus fort fût la meilleure; et, si cela arrivait en effet, c'était là le mal, disait-il, l'abus qu'il s'agissait de condamner. Le loup donc eût dû s'étrangler en croquant l'agneau, etc., etc.

Tristan est fort paresseux. Il avouait à l'Empereur qu'il ne travaillait pas tous les jours: « Ne manges-tu pas tous les jours? disait l'Em-
« pereur. — Oui, Sire. — Eh bien! tu dois travailler tous les jours,
« car on ne doit point manger si l'on ne travaille pas. — Oh bien! en ce
« cas, je travaillerai tous les jours, disait vivement l'enfant. — Voilà
« bien l'influence du petit ventre, disait l'Empereur en tapant sur celui
« de Tristan; c'est la faim, c'est le petit ventre qui fait mouvoir le
« monde. Allons, mon petit, si tu es sage, nous te ferons page de

« Louis XVIII. » — « Mais je ne veux pas, » disait Tristan en grognant et faisant la grimace.

Cette après-dînée, lisant un ouvrage où l'auteur observait que la figure trompait souvent sur le caractère, l'Empereur s'est arrêté, a posé le livre avec un visage pénétré, un accent convaincu ; il a dit : « C'est « bien vrai. Que de preuves j'ai dans ce genre ! Par exemple, j'avais quel- « qu'un auprès de moi ; sa figure, sans doute, était loin... Mais, non ; « après tout, ce quelqu'un avait en effet un œil de pie ; j'aurais dû y de- « viner quelque chose. » Et il s'est étendu sur le caractère de cette personne. Ils s'étaient connus dès l'enfance, disait-il ; il lui avait donné longtemps toute sa confiance ; il avait du talent, des moyens ; l'Empereur croyait même qu'il avait été attaché, fidèle. « Mais il était aussi par « trop avide, disait-il, il aimait trop l'argent. Quand je lui dictais et « qu'il lui arrivait d'avoir à écrire des millions, ce n'était jamais sans « un mouvement sur toute sa figure, un léchement de lèvres, une cer- « taine agitation sur sa chaise qui, plus d'une fois, m'avait porté à « lui demander ce que c'était, ce qu'il avait, etc. »

L'Empereur disait que le vice était trop prononcé pour qu'il eût pu garder cette personne auprès de lui. Mais que, vu ses autres qualités, il eût dû peut-être se contenter de la placer différemment, etc., etc.

Sur le Masque de Fer, etc.— Fable ingénieuse.

Vendredi 12.

La conversation a conduit aujourd'hui à traiter le Masque de Fer. On a passé en revue ce qui a été dit par Voltaire, Dutens, etc., et ce que l'on trouve dans les *Mémoires de Richelieu* ; ceux-ci le font, comme l'on sait, frère jumeau de Louis XIV et son aîné. Or, quelqu'un a ajouté que, travaillant à des cartes *généalogiques*, on était venu lui démontrer sérieusement que lui, Napoléon, était le descendant linéal de ce Masque de Fer, et par conséquent l'héritier légitime de Louis XIII et de Henri IV, de préférence à Louis XIV, et à tout ce qui en était sorti. L'Empereur de son côté a dit en avoir, en effet, entendu quelque chose, et il a ajouté que la crédulité des hommes est telle, leur amour du merveilleux si fort, qu'il n'eût pas été difficile d'établir quelque chose de la sorte pour la multitude, et qu'on n'eût pas manqué de trouver certaines personnes dans le Sénat pour le sanctionner, et probablement celles-là mêmes qui plus tard se sont empressées de le dégrader sitôt qu'elles l'ont vu dans l'adversité.

Je suis passé alors à développer les bases et la marche de cette fable. Le gouverneur des îles Sainte-Marguerite, disait-on, auquel la garde du Masque de Fer était alors confiée, se nommait M. *de Bonpart*, circonstance au fait déjà fort singulière. Celui-ci, assurait-on, ne demeura pas étranger aux destinées de son prisonnier. Il avait une fille ; les jeunes gens se virent, ils s'aimèrent. Le gouverneur en donna connaissance à la cour ; on y décida qu'il n'y avait pas grand inconvénient à laisser cet infortuné chercher dans l'amour un adoucissement à ses malheurs, et M. de Bonpart les maria.

Celui qui parlait en ce moment disait que quand on lui raconta la chose, qui l'avait fort amusé, il lui était arrivé de dire qu'il la trouvait très-ingénieuse, sur quoi le narrateur s'était fâché tout rouge, prétendant que ce mariage pouvait se vérifier aisément sur les registres d'une des paroisses de Marseille qu'il cita, et qui en attestait, disait-il, toutes les traces. Il ajoutait que les enfants qui naquirent de ce mariage furent clandestinement ou sans bruit écoulés vers la Corse, où la différence de langage, le hasard ou l'intention avaient transformé leur nom de Bonpart en Bonaparte et Buonaparte ; ce qui au fond présente le même sens.

A cette anecdote on a ajouté qu'au moment de la révolution on avait fait une histoire semblable en faveur de la branche d'Orléans. On la fondait sur une pièce trouvée à la Bastille. On supposait qu'Anne d'Autriche, qui accoucha après vingt-trois ans de stérilité, avait mis au monde une fille ; la crainte qu'elle n'eût point d'autre enfant avait porté Louis XIII à éloigner cette fille et lui substituer faussement un garçon, qui avait été Louis XIV. Mais l'année suivante la reine accoucha encore, et cette fois ce fut un garçon, Philippe, chef de la maison d'Orléans, qui se trouvait ainsi, lui et les siens, les héritiers légitimes, tandis que Louis XIV et les siens n'étaient plus que des intrus et des usurpateurs. Dans cette version, le Masque de Fer était une fille. Une brochure courut les provinces à ce sujet lors de la prise de la Bastille. Mais l'histoire ne fit pas fortune ; elle mourut sans avoir même un instant, à ce qu'il paraît, occupé la capitale.

Sur le maréchal Lannes. — Murat, sa femme, etc.

Samedi 13, dimanche 14.

Durant le dîner, au sujet de toilette et de parure, on disait que, parmi les grands personnages du jour, aucun n'en avait poussé le ridicule plus loin que *Murat*, et encore, observait-on, était-elle la plupart du temps tellement singulière, tellement bizarre, que le public l'en appelait le *roi Franconi*. L'Empereur en a beaucoup ri, confessant qu'il

était vrai que certains costumes et certaines manières lui donnà... effet parfois l'apparence d'un opérateur, l'air d'un charlatan. En) nant à la toilette, on ajoutait que *Bernadotte* y mettait aussi un s... infini, et *Lannes* beaucoup de temps. L'Empereur s'est montré fort surpris de ce qu'on lui apprenait des deux derniers. Cela l'a conduit naturellement bientôt à répéter ses vifs regrets sur la perte du maréchal Lannes, qu'il a terminés en disant : « Ce pauvre Lannes, dans son ago-
« nie, à chaque instant, me demandait ; il se cramponnait à moi, disait
« Napoléon, de tout le reste de sa vie ; il ne voulait que moi, ne pensait
« qu'à moi. Espèce d'instinct! Assurément il aimait mieux sa femme et
« ses enfants que moi ; il n'en parlait pourtant pas : c'est qu'il n'en at-
« tendait rien ; c'était lui qui les protégeait, tandis qu'au contraire moi
« j'étais son protecteur ; j'étais pour lui quelque chose de vague, de supé-
« rieur ; j'étais sa providence, il m'implorait !.... »
Quelqu'un observa alors que le bruit des salons avait été bien différent ; qu'on y avait répandu que Lannes était mort en furieux, maudissant l'Empereur, contre lequel il se montrait enragé, et on ajoutait qu'il avait toujours eu de l'éloignement pour lui, et le lui avait souvent

Mort du Maréchal Lannes

témoigné avec insolence... « Quelle absurdité! a repris l'Empereur ; « Lannes m'adorait au contraire. C'était assurément un des hommes au « monde sur lequel je pouvais le plus compter. Il est bien vrai que dans « son humeur fougueuse il eût pu laisser échapper quelques paroles « contre moi ; mais il était homme à casser la tête de celui de qui il « les aurait entendues. »

Revenant ensuite à *Murat,* quelqu'un observa qu'il avait grandement influé sur les malheurs de 1814. « Il les a décidés, a repris l'Empereur; « il est une des grandes causes que nous sommes ici. Du reste, la pre- « mière faute en est à moi. Ils étaient plusieurs que j'avais faits trop « grands ; je les avais élevés au-dessus de leur esprit. Je lisais, il y a « peu de jours, sa proclamation en se séparant du vice-roi ; je ne la con- « naissais pas encore. Il est difficile de concevoir plus de turpitude : « il y dit que le temps est venu de choisir entre deux bannières, celle du « crime ou de la vertu. Or c'est la mienne qu'il appelle celle du crime. « Et c'est Murat, mon ouvrage, le mari de ma sœur, celui qui me doit « tout, qui n'eût été rien, qui existe, qui n'est connu que par moi, « qui écrit cela! Il est difficile de se séparer du malheur avec plus « de brutalité, de courir avec plus d'impudeur au-devant d'une fortune « nouvelle. »

Madame Mère, depuis cet instant, ne voulut avoir aucun rapport avec lui ni avec sa femme, quelques efforts d'ailleurs qu'ils fissent vis-à-vis d'elle ; sa constante réponse était qu'elle avait en horreur les traîtres et la trahison. Dès qu'elle fut à Rome, après les désastres de 1814, Murat s'empressa de lui envoyer de ses écuries de Naples huit très-beaux chevaux. Madame n'en voulut point entendre parler. Elle repoussa de même toutes les tentatives de sa fille *Caroline,* qui ne cessait de répéter qu'après tout il n'y avait pas de sa faute, qu'elle n'y était pour rien, qu'elle n'avait pu commander son mari. Mais Madame répondait comme Clytemnestre : « Si vous n'avez pu le commander, vous auriez dû le combattre; « or quels combats avez-vous livrés ? quel sang a coulé ? Ce n'est qu'au « travers de votre corps que votre mari devait percer votre frère, votre « bienfaiteur, votre maître. »

« A mon retour de l'île d'Elbe, continuait l'Empereur, la tête tourna « à Murat de me voir débarqué. Les premières nouvelles lui apprirent « que j'étais dans Lyon. Il était habitué à mes grands retours de fortune. « Il m'avait vu plus d'une fois dans des circonstances prodigieuses. Il me « crut déjà maître de l'Europe, et ne songea plus qu'à m'arracher l'Ita- « lie, car c'était là son but et ses espérances. Vainement des gens à

« grand crédit parmi les peuples qu'il voulait soulever se jetèrent-ils à
« genoux, lui dirent-ils qu'il s'abusait ; que les Italiens avaient un roi,
« que celui-là seul avait leur amour et leur estime : rien ne put l'arrê-
« ter. Il se perdit, et contribua à nous perdre une seconde fois, parce
« que les Autrichiens, ne doutant pas que ce ne fût à mon instigation, ne
« voulurent pas croire à mes paroles et se défièrent de moi. La malheu-
« reuse fin de Murat répond à toute cette conduite. Murat avait un très-
« grand courage et fort peu d'esprit. La trop grande différence entre
« ces deux qualités l'explique en entier. Il était difficile, impossible
« même, d'être plus brave que Murat et Lannes. Murat n'était demeuré
« que brave. L'esprit de Lannes avait grandi au niveau de son courage ;
« il était devenu un géant.

« Au surplus, a terminé l'Empereur, l'exécution de Murat n'en est
« pas moins horrible ! C'est un événement dans les mœurs de l'Eu-

« rope, une infraction aux bienséances publiques. Un roi a fait fusiller
« un roi reconnu comme tel par tous les autres !!!. . Quel charme il a
« violé !... »

Bill de notre exil.—Beaumarchais.—Historique des travaux de Cherbourg.

Lundi 15.

Sur les dix heures, l'Empereur est entré dans ma chambre; voulant
se promener, je l'ai suivi ; il a marché quelque temps vers le bois, où

la calèche est venue le prendre. J'étais seul avec lui, et la conversation a roulé tout le temps sur le bill qui le concerne et qui nous est étranger. . . . .

Au retour, l'Empereur a hésité s'il déjeunerait sous les arbres; mais il s'est décidé à rentrer, et n'est pas ressorti de tout le jour; il a dîné seul.

Après son dîner il m'a fait appeler; il lisait des *Mercures* ou journaux anciens. Il y trouvait diverses anecdotes et circonstances de *Beaumarchais*. Cette lecture était piquante par l'extrême différence des mœurs, bien que dans des temps si voisins. Elle lui a présenté le voyage de Louis XVI à Cherbourg, sur lequel il s'est arrêté quelque temps, puis il a passé aux travaux de Cherbourg et a parcouru leur historique avec cette clarté, cette précision, ce piquant qui caractérise tout ce qu'il dit.

Cherbourg se trouve au fond d'une anse semi-circulaire, dont les deux extrémités sont l'île Pelée à droite, et la pointe Querqueville à gauche. L'alignement qui joint ces deux points forme la corde ou le diamètre, et court de l'est à l'ouest.

En face, au nord, et à très-peu de distance, vingt lieues environ, est le fameux Portsmouth, le premier arsenal des Anglais. Le reste de leurs côtes court presque parallèlement aux nôtres. La nature a tout fait pour nos rivaux; à nous elle a tout refusé. Leurs rivages sont sains et se nettoient encore chaque jour; ils présentent beaucoup de fond, une multitude d'abris, de havres, de ports excellents; nos côtes, au contraire, sont remplies d'écueils, elles ont peu d'eau et s'encombrent journellement davantage. Nous n'avons pas un seul véritable port de grande dimension dans ces parages; si bien que les escadres ennemies, mouillées à Portsmouth, n'ont pas même besoin de mettre sous voiles pour nous inquiéter : il leur suffit de quelques bâtiments légers pour les avertir; et en un moment, sans peine et sans danger, elles se trouvent sur leur proie : on pourrait dire que de là les Anglais sont tout à la fois et chez eux et chez nous.

Si nos escadres, au contraire, osent se hasarder dans la Manche, qui ne devrait s'appeler à bien dire que la *Mer Française*, elles s'y trouvent en péril permanent; la tempête ou la supériorité de l'ennemi peut amener leur destruction totale, parce que dans les deux cas il n'est point d'abri pour elles. C'est ce qui arriva à la fameuse journée de la Hogue, où Tourville, à la gloire d'un combat aussi inégal, eût pu joindre encore la gloire d'une belle retraite, s'il eût existé un port où se réfugier.

Dans cet état de choses, les gens à bonnes vues, aimant le bien de leur pays, vinrent à bout, à force de projets et de mémoires, de déterminer le gouvernement à chercher dans le secours de l'art ceux dont nous avait privés la nature; et après beaucoup d'hésitation et de tâtonnement, on s'arrêta sur la baie de Cherbourg, qu'il s'agissait d'abriter à l'aide d'une immense digue jetée dans la mer. Par là nous devions obtenir aux portes mêmes de l'ennemi une rade artificielle où nos vaisseaux pourraient à toute heure et par tous les vents courir sur lui ou échapper à sa poursuite.

« C'était une magnifique et glorieuse entreprise, disait l'Empereur,
« bien forte pour le faire et pour les finances de l'époque. On imagina
« de former la digue par d'immenses cônes construits à vide dans le
« port, et remorqués ensuite jusque sur leur emplacement, où ils
« étaient immergés à force de pierres dont on les remplissait [1], ce
« qui du reste était fort ingénieux. Louis XVI vint honorer ces opéra-
« tions de sa présence; il quitta Versailles et ce fut un grand événe-
« ment. Dans ce temps-là un roi de France ne quittait jamais sa de-
« meure; ses excursions n'allaient pas au delà d'une partie de chasse;
« les rois ne couraient pas comme aujourd'hui; et je crois bien, ajoutait
« l'Empereur, que moi je n'ai pas peu contribué à les mobiliser.

« Toutefois, comme il fallait bien que les choses portassent le cachet
« du temps, voilà la discussion interminable, la rivalité éternelle de la
« terre et de la mer qui va son train. On eût dit à cet égard qu'en
« France il y avait deux rois, ou que celui qui régnait avait deux inté-
« rêts et devait avoir deux volontés, ce qui faisait plutôt qu'il n'en avait
« aucune. Ici, il ne s'agissait que de la mer, et pourtant l'on prononça
« pour la terre, non pour la bonté de ses raisons, mais par la priorité
« de ses droits; et où il s'agissait du sort de l'empire, on ne vit sans
« doute qu'une affaire de hiérarchie, et par cela seul le grand but, la
« magnifique entreprise se trouva manquée. La terre s'établit à l'île
« Pelée et au fort Querqueville : elle n'était appelée là que comme
« auxiliaire de la digue, qui était elle-même l'affaire principale; mais,
« au lieu de cela, la terre commença par s'asseoir, et força ensuite la
« digue de se subordonner à sa bienséance, de se placer, de se courber
« selon son tir. Qu'arriva-t-il? C'est que l'abri qu'on créait et qui de-
« vait être calculé pour recevoir la masse de nos flottes, soit qu'il s'agit
« de frapper au cœur de l'ennemi, soit que le hasard les y fit prendre

---

[1] Ces cônes, de soixante pieds de hauteur, avaient cent quatre pieds de diamètre à leur base et soixante à leur sommet.

« refuge, n'offrit plus de place qu'à une quinzaine de vaisseaux au plus,
« quand il en eût fallu pour cent et au delà, ce que l'on eût obtenu sans
« plus de peines, ni beaucoup plus de dépenses, si l'on se fût porté plus
« en avant dans la mer, seulement au delà des points que s'était adjugés
« et qu'avait fixés la terre.

« Une autre bévue bien caractéristique et qu'on aurait de la peine à
« imaginer, c'est que toutes les grandes mesures, pour la rade de Cher-
« bourg, furent prises et arrêtées, la digue commencée, une des passes,
« celle de l'est, complétée, et qu'on était sur le point de former l'autre,
« celle de l'ouest, sans s'être procuré la connaissance exacte et précise
« de toutes les sondes de la rade ; si bien que la passe déjà formée, celle
« de l'est, large de cinq cents toises, poussée trop près du fort, n'admet-
« tait pas sans inconvénient des vaisseaux à marée basse, et que celle
« que l'on allait former à l'ouest se serait trouvée impraticable, ou du
« moins fort dangereuse, si le zèle individuel d'un officier (M. de Cha-
« vagnac), n'avait fait à temps cette importante découverte, et forcé
« d'arrêter l'extrémité gauche de la digue à mille deux cents toises du
« fort Querqueville, chargé de sa défense : ce qui me semble être et
« est en effet à trop grande distance. »

Du reste, le système des travaux de la digue, laquelle se trouve à plus
d'une lieue du rivage et porte plus de dix-neuf cents toises de long sur
quatre-vingt-dix pieds de large, n'a pas été sans éprouver de nombreuses
variations commandées au surplus par l'expérience. Les cônes, qui dans
le principe devaient se toucher par la base, furent bientôt espacés par
force d'accident ou par vue d'économie : la tempête les endommagea,
les vers les rongèrent, le temps les pourrit ; on y renonça tout à fait
et l'on se contenta d'y substituer de simples pierres perdues ; et quand
on s'aperçut que la force des vagues rendait celles-ci mouvantes, on en
vint à avoir recours à d'énormes blocs qui ont fini par répondre à tout
ce qu'on attendait.

Ces travaux se sont continués sans interruption sous Louis XVI. Nos
assemblées législatives leur donnèrent d'abord un redoublement d'activité ; mais les grands désordres qui suivirent bientôt les firent abandonner tout à fait, et à l'époque du Consulat il ne restait plus de vestige
à l'œil de cette fameuse digue. L'imperfection première, le temps, la
violence des flots, avaient fait tout disparaître jusqu'à plusieurs pieds
au-dessous du niveau de la basse mer.

« Néanmoins un de mes premiers soins, disait l'Empereur, dès que
« j'eus pris le timon des affaires, fut de tourner mes regards sur un

« point aussi important. J'ordonnai des commissions, je fis discuter
« devant moi, je me rendis maître de l'état des lieux, et je prononçai
« que l'exhaussement de la digue serait repris en toute hâte et à toute
« force; que les deux extrémités recevraient avec le temps deux mas-
« sifs de fortification; mais que dès cet instant même on allait se met-
« tre en mesure d'établir au centre une batterie provisoire considé-
« rable. Alors commencèrent de tous les côtés les inconvénients, les
« objections, les vues particulières, l'amour-propre des opinions pri-
« vées, etc., etc. Cela ne se pouvait absolument pas, prétendaient plu-
« sieurs; je n'en tins pas compte, j'insistai, je voulus, et cela fut fait.
« En moins de deux ans on vit surgir comme par magie une île vérita-
« ble, sur laquelle se montra une batterie de gros calibre. Jusqu'à cet

« instant, les Anglais n'avaient guère fait que rire de nos efforts: ils avaient
« jugé dès le principe, disaient-ils, qu'ils demeureraient sans résultats;
« ils avaient deviné que les cônes se détruiraient, que les petites pierres
« obéiraient aux vagues, et surtout ils s'en reposaient sur notre lassi-
« tude et notre inconstance. Mais ici ce fut tout autre chose; aussi firent-
« ils mine de vouloir nous y troubler; mais ils s'y prenaient trop tard,
« j'étais en mesure. La passe occidentale, il est vrai, était demeurée,
« par la force des choses, extrêmement large, et les deux fortifications
« extrêmes ne croisant pas leur feu, il pouvait en résulter qu'un en-
« nemi audacieux eût pu forcer le passage de l'ouest, venir mouiller
« lui-même en dedans de la digue et recommencer le désastre d'Abou-

« kir. Mais avec ma batterie centrale provisoire j'y parais déjà. Cepen-
« dant, comme je suis pour le permanent, j'ordonnai en dedans de la
« digue, à son centre et comme en soutien, en renfort d'elle, et pour lui
« servir à son tour d'enveloppe, un énorme pâté elliptique dominant
« la batterie centrale, et supportant lui-même, en deux étages casema-
« tés et à l'épreuve de la bombe, cinquante pièces de gros calibre avec
« vingt mortiers à grande portée, ainsi que les casernes nécessaires,
« magasin à poudre, etc., etc.

« J'ai la satisfaction d'avoir laissé ce bel ouvrage accompli.

« Ma défensive pourvue, je n'avais plus à m'occuper que de l'offensive,
« qui consistait à pouvoir réunir à Cherbourg la masse de nos flottes.
« Or, la rade ne pouvait contenir que quinze vaisseaux. Pour en accroî-
« tre le nombre, je fis creuser un port nouveau; jamais les Romains
« n'entreprirent rien de plus fort, de plus difficile, qui dût durer davan-
« tage! Il fut fouillé dans le granit à cinquante pieds de profondeur;
« j'en fis solenniser l'ouverture par la présence de Marie-Louise, lorsque
« j'étais moi-même sur les champs de bataille de la Saxe.

« J'obtenais ainsi de pouvoir placer quinze vaisseaux de plus. Ce n'é-
« tait point assez encore, aussi comptais-je m'étendre bien autrement.
« J'étais résolu de renouveler à Cherbourg les merveilles de l'Égypte :
« j'avais élevé déjà dans la mer ma pyramide; j'aurais eu aussi mon
« lac Mœris. Mon grand objet était de pouvoir concentrer à Cherbourg
« toutes nos forces maritimes; et avec le temps, au besoin, elles eussent
« été immenses, afin de pouvoir porter le grand coup à l'ennemi. J'éta-
« blissais mon terrain de manière à ce que les deux nations tout entières
« eussent pu, pour ainsi dire, se prendre corps à corps; et l'issue ne de-
« vait pas être douteuse, car nous aurions été plus de quarante millions
« de Français contre quinze millions d'Anglais; j'eusse terminé par une
« bataille d'Actium. Et puis, que voulais-je de l'Angleterre? Sa destruc-
« tion? Non, sans doute; je ne lui demandais que le terme d'une usur-
« pation intolérable; la jouissance de droits imprescriptibles et sacrés;
« l'affranchissement, la liberté des mers; l'indépendance, l'honneur
« des pavillons; je parlais au nom de tous et pour tous, et je l'eusse ob-
« tenu de gré ou de force : j'avais pour moi la puissance, le bon droit, le
« vœu des nations, etc., etc. »

J'ai des raisons de croire que l'Empereur, dégoûté des pertes qu'a-
vaient coûtées sur mer les tentatives partielles, éclairé par une funeste
expérience, avait adopté un nouveau système de guerre maritime.

Insensiblement la querelle entre l'Angleterre et la France avait pris la tournure d'une véritable lutte à mort. L'irritation de tous les Anglais contre Napoléon était au dernier degré; ses décrets de Berlin et de Milan, son système continental, des expressions offensantes avaient soulevé tous les esprits au delà de la Manche, tandis que les ministres, par leurs libelles, leurs impostures et tous les moyens imaginables, avaient achevé d'y mettre en jeu toutes les passions pour nationaliser *tout à fait* la querelle; aussi, en plein parlement, avait-on proclamé la guerre *perpétuelle,* ou du moins *viagère.* L'Empereur crut devoir façonner ses plans sur cet état de choses, et renonça dès cet instant, autant par calcul que par nécessité, à toutes croisières, toutes opérations lointaines, toutes tentatives chanceuses; il se détermina pour la stricte défensive, jusqu'à ce que les affaires du continent fussent terminées, et que ses forces maritimes accumulées lui permissent de frapper plus tard à coup sûr. Il retint donc tous ses bâtiments dans ses ports, ne songea plus qu'à multiplier graduellement nos ressources navales sans les compromettre davantage : tout ne fut plus calculé que pour un résultat éloigné.

Notre marine avait fait de grandes pertes en vaisseaux, la plupart de nos bons matelots étaient prisonniers en Angleterre, et tous nos ports se trouvaient bloqués par les forces anglaises qui en gênaient les communications. L'Empereur ordonna des canaux en Bretagne, à l'aide desquels, en dépit de l'ennemi, on devait communiquer désormais de Bordeaux, Rochefort, Nantes, de la Hollande, Anvers, Cherbourg, avec Brest, et lui procurer les approvisionnements en tous genres dont il pouvait manquer. Il voulut avoir à Flessingue ou dans le voisinage des bassins propres à recevoir, durant l'hiver, la flotte d'Anvers toute armée, et pouvoir la mettre en mer dans les vingt-quatre heures ; car dans l'état présent elle était retenue prisonnière par les glaces dans l'Escaut quatre ou cinq mois de l'année. Enfin il projetait du côté de Boulogne, ou de quelque endroit de cette côte, une digue pareille à celle de Cherbourg, et entre Cherbourg et Brest un mouillage convenable à l'Ile-à-Bois, le tout pour assurer, en tout temps et sans péril, la libre et pleine communication de nos vaisseaux de haut bord depuis Anvers jusqu'à Brest. Quant au manque de matelots et aux grandes difficultés d'en former, il fut ordonné d'y pourvoir en exerçant chaque jour de jeunes conscrits dans toutes nos rades. Ils seraient placés d'abord sur de petits bâtiments légers : une flottille de ce genre devait même naviguer dans le Zuiderzée ; et de là ces matelots, passablement formés, seraient versés sur les gros vaisseaux, et remplacés aussitôt par d'autres qui devaient suivre. Les vaisseaux, de leur côté, avaient ordre d'appareiller chaque jour, de multiplier leurs exercices, d'évoluer autant que l'espace le permettrait, d'aller même échanger des coups de canon avec l'ennemi, pourvu qu'on fût certain de ne pas se trouver engagé, etc., etc.

Restait la quantité de nos vaisseaux : elle était grande encore malgré toutes nos pertes ; et l'Empereur calculait pouvoir en construire vingt ou vingt-cinq par an ; les équipages s'en trouvaient formés au fur et à mesure, si bien qu'au bout de quatre ou six ans, il eût pu compter sur deux cents vaisseaux de ligne, et peut-être sur trois cents au bout de dix ans s'il s'y fût trouvé forcé. Et qu'était ce temps en regard avec la guerre perpétuelle ou viagère qui nous était vouée ? Cependant les affaires sur terre se seraient terminées, et tout le continent fût entré dans notre système ; l'Empereur eût pu ramener le plus grand nombre de ses troupes sur nos côtes ; et c'est dans cet état qu'il comptait enfin rendre la lutte décisive. Toutes les ressources respectives des deux nations eussent été mises en jeu, et nous devions alors, pensait-il, soumettre nos ennemis par la force morale, ou les étouffer par notre force matérielle.

L'Empereur projetait pour la marine plusieurs idées, et comptait employer une partie de sa tactique de terre. Il établissait sa ligne offensive et défensive du cap Finistère aux bouches de l'Elbe. Il eût eu trois corps d'escadre avec des amiraux en chef, comme il avait des corps d'armée avec leurs maréchaux : celui du centre aurait eu son quartier général à Cherbourg, celui de gauche à Brest, et celui de la droite, à Anvers. De moindres divisions aux extrémités, à Rochefort et au Ferrol, au Texel et aux bouches de l'Elbe, pour tourner et déborder l'ennemi par ses flancs. De nombreuses stations intermédiaires unissaient tous ces points, et leurs amiraux en chef respectifs leur étaient sans cesse comme présents, à l'aide des télégraphes qui, bordant la côte, tenaient ce grand ensemble en constante communication.

Cependant quel parti eussent pris les Anglais durant nos préparatifs et notre accroissement progressif ? Eussent-ils continué de bloquer nos ports ? Nous aurions eu la satisfaction de les voir forcés d'augmenter leurs croisières, nous les aurions amenés à avoir cent et cent cinquante vaisseaux constamment exposés chaque jour sur nos côtes aux hasards de la tempête, aux dangers des écueils, à toutes les chances de désastres ; ayant pour nous, au contraire, toutes celles du succès, si jamais les accidents de la nature ou les fautes de leurs amiraux amenaient quelque catastrophe imprévue, laquelle, par la suite du temps, ne pouvait manquer d'arriver. Quel avantage n'en aurions-nous pas tiré, nous, frais et en bon état, qui guettions ce moment, toujours prêts à mettre sous voiles et à combattre! Les Anglais se seraient-ils lassés, nos vaisseaux sortaient aussitôt pour exercer, former leurs équipages.

Nos armements complétés et le moment décisif approchant, les Anglais, effrayés pour leur île, se seraient-ils groupés en tête de leurs principaux arsenaux, Plymouth, Portsmouth et la Tamise, nos trois corps de Brest, Cherbourg et Anvers allaient à eux, et nos ailes les tournaient sur l'Irlande et sur l'Écosse. Se déterminaient-ils, fiers de leur adresse et de leur courage, à se présenter en masse, alors le tout se trouvait réduit à une affaire décisive, dont nous aurions choisi nous-mêmes le *temps*, le *lieu*, la *saison* ; et c'est ce que l'Empereur appelait sa bataille d'Actium, dans laquelle, si nous étions battus, nous n'éprouvions que de simples pertes, tandis que si nous triomphions, l'ennemi cessait d'exister. Telle avait été une de ses hautes idées, une de ses gigantesques conceptions.

Napoléon a si prodigieusement fait, que ses œuvres, ses monuments semblent se nuire les uns les autres par leur nombre, leur variété, leur importance; aussi aurais-je bien voulu consigner ici l'ensemble de ses travaux exécutés à Cherbourg, et ceux qu'il y avait projetés. Un des hommes précisément du métier même, et l'un de ses premiers ornements, m'en a promis le tableau. S'il me tient parole, on le rencontrera dans le volume suivant.

Longue audience donnée au gouverneur.—Conversation remarquable.

Mardi 16.

Sur les deux heures on est venu demander à l'Empereur s'il voulait recevoir le gouverneur. Il lui a donné une audience de près de deux heures, a parcouru sans se fâcher, disait-il, tous les objets en discussion. Il lui a récapitulé tous nos griefs, énuméré tous ses torts ; il a parlé tour à tour à sa raison, à son esprit, à ses sentiments, à son cœur. « Je l'ai « mis à même de tout réparer, de retravailler à neuf, disait-il; mais « vainement, car cet homme est sans fibres : il n'en faut rien attendre. »

Le gouverneur l'avait assuré, disait l'Empereur, qu'en arrêtant le domestique de M. de Montholon, il avait ignoré qu'il fût à notre service; il a ajouté qu'il n'avait point lu la lettre cachetée de madame Bertrand. L'Empereur lui a fait observer que sa lettre au comte Bertrand était tout à fait en dehors de nos mœurs, et tout à fait en opposition avec nos préjugés; que si lui, Napoléon, étant simple général et confondu dans la vie

privée, avait reçu de lui, gouverneur, une telle lettre, il se serait coupé la gorge avec lui; qu'on n'insultait pas, sous peine de réprobation sociale, un homme aussi connu et aussi vénéré sans doute en Europe que devait l'être le grand maréchal; qu'il ne jugeait pas bien sa situation avec nous; que tout ce qu'il faisait ici était déjà l'histoire; que même la conversation de cet instant était l'histoire. Qu'il blessait chaque jour par sa conduite son propre gouvernement, sa propre nation, et qu'il pourrait lui en coûter avec le temps. Que son gouvernement le désavouerait à la fin, et qu'il resterait sur son nom une tache qui rejaillirait sur ses enfants. « Voulez-vous, lui disait l'Empereur, que je vous dise ce que nous pen-
« sons de vous? Nous vous croyons capable de tout, *mais de tout*; et tant
« que vous demeurerez avec votre haine, nous demeurerons avec notre
« pensée. J'attends encore quelque temps, parce que j'aime à être sûr;
« et je me plaindrai alors de ce que le plus mauvais procédé des minis-
« tres n'a point été de m'envoyer à Sainte-Hélène, mais bien de vous en
« avoir donné le commandement. Vous êtes pour nous un plus grand
« fléau que toutes les misères de cet affreux rocher. »

Le gouverneur répondait à tout cela qu'il allait rendre compte à son gouvernement; qu'avec l'Empereur il apprenait du moins quelque chose, tandis qu'avec nous il ne faisait que s'aigrir, et que nous envenimions tout.

Du reste, au sujet des commissaires des puissances, que le gouverneur demandait à présenter à l'Empereur, l'Empereur les a refusés dans leur capacité politique; mais il a dit au gouverneur qu'il les recevrait volontiers comme hommes privés; qu'il n'avait d'éloignement pour aucun d'eux, pas même pour celui de France, M. *de Montchenu*, qui pouvait être un fort brave homme, qui avait été son sujet dix ans, et qui, ayant été émigré, lui devait probablement à lui, Napoléon, le bienfait de sa rentrée en France; et puis, après tout, c'était un Français; que ce titre était ineffaçable pour lui, qu'il n'était point d'opinion qui pût le détruire à ses yeux, etc.

Enfin, au sujet des bâtisses nouvelles à Longwood, dont la proposition avait été le grand objet de la visite du gouverneur, l'Empereur avait répondu qu'il n'en voulait point, qu'il préférait demeurer mal comme il était, que d'acheter un mieux très-éloigné au prix de beaucoup de bruit et de remue-ménage; que les constructions dont il venait de lui parler demandaient des années pour leur accomplissement, et qu'avant ce temps, ou nous ne vaudrions plus ce que nous coûtions, ou la Providence l'aurait délivré de nous, etc.

Sur les belles Italiennes.

Mercredi 17.

La conversation a roulé particulièrement sur les Italiennes, leur caractère, leur beauté.

Le jeune général qui fit la conquête de l'Italie y excita, dès le premier instant, tous les enthousiasmes et toutes les ambitions ; l'Empereur se complaisait à l'entendre et à le redire. Il n'y avait pas de beauté surtout qui n'aspirât à lui plaire et à le toucher ; mais ce fut en vain. « Mon âme « était trop forte, disait-il, pour donner dans le piége : sous les fleurs je « jugeais du précipice. Ma position était des plus délicates, je comman- « dais de vieux généraux ; ma tâche était immense ; des regards jaloux « s'attachaient à tous mes mouvements : ma circonspection fut extrême. « Ma fortune était dans ma sagesse ; j'eusse pu m'oublier une heure, et « combien de mes victoires n'ont pas tenu à plus de temps ! »

Plusieurs années après, lors du couronnement à Milan, une chanteuse célèbre (Grassini) attira son attention ; les circonstances étaient moins austères : il la fit demander, et dans son entretien elle se mit à lui rappeler qu'elle avait débuté précisément lors des premiers exploits du général de l'armée d'Italie. « J'étais alors, disait-elle, dans tout l'éclat de ma « beauté et de mon talent. Il n'était question que de moi dans *les Vierges* « *du soleil*. Je séduisais tous les yeux, j'enflammais tous les cœurs. Le « jeune général seul était demeuré froid, et pourtant lui seul m'occupait ! « Quelle bizarrerie, quelle singularité ! Quand je pouvais valoir quelque « chose, que toute l'Italie était à mes pieds, que je la dédaignais héroï- « quement pour un seul de vos regards, je n'ai pu l'obtenir ; et voilà que « vous les laissez tomber sur moi, aujourd'hui que je n'en vaux pas la « peine, que je ne suis plus digne de vous ! »

Faubourg Saint-Germain.—Aristocratie ; démocratie.—L'Empereur eût voulu épouser une Française.

Jeudi 18.

Sur les quatre heures, l'Empereur m'a fait demander ; il se trouvait très-faible ; il s'était oublié trois heures dans un bain fort chaud, et s'était fait une brûlure à la cuisse droite avec le robinet d'eau bouillante ; il y avait lu deux volumes. Il s'est rasé et n'a pas voulu s'habiller.

A sept heures et demie, l'Empereur a commandé deux couverts dans son cabinet. Il s'est trouvé fort contrarié qu'on eût dérangé ses papiers pour faire usage de la table, les a fait remettre, et a ordonné qu'on se servît d'une autre petite table.

Nous avons causé longtemps ; il m'a remis sur des sujets qui lui reviennent souvent avec moi, et dans lesquels je dois tâcher de ne pas me

répéter, d'autant plus qu'ils ont aussi bien des charmes pour moi. Nous avons beaucoup parlé de nos jeunes années, de notre temps de l'École militaire. De là il est passé de nouveau aux écoles qu'il avait établies à Saint-Cyr et à Saint-Germain. Enfin il est revenu sur l'émigration et sur ce qu'il appelle *nos encroûtés*. Il s'était animé, avait pris de la gaieté à la suite de quelques anecdotes que je lui citais du faubourg Saint-Germain, relatives à sa personne ; et comme les plus petits objets s'agrandissent aussitôt qu'il les touche, il a dit : « Je vois bien que j'ai mal
« fait mes arrangements avec votre faubourg Saint-Germain : j'ai fait
« trop ou trop peu. J'ai fait assez pour mécontenter le parti opposé, et
« pas assez pour m'attacher tout à fait celui-là. Pour quelques-uns
« d'entre eux qui sont avides d'argent, la foule se fût contentée de ho-
« chets et de vent, dont j'eusse pu la gorger sans blesser au fond nos
« nouveaux principes. Mon cher, j'ai fait trop et pas assez, et cependant
« cela m'a fort occupé. Malheureusement j'étais le seul dans mes inten-
« tions ; tout ce qui m'entourait les contrariait au lieu de les servir, et
« pourtant il ne pouvait y avoir que deux grands partis à votre égard :
« celui d'*extirper* ou celui de *fusionner*. Le premier ne pouvait entrer
« dans ma pensée ; le second n'était pas facile, mais je ne le croyais pas
« au-dessus de mes forces. Et en effet, bien que nullement secondé,
« contrarié même, j'en étais venu à bout. Si je fusse demeuré, la chose
« se trouvait accomplie. Cela semblera prodigieux à celui qui sait juger
« du cœur des hommes et de l'état de la société. Je ne pense pas qu'on
« ait rien à citer de pareil dans l'histoire ; qu'on puisse montrer un
« aussi grand résultat obtenu en aussi peu de temps. J'en avais mesuré
« toute l'importance. Je devais compléter cette fusion, cimenter cette
« union à tout prix ; avec elle nous eussions été invincibles. Le contraire
« nous a perdus, et peut prolonger longtemps encore les malheurs, l'a-
« gonie de cette pauvre France. Je le répète de nouveau, j'ai fait trop
« ou trop peu : j'aurais dû m'attacher l'émigration à sa rentrée, l'aristo-
« cratie m'eût facilement adoré ; aussi bien il m'en fallait une ; c'est le
« vrai, le seul soutien d'une monarchie, son modérateur, son levier,
« son point résistant : l'État sans elle est un vaisseau sans gouvernail,
« un vrai ballon dans les airs. Or, le bon de l'aristocratie, sa magie, est
« dans son ancienneté, dans le temps ; et c'étaient les seules choses que
« je ne pusse pas créer ; mais je manquai d'intermédiaires. M. *de Bre-*
« *teuil* s'était insinué auprès de moi, et m'y portait. M. *de Talleyrand*,
« au contraire, qui n'en était pas aimé sans doute, m'en éloignait de
« tous ses moyens. La démocratie raisonnable se borne à ménager à tous

« l'égalité pour prétendre et obtenir. La vraie marche eût été d'employer
« les débris de l'aristocratie avec les formes et l'intention de la démo-
« cratie. Il fallait surtout recueillir les noms anciens, ceux de notre
« histoire : c'est le seul moyen de vieillir tout aussitôt les institutions
« les plus modernes.

« J'avais là-dessus des idées tout à moi. Si l'Autriche et la Russie
« eussent fait des difficultés, j'allais épouser une Française; j'aurais
« choisi un des premiers noms de la monarchie, c'était même là ma
« première pensée, ma véritable inclination; mes ministres ne purent
« m'en empêcher qu'en implorant la politique. Si j'eusse eu autour de
« moi des Montmorency, des Nesle, des Clisson, j'eusse fait épouser
« leurs filles aux souverains étrangers en les adoptant. Mon orgueil et
« mon plaisir eussent été d'étendre ces belles tiges françaises, si elles
« eussent été ou si elles se fussent données tout à fait à nous. Ils n'ont
« pas su me deviner ! Eux et les miens n'ont vu en moi que des préju-
« gés, lorsque j'agissais par les plus profondes combinaisons. Quoi qu'il
« en soit, les vôtres ont plus perdu en moi qu'ils ne pensent !... Ils sont
« sans esprit, sans connaissance de la véritable gloire. Par quel malheu-
« reux penchant ont-ils préféré d'aller se vautrer dans la fange des alliés,
« au lieu de me suivre sur la cime du Simplon pour y commander le
« respect et l'admiration du reste de l'Europe ? Les insensés !... Au sur-
« plus, a-t-il continué, j'avais dans mon portefeuille, le temps seul m'a
« manqué, un projet qui m'eût rallié beaucoup de tout ce monde-là, et
« qui, après tout, n'eût été que juste. C'est que tout descendant d'ancien
« maréchal ou ministre, etc., etc., eût été apte, dans tous les temps, à se
« faire déclarer duc, en présentant la dotation requise. Tout fils de géné-
« ral, de gouverneur de province, etc., etc., eût pu en tout temps se
« faire reconnaître comte, et ainsi de suite; ce qui eût avancé les uns,
« maintenu les espérances des autres, excité l'émulation de tous, et n'eût
« blessé l'orgueil de personne : grands hochets, tout à fait innocents, du
« reste, dans ma marche et mes combinaisons.

« Les nations vieilles et corrompues ne se gouvernent pas comme les
« peuples antiques et vertueux : pour un aujourd'hui qui sacrifierait tout
« au bien public, il en est des milliers et des millions qui ne connaissent
« que leurs intérêts, leurs jouissances, leur vanité : or, prétendre régé-
« nérer un peuple en un instant et en poste, serait un acte de démence.
« Le génie de l'ouvrier doit être de savoir employer les matériaux qu'il
« a sous la main; et voilà, mon cher, un des secrets de la reprise de toutes
« les formes monarchiques, du retour des titres, des croix, des cordons.

« Le secret du législateur doit être de savoir tirer parti même des tra-
« vers de ceux qu'il prétend régir. Et, après tout ici, tous ces colifichets
« présentaient peu d'inconvénients et n'étaient pas sans quelques avan-
« tages. Au point de civilisation où nous demeurons aujourd'hui, ils
« sont propres à appeler les respects de la multitude, tout en comman-
« dant aussi le respect de soi-même; ils peuvent satisfaire la vanité du
« faible, sans effaroucher nullement les têtes fortes, etc. » Il était fort
tard, et l'Empereur en me congédiant a dit : « Allons, mon cher, voilà
« encore une bonne soirée. »

Le feu prend à notre établissement.—Étiquette de Longwood.

Vendredi 19.

Le feu a pris, dans la nuit, à la cheminée du salon; il n'a éclaté qu'au
jour. Deux heures plus tôt, l'établissement était consumé.

L'Empereur s'est promené, nous étions plusieurs autour de lui; nous
avons fait à pied le tour du parc.

Dans la route, la boucle de son soulier est venue à s'échapper, nous
nous sommes précipités pour la remettre, le plus prompt a été le plus
heureux. L'Empereur s'y est prêté avec une espèce de satisfaction; il
laissait faire, et nous lui savions gré de ne pas nous priver d'un acte qui
nous honorait à nos propres yeux.

Ceci me conduit à faire observer que je n'ai point encore parlé de
nos manières habituelles auprès de sa personne, et je dois le faire, d'autant plus que nombre de journaux anglais nous sont arrivés pleins de
contes absurdes à ce sujet, qu'ils répandent en Europe, en affirmant que
l'étiquette impériale était aussi rigoureusement observée à Longwood
qu'aux Tuileries.

L'Empereur était constamment pour nous le meilleur et le plus pa-
ternellement familier des hommes. Pour nous, nous demeurions, vis-à-
vis de lui, les plus attentifs, les plus respectueux des courtisans; nous
cherchions en tout temps à deviner ses désirs; nous épiions tous ses
besoins; à peine avait-il commencé un geste, que nous étions déjà en
mouvement.

Aucun de nous n'arrivait dans sa chambre sans avoir été appelé, et si
l'on avait quelque chose d'important à lui communiquer, on faisait demander à être reçu. S'il se promenait avec un de nous tête à tête, nul autre
ne venait le joindre sans être appelé. Dans le principe, nous demeurions
constamment chapeau bas auprès de sa personne, ce qui semblait étrange
aux Anglais, qui avaient reçu l'ordre supérieur de se couvrir après l'a-
voir abordé. Ce contraste parut si ridicule à l'Empereur, qu'il nous com-

manda, une fois pour toutes, de ne pas faire autrement qu'eux. Nul, excepté les deux dames, ne s'asseyait devant lui qu'il ne l'eût ordonné. Jamais la parole ne lui était adressée sans son interpellation, à moins que la discussion ne fût engagée, et toujours, et dans tous les cas, il gouvernait la conversation. Telle était l'étiquette de Longwood, purement, comme on voit, celle de nos souvenirs et de nos sentiments.

Dépôts de mendicité en France.—Projets de Napoléon sur l'Illyrie. — Hôpitaux.—Enfants trouvés. Prisonniers d'État. - Idées de l'Empereur.

Samedi 20

L'Empereur m'a fait appeler dans la matinée ; je l'ai trouvé lisant un ouvrage anglais qui traitait de la taxe des pauvres, de son immensité, de l'innombrable quantité d'individus à la charge de leurs paroisses ; on n'y comptait que par millions d'hommes et centaines de millions d'argent.

L'Empereur craignait d'avoir mal lu, d'avoir fait un contre-sens ; cela ne lui semblait pas possible, disait-il. Il ne comprenait pas par quels vices il pouvait se trouver autant de pauvres dans un pays aussi riche, aussi industrieux, aussi plein de ressources pour le travail que l'Angleterre. Il comprenait encore moins par quelle merveille les propriétaires, surchargés de leurs effroyables taxes ordinaires et extraordinaires, pouvaient subvenir en outre aux besoins de cette multitude. « Mais nous n'avons rien de comparable chez nous, au centième, au « millième. Ne m'avez-vous pas dit que je vous avais envoyé en mission « particulière dans les départements, au sujet de la mendicité ? Voyons, « combien avions-nous de mendiants ? Que coûtaient-ils ? Combien avais- « je créé de maisons de mendicité ? Que renfermaient-elles de reclus ? « Où en était l'extirpation ? »

A cette foule de questions je me suis vu forcé de répondre qu'il s'était écoulé déjà bien du temps, que beaucoup d'autres objets avaient frappé depuis mon esprit, qu'il me serait impossible de répondre de mémoire, mais que j'avais précisément ce rapport dans mon peu de papiers, et qu'à la première fois qu'il daignerait m'appeler je serais en état de le satisfaire. « Mais allez me le chercher tout de suite, a-t-il dit, les choses « ne fructifient que quand elles sont appliquées à propos, et puis je « l'aurai bientôt parcouru, *avec le pouce*, comme dit ingénieusement « l'abbé de Pradt, bien qu'à dire vrai je n'aime pas trop aujourd'hui à « m'occuper de pareils objets : ils me rappellent la moutarde après dîner. »

En deux minutes ce rapport fut sous ses yeux. « Eh bien ! me dit l'Em-
« pereur en fort peu de minutes aussi, car on eût dit réellement qu'il
« avait à peine feuilleté, eh bien ! cela ne ressemble, en effet, en rien à

« l'Angleterre. Toutefois notre organisation avait été manquée ; je l'a-
« vais bien soupçonné, et c'est pour cela que je vous avais envoyé en
« mission. Votre rapport eût parfaitement répondu à mes vues. Vous
« abordez franchement la chose, en honnête homme, sans craindre de
« déplaire au ministre en lui enlevant une foule de nominations.

« Il y a grand nombre de vos détails qui me plaisent. Pourquoi n'êtes-
« vous pas venu m'en parler vous-même ? vous m'auriez satisfait, j'eusse
« appris à vous juger. —Sire, pour cette fois, cela m'eût été impossible ;
« nous étions déjà dans la confusion et l'encombrement causés par nos
« malheurs. —Vous y faites une observation très-juste, vous posez une
« base incontestable : c'est que, dans l'état florissant où j'avais placé
« l'empire, il n'y avait nulle part de bras qui pussent manquer de tra-
« vail. La paresse, les vices seuls pouvaient enfanter les mendiants.

« Vous pensez que leur extirpation totale était possible ; moi aussi,
« et j'en étais convaincu. Votre levée en masse pour construire une vaste
« et unique prison par département, tout à la fois appropriée au repos
« de la société et au bien-être des reclus ; votre idée d'en faire des mo-
« numents pour des siècles eussent attiré mon attention. Cette gigantes-
« que entreprise, son utilité, son importance, la durée de ses résultats,
« tout cela était dans mon genre.

« Quant à votre université du peuple, je crains bien que ce ne fût une
« belle chimère de philanthropie du pur abbé de Saint-Pierre, mon
« cher ; toutefois, il y a du bon dans la masse des idées, mais il faudrait
« une autre force de caractère, une autre roideur de persévérance que
« nous n'en avons généralement pour faire arriver quelque chose à bien.

« Du reste, je vois ici et j'entends de vous journellement des idées
« que je ne vous soupçonnais pas, et ce n'est pas du tout ma faute ; vous
« étiez près de moi, que ne vous communiquiez-vous ? il ne m'était pas
« donné de deviner. Ces idées, eussiez-vous été ministre, et quelque chi-
« mériques qu'elles m'eussent paru tout d'abord, n'en eussent pas moins
« été accueillies, parce qu'il n'est pas, à mon avis, d'idéalités qui n'aient
« un résidu positif, et que souvent un germe faux, à l'aide de régulari-
« sation, conduit à un résultat vrai. J'eusse mis à vos trousses des
« commissions qui auraient dépecé vos projets ; vous les auriez défen-
« dus par votre autorité, et moi, en connaissance de cause, j'eusse pro-
« noncé par mon propre jugement et ma seule décision. Tels étaient
« mon faire et mes intentions. J'ai donné l'élan à l'industrie, je l'ai mise
« en pleine marche par toute l'Europe ; j'eusse voulu en faire autant de
« toutes les facultés intellectuelles, mais on ne m'a pas laissé de loisir ;

« il me fallait féconder au galop, et malheureusement trop souvent je
« ne jetais que sur du sable et dans des mains stériles.

« Quelles sont les autres missions que je vous ai données ? — Une en
« Hollande, une autre en Illyrie. — En avez-vous les rapports ? — Oui,
« Sire. — Allez me les chercher. » Mais je n'étais pas encore à la porte
qu'il m'a dit : « Non, revenez, épargnez-moi plutôt de telles lectures !...
« Au fait, elles sont désormais sans objet. » Tout ce que me découvraient là de telles paroles ! ! !...

Au sujet de l'Illyrie, l'Empereur a repris : « Jamais, en acquérant l'Il-
« lyrie, mon intention n'avait été de la garder ; jamais il n'entra dans
« mes idées de détruire l'Autriche : elle était au contraire indispensable
« à mes plans. Mais l'Illyrie dans nos mains était une avant-garde au
« cœur de l'Autriche, propre à la contenir ; une sentinelle aux portes de
« Vienne pour forcer de marcher droit ; et puis je voulais y introduire,
« y enraciner nos doctrines, notre administration, nos codes ; c'était un
« pas de plus vers la régénération européenne. Je ne l'avais prise qu'en
« gage, je comptais la rendre plus tard contre la Galicie, lors du relè-
« vement de la Pologne, que j'ai précipitée malgré moi. Au demeurant,
« j'ai eu plus d'un projet sur cette Illyrie, car j'en changeais souvent ;
« j'avais peu d'idées véritablement arrêtées, et cela parce que je ne m'ob-
« stinais pas à maîtriser les circonstances, mais que je leur obéissais
« bien plutôt, et qu'elles me forçaient de changer à chaque instant.
« Toutefois, après mon mariage surtout, l'idée dominante avait été d'en
« faire pour l'Autriche le gage et l'indemnité de la Galicie lors du réta-
« blissement, à tout prix, de la Pologne en couronne séparée, indépen-
« dante, et il m'importait peu sur quelle tête, amie, ennemie, alliée,
« pourvu que cela fût. Mon cher, j'ai eu de vastes projets et en grand
« nombre...... » Et puis, revenant brusquement à mon rapport, il m'a
dit : « J'ai vu que vous aviez parcouru un grand nombre de départe-
« ments ; votre mission a-t-elle été longue ? La course a-t-elle été agréa-
« ble ? Y avez-vous bien profité ? Avez-vous beaucoup recueilli ? Jugeâtes-
« vous bien de l'état du pays, de celui de l'opinion ? etc., etc.

« Je me rappelle à présent que je vous choisis précisément parce que
« vous reveniez de votre mission d'Illyrie, et que j'avais trouvé dans vos
« rapports des choses qui m'avaient frappé ; car c'est étonnant comme
« il me revient chaque jour à présent des choses qui, dans le temps,
« m'ont frappé en vous, et qui, par une fatalité singulière, se sont en-
« tièrement effacées dès le lendemain. Pour ces missions spéciales et de
« confiance, je me faisais présenter le décret avec les noms en blanc,

« que je remplissais de mon choix privé; c'est moi qui vous aurai in-
« scrit de ma main.

« — Sire, ai-je répondu, il n'exista peut-être jamais de mission plus
« agréable et plus satisfaisante sous tous les rapports. Je la commençai
« avec les premiers jours du printemps; j'allai de Paris à Toulon, et de
« Toulon à Anvers en longeant les côtes et serpentant dans l'intérieur.
« Je fis près de treize cents lieues. Malheureusement le temps fut bien
« court; le ministre, dans ses instructions, avait rigoureusement pres-
« crit le terme de trois mois, de quatre au plus. Il me serait difficile
« de rendre dignement tout le charme, les jouissances, les avantages
« que me présenta un tel voyage. J'étais membre de votre Conseil, offi-
« cier de votre maison; je portais vos couleurs; partout on ne vit en
« moi qu'un de vos *missi dominici*; partout je fus reçu, traité à l'ave-
« nant. Plus j'employai de circonspection, plus j'usai de modestie et de
« simplicité, me rendant moi-même auprès des hauts fonctionnaires
« qu'on m'avait donné le droit de mander près de moi, et plus je trou-
« vai de déférence et d'obséquiosité. Pour un qui montrait de la défiance
« ou laissait percer quelque dépit ou jalousie, car j'ai appris depuis et
« d'eux-mêmes que mes titres de noble, d'émigré et de chambellan
« étaient trois réprobations pour certains; pour un, dis-je, qui me re-
« gardait de travers, il en était beaucoup d'autres qui n'hésitaient pas
« à courir au-devant d'objets sur lesquels j'eusse été loin de me per-
« mettre de les interroger. Ils aimaient à s'ouvrir à moi sans réserve,
« assuraient-ils, disant que le poste que j'occupais auprès du souverain
« leur offrait un intermédiaire favorable; que j'étais pour eux le con-
« fesseur auquel ils se fiaient pour transmettre leurs pensées les plus
« secrètes au *Très-Haut*, etc., etc. Plus je les assurais qu'ils se mépre-
« naient beaucoup sur la nature de ma mission, plus ils se confirmaient
« dans la pensée contraire. En si peu de temps quelle leçon pour moi
« sur les hommes! Il n'était pas de ces hauts fonctionnaires qui ne dif-
« férassent sur presque tous les objets, de vues, de moyens, d'intention,
« et ils étaient tous pourtant des hommes d'élite, éprouvés, et générale-
« ment de beaucoup de mérite. Les particuliers aussi, me prenant pour
« un rayon de la Providence, s'adressaient à moi publiquement ou avec
« mystère. Que de choses j'appris! Que de dénonciations ou de délations
« me furent faites! Que d'abus locaux, que d'intrigues subalternes me
« parvinrent!

« Tout à fait neuf aux affaires, et jusque-là absolument étranger à
« l'administration, je mis à profit cette occasion unique de m'instruire.

« Je ne manquai pas de m'informer avec chacun de tous les objets et de
« tous les détails de sa partie. Je ne craignis pas de me montrer novice
« aux premiers, afin de pouvoir discuter avec les derniers en connais-
« sance de cause.

« Ma mission spéciale, Sire, n'avait eu, il est vrai, d'autre objet que
« les dépôts de mendicité et les maisons de correction ; mais, sentant
« tout le besoin d'acquérir des données propres à me rendre utile au
« Conseil d'État, et profitant des avantages de ma situation, j'y adjoignis
« de mon chef d'inspecter minutieusement les prisons, les hôpitaux, les
« bureaux et établissements de bienfaisance, etc., comme aussi de par-
« courir tous nos ports et de visiter toutes nos escadres.

« Quel magnifique ensemble me présenta le tableau que cette heu-
« reuse circonstance déroulait à mes yeux ! Partout la tranquillité la
« plus parfaite et une confiance entière dans le gouvernement ; tous les
« bras, toutes les facultés, toutes les industries en mouvement ; le sol
« resplendissant d'agriculture, c'était le plus beau moment de l'année ;
« les routes admirables ; des travaux publics presque partout ; le canal
« d'Arles, le beau pont de Bordeaux, les travaux de Rochefort, les ca-
« naux de Nantes à Brest, à Rennes, à Saint-Malo ; la fondation de Na-
« poléon-Ville, calculée pour être la clef de toute la péninsule bretonne ;
« les magnifiques travaux de Cherbourg, ceux d'Anvers ; des écluses, des
« jetées ou autres améliorations dans la plupart des villes de la Man-
« che : voilà l'esquisse de ce que je rencontrai.

« D'un autre côté, les ports de Toulon, Rochefort, Lorient, Brest,
« Saint-Malo, le Havre, Anvers, présentaient une activité extraordi-
« naire ; nos rades se couvraient de vaisseaux dont le nombre s'accrois-
« sait chaque jour ; nos équipages se formaient en dépit de tout obsta-
« cle ; de nos jeunes conscrits on obtenait désormais de bons matelots.
« J'étais émerveillé, moi, de l'ancienne marine, de tout ce que je voyais
« à bord de chaque vaisseau, tant étaient grands les progrès que l'art
« avait faits, et tant ils laissaient en arrière, sous tous les rapports et
« en toutes choses, ce que j'avais connu.

« Dans chaque rade, chaque escadre avait journellement son appa-
« reillage et ses exercices réguliers, comme les garnisons ont leur pa-
« rade ; et le tout se passait à la vue et sous le canon des Anglais, qui
« s'en moquaient sans prévoir le péril qui les menaçait : car jamais, à
« aucune époque, notre marine n'avait été plus formidable ni nos vais-
« seaux plus nombreux ; nous en comptions déjà à flot ou en construc-
« tion au delà de cent, et nous les augmentions journellement. Les offi-

« ciers étaient pleins d'instruction, de zèle, d'ardeur et d'impatience.
« Avant d'avoir vu tout cela, je ne m'en doutais assurément pas; je ne
« l'eusse même pas cru, si l'on me l'eût raconté.

« Quant aux dépôts de mendicité, l'objet spécial de ma mission, vos
« intentions, Sire, avaient été mal comprises, le but tout à fait manqué.
« Non-seulement la mendicité, dans la plupart des départements, n'avait
« point été détruite, elle n'avait pas même été entamée : c'est que plu-
« sieurs préfets, loin de faire des dépôts un épouvantail pour *les men-*
« *diants*, n'y avaient vu qu'un refuge pour *les pauvres*; au lieu de pré-
« senter la réclusion comme un châtiment, ils la faisaient solliciter
« comme un asile : aussi le sort des reclus pouvait-il être envié par les
« paysans laborieux du voisinage. On eût de la sorte couvert la France
« de pareils établissements, qu'on eût trouvé à les remplir, et qu'on n'en
« eût pas eu moins de mendiants, qui d'ordinaire s'en font une profes-
« sion, et l'exercent par goût. Toutefois, je pus voir que l'extirpation de
« cette lèpre était très-possible, et il suffisait de quelques départements,
« où les préfets avaient mieux vu la chose, pour s'en convaincre. Il en
« était où elle avait presque entièrement disparu.

« Une observation qui frappe tout d'abord, c'est que, toutes choses
« d'ailleurs égales, la mendicité est beaucoup plus rare dans les parties
« pauvres et stériles, beaucoup plus communes dans les provinces ferti-
« les et abondantes; comme aussi elle est infiniment plus difficile à ex-
« tirper dans les endroits où le clergé a été plus riche et plus puissant.
« Dans la Belgique, par exemple, on voyait des mendiants se faire hon-
« neur de leur profession, se vanter de l'exercer depuis plusieurs géné-
« rations; c'étaient là leurs titres à eux; là aussi la mendicité avait ses
« quartiers. — Mais je n'en suis pas étonné, a repris l'Empereur, le
« nœud de cette grande affaire est tout entier dans la stricte sépara-
« tion du *pauvre* qui commande le respect, d'avec le *mendiant* qui doit
« exciter la colère; or nos travers religieux mêlent si bien ces deux clas-
« ses, qu'ils semblent faire de la mendicité un mérite, une espèce de
« vertu, qu'ils la provoquent en lui présentant des récompenses cé-
« lestes : au fait, les mendiants ne sont ni plus ni moins que des *moines*
« *au petit pied*; tellement que dans leur nomenclature se trouvent les
« moines mendiants. Comment de telles idées ne porteraient-elles pas
« la confusion dans l'esprit et le désordre dans la société? On a cano-
« nisé grand nombre de saints dont le grand mérite apparent était la
« mendicité. On semble les avoir placés dans le ciel pour ce qui, en
« bonne police, n'eût dû leur valoir sur la terre que le châtiment et la

« réclusion ; ce qui n'eût pas empêché, du reste, qu'ils ne méritassent le
« ciel. Mais continuez.

« — Sire, ce ne fut pas sans émotion que je suivis les détails des établis-
« sements de bienfaisance. En contemplant toute la sollicitude, les soins,
« l'ardente charité de tant de belles âmes, je pus voir que nous étions
« loin de le céder en quoi que ce fût à aucun peuple ; que seulement
« nous y mettions moins d'ostentation, moins d'art peut-être à nous
« faire valoir ; le Midi surtout, le Languedoc particulièrement, faisait
« remarquer un surcroît de zèle et de ferveur dont on aurait peine à se
« former une juste idée : partout les hôpitaux, les hospices étaient nom-
« breux et généralement bien tenus. Les enfants trouvés avaient dé-
« cuplé depuis la révolution ; je ne manquai pas de prononcer aussitôt
« que c'était l'effet de la démoralisation du temps ; mais on me fit ob-
« server, et une attention soutenue me convainquit, qu'on devait ce ré-
« sultat, au contraire, à des causes très-consolantes. Jadis, me dit-on,
« les enfants trouvés étaient si mal soignés, si mal nourris, si mal te-
« nus, que toute leur population était chétive, malingre, expirante ;
« sur dix, il en périssait toujours sept à neuf ; tandis qu'aujourd'hui la
« nourriture, la propreté, les soins de toute espèce, sont tels qu'on les
« sauve presque tous, et qu'ils montrent une enfance magnifique : ainsi
« ils ne se sont multipliés que de leur propre conservation. La vaccine
« aussi y a contribué dans un rapport immense. On prend aujourd'hui
« un tel soin de ces enfants, qu'il en est provenu un abus singulier ; il
« arrive à des mères, même aisées, d'exposer leurs enfants ; puis elles
« se présentent à l'hospice, s'offrant charitablement de prendre un nour-
« risson chez elles : c'est le leur qu'elles reprennent, mais avec un petit
« salaire. Le tout se fait par compérages des agents mêmes et souvent
« pour procurer une légère pension à l'un des siens. Un autre abus de ce
« genre, non moins singulier encore, que je rencontrai en Belgique, était
« des inscriptions prises longtemps à l'avance pour être reçu à l'hôpital.
« Un jeune couple, tout en se mariant, obtenait de se faire inscrire pour
« des places qui lui écherraient de droit à quelques années de là : c'é-
« tait une portion de la dot. — Jésus ! Jésus ! s'est écrié ici l'Empereur,
« levant les épaules en riant ; et puis faites des règlements et des lois !...

« — Mais quant aux prisons, Sire, c'était presque universellement un
« tableau d'horreur et de véritable misère, la partie honteuse de nos
« départements ; de vrais cloaques infects, des réduits abominables,
« qu'il m'a fallu parfois traverser en courant, ou dont j'étais re-
« poussé en dépit de tous mes efforts. Autrefois en Angleterre j'avais

« visité certaines prisons, et je m'étais permis de rire de l'espèce de luxe
« qu'elles présentaient; mais ici c'était bien autre chose, et je me sen-
« tais indigné de l'excès contraire. Il n'est pas de fautes, on pour-
« rait même dire de crimes, qui ne se trouvent déjà assez punis par
« un tel séjour; et en sortant, il ne doit certainement plus demeurer,
« en toute justice, que peu ou point à expier, et pourtant ce n'est là en-
« core que la demeure de simples prévenus; car, pour les condamnés,
« les vrais coupables, les grands scélérats, ils avaient leurs prisons spé-
« ciales, les maisons de correction, où ils étaient peut-être trop bien,
« car là encore le journalier vertueux pouvait trouver à envier, et faire
« une comparaison injurieuse à la Providence et à la société. Toutefois
« un inconvénient frappant se faisait remarquer encore dans ces mai-
« sons de correction; c'était l'amalgame, la fréquentation habituelle de
« toutes les classes de condamnés, dont les uns n'y devant rester
« qu'une année pour des fautes moins graves, tandis que d'autres y
« étant pour quinze, vingt ans, pour toute leur vie, à cause d'horribles
« forfaits, il devait nécessairement en résulter bientôt une espèce de ni-
« veau moral, non pour l'amélioration des scélérats, mais bien plutôt
« par l'aggravation des moins coupables.

« Ce qui encore me frappa fort dans la Vendée et ses alentours, fut
« que les fous y étaient en nombre décuple peut-être que dans les autres
« parties de l'empire; comme aussi les dépôts de mendicité et autres
« lieux de réclusion y présentaient des individus retenus comme vaga-
« bonds, ou qui pouvaient le devenir, n'ayant point de parents, ignorant
« leur origine, ayant été recueillis dès leur enfance sans qu'on sût d'où
« ils venaient. Quelques-uns avaient sur leurs personnes des blessures
« dont ils ignoraient le principe, les ayant reçues sans doute au berceau.
« On a laissé passer le temps de tirer parti de ces individus, qui n'ont
« jamais reçu aucune idée sociale. On ne sait plus aujourd'hui qu'en
« faire. — Ah! s'est écrié l'Empereur, voilà bien la guerre civile et son
« effroyable cortége! Si quelques chefs font fortune, la poussière de la po-
« pulation est toujours foulée aux pieds; aucun des maux ne lui échappe!

« — Au demeurant, je trouvai dans l'ensemble de ces établissements
« un bon nombre d'individus qu'on me dit, à tort ou à raison, être des
« prisonniers d'État, des détenus de la haute, moyenne et basse police.

« J'écoutai tous ces prisonniers, je reçus leurs plaintes, j'acceptai
« toutes leurs pétitions, sans néanmoins rien promettre; je n'en avais
« pas le droit, et puis je sentais fort bien que, n'entendant que leur pro-
« pre témoignage, je ne devais trouver aucun coupable.

« Au Mont-Saint-Michel, une femme, dont j'ai oublié le nom, attira
« particulièrement mon attention. D'assez bonne mine, d'un extérieur
« doux, d'un maintien modeste, elle se trouvait détenue depuis quatorze
« ans, ayant pris dans le temps une part très-active aux troubles de la
« Vendée, y ayant constamment accompagné son mari, chef d'un batail-
« lon d'insurgés, en ayant même pris le commandement après sa mort.
« La misère et les pleurs l'avaient flétrie. Ses mœurs douces et ses
« autres mérites lui avaient créé une espèce d'empire sur les femmes
« grossières et dépravées dont elle se trouvait entourée. Elle s'était
« vouée au soin des malades de la prison : on lui avait confié l'infirme-
« rie, et tous la chérissaient.

« A cette femme près, à quelques prêtres et à deux ou trois anciens
« espions chouans, le reste n'était plus que de la turpitude, et ne mon-
« trait que des saletés dégoûtantes ou grotesques.

« C'était un mari jouissant de quinze mille livres de rente, enfermé
« évidemment par les seules intrigues de sa femme, à la façon des an-
« ciennes lettres de cachet ; c'étaient des filles publiques, me disant être
« renfermées, non en punition de leur facilité pour tous, mais par le dépit
« de leur manque de complaisance pour un seul. Elles me mentaient
« ou non ; mais devaient-elles être honorées pourtant du titre de pri-
« sonnières d'État, coûter deux francs par jour, et concourir à rendre
« le gouvernement odieux et ridicule ? Enfin, dans une ville de la Bel-
« gique, c'était un malheureux qui avait épousé une de ces rosières
« que les municipalités dotaient dans les grandes occasions ; il était
« renfermé pour avoir volé, disait-on, la dot, parce qu'il avait négligé
« de la gagner : on s'obstinait à exiger qu'il acquittât cette dette impor-
« tante ; lui s'obstinait à s'y refuser. Peut-être lui demandait-on l'im-
« possible, etc., etc.

« Aussitôt de retour à Paris, je fus trouver M. Réal, préfet de police
« de l'arrondissement que je venais de parcourir. Je me faisais un de-
« voir, lui disais-je, de venir lui communiquer *officieusement* ce que
« j'avais recueilli. Je dois lui rendre justice : soit qu'il ne demandât
« qu'à savoir, soit que ma bonne foi le touchât, soit peut-être encore,
« Sire, la magie toujours influente de vos couleurs, il me remercia,
« assurant que je lui rendais un vrai service, et me promettant qu'il
« allait immédiatement *adoucir* et *redresser ;* ce furent ses expressions.
« Mais à quelques jours de là, me rencontrant dans une assemblée, il me
« dit avec une peine apparente : — Eh bien ! voilà une malheureuse
« affaire bien défavorable à votre amazone (c'était l'événement et l'é-

« chauffourée du général Mallet). Ce que j'aurais cru pouvoir faire de
« mon chef il y a quelques jours, je ne puis désormais me le permettre
« sans une décision supérieure.— Et je ne sais pas ce qu'il en arriva. »

L'Empereur s'est arrêté quelque temps sur les abus que je venais
d'exprimer, puis il a conclu : « D'abord, mon cher, pour procéder
« régulièrement, il faudrait savoir si l'on vous a dit vrai ; il faudrait en-
« tendre contradictoirement ceux qui sont accusés ; ensuite il est vrai
« de confesser tout bonnement que les abus sont inhérents à toute so-
« ciété humaine. Voyez que presque tout ce dont vous vous plaignez se
« trouve commis précisément par ceux-là mêmes qui avaient charge
« expresse de l'empêcher ; aussi un de mes rêves, nos grands événe-
« ments de guerre accomplis, de retour à l'intérieur, et respirant, eût
« été de chercher une demi-douzaine ou une douzaine de vrais bons
« philanthropes, de ces braves gens ne vivant que pour le bien, n'exis-
« tant que pour le pratiquer ; je les eusse disséminés dans l'empire,
« qu'ils eussent parcouru en secret pour me rendre compte à moi-même :
« ils eussent été les *espions de la vertu !* Ils seraient venus me trouver
« directement ; ils eussent été mes confesseurs, mes directeurs spiri-
« tuels, et mes décisions avec eux eussent été mes bonnes œuvres se-
« crètes. Ma grande occupation, lors de mon entier repos, eût été, du
« sommet de ma puissance, de m'occuper à fond d'améliorer la condi-
« tion de toute la société. Et c'est parce que je savais très-bien que toute
« cette fourmilière d'abus devait exister, parce que je voulais sauver ou
« rendre plus difficiles les tyrannies subalternes et intermédiaires, que
« j'avais imaginé, pour notre temps de crise, mon organisation des
« prisons d'État. — Oui, Sire ; mais elle fut loin de faire fortune dans
« nos salons, et ne contribua pas peu à vous rendre impopulaire. Nous
« criâmes de tous côtés aux *nouvelles Bastilles,* au renouvellement des
« *lettres de cachet.* — Je le sais bien, a dit l'Empereur, cela fut répété
« par toute l'Europe, et me rendit odieux. Et pourtant voyez quel peut
« être l'empire des mots, envenimés encore par la mauvaise foi ! Le
« tout vint principalement de la gaucherie du titre de mon décret, qui
« me passa par distraction ou autrement ; car, au fond, je soutiens que
« cette loi était un grand bienfait, et rendait en France la liberté indivi-
« duelle plus complète, plus assurée qu'en aucun autre pays de l'Europe.

« Après les crises dont nous sortions, a-t-il dit, avec les factions qui
« nous avaient divisés, les complots qui avaient été tramés, ceux qu'on
« tramait encore, des emprisonnements étaient indispensables, et ils
« n'étaient qu'un bienfait, car ils remplaçaient l'échafaud. Or, je voulus

« rendre ces emprisonnements légaux ; je voulus les enlever au caprice,
« à l'arbitraire, à la haine, aux vengeances. Nul, par ma loi, ne pouvait
« plus être emprisonné, détenu comme prisonnier d'État, sans la déci-
« sion de mon Conseil privé. Seize personnes le composaient, les pre-
« mières, les plus indépendantes, les plus distinguées de l'État. Quelle
« petite passion eût osé se compromettre avec un tel tribunal ? Moi-
« même ne m'étais-je pas là interdit de la sorte la faculté d'une arres-
« tation capricieuse ? Nul ne pouvait être détenu que pour une année,
« sans une nouvelle décision du Conseil privé ; il suffisait de quatre voix
« sur seize pour amener sa libération. Deux conseillers d'État allaient
« entendre ces prisonniers, et se trouvaient dès lors leurs avocats zélés
« au Conseil privé. Ces prisonniers avaient de plus pour eux la commis-
« sion de la liberté individuelle du Sénat, dont on n'a ri dans le public
« que parce qu'elle ne faisait point d'étalage de ses efforts et de ses résul-
« tats ; mais elle a rendu de grands services ; car ce serait bien peu con-
« naître les hommes que d'imaginer que les sénateurs, qui n'avaient rien
« à attendre des ministres, et qui rivalisaient d'importance avec eux,
« n'eussent pas fait usage de leurs prérogatives pour les importuner ou
« leur rompre en visière vis-à-vis de moi, s'ils en eussent trouvé une
« occasion flagrante. De plus, j'avais donné la surveillance des prison-
« niers et la police des prisons aux tribunaux, ce qui paralysait dès l'in-
« stant tout l'arbitraire des autres branches de l'administration et de
« ses nombreux agents subalternes [1].

« Après de telles précautions, je n'hésite pas à prononcer que, par la
« signature de ce décret, la liberté civile se trouvait assurée en France
« autant que possible. On méconnut ou l'on feignit de méconnaître
« cette vérité ; car nous autres Français il faut que nous murmurions
« de tout et toujours.

« Le vrai est que, lors de ma chute, les prisons d'État ne renfer-
« maient guère que deux cent cinquante individus, et que j'en avais
« trouvé neuf mille en arrivant au consulat. Qu'on parcoure la liste de
« ce qu'on a dû y trouver, et que l'on cherche les causes et le motif de
« leur détention, on verra qu'il n'en est presque aucun qui n'eût mé-
« rité la mort, qui ne l'eût trouvée par un jugement, pour qui consé-
« quemment la détention ne fût de ma part qu'un bienfait. Pourquoi ne

[1] On trouve sur les prisons d'État un article spécial et développé, au tome Ier des *Mémoires de Napoléon*. Je pourrais m'autoriser souvent aujourd'hui du témoignage de ce précieux recueil ; et ce n'est pas une petite satisfaction pour moi, à mesure que les volumes paraissent, que de retrouver dans les propres dictées de Napoléon, qui, n'ayant eu lieu qu'après mon départ de Sainte-Hélène, m'étaient conséquemment inconnues, une foule d'objets que je me trouve avoir saisis au vol dans ses conversations, et avoir reproduits fidèlement avec une concordance parfaite.

« publie-t-on rien contre moi aujourd'hui à ce sujet? Où donc sont les
« grands griefs qu'on me reproche? C'est qu'en effet il ne se trouve rien.

« Je le répète, les Français, à mon époque, ont été les plus libres de
« l'Europe ; tous les pays qu'on a séparés de nous ont regretté les lois
« avec lesquelles je les ai gouvernés : c'est là un hommage rendu à leur
« supériorité. »

Sur l'Égypte. — Saint-Jean-d'Acre. — Le désert. — Anecdotes, etc.

Dimanche 21.

Vers les trois heures, l'Empereur a demandé sa calèche, m'a fait appeler, et nous avons marché ensemble jusqu'au fond du bois, où il avait ordonné à la calèche de venir le joindre. J'avais à lui communiquer de petits détails qui lui étaient personnels. . . . .

Dans le cours de la promenade nous avons aperçu des bâtiments qui arrivaient.

Au dîner, l'Empereur s'est trouvé fort causant. Il venait de travailler à sa campagne d'Égypte, qu'il avait laissée quelque temps, et qu'il nous avait dit devoir être aussi intéressante qu'un épisode de roman. Au sujet de sa pointe sur Saint-Jean-d'Acre, il disait : « C'était pourtant bien auda-
« cieux que d'avoir osé se placer ainsi au milieu de la Syrie avec seule-
« ment douze mille hommes. J'étais, continuait-il, à cinq cents lieues de
« Desaix, qui formait l'autre extrémité de mon armée. Sidney Smith
« a raconté que j'avais perdu dix-huit mille hommes devant Saint-
« Jean-d'Acre ; or, mon armée n'était que de douze mille hommes.

« Si j'avais été maître de la mer, j'eusse été maître de l'Orient ; et la
« chose était si possible, que cela n'a tenu qu'à la stupidité ou à la mau-
« vaise conduite de quelques marins.

« Volney, voyageant en Égypte avant la révolution, avait écrit qu'on
« ne pourrait occuper ce pays sans trois grandes guerres : contre l'Angle-
« terre, le Grand Seigneur, et les habitants. La dernière surtout lui pa-
« raissait difficile et terrible. Il s'est trompé tout à fait à l'égard de celle-
« ci, car elle n'a été rien pour nous, nous étions même venus à bout
« d'avoir, en peu de temps, les habitants pour amis, et d'avoir mêlé
« leur cause à la nôtre.

« Une poignée de Français avait donc suffi pour conquérir ce beau
« pays, qu'ils n'eussent jamais dû perdre ! Nous avions vraiment accom-
« pli des prodiges de guerre et de politique ! Notre affaire n'avait rien
« de commun avec les anciennes croisades : les croisés étaient innom-
« brables et mus par le fanatisme; mon armée, au contraire, était fort
« petite, et les soldats si peu passionnés pour leur entreprise, qu'ils

« furent tentés souvent, dans le principe, d'enlever leurs drapeaux et de
« revenir. Toutefois j'étais venu à bout de les réconcilier avec le pays,
« où il y avait abondance de toutes choses, et à si bon marché, que je
« fus un moment tenté de les mettre à la demi-solde pour leur conserver
« l'autre moitié en réserve. Je m'étais acquis un tel empire sur eux,
« qu'il m'eût suffi d'un simple ordre du jour pour les rendre mahomé-
« tans. Ils n'eussent fait qu'en rire ; la population eût été satisfaite, et
« les chrétiens de l'Orient eux-mêmes eussent cru leur cause gagnée ; ils
« nous eussent approuvés, pensant que nous ne pouvions pas faire mieux
« pour eux et pour nous.

« Les Anglais ont frémi de nous voir occuper l'Égypte. Nous mon-
« trions à l'Europe le vrai moyen de les priver de l'Inde. Ils ne sont pas
« encore bien rassurés, et ils ont raison. Si quarante ou cinquante mille
« familles européennes fixent jamais leur industrie, leurs lois et leur
« administration en Égypte, l'Inde sera aussitôt perdue pour les Anglais,
« bien plus encore par la force des choses que par celle des armes. »

Le grand maréchal a rappelé à l'Empereur une de ses conversations avec le mathématicien *Monge*, à Cutakié, au milieu du désert. « Que

« vous semble de tout ceci, citoyen Monge ? disait Napoléon. — Mais,

« citoyen général, répondait Monge, je pense que si jamais on voit ici
« autant de voitures qu'à l'Opéra, il faudra qu'il se soit passé de fameuses
« révolutions sur le globe. » L'Empereur riait beaucoup à ce ressouvenir. Il avait pourtant alors sur les lieux, disait-il, une voiture à six chevaux. C'était assurément la première qui eût traversé le désert de la sorte ; aussi elle étonnait fort les Arabes.

L'Empereur disait que le désert avait toujours eu pour lui un attrait particulier. Il ne l'avait jamais traversé sans une certaine émotion. C'était pour lui l'image de l'immensité, disait-il ; il ne montrait point de bornes, n'avait ni commencement ni fin ; c'était un Océan de pied ferme. Ce spectacle plaisait à son imagination, et il se complaisait à faire observer que Napoléon veut dire *lion du désert !*...

L'Empereur disait encore que, quand on le sut en Syrie, on avait arrangé au Caire qu'on ne le reverrait jamais ; et il racontait alors le vol et l'effronterie d'un petit Chinois qu'il avait à son service. « C'était un
« petit nain, difforme, dont Joséphine, disait-il, s'était engouée dans le
« temps à Paris. Il était le seul Chinois en France, et dès lors elle avait
« dû l'avoir derrière sa voiture. Elle le promena en Italie ; mais comme
« il la volait, elle ne savait plus qu'en faire. Pour l'en débarrasser, je
« le pris avec moi dans mon expédition d'Égypte. C'était toujours le re-
« porter à la moitié de son chemin que de le jeter en Égypte. Toutefois
« ce petit monstre avait au Caire l'intendance de ma cave ; je n'eus pas
« plutôt passé le désert, qu'il vendit, et à vil prix, deux mille bouteilles
« de vin de Bordeaux délicieux, ne cherchant qu'à faire de l'argent,
« dans la persuasion que je ne reviendrais jamais. Quand on annonça
« mon retour, il ne se déconcerta nullement ; il courut au-devant de moi
« et me découvrit en serviteur fidèle, disait-il, la dilapidation de mon
« vin, qu'il attribuait effrontément à tous ceux qu'il lui plut d'accu-
« ser. La fourberie était si peu soutenable, qu'il fut en un instant con-
« duit à s'avouer lui-même le coupable. On me pressait fort de le faire
« pendre ; je ne le fis point parce qu'en toute justice il eût donc fallu en
« faire autant de tous les habits brodés qui avaient sciemment acheté et
« bu le vin. Je me contentai de le chasser et de l'expédier pour Suez, où
« il devint ce qu'il voulut. »

Je dois ajouter à ce sujet qu'ici nous avons pu croire un moment à un rapprochement bien singulier. Il y a quelques mois qu'il nous fut dit que dans l'un des bâtiments de la Chine qui passaient alors, retournant en Europe, se trouvait un Chinois disant avoir servi l'Empereur en Égypte. L'Empereur alors s'était écrié que c'était son petit voleur, celui dont je viens de raconter l'histoire ; mais ce n'était au vrai qu'un cuisinier de Kléber.

L'Empereur, plus gai que de coutume, a terminé brusquement la conversation en se tournant vers madame Bertrand : « Eh bien ! Ma-« dame, quand serez-vous à votre logement des Tuileries ? lui a-t-il de-« mandé en riant. Quand donnerez-vous vos beaux dîners d'ambassa-« deurs ? Mais vous serez obligée, du moins assure-t-on, de changer vos « ameublements, vous les trouverez passés. » Alors on en est venu tout naturellement au grand luxe dont nous avons été témoins sous l'Empereur.

Avis paternel, etc.—Conversation remarquable.—Cagliostro ; Mesmer ; Gall ; Lavater, etc.— L'organisation cranologique de Napoléon une vraie merveille selon Gall.

Lundi 22.

L'Empereur est entré dans ma chambre sur les dix heures, et m'a pris pour marcher avec lui. Au retour, nous avons tous déjeuné dehors. Le temps était magnifique, la chaleur forte, mais bienfaisante. L'Empereur a demandé sa calèche ; deux de nous étaient avec lui ; le troisième, à cheval, suivait à côté ; le grand maréchal n'avait pu venir. L'Empereur est revenu sur quelques bouderies qui avaient eu lieu il y avait quelques jours. Il a analysé notre position, nos besoins : « Vous êtes destinés, « nous disait-il, en rentrant dans le grand monde un jour, à vous y « trouver *frères* à cause de moi. Ma mémoire vous le commandera. « Soyez-le donc dès aujourd'hui. » Il peignait alors le bien que nous pourrions nous créer, les peines que nous pourrions tromper, etc., etc. C'était tout à la fois une leçon de famille, de morale, de sentiment et de conduite.

Vers les cinq heures, l'Empereur est entré dans ma chambre, où je travaillais avec mon fils le chapitre d'Arcole. Il avait quelque chose à me dire. Je l'ai suivi dans le jardin, où par la suite il est revenu longuement sur sa conversation de la calèche....

Le dîner se passe à présent dans l'ancien cabinet topographique, contigu au cabinet de l'Empereur et à l'ancien logement du ménage Montholon dont on a fait une bibliothèque assez propre, à l'aide des livres et de quelques boiseries venus dernièrement d'Angleterre.

Les traces de l'incendie dans le salon se réparant lentement, nous sommes contraints de demeurer à table, dans notre nouvelle salle à manger, jusqu'à ce que l'Empereur se retire. C'est, du reste, au grand profit de la conversation.

L'Empereur aujourd'hui était fort causant. On parlait de rêves, de pressentiments, de prévisions, ce que les Anglais appellent *double sight*

(double vue). Nous avons débité tous les lieux communs qu'amènent d'ordinaire ces objets, jusqu'à parler de sorciers et de revenants. L'Empereur a conclu : « Toutes ces charlataneries et tant d'autres, telles que
« celles de Cagliostro, Mesmer, Gall, Lavater, etc., se détruisent par ce
« seul raisonnement, bien simple pourtant : *Tout cela peut être, mais cela
« n'est pas.*

« L'homme aime le merveilleux, disait-il, il a pour lui un charme
« irrésistible, il est toujours prêt à quitter celui dont il est entouré, pour
« courir après celui qu'on lui forge. Il se prête lui-même à ce qu'on le
« trompe. Le vrai c'est que tout est merveille autour de nous. Il n'est
« point de phénomène proprement dit ; tout est phénomène dans la na-
« ture ; mon existence est un phénomène ; le bois qu'on met dans la
« cheminée, et qui me chauffe, est un phénomène ; la lumière que voilà
« et qui m'éclaire, est un phénomène ; toutes les causes premières, mon
« intelligence, mes facultés, sont des phénomènes, car tout cela est, et
« nous ne savons le définir. Je vous quitte ici, continuait-il, me voilà à
« Paris, entrant à l'Opéra ; je salue les spectateurs, j'entends les acclama-
« tions, je vois les acteurs, j'entends la musique. Or, si je puis franchir
« la distance de Sainte-Hélène, pourquoi ne franchirais-je pas la distance
« des siècles ? Pourquoi ne verrais-je pas l'avenir comme le passé ? L'un
« serait-il plus extraordinaire, plus merveilleux que l'autre ? Non ; mais
« seulement cela n'est pas. Voilà le raisonnement qui détruira toujours,
« sans réplique, toutes les merveilles imaginaires. Tous ces charlatans
« disent des choses fort spirituelles ; leurs raisonnements peuvent être
« justes, ils séduisent ; seulement la conclusion est fausse, parce que
« les faits manquent.

« *Mesmer* et le mesmérisme ne se sont jamais relevés du rapport de
« Bailly, au nom de l'Académie des Sciences. Mesmer produisait des
« effets sur une personne, en la magnétisant en face. Cette même per-
« sonne, magnétisée par derrière, à son insu, n'éprouvait plus rien.
« C'était donc de sa part une erreur de son imagination, une faiblesse
« des sens : c'était le somnambule qui, la nuit, court sur les toits sans
« danger, parce qu'il ne craint pas ; le jour il se casserait le cou, parce
« que ses sens le troubleraient.

« J'entrepris un jour, disait-il, à une de mes audiences publiques,
« le charlatan *Puységur* sur sa somnambule. Il voulut le prendre très-
« haut ; je le terrassai par ces seuls mots : si elle est si savante, qu'elle
« nous dise quelque chose de neuf. Dans deux cents ans, les hommes
« auront fait bien des progrès ; qu'elle en spécifie un seul. Qu'elle dise

« ce que je ferai dans huit jours. Qu'elle fasse connaître les numéros
« qui sortiront demain à la loterie, etc.

« J'en lis de même pour *Gall*; j'ai beaucoup contribué à le perdre.
« Corvisart était son grand sectateur : lui et ses semblables ont un grand
« penchant pour le matérialisme, il accroîtrait leur science et leur
« domaine. Mais la nature n'est point si pauvre. Si elle était si grossière
« que de s'annoncer par des formes extérieures, nous irions plus vite en
« besogne, et nous serions plus savants. Ses secrets sont plus fins et
« plus délicats, plus fugitifs; jusqu'ici ils échappent à tout. Un petit
« bossu se trouve un grand génie; un grand bel homme n'est qu'un sot.
« Une large tête à grosse cervelle n'a parfois pas une idée, tandis qu'un
« petit cerveau se trouvera d'une vaste intelligence. Et voyez l'imbécil-
« lité de Gall : il attribue à certaines bosses des penchants et des cri-
« mes qui ne sont pas dans la nature, qui ne viennent que de la société
« et de la convention des hommes : que devient la bosse du vol, s'il n'y
« avait point de propriétés? la bosse de l'ivrognerie, s'il n'existait point
« de liqueurs fermentées? celle de l'ambition, s'il n'existait point de
« société?

« Il en est de même de cet insigne charlatan *Lavater*, avec ses rapports
« du physique et du moral. Notre crédulité est dans le vice de notre na-
« ture; il est en nous de vouloir aussitôt nous parer d'idées positives,
« lorsque nous devrions, au contraire, nous en garantir soigneuse-
« ment. A peine voyons-nous les traits d'un homme, que nous voulons
« prétendre connaître son caractère. La sagesse serait d'en repousser
« l'idée, de neutraliser ces circonstances mensongères. Un tel m'a volé,
« il avait les yeux gris ; depuis je ne verrai plus d'yeux gris sans l'idée,
« la crainte du vol; c'est une arme qui m'a blessé, et que je redoute
« partout où je la vois ; mais sont-ce bien les yeux gris qui m'ont volé?
« La raison, l'expérience, et j'ai été dans le cas d'en faire une grande
« pratique, montrent que tous ces signes extérieurs sont autant de men-
« songes ; qu'on ne saurait trop s'en garantir, et qu'il n'est réellement
« d'autre moyen de juger et de connaître sûrement les hommes que de
« les voir, de les essayer, de les pratiquer. Après tout cela, il se rencon-
« tre des figures tellement hideuses, il faut l'avouer (et il en a cité une
« qui nous a tous fait rire, celle du gouverneur), que la raison la plus
« forte est mise d'abord en fuite, et que la condamnation se prononce
« en dépit de toute cette raison même. »

N. B. Le docteur Gall, dont il vient d'être question, trompant les
prévisions de l'Empereur, a triomphé de ses premiers échecs, et n'en

a point conservé de rancune, ou a préféré du moins la faire céder aux applications de sa doctrine. Il a dit, répété et même écrit, je crois, que la contexture cranologique de Napoléon était ce qu'il avait vu de plus extraordinaire, et qu'elle tenait du merveilleux. Dans l'étude réfléchie qu'il en avait faite, ses principes l'avaient porté à soupçonner que cette tête avait dû croître et grossir fort tard, même après la virilité ; et poursuivant avec opiniâtreté cette vérification, il en était arrivé à recueillir du chapelier de l'Empereur la connaissance précieuse, qu'aussi tard que sous l'empire, on avait été obligé d'altérer, en effet, et d'accroître la forme du chapeau de Sa Majesté.

Accumulation singulière de contrariétés, etc.

Mardi 23.

Sur les trois heures, l'Empereur a voulu se promener. Je l'ai suivi. Il avait la figure sombre ; il souffrait depuis la veille. La grande chaleur, durant son tour de calèche, lui avait fait mal. Il a vu de dehors une nouvelle porte que l'on pratiquait ; elle eût changé tout l'intérieur du cabinet topographique et de l'ancien logement de madame de Montholon. On ne lui en avait pas parlé ; il en a été vivement contrarié, et, faisant appeler sur-le-champ celui qui l'avait ordonnée, les mauvaises raisons que celui-ci a données n'ont fait que le contrarier davantage ; il lui a commandé vivement d'aller la faire refermer à l'instant même. Nous avons voulu marcher ; mais il était dit qu'aujourd'hui il serait poussé à bout, que tout concourrait à lui donner de l'humeur : des Anglais se sont trouvés sur son passage ; il les a évités presque avec de la colère, me disant que bientôt il ne serait plus possible de mettre le pied dehors. A deux pas de là, le docteur l'a joint pour lui faire part, assez gauchement, de quelques arrangements qu'on projetait pour lui, Napoléon, et il lui demandait son avis. Or on lui parlait là d'une des choses qui lui répugnaient peut-être davantage. Il a évité de répondre, chose qui lui était ordinaire contre les inconvénients ; mais cette fois c'était avec une humeur marquée. Il a gagné la calèche, et y est monté ; mais sur notre route se sont trouvés encore des officiers anglais, et alors il a commandé subitement une autre direction, et au galop.

Cependant la nouvelle ouverture faite à la maison, sans qu'on lui en eût rien dit, et qu'il trouvait si gauche, lui pesait encore sur le cœur : il allait l'alléger en s'en prenant gaiement à la femme de celui qui l'avait dirigée, laquelle se trouvait dans la calèche. « Ah ! vous voilà, a-t-il

« dit ; vous êtes sous ma main, c'est vous qui porterez la peine : le
« mari a fait la faute, c'est la femme qui sera bourrée : heureux cette
« fois l'absent ! » Mais au lieu d'abonder dans ce sens, qui n'avait que
de la grâce, sans le moindre inconvénient, et dont le résultat eût été
certain, la femme s'en est tenue toujours à vouloir inopportunément
excuser son mari, à reproduire des raisons qui ne faisaient que ramener
l'humeur. Enfin, pour combler la mesure, l'un de nous, en découvrant
les tentes du camp, lui a appris que les évolutions et les manœuvres de
la veille étaient en réjouissance d'une des grandes victoires anglaises
en Espagne, et que cela allait d'autant moins à ce régiment, qu'il y avait
à peu près péri. Il était facile de lire dans les yeux de l'Empereur tout
ce qu'il éprouvait d'un tel sujet de conversation. « Un régiment ne périt
« jamais devant l'ennemi, Monsieur, il s'immortalise ! » a été toute sa
réponse ; il est vrai qu'elle était faite sèchement.

Moi, je méditais en silence sur cette cumulation de contrariétés, frappant ainsi à coups redoublés dans aussi peu de temps. Je trouvais l'instant précieux pour un observateur, j'évaluais le supplice qu'elles devaient créer, et j'admirais le peu que l'Empereur en laissait échapper. Je me disais : Voilà pourtant *l'homme intraitable*, *le tyran*. L'on eût dit qu'il m'avait deviné ; car, en descendant de la calèche, et nous trouvant deux pas en avant, il m'a dit à mi-voix : « Si vous aimez à étudier
« les hommes, apprenez jusqu'où peut aller la patience, et tout ce qu'on
« peut dévorer ! »

En arrivant, il a demandé du thé ; je ne lui en avais jamais vu prendre. Madame de Montholon occupait pour la première fois son nouveau salon : il a voulu le voir, a trouvé qu'elle serait bien mieux que nous tous ; il a fait apporter les échecs, a demandé du feu, et a joué successivement avec plusieurs de nous. Peu à peu il est revenu à sa situation naturelle. Nous avons atteint l'heure du dîner, où il a mangé un peu, ce qui l'a remis tout à fait. Il s'est livré alors à la conversation ; est revenu de nouveau sur ses premières années, qui ont toujours du charme pour lui. Il a beaucoup parlé de ses anciennes connaissances, de la difficulté qu'après son élévation quelques-unes ont eue à pénétrer jusqu'à lui, et il a fait l'observation que si on ne pouvait franchir le seuil de son palais, c'était assurément bien en dépit de lui-même : et que devait-ce donc être, disait-il, avec les autres souverains ? etc., etc.

En causant de la sorte, nous avons atteint onze heures, sans que l'Empereur, ni aucun de nous, s'en fût aperçu.

Madame de Balbi.—Détails, etc.—Anecdotes de l'émigration.

Mercredi 24.

Avant dîner, l'Empereur me faisant causer dans sa chambre sur l'émigration, le nom de madame de Balbi, laquelle avait été dame d'atour de Madame et fort en évidence au commencement de nos affaires, a été prononcé. Sur quoi l'Empereur a dit : « Mais cette madame de Balbi « n'était-elle pas une très-méchante femme? — Assurément non, ai-je « répondu : bien au contraire, c'est la meilleure femme du monde, de « beaucoup d'esprit, et d'un excellent jugement.—Eh bien! a dit l'Em- « pereur, elle doit avoir beaucoup à se plaindre de moi. Voilà le mal- « heur des faux rapports : on me l'a fait fort maltraiter. — Oui, Sire, « vous l'avez rendue très-malheureuse. Madame de Balbi n'existait que « pour le charme de la société, et vous l'avez bannie de Paris et confinée « dans la province, où je l'ai rencontrée dans une de mes missions, ava- « lant sa langue d'ennui, et ne maudissant pourtant pas Votre Majesté, « sur laquelle je la trouvais raisonnable. — Eh bien, pourquoi n'êtes- « vous pas venu me tirer d'erreur? — Ah! oui, Sire, vous nous étiez si « peu connu, pour ce que je vous connais à présent, que je ne l'eusse « pas osé pour moi-même. Mais voici un mot de madame de Balbi, à « Londres, au fort de notre émigration, qui vous la fera plus connaître « que tout ce que je pourrais dire. Au moment de votre arrivée au con- « sulat, quelqu'un venant de Paris se trouvait chez elle à une petite réu- « nion ; il devint bientôt accidentellement l'homme de la fête, par tous « les détails qu'il était en état de nous donner d'un lieu et de choses « qui nous intéressaient si fort. Et comme on le questionnait sur le « Consul : « Il ne peut vivre longtemps, répondit-il, *jaune à faire plai-* « *sir.* » Ce fut son mot ; et, s'animant par degrés, il porta pour santé : « A la mort du Premier Consul! — Oh! l'horreur! s'écria aussitôt « madame de Balbi. A la mort d'un homme! fi donc! voici qui vaudra « mieux : A la santé du roi!

« — Eh bien! je répète que je l'ai fort maltraitée, disait l'Empereur, « et sur les rapports que l'on m'en faisait. On me l'avait représentée « comme intrigante, se mêlant de politique, et surtout comme fort « adonnée au sarcasme : et cela me rappelle un mot qu'on lui prête peut- « être, et qui ne m'a frappé, du reste, que parce qu'il était très-spiri- « tuel. Un personnage distingué (Louis XVIII) qui s'occupait fort d'elle, « me disait-on, s'étant avisé de jalousie, ce dont elle se justifiait très- « bien, et ne se tenant pas pour battu, lui répondit qu'après tout elle

« devait bien savoir que la femme de César ne devait pas même être
« soupçonnée. A quoi madame de Balbi trouva plaisant de riposter, aus-
« sitôt, que les deux petites lignes reçues renfermaient deux graves er-
« reurs, car il était notoire à tous qu'elle n'était pas sa femme, et que
« lui n'était pas César. »

Ce soir l'Empereur souffrait beaucoup de son côté droit : c'était le résultat de l'humidité qui l'avait frappé le matin à sa promenade, et nous n'étions pas sans crainte que ce ne fût un symptôme de la maladie ordinaire dans ces climats brûlants.

En rentrant chez moi, j'ai trouvé une lettre de Londres, avec un paquet de quelques effets de toilette. Il venait d'arriver un bâtiment de guerre d'Angleterre : c'était *le Griffon*.

L'Empereur reçoit des lettres des siens.—Conversation avec l'amiral.—Commissaires des alliés, etc., etc.

Jeudi 25.

Sur les neuf heures, j'ai reçu du grand maréchal, pour remettre à l'Empereur, trois lettres qui étaient pour lui. Elles venaient de Madame Mère, de la princesse Pauline et du prince Lucien. Cette dernière était dans une à moi, que le prince Lucien m'adressait de Rome, le 6 mars.

L'Empereur a passé toute la matinée à lire les papiers du 25 avril au 13 mai. Ils contenaient la mort de l'impératrice d'Autriche, la prorogation des Chambres en France, l'acquittement de Cambrone, la condamnation du général Bertrand, etc. Il a dit beaucoup de choses sur chacun de ces objets.

Sur les trois heures, l'amiral Malcolm a fait demander à être présenté à l'Empereur. Il lui apportait les journaux des *Débats* jusqu'au 13 mai. L'Empereur m'a dit de le lui amener, et a causé avec lui près de trois heures. Il plaît fort à l'Empereur, qui l'a traité, du premier instant, avec beaucoup d'abandon et de bonhomie, tout à fait comme une ancienne connaissance. L'amiral s'est trouvé entièrement dans son sens sur une foule d'objets. Il avouait que l'évasion de Sainte-Hélène était extrêmement difficile, et ne voyait aucun inconvénient à donner l'île entière. Il trouvait absurde qu'on n'eût pas mis l'Empereur à Plantation-House ; il sentait, mais depuis qu'il était ici seulement, avouait-il, que la qualification de général pouvait être injurieuse ; il trouvait que lady Loudon avait été ridicule ici, qu'elle ferait rire d'elle à Londres ; il pensait que le gouverneur avait de bonnes intentions sans doute, mais qu'il ne savait pas faire. Les ministres, disait-il, avaient eu de l'embarras avec l'Empereur, et non de la haine ; ils n'avaient su qu'en faire. En Angleterre, il eût été et il demeurait encore un épouvantail pour le continent; il eût été une arme trop dangereuse et trop puissante entre les mains de l'opposition, etc., etc. Du reste, il craignait, disait-il, que toutes ces circonstances pussent nous retenir longtemps ici, et il assurait que l'intention des ministres était qu'à l'évasion près, on comblât Napoléon à Sainte-Hélène, etc. Tout cela était rendu d'une manière si convenable, que l'Empereur discutait la chose avec lui sans plus de chaleur que si elle lui avait été étrangère.

Un moment, l'Empereur l'a visiblement ému, lorsqu'au sujet des commissaires alliés, il lui a exprimé l'impossibilité de les recevoir. « Enfin, Monsieur, lui a-t-il dit, vous et moi, nous sommes hommes ; « j'en appelle à vous. Se peut-il que l'empereur d'Autriche, dont j'ai « épousé la fille, qui a sollicité ce mariage à genoux, auquel j'ai rendu « deux fois sa capitale, qui retient ma femme et mon fils, m'envoie son « commissaire sans une seule ligne pour moi, sans un petit bout de bul-« letin de la santé de mon fils ? Puis-je bien le recevoir ? avoir quelque « chose à lui dire ? Il en est de même de celui d'Alexandre, qui a mis de « la gloire à se dire mon ami, contre lequel je n'ai eu que des guerres « politiques et non des querelles personnelles. Ils ont beau être souve-« rains, nous n'en sommes pas moins hommes ; je ne réclame pas d'au-« tre titre en ce moment ! Ne devraient-ils pas tous avoir un cœur ? « Croyez, Monsieur, que, quand je répugne au titre de général, il ne « peut m'offenser. Je ne le décline que parce que ce serait convenir que « je n'ai pas été empereur. Et je défends ici plus l'honneur des autres « que le mien ; je défends l'honneur de ceux avec qui j'ai été, à ce titre, « en rapport, en traité, en alliance de sang et de politique. Le seul de « ces commissaires que je puisse recevoir, peut-être, serait celui de « Louis XVIII, qui ne me doit rien. Ce commissaire a été longtemps « mon sujet ; il ne fait que marcher avec les circonstances indépendantes « de lui : aussi le recevrais-je demain, si je ne craignais les mauvais « contes qu'on ferait sans doute, et les sottes couleurs dont on ne man-« querait pas de peindre cette circonstance, etc. »

Cour de l'Empereur. — Dépenses, économies, chasses, écuries, pages, service d'honneur, etc., etc.
Vendredi 26 au dimanche 28.

Notre vie accoutumée : sur le milieu du jour, le tour en calèche ; le soir, la conversation.

Le 27, l'Empereur a reçu un moment un colonel, parent des Walsh-Serrant, venant du Cap sur *le Haycomb*, et repartant le lendemain pour l'Europe. Il avait été gouverneur de Bourbon, dont il nous a fort entretenus, et sous des rapports agréables.

Après le dîner, la conversation a été sur l'ancienne et la nouvelle cour, leurs arrangements, leurs dépenses, leur étiquette, etc., etc. Je supprime ici ce qui ne serait que pure répétition.

La cour de l'Empereur était bien plus magnifique, sous tous les rapports, que tout ce qu'on avait vu jusque-là, et cependant, disait-il, elle coûtait infiniment moins. La suppression des abus, l'ordre et la régularité dans les comptes, faisaient cette grande différence. Sa chasse, à quelques particularités près, inutiles ou ridicules, comme celle du faucon et autres, était aussi splendide, aussi nombreuse, aussi bruyante que celle de Louis XVI, et elle ne lui coûtait annuellement, assurait-il, que quatre cent mille francs, tandis qu'elle revenait au roi à sept millions. Il en était de même de la table. L'ordre et la sévérité de Duroc, disait l'Empereur, avaient accompli des prodiges sur ce point. Sous les rois, les palais ne demeuraient point meublés ; on transportait les mêmes meubles d'un palais à l'autre. On n'en fournissait point aux gens de la cour : c'était à chacun à s'en pourvoir. Sous lui, au contraire, il n'y avait personne en service qui ne se trouvât, dans la chambre qui lui était assignée, aussi bien et mieux que chez lui, pour tout ce qui était nécessaire ou convenable.

L'écurie de l'Empereur lui coûtait trois millions ; les chevaux revenaient, en somme, à trois mille francs l'un dans l'autre par an. Un page coûtait de six à huit mille francs. Cette dernière dépense, observait-il, était la plus forte peut-être du palais : aussi pouvait-on vanter l'éducation qu'on leur donnait, les soins qu'on en prenait. Toutes les premières familles de l'empire sollicitaient d'y placer leurs enfants ; et elles avaient raison, disait l'Empereur.

Quant à l'étiquette, l'Empereur disait qu'il était le premier qui eût séparé le *service d'honneur* (expression imaginée sous lui) du service des besoins. Il avait mis de côté tout ce qui était sale et réel, pour y substituer ce qui n'était que nominal et de pure décoration. « Un roi, di-« sait-il, n'est pas dans la nature, il n'est que dans la civilisation ; il n'en « est point de nu, il n'en saurait être que d'habillé, etc. »

L'Empereur disait qu'on ne saurait être plus sûr que lui de la nature et de la comparaison de tous ces objets, parce qu'ils avaient été tous arrêtés par lui, et sur les procès-verbaux des temps passés, où il n'avait fait qu'élaguer le ridicule, et conserver ce qui pouvait être bon, etc.

La conversation s'était prolongée au delà de onze heures. Elle avait été assez gaie, et l'Empereur a encore observé, en nous quittant, qu'il fallait, après tout, que nous fussions une bonne pâte de gens pour pouvoir nous contenter ainsi à Sainte-Hélène.

TABLE
DES
SOMMAIRES DU PREMIER VOLUME.

	Pages.
Préambule	j

CHAPITRE PREMIER.

	Pages.
Retour de l'Empereur à l'Élysée après Waterloo	1
Abdication	2
Députation de la Chambre des pairs. — Caulaincourt. — Fouché	4
Gouvernement provisoire présenté à l'Empereur	ib.
L'Empereur quitte l'Élysée	5
Le ministre de la marine vient à la Malmaison	6
Le gouvernement provisoire met l'Empereur sous la garde du général Becker. — Napoléon quitte la Malmaison. — Il part pour Rochefort	ib.
Notre route d'Orléans à Jarnac	9
Mésaventure à Saintes	10
Arrivée à Rochefort	12
Calme de l'Empereur	ib.
Embarquement de l'Empereur	13
L'Empereur visite les fortifications de l'île d'Aix	14
Première entrevue à bord du *Bellérophon*	ib.
L'Empereur incertain sur le parti qu'il doit prendre	15
L'Empereur à l'île d'Aix	ib.
Appareillage des chasse-marée	16
Seconde entrevue à bord du *Bellérophon*. — Lettre de Napoléon au prince régent	ib.
L'Empereur à bord du *Bellérophon*	19
L'Empereur à bord de l'amiral Hotham. — Appareillage pour l'Angleterre. — L'Empereur commande l'exercice aux soldats anglais	21
Influence de l'Empereur sur les Anglais du *Bellérophon*. — Résumé de l'Empereur	22
Ouessant. — Côtes d'Angleterre	23
Mouillage à Torbay	ib.
Affluence de bateaux pour apercevoir l'Empereur	26
Mouillage à Plymouth. — Séjour, etc.	27
L'amiral Keith. — Acclamations des Anglais dans la rade de Plymouth, à la vue de l'Empereur	28
Décision ministérielle à notre égard. — Anxiétés, etc.	30
Les généraux Savary et Lallemand ne peuvent suivre l'Empereur	32
L'Empereur me demande si je le suivrai à Sainte-Hélène. — Paroles remarquables de l'Empereur	35
Appareillage de Plymouth. — Croisières dans la Manche, etc. — Protestation	36
Marques de confiance que me donne l'Empereur	38
Mouillage à Start-Point. — Personnes qui accompagnent l'Empereur	ib.
Conversation avec lord Keith. — Visite des effets de l'Empereur. — L'Empereur quitte le *Bellérophon*. — Séparation. — Appareillage pour Sainte-Hélène	41
Description minutieuse du logement de l'Empereur à bord du *Northumberland*. — Détails et habitudes de l'Empereur à bord	46
Faveur bizarre de la fortune	48
Navigation. — Uniformité. — Occupations. — Sur la famille de l'Empereur. — Son origine. — Anecdotes	49
Madère, etc. — Vent très-fort. — Jeu d'échecs	58
Canaries. — Passage du tropique. — Un homme à la mer. — Enfance de l'Empereur. — Détails. — Napoléon à Brienne. — Pichegru. — Napoléon à l'École militaire de Paris. — Dans l'artillerie. — Ses sociétés. — Napoléon au commencement de la révolution	59

CHAPITRE II.

	Pages.
Iles du Cap-Vert. — Navigation. — Détails, etc. — Napoléon au siége de Toulon. Commencement de Duroc, de Junot. — Querelles avec des représentants du peuple. — Querelles avec Aubry. — Anecdotes sur vendémiaire. — Napoléon général de l'armée d'Italie. — Pureté d'administration. — Désintéressement. — Pourquoi *Petit Caporal*. — Différence du système du Directoire avec celui du général de l'armée d'Italie	73
Uniformité. Ennui. — L'Empereur se décide à écrire ses Mémoires	93
Vents alizés. — La ligne	94
Orage. — Libelles contre l'Empereur. — Leur examen. — Considérations générales	95
Emploi de nos journées	102
Phénomène du hasard. — Passage de la ligne. Baptême	103
Prise d'un requin. — Ouvrages du général Wilson. — Pestiférés de Jaffa. — Traits de la campagne d'Égypte. — Esprit de l'armée d'Égypte. — Brûleries des soldats. — Dromadaires. — Mort de Kléber. Jeune Arabe. — Philippeaux et Napoléon ; singularité. — A quoi tiennent les destinées. — Caffarelli, son attachement pour Napoléon. — Réputation de l'armée française en Orient. — Napoléon quittant l'Égypte pour gouverner la France. — Expédition des Anglais. — Kléber et Desaix	104
Nature des dictées de l'Empereur	130
Murmures contre l'amiral	131
Vue de Sainte-Hélène	132
Arrivée à Sainte-Hélène	ib.
Débarquement de l'Empereur à Sainte-Hélène	134
Séjour à Briars. — L'Empereur se fixe à Briars ; séjour d'un mois et vingt-quatre jours. — Description. — Situation misérable	136
Description de Briars. — Son jardin. — Rencontre des petites demoiselles de la maison	137
Sur la jeunesse française. — L'Empereur visite la maison voisine. — Naïvetés	138
L'amiral vient voir l'Empereur	140
Horreur et misère de notre exil. — Indignation de l'Empereur. — Note envoyée au gouvernement anglais	141
Vie de Briars, etc. — Nécessaire d'Austerlitz. — Grand nécessaire du Directoire. — Son contenu. — Objets, libelles contre Napoléon, etc., abandonnés aux Tuileries	142
L'Empereur commence la campagne d'Égypte avec le grand maréchal. — Anecdotes sur brumaire, etc. — Lettre du comte de Lille. — La belle duchesse de Guiche	146
Emploi des journées. — Conseil d'État, scène grave ; dissolution du corps législatif en 1813. — Sénat	151
Paroles vives. — Circonstances caractéristiques	162
Sur les généraux de l'armée d'Italie. — Armée des anciens, Gengiskan, etc. — Invasions modernes. — Caractère des conquérants	163

	Pages.
Idées, projets, insinuations politiques, etc.	165
L'Empereur fait renvoyer les chevaux.	167
Respect au fardeau.	169

CHAPITRE III.

Conversations de minuit, au clair de lune, etc. — Les deux impératrices. — Mariage de Marie-Louise. — Sa maison. — Duchesse de Montebello. — Madame de Montesquiou. — Institut de Meudon. — Sentiments de la maison d'Autriche pour Napoléon. — Anecdotes recueillies en Allemagne depuis mon retour en Europe.	170
Petits détails intérieurs, etc. — Réflexions.	181
Détails très-privés. — Rapprochements bien bizarres.	182
Sur le faubourg Saint-Germain, etc. — L'Empereur sans préjugés, sans fiel, etc. — Paroles caractéristiques.	184
Sur les officiers de sa maison en 1814, etc. — Projet d'adresse.	188
Idée de l'Empereur de se réserver la Corse. — Opinion sur Robespierre. — Idée sur l'opinion publique. — Intention expiatoire de l'Empereur sur les victimes de la révolution.	189
Première et seule excursion durant le séjour à Briars. — Bal de l'amiral.	193
Ma conduite durant l'île d'Elbe.	195
Tempérament de l'Empereur. — Courses. — Système de médecine.	201
Continuation de la vie de Briars, etc. — Ma première visite à Longwood. — Machine infernale, son historique.	203
Conspiration de Georges, Pichegru, etc. — Affaire du duc d'Enghien. — Esclave Tobie. — Réflexions caractéristiques de Napoléon.	208
Origine des guides. — Autre danger de Napoléon. — Un gros officier allemand. — Un chien.	212
Guerre. — Principes. — Application. — Paroles sur divers généraux.	216
Situation des princes d'Espagne à Valencey. — Le pape à Fontainebleau. — Réflexions, etc.	218
Contrariétés.	220
Lieutenant anglais. — Singularité. — Départ de Longwood arrêté. — Politique. — État de la France. — Mémoire justificatif de Ney.	ib.

CHAPITRE IV.

ÉTABLISSEMENT A LONGWOOD. — Translation à Longwood. — Description de la route. — Prise de possession. — Premier bain.	226
Description de Longwood, etc. — Détail des appartements.	230
Régularisation de la maison de l'Empereur. — Situation morale des captifs entre eux, etc. — Quelques nuances du caractère de l'Empereur. — Portrait de Napoléon, par M. de Pradt, traduit d'une gazette anglaise. — Réfutation.	232
Ma situation matérielle adoucie. — Mon lit changé, etc.	235
Habitudes et heures de l'Empereur. — Son style avec les deux impératrices. — Détails. — Maximes de l'Empereur sur la police. — Police secrète des lettres. — Détails curieux. — L'Empereur pour un gouvernement fixe et modéré.	237
Première tournée de l'Empereur à cheval. — Dureté des instructions ministérielles à son égard. — Nos peines, nos plaintes. — Paroles de l'Empereur. — Réponses brutales.	244
Mépris de l'Empereur pour la popularité, ses motifs, ses arguments, etc. — Sur ma femme. — La mère et la sœur du général Gourgaud.	246
L'Empereur souvent blessé dans ses campagnes. — Cosaques. — Jérusalem délivrée.	250
Ma conversation avec un Anglais.	252
Sur l'émigration. — Bienfaisance des Anglais. — Ressources des émigrés, etc.	253
Excursion difficile. — Premier essai de notre vallée. — Marais perfide. — Moments caractéristiques. — Anglais désabusés. — Poison de Mithridate.	257
L'Empereur laboure un sillon. — Denier de la veuve. — Entrevue avec l'amiral. — Nouveaux arrangements. — Le Polonais Piontowsky.	260
Sous-gouverneur Skelton.	262

	Pages.
Premier de l'an. — Fusils de chasse, etc. — Famille du gouverneur Wilks.	263
Vie de Longwood. — Course à cheval de l'Empereur. — Notre nymphe. — Sobriquets. — Des îles, de leur défense. — Grandes forteresses. — Gibraltar. — Culture et lois de l'île. — Enthousiasme, etc.	265
L'Empereur vivement contrarié. — Nouvelles brouilleries avec l'amiral.	271
Chambre de Marchand. — Linge, vêtements de l'Empereur, manteau de Marengo. — Éperons de Champ-Aubert, etc.	273
Amiral Taylor, etc.	275
L'Empereur couché en joue. — Nos passe-temps du soir. — Romans. — Sortie politique.	276
Sur l'*Histoire secrète du cabinet de Bonaparte* par Goldsmith. — Détails, etc.	279
L'Empereur se décide à apprendre l'anglais.	285
Première leçon d'anglais, etc.	ib.
Nos habitudes journalières. — Conversation avec le gouverneur Wilks. — Armées. — Chimie. — Politique. — Détails sur l'Inde. — *Delphine*, de madame de Staël. — MM. Necker, Calonne.	285
Mon nouveau logement, etc. — Description. — Visite matinale, etc.	289
Lectures de l'Empereur. — Madame de Sévigné. — *Charles XII.* — *Paul et Virginie.* — Vertot. — Rollin. — Velly. — Garnier.	290
Difficulté vaincue. — Dangers personnels de l'Empereur à Eylau, à Iéna, etc. — Troupes russes, autrichiennes, prussiennes. — Jeune Guibert. — Corbineau. — Maréchal Lannes. — Bessières. — Duroc.	292
Étude de l'anglais, etc. — Détails. — Réflexions, etc. — Promenade à cheval. — Cheval embourbé, autres traits caractéristiques.	301

CHAPITRE V.

Fragments de la campagne d'Italie.	305
Treize vendémiaire.	ib.
Bataille de Montenotte.	319
Éloge de Sainte-Hélène par l'Empereur. — Petites ressources de l'île.	334
Première saignée de mon fils. — L'Empereur me donne un cheval. — Progrès de l'Empereur dans l'anglais.	336
L'Empereur apprend la mort de Murat.	337
Portier, Ferdinand. — Tableaux de l'Atlas.	339
Sur l'Égypte. — Ancien projet sur le Nil.	341
Uniformité. — Ennui. — Solitude de l'Empereur. — Caricatures.	342
Longue course à pied de l'Empereur.	344
Politique de l'Empereur sur les affaires de France. — Sa prédiction sur les Bourbons.	346
Peinture du bonheur domestique par l'Empereur. — Deux demoiselles de l'île. — L'Empereur souffrant.	347
Travaux de l'Empereur à l'île d'Elbe. — Prédilection des Barbaresques pour Napoléon.	349
Piontowski. — Caricature. — Bonté héréditaire et proverbiale des Bourbons.	350
Retour de l'île d'Elbe. — Détails, etc.	351
Paroles charmantes de l'Empereur. — Son opinion sur nos grands poètes. — Tragédies modernes. — *Hector.* — *Les États de Blois.* — Talma.	352
Les faiseurs d'affaires dans la révolution. — Crédit de l'Empereur, à son retour. — Sa réputation dans les bureaux comme vérificateur. — Ministre des finances, du Trésor. — Cadastre.	355
Flotte de la Chine.	359
Sur l'invasion en Angleterre. — Détails.	ib.
Réception de quelques officiers de la flotte de la Chine.	361
Cour de l'Empereur, étiquette, etc. — Anecdote de Tarare. — Grands officiers. — Chambellans. — Splendeur sans égale de la cour des Tuileries. — Belle administration du palais. — Intention de l'Empereur à ses levers. — Grand couvert. — De la cour et de la ville.	362
Jeu d'échecs venu de la Chine. — Présentation des capitaines de la flotte de la Chine.	370
Mystification.	371
L'Empereur en état d'employer son anglais. — Sur la médecine. — Corvisart. — Définition. — Sur la peste. — Médecine de Babylone.	373

TABLE.

	Pages.
Procès de Ney. — Voiture perdue à Waterloo. — Entrevue de Dresde. — Sur l'humeur des femmes. — Princesse Pauline. — Beau mouvement de l'Empereur.	376
Injure à l'Empereur et au prince de Galles. — Exécution de Ney. — Évasion de Lavalette.	391
Commission pour le prince régent.	393
Esprit de l'île de France.	ib.
Intentions de l'Empereur sur Rome. Horrible nourriture. — *Britannicus*.	394

CHAPITRE VI.

20 mars. — Couches de l'Impératrice.	397
Conjuration de Catilina. — Les Gracques. — Les historiens. — Sommeil durant la bataille. — César, ses *Commentaires*. — Des divers systèmes militaires.	400
Résumé des neuf mois écoulés.	403
Journées de Longwood, etc. — Procès de Drouot. — Jugements militaires. — Soult. — Masséna. — Camarades de l'Empereur dans l'artillerie. — L'Empereur croyant son nom inconnu même dans Paris.	407
Examen de conscience politique. — État fidèle de l'Empire, sa prospérité. — Idées libérales de l'Empereur sur la différence des partis. — Marmont. — Murat. — Berthier.	412
Chance de dangers dans les batailles, etc. — Les bulletins très-véridiques.	417
Insalubrité de l'île.	418
Paroles de l'Empereur sur son expédition en Orient.	419
Description de l'appartement de l'Empereur. — Horloge du grand Frédéric. — Montre de Rivoli. — Détails minutieux de sa toilette. — Son costume. — Bruits ridicules, absurdités sur sa personne. — Complot de Georges. — De Cérachi. — Attentat du fanatique de Schœnbrunn.	ib.
Partis à prendre après Waterloo.	428
Traits caractéristiques.	434
Politique. — État de l'Europe. — Ascendant irrésistible des idées libérales.	435
Opinions de l'Empereur sur plusieurs personnages connus. — Pozzo di Borgo. — Metternich. — Bassano. — Clarke. — Champagny. — Cambacérès. — Lebrun. — Talleyrand. — Fouché, etc.	436
Papiers d'Europe. — Politique.	443
Arrivée du gouverneur. — Progrès de l'Empereur dans son anglais. — Première visite du gouverneur. — Déclaration exigée de nous.	444
Conversation caractéristique. — Retour de l'île d'Elbe prévu de Fontainebleau. — Introduction du gouverneur. — Mortification de l'amiral. — Nos griefs contre lui. — Signalement de sir Hudson Lowe.	445
Convention des souverains sur Napoléon, etc. — Paroles remarquables.	452
Déclaration exigée de nous. — Visite d'adieu de l'ancien gouverneur. — Conversation remarquable. — Saillie d'un vieux soldat anglais.	454

CHAPITRE VII.

Message de l'Empereur au prince régent. — Paroles caractéristiques. — Portefeuille perdu à Waterloo. — Sur les ambassadeurs. — M. de Narbonne. — Après Moscou, l'Empereur sur le point d'être arrêté en Allemagne. — Compte de toilette de l'Empereur. — Budget d'un ménage dans les capitales de l'Europe. — L'ameublement de la maison de la rue de la Victoire. — Ameublement des palais impériaux. — Moyens de vérification de Napoléon.	459
Le gouverneur visite ma chambre. — Critique du *Mahomet* de Voltaire. — Du Mahomet de l'histoire. — Grétry.	464
Ma visite à Plantation-House. — Insinuation. — Première méchanceté de sir H. Lowe. — Proclamations de Napoléon. — Sa politique en Égypte. — Aveu d'acte illégal.	466
Première insulte, première barbarie de sir H. Lowe. — Traits caractéristiques.	468
Abbé de Pradt. — Son ambassade à Varsovie. — Guerre de Russie. — Son origine.	470
L'Empereur souffrant. — Premier jour de complète réclusion. — Ambassadeurs persan et turc. — Anecdotes.	476

Deuxième jour de réclusion. — L'Empereur reçoit le gouverneur dans sa chambre. — Conversation caractéristique.	480

CHAPITRE VIII.

Suite des fragments de la campagne d'Italie. — Bataille de Castiglione.	485
Bataille d'Arcole.	493

CHAPITRE IX.

Bataille de Rivoli.	518
Troisième jour de réclusion. — Beau résumé de l'histoire de l'Empereur par lui-même.	533
Quatrième jour de réclusion absolue. — Le *Moniteur* favorable à l'Empereur.	554
Cinquième jour de réclusion.	556
Sixième jour de réclusion.	ib.
Sur la Chine et la Russie. — Rapprochements des deux grandes révolutions de France et d'Angleterre.	557
Docteur O'Méara; explication. — Consulat. — Opinion de l'émigration sur le consul. — Idée de l'Empereur sur le bien des émigrés. — Syndicat projeté. — Circonstances heureuses qui concoururent à la carrière de l'Empereur. — Opinion des Italiens. — Couronnement par le pape. — Les mécontents séduits lors de Tilsit. — Bourbons d'Espagne. — Arrivée du fameux palais de bois.	541
Iliade, Homère.	549
Paroles caractéristiques de l'Empereur relatives à moi.	550
Roche. — Divers généraux.	551
Invitation ridicule de sir Hudson Lowe.	555
Napoléon à l'Institut. — Au Conseil d'État. — Code civil. — Bertrand de Molleville. — Mot pour lord Saint-Vincent. — Sur l'intérieur de l'Afrique. — Ministère de la Marine. — Decrès.	556
État dangereux de mon fils. — Paroles remarquables. — *Dictionnaire des Girouettes*. — Berthelot.	564
Réception des passagers de la flotte de Bengale.	566
Visite du gouverneur. — Conversation chaude avec l'Empereur. — L'amiral Laly Landon.	568
Madame la maréchale Lefèvre. — Traits caractéristiques.	572
Le gouverneur de Java. — Conversation familière de l'Empereur sur sa famille.	574
L'Empereur endormi. — Maximes morales et politiques de Napoléon.	582
Le gouverneur arrêtant lui-même un domestique. — Lecture de la Bible. — Applications curieuses de la Bible.	585
Caprices de l'autorité. — La princesse Stéphanie de Bade, etc.	584
Autres maximes de l'Empereur. — Scène de Portalis au Conseil d'État, etc. — Accidents de l'Empereur à Saint-Cloud, à Auxonne, à Marly.	586
Politique du moment. — Sentiments vraiment patriotiques de l'Empereur; beau mouvement de l'Empereur. — Horoscope touchant son fils, etc., etc.	591
Brutus de Voltaire.	592
Établissement français sur le fleuve Saint-Laurent. — L'Empereur eût pu gagner l'Amérique. — Sur la politique du cabinet anglais. — Carnot au moment de l'abdication.	595
État de l'industrie en France. — Sur les physionomies.	596
L'Empereur devant le camp anglais.	597

CHAPITRE X.

La Corse et le pays natal. — Paroles de Paoli. — Magnanimité de Madame Mère. — Lucien destiné à la Corse. — Cour du Consul. — Madame de Chevreuse. — Lettre de Madame Mère.	599
Moreau. — Georges. — Pichegru. — Opinion du camp de Boulogne, de Paris. — Maubreuil.	606
Politique. — Angleterre. — Lettres retenues par le gouverneur. — Paroles caractéristiques.	612

CHAPITRE XI.

Bataille du Tagliamento.	614
Fragments de Léoben.	630

TABLE.

CHAPITRE XII.

	Pages.
Retour de Rastadt.	638
Voltaire. — Jean-Jacques. — Anglais et Français, différence caractéristique. — M. de Chateaubriand; son discours pour l'Institut. — Colères feintes de l'Empereur, ses principes à cet égard.	640
Réflexions sur le gouverneur. — Dépenses de la maison de l'Empereur aux Tuileries. — Sur les bonnes comptabilités. — MM. Mollien, La Bouillerie.	656
Sur les femmes, etc. — La polygamie.	658
Reprises des Mémoires de l'Empereur, etc.	659
École militaire. — Plan d'éducation ordonné par l'Empereur. — Ses intentions pour les vieux militaires. — Changements opérés dans les habitudes de la capitale.	660
Résistance à la médecine. — Gil-Blas. — Général Bizanet.	663
Romans de l'Empereur. — Napoléon peu connu de sa maison même. — Ses idées religieuses.	666
Portrait des directeurs. — Anecdotes. 18 fructidor.	668
Sur la diplomatie anglaise. — Lords Whitworth, Chatam. — Castlereagh, Cornwalis, Fox, etc.	681
Caractères. — Bailli, La Fayette, Monge, Grégoire, etc. — Saint-Domingue. — Système à suivre. — Lacretelle.	683
Le Moniteur, etc. — Liberté de la presse.	698
Guerre et Maison d'Espagne. — Ferdinand à Valencey. — Fautes dans l'affaire d'Espagne. — Historique de ces événements, etc. — Belle lettre de Napoléon à Murat.	699

CHAPITRE XIII.

Effets envoyés d'Angleterre. — L'Empereur avait voulu proscrire le coton en France. — Conférences de Tilsit. — Reine de Prusse, le roi. — Empereur Alexandre. — Anecdotes, etc.	708
Arrivée des commissaires étrangers. — Étiquette forcée de Napoléon, anecdotes. — Conseil d'État; détail du local; habitudes. — Citations de quelques séances; digression. — Gassendi. — Les régiments croates. — Ambassadeurs. — Bans de la garde nationale, l'Université, etc., etc.	710
Souvenirs de Waterloo.	726

CHAPITRE XIV.

Départ du *Northumberland*. — Introduction et forme des campagnes d'Italie. — Campagne de Russie, par un aide de camp du vice-roi.	728
Paroles prophétiques, etc. — Lord Holland, etc., princesse Charlotte de Galles. — Conversation particulière et personnelle inappréciable pour moi.	730
Arrivée de la bibliothèque. — Témoignages d'Horneman en faveur du général Bonaparte.	739

Sur la mémoire. — Commerce. — Idées et système de Napoléon sur divers points d'économie politique.	740
Artillerie. — Son usage. — Ses idées. — Anciennes écoles.	742
Mes instructions et mes dernières volontés sur l'impression des campagnes d'Italie. — Idées de l'Empereur sur le général Drouot. — Sur la bataille de Hohenlinden.	745
Les rats, vrai fléau pour nous, etc. — Impostures de lord Castlereagh. — Héritières françaises.	748
Détails du gouverneur sur les dépenses à Longwood, etc. — Anecdote travestie par Goldsmith. — Gaieté.	751

CHAPITRE XV.

Historique politique de la cour de Londres durant notre émigration; Georges III; M. Pitt; le prince de Galles. — Anecdotes, etc., etc. — Les Nassau. — Retour remarquable de Napoléon sur lui-même, etc.	765
Résumé des trois mois avril, mai et juin.	767
Mon fils tombe de cheval. — Pillage par les armées. — Caractère du soldat français. — Détail de Waterloo par le nouvel amiral.	770
Anecdotes sur le 18 brumaire. — Siéyes. — Grand électeur. — Cambacérès. — Lebrun, etc.	773
Nouveaux torts du gouverneur. — Ses absurdités.	779
Nouvelles vexations. — *Tristan*. — Fables de La Fontaine, etc. — Le ventre gouverne le monde. — Difficulté de juger les hommes.	780
Sur le masque de fer, etc. — Fable ingénieuse.	782
Sur le maréchal Lannes. — Murat, sa femme, etc.	783
Bill de notre exil. — Beaumarchais. — Historique des travaux de Cherbourg.	786
Longue audience donnée au gouverneur. — Conversation remarquable.	796
Sur les belles Italiennes.	798
Faubourg Saint-Germain. — Aristocratie; démocratie. — L'Empereur eût voulu épouser une Française.	ib.
Le feu prend à notre établissement. — Étiquette de Longwood.	801
Dépôt de mendicité en France. — Projets de Napoléon sur l'Illyrie. — Hôpitaux. — Enfants trouvés. — Prisonniers d'État. — Idées de l'Empereur.	802
Sur l'Égypte. — Saint-Jean-d'Acre. — Le désert. — Anecdotes, etc.	811
Avis paternel, etc. — Conversation remarquable. — Cagliostro; Mesmer; Gal; Lavater, etc. — L'organisation cranologique de Napoléon une vraie merveille selon Gall.	814
Accumulation singulière de contrariétés.	817
Madame de Balbi. — Détails, etc. — Anecdotes de l'émigration.	819
L'Empereur reçoit des lettres des siens. — Conversation avec l'amiral. — Commissaires des alliés, etc.	820
Cour de l'Empereur. — Dépenses, économies, chasses, écuries, pages, service d'honneur.	821

FIN DE LA TABLE DU PREMIER VOLUME.

www.ingramcontent.com/pod-product-compliance
Lightning Source LLC
Chambersburg PA
CBHW070901300426
44113CB00008B/917